Internationale Wirtschaftsprüfung

Internationale Wirtschaftsprüfung

Festschrift
zum 65. Geburtstag von
Prof. Dr. Dr. h. c. Hans Havermann

Herausgegeben
von
Josef Lanfermann

IDW-Verlag GmbH
Düsseldorf 1995

> Die Deutsche Bibliothek – CIP-Einheitsaufnahme
>
> **Internationale Wirtschaftsprüfung** : Festschrift zum 65. Geburtstag von Professor Dr. Dr. h. c. Hans Havermann / hrsg. von Josef Lanfermann – Düsseldorf : IDW-Verl., 1995
> ISBN 3-8021-0671-7
> NE: Lanfermann, Josef [Hrsg.]; Havermann, Hans : Festschrift

ISBN 3-8021-0671-7

© 1995 by IDW-Verlag GmbH, Düsseldorf
Alle Rechte der Verbreitung, auch durch Film, Funk und Fernsehen, fotomechanische wiedergabe, Tonträger jeder Art, auszugsweisen Nachdruck oder Einspeicherung und Rückgewinnung in Datenverarbeitungsanlagen aller Art, einschließlich der Übersetzung in andere Sprachen, sind vorbehalten.

Gesamtherstellung: Boss-Druck, Kleve

Inhalt

Vorwort IX

JÖRG BAETGE
Möglichkeiten der Objektivierung der Redepflicht nach § 321
Abs. 1 Satz 4 und Abs. 2 HGB 1

HERBERT BIENER
Die Erwartungslücke – eine endlose Geschichte 37

GERHARD BRACKERT
Grundsatzfragen der Konzernrechnungslegung
von Finanzkonglomeraten 65

HERMANN CLEMM
Der Abschlußprüfer als Krisenwarner und der Aufsichtsrat
– Anmerkungen zu einem – wieder einmal – aktuellen Thema – 83

WINFRIED GAIL
Rechtliche und faktische Abhängigkeiten von Steuer-
und Handelsbilanzen 109

GERD GEIB
Harmonisierung der Rechnungslegung von Versicherungs-
unternehmen in der Europäischen Union
– Darstellung anhand der Bewertung von Kapitalanlagen – .. 143

BERNHARD GROSSFELD
Europäisches Unternehmensrecht und internationaler
Wettbewerb 183

DIETRICH HOFFMANN
Beratungsverträge mit Ausichtsratsmitgliedern
– Anmerkungen zu den Urteilen des BGH vom 25. März 1991
und vom 4. Juli 1994 und zur Aufsichtsratsreformdiskussion – 201

MICHAEL HOFFMANN-BECKING
Rechtliche Möglichkeiten und Grenzen einer Verbesserung
der Arbeit des Aufsichtsrats 229

HORST KAMINSKI und PETER MARKS
Die Qualität der Abschlußprüfung in der internationalen
Diskussion 247

FRANZ KLEIN
Unstetes Steuerrecht
– Unternehmerdisposition im Spannungsfeld von Gesetz-
gebung, Verwaltung und Rechtsprechung – 283

RUUD J. J. KOEDIJK
Die Behandlung des goodwill im Jahresabschluß 309

BRUNO KROPFF
Rechtsfragen in der Abschlußprüfung 321

JÜRGEN KRUMNOW
Risikosteuerung im derivativen Geschäft 343

JOSEF LANFERMANN
Zur Internationalisierung der Wirtschaftsprüfung 373

RAINER LUDEWIG
Abschlußprüfung und kriminelle Energien im Unternehmen 397

ULRICH MAAS und WIENAND SCHRUFF
Ausgliederungen aus dem Konsolidierungskreis
– Sachverhaltsgestaltungen und deren Auswirkungen auf die
Aussagefähigkeit des Konzernabschlusses – 413

JON C. MADONNA
International Accounting Standards, Freer Trade,
and National Sovereignty 439

HANS MEINHARDT
Anforderungen an den Konzernabschlußprüfer aus der Sicht
eines international tätigen Unternehmens 457

GÜNTER MINZ
Wirtschaftsprüfung und Automation 473

ADOLF MOXTER
Das „matching principle": Zur Integration eines internationalen
Rechnungslegungs-Grundsatzes in das deutsche Recht 487

HEINZ NELISSEN
Beteiligungspraxis und Beteiligungsstrategie von
Wirtschaftsprüfungsgesellschaften 505

RUDOLF J. NIEHUS
Zum Bestätigungsvermerk von internationalen
Jahresabschlüssen
– Neue Risiken für die „Erwartungslücke" – 537

HORST NIEMEYER
Die Stiftung als eine Grundform der europäischen Gesellschaft
– Vom Conto per Dio der causa pia zur Gemeinnützigkeit mit
einer causa utilis – 565

HERMANN NIESSEN
Zur Entstehung eines europäischen Konzernbegriffs für die
Rechnungslegung 581

DIETER ORDELHEIDE
Aktivische latente Steuern bei Verlustvorträgen im Einzel- und
Konzernabschluß
– HGB, SFAS und IAS – 601

HORST RICHTER
Harmonisierung der Rechnungslegung von Versicherungsunternehmen in der Europäischen Union
– Darstellung anhand der Bilanzierung der versicherungstechnischen Rückstellungen – 625

EBERHARD SCHEFFLER
Aufsichtsrat und Abschlußprüfer als Überwachungsorgane der
Aktiengesellschaft 651

HANNS MARTIN W. SCHOENFELD
Schwierigkeiten bei der Beurteilung der Betriebsleistung
internationaler Unternehmungen 681

COLIN SHARMAN
UK Accountancy Practice – the drift towards rules 699

GÜNTER SIEBEN
Unternehmensbewertung: Discounted Cash Flow-Verfahren
und Ertragswertverfahren – Zwei völlig unterschiedliche
Ansätze? 713

KLAUS STOLBERG
Umweltprüfung und -beratung als neue Dienstleistung 739

KURT WESSING
Die BGB-Gesellschaft
– Eine nützliche Gestaltungsform zur Übertragung
von Vermögen 757

HARALD WIEDMANN
Fair Value in der internationalen Rechnungslegung 779

KLAUS V. WYSOCKI
Zur Abgrenzung und Offenlegung des Finanzmittelfonds in
der Kapitalflußrechnung nach internationalen Grundsätzen
und nach der Stellungnahme HFA 1/1995 813

WOLFGANG ZIELKE
Zur Behandlung des Goodwill im Konzernabschluß 829

CARL ZIMMERER
Aufwendungen, die das Vermögen mehren,
Aufwendungen, die zu niedrig bilanziert werden 845

Anhang

Verzeichnis der Veröffentlichungen von
Prof. Dr. Dr. h. c. Hans Havermann 863

Verzeichnis der Autoren 869

Vorwort

Am 21. August 1995 vollendet *Hans Havermann* sein fünfundsechzigstes Lebensjahr. Diesem Tag sind 38 Berufsjahre bei der KPMG Deutsche Treuhand-Gesellschaft und ihren Rechtsvorgängern vorausgegangen, in denen *Hans Havermann* vom Assistenten an die Spitze des Unternehmens gelangte, dessen Entwicklung zum größten deutschen Prüfungs- und Beratungsunternehmen er maßgeblich prägte, und in denen er schließlich Chairman des weltweiten Prüfungs- und Beratungsunternehmens KPMG (Klynveld Peat Marwick Goerdeler) wurde, das es ohne ihn nicht gäbe.

Geboren wurde *Hans Havermann* im westfälischen Sickingmühle (Marl), wo er sein Abitur machte und eine kaufmännische Lehre bei den Chemischen Werken Hüls absolvierte. Nach dem anschließenden Studium der Betriebswirtschaftslehre an der Universität zu Köln trat er 1957 in die Rheinisch-Westfälische Wirtschaftsprüfungs- und Beratungsgesellschaft ein und legte 1964 sein Wirtschaftsprüfer-Examen ab. In dieser Zeit legte *Hans Havermann* durch seine fachwissenschaftliche Arbeit den Grundstein für seinen Ruf als eine der herausragenden Persönlichkeiten des Berufsstandes der Wirtschaftsprüfer. In ihm vereinigen sich in idealer Weise fachliche Kompetenz und Führungsqualität. So ist es ihm lange Zeit gelungen, neben seinen Managementaufgaben, die ihn zunehmend beanspruchten, auch fachlich an der Spitze der Entwicklung zu stehen. *Hans Havermanns* Veröffentlichungen zu den völlig neuen Gebieten des Aktiengesetzes 1965, insbesondere zur Rechnungslegung im Konzern, setzten 20 Jahre lang – bis zur nächsten vollständigen Neuregelung – Standards. Erwähnt seien hier nur seine Funktion als Mitverfasser der 4. Auflage des Standardwerkes von *Adler/ Düring/Schmaltz* und die von ihm verfaßten Abschnitte des Wirtschaftsprüfer-Handbuchs seit der Ausgabe 1963 bis heute.

Mit der zunehmenden Internationalisierung der Wirtschaft und damit der Tätigkeit des Wirtschaftsprüfers gewann für *Hans Havermann* neben der nationalen die internationale Facharbeit an Bedeutung. Als Delegierter des Berufsstandes wirkte er in zahlreichen bedeutenden internationalen Organisationen, wie der Union Européenne des Experts Comptables Economiques et Financiers (UEC) und der Groupe d'Etudes des Experts Comptables de la C.E.E., an deren Fusion zur Fédération des Experts Comptables Européens (FEE) *Hans Havermann* maßgeblichen Anteil hatte. Nicht nur auf europäischer Ebene, sondern auch in den weltweiten Organisationen, wie dem International Accounting Standards Committee (IASC) und der International Federation of Accountants (IFAC), hat *Hans Havermann* die Interessen der deutschen Wirtschaftsprüfer vertreten. Daneben hat er als Sonderberater der EG-Kommission an der Entstehung der 4. und 7. EG-Richtlinie mitgewirkt. Darüber hinaus war *Hans Havermann* Mitglied der Group of Experts on International Standards of Accounting and Reporting der Commission on Transnational Corporations der UN und fungierte als Sonderberater der OECD. Neuerdings ist er Mitglied des Kuratoriums des INSEAD-Instituts in Fontainebleau.

Die Erfahrungen aus der nationalen und internationalen Facharbeit spiegeln sich auch in der 1980 abgeschlossenen Dissertation „Rechnungslegung im Wandel" wider, mit der *Hans Havermann* bei *Prof. Dr. Günter Sieben* an der Universität zu Köln zum Dr. rer. pol. promovierte. Dort hält er bereits seit 1970 als Lehrbeauftragter Vorlesungen und Seminare und wurde 1982 zum Honorarprofessor ernannt. Die wirtschaftswissenschaftliche Fakultät der Westfälischen Wilhelms-Universität Münster verlieh *Hans Havermann* 1991 die Ehrendoktorwürde. Damit würdigte sie das wissenschaftliche Werk sowie seine Tätigkeit in den internationalen Gremien, durch die *Hans Havermann* die Entwicklung der Betriebswirtschaftslehre und des Berufsstandes der Wirtschaftsprüfer maßgeblich geprägt hat. Von der Hochschule St. Gallen wurde ihm 1993 für seine Verdienste auf dem Gebiet der internationalen Rechnungslegung, insbesondere der Konzerne, der Dr. Kausch-Preis verliehen.

Sein persönliches Engagement für die Interessen des Berufsstandes, sei es als Vorsitzender des Ausschusses für internationale Zusammenarbeit, als Vorstandsmitglied und -vorsitzer des Instituts der Wirtschaftsprüfer, als Mitglied des Hauptfachausschusses oder als Hauptschriftleiter der Fachzeitschrift „Die Wirtschaftsprüfung", ging und geht noch heute über die Facharbeit hinaus. Sein Rat ist gerade jetzt in Zeiten intensiver Diskussion um die Funktion des Wirtschaftsprüfers besonders gefragt, dies auch seitens der Bundesregierung.

Der 65. Geburtstag gibt uns somit in besonderem Maße Veranlassung, *Hans Havermann* für die Erfolge seines vielfältigen und unermüdlichen Einsatzes mit einer Festschrift zu ehren. Kein anderes Thema würde dem beruflichen Lebenswerk *Hans Havermanns* besser gerecht als die „Internationale Wirtschaftsprüfung". Kollegen und Freunde, die ihm aus zum Teil langjähriger Zusammenarbeit verbunden sind, setzen sich in diesem Band mit Fragen auseinander, die den Prüferberuf weltweit beschäftigen und zum Teil von brennender Aktualität, zum Teil von grundsätzlicher Bedeutung oder beides zugleich sind. Die Verfasser würdigen damit nicht nur die wissenschaftliche und die Management-Leistung *Hans Havermanns,* sondern auch seine herausragende Persönlichkeit, die gekennzeichnet ist durch Weitblick und Umsicht, Offenheit und unnachgiebige Ansprüche an die Qualität beruflicher Leistung – gegenüber sich selbst und anderen.

Wir alle wünschen ihm noch viele Jahre unverminderter Schaffenskraft und Vitalität.

Josef Lanfermann

JÖRG BAETGE

Möglichkeiten der Objektivierung der Redepflicht nach § 321 Abs. 1 Satz 4 und Abs. 2 HGB*

I. Einleitung
II. Anlässe der Beurteilung der wirtschaftlichen Lage durch den Abschlußprüfer
Instrumente zur Beurteilung der wirtschaftlichen Lage
Abschlußprüfer
analyse
mit Hilfe quantitativer
multivariaten Diskri-
ilanzanalyse mit Künst-
n
utzung der mathematisch-
yse bei der Berichterstat-
ers
Jahresabschlusses hinaus-
Beurteilung der wirtschaft-

Jrteilsmitteilung

---

* Herrn *Dr. Hans-Jürgen Kirsch* danke ich sehr herzlich für seine tatkräftige Unterstützung.

I. Einleitung

Neben seinem besonderen Interesse für Fragen der Konzernrechnungslegung, der internationalen Entwicklung auf dem Gebiet der Rechnungslegung und für die Unternehmensbewertung hat sich der verehrte Jubilar auch immer wieder dem Thema der Qualität der Prüfungsleistung gewidmet.[1]

Die alte, aber immer wieder aktuelle Diskussion um die Prüfungsqualität spinnt sich dabei nicht nur um die Frage, ob der Abschlußprüfer die in seinem Prüfungsauftrag durch Gesetz und Vertrag festgelegten Qualitätsanforderungen an seine Arbeit[2] erfüllt, sondern auch um den brisanten Dissens zwischen den gesetzlichen Anforderungen an die Prüfung einerseits und den Ansprüchen der Öffentlichkeit an die Arbeit der Abschlußprüfer andererseits. Während sich die Prüfung gem. § 317 Abs. 1 HGB darauf zu erstrecken hat, ob bei der Aufstellung des Jahresabschlusses „die gesetzlichen Vorschriften und sie ergänzende Bestimmungen des Gesellschaftsvertrages oder der Satzung beachtet" worden sind, wird das uneingeschränkte Testat in weiten Teilen der Öffentlichkeit fälschlich als eine Art Gütesiegel für die wirtschaftliche Überlebensfähigkeit eines Unternehmens interpretiert. Besonders laut wird die Kritik am Berufsstand der Abschlußprüfer nämlich immer dann, wenn ein Unternehmen, dessen Jahresabschluß ohne Zusatz testiert wurde, in wirtschaftliche Schwierigkeiten gerät.[3]

Sicherlich resultiert dieser, auch als Erwartungslücke[4] bezeichnete Dissens bezüglich des Testats in erster Linie aus einem unrichtigen Verständnis der Öffentlichkeit von der Bedeutung des Testates. Mit einem uneingeschränkten Bestätigungsvermerk wird (bekanntlich) keine uneingeschränkt positive wirtschaftliche Situation des geprüften Unternehmens[5], sondern (lediglich) eine den tatsächlichen Verhältnissen ent-

---

[1] Vgl. *Havermann,* Entwicklungstendenzen in Rechnungslegung und Prüfung in nationaler und internationaler Sicht, WPg 1981, S. 564–575, hier S. 573 f.; *ders.,* Das Risiko des Abschlußprüfers, in: Bericht über die Fachtagung 1988 des IDW, Düsseldorf 1989, S. 57–70, hier S. 69.

[2] Vgl. dazu VO 1982, Zur Gewährleistung der Prüfungsqualität, WPg 1982, S. 38–43; *Niehus,* Die Qualitätskontrolle der Abschlußprüfung, Düsseldorf 1993.

[3] Vgl. *Baetge,* Früherkennung negativer Entwicklungen der zu prüfenden Unternehmung mit Hilfe von Kennzahlen, WPg 1980, S. 651–665, hier S. 651.

[4] Vgl. *Hunger,* Die deutschen Wirtschaftsprüfer, Düsseldorf 1981, S. 154–171; *Forster,* Zur „Erwartungslücke" bei der Abschlußprüfung, WPg 1994, S. 789–795. Vgl. dazu auch die Beiträge von *Biener,* S. 37 ff.; *Clemm,* S. 83 ff.; *Niehus,* S. 537 ff., und *Scheffler,* S. 651 ff., in diesem Band.

[5] Vgl. FG 3/1988, Abschnitt B.

sprechende Abbildung der Lage gemäß Gesetz und Satzung in Jahresabschluß und Lagebericht bestätigt. Auch eine sehr ungünstige wirtschaftliche Lage eines Unternehmens kann in seinem Jahresabschluß und Lagebericht richtig abgebildet sein und verlangt dementsprechend vom Abschlußprüfer einen uneingeschränkten Bestätigungsvermerk. Das bedeutet im Umkehrschluß aber nicht, daß sich der Abschlußprüfer nicht mit der wirtschaftlichen Lage des zu prüfenden Unternehmens zu beschäftigen hat. Im Gegenteil, die Beurteilung der wirtschaftlichen Lage des Unternehmens nimmt eine zentrale Stellung bei der Abschlußprüfung ein,[6] denn sie ist im Prüfungsbericht zu erläutern. Allerdings richtet sich der Prüfungsbericht nur an die internen Adressaten, d. h. an Vorstand und Aufsichtsrat, und im Unterschied zum Bestätigungsvermerk nicht an die Öffentlichkeit.

Die zentrale Bedeutung der Beurteilung der wirtschaftlichen Lage durch den Abschlußprüfer spiegelt sich in seinen Berichtspflichten gemäß § 321 HGB wider. Danach hat der Abschlußprüfer in seinem Prüfungsbericht

- festzustellen, ob Buchführung und Jahresabschluß des Unternehmens den gesetzlichen Vorschriften und damit auch der Generalnorm entsprechen und ob der Lagebericht mit dem Jahresabschluß in Einklang steht und keine falsche Vorstellung von der Lage des Unternehmens erweckt (§ 321 Abs. 1 HGB),
- nachteilige Veränderungen der Vermögens-, Finanz- und Ertragslage gegenüber dem Vorjahr und nicht unwesentliche Verluste aufzuführen und ausreichend zu erläutern (§ 321 Abs. 1 Satz 4 HGB) und
- über Tatsachen zu berichten, die den Bestand des Unternehmens gefährden oder seine Entwicklung wesentlich beeinträchtigen können, wenn er sie bei Wahrnehmung seiner Aufgaben feststellt (§ 321 Abs. 2 HGB).

Da die Beurteilung der wirtschaftlichen Lage des zu prüfenden Unternehmens ohne Zweifel zu den komplexesten Prüfungsgegenständen gehört, stehen in diesem Beitrag nach einer kurzen Konkretisierung der Hintergründe der oben genannten Berichtserfordernisse vor allem die Instrumente im Vordergrund, anhand derer der Abschlußprüfer ein Urteil über die wirtschaftliche Lage des Unternehmens gewinnen kann. Aufgrund der großen Bedeutung des Urteils über die wirtschaftliche

---

[6] Zu der grundlegenden Frage, daß die Kenntnis der wirtschaftlichen Lage bei der Prüfungsdurchführung erforderlich ist, vgl. *Olbrich*, Die wirtschaftliche Lage der Kapitalgesellschaft, Düsseldorf 1992, S. 96–99.

Lage sind dabei an die Objektivität und die Sicherheit des Instrumentariums besondere Anforderungen zu stellen. Schließlich wird noch zu beleuchten sein, wann, in welchem Umfang, über welche Medien und gegenüber welchen Adressaten der Abschlußprüfer über sein Urteil der Prüfung der wirtschaftlichen Lage zu berichten hat.

II. Anlässe der Beurteilung der wirtschaftlichen Lage durch den Abschlußprüfer

Der Abschlußprüfer bestätigt mit seinem Testat, daß der geprüfte Abschluß den gesetzlichen Vorschriften entspricht. Der uneingeschränkt testierte Jahresabschluß vermittelt nach diesem Urteil gemäß § 264 HGB im Rahmen der Grundsätze ordnungsmäßiger Buchführung ein den tatsächlichen Verhältnissen entsprechendes Bild der Lage des Unternehmens, welches evtl. auch ungünstig aussehen kann.

Von den zu beachtenden gesetzlichen Vorschriften ist unter der Fragestellung der Beurteilung der wirtschaftlichen Lage der in § 252 Abs. 1 Nr. 2 HGB kodifizierte Grundsatz ordnungsmäßiger Buchführung (GoB) der Annahme der Unternehmensfortführung von besonderer Bedeutung. Die Überprüfung dieser sogenannten going-concern-Prämisse ist bei der Aufstellung des Jahresabschlusses entscheidend dafür, ob Fortführungs- oder Zerschlagungswerte anzusetzen sind. Wie der Ersteller des Jahresabschlusses hat also auch der Abschlußprüfer die Frage zu beantworten, ob der Bestand des zu prüfenden Unternehmens auf absehbare Zeit gesichert ist.[7] Dieses scheint lediglich eine Ja/nein-Entscheidung und nicht eine differenzierende Beurteilung der wirtschaftlichen Lage des Unternehmens zu implizieren. Allerdings kann die Entscheidung der Unternehmensfortführung wohl nur unter gleichzeitiger Berücksichtigung der derzeitigen wirtschaftlichen Lage und der prognostizierten Entwicklung getroffen werden[8], was dann doch eine abgestufte Beurteilung der wirtschaftlichen Lage erforderlich macht.

Neben der Ordnungsmäßigkeit des Jahresabschlusses hat der Abschlußprüfer gemäß § 317 Abs. 1 Satz 3 HGB den Lagebericht daraufhin zu prüfen, ob er in Einklang mit dem Jahresabschluß steht und keine falsche Vorstellung von der Lage des Unternehmens erweckt. Im Unter-

---
[7] Vgl. *Janssen,* Überlegungen zum „Going concern concept", WPg 1984, S. 341–348, hier S. 342.
[8] Vgl. *Budde/Geißler,* in: BeckBil-Komm., 2. Aufl., § 252, Anm. 13.

schied zu den fast durchweg quantitativen Angaben der Bilanz und der Gewinn- und Verlustrechnung sowie den in aller Regel eher knappen, sachlichen Erläuterungen des Anhangs hat sich der Abschlußprüfer hier oftmals mit umfangreichen verbalen Tendenzaussagen auseinanderzusetzen. Der Abschlußprüfer muß sich ein genaues Bild von der wirtschaftlichen Lage des Unternehmens machen, um beurteilen zu können, ob der Lagebericht keinen vom Jahresabschluß abweichenden Eindruck vermittelt. Da der Lagebericht unter anderem gemäß § 289 Abs. 2 Nr. 2 HGB den sogenannten Prognosebericht umfaßt[9], gehört dazu auch die Analyse der künftigen wirtschaftlichen Lage des Unternehmens.[10]

Eine Bewertung der wirtschaftlichen Lage des zu prüfenden Unternehmens ist auch über die eigentliche Ordnungsmäßigkeitsprüfung des Jahresabschlusses hinaus für die Berichterstattung des Abschlußprüfers von Bedeutung. Gemäß § 321 Abs. 1 Satz 4 HGB hat der Abschlußprüfer in seinem Prüfungsbericht unter anderem nachteilige Veränderungen der Vermögens-, Finanz- und Ertragslage und nicht unwesentliche Verluste des Unternehmens aufzuführen und ausreichend zu erläutern. Nachteilige Veränderungen kann der Abschlußprüfer aber nur mit einem Vergleich der wirtschaftlichen Lage des Unternehmens am Anfang und am Ende des Geschäftsjahres feststellen.[11]

Einen noch höheren Stellenwert nimmt die Berichtspflicht gemäß § 321 Abs. 2 HGB ein, nach der der Abschlußprüfer die gesetzlichen Vertreter und den Aufsichtsrat des zu prüfenden Unternehmens als Adressaten des Prüfungsberichtes informieren muß, wenn sich die wirtschaftliche Lage des zu prüfenden Unternehmens soweit verschlechtert hat, daß der Bestand des Unternehmens gefährdet oder seine Entwicklung beeinträchtigt ist (Frühwarnfunktion des Abschlußprüfers). Dabei gehen der Berichtspflicht über mögliche Bestandsgefährdungen oder Entwicklungsbeeinträchtigungen in aller Regel Angaben über nachteilige Veränderungen der wirtschaftlichen Lage in Vorjahren voraus. Allerdings kann die Berichtspflicht gemäß § 321 Abs. 2 HGB nicht nur durch eine stetige Verschlechterung der wirtschaftlichen Lage, sondern auch durch einzelne gravierende Vorfälle ausgelöst werden. Daher ist

---

[9] Zum Inhalt des Prognoseberichts vgl. *Krumbholz,* Die Qualität publizierter Lageberichte, Düsseldorf 1994, S. 129–165.

[10] Vgl. *Brandt,* Die notleidende Unternehmung als Prüfungsobjekt des Abschlußprüfers, Berlin 1984, S. 100–102.

[11] Vgl. *Weirich,* Der Konzernprüfungsbericht nach dem Bilanzrichtlinien-Gesetz, in: Bilanz-und Konzernrecht, Festschrift für Goerdeler, hrsg. v. Havermann, Düsseldorf 1987, S. 649–675, hier S. 667f.

der Bericht in seltenen Fällen auch über Entwicklungsbeeinträchtigungen oder mögliche Bestandsgefährdungen denkbar, ohne daß in Vorjahren über nachteilige Veränderungen oder nicht unwesentliche Verluste hätte berichtet werden müssen.[12] Im Unterschied zur vergangenheitsorientierten Erläuterungspflicht über nachteilige Veränderungen der wirtschaftlichen Lage oder über nicht unwesentliche Verluste ist dieser auch als Redepflicht bezeichnete Bericht über Entwicklungsbeeinträchtigungen und mögliche Bestandsgefährdungen prospektiv ausgerichtet, erfordert also ähnlich wie die Beurteilung der going-concern-Prämisse und des Lageberichts eine Beurteilung der künftigen wirtschaftlichen Lage. Wegen der inhaltlichen Nähe der beiden Berichtspflichten soll hier die Berichtspflicht über Entwicklungsbeeinträchtigungen oder mögliche Bestandsgefährdungen gemäß § 321 Abs. 2 HGB als *große Redepflicht* und die Berichtspflicht über nicht unwesentliche Verluste oder nachteilige Veränderungen der wirtschaftlichen Lage gemäß § 321 Abs. 1 Satz 4 HGB als *kleine Redepflicht* bezeichnet werden.

Sieht der Abschlußprüfer die Notwendigkeit zur Berichterstattung über eine mögliche Bestandsgefährdung, so ist nicht grundsätzlich auch die Fortführungsprämisse in Zweifel zu ziehen. Durch die große Redepflicht sollen vielmehr die Organe des Unternehmens frühzeitig über die mögliche Bestandsgefährdung informiert und zu geeigneten Gegenmaßnahmen veranlaßt werden. Eine Ablehnung der Fortführungsprämisse ist erst dann geboten, wenn nicht mehr von einer Unternehmensfortführung ausgegangen werden kann.[13]

Das Urteil des Abschlußprüfers über die wirtschaftliche Lage des Unternehmens ist also kein polarisierendes Gut- oder Schlecht-Urteil, sondern verlangt eine differenzierende Aussage in abgestufter Form.[14] Bereits nachteilige Veränderungen der wirtschaftlichen Lage im Vergleich zum Vorjahr oder nicht unwesentliche Verluste hat er in seinem Prüfungsbericht anzugeben und zu erläutern. Sieht er darüber hinaus den Bestand des Unternehmens gefährdet, so hat er die Organe des Unternehmens im Prüfungsbericht darauf hinzuweisen. Der Abschlußprüfer muß sich dabei nicht nur ein absolutes Urteil über die wirtschaftliche Lage, sondern auch ein relatives Urteil bilden, um nachteilige Veränderungen gegenüber dem Vorjahr erkennen zu können. Dabei kann

---
[12] Vgl. *Breycha/Schäfer*, in: HdR, 3. Aufl., § 321 HGB Rn. 63.
[13] Vgl. *Adler/Düring/Schmaltz*, HGB, 6. Aufl., § 252, Rdn. 23–29.
[14] Vgl. *Hoffmann*, Berichterstattung des Wirtschaftsprüfers über die Jahresabschlußprüfung nach den Vorschriften des Bilanzrichtlinie-Gesetzes, BB 1983, S. 874–878, hier S. 875.

sein Urteil über die wirtschaftliche Lage bzw. über eine mögliche Bestandgefährdung immer nur eine Wahrscheinlichkeitsaussage sein. Je höher die Wahrscheinlichkeit für eine Insolvenz ist, desto größer kann die Gefahr für den Fortbestand des Unternehmens eingeschätzt werden.

Insgesamt bleibt festzuhalten, daß die hohen Erwartungen an den Abschlußprüfer, ein Urteil über die wirtschaftliche Lage des Unternehmens abzugeben, durchaus mit den gesetzlichen Vorschriften in Einklang stehen. Allerdings dürfen diese Erwartungen nicht auf das Testat gerichtet werden. Vielmehr ist das Urteil des Abschlußprüfers über die wirtschaftliche Lage nach den gesetzlichen Vorschriften in den Prüfungsbericht aufzunehmen, der an die internen Leitungsorgane des Unternehmens gerichtet ist, die dann entsprechend reagieren und evtl. die Öffentlichkeit informieren können.[15] Die öffentliche Kritik an der mangelnden Information durch den Abschlußprüfer über eine schwierige wirtschaftliche Lage des geprüften Unternehmens ist also nicht grundsätzlich gerechtfertigt. Vielmehr müssen die Adressaten des Prüfungsberichtes[16], also bei einer AG der Vorstand und der Aufsichtsrat, bei einer GmbH die Geschäftsführung, die Gesellschafter und ggf. der Aufsichtsrat, die Öffentlichkeit über die Schwierigkeiten des Unternehmens informieren. Nur wenn die Leitungsorgane von ihren Abschlußprüfern unzureichend auf die wirtschaftlichen Probleme hingewiesen worden sind oder die wirtschaftliche Lage nicht gesetzentsprechend in Jahresabschluß und Lagebericht abgebildet wurde, ist die Kritik am Abschlußprüfer berechtigt.

Mit seinem an die unternehmensexterne Öffentlichkeit gerichteten formelhaften Bestätigungsvermerk, der durch § 322 HGB festgelegt ist, bestätigt der Abschlußprüfer dagegen (nur), daß der Jahresabschluß im Rahmen der gesetzlichen Vorschriften und unter Beachtung der Grundsätze ordnungsmäßiger Buchführung ein zutreffendes Bild der wirtschaftlichen Lage des Unternehmens zeigt. Hier bleibt es indes häufig nur dem sachkundigen Leser vorbehalten, dieses Bild erkennen zu können. Dem breiten Publikum eher zugänglich sind die ausführlicheren verbalen Erläuterungen im Lagebericht, für die der Abschlußprüfer zu untersuchen hat, ob sie im Einklang mit dem Jahresabschluß und damit im Einklang mit der im Jahresabschluß dargestellten Lage des Unternehmens stehen. Falls die wirtschaftliche Lage des Unternehmens durch

---
[15] Vgl. *Burkel,* Die Redepflicht des Wirtschaftsprüfers, 2. Aufl., Schwarzenbeck 1978, S. 42.
[16] Vgl. *Olbrich,* a.a.O. (Fn. 6), S. 126–131.

Bestandsgefährdungen oder wesentliche Entwicklungsbeeinträchtigungen gekennzeichnet ist, muß der Abschlußprüfer darauf bestehen, daß der Lagebericht in seinen Teilen Wirtschaftsbericht und Prognosebericht die entsprechenden kritischen Informationen bezüglich der Lage[17] enthält. Je mehr der Abschlußprüfer darauf besteht, daß die derzeitige und die künftige wirtschaftliche Lage des Unternehmens im Lagebericht detailliert dargestellt wird, desto eher wird mit dem Testat des Abschlußprüfers die Erwartungslücke geschlossen.[18] Dem Lagebericht kommt hier eine entscheidende Rolle zu.

Nachdem nunmehr die Notwendigkeit herausgearbeitet wurde, daß sich der Abschlußprüfer aus verschiedenen Gründen ein Urteil über die wirtschaftliche Lage des Unternehmens bilden und daraus bezüglich seines Prüfungsberichts und des Testats über den Lagebericht Konsequenzen ziehen muß,[19] bleibt im weiteren zu klären, mit welchem Instrumentarium er dieses Urteil über die wirtschaftliche Lage hinreichend sicher und objektiv, aber auch differenzierend (abgestuft) und frühzeitig genug (für eventuell notwendige Gegenmaßnahmen) gewinnen kann.

III. Instrumente zur Beurteilung der wirtschaftlichen Lage durch den Abschlußprüfer

1. Konventionelle Bilanzanalyse

Das traditionelle Instrumentarium zur Beurteilung der Vermögens-, Finanz- und Ertragslage eines Unternehmens ist die Bilanzanalyse. Dabei werden aus den Daten der Bilanz und Gewinn- und Verlustrechnung verschiedenste Verhältniszahlen zur Analyse der Vermögensstruktur, der Kapitalstruktur, der Liquidität und der Rentabilität des Unternehmens gebildet. Da die Betrachtung einzelner Kennzahlen indes in aller Regel nicht hinreichend aussagefähig ist und die allgemein gebräuchlichen Kennzahlen durch die Unternehmen mit Hilfe der Bilanzpolitik relativ leicht zu beeinflussen sind[20], werden darüber hinaus

---

[17] Zu den von der Kommentarliteratur geforderten Detailinformationen in den Elementen des Lageberichts vgl. *Baetge*, Bilanzen, 3. Aufl., Düsseldorf 1994, S. 634.
[18] Vgl. *Kupsch*, Zur Ableitung einer Krisenwarnfunktion im Rahmen der gesetzlichen Abschlußprüfung nach geltendem und künftigem Recht, in: Betriebswirtschaftliche Entscheidungen bei Stagnation, Festschrift für Heinen, hrsg. v. Pack/Börner, Wiesbaden 1984, S. 233–256, hier S. 234.
[19] Vgl. *Havermann*, WPg 1981, S. 566f.
[20] Vgl. *Baetge*, a.a.O. (Fn. 3), S. 653.

Kennzahlensysteme verwendet, die es ermöglichen sollen, aus globaleren Kennzahlen gewonnene Ergebnisse auf detailliertere, nicht so leicht beeinflußbare Einflußfaktoren zurückzuverfolgen.[21] In diesem Zusammenhang ist aber als Nachteil der konventionellen Bilanzanalyse festzuhalten, daß sowohl die Auswahl einzelner Kennzahlen als auch deren Zusammenfassung zu einem Gesamturteil über die wirtschaftliche Lage des Unternehmens anhand eines Kennzahlensystems ein subjektives Urteil des Prüfers verlangt. Außerdem decken die einzelnen Kennzahlen immer nur bestimmte Bereiche der wirtschaftlichen Lage ab.[22]

Insgesamt problematisch ist die Beurteilung der ermittelten Kennzahlenwerte. Bereits bei der Betrachtung einzelner Kennzahlen steht der Abschlußprüfer vor der Frage, welches Urteil er den ermittelten Ist-Kennzahlenwerten beimessen kann. Allgemein akzeptable Sollwerte, die ein wertendes Urteil über einzelne Kennzahlen oder Kennzahlenkombinationen objektivieren könnten, existieren nämlich nur bei so eindeutigen Beziehungen wie der Liquidität eines Unternehmens, die stets positiv sein muß.[23] Für die meisten Kennzahlen kann der Prüfer dagegen nur über Größer/kleiner-Beziehungen eine Besser/schlechter-Aussage im Zeit- und Unternehmensvergleich machen, nachdem er für die betreffenden Kennzahlen entsprechende Hypothesen formuliert hat. Darüber hinaus wird sich der Abschlußprüfer bei seiner traditionellen Bilanzanalyse auf seine (subjektive) Erfahrung bei der Berücksichtigung von z. B. branchenspezifischen Einflüssen auf einzelne Kennzahlen stützen müssen. Orientierungshilfen können auch statistische Aufstellungen über Branchendurchschnitte liefern. Allerdings wird sich der Abschlußprüfer mit der konventionellen Bilanzanalyse allein oftmals kein Urteil über die wirtschaftliche Lage eines Unternehmens bilden können, das den Anforderungen der hinreichenden Sicherheit und der erforderlichen Objektivität im Sinne einer intersubjektiven Nachprüfbarkeit genügt.

Was schon bei der Betrachtung jeweils einzelner Kennzahlen nicht einfach ist, wird bei der simultanen Analyse der wirtschaftlichen Lage mit mehreren Kennzahlen aus unterschiedlichen Bereichen um so schwieriger. Die gewonnenen Teilurteile können nur solange konfliktfrei zu

---

[21] Vgl. *Ballwieser,* Bilanzanalyse, in: Handwörterbuch des Rechnungswesens, hrsg. v. Chmielewicz/Schweitzer, 3. Aufl., Suttgart 1993, Sp. 211–221, hier Sp. 214f.

[22] Vgl. *Baetge/Hense,* Prüfung des Konzernabschlusses, in: HdKR, Kap. II, Rn. 1509.

[23] Vgl. *Baetge/Feidicker,* Prüfung der Vermögens- und Finanzlage, in: Handwörterbuch der Revision, hrsg. v. Coenenberg/v. Wysocki, 2. Aufl., Stuttgart 1992, Sp. 2086–2107, hier Sp. 2091.

einem Gesamturteil zusammengefaßt werden, wie die Teilurteile gleichgerichtet sind[24], wenn also die Kennzahlen entweder zu einer nur positiven oder zu einer nur negativen Beurteilung der wirtschaftlichen Lage beitragen. Problematisch wird die Urteilsgewinnung, wenn eine Kennzahl ein positives Urteil, eine andere Kennzahl aber eine negatives Urteil über die Lage nahelegt. Betrachten wir das Beispiel der beiden Kennzahlen Rentabilität und Verschuldung. Weist ein Unternehmen eine positiv zu wertende relativ hohe Rentabilität, gleichzeitig aber eine eher negativ zu wertende hohe Verschuldung auf, so kann ein eindeutiges widerspruchsfreies Urteil über die gesamte wirtschaftliche Lage des Unternehmens mit traditionellen Analysen nicht gefällt werden.[25] Die Widersprüche können sich verstärken, wenn mehr als zwei Kennzahlen zur Beurteilung der wirtschaftlichen Lage herangezogen werden.

Als weiteren Vorwurf trifft die konventionelle Bilanzanalyse, daß sie nur schwerlich Prognosen zuläßt, da sie auf den eher vergangenheitsorientierten Jahresabschlüssen basiert.[26] Wie oben dargestellt, ist der Abschlußprüfer aber auch gezwungen, sich mit Prognosen über die künftige wirtschaftliche Lage des Unternehmens auseinanderzusetzen.[27]

Zur Beurteilung der wirtschaftlichen Lage eines Unternehmens muß der Abschlußprüfer also die für nachteilige Veränderungen, Bestandsgefährdungen oder Entwicklungsbeeinträchtigungen relevanten Kennzahlen auswählen, die Ist-Werte dieser Kennzahlen bewerten und die unter Umständen divergierenden Einzelergebnisse zu einem einheitlichen und widerspruchsfreien Gesamturteil zusammenfassen. Da diese Anforderungen von der konventionellen Bilanzanalyse nicht erfüllt werden können, wurden mathematisch-statistische Verfahren entwickelt (sogenannte moderne Bilanzanalyse), mit deren Hilfe die relevanten Kennzahlen auf empirischer Basis, d.h. auf der Grundlage einer sehr großen Zahl von Jahresabschlüssen solventer und später insolvent werdender Unternehmen ausgewählt und gewichtet werden können.[28]

---

[24] Vgl. *Niehaus,* Früherkennung von Unternehmenskrisen, Düsseldorf 1987, S. 53.
[25] Vgl. *Baetge/Hüls/Uthoff,* Bilanzbonitätsanalyse mit Hilfe der Diskriminanzanalyse nach neuem Bilanzrecht, Controlling 1994, S. 320–327, hier S. 322.
[26] Vgl. *Rückle,* Instrumente zur Insolvenzvorsorge und -bewältigung, WT 1993, S. 4–13, hier S. 10.
[27] Vgl. bereits *Ettmüller,* Zur Redepflicht des Abschlußprüfers nach § 166 Abs. 2 AktG, Berlin 1978, S. 184–186.
[28] Vgl. *Niehaus,* a.a.O. (Fn. 24), S. 54; *Baetge/Schmedt/Hüls/Krause/Uthoff,* Bonitätsbeurteilung von Jahresabschlüssen nach neuem Recht mit Künstlichen Neuronalen Netzen, DB 1994, S. 337–343, hier S. 339f.

Die Verfahren erlauben dann ein mathematisch-statistisch abgesichertes und damit ein objektives und hinreichend sicheres Gesamturteil auch über die künftige wirtschaftliche Lage eines Unternehmens.

2. Die moderne Bilanzanalyse mit Hilfe quantitativer Verfahren

a) Das Instrumentarium der multivariaten Diskriminanzanalyse und die Bilanzanalyse mit Künstlichen Neuronalen Netzen

Die Diskriminanzanalyse ist ein mathematisch-statistisches Verfahren, das eine Grundgesamtheit anhand eines Kriteriums in zwei Gruppen teilt. Für das hier zu behandelnde Problem der Beurteilung der wirtschaftlichen Lage eines Unternehmens bietet sich das Kriterium der Bestandsgefährdung an.[29] Eine Reihe von Analysen dieser Art sind schon vorgenommen worden.[30] Sie werden in der Praxis bisher vor allem von Kreditinstituten und -versicherern für die Kreditwürdigkeitsprüfung von Firmenkunden mit Erfolg eingesetzt.[31]

Mit der Diskriminanzanalyse kann auf der Basis von Jahresabschlußinformationen ermittelt werden, aufgrund welcher Merkmale sich bestandsgefährdete und nicht bestandsgefährdete Unternehmen signifikant unterscheiden. Dazu sind zunächst als Merkmale alle *möglicherweise* relevanten Kennzahlen festzulegen. Bei der Erstellung des Kennzahlenkataloges werden indes noch nicht die letztendlich für die nachteiligen Veränderungen, für die Bestandsgefährdung oder Entwicklungsbeeinträchtigung relevanten Kennzahlen ausgesucht. Das geschieht vielmehr erst später durch das mathematisch-statistische Verfahren.

---

[29] Vgl. *Feidicker,* Kreditwürdigkeitsprüfung. Entwicklung eines Bonitätsindikators, dargestellt am Beispiel von Kreditversicherungsunternehmen, Düsseldorf 1992, S. 35-39.

[30] Vgl. z. B. *Beaver,* Financial Ratios as Predictors of Failure, in: Empirical Research in Accounting, Selected Studies 1966, S. 71-111; *Altman,* Financial Ratios, Discriminant Analysis and the Prediction of Corporate Bankruptcy, JoF 1968, S. 589-609; *Beermann,* Prognosemöglichkeiten von Kapitalverlusten mit Hilfe von Jahresabschlüssen, Düsseldorf 1976; *Gebhardt,* Insolvenzprognosen aus aktienrechtlichen Jahresabschlüssen, Wiesbaden 1980.

[31] Vgl. *Prasch,* Die Analyse von Jahresabschlüssen zur Kreditwürdigkeitsprüfung, in: Bilanzanalyse und Bilanzpolitik, hrsg. v. Baetge, Düsseldorf 1989, S. 105-135; *Köllhofer,* Moderne Verfahren der Bilanz- und Bonitätsanalyse im Firmenkundengeschäft der Bayerischen Vereinsbank AG, ZfbF 1989, S. 974-981; *Baetge/Beuter/ Feidicker,* Kreditwürdigkeitsprüfung mit Diskriminanzanalyse, WPg 1992, S. 749-761; *Baetge/Hüls/Uthoff,* Controlling 1994, S. 321; *Beuter/Reiss/Rust,* Erfahrungen mit formalisierten Verfahren bei der Kreditwürdigkeitsprüfung, in: Interaktion, hrsg. v. Schiemenz, Berlin 1994, S. 55-73.

Für jede Kennzahl des Kataloges wird zunächst wie bei der konventionellen Bilanzanalyse eine Hypothese formuliert und überprüft, ob ein hoher Kennzahlenwert eher auf eine Bestandsgefährdung oder auf eine Bestandssicherheit hinweist. Der Kennzahlen-Katalog sollte vor allem solche Kennzahlen enthalten, die die zu prüfenden Unternehmen durch Bilanzpolitik wenig zu ihren Gunsten verändern können, z. B. bei den Rentabilitätskennzahlen solche, die im Zähler eine Cash Flow-Größe enthalten, die durch Abschreibungs- und/oder Rückstellungspolitik kaum beeinflußt wird.

Anhand einer repräsentativen, möglichst großen Analysestichprobe von Jahresabschlüssen jeweils gleich vieler solventer und später insolventer Unternehmen, von denen ja bekannt ist, ob sie bestandsgefährdet waren oder nicht, wird dann computergestützt untersucht, welche Kennzahlen aus dem großen Kennzahlenkatalog die beiden Gruppen am besten voneinander trennen. Für die Güte der Trennung ist entscheidend, daß die Analysestichprobe möglichst viele Jahresabschlüsse enthält. Dazu müssen vor allem drei aufeinander folgende Jahresabschlüsse von einer entsprechend großen Zahl insolvent gewordener Unternehmen (möglichst mehr als 120) verfügbar sein.

Wählt man für die Trennung von bestandsgefährdeten und bestandssicheren Unternehmen nur eine Kennzahl aus, was bereits gegenüber der konventionellen Bilanzanalyse den Vorteil der statistischen Absicherung des Urteils mit sich bringt,[32] so spricht man von einer univariaten Diskriminanzanalyse. Werden durch die computergestützte Analyse mehrere Kennzahlen ausgewählt, die gemeinsam die „gesunden" von den „gefährdeten" Unternehmen trennen, so liegt eine multivariate Diskriminanzanalyse (MDA) vor. Bei der MDA liefert die mathematisch-statistische Analyse zugleich die optimale Auswahl und Gewichtung der einzelnen Kennzahlen. Faßt man die Kennzahlen mit diesen Gewichten zu einer linearen Funktion zusammen (Diskriminanzfunktion), so errechnet sich für jedes Unternehmen ein Gesamturteil in Form eines einzigen aggregierten Kennzahlenwertes (Diskriminanzwert), der auf eine Bestandsgefährdung hinweist, sobald ein bestimmter Schwellenwert (Trennwert) unterschritten wird.[33] Die Trenngüte des Schwellenwertes läßt sich dabei optimieren. Mit der Diskriminanz-

---

[32] Bei den jüngsten Untersuchungen am Institut für Revisionswesen wurde für einzelne hochtrennfähige Kennzahlen eine Zuverlässigkeit drei Jahre vor dem Scheitern von Unternehmen von ca. 80% erreicht. Vgl. *Hüls,* Früherkennung insolvenzgefährdeter Unternehmen, Düsseldorf 1995.
[33] Vgl. *Baetge/Hüls/Uthoff,* Controlling 1994, S. 321–325.

funktion liegt dann im Unterschied zur konventionellen Bilanzanalyse eine objektive Bewertungsvorschrift für die Beurteilung der wirtschaftlichen Lage eines Unternehmens vor.[34]

Die Trennqualität läßt sich durch den Einsatz eines anderen mathematisch-statistischen Verfahrens, der Künstlichen Neuronalen Netze (KNN), nicht unerheblich verbessern. Mit den KNN werden die Grundmechanismen des Lernens und der Wissensspeicherung im menschlichen Gehirn computertechnisch abgebildet. Die KNN können mit den Jahresabschlüssen der Analysestichprobe trainiert werden und setzen ihr erlerntes Wissen über die trennfähigen Merkmale solventer und insolventer Unternehmen in eine Auswahl und Gewichtung von Kennzahlen in Form einer komplexeren, nicht-linearen Trennfunktion um.[35] Die mit dieser Funktion auf einen Wert verdichteten Jahresabschlußinformationen bezeichnen wir als Gesamtrisikoindex oder N-Wert.

Eine wichtige Voraussetzung für die Anwendung der mathematisch-statistischen bzw. der neuronalen Kennzahlenauswahl ist die Überprüfung der aus den bekannten Unternehmen der Analysestichprobe gewonnenen Ergebnisse anhand der Unternehmen der Kontrollstichprobe. Es wird also getestet, ob und wieweit die Unternehmen der Kontrollstichprobe mit der ermittelten Diskriminanzfunktion oder mit dem ermittelten KNN zutreffend als bestandsgefährdet bzw. als nicht bestandsgefährdet eingestuft werden. Für die Verläßlichkeit der Klassifikationsgüte ist ein möglichst großer Umfang der Kontrollstichprobe von entscheidender Bedeutung.

Am Institut für Revisionswesen der Universität Münster wird seit 1976 erfolgreich an der Entwicklung von Trennfunktionen gearbeitet, deren Trennergebnisse laufend verbessert worden sind und weiter verbessert werden. In den aktuellen Analysen mit dem Einsatz von KNN wird mit einer Grundgesamtheit von über 11.000 Jahresabschlüssen und einer Analysestichprobe von je 131 solventen und später insolventen Unternehmen mit jeweils drei aufeinanderfolgenden, nach dem HGB 1985 aufgestellten Jahresabschlüssen gearbeitet. Das zur Zeit trennstärkste Netz (BP-14) vom Typ der Backpropagation-Netze hat aus einem Kennzahlenkatalog von 259 Kennzahlen mathematisch-statistisch abgesichert eine Trennfunktion aus 14 Kennzahlen ermittelt, die eine

---
[34] Vgl. *Baetge/Niehaus*, Moderne Verfahren der Jahresabschlußanalyse, in: Bilanzanalyse und Bilanzpolitik, hrsg. v. Baetge, Düsseldorf 1989, S. 139–174, hier S. 160.
[35] Vgl. dazu grundlegend *Krause*, Kreditwürdigkeitsprüfung mit Neuronalen Netzen, Düsseldorf 1993; *Baetge/Schmedt/Hüls/Krause/Uthoff,* DB 1994, S. 337f.

Bestandsgefährdung schon drei Jahre vor der Insolvenz mit über 90% Zuverlässigkeit anzeigt.[36] Die ausgewählten Kennzahlen sind verschiedenen Informationsbereichen, z. B. der Rentabilität, der Kapitalstruk-

	Kennz.	Definition	Bereich	Hyp.
1	K_02i	Ordentliches Betriebsergebnis (intern): Umsatz	Rentabilität	I < S
2	K_08i	Ertragswirtschaftlicher Cash Flow (intern): Bilanzsumme	Rentabilität	I < S
3	K_08iP	(Ertragswirtschaftlicher Cash Flow (intern) + Zuführung zu den Pensionsrückstellungen): Bilanzsumme	Rentabilität	I < S
4	K_18A	Ertragswirtschaftlicher Cash Flow (intern): (Fremdkapital − Erhaltene Anzahlungen)	Finanzkraft	I < S
5	K_25i	Ertragswirtschaftlicher Cash Flow (intern): (Kfr. Fremdkapital + Mfr. Fremdkapital)	Finanzkraft	I < S
6	K_34	((Akzeptverpflichtungen + Verbindlichkeiten aus Lieferungen und Leistungen) x 360): Gesamtleistung	Kapitalbindungsdauer	I > S
7	K_35	((Akzeptverpflichtungen + Verbindlichkeiten aus Lieferungen und Leistungen) x 360): Umsatz	Kapitalbindungsdauer	I > S
8	K_36	(Kfr. Bankverbindlichkeiten + Verbindlichkeiten aus Lieferungen und Leistungen + Akzeptverpflichtungen + Sonstige Verbindlichkeiten): Umsatz	Kapitalbindung	I > S
9	K_63	Kfr. Fremdkapital: Bilanzsumme	Verschuldung	I > S
10	K_68A	(Verbindlichkeiten aus Lieferungen und Leistungen + Akzeptverpflichtungen + Bankverbindlichkeiten): (Fremdkapital − erhaltene Anzahlungen)	Verschuldung	I > S
11	K_79	Wirtschaftliches Eigenkapital: (Sachanlagevermögen − Grundstücke und Bauten)	Liquidität	I < S
12	K_112	Personalaufwand: Gesamtleistung	Wertschöpfung	I > S
13	K_119	(Wirtschaftliches Eigenkapital − Immaterielle Vermögensgegenstände): (Bilanzsumme − Immaterielle Vermögensgegenstände − Flüssige Mittel − Grundstücke und Bauten)	Kapitalstruktur	I < S
14	K_121	(Wirtschaftliches Eigenkapital + Rückstellungen): (Bilanzsumme − Flüssige Mittel − Grundstücke u. Bauten)	Kapitalstruktur	I < S

Abb. 1: Die Kennzahlen des BP-14

---

[36] Vgl. dazu *Baetge/Hüls/Uthoff*, Controlling 1994, S. 320–327; *Baetge/Schmedt/Hüls/Krause/Uthoff*, DB 1994, S. 337–343.

tur oder der Liquidität zuzuordnen. Zusammengenommen decken sie alle relevanten Bereiche der wirtschaftlichen Lage eines Unternehmens ab. Abbildung 1 zeigt die 14 ausgewählten Kennzahlen, deren Zuordnung zu den verschiedenen Informationsbereichen und die den Kennzahlen zugrundeliegenden Hypothesen, ob also diese Kennzahl bei einem solventen Unternehmen (I < S) oder einem insolventen Unternehmen (I > S) größere Werte annimmt.

Jede der ausgewählten Kennzahlen ist für sich allein genommen nachvollziehbar und erklärbar, was besonders für die Argumentation des Abschlußprüfers gegenüber den Adressaten des Prüfungsberichtes nicht unerheblich sein dürfte. Die Gewichtung der Kennzahlen in der Trennfunktion wird vom Institut für Revisionswesen dagegen entsprechend den Vereinbarungen mit den Kooperationspartnern nicht publiziert. Insgesamt sei hier nochmals betont, daß Auswahl und Gewichtung der Kennzahlen im Unterschied zur konventionellen Bilanzanalyse nicht subjektiv vorgenommen werden, sondern mathematisch-statistisch und damit objektiv aufgrund ihrer Trennfähigkeit errechnet und tausendfach geprüft sind.[37]

Mit dem beschriebenen Instrumentarium können die beurteilten Unternehmen nicht nur polarisiert entweder als bestandsgefährdet oder als nicht bestandsgefährdet charakterisiert werden. Vielmehr erlaubt diese Analyse es auch, die Unternehmen abhängig von Ihrem Gesamtrisikoindex differenzierend in sogenannte Güte- und Risikoklassen von +10 bis −10 einzuordnen, wobei die wirtschaftliche Lage eines Unternehmens umso positiver zu beurteilen ist, je höher der ermittelte N-Wert (Risikoindex) und damit die zugewiesene Klasse ist und umgekehrt. Ein Unternehmen wird mit einer umso höheren Wahrscheinlichkeit als bestandsgefährdet angesehen je niedriger sein Gesamtrisikoindex ist.[38] Die Klasseneinteilung zeigt Abbildung 2.

Zum Nachweis, daß mit BP-14 zuverlässig getrennt wird und daß unterschiedliche N-Werte auf graduell unterschiedliche wirtschaftliche Situationen hinweisen, haben wir – ausgehend von dem Anteil der in der Bundesrepublik jährlich durchschnittlich insolvent werdenden Unternehmen an der Gesamtzahl der Unternehmen – angenommen, daß 1 %

---

[37] Vgl. *Baetge/Niehaus*, a.a.O. (Fn. 34), S. 159f.; *Baetge/Schmedt/Hüls/Krause/Uthoff*, DB 1994, S. 337.
[38] Vgl. *Baetge/Huß/Niehaus*, Die statistische Auswertung von Jahresabschlüssen zur Informationsgewinnung bei der Abschlußprüfung, WPg 1986, S. 605–613, hier S. 611.

Bilanzbonität			N-Wert
Güteklassen	AA	ausgezeichnet	8 bis 10
	A	sehr gut	6 bis 8
	BB	gut	4 bis 6
	B	befriedigend	2 bis 4
	CC	ausreichend	0 bis 2
	C	kaum ausreichend	−2 bis 0
Risikoklassen	I	leichte Bestandsgefährdung	−4 bis −2
	II	mittlere Bestandsgefährdung	−6 bis −4
	III	hohe Bestandsgefährdung	−8 bis −6
	IV	sehr hohe Bestandsgefährdung	−10 bis −8

Abb. 2: Güteklassen und Risikoklassen

der Unternehmen unseres Samples pro Jahr insolvent werden (a-priori Wahrscheinlichkeit = 1%). Dann haben wir mehr als 50.000 Jahresabschlüsse mit BP-14 getrennt und je nach N-Wert in die Güte- und Risikoklassen eingereiht. Für die 1%, d. h. 500 Jahresabschlüsse der später insolventen Unternehmen im Sample ergaben sich dann folgende a-posteriori Wahrscheinlichkeiten in den Güte- und Risikoklassen:

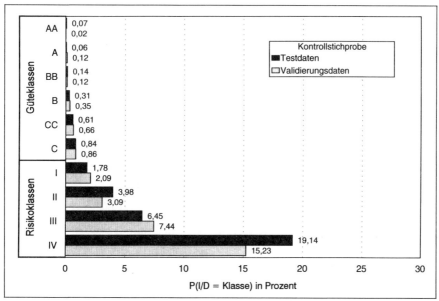

Abb. 3: A-posteriori Wahrscheinlichkeit eines insolventen Unternehmens einer bestimmten Klasse nach dem BP 14

Für den Prüfer bedeuten diese Ergebnisse, daß zum Beispiel ein Unternehmen, welches gemäß dem objektiv ermittelten N-Wert in Risikoklasse II eingestuft wird, ein 3 bis 4 mal so hohes Risiko für eine Insolvenz aufweist wie die a-priori Wahrscheinlichkeit und daß sich ein 15- bis 19-faches Risiko ergibt, wenn ein Unternehmen gemäß dem N-Wert in Risikoklasse IV eingestuft wird.

Bleibt die Frage, ob die auf der Grundlage vergangenheitsorientierter Jahresabschlüsse gewonnenen Ergebnisse auch Schlüsse auf die *künftige* wirtschaftliche Lage eines Unternehmens zulassen. Wie oben ausgeführt, wurden in die Analysestichprobe ausschließlich Unternehmen mit mindestens drei aufeinanderfolgenden Jahresabschlüssen aufgenommen, so daß die Ergebnisse auch eine Abstufung abhängig von der zeitlichen Entfernung zur Insolvenz zulassen. Dabei werden die Trennergebnisse umso zuverlässiger, je näher man der drohenden Bestandsgefährdung kommt. So konnten mit der oben beschriebenen Analyse knapp 92% der tatsächlich insolventen Unternehmen als bestandsgefährdet identifiziert werden, während drei bis vier Jahre vor der drohenden Insolvenz rund 60% und ein bis zwei Jahre vor der Insolvenz sogar über 70% der solventen Unternehmen richtig klassifiziert wurden. An der Verbesserung dieser Trennergebnisse wird im Institut für Revisionswesen ständig gearbeitet.

Das beschriebene Instrumentarium läßt über die Einordnung in Klassen hinaus eine noch weitergehende, detailliertere Analyse der wirtschaftlichen Lage des Unternehmens zu. Diese Analyse stützt sich auf die in den N-Wert einfließenden Kennzahlen. Wir haben die 14 Kennzahlen des BP-14 zu Informationsbereichen zusammengefaßt, so daß der Wert des jeweiligen Gesamtrisikoindexes (N-Wertes) durch Bereichsindizes erklärt bzw. plausibilisiert werden kann. Diese Bereichsindizes erlauben einen genaueren Einblick in die einzelnen Bereiche der wirtschaftlichen Lage des Unternehmens. Die Betrachtung dieser Bereichsindizes ermöglicht nach einer Gesamtbeurteilung anhand des Gesamtrisikoindexes eine detailliertere Schwachstellenanalyse der wirtschaftlichen Lage des zu beurteilenden Unternehmens.[39] Deren Nutzen für die Berichterstattung des Abschlußprüfers wird im folgenden Abschnitt erläutert und an einem Beispiel näher beschrieben.

---

[39] Vgl. *Baetge/Schmedt/Hüls/Krause/Uthoff*, DB 1994, S. 341f.

b) Die Möglichkeiten der Nutzung der mathematisch-statistischen Bilanzanalyse bei der Berichterstattung des Abschlußprüfers

Mit der auf die MDA oder die KNN gestützten Jahresabschlußanalyse steht dem Abschlußprüfer ein Instrumentarium zur Verfügung, das nach objektiven Maßstäben eine zuverlässige, fein abgestimmte und vor allem objektive Bewertung der wirtschaftlichen Lage eines Unternehmens anhand von Jahresabschlüssen erlaubt. Der Gesamtrisikoindex gestattet eine frühwarnende, zuverlässige, objektive und differenzierende Aussage über eine nachteilige Veränderung oder gar eine mögliche Bestandsgefährdung des Unternehmens im Sinne der Redepflicht des § 321 HGB, weil jeder Prüfer für ein bestimmtes Unternehmen zum gleichen Ergebnis gelangt und weil die Zuverlässigkeit des Instrumentariums an vielen tausend Jahresabschlüssen geprüft worden ist. Die kleine Redepflicht würde ausgelöst, wenn der Gesamtrisikoindex von einer Güteklasse in eine niedrigere Güteklasse abrutscht.[40] Sobald der Gesamtrisikoindex des zu prüfenden Unternehmens aber in die Risikoklasse I oder in eine niedrigere Risikoklasse abrutscht, sollte der Abschlußprüfer aufgrund der großen Redepflicht im Prüfungsbericht darüber berichten.[41] Falls keine objektiven, vom Prüfer anderweitig festgestellten Argumente dagegenstehen, liegt nach den Ergebnissen der empirischen Untersuchung eine Bestandsgefährdung oder eine wesentliche Entwicklungsbeeinträchtigung vor.

Zur näheren Erläuterung einer mit dem Gesamtrisikoindex festgestellten Bestandsgefährdung im Prüfungsbericht kann der Abschlußprüfer auf die Bereichsindizes für die Einzelkennzahlen des Unternehmens im Zeitablauf zurückgreifen. Hier kann er detaillierte Anhaltspunkte für die Entwicklung der wirtschaftlichen Lage des Unternehmens und damit auch über mögliche, im Rahmen der kleinen Redepflicht gemäß § 321 Abs. 1 Satz 4 HGB berichtspflichtige nachteilige Veränderungen, aber auch Argumente für die große Redepflicht gewinnen.[42]

Diese Analysemöglichkeiten verdeutlicht das folgende Beispiel. Für das hier analysierte Beispiel-Unternehmen[43] ergeben sich im Zeitablauf folgende N-Werte:

---

[40] Vgl. *Baetge/Hense,* a.a.O. (Fn. 22), Rn. 1512.
[41] Vgl. *Baetge/Hense,* a.a.O. (Fn. 22), Rn. 1524.
[42] Vgl. schon für die MDA ohne KNN *Baetge/Huß/Niehaus,* WPg 1986, S. 605–613.
[43] Die Daten des Beispiel-Unternehmens lehnen sich eng an einen realen Fall an, sind jedoch aus Gründen der Anonymisierung leicht verändert worden.

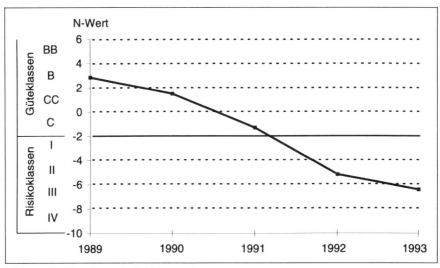

Abb. 4: N-Wert des Beispiel-Unternehmens

Aufgrund dieses Gesamtrisikoindexes wäre bereits im Jahr 1990 die kleine Redepflicht ausgelöst worden, da der Gesamtrisikoindex aus der Klasse B in die Klasse CC abgerutscht ist. Die wirtschaftliche Situation des Unternehmens verschlechtert sich dann in 1991 weiter, wobei der Gesamtrisikoindex auf −1,5 in die Klasse C fällt. Auch hier wäre wieder die kleine Redepflicht über erneute nachteilige Veränderungen gegenüber dem Vorjahr indiziert. Für das Jahr 1992 deutet der N-Wert mit ca. −5 in Risikoklasse II schließlich schon recht massiv auf eine Bestandgefährdung hin, wobei jetzt die große Redepflicht ausgelöst wird. In 1993 verschlechtert sich die wirtschaftliche Lage weiter und der großen Redepflicht wäre erneut nachzukommen.

Mit Hilfe der Einzelkennzahlen läßt sich der Verlauf des N-Wertes in den folgenden 8 Graphiken begründen bzw. plausibilisieren. In den Graphiken wurden die Werte der einzelnen Kennzahlen auf der linken Y-Achse und der N-Wert (jeweils die fette Linie) zum Vergleich auf der rechten Y-Achse skaliert:

Möglichkeiten der Objektivierung der Redepflicht 21

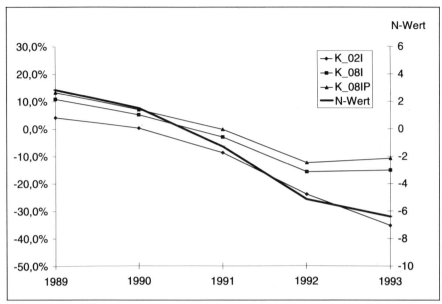

Abb. 5: Rentabilität

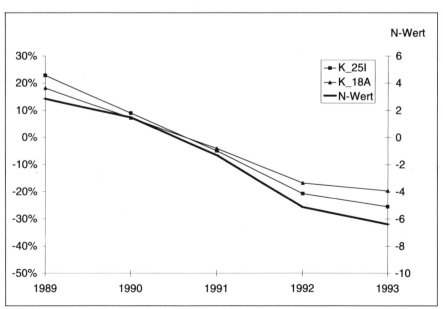

Abb. 6: Finanzkraft

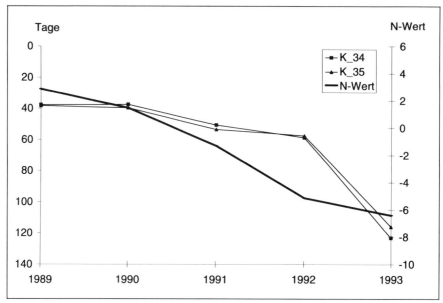

Abb. 7: Kapitalbindungsdauer

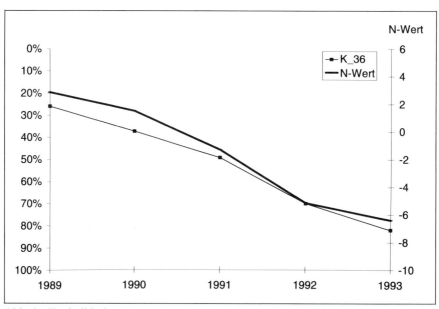

Abb. 8: Kapitalbindung

Möglichkeiten der Objektivierung der Redepflicht

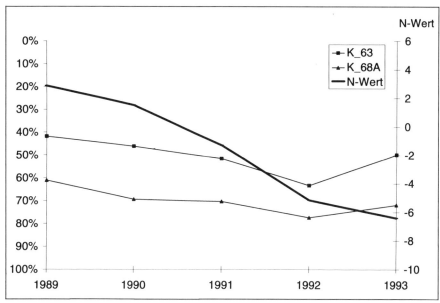

Abb. 9: Verschuldung

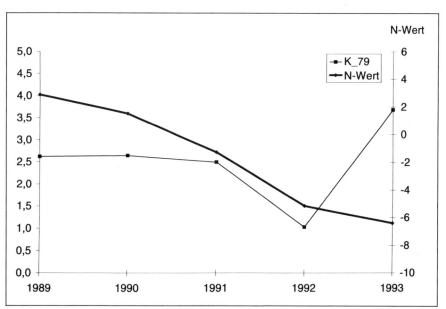

Abb. 10: Liquidität

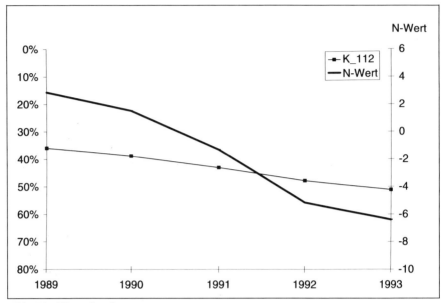
Abb. 11: Wertschöpfung

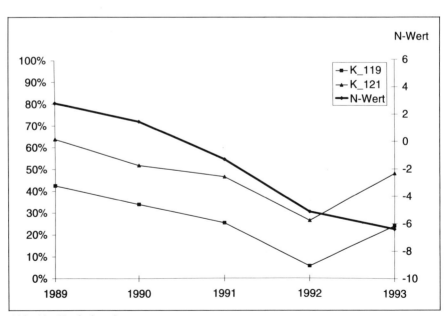
Abb. 12: Kapitalstruktur

In unserem Beispiel indizieren die Bereichskennzahlen der Rentabilität, der Finanzkraft, der Kapitalbindung und der Kapitalbindungsdauer die krisenhafte Entwicklung bereits in den Jahren 1989–1991.

Der zeitliche Verlauf der Kennzahlen aus den Informationsbereichen Verschuldung, Liquidität und Kapitalstruktur weist zwar in den Jahren 1990, 1991 und 1992 eine ebenfalls negative Entwicklung auf, doch im Jahr 1993 erholen sich diese Einzelkennzahlen zum Teil deutlich. Dies bedeutet, daß eine alleinige Betrachtung von Verschuldung, Liquidität und Kapitalstruktur nicht in dem Maße auf die schlechte Unternehmensentwicklung hingewiesen hätte wie der N-Wert und zum anderen, daß im Jahr 1993 vom Unternehmen massive Maßnahmen ergriffen wurden, um einen möglicherweise drohenden Unternehmenszusammenbruch abzuwenden, was allerdings nicht von Erfolg gekrönt war. Durch diese Maßnahmen wurde zwar die negative Steigung im zeitlichen Verlauf des N-Wertes von 1992 nach 1993 gemildert, allerdings griffen die Maßnahmen zu spät. Wäre die KNN-Analyse bereits 1990 herangezogen worden, hätten dagegen die erst in 1993 in Angriff genommenen Maßnahmen früher eingeleitet und besser dosiert werden können. Dadurch hätten auch die zum Teil heftigen, krisenverschärfenden Reaktionen der Öffentlichkeit in 1993 vermieden werden können.

Nachdem nun der außerordentlich hohe Nutzen der vorgestellten Instrumente zur modernen quantitativen Bilanzanalyse beschrieben wurde, stellt sich die Frage, wie diese, in der Entwicklung sehr komplexen Instrumente für den Abschlußprüfer nutzbar gemacht werden können. Hier ist zu bedenken, daß die beschriebenen Instrumente aufgrund der methodischen Anforderungen (hinreichend großer Datenbestand an Jahresabschlüssen und genügend große Analysestichprobe mit einer ausreichend großen Zahl von Jahresabschlüssen insolventer Unternehmen, umfangreiche Analysen mit entsprechendem methodischen Know-how) nicht einmal allein von einer großen WP-Gesellschaft entwickelt werden können. Daher scheint es sinnvoll, die beschriebenen Auswertungen und die unbedingt notwendige Pflege des Instrumentariums einer kompetenten und unabhängigen, universitätsnahen Stelle zu übertragen. Schon vor einigen Jahren wurde vorgeschlagen, eine Auswertungszentrale zu installieren[44], die von Abschlußprüfern die anonymisierten Jahresabschlüsse erhält und für diese Unternehmen die Gesamtrisiko- und die Bereichsindizes errechnet und grafisch darstellt. Mittlerweile konnte die Größe der Datenbasis und die wissenschaftliche

---

[44] Vgl. *Baetge,* WPg 1980, S. 662; *Baetge/Huß/Niehaus,* WPg 1986, S. 611.

Entwicklung des Instrumentariums am Institut für Revisionswesen in Münster auf einen in Deutschland wohl einmaligen Stand vorangetrieben werden, was neben einigen hochrangigen Kooperationspartnern aus dem Bereich der Kreditinstitute und Kreditversicherer u. a. auch eine der größten Wirtschaftsprüfungsgesellschaften in Deutschland veranlaßt hat, das beschriebene Instrumentarium einzusetzen.[45]

Die beschriebenen Analyseverfahren liefern also dem Abschlußprüfer objektive, statistisch abgesicherte Kriterien, die u. E. die Berichtspflichten über nachteilige Veränderungen der wirtschaftlichen Lage und mögliche Bestandsgefährdungen auslösen sollten. Der Abschlußprüfer kann sein diesbezügliches Urteil mit einer hinreichenden Sicherheit treffen, wobei die beschriebenen Instrumente allerdings naturgemäß keine 100% sicheren Aussagen erlauben. Ferner sei nochmals daran erinnert, daß sich die Analysen bisher ausschließlich auf das Datenmaterial des Jahresabschlusses stützen. Aus diesen Gründen sollte der Abschlußprüfer zur Ergänzung der beschriebenen Untersuchung der quantitativen Jahresabschlußdaten weitergehende Analysen durchführen[46], wie sie schon neben der konventionellen Bilanzanalyse unentbehrlich waren. Dabei kann der Umfang der weitergehenden Analyse abhängig vom Wert des Gesamtrisikoindexes abgestuft werden.[47] Eine weitere Möglichkeit zur Erhöhung der Aussagefähigkeit der Analyse mit KNN besteht darin, daß zusätzlich ein vom Jahresabschlußprüfer eingereichter, durch ihn von der Bilanzpolitik bereinigter Jahresabschluß von der Auswertungszentrale analysiert wird. Wie erste Versuche dieser Art belegen, zeigt der Vergleich der Auswertungen des festzustellenden Jahresabschlusses und des von der Bilanzpolitik bereinigten Jahresabschlusses die wirtschaftliche Lage dann noch besser.

3. Die über die Analyse des Jahresabschlusses hinausgehende weitergehende Beurteilung der wirtschaftlichen Lage

Um die wirtschaftliche Lage eines zu prüfenden Unternehmens umfassend beurteilen zu können, sollte die beschriebene mathematisch-

---

[45] Über die beschriebene Analyse quantitativer Jahresabschlußdaten hinaus läuft zur Zeit am Institut für Revisionswesen, Münster, ein erfolgreiches Projekt mit einer großen Auskunftei, bei dem standardisierbare qualitative Daten, wie die Auftragslage, das Zahlungsverhalten oder die Rechtsform eines Unternehmens, in die Analyse mit KNN eingebunden werden. Die Trennfähigkeit zwischen bestandsgefährdeten und bestandssicheren Unternehmen konnte dadurch weiter verbessert werden.
[46] Vgl. *Baetge/Fischer,* in: HdR, 3. Aufl., § 317 HGB Rn. 56.
[47] Vgl. *Baetge/Huß/Niehaus,* WPg 1986, S. 613.

statistische Analyse des Jahresabschlusses um weitergehende Analysen ergänzt werden. Hier wurden gerade im Zusammenhang mit der Redepflicht schon früh verschiedene Kriterienkataloge vorgestellt.[48] Auf der Grundlage dieser Kriterien und seiner eigenen prüferischen Erfahrung kann der Abschlußprüfer sein Urteil über die wirtschaftliche Lage des Unternehmens weiter konkretisieren und differenzieren. Allerdings muß er hier wieder den relativ sicheren Boden eines objektiven Analyseinstrumentariums verlassen und wird im Einzelfall recht unterschiedliche Fragen untersuchen. Wenn auch die Einzelfallbezogenheit seiner Analysen der Individualität einer jeden Prüfung Rechnung trägt, so ist es sicher von Vorteil, wenn quasi als Einstieg in die über die Jahresabschlußanalyse hinausgehende Untersuchung ein Standardkatalog von einschlägigen Kriterien herangezogen werden kann, der auch in gewissem Maße objektiviert ist. Dazu bietet sich eine detailliertere Analyse der dem Lagebericht von der Kommentarliteratur unterlegten Informationskriterien[49] an. Ein solcher Kriterienkatalog besitzt unter anderem den Vorteil, daß die Analyse des Lageberichtes ohnehin zum Prüfungsauftrag gehört und somit zum einen keine wesentliche Mehrarbeit entsteht und zum anderen auch kein Konflikt mit den Kriterien des § 321 Abs. 2 HGB auftritt, daß der Abschlußprüfer die mögliche Bestandsgefährdung bzw. die nachteilige Entwicklung bei Wahrnehmung seiner Aufgaben feststellen muß.

Wie eingangs dargelegt, bietet der Lagebericht in besonderem Maße die Möglichkeit, den Jahresabschlußadressaten weitergehende Informationen über die wirtschaftliche Lage des Unternehmens zu vermitteln. Ich möchte daher die oben geäußerte These wiederholen, daß ein im Sinne des § 289 HGB ordnungsmäßiger Lagebericht[50] einschließlich der damit verbundenen Prüfungserfordernisse ein entscheidendes Mittel sein kann, die sogenannte Erwartungslücke der Öffentlichkeit weitgehend zu schließen.

Nun liegt gerade für den Lagebericht neben einigen wertvollen Untersuchungen[51] eine besonders hervorzuhebende Analyse vor, die die weitergehende Prüfung der wirtschaftlichen Lage zudem in gewissem

---

[48] Vgl. u. a. *Burkel,* a.a.O. (Fn. 15), S. 109–120; *Brandt,* a.a.O. (Fn. 10), S. 177–208; *Olbrich,* a.a.O. (Fn. 6), S. 261–264.
[49] Vgl. *Baetge,* a.a.O. (Fn. 17), S. 634.
[50] Vgl. *Baetge/Fischer/Paskert,* Lagebericht – Aufstellung, Prüfung und Offenlegung, Stuttgart 1989.
[51] Vgl. z. B. *Farr,* Insolvenzprophylaxe durch Wirtschaftsprüfung, Frankfurt am Main 1986, S. 244–257.

Maße objektivieren kann. Dazu führte *Krumbholz* als Basis seiner detaillierten Analyse von publizierten Lageberichten eine Expertenbefragung durch, bei der zahlreiche Wirtschaftsprüfer und Finanzanalysten stellvertretend für die Adressaten des Lageberichtes befragt wurden, welche im Lagebericht gemäß § 289 HGB aufzuführenden Kriterien ihrer Meinung nach eine Hilfe zur Beurteilung der wirtschaftlichen Lage eines Unternehmens geben und wie sie diese Kriterien gewichten.[52] Diese Befragung erlaubt zwar noch kein mit der oben beschriebenen Jahresabschlußanalyse vergleichbares mathematisch-statistisch abgesichertes Urteil. Gleichwohl bietet sie einen in gewissen Grenzen objektivierten Ansatz, die wirtschaftliche Lage eines Unternehmens näher zu beleuchten. In Anlehnung an die Untersuchung von *Krumbholz* wird daher eine Art Checkliste vorgestellt, die sich auf die von den Experten für relevant befundenen Fragestellungen stützt. Diese Auswahl von Analysepunkten erlaubt dem Abschlußprüfer einen standardisierten und objektivierten Einstieg in die Analyse der wirtschaftlichen Lage des zu prüfenden Unternehmens über die Jahresabschlußanalyse hinaus. Indes ist anzumerken, daß dieses Instrumentarium keineswegs in jedem Fall schon das abschließende Urteil über die wirtschaftliche Lage liefert und den Abschlußprüfer auch nicht von möglicherweise erforderlichen weitergehenden individuellen Prüfungshandlungen enthebt.

Der Lagebericht muß gemäß § 289 Abs. 1 HGB den „Geschäftsverlauf und die Lage der Gesellschaft so darstellen, daß ein den tatsächlichen Verhältnissen entsprechendes Bild vermittelt wird." Über diese, auch als Wirtschaftsbericht bezeichneten Ausführungen hinaus ist gemäß § 289 Abs. 2 HGB im Lagebericht auch einzugehen auf

- Vorgänge von besonderer Bedeutung nach Schluß des Geschäftsjahres (Nachtragsbericht),
- die voraussichtliche Entwicklung der Gesellschaft (Prognosebericht),
- den Bereich Forschung und Entwicklung (F&E-Bericht) sowie
- bestehende Zweigniederlassungen der Gesellschaft (Zweigniederlassungsbericht).

Für die einzelnen Berichtsbestandteile sind unterschiedliche Fragestellungen zur Beurteilung der wirtschaftlichen Lage relevant. Daher ist der folgende Fragenkatalog nach diesen Berichtsbestandteilen unterteilt, wobei der Zweigniederlassungsbericht nicht gesondert behandelt

---

[52] Vgl. *Krumbholz*, a.a.O. (Fn. 9), S. 29–57.

wird, da die hier zu erwartenden Erkenntnisse im wesentlichen bereits bei der Jahresabschlußprüfung bzw. bei der Analyse der anderen Komponenten des Lageberichtes gewonnen werden können.

Analog zum *Wirtschaftsbericht* wird sich der Abschlußprüfer mit der Unternehmenssituation eingebettet in die wirtschaftlichen Rahmenbedingungen auseinandersetzen müssen. Bei den Rahmenbedingungen wird zum einen das gesamtwirtschaftliche Umfeld mit seinen allgemeinen und speziellen Facetten wie Konjunkturentwicklung, gesellschaftspolitische Ereignisse, aber auch die Wechselkursentwicklung und zum anderen die Branchenentwicklung mit der konjunkturellen Entwicklung der Branche und der Position des zu prüfenden Unternehmens innerhalb der Branche zu beachten sein.[53] Bei der unternehmensspezifischen Analyse sind im wesentlichen Fragen der Bereiche Umsatz, Auftragslage, Beschaffung, Produktion/Produktpalette, Investitionen, Finanzierung und vor allem die Ergebnisentwicklung relevant.

Der Umsatz der abgelaufenen Periode und die Auftragslage sind unter Berücksichtigung der entsprechenden Entwicklung in Vorperioden auf ihre produktbezogene, spartenbezogene und regionale Zusammensetzung zu analysieren. Der Abschlußprüfer wird hier sicherlich auf stärker segmentierte Aufstellungen als die gemäß § 285 Nr. 4 HGB im Anhang erforderliche Aufgliederung zurückgreifen können.[54] Ferner können Preisentwicklungen und eine dominierende Bindung an einzelne Kunden einen Einfluß auf die Beurteilung der Umsatz- und Auftragslage haben. Die beiden letzten Punkte sind auch für die Beschaffungsseite relevant, wobei für diesen Bereich auch die Qualitätssicherung eine wichtige Rolle spielt.[55]

Im Bereich der Produktion/Produktpalette sind die Auswirkungen von wesentlichen Änderungen der Produktionsrahmenbedingungen, der Produktionsverfahren, der Auslastungsgrade und der Produktpalette zu hinterfragen. Für den Bereich der Investitionen kann beispielsweise neben dem Verhältnis von Ersatz- und Erweiterungsinvestitionen unter Berücksichtigung der Altersstruktur der Anlagen auch das Management der Finanzinvestitionen Hinweise auf Änderungen der wirtschaftlichen Lage geben. Hier befindet man sich dann schon im Grenzbereich zur Finanzierung, bei der das Finanzierungsverhalten des Unternehmens genau zu analysieren sein wird. Dabei spielen Aspekte

---

[53] Vgl. *Krumbholz,* a.a.O. (Fn. 9), S. 71-79.
[54] Vgl. *Krumbholz,* a.a.O. (Fn. 9), S. 95-101.
[55] Vgl. *Krumbholz,* a.a.O. (Fn. 9), S. 89-91.

wie der Umfang eventuell gewährter Subventionen oder Leasingaktivitäten eine Rolle.[56]

Zentrale Bedeutung bei der Beurteilung der wirtschaftlichen Lage mit Hilfe des Wirtschaftsberichtes kommt sicherlich der Analyse der Ergebnisentwicklung zu. Wenn auch weite Teile dieses Bereiches schon von der quantitativen Bilanzanalyse abgedeckt sind, ist hier noch zu fragen, ob die im Jahresabschluß ausgewiesenen Ergebnisse beispielsweise durch einen Ergebniseinbruch am Ende des Geschäftsjahres, durch Scheingewinne in Hochinflationsländern oder langfristige Auftragsfertigung ohne Teilgewinnrealisierung oder durch bilanzpolitische Maßnahmen oder Sachverhaltsgestaltungen verzerrt sind.[57]

Neben dem Wirtschaftsbericht, der die wesentlichen Aspekte des abgelaufenen Geschäftsjahres beleuchtet, umfaßt der Lagebericht auch den sogenannten *Nachtragsbericht* zu wertbegründenden oder sonstigen wichtigen Informationen nach Schluß des Geschäftsjahres sowie den *Prognosebericht*, in dem die voraussichtliche Entwicklung der Gesellschaft zu würdigen ist. Die Struktur der Fragestellungen zur Beurteilung der wirtschaftlichen Lage gleicht für beide Berichte dem für den Wirtschaftsbericht dargestellten Analyseansatz und braucht hier daher nicht gesondert dargestellt zu werden. Naturgemäß werden dabei allerdings mit dem Prognosebericht verbundene Analysen detaillierter als für den Nachtragsbericht ausfallen müssen, wobei auch die Sicherheit der Prognosen einschließlich der ihnen zugrundeliegenden Prämissen kritisch zu würdigen sein wird.[58] Zentrale Bedeutung kommt hier der Analyse der unternehmensinternen Planungssysteme zu.

Weitere Schlüsse auf die wirtschaftliche Lage des Unternehmens läßt auch die Analyse des *F&E-Berichtes* zu, bei dem die Ziele und Schwerpunkte, die zur Erreichung dieser Ziele eingesetzten Mittel und Mitarbeiter, sowie die Ergebnisse der F&E-Aktivitäten die Ergebnisentwicklung beeinflussen können.[59] Auch hier sind Prognosen von besonderer Bedeutung, aber auch besonders kritisch zu beleuchten.

Bei den einzelnen Fragestellungen sollte unterschieden werden, ob auf eine Verbesserung oder Verschlechterung der wirtschaftlichen Lage geschlossen werden kann und ob eine Verschlechterung so gravierend ist, daß über eine nachteilige Veränderung oder gar eine mögliche

---

[56] Vgl. *Krumbholz*, a.a.O. (Fn. 9), S. 79–89.
[57] Vgl. *Krumbholz*, a.a.O. (Fn. 9), S. 115–118.
[58] Vgl. *Krumbholz*, a.a.O. (Fn. 9), S. 130–135.
[59] Vgl. *Krumbholz*, a.a.O. (Fn. 9), S. 167–180.

Bestandsgefährdung berichtet werden muß. Dabei kann auch ein Vergleich mit der Berichterstattung des Vorjahres wichtige Hinweise liefern. Eine formalisierte Checkliste sollte dann folgendes Aussehen haben (für die Beschreibung der einzelnen Sachverhalte ist natürlich entsprechend mehr Raum vorzusehen):

Fragestellung	Beschreibung	Einfluß auf die wirtschaftliche Lage des Unternehmens	Hinweis auf nachteilige Veränderungen bzw. mögliche Bestandsgefährdungen
I. Wirtschaftsbericht			
1. *Rahmenbedingungen*			
1.1 Gesamtwirtschaftl. Situation			
...			
1.2 Branchensituation			
...			
2. *Unternehmenssituation*			
2.1 Umsatz			
...			
2.2 Auftragslage			
...			
2.3 Beschaffung			
...			
2.4 Produktion/ Produktpalette			
...			
2.5 Investitionen			
...			
2.6 Finanzierung			
...			
2.7 Ergebnisentwicklung			
...			
II. Nachtragsbericht			
1. *Rahmenbedingungen*			
...			
...			
...			

Abb. 13: Checkliste zur Beurteilung der wirtschaftlichen Lage

Die vorgestellte Checkliste kann die aus der modernen mathematisch-statistischen Bilanzanalyse gewonnenen Erkenntnisse wirksam unterstützen. Auch über die Checkliste hinaus werden im Einzelfall bei nachteiligen Veränderungen und vor allem bei einer drohenden Bestandsgefährdung Detailanalysen erforderlich sein, die das Urteil des Abschlußprüfers stützen und die es dem Abschlußprüfer ermöglichen, dem Unternehmen gerade in schwierigen Situationen über die reine Jahresabschlußprüfung hinaus als kompetenter Berater zur Verfügung zu stehen.

IV. Umfang und Medien der Urteilsmitteilung

Der Abschlußprüfer kann mit dem vorgeschlagenen Instrumentarium sein Urteil über die wirtschaftliche Lage des Unternehmens zum einen auf eine objektivierte moderne Bilanzanalyse und zum anderen auf eine standardisierte weitergehende Analyse anhand einer Checkliste[60] stützen.

Die Berichterstattung des Abschlußprüfers über negative Entwicklungen der wirtschaftlichen Lage sollte abgestuft erfolgen. Sobald der Gesamtrisikoindex des beschriebenen Instrumentariums in eine niedrigere Klasse abrutscht, hat der Abschlußprüfer im Rahmen der kleinen Redepflicht gemäß § 321 Abs. 1 Satz 4 HGB im Prüfungsbericht über nachteilige Veränderungen zu berichten. Weisen die Bereichsindizes, die weitergehende Analyse anhand der Checkliste oder die darüber hinausgehenden Untersuchungen auf gravierende Verschlechterungen in einzelnen Bereichen hin, so sollte der Abschlußprüfer zumindest den Vorstand des Unternehmens unverzüglich informieren, um den Zeitraum bis zur Abgabe des Prüfungsberichtes nicht ungenutzt verstreichen zu lassen.

Verschlechtert sich der Gesamtrisikoindex gar in eine Risikoklasse, so sollte der Abschlußprüfer in jedem Fall von seiner großen Redepflicht gemäß § 321 Abs. 2 HGB Gebrauch machen, auch wenn die weitergehenden Analysen nicht eindeutig auf eine mögliche Bestandsgefährdung hinweisen. Im Sinne einer Frühwarnfunktion ist es notwendig, den objektiv gewonnenen Gesamtrisikoindex in jedem Fall zu beachten und über dessen Verlauf zu berichten. Darüber hinaus sollte ebenso über die evtl. positiveren Ergebnisse der weitergehenden Analy-

---
[60] Vgl. *Baetge,* a.a.O. (Fn. 17), S. 634.

sen berichtet werden. Hier sollte das Motto gelten: Das objektiv gewonnene Urteil (Risikoindex) darf durch kein subjektiv gewonnenes Urteil verdrängt werden. Dieses Verständnis der Berichtspflicht mit Hilfe eines objektiven Risikoindexes kann schließlich auch einer wirksamen Exkulpation des Abschlußprüfers gegenüber Haftungsansprüchen dienen, die im anderen Fall mit der Begründung gestellt werden könnten, daß der Abschlußprüfer nicht oder zu spät von seiner Redepflicht Gebrauch gemacht hätte.[61] Hier wird der Abschlußprüfer auf seine erfüllten Sorgfaltspflichten hinweisen können, wenn er über den Verlauf des objektiven Gesamtrisikoindexes berichtet hat. Findet diese Berichterstattung so statt, daß der Abschlußprüfer den Verlauf des Gesamtrisikoindexes über jeweils fünf Jahre in einer Grafik angibt und übt er seine kleine und große Redepflicht entsprechend dem Verlaufe des N-Wertes aus, dann kommt es auch nicht zu der oft befürchteten sich selbst erfüllenden Prophezeihung, vielmehr können frühzeitig Maßnahmen gegen eine ungünstige Entwicklung eingeleitet werden.

In jedem Fall einer Redepflicht sollte der Abschlußprüfer unverzüglich den Vorstand und den Aufsichtsrat des Unternehmens informieren. Das gilt umsomehr, wenn neben dem Gesamtrisikoindex auch die weitergehenden Analysen auf eine mögliche Bestandsgefährdung hinweisen. Erreicht der Gesamtrisikoindex die Risikoklasse III, so erscheint es angemessen, daß auch die externen Adressaten des Jahresabschlusses entsprechend informiert werden. Dazu erscheint ein entsprechender Hinweis auf die Bestandsgefährdung im Lagebericht zweckmäßig, der gemäß § 289 Abs. 2 Nr. 2 HGB auf die voraussichtliche Entwicklung der Kapitalgesellschaft eingehen soll. Hier kann man von einer Redepflicht der Organe eines Unternehmens gegenüber der Öffentlichkeit sprechen, auf deren Einhaltung der Abschlußprüfer aufgrund seines Prüfungsauftrages hinzuwirken hat. Wird der entsprechende Hinweis nicht in den Lagebericht aufgenommen, ist wohl der Bestätigungsvermerk entsprechend einzuschränken.[62]

Das beschriebene Instrumentarium zur Analyse der wirtschaftlichen Lage des zu prüfenden Unternehmens kann somit nicht nur vom Abschlußprüfer zur Gewinnung und inhaltlichen Fundierung eines objektiven Urteils eingesetzt werden. Der Prüfer kann diese Ergebnisse auch in seiner Funktion als Berater des zu prüfenden Unternehmens einsetzen und auf mögliche Schwachstellen in der wirtschaftlichen Situa-

---

[61] Vgl. *Baetge/Huß/Niehaus,* WPg 1986, S. 613.
[62] Vgl. *Baetge/Huß/Niehaus,* WPg 1986, S. 612.

tion des Unternehmens hinweisen. Das zu prüfende Unternehmen kann seinerseits die entsprechenden Informationen für Maßnahmen gegen eine drohende Krise und für die inhaltliche Ausgestaltung des Lageberichtes nutzen.

V. Schlußbemerkung

Mit der Nutzung der computergestützten Jahresabschlußanalyse einer Auswertungszentrale kann der Abschlußprüfer ein objektiviertes Urteil über die wirtschaftliche Lage des zu prüfenden Unternehmens erhalten, das ihn bei seinen abgestuften Berichtspflichten wirksam unterstützt. Allerdings kann und sollte er sein Urteil nicht ausschließlich auf das Ergebnis der computergestützten Analyse der quantitativen Daten gründen. Vielmehr bietet das vorgestellte quantitative Instrumentarium in erster Linie eine objektivierte erste Orientierungshilfe, deren Ergebnisse dann durch weitergehende Analysen zu stützen bzw. zu relativieren sind. Als Einstieg dazu wurde eine Checkliste zur Unternehmenslage vorgestellt, deren Einzelkriterien auf einer Expertenbefragung basieren und die insofern ebenfalls objektiviert sind.

Beide Instrumente sollten zum Standardrepertoire des Abschlußprüfers gehören, wobei die Analyse des Gesamtrisikoindexes und der einzelnen Informationsbereiche auch immer in den Prüfungsbericht aufzunehmen wären. Die vorgeschlagenen Auswertungen sollten dabei nicht nur in vermeintlich schlechten Jahren, sondern auch in guten Jahren, wenn auch mit möglicherweise abgestufter Intensität, durchgeführt und in die Dauerakte[63] aufgenommen werden. Ferner können die Ergebnisse das zu prüfende Unternehmen wirksam bei der inhaltlichen Ausgestaltung des Lageberichtes und seiner Abstimmung mit den Informationen des Jahresabschlusses unterstützen.

Die Objektivität des Instrumentariums bietet, verbunden mit der für den Abschlußprüfer einfachen technischen Anwendung den Vorteil, daß er bei entsprechenden Hinweisen aus den Indizes und der Checkliste kaum mehr umhin kann, die Organe des Unternehmens im Sinne des § 321 HGB zu informieren, obwohl er es sonst möglicherweise aus Gründen der Wirtschaftlichkeit der Prüfung oder gar aus standing-Gesichtspunkten unterlassen hätte. Insgesamt sind somit als Vorteile des vorgestellten Instrumentariums festzuhalten, daß

---

[63] Vgl. zu diesem Hilfsmittel bei der Prüfung *Havermann,* Einige Anregungen zur Ausgestaltung der Dauerakte, WPg 1962, S. 402–406.

- der Abschlußprüfer die notwendige Sicherheit gewinnt, wann er reden soll, und daß er dies auch gegenüber dem Unternehmen vertreten kann,
- das zu prüfende Unternehmen im Prüfungsbericht regelmäßig ein objektiviertes feed-back über die wirtschaftliche Lage erhält,
- sichergestellt wird, daß die Öffentlichkeit durch den Lagebericht objektiv über die wirtschaftliche Lage des Unternehmens informiert wird und
- damit die Erwartungslücke der Öffentlichkeit in bezug auf die Arbeit des Abschlußprüfers weitgehend geschlossen wird.

Auf diesem Wege kann das „Institut der Redepflicht" des Abschlußprüfers zweckentsprechend eingesetzt und somit die sicherlich vorhandene hohe Qualität der Wirtschaftsprüfung, für die der verehrte Jubilar stets Sorge getragen hat, sinnvoll kommuniziert werden.

HERBERT BIENER

Die Erwartungslücke – eine endlose Geschichte

   I. Die Erwartungslücke
      1. National
      2. International
      3. Reformvorschläge
  II. Die Qualität der Prüfer
      1. Qualifikation
      2. Unabhängigkeit der Prüfer
      3. Einbindung in Berufsgrundsätze
 III. Qualität der Prüfung
      1. Prüfungsinhalt
      2. Auftraggeber der Abschlußprüfung
      3. Durchführung der Prüfung
      4. Verschwiegenheitspflicht
 IV. Aussagekraft der Abschlüsse
      1. Vergangenheitsbezogenheit der Abschlüsse
      2. Grundsätze ordnungsmäßiger Buchführung (GoB)
  V. Erweiterung des gesetzlichen Prüfungsauftrags
      1. Prüfung der Geschäftsführung
      2. Rating
      3. Fallbezogene Erweiterung des Prüfungsauftrags durch den Aufsichtsrat
 VI. Bestätigungsvermerk und Prüfungsbericht
      1. Fassung des Bestätigungsvermerks
      2. Inhalt des Prüfungsberichts
VII. Verantwortlichkeit der Prüfer
VIII. Ergebnis

I. Die Erwartungslücke

1. National

In seiner Ansprache zur Eröffnung der Fachtagung 1994 des Instituts der Wirtschaftsprüfer, die unter dem Thema „Neuorientierung der Rechenschaftslegung" stand, ist *Dörner* als Vorstandsvorsitzer des Instituts auf die Frage eingegangen, warum die Wirtschaftsprüfer in jüngster Zeit wieder in die Schlagzeilen der Medien geraten sind. Er machte dafür drei Grundmuster ursächlich, nämlich berufliches Fehlverhalten, Verständnisprobleme der Öffentlichkeit und eine unrichtige Darstellung in den Medien.[1] Als Erwartungslücke bezeichnet er „die Fälle, in denen ein Mißverständnis über die Art und die Interpretation des Ergebnisses unserer Arbeit erkennbar wird". Und präziser: „Die viel zitierte Erwartungslücke zwischen dem, was die Öffentlichkeit meint, was wir tun und bestätigen, und dem, was tatsächlich dem uns vom Gesetzgeber gegebenen Prüfungsauftrag und Prüfungsumfang entspricht". Die Lücke ist seines Erachtens nicht durch bloße Aufklärungsarbeit vollständig schließbar, es sei vielmehr sorgfältig zu prüfen, ob die Berufsarbeit an den Bedürfnissen der Öffentlichkeit zu orientieren sei, auch wenn dies nach gegenwärtiger Rechtslage und Berufsausübung so nicht gefordert sei. Nach Darstellung der vom Berufsstand ergriffenen Maßnahmen kommt er sodann zu dem Ergebnis, daß manches von dem, was die Öffentlichkeit erwartet, nur durch eine Ausweitung des gesetzlichen Prüfungs- und Berichterstattungsauftrags an den Abschlußprüfer erreicht werden kann, weshalb der Gesetzgeber vielfach tätig werden müsse.[2] Nach der Beobachtung des Verfassers ist es nicht ungewöhnlich, daß Verantwortungsträger der Wirtschaft nach dem Gesetzgeber rufen, um zumindest einen Teil ihrer Verantwortung auf diesen zu übertragen. Im anglo-amerikanischen Bereich scheinen demgegenüber die Organisationen der Rechnungsleger (Accountants) den Gesetzgebern und Regierungen nicht zuzutrauen, daß diese die Rechnungslegung und deren Prüfung besser regulieren können als ihre eigenen Selbstverwaltungsorgane oder unabhängige, mit Sachverständigen ihres Berufsstandes besetzte Gremien.

Die Erwartungslücke ist auch dem deutschen Gesetzgeber und der Bundesregierung seit langem als Problem bekannt. Um nicht zu weit

---
[1] Vgl. *Dörner,* Eröffnungsansprache, in: Bericht über die Fachtagung 1994 des IDW, Düsseldorf 1995, S. 9–18. Vgl. zu diesem Themenkomplex auch die Beiträge von *Clemm,* S. 83 ff.; *Hoffmann,* S. 201 ff. und *Scheffler,* S. 651 ff. in diesem Band.
[2] Vgl. *Dörner,* a.a.O. (Fn. 1), S. 15.

zurückzugehen, sei nur darauf hingewiesen, daß diese Frage im Rahmen des 1985 verabschiedeten Bilanzrichtlinien-Gesetzes[3] eine Rolle spielte, nachdem sich bereits die vom Bundesministerium der Justiz 1972 eingesetzte Unternehmensrechtskommission[4] mit Fragen der Abschlußprüfung befaßt hatte. Im Rahmen des BiRiLiG wurde § 322 HGB über den Bestätigungsvermerk neugefaßt, um dessen Aussagekraft zu verbessern; insbesondere sollte mit der neu eingeführten Pflicht, den Bestätigungsvermerk zu ergänzen, dem Abschlußprüfer die Möglichkeit eingeräumt werden, über die Ergebnisse der Prüfung und deren Grenzen besser zu unterrichten.[5] Auch wurde der Abschlußprüfer verpflichtet, auf Verlangen des Aufsichtsrats an dessen Verhandlungen über den Jahresabschluß teilzunehmen (§ 171 Abs. 1 Satz 2 AktG). Wie *Forster* berichtet, hat der Rechtsausschuß des Deutschen Bundestages im Jahre 1990 die Bundesregierung um die Prüfung der Frage gebeten, wie die hohe Diskrepanz zwischen der Bewertung des Testats des Wirtschaftsprüfers und der materiellen Aussagekraft des Testats gemindert oder gar aufgehoben werden kann.[6] In jüngster Zeit haben die Fälle Metallgesellschaft AG, Schneider und Balsam-Procedo den Gesetzgeber und die Bundesregierung erneut mit der Frage gesetzgeberischer Maßnahmen zur Schließung der Erwartungslücke konfrontiert. So hat die Fraktion der SPD in der abgelaufenen Ligislaturperiode den Entwurf eines Gesetzes zur Änderung des Wirtschaftsrechts für mehr Transparenz und Wettbewerb eingebracht[7], der am 27. Mai 1994 in Erster Lesung behandelt wurde. In der neuen Legislaturperiode hat sie mit erweitertem Inhalt den Entwurf eines Gesetzes zur Verbesserung der Transparenz und Beschränkung von Machtkonzentration der deutschen Wirtschaft (Transparenz- und Wettbewerbsgesetz) vorgelegt.[8]

In der Koalitionsvereinbarung für die 13. Legislaturperiode des Deutschen Bundestages heißt es zu diesem Thema: „Kontrolle und Transparenz im Unternehmensbereich müssen verbessert werden. Dazu werden wir durch Veränderungen des Gesellschaftsrechts u. a. die Kontrolle der Aufsichtsräte verbessern und die Voraussetzung für eine

---

[3] BiRiLiG vom 19. 12. 1985, BGBl. I 1985, S. 2355.
[4] *Bundesministerium der Justiz,* Bericht über die Verhandlungen der Unternehmensrechtskommission, Köln 1980, S. 979 ff.
[5] Vgl. Regierungsbegründung zu § 280 HGB-E, abgedruckt bei *Biener/Berneke,* Bilanzrichtlinien-Gesetz, Düsseldorf 1986, S. 431.
[6] Vgl. *Forster,* Zur „Erwartungslücke" bei der Abschlußprüfung, WPg 1994, S. 789–795, hier S. 789.
[7] BT-Drucksache 12/7350.
[8] BT-Drucksache 13/367.

Begrenzung und bessere Transparenz bei personellen Verflechtungen schaffen, z. B. durch Beschränkung der gleichzeitig wahrgenommenen Aufsichtsratsmandate und -vorsitze. In diesem Zusammenhang ist auch das Recht der Wirtschaftsprüfer u. a. mit dem Ziel einer wirksamen Haftung, qualifizierter Prüfertestate und einer Anhörungspflicht des Aufsichtsrats zu überprüfen. Zu prüfen sind auch ein verbindlicher Wechsel der Wirtschaftsprüfer und die Begrenzung des dauerhaften Industriebesitzes der Banken."[9]

Von der Notwendigkeit einer Reform der einschlägigen Gesetze scheinen Politiker und Teile der Öffentlichkeit so überzeugt zu sein, daß offenbar nicht näher geprüft wird, ob in den Anlaß gebenden Fällen die schädigenden Ereignisse durch Abschlußprüfer oder Aufsichtsräte hätten verhindert werden können. Der Fall Schneider scheidet von vornherein aus, weil eine gesetzliche Abschlußprüfung nicht stattgefunden hat; für den Fall, daß diese unter Verletzung der Vorschriften des Publizitätsgesetzes unterblieb, sind jedenfalls die Wirtschaftsprüfer nicht verantwortlich zu machen. Im Fall Balsam Procedo steht der Wirtschaftsprüfer unter dem Verdacht, die Machenschaften der Geschäftsführung in strafrechtlich relevanter Weise nicht aufgedeckt zu haben, so daß vermutlich nicht das System, sondern lediglich das Verhalten eines einzelnen Berufsangehörigen zu kritisieren ist. Im Falle der Metallgesellschaft AG scheinen die Probleme im Rahmen einer Sonderprüfung von Wirtschaftsprüfern aufgedeckt worden zu sein. Unabhängig davon kann die Prüfung der Jahres- und Konzernabschlüsse Geschäfte, die erst im zweiten Halbjahr 1993 existenzgefährdend getätigt wurden, frühestens im Jahre 1994 aufdecken, so daß insoweit auch unter dem Gesichtspunkt der Erwartungslücke kein Anlaß zur Kritik besteht. Dennoch wird eine eingehende Prüfung der gesetzgeberischen Möglichkeiten zur Systemverbesserung unvermeidbar sein, weil sonst die kritische Haltung der Öffentlichkeit gegenüber dem geltenden Recht immer größer wird und das Vertrauen der Kapitalanleger in den Finanzplatz Deutschland beeinträchtigt wird.

2. International

Die gegenüber den Abschlußprüfern bestehende Erwartungslücke ist nicht nur ein deutsches Problem. Sie besteht in nahezu allen Industriestaaten, obwohl sich die Gesellschaftsrechte und die gesetzlichen Anfor-

---

[9] Presseerklärung über die Koalitionsvereinbarung für die 13. Legislaturperiode des Deutschen Bundestages vom 14. November 1994, Abschnitt III Nr. 2.

derungen an die Rechnungslegung, deren Prüfung und die dafür verantwortlichen Prüfer wesentlich unterscheiden. Die von der Kommission für transnationale Unternehmen der Vereinten Nationen (VN) eingesetzte Arbeitsgruppe für Fragen der Rechnungslegung und Publizität[10] hat sich im Jahre 1993 intensiv mit den weltweiten Problemen des Berufsstandes der Abschlußprüfer und ihren Aufgaben befaßt.[11] In dem Vorbereitungsdokument des Generalsekretariats zu Berufsfragen in Europa wird festgestellt, daß die größte Herausforderung für den Berufsstand die „Expectation Gap" (Erwartungslücke) sei. Damit werde von den Berufsständen der Umstand bezeichnet, daß die Öffentlichkeit sich frage, ob die „Accountants" (Rechnungsleger) ihre Aufgabe ordnungsgemäß erfüllten; diese Frage werde insbesondere aufgeworfen, wenn

(a) ein Unternehmen alsbald nach Erteilung eines uneingeschränkten Bestätigungsvermerks zusammenbreche oder wenn

(b) der Abschlußprüfer betrügerische oder andere strafbare Handlungen des Managements, die zum Zusammenbruch des Unternehmens führen, nicht rechtzeitig erkenne.[12]

Das Problem sei zuerst im Vereinigten Königreich eingetreten, als verschiedene Firmen zusammengebrochen seien, wie z. B. Polly Peck International und die Maxwell-Gruppe. Der Zusammenbruch der BCCI mit Sitz in London habe gleich mehrere Staaten betroffen. Vergleichbare Zusammenbrüche seien in Frankreich, Spanien und Skandinavien passiert und seien sicherlich auch in Deutschland zu erwarten. In allen Fällen hätten die Berufsstände in der Form reagiert, daß sie zunächst eine Fehlleistung der Abschlußprüfer bestritten und versucht hätten, die Öffentlichkeit über die Grenzen der Abschlußprüfung aufzuklären.[13] Einen Lösungsvorschlag hat die Arbeitsgruppe nicht zu unterbreiten vermocht; sie erwartet geeignete Maßnahmen der in erster Linie verantwortlichen berufsständischen Organisationen und wird sich weiterhin mit den damit zusammenhängenden Fragen befassen. Die Arbeits-

---

[10] Intergovernmental Working Group of Experts on International Standards of Accounting and Reporting (ISAR). Die Kommission und die Arbeitsgruppe die früher unter der Verantwortung des Department of Economic and Social Development (ECOSOC), New York, arbeiteten, wurden im Jahre 1993 auf die United Nations Conference on Trade and Development (UNCTAD), Genf, übertragen.

[11] UNCTAD, International Accounting and Reporting Issues, 1993 Review, United Nations Publication, Sales No. 94. II.A.16 (ISBN 92-1-104437-5).

[12] Vgl. UNCTAD, a.a.O. (Fn. 11), Chapter IX, Abschnitt I, Buchstabe A, S. 215.

[13] Vgl. UNCTAD, a.a.O. (Fn. 11), S. 216.

gruppe hat jedoch erkannt, daß die Prüfung der Rechnungslegung abgeschlossener Geschäftsjahre den Fortbestand von Unternehmen auch für eine überschaubare Zukunft nicht garantieren kann und daß die heutige Form der Prüfung ein Fehlverhalten der Geschäftsführung nicht ohne weiteres aufdecken kann.

3. Reformvorschläge

In Deutschland und weltweit gibt es eine Reihe von Vorschlägen, von denen jeweils behauptet wird, sie seien geeignet, die Erwartungslücke ganz oder teilweise zu schließen. Diese Vorschläge beziehen sich auf die folgenden Bereiche:

- Qualität der Prüfer,
- Qualität der Prüfung,
- Aussagekraft der Jahres- und Konzernabschlüsse,
- Erweiterung des gesetzlichen Prüfungsauftrags,
- Bestätigungsvermerk, Prüfungsbericht,
- Verantwortlichkeit der Prüfer.

Hans Havermann hat im Berufsstand über viele Jahre hinweg eine Reihe wichtiger Funktionen wahrgenommen. Er hat sich bemüht, die Erwartungslücke durch höhere Anforderungen an die Berufsausübung und die Berichterstattung sowie durch Aufklärung der Öffentlichkeit zu schließen. Der Verfasser meint deshalb, daß gerade diese Festschrift der geeignete Ort ist, um die Gesamtproblematik und mögliche Lösungen darzustellen.

II. Die Qualität der Prüfer

1. Qualifikation

Die deutschen Wirtschaftsprüfer sind nach ihrer Ausbildung und den Examensanforderungen in Theorie und Praxis ausreichend qualifiziert. Einen auf die Abschlußprüfung ausgerichteten Berufsstand gab es zunächst nur in Deutschland; er ist in den anderen Mitgliedstaaten der EU überwiegend erst auf Grund der an der deutschen Wirtschaftsprüferordnung orientierten Achten (Abschlußprüfer-) Richtlinie[14] ein-

---

[14] Achte Richtlinie des Rates vom 10. April 1984 aufgrund von Artikel 54 Abs. 3 g) des Vertrages über die Zulassung der mit der Pflichtprüfung der Rechnungslegungsunterlagen beauftragten Personen (84/253/EWG), ABl. der Europäischen Gemeinschaften v. 12. 5. 1984, Nr. L 126, 20.

geführt worden. In der Richtlinie wurde toleriert, daß die Abschlußprüfer in anderen Mitgliedstaaten teilweise eine berufsbezogene, nicht akademische Ausbildung erhalten und im Durchschnitt weniger qualifiziert sind. Die Zulassung zur Prüfung setzt in Deutschland grundsätzlich den Abschluß eines Universitätsstudiums bestimmter Art voraus (§ 8 WPO). Danach muß der Bewerber eine für die Ausübung des Berufes genügende praktische Ausbildung erhalten haben, insbesondere wenigstens vier Jahre Prüfungstätigkeit nachweisen können (§ 9 WPO). Die Prüfung gliedert sich in eine schriftliche und in eine mündliche Prüfung (§ 12 Abs. 2 WPO); die schriftliche Prüfung besteht aus sieben unter Aufsicht anzufertigenden Arbeiten (§ 6 Prüfungsordnung). Wegen der niedrigeren Mindestqualifikationsanforderungen der Abschlußprüferrichtlinie ist für Steuerberater und Rechtsanwälte der Beruf des Vereidigten Buchprüfers wiedereröffnet worden (§§ 128, 131 WPO). Die Berufstätigkeit der Wirtschaftsprüfer ist nicht auf betriebswirtschaftliche Prüfungen beschränkt, insbesondere dürfen sie ihre Auftraggeber in steuerlichen Angelegenheiten beraten und vertreten (§ 2 WPO). Die auf Prüfungen auf dem Gebiete des betrieblichen Rechnungswesens bezogene Tätigkeit der vereidigten Buchprüfer wird im übrigen wie die von Wirtschaftsprüfern umschrieben (§ 129 WPO). Vereidigte Buchprüfer dürfen jedoch Pflichtprüfungen nur bei mittelgroßen GmbH durchführen (§ 319 Abs. 1 Satz 2 HGB). Beide Berufe können auch von Berufsgesellschaften ausgeübt werden (§ 1 Abs. 3, §§ 27, 28, 128 Abs. 1 Satz 2, § 130 Abs. 2 WPO). Unter bestimmten Voraussetzungen dürfen auch Prüfungsverbände Pflichtprüfungen durchführen (Art. 25 EGHGB).

Am 1. 1. 1995 waren zugelassen: 7.994 Wirtschaftsprüfer, davon 3.009 in eigener Praxis, 1.541 Wirtschaftsprüfungsgesellschaften, 4.233 Vereidigte Buchprüfer, davon 3.284 in eigener Praxis und 108 Buchprüfungsgesellschaften.

Im anglo-amerikanischen Rechtsbereich bewegt sich der Accountant ausbildungs- und examensmäßig zwischen dem Bilanzbuchhalter und dem Diplom-Kaufmann. Als Freiberufler lebt er überwiegend von der Steuerberatung. Gesetzlich vorgeschriebene Abschlußprüfungen werden ausschließlich von großen Prüfungsgesellschaften, insbesondere den sog. „Big Six", durchgeführt, wobei die Berufsangehörigen als Abschlußprüfer von der jeweils zuständigen Aufsichtsbehörde durch Aufnahme in eine Prüferliste oder von Fall zu Fall anerkannt werden. Die Fortbildung der in diesen Gesellschaften tätigen Abschlußprüfer erfolgt durch die Unternehmen und die Berufsorganisation; sie erreichen ein hohes Niveau. Die Accountants sind überwiegend nicht freiberuflich tätig, sondern arbeiten im privaten und öffentlichen Bereich als Angestellte.[15]

Überträgt man das anglo-amerikanische Berufsbild auf Deutschland, so sind als Accountants zu bezeichnen: Wirtschaftsprüfer, Vereidigte Buchprüfer, Steuerberater, Hochschullehrer im Bereich Rechnungslegung und Prüfung, Diplom-Kaufleute und Volkswirte, die in der Wirtschaft im Bereich Rechnungslegung und Prüfung tätig sind, sowie alle im öffentlichen Bereich bei Rechnungshöfen, Aufsichtsämtern und Finanzämtern als Prüfer nach entsprechender Ausbildung tätigen Personen. In etwa sind es die Personen, die sich im deutschen Betriebswirtschaftertag zusammengeschlossen haben. Die Fortbildung ist in Deutschland und USA schon deshalb grundsätzlich verschieden, weil in USA die Ausbildung vom Accountant zum Abschlußprüfer vor allem durch Fortbildung erfolgt.

Unter diesen Umständen dürften verschärfende Maßnahmen zur Verbesserung der Qualifikation nicht erforderlich sein. Die in Deutschland eher bestehende Überqualifikation dürfte bei einfacheren Prüfungshandlungen, wie z. B. Überwachung der Inventuren, in der Vergangenheit zu Versäumnissen geführt haben. Dennoch ist zu begrüßen, daß das Institut der Wirtschaftsprüfer (IDW) und die Wirtschaftsprüferkammer (WPK) die Anforderungen an die Fortbildung erhöhen wollen.[16] Zu prüfen bleibt, ob die Berufsgrundsätze gesetzgeberisch unterstützt oder abgesichert werden müssen.

Ein Problem besteht unter Gesichtspunkten von Artikel 12 GG wegen des Bestehens eines zweiten Prüferberufs in Form der Vereidigten Buchprüfer auf einem deutlich niedrigeren, aber international vergleichbaren Niveau. Die Beschränkung der Pflichtprüfungsbefugnis auf die Jahresabschlüsse von mittelgroßen GmbH ist im Verhältnis zu mittelgroßen AG nur historisch begründbar. Diese Frage sollte im Rahmen

---

[15] Vgl. *Seabrook,* Die Entstehungsgeschichte des britischen Accountancy-Berufes und seines Verbandswesens, WPK-Mitteilungen 1994 S. 153-157; *Lück,* Die Aus- und Weiterbildung des Wirtschaftsprüfers in den Vereinigten Staaten von Amerika, in: Der Wirtschaftsprüfer vor innovativen Herausforderungen, Festschrift für Otte, hrsg. v. Boysen, Stuttgart, 1992, S. 69-92; *Lück,* Die Aus- und Weiterbildung des Wirtschaftsprüfers in den Vereinigten Staaten von Amerika, DB 1993, S. 945-950; *Lück/Siebert,* Die Aus- und Weiterbildung des Wirtschaftsprüfers in den USA, WPK-Mitteilungen 1993, S. 41-51; *Bartels,* Die Ausbildung des Accountancy-Berufsstandes in England und Wales, WPg 1994, S. 347-356.

[16] Vgl. IDW, VO 1/1993, Zur beruflichen Fortbildung der Wirtschaftsprüfer im IDW, WPg 1994, S. 361f.

der Anpassung des deutschen Rechts an die GmbH & Co.-Richtlinie gesetzgeberisch geklärt werden.[17]

2. Unabhängigkeit der Prüfer

Die Unabhängigkeit des Prüfers von sachfremden Einflüssen, insbesondere von Seiten des Geprüften, ist eine wichtige Voraussetzung für eine qualifizierte Prüfung. Der deutsche Gesetzgeber hat sich dieser Frage stets mit besonderer Aufmerksamkeit zugewandt. Im Rahmen des BiRiLiG wurden im Jahre 1985 die entsprechenden Vorschriften des Aktiengesetzes nicht nur übernommen, sondern in § 319 Abs. 2 bis 4 HGB, insbesondere hinsichtlich der Frage der Umsatzabhängigkeit (Abs. 2 Nr. 8), deutlich verschärft. Danach ist ein Abschlußprüfer von der Prüfung ausgeschlossen, wenn er in den letzten fünf Jahren jeweils mehr als die Hälfte seiner Gesamteinnahmen von einem Mandanten bezogen hat.

Im internationalen Vergleich ergeben sich für das deutsche Recht keine wesentlichen Defizite. Die vom deutschen Berufsstand unterstützten IFAC-Empfehlungen zur Unabhängigkeit sind, insgesamt gesehen, nicht strenger.[18] Im Rahmen der Verhandlungen der Abschlußprüferrichtlinie in der EG waren die deutschen Regelungen nicht durchzusetzen. Dieser Komplex wurde daher von der Harmonisierung ausgeklammert, nachdem die Kommission 1984 einen speziellen Richtlinienvorschlag zugesagt hatte. Vermutlich wegen der geringen Bereitschaft anderer Mitgliedstaaten der EU gesetzgeberisch einzugreifen, hat die Kommission bisher aber noch nicht einmal einen Vorentwurf vorgelegt. Bei dieser Sachlage sollten weitere Verschärfungen im Einzelgang möglichst vermieden werden, weil dadurch die künftige Harmonisierung in der EU nur erschwert wird. Auch stellen sich für den deutschen Berufsstand Wettbewerbsfragen, wenn Wettbewerber aus anderen Staaten, insbesondere der EU, geringeren Anforderungen unterliegen.

---

[17] Zur Problematik siehe *Biener,* Die Transformation der Mittelstands- und der GmbH & Co-Richtlinie, WPg 1993, S. 707–715, hier S. 712f.

[18] Vgl. *International Federation of Accountants* (IFAC), Guideline on Ethics for Professional Accountants. IFAC ist der weltweite Zusammenschluß berufsständischer Organisationen mit dem Ziel, ein einheitliches Berufsbild und gemeinsame berufliche Standards zu entwickeln. Der Organisation gehören inzwischen 111 berufsständische Organisationen aus 80 Staaten an. Deutsche Mitglieder sind das IDW und die WPK. Die Anschrift lautet: IFAC, 540 Medison Avenue, New York, N.Y. 100222, USA.

Es wird verschiedentlich vorgeschlagen, die Unabhängigkeit der Abschlußprüfer durch Verschärfung der Regelung über die Umsatzabhängigkeit und durch obligatorischen Prüferwechsel nach fünf bis sieben Jahren zu verbessern. Nach Auffassung von IFAC ist die Unabhängigkeit von Abschlußprüfern beeinträchtigt, wenn sie einen großen Teil ihrer Einkünfte von einem Unternehmen oder Konzern erhalten.[19] Ein turnusmäßiger Prüfungswechsel wird nicht angeregt. Regelungen zur Umsatzabhängigkeit sind außerordentlich problematisch, weil sie vor allem mittelständische Abschlußprüfer ausschließen. Bei den großen Prüfungsgesellschaften wären solche Regelungen nur wirksam, wenn man auf die Niederlassungen abstellen würde. Dies dürfte aber nur mit hohem Aufwand möglich und durch Zusammenlegung der Niederlassungen leicht umgehbar sein. Der internationale Verbund der großen Prüfungsgesellschaften in Verbindung mit der Liberalisierung in der EU könnte außerdem dazu führen, daß Prüfungsmandate getauscht oder an ausländische Partnergesellschaften abgegeben werden.

Die Frage des automatischen Prüferwechsels ist in den 70-iger Jahren eingehend untersucht worden, nachdem die Kommission der EG in ihrem Vorentwurf zur Abschlußprüferrichtlinie einen Prüferwechsel nach jeweils sieben Jahren vorgeschlagen hatte. Das Ergebnis war ablehnend, weil die Nachteile einer solchen Regelung überwiegen würden, nämlich Ringtausch mit Übernahme der vor Ort tätigen Prüfer und Minderung der Qualität der Prüfung wegen mangelnder Kenntnis des zu prüfenden Unternehmens, insbesondere in den ersten zwei Jahren nach dem Wechsel. Der Berufsstand dürfte auf dem richtigen Weg sein, wenn er dazu übergeht, die Prüfer vor Ort in bestimmter Folge einzeln zu wechseln.[20] In USA sind die Mitglieder des American Institute of Certified Public Accountants (AICPA) verpflichtet, ihre Tätigkeit, Arbeitsweise und ihre Kontrolleinrichtungen durch einen anderen Prüfer prüfen zu lassen (Peer-Review[21]). Diese Regelung ist inzwischen auch in anderen Staaten eingeführt worden. Eine solche Verpflichtung könnte geeignet sein, unter Vermeidung der mit einem obligatorischen

---

[19] Vgl. IFAC, a.a.O. (Fn. 18), §§ 8, 7.
[20] Vgl. dazu auch WPK, Richtlinien für die Berufsausübung der Wirtschaftsprüfer und Vereidigten Buchprüfer, Düsseldorf 1987; WPK/IDW, VO 1/1982: Zur Gewährleistung der Prüfungsqualität; WPK/IDW, Entwurf einer Verlautbarung „Zur Qualitätssicherung in der Wirtschaftsprüferpraxis", Beilage WPK-Mitteilungen 4/1994. Vgl. auch den Beitrag von *Kaminski/Marks,* S. 247ff., in diesem Band.
[21] Vgl. dazu *Lück/Holzer,* Die Krise des wirtschaftsprüfenden Berufsstands in den USA, DB 1993 S. 237–242; *Niehus,* Die Qualitätskontrolle der Abschlußprüfung, Düsseldorf 1993.

Prüferwechsel verbundenen Nachteile, die Qualität der Prüfung zu verbessern. Insoweit wäre zu prüfen, ob eine gesetzliche Regelung zur generellen Durchsetzung zweckmäßig wäre.

Die Störfälle der letzten Jahre geben mit Ausnahme des Falles Balsam jedoch keinen Anlaß für die Annahme, daß sie auf diese Weise hätten verhindert werden können.

3. Einbindung in Berufsgrundsätze

Die Unabhängigkeit des Abschlußprüfers wird auch dadurch gestärkt, daß er bei der Ausübung seines Berufs in berufsständische Regeln eingebunden wird. Solche Grundsätze sind insbesondere vom IDW und nur eingeschränkt von der WPK entwickelt worden.[22] Im Vergleich zu den Empfehlungen, die in anderen Staaten von Berufsorganisationen oder speziellen Einrichtungen herausgegeben werden, wie in USA vom Financial Accounting Standard Board (FASB) und international vom International Accounting Standards Committee (IASC) mit Sitz in London, sind die Fachgutachten des IDW nach Umfang und Inhalt eher bescheiden. Es gibt keinen Mechanismus, der in irgendeiner Form die Befolgung der Empfehlungen gewährleistet oder wenigstens empfehlenswert erscheinen läßt. Da das IDW in der Rechtsform des Vereins geführt wird und die Mitgliedschaft freiwillig ist, bestehen insoweit auch keine Sanktionsmöglichkeiten.[23] Für den Abschlußprüfer ist dies bei Meinungsverschiedenheiten mit dem zu prüfenden Unternehmen wenig hilfreich, weil er sich nicht auf verbindliche Berufsgrundsätze stützen, sondern nur auf das Gesetz berufen kann, das in großem Umfange auf die Grundsätze ordnungsmäßiger Buchführung (GoB) verweist, die lediglich im Streitfall von den Gerichten verbindlich interpretiert werden. Da es sich dabei um unbestimmte Rechtsbegriffe handelt, ist eine Beweiserhebung nicht möglich, so daß die Obersten Gerichte allenfalls eine Stellungnahme des Berufsstandes einholen. Nach Auffassung der Gerichte ist eine Stellungnahme des Hauptfachausschusses des IDW aber lediglich eine Meinungsäußerung, die in der juristischen Diskussion wie jede andere Ansicht nur Gewicht hat, soweit ihr überzeugende Argumente zugrunde liegen; sie kann nicht Kraft besonderer Autorität die gerichtliche Auslegung einer gesetzlichen Vor-

---

[22] Vgl. dazu die Fachgutachten und Stellungnahmen des IDW.
[23] Vgl. *Biener,* Die Möglichkeiten und Grenzen berufsständischer Empfehlungen zur Rechnungslegung, in: Bilanz- und Konzernrecht, Festschrift für Goerdeler, hrsg. v. Havermann, Düsseldorf 1987, S. 45-60.

schrift verdrängen.[24] Es kommt hinzu, daß die GoB vor allem bei der Besteuerung zu Streitigkeiten führen und im Rahmen des Grundsatzes der Maßgeblichkeit der Handelsbilanz für die steuerliche Gewinnermittlung ganz überwiegend vom Bundesfinanzhof konkretisiert werden. Bei Abschlußprüfern bestehen häufig Vorbehalte, diese Entscheidungen auch handelsrechtlich zu akzeptieren, insbesondere wenn sie Anlaß zu der Vermutung geben, das Gericht habe sich von fiskalischen Erwägungen stärker als von handelsrechtlichen leiten lassen.

Auf Grund der im Jahre 1994 erfolgten Novellierung der Wirtschaftsprüferordnung (WPO) ist die WPK nunmehr nach § 57 Abs. 4 Nr. 5 WPO ermächtigt, besondere Berufspflichten zu Sicherung der Qualität der Berufsarbeit bei der Durchführung betriebswirtschaftlicher Prüfungen und der Erteilung von Bestätigungsvermerken über die Vornahme und das Ergebnis solcher Prüfungen durch Satzung zu regeln. Die Einhaltung ist sanktioniert. Berufsgerichtliche Maßnahmen sind Verwarnung, Verweis, Geldbuße bis zu 100.000 Deutsche Mark und Ausschließung aus dem Beruf (§ 68 WPO). Die berufsgerichtliche Ahndung dürfte allerdings sehr schwerfällig sein (§§ 67 bis 127 WPO).

Es wird zu prüfen sein, ob die vorhandenen Möglichkeiten ausreichen und ob die von der WPK geplanten Maßnahmen eine Verbesserung der Qualität erwarten lassen. Die später zu behandelnde Frage der Einrichtung eines GoB-Gremiums könnte ebenfalls geeignet sein, die Unabhängigkeit des Abschlußprüfers zu stärken.

III. Qualität der Prüfung

1. Prüfungsinhalt

Gegenstand und Umfang der gesetzlichen Abschlußprüfung ergeben sich aus § 317 HGB. Danach ist in die Prüfung des Jahresabschlusses die Buchführung einzubeziehen. Die Prüfung des Jahresabschlusses und des Konzernabschlusses hat sich darauf zu erstrecken, ob die gesetzlichen Vorschriften und sie ergänzende Bestimmungen des Gesellschaftsvertrages oder der Satzung beachtet sind. Der Lagebericht und der Konzernlagebericht sind darauf zu prüfen, ob der Lagebericht mit dem Jahresabschluß und der Konzernlagebericht mit dem Konzernabschluß in Einklang stehen und ob die sonstigen Angaben im Lagebericht nicht

---
[24] Vgl. AG Duisburg, DB 1994, 466 und WPK-Mitteilungen 1994, 122.

eine falsche Vorstellung von der Lage des Unternehmens und im Konzernlagebericht von der Lage des Konzerns erwecken. Die Prüfung bezieht sich nur eingeschränkt auf Tatsachen, die den Bestand eines Unternehmens gefährden oder seine Entwicklung wesentlich beeinträchtigen oder die schwerwiegende Verstöße der gesetzlichen Vertreter gegen Gesetz, Gesellschaftsvertrag oder Satzung erkennen lassen. Über solche Tatsachen hat der Abschlußprüfer im Prüfungsbericht nur zu berichten, wenn er bei Wahrnehmung seiner Aufgaben als Abschlußprüfer solche Tatsachen feststellt (§ 321 Abs. 2 HGB).

Die Unternehmensrechtskommission des BMJ hat in ihrem 1980 veröffentlichten Bericht festgestellt, daß bestimmte Teile des Rechnungswesens von der Abschlußprüfung regelmäßig nicht miterfaßt werden, wie z. B. Finanzpläne und Prognoserechnungen.[25] Ein Teil der Kommission trat daher dafür ein, das Rechnungswesen insgesamt in den Bereich der Abschlußprüfung einzubeziehen.

Die Prüfung der Geschäftsführung ist nur bei Genossenschaften und bei Beteiligung der öffentlichen Hand nach § 53 Haushaltsgrundsätzegesetz vorgesehen. Prüfungen, die sich auf die Organisation des Unternehmens oder geschäftsbedingte Risiken beziehen, wie z. B. die Leistungsfähigkeit der internen Revision oder die Limitierung riskanter Geschäfte (z. B. beim Handel mit Derivaten) und Unterschlagungsprüfungen, finden nur ausnahmsweise statt. Eine freiwillige Erweiterung des Prüfungsauftrags ist zwar zulässig, scheint aber die Ausnahme zu bilden. Es stellt sich daher die Frage, ob der gesetzliche Prüfungsauftrag erweitert werden soll; hierauf wird nachstehend unter V. eingegangen. Es ist aber bereits an dieser Stelle festzuhalten, daß entgegen einer weit verbreiteten Meinung schon wegen der Beschränkung des gesetzlichen Prüfungsauftrags auf rückwärtsgewandte Abschlüsse nicht erwartet werden kann, daß die Prüfung den Fortbestand des Unternehmens gewährleistet oder zumindest erwarten läßt, daß eine Existenzgefährdung rechtzeitig erkannt wird. Weltweit wird jedoch nach jedem Unternehmenszusammenbruch gefragt, warum dieser trotz jährlicher Prüfung der Jahres- und Konzernabschlüsse durch hoch qualifizierte Personen von diesen nicht rechtzeitig erkannt und abgewendet wurde.[26] Der Prüfungsinhalt bedarf daher kritischer Überprüfung.

---

[25] Vgl. *Bundesministerium der Justiz,* a.a.O. (Fn. 4), Tz. 1958, 1963, 1964.
[26] Vgl. *Lück/Holzer,* Die Krise des amerikanischen wirtschaftsprüfenden Berufsstandes, DB 1977, S. 1857–1861; *dies.,* DB 1993, S. 237–242.

2. Auftraggeber der Abschlußprüfung

Der Abschlußprüfer des Jahresabschlusses wird von den Gesellschaftern gewählt (§ 318 Abs. 1 HGB). Die gesetzlichen Vertreter des Unternehmens haben unverzüglich nach der Wahl den Prüfungsauftrag zu erteilen; es liegt in ihrem Ermessen, ob sie den gesetzlichen Prüfungsauftrag erweitern. Der Vorstand hat dem Abschlußprüfer zu gestatten, die Bücher und Schriften der Kapitalgesellschaft sowie die Vermögensgegenstände und Schulden, namentlich die Kasse und die Bestände an Wertpapieren und Waren, zu prüfen. Alle weiteren Aufklärungen und Nachweise, die für eine sorgfältige Prüfung notwendig sind, haben auf Verlangen des Abschlußprüfers die gesetzlichen Vertreter zu geben (§ 320 HGB). Der Prüfungsbericht, der unter Umständen sehr wichtige Informationen enthält, geht an die gesetzlichen Vertreter. Die Vorlagepflicht durch die gesetzlichen Vertreter an den Aufsichtsrat ist rechtsform- und branchenbezogen geregelt; für Aktiengesellschaften in § 170 AktG. Diese gesetzliche Regelung führt dazu, daß die gesetzlichen Vertreter des geprüften Unternehmens großen Einfluß auf die Durchführung der Prüfung und den Inhalt des Bestätigungsvermerks sowie des Prüfungsberichts nach den §§ 321, 322 HGB haben. In der Vergangenheit ist daher immer wieder überlegt worden, ob es zweckmäßig wäre, die damit verbundenen Rechte und Pflichten auf den Aufsichtsrat zu verlagern. Im Rahmen des BiRiLiG war im Jahre 1985 lediglich durchsetzen, daß der Abschlußprüfer auf Verlangen des Aufsichtsrats an dessen Verhandlungen über die Prüfung des Jahresabschlusses durch den Aufsichtsrat teilzunehmen hat (§ 171 Abs. 1 AktG). Die Übertragung einer Geschäftsführungsmaßnahme auf den Aufsichtsrat wirft jedoch nicht nur die dogmatische Frage der Vereinbarkeit mit dem heutigen System der Trennung von Geschäftsführung und Aufsicht, sondern auch die Frage der politischen Durchsetzbarkeit auf. In der Unternehmensrechtskommission wurde teilweise die Auffassung vertreten, daß die Bestellung von Abschluß- und Sonderprüfern ausschließlich dem pluralistisch besetzten Aufsichtsrat übertragen werden sollte, da bei der Abschluß- und Sonderprüfung nicht nur Interessen der Anteilseigner zu berücksichtigen seien.[27] Die teilweise ablehnende Haltung in der Unternehmensrechtskommission dürfte auf die Befürchtung zurückzuführen sein, daß dadurch die Mitbestimmung verstärkt werden könnte.

In USA haben sich die sog. Audit-Committees durchgesetzt. Das sind sachverständig besetzte Ausschüsse des Board (Geschäftsleitung

---
[27] Vgl. *Bundesministerium der Justiz,* a.a.O. (Fn. 4), Tz. 344–348.

unter Einbeziehung von beratenden und aufsichtführenden Personen) mit der Aufgabe, den Prüfungsauftrag zu formulieren, die Abschlußprüfer zu bestellen und deren Bericht entgegenzunehmen sowie die interne Revision zu überwachen.[28] Es wäre zu prüfen, ob sich dieses System in den USA qualitätsverbessernd auswirkt und ob es sich auf das deutsche Aufsichtsratsystem mit strenger Trennung von Geschäftsführung und deren Überwachung übertragen läßt. Es ist zu beachten, daß im Board-System das Audit-Committee als Ausschuß des Boards dessen Präsidium und damit der Geschäftsführung untersteht. Ein mit ähnlichen Befugnissen ausgestatteter Aufsichtsratsausschuß würde einen Teil der Geschäftsführung übernehmen und die Geschäftsführung unter Umständen aufspalten; die nachteiligen Folgen könnten erheblich sein.

Ein spezieller Bilanz- und Prüfungsausschuß vermag die in ihn gesetzten Erwartungen jedoch nur zu erfüllen, wenn seine Mitglieder im Bereich der Bilanzierung und Prüfung sachkundig sind. Es wäre daher zu prüfen, ob verlangt werden sollte, daß zumindest der Ausschußvorsitzende Wirtschaftsprüfer oder Accountant im anglo-amerikanischen Sinne oder eine auf Grund seiner bisherigen Tätigkeit sachkundige Person sein muß.

3. Durchführung der Prüfung

Die Qualität der Prüfung hängt im Einzelfall von deren professionellen Durchführung ab. Gesetzliche Regelungen gibt es dazu in Deutschland nicht; sie sind auch in anderen Staaten nicht üblich. Diese Aufgabe obliegt den Berufsorganisationen. National haben das Institut der Wirtschaftsprüfer und die Wirtschaftsprüferkammer entsprechende Empfehlungen herausgebracht[29]; die WPK kann künftig dazu eine Satzung erlassen (§ 57 Abs. 3 und 4 WPO). International gibt es eingehende Empfehlungen von IFAC, die unter Mitwirkung des deutschen Berufsstands entstanden sind und bisher von IOSCO unterstützt wurden.[30]

---

[28] Vgl. *Langenbucher/Blaum,* Audit-Committees – Ein Weg zur Überwindung der Überwachungskrise?, DB 1994, S. 2197–2206; *Forster,* MG, Schneider, Balsam und die Folgen – Was können Aufsichtsräte und Abschlußprüfer gemeinsam tun?, AG 1995, S. 1–7, hier S. 5 f.

[29] Vgl. die Fachgutachten 1–3/1988 betreffend die Durchführung von Abschlußprüfungen, die Berichterstattung darüber und die Erteilung von Bestätigungsvermerken.

[30] Vgl. IFAC, International Auditingpracticies Committee, International Standards on Auditing, 1994 (zur Anschrift vgl. Fn. 18). Es handelt sich um die überarbeitete Neufassung der bisher 31 Empfehlungen zur Durchführung der Prüfung. Die bisherigen Empfehlungen wurden von der International Organisation of Securities Commissons

Zur Schließung der Erwartungslücke ist in USA, wie bereits oben unter II.2. dargestellt, bereits im Jahre 1977 die regelmäßige Überprüfung der Berufstätigkeit durch Außenstehende empfohlen worden (Peer-Review). Seit 1990 sind auf Grund der Satzung des Instituts der Abschlußprüfer in USA (AICPA) ca. 40.000 Berufsangehörige verpflichtet, sich alle fünf Jahre einer Qualitätskontrolle in Form einer externen Überprüfung durch andere Berufsangehörige zu unterziehen; das Ergebnis der Prüfung wird in einem Testat zusammengefaßt. Regelungen nach diesem Vorbild haben inzwischen Belgien, Frankreich, Irland und das Vereinigte Königreich eingeführt. Die Empfehlungen der IFAC gehen ebenfalls in diese Richtung, sehen aber auch die Möglichkeit einer Überprüfung durch hauptamtliche Berufsorganisationen vor. Der deutsche Berufsstand diskutiert die damit zusammenhängenden Fragen seit langer Zeit.[31] Es wäre zu überlegen, ob und in welcher Form eine derartige Überprüfung der Prüfungstätigkeit in Deutschland eingeführt werden sollte. Möglicherweise hätte eine solche Prüfung das behauptete Fehlverhalten des Wirtschaftsprüfers der Balsam AG schon früher aufgedeckt. Im Falle Schneider war indessen ein Wirtschaftsprüfer nur beratend tätig. Im Fall Metallgesellschaft hätte wegen der Rückwärtsbezogenheit der Abschlußprüfung die Aufdeckung erst im Jahre 1994 erfolgen können. Dennoch sollte nunmehr geprüft werden, ob die Tätigkeit der Abschlußprüfer in eine solche Qualitätsprüfung einzubeziehen wäre. Vor der Übernahme amerikanischer Kontrollformen sollten die Auswirkungen auf das deutsche Kammersystem und die Frage der Einbindung der WPK geprüft werden, weil es Berufskammern in dieser Form in USA nicht gibt. Die Addition von Maßnahmen aus unterschiedlichen Rechtskulturen ist unter dem Gesichtspunkt der Überregulierung gefährlich.

4. Verschwiegenheitspflicht

Der Abschlußprüfer, seine Gehilfen und die bei der Prüfung mitwirkenden gesetzlichen Vertreter einer Prüfungsgesellschaft sind zur gewissen-

---

(IOSCO) unterstützt. Die Frage, ob auch die Neufassung den Börsenaufsichtsbehörden der Mitgliedstaaten zur Beachtung empfohlen werden kann, ist wegen der von IFAC vorgenommenen einseitigen Änderungen noch offen.

[31] *Forster* hat anläßlich der 20. Arbeitstagung des IDW im Jahre 1978 darauf hingewiesen, daß das Thema Peer Review vom Berufsstand aufgegriffen wurde und im Arbeitskreis Quality Control untersucht wird; vgl. *Forster*, Bemerkungen zu aktuellen berufspolitischen Fragen, WPg 1978, S. 645–652, hier S. 648. Vgl. im übrigen das in Fn. 21 angegebene Schrifttum.

haften und unparteiischen Prüfung und zur Verschwiegenheit verpflichtet (§ 323 HGB); die Verletzung ist mit Freiheitsstrafe bis zu einem Jahr oder mit Geldstrafe bedroht (§ 333 HGB). Von der Verschwiegenheitspflicht kann nur der Auftraggeber, das ist der Vorstand, entbinden, so daß diese Verpflichtung auch gegenüber den Mitgliedern des Aufsichtsrats der geprüften Gesellschaft besteht, soweit das Geheimnis nicht im Prüfungsbericht nach § 321 HGB oder im Rahmen einer nach § 171 Abs. 1 Satz 2 AktG angeordneten Teilnahme an der Aufsichtsratssitzung mitgeteilt wird. Eine Redepflicht besteht im Grundsatz nur gegenüber Aufsichtsbehörden, soweit die Prüfung auch in deren Interesse (wie bei der Banken- und der Versicherungsaufsicht) erfolgt. Der Prüfungszweck wird daher nicht erreicht, wenn im Prüfungsbericht enthaltene nachteilige Feststellungen vom Vorstand nicht weitergegeben oder auf seinen Wunsch geschönt oder verklausuliert werden. Es wäre daher zu prüfen, ob und in welchem Umfang eine Redepflicht des Abschlußprüfers gegenüber dem Aufsichtsrat oder bestimmten Mitgliedern über die Vorschrift des § 321 Abs. 2 HGB hinaus erweitert werden soll. Im Rahmen des BiRiLiG war 1985 dafür keine Mehrheit zu bekommen. Die Schaffung eines Bilanzausschusses mit den bezeichneten Aufgaben könnte in diesem Zusammenhang besonders hilfreich sein, weil ein besonderes Vertrauensverhältnis zu den Abschlußprüfern entstehen würde und wegen der überschaubaren Zahl seiner Mitglieder die Vertraulichkeit leichter gewährleistet werden könnte.

IV. Aussagekraft der Abschlüsse

1. Vergangenheitsbezogenheit der Abschlüsse

Die Öffentlichkeit erwartet, daß die Abschlußprüfung auch etwas über die künftige Entwicklung des Unternehmens aussagt, insbesondere eine existenzgefährdende Entwicklung rechtzeitig zu erkennen hilft. Eine solche Aussage ist aber nur eingeschränkt möglich, wenn der Prüfungsgegenstand die Vergangenheit betrifft. Die Jahres- und Konzernabschlüsse beziehen sich auf abgeschlossene Geschäftsjahre. Sie werden zusammen mit dem Bestätigungsvermerk oder dem Vermerk über dessen Versagung frühestens drei und spätestens neun Monate nach Ablauf des Geschäftsjahres offengelegt. Es kommt hinzu, daß liquiditätsbezogene Angaben relativ bescheiden sind, da eine Kapitalflußrechnung nicht zwingend vorgeschrieben ist. Künftige finanzielle Verpflichtungen, die nicht bilanzierungsfähig sind, müssen lediglich im Anhang nach § 285 Nr. 3 HGB pauschal angegeben werden. Eine existenzgefährdende Entwicklung wird daher nur erkennbar, wenn sie sich bereits im abgelaufenen Geschäftsjahr deutlich abgezeichnet hat. Bestandssichernd wirkt das Vorsichtsprinzip, wenn es von den Unternehmen zur Bildung stiller Reserven verwendet wird. Angaben hierüber sind indessen nicht üblich. Dieses System wird von den Protagonisten der anglo-amerikanischen Rechnungslegung besonders kritisch gesehen, weil die aktuelle Vermögens- und Ertragslage unter Umständen nicht eindeutig feststellbar ist. Die Problematik wird besonders deutlich, wenn man sich den Konzernabschluß der Daimler Benz AG für 1993 ansieht, der nach US-GAAP 1,839 Mrd. DM Verlust und nach deutschen Recht 615 Mio DM Gewinn angibt.[32] Auch wenn sich aus den Erläuterungen ergibt, daß der Gewinnausweis im deutschen Abschluß auf die Auflösung von Stillen Reserven zurückzuführen ist, so ist dies einem größeren Publikum kaum verständlich zu machen und ist zu befürchten, daß das Vertrauen in die Zuverlässigkeit veröffentlichter Jahres- und Konzernabschlüsse beeinträchtigt wird.[33] Es kommt noch hinzu, daß das Eigenkapital im Konzernabschluß der Daimler-Benz AG für 1993 nach US-GAAP 26,281 Milliarden DM und nach deutschen Recht 18,145 Milliarden DM betragen hat. Dieser Unterschied ist überwiegend darauf zurückzuführen, daß 5,77 Milliarden DM, die nach deutschen Recht als Rückstellungen ausgewiesen werden, nach US-GAAP dem Eigenkapital zugeschlagen worden sind.

Der Lagebericht ist demgegenüber zukunftsbezogen, weil auf die künftige Entwicklung einzugehen ist (§ 289 Abs. 2 HGB). Die gesetzlich verlangten Angaben sind indessen bescheiden und bleiben hinter denen nach US-GAAP zurück.

Es wäre zu prüfen, inwieweit die Anforderungen an die Abschlüsse und die Berichtspflicht unter Berücksichtigung der folgenden Überlegungen erweitert werden sollten.

---

[32] Vgl. Daimler-Benz Aktiengesellschaft, Annual Report on Form 20-F, 1993. Zur Problematik der Internationalisierung der Rechnungslegung vgl. insbesondere *Baetge (Hrsg.),* Die deutsche Rechnungslegung vor dem Hintergrund internationaler Entwicklungen, Düsseldorf 1994; *Küting/Weber,* Internationale Bilanzierung, Rechnungslegung in den USA, Japan und Europa, Herne/Berlin 1994; *Biener,* Rezeption der US-GAAP über IOSCO und IASC?, in: Rechenschaftslegung im Wandel, Festschrift für Budde, hrsg. v. Förschle u. a., München 1995, S. 87–103.

[33] *Liener,* Mitglied des Vorstandes der Daimler-Benz AG, hat anläßlich des Börsenforums der RWB in Düsseldorf am 9. März 1994 in seinem Vortrag „Anforderungen internationaler Kapitalmärkte an die Rechnungslegung globaler Unternehmen – Konsequenzen für den deutschen Konzernabschluß" zum Ausdruck gebracht, daß auch der Vorstand einer großen Kapitalgesellschaft auf Dauer nicht in zwei Bilanzwelten leben kann.

2. Grundsätze ordnungsmäßiger Buchführung (GoB)

In Deutschland ist die Rechnungslegung, wie in anderen kontinentaleuropäischen Staaten, Teil der Gesetzgebung. Dies hängt mit der Tradition und der engen Verknüpfung mit der steuerlichen Gewinnermittlung zusammen. Im Konflikt mit den Bilanzierungspflichtigen ist diese Gesetzgebung tendenziell rudimentär; auch werden in großem Umfang unbestimmte Rechtsbegriffe verwendet, die als GoB in der Praxis entwickelt und im Streitfall von den Gerichten konkretisiert werden. Im anglo-amerikanischen Rechtskreis werden die Rechnungslegungsgrundsätze wie technische Normen gesehen und von den Berufsangehörigen, ihren berufsständischen Einrichtungen oder dafür geschaffenen Institutionen im Wege der Normung, wie diese im technischen Bereich weltweit üblich ist, entwickelt. Solche Empfehlungen sind praxisbezogen, ausführlich und präzise; sie werden von den Betroffenen weitgehend freiwillig akzeptiert und von staatlichen Stellen, insbesondere Aufsichtsbehörden, unterstützt. Wie bei der Entwicklung von DIN-Normen nehmen staatliche Stellen insoweit Einfluß, als sie von einer ihnen möglichen Rechtssetzung solange absehen, wie die dafür geschaffenen Einrichtungen der beteiligten Kreise die notwendige Normung unter Berücksichtigung öffentlicher Interessen freiwillig durchführen. So gibt es z. B. einen Vertrag zwischen der Bundesregierung mit dem DIN-Institut über dessen Rechte und Pflichten bei der Entwicklung technischer Normen.

In Deutschland ist es bisher nicht gelungen, eine Einrichtung mit dem Auftrag zu schaffen, die Rechnungslegung zu normen. Dies wäre aber notwendig, wenn man unter Vermeidung weiterer Gesetzgebung die Rechnungslegung so fortentwickeln möchte, daß die Jahres- und Konzernabschlüsse großer Unternehmen hinsichtlich ihrer Aussagekraft und Vergleichbarkeit verbessert werden. Damit würde auch deutlicher als bisher zum Ausdruck gebracht werden, daß die Verbesserung der Aussagekraft der Abschlüsse im Interesse der Wirtschaft ist und deshalb zu den ureigensten Aufgaben der Wirtschaft und ihrer Berater gehört und nur hilfsweise als Aufgabe des Gesetzgebers anzusehen ist. Im Hinblick auf die weltweite Entwicklung der Rechnungslegung sollte es nunmehr möglich sein, die Wirtschaft, den Berufsstand und die beteiligten Kreise von der Notwendigkeit der Schaffung eines unabhängigen GoB-Gremiums zu überzeugen. Voraussetzung dafür wäre vermutlich, daß das BMJ ermächtigt wird, einen Vertrag mit einer geeigneten Organisation abzuschließen und solche Grundsätze, soweit im öffentlichen Interesse erforderlich, zu unterstützen und notfalls durch Verordnung nachzuhelfen, wie dies in den USA der SEC gestattet ist. Ein solches Gremium könnte die deutschen Interessen auch international im IASC und im Forum der EU vertreten. Die Kommission der EU dürfte nach dem Eindruck des Verfassers ohnehin anstreben, das Forum nach dem Vorbild des FASB der USA zu entwickeln.[34] Wichtige Bereiche, in denen GoB zu entwickeln wären, sind z. B. Währungsumrechnung, Leasing, Finanzinstrumente (Derivate) und Kapitalflußrechnung. Auch stellt sich die Frage, ob und in welchem Umfang die Empfehlungen des IASC unterstützt werden können.

Ein Nachteil des deutschen Systems, die GoB im Streitfall von den Gerichten bestimmen zu lassen, besteht darin, daß diese Form der Ermittlung der GoB zahllose Wahlrechte ermöglicht, die von den Unternehmen jeweils entsprechend ihrer wirtschaftlichen Lage genutzt werden, ohne daß dies von den Prüfern unter Berufung auf ausformulierte Berufsnormen unterbunden werden kann.

Es wäre daher zu prüfen, ob die Aussagekraft der Abschlüsse und damit auch die Qualität der Prüfung durch Schaffung eines solchen Gremiums mit dem Auftrag, die GoB durch Normung fortzuentwickeln, verbessert werden könnte. Damit könnte gleichzeitig ein Beitrag zu Deregulierung nach anglo-amerikanischem Vorbild geleistet werden, weil zumindest kein weitergehender Gesetzgebungsbedarf in Zukunft entstehen würde. Die Normung ist der Gesetzgebung insoweit überlegen, als sie ausschließlich vom Sachverstand bestimmt wird und weniger verbindlich ist (z. B. keine Bindung der Gerichte); sie kann deshalb auch schneller an neuere Entwicklungen angepaßt werden. Die in USA zu beobachtenden häufigen Änderungen der Empfehlungen werden allerdings von deutschen Unternehmen wegen des damit verbundenen Aufwands als nachteilig bewertet.

---

[34] Das Forum wurde von der Kommission der EU im Jahr 1990 als beratendes Gremium geschaffen. Mitglieder sind außer den interessierten Spitzenverbänden der Wirtschaft und der beteiligten Kreise auf europäischer Ebene aus dem nationalen Bereich die sog. Standard Setter. Deutschland wird durch das IDW und – seit einem Jahr – durch einen Vertreter der Wirtschaft repräsentiert. Das Forum hat die Aufgabe, die Kommission bei der Auslegung und Entwicklung von EG-Richtlinien zu beraten. Es kann keine Empfehlungen aussprechen. Aus deutscher Seite bestehen erhebliche Zweifel, ob die Ermächtigung der Kommission nach Art. 53 Abs. 3 g) EGV die Einrichtung eines solchen Gremiums erlaubt.

V. Erweiterung des gesetzlichen Prüfungsauftrags

1. Prüfung der Geschäftsführung

Es ist bereits oben unter IV.1. auf die Beschränktheit des gesetzlichen Prüfungsauftrags hingewiesen worden. Häufig wird vorgeschlagen, die Prüfung auf die Geschäftsführung zu erstrecken. Nach § 53 Haushaltsgrundsätzegesetz können Gebietskörperschaften unter bestimmten Voraussetzungen verlangen, daß das Unternehmen im Rahmen der Abschlußprüfung auch die Ordnungsmäßigkeit der Geschäftsführung prüfen läßt und daß der Abschlußprüfer beauftragt wird, in seinem Bericht auch die Entwicklung der Vermögens- und Ertragslage sowie die Liquidität und Rentabilität des Unternehmens, verlustbringende Geschäfte und die Ursachen der Verluste sowie die Ursachen eines in der Gewinn- und Verlustrechnung ausgewiesenen Jahresfehlbetrags darzustellen. Es handelt sich dabei nicht um eine materielle Prüfung der wirtschaftlichen Zweckmäßigkeit von Geschäftsführungsmaßnahmen. Die Prüfung ist vielmehr darauf ausgerichtet, die Ordnungsmäßigkeit des Zustandekommens von Geschäftsführungsmaßnahmen und ihrer Durchführung festzustellen.[35] Die damit nach § 53 HGrG bei Genossenschaften und Unternehmen mit öffentlicher Beteiligung gemachten Erfahrungen geben keinen Anlaß anzunehmen, daß die Erwartungslücke auf diese Weise geschlossen werden könnte.[36] Das größte Problem ist, daß die Abschlußprüfer keine Qualifikation als Unternehmer haben und daß es für einen Großteil der vom Management getroffenen Entscheidungen auch Alternativen gibt, von denen häufig erst im nachhinein gesagt werden kann, daß sie günstiger gewesen wären. In beaufsichtigten Branchen, wie im Bereich der Kredit- und Versicherungswirtschaft, führt die Einmischung in Geschäftsführungsmaßnahmen dazu, daß keine Risiken mehr eingegangen werden und risikobehaftete Innovationen weitgehend unterbleiben. Dennoch sollte diese Frage erneut geprüft werden, insbesondere unter dem Gesichtspunkt, ob bestimmte Bereiche einbezogen werden sollten (vgl. insoweit auch die unter V.2. folgenden Ausführungen).

2. Rating

In USA wird im Interesse der Gläubiger dem sog. Rating große Bedeutung zugemessen. Das privat entwickelte und von praktisch zwei Gesell-

---

[35] Vgl. *Forster,* WPg 1994, S. 789–795.
[36] So auch *Forster,* WPg 1994, S. 791.

schaften ausgeführte Rating benotet die künftige Entwicklung des Unternehmens und seine Fähigkeit, die bestehenden Verbindlichkeiten zu erfüllen. Die jeweils erteile Note wirkt sich auf die Kreditwürdigkeit, insbesondere auf die Zinskonditionen, und auf den Kurs der gehandelten Wertpapiere des Unternehmens aus. Für die zugeteilte Note wird keinerlei Gewähr übernommen. Auch werden die Angaben des Unternehmens nicht in vergleichbarer Weise wie bei der Abschlußprüfung überprüft. Gegenstand der Beurteilung sind das Management und die Organisation, insbesondere hinsichtlich der Fähigkeit zur Risikobewältigung, aber auch die zu erwartende künftige Entwicklung des Unternehmens unter Berücksichtigung seiner Umweltbedingungen, wie z. B. die politischen Risiken der Länder, in denen das Unternehmen seine Tätigkeiten entwickelt.[37] Die öffentliche Erwartung im Falle der Börsennotierung ist in USA so groß, daß sich angeblich kein notiertes Unternehmen dem Rating entziehen kann.

In diesem Zusammenhang wäre zu prüfen, inwieweit zumindest börsennotierten Gesellschaften empfohlen werden sollte, sich einem Rating auf freiwilliger Basis zu unterwerfen. Es stellt sich aber auch die Frage, ob einige Elemente des Ratings in die Abschlußprüfung einbezogen werden sollten, wie z. B. eine Beurteilung der Funktionsfähigkeit der internen Revision, des Risikomanagements, z. B. beim Handel mit Derivaten, die Wahrscheinlichkeit der Erfüllbarkeit bestehender finanzieller Verpflichtungen, Forschung und Entwicklung. Ein Bestätigungsvermerk könnte allerdings insoweit nicht verlangt werden, weil künftige Entwicklungen für eine Prüfung zu unsicher sind. Wie beim Rating sollte das Ergebnis benotet werden. Dadurch würde ein Anreiz für die Unternehmen entstehen, festgestellte Mängel zu beseitigen. In diesem Zusammenhang sollte auch die Frage geprüft werden, ob das Ergebnis der ergänzenden Prüfung und Beurteilung nur im Rahmen des Prüfungsberichts mitgeteilt wird oder ob insoweit der zu veröffentlichende Bestätigungsvermerk ergänzt werden soll.

3. Fallbezogene Erweiterung des Prüfungsauftrags durch den Aufsichtsrat

Nach § 171 Abs. 1 AktG hat der Aufsichtsrat den Jahresabschluß, den Lagebericht und den Vorschlag für die Verwendung des Bilanzgewinns

---

[37] Vgl. auch *Baetge,* Rating von Unternehmen anhand von Bilanzen, WPg 1994, S. 1-10; *Berblinger,* Bonitätsanalyse internationaler Konzerne, in: Bericht über die Fachtagung 1994 des IDW, Düsseldorf 1995, S. 55-67. Vgl. ferner den Beitrag von *Baetge,* S. 1ff., in diesem Band.

zu prüfen. Der Prüfungsbericht des Abschlußprüfers ist ihm vorzulegen (§ 170 Abs. 1 AktG). Obwohl die Pflichtprüfung u. a. geschaffen worden ist, um die Überwachungstätigkeit des Aufsichtsrats zu unterstützen, hat dieser keinen Einfluß auf die Tätigkeit des Prüfers. Es wäre in diesem Zusammenhang zu prüfen, ob dem Aufsichtsrat die Möglichkeit eingeräumt oder ob er sogar verpflichtet werden sollte, den gesetzlichen Prüfungsauftrag von Fall zu Fall zu erweitern und auch zwischendurch Sonderaufträge zu erteilen. Diese Aufgabe wäre vor allem einem Audit-Committee zu übertragen, wie es oben unter III.2. dargestellt worden ist. Die Gefahr dabei ist, daß über eine starke Ausdehnung der Kontrolle eine Nebenregierung entstehen kann, welche Initiativen des Vorstandes lähmt und zu Konflikten führt.

VI. *Bestätigungsvermerk und Prüfungsbericht*

1. *Fassung des Bestätigungsvermerks*

Der Abschlußprüfer ist auf Grund von § 322 HGB verpflichtet, einen Bestätigungsvermerk zu erteilen, wenn keine Einwendungen zu erheben sind. Im Rahmen des BiRiLiG wurde im Jahre 1985 ein Kompromiß in der Weise gefunden, daß einerseits formelhaft zu bestätigen ist, daß der Jahresabschluß den gesetzlichen Vorschriften zu entsprechen hat und daß er unter Beachtung der Grundsätze ordnungsmäßiger Buchführung (das sind die gesetzlichen Vorschriften und die dazu entwickelten Rechtssätze) ein den tatsächlichen Verhältnissen entsprechendes Bild der Vermögens-, Finanz- und Ertragslage vermittelt. Andererseits ist der Bestätigungsvermerk zu ergänzen, ohne daß er dadurch eingeschränkt wird, wenn zusätzliche Bemerkungen erforderlich erscheinen, um einen falschen Eindruck über den Inhalt der Prüfung und die Tragweite des Bestätigungsvermerks zu vermeiden. Von dieser Möglichkeit wird kaum Gebrauch gemacht, obwohl gerade hiervon erwartet wurde, daß die Erwartungslücke geringer wird. Nach *Forster* bestehen Zweifel, ob die in der Begründung zu § 280 HGB-Entwurf dargestellte Absicht der Bundesregierung, die vom Gesetzgeber gebilligt wurde, die Ergänzung des Bestätigungsvermerks allgemein zuzulassen, einen angemessenen Ausdruck im Wortlaut des Gesetzes gefunden hat.[38] *Forster* erinnert auch

---

[38] Vgl. *Forster,* WPg 1994, S. 790. Im übrigen gibt *Forster* zu bedenken, in § 322 HGB den Bestätigungsbericht alternativ zum Bestätigungsvermerk zuzulassen, wobei der Mindestinhalt trotz grundsätzlicher freier Formulierbarkeit bestimmt werden könnte.

daran, daß der Vorentwurf vom 5. Februar 1980 des Bundesministeriums der Justiz zur Durchführung der Bilanzrichtlinie in § 284 Abs. 1 Satz 4 und 5 HGB Angaben im Bestätigungsvermerk über eine Änderung von Bilanzierungs- und Bewertungsmethoden sowie deren Auswirkung auf das Jahresergebnis vorsah. Dem habe die gemeinsame Stellungnahme von Wirtschaftsprüferkammer und Institut der Wirtschaftsprüfer im Grundsatz zugestimmt.[39] Es wird nunmehr erneut die Frage aufgeworfen, ob die Fassung des Bestätigungsvermerks in das freie Ermessen des Abschlußprüfers gestellt werden soll. Es ist zu befürchten, daß die Befürworter dieser Forderung anstreben, den Bestätigungsvermerk so nichtssagend zu formulieren, daß er keinerlei Vertrauen in die Qualität der Prüfung zu erwecken vermag. In den USA sind häufig Bestätigungsvermerke festzustellen, die sich in einer Beschreibung der Prüfungstätigkeit erschöpfen. Das Institute of Chartered Accountants in England and Wales hat im Jahre 1989 eine Untersuchung über Form und Inhalt der Bestätigungsvermerke und Prüfungsberichte in Europa veröffentlicht.[40] Die Untersuchung bezieht sich auf 206 multinationale Unternehmen aus 16 europäischen Staaten. Die Studie ermutigt nicht zu der Annahme, daß die Freigabe des Bestätigungsvermerkes oder des zu veröffentlichenden Prüfungsberichts zu einer besseren Information führen könnte. Es ist allerdings einzuräumen, daß die Dürftigkeit der Aussage einiger Beispiele geeignet ist, die Erwartungshaltung zu dämpfen. Man muß sich aber dann fragen, ob die Prüfung ihren Sinn und Zweck erfüllt. Dennoch sollte diese Frage erneut geprüft werden.

2. Inhalt des Prüfungsberichts

Der Abschlußprüfer hat nach § 321 HGB über das Ergebnis der Prüfung schriftlich zu berichten. Zum Inhalt des Prüfungsberichts wird darüber hinaus verlangt, daß die Posten des Jahresabschlusses aufzugliedern und ausreichend zu erläutern sind. Nachteilige Veränderungen der Vermögens-, Finanz- und Ertragslage gegenüber dem Vorjahr und Verluste, die das Jahresergebnis nicht unwesentlich beeinflußt haben, sind aufzuführen und ausreichend zu erläutern.

---

[39] Vgl. IDW, Zur Transformation der 4. EG-Richtlinie ins nationale Recht, WPg 1979, S. 169–193, hier S. 181 und WPK/IDW, Gemeinsame Stellungnahme zum Vorentwurf eines Bilanzrichtlinie-Gesetzes, WPg 1980, S. 501–523, hier S. 514f.
[40] Vgl. *Institute of Chartered Accountants in England and Wales,* Archer/Dufour/McLeay, Audit-Reports on the Financial Statements of European Multinational Companies: A Comparative Study, London 1989 (ISBN 1 85355 0280).

Zu prüfen ist, ob der Katalog der zu berücksichtigenden Punkte erweitert werden soll. Dies wäre insbesondere notwendig, wenn Beurteilungsfelder des Ratings vom Prüfer untersucht werden sollen. Gegen eine Erweiterung des Prüfungsberichts spricht, daß er in dieser Form in anderen Staaten nicht verlangt wird. Es wird außerdem eingewandt, daß er von den Mitgliedern des Aufsichtsrates nicht zur Kenntnis genommen werden kann, wenn er – was häufig vorzukommen scheint – vom Vorstand nur erläutert und nicht ausgehändigt wird. Die Verpflichtung zur generellen Aushändigung an die Mitglieder des Aufsichtsrats war im Rahmen des BiRiLiG 1985 nicht durchzusetzen.

Zu prüfen wäre auch, ob es zweckmäßig wäre, die wichtigsten Feststellungen des Prüfungsberichts in einer Kurzfassung darzustellen, die auch auf Problempunkte beschränkt sein könnte.

VII. Verantwortlichkeit der Prüfer

Abschlußprüfer, die im Rahmen der Pflichtprüfung vorsätzlich oder fahrlässig ihre Pflichten verletzen, sind der Kapitalgesellschaft und, wenn ein verbundenes Unternehmen geschädigt worden ist, auch diesem zum Ersatz des daraus entstehenden Schadens verpflichtet (§ 323 HGB). Die Ersatzpflicht ist bei Fahrlässigkeit auf 500.000 Deutsche Mark beschränkt. Es besteht Einvernehmen, daß die gesetzliche Haftungsbegrenzung bei nächster Gelegenheit angehoben werden soll. Zu prüfen wäre, ob die Haftung größenabhängig oder in sonstiger Form abgestuft werden kann. Eine Haftungsbeschränkung auf z. B. 2 Millionen DM dürfte für mittelständische Prüfer zu hoch, für große Prüfungsgesellschaften indessen zu niedrig sein.

Ein Problem ist auch, daß der Abschlußprüfer nur gegenüber der Gesellschaft haftet und nicht auch gegenüber Gesellschaftern und Gläubigern. Deshalb müßten auch die Anspruchsberechtigung und das Verfahren überprüft werden.

VIII. Ergebnis

Als Ergebnis ist festzuhalten, daß die sog. Erwartungslücke weltweit besteht und daß national und international darüber nachgedacht wird, wie diese möglichst geschlossen werden kann. Aktiengesellschaften und Kapitalmärkte sind darauf angewiesen, daß national und international eine Vielzahl von Investoren bereit ist, Investitionskapital zur Verfügung zu stellen. Ihre einzige Sicherheit ist ihr Vertrauen in den Erfolg und Fortbestand der Unternehmen, in die sie investieren. Zu den vertrauensbildenden Maßnahmen gehört die Prüfung der Jahres- und Konzernabschlüsse. Die Funktionsfähigkeit der für freie Marktwirtschaften unentbehrlichen Kapitalmärkte wird ernsthaft beeinträchtigt, wenn das Vertrauen in die Qualität der Abschlußprüfung und ihrer Prüfer verloren geht. Es besteht daher ein öffentliches Interesse, die Erwartungslücke zu schließen.

Die zu den einzelnen Prüffeldern aufgeworfenen Fragen machen deutlich, daß es eine Reihe von Möglichkeiten gibt, die geeignet erscheinen, die Leistung durch Anhebung der Qualität der Prüfung an die Erwartungen der Öffentlichkeit so zu verbessern, daß die Investitionsbereitschaft weiter Bevölkerungskreise nicht nur erhalten bleibt, sondern eher vergrößert wird. Dabei ist auch zu bedenken, daß es in einer Marktwirtschaft keine wirkliche Alternative zur Prüfung der Rechnungslegung durch Angehörige freier Berufe gibt. Die Unterstellung unter staatlicher Aufsicht als ultima ratio ist für Marktwirtschaften keine empfehlenswerte Alternative, weil sie häufig dazu führt, daß die Risikobereitschaft gedrosselt wird.

Als Ergebnis ist aber auch festzuhalten, daß eine deutliche Verbesserung nur zu erwarten ist, wenn die Aussagekraft der Abschlüsse verbessert wird und bei der Prüfung neue Möglichkeiten ernsthaft erwogen werden. Dazu gehört, daß zum einen über das Risikomanagement und die künftige Entwicklung des Unternehmens besser berichtet wird und daß zum anderen der Prüfer verpflichtet wird, die künftige Entwicklung in die Prüfung einzubeziehen und nach dem Vorbild des Ratings zu benoten. Nachdem sich die Bundesregierung, wie sich aus der Koalitionsvereinbarung ergibt, dieses Themas annehmen möchte, sind die beteiligten Kreise aufgerufen, Anregungen und Bedenken in die Diskussion einzubringen.

GERHARD BRACKERT

Grundsatzfragen der Konzernrechnungslegung von Finanzkonglomeraten

I. Einführung

II. Die Rahmenbedingungen für die Tätigkeit von Finanzkonglomeraten
  1. Entstehung und Verbreitung von Finanzkonglomeraten
  2. Besondere Risiken von Finanzkonglomeraten
  3. Beaufsichtigung von Finanzkonglomeraten
     a) De lege lata: „Solo-Aufsicht" über Kreditinstitute und Versicherungen
     b) De lege ferenda absehbar: „Solo-Plus-Aufsicht" von Finanzkonglomeraten
     c) De lege ferenda möglich: Integrative Konsolidierung von Kreditinstituten und Versicherungen

III. Die Konzernrechnungslegung von Finanzkonglomeraten
  1. Branchenübergreifende Aufgaben des Konzernabschlusses
  2. Die Einbeziehung von branchenfremden Tochterunternehmen in den Konzernabschluß
     a) Die Unanwendbarkeit des gesetzlichen Einbeziehungsverbotes nach § 295 Abs. 1 HGB
     b) Die notwendigen Reduzierungen der Einheitstheorie in Finanzkonglomerats-Konzernen
        ba) Die konzerneinheitlichen Ansatz- und Bewertungsvorschriften
        bb) Die einzelnen Konsolidierungsmaßnahmen
        bc) Die Gliederung des Konzernabschlusses

IV. Schlußbemerkung

I. Einführung

„Wirtschaftsprüfung bedeutet nicht, mit dem erhobenen Zeigefinger der Vergangenheit hinterherzulaufen".[1] Vielmehr ist sie stets auch auf die Zukunft gerichtet, auf ein Futur, welches sich heute vielleicht nur schemenhaft und verschwommen abzeichnet. In diesem Sinne muß sich auch die externe Rechnungslegung fortwährend wandeln und neuen Herausforderungen stellen. Natürlich kann nicht mit jedweder Änderung ein Revirement von nationalen und internationalen Rechnungslegungsvorschriften einhergehen; die „Anpassung an wichtige Entwicklungsströmungen der Wirtschaft ist jedoch unausweichlich".[2]

Solche Umbrüche lassen sich heutzutage in vielen Branchen ausmachen, konzentrieren sich indes mit besonderer Intensität im Bereich der Finanzdienstleistungen sowohl bei Kreditinstituten als auch bei Versicherungen sowie in den Treasury-Abteilungen von Industrie- und Handelsunternehmen. Eine der zahlreichen Strömungen im Bereich der Finanzdienstleistungen betrifft den unübersehbaren Drang zu Allfinanzkonzernen, die in ihrer Leistungspalette die Angebote von Kreditinstituten, Versicherungen, Kreditkartenunternehmen, Bausparkassen, Leasinggesellschaften und Investmentfonds bündeln. Während über die aufsichtsrechtlichen Folgerungen dieser Entwicklung bereits intensiv diskutiert wird[3], bleiben die Implikationen dieses Trends für die Rechnungslegung weitestgehend unbeachtet. Dabei resultieren hieraus in absehbarer Zeit erkennbare Informationsimponderabilien: Wie soll auf aggregierter Basis über ein wirtschaftlich so amorphes Gebilde wie einen Allfinanzkonzern Rechnung gelegt werden? Wie können die Bank- und Versicherungsaktivitäten im Konzernabschluß sinnvoll aggregiert und erläutert werden, um den gesetzlich geforderten Einblick in die Vermögens-, Finanz- und Ertragslage zu gewähren?

---

[1] *Havermann*, Wirtschaftsprüfung heute, in: Ansprachen anläßlich der Verleihung der Ehrendoktorwürde an Prof. Dr. rer. pol. Hans Havermann, Münster 1991, S. 35–57, hier S. 54. Siehe auch *Havermann*, Internationale Entwicklungen in der Rechnungslegung, in: Bilanzrecht und Kapitalmarkt, Festschrift für Moxter, hrsg. v. Ballwieser u. a., Düsseldorf 1994, S. 655–677.

[2] *Havermann*, Rechnungslegung im Wandel – Nationale und internationale Entwicklungstendenzen ausgewählter Bereiche, Köln 1980, S. 13.

[3] Vgl. für Deutschland z. B. *Schneider,* Das Aufsichtsrecht der Allfinanzkonzerne, WM 1990, S. 1649–1650; *Knauth/Welzel,* Finanzkonglomerate im Aufsichtsvisier, Kreditwesen 1993, S. 30–32.

Mit diesen in einigen Jahren zunehmend drängenden Fragestellungen setzt sich der vorliegende Beitrag auseinander. Zunächst werden die Gründe, inhärenten Risiken und ökonomischen Rahmenbedingungen der Bildung von Finanzkonglomeraten herausgearbeitet, bevor kursorisch auf bank- und versicherungsaufsichtsrechtliche Fragen eingegangen werden kann. Hieran schließen sich Überlegungen zur Rechnungslegung und Publizität von Finanzkonglomeraten an.

II. Die Rahmenbedingungen für die Tätigkeit von Finanzkonglomeraten

1. Entstehung und Verbreitung von Finanzkonglomeraten

Das Zusammenwirken von Banken und Versicherungen kann auf eine lange Tradition zurückblicken: Während im 19. Jahrhundert der simultane Betrieb von Bank- und Versicherungsgeschäften „keine ungewöhnliche Erscheinung"[4] war, liefen in den ersten Jahrzehnten dieses Jahrhunderts die Tätigkeitsgebiete von Kreditinstituten und Versicherungen aufgrund rechtlicher Vorschriften deutlich auseinander. In der Folge blieb das Verhältnis der zwei Anbietergruppen mehr von Ergänzung denn von Ersetzung geprägt und dementsprechend eher unbelastet.[5] Dabei haben sich seit jeher Formen der Kooperation auf Provisionsbasis zwischen Banken und Versicherungen etablieren können, welche von einer Zusammenarbeit in Einzelfällen bis hin zu einer laufenden Vermittlungstätigkeit reichten. Dabei bewahrten die beiden Anbietergruppen ihre eigene Identität und traten nur selten in einen Wettbewerb miteinander ein: „Die Produkte des Partners über den eigenen Vertriebsapparat für den gemeinsamen Kunden bereitzuhalten, bedeutet nicht, ein eigenes Produkt mit einem fremden Etikett ausstatten zu dürfen".[6]

---

[4] *Amely,* Allfinanz-Konzerne als Problem der Bank- und Versicherungsaufsicht, Köln 1994, S. 31. *Amely* verweist auf das Beispiel der Bayerischen Hypotheken- und Wechselbank, welche seinerzeit auch auf dem Markt für Lebens- und Feuerversicherungen tätig war.

[5] Zu den historischen Wurzeln des Bank- und Versicherungswesens in Deutschland und zu den Konsequenzen für den Wettbewerb siehe *Borscheid,* Banken und Versicherungen bis 1948 – Konkurrenz und Kooperation, Bankhistorisches Archiv, Beiheft 18, Frankfurt/M. 1991, S. 12–19. Siehe hierzu auch den Abriß bei *Amely,* a.a.O. (Fn. 4), S. 31–33 m.w.N.

[6] *Schwebler,* Wege der Zusammenarbeit zwischen Banken und Versicherungen, in: Aspekte bankwirtschaftlicher Forschung und Praxis, hrsg. von Guthardt u.a., Frankfurt/M. 1985, S. 201–209.

Seit etwa zwei Jahrzehnten haben sich das Wettbewerbsumfeld und die Zusammenarbeit von Kreditinstituten und Versicherungen einschneidend verändert.[7] Die Philosophie der Spezialisierung im Bereich von Finanzdienstleistungen weicht mehr und mehr der Idee des One Shop-Stopping, bei dem ein Anbieter für seinen Kunden sämtliche Angebote bereithält, und zwar „über den Lebenszyklus, von der Wiege bis zur Bahre".[8] Diese durch Verhaltensänderungen der Wirtschaftssubjekte bei der Geldvermögensbildung evozierte Entwicklung zu einer mehr als bisher diversifizierten Geschäftätigkeit manifestiert sich in diversen Markttrends: Einerseits nahmen Kreditinstitute zusehends Produkte mit versicherungstypischen Eigenschaften wie z. B. Sparpläne mit Versicherungsschutz in ihre Angebotspalette auf, andererseits vermarkteten Versicherungen ihre seit jeher vertriebenen (Konkurrenz-) Produkte zu den Bankmarktleistungen wie Policendarlehen oder kapitalbildende Lebensversicherungen mit Steuerprivileg zusehends besser.[9] Die bislang unbehelligte Koexistenz wurde durch einen unter Konkurrenten selbstverständlichen Bewährungsdruck ersetzt. Darüber hinaus erwarben Kreditinstitutsmutterunternehmen immer öfter Versicherungen als Tochterunternehmen (und – mit gewissen Abstrichen – auch umgekehrt[10]). Neben einer mehr oder weniger losen Zusammenarbeit im Rahmen von im Sparkassen- und Genossenschaftsbereich seit langem bestehenden Verbundstrukturen oder einer gegebenenfalls sogar mit wechselseitigen Beteiligungen untermauerten strategischen Allianz[11] zeichnet sich der Weg der Allfinanz-Konzernbildung vor allem durch den Vorzug aus, daß Absichten in solche Entscheidungen münden, die aufgrund der einheitlichen Leitung (§ 290 Abs. 1 HGB) oder des gegebenen Control-Verhältnisses (§ 290 Abs. 2 HGB) auch gegen den Wider-

---

[7] Zu den Ursachen des Allfinanztrends vgl. überblicksweise *Büschgen,* Bankbetriebslehre, 4. Aufl., Wiesbaden 1993, S. 293–295; *Koguchi,* Financial Conglomeration, in: Financial Conglomerates, hrsg. von der OECD, Paris 1993, S. 7–62.
[8] *Süchting,* Bankmanagement, 3. Aufl., Stuttgart 1992, S. 441.
[9] Zu diesen beiden Entwicklungsgründen vgl. *Deutsche Bundesbank,* Finanzkonglomerate und ihre Beaufsichtigung, Monatsbericht 4/1994, S. 49–61, hier S. 51.
[10] Ursächlich für diesen empirischen Befund dürfte die Vermögensanlagevorschrift des § 54a Abs. 2 Nr. 5 Satz 2 VAG sein, wonach Aktien und Genußrechte derselben Gesellschaft nur insoweit erworben werden dürfen, als ihr Nennbetrag zusammen mit dem Nennbetrag der bereits im gebundenen Vermögen befindlichen Aktien und Genußrechte derselben Gesellschaft 10 vom Hundert des Grundkapitals dieser Gesellschaft nicht übersteigt.
[11] Zu diesen beiden Formen der Realisierung von Allfinanzkonzeptionen siehe mit Beispielen *Wienberg,* Allfinanzkonglomerate, Adressenausfallrisiken und Bankenaufsicht, Göttingen 1993, S. 22–37 sowie *Büschgen,* a.a.O. (Fn. 7), S. 297–300.

stand des Managements des Tochterunternehmens durchgesetzt werden können. Durch die gesellschaftsrechtlichen Verhältnisse können u. U. komplizierte Verhandlungen zwischen den einzelnen Gliedern des Finanzkonglomerats auf ein unvermeidliches Maß reduziert werden. Darüber hinaus zeichnet sich der Weg der Allfinanz-Konzernbildung bei am Markt eingeführten Gruppen durch die Möglichkeit einer vereinfachten Imageübertragung (z. B. durch ein einheitliches Logo) und der Nutzung eines umfassenden Vertriebssystems aus, das sowohl Zweigstellen von Kreditinstituten als auch den mobilen Vertrieb von Versicherungen umfaßt. So können die bei der Konglomeratsbildung intendierten Erlös- und Kostensynergieeffekte tatsächlich realisiert werden.[12]

2. Besondere Risiken von Finanzkonglomeraten

Allfinanzkonzerne vereinigen zunächst die branchenspezifischen Erfolgsrisiken von Kreditinstituten[13] und Versicherungen.[14] Während auf das bankgeschäftliche Teilgebiet von Finanzkonglomeraten nach der dominierenden Typologie vorwiegend Adressenausfall- und Marktpreisänderungsrisiken (Zinsänderungsrisiken, Währungsrisiken und sonstige Preisrisiken) einwirken, sieht sich der versicherungsgeschäftliche Ast mit versicherungstechnischen Risiken, Kapitalanlagerisiken, Betriebskostenrisiken und sonstigen Erfolgsrisiken konfrontiert. Diese einzelnen Risiken addieren sich in Finanzkonglomeraten unter Berücksichtigung von Synergie- und Portfolioeffekten.

Neben diesen mehr allgemeinen Risiken sind Finanzkonglomerate auch speziellen Risiken ausgesetzt: So ist wiederholt die Sorge geäußert worden, daß heterogen aufgebaute Konzerne wie Finanzkonglomerate schwerer zu durchschauen sind als vergleichbare Institutionen, die lediglich Unternehmen einer Branche (d. h. nur Kreditinstitute oder nur Versicherungen) vereinigen.[15] Da jedoch auch Zusammenschlüsse von Unternehmen einer dieser beiden Branchen in Verbindung mit einer ausgesuchten Eigentümerstruktur eine hoheitliche Aufsicht quasi unmög-

---

[12] Siehe hierzu auch *Forestieri,* Economies of Scale and Scope in the Financial Services Industry: A Review of recent Literature, in: Financial Conglomerates, hrsg. von der OECD, Paris 1993, S. 63-123 m.w.N.

[13] Vgl. z. B. *Schierenbeck,* Ertragsorientiertes Bankmanagement, 4. Aufl., Wiesbaden 1994, S. 509-515.

[14] Vgl. z. B. *Schierenbeck/Hölscher,* Bank assurance, 2. Aufl., Stuttgart 1992, S. 198-216.

[15] Vgl. stellvertretend *Deutsche Bundesbank,* a.a.O. (Fn. 9), S. 54f.

lich zu machen vermögen, kommt einem transparenten Aufbau und der Zuverlässigkeit der Anteilseigner bereits isoliert für Bank- und Versicherungsunternehmen eine herausragende Bedeutung zu.[16] Schwerer wiegen hingegen die Einwände, daß es innerhalb eines Allfinanzkonzerns zu spezifischen Ansteckungsrisiken sowie zu einer Mehrfachbelegung des konsolidierten Eigenkapitals kommt.[17] Aus diesen besonderen Risiken der Finanzkonglomerate rühren nicht zuletzt auch Gefahren für die Funktionsfähigkeit der Märkte, welche zu aufsichtsrechtlicher Sorge Anlaß geben. Die Diskussion um eine sachgerechte Beaufsichtigung von Finanzkonglomeraten ist national wie international derzeit im Fluß.

3. Beaufsichtigung von Finanzkonglomeraten

a) De lege lata: „Solo-Aufsicht" über Kreditinstitute und Versicherungen

Im Moment gibt es keine besondere ordnungspolitische Aufsicht über Finanzkonglomerate. Lediglich die in einem Konzernverbund mit oder ohne den Charakter eines Finanzkonglomerates eingebundenen Kreditinstituts- sowie Versicherungsunternehmen unterliegen für sich den geltenden geschäftsbegrenzenden Regelungen ihrer Branche. Dabei hat sich für Kreditinstitute neben der Aufsicht von einzelnen Instituten auch die Aufsicht über Kreditinstitutsgruppen und Finanzholding-Gesellschaften herausgebildet, die ab dem Inkrafttreten der Vorschriften der 5. KWG-Novelle am 31. Dezember 1995 hinsichtlich ihres Konsolidierungskreises auch Finanzinstitute und Hilfsunternehmen, aber keine Versicherungen umfaßt.[18]

Eine solche konsolidierte Beaufsichtigung existiert demgegenüber für Gruppen von Versicherungsunternehmen nicht.[19] Zwar gibt es auf der Ebene des einzelnen Versicherungsunternehmens durchaus Vor-

---

[16] Siehe hierzu die für Kreditinstitute geltenden Regelungen des § 2b KWG, welche mit den Erfahrungen des spektakulären Zusammenbruchs der Bank of Credit and Commerce International (BCCI) in Verbindung stehen.

[17] Vgl. stellvertretend *Deutsche Bundesbank*, a.a O. (Fn. 9), S. 54f. oder *Amely*, a.a.O. (Fn. 4), S. 141-149 und S. 160-163.

[18] Zum Konsolidierungskreis siehe überblicksweise *Deutsche Bundesbank*, Die Fünfte Novelle des Kreditwesengesetzes, Monatsbericht 11/1994, S. 59-67, hier S. 60-64 oder *Emmerich*, Die 5. KWG-Novelle, FLF 1994, S. 22-24, hier S. 23.

[19] Vgl. *Hohlfeld*, Kooperation/Konzernbildung zwischen Kreditinstituten und Versicherungsgesellschaften – Die deutsche Versicherungswirtschaft im Europäischen Regelungswerk, unveröffentlichtes Manuskript des Vortrages auf dem „Europa-Seminar 1995" der Börsen-Zeitung, S. 12.

schriften, die versicherungstechnische Risiken, Kapitalanlagerisiken und Betriebskostenrisiken beschränken sollen. Dabei ist vorgesehen, die analog zur Regelung bei Kreditinstituten konzipierte konsolidierte Beaufsichtigung durch ein Abzugsverfahren zu substituieren, nach dem die Buchwerte von Beteiligungen an anderen Versicherungsunternehmen für Zwecke der Solvabilitätsmessung vom Eigenkapital der Gesellschaft abzuziehen sind.[20]

Das derzeitig geltende Regelungsgefüge ist folglich durch eine vollständige Vernachlässigung der oben angeführten besonderen Risiken von Finanzkonglomeraten gekennzeichnet. Weder die Mehrfachbelegung des haftenden Eigenkapitals noch die Möglichkeit eines Spill-Over von Schwierigkeiten des einen auf den anderen Bereich erlangen de lege lata aufsichtsrechtliche Relevanz. Dies wird bankaufsichtsrechtlich auch in der Einordnung von Holdinggesellschaften als Finanzinstitute nach § 1 Abs. 3 Nr. 1 KWG deutlich: Während bereits eine Beteiligung an einem Kredit- oder Finanzinstitut zum Finanzinstitut qualifiziert, reichen Beteiligungen an Versicherungsunternehmen hierzu nicht aus, so daß ein Abzug des Beteiligungsbuchwertes vom haftenden Eigenkapital nach § 10 Abs. 6a Nr. 4 KWG im letzteren Fall nicht vorzunehmen ist.[21]

b) De lege ferenda absehbar: „Solo-Plus-Aufsicht" von Finanzkonglomeraten

Daß die besonderen Risiken von Finanzkonglomeraten ordnungsrechtlich gänzlich negiert werden, kann ordnungspolitisch offenkundig nicht zufriedenstellen. Daher haben sich die in die Gemengelage involvierten Aufsichtsbehörden auf internationaler wie auch auf nationaler Ebene schon seit langem damit beschäftigt, wie den besonderen Risiken von Finanzkonglomeraten begegnet werden kann. Die konsolidierte Aufsicht über Kreditinstitutsgruppen, deren Konsolidierungskreis sich nach der 5. KWG-Novelle auch auf sämtliche Finanzinstitute nach § 1 Abs. 3 KWG erstreckt, reicht dabei nicht mehr aus. Die Deutsche Bundesbank betont im gegebenen bankdominierten Zusammenhang, daß „in den internationalen Gremien der Aufsichtsbehörden ... weitgehend Übereinstimmung" darüber besteht, „daß es beim Vorhandensein eines Ver-

---

[20] Vgl. *Amely*, a.a.O. (Fn. 4), S. 129–130, der jedoch darauf hinweist, daß das Bundesaufsichtsamt für das Versicherungswesen auf die Anwendung des Abzugsverfahrens bislang verzichtet.

[21] Vgl. Schreiben des Bundesaufsichtsamtes für das Kreditwesen I 3 - 5 - 1/92 an die Spitzenverbände der Kreditinstitute vom 28. 12. 1993, abgedruckt in: *Consbruch u. a.*, Kreditwesengesetz, München, Loseblatt, Stand Januar 1995, Nr. 4.247.

sicherungsunternehmens in einem Finanzkonglomerat zusätzlicher aufsichtsrechtlicher Techniken bedarf".[22] Solche über die bisher praktizierte Einzelaufsicht hinausgehenden gewerbepolizeilichen Maßnahmen sind indes auch in versicherungsdominierten Finanzkonglomeraten zu fordern. Folgerichtig sind – trotz aller verbleibenden Vorbehalte – spiegelbildlich auch für Versicherungskonzerne detaillierte Regelungen zur konsolidierten Aufsicht zu entwickeln und um additive Überlegungen zur Einbeziehung von Kredit- sowie Finanzinstituten zu ergänzen. Eine solche „Solo-Plus-Aufsicht" für bank- bzw. versicherungsgeführte Konzerne könnte ein erster Schritt zur Bewältigung finanzkonglomeratsspezifischer Risiken sein.

c) De lege ferenda möglich: Integrative Konsolidierung von Kreditinstituten und Versicherungen

Ein weiterer (Fort-)Schritt in der Beaufsichtigung von Zusammenschlüssen aus Banken und Versicherungen könnte die über die „Solo-Plus"-Variante hinausgehende integrative Kontrolle von Finanzkonglomeraten sein. Als Grundlage für die staatliche Überwachung bietet sich die Konsolidierung sämtlicher Finanzdienstleistungsaktivitäten an. In diesem Sinne hat sich auf „seiten der Bankenaufseher ... auf internationaler Ebene die Erkenntnis durchgesetzt, daß die Konsolidierung das am besten geeignete Verfahren für eine angemessene und umfassende Beaufsichtigung von Finanzkonglomeraten ist".[23] Eine entsprechend klare Meinungsäußerung der internationalen Versicherungsaufseher steht indes noch aus.

Unabhängig von den derzeit zu konstatierenden Primärzieldivergenzen der Bank- und Versicherungsaufsichtsbehörden[24] scheint die auf Besonderheiten des Bank- und des Versicherungsgeschäfts gleichermaßen Rücksicht nehmende Konsolidierung innerhalb von Finanzkonglomeraten der einzig konsequente Weg zur ordnungspolitischen Bewältigung der besonderen Risiken innerhalb von Finanzkonglomeraten zu sein. Sicher mag man über alternative Lösungen meditieren, doch ändert dieser wohl rein akademische Diskurs nichts an dem absehbaren, naheliegenden Ergebnis der Meinungsbildung in die-

---

[22] *Deutsche Bundesbank,* a a.O. (Fn. 9), S. 61 (beide Zitate).
[23] *Deutsche Bundesbank,* a.a O. (Fn. 9), S. 58.
[24] Vgl. zu diesem Aspekt nur *Hohlfeld,* Einheitliche Aufsicht über Finanzdienstleistungen?, WM 1994, S. 2105.

ser Frage.[25] Daß eine solche de lege ferenda mögliche integrative Konsolidierung von Kreditinstituten und Versicherungen weitreichende Auswirkungen auf die Organisation der staatlichen Aufsicht für den Finanzsektor haben wird, ist offensichtlich. Eine über die „Solo plus"-Variante hinausgehende Beaufsichtigung würde fast zwangsläufig zu einer die bisherige Bank- und Versicherungsaufsicht[26] integrierenden „Superfinanzaufsichtsbehörde"[27] führen.

III. Die Konzernrechnungslegung von Finanzkonglomeraten

1. Branchenübergreifende Aufgaben des Konzernabschlusses

Obgleich sich die Frage nach der sachgerechten Beaufsichtigung von den aus Banken und Versicherungen zusammengesetzten Finanzkonglomeraten nach wie vor im Fluß befindet, muß bereits heute unter den geltenden Bilanzierungsnormen über die Entwicklung von Allfinanzkonzernen Rechnung gelegt werden.[28] Dabei ist stets zu berücksichtigen, daß die Rechnungslegung in Einzel- und Konzernabschluß schon seit jeher als ein, vielleicht sogar als das entscheidende Instrument zur Beaufsichtigung eingesetzt wird.[29] Dem aus Konzernbilanz, Konzern-Gewinn- und Verlustrechnung sowie Konzernanhang bestehenden Konzernabschluß kommt nach § 297 Abs. 2 Satz 2 HGB branchenübergrei-

---

[25] Siehe in diesem Sinne unlängst auch den Bericht über einen Vortrag des Vize-Präsidenten des Bundesaufsichtsamtes für das Versicherungswesen *H. Müller*, „Gemeinsame Aufsicht im Gespräch", HB vom 3.2.1995.

[26] In den Staaten mit Trennbankensystem ist selbstverständlich auch noch die Wertpapieraufsicht zu berücksichtigen.

[27] *Hohlfeld*, a.a.O. (Fn. 19), S. 11f. und *ders.*, WM 1994, S. 2105, welcher hierdurch allerdings „keinerlei Rationalisierungserfolge" erwartet. Gleichwohl wurde dieser Schritt aufgrund des zu beobachtenden „despecialisation trend" im Finanzdienstleistungsbereich z. B. von Dänemark, Schweden und Norwegen vollzogen, so *Borio/Filosa*, The Changing Borders of Banking: Trends and Implications, BIS Working Paper No. 23, Basel 1994, S. 26.

[28] Trotz der in den letzten Jahren deutlich gewachsenen Aufmerksamkeit für die Entwicklung der gesamten Gruppe darf man „die Bedeutung der Konzernbilanzen ... nicht überschätzen. Gläubiger und Anteilseigner haben immer nur zu bestimmten Konzernunternehmen rechtliche Beziehungen, primär interessiert sie die Lage dieser Betriebe". So *Moxter*, Offene Probleme der Rechnungslegung bei Konzernunternehmen, ZfhF 1961, S. 641–653, hier S. 652.

[29] Vgl. stellvertretend aus Sicht der Bankenaufsicht *L. Müller*, Bankenaufsicht und Wirtschaftsprüfung, in: 75 Jahre Süddeutsche Treuhand-Gesellschaft Aktiengesellschaft, München 1982, S. 3–26, hier S. 11, der den Bericht über die Jahresabschlußprüfung als „wichtigste Erkenntnisquelle" charakterisiert.

fend die Aufgabe zu, „unter Beachtung der Grundsätze ordnungsmäßiger Buchführung ein den tatsächlichen Verhältnissen entsprechendes Bild der Vermögens-, Finanz- und Ertragslage des Konzerns zu vermitteln". Konsequenterweise müssen die einzelnen Angaben in ihrer Gesamtheit dazu taugen, den sachkundigen Leser des Konzernabschlusses in die Lage zu versetzen, sinnvolle Entscheidungen z. B. über Investitions- bzw. Desinvestitionsmaßnahmen zu treffen.[30] Neben dieser Informationsaufgabe wächst dem Konzernabschluß zusehends auch die Bedeutung zu, die Ausschüttung des Mutterunternehmens zu determinieren.[31] In der Praxis hat sich nämlich herausgestellt, daß sich die Ausschüttungshöhe bei Konzernmuttergesellschaften oft weniger nach dem Ergebnis im Einzelabschluß, sondern vielmehr nach dem im Konzernabschluß richtet. Der im Konzernabschluß ausgewiesenen Ergebnisgröße kommt daher faktisch eine weit über die bisher fokussierte Bedeutung hinausgehende Relevanz zu.[32]

2. Die Einbeziehung von branchenfremden Tochterunternehmen in den Konzernabschluß

a) Die Unanwendbarkeit des gesetzlichen Einbeziehungsverbotes nach § 295 Abs. 1 HGB

Nach § 295 Abs. 1 HGB darf ein Tochterunternehmen nicht in den Konzernabschluß durch Vollkonsolidierung einbezogen werden, „wenn sich seine Tätigkeit von der Tätigkeit der anderen einbezogenen Unternehmen derart unterscheidet, daß die Einbeziehung in den Konzernabschluß mit der Verpflichtung, ein den tatsächlichen Verhältnissen entsprechendes Bild der Vermögens-, Finanz- und Ertragslage des Konzerns zu vermitteln, unvereinbar ist". Für Kreditinstitutskonzerne stellt § 340j Abs. 1 HGB im gegebenen Zusammenhang klar, daß eine die

---

[30] Zur Informationsfunktion des Konzernabschlusses siehe beispielsweise *Havermann*, Der Konzernabschluß nach neuem Recht – ein Fortschritt?, in: Bilanz- und Konzernrecht, Festschrift für Goerdeler, hrsg. v. Havermann, Düsseldorf 1987, S. 173–197, hier S. 175–178 oder *Moxter*, Bilanzlehre, Band II, Einführung in das neue Bilanzrecht, 3. Aufl., Wiesbaden 1986, S. 108 f.

[31] Zu der faktischen Ausschüttungsbemessungsfunktion des Konzernabschlusses siehe beispielsweise *Hartle*, in: BeckHdR, C 10, Rz. 13 oder *Busse von Colbe/Ordelheide*, Konzernabschlüsse, 6. Aufl., Wiesbaden 1993, S. 23.

[32] Führende deutsche Mutterunternehmens-Aktiengesellschaften aller Branchen haben sich den internationalen Gepflogenheiten angeschlossen und informieren ihre Eigner primär anhand des Konzernabschlusses. Der Einzelabschluß wird den Aktionären dabei nur noch nach Anforderung zur Verfügung gestellt.

Vollkonsolidierung vereitelnde abweichende Tätigkeit im Sinne des § 295 Abs. 1 HGB nicht vorliegt, „wenn das Tochterunternehmen ... eine Tätigkeit ausübt, die eine unmittelbare Verlängerung der Banktätigkeit oder eine Hilfstätigkeit für das Mutterunternehmen darstellt".[33] In dem ergänzenden Rechnungslegungsrecht für Versicherungsunternehmen findet sich hingegen keine weitere Konkretisierung des gesetzlichen Einbeziehungsverbots[34], welches Art. 14 der Siebenten gesellschaftsrechtlichen Richtlinie des Rates der Europäischen Gemeinschaften nachempfunden ist.

Ob Kreditinstituts-Tochterunternehmen in Versicherungskonzernen et vice versa Versicherungs-Tochterunternehmen in Bankkonzernen unter das gesetzliche Einbeziehungsverbot fallen, muß man am Sinn und Zweck dieser Vorschrift festmachen. Durch die Regelung sollen nämlich Interpretationsmißverständnisse durch die Einbeziehung eines branchenverschiedenen Fremdkörpers vermieden werden.[35] Allerdings ist dabei zu berücksichtigen, daß sich die Struktur heterogen oder konglomerativ aufgebauter Konzerne nach dem Vollständigkeitsprinzip selbstverständlich auch im Konzernabschluß niederschlagen muß.[36] Ein Finanzkonglomerat kann demnach nicht auf das Geschäftsfeld des Mutterunternehmens reduziert werden. Daher steht auch einer Vollkonsolidierung des Kapitals von Banken und Versicherungen handelsrechtlich nichts im Wege.[37] In der nationalen Praxis wurde dieser Weg

---

[33] Zur Interpretation der zahlreichen unbestimmten Rechtsbegriffe siehe *Krumnow u. a.,* Rechnungslegung der Kreditinstitute, Kommentar zum Bankbilanzrichtlinie-Gesetz und zur RechKredV, Stuttgart 1994, §§ 340i, j, Tz. 36–42.

[34] Das anglo-amerikanisch geprägte internationale Rechnungslegungsrecht kennt ein Konsolidierungsverbot in dieser Form nicht. Sowohl IAS 27 „Consolidated Financial Statements and Accounting for Investments in Subsidiaries" als auch SFAS No. 94 „Consolidation of All Majority-Owned Subsidiaris" gehen vielmehr von einer grundsätzlichen Konsolidierungspflicht aus. Vgl. auch *Adler/Düring/Schmaltz,* HGB, 5. Aufl., § 295, Rdn. 8.

[35] Vgl. nur *Ausschuß für Bilanzierung des Bundesverbandes deutscher Banken,* Bankkonzernbilanzierung nach neuem Recht, WPg 1994, S. 11–20, hier S. 12 f.; *Brackert u. a.,* Der Konzernabschluß, Wiesbaden 1987, S. 18 f.

[36] Vgl. *Busse von Colbe/Ordelheide,* a.a.O. (Fn. 31), S. 88 f.; *v. Wysocki/Wohlgemuth,* Konzernrechnungslegung unter Berücksichtigung des Bilanzrichtlinien-Gesetzes, 3. Aufl., Düsseldorf 1986, S. 78.

[37] So auch *Fédération des Experts Comptables Européens,* Report of the FEE Task Force on Financial Conglomerates to the European Commission: The Form and Content of the Financial Statements of Financial Conglomerates, Brüssel 1994, S. 9; *Krumnow u. a.,* a.a.O. (Fn. 33), §§ 340i, j, Tz. 39. Kritisch hingegen *Wolff,* Externe Konzernrechnungslegung – Stand, Ausblick, Internationalisierung, in: Konzernmanagement, hrsg. von Küting/Weber, Stuttgart 1993, S. 95–109, hier S. 101–103.

beispielsweise von dem Deutsche Bank-Konzern beschritten, der den Beteiligungsbuchwert ihrer Lebensversicherungs-Tochtergesellschaft gegen das anteilige Eigenkapital dieses Tochterunternehmens nach den Regeln der Vollkonsolidierung aufgerechnet hat.[38] Dieses Interpretationsergebnis entspricht der nach herrschender Auffassung besonders restriktiven Auslegung des § 295 Abs. 1 HGB[39], gewährleistet den auch für den Konzernabschluß geltenden Vollständigkeitsgrundsatz und führt zu einer den tatsächlichen Verhältnissen entsprechenden Darstellung der Vermögens-, Finanz- und Ertragslage des Konzerns. Nur durch die Vollkonsolidierung, nicht aber durch die subsidiär greifende Equity-Bewertung nach den Vorschriften der §§ 311, 312 HGB[40], wird der Generalnorm des Konzernabschlusses genügt. Mit der hier favorisierten Kapitalkonsolidierung zeigt sich jedoch nur die Spitze eines Eisberges, nämlich der Anwendung der Einheitstheorie des § 297 Abs. 3 HGB auf Finanzkonglomerate, nach welcher die Vermögens-, Finanz- und Ertragslage des Konzerns so darzustellen ist, „als ob diese Unternehmen insgesamt ein einziges Unternehmen wären". Die Fiktion der rechtlichen Einheit einer wirtschaftlichen Gesamtheit findet nämlich keine tatsächliche Entsprechung: Ein einzelnes Unternehmen, das sowohl das Bank- als auch das Versicherungsgeschäft betreiben darf, gibt es in der Bundesrepublik Deutschland wegen entgegenstehender rechtlicher Vorschriften nicht.[41]

b) Die notwendigen Reduzierungen der Einheitstheorie in Finanzkonglomerats-Konzernen

ba) Die konzerneinheitlichen Ansatz- und Bewertungsvorschriften

Nach der Einheitstheorie ist der Konzernabschluß als ein Rechenschaftslegungsinstrument für ein gedanklich rechtlich einheitliches Unternehmen konzipiert. Unter der Fiktion der rechtlichen Einheit sind die geschäftlichen Aktivitäten des Mutterunternehmens und sämtlicher Toch-

---

[38] Vgl. *Köllhofer/Sprißler,* Informationswesen und Kontrolle im Bankbetrieb, in: Geld-, Bank- und Börsenwesen, hrsg. v. Kloten/v. Stein, 39. Aufl., Stuttgart 1993, S. 782–910, hier S. 886f.
[39] Vgl. *Adler/Düring/Schmaltz,* HGB, 5. Aufl., § 295, Rdn. 4–11 oder *Brackert u. a.,* a.a.O. (Fn. 35), S. 18f.
[40] Siehe hierzu *Havermann,* Die Equity-Bewertung von Beteiligungen, ZfbF 1987, S. 302–309; *Weber/Zündorf,* Assoziierte Unternehmen im neuen Bankkonzernbilanzrecht, DB 1995, S. 233–238.
[41] Zum verbleibenden Lösungsansatz eben durch Konzernbildung siehe exemplarisch *Hohlfeld,* a.a.O. (Fn. 19), S. 2–4 oder *Amely,* a.a.O. (Fn. 4), S. 44–46.

terunternehmen, die in den Vollkonsolidierungskreis einbezogen werden, nach den Rechnungslegungsvorschriften für das Mutterunternehmen zu bilanzieren sowie zu bewerten.[42] Der Umfang anzuwendender Vorschriften ergibt sich dabei ausschließlich aus dem Bilanzierungsrecht des Mutterunternehmens und ist in diesem Sinne branchenabhängig. Für Finanzkonglomerate, an deren Spitze ein Versicherungsunternehmen steht, gilt daher ein anderes Set an Konzernrechnungslegungsvorschriften als für Finanzkonglomerate, an deren Spitze ein Kreditinstitut bzw. eine Bank-Holding-Company[43] steht. Insbesondere fällt die Anwendung der ergänzenden Vorschriften für Kreditinstitute (§§ 340–340o HGB) im Konzernabschluß eines Versicherungs-Mutterunternehmens fort; entsprechendes gilt für die Anwendung der ergänzenden Vorschriften für Versicherungsunternehmen (§§ 341–341o HGB) im Konzernabschluß eines Kreditinstituts-Mutterunternehmens.[44]

Aus der Einheitstheorie folgt grundsätzlich die Verpflichtung zur Anpassung der jeweiligen Rechnungslegungsunterlagen an das Recht des Mutterunternehmens im Rahmen der Handelsbilanz II. Allerdings gewährt das Gesetz Ausnahmen von dem Grundsatz einheitlichen Ansatzes und einheitlicher Bewertung: Nach § 308 Abs. 2 Satz 2 HGB[45] dürfen solche Wertansätze, die auf der Anwendung von für Kreditinstitute oder Versicherungsunternehmen wegen der Besonderheiten des Geschäftszweigs geltenden Vorschriften beruhen, beibehalten werden. Für in den Konzernabschluß eines Versicherungs-Mutterunternehmens einzubeziehende Kreditinstituts-Tochterunternehmen bedeutet dies, daß im Ergebnis doch die ergänzenden Vorschriften der §§ 340–340o HGB zur Anwendung kommen können; für in den Konzernabschluß eines Kreditinstituts-Mutterunternehmens einzubeziehende Versicherungs-Tochterunternehmen gilt hinsichtlich des Regelungssets nach §§ 341–341o HGB der gleiche Befund.[46] Die einheitliche Bewertung

---

[42] Vgl. *Busse von Colbe/Ordelheide*, a.a.O. (Fn. 31), S. 97–106.

[43] Bank-Holding-Companies nach § 340i Abs. 3 HGB sind ein Unterfall der Finanzholding-Gesellschaften nach § 1 Abs. 3a KWG.

[44] Zu den für den Konzernabschluß eines Kreditinstituts anzuwendenden Vorschriften siehe *Prahl/Naumann*, Bankkonzernrechnungslegung nach neuem Recht, WPg 1993, S. 235–246, hier S. 236; *Krumnow u. a.*, a.a.O. (Fn. 33), §§ 340i, j, Tz. 67–69.

[45] Zu den weiteren in § 308 HGB kodifizierten Ausnahmen siehe *Adler/Düring/Schmaltz*, HGB, 5. Aufl., § 308, Rdn. 37–65 m.w.N.

[46] Zur teleologischen Reduzierung dieses Wahlrechts bei einzubeziehenden branchengleichen Tochterunternehmen siehe stellvertretend für den Konzernabschluß von Banken *Prahl/Naumann*, WPg 1993, S. 240; *Krumnow u. a.*, a.a.O. (Fn. 33), §§ 340i, j, Tz. 161.

sowie der einheitliche Ansatz finden insofern fakultativ für Finanzkonglomerate quasi keine Anwendung, da sowohl Ansatz als auch Bewertung aus den für einen Konzernabschluß unmittelbar nicht anzuwendenden Rechtsvorschriften importiert zu werden vermögen. In dieser Hinsicht bleiben Banktöchter in Versicherungskonzernabschlüssen und Versicherungstöchter in Bankkonzernabschlüssen ein gewisser Fremdkörper; die Einheitstheorie wird aus Praktikabilitätserwägungen bei Finanzkonglomeraten nicht konsequent durchgesetzt.[47] Dies hat nach der hier vertretenen Auffassung auch Auswirkungen auf die erläuternden Angaben im Konzernanhang: Werden von der Branche des Mutterunternehmens abweichende Bewertungsvorschriften zulässigerweise im Konzernabschluß berücksichtigt, sind – eine entsprechende Bedeutung dieser Vermögensgegenstände und Schulden vorausgesetzt – über die Anwendung der Ausnahmevorschrift des § 308 Abs. 2 Satz 2 Halbsatz 2 HGB hinaus Erläuterungen geboten, die sich z. B. an den Vorschriften zum Einzelabschluß orientieren könnten. Nur so wird der Generalnorm des § 297 Abs. 2 Satz 2 HGB genügt.

bb) Die einzelnen Konsolidierungsmaßnahmen

Die Konsolidierung von Beteiligungsbuchwerten und (anteiligem) Eigenkapital wurde schon im Zusammenhang mit der Darstellung des gesetzlichen Einbeziehungsverbotes nach § 295 Abs. 1 HGB befürwortet. Darüber hinaus bleiben noch die Maßnahmen zur Schuldenkonsolidierung, zur Zwischenerfolgseliminierung sowie zur Aufwands- und Ertragskonsolidierung auf ihre Ausprägungen bei Finanzkonglomeraten hin zu untersuchen. Nach § 303 Abs. 1 HGB sind „Ausleihungen und andere Forderungen, Rückstellungen und Verbindlichkeiten zwischen den in den Konzernabschluß einbezogenen Unternehmen sowie entsprechende Rechnungsabgrenzungsposten... wegzulassen". Diesem Gesetzesbefehl entspricht es auf den ersten Blick, z. B. von im Konglomerat gebundenen Lebensversicherungen gekaufte Schuldverschreibungen eines konzernangehörigen Kreditinstituts mit in die Schuldenkonsolidierung einzubeziehen. Bedenkt man indes, daß die Kapitalanlagen eines Lebensversicherungsunternehmens wirtschaftlich den Versicherungsnehmern zuzurechnen sind, macht die Schuldenkonsolidierung keinen

---

[47] Siehe auch *Fédération des Experts Comptables Européens*, a.a.O. (Fn. 37), S. 23: „For the present, however, the Task Force believes that there is a limit on the extent to which the different valuation rules of the BAD and IAD should be harmonised for the purposes of presenting a true and fair view of the financial position and performance of a financial conglomerate".

Sinn mehr.[48] Die in den Kapitalanlagen von Lebensversicherungen enthaltenen Schuldverschreibungen eines konzernangehörigen Kreditinstituts dienen der gesetzlich vorgeschriebenen Deckung der gegenüber den Versicherungsnehmern eingegangenen Verpflichtungen. Die Auswahl der zur Deckung dienenden Vermögensgegenstände ist im Aufsichtsrecht für Versicherungen besonders streng reglementiert. Die konkrete Verwendung der Schuldverschreibungen eines konzernangehörigen Kreditinstituts für diesen Zweck gilt folgerichtig auch auf der Konzernebene, da diese Papiere weiterhin uneingeschränkt zur Deckung der ausstehenden Verpflichtungen aus dem Lebensversicherungsgeschäft herangezogen werden können. Aus diesem Grund ist eine Einbeziehung von in den Kapitalanlagen enthaltenen Schuldverschreibungen konzernangehöriger Kreditinstitute in die gesetzliche Schuldenkonsolidierung begründeterweise abzulehnen. Eine rein schematische Anwendung der Regelung des § 303 Abs. 1 HGB auf die insofern besonderen Verhältnisse bei Finanzkonglomeraten würde im Konzernabschluß die Relation von versicherungsspezifischen Aktiva (Kapitalanlagen) und versicherungsspezifischen Passiva (versicherungstechnische Rückstellungen) verzerren und somit u.U. mit der Generalnorm des § 297 Abs. 2 Satz 2 HGB konfligieren. Teleologisch fundierte und zu sachgerechten Ergebnissen führende Reduktionen des Anwendungsbereichs der Schuldenkonsolidierung sind nicht neu: So werden beispielsweise zum alsbaldigen Wiederverkauf bestimmte zurückerworbene (konzerninterne) Schuldverschreibungen – analog zur Praxis in den Einzelabschlüssen[49] – auch nicht gegen die passivierten Verbindlichkeiten aufgerechnet. Ebenso kommt eine mechanische Anwendung der Regeln zur Schuldenkonsolidierung auch für die Fallgruppen nicht in Betracht, in denen sich hinter den konzerninternen Schuldverhältnissen materiell Verpflichtungen gegenüber Dritten verbergen, so z. B. häufig bei konzerninternen Gewährleistungsrückstellungen.[50] Mit umgekehrten Vorzeichen kann man diese Argumentation auf die spezifischen Verhältnisse bei Finanzkonglomeraten beziehen: Materiell sind die innerhalb der Kapitalanlagen gehaltenen konzerninternen Schuldverschreibungen

---

[48] Vgl. ebenso *Prahl/Naumann,* WPg 1993, S. 240.
[49] Zur Rechtsgrundlage für diese Vorgehensweise siehe § 16 Abs. 4 RechKredV, der den aktivischen Ausweis nur bei börsenfähigen Schuldverschreibungen zuläßt. Die Börsenfähigkeit ist in § 7 Abs. 2 RechKredV geregelt und verlangt, daß die Wertpapiere die Voraussetzungen für eine Börsenzulassung erfüllen; bei Schuldverschreibungen reicht es jedoch aus, daß alle Stücke einer Emission hinsichtlich Verzinsung, Laufzeitbeginn und Fälligkeit einheitlich ausgestattet sind.
[50] Vgl. stellvertretend *Adler/Düring/Schmaltz,* HGB, 5. Aufl., § 303, Rdn. 16f.

nämlich den (Lebens-)Versicherungsnehmern zuzuordnen. Eine Parallele zu den in dieser Hinsicht ähnlich gelagerten Verhältnissen bei Investmentfonds liegt auf der Hand: Auch hier wird von keiner Seite verlangt, daß die im Sondervermögen enthaltenen konzerninternen Schuldverschreibungen in die Schuldenkonsolidierung einbezogen werden.

Eine Eliminierung derartiger Forderungen und Verbindlichkeiten im Konzernabschluß eines Finanzkonglomerates ist aus diesen Gründen nach geltendem Recht nicht erforderlich.

Gleiches gilt im übrigen regelmäßig für die Eliminierung von Zwischenerfolgen nach § 304 HGB[51] oder für die Konsolidierung von Aufwendungen und Erträgen gemäß § 305 HGB. Um das Zusammenwirken des Versicherungsbereichs mit dem Bankbereich innerhalb eines Finanzkonglomerates dem Leser des Konzernabschlusses transparent zu machen, könnten jedoch beispielsweise die nicht konsolidierten Beträge im Konzernanhang freiwillig genannt werden.

bc) Die Gliederung des Konzernabschlusses

Der Einheitstheorie entspricht es, die Gliederung des Konzernabschlusses jeweils am Recht des Mutterunternehmens festzumachen. Im gegebenen Zusammenhang müßten der Gliederung des Konzernabschlusses eines Finanzkonglomerates die Formblätter für Versicherungsunternehmen zugrunde gelegt werden, wenn das Mutterunternehmen das Versicherungsgeschäft betreibt. Steht an der Spitze eines Finanzkonglomerats hingegen ein Kreditinstitut, so müßten die Formblätter nach der RechKredV für die Gliederung des Konzernabschlusses herangezogen werden.[52] Die Formblätter sind nicht nur um konzernspezifische Positionen, sondern auch um solche Positionen zu ergänzen, die sich aus der Übernahme von Positionen aus den Handelsbilanzen II der branchenfremden Tochterunternehmen ergeben. Mit welcher Detailliertheit das branchenfremde Formblatt in den Konzernabschluß eines Finanzkonglomerats übernommen wird, hängt von der relativen Bedeutung dieses Geschäftsfeldes ab.[53] Für ein Finanzkonglomerat, dessen Aktivitäten

---

[51] Ausnahmen von dieser Regel gelten hingegen in anders gelagerten Einzelfällen, so z. B. bei der konzerninternen Veräußerung von Beteiligungen, Grundstücken und Gebäuden sowie anderen Vermögensgegenständen.
[52] Vgl. z. B. *Treuarbeit AG (Hrsg.),* Bankbilanzierung ab 1993, Frankfurt/M. 1992, S. 175.
[53] Zu Beispielen aus der Praxis europäischer Finanzkonglomerate siehe *Fédération des Experts Comptables Européens,* a.a.O. (Fn. 37), Anhang IV.

sich etwa paritätisch auf das Bank- und das Versicherungsgeschäft aufteilen, wird sich die Gliederung von Konzernbilanz und Konzern-Gewinn- und Verlustrechnung nach den beiden Formblattsätzen richten müssen. Diese Regel entspricht dem allgemeinen Grundsatz, daß sich die Gliederung nach dem Geschäftszweig mit dem für den Konzern größten Gewicht richtet.[54] Dabei kann es an dieser Stelle dahingestellt bleiben, ob hierdurch in extrem gelagerten Fällen auch die Formblattstrenge gebrochen werden kann.[55]

IV. Schlußbemerkung

Die Entstehung von Finanzkonglomeraten und ihre ordnungspolitische wie handelsrechtliche Einbindung in das bestehende Regelungsgefüge ist ein Grundsatzproblem, dem auch von seiten des Wirtschaftsprüfers schon im jetzigen Stadium der Diskussion zusehends Aufmerksamkeit zu widmen ist. Der Notwendigkeit, im Konzernabschluß nur eine Kapitalkonsolidierung vorzunehmen und sowohl von der Schuldenkonsolidierung als auch von der Aufwands- und Ertragskonsolidierung abzusehen, kann man als Paradigma für einen steten Anpassungsprozeß des europäisch geprägten Rechnungslegungsrechts in Deutschland ansehen. Wie kein anderer hat *Hans Havermann* die Notwendigkeit eines vorausschauenden Begleitens solcher Tendenzen erkannt, gelehrt und gefördert. Seine im gegebenen Zusammenhang geäußerte Mahnung aus dem Jahre 1980 hat nach wie vor nichts an Aktualität und Richtigkeit eingebüßt: „Der Berufsstand wird sich darauf einstellen müssen, neue Aufgaben zu übernehmen, die mit dem klassischen Arbeitsgebiet nur noch einen geringen Zusammenhang aufweisen. ... Sollte der Beruf der Wirtschaftsprüfer nicht bereit sein, diese Aufgaben zu übernehmen, ... so werden sich mit Sicherheit andere Sachverständige dazu bereitfinden".[56]

---

[54] Vgl. *Adler/Düring/Schmaltz*, HGB, 5. Aufl., § 298, Rdn. 213f.
[55] Befürwortend *Krumnow u. a.*, a.a.O. (Fn. 33), §§ 340i, j, Tz. 91f. sowie *Prahl/Naumann*, WPg 1993, S. 246.
[56] *Havermann*, a.a O. (Fn. 2), S. 352.

HERMANN CLEMM

Der Abschlußprüfer als Krisenwarner und der Aufsichtsrat
– Anmerkungen zu einem – wieder einmal – aktuellen Thema –

  I. Vorbemerkung
 II. Zur Entwicklung der Erwartungen an die Abschlußprüfung, speziell zur Krisenwarnfunktion
    1. Allgemeines
    2. Die verschiedenen Entwicklungsschritte der gesetzlichen Regeln und der Diskussion
III. Zur aktuellen Diskussion über die Aufgabe des Aufsichtsrats
 IV. Zum Verhältnis zwischen Abschlußprüfer und Aufsichtsrat
  V. Stärkung der Unabhängigkeit der Abschlußprüfer durch engere Anbindung an den Aufsichtsrat?
 VI. Warnung aufgrund von Krisensymptomen oder aufgrund einer Analyse der wirtschaftlichen Lage samt Krisenursachen?
    1. Warnung aufgrund von Krisensymptomen
    2. Warnung aufgrund von Unternehmensanalysen – incl. Produktpalette, Stellung des Unternehmens im Markt, Organisations- und Kostenstrukturen etc., evtl. auch incl. Beurteilung des Managements?
VII. Schlußbetrachtung

I. Vorbemerkung

Der 65. Geburtstag von *Hans Havermann,* einem der herausragenden, besonders vielseitig begabten, vielseitig aktiven und einflußreichsten Wirtschaftsprüfer unserer Zeit, ist ein guter Anlaß, wieder einmal über einige Grundfragen der Wirtschaftsprüfertätigkeit nachzudenken. Dies umsomehr, als derzeit, im Zeitpunkt des Schreibens der Beiträge zu dieser Festschrift, wieder einmal heftige Kritik seitens der öffentlichen oder veröffentlichten Meinung an unserem Wirtschaftsprüfer-Berufsstand geübt wird, erstmals allerdings auch verbunden mit einer ähnlich umfassenden Kritik an der Institution Aufsichtsrat. Selbst die politischen Parteien haben sich – z. B. in der Koalitionsvereinbarung von CDU/CSU und FDP vom 11.11.1994 – der Thematik angenommen mit der Forderung, Kontrolle und Transparenz im Unternehmensbereich müßten verbessert werden.

Dieses umfassende und komplexe Thema kann im Grunde nur in einem noch größeren Zusammenhang angemessen abgehandelt werden, nämlich im Rahmen einer – m. E. seit langem fälligen – Generaldiskussion über die Ziele und Zwecke von Wirtschaftsunternehmen innerhalb unserer – sehr erfolgreichen, bewährten, aber auch weiterentwicklungsbedürftigen – Sozialen Marktwirtschaft. Dabei hätten auch die Fragen nach der Macht („Kompetenzen") und der Verantwortung der „Beteiligten" im engeren und weiteren Sinne (– Eigentümer, Mitarbeiter, Management, Umfeld einschließlich Staat und Kommunen –) und ihrer legitimen Interessen zur Debatte zu stehen; hinsichtlich der Verantwortlichkeiten wäre dabei konkreter zu diskutieren, wer wem gegenüber Verantwortung trägt und wofür eigentlich. Die Fragen, ob es dabei nur um die Verzinsung des eingesetzten Kapitals der Unternehmenseigner, oder auch um die Schaffung und Erhaltung von Arbeitsplätzen sowie um die humane und gerechte Behandlung der Mitarbeiter und schließlich um einen Beitrag für das Gemeinwohl geht, wäre dabei ebenso zu erörtern wie beispielsweise die Verantwortung der Arbeitnehmer gegenüber dem Unternehmen, seiner Führung und auch gegenüber den Kollegen und Untergebenen. Dies alles und dazu noch die Rolle des Abschlußprüfers in diesem Gesamtkonzert auch nur skizzenhaft abzuhandeln, würde den Rahmen dieses Beitrages erheblich sprengen, weshalb ich mich auf einen – immer noch sehr umfangreichen und komplexen – Ausschnitt beschränke, nämlich auf die Frage nach der Krisenwarnfunktion des Abschlußprüfers und seinem Verhältnis zum Aufsichtsrat – ein ebenso altes wie derzeit besonders heftig diskutiertes Thema.

Soweit für mich ersichtlich, hat sich *Hans Havermann* im Rahmen seiner vielseitigen schriftstellerischen Tätigkeit hierzu zwar nur relativ selten geäußert[1], dafür hat er aber die Problematik aus fast allen denkbaren Perspektiven, nämlich als Abschlußprüfer z. T. sehr bedeutender Unternehmen, als Vorstandssprecher und als Aufsichtsratsvorsitzender der von ihm wesentlich mitgeprägten KPMG-Deutsche Treuhand-Gruppe, praktiziert. Ihm seien daher die nachfolgenden aphoristischen Betrachtungen mit allen guten Wünschen für sein weiteres privates und berufliches Leben, wie auch für „seine"/unsere KPMG-DTG, gewidmet.

Als Beispiel – pars pro toto – für diese Betrachtungen wähle ich allerdings nicht die besonderen Verhältnisse und Verantwortlichkeiten bei Wirtschaftsprüfungs-Aktiengesellschaften, sondern vor allem bei großen sogen. Publikums-Aktiengesellschaften mit weit gestreutem Aktienbesitz.

II. Zur Entwicklung der Erwartungen an die Abschlußprüfung, speziell zur Krisenwarnfunktion

1. Allgemeines

Überraschende Unternehmenszusammenbrüche und -krisen (– insbes. Nordwolle, Danat-Bank und Frankfurter Versicherungs AG – Favag –), bei denen man obendrein Bilanzfälschungen vermutete, waren 1931 in Deutschland der Anlaß für die Einführung der Pflichtprüfung der Jahresabschlüsse von Aktiengesellschaften durch besonders qualifizierte, externe Prüfer. Zuvor hatte man jahrelang kontrovers insbesondere zwischen Betriebswirten und Juristen über den Sinn und Nutzen der Abschlußprüfung diskutiert. Standen somit Unternehmenskrisen an der Wiege der gesetzlichen Abschlußprüfung und unseres besonders qualifizierten, mit Vorbehaltsaufgaben betrauten und besonders konzessionierten Wirtschaftsprüfer-Berufsstandes, so ist es wohl nicht verwunderlich, daß die Frage nach dem Sinn und Nutzen der Abschlußprüfung sowie nach Verbesserungsmöglichkeiten seit der Einführung der

---

[1] Z. B. im Meinungsspiegel des BFuP-Heftes 2/1976, Neuorientierung des Wirtschaftsprüferberufs, S. 207ff. und im Rahmen seiner Beiträge „Der Aussagewert des Jahresabschlusses", WPg 1988, S. 612–617, hier S. 617 und „Das Risiko des Abschlußprüfers", in: Risiken erkennen, Risiken bewältigen, Bericht über die Fachtagung 1988 des IDW, Düsseldorf 1989, S. 57–70, hier S. 69. Vgl. zu diesem Themenkomplex auch die Beiträge von *Baetge*, S. 1ff.; *Biener*, S. 37ff.; *Hoffmann*, S. 201ff.; *Hoffmann-Becking*, S. 229ff. und *Scheffler*, S. 651ff., in diesem Band.

Pflichtprüfung stets latent geblieben ist und regelmäßig dann erneut diskutiert wird, wenn nicht nur vereinzelt Unternehmenszusammenbrüche kurz nach der Erteilung uneingeschränkter Testate von Abschlußprüfern publik werden, wie dies derzeit wieder der Fall ist und wie dies zuvor schon mehrfach, insbesondere in den 70er und 80er Jahren der Fall war. Dabei spielen die Erwartungen des seinerzeitigen und des heutigen Gesetzgebers wie auch die Erwartungen der verschiedenen Adressaten unserer Berufstätigkeit eine bedeutende Rolle; zugleich erhebt sich die Frage, ob und inwieweit wir diese Erwartungen erfüllen könn(t)en und wollen, m. a. W. ob es hier vielleicht überzogene Erwartungen und unausfüllbare Erwartungslücken gibt, oder aber, ob und inwieweit es möglich wäre, diese Erwartungslücken zu schließen oder zumindest zu verkleinern; und wenn ja, unter welchen Voraussetzungen und mit welchen notwendigen Begrenzungen dies geschehen könnte und sollte. Bei alledem stehen zwar vor allem die fachlichen Themen im Vordergrund. Erfahrungsgemäß – und auch diesmal wieder – stehen aber meist zugleich die berufsethischen Fragen („Gesamthaltung") wie vor allem auch die Frage nach der notwendigen Unabhängigkeit, Unbefangenheit und Neutralität der Abschlußprüfer zur Debatte; neuerdings steht auch verstärkt das Verhältnis zwischen Abschlußprüfer und Aufsichtsrat, dem primären Überwachungsorgan, im Blickpunkt des öffentlichen Interesses; dabei geht es sowohl um eine Verbesserung der Kooperation zum Zwecke der Verbesserung der Unternehmensüberwachung und -kontrolle als auch um die evtl. Stärkung der Unabhängigkeit der Abschlußprüfer gegenüber dem Prüfungsmandanten und seiner Geschäftsführung.

2. Die verschiedenen Entwicklungsschritte der gesetzlichen Regeln und der Diskussion

Bei der durch Unternehmenskrisen veranlaßten Einführung der Pflichtprüfung meinte oder hoffte der Gesetz- bzw. Verordnungsgeber offenbar, die Prüfung der Jahresabschlüsse durch besonders qualifizierte externe Prüfer werde nicht nur die Einhaltung der Rechnungslegungsvorschriften durch die Organe der Aktiengesellschaften gewährleisten, sondern damit würden künftig auch Aktionäre, Gläubiger und Öffentlichkeit vor überraschenden Unternehmenszusammenbrüchen bewahrt; eine Hoffnung, die sich – zumindest aus heutiger Sicht – als irreal erweisen mußte. Denn eine vorwiegend vergangenheitsorientierte Buchhaltungs- und Abschlußprüfung kann nur wenige Aussagen über die Gesamtsituation und die künftige Überlebensfähigkeit zu Tage fördern.

Jedenfalls bezog sich aber die verordnete Prüfung nur auf den Jahresabschluß und die zugrundeliegende Buchführung. Von einer ausdrücklichen Krisenwarnfunktion der Abschlußprüfer sprach man damals noch nicht. Unbestritten war, daß sich die Prüfung nicht auf die Geschäftsführung und die Zweckmäßigkeit ihrer Maßnahmen erstrecken sollte. Offenbar wurde auch nicht diskutiert, ob und inwieweit sich der Abschlußprüfer ein Urteil über die Gesamtsituation (wirtschaftliche Lage) der geprüften (privaten) Unternehmen verschaffen müsse; nur für staatliche und kommunale Unternehmen forderte der Gesetzgeber ausdrücklich auch die Prüfung der wirtschaftlichen Verhältnisse und der Geschäftsführung[2]. Hinsichtlich der Prüfung des Geschäftsberichts-Teiles, in dem die Lage der Gesellschaft darzustellen war, ging man – auch nach der Transformation der Rechnungslegungs- und Prüfungs-Vorschriften in das Aktiengesetz 1937 – von einer „eingeschränkten Prüfungspflicht" aus[3]. Im übrigen bezog sich die Abschlußprüfung vor allem auf die Einhaltung der im Aktiengesetz und evtl. darüber hinaus in der Satzung festgelegten Rechnungslegungsvorschriften mit Schwergewicht auf Bilanz und Gewinn- und Verlustrechnung samt Ansatz-, Gliederungs- und Bewertungsnormen. Daß auch diese Prüfung der vorwiegend vergangenheitsbezogenen Rechnungs- und Rechenschaftslegung bereits genügend theoretische Probleme und praktische Schwierigkeiten bereitete, ist wohl jedem Fachmann klar; hingewiesen sei nur beispielhaft auf die gesamte Bewertungs-, Abgrenzungs- und Rückstellungsthematik, vor allem auch auf die Prüfung zahlreicher Positionen, die – in Abweichung von den aus der Buchhaltung einigermaßen ableitbaren historischen Werten (Anschaffungs- und Herstellungskosten) – zu

---

[2] Vgl. hierzu z. B. *Potthoff,* Prüfung der Ordnungsmäßigkeit der Geschäftsführung – ein betriebswirtschaftlicher Kommentar, WIBERA-Fachschriften Neue Folge Band 11, Köln 1982; zu den Gefahren der Überforderung der Abschlußprüfer bei der Prüfung der Geschäftsführung vgl. auch *Potthoff,* Überwachung der Geschäftsleitung durch externe Prüfung des Jahresabschlusses und der Geschäftsführung, WPK-Mitteilungen 1994, S. 77–82, hier S. 81.

[3] Vgl. *Schmidt,* in: Gadow-Heinichen-Schmidt, AktG Komm. 1939, § 135 Anm. 10; vgl. auch noch *Kropff,* Aktiengesetz. Textausgabe des Aktiengesetzes vom 6. 9. 1965 und des Einführungsgesetzes zum Aktiengesetz vom 6.9.1965 mit Begründung des Regierungsentwurfs und dem Bericht des Rechtsausschusses des Deutschen Bundestags, Düsseldorf 1965, S. 264 (Begründung RegE: „Der vollen Prüfung unterliegt nur der Geschäftsbericht, soweit er den Jahresabschluß erläutert. Soweit im Geschäftsbericht der Geschäftsverlauf und die Lage der Gesellschaft dargestellt werden, ist er nur daraufhin zu prüfen, ob er nicht eine falsche Vorstellung von den Verhältnissen der Gesellschaft erweckt, die geeignet ist, das durch den Jahresabschluß vermittelte Bild von der Lage der Gesellschaft zu verfälschen...").

„niedrigeren" Zeitwerten anzusetzen sind und daher zwangsläufig auf – häufig allenfalls auf Vertretbarkeit und Plausibilität überprüfbaren – Prognosen und Schätzungen beruhen[4]. Eine gewisse Änderung in bezug auf die sogen. Krisenwarnfunktion des Abschlußprüfers ergab sich erst durch ein Urteil des Bundesgerichtshofs vom 15. 12. 1954[5], dessen Leitsätze lauten: „Ohne besonderen Auftrag hat der aktienrechtliche Abschlußprüfer nicht die Lage der Gesellschaft zu prüfen, zu beurteilen und darzulegen. Erkennt er aber bei der Durchführung seiner Pflichtaufgaben die Bedrohlichkeit der Lage oder daß sich eine ruinöse Entwicklung anbahnt, so hat er Vorstand und Aufsichtsrat auf seine Erkenntnisse hinzuweisen und mit ihnen die nach seiner Ansicht erforderlichen Maßnahmen zu besprechen". Diese – auf besondere Voraussetzungen aufbauende und begrenzte – sogen. „Redepflicht des Abschlußprüfers" wurde dann bekanntlich in der Aktienrechtsreform 1965 gesetzlich verankert und im Jahre 1985 durch das Bilanzrichtliniengesetz in das 3. Buch des HGB (§ 321 Abs. 2) transferiert. Als weiterer gesetzgeberischer Schritt zur Entwicklung der Krisenwarnfunktion des Abschlußprüfers ist die ebenfalls 1985 verabschiedete Vorschrift des § 321 Abs. 1 Satz 4 HGB anzusehen, wonach „nachteilige Veränderungen der Vermögens-, Finanz- und Ertragslage gegenüber dem Vorjahr und Verluste, die das Jahresergebnis nicht unwesentlich beeinflußt haben", im Prüfungsbericht aufzuführen und zu erläutern sind[6].

Seit Jahrzehnten wird außerdem über die externe Krisenwarnung durch Einschränkung oder Versagung des Bestätigungsvermerks oder durch die Anbringung von Zusätzen diskutiert, vor allem angesichts der immer wieder in der Öffentlichkeit erhobenen Forderung, der uneingeschränkte Bestätigungsvermerk müsse ein „Gesundheitsattest bzw. ein absolutes Gütesiegel sein, einwandfrei aussagen, daß alles in Ordnung ist"[7],

---

[4] Vgl. z. B. neuerdings *Hoffmann,* Das abschließende Beurteilungsvermögen des Abschlußprüfers und der Bestätigungsvermerk, BB 1994, S. 1743-1749 und meine – auf Zitate von *Rieger* (Einführung in die Privatwirtschaftslehre, 3. Aufl., Erlangen 1964, S. 208 ff.) aufbauende Betrachtung „Der Jahresabschluß – ein Gemisch von Wahrheit und Dichtung?", DStR 1990, S. 780-783 oder ausführlicher z. B. „Zur Fragwürdigkeit und Zweckmäßigkeit von Jahresbilanzen", in: Festschrift für Beusch zum 68. Geburtstag, hrsg. v. Beisse u. a., Berlin/New York 1993, S. 131-151.
[5] BGHZ 16,17.
[6] Vgl. zur Auslegung z. B. *Adler/Düring/Schmaltz,* HGB, 5. Aufl., § 321, Rdn. 135-155 mit vielen weiteren Nachweisen; *Ballwieser,* Zur Berichterstattung des Abschlußprüfers nach neuem Recht, BFuP 1988, S. 313-320.
[7] *Berens,* „Zweifel an den Wirtschaftsprüfern", Süddeutsche Zeitung vom 6. 3. 1975 und *Morner,* „Abgehakt und blind besiegelt", Manager Magazin 1/1975.

eine Forderung, die vom Berufsstand bis in die jüngste Zeit mit guten Argumenten zurückgewiesen wird[8].

Die Diskussion insbesondere über die externe Krisenwarnfunktion durch das Testat ist im Zusammenhang zu sehen mit der Diskussion über den Inhalt und die Prüfung des sogen. Lageberichts, den es – unter dieser Bezeichnung – als spezielles, gesondertes, prüfungspflichtiges Rechnungslegungsinstrument neben dem Jahresabschluß seit 1985 gibt, (§ 289 HGB), der aber einen Vorläufer im alten Aktienrecht als Teil des Geschäftsberichts hatte (§ 160 Abs. 1 AktG 1965) und der gemäß § 162 Abs. 2, wie oben erwähnt, einer eingeschränkten Prüfung daraufhin unterlag, ob nicht die Angaben im Geschäftsbericht eine falsche Vorstellung von der Lage der Gesellschaft erwecken.[9] Zur Lageberichtsprüfung ist nunmehr in § 317 Abs. 1 Satz 3 HGB eine Prüfung daraufhin gefordert, „ob der Lagebericht mit dem Jahresabschluß und der Konzernlagebericht mit dem Konzernabschluß in Einklang stehen und ob die sonstigen Angaben im Lagebericht nicht eine falsche Vorstellung von der Lage des Unternehmens und im Konzernlagebericht von der Lage des Konzerns erwecken"; im Grunde also eine sehr ähnliche Prüfungsregelung wie bisher. Über Inhalt und Umfang dieser Prüfungspflicht wird noch immer, und im Grunde kaum verändert wie bereits seit Jahrzehnten, diskutiert. Es war wohl *Lutter,* der erstmals in den 70er Jahren, u.a. auf dem sogen. Bochumer Symposion auf den Zusammenhang von Krisenwarnung und Prüfung des sog. Lageberichts hinwies und damit m. E. zum Nachdenken anregte. Ein uneingeschränktes Testat müsse ja wohl die Aussage einschließen, daß der Lagebericht nach der Überzeugung des Prüfers „keine falschen Vorstellungen von der Lage der Gesellschaft" erweckt. Seither und insbesondere verstärkt durch die ausführliche Regelung über den Inhalt des Lageberichts nach § 289 HGB (Bericht über den Geschäftsverlauf und die Lage nach Abs. 1 sowie insbes. das „Eingehen auf die voraussichtliche Entwicklung der Kapitalgesellschaft" gem. Abs. 2 Nr. 2) ist die Diskussion sowohl über den notwendigen Inhalt des Lageberichts als auch über

---

[8] Zur Problematik vgl. z. B. *Adler/Düring/Schmaltz,* HGB, 5. Aufl., § 322, Rdn. 4–11, insbesondere Rdn. 8 und 9 mit vielen weiteren Nachweisen; *Forster,* Abschlußprüfer und Abschlußprüfung im Wandel-Auswirkungen der EG-Harmonisierung, BFuP 1980, S. 1–20, hier S. 15; *Hofmeister,* Der Bestätigungsvermerk nach dem Entwurf des Bilanzrichtlinien-Gesetzes, DB 1984, S. 1585–1592, hier S. 1586; bereits nach altem Recht *Clemm,* Die Bedeutung des Bestätigungsvermerks des Abschlußprüfers einer Aktiengesellschaft nach derzeitiger gesetzlicher Regelung und nach dem Verständnis der Allgemeinheit, WPg 1977, S. 145–158, hier S. 146.

[9] Vgl. oben sowie auch Fn. 3.

seine Prüfung in vollem Gange, wie auch generell die Diskussion über die Krisenwarnfunktion des Abschlußprüfers[10]. Ein Ende und ein klares Ergebnis der Diskussion ist noch nicht erkennbar. Einen neuen Höhepunkt der Aktualisierung stellen die bereits oben erwähnten, jüngsten Forderungen der Parteien nach einer Verbesserung der Kontrolle und Transparenz im Unternehmensbereich dar, in deren Zusammenhang u. a. auch eine qualifizierte Prüfung des Lageberichts diskutiert werden soll.

Auf die besonderen Probleme und Schwierigkeiten der von der Öffentlichkeit und verschiedenen Adressatengruppen geforderten internen und externen Krisenwarnung durch die Abschlußprüfer sowie auf die damit zusammenhängende Forderung nach einer Analyse der wirtschaftlichen Gesamtsituation (Gesundheit, Krankheit, Krise der Unternehmen) und der Aufdeckung von (u. U. kriminellen) Pflichtverletzungen der Geschäftsführung werde ich später nochmals eingehen. Die Kernfrage sei aber bereits herausgestellt, nämlich ob und inwieweit der Abschlußprüfer nicht (mittelbar) die Gesundheit bzw. Überlebensfähigkeit des Unternehmens testiert, wenn er mit dem Jahresabschluß einen Lagebericht testiert, aus dem eine schwere Krise für den Leser nicht erkennbar ist und wenn er obendrein die Bilanzierung unter der Annahme des Fortbestehens (Going Concern) toleriert.

---

[10] Aus der kaum überschaubaren Fülle der Literatur sei nur beispielhaft und ohne Anspruch auf Vollständigkeit und mit der Bitte um Vergebung seitens der Nicht-Zitierten erwähnt: Zum Thema Lagebericht und Lageberichtsprüfung: *Kropff*, Der Lagebericht nach geltendem und künftigem Recht BFuP 1980, S. 514–532; *Bauchowitz*, Die Lageberichtspublizität der deutschen Aktiengesellschaft, Frankfurt 1979, insbesondere S. 25 ff.; *Krawitz*, Zur Prüfung des Lageberichts nach neuem Recht, WPg 1988, S. 225–234; *Bretzke*, Inhalt und Prüfung des Lageberichts, Anmerkungen zur gegenwärtigen und zukünftigen Praxis der Prognose-Publizität, WPg 1979, S. 337–349; *Emmerich/Künnemann*, Zum Lagebericht der Kapitalgesellschaft, WPg 1986, S.145–152; *Clemm/Reittinger*, Die Prüfung des Lageberichts im Rahmen der jährlichen Abschlußprüfung von Kapitalgesellschaften, BFuP 1980, S. 493–513; *Reittinger*, Die Prüfung des Lageberichts nach Aktienrecht und nach den Vorschriften der 4. EG-Richtlinie, Frankfurt/Bern 1983; *Baetge/Fischer/Paskert*, Der Lagebericht – Aufstellung, Prüfung und Offenlegung, Stuttgart 1989; *Krumbholz*, Die Qualität publizierter Lageberichte, Düsseldorf 1994. Allgemein zur Krisenwarnfunktion z. B. *Kupsch*, Zur Ableitung einer Krisenwarnfunktion im Rahmen der gesetzlichen Abschlußprüfung nach geltendem und künftigen Recht, in: Betriebswirtschaftliche Entscheidungen bei Stagnation, Festschrift für Heinen, hrsg. v. Pack/Börner, Wiesbaden 1984, S. 233–256; *Selchert*, Wird die Warnfunktion des Abschlußprüfers nach dem Bilanzrichtlinien-Gesetz ausgeweitet?, DB 1985, S. 981–988.

III. Zur aktuellen Diskussion über die Aufgabe des Aufsichtsrats

Aufgaben, Rechte und Pflichten sowie die Zusammensetzung des Aufsichtsrat werden ebenfalls seit Jahrzehnten diskutiert, ähnlich wie die Aufgaben der Abschlußprüfer und ebenfalls meist in Zusammenhang mit Unternehmenskrisen und -skandalen[11]. Besonderen Diskussionsstoff bot auch die Einführung der Mitbestimmung, vor allem im Hinblick auf Informationsrechte und Geheimhaltungspflichten[12]. Ein besonderer Höhepunkt der Diskussion, der Kritik wie auch der Verbesserungsforderungen und -vorschläge, scheint allerdings in den letzten Jahren und speziell in jüngster Zeit, im Anschluß an dieselben spektakulären Unternehmenskrisen und -„skandale" erreicht zu sein, die auch die Kritik an den Wirtschaftsprüfern ausgelöst haben. So wird – wohl erst neuerdings – reklamiert, daß es bislang – erstaunlicherweise – noch keine Grundsätze ordnungsmäßiger Überwachung gebe und daß diese schnellstmöglich zu erarbeiten seien[13]. (In diesem Zusammenhang sollte man m.E. überlegen, ob nicht auch – und primär – „Grundsätze erfolgsorientierter und – auch sozial – verantwortungsbewußter Unternehmensführung" zu diskutieren und zu erarbeiten wären; an diesen Grundsätzen wäre sodann die Überwachung der Geschäftsführung/Unternehmensführung zu orientieren.) Mit der Erarbeitung solcher Grundsätze ordnungsmäßiger Überwachung ist offenbar auch der Arbeitskreis „Externe und interne Überwachung der Unternehmen" der Schmalenbach-Gesellschaft befaßt,[13a] wobei der Aufsichtsrat als das – nach unserem deutschen Aktienrecht – primäre Überwachungsorgan im Vordergrund steht (personelle Anforderungen an AR-Mitglieder, organisatorische Regelungen der Tätigkeit, Berichterstattungsrechte und -pflichten u.a.); allerdings soll auch die Zusammenarbeit mit dem Abschlußprüfer angesprochen werden. In der aktuellen, literarischen Diskussion wird

---

[11] Vgl. z.B. BFuP Heft 6/1977, Aufgaben und Verantwortung des Aufsichtsrates, mit Beiträgen von *Biener, Hax, Hommelhoff* und *Semler* sowie Meinungen zum Thema u.a. von *Abs, Hefermehl, Simon* und *Saage*.

[12] Vgl. z.B. *Lutter*, Information und Vertraulichkeit im Aufsichtsrat, 2. Aufl., Köln u.a. 1984.

[13] Vgl. z.B. *Theisen*, Die Überwachung der Unternehmensführung – betriebswirtschaftliche Ansätze zur Entwicklung erster Grundsätze ordnungsmäßiger Überwachung, Stuttgart 1987; *ders.*, Unternehmensführung und Überwachung in der Publikumsaktiengesellschaft, in: Unternehmensverfassung in der privaten und öffentlichen Wirtschaft, Festschrift für Potthoff, hrsg. v. Eichhorn/Friedrich, Baden-Baden 1989, S. 132–145; *Potthoff*, Fehlende Grundsätze ordnungsmäßiger Überwachung – Manuskript der überarbeiteten Fassung eines Referats bei der Handelsblatt-Konferenz „Der Aufsichtsrat" am 12. 9. 1994 in Frankfurt-Gravenbruch.

[13a] Inzwischen veröffentlicht in DB 1995, S. 1–4.

zunehmend auch die gesetzlich vorgeschriebene Hauptaufgabe des Aufsichtsrats, nämlich die Überwachung der Geschäftsführung (§ 101 Abs. 1 AktG) thematisiert. Sehr ähnlich wie in der Diskussion über die Krisenwarnfunktion des Abschlußprüfers und die Prüfung der wirtschaftlichen Lage im Rahmen der Lageberichtsprüfung scheint erst langsam die Erkenntnis zu reifen, daß eine – möglichst krisenverhindernde oder -überwindende – Überwachung der Geschäftsführung nicht bei den Vergangenheits-Zahlen sondern vor allem bei den gewichtigen, zukunftsorientierten Entscheidungen der Geschäftsführung anzusetzen hat; m. a. W. daß eine „strategische Kontrolle" erforderlich ist oder wäre. Wie z. B. *Bea* und *Scheurer* jüngst ausführten, deute alles darauf hin, daß es dem aktienrechtlichen Gesetzgeber darum gehe, „durch den Aufsichtsrat sicherzustellen", daß sich das Unternehmen auf dem „richtigen Weg" befindet, also langfristig zur Sicherung von Erfolgspotentialen in der Lage ist. Insbesondere soll eine langfristig orientierte Renditesicherung durch die Kontrolle des Aufsichtsrats angestrebt werden[14]. In diesem Zusammenhang werden auch in Anlehnung an andere Autoren[15] Vorschläge gemacht, wie auch ohne Gesetzesänderung neben der bisherigen, vor allem „endergebnisbezogenen" ex-post-Kontrolle anhand von Zahlen und Aussagen des Rechnungswesens eine strategische Kontrolle (strategische Prämissenkontrolle, Durchführungskontrolle und Überwachung) aufgebaut werden könnte. Diese Vorschläge werden insbes. mit Verweis darauf gemacht, daß Unternehmenskrisen („Schieflagen", Zusammenbrüche) wesentlich häufiger das Ergebnis von strategischen Managementfehlern als von einzelnen, u. U. pflichtwidrigen oder kriminellen, Einzelgeschäften wie z. B. riskanten Spekulationsgeschäften seien; eine Aussage, der m. E. zumindest grundsätzlich zuzustimmen ist, auch wenn die beiden Kategorien von Fehlmaßnahmen nicht selten in Kombination oder in Konsequenz zueinander anzutreffen sind.

Mit diesen aphoristischen Bemerkungen und dem Verweis auf die umfangreiche Literatur samt zahlreichen, großenteils plausiblen Verbesserungsvorschlägen einschließlich der Bildung von besonderen Aufsichtsratsausschüssen, wie z. B. dem für uns Abschlußprüfer besonders interessanten Bilanz- oder Rechnungslegungsausschuß (– etwa nach dem Vorbild des in den USA weit verbreiteten Audit-Committees[16] –)

---

[14] Vgl. *Bea/Scheurer,* Die Kontrollfunktion des Aufsichtsrats, DB 1994, S. 2145–2152, hier insbesondere S. 2149.
[15] Vgl. *Bea/Scheurer,* DB 1994, S. 2150 mit Fn. 17–23.
[16] Vgl. z. B. *Langenbucher/Blaum,* Audit-Committees – Ein Weg zur Überwindung der Überwachungskrise?, DB 1994, S. 2197–2206 mit zahlreichen weiteren Nachweisen

IV. Zum Verhältnis zwischen Abschlußprüfer und Aufsichtsrat

Das Verhältnis zwischen Abschlußprüfer und Aufsichtsrat wurde offenbar lange Zeit nicht thematisiert. Vielmehr konzentrierte sich die Diskussion über die aktienrechtliche Überwachung lange Zeit isoliert auf die Überwachungsaufgabe des Aufsichtsrats einerseits und die des Abschlußprüfers andererseits.[17] Angesichts des Umstandes, daß der Gesetzgeber die Überwachungsaufgabe in der Aktiengesellschaft sowohl auf den Aufsichtsrat als auch auf den Abschlußprüfer übertragen hat, ist dies im Grunde ebenso verwunderlich wie die Entwicklung der Praxis, wonach die Kontakte zwischen Abschlußprüfer und Aufsichtsrat und eine Kooperation dieser beiden Überwachungs- und Kontrollorgane im Regelfall eher als spärlich zu bezeichnen waren. Sehr häufig beschränkte sich die „Kooperation" darauf, daß der Aufsichtsrat, das primäre Überwachungsorgan mit umfassender Kontrollfunktion, lediglich den Prüfungsbericht des Abschlußprüfers über den Vorstand zugeleitet bekam, ihn zur Kenntnis nahm und mehr oder minder intensiv studierte und auswertete. Weit verbreitete Praxis war dabei, daß nur manche Aufsichtsratmitglieder, vor allem natürlich der Vorsitzende, den Bericht ausgehändigt erhielten, während anderen Mitgliedern aufgrund entsprechender Beschlüsse des Gesamtaufsichtsrats gemäß § 170 Abs. 3 Satz 2 AktG lediglich Einsicht zur Kenntnisnahme gewährt wurde. Intensive Kontakte zwischen Abschlußprüfern und Aufsichtsräten, wie

---

aus der deutschen und US-amerikanischen Literatur der letzten Jahre; *Lutter,* Der Aufsichtsrat: Konstruktionsfehler, Inkompetenz seiner Mitglieder oder normales Risiko?, AG 1994, S. 176f.; umfassend *Potthoff/Trescher,* Das Aufsichtsratmitglied, Stuttgart 1994; *Bremeier/Mülder/Schilling,* Praxis der Aufsichtsratstätigkeit in Deutschland, Düsseldorf 1994 (aufbauend auf der Befragung von mehr als 100 Aufsichtsrats- und Vorstandsmitgliedern und mit dem Ergebnis zahlreicher Empfehlungen, auch an den Gesetzgeber, vor allem aber an die Akteure, vorwiegend mit Blickrichtung auf die Wahrnehmung der Aktionärs- und Eigentümerinteressen und im Vergleich mit dem Recht und der Praxis in den USA; *Goerdeler,* Das Audit-Committee in den USA, ZGR 1987, S. 219–232; *Lück/v. Hall,* Audit-Committees – zur Entwicklung von Prüfungsausschüssen in den USA, DB 1984, S. 1941–1943.

[17] Vgl. *Söllner,* Informationsprozesse zwischen Abschlußprüfer und Aufsichtsrat in deutschen Aktiengesellschaften – eine empirische Untersuchung, Frankfurt u. a. 1988, hier insbesondere die Einführung S. 1–3.

insbesondere die Teilnahme des Abschlußprüfers an der bilanzfeststellenden Aufsichtsratssitzung, waren bei Publikums-Aktiengesellschaften zumindest lange Zeit eher die seltene Ausnahme als die Regel. Nach Ausführungen von *Forster*[18] sei der Prüfer für die meisten Aufsichtsratsmitglieder häufig ein unbekanntes Wesen. Nicht selten kenne nicht einmal der Vorsitzende des Aufsichtsrats den oder die Prüfer persönlich. Dagegen kam es allerdings – auch nach meiner Erfahrung – im Rahmen von Unternehmenskrisen häufiger zu Kontakten und Kooperationen. Andererseits waren die Kontakte zwischen den Abschlußprüfern und den für die Rechnungslegung zuständigen Mitarbeitern sowie dem zuständigen Vorstandsmitglied – meist der Finanzvorstand – regelmäßig relativ eng, was sich alleine schon aus der Zurverfügungstellung der prüfungspflichtigen Unterlagen und den erforderlichen zusätzlichen mündlichen Auskünften gegenüber dem Abschlußprüfer und seinen Mitarbeitern ergab. Zur Frage nach den m. E. unterschiedlichen und heterogenen Ursachen für diese mangelnden Kontakte und wohl auch für das häufig mangelnde Interesse des Aufsichtsrats an engeren Kontakten zum Abschlußprüfer mag man unterschiedliche Meinungen und Vermutungen haben; gewiß spielten und spielen dabei die realen Einfluß- und Machtverhältnisse im Kreise der großen Publikums-Aktiengesellschaften eine gewisse Rolle. Ich möchte die Frage aber offen lassen und mich mit der Feststellung begnügen, daß manche Kollegen sich aus Überzeugung und mit einigem Erfolg um eine Verbesserung dieser Kontakte und Kooperationen bemühten und diese Thematik auch – parallel zu den Ausführungen von Wissenschaftlern – literarisch behandelten.[19] Mittlerweile bahnt sich offenbar ein allgemeiner Bewußtseins- und Verhaltenswandel an. Man hört zunehmend von mehr oder minder regelmäßigen und intensiven Kontakten zwischen Aufsichtsräten, insbesondere Aufsichtsratsvorsitzenden, und Abschlußprü-

---

[18] Aufsichtsrat und Abschlußprüfung, ZfB 1988, S. 789–811, hier S. 798.
[19] Vgl. z. B. *Forster,* ZfB 1988, S. 789–811; *Meier/Budde,* Rechte, Pflichten und Verantwortlichkeit des Aufsichtsrats einer Aktiengesellschaft, DB 1974, S. 1271–1274; *Weirich,* Abschlußprüfung im Wandel, in: 50 Jahre Wirtschaftsprüferberuf, Bericht über die Fachtagung 1981 des IDW, Düsseldorf 1981, S. 375–393, hier S. 380; *Goerdeler,* Zur Überwachungsaufgabe des Aufsichtsrats, WPg 1982, S. 33–35, hier S. 35; *Clemm,* Abschlußprüfer und Aufsichtsrat, ZGR 1980, S. 455–465; *Theisen* in div. Beiträgen, zuletzt zusammenfassend in: Notwendigkeit, Chancen und Grenzen der Zusammenarbeit von Wirtschaftsprüfer und Aufsichtsrat, WPg 1994, S. 809–820 sowie die bereits zitierten Beiträge von *Potthoff* (Fn. 13, 16), *Langenbucher/Blaum* (Fn. 16) sowie insbesondere die bereits zitierte umfassende Untersuchung von *Söllner* (Fn. 17).

fern. Vor allem eine neue Generation von Aufsichtsratsmitgliedern und -vorsitzenden scheint zu erkennen, daß und warum der Abschlußprüfer aufgrund seiner Prüfungstätigkeit und seiner vielfältigen Einblicke in die Zahlen und Fakten der Unternehmen der geborene Kooperationspartner des Aufsichtsrats bei der Überwachung des Unternehmens und damit auch dessen Geschäftsführung ist. Verstärkt wird diese Tendenz durch die jüngsten Krisenfälle, die eine öffentliche Kritik nicht alleine an den Abschlußprüfern sondern – erstmals – mindestens ebenso intensiv auch an der Institution Aufsichtsrat hervorgerufen hat. Inzwischen geht es wohl gar nicht mehr um die Frage, ob der Kontakt zwischen diesen beiden Kontrollorganen intensiviert werden soll, sondern nur noch um das Wie. Diskutiert wird vor allem die obligatorische Teilnahme des Abschlußprüfers an der bilanzfeststellenden Aufsichtsratssitzung wie umgekehrt die Teilnahme des Aufsichtsratsvorsitzenden oder des Vorsitzenden eines speziellen Aufsichtsratsausschusses an der Prüfungsschlußbesprechung zwischen Abschlußprüfer und Vorstand; ebenso die evtl. Erweiterung der Prüfungsaufgabe des Abschlußprüfers unter Einbeziehung der schriftlichen Berichterstattung des Vorstands an den Aufsichtsrat, die Möglichkeit oder Notwendigkeit von 4-Augen-Gesprächen zwischen Aufsichtsratsvorsitzenden und Abschlußprüfer oder auch unter Einbeziehung des Vorstands etc. Die Szene ist jedenfalls in Bewegung geraten, was m. E. aufs Ganze gesehen zu begrüßen ist. Nun gilt es allerdings, nach möglichst vernünftigen und effektiven Lösungen zu suchen. Dabei ist auch besonders darauf zu achten, daß sich das – bisher im Regelfall gute – Verhältnis zwischen dem Abschlußprüfer und dem Vorstand des zu prüfenden Unternehmens nicht in ein von Mißtrauen geprägtes („Konflikt"-) Verhältnis verwandelt. Denn ebenso wie der Aufsichtsrat bei der Überwachung des – von ihm berufenen und bestellten und daher grundsätzlich positiv beurteilten – Vorstands im Normalfalle eher die Rolle eines „kritischen Begleiters und Beraters" als die eines mißtrauischen Kriminalpolizisten einnehmen sollte, so darf m. E. auch die Haltung des Abschlußprüfers im Regelfall nicht eine solche eines mißtrauischen Kriminalisten sein. Eher sollte diese Haltung, jedenfalls im Regelfalle, die eines „kritischen Gutachters" sein, der nur und erst dann in die Rolle des mißtrauischen Kriminalisten wechseln muß, wenn er den Verdacht haben muß, daß der Vorstand bei der Rechnungslegung oder generell bei der Unternehmensführung (u. U. strafbare) Pflichtverletzungen begeht. Eine besondere Situation mag sich auch dann ergeben, wenn der Abschlußprüfer im Gegensatz zum Vorstand eine Schieflage des Unternehmens diagnostiziert oder wenn der Vorstand eine solche Schieflage zwar erkennt, sie aber vor der Öffentlichkeit oder gar vor dem Aufsichtsrat nicht einzugestehen bzw. zu verbergen (vernebeln) versucht. In allen diesen Ausnahmefällen ist der Abschlußprüfer „redepflichtig" und als Krisenwarner gefordert – und damit zu besonders enger Kooperation mit dem Aufsichtsrat aufgerufen. Auch der Aufsichtsrat befindet sich in solchen Ausnahmefällen, die er entweder selbst diagnostiziert oder durch den Abschlußprüfer signalisiert bekommt, in einer besonderen, meist höchst unangenehmen, Situation, die von ihm ein Umschalten seiner Haltung gegenüber dem Vorstand erfordert, bis hin zur Vornahme personeller Entscheidungen wie Abberufung von Vorstandsmitgliedern und Berufung anderer (u. U. „Sanierungs"-) Vorstandsmitglieder. Im Regelfalle sollte aber das Dreiecksverhältnis zwischen dem Vorstand und seinen beiden Kontrollorganen – und ähnlich auch zwischen den Kontrollorganen Aufsichtsrat und Abschlußprüfer – von „kritischem Vertrauen" geprägt und „kooperativ" sein, im Interesse des Unternehmens und aller daran beteiligten und legitim interessierten Personen. Nicht zu vergessen ist bei alledem auch, daß auch der Vorstand das Unternehmen intern zu kontrollieren hat und dabei sinnvollerweise mit der Abschlußprüfung zusammenwirkt. (Daß auch das Verhältnis zwischen Aufsichtsrat und Abschlußprüfer einerseits und der Hauptversammlung andererseits verbesserungsbedürftig erscheint und ebenfalls heftig diskutiert wird, sei hier nur angemerkt, da es nicht Hauptgegenstand dieses Beitrags ist).

V. Stärkung der Unabhängigkeit der Abschlußprüfer durch engere Anbindung an den Aufsichtsrat?

Im Rahmen der Diskussion über die Weiterentwicklung der Institution Aufsichtsrat und über die Verstärkung der Kooperation mit dem Abschlußprüfer wird auch die Forderung nach der Unabhängigkeit und Unbefangenheit des Abschlußprüfers erörtert. Auf das Gesamtthema der Unabhängigkeit etc., das seit Jahrzehnten häufig diskutiert wird[20] und das auch den Gesetzgeber wiederholt beschäftigt hat (z. B. § 319 HGB und verschiedene Vorschriften der WPO), möchte ich nur insoweit eingehen, als man sich Verbesserungen dadurch erhofft, daß man dem Aufsichtsrat anstelle des Vorstands die Erteilung des Prüfungsauftrags an den Abschlußprüfer überträgt, wie auch generell durch die

---

[20] Vgl. z. B. auch die Beiträge von *Havermann* u. a. in dem bereits zitierten BFuP-Heft 2/1976 (Fn. 1).

Intensivierung der Zusammenarbeit zwischen Aufsichtsrat und Abschlußprüfer.

Es ist wohl kaum zu bestreiten, daß die derzeitige Regelung und Praxis Gefährdungen der notwendigen Unabhängigkeit und Unbefangenheit der Abschlußprüfer gegenüber dem Vorstand mit sich bringen kann. Das gilt einmal bezüglich der Erteilung des Prüfungsauftrags (nach erfolgter Wahl durch die Hauptversammlung), bei der der Vorstand die Konditionen (insbesondere Zeitvorgaben und Honorare) mit dem Prüfer vereinbart. Dies gilt aber mindestens ebenso, soweit der Vorstand – de facto – die Wahl des Abschlußprüfers beeinflußt, was gerade bei Publikumsgesellschaften mit breitgestreutem Aktienbesitz häufig vorkommt. Es gehört wohl eher zu den Ausnahmen – z. B. bei Krisenunternehmen oder bei internen Spannungen zwischen Aufsichtsrat und Vorstand –, daß sich der Aufsichtsrat bei seinem Vorschlag an die Hauptversammlung zur Wahl und Person des Abschlußprüfers über die Anregungen und Wünsche des Vorstands hinwegsetzt. Selbst bei Unternehmen mit – im Aufsichtsrat repräsentierten – Großaktionären pflegen sich Aufsichtsrat und Vorstand regelmäßig über den Vorschlag zur Wahl des Abschlußprüfers – der ja in aller Regel dann von der Hauptversammlung akzeptiert wird, obwohl diese an den Wahlvorschlag nicht gebunden ist – abzustimmen. Dies ist auch keineswegs verwunderlich, da der Vorstand – auch aufgrund der bisherigen Praxis – regelmäßig weit mehr Erfahrungen hinsichtlich der Qualität der Abschlußprüfer hat als der Aufsichtsrat. Gleichwohl erweckt diese Praxis ein ziemlich weit verbreitetes Unbehagen hinsichtlich der notwendigen Unabhängigkeit und Unbefangenheit des Abschlußprüfers bei der Prüfung des vom Vorstand aufzustellenden und zu verantwortenden Jahresabschlusses und Lageberichts. Eine Verminderung dieses Unbehagens erhofft man sich durch die Intensivierung der unmittelbaren Kontakte zwischen Aufsichtsrat und Abschlußprüfer, die dem, nach derzeitigem Recht wahlvorschlagsberechtigten, Aufsichtsrat bzw. einem speziellen Aufsichtsratsausschuß zwangsläufig auch einen unmittelbaren Eindruck von der Arbeit des Abschlußprüfers und seiner fachlichen und charakterlichen Qualitäten vermitteln würden. Sofern man dem Aufsichtsrat anstelle des Vorstandes künftig auch die Auftragserteilung und damit das Aushandeln der Konditionen mit dem Abschlußprüfer überlassen würde, könnte dies die obigen Besorgnisse weiter vermindern. Die wirtschaftlichen Interessen des Abschlußprüfers sowohl an angemessenen/guten Honoraren, verbunden mit nicht zu knappen Prüfungszeiten und Vorgaben, sowie an seiner Wiederwahl oder auch an erweiterten Prüfungsaufgaben, würden sich künftig vorwiegend an den Aufsichtsrat und weniger an den Vorstand richten. Wie weit hierdurch eine praktische Änderung und Verbesserung zu erwarten wäre, hängt aber m. E. vor allem davon ab, wie fachkundig der Aufsichtsrat in diesen Dingen ist und inwieweit er sich ebenso wie bisher hierüber mit dem Vorstand und seinen fachlich versierten Mitarbeitern – insbesondere des Rechnungswesens – abstimmt.[21] Nach meiner Überzeugung hängt die Unabhängigkeits- und Unbefangenheitsfrage auch nach einer solchen Kompetenzverlagerung kaum anders als bisher vor allem von der charakterlichen Haltung des Abschlußprüfers ab, nämlich inwieweit er sich trotz seiner wirtschaftlichen Interessen eine innere Unabhängigkeit gegenüber seinen Prüfungsmandanten und seinen Auftraggebern bewahrt. Dies gilt im übrigen auch mit Rücksicht auf die hier nicht näher zu behandelnde Frage nach der Vereinbarkeit von Prüfung und Beratung desselben Unternehmens, die m. E. zu bejahen ist, weil die Vorteile der gleichzeitigen Tätigkeiten (- umfassendere Kenntnisse und Einblicke -) die Nachteile in Gestalt einer Gefährdung der Unabhängigkeit und Unbefangenheit überwiegen.[22]

VI. Warnung aufgrund von Krisensymptomen oder aufgrund einer Analyse der wirtschaftlichen Lage samt Krisenursachen?

In der Diskussion um die Krisenwarnfunktion des Abschlußprüfers scheint mir eine Kernfrage als besonders diskussionsbedürftig, nämlich, ob der Abschlußprüfer nur Krisensymptome – anhand von Zahlen und Unterlagen des Rechnungswesens – erkennen und zum Gegenstand seiner Krisenwarnung machen soll, oder ob und inwieweit ihm sinnvollerweise auch eine Analyse der wirtschaftlichen Lage des Unternehmens, seiner Gesundheit bzw. Krankheit („Krise") und deren Ursachen aufgetragen werden sollte. Letzteres würde m. E. eine erhebliche Ausweitung der üblichen Abschlußprüfungstätigkeit bedeuten, wie sie z. B. bei der Beurteilung der Sanierungsbedürftigkeit und Sanierungsfähigkeit von

---

[21] Die nicht selten geäußerte und diskutierte Vermutung, bei manchen Publikumsaktiengesellschaften werde auch die Wahl des Aufsichtsrats maßgeblich durch den Vorstand beeinflußt – woraus sich im Extremfall eher eine Beherrschung („Überwachung") des Aufsichtsrats durch den Vorstand als der vom Gesetz vorgesehene umgekehrte Zustand ergeben könnte, sei in diesem Zusammenhang nur angedeutet.
[22] Vgl. hierzu – ohne weitere Nachweise auf die umfangreiche Literatur – meinen Beitrag „Gedanken zur Ethik und Verantwortung im Prüferberuf", WPK-Mitteilungen 1992, S. 100–108, hier S. 104, 105.

Unternehmen gefordert wird. Ähnlichen Forderungen sieht sich ein Abschlußprüfer allerdings im Grunde seit langem gegenüber, soweit von ihm, in kritischen Fällen, die Going-Concern-Frage als Grundlage für die Bilanzierung zu beurteilen ist – ein heikles und immer noch nicht ausdiskutiertes Thema, ähnlich wie auch die Prüfung des Lageberichts, deren weitere Qualifizierung derzeit gefordert wird.

1. Warnung aufgrund von Krisensymptomen

Wesentliche Krisensymptome sind vor allem jene Ereignisse, die der Abschlußprüfer seit 1985 gemäß § 321 Abs. 1 Satz 4 HGB im Prüfungsbericht „aufzuführen und ausreichend zu erläutern" hat: „Nachteilige Veränderungen der Vermögens-, Finanz- und Ertragslage gegenüber dem Vorjahr und Verluste, die das Jahresergebnis nicht unwesentlich beeinflußt haben". Alles dies sind m. E. Krisensymptome, die sich vor allem aus den Zahlen und Unterlagen des Rechnungswesens ergeben. Hierzu zählen m. E. auch Sachverhalte, die große Risiken für das Unternehmen bedeuten, z. B. große, kaum exakt bewertbare, Engagements (z. B. Forderungen gegenüber insolventen oder „dubiosen" Schuldnern, erhebliche drohende Verluste aus schwebenden Verträgen) oder auch riskante spekulative Geschäfte wie manche Termingeschäfte. Als Krisensymptome sollte der Abschlußprüfer m. E. auch bilanzpolitische Maßnahmen zur Verbesserung des Ergebnisses werten, die er im Rahmen der Abschlußprüfung bemerkt, sei es ,daß diese von der Geschäftsleitung offengelegt und diskutiert werden, sei es , daß der Abschlußprüfer sie – u. U. aufgrund von Hinweisen anderer Mitarbeiter des Unternehmens – selbst entdeckt. Dazu zählen m. E. die „unvorsichtigere" Bewertung, d. h. die höhere Bewertung von Aktiva (z. B. Änderung der Definition der Herstellungskosten für die Bewertung, Verminderung von Bewertungsabschlägen oder von Wertberichtigungen auf dubiose Forderungen) oder die niedrigere Bemessung von Passiva (z. B. Rückstellungen), soweit hierfür nicht eindeutig begründende Tatsachen vorgetragen werden können; ebenso die vermehrte Vornahme von Teilabrechnungen bei langfristiger Fertigung etc., vor allem aber auch Gestaltungen/Transaktionen zur Realisation stiller Reserven, sei es durch Übertragung (Verkauf oder Einbringung) an nahestehende Unternehmen, sei es durch Einschaltung von Leasing-Gesellschaften (sale and lease back). Alles dies sind m. E. zumindest Symptome einer möglichen Krise, die den Prüfer „hellhörig" machen und ihn vielleicht veranlassen sollten, zunächst eine Ergebnisbereinigung um die – allerdings häufig nicht genau bezifferbaren – Auswirkungen bilanzpolitischer

Maßnahmen und Gestaltungen zu versuchen, um das Ausmaß der „wirklichen" Verluste oder Verschlechterungen gegenüber dem Vorjahr besser zu erkennen.

Bei alledem handelt es sich m. E. vor allem um Symptome und ergebnismäßige Auswirkungen einer Krise (oder „Krankheit") des Unternehmens, während damit über die (Primär-) Ursachen noch relativ wenig gesagt ist. Dasselbe gilt m. E. auch für Kennziffern-Analysen (z. B. „Diskriminanz-Analysen") und „Rating-Verfahren" aufgrund solcher Kennziffern[23]. Diese Analysen können gewiß bereits eingetretene oder sich anbahnende Unternehmenskrisen verdeutlichen, zumindest wenn sie auf Kennziffern aufbauen, die um die Auswirkungen bilanzpolitischer Maßnahmen bereinigt sind und wenn u. U. auch manche Auswirkungen unserer, vom Vorsichtsprinzip dominierten, Bilanzierungsgrundsätze (– Imparitätsprinzip, späte Realisation von Gewinnen, dagegen Antizipation künftiger Verluste etc. –) egalisiert werden. Daher sollte man bei der Diskussion um eine Verbesserung der Krisenwarnfunktion der Abschlußprüfer die Erarbeitung und Verwendung solcher Kennzifferanalysen ernsthaft in Erwägung ziehen.

2. *Warnung aufgrund von Unternehmensanalysen – incl. Produktpalette, Stellung des Unternehmens im Markt, Organisations- und Kostenstrukturen etc., evtl. auch incl. Beurteilung des Managements?*

Hierbei geht es zunächst um die Kernfrage, was eigentlich die Gesundheit (Überlebensfähigkeit, Kreditwürdigkeit, etc.) eines Unternehmens ausmacht und wann man von Krankheit oder Krise sprechen muß. Primitiv kann man sagen, die Gesundheit eines Unternehmens bedeutet dessen gute („gesunde") Ertrags- und Finanzkraft, d. h. die Fähigkeit, auf Dauer oder zumindest auf absehbare Zeit höhere Einnahmen (Erträge) als Ausgaben (Aufwendungen) zu haben, m. a. W. Gewinne zu erzielen und die erforderliche Liquidität zur fristgerechten Begleichung aller Schulden verfügbar zu haben.[24] Die Basis hierfür ist m. E. in erster

---

[23] Vgl. z. B. *Niehaus,* Früherkennung von Unternehmenskrisen, Düsseldorf 1987; *Baetge,* Rating von Unternehmen anhand von Bilanzen, WPg 1994, S. 1–10 (Verwendung „neuronaler Netze", Kennziffern über cash-flow, Eigenkapital-Rentabilität, Eigenkapitalquote, Umsatz-Rentabilität, Kapitalumschlagshäufigkeit etc.) oder auch *Baetge/Beuter/Feidicker,* Kreditwürdigkeitsprüfung mit Diskriminanzanalyse, WPg 1992, S. 749–761.
[24] So z. B. *Leffson,* Bilanzanalyse, 3. Aufl., Stuttgart 1984, S. 37.

Linie die Stellung des Unternehmens im Markt: Es muß über Produkte verfügen, die jetzt und in absehbarer Zeit auf dem (lokalen, regionalen, internationalen oder auch globalen) Markt zu Preisen verkauft werden können, die über den Gestehungskosten liegen. Dieses so simpel formulierte Gesamtergebnis setzt koordinierte Leistungen der verschiedenen Unternehmensbereiche voraus, wie z. B. bei Produktions-Unternehmen die Entwicklung entsprechender Produkte einschließlich rechtzeitiger Produkt-Innovationen und -Verbesserungen, rückgekoppelt mit der Vertriebs- und Marketing-Abteilung, die eine Marktanalyse vornehmen und signalisieren muß, wann der Markt welche neuen oder verbesserten Produkte fordern wird; dazu gehört natürlich eine qualitativ „mindestens ausreichende" und kostengünstige Produktion, mit vorgelagerter, ebenfalls entsprechend ökonomisch günstiger und zuverlässiger Materialbeschaffung („Einkauf"). Hinzu kommt ein ökonomisch/effektiv arbeitender Vertrieb, eine günstige und ausreichende Finanzierung und last not least eine gute, zu hohen Leistungen motivierende (– möglichst zugleich als fair/gerecht/human empfundene –) Personalführung- und Politik; und natürlich über alledem eine dies alles umgreifende und kontrollierende gute Unternehmensleitung/Geschäftsführung. So banal diese Feststellung anmuten mag, so muß man sich doch an diesen Grundwahrheiten immer wieder orientieren, wenn man die wirtschaftliche Gesamtlage von Unternehmen beurteilen will; dasselbe gilt damit auch sowohl für die Überwachung der Unternehmen und Unternehmensleitungen als auch für unser Generalthema der Krisenwarnung durch Abschlußprüfer einschließlich der Prüfung des Lageberichts. Wenn wir uns dabei nicht auf die – vorwiegend auf Vergangenheitszahlen aufbauende – Krisendiagnose (– Erkennung von Krisensymptomen durch Kennziffernanalysen etc. –) beschränken wollen, hätten wir es künftig mit Themen zu tun, die bisher nur bedingt oder ausnahmsweise, wie z. B. bei Unternehmensbewertungen und bei der Erarbeitung und Prüfung von Sanierungskonzepten, zu unserem Geschäft gehörten; nämlich z. B. mit der Analyse des Marktes, in dem sich unser Prüfungskunde bewegt; desweiteren mit Organisations- und Kostenstrukturen der Unternehmen, mit Vertriebs- und Marketing-Themen und -Strategien u. v. a. m. Bei einer solchen Gesamtbeurteilung käme man eigentlich auch kaum um eine Beurteilung des Managements herum. Denn es kann wohl kein Zweifel darüber bestehen, daß Erfolge und Mißerfolge ganz wesentlich von den Qualitäten und Leistungen der (Spitzen-) Manager abhängen. In diesem Zusammenhang drängen sich m. E. Vergleiche zwischen Unternehmen und Orchestern auf, deren (Spitzen-) Leistungen großenteils von den Fähigkeiten und Leistungen der (Spitzen-) Dirigenten beeinflußt werden; m. a. W. Spitzenmanager haben viele Ähnlichkeiten mit Spitzendirigenten, sie sind daher auch ebenso selten, während es relativ viel „guten Durchschnitt", aber leider auch Unfähige gibt. Krisenunternehmen vergleiche ich auch gern mit Schiffen, die sich nach einer, von wem auch immer verschuldeten, schweren Havarie in stürmischer See befinden. Ob und wie Ladung, Passagiere und insbesondere auch das Schiff selbst gerettet werden können, hängt zwar von vielen, z. T. schwer zu diagnostizierenden und vorherzusehenden Umständen und Ereignissen ab, aber fast immer ganz entscheidend davon, welche Mannschaft an Bord und insbesondere welcher Kapitän samt Führungsteam sich auf der Kommandobrücke befindet.

Es fragt sich, ob und inwieweit wir Wirtschaftsprüfer uns mit Verantwortungsbewußtsein auf alle oder zumindest einen erheblichen Teil dieser Themen einlassen wollen, können, dürfen oder müssen. Gewiß gibt es eine nicht geringe Zahl von Wirtschaftsprüfern, denen diese Themen nicht fremd sind, auch wenn sie sie bislang im Rahmen der Abschlußprüfung eher „instinktiv" oder selektiv wahrgenommen und behandelt haben (– einschließlich der Beurteilung der Fähigkeiten, Leistungen und Charaktere der Manager, mit denen man es im Rahmen der Prüfungs- und Beratungstätigkeit zu tun bekommt –); aber eine obligatorische, mehr oder minder umfassende und systematische Ausweitung der Abschlußprüfung sollte doch mit großer Zurückhaltung diskutiert werden. Dies gilt vor allem hinsichtlich der Ausweitung auf die Beurteilung der unternehmerischen Qualifikation der Geschäftsführung und der Zweckmäßigkeit der Geschäftspolitik; hiervor warnt u. a. *Potthoff* unter Berufung auf wissenschaftlich/theoretische Untersuchungen wie auch aufgrund praktischer Erfahrungen nachdrücklich, weil sie den Abschlußprüfer überfordere.[25] Auch *Havermann,* unser Jubilar, hielt bereits 1976 „eine Prüfung der Geschäftsführung im Sinne einer generellen Überprüfung der Unternehmenspolitik und der Richtigkeit und Zweckmäßigkeit unternehmerischer Entscheidungen durch den Abschlußprüfer ... weder theoretisch wünschenswert noch praktisch durchführbar"[26]. Dies gilt jedoch möglicherweise auch noch für manche anderen Themen, deren systematische Bearbeitung bisher eher zum Geschäft der Unternehmensberater, der sogen. Rating-Agenturen und der Wertpapier-Analysten als zu dem der Abschlußprüfer gehörte und daher eine erhebliche Umorientierung der Wirtschaftsprüfer erfordern

---

[25] Vgl. *Potthoff,* WPK-Mitteilungen 1994, S. 81.
[26] *Havermann,* BFuP 1976, S. 212.

würde, einschließlich ihrer Aus - und Fortbildung, der Beschaffung von Informationen (- z. B: über Märkte und Produkte -) etc.

Gleichwohl sollte man sich der nicht unverständlichen Erwartung vieler Adressaten auf eine Erweiterung und Verbesserung der Krisenwarnfunktion durch die Abschlußprüfung bewußt sein. Es geht m. E. um eine Gratwanderung über zwei gefährlichen Abgründen, nämlich einerseits einer Abqualifizierung der Wirtschaftsprüfer „als Buchhaltungsprüfer", („Hakelmacher"), die die entscheidenden Erwartungen der Adressaten nicht erfüllen können oder wollen und andererseits einer unverantwortlichen Übernahme unerfüllbarer Aufgaben. Fatal wäre das eine wie das andere, z. B. auch, wenn die Wirtschaftsprüfer die wesentlichen Diagnosen den Wertpapieranalysten, den Rating-Agenturen und den Unternehmensberatern überlassen würden.

VII. Schlußbetrachtung

Die vorstehenden Ausführungen sollten folgendes verdeutlichen:

1. Unternehmenskrisen und -skandale waren zwar der Anlaß für die Einführung der gesetzlichen Abschlußprüfung, dennoch hat der Gesetzgeber diese Prüfung zunächst wohl (fast) nur als Prüfung von Buchhaltung und Jahresabschluß etabliert. Die Prüfung der wirtschaftlichen Lage der privaten Unternehmen und ihrer Geschäftsführung spielte dementsprechend jahrzehntelang in der Prüfungspraxis fast keine Rolle.

   Gleichwohl hat diese Abschlußprüfungstätigkeit wesentlich zur Verbesserung der Gesetz- und Ordnungsmäßigkeit der Buchhaltung, der Bilanzierung und generell der Rechnungslegung und damit mittelbar auch zur Verbesserung der Unternehmensführung einschließlich interner Kontrollen beigetragen. Dies sollte bei aller Kritik an einzelnen Abschlußprüfern und an der gesamten Institution Abschlußprüfung nicht übersehen werden.

2. Die Krisenwarnfunktion des Abschlußprüfers wurde allerdings im Laufe der Jahrzehnte zunehmend reklamiert und schließlich von der Rechtsprechung[27] und vom Gesetzgeber aufgegriffen[28]. Über Art

---

[27] Vgl. die Einführung der sog. Redepflicht auch schon nach altem Recht gem. BGHZ 16, 17.
[28] Vgl. die gesetzliche Klarstellung der Redepflicht in § 166 Abs. 2 AktG 1965 und § 321 Abs. 2 HGB sowie die Einführung erweiterter Berichterstattungspflichten im Prüfungsbericht über nachteilige Veränderungen bzw. Entwicklungen gem. § 321 Abs. 1 Satz 4 HGB.

und Umfang sowie über die Prüfung der wirtschaftlichen Lage – insbes. auch im Zusammenhang mit der Prüfung des Lageberichts – wird jedoch noch immer und bisher ohne eindeutiges Ergebnis diskutiert.

3. Aufsichtsrat und Abschlußprüfer, die beiden gesetzlich vorgeschriebenen Prüfungs- und Überwachungsorgane („Institutionen"), fungierten lange Zeit häufig mehr oder weniger kontaktlos nebeneinander. Auch Möglichkeiten für Qualitätsverbesserungen wurden überwiegend isoliert bezüglich Aufsichtsrat einerseits und Abschlußprüfer andererseits diskutiert. Erst in jüngerer Zeit und verstärkt seit der jüngsten „Krisenwelle" wird zugleich neben möglichen Qualitätsverbesserungen der beiden Institutionen auch deren Zusammenwirken erörtert. Zunehmend wird erkannt, daß eine Kooperation dieser „Institutionen" zur Verbesserung der Überwachung der Unternehmen, auch hinsichtlich ihrer Ziele, Ergebnisse und ihrer Geschäftsführung, beitragen würde. Aufsichtsrat und Abschlußprüfer haben zwar nicht genau dieselben Aufgaben zu erfüllen; so ist die Tätigkeit des Aufsichtsrats umfassender als die des Abschlußprüfers, der seinerseits manche Teilgebiete, nämlich die Rechenschaftslegung, intensiver zu prüfen und dabei auch u. U. manche Interessen vordringlicher als der Aufsichtsrat zu beachten hat (z. B. Gläubiger, Minderheitsaktionäre etc.). Gleichwohl stimmen die Prüfungs- und Überwachungsziele und -gegenstände weitgehend überein; beide Prüfungen ergänzen sich. Daher ist der Abschlußprüfer sozusagen der geborene Kooperationspartner des Aufsichtsrats bei dessen Überwachungs- und Beratungstätigkeit.

4. Art und Umfang der Kooperation gilt es weiter zu diskutieren. Sinnvoll – und offenbar zunehmend praktiziert – ist wohl die Teilnahme des Abschlußprüfers an der bilanzfeststellenden Sitzung des Aufsichtsrats, wobei allerdings die Problematik der Mitbestimmung incl. Information und Geheimhaltung im Aufsichtsrat eine Rolle spielen kann. Viel spricht für die Einrichtung von besonderen Aufsichtsratsausschüssen, etwa nach dem Vorbild der US-amerikanischen Audit-Commitees, die eng mit dem Abschlußprüfer zusammenwirken sollten, und die u. U. auch für die Auswahl des Prüfers und die Erteilung des Prüfungsauftrages einschließlich Festlegung der Konditionen zuständig sein könnten. Über die Zusammensetzung dieser besonderen Ausschüsse, insbes. bei mitbestimmten Unternehmen, wäre zu diskutieren.

Ob durch diese Veränderungen generell auch die Unabhängigkeit und Unbefangenheit des Abschlußprüfers gestärkt würde, ist zwar nicht sicher, jedoch spricht einiges dafür. Ob und inwieweit es zur Verstärkung der Kooperation zwischen Abschlußprüfer und Aufsichtsrat gesetzgeberischer Maßnahmen bedarf, scheint mir offen zu sein.[29]

5. Bei der Verstärkung des Zusammenwirkens von Abschlußprüfer und Aufsichtsrat ist darauf zu achten, daß das m. E. notwendige und vielfach bewährte „kritische Vertrauensverhältnis" zwischen Abschlußprüfer und Vorstand des geprüften Unternehmens nicht generell zerstört wird; vielmehr gilt es, dieses in ein Dreiecksverhältnis zwischen Vorstand, Aufsichtsrat und Abschlußprüfer zu erweitern bzw. umzubauen. Ähnlich wie zwischen dem Aufsichtsrat und dem – von ihm bestellten – Vorstand im Regelfalle ein Verhältnis „wohlwollender kritischer Begleitung, Überwachung und Beratung" bestehen sollte, so sollte dies auch – weiterhin – für das Verhältnis zwischen Abschlußprüfer und Vorstand gelten.

Nicht anders als bisher wäre ein Umschalten des Abschlußprüfers (– wie ja auch des Aufsichtsrats –) in ein eher mißtrauisches, „kriminalistisches" Verhalten gegenüber dem Vorstand nur und erst dann geboten, wenn der Abschlußprüfer im Rahmen seiner Tätigkeit auf Pflichtverletzungen des Vorstandes bei der Rechnungslegung, bei der Erfüllung von Berichtspflichten oder generell bei der Unternehmensführung stößt oder auch, wenn sich für ihn entsprechende dringende Verdachtsmomente zeigen[30]. (Die damit zusammenhängende Frage, inwieweit ein Abschlußprüfer neben wissenschaftlichen und praktischen Kenntnissen auch ein gewisses Maß an kritischem bzw. kriminalistischem Instinkt besitzen sollte, sei hier nur ohne

---

[29] Ob die Intensivierung der Beziehungen von Aufsichtsrat und Abschlußprüfer wie auch die Einrichtung von Aufsichtsratsausschüssen nach Muster der US-amerikanischen Audit-Commitees zur Beseitigung der „Erwartungslücke" und der Vertrauenseinbußen des WP-Berufsstandes führen würde, bleibe dahingestellt; nach den Aussagen von *Lück/Holzer,* Die Krise des wirtschaftsprüfenden Berufsstandes in den USA, DB 1993, S. 237-242, ist die „Erwartungslücke" (expectation gap) heute eher größer als je zuvor.

[30] Ähnliches würde im übrigen auch für das Verhältnis zwischen Abschlußprüfer und Aufsichtsrat gelten; aus der Perspektive des Abschlußprüfers wäre ein solches Umschalten auf Mißtrauen und Konflikt für ihn dann geboten, wenn er ein Zusammenwirken von Aufsichtsrat und Vorstand bei Pflichtwidrigkeiten, z. B. bei der externen Rechenschaftslegung oder bei dubiosen Geschäften, evtl. auch zum Nachteil von Gläubigern oder auch Minderheitsgesellschaftern, feststellt oder vermuten muß. Umgekehrt wäre aus der Perspektive des Aufsichtsrats ein Mißtrauen gegenüber dem Abschlußprüfer angezeigt, wenn er – ausnahmsweise – ein pflichtwidriges Zusammenwirken mit dem Vorstand entdeckt oder vermuten muß.

nähere Erörterung angedeutet.) Für den Normalfall sollte dagegen in dem Dreiecksverhältnis zwischen Vorstand, Aufsichtsrat und Abschlußprüfer das kritische Vertrauensverhältnis vorherrschen.[31] Unter welchen Voraussetzungen und mit welchen (auch Haftungs-) Begrenzungen eine Erweiterung der Krisenwarnfunktion der Abschlußprüfer sinnvoll und verantwortbar erscheint, gilt es sorgfältig zu überlegen. Die Arbeit mit Kennziffern-Systemen, die auf - u. U. zu bereinigenden - Zahlen und Informationen des Rechnungswesens aufbauen, erscheint durchaus erwägenswert. Ob und inwieweit darüber hinaus eine umfassendere Prüfung der wirtschaftlichen Lage - einschließlich ihrer Primärursachen wie: Stellung des Unternehmens im Markt, Marktgerechtigkeit der Produkte, Organisation, Kostenstrukturen bishin zur Beurteilung der unternehmerischen Qualifikation der Geschäftsführung - dem Wirtschaftsprüfer-Berufsstande übertragen werden könnte und sollte, gilt es besonders sorgfältig unter Abwägung der verschiedensten Vor- und Nachteile (- einschließlich der Gefahr der Überforderung der Prüfer und der Erweckung unerfüllbarer Erwartungen -) zu erörtern. Es darf nicht der Eindruck erweckt werden, daß der Wirtschaftsprüfer als Abschlußprüfer eine Art „Ober-Unternehmer" sein könnte, der alles weiß oder sogar besser weiß als die Unternehmer, Manager und Aufsichtsräte, die in erster Linie für die erfolgreiche Unternehmensführung verantwortlich sind und bleiben sollen. Andererseits können und dürfen die Wirtschaftsprüfer sich nicht mit der Rolle der „Buchhaltungs- und Bilanzprüfer" zufrieden geben, während die für die Adressaten (- incl. Investoren -) wichtigeren Themen ausschließlich den Rating-Agenturen, Wertpapieranalysten und Unternehmensberatern überlassen würden.

6. Schließlich sei ein Hinweis auf das Umfeld, auf die derzeitige schwierige wirtschafts- und sozialpolitische Gesamtsituation in Deutschland und Europa erlaubt, die vor allem durch eine Verschärfung der Konkurrenzsituation der Wirtschaftsunternehmen und durch die zunehmend brisante Beschäftigungs- (Arbeitslosigkeits-) Problematik gekennzeichnet ist. Die Diskussion über Möglichkeiten zur Bewältigung dieser z. T. elementaren Herausforderungen könnte auch Auswirkungen auf die in diesem Beitrag behandelte Thematik haben.

---

[31] Das Verhältnis des Abschlußprüfers - wie auch des Vorstands und des Aufsichtsrats - zur Hauptversammlung ist zwar ebenfalls erörterungsbedürftig und wird auch derzeit innerhalb und außerhalb von Hauptversammlungen heftig diskutiert; hierauf einzugehen würde jedoch den Umfang dieses Beitrags und seiner bewußt eingeschränkten Thematik schon aus Platzgründen sprengen.

WINFRIED GAIL

Rechtliche und faktische Abhängigkeiten von Steuer- und Handelsbilanzen

I. Einführung
II. Die Abhängigkeit der Steuerbilanz von der Handelsbilanz
   1. Rechtliche Abhängigkeit der Steuerbilanz von der Handelsbilanz
      a) Gesetzliche Grundlage
      b) Inhalt
      c) Sinn und Zweck
   2. Faktische Abhängigkeit der Steuerbilanz von der Handelsbilanz
      a) Der steuerliche Bewertungsvorbehalt
      b) Der steuerliche Bewertungsvorbehalt in der BFH-Rechtsprechung
      c) Die Einschränkungen durch § 5 Abs. 3 und 4 EStG
      d) Der Einfluß der höchstrichterlichen Steuerrechtsprechung auf die Grundsätze ordnungsmäßiger Buchführung
   3. Die Abhängigkeit der Steuerbilanz von der Handelsbilanz in den Ländern der Europäischen Union
   4. Zwischenergebnis
III. Die Abhängigkeit der Handelsbilanz von der Steuerbilanz
   1. Rechtliche Abhängigkeit der Handelsbilanz von der Steuerbilanz
      a) Gesetzliche Grundlage
      b) Von der sog. umgekehrten Maßgeblichkeit über die umgekehrte Maßgeblichkeit zur formellen Maßgeblichkeit
   2. Faktische Abhängigkeit der Handelsbilanz von der Steuerbilanz
      a) Die Einheitsbilanz
      b) Die Inanspruchnahme subventioneller Steuervergünstigungen

  c) Internationale Anerkennung der Handelsbilanz bei faktischer Abhängigkeit von der Steuerbilanz
  d) Grenzen der faktischen Abhängigkeit der Handelsbilanz von der Steuerbilanz
 3. Zwischenergebnis
IV. Zusammenfassung

I. Einführung

Kaum ein anderer Themenkreis hat in der letzten Zeit in der Literatur so große Aufmerksamkeit gefunden wie die Maßgeblichkeit und die umgekehrte Maßgeblichkeit.[1] Warum also ein weiterer Beitrag zu diesen beiden Stichworten? Zum einen scheinen die Begriffe noch unklar[2], und zum anderen ist das Thema spannend wegen der extremen Positionen, die zu ihm bezogen werden. Denn „während ein bekannter BFH-Richter das Maßgeblichkeitsprinzip pflegen und sichern will[3], bezeichnet es ein nicht minder bekannter Wirtschaftsprüfer als heilige Kuh des deutschen Bilanzrechts[4], an deren Sinn es zu zweifeln gilt."[5]

Abweichend von den gängigen Bezeichnungen „Maßgeblichkeit" und „umgekehrte Maßgeblichkeit" wird nachfolgend der Begriff der Abhängigkeit von Steuer- und Handelsbilanzen verwendet, da die Abhängigkeit als Angewiesensein und Unselbständigkeit den Kern des Verhältnisses zwischen Steuer- und Handelsbilanz besser trifft als der Begriff der Maßgeblichkeit, der lediglich einen Richtschnur gebenden Inhalt hat.[6]

II. Die Abhängigkeit der Steuerbilanz von der Handelsbilanz

1. Rechtliche Abhängigkeit der Steuerbilanz von der Handelsbilanz

a) Gesetzliche Grundlage

Bei Gewerbebetrieben sind die Einkünfte der Gewinn (§ 2 Abs. 2 Nr. 1 EStG). Gewinn ist der Unterschiedsbetrag zwischen dem Betriebsvermögen am Schluß des Wirtschaftsjahres und dem Betriebsvermögen am Schluß des vorangegangenen Wirtschaftsjahres, vermehrt um den Wert

---

[1] Vgl. *Haeger,* Der Grundsatz der umgekehrten Maßgeblichkeit in der Praxis, Stuttgart 1989, S. 2.

[2] Vgl. *Schildbach,* Überlegungen zur Zukunft des Verhältnisses von Handels- und Steuerbilanz, BFuP 1989, S. 123–140, hier S. 133.

[3] *Beisse,* Das Maßgeblichkeitsprinzip sichern und pflegen, Blick durch die Wirtschaft vom 21.1.1988, S. 7.

[4] *Havermann,* Der Aussagewert des Jahresabschlusses, WPg 1988, S. 612–617, hier S. 614.

[5] *Ballwieser,* Ist das Maßgeblichkeitsprinzip überholt?, BFuP 1990, S. 477–498, hier S. 477.

[6] Vgl. *Paul,* Deutsches Wörterbuch, 9. Aufl., Stichworte „maßgeblich" (S. 560) und „abhängig" (S. 7).

der Entnahmen und vermindert um den Wert der Einlagen (§ 4 Abs. 1 EStG). Damit ist die Methode der Gewinnermittlung vorgegeben. Der Begriff des Vermögens wird in § 5 Abs. 1 Satz 1 EStG festgelegt. „Bei Gewerbetreibenden, die aufgrund gesetzlicher Vorschriften verpflichtet sind, Bücher zu führen und regelmäßig Abschlüsse zu machen, oder die ohne eine solche Verpflichtung Bücher führen und regelmäßig Abschlüsse machen, ist für den Schluß des Wirtschaftsjahres das Betriebsvermögen anzusetzen (§ 4 Abs. 1 Satz 1 EStG), das nach den handelsrechtlichen Grundsätzen ordnungsmäßiger Buchführung auszuweisen ist."

Diese Bestimmung des § 5 Abs. 1 Satz 1 EStG ist als Grundsatz der Abhängigkeit der Steuerbilanz von der Handelsbilanz im geltenden Recht allgemein anerkannt. Diese Verknüpfung von handels- und steuerrechtlicher Gewinnermittlung wird im Schrifttum als Grundpfeiler[7], Fundament[8], Kernstück[9] oder tragende Säule[10] des deutschen Bilanzrechts bezeichnet, denn die Grundsätze ordnungsmäßiger Buchführung, die der bilanzierende Gewerbetreibende gem. § 5 Abs. 1 EStG bei dem Ausweis seines Betriebsvermögens zu beachten hat, müssen handelsrechtlicher Natur sein. Solche Grundsätze sind im HGB erwähnt. Gemäß § 238 Abs. 1 Satz 1 HGB ist der Kaufmann verpflichtet, in seinen Büchern seine Handelsgeschäfte und die Lage seines Vermögens nach den Grundsätzen ordnungsmäßiger Buchführung ersichtlich zu machen. Gemäß § 243 Abs. 1 HGB hat er den Jahresabschluß nach den Grundsätzen ordnungsmäßiger Buchführung zu erstellen. Für Kapitalgesellschaften hat gem. § 264 Abs. 2 Satz 1 HGB der Jahresabschluß unter Beachtung der Grundsätze ordnungsmäßiger Buchführung ein den tatsächlichen Verhältnissen entsprechendes Bild der Vermögens-, Finanz- und Ertragslage der Kapitalgesellschaft zu vermitteln. Die handelsrechtliche Gewinnermittlung des Vollkaufmanns ist für § 5 Abs. 1 EStG vorbildhaft.[11]

---

[7] *Saage*, Die Bedeutung der aktienrechtlichen Bilanzierungsvorschriften für die steuerliche Gewinnermittlung, DB 1968, S. 361–368 und S. 407–412, hier S. 361.
[8] *Crezelius*, Steuerrecht, JbFStR 1984/85, S. 425–435, hier S. 426.
[9] *L. Müller,* Die Maßgeblichkeit der Handelsbilanz für die Steuerbilanz im deutschen Bilanzsteuerrecht, Köln 1967, S. 12.
[10] *Merkert/Koths*, Verfassungsrechtlich gebotene Entkopplung von Handels- und Steuerbilanz. Zugleich eine Besprechung des BFH-Urteils vom 24. 4. 1985, BB 1985, S. 1765–1768, hier S. 1765.
[11] Vgl. *Mathiak*, in: Kirchhof/Söhn, EStG, § 5 Rdnr. A 75.

b) Inhalt

Die für die Abhängigkeit der Steuerbilanz von der Handelsbilanz entscheidenden Grundsätze ordnungsmäßiger Buchführung sind gesetzlich nicht definiert. Es handelt sich um einen unbestimmten Rechtsbegriff, der sowohl unter Beachtung der Grundsätze, die im Gesetz kodifiziert sind, als auch der außergesetzlichen Normen und Erkenntnisquellen zu konkretisieren ist. Die Bedeutung der kodifizierten und nicht kodifizierten Grundsätze ordnungsmäßiger Buchführung ergibt sich aus ihrem Charakter als Generalnorm. Fehlen Spezialvorschriften, ist allein anhand der kodifizierten und nicht kodifizierten Grundsätze ordnungsmäßiger Buchführung Rechnung zu legen.[12]

Von den Grundsätzen ordnungsmäßiger Buchführung sind im Zusammenhang mit der Abhängigkeit der Steuerbilanz von der Handelsbilanz diejenigen über die Einhaltung eines Gliederungsschemas, Verrechnungsverbote und Bilanzklarheit nicht so bedeutend, da sie auf die Gewinnermittlung unmittelbar keinen Einfluß haben.[13] Dennoch kann im Einzelfall z. B. die Zuordnung eines Vermögensgegenstandes zum Anlagevermögen oder zum Umlaufvermögen und einer Schuld zu den Verbindlichkeiten oder Rückstellungen für die weitere bilanzielle Behandlung (Bewertung) von Bedeutung sein. Der Kern der Abhängigkeit der Steuerbilanz von der Handelsbilanz liegt vielmehr bei den sich aus den Grundsätzen ordnungsmäßiger Buchführung ergebenden Ansatz- und Bewertungsvorschriften. Sie verlangen die Vollständigkeit der Bilanz, d. h. alle bilanzierungsfähigen Vermögensgegenstände und Schulden müssen in den betreffenden Positionen enthalten sein. Die Bilanzierungsfähigkeit ihrerseits richtet sich danach, ob die Voraussetzungen für einen Vermögensgegenstand oder eine Schuld überhaupt vorliegen, ob eventuell ein Ansatzverbot gegeben ist, und wem das wirtschaftliche Eigentum zuzuordnen ist.

Ganz entscheidend für die Abhängigkeit der Steuerbilanz von der Handelsbilanz ist der Umstand, daß die frühere Diskussion[14], ob Vermögensgegenstände und Wirtschaftsgüter das Gleiche sind, beendet ist.

---

[12] Vgl. *Baetge*, in: HdR, 3. Aufl., Kap. II, Rn. 119.
[13] *Wichmann*, Die Maßgeblichkeit der Handelsbilanz hinsichtlich der Gliederung unter besonderer Berücksichtigung der verdeckten Gewinnausschüttung, DB 1994, S. 1197–1199, führt allerdings aus, daß die Gliederung des handelsrechtlichen Jahresabschlusses ohne Ausnahme für die Steuerbilanz maßgeblich sei.
[14] Vgl. *Knobbe-Keuk*, Bilanz- und Unternehmenssteuerrecht, 9. Aufl., Köln 1993, S. 86.

Im Grundsatz ist heute allgemein anerkannt, daß wegen des gleichgelagerten Typisierungserfordernisses der bilanzsteuerrechtliche Begriff des Wirtschaftsgutes dem handelsrechtlichen Begriff des Vermögensgegenstandes entspricht.[15] Wegen der Abhängigkeit der Steuerbilanz von der Handelsbilanz kann der bilanzsteuerrechtliche Begriff des Wirtschaftsgutes (§§ 4, 5, 6 EStG) nicht weiter gehen als der handelsrechtliche Begriff des Vermögensgegenstandes.[16]

Auch für die Bewertung haben die Grundsätze ordnungsmäßiger Buchführung ein System entwickelt, das auf dem Grundsatz vorsichtiger Bewertung beruht und das infolge der Abhängigkeit der Steuerbilanz von der Handelsbilanz auch für die Steuerbilanz gilt. Zu nennen sind hier das Anschaffungskostenprinzip, das Niederstwertprinzip, das Realisationsprinzip und das Imparitätsprinzip. Die Anschaffungskosten bilden auch für die steuerliche Gewinnermittlung die Wertobergrenze des Anlage- und Umlaufvermögens (§ 6 Abs. 1 Nr. 1 und 2 EStG). Sie sind nach den Grundsätzen ordnungsmäßiger Buchführung zu ermitteln.[17] Nach dem Niederstwertprinzip muß von mehreren möglichen Werten (Anschaffungs- oder Herstellungskosten; Börsen- oder Marktpreis) stets der niedrigste angesetzt werden. Dieser Grundsatz ist auch im Steuerrecht anerkannt. Handels- und Steuerbilanz sind über die einheitlich geltenden Grundsätze ordnungsmäßiger Buchführung nicht nur beim Ansatz, sondern auch bei der Bewertung von Wirtschaftsgütern nach dem Niederstwertprinzip miteinander verknüpft.[18] Das Realisationsprinzip besagt, daß Gewinne, die am Abschlußstichtag realisiert sein sollen, grundsätzlich eine Lieferung oder (vergleichbare) Leistung voraussetzen. Unter ausdrücklichem Hinweis auf die Grundsätze ordnungsmäßiger Buchführung führt der BFH aus, vor erbrachter Lieferung oder Leistung seien die Risiken eines Geschäftes im allgemeinen noch nicht so weit abgebaut, Ertrag und Aufwand aus dem Geschäft noch nicht derart konkretisiert, daß der Gewinn dem Grunde nach so gut wie sicher genannt werden dürfe.[19] Nach dem Imparitätsprinzip müssen nicht realisierte Verluste ausgewiesen werden. Wiederum unter Hinweis auf die handelsrechtlichen Grundsätze hat der BFH z. B. entschieden, daß drohende Verluste aus Geschäften, die am Bilanzstichtag

---

[15] Vgl. *Moxter*, Bilanzrechtsprechung, 3. Aufl., Tübingen 1993, S. 10.
[16] Vgl. BFH, BStBl. II 1976, 13, 14; BFH, BStBl. II 1988, 348, 352.
[17] Vgl. *Herrmann/Heuer/Raupach*, EStG, § 6 Anm. 282.
[18] Vgl. *Euler*, Zur Verlustantizipation mittels des niedrigeren beizulegenden Wertes und des Teilwertes, ZfbF 1991, S. 191–212, hier S. 209.
[19] Vgl. BFH, BStBl. II 1968, 176, 177; BFH, BStBl. II 1986, 788, 789.

beiderseits noch nicht erfüllt sind (schwebende Geschäfte), in der Bilanz durch eine Rückstellung auszuweisen sind, weil der Kaufmann verpflichtet ist, im Interesse der Bilanzwahrheit nicht verwirklichte, aber wahrscheinlich eintretende Verluste aus schwebenden Geschäften zu berücksichtigen.[20]

Die Steuerbilanz ist folglich hinsichtlich Aktivierung und Passivierung sowie der aus dem Vorsichtsprinzip der Grundsätze ordnungsmäßiger Buchführung abgeleiteten Bewertungsvorschriften abhängig von der Handelsbilanz. In der Steuerbilanz ist zu aktivieren, was handelsrechtlich aktiviert, und zu passivieren, was handelsrechtlich passiviert werden muß. Gleichzeitig ist in der Steuerbilanz nicht zu aktivieren, was handelsrechtlich nicht aktiviert, und nicht zu passivieren, was handelsrechtlich nicht passiviert werden darf.[21] Diesem Inhalt der rechtlichen Abhängigkeit der Steuerbilanz von der Handelsbilanz ist bei der Diskussion über das Verhältnis von Steuer- und Handelsbilanz höchste Priorität einzuräumen. Die Handelsbilanz ist insoweit eine Barriere, über die die Steuerbilanz nicht hinaus kann. Dabei ist allerdings der steuerliche Bewertungsvorbehalt zu beachten (vgl. II.2.a). Wer diesen Grundsatz nicht anerkennt – sei es als Gesetzgeber, Gericht, Verwaltung oder sonstige Meinungsäußerung – läßt die derzeitige Rechtslage außer acht.

Die Anknüpfung der Steuerbilanz an das Handelsrecht beschränkt sich nicht bloß auf die abstrakten Bilanzierungsgrundsätze des Handelsrechts (= materielle Maßgeblichkeit), sondern schließt die Bilanzansätze ein, für die sich der Bilanzierende konkret entschieden hat (= formelle Maßgeblichkeit). Diese formelle Maßgeblichkeit wird im Zusammenhang mit der faktischen Abhängigkeit der Handelsbilanz von der Steuerbilanz (III.2.) noch eine besondere Rolle spielen. Nach der höchstrichterlichen Rechtsprechung sind der Steuerpflichtige und das Finanzamt bei der Ermittlung des Gewerbeertrages nicht nur an die abstrakten Normen des Einkommensteuergesetzes über die Gewinnermittlung gebunden, sondern grundsätzlich auch an den im Einzelfall gewählten Bilanzansatz.[22]

c) Sinn und Zweck

Die in § 5 Abs. 1 Satz 1 EStG kodifizierte Abhängigkeit der Steuerbilanz von der Handelsbilanz hat ihre Ursache in dem bei Entstehung des Ein-

---
[20] Vgl. BFH, BStBl. III 1956, 248, 249.
[21] Vgl. *Schmidt/Weber-Grellet*, EStG, 13. Aufl., § 5 Anm. 12a.
[22] Vgl. BFH, BStBl. II 1986 350, 352.

kommensteuerrechts geltend gemachten Wunsch der Kaufmannschaft, für Zwecke der steuerlichen Gewinnermittlung auf das bereits vorhandene Rechenwerk, die Handelsbilanz, zurückzugreifen.[23] Dieser Zweck der Vereinfachung mag zwar nicht das stärkste Argument für die Abhängigkeit der Steuerbilanz von der Handelsbilanz sein, aber immerhin wurden mit ihm die Versuche, den Grundsatz der Abhängigkeit der Steuerbilanz von der Handelsbilanz aufzugeben – z. B. im Regierungsentwurf eines Dritten Steuerreformgesetzes vom 26. 10. 1973[24] – abgewendet. Auch die Einheit der Rechtsordnung[25] kann mit guten Gründen für die Abhängigkeit der Steuerbilanz von der Handelsbilanz ins Feld geführt werden. Aber auch gegen diese Auffassung werden ernst zu nehmende Argumente vorgebracht.[26] Der eigentliche Sinn der Abhängigkeit der Steuerbilanz von der Handelsbilanz besteht offenbar darin, daß das auf kaufmännischer Selbsteinschätzung in der Bilanz ermittelte unternehmerische Ergebnis auch das grundsätzliche Substrat der Ertragsbesteuerung sein soll.[27] Versteht man unter Gewinn jenen Betrag, der unter Außerachtlassung der gesetzlich vorgeschriebenen und zugelassenen offenen Rücklagenbildung der Unternehmung maximal entzogen werden kann, ohne die wirtschaftliche Leistungsfähigkeit und damit die Ergiebigkeit der Einkommensquelle Unternehmen anzutasten, so kann die Gewinnermittlung als Zweck von Handels- und Steuerbilanz nur nach den gleichen Grundsätzen erfolgen, denn in diesem Zusammenhang macht es keinen Unterschied, ob der maximal entziehbare Betrag als Dividende ausgeschüttet oder als Steuer abgeführt wird. Gewinn in diesem Sinne ist nämlich stets die Summe aus Dividende und Ertragsteuern. Das Verhältnis von Dividende und Ertragsteuern hängt lediglich von der Höhe des Steuersatzes ab. Da für eine so verstandene Gewinnermittlung nicht nur Bewertungshöchstgrenzen, sondern auch Mindestvorschriften erforderlich sind, die im Dritten Buch des HGB enthalten sind, kann man hinsichtlich der Gewinnermittlung als Zwecksetzung von Handels- und Steuerbilanz davon ausgehen, daß die Grundprinzipien für beide Bilanzen gleich sind. Dem für eine

---

[23] Vgl. *Crezelius*, Maßgeblichkeitsgrundsatz in Liquidation?, DB 1994, S. 689–691, hier S. 690.
[24] Begr.Reg.E, BT-Drucksache 7/1470.
[25] *Döllerer*, Maßgeblichkeit der Handelsbilanz in Gefahr, BB 1971, S. 1333–1335, hier S. 1335.
[26] Vgl. *Tipke*, Die Steuerrechtsordnung, Köln 1993, S. 612; *Weber-Grellet*, Maßgeblichkeitsschutz und eigenständige Zielsetzung der Steuerbilanz, DB 1994, S. 288–291, hier S. 290.
[27] Vgl. *Crezelius*, DB 1994, S. 690.

gleichmäßige Besteuerung notwendigen Gesichtspunkt der Willkürfreiheit trägt neben den Bestimmungen des HGB die höchstrichterliche Finanzrechtsprechung Rechnung, indem sie ausschließlich handelsrechtliche Bilanzierungs-[28] und Bewertungswahlrechte[29] für die steuerliche Gewinnermittlung nicht akzeptiert. Eine darüber hinausgehende Ausweitung oder Neufassung des Gewinnbegriffs, um dem Grundsatz der Besteuerung nach der wirtschaftlichen Leistungsfähigkeit gerecht zu werden, bedarf es nicht, denn der Gesetzgeber hat das ihm zustehende Ermessen in der Weise ausgeübt, daß die steuerliche Leistungsfähigkeit an dem Ergebnis der handelsrechtlichen Gewinnermittlung zu messen ist.[30] Die von den Befürwortern[31] einer von der Handelsbilanz losgelösten eigenständigen Steuerbilanz vertretene Auffassung, eine eigenständige Steuerbilanz trage dem Leistungsfähigkeitsprinzip eher Rechnung, berücksichtigt nicht, daß damit keinesfalls alle Unterschiede in der Bilanzierung aus der Welt geschafft sind. Mit der Beseitigung des ihrer Meinung nach für die steuerliche Gewinnermittlung ungeeigneten imparitätischen Realisationsprinzips[32] der Handelsbilanz ist es nicht getan. Abgesehen davon, daß es höchst zweifelhaft ist, ob die Besteuerung eines nicht realisierten Gewinnes tatsächlich der Besteuerung nach dem Leistungsfähigkeitsprinzip eher entspricht als die Beachtung des Vorsichtsprinzips auch bei der steuerlichen Gewinnermittlung, lassen sich zu bilanzierende Tatbestände nicht in einer Weise typisieren, die zu einer stärkeren Vereinheitlichung führen könnte. Unbestritten sind gleichartige wirtschaftliche Sachverhalte gleich zu besteuern. In den Bilanzen der Unternehmen schlägt sich aber, außer eindeutig einzustufenden Geschäftsvorfällen, eine Vielzahl unterschiedlicher Vorgänge nieder, die auf schwer bestimmbaren Sachverhalten beruhen. Wenn es schon oft nur schwer möglich ist, diese Vorgänge im vorhinein zu umschreiben, so ist es noch weniger möglich, für ihre steuerliche Behandlung eine möglichst genaue gesetzliche Formulierung zu schaffen.[33] Ein Steuerbilanzgesetz, das den Gewinn i. S. einer vermeintlich strengeren Orientierung am Leistungsfähigkeitsprinzip definieren wollte, käme auch nicht ohne Generalklauseln aus und würde sich wie-

---

[28] Vgl. BFH, BStBl. II 1969, 291, 293.
[29] Vgl. BFH, BStBl. II 1994, 176, 178.
[30] Vgl. *Knobbe-Keuk,* a.a.O. (Fn. 14), S. 27.
[31] *Pezzer,* Bilanzierungsprinzipien als sachgerechte Maßstäbe der Besteuerung, in: Probleme des Steuerbilanzrechts, hrsg. v. Doralt, Köln 1991, S. 3 ff.; *Weber-Grellet,* DB 1994, S. 291; *Tipke,* a.a.O. (Fn. 26), S. 615.
[32] Vgl. *Weber-Grellet,* DB 1994, S. 289.
[33] Vgl. *Gail,* Zur Diskussion über die Einführung einer eigenständigen Steuerbilanz, WPg 1972, S. 493–503, hier S. 497.

derum dem Vorwurf ausgesetzt sehen, dem Grundsatz der Tatbestandsmäßigkeit der Besteuerung[34] nicht zu genügen.

Die Gewinnermittlung nach einem selbständigen Bilanzsteuerrecht würde die gleichen schwierigen Entscheidungen über die bilanzmäßige Behandlung der verschiedensten Tatbestände erfordern, die auch bei der handelsrechtlichen Bilanzierung zu treffen sind. Daß diese Entscheidungen bei den einzelnen Bilanzierenden nicht immer gleich ausfallen, ergibt sich zwangsläufig aus den nicht vermeidbaren Schätzungen und den damit verbundenen Schätzungsfehlern, deren mögliches Ausmaß bei der Unvollkommenheit menschlicher Erkenntnis sogar sehr beachtlich sein kann.[35] Selbst in dem Modellfall, daß verschiedene Unternehmen am gleichen Stichtag mit der gleichen Eröffnungsbilanz beginnen würden und während des Geschäftsjahres die gleichen Geschäftsvorfälle zu verzeichnen hätten, würden am Jahresende ihre Bilanzen nicht übereinstimmen. Wieviel mehr müssen aber die Bilanzen der Unternehmen voneinander abweichen, wenn die Geschäftsvorfälle nicht gleich sind, sondern in einer Vielzahl unterschiedlicher Vorgänge bestehen, die außerdem häufig auf schwer bestimmbaren Sachverhalten beruhen und oft unvorhersehbare Folgen haben. Diese Vielgestaltigkeit der wirtschaftlichen Betätigung kann nur durch eine Generalklausel auf einen gemeinsamen Nenner gebracht werden. Für die Handelsbilanz besteht diese in den Grundsätzen ordnungsmäßiger Buchführung. Für die Steuerbilanz ist keine bessere erkennbar, aber auch nicht erforderlich, denn in § 5 Abs. 1 Satz 1 EStG wird ausdrücklich auf sie verwiesen.[36] Sie sind Ausdruck des Vorsichtsprinzips, das über den Maßgeblichkeitsgrundsatz in das Bilanzsteuerrecht hineinwirkt.[37]

2. Faktische Abhängigkeit der Steuerbilanz von der Handelsbilanz

a) Der steuerliche Bewertungsvorbehalt

Als Argument für eine Abschaffung der rechtlich bestehenden Abhängigkeit der Steuerbilanz von der Handelsbilanz wird vorgebracht, der

---

[34] Vgl. *Bühler,* Steuerrecht, Bd. 1, Wiesbaden 1953, S. 117. *Weber-Grellet,* DB 1994, S. 289, folgert unmittelbar aus dem Grundsatz der Tatbestandsmäßigkeit der Besteuerung, daß Steuertatbestände nicht als Generalklauseln gestaltet sein dürfen.

[35] Vgl. *Kropff,* Aktiengesetz. Textausgabe des Aktiengesetzes vom 6.9.1965 und des Einführungsgesetzes zum Aktiengesetz vom 6. 9. 1965 mit Begründung des Regierungsentwurfs und dem Bericht des Rechtsausschusses des Deutschen Bundestags, Düsseldorf 1965, S. 238.

[36] Vgl. *Gail,* Zur Einführung des Begriffs einer eigenständigen Steuerbilanz, WPg 1971, S. 320–327, hier S. 326.

[37] Vgl. BFH, BStBl. II 1993, 855, 859.

Maßgeblichkeitsgrundsatz sei von Ausnahmen durchsetzt, die Ausnahme sei die Regel.[38] Dahinter steht die Frage, was dann die ganze rechtliche Konstruktion der Abhängigkeit der Steuerbilanz von der Handelsbilanz noch bedeute, wenn sie in der praktischen Anwendung kaum noch zur Anwendung komme. Soweit mit den erwähnten Ausnahmen der Bewertungsvorbehalt des § 5 Abs. 6 EStG gemeint ist, kann darin keine Einschränkung der Abhängigkeit der Steuerbilanz von der Handelsbilanz gesehen werden, denn dieser hebt die sich aus dem Vorsichtsprinzip ergebenden Bilanzierungs- und Bewertungsregeln nicht auf. Nach dieser Vorschrift sind „lediglich" die Bestimmungen über die Entnahmen und die Einlagen, über die Zulässigkeit der Bilanzänderung, über die Betriebsausgaben, über die Bewertung und über die Absetzung für Abnutzung oder Substanzverringerung zu beachten. Insbesondere der Hinweis auf die Vorschriften über die Bewertung und über die Absetzungen für Abnutzung koppelt die Steuerbilanz nicht von der Handelsbilanz ab, denn diese steuerlichen Vorschriften wurden so gestaltet, daß die Steuerbilanz möglichst wenig von der Handelsbilanz abweicht.[39] Sie sind in den meisten Fällen Grundsätze ordnungsmäßiger Buchführung[40] – abgesehen von den subventionellen Steuervergünstigungen (vgl. III.2.b) – und schränken höchstens die Ausübung von Bewertungswahlrechten ein. Diese Einschränkung kann insoweit hingenommen werden, als Gesetzgeber, Rechtsprechung und Verwaltung den steuerlichen Bewertungsvorbehalt in Übereinstimmung mit den Grundsätzen ordnungsmäßiger Buchführung auch weiterhin ausfüllen. Die Vorschriften zu den Pensionsrückstellungen (§ 6a EStG), die unter bestimmten Voraussetzungen keine Rückstellung zulassen, obwohl für die Handelsbilanz eine Passivierung zwingend ist, dürften ebenfalls kein Hindernis für eine übereinstimmende Bilanzierung in der Handels- und Steuerbilanz sein, da in der Praxis die Zusagen weitestgehend die steuerlichen Anforderungen erfüllen und, ausgehend von einem handelsrechtlich notwendigen Zinssatz von 5–6% p. a., bei der Höhe der Pensionsrückstellung sich kaum noch Abweichungen zwischen Handels- und Steuerbilanz ergeben.[41] Die Akzeptanz des steuerlichen Bewertungsvorbehaltes einschließlich der höchstrichterlichen Rechtsprechung zur

---

[38] Vgl. *Weber-Grellet,* DB 1994, S. 288.
[39] Vgl. *Tanzer,* Die Maßgeblichkeit der Handelsbilanz für die Bewertung in der Steuerbilanz, in: Werte und Wertermittlung im Steuerrecht, hrsg. v. Raupach, Köln 1984, S. 55–96, hier S. 75.
[40] Vgl. *Herrmann/Heuer/Raupach,* EStG, § 5 Anm. 2104.
[41] Vgl. *Förschle/Klein,* Zur handelsrechtlichen Bilanzierung und Bewertung der betrieblichen Altersversorgungsverpflichtungen, DB 1987, S. 341–348, hier S. 346.

steuerlichen Versagung ausschließlich handelsrechtlicher Bilanzierungs- und Bewertungswahlrechte[42] durch alle Beteiligten könnte eine Basis sein, die jegliche Diskussion über die Einführung einer eigenständigen Steuerbilanz überflüssig machen würde. Die rechtliche Abhängigkeit der Steuerbilanz von der Handelsbilanz kann also trotz des steuerlichen Bewertungsvorbehaltes mit ihrer faktischen Abhängigkeit übereinstimmen. Die Vielzahl der Fälle, in denen Unternehmen nur eine Bilanz aufstellen[43], ist ein Beweis auch hierfür.

b) Der steuerliche Bewertungsvorbehalt in der BFH-Rechtsprechung

Die wichtigste den Bewertungsvorbehalt ausfüllende Vorschrift ist § 6 EStG (Bewertung). § 6 Abs. 1 EStG regelt die Bewertung von Wirtschaftsgütern im Bereich der Gewinnermittlung durch Betriebsvermögensvergleich (Bilanz) aufgrund der beiden Bewertungsmaßstäbe Anschaffungs- und Herstellungskosten (ggf. unter Abzug der Absetzungen für Abnutzung). Die Begriffe Anschaffungs- und Herstellungskosten sind im Handels- und Steuerrecht einheitlich auszulegen[44], so daß es diesbezüglich des steuerlichen Bewertungsvorbehaltes nicht bedürfte. Dennoch ergeben sich für die Anschaffungskosten in Einzelheiten abweichende Interpretationen, die allerdings nicht als Ausdruck einer prinzipiell anderen Beurteilung angesehen werden müssen.[45] Daß zur steuerlichen Gewinnermittlung in die Herstellungskosten von Wirtschaftsgütern auch angemessene Teile der notwendigen Material- und Fertigungsgemeinkosten einzubeziehen sind, hat der BFH unter ausdrücklicher Bezugnahme auf den steuerlichen Bewertungsvorbehalt abgeleitet.[46] In Bezug auf die Begriffe Anschaffungskosten und Herstellungskosten bestätigt die Rechtsprechung somit die Übereinstimmung zwischen rechtlicher und faktischer Abhängigkeit der Steuerbilanz von der Handelsbilanz unter Zugrundelegung der Grundsätze ordnungsmäßiger Buchführung und unter besonderer Berücksichtigung des steuerlichen Bewertungsvorbehaltes.

Unter den Bewertungsvorbehalt des § 5 Abs. 6 EStG fällt auch die Bewertung mit dem niedrigeren Teilwert. Das Handelsrecht kennt den

---
[42] Vgl. Fn. 28 und 29.
[43] Vgl. *Gail,* Die Steuerbilanz als Handelsbilanz der Kapitalgesellschaft, StVj 1989, S. 251–266, hier S. 252.
[44] Vgl. *Mathiak,* Anschaffungs- und Herstellungskosten, in: Werte und Wertermittlung im Steuerrecht, hrsg. v. Raupach, Köln 1984, S. 97–139, hier S. 103.
[45] Vgl. *Schulze-Osterloh,* Die Maßgeblichkeit der Handelsbilanz für die Steuerbilanz, ihre Umkehrung und das Bilanzrichtlinien-Gesetz, FR 1986, S. 545–554, hier S. 548.
[46] Vgl. BFH, BStBl. II 1994, 176, 178.

Begriff Teilwert nicht. In der Handelsbilanz sind Vermögensgegenstände unter bestimmten Voraussetzungen auf ihren niedrigeren beizulegenden Wert abzuschreiben (§ 253 Abs. 2 Satz 3 HGB betr. Anlagevermögen; § 253 Abs. 3 Satz 1 und 2 HGB betr. Umlaufvermögen). Umstritten ist, ob Teilwert und beizulegender Wert inhaltlich übereinstimmen. Einerseits[47] wird der Teilwert weder nach seiner Konzeption noch nach seiner Ausgestaltung im einzelnen mit dem beizulegenden Wert für vergleichbar gehalten. Andererseits[48] wird dargestellt, daß trotz der Entwicklung beider Begriffe in unterschiedlichen Rechtskreisen der niedrigere Teilwert eines Wirtschaftsgutes in der Steuerbilanz dem niedrigeren beizulegenden Wert eines Vermögensgegenstandes in der Handelsbilanz entspricht. Die letztere Interpretation führt zu einer Übereinstimmung zwischen rechtlicher und faktischer Abhängigkeit der Steuerbilanz von der Handelsbilanz, da der steuerliche Bewertungsvorbehalt in diesem Falle nicht zum Zuge kommt. Die in diesem Zusammenhang diskutierten BFH-Urteile zur Bilanzierung zinsloser Arbeitnehmerdarlehen[49] klären die Streitfrage nicht, da in beiden Urteilen zur Versagung der Abzinsung darauf hingewiesen wird, daß die handelsrechtlichen Bewertungsgrundsätze zu keinem anderen Ergebnis führen. Ergänzend wird allerdings ausgeführt, daß, selbst wenn sich nach handelsrechtlichen Bewertungsgrundsätzen für die Darlehensforderungen ein anderer (niedrigerer) Wert ergäbe, dieser für die ertragsteuerliche Bilanzierung nicht zu übernehmen wäre, da der Teilwert nicht unter dem Nennbetrag liege. Es erscheint dem BFH also durchaus vorstellbar, daß Teilwert und nach Handelsrecht anzusetzender Wert voneinander abweichen. Sollte durch die Rechtsprechung der Teilwert in einer Weise interpretiert werden, die nicht mehr mit dem Vorsichtsprinzip übereinstimmt, so würde dies dem ursprünglichen Zweck des steuerlichen Bewertungsvorbehaltes widersprechen. Die Folge wäre eine faktische Loslösung der Steuerbilanz von der Handelsbilanz.

c) Die Einschränkungen durch § 5 Abs. 3 und 4 EStG

Während die allgemeinen steuerlichen Gesetzesvorbehalte des § 5 Abs. 6 EStG (Bewertungsvorbehalte) so alt sind wie der Grundsatz der Abhän-

---

[47] Vgl. *Schulze-Osterloh,* FR 1986, S. 549.
[48] Vgl. *Siepe,* Darf ein ertragsteuerlicher Teilwertansatz den handelsrechtlich gebotenen Wertansatz überschreiten?, in: Rechnungslegung. Entwicklungen bei der Bilanzierung und Prüfung von Kapitalgesellschaften, Festschrift für Forster, hrsg. v. Moxter u. a., Düsseldorf 1992, S. 607–624, hier S. 623.
[49] Vgl. BFH, BStBl. II 1990, 117, 118; BFH, BStBl. II 1990, 639, 640.

gigkeit der Steuerbilanz von der Handelsbilanz und alle Bilanzpositionen betreffen können, enthält § 5 EStG außerdem seit 1969 besondere Gesetzesvorbehalte, die einzelne Positionen betreffen. Diese nach und nach eingefügten Absätze im § 5 EStG waren jeweils Reaktionen auf vom Gesetzgeber als überzogen antifiskalisch empfundene Rechtsprechung.[50] Insbesondere die Absätze 3 (Rückstellungen wegen Verletzung fremder Patente) und 4 (Rückstellungen für die Verpflichtung zu einer Zuwendung anläßlich eines Dienstjubiläums) betreffen Sachverhalte, die abweichend vom Handelsrecht geregelt wurden. In seinem Urteil vom 11. 11. 1981[51] hat der BFH zur Pflicht, Rückstellungen für Patentverletzungen zu bilden, ausgeführt, eine Inanspruchnahme könne auch dann noch wahrscheinlich sein, wenn seit der Patentverletzung mehrere Jahre vergangen seien und der Patentinhaber von der Verletzung seines Patentrechts möglicherweise noch keine Kenntnis erlangt habe. Da Ansprüche aus Patentverletzungen nach § 141 PatG bei Kenntnis des Berechtigten über die Tatsache der Patentverletzung und die Person des Patentverletzers in drei Jahren und ohne Kenntnis des Berechtigten in dreißig Jahren verjähren, folgte aus dem BFH-Urteil eine erhebliche Verlängerung des Rückstellungszeitraumes gegenüber der von der Finanzverwaltung vertretenen Auffassung und damit gleichzeitig ein erheblich höheres Rückstellungsvolumen. Dieses Urteil entspricht dem geltenden Handelsrecht. Die in Widerspruch hierzu stehende Verwaltungsauffassung wurde in § 5 Abs. 3 EStG festgeschrieben, und zwar aus rein fiskalischen Gründen.[52] Das gleiche gilt für § 5 Abs. 4 EStG.[53] Nachdem der BFH[54] entschieden hatte, daß für rechtsverbindlich zugesagte Jubiläumszuwendungen eine Rückstellung in dem Umfang gebildet werden muß, als die Anspruchsvoraussetzungen durch die vergangene Betriebszugehörigkeit des Arbeitnehmers erfüllt sind, wurde § 5 durch Einfügung eines Absatzes 4 zunächst in der Weise geändert, daß solche Rückstellungen nur für nach dem 31. 12. 1992 erworbene Anwartschaften gebildet werden dürfen und vorhandene Rückstellungen aufzulösen waren. Gerade das steuerliche Verbot dieser Rückstellungen bis zu einem bestimmten Zeitpunkt und ihre Anerkennung danach zeigt den ganz bewußten Widerspruch dieser Gesetzesbestimmung zu den Grundsätzen ordnungsmäßiger Buchführung und somit zu den handelsrechtlichen Bilanzierungsvorschriften. Die Abhängigkeit der Steuerbilanz

---

[50] Vgl. *Mathiak*, in: Kirchhof/Söhn, EStG, § 5 Rdnr. A 149.
[51] BFH, BStBl. II 1982, 748.
[52] Vgl. BT-Drucksache 9/2074, S. 64 und BT-Drucksache 9/2140, S. 62.
[53] Vgl. BT-Drucksache 11/2536, S. 86.
[54] BFH, BStBl. II 1987, 845.

von der Handelsbilanz wurde damit aufgehoben und bleibt es auch, denn die ab 1.1.1993 zugelassene Rückstellung ist an Voraussetzungen geknüpft, die handelsrechtlich nicht bestehen. Diese eingeschränkte steuerliche Zulässigkeit der Passivierung von Rückstellungen für Jubiläumszuwendungen resultiert aus einer außerhalb des Maßgeblichkeitsgrundsatzes liegenden steuerlichen Sondervorschrift.[55]

Die in § 5 Abs. 1 EStG rechtlich begründete Abhängigkeit der Steuerbilanz von der Handelsbilanz wird durch § 5 Abs. 3 und 4 EStG – zwar auf gesetzlicher Grundlage – faktisch aufgehoben. Wenn § 5 EStG durch ähnliche Einschübe wie die Absätze 3 und 4 zu einem Sammelbecken von Einzelvorschriften würde, die bewußt ausschließlich aus haushaltsmäßigen Gründen eingefügt würden und die ebenso bewußt keine Grundsätze ordnungsmäßiger Buchführung wären, dann wäre es ehrlicher, § 5 Abs. 1 EStG zu streichen. Die Abhängigkeit der Steuerbilanz von der Handelsbilanz würde zu einem bloßen Lippenbekenntnis. Die Diskussion über Sinn und Zweck der Abhängigkeit der Steuerbilanz von der Handelsbilanz wird immerhin im Sinne eines freien wissenschaftlichen Diskurses geführt.[56] Die Widersprüchlichkeit der Formulierung der Abhängigkeit der Steuerbilanz von der Handelsbilanz und ihrer teilweisen Aufhebung in einem einzigen Paragraphen des Einkommensteuergesetzes wurde dagegen ohne systematische Begründung aus rein fiskalischen Überlegungen geschaffen. Ein sinnvoller Grundsatz des Bilanzsteuerrechtes verliert an Überzeugungskraft, wenn er beliebig außer Kraft gesetzt wird. Wenn zum Ausgleich des Staatshaushaltes auf dem Vorsichtsprinzip beruhende Grundsätze ordnungsmäßiger Buchführung für nicht anwendbar erklärt werden, haben es die höchstrichterliche Rechtsprechung und die sie unterstützenden Meinungen schwer, dieses Prinzip auch für die steuerliche Gewinnermittlung zu verteidigen.

d) Der Einfluß der höchstrichterlichen Steuerrechtsprechung auf die Grundsätze ordnungsmäßiger Buchführung

Die Entwicklung von Grundsätzen ordnungsmäßiger Buchführung erstreckt sich sowohl auf die Auslegung kodifizierter als auch auf die Ermittlung ungeschriebener Grundsätze. Im Hinblick auf sich verändernde Verhältnisse und Erkenntnisse ist die Weiterentwicklung und Modifikation des Systems der Grundsätze ordnungsmäßiger Buchfüh-

---

[55] Vgl. HFA, Zur Bilanzierung von Rückstellungen für Jubiläumszuwendungen, WPg 1994, S. 27.
[56] Vgl. *Gelhausen/Fey*, Maßgeblichkeit der Staatsfinanzen für das Bilanzrecht?, BB 1994, S. 603f., hier S. 603.

rung erforderlich.[57] Welche Gruppen mit welcher Kompetenz bei der Bestimmung von Grundsätzen ordnungsmäßiger Buchführung mitwirken, beschreibt *Moxter*[58] wie folgt: „Bilanzpraktiker sehen ihre bilanzpolitischen Spielräume durch ausgeprägte Objektivierungen eingegrenzt; Fiskalisten stören sich an der Betonung des Vorsichtsprinzips; Theoretiker möchten in gesetzesfreier Rechtsfindung ihre Konzeption durchgesetzt wissen. Die vom Gesetz verkörperten und vom BFH konkretisierten Grundwertungen schätzt nur das Häuflein derjenigen, die sich an Maß und Mitte orientieren." Dem BFH wird hier für die Bestimmung von Grundsätzen ordnungsmäßiger Buchführung hohe Kompetenz verbunden mit großer Anerkennung zugesprochen. Gewiß haben BFH-Entscheidungen Auswirkungen auf handelsrechtliche Bilanzierungsfragen, wenn der BFH zur Beurteilung steuerlicher Sachverhalte handelsrechtliche Vorfragen zu klären hat und seine Aussagen über den Einzelfall hinaus von Bedeutung sind. Kein Zweifel kann jedoch daran bestehen, daß es in jedem Falle Handelsbilanzrecht ist und sein muß, mit dem es der BFH im Vorfeld der Entscheidung der Steuerfragen zu tun hat, wenn der Maßgeblichkeitsgrundsatz eingreift.[59] In letzter Zeit sind nun BFH-Urteile gefällt worden, die eine Diskussion darüber ausgelöst haben, inwieweit sich die höchstrichterliche Steuerrechtsprechung noch in diesem Rahmen bewegt. Es wurde bereits davor gewarnt, daß die Rechtsprechung nicht zu einer Maßgeblichkeit der Staatsfinanzen für das Bilanzrecht führen dürfe.[60] Folgende Urteile werden zur Zeit im Hinblick auf die Auslegung der Grundsätze ordnungsmäßiger Buchführung diskutiert: Aktivierung von Transferentschädigungszahlungen[61], Rückstellungen für PSV-Beiträge[62], Rückstellungen für Ausbildungskosten[63], Bilanzierung von Zuwendungen[64], Rückstellungen für Altlastensanierung.[65] Das Institut der Wirtschaftsprüfer sah sich veranlaßt, einen Arbeitskreis einzurichten, der sich insbesondere unter Berücksichtigung der Auslegung handelsrechtlicher Rechnungslegungsnormen durch den BFH sowie gegebenenfalls bestehender steuergesetz-

---

[57] Vgl. *Baetge*, in: HdR, 3. Aufl., Kap. II, Rn. 72f.
[58] *Moxter*, a.a.O. (Fn. 15), S. 254.
[59] Vgl. *Beisse*, Gläubigerschutz – Grundprinzip des deutschen Bilanzrechts, in: Festschrift für Beusch zum 68. Geburtstag, hrsg. v. Beisse u. a., Berlin/New York 1993, S. 77–97, hier S. 91.
[60] Vgl. *Herzig*, Anmerkung zum BFH-Urteil 19. 10. 1993, BB 1993, S. 20.
[61] Vgl. BFH, BB 1992, 2039.
[62] Vgl. BFH, BStBl. II 1992, 336.
[63] Vgl. BFH, BStBl. II 1993, 441.
[64] Vgl. BFH, BStBl. II 1992, 488 und BFH, BStBl. II 1989, 189.
[65] Vgl. BFH, BB 1994, 18.

licher Sondernormen mit der Problematik der handelsrechtlichen Bilanzierung bestimmter Rückstellungen befassen soll.[66] Da auch das Institut der Wirtschaftsprüfer durch seine Fachgutachten und Stellungnahmen zur Entwicklung der Grundsätze ordnungsmäßiger Buchführung beiträgt, können sich Konfliktsituationen zwischen der handelsrechtlichen Rechtsprechung des Bundesfinanzhofs einerseits und den Verlautbarungen des Instituts der Wirtschaftsprüfer andererseits ergeben. Als Folge sind abweichende Bilanzierungen nach den Vorstellungen des Bundesfinanzhofes und nach den Verlautbarungen des Instituts der Wirtschaftsprüfer nicht auszuschließen. Es ergäbe sich dann eine faktische Unabhängigkeit der Steuerbilanz von der Handelsbilanz in diesen konkreten Fällen.

3. Die Abhängigkeit der Steuerbilanz von der Handelsbilanz in den Ländern der Europäischen Union

In den Ländern der EU stellt sich das Verhältnis zwischen den Vorschriften zur handels- und steuerrechtlichen Rechnungslegung in zwei unterschiedlichen Formen dar. Vorwiegend in den Ländern mit angelsächsischem Einfluß hat sich das Steuerbilanzrecht unabhängig vom Handelsrecht entwickelt. Hier erfolgt die Gewinnermittlung im steuerrechtlichen Jahresabschluß unabhängig von handelsrechtlichen Bestimmungen. Dies ist der Fall in Dänemark, Großbritannien, in der Republik Irland und in den Niederlanden. In den anderen Mitgliedsstaaten ist eine stärkere Bindung der steuer- an die handelsrechtlichen Vorschriften zu beobachten. Die steuerliche Gewinnermittlung erfolgt hier auf der Basis des im handelsrechtlichen Jahresabschluß ausgewiesenen Gewinns. Dabei sind zwei Verfahrensweisen zu beobachten. Entweder dominieren steuerrechtliche Vorschriften in Teilbereichen der handelsrechtlichen Gewinnermittlung, oder der im Jahresabschluß ausgewiesene Gewinn wird entsprechend den steuerlichen Vorschriften korrigiert. In Belgien, Frankreich, Griechenland, Italien, Luxemburg, Portugal und Spanien kann davon ausgegangen werden, daß es ein Instrument entsprechend dem Prinzip der Abhängigkeit der Steuerbilanz von der Handelsbilanz i. S. des deutschen § 5 Abs. 1 EStG gibt.[67]

---

[66] Vgl. Berichterstattung über die 143. Sitzung des Hauptfachausschusses, FN 1993, S. 93 f., hier S. 94.
[67] Vgl. *Gail/Greth/Schumann,* Die Maßgeblichkeit der Handelsbilanz für die Steuerbilanz in den Mitgliedsstaaten der Europäischen Gemeinschaft, DB 1991, S. 1389–1400, hier S. 1399.

4. Zwischenergebnis

Durch den Verweis in § 5 Abs. 1 Satz 1 EStG auf die Grundsätze ordnungsmäßiger Buchführung ist die Steuerbilanz rechtlich mit der Handelsbilanz verknüpft. Die Steuerbilanz ist keine selbständige Bilanz. Sie ist auf die Handelsbilanz angewiesen. Das gilt wegen der Identität der Begriffe Vermögensgegenstand und Wirtschaftsgut sowohl für die Bilanzierung als auch für die auf dem Grundsatz der Vorsicht beruhenden Bewertungen. Die so verstandene Abhängigkeit der Steuerbilanz von der Handelsbilanz besteht wegen der Bindung an die konkrete Bilanzierung in der Handelsbilanz auch faktisch. Sie widerspricht auch nicht den für die Besteuerung maßgeblichen Grundsätzen der Leistungsfähigkeit, Gleichmäßigkeit und Tatbestandsmäßigkeit.

Jede Bilanzierung ist in gewissem Maße auf Generalklauseln angewiesen. Solche für die Handelsbilanz in Form der Grundsätze ordnungsmäßiger Buchführung bestehenden Generalklauseln sind, soweit sie auf dem Vorsichtsprinzip beruhen, auch für die steuerliche Gewinnermittlung geeignet und unabdingbar. Eine Außerachtlassung des Vorsichtsprinzips würde zu einer unzulässigen Besteuerung führen. Der Bewertungsvorbehalt des § 5 Abs. 6 EStG reicht aus, um fiskalisch unerwünschte Bewertungswahlrechte für die Steuerbilanz auszuschließen. Die rechtliche und faktische Abhängigkeit der Steuerbilanz von der Handelsbilanz wird dadurch nicht berührt. Das gilt allerdings nur, soweit die Interpretation des Teilwertes und des beizulegenden Wertes übereinstimmt. Sollte die Rechtsprechung hiervon abweichen, so wäre die Abhängigkeit der Steuerbilanz von der Handelsbilanz faktisch nicht mehr gegeben. Sie liegt bereits faktisch nicht vor in den Fällen des § 5 Abs. 3 und 4 EStG (Rückstellungen wegen Verletzung fremder Patente und Rückstellungen für Jubiläumszuwendungen). Auch die höchstrichterliche Steuerrechtsprechung läßt es nicht ausgeschlossen erscheinen, daß ihre Auslegung handelsrechtlicher Rechnungslegungsvorschriften zu einer in Einzelfällen faktischen Unabhängigkeit der Steuerbilanz von der Handelsbilanz führt.

Die Abhängigkeit der Steuerbilanz von der Handelsbilanz ist keine Besonderheit des deutschen Steuerrechts. In der Mehrzahl der EU-Mitgliedsstaaten gibt es vergleichbare Regelungen.

Die rechtliche Abhängigkeit der Steuerbilanz von der Handelsbilanz ist im Grundsatz auch faktisch vorzufinden. In Einzelfällen wird sie allerdings aus fiskalischen Gründen von einer faktischen Unabhängigkeit der Steuerbilanz von der Handelsbilanz überlagert. Tendenzen in der höchstrichterlichen Steuerrechtsprechung bergen die Gefahr einer weitergehenden faktischen Loslösung der Steuerbilanz von der Handelsbilanz.

III. Die Abhängigkeit der Handelsbilanz von der Steuerbilanz

1. Rechtliche Abhängigkeit der Handelsbilanz von der Steuerbilanz

a) Gesetzliche Grundlage

In der Fachliteratur werden mehrere gesetzliche Grundlagen für die Abhängigkeit der Handelsbilanz von der Steuerbilanz genannt, wobei erstaunlicherweise sowohl das Handelsrecht als auch das Steuerrecht herangezogen werden. So wie die Abhängigkeit der Steuerbilanz von der Handelsbilanz als steuerrechtliche Vorschrift nur in einem Steuergesetz geregelt sein kann und auch geregelt ist (§ 5 Abs. 1 Satz 1 EStG), könnte sich die Abhängigkeit der Handelsbilanz von der Steuerbilanz eigentlich nur aus einer handelsrechtlichen Bestimmung ergeben. In einer solchen Vorschrift müßte bestimmt sein, daß nur die steuerlich zulässigen Bilanzansätze in die Handelsbilanz Eingang finden dürfen. Analog zu dem rechtlichen Inhalt der Abhängigkeit der Steuerbilanz von der Handelsbilanz müßte die gesetzliche Vorschrift vorsehen, daß in der Handelsbilanz zu aktivieren und zu passivieren ist, was steuerlich aktiviert und passiviert werden muß. Gleichzeitig wäre in der Handelsbilanz nicht zu aktivieren, was steuerrechtlich nicht aktiviert und nicht zu passivieren, was steuerrechtlich nicht passiviert werden darf.

Üblicherweise wird die Abhängigkeit der Handelsbilanz von der Steuerbilanz als umgekehrte Maßgeblichkeit bezeichnet. In diesem Zusammenhang wird dann auf § 254 HGB verwiesen.[68] § 254 HGB (ebenso wie § 247 Abs. 3 HGB und § 279 Abs. 2 HGB) ist aber lediglich eine handelsrechtliche Öffnungsklausel, die – wie schon diejenigen des AktG 1965 – die Fälle steuerrechtlich veranlaßter Gewinnminderungen regelt.[69] Ohne diese Vorschriften wären die Unternehmen durch die handelsrechtlichen Bewertungsvorschriften gehindert gewesen, gesetzliche Möglichkeiten zur Minderung des steuerpflichtigen Einkommens aus-

---

[68] Vgl. *Großfeld,* Bilanzziele und kulturelles Umfeld, WPg 1994, S. 795–802, hier S. 797.
[69] Vgl. *Mathiak,* Handelsrechtliche Öffnungsklauseln und gewinnerhöhende Steuervergünstigungen, in: Bilanzrecht und Kapitalmarkt, Festschrift für Moxter, hrsg. v. Ballwieser u. a., Düsseldorf 1994, S. 315-330, hier S. 317.

zunutzen. Aus der Formulierung des § 279 Abs. 2 HGB wird das besonders deutlich. Hiernach dürfen Abschreibungen gem. § 254 HGB nur insoweit vorgenommen werden, als das Steuerrecht ihre Anerkennung bei der steuerlichen Gewinnermittlung davon abhängig macht, daß sie sich aus der Bilanz (Handelsbilanz) ergeben. Die dort angesprochenen steuerrechtlich zulässigen Abschreibungen müssen zwingend an eine entsprechende Abschreibung in der Handelsbilanz gebunden sein, d. h. rechtlich muß der Wertansatz in der Handelsbilanz demjenigen in der Steuerbilanz vorangehen. Das ist aber gerade der Inhalt der Abhängigkeit der Steuerbilanz von der Handelsbilanz. Die Vorschrift kann nicht gleichzeitig die rechtliche Grundlage für den umgekehrten Fall sein.

Die gesetzliche Grundlage der Abhängigkeit der Handelsbilanz von der Steuerbilanz (= umgekehrte Maßgeblichkeit) wird von einigen Autoren[70] in § 6 Abs. 3 EStG, der für nach dem 31. 12. 1989 endende Wirtschaftsjahre durch § 5 Abs. 1 Satz 2 ersetzt wurde[71], gesehen. Vor Einfügung des ehemaligen § 6 Abs. 3 EStG hat der BFH mangels gesetzlicher Grundlage und mangels Existenz eines allgemeinen Grundsatzes die umgekehrte Maßgeblichkeit verneint.[72] Auch durch die Einfügung der §§ 6 Abs. 3 EStG bzw. 5 Abs. 1 Satz 2 EStG wurde keine gesetzliche Grundlage geschaffen für eine Abhängigkeit der Handelsbilanz von der Steuerbilanz in dem Sinne, daß die Handelsbilanz angewiesen auf die Steuerbilanz und somit unselbständig wäre. Das Gegenteil ist der Fall. Auch bei den von § 6 Abs. 3 EStG bzw. § 5 Abs. 1 Satz 2 EStG betroffenen Sachverhalten ist steuerrechtlich die Abhängigkeit der Steuerbilanz von der Handelsbilanz festgelegt. Diese Bestimmungen schreiben keinesfalls rechtlich vor, daß in der Handelsbilanz nur Bilanzierungen oder Bewertungen zulässig seien, die auch in der Steuerbilanz angesetzt werden könnten und auch in ihr ausgewiesen sein müßten. § 5 Abs. 1 Satz 2 EStG sagt das ganz eindeutig. „Steuerrechtliche Wahlrechte bei der

---

[70] Vgl. *Haeger,* a.a.O. (Fn. 1), S. 45: „... der neu eingefügte § 6 Abs. 3 schreibt ... erstmals im Rahmen einer ausdrücklichen Gesetzesnorm die Geltung der umgekehrten Maßgeblichkeit vor". *Schulze-Osterloh,* FR 1986, S. 547: „Immerhin ist für den Bereich der in § 6 Abs. 3 EStG genannten Abschreibungen und Bewertungsabschläge die umgekehrte Maßgeblichkeit gesetzlich verankert". *Korten,* Umgekehrte Maßgeblichkeit bei Übertragung von Rücklagen nach § 6b EStG aus dem Betriebsvermögen eines Gesellschafters einer Personenhandelsgesellschaft auf Wirtschaftsgüter des Gesamthandvermögens, DB 1994, S. 692-694, hier S. 692: „Durch gleichzeitige Änderung des § 5 Abs. 1 EStG wurde die umgekehrte Maßgeblichkeit in Satz 2 dieser Vorschrift ausdrücklich verankert".
[71] WoBauFG v. 22. 12. 1989, BGBl. I 1989, 2408.
[72] Vgl. *Dziadkowski,* Die steuergesetzliche Verankerung der „umgekehrten" Maßgeblichkeit im Rahmen der Bilanzrechtsreform, BB 1986, S. 329-334, hier S. 331.

Gewinnermittlung sind in Übereinstimmung mit der handelsrechtlichen Jahresbilanz auszuüben." Wäre § 5 Abs. 1 Satz 2 EStG rechtliche Grundlage für eine Abhängigkeit der Handelsbilanz von der Steuerbilanz, müßte er lauten: „Handelsrechtliche Wahlrechte sind in Übereinstimmung mit steuerrechtlichen Wahlrechten bei der Gewinnermittlung auszuüben." Außerdem stünde eine solche Bestimmung im falschen Gesetz. Wenn es sie gäbe, gehörte sie in das HGB.

Es gibt keine gesetzliche Grundlage für eine rechtliche Abhängigkeit der Handelsbilanz von der Steuerbilanz.[73]

b) Von der sog. umgekehrten Maßgeblichkeit über die umgekehrte Maßgeblichkeit zur formellen Maßgeblichkeit

Vielleicht beruhen die Auffassungen, es gäbe eine rechtliche Grundlage für die Abhängigkeit der Handelsbilanz von der Steuerbilanz, auf der Begriffsverwirrung[74], die in diesem Bereich herrscht. Ausgehend von der Bezeichnung Maßgeblichkeit bei der Abhängigkeit der Steuerbilanz von der Handelsbilanz kann man vom Wortsinn her unter umgekehrter Maßgeblichkeit nur die Abhängigkeit der Handelsbilanz von der Steuerbilanz verstehen. Bisweilen wird – offenbar weil man sich des Begriffes und seines Inhaltes nicht sicher ist – von der sog. umgekehrten Maßgeblichkeit gesprochen. „Bei der sogenannten umgekehrten Maßgeblichkeit ist schon der Begriff unklar".[75] Sowohl in den Gesetzesmaterialien zum Bilanzrichtlinien-Gesetz[76] als auch in der Fachliteratur[77] wird das Wörtchen „sogenannte" sicherlich nicht ohne Grund dem Begriff umgekehrte Maßgeblichkeit vorangestellt.

Größere Sicherheit über den Begriffsinhalt läßt sich bei denjenigen Quellen vermuten, die nur noch von der umgekehrten Maßgeblichkeit sprechen.[78] Aber diese Vermutung trifft nicht zu. Ausgangspunkt für den Begriff ist bei allen Quellen nicht die rechtliche Abhängigkeit der

---

[73] Vgl. WP-Handbuch 1985/86, Bd. I, S. 547.
[74] *Schildbach,* BFuP 1989, S. 124.
[75] *Schildbach,* BFuP 1989, S. 133.
[76] Vgl. *Biener/Berneke,* Bilanzrichtlinien-Gesetz, Düsseldorf 1986, S. 240.
[77] Vgl. *Schildbach,* BFuP 1989, S. 133; *Dziadkowski,* BB 1986, S. 331; *Döllerer,* Handelsbilanz und Steuerbilanz, BB 1987, Beilage 12, S. 15; *Sarrazin,* Die Maßgeblichkeit der Handelsbilanz für die Steuerbilanz und ihre Umkehrung bei steuerlichen Bilanzierungs- und Bewertungswahlrechten, BB 1987, S. 1597–1599, hier S. 1597.
[78] Vgl. BFH, BB 1985, 1641, 1642; *Söffing,* Offene Fragen beim umgekehrten Maßgeblichkeitsgrundsatz, DB 1988, S. 241–247 und S. 297–301; *Haeger,* a.a.O. (Fn. 1), S. 93.

Handelsbilanz von der Steuerbilanz, sondern es sind zweifellos die subventionellen Steuervergünstigungen, die im Steuerrecht oder in Verwaltungsvorschriften aus wirtschafts-, struktur- oder konjunkturpolitischen Gründen bzw. aus Billigkeitsgründen heraus angelegt wurden.[79] Es ist somit unzutreffend und unterstellt nicht vorhandene Abhängigkeiten, wenn von der umgekehrten Maßgeblichkeit oder rechtlichen Abhängigkeit der Handelsbilanz von der Steuerbilanz gesprochen wird. Gemeint ist die formelle Abhängigkeit der Steuerbilanz von der Handelsbilanz. Sie besagt, daß steuerrechtliche Wahlrechte in Übereinstimmung mit der handelsrechtlichen Jahresbilanz auszuüben sind. Sie hat ihre gesetzliche Grundlage im § 5 Abs. 1 Satz 2 gefunden.[80] Es handelt sich also „um die Abhängigkeit der Steuerbilanz von einer tatsächlich erstellten Handelsbilanz".[81] § 5 Abs. 1 Satz 2 EStG (früher § 6 Abs. 3 EStG) ist nicht die Umkehrung der Maßgeblichkeit, sondern die explizite Kodifizierung der formellen Maßgeblichkeit bei subventionellen Steuervergünstigungen.[82] Es wäre gut, wenn der verwirrende Begriff der umgekehrten Maßgeblichkeit in Vergessenheit geriete oder zumindest nicht mehr verwendet würde. Es sollte nur noch von der formellen Maßgeblichkeit gesprochen werden. Dann müßte auch nicht mehr krampfhaft nach einer Rechtsquelle für einen nicht vorhandenen Begriff gesucht werden. Für die formelle Maßgeblichkeit, die gemeint ist, ergibt sich die rechtliche Grundlage aus § 5 Abs. 1 EStG. Es handelt sich um nichts anderes als um die rechtliche Abhängigkeit der Steuerbilanz von der Handelsbilanz. Wie die zutreffende Regelung im Einkommensteuergesetz zeigt, handelt es sich um eine steuerrechtliche und nicht um eine handelsrechtliche Bestimmung.

Die über das Steuerrecht hinausgehenden handelsrechtlichen Möglichkeiten sollen und können durch den Grundsatz der formellen Maßgeblichkeit nicht beschränkt werden.[83]

2. Die faktische Abhängigkeit der Handelsbilanz von der Steuerbilanz

a) Die Einheitsbilanz

Wenn es auch nicht zulässig ist, von einer umgekehrten Maßgeblichkeit zu sprechen, so muß doch festgestellt werden, daß bei der handelsrecht-

---

[79] Vgl. *Schildbach,* BFuP 1989, S. 133.
[80] Vgl. *Weber-Grellet,* Handelsrechtliche Bewertungswahlrechte in der Steuerbilanz, DB 1994, S. 2405–2410, hier S. 2406.
[81] Vgl. *Mathiak,* in: Kirchhof/Söhn, EStG, § 5 Rdnr. A 34.
[82] Vgl. *Schildbach,* BFuP 1989, S. 124.
[83] Vgl. *Weber-Grellet,* DB 1994, S. 2409.

lichen Bilanzierung eine Prädominanz des Steuerrechts besteht. Diese Prädominanz zeigt sich darin, daß viele Steuerpflichtige, die nur eine Bilanz aufstellen, auf die Ausübung ausschließlich handelsrechtlicher Ansatz- und Bewertungswahlrechte verzichten.[84] Autoren der Finanzverwaltung[85], die in diesem Zusammenhang den besten Überblick haben, weisen darauf hin, daß etwa 95% der bilanzierenden Unternehmen nur eine Bilanz einreichen, die sowohl den handelsrechtlichen als auch den steuerrechtlichen Bestimmungen entspricht. Diese Bilanzen, die gleichzeitig Handels- und Steuerbilanzen sind, werden von vornherein ausschließlich unter Berücksichtigung der steuerrechtlichen Vorschriften aufgestellt. Daß diese Unternehmen die Aufstellung einer solchen Einheitsbilanz aufgrund theoretischer Überlegungen, welche Bilanz nun die „richtigere" sei, vornehmen, ist eher unwahrscheinlich. Die Einheitsbilanz ist die Folge reiner Zweckmäßigkeitsüberlegungen. Da bei den Jahresabschlüssen, die nach Handelsrecht nicht prüfungspflichtig sind, eine Prüfung lediglich seitens der Finanzverwaltung stattfindet, orientiert sich das bilanzierende Unternehmen eben ausschließlich daran, daß der Jahresabschluß von der steuerrechtlichen Prüfung anerkannt wird. Diese Unternehmen sehen die handelsrechtlichen und steuerrechtlichen Vorschriften als weitgehend miteinander übereinstimmend an. Von Ausnahmen abgesehen (vgl. II.2.b-d) trifft das auch zu. Obwohl die formelle Maßgeblichkeit die über das Steuerrecht hinausgehenden Ansatz- und Bewertungsmöglichkeiten in der Handelsbilanz nicht beschränkt, wird auf diese bewußt verzichtet. In der Einheitsbilanz werden somit faktisch ausschließlich steuerrechtliche Normen angewendet, obwohl handelsrechtlich auch eine abweichende Bilanzierung zulässig wäre.

b) Die Inanspruchnahme subventioneller Steuervergünstigungen

Die formelle Maßgeblichkeit der Handelsbilanz für die Steuerbilanz gilt insbesondere auch für die Inanspruchnahme wirtschafts-, struktur- oder konjunkturpolitischer Steuervergünstigungen. Besteht das Ziel der Steuerbilanzpolitik in einer Minimierung der Steuerbelastung, so führt – abgesehen von Auswirkungen des nicht proportionalen Steuersatzes oder von Änderungen des Steuertarifs – die Minimierung des laufenden

---

[84] Vgl. *Raupach,* Von der Maßgeblichkeit der Handelsbilanz für die steuerliche Gewinnermittlung zur Prädominanz des Steuerrechts in der Handelsbilanz, BFuP 1990, S. 515-526, hier S. 525.

[85] Vgl. z. B. *Speich,* Die Maßgeblichkeit der Handelsbilanz für die Steuerbilanz, NWB, Fach 17a, S. 949-964, hier S. 950 (Stand: Juni 1987).

Periodengewinns und die Verlagerung in spätere, möglichst späte Perioden zu einer Minimierung der Nachteile aus einkommensteuerlicher Belastung, denn der Zeitpunkt wertet die steuerauslösenden Tatbestände um so mehr ab, je weiter sie von der laufenden Periode entfernt sind.[86] Im Hinblick auf dieses steuerbilanzpolitische Ziel sind die Bilanzierenden faktisch gezwungen, ihre Handelsbilanz an der Steuerbilanz auszurichten, indem die steuerbilanziell zweckmäßigen Wertansätze zuvor auch in der Handelsbilanz angesetzt werden.[87] Hieraus folgt zwar nicht in jedem Falle, daß der Kaufmann ein steuerliches Wahlrecht in einem allgemein vorteilhaften Sinne auch tatsächlich ausübt. Tut er es nicht, weil z. B. ein steuerlicher Verlustvortrag ausgenutzt werden soll oder weil die Versteuerung des Gewinns aus der Veräußerung eines Teilbetriebes gem. § 16 in Verbindung mit § 34 Abs. 1 EStG günstiger ist als die Übertragung des Veräußerungsgewinns auf neu angeschaffte oder hergestellte Wirtschaftsgüter, so laufen steuerliche Vorschriften, die im Falle einer Inanspruchnahme der Steuervergünstigung eine entsprechende handelsrechtliche Bilanzierung verlangen, ins Leere. Gerade hieran ist ersichtlich, daß die handelsrechtliche Bilanzierung im Prinzip frei ist von der steuerrechtlichen.

Dennoch werden Steuervergünstigungen in der Regel auch in Anspruch genommen. Die formelle Abhängigkeit der Steuerbilanz von der Handelsbilanz führt dann zu Handelsbilanzen, die nur wegen der steuerlichen Zulässigkeit auch handelsrechtlich möglich sind, ansonsten aber gegen die Grundsätze ordnungsmäßiger Buchführung verstoßen würden.[88] *Knobbe-Keuk*[89] gibt einem ganzen Abschnitt zu diesem Problem die Überschrift „Steuervergünstigungen entgegen den GOB". Sie hält die formelle Maßgeblichkeit bei subventionellen Steuervergünstigungen aus handelsrechtlicher Sicht für ein Übel und versucht ein schlechtes Gewissen zu schüren, daß die Verankerung der formellen Maßgeblichkeit bei subventionellen Steuervergünstigungen „ein ungeheuerlicher Übergriff des Steuerrechts auf die Institutionen der Handelsbilanz ist." In der Tat werden durch den faktischen Zwang, die

---

[86] Vgl. *Marettek,* Entscheidungsmodell der betrieblichen Steuerbilanzpolitik – unter Berücksichtigung ihrer Stellung im System der Unternehmenspolitik, BFuP 1970, S. 7–31, hier S. 22.
[87] Vgl. *Coenenberg,* Jahresabschluß und Jahresabschlußanalyse, 9. Aufl., Landsberg a. Lech 1987, S. 17; *Küting,* Auswirkungen der umgekehrten Maßgeblichkeit auf die handelsrechtliche Rechnungslegung, BFuP 1989, S. 109–122, hier S. 109.
[88] Vgl. *Sarrazin,* DB 1987, S. 1597.
[89] Vgl. *Knobbe-Keuk,* a.a.O. (Fn. 14), S. 29, 31, 32.

steuerrechtlichen Vergünstigungen auch in die Handelsbilanz zu übernehmen, sowohl die Vermögens- als auch die Finanzlage durch die Vornahme überhöhter Abschreibungen oder die Bildung handelsrechtlich nicht gebotener Passivposten unzutreffend dargestellt. Die Ertragslage wird insoweit verfälscht wiedergegeben, als in den Jahren der Inanspruchnahme der Steuervergünstigungen eine zu hohe und in den Perioden der Umkehrung des Steuervorteils eine zu geringe Aufwandsverrechnung stattfindet. Die Ertragslage wird zunächst zu ungünstig, später zu günstig dargestellt mit der Folge, daß das ausgewiesene Periodenergebnis kaum noch als Indikator der wirtschaftlichen Leistungsfähigkeit und Entwicklung der Unternehmen angesehen werden kann.[90] Diese Beeinträchtigungen können durch entsprechende Anhangangaben (vor allem § 281 Abs. 2 Satz 1 und § 285 Nr. 5 HGB) bei Kapitalgesellschaften allenfalls gemildert,[91] aber nicht beseitigt[92] werden. Auch *Havermanns*[93] Frage, ob denn an der Maßgeblichkeit der Handelsbilanz für die Steuerbilanz festgehalten werden solle, ist veranlaßt durch die formelle Abhängigkeit der Steuerbilanz von der Handelsbilanz bei subventionellen Steuererleichterungen. Dadurch sei die Maßgeblichkeit der Handelsbilanz für die Steuerbilanz de facto eine umgekehrte Maßgeblichkeit, die je nach Sachlage einen mehr oder weniger starken negativen Einfluß auf den Aussagewert des handelsrechtlichen Jahresabschlusses ausübe. Seine Bemerkung, daß Anhangsangaben daran auch nicht viel ändern, da verbale Erläuterungen einem Abnutzungseffekt unterlägen und häufig nur ein Hinweis darauf seien, daß das Ergebnis aus steuerlichen Maßnahmen beeinflußt worden sei, zeigt den erfahrenen Kenner der Rechnungslegungspraxis.

Mathiak[94] vermißt eine Erklärung derjenigen Autoren, die zwar die These von der Abhängigkeit der Steuerbilanz von der Handelsbilanz grundsätzlich akzeptieren, ihr jedoch bei subventionellen Steuervergünstigungen entgegentreten. Hier gilt es abzuwägen zwischen dem Grundsatz, daß Ausnahmen grundsätzlich systemwidrig sind und der General-

---

[90] Vgl. *Karrenbrock,* Latente Steuern in Bilanz und Anhang, Düsseldorf 1991, S. 186.
[91] Vgl. *Baetge,* Bilanzen, 3. Aufl., Düsseldorf 1994, S. 278; *Ballwieser,* BFuP 1990, S. 491; *Eigenstetter,* Die Verknüpfung von Handels- und Steuerbilanz, WPg 1993, S. 575–582, hier S. 579.
[92] Vgl. *Dziadkowski,* Wider die Aushöhlung der Grundsätze ordnungsmäßiger Buchführung durch Kodifizierung einer totalen Umkehrmaßgeblichkeit, DB 1989, S. 437–439, hier S. 438.
[93] *Havermann,* WPg 1988, S. 614.
[94] *Mathiak,* Maßgeblichkeit der tatsächlichen Handelsbilanzansätze für die Steuerbilanz und umgekehrte Maßgeblichkeit, StbJb 1986/87, S. 79–107, hier S. 103.

regel, daß der Jahresabschluß ein den tatsächlichen Verhältnissen entsprechendes Bild der Vermögens-, Finanz- und Ertragslage zu geben hat (§ 264 Abs. 2 HGB). Eine Einschränkung ergibt sich nur durch die Bezugnahme auf die Grundsätze ordnungsmäßiger Buchführung, die bei der Vermittlung dieses Bildes zu beachten sind. Da aber die Einbeziehung subventioneller Steuervergünstigungen in die Handelsbilanz gerade den Grundsätzen ordnungsmäßiger Buchführung zuwider läuft, muß der Generalnorm der Rechnungslegung bei Abwägung der konkurrierenden Argumente der Vorzug gegeben werden.

Die formelle Maßgeblichkeit bei subventionellen Steuervergünstigungen wird immer wieder mit der Ausschüttungssperrfunktion der Regelung begründet.[95] Die Fragwürdigkeit dieser Begründung hat der BFH[96] anschaulich und überzeugend offengelegt. Offensichtlich kann die Entscheidung über die formelle Maßgeblichkeit bei subventionellen Steuervergünstigungen letztlich aber nur politisch und nicht wissenschaftlich begründet werden.[97] Deshalb ist die Praxis notgedrungen zur Tagesordnung übergegangen[98] und hat sich mit der faktischen Abhängigkeit der Handelsbilanz von der Steuerbilanz abgefunden.

c) Internationale Anerkennung der Handelsbilanz bei faktischer Abhängigkeit von der Steuerbilanz

Ob diese Resignation das richtige Verhalten im Hinblick auf die internationale Anerkennung deutscher Handelsbilanzen ist, muß ernsthaft bezweifelt werden. Der vor allem im angelsächsischen Raum für die Bilanzierung geltende Grundsatz des „true and fair view", den auch die 4. EG-Richtlinie anfordert, wird bereits durch die in Deutschland stets zu beachtenden Grundsätze ordnungsmäßiger Buchführung relativiert.[99] Wenn schon diese Einschränkung z. B. den Bilanzierungsgrundsätzen in Großbritannien fremd ist[100], so muß eine deutsche Handelsbilanz im Ausland geradezu auf Unverständnis stoßen, wenn sie nicht einmal den Grundsätzen ordnungsmäßiger Buchführung entspricht, sondern diesen entgegenstehende rein steuerliche Wertansätze übernehmen

---

[95] Vgl. u. a. BT-Drucksache 10/4268, S. 146.
[96] Vgl. BFH, BStBl. II 1986, 324, 327.
[97] Vgl. *Börner,* Bilanzrichtlinien-Gesetz und Steuerbilanzpolitik – Zur Neuordnung der Handlungsspielräume, StbJb 1986/87, S. 201–234, hier S. 232.
[98] *Knobbe-Keuk,* a.a.O. (Fn. 14), S. 30.
[99] Vgl. *Baetge,* a.a.O. (Fn. 91), S. 80.
[100] Vgl. *Eisolt,* Unterschiede in der Bilanzierung und Bewertung von Kapitalgesellschaften in Deutschland und Großbritannien, DB 1986, S. 1237–1241, hier S. 1238.

kann. In Anbetracht der verstärkten angloamerikanischen Einflußnahme auf die Internationalisierung der Rechnungslegung[101] besteht die Gefahr, daß nicht nur die auch von vielen deutschen Autoren geforderte Beseitigung der formellen Maßgeblichkeit bei subventionellen Steuervergünstigungen abgeschafft wird, sondern daß auch handels- und steuerrechtliche Bilanzierungsgrundsätze wie das Vorsichtsprinzip oder die Bewertung nach Anschaffungs- oder Herstellungskosten nicht mehr gesichert sind. Um hier eine Schadensbegrenzung vorzunehmen, sollte der deutsche Gesetzgeber die formelle Maßgeblichkeit beseitigen, soweit sie zu einer bewußten Verfälschung der Vermögens-, Finanz- und Ertragslage führen kann.[102]

In einer bereits viele Jahre zurückliegenden Diskussion über Gemeinsamkeiten und Abweichungen zwischen Handels- und Steuerbilanz in der Bundesrepublik Deutschland und in den Niederlanden[103] wurde von niederländischer Seite darauf hingewiesen, daß die Schwäche der deutschen Handelsbilanz gerade darin liegt, daß sie von der Steuerbilanz beeinflußt wird: „Deutsche Handelsbilanzen sind nur verständlich für Leute, die ziemlich gut mit dem deutschen Steuerrecht vertraut sind, und damit sind vor allem Ausländer unseres Erachtens überfordert." Der Empfehlung des niederländischen Kollegen in puncto Unabhängigkeit von Steuerbilanz und Handelsbilanz bei steuerlichen Maßnahmen der Wirtschaftsförderung habe ich bereits damals zugestimmt.[104] Das gilt heute nach der Verankerung der formellen Maßgeblichkeit für subventionelle Steuervergünstigungen unverändert. Aus den gleichen Gründen bemerkt auch *Havermann*[105], daß das Maßgeblichkeitsprinzip (gemeint wohl in der Ausprägung der formellen Maßgeblichkeit) dem internationalen Ansehen der deutschen Bilanzierung wenig förderlich ist. Das fehlende Verständnis des Auslandes für die formelle Maßgeblichkeit bei subventionellen Steuervergünstigungen kann um so mehr

---

[101] *Küting,* Europäisches Bilanzrecht und Internationalisierung der Rechnungslegung, BB 1993, S. 30–38, hier S. 32.

[102] Vgl. *Küting,* Zur Problematik internationaler Rechtsangleichung von Bilanzierungsvorschriften, WPK-Mitteilungen 1994, S. 69–76, hier S. 76.

[103] Vgl. *Gail,* Gemeinsamkeiten und Abweichungen zwischen Handels- und Steuerbilanz in der Bundesrepublik Deutschland, Journal UEC 1973, S. 2–7; *Burgert,* Gemeinsamkeiten und Abweichungen zwischen Handels- und Steuerbilanz in den Niederlanden, Journal UEC 1973, S. 49–53, hier S. 52.

[104] Vgl. *Gail,* Replik auf den Beitrag von *Burgert* über Gemeinsamkeiten und Abweichungen zwischen Handels- und Steuerbilanz in den Niederlanden, Journal UEC 1973, S. 53f., hier S. 54.

[105] *Havermann,* WPg 1988, S. 615.

nachvollzogen werden, als offen eingestanden wird[106], daß anderenfalls eine der wenigen noch verbliebenen Möglichkeiten entzogen werde, in der Handelsbilanz stille Reserven zu bilden. Gerade diese Zulässigkeit stiller Reserven, die sich nicht aus den Grundsätzen ordnungsmäßiger Buchführung ergeben und die vom Gesetzgeber aus Gründen, die unter handelsrechtlichen Gesichtspunkten als willkürlich angesehen werden müssen, zugelassen werden, erregen das Mißfallen des Auslandes gegenüber deutschen Handelsbilanzen.

d) Grenzen der faktischen Abhängigkeit der Handelsbilanz von der Steuerbilanz

Eine faktische Abhängigkeit der Handelsbilanz von der Steuerbilanz kann nicht mehr gegeben sein, wenn die steuerrechtliche Bilanzierung handelsrechtlichen Grundsätzen nicht entspricht. Es kann sich dabei sowohl um Aktivierungsverbote und Passivierungsgebote als auch um unzulässige Überbewertungen oder Unterbewertungen handeln. Die handelsrechtlichen Öffnungsklauseln regeln lediglich die Fälle einer steuerrechtlich veranlaßten Gewinnminderung.[107] In allen Fällen, in denen eine handelsrechtliche Öffnungsklausel nicht vorliegt, muß der steuerrechtlich vorgeschriebene oder auf einem ausschließlich steuerlichen Wahlrecht beruhende Wertansatz in der Handelsbilanz unterbleiben.[108]

Steuerrechtliche Aktivierungswahlrechte gibt es als Betriebsausgaben-Verteilungswahlrechte. Es sind dies:

- § 4 Abs. 8 EStG i. V. mit § 11a Abs. 1, § 11b EStG: Verteilung größeren Erhaltungsaufwands bei Gebäuden in Sanierungsgebieten und städte-

---

[106] Vgl. *Krieger,* Der Grundsatz der Maßgeblichkeit der Handelsbilanz für die steuerrechtliche Gewinnermittlung, in: Handelsrecht und Steuerrecht, Festschrift für Döllerer, hrsg. v. Knobbe-Keuk u. a., Düsseldorf 1988, S. 327–347, hier S. 346; *Döllerer,* BB 1987, Beilage 12, S. 16. *Mathiak,* StbJb 1986/87, S. 104, weist darauf hin, daß es Stimmen in der Wirtschaft gibt, die die umgekehrte Maßgeblichkeit im Bereich der subventionellen Steuervergünstigungen auch deshalb erhalten wissen wollen, weil es sich bei Kapitalgesellschaften um eine der wenigen noch bestehenden Möglichkeiten handelt, handelsrechtlich stille Reserven zu bilden.
[107] Vgl. *Mathiak,* FS Moxter, a.a.O. (Fn. 69), S. 317.
[108] Zur Frage, ob die rein steuerlichen Wahlrechte auch ausgeübt werden können ohne entsprechende Bilanzierung in der Handelsbilanz, werden unterschiedliche Auffassungen vertreten; vgl. *Bordewin,* Umgekehrte Maßgeblichkeit bei ausschließlich steuerlichem Bilanzierungswahlrecht?, DB 1992, S. 291 m.w.N.; *Bullinger,* Der Einfluß der umgekehrten Maßgeblichkeit auf die Bilanzierung von Pensionsverpflichtungen, DB 1991, S. 2397–2401 m.w.N.

baulichen Entwicklungsgebieten und bei Baudenkmalen auf zwei bis fünf Jahre;

- § 4d Abs. 2 Satz 3 EStG: Vortrag von zunächst nicht abziehbaren (übersteigenden) Zuwendungen an eine Unterstützungskasse „im Wege der Rechnungsabgrenzung" auf die folgenden drei Wirtschaftsjahre.

Eine entsprechende handelsrechtliche Vorschrift gibt es nicht. Die steuerrechtliche Regelung kann sich auch nicht faktisch auf die Handelsbilanz auswirken.

Daß handelsrechtliche Passivierungsgebote durch abweichende steuerrechtliche Passivierungsverbote – sei es in Gestalt gesetzlicher Regelungen (vgl. II.2.c) oder durch vom Handelsrecht abweichende Interpretationen der Grundsätze ordnungsmäßiger Buchführung seitens der Steuerrechtsprechung (vgl. II.2.d) – außer Kraft gesetzt werden können, wird ernsthaft von niemandem behauptet. In diesen Fällen kann es keine faktische Abhängigkeit der Handelsbilanz von der Steuerbilanz geben.

In Einzelfällen können Bewertungen in der Steuerbilanz zu einer Überbewertung führen, so daß in der Handelsbilanz niedrigere Aktiva oder höhere Passiva als in der Steuerbilanz anzusetzen sind.

Beteiligungen an Personengesellschaften sind nach den Grundsätzen ordnungsmäßiger Buchführung unabhängig vom Vorliegen eines Jahresfehlbetrages abzuschreiben, soweit eine voraussichtlich dauernde Wertminderung eingetreten ist.[109] Dabei kann es keine Rolle spielen, ob sich diese dauernde Wertminderung auch in der Bilanz der Personenhandelsgesellschaft niedergeschlagen hat. Im Gegensatz hierzu wird von der höchstrichterlichen Steuerrechtsprechung[110] die Beteiligung des Gesellschafters als das Spiegelbild seiner Beteiligung in der Steuerbilanz der Personenhandelsgesellschaft bezeichnet. Nach dieser Auffassung bindet die einheitliche Feststellung gem. §§ 179-183 AO das Veranlagungsfinanzamt des Gesellschafters, ohne Rücksicht darauf, wie er selbst die Beteiligung und ihre Auswirkungen bilanziert. Hiernach ist insbesondere eine Teilwertabschreibung auf die Beteiligung in der Steuerbilanz des Gesellschafters nicht möglich. Eine solche Steuerbilanz

---
[109] Vgl. HFA 1/1991, Zur Bilanzierung von Anteilen an Personengesellschaften im Jahresabschluß der Kapitalgesellschaft, WPg 1991, S. 334.
[110] BFH, BStBl. II 1976, 73; BFH, BStBl. II 1977, 259.

kann nicht gleichzeitig Handelsbilanz sein, wenn handelsrechtlich eine Abschreibung auf die Beteiligung vorzunehmen ist.

Ein aktivierter Geschäfts- oder Firmenwert ist in jedem folgenden Geschäftsjahr zu mindestens einem Viertel durch Abschreibungen zu tilgen. Die Abschreibung kann auch planmäßig auf die Geschäftsjahre verteilt werden, in denen er voraussichtlich genutzt wird (§ 255 Abs. 4 HGB). Die Möglichkeit einer planmäßigen Abschreibung wurde eingeräumt, um den Kaufleuten eine mit dem Steuerrecht übereinstimmende Handhabung zu ermöglichen.[111] Da aber der in § 7 Abs. 1 EStG aufgenommene verhältnismäßig lange Abschreibungszeitraum von fünfzehn Jahren nicht zuletzt darauf zurückzuführen ist, daß die mit dieser neuen Abschreibungsmöglichkeit verbundenen Steuermindereinnahmen eingegrenzt werden sollten, kann es sehr wohl vorkommen, daß in der Handelsbilanz eine kürzere Nutzungsdauer als fünfzehn Jahre zugrunde zu legen ist. Anderenfalls käme man zu der absurden Schlußfolgerung, daß Steuermindereinnahmen Einfluß auf die Grundsätze ordnungsmäßiger Buchführung haben könnten.

Die steuerliche Behandlung von Verlusten von Personengesellschaften führt zu Unterbewertungen der entsprechenden Beteiligungen, wenn die steuerlichen Verluste höher sind als die tatsächlichen Wertminderungen. Beteiligungen, gleichgültig ob es sich um Beteiligungen an Personengesellschaften oder Kapitalgesellschaften handelt, sind gem. § 253 HGB mit dem inneren Wert zu bewerten, der sich grundsätzlich nach dem Barwert der künftig erzielbaren Einnahmeüberschüsse unter Einschluß der Veräußerungserlöse für eventuell vorhandene nicht betriebsnotwendige Vermögensgegenstände richtet.[112] Der steuerlichen Gewinnermittlung bei der Personengesellschaft sind solche Bewertungsüberlegungen fremd. Da nach geltender Auffassung die einheitliche Feststellung gem. §§ 179-183 AO das Veranlagungsfinanzamt des Gesellschafters bindet und er folglich diesen Wert in seine Steuerbilanz übernimmt, ohne daß die Übernahme in die Handelsbilanz gem. § 254 HGB hierfür Voraussetzung ist, sind steuerliche Verluste in der Handelsbilanz nur berücksichtigungsfähig, wenn eine dauernde oder vorübergehende Wertminderung der Beteiligung tatsächlich vorliegt. Der steuerliche Verlustanteil kann nicht automatisch maßgeblich sein für die Bemessung einer Beteiligungsabschreibung in der Handelsbilanz. Liegen z. B. Anlaufverluste oder subventionelle Steuervergünstigungen bei

---

[111] Vgl. *Biener/Berneke,* a.a.O. (Fn. 76), S. 117.
[112] Vgl. *Adler/Düring/Schmaltz,* HGB, 6. Aufl., § 253, Rdn. 465.

der Beteiligungsgesellschaft vor, so führt die Übernahme der Steuerbilanzwerte zu einer unzulässigen Unterbewertung in der Handelsbilanz des Gesellschafters. Dies wird ganz deutlich, wenn die Verluste der Personengesellschaft einen negativen Ansatz in der Steuerbilanz des Gesellschafters zur Folge haben. Ein negativer Beteiligungsbuchwert ist in der Handelsbilanz aber nicht vorstellbar.

3. Zwischenergebnis

Es gibt keine rechtliche Grundlage für eine Abhängigkeit der Handelsbilanz von der Steuerbilanz (umgekehrte Maßgeblichkeit). Die §§ 254, 247 Abs. 3 und 279 Abs. 2 HGB sind lediglich handelsrechtliche Öffnungsklauseln, die es ermöglichen, steuerrechtlich zulässige Unterbewertungen auch in der Handelsbilanz anzusetzen, obwohl sie den ansonsten geltenden handelsrechtlichen Vorschriften nicht entsprechen. Der für eine Abhängigkeit der Handelsbilanz von der Steuerbilanz viel zitierte § 5 Abs. 1 Satz 2 EStG (früher § 6 Abs. 3 EStG) ist ebenfalls keine gesetzliche Grundlage für eine Abhängigkeit der Handelsbilanz von der Steuerbilanz, sondern umgekehrt die explizierte Kodifizierung der formellen Maßgeblichkeit der Handelsbilanz für die Steuerbilanz. Der Begriff umgekehrte Maßgeblichkeit ist verwirrend und irreführend. Er sollte nicht mehr verwendet werden. An seiner Stelle sollte nur noch von der formellen Maßgeblichkeit der Handelsbilanz für die Steuerbilanz gesprochen werden.

Wenn es auch keine rechtliche Abhängigkeit der Handelsbilanz von der Steuerbilanz gibt, so besteht bei der handelsrechtlichen Bilanzierung faktisch doch eine Prädominanz des Steuerrechts. Das beweist die große Anzahl von Einheitsbilanzen, die von vornherein ausschließlich unter Berücksichtigung der steuerlichen Vorschriften aufgestellt werden. Vorhandene Wahlrechte werden nur insoweit ausgeübt, als sie auch steuerrechtlich gelten. Die faktische Abhängigkeit der Handelsbilanz von der Steuerbilanz besteht vor allem bei der Inanspruchnahme subventioneller Steuervergünstigungen. Um in diesen Fällen die steuerlichen Vorteile zu erlangen, sind die Bilanzierenden faktisch gezwungen, ihre Handelsbilanz an der Steuerbilanz auszurichten, indem die steuerbilanziell zweckmäßigen Wertansätze zuvor auch in der Handelsbilanz angesetzt werden. Da diese subventionellen Steuervergünstigungen den Grundsätzen ordnungsmäßiger Buchführung widersprechen, entspricht eine solche Handelsbilanz nicht mehr der Forderung, daß der Jahresabschluß unter Beachtung der Grundsätze ordnungsmäßiger Buchführung ein den tatsächlichen Verhältnissen entsprechendes Bild der Vermögens-, Finanz- und Ertragslage zu vermitteln hat. Diese Beeinträchtigung kann durch entsprechende Anhangsangaben allenfalls gemildert werden. Deshalb sollte die formelle Maßgeblichkeit der Handelsbilanz für die Steuerbilanz bei subventionellen Steuervergünstigungen aufgegeben werden. Das wäre auch der Anerkennung deutscher Jahresabschlüsse im Ausland sehr förderlich.

Die faktische Abhängigkeit der Handelsbilanz von der Steuerbilanz hat ihre Grenze in handelsrechtlichen Aktivierungsverboten und Passivierungsgeboten sowie in unzulässigen Überbewertungen und Unterbewertungen.

IV. Zusammenfassung

Durch den Verweis in § 5 Abs. 1 Satz 1 EStG auf die Grundsätze ordnungsmäßiger Buchführung ist die Steuerbilanz rechtlich mit der Handelsbilanz verknüpft. Die rechtliche Abhängigkeit der Steuerbilanz von der Handelsbilanz widerspricht nicht den für die Besteuerung maßgeblichen Grundsätzen der Leistungsfähigkeit, Gleichmäßigkeit und Tatbestandsmäßigkeit. Das Vorsichtsprinzip ist auch für die steuerliche Gewinnermittlung zu beachten und darf nicht aufgegeben werden. Gerade wegen dieses Prinzips besteht die Abhängigkeit der Steuerbilanz von der Handelsbilanz auch faktisch. Der Bewertungsvorbehalt des § 5 Abs. 6 EStG berührt die rechtliche und faktische Abhängigkeit der Steuerbilanz von der Handelsbilanz nicht, soweit die Interpretation des Teilwertes und des beizulegenden Wertes übereinstimmt. In Einzelfällen wird die rechtliche und faktische Abhängigkeit der Steuerbilanz von der Handelsbilanz aus fiskalischen Gründen von einer faktischen Unabhängigkeit der Steuerbilanz von der Handelsbilanz überlagert. Tendenzen in der Steuerrechtsprechung bergen die Gefahr einer weitergehenden faktischen Loslösung der Steuerbilanz von der Handelsbilanz.

Eine rechtliche Grundlage für eine Abhängigkeit der Handelsbilanz von der Steuerbilanz gibt es nicht. Der vielzitierte Begriff der umgekehrten Maßgeblichkeit ist deshalb verwirrend und irreführend. Er sollte nicht mehr verwendet werden. Bei den mit diesem Begriff angesprochenen Tatbeständen handelt es sich um die formelle Maßgeblichkeit der Handelsbilanz für die Steuerbilanz. Faktisch ist die Handelsbilanz allerdings bei den Einheitsbilanzen und wegen der formellen Maßgeblichkeit der Handelsbilanz für die Steuerbilanz bei subventionellen Steuervergünstigungen von den steuerrechtlichen Regelungen abhängig. Nicht zuletzt wegen einer höheren Anerkennung deutscher Jahresabschlüsse im Ausland sollte die formelle Maßgeblichkeit der Handelsbilanz für die Steuerbilanz bei subventionellen Steuervergünstigungen aufgegeben werden. Bei gleichzeitiger Beachtung des Vorsichtsprinzips, auch für die steuerliche Gewinnermittlung, wären dann die eingangs aufgezeigten extremen Positionen zwischen einem bekannten BFH-Richter und einem nicht minder bekannten Wirtschaftsprüfer aufgehoben.

GERD GEIB

Harmonisierung der Rechnungslegung von Versicherungsunternehmen in der Europäischen Union
– Darstellung anhand der Bewertung von Kapitalanlagen –

I. Einleitung
II. Bewertung von Kapitalanlagen nach der VersBiRiLi
  1. Bewertungssystem der 4. EG-Richtlinie
  2. Bewertungsvorschriften der VersBiRiLi
  3. Gründe für die Offenlegung des Zeitwertes von Kapitalanlagen bei Versicherungsunternehmen
  4. Behandlung unrealisierter Gewinne bei einer Bewertung der Kapitalanlagen nach der Zeitwert- oder Neubewertungsmethode
III. Die Bewertung der Kapitalanlagen von Versicherungsunternehmen in Deutschland nach Umsetzung der VersBiRiLi
  1. Rechtliche Grundlagen für die Bewertung
  2. Die Bewertung der Kapitalanlagen im einzelnen
IV. Pflicht zur Angabe des Zeitwertes der Kapitalanlagen im Anhang
  1. Rechtliche Grundlagen
  2. Angabe des Zeitwertes von Grundstücken und Bauten
  3. Angabe des Zeitwertes der übrigen Kapitalanlagen
  4. Zeitwertbegriff in der deutschen Rechnungslegung
  5. Die Zeitwertbilanzierung im Ausland als Orientierungsmaßstab?
  6. Vergleichbarkeit von Jahresabschlüssen der Versicherungsunternehmen auf der Grundlage des Zeitwertes der Kapitalanlagen
V. Schlußbetrachtung

I. Einleitung

Nach mehr als zwölfjähriger Beratung hat der Ministerrat der EU am 19. Dezember 1991 die Versicherungsbilanzrichtlinie (VersBiRiLi) verabschiedet.[1] Inhalt der VersBiRiLi sind Vorschriften zur Aufstellung, Prüfung und Offenlegung der Jahresabschlüsse und Konzernabschlüsse von Versicherungsunternehmen.

Mit der VersBiRiLi wird der Harmonisierungsprozeß auf dem Gebiet der Rechnungslegung in der EU abgeschlossen. Die VersBiRiLi stellt kein von der 4. und 7. EG-Richtlinie unabhängiges Rechnungslegungswerk dar. Vielmehr bilden die 4. und 7. EG-Richtlinie die Grundlage für die VersBiRiLi. Um den branchenspezifischen Besonderheiten der Versicherungsunternehmen Rechnung zu tragen, regelt die VersBiRiLi lediglich Abweichungen von der 4. und 7. EG-Richtlinie.[2]

Die Vorschriften der Versicherungsbilanzrichtlinie waren bis zum 31. Dezember 1993 in das nationale Recht der einzelnen Mitgliedstaaten umzusetzen.[3] Die umgesetzten Vorschriften sind grundsätzlich erstmals auf die Jahresabschlüsse und konsolidierten Abschlüsse der am 1. Januar 1995 oder später beginnenden Geschäftsjahre anzuwenden.[4]

Ziel der Versicherungsbilanzrichtlinie ist die Harmonisierung der Rechnungslegung von Versicherungsunternehmen zum Schutz der Interessen von Gesellschaftern und Dritten im Sinne einer gleichwertigen Gestaltung[5] der unterschiedlichen Rechnungslegungssysteme in den Mitgliedstaaten der Europäischen Union (EU) und des Europäischen Wirtschaftsraums (EWR), folglich insbesondere die Herstellung einer besseren Vergleichbarkeit der Jahresabschlüsse für die Jahresabschlußadressaten.[6] Es ist vorgesehen, daß insbesondere alle in der VersBiRiLi eingeräumten Mitgliedstaatenwahlrechte nach einer Anwendungszeit von fünf Jahren im Hinblick auf die Zielsetzung einer „größeren Transparenz und Harmonisierung" überprüft werden.[7]

---

[1] Vgl. Richtlinie 91/674/EWG über den Jahresabschluß und den konsolidierten Abschluß von Versicherungsunternehmen (nachfolgend kurz: VersBiRiLi), ABl. der Europäischen Gemeinschaften v. 31.12.1991, Nr. L 374, 7. Vgl. auch den Beitrag von *Richter*, S. 625ff., zu den versicherungstechnischen Rückstellungen in diesem Band.

[2] Vgl. die Erwägungsgründe der VersBiRiLi.

[3] Vgl. Art. 70 Abs. 1 VersBiRiLi.

[4] Vgl. Art. 70 Abs. 2 VersBiRiLi.

[5] Vgl. die Schutzvorschrift des Art. 54 Abs. 3 g) des EG-Vertrags, auf die sämtliche Bilanzrichtlinien der EU rechtlich gestützt sind.

[6] Vgl. hierzu *Bader*, Die neue Bankbilanzrichtlinie der EG (Teil 1), in: Bankbilanzierung und Bankprüfung, hrsg. v. Sonnemann, Wiesbaden 1988, S. 20ff.

[7] Vgl. die Erwägungsgründe der VersBiRiLi. Vgl. auch Art. 71 VersBiRiLi.

Eine Vergleichbarkeit der Rechnungslegung von Versicherungsunternehmen setzt neben dem Ausgleich der Unterschiede bezüglich Aufbau und Inhalt der Jahresabschlüsse und der konsolidierten Abschlüsse insbesondere auch voraus, daß die Werte, zu denen Vermögensgegenstände offengelegt werden, vergleichbar sind.[8]

Auf der Aktivseite der Bilanz eines Versicherungsunternehmens bilden die der Bedeckung der versicherungstechnischen Rückstellungen dienenden Kapitalanlagen den größten Posten. Daher kommt der Frage nach der Bewertung der Kapitalanlagen bei Versicherungsunternehmen eine besondere Bedeutung zu. Der Bilanzwert der Kapitalanlagen in der deutschen Versicherungswirtschaft wird für 1994 auf rund 990 Milliarden DM geschätzt.[9] Damit wird die besondere Funktion der Versicherungswirtschaft als volkswirtschaftliches Kapitalsammelbecken deutlich. Hintergrund des hohen Bestands an Kapitalanlagen in der Versicherungswirtschaft ist der enge Zusammenhang zwischen Versicherungsgeschäft und Kapitalanlagegeschäft, der in Form einer Verbundproduktion besteht.[10] Eine versicherungsspezifische Besonderheit bilden die Zahlungsströme in einem Versicherungsunternehmen. Während die Beitragszahlungen üblicherweise zu Beginn einer Versicherungsperiode zu leisten sind, sind die daraus zu deckenden Auszahlungen für Versicherungsleistungen und für den Versicherungsbetrieb zu verschiedenen Zeitpunkten, überwiegend jedoch nach dem Zeitpunkt der Beitragseinzahlungen fällig. Der Zeitpunkt der Auszahlung hängt dabei auch von der jeweiligen Schadenabwicklungsdauer und der Schadenverteilung in der Versicherungsperiode in den Geschäftszweigen ab.[11] Hinzu kommen die Bindung eigen- oder fremdfinanzierter Sicherheitsmittel und die Bildung von Sparkapital und Vermögen im Spar- und Entspargeschäft (insbesondere in der Lebens- und Krankenversicherung).[12] Bilanziell kommen diese Sachverhalte insbesondere in den versicherungstechnischen Rückstellungen zum Ausdruck. Der Grundsatz der dauernden Erfüllbarkeit der Versicherungsverträge verpflichtet die Versiche-

---

[8] Vgl. *Welzel/Oos*, Zur Problematik der Bewertung von Kapitalanlagen nach dem Vorschlag für einen Richtlinienentwurf über den Jahresabschluß von Versicherungsunternehmen vom 20. Juni 1979, WPg 1981, S. 463–473, hier S. 463 und S. 470.
[9] Vgl. GDV (Hrsg.), Die deutsche Versicherungswirtschaft, Jahrbuch 1994 des GDV, S. 2.
[10] Vgl. *Farny*, Versicherungsbetriebslehre, Karlsruhe 1989, S. 662.
[11] Vgl. *Farny*, Nichtversicherungstechnische Erträge und Prämienbedarf in der Schaden/Unfallversicherung: Versuche und Versuchungen des Cash flow-Underwriting, in: VW 1983, S. 398–403 und S. 476–485.
[12] Vgl. *Farny*, a.a.O. (Fn. 10), S. 480.

rungsunternehmen, ihre Verpflichtungen aus dem Versicherungsgeschäft mindestens in gleicher Höhe durch aufsichtsrechtlich zulässige Kapitalanlagen zu bedecken.[13] Daher kommt der Bewertung der Kapitalanlagen eine besondere Bedeutung für die Sicherheit eines Versicherungsunternehmens zu. Eine Aussage über die Fähigkeit, den Verpflichtungen aus den Versicherungsverträgen dauerhaft nachkommen zu können, kann nämlich nur dann zuverlässig erfolgen, wenn mit hinreichender Wahrscheinlichkeit davon ausgegangen werden kann, daß die zu Buche stehenden Werte zu einem späteren Zeitpunkt auch tatsächlich realisiert werden können. Die Versicherungsnehmer bilden die Hauptgruppe der Gläubiger von Versicherungsunternehmen. Ihnen wird eine besondere Schutzbedürftigkeit zugestanden. Daher messen viele Mitgliedstaaten dem Gläubigerschutzprinzip auch in der Rechnungslegung von Versicherungsunternehmen besondere Bedeutung zu. Da die Bewertung der Kapitalanlagen unmittelbaren Einfluß auf die Gewinnermittlung hat, sollte im Rahmen der Ausschüttungsbemessung dem besonderen Gläubigerschutzinteresse der Versicherungsnehmer Rechnung getragen werden, um durch eine Erhaltung des Kapitals die dauernde Erfüllbarkeit der Versicherungsverträge sichern zu können.

Abgesehen von den Lebensversicherungen, bei denen das Anlagerisiko von den Versicherungsnehmern getragen wird,[14] kann ein Wertverlust im Kapitalanlagebereich zu einer Unterdeckung der versicherungstechnischen Verpflichtungen führen. Insofern trägt ein Versicherungsunternehmen neben dem besonderen versicherungstechnischen Risiko auch das Kapitalanlagerisiko.

II. Bewertung der Kapitalanlagen nach der VersBiRiLi

1. Bewertungssystem der 4. EG-Richtlinie

Der ergänzende Charakter der VersBiRiLi, die von der 4. EG-Richtlinie nur aufgrund der Besonderheiten im Versicherungsgeschäft abweicht,[15] wird insbesondere in Art. 1 VersBiRiLi deutlich. Nach dieser Vorschrift sind u. a. die Bewertungsvorschriften der 4. EG-Richtlinie auch für

---

[13] Die für die Bedeckung der versicherungstechnischen Rückstellungen zugelassenen Kapitalanlagen werden in Deutschland in dem Anlagekatalog des § 54a VAG beschrieben.
[14] Es handelt sich dabei insbesondere um die sogenannten fonds- und indexgebundenen Lebensversicherungen.
[15] Vgl. die Erwägungsgründe der VersBiRiLi.

Versicherungsunternehmen anwendbar, soweit in den Vorschriften der VersBiRiLi nichts anderes bestimmt ist.

Nach der 4. EG-Richtlinie sind die Posten im Jahresabschluß grundsätzlich mit den fortgeschriebenen Anschaffungs- und Herstellungskosten zu bewerten.[16] Die Ermittlung der Anschaffungs- und Herstellungskosten ist in den Vorschriften der Art. 32-42 der 4. EG-Richtlinie geregelt.

Die 4. EG-Richtlinie räumt den einzelnen Mitgliedstaaten das Wahlrecht[17] ein, bis zu einer späteren Koordinierung vom grundlegenden Prinzip der Bewertung zu Anschaffungs- oder Herstellungskosten abweichende Bewertungsmaßstäbe vorzugeben. Im einzelnen können die Mitgliedstaaten folgende vom Anschaffungskostenprinzip abweichende Bewertungsmethoden zulassen:[18]

- Bewertung des abnutzbaren Anlagevermögens und der Vorräte zu Wiederbeschaffungswerten;
- andere Verfahren der Inflationsrechnung;
- Neubewertung der Sach- und Finanzanlagen.

Lassen die einzelnen Mitgliedstaaten diese vom Anschaffungskostenprinzip abweichenden Bewertungsmethoden zu, so sind in den einzelstaatlichen Rechtsvorschriften der Inhalt, der Anwendungsbereich und das Verfahren der jeweiligen Bewertungsmethoden festzulegen.[19] Die jeweils angewandte Bewertungsmethode ist unter Angabe der betreffenden Posten der Bilanz und der Gewinn- und Verlustrechnung im Anhang anzugeben.[20] Der Unterschiedsbetrag zwischen den Anschaffungs- oder Herstellungskosten und dem Wert, welcher sich aus einer vom Anschaffungskostenprinzip abweichenden Bewertung ergibt, ist in eine Neubewertungsrücklage einzustellen.[21] Die Entwicklung der Neubewertungsrücklage während des Geschäftsjahres ist in einer besonderen Übersicht im Anhang zu veröffentlichen.[22]

In der 4. EG-Richtlinie wird ausdrücklich verlangt, daß für jeden Posten der Bilanz, mit Ausnahme der Vorräte, entweder aus der Bilanz

---

[16] Vgl. Art. 32 i.V.m. Art. 34-42 der 4. EG-Richtlinie.
[17] Vgl. Art. 33 der 4. EG-Richtlinie.
[18] Vgl. Art. 33 Abs. 1 Satz 1 der 4. EG-Richtlinie.
[19] Vgl. Art. 33 Abs. 1 Satz 2 der 4. EG-Richtlinie.
[20] Vgl. Art. 33 Abs. 1 Satz 3 der 4. EG-Richtlinie.
[21] Vgl. Art. 33 Abs. 2 a) Satz 1 der 4. EG-Richtlinie.
[22] Vgl. Art. 33 Abs. 2 a) Satz 2 der 4. EG-Richtlinie.

selbst oder aus dem Anhang der historische Anschaffungs- oder Herstellungswert ersichtlich sein muß.[23] Wird eine vom Anschaffungskostenprinzip abweichende Bewertungsmethode angewandt, sind in der Bilanz oder im Anhang die Anschaffungs- oder Herstellungskosten und der Betrag der bis zum Bilanzstichtag vorgenommenen Wertberichtigungen auszuweisen.[24] Alternativ hierzu können in der Bilanz oder im Anhang auch der sich am Bilanzstichtag ergebende Differenzbetrag, der sich aus der Bewertung nach einer vom Anschaffungskostenprinzip abweichenden Bewertungsmethode und den Anschaffungs- oder Herstellungskosten ergibt, sowie gegebenenfalls der Betrag aus zusätzlichen Wertberichtigungen angegeben werden.[25] Bei Anwendung der Anschaffungskostenmethode sind hingegen keine besonderen Erläuterungen über mögliche Bewertungsalternativen in der Bilanz oder im Anhang erforderlich.

Bei den in der 4. EG-Richtlinie verankerten Wahlrechten hinsichtlich der Festlegung von Bewertungsmethoden, die von der Anschaffungskostenmethode abweichen, handelt es sich um abgeleitete Mitgliedstaatenwahlrechte. Die Mitgliedstaaten können sich vorbehalten, die Anwendung der alternativ zugelassenen Bewertungsmethoden allen Unternehmen oder einzelnen Gruppen von Unternehmen zu gestatten oder vorzuschreiben.

Obwohl die 4. EG-Richtlinie unterschiedliche Bewertungsmethoden bis zu einer späteren Koordinierung zuläßt, gelten die Anschaffungskostenmethode als grundsätzliche Methode und die davon abweichenden Bewertungsmethoden als Ausnahme. Dies wird insbesondere darin deutlich, daß die besonderen Erläuterungspflichten im Anhang nur bestehen, wenn von der Anschaffungskostenmethode abweichende Bewertungsmethoden angewandt werden.[26]

Mit der 4. EG-Richtlinie wird demnach eine Vergleichbarkeit der Jahresabschlüsse auf der Grundlage der Anschaffungs- und Herstellungskosten angestrebt. Obwohl etwa bei der Berücksichtigung von Teilen der Gemeinkosten im Rahmen der Ermittlung von Herstellungs-

---

[23] Vgl. Art. 33 Abs. 4 der 4. EG-Richtlinie.
[24] Vgl. Art. 33 Abs. 4 a) der 4. EG-Richtlinie.
[25] Art. 33 Abs. 4 b) der 4. EG-Richtlinie.
[26] Vgl. *Schmitz*, Die Bilanzrichtlinie und ihr Beitrag zur Harmonsierung der Rechnungslegung in den EG-Staaten – ein Überblick –, in: Harmonisierung der Rechnungslegung in Europa, ZfB-Ergänzungsheft 1/88, Wiesbaden 1988, S. 1–32, hier S. 20.

kosten Bewertungsspielräume auftreten, stellen Wertansätze auf der Grundlage der Anschaffungs- bzw. Herstellungskosten eine objektivierbare Grundlage für die Vergleichbarkeit von Jahresabschlüssen dar. Denn Anschaffungs- und Herstellungskosten können willkürfrei ermittelt werden, und die jeweilige Ermittlungsart ist offenzulegen.[27]

2. Bewertungsvorschriften der VersBiRiLi

Für die Bewertung der Kapitalanlagen von Versicherungsunternehmen gilt gemäß Art. 45 VersBiRiLi grundsätzlich das in Art. 32 der 4. EG-Richtlinie vorgeschriebene Anschaffungs- und Herstellungskostenprinzip. Es gelten daher die in den Artikeln 34–42 der 4. EG-Richtlinie festgelegten Vorschriften zur Ermittlung der Anschaffungs- und Herstellungskosten im Grundsatz auch für Versicherungsunternehmen. Die Kapitalanlagen sind grundsätzlich wie Anlagevermögen zu bewerten (gemildertes Niederstwertprinzip).[28] Für die Bewertung der unter den Kapitalanlagen ausgewiesenen Wertpapiere können die Mitgliedstaaten jedoch auch die Bewertung der Kapitalanlagen wie Umlaufvermögen vorschreiben (strenges Niederstwertprinzip).[29]

Abweichend vom Anschaffungs- und Herstellungskostenprinzip sieht die VersBiRiLi auch das Mitgliedstaatenwahlrecht vor, eine Bewertung der Kapitalanlagen zum Zeitwert zu verlangen oder zuzulassen.[30] Dieses Wahlrecht bezieht sich allerdings nicht auf die Kapitalanlagen für Rechnung und Risiko der Inhaber von Policen in bestimmten Bereichen der Lebensversicherung. Diese Kapitalanlagen sind ausnahmslos mit dem Zeitwert auszuweisen.[31]

Die VersBiRiLi räumt den Mitgliedstaaten darüber hinaus das Wahlrecht ein, für die Bewertung der Kapitalanlagen die Neubewertung zu gestatten oder vorzuschreiben.[32] Damit ist neben der Bewertung zu Anschaffungs- und Herstellungskosten und der Bewertung zum Zeitwert noch eine dritte Methode für die Bewertung der Kapitalanlagen zulässig. Die Neubewertungsmethode ist nicht mit der Zeitwertmethode identisch.[33]

---

[27] Vgl. *Welzel/Oos,* WPg 1981, S. 470.
[28] Vgl. Art. 51 Satz 1 a) VersBiRiLi.
[29] Vgl. Art. 51 Satz 2 VersBiRiLi.
[30] Vgl. Art. 46 VersBiRiLi.
[31] Vgl. Art. 46 Abs. 2 VersBiRiLi.
[32] Vgl. Art. 1 und Art. 50 b) der VersBiRiLi i.V.m. Art. 33 Abs. 1 c) der 4. EG-Richtlinie.
[33] Vgl. den Wortlaut in Art. 44 Abs. 1, erster Gedankenstrich der VersBiRiLi :"... Bewertung der Kapitalanlagen zum Zeitwert oder nach einer der Methoden gemäß Art. 33 Absatz 1 der Richtlinie 78/660/EWG".

Weder in der VersBiRiLi noch in der 4. EG-Richtlinie wird erläutert, was unter dem Begriff der Neubewertung zu verstehen ist.[34] Der Begriff der Neubewertung in Art. 33 der 4. EG-Richtlinie dürfte tendenziell[35] auf die Berücksichtigung dauerhafter Wertsteigerungen im Anlagevermögen abzielen, die durch die Einstellung in eine Neubewertungsrücklage neutralisiert werden.[36]

Zudem können die Mitgliedstaaten zulassen oder verlangen, daß Schuldverschreibungen und andere festverzinsliche Wertpapiere mit ihrem Rückzahlungsbetrag bilanziert werden.[37]

Mit der Zulassung von mehreren eigenständigen Methoden zur Bewertung der Kapitalanlagen wurde eine erhebliche Bandbreite von Bewertungsmöglichkeiten geschaffen, was international und – sofern die Mitgliedstaaten die Bewertungswahlrechte an die Versicherungsunternehmen weitergeben – auch national im Ergebnis zu unterschiedlichen Wertansätzen in den Versicherungsbilanzen führt.[38]

Das in der VersBiRiLi eingeräumte Wahlrecht für Mitgliedstaaten, die Bewertung der Kapitalanlagen zu einem von den Anschaffungskosten abweichenden Wert vorzuschreiben oder zuzulassen, bezieht sich auf jeden einzelnen mit einer arabischen Ziffer bezeichneten Kapitalanlageposten sowie auf den Posten „C.I. Grundstücke und Bauten".[39] Es ist daher grundsätzlich möglich, daß bei entsprechender Umsetzung jeder einzelne Kapitalanlageposten unterschiedlich, entweder nach dem Anschaffungskostenprinzip bzw. mit dem Rückzahlungsbetrag, dem Zeitwertprinzip oder einer anderen von den Anschaffungskosten abweichenden Methode der 4. EG-Richtlinie[40] bewertet werden kann. Inner-

---

[34] Vgl. *Welzel,* Das Vorsichtsmotiv im EG-Versicherungsbilanzrecht, in: Risiko-Versicherung-Markt, Festschrift für Karten, hrsg. v. Hesberg u. a., Karlsruhe 1994, S. 501–522, hier S. 514.
[35] Vgl. *Kloos,* Die Transformation der 4. EG-Richtlinie (Bilanzrichtlinie) in den Mitgliedstaaten der Europäischen Gemeinschaft, Berlin 1993, S. 381 ff.
[36] Vgl. *Welzel,* FS Karten, a.a.O. (Fn. 34), S. 515.
[37] Vgl. Art. 55 Abs. 1 VersBiRiLi.
[38] Vgl. *Richter,* Versicherungsbilanzen in Europa, Vortrag gehalten in der Vortragsreihe der Forschungsstelle für Versicherungswesen an der Westfälischen Wilhelms-Universität zu Münster am 14. Dezember 1992, Münsteraner Reihe, Heft 16, Karlsruhe 1993, S. 12 ff.
[39] Vgl. Art. 46 Abs. 1 i.V.m. Abs. 5 VersBiRiLi.
[40] Vgl. Art. 50 VersBiRiLi i.V.m. Art. 33 Abs. 1 der 4. EG-Richtlinie.

halb dieser Posten ausgewiesene Kapitalanlagen sind jedoch stets nach derselben Bewertungsmethode zu bewerten.[41]

Sofern die Kapitalanlagen in der Bilanz mit ihrem Zeitwert ausgewiesen werden, sind – wie auch in der 4. EG-Richtlinie[42] verlangt – im Anhang die Anschaffungskosten anzugeben.[43] Darüber hinaus – und das bedeutet eine Abweichung von der Bewertungssystematik der 4. EG-Richtlinie[44] – besteht für den Fall, daß die Kapitalanlagen mit ihren Anschaffungskosten bilanziert werden, die Pflicht zur Angabe des Zeitwertes im Anhang.[45]

In der VersBiRiLi werden durch die Pflicht zur Angabe des Zeitwertes von zu Anschaffungskosten bilanzierten Kapitalanlagen im Anhang, abweichend von der 4. EG-Richtlinie, eine Vergleichbarkeit auf Grundlage des Anschaffungskostenprinzips und eine Vergleichbarkeit auf Grundlage des Prinzips der Bewertung zum Zeitwert gleichwertig nebeneinander gestellt.

Die Verpflichtung zur Angabe des Zeitwertes im Anhang besteht nach dem Wortlaut der VersBiRiLi nur, sofern die Kapitalanlagen mit ihren Anschaffungs- oder Herstellungskosten ausgewiesen sind.[46] Doch auch für Kapitalanlagen, die nach der Neubewertungsmethode angesetzt werden, hält der Richtliniengeber neben der Angabe der Anschaffungskosten auch die Angabe des Zeitwertes im Anhang für erforderlich.[47]

Im Gegensatz zu der in der 4. EG-Richtlinie geforderten Anhangangabe der Anschaffungs- und Herstellungskosten „für jeden Posten der Bilanz, mit Ausnahme der Vorräte", nach dem vorgegebenen Gliederungsschema, wird in der VersBiRiLi lediglich die Angabe „des Zeitwertes" bzw. „des Anschaffungswertes" im Anhang verlangt. Aus den

---

[41] Vgl. Art. 46 Abs. 5 VersBiRiLi; sowie dazu *Geib/Ellenbürger/Kölschbach*, Ausgewählte Fragen zur Versicherungsbilanzrichtlinie (VersBiRiLi), WPg 1992, S. 177–186 und S. 221–230, hier S. 222.
[42] Art. 33 Abs. 4 der 4. EG-Richtlinie.
[43] Vgl. Art. 46 Abs. 3 VersBiRiLi.
[44] Vgl. *Richter*, a.a.O. (Fn. 38), S. 6.
[45] Vgl. Art. 46 Abs. 4 VersBiRiLi.
[46] Vgl. Art. 46 Abs. 4 VersBiRiLi.
[47] In der Erklärung für das Ratsprotokoll zu Art. 46 Abs. 3 VersBiRiLi (Nr. 9) erklären der Rat und die Kommission, daß der Richtlinientext dahingehend auszulegen ist, daß der Zeitwert im Anhang anzugeben ist, wenn die Kapitalanlagen in der Bilanz nach einer vom Anschaffungskostenprinzip abweichenden Methode der 4. EG-Richtlinie ausgewiesen werden.

Unterschieden in der Formulierung wird die Zulässigkeit der Angabe des Zeitwertes in einer Summe abgeleitet.[48]

Aufgrund der erforderlichen Anpassungen für Versicherungsunternehmen aus Mitgliedstaaten, in denen die Kapitalanlagen zu Anschaffungskosten bilanziert werden, sind, abweichend von der Frist für die erstmalige Anwendung der VersBiRiLi, besondere Fristen für die Offenlegung des Zeitwertes von Kapitalanlagen im Anhang vorgesehen. Die VersBiRiLi räumt bezüglich der Angabe des Zeitwertes von Kapitalanlagen im Anhang Übergangsfristen ein.[49] Demnach sind der Zeitwert von Grundstücken und Bauten spätestens für ab dem 1. Januar 1999 und der Zeitwert von den übrigen Kapitalanlagen spätestens für ab dem 1. Januar 1997 beginnende Geschäftsjahre im Anhang anzugeben.

Sofern die Mitgliedstaaten das Wahlrecht zur Anwendung einer vom Anschaffungs- und Herstellungskostenprinzip abweichenden Bewertungsmethode an die Versicherungsunternehmen weitergeben, wird die Vergleichbarkeit der Jahresabschlüsse nicht nur auf internationaler Ebene, sondern auch auf nationaler Ebene erschwert. Der Jahresabschlußadressat muß jeweils zunächst feststellen, nach welcher Methode die einzelnen Bilanzposten bewertet wurden, um anschließend entweder in der Bilanz oder im Anhang die für Vergleichszwecke benötigten Werte zu erhalten. Somit wird der Anhang zum bedeutendsten Instrument der Vergleichbarkeit.[50]

3. Gründe für die Offenlegung des Zeitwertes von Kapitalanlagen bei Versicherungsunternehmen

Die Gleichstellung von Zeitwert und Anschaffungskosten der Kapitalanlagen in der VersBiRiLi wird in den der VersBiRiLi vorangestellten Erwägungsgründen nicht ausführlich begründet. In den Erwägungsgründen wird nur erklärt, daß für die Vermittlung einer zutreffenden Vorstellung von der finanziellen Situation eines Versicherungsunternehmens sowohl der Zeitwert als auch die Anschaffungskosten der Kapitalanlagen offengelegt werden müssen.[51]

---

[48] Vgl. *Geib/Ellenbürger/Kölschbach,* WPg 1992, S. 222.
[49] Vgl. Art. 46 Abs. 3 Satz 2 i.V.m. Art. 70 Abs. 1 VersBiRiLi.
[50] Vgl. *Geib/Ellenbürger/Kölschbach,* WPg 1992, S. 222.
[51] Der Ausweis eines niedrigeren Zeitwertes ist für Gegenstände des Umlaufvermögens nach dem strengen Niederstwertprinzip zwingend. Für Gegenstände des Anlagevermögens besteht die Pflicht zum Ausweis eines niedrigeren Zeitwertes nach dem gemilderten Niederstwertprinzip nur bei voraussichtlich dauernder Wertminderung.

Die Angabe des Zeitwertes dient nach den Erwägungsgründen zur VersBiRiLi „ausschließlich der Vergleichbarkeit und Transparenz ...". Diese Zielsetzung ist für die Beantwortung von Zweifelsfragen bei der Anwendung der neuen Rechnungslegungsvorschriften als Leitlinie zu beachten. In Einzelfällen bietet sich eine Orientierung an der Bilanzierungspraxis in den Mitgliedstaaten an, in denen die Zeitwertbilanzierung praktiziert wird.

Auch in Ländern, in denen die Anschaffungskostenmethode, verbunden mit dem Niederstwertprinzip, angewandt wird, kann es zum Ausweis von Zeitwerten, die unter den Anschaffungskosten liegen, kommen. Dies geschieht jedoch nicht mit der Zielsetzung, einen aktuellen, stichtagsbezogenen Zeitwert auszuweisen. Vielmehr gilt es – dem Imparitätsprinzip entsprechend – künftige, noch nicht realisierte Verluste zu antizipieren. Es stellt sich die Frage, ob die Notwendigkeit der Zeitwertangabe für die Herstellung der Vergleichbarkeit und Transparenz nicht auch für alle anderen Wirtschaftszweige gilt und nicht nur versicherungsspezifisch begründet ist.[52]

Ein Vergleich von Jahresabschlüssen wäre auch auf der Grundlage der Anschaffungskosten von Kapitalanlagen möglich. Das Ziel der Vergleichbarkeit und der Transparenz auf Grundlage von Anschaffungs- oder Herstellungskosten war bereits Gegenstand der 4. EG-Richtlinie. Es müssen demnach besondere Gründe vorliegen, wonach die Vergleichbarkeit der Jahresabschlüsse von Versicherungsunternehmen nicht alleine auf der Grundlage von Anschaffungskosten möglich bzw. sinnvoll ist.

Insbesondere im Kapitalanlagegeschäft ähneln die Geschäftsvorfälle der Versicherungsunternehmen denen der Kreditinstitute. Die Bankbilanzrichtlinie[53] schreibt lediglich vor, daß für börsenfähige Wertpapiere, die nicht die Eigenschaft von Finanzanlagen haben und zu Anschaffungskosten bilanziert werden, der Unterschiedsbetrag zwischen den Anschaffungskosten und dem Marktwert am Bilanzstichtag im Anhang anzugeben ist. Dies gilt jedoch nicht, sofern die Mitgliedstaaten den Kreditinstituten gestatten, bestimmte nicht zu den Finanz-

---

[52] Vgl. *Geib/Ellenbürger/Kölschbach*, WPg 1992, S. 222.
[53] Vgl. Richtlinie des Rates vom 8. Dezember 1986 über den Jahresabschluß und den konsolidierten Abschluß von Banken und anderen Finanzinstituten (86/635/EWG), ABl. der Europäischen Gemeinschaften v. 31. 12. 1986, Nr. L 372, 1 und ABl. der Europäischen Gemeinschaften v. 23. 11. 1988, Nr. L 316, 51.

anlagen oder zum Handelsbestand gehörige Finanzaktiva[54] „aus Gründen der Vorsicht in Anbetracht der besonderen bankgeschäftlichen Risiken" auf einen niedrigeren Wert, als er sich bei der Anwendung des Anschaffungskostenprinzips ergeben würde, abzuschreiben und diesen nach eigenem Ermessen beizubehalten.[55] Daraus folgt eine Aufhebung der Pflicht zur Offenlegung stiller Reserven für den Fall, daß Kreditinstitute über die Anwendung des Anschaffungskostenprinzips hinaus bewußt stille Reserven legen dürfen.[56] Als Gründe für die Möglichkeit, bewußt stille Reserven zu legen, werden die besonderen bankgeschäftlichen Risiken angeführt. Der Kreditwirtschaft wird eine besondere Vertrauensempfindlichkeit und eine entsprechend vorsichtige Rechnungslegung ohne Offenlegung ihrer stillen Reserven zugestanden. Zu bedenken ist, daß auch die Versicherungswirtschaft einem sehr hohen Vertrauensanspruch und dem besonderen versicherungstechnischen Risiko ausgesetzt ist und die Belange der Versicherten eine vorsichtige Rechnungslegung rechtfertigen.[57] Insofern ist es bemerkenswert, daß den Versicherungsunternehmen nicht im gleichen Maße wie den Kreditinstituten die Möglichkeit für eine vorsichtige Rechnungslegung eingeräumt wurde.

In der Begründung zum ersten Entwurf der EG-Kommission zur VersBiRiLi von 1987 werden Vor- und Nachteile der Bewertung zu Anschaffungskosten und zum Zeitwert diskutiert.[58] Es wird erklärt, daß die Anschaffungskosten als Maßstab für die Fähigkeit eines Versicherungsunternehmens, seinen gegenwärtigen und künftigen Verpflichtungen nachzukommen, weniger nützlich seien als der Zeitwert. Hierfür seien die gegenwärtig und künftig realisierbaren Werte ausschlaggebend. Die Anschaffungskosten, die zwar den Vorteil einer genauen Ermittelbarkeit aufweisen, seien in diesem Zusammenhang nur von historischem Interesse.

---

[54] Genannt sind im einzelnen Forderungen an andere Kreditinstitute, Forderungen an Kunden, Schuldverschreibungen sowie Aktien und andere nicht festverzinsliche Wertpapiere.
[55] Vgl. Art. 36 Bankbilanzrichtlinie.
[56] Vgl. in diesem Zusammenhang auch Art. 33 Abs. 3 Bankbilanzrichtlinie.
[57] Vgl. *Konrath,* Wettbewerbsaspekte der Rechnungslegungsharmonisierung in der EG, in: Versicherungen in Europa heute und morgen, Geburtstags-Schrift für Büchner, hrsg. v. Hopp/Mehl, Karlsruhe 1991, S. 257-264, hier S. 263; vgl. auch *Welzel,* FS Karten, a.a.O. (Fn. 34), S. 522.
[58] Vgl. Unveröffentlichte Begründung zum ersten Vorschlag einer VersBiRiLi von 1987, S. 24.

Bei dieser Argumentation wird übersehen, daß auch die zum Bilanzstichtag ermittelten Zeitwerte bereits zum Zeitpunkt ihrer Veröffentlichung historischen Charakter haben können und möglicherweise eher zu Fehlinterpretationen bezüglich der finanziellen Lage eines Versicherungsunternehmens führen können als Anschaffungskosten.[59] Aus Gründen der Vorsicht ist daher der Ausweis von Anschaffungskosten bzw. von nach dem Niederstwertprinzip ermittelten niedrigeren Zeitwerten vorzuziehen. Durch den Nachweis eines Versicherungsunternehmens, seinen Verpflichtungen aus dem Versicherungsgeschäft auch durch eine vorsichtige Bewertung seiner Kapitalanlagen jederzeit nachkommen zu können, wird dem Jahresabschlußadressaten die Solvenz eines Versicherungsunternehmens bestätigt und die notwendige Sicherheit für künftige wirtschaftliche Entscheidungen geboten.

Im ersten Entwurf zur VersBiRiLi wird zudem angemerkt, daß die alleinige Angabe der Anschaffungs- oder Herstellungskosten der Kapitalanlagen den Vergleich der Finanzlage verschiedener Versicherungsunternehmen in bestimmten Fällen – insbesondere bei ähnlichem Kapitalanlagebestand und ausschließlich unterschiedlichem Transaktionsverhalten – unter Umständen erschweren könnte.

Als Nachteil bezüglich des Ausweises der Kapitalanlagen zum Zeitwert wird in der Begründung zu diesem Entwurf angeführt, daß die Ermittlung von Zeitwerten mit zum Teil nicht unerheblichen Problemen verbunden ist. Es wird auf die Möglichkeiten zur Manipulation bei der Festlegung des Zeitwertes von Kapitalanlagen, die nicht auf einem Markt gehandelt werden, hingewiesen, was in besonderem Maße dem Grundsatz der Vorsicht[60] widerspräche. Dieses insbesondere aus deutscher Sicht bedeutende Argument gegen die Bewertung zum Zeitwert wird jedoch in der Begründung mit der Unterstellung entschärft, daß die meisten Kapitalanlagen von Versicherungsunternehmen an einer Börse notiert[61] seien und der Zeitwert dieser Kapitalanlagen nachprüfbar er-

---

[59] Vgl. *Horbach,* Der EG-Versicherungsbilanzrichtlinien-Entwurf – Grundfragen der Gestaltung der externen Rechnungslegung von Versicherungsunternehmen, Bergisch Gladbach 1988, S. 165.
[60] Das Risiko der Manipulation bei der Ermittlung des Zeitwerts würde auch der Vermittlung eines den tatsächlichen Verhältnissen entsprechenden Bildes der Vermögens-, Finanz- und Ertragslage entgegenstehen.
[61] Der erste Entwurf zur VersBiRiLi enthielt bereits in Art. 44 Bestimmungen über die Ermittlung des Zeitwerts. In der Begründung zu Art. 44 dieses Entwurfs heißt es: „Art. 44 enthält eingehende Bestimmungen über die Bestimmung des Zeitwerts für Vermögenswerte, die nicht Bauten oder Grundstücke sind. Meist wird es sich dabei um an der Börse notierte Wertpapiere handeln ..."

mittelt werden könne. Es wird unterstellt, daß Versicherungsunternehmen eine ähnliche Kapitalanlagepolitik mit dem Schwerpunkt in börsennotierten Kapitalanlagen verfolgen.[62] Dies setzt auch voraus, daß in den einzelnen Mitgliedstaaten ähnliche Anlagebedingungen vorliegen, die eine entsprechende Kapitalanlagepolitik wirtschaftlich sinnvoll ermöglichen. Die Kapitalanlagebedingungen in den einzelnen Mitgliedstaaten werden neben den Gegebenheiten auf dem Kapitalmarkt insbesondere auch durch die jeweiligen Kapitalanlagevorschriften, welche zum Teil erhebliche Unterschiede aufweisen, bestimmt. Allgemein wächst das Risiko, daß nicht vergleichbare Zeitwerte von Kapitalanlagen offengelegt werden in dem Maße, in dem die Bedingungen auf dem Kapitalmarkt oder die Kapitalanlagevorschriften eine effiziente Anlage in börsennotierte Kapitalanlagen einschränken.

Es könnte in diesem Zusammenhang zu einer möglichen Fehlbeurteilung der Jahresabschlüsse von Versicherungsunternehmen aus Mitgliedstaaten kommen, in denen unterschiedliche Kapitalmarktstrukturen und/oder Anlagevorschriften mit Restriktionen für eine Anlagepolitik mit Schwerpunkt in börsennotierten oder am Markt gehandelten Kapitalanlagen anzutreffen sind.

Die vorangestellten Überlegungen zeigen, daß bei der Argumentation für die Angabe des Zeitwertes von Kapitalanlagen das für die Versicherungswirtschaft so bedeutende Motiv der kaufmännischen Vorsicht in den Hintergrund rückt. Die Gleichstellung der Anschaffungskostenmethode und der Zeitwertmethode führt gegenüber der 4. EG-Richtlinie zur Aufwertung der Zeitwertbilanzierung.

Eine Vergleichbarkeit der Jahresabschlüsse erscheint aufgrund der angeführten Überlegungen eher auf der Grundlage der Anschaffungskosten sinnvoll, da ihre Ermittlung willkürfrei erfolgen kann und ihre Aussagefähigkeit weder von den Gegebenheiten auf den Kapitalmärkten noch von den Kapitalanlagevorschriften in den Mitgliedstaaten abhängt.

Die Verpflichtung, den Zeitwert der Kapitalanlagen zumindest im Anhang anzugeben, soll nach den Erwägungsgründen zur VersBiRiLi

---

[62] Während Versicherungsunternehmen im Vereinigten Königreich Ende 1993 etwa 49,3% ihrer Kapitalanlagen in Form von notierten gewöhnlichen Aktien und Beteiligungen hielten, lag der Anteil von Aktien und Investmentsfondsanteilen am Kapitalanlagebestand deutscher Versicherungsunternehmen Ende 1993 lediglich bei 13,7%. Vgl. VerBAV 7/1994, S. 209; vgl. auch *Zwonicek/Kilchberg*, Großbritannien: Positive Versicherungskonjunktur, VW 1995, S. 27.

nicht zu einer steuerlichen Auswirkung für die Versicherungsunternehmen führen. Es stellt sich in diesem Zusammenhang die Frage, ob die beabsichtigte Steuerneutralität der VersBiRiLi in allen Mitgliedstaaten auf lange Sicht gewährleistet ist. Insbesondere in Zeiten hoher Staatsverschuldung und eines starken staatlichen Engagements auf den Märkten ist eine zunehmende Begehrlichkeit hinsichtlich der Teilhabe an den stillen Reserven der Versicherungsunternehmen zu befürchten.[63]

Zudem könnte ein erhöhter Ausschüttungsdruck seitens der Unternehmensträger und der Versicherungsnehmer insbesondere in der Lebensversicherung einsetzen. Dabei droht die Gefahr, daß die Aussagefähigkeit der offengelegten Zeitwerte überschätzt wird. Es sollte berücksichtigt werden, daß es für viele Kapitalanlagearten häufig keinen durch regelmäßige Umsätze bestätigten Marktwert an einem bestimmten Abschlußstichtag gibt. Dies gilt insbesondere für eigengenutzte Grundstücke und Gebäude sowie Beteiligungen, die entweder gar nicht oder nur langfristig realisiert werden können.

Insbesondere aufgrund hoher Erwartungen in der Öffentlichkeit hinsichtlich höherer Gewinnbeteiligungen ist nicht auszuschließen, daß die Geschäftspolitik der Versicherungsunternehmen beeinflußt wird.[64] Im Kapitalanlagegeschäft könnte sich eine verstärkte Investition in Kapitalanlagen, die eine geringe Zinsreagibilität aufweisen, einstellen. Im Lebensversicherungsgeschäft wird insbesondere ein verstärktes Engagement in Versicherungszweigen erwartet, in denen das Anlagerisiko vollständig oder überwiegend vom Versicherungsnehmer getragen wird. Änderungen der Geschäftspolitik beeinflussen den Wettbewerb auf den Versicherungsmärkten.[65]

---

[63] Vgl. *Konrath,* a.a.O. (Fn. 57), S. 260.
[64] Vgl. *Weigel,* Der Einfluß von Bewertungsvorschriften auf das Anlageverhalten in der deutschen Versicherungswirtschaft, in: Festschrift der Alten Leipziger Versicherung Aktiengesellschaft zum 175jährigen Jubiläum, Leipzig 1994, S. 185–203, hier S. 200; zum Einfluß der Zeitbewertung auf das Management vgl. *Ballwieser/ Kuhner,* Rechnungslegungsvorschriften und wirtschaftliche Stabilität, hrsg. von der Gesellschaft für bankwissenschaftliche Forschung, Köln 1994, S. 97 und 98.
[65] Vgl. *Jannott,* Rechnungslegung der Versicherungsunternehmen – Überlegungen zur Versicherungsbilanzrichtlinie, ZVersWiss 1991, S. 83–96, hier S. 85, vgl. auch „Fondsgebundene Lebensversicherung gefragt – Schon zwei Prozent Marktanteil/ Neue Angebote zu erwarten", FAZ vom 23.6.1994. Aus diesem Artikel geht hervor, daß auf drei der insgesamt 13 Anbieter der fondsgebundenen Lebensversicherung mit einer Versicherungssumme von 36 Mrd. DM ein Marktanteil von 80% entfällt. In Deutschland ist ein branchenübergreifender Jahresabschlußvergleich daher von untergeordneter Bedeutung.

Dies dürfte insbesondere diejenigen Versicherungsunternehmen betreffen, die bislang durch eine konservative Geschäftspolitik und eine vorsichtige Gewinnermittlung insbesondere die Interessen der Gläubiger in den Vordergrund stellen.[66]

4. Behandlung unrealisierter Gewinne bei einer Bewertung der Kapitalanlagen nach der Zeitwert- oder Neubewertungsmethode

Eine Bewertung der Kapitalanlagen nach der Zeitwert- und der Neubewertungsmethode führt bei Wertsteigerungen zu unrealisierten Zuschreibungsgewinnen. Nach Art. 33 Abs. 2 a) der 4. EG-Richtlinie sind diese erfolgsneutral auf der Passivseite in den Posten „Neubewertungsrücklage" einzustellen. Die Entwicklung dieses Postens ist im Anhang darzustellen.[67] Die in der Neubewertungsrücklage eingestellten Beträge dürfen nur ausgeschüttet werden, sofern sie realisierte Gewinne darstellen.[68] Die Bestimmungen der Vierten EG-Richtlinie zur Behandlung unrealisierter Gewinne gelten grundsätzlich auch für Versicherungsunternehmen, so daß im Grundsatz alle unrealisierten Gewinne erfolgsneutral in einer Neubewertungsrücklage zu erfassen sind.[69]

Dem Grundsatz einer erfolgsneutralen Erfassung unrealisierter Gewinne in einer Neubewertungsrücklage wird in den Vorschriften der VersBiRiLi nicht ausnahmslos gefolgt. So müssen nach den Vorschriften der VersBiRiLi unrealisierte Gewinne aus Kapitalanlagen für Rechnung und Risiko der Inhaber von Lebensversicherungspolicen in der Gewinn- und Verlustrechnung unter dem Posten „Nicht realisierte Gewinne aus Kapitalanlagen" ausgewiesen werden.[70] Die ausgewiesenen Erträge werden jedoch durch Aufwendungen aus der Erhöhung der

---

[66] Der Erfolg eines Versicherungsunternehmens wird grundsätzlich nicht ausschließlich an den jeweils erzielten Jahresüberschüssen, sondern vielmehr im Rahmen einer wirtschaftlichen Gesamtbetrachtung unter Berücksichtigung der von der Geschäftsführung angestrebten Ziele gemessen. Die Zielsetzung der Geschäftsführung von Versicherungsunternehmen kann dabei sehr unterschiedlich sein. So können neben dem Gewinnziel auch die zumindest mittelfristig konkurrierenden Ziele von Wachstum und Sicherheit angestrebt werden. Vgl. *Farny*, a.a.O. (Fn. 10), S. 260.

[67] Erfolgswirksame Übertragungen aus der Neubewertungsrücklage sind u. a. nur dann zulässig, wenn Gewinne tatsächlich realisiert sind. Vgl. Art. 33 Abs. 2 c) Satz 2 der 4. EG-Richtlinie.

[68] Vgl. Art. 33 Abs. 2 c) Satz 4 der 4. EG-Richtlinie.

[69] Vgl. Art. 6 VersBiRiLi, der einen entsprechenden Posten „Passiva A.III. Neubewertungsrücklage" aufführt.

[70] Vgl. Art. 44 Abs. 1 Satz 2 VersBiRiLi.

Deckungsrückstellung in gleicher Höhe neutralisiert. Entsprechendes gilt mit umgekehrten Vorzeichen für den Ausweis des Postens „Nicht realisierte Verluste aus Kapitalanlagen".[71] Für die übrigen Kapitalanlagen in der Lebensversicherung können die Mitgliedstaaten zulassen, daß die unrealisierten Zuschreibungen, die aus der Differenz zwischen der Bewertung nach dem Anschaffungskostenprinzip und der Bewertung zum Zeitwert oder einer nach Art. 33 der 4. EG-Richtlinie zugelassenen Bewertungsmethode resultieren, in der Gewinn- und Verlustrechnung unter dem Posten „Nicht realisierte Gewinne aus Kapitalanlagen" ganz oder teilweise ausgewiesen werden.[72] Gleiches gilt grundsätzlich auch für das Nicht-Lebensversicherungsgeschäft, wobei sich das Mitgliedstaatenwahlrecht explizit nur auf Zuschreibungen bezieht, die aus Veränderungen zwischen der Bewertung zum Zeitwert und der Bewertung nach dem Anschaffungskostenprinzip resultieren.[73] Die erfolgswirksame Berücksichtigung von Wertänderungen, die aus der Anwendung einer der nach Art. 33 der 4. EG-Richtlinie zugelassenen Bewertungsmethoden hervorgehen, ist für das Nicht-Lebensversicherungsgeschäft nicht ausdrücklich vorgesehen.

Die Mitgliedstaaten können auch zulassen, daß realisierte und unrealisierte Gewinne aus Kapitalanlagen unter bestimmten Voraussetzungen einem Passivposten „Fonds für spätere Zuweisungen" zugeführt werden, dessen Zu- und Abgänge über die Gewinn- und Verlustrechnung zu buchen sind.[74]

Sofern die Mitgliedstaaten auch zulassen, daß die unrealisierten Zuschreibungsgewinne ausgeschüttet werden dürfen, führt dies zudem zu einer Abweichung von dem in der 4. EG-Richtlinie verankerten Grundsatz der Ausschüttungssperre für die der Neubewertungsrücklage zugeführten unrealisierten Gewinne.[75]

---

[71] Vgl. Art. 34 VersBiRiLi „II.3. Nicht realisierte Gewinne aus Kapitalanlagen" und „II.10. Nicht realisierte Verluste aus Kapitalanlagen" und „6. Veränderung der ... a) Deckungsrückstellung".
[72] Vgl. Art. 44 Abs. 1 VersBiRiLi.
[73] Vgl. Art. 44 Abs. 2 VersBiRiLi.
[74] Vgl. Art. 22 VersBiRiLi.
[75] Vgl. Art. 33 Abs. 2 c) Satz 4 der 4. EG-Richtlinie.

III. Die Bewertung der Kapitalanlagen von Versicherungsunternehmen in Deutschland nach Umsetzung der VersBiRiLi

1. Rechtliche Grundlagen für die Bewertung

Die Bestimmungen der VersBiRiLi sind mit dem am 24. Juni 1994 erlassenen Versicherungsbilanzrichtlinie-Gesetz (VersRiLiG)[76] und einer neuen Rechtsverordnung (RechVersV)[77] in deutsches Recht umgesetzt worden. Durch das VersRiLiG werden u. a. die bisherigen Rechnungslegungsvorschriften an die VersBiRiLi angepaßt. Die in der VersBiRiLi verankerten Mitgliedstaatenwahlrechte werden grundsätzlich im Sinne einer Aufrechterhaltung der bisherigen Vorschriften und mit dem Ziel einer steuerneutralen Umsetzung der VersBiRiLi ausgeübt.[78] Die neuen Rechnungslegungsvorschriften für Versicherungsunternehmen sind auf Geschäftsjahre anzuwenden, die nach dem 31. Dezember 1994 beginnen.

Für Versicherungsunternehmen gelten unverändert die allgemeinen Bewertungsvorschriften der §§ 252-256 HGB. Sie werden ergänzt durch die von Versicherungsunternehmen rechtsform- und größenunabhängig anzuwendenen Vorschriften für große Kapitalgesellschaften in den §§ 273-283 HGB sowie durch die neuen speziell für Versicherungsunternehmen in das HGB aufgenommenen Vorschriften der §§ 341 ff. HGB.

Besondere Vorschriften für die Bewertung der Kapitalanlagen von Versicherungsunternehmen und damit zusammenhängende Angaben im Anhang enthalten die §§ 341 b)-d) HGB und §§ 54-56 RechVersV.

2. Die Bewertung der Kapitalanlagen im einzelnen

Im Rahmen der Bewertung der Kapitalanlagen – außer denjenigen in der Lebensversicherung mit Kapitalanlagen für Rechnung und Risiko der Policeninhaber – bilden die Anschaffungs- und Herstellungskosten grundsätzlich weiterhin die Wertobergrenze.[79]

---

[76] Vgl. Gesetz zur Durchführung der Richtlinie des Rates der Europäischen Gemeinschaften über den Jahresabschluß und den konsolidierten Abschluß von Versicherungsunternehmen (Versicherungsbilanzrichtlinie-Gesetz – VersRiLiG), BGBl. I 1994, S. 1377 ff.

[77] Vgl. Verordnung über die Rechnungslegung von Versicherungsunternehmen (RechVersV) vom 8. November 1994, BGBl. I 1994, S. 3378 ff.

[78] Vgl. Bericht des Rechtsausschusses, BT-Drucksache 12/7646, S. 2.

[79] Vgl. § 253 Abs. 1 Satz 1 i.V.m. § 341b Abs. 1 und 2 HGB.

Obwohl sich die Aktivseite einer Versicherungsbilanz nicht in Anlage- und Umlaufvermögen gliedert, wird in den Vorschriften zur Bewertung der Kapitalanlagen eine Unterscheidung nach Anlage- und Umlaufvermögencharakter getroffen.[80]

Wie Anlagevermögen sind grundsätzlich Immobilien, Beteiligungen, Anteile an verbundenen Unternehmen sowie Ausleihungen an verbundene Unternehmen oder an Unternehmen, mit denen ein Beteiligungsverhältnis besteht, zu bewerten.[81] Abschreibungen wegen voraussichtlich nicht dauernder Wertminderungen dürfen bei Grundstücken, grundstücksgleichen Rechten und Bauten einschließlich der Bauten auf fremden Grundstücken nicht vorgenommen werden.[82] Auf Grundstücke, Bauten und im Bau befindliche Anlagen sind zudem nicht die Vorschriften über die Bewertung zum Festwert anzuwenden.[83]

Die für das Anlagevermögen geltenden Bewertungsvorschriften gelten grundsätzlich auch für Namensschuldverschreibungen, Hypothekendarlehen, Schuldscheinforderungen und andere Forderungen sowie Rechte, sonstige Ausleihungen und Depotforderungen aus dem in Rückdeckung übernommenen Versicherungsgeschäft.[84] Namensschuldverschreibungen, Hypothekendarlehen und Schuldscheinforderungen dürfen abweichend vom Anschaffungskostenprinzip auch mit ihrem Nennbetrag angesetzt werden.[85] Liegt der Nennbetrag über den Anschaffungskosten, so ist der Unterschiedsbetrag in den Rechnungsabgrenzungsposten auf der Passivseite einzustellen, planmäßig aufzulösen und in seiner jeweiligen Höhe in der Bilanz oder im Anhang gesondert anzugeben.[86] Im umgekehrten Fall darf der Unterschiedsbetrag als aktivischer Rechnungsabgrenzungsposten ausgewiesen werden, wobei auch hier eine planmäßige Auflösung zu erfolgen hat und die jeweilige Höhe des Unterschiedsbetrags in der Bilanz oder im Anhang gesondert anzugeben ist.[87] Der in der entsprechenden Vorschrift für Kreditinstitute explizit geforderte Zinscharakter[88] des Unterschiedsbetrages liegt bei Versicherungsunternehmen grundsätzlich vor.[89]

---

[80] Vgl. § 341b Abs. 1 Satz 1 und Abs. 2 Satz 1 HGB.
[81] Vgl. § 341b Abs. 1 Satz 1 HGB.
[82] Vgl. § 341b Abs. 1 Satz 3 HGB.
[83] Vgl. § 341b Abs. 3 HGB.
[84] Vgl. § 341b Abs. 1 Satz 2 HGB.
[85] Vgl. § 341c Abs. 1 HGB.
[86] Vgl. § 341c Abs. 2 Satz 1 HGB.
[87] Vgl. § 341c Abs. 2 Satz 2 HGB.
[88] Vgl. § 340 Abs. 2 Satz 1 HGB.
[89] Vgl. Begr. Reg.E, BT-Drucksache 12/5587, S. 26.

Wie Umlaufvermögen sind Aktien einschließlich der eigenen Anteile, Investmentanteile sowie sonstige nicht festverzinsliche und festverzinsliche Wertpapiere mit Ausnahme der Namensschuldverschreibungen zu bewerten.[90]

Das bislang für Versicherungsunternehmen bestehende Wahlrecht, die Vorschrift des § 280 HGB über die Wertaufholung nicht anzuwenden, ist weggefallen.[91] Künftig gilt daher grundsätzlich für alle Versicherungsunternehmen mit Ausnahme der Pensions- und Sterbekassen, die von der Körperschaftsteuer befreit sind,[92] das Wertaufholungsgebot in § 280 Abs. 1 HGB. Danach sind Abschreibungen auf Vermögensgegenstände des Anlagevermögens[93] und des Umlaufvermögens[94] und nach steuerrechtlichen Vorschriften erfolgte Abschreibungen[95] wiederaufzuholen, wenn die Gründe hierfür weggefallen sind. Die Zuschreibung bzw. Wertaufholung hat im Umfang der Werterhöhung unter Berücksichtigung der Abschreibungen, die inzwischen vorzunehmen gewesen wären, zu erfolgen.[96]

Bei der erstmaligen Aufstellung des Jahresabschlusses nach den neuen Rechnungslegungsvorschriften kann der Zuschreibungsbetrag erfolgsneutral in Gewinnrücklagen eingestellt oder für die Nachholung von Rückstellungen verwendet werden.[97] Der Bundesminister der Finanzen hat jedoch in seinem Schreiben vom 24. Februar 1994[98] erklärt, daß die erfolgsneutrale Einstellung der Zuschreibungsbeträge in die Gewinnrücklagen auf die steuerliche Behandlung keinen Einfluß hat. Vielmehr besteht kein Grund, derartige Vermögensmehrungen steuerlich unberücksichtigt zu lassen.

Um Bedenken auszuräumen, daß die Möglichkeit, Vermögensmehrungen erfolgsneutral in Gewinnrücklagen einzustellen oder für die Nachholung von Rückstellungen zu verwenden, im Ergebnis zu einer Verminderung der Überschußbeteiligung führe und die Versicherungs-

---

[90] Vgl. § 341b Abs. 2 Satz 1 HGB.
[91] § 55 Abs. 4 VAG a.F. wurde gestrichen. Vgl. Art. 4 Nr. 8 VersRiLiG.
[92] Vgl. § 341b Abs. 2 Satz 3 HGB.
[93] Vgl. § 253 Abs. 2 Satz 3 HGB.
[94] Vgl. § 253 Abs. 3 HGB.
[95] Vgl. § 254 Satz 1 HGB.
[96] Vgl. § 280 Abs. 1 Satz 1 HGB.
[97] Vgl. Art. 33 Abs. 3 EGHGB.
[98] Vgl. BdF, Schreiben vom 24. Februar 1994, IV B 2 - S 2175 - 3/94, BB 1994, S. 826f.

nehmer nicht an den Wertsteigerungen beteiligt[99] würden, wird in Art. 33 Abs. 3 Satz 3 EGHGB klargestellt, daß Vereinbarungen über die Beteiligung der Versicherungsnehmer am Überschuß unberührt bleiben.[100]

Wie die Unternehmen aus anderen Wirtschaftszweigen können auch Versicherungsunternehmen vom Wertaufholungsgebot absehen, wenn der niedrigere Wertansatz bei der steuerlichen Gewinnermittlung beibehalten werden kann und die Beibehaltung des niedrigeren Wertansatzes in der Handelsbilanz Voraussetzung für die Beibehaltung des niedrigeren Wertansatzes bei der steuerlichen Gewinnermittlung ist.[101] Insofern sind mit dem Wegfall des bisherigen Wahlrechts grundsätzlich[102] keine zwingenden materiellen Änderungen verbunden.[103] Zu beachten ist in diesem Zusammenhang jedoch die bei Unterlassung der Wertaufholung verbundene Pflicht zur Angabe und hinreichenden Begründung des Betrages der im Geschäftsjahr aus steuerlichen Gründen unterlassenen Zuschreibungen.[104] Da für Versicherungsunternehmen bislang auch diesbezüglich ein Wahlrecht bestand, ist in der zukünftigen Angabepflicht eine wesentliche Neuerung zu sehen.[105] Uneinigkeit besteht im Schrifttum zu der Frage, ob der Betrag des im Geschäftsjahr und in den Vorjahren entstandenen Zuschreibungspotentials oder nur der Betrag des im Geschäftsjahr neu entstandenen Zuschreibungspotentials im Anhang anzugeben ist.[106] Zur Begründung der unterlassenen Zuschreibungen reicht die Angabe der steuerrechtlichen Vorschriften,

---

[99] Hingewiesen sei auf das Urteil des BGH (AZ IVZR 124/93) vom 23. November 1994, WM 1995, 27. Hiernach haben die Versicherungsnehmer in der Lebensversicherung keinen Anspruch auf die Beteiligung an den stillen Reserven aus bis zum 1. 7. 1994 bestehenden Verträgen.

[100] Vgl. Bericht des Rechtsausschusses, BT-Drucksache 12/7646, S. 8, dort Art. 33 Abs. 3 EGHGB.

[101] Vgl. § 280 Abs. 2 HGB.

[102] Eine Ausnahme bildet die Bewertung von Beteiligungen an Personenhandelsgesellschaften. Vgl. HFA, Stellungnahme 1/1991: Zur Bilanzierung von Anteilen an Personenhandelsgesellschaften im Jahresabschluß der Kapitalgesellschaften, WPg 1991, S. 334f., Tz. 5 und HFA, Stellungnahme 3/1976: Zur Bilanzierung von Beteiligungen an Personenhandelsgesellschaften nach aktienrechtlichen Grundsätzen, WPg 1976, S. 591–594, hier S. 593.

[103] Vgl. *Perlet*, Zur Umsetzung der Versicherungsbilanzrichtlinie in deutsches Recht, in: Bilanzrecht und Kapitalmarkt, Festschrift für Moxter, hrsg. v. Ballwieser u. a., Düsseldorf 1994, S. 834–860, hier S. 843.

[104] Vgl. § 280 Abs. 3 HGB.

[105] Vgl. bislang § 55 Abs. 4 Halbsatz 2 VAG a.F.

[106] Vgl. etwa *Adler/Düring/Schmaltz*, HGB, 5. Aufl., § 280, Rdn. 78 und *Budde/Karig*, in: BeckBil-Komm., 2. Aufl., § 280, Anm. 34.

auf denen die Beibehaltung der niedrigeren Wertansätze beruht.[107] Nicht von der Angabepflicht erfaßt werden solche unterlassenen Zuschreibungen, die auf der Inanspruchnahme der Übergangsregelung in Art. 33 Abs. 1 und 2 EGHGB beruhen.[108]

Danach dürfen Versicherungsunternehmen Wertansätze unter bestimmten Voraussetzungen beibehalten, auch wenn sie nicht den neuen handelsrechtlichen Vorschriften – wie z. B. § 280 Abs. 1 HGB – entsprechen. Eine Beibehaltung niedrigerer Werte beruht in diesem Fall nicht auf steuerrechtlichen Vorschriften.[109]

Künftig ist auch der Betrag der allein nach steuerrechtlichen Vorschriften vorgenommenen Abschreibungen im Anhang anzugeben und hinreichend zu begründen, soweit er sich nicht aus der Bilanz oder der Gewinn- und Verlustrechnung ergibt.[110] Das bisherige Wahlrecht, auf diese Angaben zu verzichten, entfällt.[111]

Versicherungsunternehmen müssen in Zukunft im Anhang nach § 285 Nr. 5 HGB das Ausmaß der Ergebnisbeeinflussung durch Inanspruchnahme steuerrechtlicher Vergünstigungen im Geschäftsjahr oder in früheren Geschäftsjahren sowie über erhebliche künftig sich daraus ergebende Belastungen angeben. Das bisher bestehende Wahlrecht hierzu entfällt.[112] Auch hier können aufgrund der Übergangsvorschriften in Art. 33 EGHGB unterlassene Wertaufholungen unberücksichtigt bleiben.[113]

IV. Pflicht zur Angabe des Zeitwertes der Kapitalanlagen im Anhang

1. Rechtliche Grundlagen

Die Pflicht zur Offenlegung des Zeitwertes von zu Anschaffungskosten ausgewiesenen Kapitalanlagen im Anhang ergibt sich aus den §§ 54–56

---

[107] Vgl. *Adler/Düring/Schmaltz,* HGB, 5. Aufl., § 280, Rdn. 81.
[108] Vgl. in diesem Zusammenhang auch *Adler/Düring/Schmaltz,* HGB, 6. Aufl., § 285, Rdn. 116. Die Möglichkeit, die nach altem Recht ermittelten Werte auch nach erstmaliger Anwendung der neuen Rechnungslegungsvorschriften beizubehalten, besteht für die Zukunft selbst dann, wenn sie nach § 280 Abs. 1 HGB nicht zulässig sind, weil die unterlassene Zuschreibung nicht auf steuerrechtlichen, sondern allein auf den besonderen Übergangsvorschriften beruht.
[109] Vgl. *Adler/Düring/Schmaltz,* HGB, 5. Aufl., § 280, Rdn. 83.
[110] Vgl. § 281 Abs. 2 Satz 1 HGB.
[111] Vgl. bislang § 55 Abs. 4 Halbsatz 2 VAG a.F.
[112] Vgl. § 55 Abs. 4 Halbsatz 2 VAG a.F.
[113] Vgl. *Adler/Düring/Schmaltz,* HGB, 6. Aufl., § 285, Rdn. 116.

der RechVersV.[114] Der deutsche Gesetzgeber hat von dem Mitgliedstaatenwahlrecht Gebrauch gemacht, den Versicherungsunternehmen die Möglichkeit einzuräumen, den Zeitwert von Grundstücken und Bauten erstmals für nach dem 31. Dezember 1998 und den Zeitwert der übrigen Kapitalanlagen erstmals für nach dem 31. Dezember 1996 beginnende Geschäftsjahre im Anhang anzugeben.[115]

Die Pflicht zur Angabe des Zeitwertes von Kapitalanlagen im Anhang besteht nicht für den Konzernabschluß.[116] Von der Pflicht zur Zeitwertangabe im Anhang sind auch die Kapitalanlagen für Rechnung und Risiko der Versicherungsnehmer in der Lebensversicherung nicht betroffen. Jene Kapitalanlagen sind EU-weit zwingend mit ihrem Zeitwert in der Bilanz auszuweisen[117], so daß eine Vergleichbarkeit national und international auch ohne zusätzliche Angaben von Anschaffungskosten im Anhang gewährleistet ist.

Versicherungsunternehmen haben im Anhang den Zeitwert der Kapitalanlagen „in einer Summe"[118] anzugeben. Es steht den Unternehmen jedoch frei, freiwillig über die Mindestangabe hinaus den Zeitwert für bestimmte Arten von Kapitalanlagen gesondert anzugeben, um der unterschiedlichen Fungibilität Rechnung zu tragen.

Die Verpflichtung zur Angabe des Zeitwertes besteht nur „für zum Anschaffungswert"[119] ausgewiesene Kapitalanlagen. Dazu gehören nicht Namensschuldverschreibungen, Hypothekendarlehen und andere Forderungen, die nach § 341c HGB mit dem Nennbetrag angesetzt werden. Diese Kapitalanlagearten machen im allgemeinen einen Anteil am Anlagebestand der Lebensversicherungsunternehmen von mehr als 60% aus.

Was unter dem jeweiligen Zeitwert zu verstehen ist, wird in den §§ 55 und 56 RechVersV näher beschrieben. Bei der Ermittlung des Zeitwertes für die Angabe im Anhang ist zwischen Grundstücken, grund-

---

[114] Die Verpflichtung zur Offenlegung des Zeitwertes von Vermögensgegenständen weicht von der Vorschrift des § 131 Abs. 3 Nr. 3 AktG ab. Danach besteht für den Vorstand, falls die Hauptversammlung nicht den Jahresabschluß feststellt (Regelfall in Deutschland), das Recht, Auskunft über den Wert, mit dem Gegenstände in der Bilanz angesetzt wurden, und einen höheren Wert dieser Gegenstände zu verweigern.
[115] Vgl. § 64 Abs. 3 und 4 RechVersV.
[116] Die Anwendung der §§ 54 bis 56 RechVersV auf den Konzernabschluß wird in den §§ 58 und 59 RechVersV nicht ausdrücklich vorgeschrieben.
[117] Vgl. § 341d HGB.
[118] § 54 RechVersV.
[119] § 46 Abs. 3 VersBiRiLi.

stücksgleichen Rechten und Bauten einschließlich der Bauten auf fremden Grundstücken[120] einerseits sowie den übrigen Kapitalanlagen[121] andererseits zu unterscheiden. Bei der Verfassung der Bewertungsvorschriften für die Angabe des Zeitwertes im Anhang hat der deutsche Gesetzgeber die Formulierungen der Art. 48 und 49 der VersBiRiLi weitestgehend übernommen.

2. Angabe des Zeitwertes von Grundstücken und Bauten

Unter dem Zeitwert der Grundstücke und Bauten ist grundsätzlich der zum Zeitpunkt der Bewertung geltende Marktwert zu verstehen, der mindestens alle fünf Jahre für jedes einzelne Grundstück oder Gebäude nach einer allgemein anerkannten Methode zu schätzen[122] ist.[123] Planmäßige Abschreibungen dürfen bei der Schätzung des Marktwertes von Gebäuden oder Grundstücken nicht berücksichtigt werden.[124]

Gemäß § 55 Abs. 2 RechVersV gilt als Marktwert der Preis, der zum Zeitpunkt der Bewertung auf der Grundlage eines privatrechtlichen Vertrags unter fremden Dritten unter den folgenden Prämissen zu erzielen ist:

- Das Grundstück oder Gebäude wurde offen am Markt angeboten.
- Die Marktverhältnisse stehen einer ordnungsgemäßen Veräußerung nicht im Wege.
- Es steht eine der Bedeutung des Objektes angemessene Verhandlungszeit zur Verfügung.

Die Prämissen, die bei der Ermittlung des Marktwertes von Grundstücken erfüllt sein müssen, sind somit anspruchsvoll formuliert. Jedoch erscheinen sie für die Ermittlung eines Marktwertes insgesamt wenig operational, da sie ganz erhebliche Bewertungsspielräume offenlassen.[125]

---

[120] Vgl. § 54 Satz 1 Nr. 1 RechVersV.
[121] Vgl. § 54 Satz 1 Nr. 2 RechVersV.
[122] Mit der Feststellung von Marktwerten im Rahmen von Schätzungen ohne Vorgabe konkreter EU-einheitlicher Regelungen stellt sich die Frage, ob die EG-Kommission den Harmonisierungsauftrag nicht auf den jeweiligen nationalen Gesetzgeber übertragen hat. Insbesondere bei der Zeitbewertung von Grundstücken und Bauten bestehen nicht unerhebliche Bewertungsspielräume, die in Abhängigkeit von den jeweiligen nationalen Gepflogenheiten zur Anwendung ganz unterschiedlicher Bewertungsverfahren und somit zum Ausweis unterschiedlicher Wertansätze führen können. Vgl. *Geib/Ellenbürger/Kölschbach,* WPg 1992, S. 224.
[123] Vgl. § 55 Abs. 1 und Abs. 3 Satz 1 RechVersV.
[124] Vgl. § 55 Abs. 3 Satz 2 RechVersV.
[125] Vgl. *Geib/Ellenbürger/Kölschbach,* WPg 1992, S. 224.

Sofern sich der geschätzte Marktwert zwischen zwei Schätzterminen vermindert, ist vom letzten Wertansatz eine entsprechende Wertberichtigung vorzunehmen und unabhängig von einer späteren Wertsteigerung bis zum nächsten Schätztermin beizubehalten.[126] Es muß demnach jährlich festgestellt werden, ob am zuletzt geschätzten Marktwert Wertberichtigungen vorzunehmen sind.

Besteht zum Zeitpunkt der Bilanzaufstellung oder in der nächsten Zeit danach eine Veräußerungsabsicht oder fanden zwischen dem Bilanzstichtag und der Bilanzaufstellung Veräußerungen statt, so ist der letzte Wertansatz um die tatsächlich angefallenen oder geschätzten Realisierungsaufwendungen zu vermindern.[127] Unter den Realisierungsaufwendungen sind alle Kosten zu verstehen, die durch den Veräußerungsvorgang verursacht werden.[128] Weder in der VersBiRiLi noch in der RechVersV wird konkretisiert, was unter „Veräußerungsabsicht in der nächsten Zeit nach der Bilanzaufstellung" zu verstehen ist. Soweit sich die Veräußerungsabsicht nicht anhand von konkreten Unterlagen ergibt oder die Veräußerung aufgrund bestimmter gesetzlicher oder aufsichtsrechtlicher Regelungen erforderlich ist, kann nur auf den subjektiven Willen der Unternehmensleitung bzw. der für das Kapitalanlagegeschäft verantwortlichen Instanzen abgestellt werden. Das deutsche Handelsrecht sieht für die Bewertung von Vermögensgegenständen des Umlaufvermögens auch die Möglichkeit vor, eine Wertbestimmung nach vernünftiger kaufmännischer Beurteilung vorzunehmen, „um zu verhindern, daß in der nächsten Zukunft der Wertansatz dieser Vermögensgegenstände aufgrund von Wertschwankungen geändert werden muß".[129] Zur Klärung des Begriffs „in nächster Zeit" kann die Auslegung des in § 253 Abs. 3 Satz 3 HGB verwendeten Begriffs „in der nächsten Zukunft" für zu antizipierende Abschreibungen aufgrund von Wertschwankungen[130] herangezogen werden. Im Schrifttum wird diesbezüglich auf eine Entscheidung des Reichsgerichts vom 11. Februar 1927 zur Gold-

---

[126] Vgl. § 55 Abs. 4 RechVersV.
[127] Vgl. § 55 Abs. 5 RechVersV.
[128] Vgl. *Adler/Düring/Schmaltz*, HGB, 6. Aufl., § 253, Rdn. 524 zur ähnlichen Frage der Ermittlung des um noch anfallende Aufwendungen zu vermindernden Verkaufswertes.
[129] Vgl. § 253 Abs. 3 Satz 3 HGB.
[130] Die Berücksichtigung künftiger Wertschwankungen stellt keine Bewertung nach den Verhältnissen am Bilanzstichtag dar. Vgl. *Adler/Düring/Schmaltz*, HGB, 6. Aufl., § 253, Rdn. 45.

mark-Eröffnungsbilanz zurückgegriffen.[131] Der Begriff „in der nächsten Zukunft" wird in dieser Entscheidung als ein Zeitraum der nächsten zwei Jahre interpretiert.

Der der Anhangangabe zugrundeliegende Zweck der Vergleichbarkeit erfordert unseres Erachtens grundsätzlich eine Stichtagsbetrachtung. Das bedeutet, daß im Grundsatz zwischen werterhellenden Erkenntnissen und wertbegründenden neuen Ereignissen nach dem Bilanzstichtag zu unterscheiden ist. Während neue Erkenntnisse im Rahmen der Wertermittlung zu berücksichtigen sind, müssen wertbegründende neue Ereignisse nach dem Bilanzstichtag grundsätzlich unberücksichtigt bleiben.[132]

Bei Veräußerung eines Grundstücks oder Gebäudes zwischen Bilanzstichtag und dem Zeitpunkt der Bilanzaufstellung folgt daraus, daß grundsätzlich der Marktpreis zum Bilanzstichtag – vermindert um die tatsächlichen Realisierungsaufwendungen – und nicht ein niedrigerer oder höherer Verkaufswert anzusetzen ist. Die Berücksichtigung einer eingetretenen Wertminderung aus Gründen der Vorsicht kann wegen der zugrundeliegenden Zwecksetzung nicht erfolgen.[133] Für die Ermittlung des Zeitwertes von Grundstücken und Gebäuden kann indes eine Differenzierung von wertaufhellenden und wertbeeinflussenden Vorgängen nach dem Bilanzstichtag schwierig sein. Der Veräußerungspreis von Immobilien wird in Verkaufsverhandlungen über einen Zeitraum hinweg ausgehandelt. Hierbei werden sowohl Vorgänge vor dem Bilanzstichtag, als auch solche nach dem Bilanzstichtag sich auf den Veräußerungswert auswirken.

Kann der Marktwert eines Grundstücks oder Gebäudes nicht bestimmt werden, so ist bei der Angabe im Anhang „von den Anschaffungs- bzw. Herstellungskosten auszugehen".[134] Denkbar sind diesbezüglich Fälle, in denen die oben genannten Prämissen für die Ermittlung des Zeitwertes nicht erfüllt sind, wenn also die Marktverhältnisse eine Veräußerung nicht zulassen oder eine der Bedeutung der jeweiligen

---

[131] Nach dieser Entscheidung gilt die Berücksichtigung stiller Reserven insofern als zulässig, „als sie ... notwendig sind, um das Unternehmen die nächste Zukunft, d.h. etwa für die nächsten zwei Jahre, lebens- und widerstandsfähig zu halten". Vgl. hierzu *Adler/Düring/Schmaltz,* HGB, 6. Aufl., § 253, Rdn. 557.

[132] Vgl. *Adler/Düring/Schmaltz,* HGB, 6. Aufl., § 252, Rdn. 39 und 44.

[133] Zum beizulegenden Wert vgl. *Adler/Düring/Schmaltz,* HGB, 6. Aufl., § 252, Rdn. 41.

[134] Vgl. § 55 Abs. 6 RechVersV sowie die Begründung zum ersten Entwurf der VersBiRiLi.

Immobilie angemessene Verhandlungszeit nicht zur Verfügung steht. Für die Bestimmung des Zeitwertes von Grundstücken und Gebäuden auf der Grundlage der Anschaffungs- und Herstellungskosten bieten sich unter Umständen geeignete Indexverfahren zur angemessenen Wertfortschreibung an.

Im Anhang ist die Bewertungsmethode mit einer entsprechenden Zuordnung der Grundstücke und Bauten nach ihrem jeweiligen Bewertungsjahr anzugeben.[135] Es genügt dabei, den Bestand an Grundstücken und Bauten prozentual nach Bewertungsjahren zu gliedern.[136] Sowohl in der VersBiRiLi als auch in der RechVersV wird aber nicht erläutert, ob die prozentuale Gliederung auf der Grundlage von Stückzahlen, von Anschaffungs- und Herstellungskosten oder auf der Grundlage des Zeitwertes zu erfolgen hat.

Allgemein anerkannte Methoden für die Bewertung von Grundstücken und Gebäuden sind besonders im Zusammenhang mit der Ermittlung von Substanzwerten bei Unternehmensbewertungen aufgestellt worden.[137] Darüber hinaus sind weitere Grundsätze im Rahmen der praktischen Erfahrungen bei der Aufstellung und Prüfung der D-Mark-Eröffnungsbilanzen entwickelt worden.[138]

3. Angabe des Zeitwertes der übrigen Kapitalanlagen

Unter dem Zeitwert der Kapitalanlagen mit Ausnahme der Grundstücke und Bauten ist grundsätzlich der Freiverkehrswert zu verstehen.[139] Als Wertobergrenze ist jedoch der voraussichtlich realisierbare Wert unter Berücksichtigung des Vorsichtsgrundsatzes zu beachten.[140]

Der Freiverkehrswert von an einer zugelassenen Börse notierten Kapitalanlagen[141] ist der Börsenkurswert am Abschlußstichtag oder,

---

[135] Vgl. § 55 Abs. 7 RechVersV.
[136] Vgl. Beschluß des Bundesrates über die Verordnung über die Rechnungslegung von Versicherungsunternehmen (RechVersV), BR-Drucksache 823/94, S. 149.
[137] Vgl. *Geib/Ellenbürger/Kölschbach,* WPg 1992, S. 224 sowie das dort in Fn. 110 zitierte Schrifttum.
[138] Vgl. diesbezüglich KPMG, D-Markbilanzgesetz, Düsseldorf 1990, Erläuterungen zu § 9 und § 10.
[139] Vgl. § 56 Abs. 1 RechVersV.
[140] Vgl. § 56 Abs. 5 RechVersV.
[141] Unterschieden wird in Deutschland, ob Kapitalanlagen amtlich notiert, in Freiverkehr oder im geregelten Markt gehandelt werden. Der maßgebliche Börsenkurs zum Abschlußstichtag ist in Abhängigkeit von der Art der Notierung zu bestimmen. Vgl. *Adler/Düring/Schmaltz,* HGB, 6. Aufl., § 253, Rdn. 501.

Bewertung von Kapitalanlagen bei Versicherungsunternehmen 171

wenn der Abschlußstichtag kein Börsentag ist, der Börsenkurswert am letzten dem Abschlußstichtag vorausgehenden Börsentag.[142]

Für andere an einem Markt gehandelte Kapitalanlagen ist der Freiverkehrswert in Form eines Durchschnittswertes zu ermitteln, zu dem die Kapitalanlagen zum Bilanzstichtag oder, sofern der Bilanzstichtag kein Handelstag ist, am letzten dem Bilanzstichtag vorausgehenden Handelstag umgesetzt wurden.[143] Als Markt gilt allgemein ein räumlich begrenzter Handelsplatz, an dem regelmäßig Umsätze stattfinden. Maßgeblich für ein Unternehmen ist grundsätzlich der Handelsplatz, an dem das Unternehmen seine Umsätze tätigt.[144]

Sind die an einer zugelassenen Börse notierten oder an einem Markt gehandelten Kapitalanlagen zum Zeitpunkt der Bilanzaufstellung veräußert worden oder besteht diesbezüglich eine Veräußerungsabsicht in der nächsten Zeit nach dem Bilanzstichtag, so ist der Freiverkehrswert dieser Kapitalanlagen um die angefallenen oder geschätzten Realisierungsaufwendungen zu vermindern.[145]

Nach dem Wortlaut des § 56 Abs. 4 RechVersV sind die tatsächlich angefallenen Realisierungsaufwendungen vom Markt- oder Börsenwert zwischenzeitlich veräußerter Kapitalanlagen zum Bilanzstichtag oder einem diesem vorangegangenen Markt- oder Börsentag abzusetzen. Wird eine Kapitalanlage vor der Bilanzaufstellung zu einem Preis veräußert, der vom Börsen- oder Marktwert am Bilanzstichtag oder an einem diesem Zeitpunkt vorangegangenen Börsen- oder Markttag abweicht, ist auch bei den übrigen Kapitalanlagen zu untersuchen, ob der abweichende Wert seine Ursache vor dem Bilanzstichtag hat und somit als wertaufhellend zu betrachten ist, oder ob die Ursache für die Wertänderung nach dem Bilanzstichtag liegt, was für eine Außerachtlassung der Wertänderung spräche. Es erscheint fraglich, ob die in § 56 Abs. 5 RechVersV geforderte Bewertung „höchstens mit ihrem voraussichtlich realisierbaren Wert unter Berücksichtigung des Grundsatzes der Vorsicht" die Berücksichtigung eines niedrigeren Verkaufswertes

---
[142] Vgl. § 56 Abs. 2 RechVersV.
[143] Vgl. § 56 Abs. 3 RechVersV, dort wird der Begriff „Markttag" verwendet. Im Rahmen der Bewertung ist der Begriff „Markttag" als Handelstag, an dem z. B. freie Makler, Kreditinstitute oder andere autorisierte Händler Handelskurse aufgrund vorliegender Umsätze ermitteln und notieren, zu interpretieren.
[144] Vgl. *Adler/Düring/Schmaltz*, HGB, 6. Aufl., § 253, Rdn. 508.
[145] Vgl. § 56 Abs. 4 RechVersV. Zu den unbestimmten Begriffen „Veräußerungsabsicht", „in nächster Zeit" und „Realisierungsaufwendungen" wird auf die Ausführungen im vorangegangenen Abschnitt verwiesen.

erfordert. Unseres Erachtens bedeutet diese Bestimmung keine Abweichung vom Grundsatz, für die Bewertung von Vermögensgegenständen die Verhältnisse am Bilanzstichtag zugrunde zu legen. Die Realisierbarkeit dürfte auf den erzielbaren Wert am Bilanzstichtag abstellen.

Hält ein Versicherungsunternehmen z. B. eine Mehrheit an einem anderen Unternehmen und werden die übrigen Anteile an einer Börse notiert, dürfte eine Veräußerung eines größeren Teils von Anteilen, der kein Paket darstellt, kaum zum Börsenkurs realisierbar sein. Besteht dagegen die Absicht, einzelne Pakete (z. B. 25%, 50% oder 75%) zu veräußern, können im allgemeinen Paketzuschläge realisiert werden. Für den Fall, daß alle Anteile vollständig übertragen werden, sind in der Praxis Erlöse vorstellbar, die den aktuellen Börsenkurs der Anteile deutlich übersteigen. Stellen die Anteile eine Beteiligung dar, sind sie grundsätzlich als Vermögensgegenstand sui generis zu bewerten. Werden die Anteile jedoch als allgemeine Kapitalanlagen gehalten, ist für die Ermittlung des Zeitwertes darauf abzustellen, in welcher Höhe eine Veräußerung der Anteile am wahrscheinlichsten wäre.

Die Berücksichtigung des Grundsatzes der Vorsicht wird generell keine Antizipation von nach dem Bilanzstichtag erzielten niedrigeren Veräußerungserlösen erfordern, sondern soll eine sorgfältige Berücksichtigung aller wertbestimmenden Umstände sicherstellen. Durch ein so verstandenes Vorsichtsprinzip sollen Schätzspielräume derart ausgelegt werden, daß der Zeitwert aufgrund sehr optimistischer Schätzungen nicht zu hoch festgelegt wird.[146]

Die Frage, wann eine Veräußerungsabsicht vorliegt, dürfte insbesondere bei der Bewertung von Kapitalanlagearten Probleme aufwerfen, die ihrem Charakter nach leicht veräußerbar sind und/oder im allgemeinen in kurzen Zeitabständen umgeschlagen werden und/oder deren jederzeitiger Verkauf nicht unwahrscheinlich ist. Zu denken ist insbesondere an die als Liquiditätsmittel gehaltenen Wertpapiere. Bei der Feststellung einer Veräußerungsabsicht und der Beantwortung der damit verbundenen Frage, welcher Zeitraum für die Berücksichtigung einer Veräußerungsabsicht „in nächster Zeit" nach dem Zeitpunkt der Bilanzaufstellung zu beachten ist, sollte den Grundsätzen der Willkürfreiheit und Objektivität einerseits, aber auch der Wirtschaftlichkeit

---

[146] Vgl. zum Vorsichtsprinzip *Leffson*, Grundsätze ordnungsmäßiger Buchführung, 7. Aufl., Düsseldorf 1987, S. 465 ff., hier insbesondere S. 467.

und Praktikabilität andererseits Rechnung getragen werden.[147] So erscheint es aus praktischen und wirtschaftlichen Gründen grundsätzlich zulässig, auf den Einbezug von unter Umständen nur schwer ermittelbaren Realisierungsaufwendungen zu verzichten und stattdessen den maßgeblichen Börsen- oder Marktwert anzusetzen, sofern keine konkrete Veräußerungsabsicht zum Zeitpunkt der Bilanzaufstellung vorliegt.[148]

4. Zeitwertbegriff in der deutschen Rechnungslegung

In der deutschen Rechnungslegung können, wie bereits erwähnt, Ansätze von Vermögensgegenständen zum Zeitwert erfolgen, sofern diese unter den Anschaffungs- bzw. Herstellungskosten liegen. Mit dem Ansatz des niedrigeren Zeitwertes sollen jedoch grundsätzlich keine aktuellen Werte zum Bilanzstichtag angegeben, sondern künftige, noch nicht realisierte Verluste antizipiert werden. Für die Gegenstände des Umlaufvermögens ist gemäß § 253 Abs. 3 Satz 2 HGB der Ansatz eines niedrigeren Börsen- oder Marktpreises zwingend vorgeschrieben. Für den Fall, daß sich ein Börsen- oder Marktpreis nicht feststellen läßt, ist der den Vermögensgegenständen niedrigere beizulegende Wert am Abschlußstichtag maßgeblich.[149] Auf den beizulegenden Wert am Abschlußstichtag sind auch Vermögensgegenstände des Anlagevermögens bei einer dauernden Wertminderung abzuschreiben.[150] Ein Wahlrecht zur Abschreibung besteht im Rahmen der Bewertung von Finanzanlagen[151] bei einer nur vorübergehenden Wertminderung.[152]

Im Rahmen der Bestimmung des niedrigeren Börsen- oder Marktpreises ist zwischen dem Absatz- und dem Beschaffungsmarkt zu differenzieren. Während der Beschaffungsmarkt grundsätzlich für die Wert-

---

[147] Im allgemeinen gilt auch bei der Bewertung der Kapitalanlagen außerhalb des Bereichs Grundstücke und Bauten ein Betrachtungsraum von zwei Jahren als maßgeblich. Vgl. *Adler/Düring/Schmaltz*, HGB, 6. Aufl., § 253, Rdn. 557.
[148] Vgl. VFA, Stellungnahme 1/1983 i.d.F. 1992: Zur Bewertung und zum Ausweis von Wertpapieren und Namensschuldverschreibungen im Jahresabschluß der Versicherungsunternehmen, WPg 1992, S. 699–702, hier S. 701; vgl. auch *Adler/Düring/Schmaltz*, HGB, 6. Aufl., § 253, Rdn. 502.
[149] Vgl. § 253 Abs. 3 Satz 2 HGB.
[150] Vgl. § 253 Abs. 2 Satz 3 Halbsatz 2 HGB.
[151] Vgl. § 279 Abs. 1 Satz 2 HGB.
[152] Vgl. § 253 Abs. 2 Satz 3 Halbsatz 1 HGB.

bestimmung wiederzubeschaffender Vermögensgegenstände relevant ist, bildet der Absatzmarkt allgemein die Grundlage für die Bestimmung des niedrigeren Wertes von für den Absatz bestimmten Vermögensgegenständen. Das Minimum aus den Werten beider Märkte soll aus Gründen der Vorsicht die maßgebliche Bemessungsgröße sein.[153]

Nach § 56 Abs. 5 der RechVersV ist unter dem Zeitwert der Kapitalanlagen höchstens der voraussichtlich realisierbare Wert unter Beachtung des Grundsatzes der Vorsicht zu verstehen. Daraus folgt, daß Versicherungsunternehmen bei der Ermittlung des Zeitwertes vorrangig die Verhältnisse auf dem Absatzmarkt zu beachten haben. Es ist als Zeitwert der Geldbetrag zu bestimmen, zu dem eine Kapitalanlage im Wege der Veräußerung zum Bilanzstichtag hätte realisiert werden können. Dabei ist dem Grundsatz der Vorsicht Rechnung zu tragen.

Läßt sich kein Börsen- oder Marktwert feststellen, ist der beizulegende Wert der Kapitalanlagen festzulegen. Als Orientierungsmaßstab für den beizulegenden Wert könnte der Teilwert herangezogen werden.[154] Der Teilwert wird besonders im Steuerrecht verwendet und wurde erstmals im EStG und BewG von 1934 gesetzlich fixiert. Die einkommensteuerliche Definition des Teilwertes findet sich in § 6 Abs. 1 Nr. 1 EStG. Der Teilwert entspricht dem Betrag, „den ein Erwerber des ganzen Betriebs im Rahmen des Gesamtkaufpreises für das einzelne Wirtschaftsgut ansetzen würde", wobei von der Betriebsfortführung durch den Erwerber auszugehen ist.[155] Von den Begriffen „Betrieb" und „Unternehmen" abgesehen sind die Regelungen in § 6 Abs. 1 Nr. 1 EStG und § 10 BewG im Wortlaut identisch und entsprechen sich auch inhaltlich.[156] Das Problem bei der Bestimmung des Teilwertes ist die mangelnde Operationalisierung der Annahmen eines fiktiven Verkaufs, der Fortführung der gesamten wirtschaftlichen Einheit und der Verteilung des fiktiven Gesamtkaufpreises auf die einzelnen Elemente der wirtschaftlichen Einheit. Trotz dieser praktischen Probleme und Kritik-

---

[153] Vgl. *Adler/Düring/Schmaltz*, HGB, 6. Aufl., § 253, Rdn. 488.
[154] Vgl. *Mellwig*, Für ein bilanzzweckadäquates Teilwertverständnis, in: Bilanzrecht und Kapitalmarkt, Festschrift für Moxter, hrsg. v. Ballwieser u. a., Düsseldorf 1994, S. 1071–1088, hier S. 1071.
[155] Vgl. § 6 Abs. 1 Nr. 1 Satz 3 EStG.
[156] Vgl. *Siepe*, Darf ein ertragsteuerlicher Teilwertansatz den handelsrechtlich gebotenen Wertansatz überschreiten?, in: Rechnungslegung. Entwicklungen bei der Bilanzierung und Prüfung von Kapitalgesellschaften, Festschrift für Forster, hrsg. v. Moxter u. a., Düsseldorf 1992, S. 608–624, hier S. 611.

punkte in der Literatur halten Steuergesetzgebung und Rechtsprechung am Konzept des Teilwertbegriffs fest.[157]

Für die praktische Anwendung des Teilwertbegriffs hat die Rechtsprechung ein System von Teilwertvermutungen entwickelt, nach denen der Teilwert innerhalb bestimmter Teilwertgrenzen liegt.

Die Untergrenze für die Bemessung des Teilwertes ist der Einzelveräußerungspreis, der im allgemeinen dem Verkehrswert oder dem gemeinen Wert[158] entspricht. Der Einzelveräußerungspreis kommt insbesondere bei den jederzeit ersetzbaren Vermögensgegenständen in Betracht. Zu diesen Vermögensgegenständen gehören grundsätzlich alle Kapitalanlagen der Versicherungsunternehmen, die als Liquiditätsreserve 2. Ordnung gehalten werden und für den jederzeitigen Verkauf zur Verfügung stehen. Ein solcher Wertansatz deckt sich auch mit den Regelungen des § 56 Abs. 5 RechVersV, wonach Kapitalanlagen höchstens mit ihrem voraussichtlich realisierbaren Wert anzusetzen sind und demnach in erster Linie von den Verhältnissen auf den Absatzmärkten auszugehen ist.

Als Obergrenze für den Teilwert gelten im allgemeinen die Wiederbeschaffungskosten. Das sind diejenigen Aufwendungen, die für die Wiederbeschaffung oder Wiederherstellung eines Vermögensgegenstands gleicher Art und Güte am Bewertungsstichtag anfallen würden. Da die Vorschriften der RechVersV bei der Ermittlung des Zeitwertes der Kapitalanlagen von der Position des Verkäufers ausgehen, erscheinen die Wiederherstellungskosten als Maßstab für die Zeitwertbestimmung grundsätzlich nicht geeignet. Inwieweit sich die Wiederbeschaffungskosten oder Wiederherstellungskosten für die Ermittlung des Zeitwertes eignen, ist insbesondere im Rahmen der Immobilienbewertung zu untersuchen. Die Wiederherstellungskosten lassen sich nur indirekt aus den Preisen auf den Märkten der Bauindustrie ableiten. Dies entspricht im Grundsatz nicht den Prämissen in § 55 Abs. 2 RechVersV, in dem eine Bewertung grundsätzlich aufgrund eines offenen Angebotes am Markt unter der Voraussetzung einer uneingeschränkten, ordnungsgemäßen Veräußerbarkeit und einer angemessenen Verhandlungszeit

---

[157] Vgl. *Herzig/Kessler,* Übernahme der Steuerbilanzwerte in die Vermögensaufstellung – Bilanzpolitische und steuerrechtliche Auswirkungen, DStR 1994, Beihefter zu Heft 12, S. 1–16, hier S. 12.
[158] Der gemeine Wert entspricht dem Wert, der für Wirtschaftsgüter im gewöhnlichen Geschäftsverkehr, unabhängig von der Veräußerung des ganzen Betriebs, erzielt werden würde. Vgl. § 9 Abs. 2 BewG.

unterstellt wird. Diese Voraussetzungen sind bei einer Bewertung auf der Grundlage von Wiederherstellungskosten im allgemeinen nicht erfüllt. Für den Fall, daß kein Marktwert für ein Grundstück oder Gebäude bestimmbar ist, ist jedoch grundsätzlich bei der Zeitwertermittlung von den jeweiligen Anschaffungs- oder Herstellungskosten auszugehen.[159] Über eine Aktualisierung der Anschaffungs- und Herstellungskosten mit Hilfe geeigneter Preisindizes führt dies annähernd zu den Wiederbeschaffungs- bzw. Wiederherstellungskosten zum Bilanzstichtag.

Neben der Bestimmung des Zeitwertes von Grundstücken und Gebäuden führt auch die Ermittlung des Zeitwertes von Kapitalanlagen, die nicht an einer Börse oder an einem anderen Markt mit regelmäßigen Umsätzen gehandelt werden, zu Problemen. Besondere Bedeutung kommt dabei der Bewertung von nichtnotierten Anteilen zu.[160] Für die Wertermittlung nichtnotierter Anteile werden im Schrifttum Methoden vorgeschlagen, deren Anwendung sich am jeweiligen Zweck der Bewertung orientieren soll und daher nur im Einzelfall beurteilt werden kann.[161] Hinweise können die in der HFA-Stellungnahme 2/1983 festgelegten Bewertungsgrundsätze geben.[162]

Der Zeitwert von Beteiligungen wird im allgemeinen aus dem Ertragswert abzuleiten sein.[163] In Art. 48 Abs. 5 VersBiRiLi ist als Möglichkeit zur Ermittlung des Zeitwertes von Kapitalanlagen die Anwendung der Equity-Methode gemäß Art. 59 der 4. EG-Richtlinie vorgesehen. Es ist jedoch fraglich, ob diese Ausnahmeregelung auch von

---

[159] Vgl. § 55 Abs. 6 RechVersV.
[160] Nichtnotierte Anteile werden für steuerliche Zwecke gem. § 109 Abs. 4 i.V.m. § 11 Abs. 2 und 3 sowie §§ 112 und 113 BewG mit dem gemeinen Wert bewertet. Für Anteile an Personengesellschaften gelten Sonderregelungen (vgl. Fn. 102). Vgl. hierzu HFA, Stellungnahme 1/1991, WPg 1991, S. 334 f.; vgl. auch *Hübner,* Bemerkungen zur Einheitsbewertung des Betriebsvermögens und zur Anteilsbewertung anhand des Stuttgarter Verfahrens seit der Maßgeblichkeit der Steuerbilanzwerte, DStR 1995, S. 1-7, hier S. 3.
[161] Vgl. WP-Handbuch 1992, Bd. II, A Tz. 42 und Tz. 64. Siehe dazu etwa *Helbling,* Unternehmensbewertung und Steuern: Unternehmensbewertung in Theorie und Praxis, 6. Aufl., Düsseldorf 1991, S. 259ff.; *Nonnenmacher,* Anteilsbewertung bei Personengesellschaften, Königstein 1981, S. 33ff. und *Piltz,* Die Unternehmensbewertung in der Rechtsprechung, 3. Aufl., Düsseldorf 1994, S. 61; vgl. auch *Großfeld,* Unternehmens- und Anteilsbewertung im Gesellschaftsrecht – Zur Barabfindung ausscheidender Gesellschafter, 3. Aufl., Köln 1994, S. 107.
[162] Vgl. HFA, Stellungnahme 2/1983: Grundsätze zur Durchführung von Unternehmensbewertungen, WPg 1983, S. 468-480.
[163] Vgl. entsprechend zum beizulegenden Wert *Adler/Düring/Schmaltz,* HGB, 6. Aufl., § 253, Rdn. 164.

deutschen Versicherungsunternehmen für die Ermittlung des Zeitwertes der Kapitalanlagen angewendet werden darf. Der deutsche Gesetzgeber hat von dem Wahlrecht, die Equity-Methode zuzulassen, weder für die Bewertung von Beteiligungen an verbundenen Unternehmen bei der Aufstellung des Einzelabschlusses noch für die Angabe des Zeitwertes der Kapitalanlagen von Versicherungsunternehmen im Anhang Gebrauch gemacht. Lediglich für die Zwecke des Konzernabschlusses läßt der deutsche Gesetzgeber die Equity-Methode zu.[164] Daher ist davon auszugehen, daß der Verordnungsgeber die Anwendung der Equity-Methode im Zusammenhang mit der Angabe des Zeitwertes der Kapitalanlagen im Anhang zum Einzelabschluß von Versicherungsunternehmen nicht zulassen wollte.[165]

In Zweifelsfragen der Zeitwertbestimmung ist jeweils der Zielsetzung der VersBiRiLi Rechnung zu tragen, eine Vergleichbarkeit auf der Grundlage des Zeitwertes herzustellen. Im Einzelfall sollte darauf abgestellt werden, wie ein „Zeitwertbilanzierer" bei der Ermittlung von Zeitwerten vorgeht. Möglicherweise können dabei Erfahrungen im Ausland als Orientierungshilfe dienen.

5. Die Zeitwertbilanzierung im Ausland als Orientierungsmaßstab?

Aufgrund der durch den deutschen Gesetzgeber in Anspruch genommenen Übergangsfrist für die Angaben des Zeitwertes der Kapitalanlagen im Anhang besteht die Möglichkeit, die Umsetzung der Richtlinienbestimmungen insbesondere in den EU-Mitgliedstaaten zu analysieren, in denen die Kapitalanlagen in der Bilanz zum Zeitwert ausgewiesen werden müssen. Die dortigen Regelungen könnten grundsätzlich als Vorbild für die deutsche Praxis dienen. Eine Orientierung an den Bewertungspraktiken im Ausland kann zu einer tatsächlichen internationalen Vergleichbarkeit der Abschlüsse beitragen.

In Betracht kommen insbesondere die Regelungen im Vereinigten Königreich, da die Versicherungsunternehmen dort bereits seit Jahrzehnten im Rahmen der Rechnungslegung gegenüber der Aufsichts-

---

[164] Vgl. *Havermann*, Die Equity-Bewertung von Beteiligungen, WPg 1987, S. 315–320, hier S. 316.
[165] Anders umgesetzt wurde Art. 59 der 4. EG-Richtlinie im Vereinigten Königreich. Dort können Versicherungsunternehmen gem. par. 25 Abs. 5 von „The Companies Act 1985 (Insurance Companies Accounts) Regulations 1993" (kurz: ICAR 1993) den Zeitwert von Beteiligungen grundsätzlich durch Anwendung der Equity-Methode bestimmen.

behörde – dem sog. Department of Trade and Industry (DTI) – die Zeitwerte der Kapitalanlagen angeben müssen. Die detaillierten aufsichtsrechtlichen Vorschriften zur Bewertung der Kapitalanlagen im Zusammenhang mit der Berichterstattung gegenüber dem DTI sind in den „Insurance Companies Regulations 1994" (ICR 1994) festgelegt. Diese Vorschriften traten am 1. Juli 1994 in Kraft und ersetzten die „Insurance Companies Regulations 1981".[166]

Das DTI, das auch im Rahmen der Umsetzung der VersBiRiLi bei der Verfassung der handelsrechtlichen Vorschriften für Versicherungsunternehmen, den „Companies Act 1985 (Insurance Companies Accounts Regulations 1993)", federführend war, hatte entscheidenden Einfluß darauf, daß in Zukunft alle Versicherungsunternehmen nach den neuen handelsrechtlichen Vorschriften sämtliche Kapitalanlagen in der Bilanz mit dem Zeitwert ausweisen müssen.[167] Die aufsichtsrechtlichen Bewertungsvorschriften der ICR 1994 sind dabei nicht unmittelbar rechtsverbindlich. Jedoch haben Versicherungsunternehmen, die ihre Kapitalanlagen bereits vor Umsetzung der VersBiRiLi zum Zeitwert bilanzierten, in der Vergangenheit regelmäßig die in den aufsichtsrechtlichen Vorschriften enthaltenen Methoden und Grundsätze zur Ermittlung des Zeitwertes auch für die Erstellung des handelsrechtlichen Jahresabschlusses angewandt.[168]

Lediglich für festverzinsliche Wertpapiere besteht künftig das Wahlrecht[169], den sogenannten amortisierten Wert („amortised value") in der Handelsbilanz auszuweisen, sofern die nach dem Entwurf zu den Statements of Recommended Practice der Association of British Insurers (ABI SORP)[170] vorgegebenen Voraussetzungen erfüllt sind. Die ABI SORP werden von einer Expertengruppe entwickelt, die sich aus Angehörigen von Mitgliedsunternehmen der ABI, Wirtschaftsprüfern aus dem Bereich Prüfung von Versicherungsunternehmen und offiziellen Repräsentanten des DTI zusammensetzt. Sie stellen kein mate-

---

[166] Die zuvor in den Insurance Companies Regulations (ICR) 1981 enthaltenen Bewertungsvorschriften wurden ohne signifikante Änderungen in die ICR 1994 übernommen.
[167] Vgl. par. 22, 25 und 26 ICAR 1993.
[168] Vgl. Guidance Notes on the Valuation of Assets Regulations Part V of the Insurance Companies Regulations 1981, 5. April 1993, S. 5 (Nr. 15).
[169] Vgl. par. 24 ICR 1993.
[170] *Association of British Insurers (ABI)*, Consulting Paper – Proposals on Accounting for Insurance Business – A consulting document incorporating proposals on accounting for insurance business vom 2. Juni 1994, London 1994, Tz. 199.

rielles Recht dar, bilden jedoch einen verbindlichen Rahmen für die Rechnungslegung der Mitgliedsunternehmen der ABI.[171]

Es wird erwartet, daß die bisherige Bewertungspraxis und die detaillierten Regelungen zur Ermittlung der Zeitwerte für den DTI-return grundsätzlich in weiten Bereichen auch für die Erstellung des handelsrechtlichen Jahresabschlusses übernommen werden.

Die gegenwärtigen aufsichtsrechtlichen Berwertungsvorschriften der ICR 1994 gehen auf die „Insurance Companies (Valuation of Assets) Regulations 1976 (SI 1976 No. 87)" zurück.[172] Aus dieser langjährigen Erfahrung mit der Bestimmung und Analyse von Zeitwerten im Kapitalanlagebereich können möglicherweise Orientierungshilfen für die deutsche Versicherungspraxis gewonnen werden. Die Darstellung der Bewertungspraxis im Vereinigten Königreich würde den Rahmen dieses Beitrags sprengen. Auf Einzelheiten wird daher nicht eingegangen.

6. Vergleichbarkeit von Jahresabschlüssen der Versicherungsunternehmen auf der Grundlage des Zeitwertes der Kapitalanlagen

Im Bereich der Lebensversicherung mit Kapitalanlagen für Rechnung und Risiko von Policeninhabern wird zukünftig eine Vergleichbarkeit der Jahresabschlüsse auf der Grundlage des Zeitwertes der Kapitalanlagen möglich sein, da die zur Bedeckung der Verpflichtungen aus diesen Versicherungszweigen bestimmten Kapitalanlagen mit ihrem jeweiligen Zeitwert zu bilanzieren sind.[173] Zu bedenken ist, daß die fondsgebundene Lebensversicherung mit einem Marktanteil von gegenwärtig etwa 2% in Deutschland eine vergleichsweise untergeordnete Rolle spielt. Die Vergleichbarkeit der Jahresabschlüsse auf der Grundlage des Zeitwertes von Kapitalanlagen der fondsgebundenen oder indexgebundenen Lebensversicherung dürfte daher in Deutschland bis auf weiteres kaum Bedeutung haben.

Ein weiteres Kriterium, das bei der Frage der Vergleichbarkeit der Jahresabschlüsse auf der Grundlage des Zeitwertes von Kapitalanlagen zu beachten ist, sind die Rahmenbedingungen für die Kapitalanlagepolitik der Versicherungsunternehmen. Diese werden im wesentlichen durch

---

[171] Vgl. *Association of British Insurers (ABI)*, a.a.O. (Fn. 170), S. 5.
[172] Vgl. Guidance Notes on the Valuation of Assets Regulations Part V of the Insurance Companies Regulations 1981, 5. April 1993, S. 1.
[173] Vgl. Art. 46 Abs. 2 i.V.m. Art. 44 Abs. 1 Satz 2 VersBiRiLi.

die Struktur der Kapitalmärkte und die Ausgestaltung der Kapitalanlagevorschriften bestimmt.

Die VersBiRiLi legt eindeutig fest, daß unter dem Zeitwert von Kapitalanlagen – mit Ausnahme der Grundstücke – grundsätzlich der Börsen- oder Marktwert zu verstehen ist. Daher bietet sich die Darstellung eines Zeitwertes von Kapitalanlagen in den Fällen an, in denen die Verhältnisse auf dem Kapitalmarkt einer einfachen und willkürfreien Ermittlung des Zeitwertes von Kapitalanlagen nicht entgegenstehen. Dort sind die Voraussetzungen für die Verwirklichung der mit der VersBiRiLi verfolgten Intention, den Jahresabschlußadressaten eine bedeutende Vergleichsinformation für die Entscheidungsbildung zu bieten, grundsätzlich erfüllt.

Probleme treten dort auf, wo diese Kapitalmarktverhältnisse nicht vorliegen und der Ausweis eines Zeitwertes nicht der in der 4. EG-Richtlinie geforderten Vermittlung eines den tatsächlichen Verhältnissen entsprechenden, stichtagsbezogenen Einblicks (true and fair view) in die finanzielle Situation dienlich ist. Ein solcher Fall ist denkbar, wenn auf einem Kapitalmarkt nicht genügend Titel an einer Börse oder einem anderen Markt notiert sind, um den Bedarf der Versicherungsunternehmen für eine der besonderen Art des Versicherungsgeschäfts Rechnung tragende, ausgewogene Kapitalanlagepolitik mit ausreichender Mischung und Streuung zu decken. Zudem ist ein Marktwert grundsätzlich abzulehnen, dem kein regelmäßiger Handel zugrunde liegt. In derartigen Fällen wird der Stichtagswert nicht, wie nach den Vorschriften der VersBiRiLi beabsichtigt, durch den Markt bestätigt.

Neben den unterschiedlichen Bedingungen auf den internationalen Kapitalmärkten sind bei der Frage nach der Vergleichbarkeit der Jahresabschlüsse auf der Grundlage des Zeitwertes der Kapitalanlagen auch die unterschiedlichen Kapitalanlagevorschriften in den Untersuchungsländern zu beachten. Während in einigen Untersuchungsländern keine festgelegten Anlagebeschränkungen für die Anlage in marktgängige Kapitalanlagearten, insbesondere in Aktien, bestehen, legen einige Mitgliedstaaten strikte Höchstgrenzen für die Anlage in derartigen Kapitalanlagen fest. In diesen Ländern investieren die Versicherungsunternehmen schwerpunktmäßig in festverzinsliche Wertpapiere mit hoher Nominalwertsicherheit oder in ähnliche Kapitalanlagen, die nicht regelmäßig am Markt gehandelt werden und deren Zeitwert im allgemeinen nicht unmittelbar durch den Kapitalmarkt bestimmt wird, sondern überwiegend von landesspezifischen Zinsentwicklungen abhängt.

Ein auf den Zeitwert von Kapitalanlagen abgestellter internationaler Vergleich von Jahresabschlüssen, in denen sich eine unterschiedliche Kapitalanlagepolitik widerspiegelt, die oftmals aus landesspezifischen Kapitalanlagevorschriften und Zielsetzungen im Versicherungsgeschäft mit unterschiedlichen Produktinhalten resultiert, könnte unter Umständen zu Fehleinschätzungen der finanziellen Situation eines Versicherungsunternehmens führen.

V. Schlußbetrachtung

Mit der VersBiRiLi soll lediglich den branchenspezifischen Besonderheiten des Versicherungsgeschäfts Rechnung getragen werden, so daß im Grundsatz die Regelungen der 4. EG-Richtlinie auch für Versicherungsunternehmen Anwendung finden.

Die Pflicht zur Angabe des Zeitwertes der zu Anschaffungs- und Herstellungskosten bilanzierten Kapitalanlagen von Versicherungsunternehmen nach den Vorschriften der VersBiRiLi stellt eine grundlegende Neuerung gegenüber den Regelungen der 4. EG-Richtlinie dar. Erstmalig wird in der europäischen Rechnungslegung die Vergleichbarkeit von Jahresabschlüssen nicht nur auf der Grundlage von Anschaffungs- und Herstellungskosten, sondern auch auf der Grundlage des Zeitwertes angestrebt. Damit geht vor dem Hintergrund der 4. EG-Richtlinie eine materielle Gleichstellung des Zeitwertes mit den Anschaffungs- und Herstellungskosten einher.

Es muß demnach besondere branchenspezifische Gründe für die Offenlegung des Zeitwertes im Jahresabschluß der Versicherungsunternehmen geben, die eine Abweichung von der 4. EG-Richtlinie rechtfertigen. Derartige Gründe werden aber in der VersBiRiLi nicht hinreichend angeführt. Der in der VersBiRiLi angegebene Grund, daß der Zeitwert für eine zutreffende Vorstellung von der finanziellen Situation und der daraus ableitbaren Fähigkeit eines Unternehmens, seinen gegenwärtigen und künftigen Verpflichtungen nachzukommen, besser geeignet sei als die Anschaffungs- und Herstellungskosten, kann für Unternehmen aller Branchen angeführt werden. Eine besondere Veranlassung zu einer branchenspezifischen Abweichung von den Regelungen der 4. EG-Richtlinie kann aus dieser Begründung für Versicherungsunternehmen nicht abgeleitet werden.

Die mit der VersBiRiLi angestrebte Vergleichbarkeit und Transparenz der Jahresabschlüsse kann auch nach dem Vorbild der 4. EG-Richtlinie auf der Grundlage der Anschaffungs- und Herstellungskosten erreicht werden.

Aufgrund unterschiedlicher Rahmenbedingungen für die Kapitalanlagepraxis ist in einigen Mitgliedstaaten eine willkürfreie, objektive Ermittlung des Zeitwertes von Kapitalanlagen zum Teil nicht möglich. Eine Vergleichbarkeit auf der Grundlage des Zeitwertes von Kapitalanlagen könnte daher zu Fehlinterpretationen führen. Der Zeitwert bietet sich als internationale Vergleichsgrundlage dort an, wo die Verhältnisse auf den Kapitalmärkten, die Kapitalanlagevorschriften und die Struktur des betriebenen Versicherungsgeschäfts vergleichbar sind.

Da für Versicherungsunternehmen in Mitgliedstaaten mit einer langjährigen Tradition konservativer Bilanzierung in der Bestimmung des Zeitwertes von Kapitalanlagen entsprechende Erfahrungswerte fehlen, kann möglicherweise eine Beobachtung der Praxis in Mitgliedstaaten mit langjähriger Erfahrung in der Zeitwertbilanzierung langfristig zu einer Vergleichbarkeit auf der Grundlage des Zeitwertes beitragen.

Es ist vorgesehen, daß der Rat der EU alle in der VersBiRiLi eingeräumten Mitgliedstaatenwahlrechte fünf Jahre nach der erstmaligen Anwendung der VersBiRiLi – also im Jahre 2000 – im Hinblick auf die Zielsetzung einer größeren Transparenz und Harmonisierung überprüft.[174] Der Zeitraum der ersten Überprüfung der Mitgliedstaatenwahlrechte ist insofern kritisch zu sehen, als die Zeitwerte der Grundstücke und Bauten in einigen Mitgliedstaaten erst in den Jahresabschlüssen für die ab dem 1. Januar 1999 beginnenden Geschäftsjahre offengelegt werden und entsprechende Erfahrungswerte möglicherweise nicht vorhanden sein werden.

Interessant ist in diesem Zusammenhang der Harmonisierungsvorbehalt, dem die in Art. 33 Abs. 1 der 4. EG-Richtlinie enthaltenen Abweichungen vom Anschaffungs- und Herstellungskostenprinzip unterstehen. Es wäre grundsätzlich zweckmäßig, die Überprüfung der VersBiRiLi nicht losgelöst von den Bewertungsvorschriften der anderen Bilanzrichtlinien vorzunehmen.

Es bleibt zu hoffen, daß der europäische Richtliniengeber bei der Erarbeitung weiterer Harmonisierungsschritte Augenmaß für die Belange der Versicherten behält und die in unterschiedlichen geschichtlichen Zusammenhängen und Kulturen gewachsene Bilanzrechtstradition in den einzelnen Mitgliedstaaten berücksichtigt.[175]

---

[174] Vgl. die Erwägungsgründe zur VersBiRiLi. Vgl. Art. 71 VersBiRiLi.
[175] Vgl. *Havermann*, Rechnungslegung, Vereinheitlichung der, in: Handwörterbuch Export und Internationale Unternehmung, hrsg. v. Macharzina/Welge, Stuttgart 1989, Sp. 1797–1808, hier Sp. 1807; vgl. *Großfeld*, Bilanzziele und kulturelles Umfeld, WPg 1994, S. 795–803.

BERNHARD GROSSFELD

Europäisches Unternehmensrecht und internationaler Wettbewerb

    I. Sturm
   II. Europäisches Recht
  III. Heimwärtsstreben
  IV. Ausbruch
   V. Internationales Unternehmensrecht
  VI. Ausländische Kapitalgesellschaft & Co. KG
 VII. Abkommens„geschützte" Unternehmen
VIII. Bilanzkonflikte
  IX. Stille Rücklagen
   X. Internationale Finanzmärkte
  XI. Banken
 XII. Insiderrecht
XIII. Europäischer Kapitalmarkt
XIV. Ein den tatsächlichen Verhältnissen entsprechendes Bild
 XV. Abkopplungstheorie
XVI. Weltabschluß
XVII. Währungsumrechnung
XVIII. Prüfungsvermerk
XIX. Unsere Aufgabe
XX. Jugend
XXI. Schluß

I. Sturm

Als Herr *Havermann* sein Berufsleben in den 50er Jahren begann, dämmerte das Internationale erst am Horizont herauf; die nur schemenhaft skizzierte Konzernbilanz führte als Weltbilanz ein Kümmerdasein im Bereich des Freiwilligen. Der Wind des Internationalen blies schon damals, und besonders die Textilindustrie bekam ihn zu spüren. Doch das war nur ein Säuseln gegenüber dem Sturm, der langsam zu einem Brausen des Geistes wurde, zu einem Pfingsterlebnis für Europa: 1957 begann die Europäische Wirtschaftsgemeinschaft, die jetzige Europäische Union.

Daß dahinter von Anbegin eine große Tradition als historische Kraft stand, zeigt die Landkarte: Die Fläche der sechs Gründerstaaten (Deutschland, Frankreich, Italien, Benelux) entsprach exakt dem Reiche Karls des Großen bei der Kaiserkrönung in Aachen (800 n. Christi); die Grenzen: Elbe, Pyrenäen, Mittelmeer. Immer mehr Staaten kamen hinzu: England, Griechenland, Spanien, Portugal, Irland, Dänemark, und jetzt Österreich, Schweden, Finnland; auch Polen, Ungarn und die baltischen Staaten stehen in der Warteschlange. Die Europäische Union war Vision, sie ist Wirklichkeit.

Dieser Sturm wurde lange und in Deutschland allzulange unterschätzt. Gewiß, die Vorteile für die Industrie unseres Landes waren vielen bewußt, aber die Irrungen und Wirrungen der Agrarpolitik, die kuriosen Sprachspiele europäischer Ordnungstechnik verniedlichten die geistige Kraft, die sich entfaltete und die alle Verniedlicher hinwegwischen wird.

II. Europäisches Recht

Diese Kraft zeigt sich im Gemeinschaftsrecht, das heute eine Macht erster Ordnung ist – im praktischen wie im geistigen Bereich.[1] Es ist ja nicht mehr so, daß das Gemeinschaftsrecht an geistigem Glanz hinter den nationalen Rechten zurücksteht. Nein, das Gemeinschaftsrecht strahlt in die nationalen Rechte hinein. Hier wiederholt sich, was ab dem 12. Jahrhundert – von Bologna und Pisa her – Europa verband:

---

[1] Vgl. dazu *Großfeld*, Europäisches Wirtschaftsrecht und Europäische Integration, Düsseldorf 1993; *Mestmäcker*, Zur Wirtschaftsverfassung in der Europäischen Union, in: Ordnung in Freiheit, Festschrift für Willgerodt, hrsg. v. Hasse u. a., Stuttgart 1994, S. 263-292.

Der Ruhm des damals wiedergefundenen römischen Rechtes kam über die Kirche und die Köpfe der Studenten in alle europäischen Länder und gestaltete unser Recht durch die Rezeption um, bis 1900 und bis in das Bürgerliche Gesetzbuch hinein. Ähnlich ist es heute. Das schüttelt uns durcheinander.

III. Heimwärtsstreben

Die zweite Generation nach dem Weltkrieg konnte sich noch in dem einrichten, was die erste Generation, die Pioniere, aufgebaut hatten. Die Nachfolger richteten sich in der Heimat ein; sie fanden Europa zwar wirtschaftlich wichtig und für Auslandsreisen sogar angenehm, aber geistig exotisch. Im Wirtschafts- und im Rechtsstudium kam Internationales, kam Europa nicht vor. Um so mehr Energie verwandten die Nachkömmlinge auf die rechtliche und theoretische Überspinnung aller Lebensbereiche mit immer dichteren Rechtsnetzen – aus der Sicht ihrer Provinz. Wir sind wie Gulliver in Liliput gefesselt durch eine Rechtsordnung, die ihren vitalen Auftrag manchmal vergessen hat – in den Händen lokal orientierter Bürokraten. Ich rüge das für die Vergangenheit nicht, vielleicht war eine Konsolidierung sogar notwendig. Aber um das Vergangene geht es nicht – nur um die Zukunft, nur um das Morgen!

IV. Ausbruch

Denn die Welt um uns herum kümmert sich nicht um deutsche Gemütlichkeit und deutsche Zufriedenheit. Sie eilt weiter und immer weiter. Das ist selbst vielen deutschen Nabelschauern klar: Die Talente für die Zukunft treffen sich auf europäischer Ebene, dort wachsen neue Ideen und neue Führungskräfte. Und wer da zu spät kommt, den bestraft das Leben. Gott sei Dank! Damit flattern die Wetterfahnen des Internationalen vor unserer Tür, wichtiger, vor den Türen unserer Kinder. Die neuen Kräfte lassen sich durch eine noch so fein gesponnene Dogmatik nicht mehr vernebeln. Der Titel eines 1993 erschienenen Buches trifft: „Europäische Integration und globaler Wettbewerb".[2]

Der Wettbewerb zeigt sich zunächst in der Europäischen Union. Dort ringen nationales und europäisches Unternehmensrecht mitein-

---

[2] Hrsg. v. *Henssler/Kolbeck/Moritz/Rehn,* Heidelberg 1993.

ander. Der Europäische Vertrag wurde Grundlage für Unternehmensformen, von denen bisher nur die Europäische Wirtschaftliche Interessenvereinigung Gestalt gewann. Aber die Europäische Aktiengesellschaft, die Europäische Genossenschaft, der Europäische Versicherungsverein auf Gegenseitigkeit erscheinen am Horizont.

V. Internationales Unternehmensrecht

Noch schärfer ist der Wettbewerb der nationalen Rechte untereinander – und Schiedsrichter ist das Europäische Internationale Unternehmensrecht; Wettbewerb von nationalen Rechten um die Struktur von Unternehmen? Die meisten Juristen denken darüber nicht nach. Aber haben Sie sich einmal überlegt, warum Unternehmen als deutsche Gesellschaft mit beschränkter Haftung und nicht als englische limited company gegründet werden, wenn Sie damit die Mitbestimmung, sogar deutsches Bilanzrecht vermeiden könnten?

Heute tobt ein Kampf um die Geltung deutschen Unternehmensrechts und auch deutschen Bilanzrechts (was hier einschlägig ist). Von dessen Ausgang hängt es ab, ob und wie lange noch deutsches Gesellschaftsrecht unsere Unternehmen regiert. Dabei geht es um „Sitztheorie" und „Gründungstheorie", oder praktisch darum, ob Unternehmen in Münster nach deutschem oder in London nach englischem Recht gegründet werden. Ziehen Londoner Anwälte und Prüfer die Unternehmen an sich oder bleibt auch im größeren und im mittelständischen Rahmen noch etwas für Anwalts- und Beratungspraxen z. B. in Münster?

Nur ganz kurz dazu: Bisher entsteht und lebt ein Unternehmen nach dem Recht des Landes, im dem es seine Hauptverwaltung hat, das sagt die Sitztheorie. Sie sieht sich aber einer mächtigen Konkurrentin gegenüber, der Gründungstheorie.[3] Nach ihr gilt das Recht, unter dem das Unternehmen nun einmal errichtet ist. Diese Theorie gibt den Gründern große Freiheit bei der Wahl des Unternehmensrechts gemäß dem Motto: wie hätten sie es gerne? Das macht z. B. liechtensteinische Unternehmensformen so attraktiv. Vor allem England propagiert die Gründungstheorie aus durchsichtigen Motiven: Wegen der Sprache ist England das Eingangstor für Unternehmen aus den USA und – weil Englisch Weltsprache ist – auch z. B. auch Korea und Japan. Wenn diese

---
[3] Vgl. *Staudinger/Großfeld*, Internationales Gesellschaftsrecht, Bearbeitung 1993, Rn. 22, 27.

Unternehmen ohne weiteres nach englischem Recht leben dürften, hätte London einen Sieg erzielt.

Zum Glück hat sich der Europäische Gerichtshof dem widersetzt in seinem berühmten Daily Mail-Urteil.[4] Er entschied, daß das Beharren der Mitgliedstaaten auf ihren Gesellschaftsrechten vereinbar sei mit der Freizügigkeit (wir sprechen von Niederlassungsfreiheit) in der Europäischen Union. Wir sind noch einmal davongekommen – in eine ungewisse Zukunft!

VI. Ausländische Kapitalgesellschaft & Co. KG

Denn wir sind aus dem Schneider nicht heraus: Der Streit um die Frage, „welches Recht regiert die Unternehmen?", geht inzwischen über die Europäische Union hinaus in globale Dimensionen hinein. Zwei Hauptkampfplätze möchte ich ansprechen: Ausländische Unternehmen versuchen die deutsche Mitbestimmung zu vermeiden, indem sie eine Kommanditgesellschaft gründen und eine ausländische Kapitalgesellschaft (z. B. eine schweizerische Aktiengesellschaft) zur Komplementärin machen; denn die deutsche Mitbestimmung erfaßt angeblich nur Kapitalgesellschaften deutschen Rechts. Der Kampf tobt zur Zeit vor dem Oberlandesgericht in Stuttgart.[5] Hier wird Industriepolitik größten Ausmaßes betrieben – und die Öffentlichkeit nimmt das nicht zur Kenntnis!

VII. Abkommens„geschützte" Unternehmen

Noch stärkere Munition nutzen amerikanische Unternehmen. Sie möchten weltweit unter dem milden Recht von Delaware leben (das Recht von Delaware hat als Regelungsgrundsatz: Verwaltung und Großaktionäre sollen sich bei uns wohlfühlen, die anderen Anleger stehen im Schutz des Allerhöchsten). Dafür stützen sich diese Unternehmen auf den deutsch-amerikanischen Freundschaftsvertrag, der die Verlagerung nach Deutschland gestatten soll – ohne Änderung der Rechtsform. Daher verlegen sie ihre Hauptverwaltung zu uns, bleiben unter dem

---

[4] Vgl. EuGHE 1988, 5505, Rs. 81/87 („Daily Mail").
[5] Vgl. LG Stuttgart, IPrax 1994, 293 mit Anmerkung *Großfeld/Johannemann,* IPrax 1994, S. 271 f.; vgl. jetzt auch OLG Stuttgart, Az.: 8 W 355/93.

Recht von Delaware und vermeiden die Mitbestimmung.[6] Mehr noch, sie weichen auch den amerikanischen Wertpapiergesetzen aus, den Pfeilern des dortigen Anlegerschutzes. Sie wandern also in einen rechtsfreien Raum.

Wären diese Versuche erfolgreich, so wäre das Bollwerk deutschen Unternehmensrechts, nämlich die Sitztheorie, völkerrechtlich aus den Angeln gehoben. Der Bundesfinanzhof hat dem bisher nicht nachgegeben,[7] aber der Druck wächst. Unvermittelt wird Unternehmensrecht große Politik – weit über das hinaus, was wir bei Telekom und der Öffnung der Märkte für Telekommunikation in unserem Lande erfahren. Immerhin ist die Post ein Paradebeispiel für mein Thema: In ihrer alten Rechtsform hatte sie international nicht den Hauch einer Chance! Internationaler Wettbewerb im und durch Unternehmensrecht!

VIII. Bilanzkonflikte

Der Wettbewerb setzt sich im Bilanzrecht fort. Denn die Angleichung des Bilanzrechts in der Europäischen Union ist eher formal als inhaltlich gelungen. Für den Jahresabschluß gibt es viele Wahlrechte. Daher können die Mitgliedstaaten an ihren tradierten Bilanzen festhalten. Bei England zeigen sich z. B. folgende Unterschiede:[8]

(1) eigene Forschungs- und Entwicklungsaufwendungen können unter bestimmten Voraussetzungen aktiviert werden;

(2) für selbstgeschaffene immaterielle Anlagegüter (wie Patente und Lizenzen) besteht ein Aktivierungswahlrecht;

(3) steuerliche Besonderheiten dürfen nicht in der Handelsbilanz erfaßt werden;

(4) für alle Pensionsrückstellungen gibt es ein Passivierungswahlrecht;

---

[6] Vgl. *Bungert,* Deutsch-amerikanisches internationales Gesellschaftsrecht, ZVglRWiss 1994, S. 117–176.
[7] Vgl. BFH, BStBl. II 1992, 263. So auch OLG Düsseldorf, WM 1995, 808.
[8] Vgl. auch *Küting,* Europäisches Bilanzrecht und Internationalisierung der Rechnungslegung, BB 1993, S. 30–38, hier S. 31f.; *Küting/Hayn,* Internationale Kapitalmärkte, IStR 1992, S. 38–43; *Smith,* Accounting for Growth, London 1992; *Gräfer,* Annual-Report – der US-amerikanische Jahresabschluß, Stuttgart 1992; *Haller,* Die Grundlagen der externen Rechnungslegung in den USA, 4. Aufl., Stuttgart 1994.

(5) bestimmte Anlagegüter können jährlich neu bewertet werden; das Anschaffungs- und Herstellungskostenprinzip gilt nicht;

(6) bei Vorräten sind Material- und Fertigungsgemeinkosten zu aktivieren;

(7) nur beim Umlaufvermögen (anders bei selbsterstellten Vermögensgegenständen des Anlagevermögens) dürfen Vertriebskosten nicht aktiviert werden;

(8) Beteiligungen dürfen auch im Jahresabschluß at equity bewertet werden;

(9) geleaste Anlagegüter können unter Passivierung korrespondierender Verbindlichkeiten in der Bilanz unter den Sachanlagen aktiviert werden;

(10) zinslose oder niedrig verzinsliche Forderungen dürfen nicht auf den Barwert abgezinst werden;

(11) außerordentliche Erfolge sind anders als bei uns definiert;

(12) die Erfolgsrechnung darf auch in Kontenform aufgestellt werden.

Ähnlich ist es in den USA. Im allgemeinen liegen die Werte dort höher als bei uns, wie überhaupt amerikanische Zeichensysteme „verschönern" wollen. Es gibt kein genaues Konzept für den Begriff Vermögensgegenstand. Angesetzt und bewertet wird nach den Folgen für die periodengerechte Gewinnermittlung und für die Beurteilung der Liquidität. Wir haben es mit zwei Bilanzwelten zu tun. Den Ausgang dieses Wettbewerbs können wir ahnen.

Einige meinen, daß die Übernahme amerikanischer Regeln zur Aufgabe der nationalen Identität in der Rechnungslegung führe und alle Bemühungen um ein einheitliches europäisches Bilanzrechts zunichte mache. Eine Mischung aus Furcht und Überhebung. Am deutschen Wesen wird das internationale Bilanzrecht nicht genesen!

IX. Stille Rücklagen

Obgleich unser Bilanzrecht – namentlich für Kapitalgesellschaften – auf Europäischem Recht beruht,[9] wird es noch als nationale Oase unter

---

[9] Vgl. *Großfeld*, Bilanzrecht für Juristen, NJW 1986, S. 955–962; *Vogel*, Die Rechnungslegungsvorschriften des HGB für Kapitalgesellschaften und die 4. EG-Richtlinie, Berlin 1993.

der Oberhoheit deutscher Wirtschaftsprüfer gepflegt. Welcher Steuerberater, welcher Wirtschaftsprüfer meiner Generation aber hat internationale Erfahrungen – von Aufenthalten in immer denselben ausländischen Hotels abgesehen? Die so gepflegte Gesichtsverengung beherrscht das Denken. Für die Zukunft darf es dabei nicht bleiben, wenn wir mitspielen wollen.

Da ist z. B. der Glaube, daß hohe stille Rücklagen das Schönste seien.[10] Dafür plädierte bei den Vorarbeiten zum Bilanzrecht die mittelständische Wirtschaft; Professor *Leffson* aus Münster und ich standen dagegen. Der Sieg der Wirtschaft zeigt sich im § 253 Abs. 4 HGB, der bei Personengesellschaften „weitere Abschreibungen" zuläßt – angeblich unabhängig von Wertverlusten.

Nichts gegen maßvolle stille Rücklagen. Aber unkontrollierte stille Rücklagen sind gefährlich bei der Bildung wie bei der Auflösung. Bei der Bildung verschleiern sie Vermögen und Ertrag vor Kleinbeteiligten, bei der Auflösung betrügen sie den Unternehmer. Er muß sich nicht Rechenschaft geben, daß er von der Substanz zehrt – und wer keine Rechenschaft ablegen muß, ist in der Gefahr sich zu belügen. Sie kennen das aus ihrer Praxis: Wen die Götter stürzen, den blenden sie zuerst (ein Lieblingsspruch *Harry Westermanns*). In meinem Elternhaus hörte ich: „Lieber Gott, schenke mir einen klaren Blick" – darum geht es im Bilanzrecht zuerst.

Einige sehen das anders: Sie halten es für gut, wenn Anleger wenig sehen, versprechen sich auch niedrige Abfindungen etwa an weichende Erben. Nun, von den „Vorteilen" bei Abfindungen ist nichts geblieben. Buchwertklauseln führen – auch wegen § 253 Abs. 4 HGB – zu gerichtlichen oder schiedsgerichtlichen Auseinandersetzungen.[11] Ausgleiche mit weichenden Erben sind sogar erschwert: Welcher zukünftige Erbe läßt sich mit einem Anteil abfinden, der mit der Enteignungsdrohung des § 253 Abs. 4 HGB „belastet" ist. Das wird sich langsam herumsprechen und zur Haftung von Beratern führen.

---

[10] Vgl. dazu *Großfeld*, Rücklagenbildung und Minderheitenschutz in Personenhandelsgesellschaften, WPg 1987, S. 698–707.
[11] Vgl. z. B. BGH, JZ 1994, 1123 mit Anmerkung *Mark*; BGH, DB 1994, 873; *Großfeld*, Unternehmens- und Anteilsbewertung im Gesellschaftsrecht, 3. Aufl., Köln 1993; *Dauner-Lieb*, Abfindungsklauseln bei Personengesellschaften, ZHR 1994, S. 271–291; *Rasner*, Abfindungsklauseln bei Personengesellschaften, ZHR 1994, S. 292–308.

X. Internationale Finanzmärkte

Entscheidend aber ist: Dieser überzogene Kult der stillen Rücklagen – zumindest soweit er z. B. bei den Aufwandsrückstellungen zu den Kapitalgesellschaften überspringt – schwindet vor den Finanzmärkten. Das Schicksal unserer Unternehmen hängt von ihrem Status an internationalen Finanzmärkten ab. Das zeigt uns die Deutsche Telekom, für die selbst der Tropf des Bundeshaushalts viel zu klein ist, das zeigt uns Daimler Benz in New York und Singapur, das zeigt uns jeder Blick in eine große Zeitung. Das Unternehmen ist in drei Märkte eingespannt: Absatzmärkte, Bezugsmärkte, Finanzmärkte; und die Finanzmärkte sind auf die Dauer sehr stark.

Die Finanzmärkte kümmern sich einen Deut um das deutsche Wesen oder um Erben. Sie mögen denken – nun, diese Märkte sind wichtig für Großunternehmen, für Telekom, Daimler, Nestle. Aber wir? Bleiben wir wachsam! Es gibt keinen Naturschutzpark für den Mittelstand, auch keinen rechtlichen. Die Standards für die Großen prägen das Umfeld der Mittleren und Kleinen und deren Ordnungen.

Die Standards aus den internationalen Finanzmärkten stehen vor unserer Tür. Bald werden englische, französische, amerikanische und japanische Banken bei deutschen Unternehmen anklopfen und bald werden diese dort ihre Abschlüsse vorlegen. Die Europäische Union hat die Weichen gestellt: Wir haben einen Europäischen Bankenmarkt und ab dem 1. Juli 1994 auch einen Europäischen Versicherungsmarkt. Das führt zu Bilanzen, die diese Europäer von ihrer Erfahrung her „lesen" können. Sie lesen nicht „deutsch" sondern messen uns an ausländischen Unternehmen, die mit weniger stillen Rücklagen schöner wirken – mit Folgen für Kreditwilligkeit und Zinshöhe.

XI. Banken

Das deutsche Vorsichtsprinzip, das hinter den stillen Rücklagen steht (auf Englisch heißen sie hidden reserves, haben also einen negativen Akzent) läßt sich so nicht halten, obwohl es mit zu Herzen gehender Deutschtümelei verteidigt wird. Es beruht darauf, daß Banken bei uns im 19. Jahrhundert Aktiengesellschaften gründeten (z. B. im Westen das Bankhaus Salomon Oppenheim) und bis heute viele Beteiligungen halten (Bankenmacht). Das Depotstimmrecht verstärkt den Einfluß der Banken noch einmal; es sichert zuerst Banken und schützt deren Kredite. Die Banken brauchen keinen hohen Wertausweis; sie haben ohnehin Einblick – jedenfalls haben wir das vor „Schneider" geglaubt. Sie wollen Kredit- und Geschäftsbeziehuen, suchen ihren Vorteil nicht aus dem Gewinn des Unternehmens, sondern aus Zinsen und Gebühren.

XII. Insiderrecht

Im Zeichen der Massenanleger und der Wertpapierfonds sind die Interessen andere. Unternehmensrecht entsteht aus den Märkten und gestaltet sie mit. Daher bestimmt bei Großunternehmen die Börse das Unternehmensrecht, und je wichtiger die Börse wird, um so lauter tönt der Ruf nach Schutz der Anleger. Daher wandelt sich unser Unternehmensrecht vom Gesellschafts- zum Anlegerschutzrecht. Einem Anlegerschutzrecht liegt wenig an stillen Rücklagen; denn sie begünstigen Insider: Der Insider kennt den Wert des Anteils besser als der Außenseiter und kann seinen Vorsprung zu günstigen Käufen oder Verkäufen nutzen.

Im Zeichen der Gleichheit und des Anlegerschutzes ist das ein Sakrileg – ob zurecht oder unrecht lasse ich dahinstehen.[12] Wir hörten davon immer aus den fernen USA, aber plötzlich kam es uns in Münster ganz nah: Eine heimische Genossenschaft hatte sich von ihren Mitgliedern gegen eine niedrige Abfindung zum Buchwert getrennt. Danach konnte die Genossenschaft aufgelöst und das hohe Vermögen an die wenigen verbliebenen Insider verteilt werden. Das Landgericht Münster hat dagegen jüngst reagiert und die Mitglieder in ihre Rechte eingesetzt.[13]

Aber das sind nur Vorläufer, Europa brachte die Wende: Wir erhielten von dort ein Recht gegen Insidermißbräuche. Deutschland muß sich sogar anstrengen, den Anschluß zu halten; es wird sein Ansehen als Anlegerland und Börsenplatz verlieren, wenn es den europäischen Vorgaben nur halbherzig folgt.[14]

Ein Zeichen an der Wand ist auch die Lebensversicherungsrichtlinie aus Brüssel: Die Lebensversicherungen müssen spätestens 1999 die

---

[12] Vgl. dazu auch *Lehmann,* Insiderhandel – ökonomische Analyse eines ordnungspolitischen Dilemmas, Berlin 1994.
[13] Vgl. LG Münster, Urt. v. 25. 4. 1994, Az.: 2 O 554/93.
[14] Vgl. auch *Assmann,* Das künftige deutsche Insiderrecht, AG 1994, S. 196–206 und S. 237–258.

stillen Rücklagen offenlegen, die den Versicherten gehören. Die deutsche Umsetzung steht noch aus.[15]

XIII. Europäischer Kapitalmarkt

Art. 67 EGV schafft einen einheitlichen Europäischen Kapitalmarkt, für den wir inzwischen zwei Basisrichtlinien haben: Die Börsenzulassungs-Richtlinie und die Börsenzulassungsprospekt-Richtlinie. Harmonisierung der Rechnungslegung und freizügiger internationaler Kapitalmarkt aber sind zwei Seiten einer Münze.

XIV. Ein den tatsächlichen Verhältnissen entsprechendes Bild

Die Internationalität krempelt noch mehr um. Sie brachte uns die Forderung, daß der Jahresabschluß von Kapitalgesellschaften (demnächst auch von GmbH & Co. KG) und der Konzernschluß „ein den tatsächlichen Verhältnissen entsprechendes Bild" vermitteln müssen (§ 264 Abs. 2 Satz 1, § 297 Abs. 2 Satz 2 HGB). Damit erobert England den Kontinent; denn das „den tatsächlichen Verhältnissen entsprechende Bild" ist eine mißlungene Übersetzung des englischen „true and fair view". Bis zum Beitritt Englands zur Europäischen Union waren wir Deutschen im europäischen Bilanzrecht König: Alles war wohlgeordnet, in Einzelregeln gefaßt, und wer sich an die Buchstaben des Gesetzes hielt, brauchte sich um nichts weiter zu kümmern. Kommentare gaben oft zwei Antworten, gewährleisteten so Flexibilität.

Die Dynamik des „true and fair view" haben wir alle unterschätzt. Er gleicht zunächst die englische Auslegung an unsere an. Die englischen Gerichte kleben nach der „golden rule" stärker am Wortlaut. Weil die Gerichte das jüngere Parlament als Nebenbuhler empfanden, schränkten sie dessen Macht durch enge Auslegung der Gesetze ein. Der „true and fair view" soll also gerade für das Bilanzrecht in England eine Flexibilität bringen, die wir aufgrund anderer Tradition allgemein haben.

Aber was heißt „true and fair view" sonst? Wir wenden uns nach England und hören dort die Story vom Steuermann Smith, der gerne einen über den Durst nahm. Eines Tages war der Kapitän es leid und

---

[15] Vgl. dazu *Wesselkock*, Die deutsche Lebensversicherung im europäischen Binnenmarkt, Versicherungswirtschaft 1994, S. 670–675.

schrieb in das Logbuch: „Steuermann Smith war heute betrunken". True and fair. Steuermann Smith reagierte. Am nächsten Tag schrieb er in das Logbuch: „Kapitän Baker war heute nüchtern". True – aber nicht fair. Nun, mit solchen stories ließ sich leben.

Aber bald erschienen dunkle Wolken am Himmel: Könnte sich der „true and fair view" gegen stille Rücklagen wenden? Könnte er fordern, daß bei Abschlüssen nicht nur Erbsen einzeln gezählt, sondern das Ganze gewogen wird? Wenn ich an jeder Stelle die schönere Erbse wähle oder immer die schlechtere, kann das Ganze umkippen (das Ganze ist mehr als die Summe seiner Teile). Richtig – und wen interessiert das? Wie ein Donnerschlag wirkten die Vorgänge bei den amerikanischen Savings and Loan Associations (Whitewater gehört in diesen Umkreis – selbst Hillary und Bill hat es dabei fast erwischt): Der Bundesrichter in Washington D.C., Judge *Sporkin,* hatte bei der Lincoln Savings Bank den Anwälten und Prüfern vorgehalten, daß technisch alles gerade noch stimmte, daß aber viele „gerade noch" zusammen „gerade nicht mehr" ergaben.[16]

Die Prüfungsgesellschaft wurde auch durch eine münsteraner Dissertation vor dem Kalifornischen Supreme Court „herausgehauen";[17] denn mit unter dem Eindruck dieser Dissertation (wiedergegeben in einem amerikanischen Aufsatz) änderte das Gericht seine Meinung – zugunsten der Prüfer.[18]

XV. Abkopplungstheorie

„Sandbagging", Sandsäcke her, heißt das Stichwort, wenn manche Wirtschaftsprüfer das Lied des „true and fair view" singen oder verschweigen. Die Zauberformel heißt: Der true and fair view bedeutet für die Bilanz und für die Gewinn- und Verlustrechnung nichts. Er verlangt nur, daß im Anhang „zusätzliche Angaben zu machen" sind. Das hört sich gut an, vor allem wenn es sich als „Abkopplungstheorie" schmückt – Abkopplung von der Richtigkeit! Der Witz ist: Der deutsche Gesetzgeber hatte Europäisches Recht umzusetzen und in Art. 2 Abs. 5 der Vierten Richtlinie heißt es:

„Ist in Ausnahmefällen die Anwendung einer Vorschrift dieser Richtlinie mit der in Abs. 3 vorgesehenen Verpflichtung (ein den tat-

---

[16] Vgl. Lincoln Savings and Loan Association v. Wall, 743 F. Supp 901 (D.D.C. 1990).
[17] Vgl. *Ebke,* Wirtschaftsprüfer und Dritthaftung, Bielefeld 1983.
[18] Vgl. Bily v. Arthur Young & Co., 823 P 2d 745 (Cal. 1992).

sächlichen Verhältnissen entsprechendes Bild) unvereinbar, so muß von der betreffenden Vorschrift abgewichen werden, um sicherzustellen, daß ein den tatsächlichen Verhältnissen entsprechendes Bild im Sinne des Abs. 3 vermittelt wird. Die Abweichung ist im Anhang anzugeben und hinreichend zu begründen; der Einfluß auf die Vermögens-, Finanz- und Ertragslage ist anzugeben".

Das deutet nicht auf eine Korrektur nur im Anhang. Selbst der Wortlaut des § 264 Abs. 2 Satz 2 HGB läßt folgende Auslegung zu: Zunächst ist so viel des Guten wie möglich in der Bilanz und in der Gewinn- und Verlustrechnung zu tun; erst wenn man dort darstellerisch an Grenzen kommt, darf man in den Anhang übergehen. Da wir unser Bilanzrecht europarechtskonform auslegen müssen, wird der berufliche Widerstand gegen den true and fair view scheitern.[19] Darüber wird der Europäische Gerichtshof entscheiden.

Worauf zielt aber diese Liebe für den Anhang, die das Zentrum der Armee im Troß sieht? Die Antwort: Der true and fair view wirkt sich dann nicht auf Gewinn und Verlust aus, macht niemanden begierig oder stutzig. Der Anhang läßt sich im Fach-Chinesisch so darstellen, daß kaum einer dahinterkommt. Die deutsche Sprache schützt ohnehin vor neugierigen Ausländern, sie verstehen Deutsch kaum und Fachchinesisch gar nicht. Überhaupt: Wer liest schon Anhänge, wo die Zahlen in der Bilanz doch so zuverlässig wirken und Liebe und Vertrauen auf den ersten Blick hervorrufen. Wer guckt der Dame hinter das Make up? Nur ganz Erfahrene!

XVI. Weltabschluß

Ein Sturm auf deutsche Bastionen braut sich auch zusammen beim Weltabschluß, der nach § 294 Abs. 1 HGB zwingend ist. Nach dem Gesetz dürfen wir das Ausländische nicht einfach übernehmen, sondern müssen es nach unserem Recht benennen (§ 300, Abs. 1 HGB) und bewerten (§ 308 HGB). Der Konzernabschluß ist heute das Leitungs- und Auskunftsinstrument für Mutterunternehmen und Konzerne, spielt eine zentrale Rolle.

Aber wie ordnen wir Ausländisches inländisch ein? Kennen wir das Ausländische? Aus dem Studium daheim? Immer wieder hören wir:

---

[19] Vgl. *Großfeld,* Besprechung von Adler/Düring/Schmaltz, Rechnungslegung und Prüfung der Unternehmen, 5. Aufl., AG 1988, S. 315f.

im Grunde sind wir von der ausländischen Tochter und von deren Prüfern abhängig – was von dort kommt, müssen wir übernehmen! Welcher Prüfer kann sich in die wirtschaftlichen und kulturellen Umstände des Ausländischen eindenken, einfühlen? Manche halten das nicht einmal für nötig, weil ja Zahlen angeblich weltweit so objektiv sind. Wer hat Auslandsstudium, wer hat Auslandserfahrung in meiner Generation? Schweigen im Walde! Die deutschen Hochschulen schwiegen lange am tiefsten – weil tiefes Schweigen für Weisheit galt: Aber das Erdbeben „Metallgesellschaft" zeigt, daß es bei dieser schweigenden Unkenntnis nicht bleiben darf. Jedenfalls für die Zukunft müssen wir das ändern.

XVII. Währungsumrechnung

Die Europäische Währungsunion und die European Currency Unit (ECU) wirken ebenfalls auf uns. Die Erweiterung der Europäischen Union durch Österreich, Schweden und Finnland gibt dem Europäischen Währungssystem Pusch. Diese Länder möchten bald dem Europäischen Währungsinstitut als dem Vorläufer einer Europäischen Zentralbank beitreten. Sie haben starke Währungen, und sie hoffen, die Eintrittsbedingungen zu erfüllen.

Wichtiger noch: Die Weltabschlüsse führten uns bisher in schwierige Probleme bei der Umrechnung der Währungen, schaffen große Risiken und hohe Kosten. Wir haben die Umrechnung nicht im Griff; lassen wir uns von keinem „Mathematiker" täuschen.[20] Gerade die Weltabschlüsse machen die Europäische Währung zum Wunschziel. Sie wird die Abschlüsse vereinheitlichen, wahrscheinlich nicht auf deutsche Standards hin.

XVIII. Prüfungsvermerk

Das Internationale rüttelt selbst am Prüfungsvermerk. Toll, was die Weisen bescheinigen (§ 322 Abs. 1 HGB):

„Der Jahresabschluß vermittelt unter Beachtung der Grundsätze ordnungsmäßiger Buchführung ein den tatsächlichen Verhältnissen entsprechendes Bild".

---

[20] Vgl. *Großfeld,* Bilanzrecht, 2. Aufl., Heidelberg 1990, Rn. 747.

Die Fassung des Prüfungsvermerks wurde vor dem Rechtsausschuß des Bundestages erörtert; man unterbrach die Sitzung, damit die Wirtschaftsprüfer noch einmal überlegen konnten. Sie plädierten – entgegen dem Rat der Münsteraner „Truppe" – mit Mehrheit für den jetzigen Wortlaut, weil sie damit der „volleren" Formulierung amerikanischer Wirtschaftsprüfer gleich kämen.[21] Das bisherige kurze Testat habe sie nackt und bloß dastehen lassen. Also des Kaisers neue Kleider! Aber hat der Kaiser die Kleider an, die er anzuhaben vorgibt, an die er vielleicht selber glaubt? Könnte ihn der naive Betrachter (das ist im Märchen von Andersen das Kind: „Aber der Kaiser hat ja nichts an!") in Verlegenheit bringen? Nun, so schlimm ist es nicht; etwas hat er wohl an, aber nicht so Prächtiges!

Das Problem ist ernst genug. Wenn wir den true and fair view in den Troß (Anhang) abdrängen, dürfen wir ihn dann beim Bestätigungsvermerk ins Zentrum stellen? Wie steht es mit den Erwartungen der Öffentlichkeit? Hier setzt die Diskussion um das „expectation gap" an, entzündet sich die Kritik, daß aus „Wachhunden der Wirtschaft" „handzahme Schoßhündchen" gar „Komplizen der Konzerne" geworden seien. Wir weisen solche Vorwürfe zurück: Prüfer sind keine Detektive und können nicht vor allen Betrügereien schützen. Wer kann das? Vom Prüfer kann man auch kein Gesundheitstestat erwarten. Aber dennoch!

Dieses „aber dennoch" führt uns wieder „nach Kalifornien": Was denkt ein Amerikaner, wenn er unseren Bestätigungsvermerk liest? Wie ist es, wenn wir beim Wort genommen werden vor ausländischen Gerichten? Have the cake and eat it? Hält die deutsche Haftungsbegrenzung auf 500 000,- DM (§ 323 Abs. 2 Satz 1 HGB; evtl. Art. 38 EGBGB) stand? Wir werden sehen, was New York dazu sagt. Das ist für international tätige Prüfungsgesellschaften ein Problem – und viele werden demnächst international sein. Die Absicherung gegen drohende Schäden kostet in Europa fünf, in den USA mehr als zehn Prozent des Umsatzes: Deutschland wird keine Insel der Seligen bleiben!

XIX. Unsere Aufgabe

Unternehmensrecht ist eine kulturelle Antwort auf Fragen, die von Kultur zu Kultur teilweise andere sind. Es ist wichtig, daß unsere Aussagen

---

[21] Vgl. *Helmrich* (Hrsg.), Bilanzrichtlinien-Gesetz, München 1986, S. 284.

im Konzert der Welt mitklingen. Uns hilft kein Lamentieren, kein Selbstlob unserer „Wissenschaftlichkeit"; denn Kulturen halten es selbst damit unterschiedlich. Erleben sie einmal den deutschen „Rechtswissenschaftler" lokalen Stils vor internationalen Gremien: Da wendet sich der Gast mit Grausen!

Wir brauchen ein Unternehmensrecht, das dem internationalen Wettbewerb gewachsen ist, wir brauchen international erfahrene Unternehmer und Berater (auf Erfahrung kommt es an, nicht nur auf Bücherwissen). Darum müssen wir uns kümmern!

XX. Jugend

Unsere Hoffnung ist die Jugend. Aber lassen wir sie das Internationale erfahren, nicht nur erlesen? Der große Jurist *Goethe* sagt:

> „Willst den Dichter Du verstehen,
> mußt Du in Dichters Lande gehen."

Das gilt auch für unsere Abnehmer, unsere Geldgeber, unsere Wettbewerber. Die jungen Leute gehen gern ins Ausland; aber erkennen wir ihren Enthusiasmus, stützen wir sie mit unserer Disziplin?

Leider sind Studium und Ausbildung mit nationalem Kleinkram überlastet, so daß schon wegen der Lebenszeit ein Auslandsaufenthalt schwer möglich ist (das gilt vor allem, wenn man dem traditionellen Rat zur Banklehre folgte). Honorieren wir Auslandserfahrung oder bringt Gesichtspflege daheim mehr als Leistungspflege im Ausland? Wer im Ausland von „Angesicht zu Angesicht" Überleben erfährt, kann daheim keine Gesichter pflegen, kann keine heimischen Netze bauen: Eine Spinne im Netz aber fängt für sich mehr als die Spinne, die nach neuen Netzen sucht oder an einem größeren baut. Sind wir uns dessen bewußt? Tun wir etwas dagegen? Oder gilt der Satz: Aus den Augen aus dem Sinn? Kommen die Fachleute aus dem Ausland nie zurück? Wird die propagierte Internationalisierung umgesetzt?

Wir müssen unsere Kinder an das Internationale, an das Europäische heranführen, es lieben lernen, ohne dafür den Preis nationaler Schlamperei zu zahlen. Wir müssen gegenüber den heimischen Gesichtspflegern mißtrauisch sein; auf Leistungspflege kommt es an – möglichst auch im Ausland. Laßt doch der Jugend ihren Lauf in das Internationale hinein! Gewiß wir wollen keine cleveren Boys, keine Typen, die uns den Duft der großen weiten Welt „verzapfen". Aber wir brauchen zuverlässige Handwerker mit diszipliniertem Schwung und grenzüberschreitender Sicht. Führung sollte zuerst Menschen mit Erfahrung im Ausland anvertraut werden. Dann wird die Internationalität für uns zur Chance, nicht zur Gefahr. Wer die Wirklichkeit des Internationalen verkennt, den strafen die Götter schon bald.

XXI. Schluß

Unser europäisches und deutsches Unternehmensrecht steht in einem globalen Wettbewerb. Die ihm verbundenen Juristen und Wirtschafter streiten stellvertretend für unsere Kultur, für unsere Wirtschaft. Diesem Wettbewerb können wir uns aufgrund unserer Tradition mit Zuversicht stellen, wenn wir nur wollen: Auf das Wollen kommt es an! Der spanische Dichter *Juan Ramon Jimenez* gibt uns das Motto: Die Füße fest in der Heimat, aber Herz und Verstand offen für die Welt. Und dann mutig drauf zu!

DIETRICH HOFFMANN

Beratungsverträge mit Aufsichtsratsmitgliedern

– Anmerkungen zu den Urteilen des BGH vom 25. März 1991 und vom 4. Juli 1994[1] und zur Aufsichtsratsreformdiskussion –

    I. Einführung
   II. Die gesetzlichen Anforderungen an den Aufsichtsrat
  III. Würdigung der BGH-Urteile
  IV. Zur gegenwärtigen Reformdiskussion
   V. Konsequenzen
 VI. Schlußbemerkung

---

[1] BGHZ 114, 127; 126, 340.

I. Einführung

Die Effizienz des Aufsichtsrats wird seit seiner obligatorischen Einführung durch die Reform des Jahres 1870 unterschiedlich – überwiegend kritisch – beurteilt. Der Gesetzgeber, der ihn an die Stelle der Staatsaufsicht setzte, erwartete von ihm eine stabilisierende Wirkung auf die Unternehmen.[2] Maßgebende Praktiker und die Gesellschaftsrechtler waren sich aber schon um die Jahrhundertwende darin einig, daß über sein Leistungsvermögen allerorten falsche Vorstellungen bestünden. *Rathenau* meinte, der Aufsichtsrat müsse, wenn er auch nur von „wichtigeren Geschäften" Kenntnis nehmen, geschweige denn sie beraten solle, in Permanenz tagen. *Horrwitz* bezeichnete ihn ebenso wie andere Rechtswissenschaftler als täuschendes Rechtsinstitut; seine Überwachungspflicht sei nach allgemeiner Ansicht lebensfremde Unmöglichkeit. Verteidigt wurde der Aufsichtsrat als „Teil des Rechtsgefühls". Seine Aufsichtswirkung sah man im bloßen Vorhandensein, „in being". Übereinstimmung bestand darüber, daß er für einen „anständigen Vorstand" zu sorgen habe.[3] Ebenso einig war man sich aber auch darin, daß die Vorstandsauswahl, vor allem in großen Unternehmen, weitgehend durch Kooptation erfolge und auch erfolgen müsse.[4] Das AktG 1937 zog die Konsequenzen aus der Kritik und verkürzte den gesetzgeberischen Auftrag des § 246 Abs. 1 HGB entscheidend. Der Aufsichtsrat sollte die Geschäftsführung der Gesellschaft künftig nicht mehr „in allen Zweigen der Verwaltung" überwachen und sich zu diesem Zwecke von den Angelegenheiten der Gesellschaft unterrichten müssen. § 95 Abs. 1 Satz 1 AktG 1937 verlangte nur noch: „Der Aufsichtsrat hat die Geschäftsführung zu überwachen". Der Zusatz „in allen Zweigen der Verwaltung" entfiel. Ausdrücklich wurde ihm darüber hinaus der Zweck attestiert, „in hervorragendem Maß der Erhaltung geschäftlicher Beziehungen und Verbindungen, wie sie für die Gesellschaft nützlich, ja unentbehrlich sind" zu dienen.[5]

---

[2] Zur Geschichte des Aufsichtsrats eingehend *Wiethölter,* Interessen und Organisationen der Aktiengesellschaft im amerikanischen und deutschen Recht, Karlsruhe 1961, S. 270 ff.
[3] Vgl. zum Vorstehenden *Wiethölter,* a.a.O. (Fn. 2), S. 296 f.; *Mestmäcker,* Verwaltung, Konzerngewalt und Rechte der Aktionäre, Karlsruhe 1958; dazu auch *Geßler,* in: Komm. AktG, § 111 Anm. 10.
[4] Vgl. *Mestmäcker,* a.a.O. (Fn. 3), S. 91.
[5] Amtliche Begründung zu §§ 86–89 AktG 1937 nach *Wiethölter,* a.a.O. (Fn. 2), S. 300; *Baumbach,* AktG 1937, § 86 Anm. 1.

Nach dem Zweiten Weltkrieg hatte der BGH erstmals 1954 Gelegenheit, sich zur Leistungsfähigkeit des Aufsichtsrats zu äußern. Im Urteil vom 15. Dezember 1954[6] heißt es, daß eigentlich auch die Prüfung des Jahresabschlusses zur Überwachungsaufgabe des Aufsichtsrats gehöre, daß er diese Arbeit aber meistens nicht leisten könne; deshalb sei die Abschlußprüfung durch den Abschlußprüfer vorgeschrieben worden. Von Vertretern der Wissenschaft sind aus dieser Zeit keine Urteile bekannt, die die Aufsichtsarbeit auch bei der verkürzten Überwachungsaufgabe für besonders effektiv gehalten hätten. Im Gegenteil, *Mestmäcker*[7] hielt den Aufsichtsrat – auch schon vor Einführung der paritätischen Mitbestimmung – für strukturell ungeeignet, die ihm gesetzlich zugewiesenen Aufgaben zu erfüllen. Nach *Wiethölter*[8] war der Aufsichtsrat aufgrund der Mitbestimmungsvorschriften – im BetrVG und in den Montangesetzen – nicht mehr als aktiengesellschaftsrechtlich zu begreifen, sondern stellte bereits einen Schritt in die kapitallose Unternehmenskontrolle dar; er sei – so *Wiethölter* – eher eine „Konstruktion auf Fließsand", eine „Halbheit nach allen Seiten". Das Urteil der maßgebenden Aktienrechtler der 50er und 60er Jahre unterschied sich nicht wesentlich von dieser Ansicht. Selbst *Geßler,* der als zuständiger Abteilungsleiter im Bundesjustizministerium das AktG 1965 maßgebend mitgestaltet hat, blieb unsicher, ob der Aufsichtsrat in der Lage sein würde, die für den Regelfall normierte Überwachungspflicht zu erfüllen. Ihm war bewußt, daß eine wirksame Überwachung nur von denjenigen erwartet werden könne, die in der Lage seien, die Rechte auszuüben, was im Klartext heißt, daß sie die vermittelten Informationen auch verstehen und mit ihnen umgehen können.[9] 1994 liest man im Bezug auf die nach Montanrecht und nach MitbestG mitbestimmten Aufsichtsräte bei *Lutter*[10]: „Wer glaubt, in einem solchen Gremium werde ‚offen, frei und vertrauensvoll' diskutiert und beratschlagt, der sollte schleunigst einen Nachhilfekurs über das Verhalten von Lebewesen unter solchen Bedingungen nehmen ... Gesetze, die an diesen Grunddaten menschlichen Zusammenlebens vorbeigehen, bleiben unbeachtet ... oder werden als Kokon unschädlich gemacht".

---

[6] BGHZ 16, 17, 25.
[7] *Mestmäcker,* a.a.O. (Fn. 3), S. 95.
[8] *Wiethölter,* a.a.O. (Fn. 2), S. 300.
[9] Vgl. *Geßler,* in: Komm. AktG, § 111 Anm. 5, 9, 10.
[10] *Lutter,* Der Aufsichtsrat: Konstruktionsfehler, Inkompetenz seiner Mitglieder oder normales Risiko?, AG 1994, S. 176f.; ebenso HB vom 24. 1. 1994, S. 3.

Erstmals in der Geschichte des Aufsichtsrats erschienen während der Diskussion über eine Aktienrechtsreform Ende der 50er Jahre positive Stellungnahmen. Berufs- und Wirtschaftsverbände, Länderminister und die Deutsche Schutzvereinigung für Wertpapierbesitz e. V. vertraten übereinstimmend die Meinung, daß die Dreiteilung der Gesellschaftsorgane in Hauptversammlung, Vorstand und Aufsichtsrat und die damit verbundene Aufgabenteilung sich bewährt habe.[11] Das war aber weniger dazu bestimmt, die Effizienz der Aufsichtsratsüberwachung zu loben, als vielmehr aus Sorge, der Gesetzgeber könne am Board-System Gefallen finden und damit die Tür zum Eindringen der Mitbestimmung in die Verwaltungsspitze öffnen.

Einen Fortschritt im Aufsichtsratsrecht stellte die Neufassung von § 81 Satz 1 AktG 1937 durch § 90 Abs. 1 und 2 AktG 1965 dar. Durch die Bestimmung wurden die Berichtspflichten des Vorstands gegenüber dem Aufsichtsrat durch Einzelaufzählung präzisiert. Damit wurde zugleich der grundsätzliche Umfang der Überwachungspflicht umschrieben.[12] Die in § 111 Abs. 2 AktG 1965 aus dem früheren Recht übernommene Befugnis des Aufsichtsrats, die Bücher und Schriften der Gesellschaft sowie die Vermögensgegenstände einzusehen und zu prüfen, hatte schon mit der Einführung der Abschlußprüfung entscheidend an Bedeutung verloren.

Die – teilweise vernichtende – Kritik am Aufsichtsrat hat immer wieder zu Reformüberlegungen geführt. Auch heute werden sie angestellt. Die Gründe sind bekannt. Die Öffentlichkeit, die sich mit wirtschaftlichen Fragen beschäftigt, ist hoch sensibilisiert. Das rechts- und betriebswissenschaftliche Schrifttum, Wirtschaftsjournale, Wirtschaftszeitungen und maßgebende Unternehmensrepräsentanten entwickeln Reformideen oder treten ihnen entgegen.[13] Seminarveranstalter und

---

[11] Zusammenstellung bei *Wiethölter,* a.a.O. (Fn. 2), S. 298.
[12] Vgl. *Geßler,* in: Komm. AktG, § 111 Anm. 9; *Hefermehl,* in: Komm. AktG, § 90 Anm. 1; *Hoffmann,* Der Aufsichtsrat, 3. Aufl., München 1994, Rdn. 247; *Lutter/ Krieger,* Rechte und Pflichten des Aufsichtsrats, 3. Aufl., Freiburg 1993, Rn. 57; *Mertens,* in: Kölner Komm. AktG, 2. Aufl., § 90, Rn. 4; *Semler,* Die Überwachungsaufgabe des Aufsichtsrats, Köln u. a. 1980, S. 33 ff. Der durch die neue Bestimmung abgesteckte Rahmen schließt nicht aus, daß der Aufsichtsrat, wenn er darüber hinaus Fehlentwicklungen feststellt, den Vorstand darauf hinweist. Deshalb geht die Kritik von *Potthoff/Trescher,* Das Aufsichtsratsmitglied, 2. Aufl., Stuttgart 1994, S. 90, an *Hoffmann/Kirchhoff,* Beratungsverträge mit Aufsichtsratsmitgliedern, WPg 1991, S. 592–600, fehl, da diese den Rahmen von § 90 Abs. 1 und 2 AktG auch nicht absolut setzen.
[13] Aus der bald kaum mehr zu übersehenden Fülle seien genannt: *Adams,* Die Usurpation von Aktionärsbefugnissen mittels Ringverflechtung in der „Deutschland AG",

Berufsverbände führen Spezialveranstaltungen durch. In wiederholten Befragungen werden Aufsichtsratsmitglieder und Aufsichtsratsvorsitzende gebeten, sich mit ihren Erfahrungen zur Aufsichtsratstätigkeit zu äußern und ggf. Vorschläge zur Verbesserung zu machen. Insbesondere die Berichte von *Bleicher*[14] aus dem Jahr 1987 und *Bremeier/ Mülder/Schilling*[15] aus dem Jahre 1994 spiegeln aktuell die Ansichten vieler Aufsichtsratsmitglieder und Aufsichtsratsvorsitzender wieder. Auch die Deutsche Schutzvereinigung für Wertpapierbesitz e. V. hat sich durch ihren Präsidenten geäußert.[16] Die Bundesregierung hatte Anfang 1994 zu den Kontrollmöglichkeiten des Aufsichtsrats Stellung zu nehmen.[17] Für die 13. Legislaturperiode hat sie sich gesetzgeberische Maßnahmen vorgenommen.[18] Vergegenwärtigt man sich, daß das Zutrauen in die Überwachungsmöglichkeiten des Aufsichtsrats noch nie groß war – von Aufsichtsräten in mehrheitlich beherrschten Unternehmen abgesehen – ist der Optimismus, der in vielen Vorschlägen der Reformdiskussion zum Ausdruck kommt, erstaunlich.

AG 1994, S. 148–158, hier S. 155; *Antrecht/Stiller,* Revolution von Räten, Capital 8/1993, S. 92 ff.; *Arbeitskreis „Externe und Interne Überwachung der Unternehmung" der Schmalenbach-Gesellschaft/Deutsche Gesellschaft für Betriebswirtschaft e. V.,* Grundsätze ordnungsmäßiger Aufsichtsratstätigkeit – ein Diskussionspapier, DB 1995, S. 1–4; *Baums,* Der Aufsichtsrat – Aufgaben und Reformfragen, ZIP 1995, S. 11–18; *Bender,* Fortbildung des Aktienrechts: Verbesserung der Funktionstätigkeit der Gesellschaftsorgane notwendig, DB 1994, S. 1965–1968; *Forster,* Aufsichtsrat und Abschlußprüfung, ZfB 1988, S. 789–811; *ders,* MG, Schneider, Balsam und die Folgen – Was können Aufsichtsräte und Abschlußprüfer gemeinsam tun?, AG 1995, S. 1–7; *Goerdeler,* Das Audit Committee in den USA, ZGR 1987, S. 219–232; *Lutter,* AG 1994, S. 176 f.; *Langenbucher/Blaum,* Audit Committees – Ein Weg zur Überwindung der Überwachungskrise?, DB 1994, S. 2197–2206; *Neubauer,* Aufsichtsräte brauchen regelmäßig einen Check-up, HB vom 21. 12. 1994; *Potthoff,* Ein Kodex für den Aufsichtsrat, DB 1995, S. 163 f.; *Roeller,* Quo Vadis Aufsichtsrat?, AG 1994, S. 333–336; *Theisen,* Die Information des Aufsichtsrats, 2. Aufl., Stuttgart 1995; *Vollmer/Maurer,* Beratung durch Aufsichtsratsmitglieder oder Abschlußprüfer aufgrund von Zusatzaufträgen, BB 1993, S. 591–597. Vgl. zu diesem Themenkreis auch die Beiträge von *Biener,* S. 37 ff.; *Clemm,* S. 83 ff.; *Hoffmann-Becking,* S. 229 ff. und *Scheffler,* S. 651 ff., in diesem Band.

[14] *Bleicher,* Der Aufsichtsrat im Wandel: Eine repräsentative Studie über Aufsichtsräte in bundesdeutschen Aktiengesellschaften, wissenschaftliche Leitung u. Verfasser: *Bleicher,* unter Mitarbeit von *Leberl,* durchgeführt vom Emnid-Institut, Bielefeld, i. A. der Bertelsmann-Stiftung, Verlag Bertelsmann-Stiftung, Gütersloh 1987.

[15] *Bremeier/Mülder/Schilling,* Praxis der Aufsichtsratstätigkeit in Deutschland, Düsseldorf 1994.

[16] Vgl. *Lambsdorff,* Beilage zu „Das Wertpapier", Heft 24/1994.

[17] Vgl. AG 1994, S. R 141.

[18] Vgl. die Koalitionsvereinbarung vom 11. 11. 1994 III 2, S. 13; *Seibert,* Aufsichtsratsreform in der 13. Wahlperiode, ZBB 1994, S. 349–353.

Die Reformdiskussion beschäftigt sich im wesentlichen mit dem aktienrechtlichen Aufsichtsrat und hier wiederum mit dem der Publikums-AG. Konzernfragen bleiben meist ausgeklammert, ausgenommen die Zahl der zulässigen Konzernmandate. Auch die abweichenden Verhältnisse in der KGaA, in Familiengesellschaften, GmbHs und Genossenschaften bleiben in der Regel unberücksichtigt, obwohl die Zahl der dort tätigen Aufsichtsräte die Zahl der Aufsichtsräte in Publikums-Gesellschaften bei weitem übersteigt. Diese Konzentration ist für Reformüberlegungen richtig. Denn die Möglichkeiten des Aufsichtsrats lassen sich am besten am Beispiel der in der Regel auch paritätisch mitbestimmten Publikums-Gesellschaft erkennen.[19] Deshalb gehen auch die folgenden Überlegungen von der Publikums-AG aus.

Das Thema der Beratungsverträge mit Aufsichtsratsmitgliedern, um das es in diesem Beitrag geht, ist eine eher am Rande liegende Frage. Aber auch zur Beurteilung solcher Fragen muß man ein klares Bild der Struktur und der Leistungsmöglichkeiten des Aufsichtsrats vor Augen haben. Insofern führt auch das Thema der Beratungsverträge mitten in die Grundsatzfragen hinein. Gelegentlich wird das Thema mit dem Hinweis auf die Entscheidung des BGH von 1991 als erledigt abgehakt.[20] Manche wollen weitergehen und solche Verträge überhaupt verbieten.[21] Für die Praxis wäre es jedoch nachteilig, wenn es bei diesen Stellungnahmen bliebe. Die BGH-Urteile verlangen im Gegenteil kritische Betrachtung. Die Kritik richtet sich dabei vor allem gegen das Vorverständnis des BGH von den Überwachungsaufgaben des Aufsichtsrats und den daraus abgeleiteten Schlußfolgerungen. Die Urteile haben auch eine Atmosphäre von diffuser Anrüchigkeit solcher Verträge erzeugt, die unbegründet und wenig nützlich ist und die der BGH selbst, soweit erkennbar, durchaus nicht erzeugen wollte. Deshalb geht es im Folgenden zunächst darum, sich mit dem Vorverständnis des BGH auseinanderzusetzen und die daraus abgeleitete Rechtsanwendung zu beleuchten. Sodann ist ein Blick auf die Reformvorstellungen zum Umfang der Aufsichtsratstätigkeit zu werfen. Danach läßt sich beurteilen, welcher Handlungsrahmen für Beratungsverträge mit Aufsichtsratsmitgliedern zur Verfügung steht und welchen Stellenwert derartige Verträge für die Aufsichtsratstätigkeit haben können.

---
[19] Der Gesetzgeber sollte bei seinen geplanten Maßnahmen aber die anderen Rechtsformen und die dort vorhandenen Bedingungen im Auge behalten. Es wäre nachteilig, wenn zwingende gesetzliche Vorschriften mögliche Gestaltungsspielräume einengten.
[20] Vgl. z. B. *Baums*, ZIP 1995, S. 11-18; ohne kritische Stellungnahme *Potthoff/Trescher*, a.a.O. (Fn. 12), S. 192.
[21] Vgl. z. B. *Theisen*, DB 1991, S. 1215f.

II. Die gesetzlichen Anforderungen an den Aufsichtsrat

Den Anlaß für die BGH-Urteile boten Beratungsverträge, die Aufsichtsratsmitglieder vor ihrem Eintritt in den Aufsichtsrat mit ihren Gesellschaften abgeschlossen hatten. Der Streit ging u. a. darum, ob die Verträge, die vor der Berufung der Berater in den Aufsichtsrat zustande gekommen waren, während deren Aufsichtsratszugehörigkeit wirksam geblieben waren. Außerdem war zwischen organschaftlichen und außerorganschaftlichen Beratungsaufgaben zu unterscheiden. Denn auch mit Zustimmung des Aufsichtsrats können nur solche Verträge wirksam sein, die Leistungen außerhalb der Aufsichtsratstätigkeit betreffen (§ 114 Abs. 1 AktG). Im ersten Urteil, vom 25. März 1991, blieb die erste Frage noch offen. Bezüglich der zweiten Frage hat der BGH in Übereinstimmung mit der herrschenden Meinung festgestellt, daß die Überwachungsaufgabe nicht nur darin bestehe, nachträglich die Vorstandstätigkeit zu begutachten, sondern daß sie auch vorsorgende Beratung umfasse. Der Aufsichtsrat muß dem Vorstand ggf. auch Hinweise zu geplanten Maßnahmen geben, z. B. zur „beabsichtigten Geschäftspolitik und anderen grundsätzlichen Fragen der Geschäftsführung", wenn der Vorstand gemäß § 90 Abs. 1 Nr. 1 AktG darüber berichtet hat. Zur Abgrenzung von organschaftlicher und außerorganschaftlicher Beratung führt der BGH aus, daß sich die organschaftliche Beratungsaufgabe nur auf „übergeordnete Fragen der Unternehmensführung" bzw. „auf übergeordnete Fragen der Unternehmenspolitik" beschränkt. Im darauf folgenden Satz sollen allerdings „allgemeine Bereiche der Unternehmensführung" auch darunter fallen.[22] Darüber hinaus stellt er fest, daß „eine so verstandene Kontrolle wirksam nur durch ständige Diskussion mit dem Vorstand und insofern durch dessen laufende Beratung ausgeübt werden" könne. Im zweiten Urteil, vom 4. Juli 1994, hat der BGH das nicht ausdrücklich so wiederholt. Aber er hat auf die erste Entscheidung als Grundsatzentscheidung verwiesen und insoweit die These von der laufenden Beratung übernommen. Damit hat er die Grenzen so weit gezogen, daß seine Rechtsprechung gerade für Reformüberlegungen höchste Aufmerksamkeit verlangt. Unterstrichen wird das noch dadurch, daß er es im zweiten Urteil sogar für möglich hält, daß Gegenstände, wie etwa der Abschluß betriebsnotwendiger Versicherungen, die jeder Praktiker als operatives Geschäft ansieht, unter die übergeordneten unternehmenspolitischen Fragen fallen könnte.

---

[22] Amtlicher Leitsatz Nr. 1 im ersten Urteil und im zweiten die Urteilsgründe unter 1a) am Ende des letzten Absatzes sowie unter 1b) im ersten Satz.

Bevor entschieden werden kann, ob der Abgrenzung des BGH zuzustimmen ist und ob die „ständige Diskussion" ein berechtigtes Verlangen ist, ist zu ermitteln, was das geltende Recht vom Aufsichtsrat erwartet.

Das Aufsichtsratsamt ist schon immer als Nebenamt konzipiert gewesen. Das ist es auch heute noch.[23] Man ging immer davon aus, daß Aufsichtsratsmitglieder neben ihrem Aufsichtsratsamt noch einen Beruf auszufüllen haben.[24] Nicht aus Zufall schreibt § 110 Abs. 3 AktG lediglich zwei Sitzungen im Kalenderjahr als Pflichtsitzungen vor. Damit hat der Gesetzgeber seine Grundeinstellung zum Ausdruck gebracht, daß die Aufsichtsratspflichten so bemessen sind, daß sie in zwei Sitzungen erfüllt werden können. Denn die Aufgaben, die das Gesetz für den Regelfall stellt, können nicht umfangreicher sein als der Zeitaufwand, den es dafür vorsieht. Daran ändert auch die Empfehlung von vier Sitzungen nichts. Vielmehr wird die Vorstellung des Gesetzgebers durch § 100 Abs. 2 Nr. 1 AktG unterstrichen, der zehn solcher nebenberuflichen Überwachungsaufgaben erlaubt. Aufsichtsratsmandate sollen nur so viel Zeit beanspruchen, daß auch neben zehn Mandaten noch genügend Zeit für den Hauptberuf bleibt. Erfordert die Überwachung im Einzelfall einen höheren Einsatz, dann ist dieser zwar zu leisten. Das setzt nach der ratio legis aber eine besondere Situation voraus und ist nicht als Dauerzustand zu betrachten.[25] Wenn die Aufsichtsräte der Gesellschaften, die der Treuhandanstalt gehörten, oft über zwei, drei oder gar vier Jahre erheblich häufiger tagen mußten, so war das ein Einsatz, der nur mit der besonderen und wohl einmaligen Situation zu erklären ist. Für den Regelfall, den das Gesetz im Auge hat, ist daraus nichts herzuleiten.

Mit der 1965 geschaffenen Fassung von § 90 Abs. 1 und 2 AktG sollten die Überwachungsaufgaben des Aufsichtsrats nicht erweitert werden. Das ergibt sich aus folgendem: Das AktG 1937 hatte noch keine

---

[23] Allgemeine Meinung, vgl. für viele *Martens,* Der Grundsatz gemeinsamer Vorstandsverantwortung, in: Festschrift für Fleck zum 70. Geburtstag, hrsg. v. Goerdeler u. a., ZGR-Sonderheft 7, Berlin/New York 1988, S. 191–208, hier S. 199; *Semler,* a.a.O. (Fn. 12), S. 31; *Ulmer,* Aufsichtsratsmandat und Interessenkollision, NJW 1980, S. 1603–1607, hier S. 1604; *Lutter,* Information und Vertraulichkeit im Aufsichtsrat, 2. Aufl., Köln u. a. 1984, S. 124; *Potthoff/Trescher,* a.a.O. (Fn. 12), S. 34.
[24] Vgl. *Baumbach,* AktG 1937, § 95 Anm. 2) B.
[25] Vgl. dazu die Dreiteilung bei *Semler,* a.a.O. (Fn. 12), S. 87, in begleitende, unterstützende und führende Überwachung; kritisch zur Terminologie einer führenden Überwachung *Hoffmann,* a.a.O. (Fn. 12), Rdn. 102; im Prinzip ebenso *Lutter/Krieger,* a.a.O. (Fn. 12), S. 42 f.

Sitzungszahl vorgeschrieben. In der Begründung des Regierungsentwurfs für das AktG von 1965 heißt es, daß es sich beim Vorschreiben von zwei Pflichtsitzungen im Verhältnis zum AktG 1937 nur um „geringfügige sprachliche Änderungen" handele.[26] Die Überwachung sollte zwar verstärkt werden. Dieses Verstärken bestand aber im Grunde nur in der Präzisierung der Berichtspflichten. Die Regierungsbegründung führte auch selbst aus, daß die neuen Regeln entweder schon Praxis seien oder dem geltenden Recht entsprächen. Die Begründung gibt auch keinen Anhaltspunkt dafür, daß der Aufsichtsrat ständig mit dem Vorstand zu diskutieren und ihn laufend zu beraten hätte, sondern spricht nur davon, daß er „seine Überwachung schon vor der Ausführung der vom Vorstand beabsichtigten Maßnahmen einsetzen kann".[27] Er kann es tun, er muß es nicht. Der Regierungsentwurf hatte den Aufsichtsrat noch verpflichten wollen, zu den Vorstandsberichten Stellung zu nehmen. Im Plenum des Bundestages ist diese Bestimmung gestrichen worden! Rechts- und Wirtschaftsausschuß waren der Meinung gewesen, daß es der Entscheidung des Aufsichtsrats überlassen bleiben sollte, „ob und wie er sich zu den Berichten gegenüber dem Vorstand äußert".[28] In dieser Stellungnahme liegt zugleich die Bestätigung für die Ansicht der herrschenden Meinung, daß die Aufsichtsratsmitglieder ihre Pflichten durch Teilnahme an und Mitwirkung in den Sitzungen wahrnehmen, wozu freilich auch die Vorbereitung und das Studium der Sitzungsunterlagen gehört.

Vom Aufsichtsratsvorsitzenden erwartet das Gesetz etwas mehr. Der Aufsichtsratsvorsitzende hat die Überwachung zu organisieren.[29] Er ist aus besonderem Anlaß zu informieren. Wann er diese Informationen weitergibt, entscheidet er nach pflichtgemäßem Ermessen. Er muß es spätestens in der nächsten Aufsichtsratssitzung tun. Er bestimmt die Tagesordnung und damit auch die Beratungsthemen. Er bereitet die Beschlüsse vor. Von ihm kann erwartet werden, daß er häufiger als nur zur Vorbereitung der Sitzungen Kontakt mit dem Vorstand hält. Das bedeutet aber nicht, daß der Aufsichtsratsvorsitzende eine eigene Beratungspflicht hätte, die über die der anderen Aufsichtsratsmitglieder

---

[26] Vgl. *Kropff,* Aktiengesetz. Textausgabe des Aktiengesetzes vom 6. 9. 1965 und des Einführungsgesetzes zum Aktiengesetz vom 6. 9. 1965 mit Begründung des Regierungsentwurfs und dem Bericht des Rechtsausschusses des Deutschen Bundestages, Düsseldorf 1965, S. 154.
[27] *Kropff,* a.a.O. (Fn. 26), S. 116f.
[28] *Kropff,* a.a.O. (Fn. 26), S. 120.
[29] Zu den Aufgaben des Aufsichtsratsvorsitzenden im einzelnen *Hoffmann,* a.a.O. (Fn. 12), Rdn. 436ff.

hinausginge. Was er dem Vorstand rät, darf nicht der Ansicht des Plenums zuwiderlaufen und muß deshalb entweder mit diesem vorher abgestimmt oder nachher von ihm autorisiert werden. Seine Überwachungsverantwortung reicht in der Sache nicht über die Verantwortung des Organs hinaus.[30]

III. Würdigung der BGH-Urteile

Die Bestandsaufnahme des geltenden Rechts zeigt, daß die vom BGH verlangte, „ständige Diskussion mit dem Vorstand" sowie dessen „laufende Beratung" offenkundig überzeichnet sind. Das hat sich auf die Abgrenzung organschaftlicher von außerorganschaftlicher Beratung ausgewirkt. Die Überwachungspflichten des Aufsichtsrats beschränken sich grundsätzlich auf die in § 90 Abs. 1 umschriebenen Gegenstände. Ihr Inhalt ist deshalb auch für die Klassifizierung von Beratungsverträgen mit Aufsichtsratsmitgliedern maßgebend. Dieser Maßstab ist jetzt an die rechtliche Abgrenzung im einzelnen anzulegen.

Im Urteil vom 25. März 1991 ging es um einen Beratungsvertrag, in dem die Aufgaben wie folgt beschrieben waren:

„1. die Beratung der Gesellschaft in wesentlichen Fragen der Geschäftsführung, insbesondere in Sachen der Datenverarbeitung,
2. die Beratung der Gesellschaft in wesentlichen Konzernangelegenheiten,
3. die Beratung und Mitwirkung bei der Gründung eigener Unternehmen im In- und Ausland oder bei dem Erwerb von Beteiligungen an in- und ausländischen Gesellschaften,
4. die Mitwirkung bei der Betreuung von Tochtergesellschaften im In- und Ausland und von Beteiligungen aller Art."

Der BGH hat alle aufgeführten Beratungsaufgaben als „Allgemeine Bereiche der Unternehmensführung" eingestuft und sie zum Bestandteil der organschaftlichen Beratungspflicht erklärt.

Kritisch anzumerken ist zunächst die begriffliche Unklarheit im Urteil. § 90 Abs. 1 AktG spricht von der beabsichtigten ‚Geschäftspolitik' und ‚anderen grundsätzlichen Fragen der Geschäftsführung'. So wie das Gesetz die Aufsichtsratsaufgaben angelegt hat, muß man auch

---

[30] Sehr deutlich im gleichen Sinne *Potthoff/Trescher,* a.a.O. (Fn. 12), S. 68.

die ‚anderen grundsätzlichen Fragen' eher mit der Tendenz auf geschäftspolitische Qualität hin verstehen als im Sinne allgemeiner Vorstandsangelegenheiten. Im Leitsatz 1 des Urteils wird die Überwachung und Beratung nur für „übergeordnete Fragen der Unternehmensführung" verlangt. In den Entscheidungsgründen unter 1a) ist in Anlehnung an § 90 Abs. 1 Nr. 1 AktG der Hauptorientierungspunkt die Geschäftspolitik. Deshalb beschränkt der BGH die organschaftlichen Überwachungs- und Beratungsgegenstände auch auf „grundsätzliche Fragen der künftigen Geschäftspolitik". In 1b) sollen dagegen auch „allgemeine Bereiche der Unternehmensführung" unter die Überwachungs- und Beratungspflicht fallen. Das ist erkennbar mehr als „grundsätzliche Fragen der künftigen Unternehmenspolitik".

Alle vier Beratungsthemen kann man zu den allgemeinen Bereichen der Unternehmensführung rechnen, aber nicht auch zu den grundsätzlichen Fragen der Geschäftspolitik. Nr. 4 ist u. U. noch niedriger einzustufen. Denn bei diesen Aufgaben kann es sich sogar um Einzelmaßnahmen ad hoc handeln. Nicht alle allgemeinen Aufgaben der Unternehmensführung haben geschäftspolitische Qualität, nicht einmal Grundsatzcharakter. So ließen sich die Vertragspunkte Nr. 1 und Nr. 2 nur dann in die Kategorie Geschäftspolitik einordnen, wenn es bei der Datenverarbeitung etwa darum gegangen wäre, ob ein einheitliches EDV-System im Konzern aufgebaut und darüber hinaus auch vernetzt werden sollte – was beides auch innerhalb eines Konzerns keineswegs selbstverständlich ist – und wenn es bei den Konzernangelegenheiten etwa darum gegangen wäre, ob der Konzern eine zentrale oder besser eine dezentrale Struktur haben sollte. Entsprechendes könnte für die Beratung zur Gründung von Tochtergesellschaften oder für den Erwerb von Beteiligungen gelten. Denn in welchen sachlichen und regionalen Märkten ein Unternehmen tätig sein will und ob dies zweckmäßigerweise im Wege einer Beteiligung oder durch die Gründung einer 100%igen Tochtergesellschaft geschieht, sind geschäftspolitische Fragen. Sich hierzu eine Meinung zu bilden und dem Vorstand ggf. zu raten, wenn er seine Absichten vorträgt, ist Aufsichtsratsaufgabe. Zu den Aufsichtsratsaufgaben gehört es aber nicht, an ‚allgemeinen Aufgaben' oder gar an der Durchführung mitzuwirken. ‚Mitwirken' bedeutet in der Management-Sprache ‚operativ' handeln. Das ist allenfalls Sache des Vorstands, insbesondere aber Sache der nachgeordneten Führungsebenen. Da dem Urteil keine Einzelheiten darüber zu entnehmen sind, was konkret getan werden sollte, läßt sich vom Außenstehenden auch kein abschließendes Urteil fällen. Hätte es sich aber darum gehandelt, daß sich der Aufsichtsratsvorsitzende beratend an ‚allgemeinen' Geschäftsführungsentscheidungen oder gar an Ausführungsmaßnahmen beteiligen sollte, so wäre das Beratung in außerorganschaftlichen Angelegenheiten gewesen.[31] Die Vermutung, daß dies bei den Aufgaben Nr. 3 und 4 der Fall gewesen wäre, liegt nahe, zumal da in beiden Fällen ausdrücklich von Mitwirkung die Rede ist.

Der zweite Fall, aus dem Jahr 1994, ist in dem Zeitpunkt, in dem dieser Beitrag geschrieben wird (Jahreswechsel 1994/95), noch nicht endgültig entschieden. Der BGH hat die Sache zurückverwiesen. Er hat zunächst entschieden, was er im Urteil von 1991 noch offen gelassen hatte, daß Beratungsverträge, die vor der Wahl des Beraters in den Aufsichtsrat geschlossen worden sind, ihre Wirksamkeit für die Dauer des Aufsichtsratsamtes verlieren, es sei denn, der Aufsichtsrat hätte ihnen zugestimmt und sie beträfen außerorganschaftliche Aufgaben.[32] Im vorliegenden Zusammenhang interessieren jedoch vor allem die Hinweise, die der BGH dem Berufungsgericht für die Abgrenzung von organschaftlichen Beratungsaufgaben und Geschäftsführungsmaßnahmen gegeben hat. Sie deuten darauf hin, daß der BGH die Grenzen der Aufsichtsratsaufgaben eher noch weiter ziehen würde als im ersten Urteil.

Das erstinstanzliche Urteil hatte den Inhalt des Beratungsvertrages wie folgt beschrieben:

a) Finanzbereich:
   aa) Instrumentarium der Unternehmensfinanzierung im kurz-, mittel- und langfristigen Kreditgeschäft.
   bb) Absicherung von aufzunehmenden Darlehen.
   cc) Zahlungsverkehr:
       Wertstellungsfragen, Skontierung, Wechsel-Scheck-Verkehr.
b) Rechnungswesen:
   Einzelfragen im Rechnungswesen, wie z. B. Einführung des SAP-Programms (Datentechnik), Umstellung des Kontenrahmens, Modernisierung des innerbetrieblichen Rechnungswesens, Finanzcontrolling und Revision.

---

[31] Vgl. schon *Hoffmann/Kirchhoff,* WPg 1991, S. 592–600.
[32] So auch schon vor dem Urteil von 1991 *Mertens,* Beratungsverträge mit Aufsichtsratsmitgliedern, in: Festschrift für Steindorff zum 70. Geburtstag, hrsg. v. Baur u. a., Berlin/New York 1990, S. 173–186, hier S. 182; nach dem Urteil *Hoffmann/Kirchhoff,* WPg 1991, S. 596; *Lutter/Kremer,* Die Beratung der Gesellschaft durch Aufsichtsratsmitglieder – Bemerkungen zur Entscheidung BGHZ 114, 127ff., ZGR 1992, S. 87–108, hier S. 99.

c) Unterstützung bei der Erstellung von Abschlüssen, z. B. Mark-Schlußbilanz, DM-Eröffnungsbilanz, Zwischen- und Jahresabschlüsse.
d) Beratung beim Abschluß von betriebsnotwendigen Versicherungen.
e) Beratung in Einzelfragen im Bereich Steuerrecht und allgemeines Recht.
f) Unterstützung und Beratung des Vorstandes in allen Fragen im Zusammenhang mit der anstehenden Privatisierung der Klägerin.

Der BGH bemerkte dazu, daß der Katalog Aufgaben betreffen könne, die „zumindest auch" in den Bereich der organschaftlichen Überwachungsaufgabe des Aufsichtsrats (der BGH spricht von ‚Kontrollaufgabe') fallen und deshalb der organschaftlich geschuldeten Beratungspflicht unterlägen. Die unter den Überschriften a), b) und c) aufgelisteten Aufgaben, ebenso wie die Aufgaben unter d), e) und f) sind aber sämtlich operative oder Managementaufgaben. Es ist der typische Katalog von Aufgaben, die Unternehmensberater in den neuen Ländern abzuarbeiten hatten. Das war operative Knochenarbeit, hatte aber mit Geschäftspolitik nichts zu tun. Beispielsweise mußte das Finanz- und Rechnungswesen in den Unternehmen mit einer Mannschaft neu aufgebaut werden, die in einem gänzlich anderen Denken aufgewachsen war. Finanzierungstechniken und selbst so einfache Dinge wie Wertstellungsfragen und Skontierung waren – verständlicherweise – selbst Führungskräften nicht immer, oder jedenfalls in ihren wirtschaftlichen Auswirkungen nicht immer, geläufig und mußten erst gelernt werden. Es fehlte an zuverlässiger Kostenerfassung und Produktkalkulation. Es fehlten die wichtigsten Kenntnisse über betriebliche Versicherungen und deren Kosten. Westdeutsches Arbeits-, Gesellschafts- und Steuerrecht, um nur die vordergründigsten und vordringlichsten Rechtsgebiete zu nennen, mußten vermittelt werden. Unternehmensberatung war Lehrtätigkeit vor Ort und operative Unternehmensführung auf allen Ebenen. All dies spiegelt der Katalog der Beratungsgegenstände deutlich wieder. Er bietet keinen Anlaß, dahinter geschäftspolitische Beratung zu vermuten.

Auch die Beratung und Unterstützung „in allen Fragen im Zusammenhang mit der Privatisierung" (Buchst. f) des Katalogs) ist keine mögliche Aufsichtsratsaufgabe. Der Verkauf eines Unternehmens ist Gesellschaftersache und keine Vorstandsaufgabe im Sinne von § 76 Abs. 1 AktG. Folglich ist er auch keine Frage der Geschäftspolitik gem. § 90 Abs. 1 Nr. 1 AktG. Vorstandsaufgabe wurde er auch nicht dadurch, daß die Treuhandanstalt von den Vorständen im Rundschreiben-Wege verlangte, Investoren zu finden, an die die Unternehmen verkauft werden könnten. Vielmehr handelten die Vorstände, wenn sie sich darum bemühten, als Beauftragte in Aktionärsangelegenheiten. Für den Aufsichtsrat schied eine Überwachungspflicht nach § 111 Abs. 1 AktG aus. Wenn Aufsichtsratsmitglieder mithalfen, so taten sie das mittelbar, häufig genug auch unmittelbar im Auftrag des Alleinaktionärs. Weil den Unternehmensleitern der ehemals volkseigenen Betriebe meist auch die Erfahrung auf dem komplexen Gebiet des Unternehmensverkaufs fehlte, war jede Beratung bei der Privatisierung von vornherein aktives Management und ganz zweifellos dann, wenn sie sich auf „alle Fragen" erstrecken sollte.

Das alles kann dem BGH nicht verborgen geblieben sein.

Der Konflikt, der den Gegenstand des zweiten Falles bildet, ist ebenfalls zeittypisch. Die Treuhandanstalt besaß zunächst kein Personalreservoir, um alle Aufsichtsräte ihrer Unternehmen zu besetzen. Deshalb wurden Berater von ihr gebeten, sich als Aufsichtsratsmitglieder oder Aufsichtsratsvorsitzende zur Verfügung zu stellen. Sie kannten aufgrund ihrer Tätigkeit für die Unternehmen deren Verhältnisse ja auch am besten, nicht selten besser als die Vorstandsmitglieder. Deshalb konnten sie auch den anderen Aufsichtsratsmitgliedern helfen, ihre Aufgaben zu erfüllen. Der Konflikt entstand, als die Rechtsberater der Treuhandanstalt, nachdem das Urteil vom 25. März 1991 ergangen war, unter Berufung auf dieses Urteil die Ansicht vertraten, daß die Berater, da sie gerade wegen ihres fachlichen Könnens in den Aufsichtsrat gewählt worden seien, ihre Beratungsleistungen nun als Bestandteil der Aufsichtsratsaufgabe zu erbringen hätten, als „laufende Beratung des Vorstands", wie es der BGH entschieden habe. Denn zu dieser Beratung sei jedes Aufsichtsratsmitglied nach seinen Fähigkeiten verpflichtet. Auf dieser Argumentation beruht u. a. das Verfahren, in dem das Urteil von 1994 ergangen ist. Der BGH hat sie nicht zurückgewiesen.

Auch der Abgrenzung der organschaftlichen von den außerorganschaftlichen Beratungspflichten, wie sie der BGH im einzelnen vorgenommen hat, kann nicht zugestimmt werden. Man mag noch darüber streiten können, ob die „anderen grundsätzlichen Fragen der künftigen Geschäftsführung" die Qualität geschäftspolitischer Entscheidungen haben müssen oder ob sie auf einer Zwischenebene zwischen allgemeiner Geschäftsführung und Geschäftspolitik anzusiedeln sind. Dem entwicklungsgeschichtlichen Gang der Aufsichtsratsaufgaben entspricht es mehr, nicht zu differenzieren. Denn die gesetzlichen Forderungen sollten dem Leistungsvermögen eines Organs angepaßt werden, dessen Mitglieder die Überwachung nur nebenberuflich übernehmen und von denen auch nicht vorausgesetzt wird, daß sie mit den Verhältnissen des Unternehmens besonders vertraut sind. Werden Lieferanten, Kunden, Bank- oder Versicherungsrepräsentanten oder Wettbewerber wegen der nach wie vor wichtigen Kontakt- und Beziehungspflege in einen Aufsichtsrat berufen, ist ein besonders tiefgehender Einblick in die Verhältnisse für das Unternehmen u. U. gar nicht vorteilhaft.[33] Insofern geht es auch an der Realität vorbei, wenn z. B. hauptberufliche Aufsichtsratsvorsitzende beklagen, daß für den Aufsichtsrat eine wirksame Kontrolle „in der Routine des Alltags" nicht gegeben sei und wenn sie beklagen, daß die meisten Aufsichtsräte die Gesellschaften gar nicht richtig kennten, oder noch deutlicher, daß das AktG nicht ausreiche, um damit den Vorstand zu kontrollieren, und dies umso weniger, je größer die Gesellschaft sei.[34] Für die Fehleinschätzung der Aufsichtsratsaufgabe ist es auch symptomatisch, daß viel häufiger von „Kontrolle" als von „Überwachung" gesprochen wird. Würden nachhaltig Zweifel angemeldet, daß die „anderen grundsätzlichen Fragen der künftigen Geschäftsführung" nicht auf der Ebene der Geschäftspolitik zu suchen sind, dann läge hier eine Aufgabe für den Gesetzgeber, die Frage zu klären. Das wäre nicht schwer. Operatives Mitwirken, auf welcher Ebene auch immer, gehört jedenfalls nicht zu den (Beratungs-)Aufgaben der Aufsichtsratsmitglieder.

IV. Zur gegenwärtigen Reformdiskussion

Es sei noch ein Blick auf die gegenwärtige Reformdiskussion geworfen. Hier ist ein eigenartiges Phänomen zu beobachten. Einerseits besteht Einigkeit darüber, daß die spektakulären Fälle von Phrix bis MG auch von anders strukturierten Aufsichtsräten kaum hätten verhindert werden können. Andererseits fordern die meisten Stimmen die Information des Aufsichtsrats und die Intensität seiner Arbeit zu verstärken. Das ist nach den Erfahrungen von über 100 Jahren mit dieser Einrichtung und nach der Einbindung von Arbeitnehmern und Gewerkschaften in den Aufsichtsrat erstaunlich.

---

[33] Vgl. zu den zahlreichen und üblichen Problemen der Interessenkollision in der Aufsichtsratspraxis *Lutter,* Bankenvertreter im Aufsichtsrat, ZHR 1981, S. 224–251; *Ulmer,* NJW 1980, S. 1603–1607; *Dreher,* Interessenkonflikte bei Aufsichtsratsmitgliedern von Aktiengesellschaften, JZ 1990, S. 869 ff.; *Decher,* Legalitätskonflikte des Repräsentanten der öffentlichen Hand im Aufsichtsrat, ZIP 1990, S. 277–288.
[34] Vgl. *Bremeier/Mülder/Schilling,* a.a.O. (Fn. 15), S. 56.

In der Reformdiskussion spielt das ‚Auditing Committee' neuerdings eine besondere Rolle.[35] Der neue Begriff verspricht neue Ideen. Das Auditing Committee ist im angelsächsischen Rechtskreis entstanden und hat sich auch in Großbritannien verbreitet, um den Unzulänglichkeiten des Boardsystems, der einheitlichen Verwaltungsspitze, in der Geschäftsführung und Aufsicht zusammengefaßt sind, zu wehren. Schon dieser Entstehungsgrund macht skeptisch, daß es sich hier um eine für Deutschland originelle Reformanregung handeln könnte. Denn das deutsche System, das Geschäftsführung und Überwachung trennt, trägt dem Anliegen, die Überwachung Außenstehenden zu übertragen und sie dadurch zu objektivieren, bereits Rechnung. Betrachtet man die Aufgaben, bestätigt sich die Skepsis. Das Auditing Committee soll den Abschlußprüfer auswählen, mit ihm den Prüfungsplan und das Prüfungsergebnis sowie den Management Letter mit der Stellungnahme des Managements erörtern. Unter Management Letter ist ein Kurzbericht des Abschlußprüfers an das Management zu verstehen, in dem er auf Schwachstellen hinweist, die ihm bei der Abschlußprüfung aufgefallen sind. Das Auditing Committee soll sich auch um den Zustand der internen Revision kümmern.

Die Funktionen des Auditing Committees sind im Aufsichtsratssystem bereits enthalten. Nach § 107 Abs. 3 AktG kann der Aufsichtsrat Ausschüsse jeder Art bilden. Er kann zwar nicht den Abschlußprüfer auswählen und dessen Vergütung vereinbaren. Denn die Wahl des Abschlußprüfers ist Sache der Hauptversammlung und die Vereinbarung des Honorars Sache des Vorstands. Der Umfang der Abschlußprüfung ist gesetzlich und berufsständisch geregelt und bedarf keiner von Fall-zu-Fall-Vereinbarung.[36] Der Aufsichtsrat oder ein von ihm bestellter Ausschuß wäre auch durch nichts gehindert, sich über die Kosten der Abschlußprüfung und über Zusatz-Honorare berichten zu lassen, die der Vorstand für Zusatz-Aufträge vereinbart hat. Der Aufsichtsrat kann auch selbst den Abschlußprüfer mit Zusatz-Berichten beauftragen, ebenso wie er andere Sachverständige anhören kann (§ 109 Abs. 1 AktG). Mit dem Prüfungsbericht muß er sich bereits gem. § 170 AktG beschäftigen. In vielen Aufsichtsräten befassen sich auch Ausschüsse oder einzelne besonders fachkundige Mitglieder speziell mit dem Bericht des Abschlußprüfers und mit dem Jahresabschluß und

---

[35] Vgl. *Goerdeler,* ZGR 1987, S. 219–232; *Haasen,* Die Bedeutung der Audit Committees, ZfbF 1988, S. 370–379; *Langenbucher/Blaum,* DB 1994, S. 2197–2206.
[36] Vgl. die §§ 317, 321, 322 HGB sowie das FG 1/1988 über die Grundsätze ordnungsmäßiger Durchführung von Abschlußprüfungen, Abschnitt D.II.2. und 3.

berichten darüber dem Plenum. Gegenstand der Abschlußprüfung und somit des Prüfungsberichts ist auch das interne Kontrollsystem. Lediglich zur Aufgabenstellung, zum Funktionieren und zu den Ergebnissen interner Revisionsabteilungen muß der Abschlußprüfer nicht Stellung nehmen. Das gehört nicht zum Prüfungsauftrag. Aber der Aufsichtsrat kann sich darüber jederzeit vom Vorstand berichten lassen und gegebenenfalls den Abschlußprüfer oder einen anderen Sachverständigen mit einem Sonderbericht beauftragen.

Was die Besetzung anlangt, vermitteln die Auditing Committees ebenfalls wenig Neues. Mitglieder sollen outside directors oder fachkundige Personen sein, die dem Board nicht angehören. Solche Maßnahmen sind beim Board-System verständlich. Das deutsche duale oder Trennungssystem, das für Geschäftsführung und Überwachung zwei selbständige Organe geschaffen hat, trägt diesem Ziel viel weitergehend Rechnung als die Besetzung des Auditing Committees. Außenstehende Dritte brauchen deshalb nicht Mitglieder von Aufsichtsratsausschüssen zu werden. Das wäre auch nicht zulässig. Als Sachverständige und Auskunftspersonen können sie dagegen jederzeit zur Beratung über einzelne Gegenstände hinzugezogen werden (§ 109 Abs. 1 Satz 2 AktG).

Was den Management Letter angeht, so ist er in Deutschland noch nicht institutionalisiert. Es gibt aber eine Berufsübung, daß Abschlußprüfer den Vorstand auf Schwachstellen insbesondere im Kontrollsystem hinweisen, die ihnen bei der Prüfung aufgefallen sind. Ob diese Information zum Aufsichtsrat gelangt, ist eine andere Frage. Anfordern könnte er sie, genauso wie er den Abschlußprüfer zur Bilanzsitzung einladen und ihm jede Art Fragen stellen kann.

An Instrumenten zur Informationsversorgung fehlt es also nicht. Deshalb sind Gesetzesänderungen nicht nötig.[37] Darin stimmen auch die Autoren überein, die eine nachhaltige Erweiterung oder Veränderung der Informationen an den Aufsichtsrat wünschen. Das gilt z. B. für *Theisen*[38] oder *Bea/Scheurer*,[39] die die ‚Kontrolle' mit den Instrumenten des Rechnungswesens ablehnen und die Aufsichtsratskontrolle als strategische Kontrolle gestaltet sehen möchten. Im Anschluß an *Steinmann/Schreyögg* und *Hasselberg*[40] soll sich diese Kontrolle in strate-

---
[37] Vgl. *Forster*, ZfB 1988, S. 789–811; *Langenbucher/Blaum*, DB 1994, S. 2197–2206; *Potthoff*, DB 1995, S. 163 f.
[38] *Theisen*, a.a.O. (Fn. 13).
[39] *Bea/Scheurer*, Die Kontrollfunktion des Aufsichtsrats, DB 1994, S. 2145–2152, hier S. 2150.
[40] Nachweise bei *Bea/Scheurer*, DB 1994, S. 2150, Fn. 18, 19.

gische Prämissenkontrolle, strategische Durchführungskontrolle und strategische Überwachung unterteilen. Sie soll auch keine Bringschuld des Vorstands, sondern eine Holschuld des Aufsichtsrats sein. Vor allem erfordert sie Zeit. Das ist überhaupt das Kennzeichen der meisten Reformvorstellungen, daß die gewünschte Effizienzverbesserung vor allem von einer höheren Sitzungsfrequenz, sei es des Plenums, sei es in Ausschüssen, erwartet wird. Natürlich müssen auch die Aufsichtsratsvergütungen steigen.[41] Denn für eine intensivere Arbeit der Aufsichtsräte ist es unvermeidlich, daß angemessene Bezüge gezahlt werden.[42] Auch die Verwaltungskosten in den Unternehmen erhöhen sich, weil mehr Sitzungen mehr Vor- und Nacharbeit erfordern und dafür nur qualifzierte Mitarbeiter eingesetzt werden können.

Alle Reformvorstellungen, die eine Verstärkung der Aufsichtsratstätigkeit im Sinne von Auditing Committees fordern, oder die mehr betriebswirtschaftliche Informationen oder eine permanente Strategiekontrolle verbunden mit einem laufenden Informations- und Entscheidungsprozeß im Aufsichtsrat verlangen, müssen sich entgegenhalten lassen, daß sie damit ebenso den Rahmen des geltenden Rechts sprengen wie der BGH, wenn er „ständige Diskussion" und „laufende Beratung" zwischen Aufsichtsrat und Vorstand verlangt. Unhaltbar ist die Ansicht des OLG Zweibrücken, wonach das in § 111 Abs. 1 AktG normierte Überwachungsrecht des Aufsichtsrats „selbstverständlich ... ein Informationsniveau (erfordert), das demjenigen der Geschäftsleitung entspricht".[43] Gegenüber allen Wünschen nach einer nachhaltig verstärkten Aufsichtsratstätigkeit muß daran erinnert werden, daß das Gesetz das Aufsichtsratsamt als Nebenamt angelegt hat und insgesamt zehn solcher Nebenämter zuläßt. Die instruktive Zeitkalkulation bei *Bremeyer/Mülder/Schilling* zeigt, wie der höhere Zeitaufwand die noch vorherrschende Strukturidee des Aufsichtsrats verändern würde.[44] Die deutsche Schutzvereinigung für Wertpapierbesitz e. V. wendet sich eigenartigerweise ausdrücklich gegen eine Kürzung der zulässigen zehn Aufsichtsratsmandate, verlangt aber mehr Sitzungen.[45] Aber auch,

---

[41] Vgl. z. B. *Lambsdorff,* a.a.O. (Fn. 16), der unter Hinweis auf eine Kienbaum-Studie die Steigerung der Vorstandsbezüge um ca. 350% seit 1960 einer Steigerung der Aufsichtsratsbezüge um nur 30% gegenüberstellt.
[42] Vgl. *Ackermann,* DB 1994, Heft 44, Editorial; *Lutter,* AG 1994, S. 176f.; *Seibert,* ZBB 1994, S. 352.
[43] Vgl. OLG Zweibrücken, DB 1990, 1401.
[44] Vgl. *Bremeyer/Mülder/Schilling,* a.a.O. (Fn. 15), S. 102.
[45] Vgl. *Lambsdorff,* a.a.O. (Fn. 16).

wenn man, wie *Seibert*[46], die Herabsetzung der zulässigen Mandate auf fünf für diskutabel hält, was sicher richtig ist, bleibt angesichts der zitierten, realistischen Zeitkalkulation immer noch nicht der für die Reformwünsche erforderliche Spielraum.

Solange das gegenwärtige Aufsichtsratssystem nicht grundlegend verändert wird, wozu auch eine andere Mitbestimmungsregelung gehören würde, kann nur davor gewarnt werden, die Verbesserungen der Aufsichtsratseffizienz von einer noch größeren Informationsflut und von häufigeren Sitzungen zu erwarten. Solche Hoffnungen würden zu der gleichen Enttäuschung führen, die von *Horrwitz* beklagt wird. Zu warnen ist auch vor einer Sicht, die im Aufsichtsrat den Aufpasser des Vorstands sieht. Das liefe darauf hinaus, daß der Aufsichtsrat dem Vorstand mit latentem Mißtrauen begegnen müßte. Das Verhältnis von Aufsichtsrat und Vorstand muß aber im Gegenteil vorrangig auf gegenseitigem Vertrauen beruhen. Der Aufsichtsrat darf und muß grundsätzlich davon ausgehen, daß die Berichte, die er vom Vorstand erhält, richtig und vollständig sind.[47] Er darf auch auf den Bericht und das Testat seines fachkundigen Informationsgehilfen, des Abschlußprüfers, vertrauen. Eigene Ermittlungen braucht er nur anzustellen, wenn Zweifel an der Ordnungsmäßigkeit der Berichterstattung auftauchen. Hat er nicht das notwendige Vertrauen zum Vorstand, muß er ihn auswechseln. Dafür besitzt er die Personalkompetenz. Ist er mit dem Abschlußprüfer unzufrieden, muß er der Hauptversammlung einen anderen Prüfer vorschlagen. Auch hierfür steht allein ihm das Recht zu (§ 124 Abs. 3 Satz 1 AktG).

Reformüberlegungen müssen beachten, daß die Leitung eines großen Unternehmens selbst schon Überwachung und Kontrolle ist. Ein Vorstand muß delegieren können.[48] Organisation und Kontrolle nehmen einen wesentlichen Teil seiner Arbeitszeit in Anspruch. *Martens*[49] sieht deshalb auch die „Kontroll"zentrale des Unternehmens nicht beim Aufsichtsrat, sondern beim Vorstand. Für den Aufsichtsrat kann es sich nur darum handeln, zu überwachen, daß der Vorstand richtig kontrolliert. *Lutter/Krieger*[50] betonen mit Recht, wie notwendig es war, die Aufsichtsratsaufgabe, die § 246 HGB viel zu weit gefaßt hatte, zu ver-

---

[46] *Seibert*, ZBB 1994, S. 351.
[47] Vgl. *Semler*, a.a.O, (Fn. 12), S. 39, unter Hinweis auf BGHZ 13, 188, 192f. und BGHZ 20, 239, 246 sowie *Mertens*, in: Kölner Komm. AktG, § 111, Rn. 28.
[48] Vgl. *Semler*, a.a.O. (Fn. 12), S. 11ff.
[49] *Martens*, FS Fleck, a.a.O. (Fn. 23), S. 201.
[50] *Lutter/Krieger*, a.a.O. (Fn. 12), Rn. 17.

kürzen, weil der Aufsichtsrat einer solchen Aufgabe gar nicht gerecht werden könnte. Konsequent sieht *Martens* in der relativ geringen Einbindung der Aufsichtsratsmitglieder in das Unternehmen auch keinen Nachteil, sondern einen systemkonformen Vorteil. Der Aufsichtsrat überwacht aus externer Sicht mit der nötigen Distanz, die oft schärfer sehen läßt, die Kontrollarbeit der „primär zuständigen Kontrolleure". Nur aufgrund dieser Prämisse sind schließlich die Zeitvorgaben des Gesetzes zu verstehen.

Das gut besetzte back-office, auf das zur Rechtfertigung von Mehrfachmandaten gern hingewiesen wird, ist keine Voraussetzung für das Aufsichtsratsamt. Das Gesetz geht davon aus, daß das Aufsichtsratsmitglied die Informationen des Vorstands selbst versteht und verarbeitet. Das hat der BGH im Zusammenhang mit der Prüfung des Abschlußprüferberichts ausdrücklich betont[51], auch für Arbeitnehmervertreter. Er hat es abgelehnt, grundsätzlich die Hilfe eines Sachverständigen zum Studium des Berichts zuzulassen. Fachkräfte, die die Informationen für die Beratung und Beschlußfassung aufbereiten, sind im System nicht vorgesehen und prägen deshalb auch nicht das Aufsichtsratsbild. Die Aufsichtsratsbüros, die in manchen Unternehmen dem Aufsichtsratsvorsitzenden zur Hand gehen, erledigen zumeist nur die Organisationsarbeit.

Auch die immer komplexer werdenden wirtschaftlichen Verhältnisse rechtfertigen den geforderten größeren Aufwand nicht. Die technischen Möglichkeiten, um die wesentlichen, für den Aufsichtsrat wichtigen Daten aufzubereiten, sind mitgewachsen. Die Informationen lassen sich heute schneller und besser aufbereiten als jemals zuvor, und dies weltweit. *Forster*[52] hat mit Recht auf die Darstellungsweise der Beratungsgesellschaften hingewiesen, die mit wenigen prägnanten Sätzen und aussagekräftigen Schaubildern die entscheidenden Aussagen einprägsam sichtbar machen. Die Anregung ist nicht absolut zu setzen. Aber Zahlenfriedhöfe und lange, schwer verständliche Begleittexte sind jedenfalls weniger informativ und führen u. U. auch zu Diskussionen über Einzelheiten, auf die es für die Aufsichtsratsaufgabe nicht ankommt.

Schließlich gehören dem Aufsichtsrat in Publikumsgesellschaften, von denen hier die Rede ist, zur Hälfte Arbeitnehmervertreter an. Ihnen fehlt notwendigerweise die Ausbildung und die geschäftliche Erfahrung, die sie in den Stand setzt, den Vorstand so zu überwachen und zu

---

[51] Vgl. BGHZ 85, 293 („Hertie").
[52] *Forster,* AG 1995, S. 4.

beraten, wie sich das die Befürworter einer gesteigerten Aufsichtsratstätigkeit vorstellen. Auf die Details, die sie aus dem Unternehmen und aus ihren jeweiligen Tätigkeitsbereichen kennen, kommt es für die Aufsichtsratsarbeit nur selten an. Je spezieller also die Aufsichtsratsarbeit wird, umso nachhaltiger führt sie zu Ungleichheit in der Belastung der Aufsichtsratsmitglieder. Das widerspricht dem System. Denn alle Aufsichtsratsmitglieder haben nicht nur gleiche Rechte, sondern auch gleiche Pflichten.[53] Gerade die Mitbestimmungsgesetzgebung, die bei verstärkten Anforderungen an den Aufsichtsrat zu noch größerer Disparität zwischen Theorie und Wirklichkeit führen würde, verhindert es, die Anforderungen an die Aufsichtsratstätigkeit in einer als ideal gedachten Weise zu steigern. Nur vor dem Hintergrund der ihm vom Gesetz zugewiesenen Aufgaben war es möglich, die geltende Mitbestimmungsregelung einzuführen. Eine Ausweitung der Aufgaben würde die Strukturbedingungen so verändern, das sich das System auf dem von *Wiethölter* berufenen Fließsand wohl kaum noch halten ließe.

Schließlich ist auch an die Haftung zu denken. Je größer die Beratungstiefe[54] ist, desto größer ist die Verantwortung. Sie trifft alle Aufsichtsratsmitglieder. Je höher die Anforderungen sind, umso geringer werden die Möglichkeiten zu differenzieren. Denn wer ein Aufsichtsratsamt übernimmt, muß sich vorher prüfen, ob er in der Lage ist, die Anforderungen, die das Amt an ihn stellt, zu erfüllen. Darüber sind sich Rechtsprechung und Literatur einig.

V. Konsequenzen

Was bedeuten die Betrachtungen nun für Beratungsverträge mit Aufsichtsratsmitgliedern? Die Antwort läßt sich in zwei Gruppen teilen. Die eine betrifft die Konsequenzen für die Berater, die andere den Wert der Beratungsverträge für die Aufsichtsratspraxis.

Wenn es bei der Abgrenzung von organschaftlicher und außerorganschaftlicher Beratungspflicht bleibt, wie sie der BGH in den beiden hier behandelten Urteilen gesehen hat, übernehmen Berater kein Aufsichtsratsamt mehr. Dann geraten sie nicht in das Zwielicht, in das die

---

[53] Wenn man liest, was *Potthoff/Trescher*, a.a.O. (Fn. 12), S. 38, an Mindestkenntnissen auch für Aufsichtsratsmitglieder der Arbeitnehmer verlangen, und damit die Realität in großen Produktionsunternehmen vergleicht, ist das Auseinanderklaffen der Leistungsbeiträge offensichtlich.
[54] Vgl. *Lutter/Kremer*, ZGR 1992, S. 108.

Rechtsprechung sie bringt. Denn die Abgrenzung, die das Urteil von 1991 noch getroffen hatte, daß Leistungen eines besonderen Fachgebietes nicht zu den organschaftlichen Aufgaben gehören, hat durch die Interpretation der Treuhandanstalt, die das Urteil von 1994 nicht zurechtgerückt hat, an Bedeutung stark eingebüßt. Wenn diejenigen, die ein Unternehmen bisher erfolgreich beraten haben, nunmehr in den Verdacht der Treuwidrigkeit geraten, wenn sie meinen, daß ihre bisherige Beratung weiter honoriert werden müßte, auch wenn sie in den Aufsichtsrat berufen worden sind, so lehnen sie das Amt lieber ab. Allein die Sorge, moralisch ins Gerede zu kommen, ist eine ausreichende Sperre.

Das BGH-Urteil von 1994 hat noch ein weiteres Hindernis für die Berater errichtet. Im Anschluß an *Mertens*[55] verlangt der BGH, daß der Beratungsvertrag ein „konkretes Urteil" darüber ermöglicht, welche Vergütung zu zahlen ist; andernfalls könne der Aufsichtsrat dem Beratungsvertrag nicht wirksam zustimmen. Die Vereinbarung eines Tagessatzes hat der BGH nicht ausreichen lassen, weil der Umfang der Beratungsleistung auf diese Weise weitgehend von dem Berater selbst bestimmt werden könne. Das Zeithonorar wird aber gerade deshalb vereinbart, weil der Umfang der Inanspruchnahme vorher nicht zu übersehen ist. Dann darf nach BGH-Ansicht kein Beratungsvertrag geschlossen werden. Vorstand und leitende Mitarbeiter hält der BGH offenbar nicht für geeignet, die Angemessenheit des Honorars zu beurteilen, auch wenn der Aufsichtsrat dem Stunden- oder Tagessatz zugestimmt hat und sich über die Arbeit und den Honoraraufwand berichten lassen kann. Ein Berater, der auf Zeitbasis ein Unternehmen erfolgreich beraten hat, tritt nach dem Urteil von 1994 nicht mehr in den Aufsichtsrat dieses Unternehmens ein, obwohl seine Erfahrungen dort für die Meinungsbildung besonders nützlich sein könnten. Wie ist aber zu entscheiden, wenn der Aufsichtsrat z. B. einer Tätigkeit zugestimmt hätte, für die das Aufsichtsratsmitglied nach einer Gebührenordnung abrechnet? Das wäre etwa der Fall, wenn ein Aufsichtsratsmitglied als Rechtsanwalt beauftragt würde, das Unternehmen in Prozessen zu vertreten. Auch eine Prozeßvertretung beruht auf einem Dienstvertrag zur Leistung von Diensten höherer Art (§ 114 Abs. 1 AktG). Die Gebührenordnung bestimmt den Vergütungsrahmen. Die Gebührensumme ist vom Geschäftswert abhängig, der nicht immer im vorhinein feststeht, und jedenfalls nicht dann, wenn die Zustimmung auch künftige Prozesse

---

[55] *Mertens,* FS Steindorff, a.a.O. (Fn. 32), S. 175.

umfaßt. Bisher herrschte die Meinung vor, daß es in solchen Fällen ausreiche, auf die Gebührenordnung zu verweisen.[56] Nach dem BGH-Urteil von 1994 ist das zweifelhaft geworden. Eher ist anzunehmen, daß der qualfizierte Anwalt, den sich der Aufsichtsrat als Prozeßvertreter wünscht, entweder nicht beauftragt werden kann oder besser dem Aufsichtsrat fernbleibt.

In der zweiten Gruppe, d. h. bei den Folgen, die die Rechtsprechung für die Unternehmen hat, läßt sich ebenfalls wenig Positives entdecken. Gerade der zuletzt behandelte Fall der Prozeßvertretung zeigt eine unbefriedigende Konsequenz. Das Unternehmen ist vor die Wahl gestellt, entweder auf den qualifizierten Anwalt als Prozeßvertreter zu verzichten oder auf das qualifizierte Aufsichtsratsmitglied, eine Alternative, die weder in der Sache sinnvoll ist, noch in den gesetzgeberischen Sinn des § 114 Abs. 1 AktG hineingelesen werden kann. Gewiß sind Leistung und Gegenleistung wesentliche Bestandteile eines Vertrages, also auch die Vergütung im Rahmen eines Beratungsvertrages. Der Aufsichtsrat muß auch beurteilen können, ob die Gefahr einer finanziellen Abhängigkeit des Aufsichtsratsmitglieds droht. Das ist die ratio legis der 1965 eingeführten Bestimmung. Aber es sollten auch die Umstände des Einzelfalls nicht unberücksichtigt bleiben. Abhängigkeit ist nicht nur die Resultante einer Geldsumme, sondern vor allem der Persönlichkeit. § 114 Abs. 1 AktG fordert keine Pfennigfuchserei.

§ 114 AktG sollte den Interessen der Unternehmen dienen und die Qualität der Aufsichtsratsarbeit sichern. Die Reformwünsche zielen auf eine bessere Unternehmenskenntnis ab. Nun ist es zwar systemkonform, wenn Aufsichtsräte nur einen begrenzten Einblick in die Unternehmen haben. Das ist aber nicht zwingend. Nichts spricht dagegen, wenn neben dem Aufsichtsratsvorsitzenden auch andere Aufsichtsratsmitglieder Erfahrungen beitragen können, die sie aus Beratungsleistungen gewonnen haben. Ebensowenig wie der Abschlußprüfer, der das Honorar mit dem Vorstand verhandelt und eventuell noch Sonderaufträge erhält, oder der Gewerkschaftsfunktionär als Repräsentant des sozialen Gegenspielers, unterliegen Rechtsanwälte, Steuerberater, Architekten und andere Berufe zunächst einmal dem Verdacht, sich im Aufsichtsrat treuwidrig zu verhalten, nur weil sie einen bezahlten Sonderauftrag für das Unternehmen ausführen. Viel überzeugender ist es,

---

[56] Vgl. *Geßler*, in: Komm. AktG, § 114 Anm. 16, der danach ausdrücklich eine Zustimmung für künftige Prozesse zuläßt; *Meyer-Landrut*, in: Großkomm. AktG, 3. Aufl., § 114, Rdn. 4; *Mertens*, in: Kölner Komm. AktG, § 114, Rn. 5; *Hüffer*, AktG, § 114 Rn. 6.

zunächst daran zu denken, daß ein Berater, der mit den Problemen des Unternehmens aus der Aufsichtsratssicht vertraut ist, ein besonders wertvoller Berater bei der Durchsetzung der Unternehmensziele ist. Was er dabei über die Verhältnisse des Unternehmens lernt, kommt der Aufsichtsratsarbeit zugute. Das gleiche gilt, wenn er schon beraten hat. Gesprächspartner der Berater sind außerdem nicht nur die Vorstände, sondern meist die Führungsebenen unterhalb des Vorstands. Gerade diese Kontakte können im Aufsichtsrat zur besseren Beurteilung der Unternehmenspolitik und des Geschäftsverlaufs beitragen. Vertraulichkeitsgebote stehen dem nicht entgegen. Denn ebenso wie es zwischen Vorstand und zwischen den Aufsichtsratsmitgliedern untereinander kein Vertraulichkeitsgebot gibt, kann es das auch nicht zwischen dem Berater und seinen Aufsichtsratskollegen geben. Letztlich bleibt es Sache des Fingerspitzengefühls jedes einzelnen, wie besondere Kenntnisse umgesetzt werden. Das ist aber nicht nur im Aufsichtsrat so. Werden Beratungsverträge mit Aufsichtsratsmitgliedern in dem Umfang unterbunden, wie er sich aus der Rechtsprechung des BGH ergibt, müssen die Unternehmen auf die damit verbundenen Synergieefekte verzichten.

Die ratio legis des § 114 Abs. 1 AktG berechtigt aber auch zu der Frage, ob die Väter dieser Vorschrift die Gefahren, die einer objektiven Amtsführung drohen, nicht zu einseitig gesehen und deshalb eine unvollkommene Regelung getroffen haben. Noch niemand hat Einwendungen dagegen erhoben, daß Lieferanten oder Kunden sowie andere Geschäftsfreunde in den Aufsichtsrat gewählt werden. Im Gegenteil gilt die Beziehungspflege durch den Aufsichtsrat auch heute noch als vorteilhaft. Wenn Geschäftsfreunde im Aufsichtsrat Vorzugskonditionen erhalten, oder wenn der Vorstand mit ihnen in anderer Weise kooperiert – Maßnahmen, die keineswegs sachfremd zu sein brauchen –, sieht das Gesetz keine Bedenken hinsichtlich der Objektivität der Aufsichtsratsmitglieder. Seit Einführung der paritätischen Mitbestimmung durch das MitbestG haben sich die Potentiale für Interessenkonflikte im Aufsichtsrat um ein Vielfaches erhöht. In keiner dieser Konfliktsituationen hat der Aufsichtsrat ein Eingriffsrecht. Beim gewerkschaftlichen Spitzenfunktionär und den anderen Arbeitnehmervertretern wird nicht bezweifelt, daß sie als Aufsichtsratsmitglieder nur die Unternehmensinteressen im Auge haben und objektiv urteilen werden. Aufsichtsratsmitgliedern, die einen Beratungsauftrag übernehmen, wird dagegen skeptisch begegnet. Die Unausgewogenheit der gesetzlichen Wertung verstärkt die Bedenken, daß die Rechtsprechung sich dem Problem in der richtigen Weise nähert.

VI. Schlußbemerkung

Firmenzusammenbrüche, Devisenbetrügereien und ähnliche spektakuläre Ereignisse, vor allem, wenn sie sich häufen, stimulieren die Ursachenforschung. Als eine leicht verständliche Ursache bietet sich das Versagen des Aufsichtsrats an. Schon sein Name reizt dazu. Und in der Tat entspricht die Realität der Aufsichtsratspraxis auch nicht dem Idealbild, das viele von ihm haben. Daß die Gesetzeslage mit dem Wunschbild nicht übereinstimmt, wird ungern zur Kenntnis genommen. Man wünscht Reformen. Aber die ideale Organisation, die für alle Unternehmen paßte, ist noch nicht gefunden worden. Also muß man sich nach der Decke der Möglichkeiten strecken. Die Ausdehnung der Aufsichtsratsaufgaben bringt Zeit-, Kosten- und Haftungsprobleme mit sich und führt unter Mitbestimmungsgesichtspunkten zu grundlegenden Disparitäten. Vom Gesetzgeber dürfen aus politischen Gründen keine allzu großen Schritte erwartet werden. Der vielfach geforderte professionelle Aufsichtsrat hat seine Vorzüge. Leider läßt sich diese Profession nicht als Voraussetzung für das Aufsichtsratsamt vorschreiben. So bleibt nicht viel mehr übrig, als mit Bordmitteln daranzugehen, die Aufsichtsratsarbeit zu verbessern.

Die Effizienzsteigerung muß von den Unternehmen, den Aufsichtsräten und den Beratern selbst kommen. Die vom Arbeitskreis der Schmalenbach-Gesellschaft/Deutsche Gesellschaft für Betriebswirtschaft e. V.[57] vorgeschlagenen Grundsätze ordnungsmäßiger Aufsichtsratstätigkeit könnten eine Diskussionsgrundlage sein. Ein anderer Schritt in die richtige Richtung sind die Vorschläge von *Potthoff* für einen Codex für den Aufsichtsrat[58] und von *Forster*[59] und anderen, die eine engere Zusammenarbeit zwischen Aufsichtsrat und Abschlußprüfer befürworten. Der Abschlußprüferberuf, der geschaffen wurde, um der Überforderung des Aufsichtsrats im bilanzwirtschaftlichen Bereich eine Ende zu bereiten, ist der geborene, unabhängige Berater des Aufsichtsrats – und des Vorstands – bei der finanzwirtschaftlichen Durchleuchtung des Unternehmens. Die Tatsache, daß der Abschlußprüfer über seine Konditionen mit dem Vorstand verhandelt oder daß er vom Vorstand auch honorarpflichtige Zusatzaufträge erhält, hat die Unabhängigkeit des Berufsstandes bisher nicht beeinträchtigt. Die dem Aufsichtsratssystem immanente Unternehmensferne der Aufsichtsratsmit-

---
[57] DB 1995, S. 1–4.
[58] *Potthoff,* DB 1995, S. 163 f.
[59] *Forster,* AG 1995, S. 1–7.

glieder – soweit es die Vertrautheit mit dem Tagesgeschäft und mit den inneren Verhältnissen angeht – kann, ebenso systemimmanent, durch Beratungsaufgaben ausgeglichen werden, die fachlich besonders qualifizierte Aufsichtsratsmitglieder im Unternehmen erfüllen. Mehr als um gesetzgeberische Reformen geht es darum, sich auf die Möglichkeiten zu besinnen, die die Gesetze schon bieten. Dazu gehören auch Beratungsverträge mit Aufsichtsratsmitgliedern.[60]

---

[60] Während der Drucklegung ist ein Vortrag von *Boujong* veröffentlicht worden (AG 1995, S. 203–207). *Boujong* ist Vorsitzender des II. Senats des BGH, von dem die hier behandelten Urteile (Fn. 1) stammen. Er verteidigt in dem Vortrag diese Urteile gegen Kritik (vgl. u. a. *Hoffmann*, a. a. O., Fn. 12, Rdn. 324; *Hoffmann/Kirchhoff*, WPg 1991, S. 594). Wegen des Druckfortschritts war eine eingehendere Stellungnahme in dieser Arbeit nicht mehr möglich. Die Bedenken gegen die Rechtsprechung des BGH sind durch die Veröffentlichung nicht obsolet geworden. *Boujong* beklagt, der BGH sei mißverstanden worden, weil „aus dem Gesamtzusammenhang der Urteilsgründe" nicht der gebotene Schluß gezogen worden sei. Aber auch nach dem Vortrag von *Boujong* bleibt unklar, was der BGH nun wirklich zu den „wesentlichen" Leitungsmaßnahmen des Vorstands zählt. Bedenkt man die Sachverhalte, die den Urteilen zugrunde lagen, führt der Hinweis, daß sich die Kontrollpflichten nur auf wesentliche Leitungsmaßnahmen bezögen, kaum weiter. Die Formeln von der „ständigen Diskussion" mit dem Vorstand und seiner „laufenden Beratung" als Mittel präventiver „Kontrolle" passen kaum zu der Beschränkung der Aufsichtsratsaufgabe und wirken eher kontraproduktiv. Da *Boujong* zugleich mitteilt, daß der BGH keinesfalls möglichst häufigen Sitzungen das Wort reden wollte, scheint sich ein weiterer Widerspruch aufzutun. Auch nach dem Vortrag von *Boujong* wird es schwer sein, den nach der BGH-Rechtsprechung zulässigen Inhalt eines Beratungsvertrages zu bestimmen.

MICHAEL HOFFMANN-BECKING

Rechtliche Möglichkeiten und Grenzen einer Verbesserung der Arbeit des Aufsichtsrats

    I. Vorbemerkung
   II. Auswahl der Aufsichtsratsmitglieder
 III. Bildung, Besetzung und Arbeitsweise von Ausschüssen
 IV. Erschwernisse durch die Mitbestimmung
   V. Zustimmungsvorbehalt als Mittel der Überwachung
 VI. Vergütung

I. Vorbemerkung

Die nachfolgenden Anmerkungen zu möglichen Verbesserungen der Praxis gehen aus von der geltenden Rechtslage, lassen also, um eine Einschränkung des Themas zu erreichen, die allenthalben diskutierten rechtspolitischen Forderungen außer Betracht. Nur stichwortartig und punktuell nehme ich zu einzelnen Komplexen Stellung, nämlich zu den Rechtsregeln für die Auswahl der Aufsichtsratsmitglieder, zu Aufgabenstellung, Besetzung und Arbeitsweise von Ausschüssen, zu den Erschwernissen durch die Mitbestimmung, zum Aufsichtsmittel der Zustimmungsvorbehalte und schließlich zur Aufsichtsratsvergütung. Ebenso wie eine Reihe anderer interessanter Aspekte bleiben auch die de lege lata bestehenden Möglichkeiten zur Verbesserung der Zusammenarbeit von Aufsichtsrat und Abschlußprüfer hier unerörtert.[1]

II. Auswahl der Aufsichtsratsmitglieder

Der Erfolg der Aufsichtsratsarbeit steht und fällt mit der Qualifikation und dem richtigen Rollenverständnis der Mitglieder. Eine sachgerechte Auswahl der Aufsichtsratsmitglieder ist deshalb im Grundsatz nicht minder bedeutsam als die Auswahl geeigneter Vorstandsmitglieder. Dabei geht es nur eher am Rande als im Kern um rechtliche Kriterien. Der rechtliche Rahmen für die Auswahl der Aufsichtsratsmitglieder läßt sich wie folgt umreißen:

1) Mitglied des Aufsichtsrats kann, wie § 100 Abs. 1 AktG bestimmt, jede „natürliche, unbeschränkt geschäftsfähige Person" sein. Welche Mindest-Qualifikation ein Aufsichtsratsmitglied besitzen muß, sagt das Gesetz nicht. Auch die Rechtsprechung ist insofern unergiebig, was vor allem darauf zurückzuführen sein dürfte, daß bislang nur wenige Entscheidungen zur Haftung von Aufsichtsratsmitgliedern nach § 116 AktG vorliegen.[2] In der „Hertie"-Entscheidung aus dem Jahre

---

[1] Dazu *Forster,* MG, Schneider, Balsam und die Folgen – was können Aufsichtsräte und Abschlußprüfer gemeinsam tun?, AG 1995, S. 1–7 und *Theisen,* Notwendigkeit, Chancen und Grenzen der Zusammenarbeit von Wirtschaftsprüfer und Aufsichtsrat, WPg 1994, S. 809–820. Vgl. zu diesem Themenkomplex auch die Beiträge von *Biener,* S. 37ff.; *Clemm,* S. 83ff.; *Hoffmann,* S. 201ff. sowie *Scheffler,* S. 651ff, in diesem Band.
[2] Vgl. BGHZ 75, 96 („Herstatt"); BGH, NJW 1980, 1692; BGH, WM 1983, 957 („Schaffgotsch"); LG Hamburg, ZIP 1981, 194 („Lenz Bau"). Vgl. auch *Theisen,* Haftung und Haftungsrisiko des Aufsichtsrats – Theorie und Praxis, DBW 1993, S. 295–318 und dazu *Hoffmann-Becking,* DBW 1994, S. 275–279.

1982[3] hat der BGH zwar festgestellt, jedes Aufsichtsratsmitglied müsse „diejenigen Mindestkenntnisse und -fähigkeiten" besitzen oder sich aneignen, „die es braucht, um alle normalerweise anfallenden Geschäftsvorgänge auch ohne fremde Hilfe verstehen und sachgerecht beurteilen zu können." Aus dieser Generalklausel folgt jedoch nicht das Rechtsgebot einer entsprechenden „Eingangsprüfung" des Aufsichtsratskandidaten, die gegebenenfalls im Rahmen einer Anfechtung des Wahlbeschlusses gerichtlich überprüft werden könnte, sondern der BGH hat damit nur einen generellen Maßstab für die bei der Ausübung des Amtes anzuwendende Sorgfaltspflicht formuliert.

Abgesehen von wenigen ausdrücklichen Verboten regelt das Gesetz auch nicht, welche persönlichen Eigenschaften eines Kandidaten seine Wahl in den Aufsichtsrat ausschließen. Die ausdrücklichen Verbote betreffen außer den Vorstandsmitgliedern auch die Generalbevollmächtigten und Prokuristen der Gesellschaft, wobei letztere zwar nach Maßgabe von § 6 Abs. 2 Satz 1 MitbestG als Vertreter der Arbeitnehmer, nicht aber als Vertreter der Anteilseigner gewählt werden dürfen (§ 105 Abs. 1 AktG). Auch die Vorstandsmitglieder und Geschäftsführer nachgeordneter Konzernunternehmen der Gesellschaft dürfen nicht in den Aufsichtsrat der Muttergesellschaft gewählt werden (§ 100 Abs. 2 Satz 1 Nr. 2 AktG), da dieses dem „natürlichen Organisationsgefälle" im Konzern widersprechen würde.[4] Verboten ist außerdem eine „Überkreuzverflechtung": Der Vorstand oder Geschäftsführer einer anderen Kapitalgesellschaft kann nicht in den Aufsichtsrat gewählt werden, falls dem Aufsichtsrat der anderen Gesellschaft ein Vorstandsmitglied der Gesellschaft angehört (§ 100 Abs. 2 Satz 1 Nr. 3 AktG). Und schließlich kann nach der „Lex Abs" nicht Mitglied des Aufsichtsrats sein, wer – abgesehen von bis zu fünf anrechnungsfreien Konzernmandaten – bereits zehn Aufsichtsratsmandate in Unternehmen innehat, die gesetzlich zwingend einen Aufsichtsrat zu bilden haben (§ 100 Abs. 1 Satz 1 Nr. 1 AktG).

2) Die Satzung kann persönliche Voraussetzungen für Aufsichtsratsmitglieder der Aktionäre (nicht dagegen für Arbeitnehmervertreter) bestimmen, und zwar sowohl positiv als Voraussetzung für die Wählbarkeit als auch negativ im Sinne von persönlichen Ausschlußgründen.

---

[3] BGHZ 85, 293, 295 f.
[4] Vgl. Ausschußbericht zu § 100 AktG, abgedruckt bei *Kropff,* Aktiengesetz. Textausgabe des Aktiengesetzes vom 6. 9. 1965 und des Einführungsgesetzes zum Aktiengesetz vom 6. 9. 1965 mit Begründung des Regierungsentwurfs und dem Bericht des Rechtsausschusses des Deutschen Bundestages, Düsseldorf 1965, S. 136.

Die satzungsmäßigen Voraussetzungen dürfen nur nicht derart eng sein, daß im Effekt von einer freien Auswahl durch die Hauptversammlung nicht mehr die Rede sein kann.[5]

Es dürfte nur wenige Publikumsgesellschaften geben, die in ihrer Satzung von dieser Regelungsmöglichkeit Gebrauch gemacht haben. Allerdings ist es auch kaum möglich, die notwendigen fachlichen und beruflichen Qualifikationen der Aufsichtsratsmitglieder in der Satzung positiv und ausreichend trennscharf festzulegen. Denkbar sind dagegen negative Festlegungen. So kann z. B. die gesetzliche Beschränkung auf höchstens zehn Aufsichtsratsmandate durch die Satzung verschärft werden oder die Zugehörigkeit zu einem Konkurrenzunternehmen als persönlicher Hinderungsgrund festgelegt werden.

Ohne solche satzungsmäßigen Einschränkungen der Wählbarkeit ist es im Grundsatz rechtlich unbedenklich, einen Lieferanten, Kunden oder auch Konkurrenten, also eine Person, die ein wirtschaftliches Interesse an der Gesellschaft und ihrer Geschäftsführung hat, in den Aufsichtsrat zu wählen. Für den Konkurrenten wird das neuerdings von *Lutter* heftig bestritten. Das Vorstands- oder Aufsichtsratsmitglied eines Konkurrenzunternehmens sei per se und auf Dauer ungeeignet, das Aufsichtsratsmandat auszuüben; seine Bestellung sei von vornherein nichtig, ohne daß es noch einer Abberufung aus wichtigem Grund bedürfe.[6]

Die herrschende Auffassung hält dem mit Recht entgegen, daß der Gesetzgeber aus gutem Grund kein generelles Verbot der personellen Verflechtung von Konkurrenzunternehmen im Organ Aufsichtsrat aufgestellt hat, sondern mit flexibler einsetzbaren und situationsgerechteren Sanktionen – konkrete Stimmverbote, Abberufung, Niederlegungspflicht und Schadensersatzhaftung – auf Interessen- und Pflichtenkollisionen reagiert.[7] Auch rechtspolitisch wäre ein genereller Ausschluß

---

[5] So schon RGZ 133, 90, 94. Vgl. auch *Hoffmann-Becking,* in: Münchener Handbuch des Gesellschaftsrechts, Bd. 4: Aktiengesellschaft, München 1988, § 30 Rn. 11; *Hüffer,* AktG, § 100 Rn. 9.

[6] Vgl. *Lutter,* Die Unwirksamkeit von Mehrfachmandaten in den Aufsichtsräten von Konkurrenzunternehmen, Festschrift für Beusch zum 68. Geburtstag, hrsg. v. Beisse u. a., Berlin/New York 1993, S. 509–527, hier S. 515 ff.; *Lutter/Krieger,* Rechte und Pflichten des Aufsichtsrats, 3. Aufl., Freiburg 1993, Rn. 9.

[7] Vgl. *Schneider,* Wettbewerbsverbot für Aufsichtsratsmitglieder einer Aktiengesellschaft?, BB 1995, S. 365–370, hier S. 366 f.; *Dreher,* Interessenkonflikte bei Aufsichtsratsmitgliedern von Aktiengesellschaften, JZ 1990, S. 896 ff., hier S. 900 ff.; *Decher,* Loyalitätskonflikte des Repräsentanten der öffentlichen Hand im Aufsichtsrat, ZIP 1990, S. 277–288, hier S. 287; *Matthießen,* Stimmrecht und Interessenkollision im Aufsichtsrat, Köln u. a. 1989, S. 202 f.; vgl. auch *Mertens,* in: Kölner Komm. AktG, § 103, Rn. 32 und *Geßler,* in: Komm. AktG, § 103 Anm. 39.

der Wählbarkeit von Organmitgliedern eines Konkurrenzunternehmens fehl am Platze. Vertreter von Konkurrenzunternehmen, die demselben Konzern angehören, müssen ohnehin wählbar sein. Aber auch bei einer unter der Mehrheitsschwelle liegenden Beteiligung des Konkurrenten sollte nicht per se ausgeschlossen sein, daß ein Vorstands- oder Aufsichtsratsmitglied des Konkurrenten im Aufsichtsrat mitwirkt, wie das z. B. in der Versicherungswirtschaft einer verbreiteten Praxis entspricht. Ein generelles Verbot würde nur dazu führen, daß statt eines Organmitglieds des Konkurrenten ein leitender Angestellter, also die „2. Garnitur" in den Aufsichtsrat einzieht.[8]

3) Das Gesetz geht davon aus, daß das Aufsichtsratsmandat – im Gegensatz zum Vorstandsmandat – als Nebenamt ausgeübt wird, das Aufsichtsratsmitglied also nicht seine gesamte Arbeitskraft ausschließlich dieser einen Gesellschaft zur Verfügung stellt.[9] Welcher beruflichen Tätigkeit das Aufsichtsratsmitglied im übrigen nachgeht, ist rechtlich ohne Belang. Ein „Berufsaufsichtsrat", der die Wahrnehmung von Aufsichtsratsmandaten zum Schwerpunkt seiner beruflichen Tätigkeit macht, ist rechtlich weder geboten noch verboten.

Der Begriff „Berufsaufsichtsrat" ist im übrigen mißverständlich. Man kann nicht den Beruf des Aufsichtsrats erlernen wie man den Beruf des Arztes, Rechtsanwalts oder Handwerkers erlernen kann. Die erfolgreiche berufsmäßige, also professionelle Wahrnehmung mehrerer Aufsichtsratsmandate setzt voraus, daß die betreffende Person außerhalb der Aufsichtsratstätigkeit beruflich besonders erfolgreich tätig war oder noch ist.

4) Das übliche Wahlverfahren für Aufsichtsräte wird seit langem kritisiert. Die geltende Rechtslage besagt, daß der Aufsichtsrat für jeden vakanten Sitz der Hauptversammlung einen Wahlvorschlag zu unterbreiten hat. Der Aufsichtsrat ist zwar befugt,[10] aber nicht verpflichtet, Alternativvorschläge zu machen, sondern er kann eine Liste für sämtliche neu zu besetzenden Aufsichtsratssitze aufstellen und über diese

---

[8] Zu dem rechtspolitischen Vorschlag einer behördlichen Untersagung der Aufsichtsratstätigkeit im Konkurrenzunternehmen durch das Bundeskartellamt vgl. *Seibert,* Aufsichtsratsreform in der 13. Wahlperiode, ZBB 1994, S. 349–353, hier S. 352.
[9] Vgl. *Ulmer,* Aufsichtsratsmandat und Interessenkollision, NJW 1980, S. 1603–1607, hier S. 1604; *Werner,* Aufsichtsratstätigkeit von Bankenvertretern, ZHR 1981, S. 252–270, hier S. 257.
[10] Vgl. *Eckardt,* in: Komm. AktG, § 124 Anm. 41; *Semler,* in: Münchener Handbuch des Gesellschaftsrechts, Bd. 4: Aktiengesellschaft, München 1988, § 35 Rn. 48.

Liste durch die Hauptversammlung sogar en bloc abstimmen lassen. Durchgreifende rechtliche Bedenken gegen die übliche Praxis der Listenwahl zum Aufsichtsrat bestehen nicht.[11] Der Aufsichtsrat ist auch nicht verpflichtet, seinen Wahlvorschlag gegenüber der Hauptversammlung zu begründen, und der Kandidat ist nicht verpflichtet, sich der Hauptversammlung vorzustellen.

Die Frage lautet, ob diese Rechtslage durch Regelungen der Satzung verändert werden kann und verändert werden sollte. In der Praxis der Publikumsgesellschaften gibt es meines Wissens bislang keine Regelungen, die das Wahlverfahren im Sinne einer vergrößerten Auswahlmöglichkeit für die abstimmenden Aktionäre verschärfen würden. Rechtlich zulässig wären solche Regelungen durchaus;[12] die gesetzliche Regelung der Verwaltungsvorschläge in § 124 Abs. 3 AktG kann durch die Satzung nicht erleichtert, wohl aber im Sinne einer verbesserten Unterrichtung und Vorbereitung der Aktionäre verschärft werden.[13] Aber die Einführung streitiger Aufsichtsratswahlen mit jeweils mindestens zwei von der Verwaltung vorgeschlagenen Kandidaten für jeden vakanten Sitz wäre geradezu revolutionär. Es würde bei einer solchen Satzungsregelung zumindest bei dem heute vorherrschenden Selbstverständnis deutscher Aufsichtsräte schwerhalten, hochrangige Persönlichkeiten für den Aufsichtsrat zu gewinnen, wenn sie zunächst in der Hauptversammlung einen Wahlkampf mit einem ebenfalls vom Aufsichtsrat vorgeschlagenen Alternativkandidaten bestehen müßten. Auch ohne verschärfende Satzungsregelung ist es aber jedenfalls erforderlich, daß der Versammlungsleiter der Hauptversammlung nähere Angaben zur Person des Kandidaten macht, also insbesondere die berufliche Position und – zumindest auf Nachfrage – seine anderen Aufsichtsratsmandate mitteilt. Eine Satzungsbestimmung, die den Aufsichtsrat zur Begründung seines Wahlvorschlags verpflichtet, wäre zulässig und m.E. auch zu begrüßen.

---

[11] Vgl. *Austmann,* Globalwahl zum Aufsichtsrat, in: Festgabe für Sandrock, hrsg. v. Stiefel u. a., Heidelberg 1995, S. 277–290; *Quack,* Zur „Globalwahl" von Aufsichtsratsmitgliedern der Anteilseigner, in: Festschrift für Rowedder, hrsg. v. Pfeiffer u. a., München 1994, S. 387–397; *Hoffmann-Becking,* a.a.O. (Fn. 5), § 30 Rn. 15.
[12] So ausdrücklich *Eckardt,* in: Komm. AktG, § 124 Anm. 41 für die Verpflichtung zum Alternativvorschlag.
[13] Vgl. *Werner,* in: Großkomm. AktG, 4. Aufl., § 124, Rdn. 7.

III. Bildung, Besetzung und Arbeitsweise von Ausschüssen

1) Es besteht allgemein Einigkeit darüber, daß die Arbeit des Aufsichtsrats erheblich verbessert werden kann, indem in weitem Umfang Aufgaben auf kleinere Ausschüsse delegiert werden, deren Mitglieder intensiv und diskret die ihnen übertragenen Aufgaben erfüllen. Die Möglichkeiten der Delegation sind jedoch nicht unbegrenzt, und auch für die Besetzung und Arbeitsweise der Ausschüsse sind einige rechtliche Beschränkungen zu beachten.[14]

2a) Das Gesetz unterscheidet in § 107 Abs. 3 AktG zwischen vorbereitenden Ausschüssen, deren Aufgabe sich darauf beschränkt, die Verhandlungen und Beschlüsse des Plenums vorzubereiten, und entscheidungsbefugten Ausschüssen, die über bestimmte Fragen anstelle des Aufsichtsrats entscheiden und mit mindestens drei Mitgliedern besetzt sein müssen.[15] Funktional kann man noch die überwachenden Ausschüsse als dritte Gruppe unterscheiden, die bestimmte Bereiche der Geschäftsführung intensiver überwachen sollen, als dies dem Plenum möglich wäre, ohne jedoch zu Entscheidungen anstelle des Plenums befugt zu sein.[16] Die delegierbaren Entscheidungskompetenzen werden in § 107 Abs. 3 AktG abschließend aufgezählt. So sind z. B. die Bestellung und Abberufung von Vorstandsmitgliedern und auch die Feststellung des Jahresabschlusses zwingend dem Plenum des Aufsichtsrats vorbehalten.

b) Bei der Mehrzahl aller aufsichtsratspflichtigen Gesellschaften hat der Aufsichtsrat einen Personalausschuß eingesetzt, der die Entscheidungen des Plenums zur Bestellung oder Abberufung von Vorstandsmitgliedern vorbereitet und nach Maßgabe der vorrangigen Bestellungsentscheidung des Plenums über die Anstellungsbedingungen des Vorstandsmitglieds entscheidet. Häufig ist der Personalausschuß identisch mit einem sog. Präsidium des Aufsichtsrats.[17] Diese Bezeichnung deutet darauf hin, daß der Ausschuß über seine Zuständigkeit in den Fragen der Vorstandspersonalia hinaus ganz generell die Entscheidungen des Plenums vorbereiten soll.

---

[14] Ausführlich dazu *Hoffmann-Becking*, a.a.O. (Fn. 5), § 32 Rn. 1ff.; *Lutter/Krieger*, a.a.O. (Fn. 6), Rn. 255ff.
[15] Vgl. BGHZ 65, 190 („Rütgers").
[16] Dazu *Rellermeyer*, Aufsichtsratsausschüsse, Köln u. a. 1986, S. 32ff.
[17] Dazu *Krieger*, Zum Aufsichtsratspräsidium, ZGR 1985, S. 338–364; *Hoffmann-Becking*, a.a.O. (Fn. 5), § 32 Rn. 8f.

Es empfiehlt sich, dem Personalausschuß über die Entscheidung zu den Anstellungsverträgen der Vorstandsmitglieder hinaus auch alle sonstigen Personalentscheidungen anzuvertrauen, z. B. die Zustimmung zur Gewährung von Darlehen an Vorstandsmitglieder, Aufsichtsratsmitglieder, Prokuristen und Generalbevollmächtigte nach §§ 89, 115 AktG sowie die Zustimmung zu Beratungsverträgen und anderen Dienstverträgen mit Aufsichtsratsmitgliedern nach § 114 AktG.

Für die Personalarbeit des Aufsichtsrats und insbesondere des Personalausschusses mögen die folgenden praktischen Hinweise von Nutzen sein:

- Der Personalausschuß muß den Nachwuchs der Führungskräfte im Blick behalten, um bei den Nachfolgeentscheidungen das im Unternehmen vorhandene personelle Potential selbst einschätzen zu können und nicht blind der Beurteilung durch den Vorstand folgen zu müssen. Dazu gibt es praktische Hilfen. So sollte der Aufsichtsratsvorsitzende z. B. darauf dringen, daß der Vorstand zu seinen mündlichen Vorträgen vor dem Aufsichtsrat und den Ausschüssen, etwa zu Investitionsprojekten oder zur Präsentation einzelner Produktbereiche, die für das Projekt oder den Produktbereich zuständigen Führungskräfte hinzuzieht, so daß der Aufsichtsrat im Rahmen einer Sachdiskussion einen persönlichen Eindruck von diesen Mitarbeitern gewinnt. Sehr hilfreich ist auch die folgende Übung: Jeweils am Vorabend der Aufsichtsratssitzung stellen sich mehrere Führungskräfte der zweiten oder auch dritten Ebene dem Personalausschuß des Aufsichtsrats im Rahmen eines gemeinsamen Abendessens vor und berichten „zwischen den Gängen" über ihren Werdegang und ihre derzeitigen Aufgaben im Unternehmen.
- Eine vorsorgende Nachfolgeplanung ist nicht nur im Hinblick auf die künftige Besetzung des Vorstands erforderlich, sondern der Aufsichtsrat muß auch an seine eigene personelle Zukunft denken, d. h. rechtzeitig über die sachgerechte Auswahl künftiger Aufsichtsratsmitglieder nachdenken. Die Nachfolgeplanung für den Aufsichtsrat gehört deshalb von Zeit zu Zeit auf die Tagesordnung des Personalausschusses.
- In vielen Unternehmen beobachtet der Vorstandsvorsitzende mit Argusaugen, ob ein einfaches Vorstandsmitglied es wagt, an ihm vorbei das direkte Gespräch mit dem Aufsichtsratsvorsitzenden zu suchen, oder umgekehrt der Aufsichtsratsvorsitzende unmittelbar mit den einzelnen Ressortvorständen spricht, um sich ein Bild von der Vorstandsarbeit zu machen. Um nicht unnötigen Argwohn zu

erregen, entspricht es einer viel geübten und guten Praxis, daß der Aufsichtsratsvorsitzende in festen Zeitabständen, zumindest einmal im Jahr, Einzelgespräche mit allen Vorstandsmitgliedern führt. Solche „Jahresgespräche" dienen nicht nur der Beurteilung des betreffenden Vorstandsmitglieds, sondern tragen auch dazu bei, ein schädliches Informationsmonopol des Vorstandsvorsitzenden gegenüber dem Aufsichtsrat zu verhindern.

c) Zurück zu den Ausschüssen des Aufsichtsrats. In den letzten Jahren wird der Prüfungsausschuß immer häufiger als ein probates Mittel zur Verbesserung der Aufsicht empfohlen.[18] Er soll in intensiver Diskussion mit dem Abschlußprüfer und dem Vorstand eine sachkundige Vorprüfung des Jahresabschlusses gewährleisten, bevor dieser vom Plenum festgestellt wird. Der Aufgabenbereich eines solchen Prüfungsausschusses oder – neudeutsch – „Audit Committee" sollte jedoch nicht auf die Vorprüfung des Jahresabschlusses beschränkt werden. Es gibt inzwischen gute Erfahrungen mit Prüfungsausschüssen, die über die Bilanzprüfung hinaus den Auftrag haben, durch zum Teil wechselnde, zum Teil aber auch regelmäßig wiederkehrende Prüfungsthemen zu vergewissern, daß die betriebswirtschaftlichen Instrumente, insbesondere die Kontrollsysteme im Unternehmen professionell gehandhabt werden.

Um nur einige mögliche Prüfungsthemen zu nennen: Der Ausschuß kann z. B. Stellungnahmen des Vorstands anfordern zur Gestaltung und Weiterentwicklung der betrieblichen Altersversorgung, zur Arbeitsweise und zum Prüfungsprogramm der Konzernrevision, zur Steuerpolitik des Unternehmens, zum Währungs-Management, zu Vergütungssystemen, zu den Planungsverfahren etc. Das muß und sollte nicht so weit gehen, daß mit dem Prüfungsausschuß ein permanentes internes Management Audit installiert wird, aber mit der Vorprüfung des Jahresabschlusses sollte sich der Prüfungsausschuß jedenfalls nicht begnügen. Im übrigen ist es durchaus denkbar, daß der Ausschuß sich

---

[18] Aus der umfangreichen Literatur vgl. *Lück/van Hall*, Audit-Committees – zur Entwicklung von Prüfungsausschüssen in den USA, DB 1984, S. 1941-1943; *Bleicher/Paul*, Das amerikanische Board-Modell im Vergleich zur deutschen Vorstands-/Aufsichtsratsverfassung – Stand und Entwicklungstendenzen, DBW 1986, S. 263-288, hier S. 286; *Goerdeler*, Das Audit-Committee in den USA, ZGR 1987, S. 219-232; *Haasen*, Die Bedeutung der Audit-Committees, ZfbF 1988, S. 370-379; *Forster*, Aufsichtsrat und Abschlußprüfung, ZfB 1988, S. 789-811, hier S. 798f.; *Theisen*, Das Board-Modell: Lösungsansatz zur Überwindung der „Überwachungslücke" in deutschen Aktiengesellschaften?, AG 1989, S. 161-168; *Lück*, Audit-Committee – Eine Einrichtung zur Effizienzsteigerung betriebswirtschaftlicher Überwachungssysteme?, ZfbF 1990, S. 995-1013; *Langenbucher/Blaum*, Audit-Committees – Ein Weg zur Überwindung der Überwachungskrise, DB 1994, S. 2197-2206.

hier und da auch der Hilfe externer Sachverständiger bedient, die er – sei es im Einverständnis mit dem Vorstand oder, was wohl nur notfalls in Betracht kommt, auch aufgrund eigener Machtvollkommenheit nach § 111 Abs. 2 AktG – mit besonderen Untersuchungen beauftragt.

3) Was nun die Besetzung der Ausschüsse betrifft, so ist zunächst zu beachten, daß die Satzung dem Aufsichtsrat nicht vorschreiben kann, wieviele und welche Mitglieder er in einen Ausschuß delegieren will. Die interne Organisation seiner Arbeit – und dazu gehört auch die Bildung und Besetzung von Ausschüssen – unterliegt der autonomen Bestimmung durch das Plenum des Aufsichtsrats.[19] Aber das Aufsichtsratsplenum ist andererseits doch nicht ganz frei in der Auswahl geeigneter Ausschußmitglieder, sondern muß mitbestimmungsrechtliche Grenzen seiner Auswahlfreiheit beachten.

Ausschüsse eines nach dem MitbestG 1976 zusammengesetzten Aufsichtsrats müssen nicht notwendig paritätisch besetzt sein. Auch die Rechtsprechung verlangt das nicht. Die Arbeitnehmerseite hat keinen Anspruch auf proportionale Vertretung in den Ausschüssen des Aufsichtsrats. Aber die Arbeitnehmervertreter dürfen andererseits nicht systematisch diskriminiert werden. Für den paritätisch mitbestimmten Aufsichtsrat hat der Bundesgerichtshof daraus die Folgerung gezogen, daß es regelmäßig erforderlich ist, daß jedenfalls dem Personalausschuß mindestens ein Arbeitnehmervertreter angehört.[20] Bei einer Gesellschaft, die der Drittel-Mitbestimmung nach dem BetrVG 1952 unterliegt, dürfte es dagegen nach wie vor zulässig sein, den Personalausschuß ausschließlich mit Vertretern der Anteilseigner zu besetzen. Um den diskriminierenden Eindruck eines völligen Ausschlusses der Arbeitnehmerseite von der Ausschußarbeit zu vermeiden, sollte in einem solchen Fall für die Arbeitnehmerseite ein Ausgleich durch die Repräsentanz in einem anderen Ausschuß geschaffen werden.

4) Eine erfolgreiche Arbeit in den Ausschüssen des Aufsichtsrats, insbesondere im Personalausschuß, setzt voraus, daß die Diskretion der Beratungen gewährleistet wird. In diesem Zusammenhang tritt in der Praxis bisweilen die Frage auf, ob einzelne Mitglieder des Plenums verlangen können, daß der Ausschuß die anderen Aufsichtsratsmitglieder über seine Beratungen und Entscheidungen unterrichtet, z. B. über die von ihm festgesetzten Vorstandsbezüge. Die Frage ist zwar noch nicht höchstrichterlich geklärt, aber nach der herrschenden Auffassung

---
[19] Vgl. BGHZ 83, 106, 115 („Siemens").
[20] Vgl. BGHZ 122, 342 („Hamburg-Mannheimer").

besteht ein solcher Anspruch nicht.[21] Es entspricht zwar guter Übung in vielen Aufsichtsräten, daß der Ausschußvorsitzende – auch ohne förmliche Anforderung eines Berichts – dem Plenum von Zeit zu Zeit über die Tätigkeit des Ausschusses berichtet. Detailinformationen sind aber nur dann erforderlich, wenn sie vom Plenum durch Mehrheitsbeschluß verlangt werden, da mit der Delegation der Aufgabe auf den Ausschuß im Regelfall auch das Ziel verfolgt wird, eine besonders vertrauliche Behandlung der betreffenden Angelegenheiten zu gewährleisten.

IV. Erschwernisse durch die Mitbestimmung

Das Stichwort Mitbestimmung ist schon bei der Besetzung der Ausschüsse angeklungen. Einige generelle Bemerkungen zu den Auswirkungen der Mitbestimmung, insbesondere der paritätischen Mitbestimmung auf die Qualität der Aufsichtsratsarbeit seien noch angefügt.

Mitunter wird die Auffassung vertreten, die Qualität der Überwachung durch den Aufsichtsrat habe sich durch die paritätische Mitbestimmung deshalb wesentlich verschlechtert, weil die Qualifikation der Arbeitnehmervertreter unzureichend sei. Hier scheint mir jedoch nicht das entscheidende Problem zu liegen, zumal die Arbeitnehmervertreter nach meinem Eindruck immer besser für ihre Aufgaben im Aufsichtsrat vorgebildet werden und sich im Gegensatz zu den Anteilseignervertretern durchweg mit hohem Zeiteinsatz auf die einzelnen Sitzungen vorbereiten. Es ist auch positiv zu veranschlagen, daß die Arbeitnehmervertreter aufgrund ihrer Kenntnis der unternehmensinternen Verhältnisse und Probleme manches beisteuern können, was für sachgemäße Entscheidungen des Plenums wesentlich ist und von den Anteilseignervertretern wegen ihrer Betriebsferne nicht beigebracht werden könnte. Und um noch einen weiteren im Grundsatz positiven Nebeneffekt der Mitbestimmung zu erwähnen: In Konzerntochtergesellschaften übernehmen die Arbeitnehmervertreter nicht selten die Rolle eines Hüters der eigenverantwortlichen Leitung der Gesellschaft und ihrer Eigen-

---

[21] Vgl. LG Düsseldorf, AG 1988, 386; *Mertens*, Zur Berichtspflicht des Vorstands gegenüber dem Aufsichtsrat, AG 1980, S. 67–74, hier S. 73; *ders.*, Verfahrensfragen bei Personalentscheidungen des mitbestimmten Aufsichtsrats, ZGR 1983, S. 189–214, hier S. 199; *Hoffmann-Becking*, Zum einvernehmlichen Ausscheiden von Vorstandsmitgliedern, in: Festschrift für Stimpel zum 68. Geburtstag, hrsg. v. Lutter u. a., Berlin/New York 1985, S. 589–602, hier S. 601 f.; *Rellermeyer*, a.a.O. (Fn. 16), S. 223 ff.; *Hoffmann-Becking*, a.a.O. (Fn. 5), § 32 Rn. 7, 21.

ständigkeit und finanziellen Unversehrtheit gegenüber der Konzernspitze.[22]

Aber diese – und vielleicht auch noch weitere – positiven Effekte der Mitbestimmung ändern doch nichts an der Erkenntnis, daß die Aufsichtsratsarbeit durch die Mitbestimmung in einem entscheidenden Punkt ganz wesentlich erschwert wird: Die Mitbestimmung verhindert die notwendige freimütige Auseinandersetzung mit dem Vorstand in den Sitzungen des Aufsichtsrats. Die Aufsichtsratssitzungen sind in vielen mitbestimmten Gesellschaften, was die Rolle der Anteilseignervertreter betrifft, zu bloßen Akklamationsveranstaltungen geworden, die nach einem strengen Ritual ablaufen und in denen es nur munter wird, wenn die Arbeitnehmervertreter den Vorstand kritisieren und sodann die Anteilseignervertreter rollengemäß den Vorstand in Schutz nehmen. Die Anteilseignervertreter halten sich mit unangenehmen Fragen und direkter Kritik am Vorstand zurück. Sie verhalten sich nicht etwa deshalb so, weil sie nicht Manns genug wären, den Vorstand zu kritisieren, sondern sie halten sich zurück, weil sie nicht durch ihre Kritik in Anwesenheit der Arbeitnehmervertreter die Autorität des Vorstandes gegenüber den Mitarbeitern beschädigen wollen.

Wenn also die offene und für eine effiziente Beaufsichtigung erforderliche Kritik am Vorstand nicht im Plenum geäußert werden kann, müssen sich die Aufsichtsratsmitglieder der Anteilseigner einen anderen Weg suchen, um ihre Pflichten sachgemäß zu erfüllen. Dabei sollte man nicht darauf vertrauen, daß das einzelne Aufsichtsratsmitglied durch Einzelaktionen gegenüber dem Aufsichtsratsvorsitzenden und/oder Vorstandsvorsitzenden aktiv wird, sondern es müssen Verfahren geschaffen werden, die eine offene Meinungsbildung des Kollegiums über die Arbeit des Vorstands und einen offenen Meinungsaustausch des Kollegiums mit dem Vorstand ermöglichen.

Damit bin ich beim Thema der Fraktionssitzung. Ich halte regelmäßige Fraktionssitzungen der Anteilseignervertreter für eine zwar im Gesetz nicht vorgesehene, aber doch rechtlich zulässige und der Sache nach sogar notwendige Einrichtung. Der größere Zeitaufwand, der damit verbunden ist, ist ein Preis, den jeder zu leisten bereit sein muß, der sich in einen mitbestimmten Aufsichtsrat wählen läßt. Die Mitbestimmung erschwert die Aufsichtsratsarbeit, macht sie insbesondere zeitaufwendiger, entschuldigt aber nicht eine schlechte Aufsichtsratsarbeit.

---

[22] Vgl. BGH, ZIP 1993, 1862 („Vereinte Krankenversicherung").

Rechtliche Probleme können sich im Zusammenhang mit den Fraktionssitzungen unter folgendem Aspekt ergeben: Der Vorstand ist allen Aufsichtsratsmitgliedern gegenüber zur Berichterstattung verpflichtet. Nach dem gesetzlichen Berichtssystem besitzt nur der Vorsitzende einen Informationsvorrang, da ihm nach § 90 Abs. 1 Satz 2 AktG aus wichtigen Anlässen zwischen den Sitzungen vorab zu berichten ist. Wenn nun der Vorstand in der Fraktionssitzung der Anteilseignervertreter – oder, was nicht selten der Fall ist, in der Fraktionssitzung der Arbeitnehmervertreter – wesentliche Einzelheiten vorträgt, die er der anderen Fraktion jedenfalls nicht unaufgefordert zur Kenntnis bringt, stellt sich die Frage einer pflichtwidrigen Ungleichbehandlung. Im Ergebnis dürften sich daraus jedoch keine schwerwiegenden Probleme ergeben, da es jedem Aufsichtsratsmitglied der jeweils anderen Fraktion freisteht, nach § 90 Abs. 3 Satz 2 AktG einen Einzelbericht des Vorstands zu bestimmten Themen anzufordern, die aus seiner Sicht von besonderem Interesse sind und von denen er weiß oder vermutet, daß sie in einer Sitzung der anderen Fraktion zur Sprache gekommen sind.

V. Zustimmungsvorbehalt als Mittel der Überwachung

1) Die wesentlichen Entscheidungen, die dem Aufsichtsrat zwingend obliegen, sind die Bestellung und Anstellung der Vorstandsmitglieder und die Feststellung des Jahresabschlusses. Im übrigen soll er die Geschäftsführung überwachen. Er darf nicht selbst die Geschäftsführung an sich ziehen und auch nicht – um ein Wort des schweizerischen Aktienrechts zur Rolle des Verwaltungsrats zu gebrauchen – die „Oberleitung" der Gesellschaft ausüben. Der Aufsichtsrat ist von der Geschäftsführung der Gesellschaft ausgeschlossen, so bestimmt es das Gesetz in § 111 Abs. 1 AktG. Aber das ist nicht die ganze Wahrheit, denn die Satzung oder auch der Aufsichtsrat selbst kann nach § 111 Abs. 4 AktG einen Katalog von Geschäften festlegen, die der Vorstand nur mit Zustimmung des Aufsichtsrats vornehmen darf, bei denen also Vorstand und Aufsichtsrat in einer Art Kondominium zusammenwirken müssen. Durch seine Zustimmung übernimmt der Aufsichtsrat die Mitverantwortung für das Geschäft, wird also materiell geschäftsführend tätig, wenn auch die Initiative beim Vorstand verbleibt und der Aufsichtsrat den Vorstand nicht zur Vornahme des Geschäfts anweisen kann.

2) Bei Einführung der paritätischen Mitbestimmung Ende der 70er Jahre wurden in vielen Unternehmen die Zustimmungskataloge ersatz-

los gestrichen, weil man einen übermäßigen Einfluß der Arbeitnehmerseite auf die Unternehmensleitung befürchtete. Diese Befürchtung ist trotz des Zweitstimmrechts des Aufsichtsratsvorsitzenden nicht einfach von der Hand zu weisen, wenn man bedenkt, daß durch die Zustimmungskataloge häufig Maßnahmen der Zustimmung des Aufsichtsrats unterworfen werden, die daneben auch der betrieblichen Mitbestimmung unterliegen, so daß die Arbeitnehmerseite doppelt ansetzen kann, um ihre Interessen durchzusetzen und gegebenenfalls einen auf betrieblicher Ebene erreichten Kompromiß auf der Ebene des Aufsichtsrats noch einmal nachzubessern.

In den letzten Jahren kann man, wenn ich recht sehe, eine gewisse Renaissance der Zustimmungsvorbehalte beobachten, zum einen, weil die mitbestimmungsrechtlichen Befürchtungen nachgelassen haben, vor allem aber, weil man auf das Instrument des Zustimmungsvorbehalts schwerlich verzichten kann, wenn man eine engagierte Mitwirkung des Aufsichtsrats erreichen will. Erfahrungsgemäß kümmert man sich intensiver um die Angelegenheiten, bei denen man zur Mitentscheidung und nicht nur zur Kenntnisnahme aufgerufen ist.

Der Bundesgerichtshof hat im übrigen in einer neueren Entscheidung die Auffassung vertreten, daß sich das Ermessen des Aufsichtsrats, dem es im Normalfall freisteht, ob er einen Zustimmungsvorbehalt einführen will, in besonderen Situationen zu einer Pflicht verdichten kann, nämlich dann, wenn die Einführung des Zustimmungsvorbehalts erforderlich ist, um gesetzwidrige Maßnahmen des Vorstands zu unterbinden.[23]

3) Was nun den typischen Inhalt der Zustimmungskataloge betrifft, so zeichnet sich auch insoweit ein Wandel der Aufsichtsratspraxis ab. In herkömmlichen Katalogen rangiert das Grundstücksgeschäft als Prototyp des besonders bedeutungsvollen und risikoreichen Geschäfts an der Spitze des Katalogs, gefolgt von Kreditaufnahmen und Haftungsübernahmen. Neuerdings wird in den Katalogen mehr Wert gelegt auf die Mitwirkung des Aufsichtsrats bei den umfassenden und stärker in die Zukunft gerichteten Festlegungen, also z. B. bei der Verabschiedung der Jahresplanung und bei der Entscheidung über die Aufnahme oder Aufgabe von Produkten und Geschäftsgebieten.

---

[23] Vgl. BGH, ZIP 1993, 1862 („Vereinte Krankenversicherung"). Dazu kritisch *Berg,* Zustimmungsvorbehalte gegen den Willen (der Mehrheit) des Aufsichtsrats, WiB 1994, S. 382–386 und zustimmend *Köstler,* Zustimmungsvorbehalte des Aufsichtsrats als Realisierung der Sorgfaltspflicht, WiB 1994, S. 714–716.

4) Wenn es sich um den Aufsichtsrat einer Konzernobergesellschaft handelt, ist die vom Vorstand entfaltete Konzernleitung Gegenstand der Überwachung durch den Aufsichtsrat. Die laufende Berichterstattung des Vorstands an den Aufsichtsrat ist dann notwendig eine Konzernberichterstattung, und bei der Prüfung des Jahresabschlusses durch den Aufsichtsrat geht es faktisch – wenn auch nicht rechtlich – ganz vorrangig um den Konzernabschluß und nur gleichsam nebenbei um den Einzelabschluß.

Demgemäß liegt es nahe, daß auch die Zustimmungsvorbehalte des Aufsichtsrats entsprechend „konzerndimensional" gefaßt sind, also z. B. die Budgetgenehmigung das Konzernbudget betrifft und große Investitionen oder Desinvestitionen unabhängig davon genehmigungspflichtig sind, ob sie durch die Konzernspitze selbst oder durch ein nachgeordnetes Konzernunternehmen vorgenommen werden sollen.

Tatsächlich ist die Praxis unserer Konzernobergesellschaften in dieser Frage jedoch sehr uneinheitlich. In vielen Unternehmen hält man fest an einer auf die Geschäfte der Obergesellschaft beschränkten Interpretation des Katalogs. Wenn bei einer Tochtergesellschaft ein auch aus Konzernsicht ganz besonders großes Geschäft ansteht, das der Vorstand dem Aufsichtsrat der Konzernspitze vorträgt, um die Verantwortung nicht allein tragen zu müssen, zieht man es dann – um Präjudizien zu vermeiden – vor, das Geschäft nicht förmlich zu genehmigen, sondern nur – was immer der Unterschied sein mag – „zustimmend zur Kenntnis" zu nehmen. Im aktienrechtlichen Schrifttum wird heute überwiegend die Auffassung vertreten, daß Zustimmungsvorbehalte zugunsten des Aufsichtsrats einer Konzernobergesellschaft jedenfalls insofern konzernbezogen interpretiert und angewendet werden müssen, als es um Maßnahmen einer durch Unternehmensvertrag mit der Obergesellschaft verbundenen Konzerntochter geht.[24]

---

[24] Vgl. *Lutter*, Zur Wirkung von Zustimmungsvorbehalten nach § 111 Abs. 4 Satz 2 AktG auf nahestehende Gesellschaften, in: Festschrift für Fischer, hrsg. v. Lutter u. a., Berlin/New York 1979, S. 419–436; *Koppensteiner*, in: Kölner Komm. AktG, 2. Aufl., Vorb. § 291, Rn. 31; *Hoffmann-Becking*, a.a.O. (Fn. 5), § 29 Rn. 38; *Götz*, Zustimmungsvorbehalte des Aufsichtsrats der Aktiengesellschaft, ZGR 1990, S. 633–656, hier S. 655.

VI. Vergütung

Zum Abschluß einige Stichworte zu dem wichtigen Thema der Aufsichtsratsvergütung:

1) Die alljährlich erstellte Kienbaum-Studie zu den Vorstands- und Aufsichtsratsbezügen stellt in der neuesten Ausgabe aus dem Jahre 1994 fest, daß die durchschnittlichen Aufsichtsratsbezüge von 1960 bis 1992 von 13.100 auf 16.900 DM und damit um knapp 30% gestiegen sind. Dagegen stiegen die Vorstandsbezüge von 94.00 auf 420.000 DM, also um rund 350%.[25] Was sind die Ursachen für diese eklatante Fehlentwicklung? Die mißliche steuerliche Regelung in § 10 Nr. 4 KStG, wonach die Aufsichtsratsbezüge nur zur Hälfte steuerlich abzugsfähig sind, spielt eine Rolle. Eine wesentliche Ursache liegt aber sicherlich auch in der Mitbestimmung, und zwar nicht nur wegen der zwangsweisen Vergrößerung der Zahl der Aufsichtsratsmitglieder. Die Unternehmensleitungen sind offenbar nicht geneigt, mit den Aufsichtsratstantiemen die Arbeit der Hans Böckler-Stiftung des DGB zu finanzieren.

2) Der Vorsitzende erhält in der Regel den doppelten Betrag gegenüber der Vergütung für das einfache Aufsichtsratsmitglied. Seine Arbeitsbelastung ist jedoch viel größer; ein Ansatz etwa der vierfachen Vergütung würde der tatsächlichen Relation der Arbeitsbelastung eher entsprechen. Aber zu einer angemessen finanziellen Honorierung der Aufgaben des Vorsitzenden fehlt in den Publikumsgesellschaften bislang leider durchweg der Mut. Da man andererseits qualifizierte Persönlichkeiten, insbesondere sog. „Berufsaufsichtsräte", nicht für die manchmal geradezu lächerlich niedrigen Bezüge gewinnen kann, verfällt man auf den Ausweg des „Beratungsvertrags", um dem Vorsitzenden ein zusätzliches Honorar zuzuwenden. Aber die Rechtsprechung des Bundesgerichtshofs hat diesen Ausweg weitgehend versperrt. Der BGH hat – was im Grundsatz auch schon früher klar war[26] – noch einmal deutlich herausgestellt, daß einem Aufsichtsratsmitglied nicht für die Aufgaben, die es als Aufsichtsrat wahrzunehmen hat – und dazu gehört auch und gerade die Beratung des Vorstands in den Fragen der Geschäftspolitik – neben der von der Hauptversammlung bewilligten Aufsichtsratsvergütung eine zusätzliche Vergütung durch den Vorstand

---
[25] Zitiert nach „Welt am Sonntag" vom 4. September 1994, S. 44.
[26] Vgl. *Hoffmann-Becking*, a.a.O. (Fn. 5), § 33 Rn. 25.

zugesagt werden kann.[27] Beratungsverträge mit Aufsichtsratsmitgliedern sind also nur insoweit zulässig, als es sich um Beratungsleistungen außerhalb des Aufgabenbereichs des Aufsichtsrats handelt, die das Aufsichtsratsmitglied aufgrund spezifischen Fachwissens als Ingenieur, Rechtsanwalt usw. oder bei einem speziellen Geschäft erbringen soll. Eine zusätzliche laufende Vergütung für den Aufsichtsratsvorsitzenden wird sich auf diese Weise nur selten rechtfertigen lassen.

Rechtlich zulässig ist es dagegen, wenn ein oder mehrere Großaktionäre dem Aufsichtsratsvorsitzenden unter dem Titel „Beratungsvertrag" eine zusätzliche Vergütung zukommen lassen. Aber durch solche Sondervereinbarungen mit einzelnen Aktionären kann ein Aufsichtsratsvorsitzender einer Publikumsgesellschaft leicht in ein schiefes Licht geraten.

Als Fazit und Forderung bleibt deshalb festzuhalten: Es ist dringend an der Zeit, daß für die Aufsichtsratsmitglieder und insbesondere für den Vorsitzenden des Aufsichtsrats angemessene Bezüge festgesetzt werden.

---

[27] Vgl. BGHZ 114, 127 („Deutscher Herold"); BGH, ZIP 1994, 1216. Vgl. dazu auch den Beitrag von *Hoffmann,* S. 201 ff., in diesem Band.

HORST KAMINSKI und PETER MARKS

Die Qualität der Abschlußprüfung in der internationalen Diskussion

I. Der Abschlußprüfer in der öffentlichen Diskussion
II. Internationale Grundsätze zur Abschlußprüfung
   1. Vorbemerkung
   2. Die International Federation of Accountants (IFAC)
   3. Die International Standards on Auditing (ISA)
      a) Überblick
      b) Framework
      c) Codification
   4. Die Bedeutung der internationalen Standards
III. Die Pflichten des Abschlußprüfers in bezug auf dolose Handlungen
   1. Allgemeines
   2. Falsche Darstellungen im Jahresabschluß
      a) Der ISA „Fraud and Error"
         aa) Definition von fraud
         ab) Maßnahmen im Rahmen der Abschlußprüfung
         ac) Berichterstattung
      b) Würdigung
   3. Verstöße gegen Gesetze und sonstige Vorschriften
      a) Der ISA „Consideration of Laws and Regulations in an Audit of Financial Statements"
         aa) Grundsatz
         ab) Maßnahmen im Rahmen der Abschlußprüfung
         ac) Berichterstattung
      b) Würdigung
IV. Der Bestätigungsbericht des Abschlußprüfers
   1. Die Bestandteile des Bestätigungsberichts
      a) Aufbau
      b) Überschrift und Adressat
      c) Einleitender Abschnitt (opening or introductory paragraph)
      d) Abschnitt zum Prüfungsumfang (scope paragraph)

      e) Bestätigungsvermerk (opinion paragraph)
      f) Datierung und Unterzeichnung
  2. Der nicht modifizierte Bestätigungsbericht mit uneingeschränktem Bestätigungsvermerk
  3. Modifizierte Bestätigungsberichte
      a) Hervorhebungen (Zusätze)
      b) Modifizierungen mit Einfluß auf den Bestätigungsvermerk
  4. Würdigung
      a) Erteilung eines Bestätigungsberichts
      b) Ergänzungen des Bestätigungsvermerks (Zusätze)
      c) Nichterteilung eines Bestätigungsvermerks (disclaimer of opinion)
V. Ausgewählte Aspekte der internationalen Diskussion zur Sicherung der Unabhängigkeit des Abschlußprüfers
  1. Bestellung des Abschlußprüfers
      a) Bestellungskompetenz
      b) Dauer der Bestellung
  2. Obligatorischer Prüferwechsel
  3. Finanzielle Unabhängigkeit
  4. Vereinbarkeit bzw. Unvereinbarkeit von Prüfung und anderen, gleichzeitig durchgeführten Tätigkeiten beim selben Mandanten
      a) Grundsätzliche Vereinbarkeit von Prüfung und gleichzeitiger Beratung
      b) Unvereinbarkeit von Prüfung und Aufstellung
VI. Die Haftung des Abschlußprüfers
  1. Haftung gegenüber dem Auftraggeber
  2. Dritthaftung
  3. Qualitätskontrolle als Maßnahme zur Minderung des Haftungsrisikos

I. Der Abschlußprüfer in der öffentlichen Diskussion

Spektakuläre Zusammenbrüche namhafter Unternehmen, die kurz zuvor noch einen uneingeschränkten Bestätigungsvermerk erhalten hatten, führen regelmäßig zu heftiger Kritik an der Qualität der Arbeit des Abschlußprüfers, die darin gipfelt, er hätte bei korrekter Wahrnehmung seiner Aufgaben die Gefahren erkennen und rechtzeitig darauf hinweisen müssen. In diesem Zusammenhang werden häufig auch Zweifel an der Unabhängigkeit des Abschlußprüfers von dem geprüften und nun in Schwierigkeiten befindlichen Unternehmen geäußert[1] und Forderungen nach einer verschärften Haftung erhoben.

Im folgenden soll aufgezeigt werden, inwieweit diesen Kritikpunkten in der internationalen Diskussion Rechnung getragen und welche Ansätze zur Sicherung der Qualität der Abschlußprüfung entwickelt wurden.

II. Internationale Grundsätze zur Abschlußprüfung

1. Vorbemerkung

Seit geraumer Zeit werden die Grundsätze ordnungsmäßiger Durchführung von Abschlußprüfungen einschließlich der Berichterstattung hierüber in verschiedenen internationalen Gremien diskutiert. Auf europäischer Ebene sind hier zu nennen zum einen die Groupe d'Etudes des Experts Comptables de la C.E.E. sowie deren Nachfolgeorganisation, die Fédération des Experts Comptables Européens (FEE); beide Organisationen haben sich – vornehmlich mit Blick auf die EG-Kommission – regelmäßig auch mit Fragen der Abschlußprüfung befaßt. Hervorzuheben sind hier zum anderen die Arbeiten der Union des Experts Comptables Européens (UEC), die in der Zeit von 1978 bis 1986 zwanzig Empfehlungen zur Abschlußprüfung erarbeitet und veröffentlicht hat.[2]

In den letzten Jahren hat insbesondere die International Federation of Accountants (IFAC) internationale Grundsätze zu Prüfungsfragen

---

[1] Für viele: Gesetzentwurf der SPD-Fraktion im Deutschen Bundestag zur Verbesserung von Transparenz und Beschränkung von Machtkonzentration in der deutschen Wirtschaft, BT-Drucksache 13/108 vom 19.1.1995 sowie *Lambsdorff*, Die Kontrolle deutscher Aktiengesellschaften, Rede anläßlich der Mitgliederversammlung der Deutschen Schutzvereinigung für Wertpapierbesitz e. V. am 19. 10. 1994.

[2] Vgl. die Zusammenstellung in FN 1989, S. 236a-d.

entwickelt. Im folgenden wird zunächst ein Überblick über den Stand der Arbeiten der IFAC auf diesem Gebiet gegeben. Anschließend werden zwei ausgewählte Themenbereiche ausführlich dargestellt, die auch vor dem Hintergrund der nationalen Diskussion dieser Fragen von Interesse sind: die Pflichten des Abschlußprüfers im Hinblick auf dolose Handlungen sowie die Erteilung eines Bestätigungsberichts durch den Abschlußprüfer.

2. Die International Federation of Accountants (IFAC)

Der 1977 gegründeten IFAC gehören derzeit 114 Mitgliedsorganisationen des Accountancy-Berufs aus 82 Staaten an. Von Beginn an bis heute sind in Deutschland das Institut der Wirtschaftsprüfer in Deutschland e.V. (IDW) und die Wirtschaftsprüferkammer (WPK) Mitglied der IFAC. Die IFAC hat sich die weltweite Förderung des Accountancy-Berufs zum Ziel gesetzt. Zu diesem Zweck gibt sie u.a. Verlautbarungen heraus.[3]

3. Die International Standards on Auditing (ISA)

a) Überblick

Die Auditing Standards der IFAC werden von einem Fachausschuß, dem International Auditing Practices Committee (IAPC), in eigener Verantwortung ausgearbeitet und herausgegeben.[4]

Die Verlautbarungen des IAPC umfassen zwei Kategorien: die International Standards on Auditing (ISA) und die International Statements on Auditing. Die letzteren haben nicht den Verbindlichkeitsgrad von Standards und sollen dem Prüfer lediglich als Hilfe bei der Anwendung der ISA dienen.[5]

b) Framework

Die konzeptionellen Grundlagen für die Ausarbeitung der ISA wurden im Framework of International Standards on Auditing and Related Services niedergelegt.[6]

---

[3] Vgl. IFAC, IFAC Handbook – Technical Pronouncements, New York 1994.

[4] Vgl. zur Aufgabe, Geschäftsordnung und Arbeitsweise das *Preface to International Standards on Auditing and Related Services,* in: IFAC, a.a.O. (Fn. 3), S. 23–25; vgl. ferner den Beitrag von *Ruhnke,* Die International Federation of Accountants (IFAC), DB 1995, S. 940–945.

[5] IFAC, a.a.O. (Fn. 3), S. 24, Tz. 17.

[6] IFAC, a.a.O. (Fn. 3), S. 38–44.

Das Framework grenzt *audits* von *related services* (etwa: „verwandte Dienstleistungen") ab. Zu den *related services* zählen die prüferische Durchsicht *(review)*, Mandate mit vereinbarten Prüfungshandlungen *(agreed-upon procedures)* und die Erstellung *(compilation)*.

Die Unterscheidung zwischen *audits* und den einzelnen Formen der *related* services werden anhand der sog. *assurance* getroffen. Unter *assurance* wird der Grad der Sicherheit des Prüfers im Hinblick auf die Zuverlässigkeit der in Frage stehenden Informationen verstanden, wie er in dessen abschließendem Bericht zum Ausdruck kommt.[7]

Der höchstmögliche Grad an Sicherheit kann nur aufgrund eines *audit* erreicht werden. Da aber auch einem *audit* Grenzen gesetzt sind, kann es sich in keinem Fall um eine absolute Sicherheit, sondern lediglich um eine angemessene Sicherheit *(reasonable assurance)* handeln.[8]

Anders als ein *audit* umfaßt ein *review* nur Befragungen und Plausibilitätsbeurteilungen.[9] Angesichts dieses wesentlichen Unterschieds beim Umfang der Prüfungshandlungen muß die *assurance* entsprechend geringer ausfallen. Da das abschließende Urteil bei einem *review* in Form einer negativen Formulierung gefaßt wird[10], wird die vermittelte Sicherheit als *negative assurance* bezeichnet.[11]

Bei *agreed-upon procedures* und *compilation*-Mandaten besteht nicht die Absicht, *assurance* zu geben, obwohl Dritte allein aus der Beteiligung eines Berufsangehörigen an der Erstellung der Informationen Schlüsse auf die Zuverlässigkeit ziehen.[12]

c) Codification

Im Juni 1994 fand das umfassendste Überarbeitungsprojekt seit Bestehen des IAPC, die *codification,* seinen Abschluß[13], in das alle bis dahin veröffentlichten oder in Arbeit befindlichen ISA einbezogen wurden. Dem Beginn dieser Arbeiten war 1991 die Entscheidung des IAPC vor-

---

[7] IFAC, a.a.O. (Fn. 3), S. 40, Tz. 6.
[8] IFAC, a.a.O. (Fn. 3), S. 40, Tz. 7.
[9] IFAC, a.a.O. (Fn. 3), S. 41, Tz. 15.
[10] Vgl. z. B. IFAC, a.a.O. (Fn. 3), S. 270: „... nothing has come to our attention that causes us to believe that the accompanying financial statements do not give a true and fair view ...".
[11] IFAC, a.a.O. (Fn. 3), S. 40, Tz. 8.
[12] IFAC, a.a.O. (Fn. 3), S. 41, Tz. 10.
[13] IFAC, Pressenotiz vom 27. Juni 1994, „IAPC issues codified auditing standards to enhance the quality of audits worldwide"; FN 1994, S. 397f.

angegangen, die bisher als International Auditing Guidelines veröffentlichten Verlautbarungen durch Umbenennung in International Standards on Auditing aufzuwerten.

An den Grundanforderungen der Verlautbarungen sollte sich durch die *codification* nichts ändern.[14] Ziel war vielmehr die redaktionelle Vereinheitlichung der ISA, z. B. von Aufbau und Terminologie.

Eine wesentliche Neuerung war die Einführung des Fettdruckansatzes *(bold lettering)*.[15] In diesem Zusammenhang war es erforderlich, auch das *Preface* zu ändern, in dem nunmehr das Verhältnis von fettgedruckten und nicht-fettgedruckten Textpassagen in den ISA erläutert wird.[16] Durch den Fettdruck sollen die Grundprinzipien *(basic principles)* bzw. wesentliche Prüfungshandlungen *(essential procedures)* hervorgehoben werden.[17] Diese Passagen stehen aber nicht für sich allein, denn bei Anwendung der ISA ist der gesamte Text zu beachten.[18] IAPC geht davon aus, daß eine Abweichung von einem ISA nur in Ausnahmefällen gerechtfertigt sein kann. Der Prüfer hat dieses ggf. zu begründen.[19]

4. Die Bedeutung der internationalen Standards

Die von internationalen Berufsorganisationen, wie z. B. der IFAC, herausgegebenen Verlautbarungen sind an die Mitgliedsorganisationen gerichtet, die sich verpflichtet haben, diese in nationale Grundsätze zu transformieren, soweit dies unter den nationalen Gegebenheiten möglich ist.[20] Internationale Verlautbarungen verpflichten deshalb die deutschen Berufsangehörigen nicht unmittelbar.[21]

Vor diesem Hintergrund werden die nationalen Grundsätze zur Durchführung von und Berichterstattung über Abschlußprüfungen regelmäßig daraufhin überprüft, ob eine Änderung oder Ergänzung im

---

[14] Dies war nur in wenigen Fällen erforderlich *(changes in principle* bzw. *in emphasis)*.
[15] Verschiedentlich auch bezeichnet als „*bold-type blacklettering*" oder einfach nur kurz „*blacklettering*" oder „*bolding*".
[16] IFAC, a.a.O. (Fn. 3), S. 24, Tz. 9–16.
[17] IFAC, a.a.O. (Fn. 3), S. 24, Tz. 10.
[18] IFAC, a.a.O. (Fn. 3), S. 24, Tz. 11.
[19] IFAC, a.a.O. (Fn. 3), S. 24, Tz. 12.
[20] IFAC, a.a.O. (Fn. 3), S. 24, Tz. 16 einschließlich Fn. 1.
[21] Vgl. FG 1/1988, Grundsätze ordnungsmäßiger Durchführung von Abschlußprüfungen, Abschnitt C.IV. Anm. 2.

Hinblick auf die internationalen Standards sachgerecht ist. Zuletzt fand dies bei der Überarbeitung der Fachgutachten im Jahr 1988 statt.[22]

Die IFAC ist – ebenso wie das International Accounting Standards Committee (IASC) – darum bemüht, daß ihre Standards von der IOSCO[23] anerkannt werden. Dies hätte z. B. zur Folge, daß Jahres- oder Konzernabschlüsse, die in Einklang mit den ISA geprüft und bestätigt wurden, von allen Börsen weltweit hinsichtlich der Prüfung und Bestätigung anerkannt würden.[24] Im Hinblick auf die Verwendung internationaler Prüfungsgrundsätze im internationalen Kapitalmarkt erlangt auch die oben angesprochene Überprüfung nationaler Grundsätze eine besondere Bedeutung. Durch sie soll sichergestellt werden, daß eine Prüfung nach nationalen Grundsätzen ohne wesentliche Zusatzerfordernisse im internationalen Bereich anerkannt wird.

Vor diesem Hintergrund sollen in den folgenden Abschnitten III. und IV. zwei Themenbereiche näher untersucht werden, die Gegenstand von IFAC-Verlautbarungen sind.

III. Die Pflichten des Abschlußprüfers in bezug auf dolose Handlungen

1. Allgemeines

Die Auditing Standards der IFAC enthalten detaillierte Regelungen zu den Pflichten des Abschlußprüfers im Hinblick auf etwaige dolose Handlungen.[25] Dabei stehen zum einen Falschdarstellungen im Jahresabschluß (ISA „Fraud and Error") sowie zum anderen Verstöße gegen Gesetze und sonstige Vorschriften (ISA „Consideration of Laws and Regulations in an Audit of Financial Statements") im Vordergrund. Im Hinblick darauf, daß Falschdarstellungen im Jahresabschluß ihrerseits auch Gesetzesverstöße darstellen können, sind die Standards nicht überschneidungsfrei. Zum besseren Verständnis werden im folgenden bei-

---

[22] Vgl. *Schülen,* Die neuen Fachgutachten und weitere Themen aus der Facharbeit des IDW, WPg 1989, S. 1–9.
[23] Die International Organisation of Securities Commissions (IOSCO) ist die internationale Organisation der Börsenaufsichtsbehörden.
[24] Die im Rahmen der *codification* neu gefaßten ISA wurden bisher noch nicht von der IOSCO anerkannt.
[25] Vgl. zu diesem Themenbereich auch die UEC-Empfehlung zur Abschlußprüfung Nr. 12: Die Aufdeckung betrügerischer Handlungen im Rahmen der Prüfung des Jahresabschlusses.

spielhaft sechs Fallgruppen gebildet[26] und anschließend die sich aus den Standards ergebenden Konsequenzen aufgezeigt.

In der Literatur wird vereinzelt die Meinung vertreten[27], die deutsche Auffassung, wie sie insbesondere im FG 1/1988 niedergelegt ist, bliebe hinter der internationalen Entwicklung zurück. Dieser Frage soll im folgenden im Hinblick auf die genannten Verlautbarungen der IFAC nachgegangen werden.

2. Falsche Darstellungen im Jahresabschluß

a) Der ISA „Fraud and Error"

Der ISA „Fraud and Error" behandelt sowohl absichtliche Handlungen *(fraud)* als auch unabsichtliche Fehler *(error)*, die zu Falschdarstellungen im Jahresabschluß führen. Im folgenden wird nur auf die absichtlichen Handlungen *(fraud)* eingegangen, wobei der ISA *fraud* und *error* hinsichtlich der Aufdeckungspflicht gleich behandelt.

aa) Definition von fraud

Unter *fraud* wird in dem Standard der IFAC eine absichtliche Handlung einer oder mehrerer Personen (Unternehmensleitung, sonstige Angestellte, externe Dritte) verstanden, die zu einer unrichtigen Darstellung im Jahresabschluß führt. Als Beispiele werden genannt:

- Fälschungen von Konten oder Belegen;
- Unterschlagung von Vermögensgegenständen;
- Nichterfassung von Geschäftsvorfällen;
- Luftbuchungen;
- Verstöße gegen Rechnungslegungsvorschriften.[28]

Diese Sachverhalte lassen sich in drei Fallgruppen einteilen. Mit Ausnahme des zweiten Sachverhalts – der Unterschlagung von Vermögensgegenständen – handelt es sich bei allen genannten Delikten um direkte, absichtliche Falschdarstellungen innerhalb der Rechnungs-

---

[26] Die Bildung der Fallgruppen erfolgt teilweise in Anlehnung an den Beitrag von *Ludewig*, S. 397ff., in diesem Band.
[27] Vgl. *Mertin*, Verantwortlichkeit des Abschlußprüfers für Unterschlagungen, WPg 1989, S. 385–390, hier S. 389.
[28] IFAC, a.a.O. (Fn. 3), S. 79, Tz. 3.

legung. Die Absicht der Fälschung des Jahresabschlusses steht also im Vordergrund (Fallgruppe 1).

In welchem Umfang Unterschlagungen unter die Definition von *fraud* und damit unter den ISA „Fraud and Error" fallen, ist nicht explizit geregelt. Unzweifelhaft erscheint, daß hier solche Unterschlagungen erfaßt werden sollen, die mit einer Fälschung von Rechnungslegungsunterlagen einhergehen und damit eine direkte Auswirkung auf die Darstellung im Jahresabschluß haben, z. B. wenn die unterschlagenen Vermögensgegenstände fälschlicherweise noch in der Bilanz ausgewiesen werden (Fallgruppe 2).

Fraglich könnte sein, ob auch solche Unterschlagungen, die nicht mit einer unmittelbaren Fälschung des Jahresabschlusses verbunden sind, unter die Definition von *fraud* fallen. In diesem Fall wird z. B. der unterschlagene Vermögensgegenstand richtigerweise nicht mehr in der Bilanz ausgewiesen, und der Jahresabschluß wurde auch nicht absichtlich gefälscht (Fallgruppe 3). Das Delikt liegt also allein in der Unterschlagung des Vermögensgegenstandes. Gleichwohl wird auch in diesem Fall die Darstellung im Jahresabschluß in der Regel nicht ganz zutreffend sein, etwa im Hinblick auf die Gewinn- und Verlustrechnung oder weil ein evtl. Schadensersatzanspruch gegenüber dem Täter nicht aktiviert wurde.[29]

Die – sehr weite – Definition von *fraud*[30] scheint die Sachverhalte der Fallgruppe 3 mit zu umfassen, wenngleich bemerkenswert ist, daß alle übrigen dort beispielhaft genannten Sachverhalte ausschließlich in unmittelbarem Zusammenhang mit einer Fälschung der Rechnungslegung stehen. Es wird noch zu untersuchen sein, welche Pflichten sich für den Abschlußprüfer hinsichtlich der Sachverhalte der Fallgruppe 3 ergeben.

ab) Maßnahmen im Rahmen der Abschlußprüfung

Grundsätzlich sollte sich der Abschlußprüfer während der gesamten Prüfung des Risikos wesentlicher Falschdarstellungen *(material misstatements)* im Jahresabschluß aufgrund von *fraud* bewußt sein.[31] Dies

---

[29] Vgl. hierzu *Ludewig*, Abschnitt II.3. in diesem Band; *Meyer zu Lösebeck,* Unterschlagungsverhütung und Unterschlagungsprüfung, 2. Aufl., Düsseldorf 1990, S. 47, 192, 198; *Kropff,* in: Komm. AktG, § 162 Anm. 22, verlangt hier zumindest die Aktivierung eines Erinnerungswertes.
[30] IFAC, a.a.O. (Fn. 3), S. 79, Tz. 3.
[31] IFAC, a.a.O. (Fn. 3), S. 79, Tz. 2.

beginnt bei der Risikoabschätzung im Rahmen der Planung, bei der der Abschlußprüfer das Management befragen sollte, ob *fraud* aufgedeckt worden ist.[32] In einem ausführlichen Anhang zum ISA wird eine Reihe von Faktoren genannt, die zu einem erhöhten *fraud*-Risiko führen können, wie z. B. bestimmte Managementstrukturen oder auch die aktuelle wirtschaftliche Lage.[33]

Basierend auf der vorgenommenen Risikoabschätzung sind die Prüfungshandlungen so zu planen *(design)*, daß mit angemessener Sicherheit *(reasonable assurance)* Falschdarstellungen aufgrund von *fraud* aufgedeckt werden, die für den Jahresabschluß als Ganzes wesentlich sind.[34]

Zwar wird in dem Standard auch darauf hingewiesen, daß der Abschlußprüfer trotz ordnungsmäßiger Durchführung seiner Prüfung möglicherweise nicht alle Falschdarstellungen im Jahresabschluß aufdeckt. Es wird aber von ihm verlangt, daß er mit einem gesunden Maß an beruflicher Skepsis an diese Fragen herangeht.[35]

Entdeckt der Abschlußprüfer bei seiner Prüfung Anzeichen für möglichen *fraud*, muß er – sofern sich hieraus wesentliche Auswirkungen auf den Jahresabschluß ergeben können – seine Prüfungshandlungen modifizieren oder ausweiten.[36] Falls sich der Verdacht nicht zerstreut, soll er mit der Unternehmensleitung Kontakt aufnehmen und die möglichen Auswirkungen auf den Jahresabschluß sowie ggf. den Bestätigungsbericht bedenken.[37] Er sollte auch überlegen, ob sich weitere Auswirkungen auf seine Jahresabschlußprüfung, z. B. hinsichtlich der Verläßlichkeit von Aussagen oder Bestätigungen des Management *(management representations)*, ergeben.[38]

ac) Berichterstattung

Sowohl im Verdachtsfall als auch bei Entdeckung von *fraud* sollte der Abschlußprüfer sobald wie möglich die Unternehmensleitung über seine Feststellungen informieren.[39]

---

[32] IFAC, a.a.O. (Fn. 3), S. 79, Tz. 7.
[33] IFAC, a.a.O. (Fn. 3), S. 84.
[34] IFAC, a.a.O. (Fn. 3), S. 80, Tz. 9.
[35] IFAC, a.a.O. (Fn. 3), S. 80, Tz. 13.
[36] IFAC, a.a.O. (Fn. 3), S. 81, Tz. 15.
[37] IFAC, a.a.O. (Fn. 3), S. 81, Tz. 17.
[38] IFAC, a.a.O. (Fn. 3), S. 81, Tz. 18.
[39] IFAC, a.a.O. (Fn. 3), S. 82, Tz. 19.

Darüber hinaus ergeben sich u. U. Konsequenzen für den Bestätigungsvermerk, z. B. wenn die wesentlichen Falschdarstellungen im Jahresabschluß aufgrund von *fraud* nicht korrigiert wurden,[40] wenn das Unternehmen erforderliche Nachprüfungen nicht zugelassen hat[41] oder wenn eine Klärung aus sonstigen Gründen nicht möglich war.[42]

Unter gewissen Voraussetzungen kommt auch eine Niederlegung des Mandats in Betracht.[43] Wird ein Nachfolger bestimmt, bestehen diesem gegenüber bestimmte Informationspflichten.[44]

b) Würdigung

Trotz des berechtigten Hinweises auf die Grenzen der Abschlußprüfung verlangt der Standard der IFAC, daß der Abschlußprüfer seine Prüfungshandlungen so planen muß, daß er alle wesentlichen Falschdarstellungen im Jahresabschluß, auch soweit sie auf absichtliche Handlungen zurückzuführen sind, mit angemessener Sicherheit entdeckt.

Hierunter fallen zum einen direkte Fälschungen des Jahresabschlusses, bei denen die Fälschungsabsicht im Vordergrund steht (Fallgruppe 1), zum anderen aber auch Unterschlagungen, die mit einer wesentlichen Fälschung des Jahresabschlusses einhergehen (Fallgruppe 2).

Zweifelhaft könnte sein, ob auch für Unterschlagungen, die nicht mit einer Fälschung des Jahresabschlusses verbunden sind (Fallgruppe 3), dieselben Grundsätze gelten. Es wurde bereits darauf hingewiesen, daß trotz der sehr allgemeinen und weitgefaßten Definition von *fraud* zu berücksichtigen ist, daß die im ISA genannten Beispiele für *fraud* – mit Ausnahme der Unterschlagung – in unmittelbarem Zusammenhang mit einer Fälschung der Rechnungslegung stehen.[45] Außerdem ist zu berücksichtigen, daß die Pflichten des Abschlußprüfers im Hinblick auf *fraud* sich nur auf solche Vorgänge erstrecken, die zu einer Falschdarstellung führen, die für den Jahresabschluß als Ganzes wesentlich ist.[46] Dies ist wohl nur in Ausnahmefällen vorstellbar, etwa wenn die Unterschlagung zu einer wesentlichen irreführenden Darstellung in der

---

[40] IFAC, a.a.O. (Fn. 3), S. 82, Tz. 21.
[41] IFAC, a.a.O. (Fn. 3), S. 82, Tz. 22.
[42] IFAC, a.a.O. (Fn. 3), S. 82, Tz. 23.
[43] IFAC, a.a.O. (Fn. 3), S. 83, Tz. 25.
[44] IFAC, a.a.O. (Fn. 3), S. 83, Tz. 26.
[45] IFAC, a.a.O. (Fn. 3), S. 79, Tz. 3.
[46] IFAC, a.a.O. (Fn. 3), S. 80, Tz. 9.

Gewinn- und Verlustrechnung geführt hat (der unterschlagene Vermögensgegenstand wird ja zutreffenderweise nicht mehr in der Bilanz ausgewiesen) oder wenn ein wesentlicher realisierbarer Schadensersatzanspruch gegenüber dem Täter besteht und dieser nicht in die Bilanz aufgenommen wurde. In vielen Fällen werden Unterschlagungen dieser Art aber nicht zu einer Beeinträchtigung des Jahresabschlusses als Ganzes führen und sind damit auch nicht bei der Planung der Abschlußprüfung zu berücksichtigen.[47] Der einschlägige Standard des amerikanischen Instituts[48] weist ausdrücklich darauf hin, daß Unterschlagungen durch Angestellte oft nicht zu einer wesentlichen Beeinträchtigung des Jahresabschlusses führen und verweist in diesem Zusammenhang auf die Bedeutung des internen Kontrollsystems.[49] Diese Auslegung des ISA „Fraud and Error" erscheint auch gerechtfertigt bei einem Vergleich der Pflichten des Abschlußprüfers, wie sie im ISA „Consideration of Laws and Regulations in an Audit of Financial Statements" niedergelegt sind (vgl. hierzu den folgenden Abschnitt und insbesondere die Pflichten im Hinblick auf Sachverhalte der Fallgruppe 6).[50]

Vergleicht man den Standard der IFAC mit dem Fachgutachten 1/1988, so fällt insbesondere auf, daß

1.) IFAC *explizit* verlangt, daß der Abschlußprüfer seine Prüfung so ausrichten muß, daß er auch Fälschungen und Unterschlagungen mit wesentlichen Auswirkungen auf den Jahresabschluß entdeckt;

2.) IFAC sich *ausführlich* in einem Standard mit diesem Thema auseinandersetzt und einen detaillierten Katalog von erforderlichen Maßnahmen im Hinblick auf möglichen *fraud* entwickelt hat.

Demgegenüber heißt es im FG 1/1988: „... daß gezielte Prüfungshandlungen zur Aufdeckung derartiger Tatbestände nicht Gegenstand der Abschlußprüfung sind. Der Abschlußprüfer hat eine Nichtaufdeckung nur dann zu vertreten, wenn er die Tatbestände bei ordnungsmäßiger Durchführung der Abschlußprüfung mit berufsüblichen

---

[47] Nach *Meyer zu Lösebeck,* a.a.O. (Fn. 29), S. 195, muß die Abschlußprüfung eine relativ hohe Sicherheit bieten, „daß wesentliche Unterschlagungen, insbesondere solche, die sich auf den Jahresabschluß ausgewirkt haben, nicht vorliegen."

[48] SAS 53, The Auditor's Responsibility to Detect and Report Errors and Irregularities, in: AICPA, Codification of Statements on Auditing Standards, 1995, AU Sect. 315, hier Appendix, Tz. 5.

[49] Zu diesem Ergebnis gelangt auch *Ludewig,* Abschnitt IV.3.b) in diesem Band, der zu Recht darauf hinweist, daß diese Sachverhalte allenfalls im Rahmen der normalen Prüfung des internen Kontrollsystems aufgedeckt werden können.

[50] Vgl. III.3.a)ab).

Methoden hätte feststellen müssen".[51] Im Hinblick auf die späteren Ausführungen im Fachgutachten, insbesondere zur System- und Funktionsprüfung, kann man die Auffassung vertreten, daß im Grundsatz zwischen FG 1/1988 und ISA „Fraud and Error" kein Unterschied besteht. Immerhin werden im FG 1/1988 als wesentliche Kriterien für die Bestimmung des Prüfungsumfanges u. a. auch die Wahrscheinlichkeit von Fehlern oder von Verstößen gegen die Rechnungslegungsvorschriften genannt.[52] Außerdem wird als Ziel der Prüfung des internen Kontrollsystems u. a. genannt, eine Aussage über die Sicherung des Buchungsstoffes gegen Verlust und Verfälschung zu ermöglichen.[53] Gleichwohl vermißt man im Fachgutachten weitere konkrete Ausführungen zu dieser - in der Literatur umstrittenen - Frage.[54]

Interessant sind in diesem Zusammenhang auch die Entwicklungen in den USA. Dort sind die Verpflichtungen für den Abschlußprüfer zuletzt mit SAS 53 nicht unerheblich verschärft worden,[55] wobei ein Vergleich von SAS 53 mit ISA „Fraud and Error" eine Reihe von Parallelen erkennen läßt. Von einer expliziten Verschärfung der Pflichten im Hinblick auf *fraud* kann dagegen bei einem Vergleich von FG 1/1988 mit dem Vorgänger FG 1/1977 nicht die Rede sein, wenn auch - quasi indirekt - die Verpflichtungen durch die höheren Anforderungen an System- und Funktionsprüfung ausgedehnt wurden.

Bei einer künftigen Überarbeitung von FG 1/1988 sollten diese internationalen Entwicklungen in die Überlegungen miteinbezogen werden,[56] wobei allerdings die Brisanz des Themas und nicht zuletzt die hiermit in Zusammenhang stehenden Haftungsfragen ein behutsames Vorgehen ratsam erscheinen lassen.

---

[51] FG 1/1988, Abschnitt C.I. Anm. 3.
[52] FG 1/1988, Abschnitt D.II.1.
[53] FG 1/1988, Abschnitt D.II.2. Anm. 1.
[54] Vgl. *Meyer zu Lösebeck,* a.a.O. (Fn. 29), S. 14ff. sowie die dort zitierte Literatur; vgl. zuletzt auch *Ludewig* in diesem Band. In den „Allgemeinen Auftragsbedingungen für Wirtschaftsprüfer und Wirtschaftsprüfungsgesellschaften vom 1. 1. 1995" heißt es: „Die Ausführung eines Auftrages umfaßt nur dann Prüfungshandlungen, die gezielt auf die Aufdeckung von Buchfälschungen und sonstigen Unregelmäßigkeiten gerichtet sind, wenn sich bei der Durchführung von Prüfungen dazu ein Anlaß ergibt oder dies ausdrücklich schriftlich vereinbart ist".
[55] So *Mertin,* WPg 1989, S. 388.
[56] So auch *Mertin,* WPg 1989, S. 389.

3. Verstöße gegen Gesetze und sonstige Vorschriften

a) Der ISA „Consideration of Laws and Regulations in an Audit of Financial Statements"

Ein gesonderter Standard des IAPC der IFAC befaßt sich mit „Consideration of Laws and Regulations in an Audit of Financial Statements". Dabei handelt es sich nur um solche Gesetzesverstöße, die dem geprüften Unternehmen zuzurechnen sind. So fallen z. B. persönliche Verfehlungen von Angestellten, die mit der Geschäftätigkeit des Unternehmens nichts zu tun haben, nicht unter den Standard.[57]

aa) Grundsatz

Bei seiner Prüfung sollte sich der Abschlußprüfer stets vor Augen halten, daß Verstöße des zu prüfenden Unternehmens gegen Gesetze und sonstige Vorschriften den Jahresabschluß wesentlich beeinflussen können.[58]

ab) Maßnahmen im Rahmen der Abschlußprüfung

Obwohl das unvermeidbare Risiko besteht, daß der Abschlußprüfer durch seine Prüfung nicht alle Verstöße gegen Gesetze und sonstige Vorschriften entdeckt,[59] wird von ihm verlangt, daß er seine Prüfung mit einem gesunden Maß an beruflicher Skepsis plant und durchführt, wobei er sich bewußt sein sollte, daß bei der Prüfung Sachverhalte offenbar werden können, die Zweifel aufkommen lassen, ob das Unternehmen Gesetze und sonstige Vorschriften beachtet hat.[60]

Als Grundsatz gilt, daß der Abschlußprüfer sich im Rahmen seiner Prüfungsplanung damit vertraut machen sollte, welcher gesetzliche Rahmen für das Unternehmen und die jeweilige Branche anwendbar ist und wie das Unternehmen die Beachtung des Regelwerks sicherstellt.[61]

Anders als bei den Verpflichtungen im Hinblick auf möglichen *fraud* – wie gezeigt, hat der Abschlußprüfer dort seine Prüfung so auszurichten, daß er mit angemessener Sicherheit wesentliche Falschdarstellungen im Jahresabschluß aufgrund von *fraud* entdeckt – sind die

---
[57] IFAC, a.a.O. (Fn. 3), S. 87, Tz. 3.
[58] IFAC, a.a.O. (Fn. 3), S. 87, Tz. 2.
[59] IFAC, a.a.O. (Fn. 3), S. 88, Tz. 12.
[60] IFAC, a.a.O. (Fn. 3), S. 89, Tz. 13.
[61] IFAC, a.a.O. (Fn. 3), S. 89, Tz. 15.

Pflichten hinsichtlich der Aufdeckung von Verstößen gegen Gesetze und sonstige Vorschriften je nach Art der Gesetzesverstöße differenziert geregelt.

Zum einen handelt es sich um Verstöße gegen solche Gesetze und sonstige Vorschriften, die bei der Aufstellung des Jahresabschlusses zu beachten sind (Fallgruppe 4).[62] Diese sehr allgemein gehaltene Formulierung wird relativiert durch die zuvor genannten Beispiele[63] und die nachfolgend aufgeführten Prüfungsmaßnahmen.[64] So sind hier etwa solche Vorschriften gemeint, deren Nichtbeachtung den *going concern* gefährden könnte, wie z. B. in Zusammenhang mit gewährten Lizenzen oder Vorschriften der Bankenaufsicht.[65] Der Abschlußprüfer sollte Maßnahmen ergreifen, die ihm helfen, solche Verstöße festzustellen, insbesondere sollte er die Unternehmensleitung befragen, ob diese einschlägigen Vorschriften beachtet wurden. Außerdem sollte er den Schriftverkehr mit den entsprechenden Behörden (Lizenzgeber, Aufsichtsamt) einsehen.[66]

Des weiteren werden behandelt Verstöße gegen solche Vorschriften, die nach Meinung des Abschlußprüfers generell Einfluß auf die Bestimmung wesentlicher Posten und Angaben im Jahresabschluß haben (Fallgruppe 5). Hierzu gehören z. B. Vorschriften über Form und Inhalt des Jahresabschlusses, über die Rechnungslegung bei öffentlichen Aufträgen sowie über die bilanzielle Behandlung von Ertragsteuern oder Aufwendungen für die Altersversorgung.[67] Hier gehen die Pflichten für den Abschlußprüfer – naturgemäß – sehr weit. Er sollte sich hinreichend darüber Gewißheit verschaffen, daß solche Gesetze und Vorschriften beachtet wurden.[68]

In die letzte Fallgruppe fallen alle übrigen Gesetzesverstöße (Fallgruppe 6). Hier hat der Abschlußprüfer lediglich auf der Hut zu sein, daß er im Rahmen seiner Abschlußprüfung auf Anzeichen für solche Gesetzesverstöße treffen kann.[69] Vom Management sollte sich der Ab-

---

[62] IFAC, a.a.O. (Fn. 3), S. 90, Tz. 18.
[63] IFAC, a.a.O. (Fn. 3), S. 89, Tz. 16 und 17.
[64] IFAC, a.a.O. (Fn. 3), S. 90, Tz. 18.
[65] IFAC, a.a.O. (Fn. 3), S. 89, Tz. 16.
[66] IFAC, a.a.O. (Fn. 3), S. 90, Tz. 18; vgl. hierzu auch die klareren Formulierungen in dem in Großbritannien bestehenden Standard APB, SAS 120: Consideration of Laws and Regulations, Accountancy 3/1995, S. 131–135.
[67] IFAC, a.a.O. (Fn. 3), S. 90, Tz. 20.
[68] IFAC, a.a.O. (Fn. 3), S. 90, Tz. 19.
[69] IFAC, a.a.O. (Fn. 3), S. 90, Tz. 21 und 22.

schlußprüfer schriftlich bestätigen lassen, daß es sämtliche ihm bekannte – tatsächliche oder mögliche – Verstöße gegen Gesetze und sonstige Vorschriften offengelegt hat, deren Auswirkungen bei der Aufstellung des Jahresabschlusses zu berücksichtigen sind.[70]

Im Anhang zu diesem ISA werden Beispiele aufgeführt, die vom Abschlußprüfer als Indiz dafür angesehen werden können, daß möglicherweise Gesetzesverstöße vorgekommen sind.[71]

Erhält der Abschlußprüfer Informationen, die auf einen möglichen Gesetzesverstoß hindeuten, sollte er der Sache nachgehen, um eine mögliche Auswirkung auf den Jahresabschluß – z. B. durch drohende Bußgelder oder Enteignungen[72] – abschätzen zu können.[73] Gelangt der Abschlußprüfer zu der Auffassung, daß Verstöße vorliegen können, sollte er seine Feststellungen dokumentieren und mit dem Management erörtern.[74]

Ist eine weitere Aufklärung nicht möglich, sind ggf. Konsequenzen für den Bestätigungsvermerk zu ziehen.[75] Darüber hinaus sollte der Abschlußprüfer bedenken, ob sich weitere Auswirkungen für seine Prüfung, z. B. hinsichtlich der Verläßlichkeit von Aussagen oder Bestätigungen des Management *(management representations)*, ergeben.[76]

ac) Berichterstattung

Über festgestellte Gesetzesverstöße sollte der Abschlußprüfer sobald wie möglich das Audit Committee, den Board of Directors und das Senior Management informieren, wenn diese nicht schon informiert sind.[77] Diese Information hat unverzüglich zu erfolgen, wenn es sich nach Meinung des Abschlußprüfers um einen absichtlichen und bedeutsamen Gesetzesverstoß handelt.[78] Richtet sich der Verdacht gegen Mitglieder des Senior Management, sollte der Abschlußprüfer der nächst höheren Unternehmensebene (z. B. Audit Committee oder Aufsichtsrat) berichten.[79]

---

[70] IFAC, a.a.O. (Fn. 3), S. 92, Tz. 23.
[71] IFAC, a.a.O. (Fn. 3), S. 94.
[72] IFAC, a.a.O. (Fn. 3), S. 91, Tz. 27.
[73] IFAC, a.a.O. (Fn. 3), S. 91, Tz. 26.
[74] IFAC, a.a.O. (Fn. 3), S. 91, Tz. 28.
[75] IFAC, a.a.O. (Fn. 3), S. 91, Tz. 30.
[76] IFAC, a.a.O. (Fn. 3), S. 91, Tz. 31.
[77] IFAC, a.a.O. (Fn. 3), S. 92, Tz. 32.
[78] IFAC, a.a.O. (Fn. 3), S. 92, Tz. 33.
[79] IFAC, a.a.O. (Fn. 3), S. 92, Tz. 34.

Hinsichtlich der Konsequenzen für den Bestätigungsvermerk und einer evtl. Niederlegung des Mandats gelten exakt dieselben Regelungen wie bei *fraud*.[80] Auf die entsprechende Darstellung wird verwiesen.[81]

b) Würdigung

Verglichen mit den Pflichten im Zusammenhang mit der Aufdeckung von *fraud* sind die Pflichten des Abschlußprüfers zur Entdeckung von Verstößen gegen Gesetze und sonstige Vorschriften erheblich geringer. So muß der Abschlußprüfer nicht – wie bei *fraud* – seine Abschlußprüfung generell darauf ausrichten, daß er mit angemessener Sicherheit Gesetzesverstöße mit wesentlicher Auswirkung auf den Jahresabschluß entdeckt. Besondere Pflichten bestehen lediglich im Hinblick auf solche gesetzlichen Vorschriften, die bei der Aufstellung des Jahresabschlusses zu beachten sind – Beispiel: mögliche Gefährdung des *going concern* – (Fallgruppe 4) oder die generell Einfluß auf die Bestimmung wesentlicher Posten und Angaben im Jahresabschluß haben – Beispiel: Rechnungslegungsvorschriften – (Fallgruppe 5). Verstößen gegen andere gesetzliche Vorschriften (Fallgruppe 6) braucht der Abschlußprüfer nur dann nachzugehen, wenn sie ihm bei Durchführung seiner Abschlußprüfung begegnen.

Diese eher zurückhaltend formulierten Anforderungen stehen in Einklang mit dem entsprechenden Standard des amerikanischen Instituts,[82] in dem ausdrücklich darauf hingewiesen wird, daß solche Gesetzesverstöße (hier sind diejenigen der Fallgruppe 6 gemeint) lediglich eine indirekte Auswirkung auf den Jahresabschluß (Hinweis auf eine *contingent liability*) haben und daß selbst bei einer wesentlichen Beeinflussung des Jahresabschlusses der Abschlußprüfer häufig gar nicht dazu in der Lage ist, ohne entsprechende Information durch seinen Mandanten diese Gesetzesverstöße zu finden.[83] Hier handelt es sich u. E. um eine bemerkenswerte Feststellung, die allerdings vor dem Hintergrund der Haftungssituation in den USA zu sehen ist.

Das Fachgutachten 1/1988 dürfte die Anforderungen des Standards der IFAC mindestens erfüllen, wenn festgestellt wird, daß die Prüfung der Einhaltung anderer gesetzlicher Vorschriften nur insoweit zu den Aufgaben der Abschlußprüfung gehört, als sich aus diesen ande-

---

[80] IFAC, a.a.O. (Fn. 3), S. 92, Tz. 35-40.
[81] Vgl. oben Abschnitt III.2.a)ac).
[82] SAS 54, Illegal Acts by Clients, in: AICPA, a.a.O. (Fn. 48), AU Sect. 317.
[83] SAS 54, AU Sect. 317.06.

ren Vorschriften üblicherweise Rückwirkungen auf den Jahresabschluß oder den Lagebericht ergeben.[84] Nach der Anmerkung zu diesem Abschnitt des Fachgutachtens erstreckt sich die Abschlußprüfung nicht darauf festzustellen, ob von dem Unternehmen alle Vorschriften bestimmter, hier beispielhaft genannter Gesetze (Sozialversicherungsrecht etc.) eingehalten worden sind. „Aus diesen Gesetzen können sich jedoch Auswirkungen ergeben, die im Rahmen der Rechnungslegung zu berücksichtigen sind. Bei der Prüfung der Rechnungslegung hat der Abschlußprüfer aber auch zu untersuchen, ob sich aus der Nichtbeachtung solcher Gesetze erfahrungsgemäß Risiken ergeben, denen im Jahresabschluß Rechnung zu tragen ist."[85] Kritisch ist allerdings – ebenso wie beim Thema *fraud*[86] – festzustellen, daß anders als das Fachgutachten der Standard der IFAC einen detaillierten und differenzierten Katalog von erforderlichen Maßnahmen im Hinblick auf mögliche Gesetzesverstöße vorgibt. Dies sollte bei einer künftigen Überarbeitung von FG 1/1988 gewürdigt werden.

IV. Der Bestätigungsbericht des Abschlußprüfers

Die *auditing standards* der IFAC[87] enthalten eine Reihe von Regelungen im Zusammenhang mit der Erteilung von Bestätigungsberichten. Zentraler Standard ist der ISA „The Auditor's Report on Financial Statements".[88]

1. Die Bestandteile des Bestätigungsberichts

a) Aufbau

Der Bestätigungsbericht enthält bestimmte Elemente und hat normalerweise folgenden Aufbau:[89]

---

[84] FG 1/1988, Abschnitt C.I.
[85] FG 1/1988, Abschnitt C.I. Anm. 1.
[86] Vgl. oben Abschnitt III.2.b).
[87] Vgl. auch die UEC-Empfehlung zur Abschlußprüfung Nr. 8: Der Bestätigungsbericht.
[88] IFAC, a.a.O. (Fn. 3), S. 211–222; der Standard wurde zuletzt 1989 grundlegend überarbeitet und im Rahmen der codification neu gefaßt. Weitere Regelungen zum Bestätigungsbericht finden sich u. a. in den Standards „Fraud and Error" (S. 82), „Initial Engagements – Opening Balances" (S. 150f.), „Subsequent Events" (S. 182), „The Auditor's Report on Special Purpose Audit Engagements" (S. 229ff.).
[89] IFAC, a.a.O. (Fn. 3), S. 212, Tz. 5.

- Überschrift,
- Adressat,
- Einleitender Abschnitt,
- Abschnitt zum Prüfungsumfang,
- Bestätigungsvermerk,
- Datum,
- Ort,
- Unterzeichnung.

b) Überschrift und Adressat

Der Bestätigungsbericht sollte eine geeignete Überschrift *(title)* haben (z. B.: *„Auditor's Report"*).[90] Hierbei kommt auch die Verwendung des Begriffs „unabhängiger Abschlußprüfer" in Betracht, um den Bestätigungsbericht des (externen) Abschlußprüfers von den Berichten anderer zu unterscheiden.

Des weiteren sollte der Bestätigungsbericht in geeigneter Weise adressiert sein, wie dies nach dem jeweiligen Auftrag oder aufgrund regionaler Vorschriften erforderlich ist (Beispiel: „To the shareholders of ...").[91]

c) Einleitender Abschnitt *(opening or introductory paragraph)*

Hier ist zunächst der geprüfte Jahresabschluß genau zu bezeichnen (Name des geprüften Unternehmens; Bilanzstichtag; Zeitraum, auf den sich der Jahresabschluß bezieht).[92] Ferner sollte darauf hingewiesen werden, daß der Jahresabschluß in den Verantwortungsbereich der Unternehmensleitung fällt und daß der Abschlußprüfer, gestützt auf seine Abschlußprüfung, für die Erteilung einer Meinungsäußerung *(opinion)* zum Jahresabschluß verantwortlich ist.[93]

d) Abschnitt zum Prüfungsumfang *(scope paragraph)*

Hier sind die angewandten Prüfungsgrundsätze zu nennen (Hinweis auf die ISA oder einschlägige nationale Standards).[94] Außerdem sollte aus-

---
[90] IFAC, a.a.O. (Fn. 3), S. 213, Tz. 6.
[91] IFAC, a.a.O. (Fn. 3), S. 213, Tz. 7.
[92] IFAC, a.a.O. (Fn. 3), S. 213, Tz. 8.
[93] IFAC, a.a.O. (Fn. 3), S. 213, Tz. 9.
[94] IFAC, a.a.O. (Fn. 3), S. 214, Tz. 12.

drücklich darauf hingewiesen werden, daß Planung und Durchführung der Abschlußprüfung zum Ziel haben, mit angemessener Sicherheit *(reasonable assurance)* herauszufinden, ob der Jahresabschluß frei von wesentlichen Fehlern ist.[95]

Der Charakter der Abschlußprüfung sollte wie folgt umschrieben werden:
- stichprobenweise Überprüfung der einzelnen Posten und Angaben im Jahresabschluß;
- Würdigung der bei der Aufstellung des Jahresabschlusses angewandten Rechnungslegungsgrundsätze;
- Beurteilung der wesentlichen vom Management bei der Aufstellung des Jahresabschlusses vorgenommenen Schätzungen;
- Würdigung der Darstellung des Jahresabschlusses im Ganzen.[96]

Es sollte ausdrücklich festgestellt werden, daß die Abschlußprüfung eine ausreichende Grundlage für die Erteilung des Bestätigungsvermerks *(opinion)* bietet.[97]

e) Bestätigungsvermerk (opinion paragraph)

Der Bestätigungsvermerk sollte eine klare Meinungsäußerung *(opinion)* des Abschlußprüfers enthalten, ob der Jahresabschluß im Einklang mit den Rechnungslegungsvorschriften ein faires Bild gibt („the financial statements give a true and fair view – or are presented fairly, in all material respects – ...") sowie ggf. ob der Jahresabschluß gesetzlichen oder satzungsmäßigen *(statutory)* Anforderungen entspricht.[98]

Sofern nicht offensichtlich, ist außerdem der Staat anzugeben, dessen Rechnungslegungsgrundsätze verwendet wurden.[99]

f) Datierung und Unterzeichnung

Der Bestätigungsbericht ist zum Zeitpunkt der Beendigung der Abschlußprüfung zu datieren.[100] Diese Datierung sollte allerdings nicht

---

[95] IFAC, a.a.O. (Fn. 3), S. 214, Tz. 13.
[96] IFAC, a.a.O. (Fn. 3), S. 214, Tz. 14.
[97] IFAC, a.a.O. (Fn. 3), S. 214, Tz. 15.
[98] IFAC, a.a.O. (Fn. 3), S. 214, Tz. 17.
[99] IFAC, a.a.O. (Fn. 3), S. 215, Tz. 22.
[100] IFAC, a.a.O. (Fn. 3), S. 215, Tz. 23.

vor dem Zeitpunkt der Unterzeichnung bzw. Genehmigung des Jahresabschlusses durch das Management liegen.[101]

Der im Bestätigungsbericht zu nennende Ort sollte normalerweise die Stadt sein, in der der verantwortliche Abschlußprüfer sein Büro unterhält.[102] Der Bestätigungsbericht ist zu unterzeichnen, und zwar entweder mit dem Namen der Prüfungsgesellschaft oder mit dem persönlichen Namen des Abschlußprüfers oder gegebenenfalls mit beiden.[103]

2. Der nicht modifizierte Bestätigungsbericht mit uneingeschränktem Bestätigungsvermerk

Ein uneingeschränkter Bestätigungsvermerk *(unqualified opinion)* ist zu erteilen, wenn der Abschlußprüfer zu der Schlußfolgerung kommt, daß der Jahresabschluß in Einklang mit den angegebenen Rechnungslegungsvorschriften ein faires Bild gibt.[104]

Ein Beispiel für den Wortlaut eines Bestätigungsberichts mit uneingeschränktem Bestätigungsvermerk findet sich in der IFAC-Verlautbarung.[105]

3. Modifizierte Bestätigungsberichte

Modifizierte Bestätigungsberichte lassen sich wie folgt klassifizieren:[106]
- Sachverhalte ohne Einfluß auf den Bestätigungsvermerk:
  -- Hervorhebungen (Zusätze);
- Sachverhalte mit Einfluß auf den Bestätigungsvermerk:
  -- eingeschränkter Bestätigungsvermerk *(qualified opinion);*
  -- Nichterteilung eines Bestätigungsvermerks *(disclaimer of opinion);*
  -- Negativvermerk *(adverse opinion).*

a) Hervorhebungen (Zusätze)

Unter bestimmten Voraussetzungen ist nach der IFAC-Verlautbarung eine Ergänzung des Bestätigungsberichts durch Hinzufügung eines ge-

---
[101] IFAC, a.a.O. (Fn. 3), S. 215, Tz. 24.
[102] IFAC, a.a.O. (Fn. 3), S. 216, Tz. 25.
[103] IFAC, a.a.O. (Fn. 3), S. 216, Tz. 26.
[104] IFAC, a.a.O. (Fn. 3), S. 216, Tz. 27.
[105] IFAC, a.a.O. (Fn. 3), S. 216, Tz. 28.
[106] IFAC, a.a.O. (Fn. 3), S. 217, Tz. 29.

sonderten Abschnitts *(emphasis of matter paragraph)* zulässig oder geboten, ohne daß der Bestätigungsvermerk *(opinion paragraph)* davon berührt wird. Dieser gesonderte Abschnitt, der vorzugsweise im Anschluß an den Bestätigungsvermerk in den Bestätigungsbericht aufgenommen wird, soll auf einen Sachverhalt besonders hinweisen, der bereits ausführlicher im Jahresabschluß selbst („in a note to the financial statements") erläutert wurde.[107] So ist z. B. zwingend vorgeschrieben, daß bei wesentlichen *going concern*-Problemen hierauf in einem gesonderten Abschnitt hinzuweisen ist.[108] Darüber hinaus sollte der Abschlußprüfer auch für den Fall, daß im Hinblick auf den Eintritt künftiger Ereignisse, auf die das Unternehmen nicht direkt Einfluß nehmen kann, weitere wesentliche Unsicherheiten bestehen, erwägen, in einem gesonderten Abschnitt des Bestätigungsberichts auf diese Unsicherheit hinzuweisen.[109]

Neben diesen beiden geforderten[110] bzw. empfohlenen[111] Zusätzen sind noch weitere Zusätze zugelassen.[112]

b) Modifizierungen mit Einfluß auf den Bestätigungsvermerk

Modifizierungen mit Einfluß auf den Bestätigungsvermerk kommen in Betracht bei Beschränkungen im Hinblick auf die Prüfungsdurchführung (Beispiel: Bestellung des Abschlußprüfers nach der Inventuraufnahme) oder bei Meinungsverschiedenheiten über Rechnungslegungsfragen.[113]

Im ersten Fall ist der Bestätigungsvermerk unter Angabe der Beschränkungen und der möglichen Auswirkungen auf den Jahresabschluß einzuschränken oder nicht zu erteilen *(disclaimer of opinion)*.[114] Im zweiten Fall ist der Bestätigungsvermerk einzuschränken oder es ist ein Negativvermerk *(adverse opinion)* zu erteilen.[115]

Der Bestätigungsvermerk ist einzuschränken *(qualified opinion)*, wenn Einwendungen bestehen (Prüfungsbeschränkungen oder Mei-

---

[107] IFAC, a.a.O. (Fn. 3), S. 217, Tz. 30.
[108] IFAC, a.a.O. (Fn. 3), S. 217, Tz. 31.
[109] IFAC, a.a.O. (Fn. 3), S. 217, Tz. 32.
[110] IFAC, a.a.O. (Fn. 3), S. 217, Tz. 31.
[111] IFAC, a.a.O. (Fn. 3), S. 217, Tz. 32.
[112] Vgl. hierzu im einzelnen IFAC, a.a.O. (Fn. 3), S. 218, Tz. 35.
[113] IFAC, a.a.O. (Fn. 3), S. 218, Tz. 36.
[114] IFAC, a.a.O. (Fn. 3), S. 219, Tz. 43.
[115] IFAC, a.a.O. (Fn. 3), S. 220, Tz. 45.

nungsverschiedenheiten), die nicht so wesentlich und weitgehend sind, daß eine *adverse opinion* oder ein *disclaimer of opinion* erforderlich ist. Bei der Einschränkung sollte die Formulierung „mit der Einschränkung, daß" *(except for)* verwendet werden.[116]

Ein Negativvermerk *(adverse opinion)* ist zu erteilen, wenn bei bestehenden Meinungsverschiedenheiten die Auswirkungen auf den Jahresabschluß so wesentlich und weitgehend sind, daß eine Einschränkung des Bestätigungsvermerks nicht ausreicht, um die Irreführung durch den Jahresabschluß oder dessen Unvollständigkeit offenzulegen.[117] Für diesen Fall wird folgende Formulierung vorgeschlagen: „... the financial statements do not give a true and fair view ...".[118]

Der Bestätigungsvermerk ist nicht zu erteilen *(disclaimer of opinion)*, wenn die mögliche Auswirkung einer Beschränkung bei der Prüfungsdurchführung so wesentlich und weitgehend ist, daß der Abschlußprüfer keine ausreichenden Nachweise *(audit evidence)* erhalten konnte und deshalb überhaupt kein abschließendes Prüfungsurteil abgeben kann.[119] Anders als bei der *adverse opinion* ist diese Nichterteilung eines Bestätigungsvermerks nicht zu vergleichen mit der in Deutschland vorgesehenen Versagung des Bestätigungsvermerks. Bei letzterer erteilt der Prüfer einen Versagungsvermerk.[120] Beim *disclaimer* wird dagegen gar kein Vermerk *(opinion)* erteilt.

Die Verlautbarung der IFAC enthält ein Beispiel für einen *disclaimer of opinion*. Der einleitende Abschnitt wird zunächst modifiziert (kein Hinweis auf die Verantwortlichkeit des Abschlußprüfers). Der Abschnitt zum Prüfungsumfang hat zu entfallen oder wird ebenfalls modifiziert. Im nächsten Abschnitt wird die Beschränkung bei der Prüfungsdurchführung detailliert beschrieben. Der Schlußabschnitt lautet wie folgt: „Because of the significance of the matters discussed in the preceding paragraph, we do not express an opinion on the financial statements".[121]

Bei jeder *qualified opinion, adverse opinion* und bei jedem *disclaimer of opinion* sollten die wesentlichen Gründe für die Modifizierung klar beschrieben und nach Möglichkeit deren eventuelle Auswir-

---

[116] IFAC, a.a.O. (Fn. 3), S. 218, Tz. 37.
[117] IFAC, a.a.O. (Fn. 3), S. 219, Tz. 39.
[118] IFAC, a.a.O. (Fn. 3), S. 222, Tz. 46.
[119] IFAC, a.a.O. (Fn. 3), S. 219, Tz. 38.
[120] § 322 Abs. 3 Satz 2 HGB.
[121] IFAC, a.a.O. (Fn. 3), S. 220, Tz. 44.

kungen auf den Jahresabschluß quantifiziert werden. Diese Informationen werden in der Regel in einem gesonderten Abschnitt vor dem Bestätigungsvermerk gegeben.[122]

4. Würdigung

a) Erteilung eines Bestätigungsberichts

Nach dem Fachgutachten 3/1988 ist die Erteilung eines Bestätigungsvermerks auch in Form eines Bestätigungsberichts möglich.[123] Diese Auffassung ist in der Literatur nicht unumstritten.[124]

In der deutschen Praxis hat sich der Bestätigungsbericht bis zum heutigen Tage nicht durchgesetzt. Gleichwohl ist in der aktuellen Diskussion um Aufgaben und Verantwortung des Wirtschaftsprüfers wiederholt die Forderung nach einem aussagefähigeren Testat des Abschlußprüfers erhoben worden. Wie die Historie zeigt, hat sich der Berufsstand in der Vergangenheit in dieser Frage sehr aufgeschlossen gezeigt.[125]

Sollten die Überlegungen in dieser Richtung fortgesetzt werden, kann die IFAC-Verlautbarung hierzu wertvolle Anregungen geben. Außerdem bleibt die weitere Entwicklung an den internationalen Börsen[126] abzuwarten. Auch hier kann sich eines Tages die Notwendigkeit für deutsche Abschlußprüfer ergeben, einen Bestätigungsbericht nach internationalen Grundsätzen vorzulegen.

b) Ergänzungen des Bestätigungsvermerks (Zusätze)

Vergleicht man die Regelungen in der IFAC-Verlautbarung[127] mit dem geltenden nationalen Recht, so ist festzustellen, daß zumindest eine zwingende Vorschrift, im Falle von Problemen im Hinblick auf den *going concern* den Bestätigungsvermerk um einen hinweisenden Zusatz zu ergänzen, nicht besteht.[128] An anderer Stelle ist auf diese Proble-

---

[122] IFAC, a.a.O. (Fn. 3), S. 219, Tz. 40.
[123] FG 3/1988, Abschnitt C.II., Anm. 10.
[124] Vgl. z. B. *Adler/Düring/Schmaltz,* HGB, 5. Aufl., § 322, Rdn. 109-111; *Forster,* Zur „Erwartungslücke" bei der Abschlußprüfung, in: Für Recht und Staat, Festschrift für Helmrich, hrsg. v. Letzgus u. a., München 1994, S. 613-626.
[125] Vgl. z. B. die Stellungnahme des IDW: Zur Transformation der 4. EG-Richtlinie ins nationale Recht, WPg 1979, S. 169-193 sowie FG 3/1988, Abschnitt C.II., Anm. 10.
[126] Vgl. hierzu oben den Abschnitt II.4.
[127] IFAC, a.a.O. (Fn. 3), S. 217f., Tz. 30-35.
[128] Vgl. FG 3/1988, Abschnitt C.II., Anm. 6.

matik ausführlich eingegangen worden.[129] Der Verfasser ist zu dem Ergebnis gelangt, daß ein Zusatz in diesem Fall systemwidrig und nicht empfehlenwert ist. Es wurde deshalb die Beibehaltung der bisherigen, eher zurückhaltenden Praxis befürwortet.[130] Die dort genannten Argumente (Aufgabenteilung zwischen Unternehmensleitung, Aufsichtsorgan und Abschlußprüfer; Gefahr der „self-fulfilling prophecy"; Verpflichtung zur Veröffentlichung von Anhang und Lagebericht nach neuem Recht)[131] sollten bei einer eventuellen Überarbeitung des Fachgutachtens bedacht werden.

c) Nichterteilung eines Bestätigungsvermerks (disclaimer of opinion)

Eine dem *disclaimer of opinion* vergleichbare Nichterteilung des Bestätigungsvermerks ist in Deutschland bisher weder im Gesetz noch in den entsprechenden Fachgutachten des IDW vorgesehen. *Elkart/Naumann* haben sich mit dieser Frage kürzlich eingehend auseinandergesetzt und einen wertvollen Diskussionsbeitrag für die Fortentwicklung der Grundsätze ordnungsmäßiger Erteilung von Bestätigungsvermerken vorgelegt.[132] Es wäre wünschenswert, wenn diese Überlegungen, die – wie gezeigt – auch der internationalen Praxis entsprechen, bei einer künftigen Überarbeitung der Fachgutachten berücksichtigt würden.

V. Ausgewählte Aspekte der internationalen Diskussion zur Sicherung der Unabhängigkeit des Abschlußprüfers

Einen wesentlichen Bestimmungsfaktor für die Qualität der Abschlußprüfung bildet die Unabhängigkeit desjenigen, der sie durchführt und der die unter I. genannten Grundsätze anwendet. Von den zahlreichen Aspekten zur Sicherung der Unabhängigkeit des Abschlußprüfers, die insbesondere international[133] seit Jahren die Diskussion bestimmen und die jetzt z. T. wieder national diskutiert werden, sollen folgende einer näheren Betrachtung unterzogen werden, wobei der begrenzte Umfang

---

[129] Vgl. *Marks,* Entwicklungstendenzen beim Bestätigungsvermerk – Zum neuen FG 3/1988 des IDW, WPg 1989, S. 121–128 und S. 164–173.
[130] Vgl. *Marks,* WPg 1989, S. 167.
[131] Vgl. *Marks,* WPg 1989, S. 167.
[132] Vgl. *Elkart/Naumann,* Zur Entwicklung der Grundsätze für die Erteilung von Bestätigungsvermerken bei Abschlußprüfungen nach § 322 HGB (Teil I), WPg 1995, S. 357–365, hier S. 360.
[133] Siehe z. B. die bei *Lück/Holzer,* Die Krise des wirtschaftsprüfenden Berufsstandes in den USA, DB 1993, S. 237–242, hier S. 237, genannten Maßnahmen des AICPA zur Stärkung der Unabhängigkeit des Abschlußprüfers.

dieses Beitrags nur einen Überblick über den Stand der Überlegungen zuläßt.

1. Bestellung des Abschlußprüfers

a) Bestellungskompetenz

Nach Artikel 55 des Entwurfs einer 5. EG-Richtlinie[134] fällt die Bestellung des Abschlußprüfers in den Zuständigkeitsbereich der Hauptversammlung. Hierfür hatte sich auch die FEE als europäische Berufsorganisation der Wirtschaftsprüfer bereits 1988 in einem Memorandum an die EG-Kommission[135] ausgesprochen. Eine solche Regelung entspricht – soweit dies die Wahl des Abschlußprüfers betrifft – deutschem Handelsrecht[136] und begegnet keinen Bedenken. Hinsichtlich der zur Bestellung des Abschlußprüfers gehörenden Erteilung des Prüfungsauftrags einschließlich der Honorarvereinbarung äußert sich der Entwurf der 5. EG-Richtlinie nicht. Erfolgt dies – wie gegenwärtig nach deutschem Recht – durch den Vorstand, so ist im Schrifttum teilweise die Auffassung zu finden, es sei a priori nicht auszuschließen, daß der Vorstand über die Honorierung Einfluß auf die Tätigkeit des Abschlußprüfers nehmen könnte,[137] was zumindest in den Augen Dritter die Unabhängigkeit des Abschlußprüfers als gefährdet erscheinen lassen kann. Diesen Überlegungen könnte durch eine weitergehende Einbeziehung des Aufsichtsrates[138] oder eines *audit committee* in die Bestellung des Abschlußprüfers Rechnung getragen werden.[139]

b) Dauer der Bestellung

Der erste Vorschlag eines Entwurfs einer 5. EG-Richtlinie[140] sah in Artikel 56 vor, daß der Abschlußprüfer für eine Amtsdauer gewählt

---

[134] Entwurf einer 5. EG-Richtlinie vom 16. 10. 1989 i. d. F. eines 3. geänderten Richtlinienvorschlags vom 20. 11. 1991.
[135] Memorandum der FEE zur Indépendence du Controleur légal vom 1. 12. 1988, S. 9.
[136] Unscharf bei *Marten*, Bestellung und Abberufung des Abschlußprüfers in Deutschland, Europa und den USA, RIW 1994, S. 749–756, hier S. 752.
[137] Vgl. *Vollmer/Maurer*, Beratung durch Aufsichtsratsmitglieder oder Abschlußprüfer aufgrund von Zusatzaufträgen, BB 1993, S. 591–597, hier S. 595.
[138] Vgl. *Theisen*, Notwendigkeit, Chancen und Grenzen der Zusammenarbeit von Wirtschaftsprüfer und Aufsichtsrat, WPg 1994, S. 809–820, hier S. 818.
[139] So auch IDW, Zur Gestaltung der Überwachung in der AG, WPg 1995, S. 213f., hier S. 213.
[140] Vorschlag vom 27. 9. 1972.

wird, die nach dem Recht der Mitgliedstaaten mindestens drei Jahre und maximal sechs Jahre umfassen kann, wobei eine Wiederwahl zulässig sein sollte. Nach der Begründung[141] zu dieser Vorschrift war mit der Mindestamtsdauer von drei Jahren die Intention verbunden, dem Abschlußprüfer eine größere Unabhängigkeit zu verleihen.[142] Fraglich ist jedoch, ob mit einer längeren Bestellungsdauer das Risiko des Abschlußprüfers, bei Meinungsverschiedenheiten mit dem Vorstand durch dessen Einflußnahme nicht wiedergewählt zu werden, tatsächlich gemindert wäre oder ob nicht gerade eine der deutschen Rechtslage entsprechende Verpflichtung des Abschlußprüfers, sich den Eigentümern jährlich erneut zur Wahl zu stellen,[143] eher geeignet ist, dessen Unabhängigkeit vom Vorstand zu stärken und damit auch eine Pflichtrotation, die sich häufig auf das Argument der fehlenden Unabhängigkeit stützt, entbehrlich macht. Daß die Frage der Dauer der Bestellung in direktem Zusammenhang mit der Problematik eines obligatorischen Prüferwechsels zu sehen ist, zeigt deutlich auch die Modifikation von Artikel 56 des Entwurfs einer 5. EG-Richtlinie in 1989, wonach nunmehr nach spätestens 12 Jahren eine Wiederwahl des bisherigen Abschlußprüfers erst mit einer Unterbrechung von drei Jahren möglich sein soll.

2. Obligatorischer Prüferwechsel

Die internationale Diskussion zur Frage eines obligatorischen Prüferwechsels wird in erster Linie geprägt von zwei Hauptargumenten: Der Gefährdung der Unabhängigkeit des Abschlußprüfers und der Gefahr der Betriebsblindheit.

Dem Vorwurf, ein zu enges Vertrauensverhältnis zwischen Abschlußprüfer und dem zu prüfenden Unternehmen gefährde die Unabhängigkeit des Wirtschaftsprüfers, vermag jedoch nicht – wie oben bereits ausgeführt – ein obligatorischer Prüferwechsel zu begegnen, sondern die Verpflichtung des Prüfers, sich den Eigentümern des Unter-

---

[141] Eine längere Bestellungsdauer wird z. B. befürwortet von *Theisen*, WPg 1994, S. 820, dem sich *Scheffler* in seinem Beitrag für diese Festschrift, S. 651ff., Abschnitt III.2., anschließt.
[142] Vgl. *Kaminski*, Vorschlag einer 5. Richtlinie der Kommission der Europäischen Gemeinschaften, WPg 1972, S. 633–638, hier S. 637.
[143] Nach der empirischen Untersuchung von *Marten*, Der Wechsel des Abschlußprüfers, Düsseldorf 1994, S. 15, ist es allerdings z. B. in Deutschland in der Praxis durchaus die Regel, einen Prüfer über mehrere Jahre beizubehalten.

nehmens jährlich erneut zur Wahl zu stellen.[144] In diesem Fall haben die Eigentümer die Möglichkeit, sich von diesem Abschlußprüfer – aus welchen Gründen auch immer – relativ kurzfristig zu trennen und einen anderen mit der Abschlußprüfung ihres Unternehmens zu beauftragen. Auch die FEE sieht in der Pflichtrotation des Abschlußprüfers „keine zusätzlichen Garantien" hinsichtlich seiner Unabhängigkeit und schlägt daher die ersatzlose Streichung des betreffenden Klammerausdrucks in Artikel 56 vor.[145]

Als diskutabler Lösungsweg zur Vermeidung einer Einengung des Blickwinkels des Prüfers aufgrund langjähriger Prüfung zeichnet sich international die Möglichkeit einer sukzessiven Auswechslung des Prüfungsteams ab, wie sie in dem revidierten Entwurf des IFAC-Ethics-Committee von Oktober 1994 vorgeschlagen wird.[146]

Besondere Beachtung verdienen außerdem folgende Argumente,[147] die gegen den obligatorischen Prüferwechsel sprechen. Eine Pflichtrotation

– bedeutet einen Eingriff in die Autonomie der Eigentümer, die daran gehindert werden, den von ihnen als am besten angesehenen Abschlußprüfer erneut zu wählen.
– erfordert zur Erhaltung der notwendigen Prüfungsqualität und zur Vermeidung geringerer Prüfungseffizienz vom neuen Prüfer deutlich mehr Einarbeitungszeit, die sich mit jedem Prüferwechsel wiederholt.

Dies gilt um so mehr, wenn – wie insbesondere bei mittelständischen Unternehmen häufig anzutreffen – Prüfung und z.B. Steuerberatung in einer Hand liegen und damit die Erhaltung der Effizienz durch die notwendige Einarbeitung des Prüfers auch in die steuerlichen Probleme des Mandanten die Mehrarbeit erhöht, wiederum mit der Folge zusätzlicher Kosten.

Bei Großunternehmen kann die Abschlußprüfung in vertretbarer Zeit mit vertretbaren Kosten nur durchgeführt werden, wenn sie anhand langfristiger Prüfungspläne mit jährlich wechselnden Prüfungsschwerpunkten geplant und durchgeführt wird. Bei obligatorischem Prüfer-

---

[144] Siehe oben unter V.1.b).
[145] Stellungnahme der FEE zu Artikel 56 des Entwurfs einer 5. EG-Richtlinie vom 19.9.1990, S. 4.
[146] Proposed revisions to the Code of Ethics for Professional Accountants, Ziff. 8.14 „Rotation of audit personnel".
[147] Vgl. IDW, WPg 1995, S. 213f., hier S. 214.

wechsel müßte die Schwerpunktbildung im ersten und im geringeren Umfang im zweiten Jahr mehr oder weniger durch Einzelprüfungen ersetzt oder ergänzt werden mit der Folge von weiteren Mehrbelastungen für die Unternehmen.
- bewirkt einen geringeren Standard bei Ausbildung und Spezialisierung der Prüfer und damit eine Verminderung der Prüfungsqualität.
- verhindert die Prüfung einer international tätigen Unternehmung/ Tochtergesellschaft nach *einheitlichen Standards* durch eine Prüfungsgesellschaft und geht auch insoweit zu Lasten der Prüfungsqualität.
- würde die Tendenz des Wechsels von Prüfungsaufträgen von kleineren und mittleren Wirtschaftsprüferpraxen zu größeren Wirtschaftsprüfungsgesellschaften verstärken (Konzentrationsgefahr). Dies gilt nicht nur wegen der aus dem Wechsel resultierenden notwendigen Kapazitätsvorhaltungen, sondern insbesondere auch bei erforderlichen Spezialisierungen der Prüfer, weil große Wirtschaftsprüfungsgesellschaften eher in der Lage sind, Spezialisten vorzuhalten.

Die o. g. Nachteile haben bisher nicht nur in Deutschland,[148] sondern auch international überwiegend zu einer Entscheidung gegen die Pflichtrotation geführt. Bemerkenswert ist in diesem Zusammenhang, daß sogar die SEC in den USA im Rahmen ihrer allgemein als streng angesehenen Regeln keine Pflichtrotation verlangt. Für ihre Ablehnung spricht ferner das Ergebnis einer empirischen Studie des AICPA,[149] wonach Erst- oder Zweitprüfungen dreimal so häufig Haftungsfälle wegen Prüfungsfehlern verursachten und bei Unternehmen, bei denen Betrugsfälle zu verzeichnen waren, eine beträchtliche Anzahl erst kurz zuvor den Prüfer gewechselt hatte.

Hingegen ist in Staaten, in denen ein obligatorischer Prüferwechsel eingeführt wurde (z. B. in Italien), sorgfältig zu prüfen, inwieweit hierfür sachliche oder berufspolitische Beweggründe maßgeblich waren.

---

[148] Die Bundesregierung hat auf die Anfrage eines Bundestagsabgeordneten dem obligatorischen Prüferwechsel eine Absage erteilt mit der Begründung, daß Unregelmäßigkeiten bei der Prüfung durch langjährig tätige Abschlußprüfer nicht hätten festgestellt werden können; vgl. BT-Drucksache 12/4059 und HB vom 27. 1. 1993.
[149] Statement of position regarding mandatory rotation of audit firms of publicly held companies, 1992, S. 2.

3. Finanzielle Unabhängigkeit

Ein weiterer Gesichtspunkt, der der Sicherung der Unabhängigkeit des Abschlußprüfers vom einzelnen Mandanten dienen soll, ist die Begrenzung des Honorarumfangs pro Mandat im Verhältnis zum Gesamtumsatz. Maßgebend für eine derartige Limitierung ist die Überlegung, daß in den Fällen, in denen auf einen bestimmten Mandanten ein hoher Anteil des Gesamthonorars des Abschlußprüfers entfällt, seine Unabhängigkeit in Zweifel gezogen wird, weil er ein finanzielles Interesse daran haben könnte, den Fortbestand des Mandates zu sichern, soweit dies durch positive Prüfungsberichte möglich ist.[150] Eine konkrete Grenze, ab der die finanzielle Unabhängigkeit des Abschlußprüfers als gefährdet anzusehen ist, findet sich allerdings weder im Entwurf einer 5. EG-Richtlinie noch bei den Berufsgrundsätzen von IFAC; letztere sprechen lediglich von einer „large proportion" des Gesamtumsatzes.[151] Anhaltspunkte für einen maximalen Honorarumfang pro Mandat bieten hingegen SEC[152] und FEE[153] mit einer Aufgriffsgrenze von 15%. Die Festlegung einer absoluten Grenze ist zwar willkürlich und vermag den Umständen des Einzelfalls nicht Rechnung zu tragen, sie dürfte jedoch aus Gründen der Rechtssicherheit und zur Stärkung der Unabhängigkeit des Abschlußprüfers – insbesondere aus Sicht eines fremden Dritten – wohl unerläßlich sein. Am Ende der Diskussion der Frage einer vertretbaren Relation von Gebührenaufkommen pro Mandat zum Gesamtumsatz wird sicherlich eine Lösung stehen, die unter 50% liegt, die aber auch den Grundsatz der Wettbewerbsneutralität insoweit berücksichtigt.[154]

4. Vereinbarkeit bzw. Unvereinbarkeit von Prüfung und anderen, gleichzeitig durchgeführten Tätigkeiten beim selben Mandanten

Durch eine prüfungsbegleitende Beratung – insbesondere im Hinblick auf die Früherkennung von Unternehmensrisiken[155] und die Entwick-

---

[150] Vgl. UEC-Empfehlungen zu den Berufsgrundsätzen, Nr. 1: Unabhängigkeit, Oktober 1979, Ziff. 6 der Erläuterungen und Beispiele.
[151] Code of Ethics for Professional Accountants, Juli 1992, IFAC, a.a.O. (Fn. 3), hier Ziff. 8.7.
[152] Staff report on auditor independence, März 1994, hier Appendix II, S. 20.
[153] Memorandum an die EG-Kommission vom 1. 12. 1988, Ziff. 26.
[154] In Deutschland setzt sich das IDW für Lösungen ein, die zu einer sachlich angemessenen, evtl. stufenweisen Reduzierung des derzeit noch zulässigen Honoraranteils von 50% führen; vgl. IDW, WPg 1995, S. 213f., hier S. 214.
[155] Vgl. dazu auch den Beitrag von *Baetge*, S. 1ff., in diesem Band.

lung von entsprechenden Abwehrkonzepten – erhält der Prüfer die Chance, auch gegenüber dem Leitungsorgan des Unternehmens Kompetenz deutlich zu machen, somit seine Einfluß- und Informationsmöglichkeiten zu verbessern und dadurch auch seine Position zu stärken.[156] Der Kompetenzvorsprung des Abschlußprüfers gegenüber einem externen Berater, der sich völlig neu einarbeiten müßte, trägt dazu bei, Kostenerhöhungen für Unternehmen zu vermeiden. Darüber hinaus kommt eine derartige Beratung auch der Abschlußprüfung des Unternehmens zugute, da der Abschlußprüfer, der zugleich Berater des Unternehmens ist, erweiterte Einblicke in die Organisation und die wirtschaftlichen Verhältnisse der geprüften Gesellschaft gewinnt.[157] Die durch diese zusätzlichen Erkenntnisse, die im Rahmen von Prüfung und gleichzeitiger Beratung *wechselseitig* gewonnen werden, bewirkte Zeit- und Kostenreduzierung stellt einen wesentlichen Anreiz für die Beauftragung des Prüfers mit der Erbringung von Beratungsleistungen dar.

a) Grundsätzliche Vereinbarkeit von Prüfung und gleichzeitiger Beratung

In den meisten westlichen Industriestaaten sind Prüfung und gleichzeitige Beratung (einschließlich Beratung und Vertretung in steuerlichen und wirtschaftlichen Angelegenheiten) durch denselben Abschlußprüfer grundsätzlich vereinbar. Für eine solche Vereinbarkeit haben sich auch FEE[158] und IFAC[159] als internationale Berufsorganisationen der Wirtschaftsprüfer ausgesprochen. Mit gewissen Einschränkungen, z. B. hinsichtlich der Durchführung von Unternehmensbewertungen, gilt diese Aussage auch für die SEC.[160] Eine Beratungstätigkeit steht allerdings der gleichzeitigen Tätigkeit als Abschlußprüfer entgegen, wenn dadurch die Besorgnis der Beeinträchtigung der Unabhängigkeit und Unparteilichkeit des Abschlußprüfers hervorgerufen wird, z. B. wenn er anstelle seines Mandanten eine wesentliche unternehmerische Entscheidung getroffen hat. Die Grenze zwischen zulässiger und unzulässiger Beratung

---

[156] Vgl. *Emmerich,* Die Beratung auf der Grundlage der Abschlußprüfung, WPg 1988, S. 637–645, hier S. 643.
[157] Bemerkungen der Groupe d'Etudes vom 16. 4. 1970 zum Vorentwurf einer EG-Richtlinie betreffend die „Verwaltung und Kontrolle der Aktiengesellschaft" (6752/1/XIV/C/68) von *Houin.*
[158] Vgl. Memorandum an die EG-Kommission vom 1. 12. 1988, Ziff. 28.
[159] Code of Ethics for Professional Accountants, Juli 1992, IFAC, a.a.O. (Fn. 3), hier Ziff. 8.5.
[160] Staff report on auditor independence, März 1994, S. 33.

ist dort zu ziehen, wo der Prüfer die Funktion des Beraters mit Entscheidungsvorschlägen verläßt und in die funktionelle Entwicklungskompetenz des Unternehmens eingreift.[161]

Einige europäische Staaten, u. a. Frankreich und Italien, untersagen generell die Prüfung und gleichzeitige Beratung desselben Mandanten, ohne hierfür allerdings eine überzeugende Begründung zu geben. Demzufolge müssen Zweifel erlaubt sein, ob dieses Verbot tatsächlich auf eine unterstellte Gefährdung der Unabhängigkeit des Abschlußprüfers zurückzuführen ist oder ob nicht vielmehr in erster Linie berufspolitische Gründe hierfür ausschlaggebend waren.[162]

Die Frage der Vereinbarkeit von Prüfung und gleichzeitiger Beratung bei demselben Mandanten wird auch in der Europäischen Union seit 1968[163] erörtert, ohne daß bisher akzeptable Vorschläge entwickelt werden konnten.

In jüngerer Zeit sind neuere Gedanken laut geworden, die eine Lösungsmöglichkeit darin sehen, daß eine Offenlegung[164] des absoluten Beratungshonorars oder des prozentualen Anteils der Beratungsaufträge am Gesamthonorar gegenüber dem Aufsichtsrat/*audit committee* oder darüber hinaus der Hauptversammlung erfolgt.[165]

Wenn man diesem Gedanken nähertreten will, so ist sicherlich in erster Linie das Gremium über diese Tatsachen zu informieren, das den Abschlußprüfer zur Wahl vorschlägt.

---

[161] Vgl. *Fliess*, Prüfung und Beratung im Spannungsfeld öffentlicher Erwartungen und unternehmerischer Zielsetzungen, in: Bericht über die Fachtagung 1991 des IDW, Düsseldorf 1992, S. 53–66, hier S. 63.

[162] So auch die Stellungnahme des IDW vom 30. 1. 1995 zu Proposed revisions to the Code of Ethics for Professional Accountants, Oktober 1994.

[163] Vgl. Art. 30 des Vorentwurfs einer Richtlinie betreffend „Verwaltung und Kontrolle der AG" (6752/1/XIV/C/68) von *Houin*.

[164] Im Sinne einer derartigen Offenlegung hat sich bereits ein Vertreter der EG-Kommission geäußert; vgl. *van Hulle*, Auditor independence: Views from Brussels, De Accountant Nr. 3, November 1993, S. 172–177, hier S. 174.

[165] Eine Offenlegung der Beratungshonorare im Anhang zum Jahresabschluß ist schon seit 1991 im Vereinigten Königreich vorgeschrieben (vgl. Companies Act 1985, Disclosure of Remuneration for Non-Audit Work, Regulations 1991, Art. 5 paragraph 1); in Belgien ist das Honorar für Beratungsaufträge im Geschäftsbericht zu veröffentlichen (vgl. Ziff. 4.2.4 des Vademecum du réviseur d'entreprises, Organisation de la profession et déontologie, Edition 1994, hrsg. vom Institut des réviseurs d'entreprises).

b) Unvereinbarkeit von Prüfung und Aufstellung

Demgegenüber ist die Tätigkeit von Prüfung und Aufstellung des Jahresabschlusses in den meisten Ländern[166] unvereinbar mit der Begründung, daß der Abschlußprüfer nicht das prüfen kann, an dessen Zustandekommen er maßgeblich mitgewirkt hat. Dabei sind in der Praxis die Grenzen sicherlich nicht immer klar zu ziehen. Bei Aufstellung des Jahresabschlusses werden Entscheidungen zur Bilanzierung und Bewertung vorgenommen, die derjenige nicht treffen darf, der anschließend prüft.

Für eine solche Position, die deutscher Rechtslage (§ 318 Abs. 2 Nr. 5 HGB) entspricht, treten IFAC[167] und SEC[168] ein. FEE äußert sich zur gebotenen Trennung von Prüfung und Aufstellung des Jahresabschlusses nicht so eindeutig.

VI. Die Haftung des Abschlußprüfers

Das Qualitätsrisiko, d. h. das Risiko, daß der Abschlußprüfer fehlerhafte Leistungen erbringt, hat maßgeblichen Einfluß auf sein Haftungsrisiko.[169] Die internationale Diskussion zur Haftungsproblematik, die auf nationaler Ebene in einzelnen Staaten eine sehr unterschiedliche Entwicklung genommen hat,[170] ist keineswegs abgeschlossen, wo-

---

[166] In einigen Ländern, z. B. dem Vereinigten Königreich (vgl. ICAEW-Handbook, Integrity, objectivity and independence, Zif. 13.3.) ist eine Unvereinbarkeit von Prüfung und Aufstellung nur für börsennotierte Unternehmen vorgesehen. Eine solche Differenzierung von Unabhängigkeitsregelungen ist sachlich kaum nachvollziehbar.
[167] Code of Ethics for Professional Accountants, Juli 1992, IFAC, a.a.O. (Fn. 3), hier Ziff. 8.5 d.
[168] Staff report on auditor independence, März 1994, Appendix II, S. 13.
[169] Vgl. *Geuer,* Das Management des Haftungsrisikos der Wirtschaftsprüfer, Düsseldorf 1994, S. 6.
[170] Vgl. Stellungnahme der FEE zu Artikel 62 des Entwurfs einer 5. Richtlinie, S. 6, die sich für eine Herausnahme der Haftung des Abschlußprüfers aus der 5. Richtlinie ausspricht; zur Entwicklung der Haftung in den USA vgl. *Havermann,* Das Risiko des Abschlußprüfers, Bericht über die Fachtagung 1988 des IDW, Düsseldorf 1989, S. 57–70; *Ebke,* Geht die Rechtsprechung zur Dritthaftung des Abschlußprüfers in den USA neue Wege?, WPK-Mitteilungen 1995, S. 11–17; in Frankreich vgl. *Quick/Leimgruber,* Die zivilrechtliche Verantwortung des Abschlußprüfers in Frankreich, WPK-Mitteilungen 1995, S. 18–25; in Deutschland vgl. *Fliess,* Die Haftung des Wirtschaftsprüfers unter Berücksichtigung internationaler Entwicklungen, in: Rechnungslegung und Prüfung 1994, hrsg. v. Baetge, Düsseldorf 1994, S. 161–198.

bei in der Vergangenheit deutliche Haftungsverschärfungen erkennbar waren.[171] Im Recht der EU steht diesbezüglich seit mehr als 20 Jahren Artikel 62 des Vorschlags für eine 5. EG-Richtlinie im Mittelpunkt des Interesses. Grundsätzliche Bedenken[172] gegen eine gesonderte Regelung der Haftung des Abschlußprüfers vor einer allgemeinen Harmonisierung des Haftungsrechts konnten bisher nicht ausgeräumt werden. Vom Vorschlag über die Richtlinie des Rates über die Haftung bei Dienstleistungen vom 9. 11. 1990[173] hingegen sind die Tätigkeiten der vermögensberatenden Berufe nicht erfaßt, so daß Wirtschaftsprüfer von diesem Richtlinienentwurf nicht unmittelbar tangiert werden. Gleichwohl könnte der Entwurf auch für die Tätigkeit des Abschlußprüfers aufgrund seiner möglichen Präzedenzwirkungen[174] von Bedeutung sein. Über den europäischen Rahmen hinaus hat IFAC in 1994 mit der Einrichtung einer *task force on auditor's liability* die Initiative ergriffen.

1. Haftung gegenüber dem Auftraggeber

Während der erste Entwurf des Vorschlags einer 5. EG-Richtlinie von 1972 noch eine unbeschränkte Haftung gegenüber Auftraggeber, Aktionären oder sonstigen Dritten vorsah,[175] überläßt es der jüngste Entwurf der Richtlinie den Mitgliedstaaten, die zivilrechtliche Haftung des Abschlußprüfers zu regeln, wobei er in Artikel 62 Abs. 4 die Möglichkeit einräumt, die Haftung gegenüber der geprüften Gesellschaft für Fahrlässigkeit zu begrenzen.

Die vorgesehene Haftungsbegrenzung für fahrlässiges Fehlverhalten des Abschlußprüfers ist u. E. ausdrücklich zu begrüßen;[176] hierfür sprechen folgende Argumente:[177]

– Bei der Tätigkeit als Abschlußprüfer handelt es sich um eine in besonderem Maße schadengeneigte Arbeit mit typischerweise hohen Risiken.

---

[171] Vgl. *Fliess*, a.a.O. (Fn. 170), S. 197.
[172] Vgl. die IDW-Stellungnahmen vom 19.3. und 5.6.1990 gegenüber dem BMJ zu dem geänderten Vorschlag für eine 5. EG-Richtlinie, FN 1990, S. 201-203, hier S. 203.
[173] Vgl. ABl. der Europäischen Gemeinschaften v. 18. 1. 1991, Nr. C 12, 8.
[174] Vgl. Stellungnahme der WPK, WPK-Mitteilungen 1991, S. 66f., hier S. 67, sowie im einzelnen auch *Geuer*, a.a.O. (Fn. 169), S. 151ff.
[175] Vgl. *Kaminski*, WPg 1992, S. 633-638, hier S. 638.
[176] So auch IDW-Stellungnahmen vom 19. 3. 1990 sowie vom 5. 6. 1990, FN 1990, S. 201-203.
[177] Vgl. *Quick*, Die Haftung des handelsrechtlichen Abschlußprüfers, DB 1992, S. 1675-1685, hier S. 1677.

– Schon ein leichtes Versehen des Prüfers kann zu großen und nicht mehr tragbaren Schäden führen.
– Eine unbegrenzte Haftung dürfte kaum versicherbar sein.
– Ein unbegrenztes Haftungsrisiko könnte dahingehend zu Wettbewerbsverzerrungen führen, daß größere Prüfungsgesellschaften aufgrund ihres höheren Rückgriffspotentials von bestimmten Mandanten präferiert werden.

Fraglich ist, welche Haftungsgrenze heute als zeitgemäß und adäquat anzusehen ist. Das IDW hat bereits 1988 den Vorschlag unterbreitet,[178] die Haftungsgrenze von derzeit 500 000 DM auf 2 Mio. DM für jeden Schadensfall ohne Jahreshöchstbegrenzung anzuheben.

Gegen eine unbeschränkte Haftung bei vorsätzlicher Schädigung des Auftraggebers durch den Abschlußprüfer bestehen keine Bedenken.[179] Abzulehnen ist hingegen eine gesamtschuldnerische Haftung von Unternehmensorganen und Abschlußprüfer für den entstandenen Schaden, d. h. unabhängig vom Verursachungsprinzip bzw. vom Grad des Verschuldens. Auf das mit dieser vorwiegend im angelsächsischen Bereich bestehenden, als *joint and several liability* bezeichneten Haftung verbundene Risiko des Abschlußprüfers hat die FEE eindringlich hingewiesen und eine Diskussion hierüber nachdrücklich empfohlen.[180]

2. Dritthaftung

Besondere Aufmerksamkeit verdient die internationale Entwicklung im Bereich der Dritthaftung des Abschlußprüfers, d. h. der Haftung gegenüber Personen, die auf die Richtigkeit der sachkundigen Äußerungen des Abschlußprüfers vertrauend, diese zur Grundlage ihrer Vermögensdisposition gemacht haben, ohne unmittelbare Vertragspartner des Abschlußprüfers zu sein.[181] Schwerwiegende Bedenken bestehen in diesem Zusammenhang gegen Artikel 62 des jüngsten Entwurfs einer 5. EG-Richtlinie, der die Mitgliedstaaten beauftragt, die zivilrechtliche Haftung des Abschlußprüfers auch gegenüber Dritten zu regeln, während

---

[178] Schreiben vom 21. 10. 1988 an das Bundeswirtschaftsministerium.
[179] Vgl. IDW-Stellungnahmen vom 19. 3. und 15. 6. 1990, FN 1990, S. 201–203, hier S. 203; Stellungnahme der WPK zu Artikel 62 der 5. EG-Richtlinie, WPK-Mitteilungen 1991, S. 73–75, hier S. 74.
[180] Vgl. Discussion paper on responsibilities for financial reporting by companies, 1994, Ziff. 5.10.
[181] Vgl. *Havermann,* a.a.O. (Fn. 170), S. 65.

nach Artikel 14 des Richtlinienentwurfs die Organe der Gesellschaft nur dieser gegenüber, nicht jedoch Dritten gegenüber haften sollen. Eine im Ergebnis schärfere Haftung des Abschlußprüfers gegenüber denjenigen, die für Geschäftsführung und Rechnungslegung des Unternehmens bzw. der Überwachung der Geschäftsführung zuständig sind, kann nicht akzeptiert werden.[182]

3. Qualitätskontrolle als Maßnahme zur Minderung des Haftungsrisikos

Havermann hat in dem bereits mehrfach zitierten Vortrag auf der IDW-Fachtagung 1988[183] als Maßnahme zur Minderung des Haftungsrisikos des Abschlußprüfers neben der beruflichen Aus- und Fortbildung und der Prüfungstechnik ausdrücklich die Qualitätskontrolle gewürdigt. Er hat in diesem Zusammenhang auf die von IDW und WPK 1982 in einer gemeinsamen Stellungnahme[184] niedergelegten Grundsätze und Maßnahmen hingewiesen, die zur Gewährleistung der Prüfungsqualität von allen Wirtschaftsprüfern zu beachten sind. Diese Stellungnahme soll in Kürze durch eine Verlautbarung zur Qualitätssicherung in der Wirtschaftsprüferpraxis ersetzt werden. Der Entwurf der Verlautbarung, der gegenwärtig national zur Diskussion gestellt wird,[185] schließt nicht nur in vollem Umfang die im International Standard on Auditing der IFAC: „Quality control for audit work" genannten Anforderungen ein, sondern geht in einzelnen wesentlichen Punkten (z. B. Einbeziehung der sonstigen Tätigkeiten) über den internationalen Standard hinaus.

---

[182] Vgl. IDW-Stellungnahmen vom 19. 3. und 15. 6. 1990, FN 1990, S. 201–203, hier S. 203.
[183] Vgl. *Havermann,* a.a.O. (Fn. 170), S. 69.
[184] Gemeinsame Stellungnahme des IDW und der WPK, VO 1/1982, Zur Gewährleistung der Prüfungsqualität, WPg 1982, S. 38–45.
[185] Vgl. FN 1994, S. 492–509.

FRANZ KLEIN

Unstetes Steuerrecht

– Unternehmerdisposition im Spannungsfeld von Gesetzgebung, Verwaltung und Rechtsprechung –

I. Einleitung
II. Unstetigkeit in der Gesetzgebung
III. Die Rückwirkungsproblematik
IV. Unstetigkeit in der Verwaltung
   1. Die verbindliche Zusage aufgrund einer Außenprüfung
   2. Vertrauensschutz bei Änderung von Steuerbescheiden
   3. Widerstreitende Steuerfestsetzung
   4. Einzelfälle
      a) Mitwirkungspflichten des Steuerpflichtigen
      b) Berichtigung des Bilanzansatzes
      c) Verwirkung
      d) Unbedenklichkeitsbescheinigung
      e) Grob pflichtwidriges Verhalten des Finanzamts
      f) Vertrauen auf Verwaltungsvorschriften bei Verschärfung der Rechtsprechung
      g) Maßnahmen des Finanzamts mit Drittwirkung
      h) Rechtswidrige Norm
V. Unstetigkeit in der Rechtsprechung

I. Einleitung

Obwohl dieses Thema internationalen Rang hat, beschränkt sich dieser Beitrag auf das deutsche Steuerrecht. Es sollte jedoch nicht verkannt werden, daß in einem vereinigten Wirtschaftsgebiet für gleiche Wettbewerbschancen nicht nur ein gleiches Steuerrecht, sondern auch ein einheitlicher Steuervollzug notwendig ist. Beides fehlt derzeit. Der Unternehmer muß daher ständig prüfen, wo er seine Tätigkeit am günstigsten ausübt.

Wenn man die einzelnen Steuersysteme der Länder vergleicht, kann, um mit *Schneider*[1] zu sprechen, „angesichts der von allen Bundesregierungen, von Bundestag und Bundesrat seit 1949 zu verantwortenden Unübersichtlichkeit und mangelnden Systemhaftigkeit des deutschen Steuerrechts und angesichts des im Ausland kaum besseren Steuerrechts, in keinem Land etwas anderes herauskommen, als eine erschreckend breite Spannweite unterschiedlicher Unternehmensteuerbelastungen, gestaffelt nach Standort, Branche, Investitionsart, Rechtsform und Finanzierungsweise, Vertragsgestaltung zwischen unternehmerisch tätigen Gesellschaften und Unternehmungen, die hinsichtlich der Entscheidungswirkungen nach den Erwartungen über Gewinne, Zinssätze und Inflationsrate usw. zusätzlich zu differenzieren sind."

Der Wunsch, die Steuerbelastung deutscher Unternehmen im Vergleich zu ihren internationalen Konkurrenten in wenigen Zahlen handlich zu quantifizieren, ist nicht zu erfüllen. Die Vergleiche stehen so zur Realität, wie ein nach DIN-Normen berechneter Benzinverbrauch in einem Autoprospekt zum tatsächlichen Verbrauch auf verstopften Straßen. Bei den Überlegungen, wo der günstigste Unternehmenstandort gewählt werden soll, ist es nicht allein die Frage nach der Steuerbelastung, sondern die Überlegungen sind zu ergänzen um die Kosten des Umweltschutzes, der Lohn- und Lohnnebenkosten, der Kosten der Infrastruktur und insbesondere der Energiekosten. All das soll aber in diesem begrenzten Thema nicht behandelt werden. Hier geht es nur um die Unstetigkeit in der Legislative, in der Exekutive und in der Judikative im Bereich des deutschen Steuerrechts.

---

[1] *Schneider,* Investition, Finanzierung und Besteuerung, 7. Aufl., Wiesbaden 1992, S. 414.

II. Unstetigkeit in der Gesetzgebung

Es wäre reizvoll, jedes einzelne Steuergesetz auf seine Stetigkeit und Unstetigkeit zu untersuchen. Das würde aber den Rahmen dieser Abhandlung überschreiten. Hier soll nur an Beispielen gezeigt werden, wie sehr unser Steuerrecht seine Beständigkeit verloren hat. Sicher gibt es auch noch Steuergesetze, die über Jahre oder Jahrzehnte hinaus unverändert bleiben. Das sind aber Nebensteuern und kleine Steuern, nicht aber die zentralen Steuern vom Einkommen, Umsatz und Vermögen. Das Steuerrecht, das jeden Einzelnen betrifft, nämlich das Einkommensteuergesetz, wird ununterbrochen verändert, ja teilweise geändert, ohne daß die vorherige Änderung schon im Bundesgesetzblatt veröffentlicht worden ist[2]. Während meiner Tätigkeit in der Vertretung des Landes Rheinland-Pfalz in Bonn und als Referent im Bundesfinanzministerium kamen immer wieder Anfragen, ob die Eingangsformel des Gesetzes, die bei Einbringung in das Parlament lautete, „Einkommensteuergesetz in der Fassung der Bekanntmachung vom ... zuletzt geändert durch Gesetz zur ...", wohl noch stimme oder ob inzwischen bereits andere Änderungen in Kraft gesetzt worden seien, die eine Änderung der dort enthaltenen Eingangsformel notwendig machten.

Das Einkommensteuerreformgesetz vom 5. August 1974[3], das von der sozial-liberalen Koalition als ein Jahrhundertgesetz angekündigt und gefeiert wurde, ist inzwischen durch über hundert Gesetze geändert worden und zwar in über tausend Bestimmungen. Jeder weiß, daß das Einkommensteuergesetz gar keine tausend Paragraphen hat. Dafür sind aber einzelne Bestimmungen mehrfach, teilweise mehr als zwei dutzendfach geändert worden. Deshalb ist es z. B. für uns Richter beim Bundesfinanzhof oft sehr schwierig, die wir ja immer Jahre nach dem Veranlagungsjahr zu den Fällen Stellung nehmen müssen, die jeweils geltende Fassung des Einkommensteuergesetzes zu finden. So können wir die Loseblattausgaben, die dem Normaljuristen das tägliche Werkzeug für seine Arbeit bilden, im Steuerrecht nur beschränkt gebrauchen. Wir müssen die ausgesonderten Seiten und Blätter archivieren, damit wir im Jahre 1995 wissen, wenn wir über das Einkommensteuergesetz 1985 zu entscheiden haben, wie dieses ausgesehen hat. Oder wir müssen uns ein Regal voll Einzeltexten der Einkommensteuer für jedes Jahr oder jedes halbe Jahr in unser Arbeitszimmer stellen.

---

[2] Vgl. dazu *Groll,* In der Flut der Gesetze, 1985, S. 136f.
[3] BGBl. I 1974, 1769.

In der juristischen Fachdokumentation des Bundes sind allein 25 000 Verwaltungsanordnungen zum Steuerrecht gespeichert. Trotz aller Mittel der Datenverarbeitung ist es weder für den Steuerbürger, seinen Berater, noch für Gerichte und Verwaltungen möglich, diese Anordnungen bei der Bearbeitung eines Steuerfalles zu kennen und zu beachten. Neben der Vielzahl und der Unübersichtlichkeit der Steuergesetze und Steueranordnungen ist der Hauptgrund für die Belastung von Bürgern, Verwaltung und Gerichten, daß die Steuergesetze ständig, jährlich wiederholt, geändert werden. Das liegt sicher daran, daß der Gesetzgeber vor allem in unserem Hauptsteuergesetz, dem Einkommensteuergesetz meint, alles regeln zu können und zu müssen. Er will insbesondere über das Einkommensteuerrecht Impulse für Bevölkerungspolitik, Wohnungsbau, Wirtschafts- und Verkehrspolitik geben. Er betreibt über das Einkommensteuerrecht Vermögensbildungs-, Arbeitsmarkt-, Investitions- und Sozialpolitik. Er will über das Einkommensteuerrecht die Eingliederung der neuen Bundesländer in die Wirtschaftsordnung der Bundesrepublik bewerkstelligen und belastet Finanzverwaltung und Gerichte und Bürger so, daß sie es kaum noch schaffen. Die Konjunktur soll das eine Mal über das Steuerrecht angekurbelt, das andere Mal gebremst werden. Es gab sogar Zeiten der sozial-liberalen Koalition, wo beides gleichzeitig in Gesetzen geregelt war.

Bei soviel Aktionismus kann im Steuerrecht keine Ruhe und keine Stetigkeit aufkommen. Es liegt zwar auf der Hand, daß ein Fortschritt, eine bessere Verwirklichung der menschlichen Ziele nur durch Veränderung der geltenden Normen und Institutionen erreichbar ist. Andererseits steht eindeutig fest, daß die tragende Kraft des Rechtslebens in der Tradition, in der Konstanz zu suchen ist. Dauerhaftigkeit und Stetigkeit sind also Sicherheitsfaktoren, die im Steuerrecht indes fehlen. Eine Steuerrechtsfrage kann für ein Jahr geklärt sein, sie ist es aber für das folgende Jahr oft schon nicht mehr, weil das Gesetz neu und anders formuliert wurde und weil sich die Rechtsfrage deshalb anders stellt. Ist eine Rechtsfrage z. B. im Erbrecht beim Bundesgerichtshof entschieden, dann ist sie längerfristig geklärt. Dasselbe kann man im Steuerrecht leider nicht sagen.

III. Die Rückwirkungsproblematik

Unstet und damit unsicher ist das Steuerrecht auch, soweit ihm Rückwirkung zukommen soll. Es gilt heute als ein Grundsatz des Rechtsstaates, daß berechtigtes Vertrauen in die bestehende Gesetzeslage, in Verwaltungsakte und in die Leitsätze höchstrichterlicher Entscheidungen zu berücksichtigen ist.[4]

„Das Maß dessen, was an Vertrauen schutzwürdig und gegenüber Änderungen von Gesetzgebung, Verwaltungsentscheidungen und Rechtsprechung zu berücksichtigen ist, sowie die Art und Weise der Berücksichtigung ergeben sich aus dem Zusammenwirken des Vertrauensschutzgedankens mit allen anderen im Rahmen der jeweiligen gesetzlichen Anknüpfung relevanten Gesichtspunkten."[5] Das war keineswegs immer so. Gerade die Regeln über die Zulässigkeit echt rückwirkender Gesetze haben eine lange geschichtliche Entwicklung. Stern[6] hat in seinem Beitrag „Zur Problematik rückwirkender Gesetze" darauf hingewiesen, daß bereits § 14 der Einleitung zum Preußischen Allgemeinen Landrecht formulierte: „Neue Gesetze können auf schon vorhin vorgefallene Handlungen und Begebenheiten nicht angewendet werden." Dieser Grundsatz sei auch in der Lehre allgemein anerkannt und bis in die Gegenwart geläufig gewesen. Es zeigte sich aber immer wieder, daß das Rückwirkungsverbot nur dann durchzusetzen und zu verwirklichen war, wenn es eine Instanz gab, die den Gesetzgeber kontrollierte und zwingen konnte, dieses Gebot zu beachten. Daran fehlte es aber bis zur Errichtung des Bundesverfassungsgerichts.

Auf welch tönernen Füßen das Rückwirkungsverbot ohne die Kontrollinstanz Bundesverfassungsgericht stand, zeigt das Schicksal des Rückwirkungsverbots im Strafrecht, das seit Jahrhunderten aus dem englischen Recht kommend auch in das deutsche Strafrecht, nämlich in § 2 Abs. 1 StGB Aufnahme gefunden hatte und 1919 als Art. 116 in die Weimarer Verfassung übernommen wurde. Als 1935 zwei eklatante Straftaten, nämlich eine räuberische Kindesentführung in Bonn und die den gerade aufkommenden Autoverkehr besonders betreffenden Autofallen, sich ereigneten, wurde dieses Rückwirkungsverbot aufgehoben, um strafrechtlichen Rückwirkungsgesetzen den Weg zu bereiten.

---

[4] Vgl. *Schmidt-Bleibtreu/Klein,* Grundgesetz, 8. Aufl., Art. 20 Rn. 14 ff.

[5] *Götz,* Bundesverfassungsgericht und Vertrauensschutz, in: Bundesverfassungsgericht und Grundgesetz II, Festgabe aus Anlaß des 25jährigen Bestehens des Bundesverfassungsgerichts, hrsg. v. Starck, Tübingen 1976, S. 421–452, hier S. 422.

[6] *Stern,* Zur Problematik rückwirkender Gesetze, in: Festschrift für Maunz zum 80. Geburtstag, hrsg. v. Lerche u. a., München 1981, S. 381–393, hier S. 382. Wie das Rückwirkungsverbot Teil der abendländischen Rechtsüberzeugung ist, stellt *Broggini* in seiner Arbeit „Dauer und Wandel im Recht" in Coniectanea Studi di Diritto Romano, Milano 1966 dar. Als erste nachweisbare Fundstelle des Rückwirkungsverbots verweist er auf in Lagasch im südlichen Zweistromland gefundene Texte, die vom sumerischen Prinzen *Urukagina* aus der Mitte des 24. Jahrhunderts v. Chr. stammen.

Auch nach 1945 dauerte es noch geraume Zeit, bis die Rechtsprechung Grundsätze entwickelt hatte, was an Vertrauen schutzwürdig und gegenüber Änderungen von Gesetzgebung, Verwaltungsentscheidungen und Rechtsprechung berücksichtigt werden mußte. Der Vorrang der Verfassung vor dem Gesetz und die Einführung der Verfassungsgerichtsbarkeit als umfassende Kontrollinstanz von Gesetzgebung, Verwaltung und Rechtsprechung hatten die Basis geschaffen, um den rechtsstaatlichen Vertrauensschutz gegenüber allen drei Gewalten durchzusetzen[7]. Einige Entscheidungen, die vor Errichtung des Bundesverfassungsgerichts ergangen sind, waren sicher bedeutende Wegbereiter für die Rechtsprechung des Bundesverfassungsgerichts. Es sei hier insbesondere an den Vorlagebeschluß des OVG Hamburg im sog. Hundesteuerfall erinnert.[8]

Auch das Bundesverfassungsgericht tat sich zunächst schwer, eine klare Linie in der Beurteilung rückwirkender Steuergesetze zu finden. Im Leitsatz des sog. Schornsteinfegerurteils[9] hat das Bundesverfassungsgericht festgestellt, daß es nicht schlechthin gegen rechtsstaatliche Grundsätze verstößt, wenn ein Gesetz anordnet, daß die in ihm bestimmten Rechtswirkungen mit Wirkung von einem vor der Verkündung liegenden Zeitpunkt an eintreten.[10] Die Grenzen für die an sich zulässige Rückwirkung von Gesetzen könnten etwa dort gesehen werden, wo ein Gesetz rückwirkende Eingriffe in Rechte oder Rechtslagen des Bürgers vornimmt, mit denen dieser in dem Zeitpunkt, von dem an sie nun gelten sollen, nicht rechnen konnte und die er also bei einer verständigen Vorausschau im privaten und beruflichen Bereich nicht zu berücksichtigen brauchte.[11]

Ein Jahr später erklärte das Bundesverfassungsgericht die rückwirkende Kraft des Hypothekensicherungsgesetzes und seines Änderungsgesetzes für zulässig.[12] Das Bundesverfassungsgericht sagte dort ausdrücklich, es bestehe abgesehen vom Strafrecht keine Bestimmung des positiven Rechts, die jede Rückwirkung ausschlösse: auch eine überpositive Norm dieses Inhalts kann nicht angenommen werden, wie sich

---

[7] Vgl. *Stern,* FS Maunz, a. a. O. (Fn. 6), S. 383.
[8] OVG Hamburg, JZ 1952, 416 sowie OGHDV 1948, 20; OGHSJZ 1949 Sp. 407; OVG Lüneburg, NJW 1952, 1230 und BFH, BB 1951, 550.
[9] Vgl. Gesetz zur Ordnung des Schornsteinfegerwesens v. 22. Januar 1952, BGBl. I 1952, 75.
[10] BVerfGE 1, 264/265.
[11] BVerfGE 1, 264, 280.
[12] BVerfGE 2, 237ff.

gerade auch aus der vom OVG Hamburg geschilderten Rechtsentwicklung ergibt.[13]

Gründe der Rechtslogik gebieten nicht schlechthin die Unzulässigkeit rückwirkender Normen. Dabei ist es gleichgültig, ob die Rückwirkung die in der Vergangenheit liegenden Tatbestände fingieren soll, daß die Norm bereits in der Vergangenheit bestanden habe, oder ob die Tatbestände der Vergangenheit so behandelt werden sollen, als ob sie erst unter der Herrschaft der neuen Norm eingetreten seien. Ein Verbot der Rückwirkung folgt auch nicht aus dem Begriff der Rechtsnorm, wenn es auch selbstverständlich ist, daß der Gesetzgeber nicht rückwirkend ein bestimmtes Verhalten in der Vergangenheit vorschreibt, also etwas Unmögliches fordern kann.[14] Es erscheint schließlich bedenklich, mit *Meyer-Cording*[15] und dem OVG Hamburg[16] aus Art. 2 GG allgemein ein Rückwirkungsverbot herleiten zu wollen. Denn es kann immerhin zweifelhaft sein, ob der einzelne – über die Grenze des Art. 19 Abs. 2 GG hinaus – aus Art. 2 Abs. 1 GG ein verfassungsmäßiges Recht auf Einhaltung bestimmter gesetzlicher Grenzen für die Entfaltung seiner Persönlichkeit gegenüber dem Gesetzgeber selbst geltend machen kann.[17] Keinesfalls könnte Art. 2 Abs. 1 GG der Rückwirkung eines Gesetzes dann entgegenstehen, wenn mit dem Erlaß entsprechender rückwirkender Bestimmungen von vornherein gerechnet werden muß.

In seiner Entscheidung vom 16. Oktober 1957[18] stellte das Bundesverfassungsgericht dann fest, daß ergänzende gesetzliche Regelungen, die Irrtümer des Gesetzgebers mit Rückwirkung beseitigen und Lücken schließen sollen, unter bestimmten Voraussetzungen mit dem Grundgesetz auch dann vereinbar sind, wenn sie in Rechtspositionen eingreifen, die durch das ergänzte Gesetz gewährt waren.

„Wenn der Gesetzgeber in Erfüllung seiner allgemeinen Pflicht zur Sorge für die Wohlfahrt der Bürger oder aufgrund eines konkreten Verfassungsauftrags zur Fürsorge für einen bestimmten Personenkreis ein

---
[13] BVerfGE 2, 237, 264/265.
[14] BVerfGE 2, 265.
[15] *Meyer-Cording*, Die Rückwirkung von Gesetzen, JZ 1952, S. 161–167; vgl. auch *Gross*, Gesetze haben keine rückwirkende Kraft, BB 1953, S. 93 f.; *Ballerstaedt* in einer Anmerkung zum Urteil des OHG in SJZ 1949, S. 407; *Klein*, Zulässigkeit und Schranken der Rückwirkung von Steuergesetzen, Bonn 1953.
[16] OVG Hamburg, JZ 1952, 416; vgl. auch OVG Lüneburg, NJW 1952, 1230.
[17] Vgl. dazu *Klein*, a. a. O. (Fn. 15), S. 41 und *Wernicke*, Erstbearbeitung des Bonner Kommentars zum Grundgesetz, Art. 2 Anm. II 1a.
[18] BVerfGE 7, 129, Leitsatz 4.

umfangreiches und schwieriges Gesetz erläßt, in dem dem einzelnen bestimmte Leistungen aus öffentlichen Mitteln gewährt werden, so ist es nicht zu beanstanden, wenn gewisse in der Gesamtkonzeption des Gesetzes von vornherein angelegte einschränkende Einzelregelungen, die zunächst übersehen worden sind, später nachgeholt werden, sofern der Gesetzgeber aus dem Vollzug des Gesetzes Klarheit über die Notwendigkeit solcher Regelungen erlangt hat.

Solche neuen Bestimmungen mit Rückwirkung zu erlassen, kann unter Umständen aus Gründen der Gerechtigkeit geradezu geboten sein. Es wäre eine falsche Auffassung vom Rechtsstaat und seinen Erfordernissen, wollte man annehmen, dem Gesetzgeber sei es verboten, solche Mängel zu korrigieren, wenn sich das in irgendeiner Weise zuungunsten eines von der ursprünglichen Regelung Begünstigten auswirke. Ja, die Vorstellung, eine „Gläubigerposition" der Gemeinschaft gegenüber, die der einzelne nicht durch sein Verdienst oder aus einwandfreien Sachgründen, sondern infolge eines Versehens bei der Gesetzgebung erlangt hat, sei für den Gesetzgeber ein für allemal unantastbar, ist im Grunde für die Würde gerade des demokratischen Gesetzgebers verletzend und übrigens auch mit dem Prinzip des sozialen Rechtsstaats unvereinbar, in dem der Gedanke lebendig bleiben muß, daß eine formale Rechtsstellung, die dem einzelnen sachlich nicht gerechtfertigte Ansprüche auf Leistungen aus öffentlichen Mitteln gewährt, nicht zum Nachteil der anderen und des Ganzen durch die Rechtsordnung geschützt und aufrechterhalten werden darf.

Selbstverständlich sind dem Gesetzgeber Grenzen gezogen, die – vor allem im Interesse der Rechtssicherheit – nicht überschritten werden dürfen. Ergänzende gesetzliche Regelungen, die solche Irrtümer nachträglich beseitigen und Lücken schließen wollen, sind jedenfalls dann nicht zu beanstanden, wenn sie sich ohne Bruch dem ursprünglichen System des Gesetzes, seinem Sinn und Zweck harmonisch einfügen, wenn sie nicht in sich Verfassungsverstöße enthalten und wenn es sich auch nicht etwa darum handelt, daß der Gesetzgeber unter dem Anschein einer nachträglichen Ergänzung in Wahrheit eine wesensfremde Gesetzesänderung lediglich für den Rest der nachträglich noch zu regelnden Fälle vornehmen will."[19]

Das auch heute noch geltende Grundsatzurteil zur Rückwirkung im Steuerrecht erging am 19. Dezember 1961.[20] Das Bundesverfassungsgericht hat in den Leitsätzen festgestellt:

---
[19] BVerfGE 7, 129, 151/152.
[20] BVerfGE 13, 261.

„1. Aus dem Grundsatz der Rechtsstaatlichkeit läßt sich der Verfassungsrechtssatz ableiten, daß belastende Steuergesetze grundsätzlich ihre Wirksamkeit nicht auf abgeschlossene Tatbestände erstrecken dürfen.

2. Erst von dem Zeitpunkt ab, in dem der Bundestag ein rückwirkendes Steuergesetz beschlossen hat, ist das Vertrauen des Bürgers in den Bestand des geltenden Rechts nicht mehr schutzwürdig. Entsprechendes gilt, wenn ein Steuergesetz den späteren Erlaß eines rückwirkenden Gesetzes fordert oder voraussetzt.

3. Daß der Gesetzgeber ein ihm unterlaufendes Versehen bei der Gesetzesfassung berichtigen will, berechtigt ihn noch nicht, dies für einen vergangenen Veranlagungszeitraum zu tun. Nur wenn sein Versehen zu erheblichen Unklarheiten oder zu objektiven Lücken in der ursprünglichen gesetzlichen Regelung geführt hat, ist eine Rückwirkung ausnahmsweise zulässig."

Es kommen u. a. folgende Fälle in Betracht:

a) Das Vertrauen ist nicht schutzwürdig, wenn der Bürger nach der rechtlichen Situation in dem Zeitpunkt, auf den der Eintritt der Rechtsfolge vom Gesetz zurückbezogen wird, mit dieser Regelung rechnen mußte[21].

b) Der Staatsbürger kann auf das geltende Recht bei seinem Planen dann nicht vertrauen, wenn es unklar und verworren ist. In solchen Fällen muß es dem Gesetzgeber erlaubt sein, die Rechtslage rückwirkend zu klären[22].

c) Der Staatsbürger kann sich nicht immer auf den durch eine ungültige Norm erzeugten Rechtsschein verlassen. Der Gesetzgeber kann daher unter Umständen eine nichtige Bestimmung rückwirkend durch eine rechtlich nicht zu beanstandende Norm ersetzen[23].

d) Schließlich können zwingende Gründe des gemeinen Wohls, die dem Gebot der Rechtssicherheit übergeordnet sind, eine Rückwirkungsanordnung rechtfertigen[24].

---

[21] Vgl. BVerfGE 1, 264 (280); 2, 237 (264f.), 8, 274 (304).
[22] Vgl. BVerfGE 11, 64 (72f.).
[23] Vgl. BVerfGE 7, 89 (94).
[24] Vgl. BVerfGE 2, 380 (405).

Dieser Katalog des Bundesverfassungsgerichts ist auch heute noch Grundlage der Rückwirkungsrechtsprechung.[25] Jedoch hilft diese Rechtsprechung nicht gegen die dauernde Änderung des Steuerrechts für die Zukunft, die jede langjährige finanzielle Planung erheblich erschwert und verunsichert. Die Verfassung schützt nicht, wie das Bundesverfassungsgericht auch ausgesprochen hat, die bloße Erwartung, das geltende Steuerrecht werde fortbestehen.[26] Sofern nicht in abgewickelte, der Vergangenheit angehörige Tatbestände eingegriffen wird, ist eine Steuererhöhung auch dann zulässig, wenn die Betroffenen bei ihren Dispositionen in der Regel von den bisherigen niedrigeren Steuersätzen ausgegangen sind. Der Bürger kann sich angesichts der Erfordernisse der öffentlichen Finanzwirtschaft selbst darauf nicht verlassen, daß der zu Beginn eines Veranlagungszeitraums geltende Steuertarif bis zu dessen Ende unverändert bleibt.[27] Nach der Rechtsprechung des Bundesverfassungsgerichts muß er darauf vertrauen können, daß sich eine Erhöhung des Steuertarifs während des Veranlagungszeitraums, und das ist während eines Jahres, in maßvollen Grenzen hält[28]. Wenn das Bundesverfassungsgericht aber auch feststellt, daß eine Erhöhung des Körperschaftsteuertarifs von 50 auf 60 v. H. noch maßvoll ist,[29] ist das schon ein schwerer Brocken. Denn es sind immerhin 20 v. H. Erhöhung.

Man kann abschließend sagen, daß das Steuerrecht durch die Verfassung nicht auf Stetigkeit verpflichtet wird. Auch kann der Bürger nicht darauf vertrauen, daß der Gesetzgeber steuerliche Vergünstigungen, die er bisher mit Rücksicht auf bestimmte Tatsachen oder Umstände, insbesondere aus konjunkturpolitischen Erwägungen gewährt hat, immer uneingeschränkt auch für die Zukunft aufrechterhalten werde.[30]

Als der Gesetzgeber z. B. 1974 den Schuldzinsenabzug beseitigte, haben viele, die sich im Vertrauen auf den Schuldzinsenabzug verschuldet hatten, große Schwierigkeiten gehabt, ihren Schuldendienst ordnungsgemäß zu erfüllen. Bedeutende Steuerpflichtige, die ihre Wertpapiere im Privatvermögen hatten, haben damals diese ins Betriebsvermögen übernommen, um die Schuldzinsen abziehen zu können.

---

[25] Vgl. *Stern,* FS Maunz, a. a. O. (Fn. 6), S. 384 ff.
[26] BVerfGE 14, 76, 104; vgl. auch 27, 375, 385 f. und 28, 66, 88.
[27] Vgl. BVerfGE 11, 139, 145 f. und 14, 76, 104.
[28] BVerfGE 13, 274, 278 und 18, 135, 144.
[29] BVerfGE 13, 274, 278.
[30] BVerfGE 18, 135, 144.

Um eine Stetigkeit beim Gesetzgeber zu erreichen ist es notwendig, wie es die jetzige Bundesregierung tut, Perspektiven für die Steuergesetzgebung zu entwickeln. Sie muß, um den Unternehmern die Dispositionsfreiheit zu erhalten, möglichst langfristig sagen, was sie im Steuerrecht vorhat. Das ist nur notwendig, wenn keine so unerwarteten Ereignisse wie die Wiedervereinigung eintreten. Wer aber sich der sozialen Marktwirtschaft verpflichtet fühlt, muß auch ohne verfassungsrechtliche Verpflichtung darauf bedacht sein, die unternehmerische Freiheit zu achten und unternehmerische Planung zu ermöglichen. Das bedeutet, daß die Regierung als ein Teil des Gesetzgebers vorhersehbar und nach langfristigen Perspektiven handelt und nicht mit Überraschungseffekten ständig etwas Neues im Steuerrecht bieten will.

IV. Unstetigkeit in der Verwaltung

Im Bereich der Steuerverwaltung kommt die Unstetigkeit und damit Ungewißheit z. T. durch sog. Nichtanwendungserlasse, mit denen höchstrichterliche Entscheidungen nicht über den Einzelfall hinaus angewendet werden sollen, zum Ausdruck.[31] Derartige Nichtanwendungserlasse sind nur dann rechtswidrig, wenn sie sich gegen eine ständige und beständige Rechtsprechung richten. Sonst hat die Regierung selbstverständlich das Recht, die jeweilige Entscheidung nur inter partes anzuwenden. Sie steht genauso unter der Forderung nach Gesetz und Recht zu handeln wie die Rechtsprechung.[32] Die bisherige Praxis der Nichtanwendungserlasse läßt hier von dem Rechtsstaatsgrundsatz nichts zu wünschen übrig.

Ein Grundsatz, der die Stetigkeit der Verwaltung sichern soll, ist der Grundsatz von Treu und Glauben.[32a] Der Grundsatz ist in das

---

[31] Vgl. für viele *Hartz,* Rechtsprechung und Verwaltung/Zur Nichtanwendung von Entscheidungen des Bundesfinanzhofes durch die Finanzverwaltungsbehörden, BB 1955, S. 517-520; *Hessdörfer,* Die Dreiteilung der Gewalten und der Bundesfinanzhof, StbJB 1956/57, S. 53-103; *Mersmann,* Grundsatzentscheidungen der höchsten Gerichte in Steuersachen, Steuerkongreß-Report 1966, S. 82-98; *v. Wallis,* Zur Methode steuerlicher Rechtsprechung, JbFStR 1972/73, S. 11-30; *List,* Zur Veröffentlichung von Entscheidungen des BFH und zur Nichtanwendung von BFH-Entscheidungen durch die Verwaltung, DStR 1976, S. 651-655 und *Felix,* Zur Zulässigkeit von Verwaltungsanweisungen über die Nichtanwendung von Urteilen des Bundesfinanzhofs, StuW 1979, S. 65-76 m. w. N.

[32] Vgl. *Klein,* BFH-Rechtsprechung – Anwendung und Berücksichtigung durch die Finanzverwaltung, DStZ 1984, S. 55-60.

[32a] Vgl. insbes. *Klein/Orlopp,* Kommentar zur Abgabenordnung, 5. Aufl., § 4 AO, Anm. 5h.

liche Recht, und dazu gehört das Steuerrecht, als Ausfluß der Rechtsstaatlichkeit eingegangen. Hier steht er im Konflikt mit anderen Grundsätzen der Rechtsstaatlichkeit, insbesondere mit dem Grundsatz der Gesetzmäßigkeit der Verwaltung.[33]

Vor allem ist die Ausprägung des Grundsatzes von Treu und Glauben in Gestalt des Vertrauensschutzes zu erwähnen. Die Rechtsprechung hält beispielsweise die Rücknahme eines Verwaltungsaktes nur dann für möglich, wenn das öffentliche Interesse an gesetzmäßiger Verwaltung im Einzelfall höher zu bewerten ist als das durch den Erlaß des Verwaltungsaktes begründete Vertrauen des Begünstigten.[34] Eine rückwirkende Rücknahme ist mit Treu und Glauben insbesondere dann nicht zu vereinbaren, wenn die Rechtswidrigkeit des Verwaltungsaktes von der erlassenden Behörde zu verantworten ist.[35] Im Bereich der Auskünfte und Zusagen kann der Grundsatz, wie schon das Preußische Oberverwaltungsgericht[36] entschieden hat, zur Bindung einer Behörde an eine vorherige Aussage führen.

Die heutige Bedeutung des Grundsatzes von Treu und Glauben in unserer Rechtsordnung resultiert vor allem aus der weitreichenden Anwendung dieser Generalklausel des überpositiven Rechts durch die Rechtsprechung.[37] Diese Entwicklung ist in der Literatur nicht ohne Kritik geblieben. *Roth*[38] hat den Grundsatz als das Einfallstor für die richterliche Rechtsfortbildung bezeichnet. *Hedemann* hat in seiner Schrift „Die Flucht in die Generalklauseln"[39] vor der Verweichlichung des Denkens und der Unsicherheit des gesamten Rechtslebens bis hin zur Willkür gewarnt. *Heßdörfer*[40] hat die Mahnung ausgesprochen: „Besonders der Richter, der von amtswegen am stärksten verpflichtet ist, dem Gesetz die Treue zu halten, wird in jedem Falle sein Gewissen wieder und wieder erforschen müssen, ob es wirklich unumgänglich ist, praeter oder contra legem zu entscheiden, um der Gerechtigkeit zu genügen. Das Reich des Überpositiven ist heilig, aber auch verführerisch gefährlich."

---

[33] Vgl. BVerfGE 7, 89, 94.
[34] BVerwGE 5, 312.
[35] BVerwGE 19, 188; 21, 119.
[36] PrOVG 87, 135.
[37] Vgl. *Klein,* Die Bindung der Finanzverwaltung an Treu und Glauben, Steuerberater-Kongreß-Report 1985, S. 125–140, hier S. 126.
[38] *Roth,* Das Problem der Rechtsprognose, in: Festschrift für Bosch zum 65. Geburtstag, hrsg. v. Habscheid u. a., Bielefeld 1976, S. 827–839, hier S. 831.
[39] *Hedemann,* Die Flucht in die Generalklauseln, Tübingen 1933, S. 66f.
[40] *Hessdörfer,* Treu und Glauben im Abgabenrecht, Stuttgart 1961, S. 7.

Auch *Vogel*[41] hat sich gegen die schrankenlose Ausweitung des Grundsatzes in der Rechtsprechung des Bundesfinanzhofs gewandt und gegen seine Verwendung als Blankovollmacht zur Auflösung des Gesetzes.

Die Anwendung des Grundsatzes von Treu und Glauben im Steuerrecht ist gekennzeichnet durch das Spannungsverhältnis, in dem dieser Grundsatz als Ausfluß des rechtsstaatlichen Prinzips der Rechtssicherheit mit anderen rechtsstaatlichen Prinzipien, nämlich der Gleichmäßigkeit der Besteuerung und der Gesetzmäßigkeit der Verwaltung, steht. Mit *Mattern*[42] ist davon auszugehen, daß im Verhältnis zum Prinzip der Gesetzmäßigkeit der Verwaltung der Grundsatz von Treu und Glauben als höherwertiger Gesichtspunkt im besonderen Einzelfall das größere Gewicht haben kann, wenn er zu einem tragbaren Ergebnis führt und stärkere öffentliche Belange nicht entgegenstehen. Weiter setzt die Anwendung des Grundsatzes von Treu und Glauben im allgemeinen voraus, daß der Vertrauende hinsichtlich des Verhaltens des anderen Beteiligten Dispositionen getroffen hat: Das heißt, daß sich der Steuerpflichtige z. B. tatsächlich darauf eingerichtet hat, daß der Anspruch nicht mehr geltend gemacht wird; die von ihm getroffenen oder unterlassenen Maßnahmen oder Vorkehrungen müssen zur Folge haben, daß für ihn die Entrichtung der nachträglich doch noch festgesetzten Steuer wegen der damit verbundenen Nachteile billigerweise nicht mehr zumutbar ist.[43]

Bindungen des Steuerpflichtigen können vor allem daraus entstehen, daß dieser sich nicht mit früherem Verhalten in Widerspruch setzen darf. So hindert die Pflicht zur Folgerichtigkeit des steuerlichen Verhaltens den Steuerpflichtigen, denselben Sachverhalt mit Wirkung für verschiedene Steuern wechselweise darzustellen, wie es ihm jeweils am günstigsten erscheint.[44] Allerdings binden Erklärungen und Handlungen gegenüber anderen Behörden oder in einem anderen – auch gerichtlichen – Verfahren den Steuerpflichtigen nicht.[45] Als unzutreffend wird in der Literatur das Urteil des Bundesfinanzhofs angegriffen, das die Steuerpflicht ohne Vorliegen des gesetzlichen Tatbestandes nur auf Treu

---

[41] *Vogel*, Anmerkung zum Urteil des BFH v. 7. 7. 1966, BB 1967, S. 274 f. m. w. N.
[42] *Mattern*, Grundsätzliches zu Treu und Glauben im Steuerrecht, in: Staat und Gesellschaft, Festgabe für Küchenhoff, hrsg. v. Mayer, Göttingen 1967, S. 39–57, hier S. 45.
[43] BFHE 126, 130.
[44] Vgl. *Klein*, a. a. O. (Fn. 37), S. 128.
[45] BFHE 140, 87.

und Glauben stützt.[46] Danach können sich Steuerpflichtige, die zur Täuschung anderer staatlicher Stellen eine Schenkung nur zum Schein durchgeführt haben, hinsichtlich der Schenkungsteuer nicht auf die bürgerlich-rechtliche Unwirksamkeit berufen. Mit *Mattern*[47] muß dazu festgestellt werden, daß ein Tatbestand nicht durch übermäßige Ausdehnung des Grundsatzes von Treu und Glauben für steuerpflichtig erklärt werden darf, der es nach den Steuergesetzen nicht ist.

Bei der Neuschaffung der Abgabenordnung 1977 wurde der Grundsatz von Treu und Glauben ausdrücklich in die Abgabenordnung aufgenommen.[48]

1. Die verbindliche Zusage aufgrund einer Außenprüfung

Die weitgehenden Mitwirkungspflichten, die das heutige Besteuerungsverfahren dem Steuerpflichtigen auferlegt, sind oftmals gepaart mit dem Wunsch nach baldiger und endgültiger Klärung steuerlich relevanter Fragen auch für die Zukunft, damit der Unternehmer und der Steuerpflichtige überhaupt seine Disposition treffen kann. Durch die Formulierung „für die geschäftlichen Maßnahmen von Bedeutung" grenzt § 204 AO das Interesse des Steuerpflichtigen an der Zusage ein. Diese Fassung soll verhindern, daß alltägliche Geschäftsvorfälle und nebensächliche Sachverhalte Gegenstand einer verbindlichen Zusage werden können.[49]

Eine weitere Begrenzung des Zusageinteresses ergibt sich daraus, daß die verbindliche Zusage Rechtsunsicherheit hinsichtlich des zu verwirklichenden Sachverhalts voraussetzt. Ist eine rechtlich zweifelsfreie Entscheidung möglich, kann kein Bedürfnis für eine steuerliche Vorabregelung bestehen.

2. Vertrauensschutz bei Änderung von Steuerbescheiden[50]

Stärkere positiv-rechtliche Ausgestaltung als bei der verbindlichen Zusage hat der Grundsatz von Treu und Glauben in § 176 AO gefunden. Hier ist die Sperrwirkung des § 222 Abs. 2 der Reichsabgabenordnung erheblich erweitert worden.

---

[46] BFHE 69, 174.
[47] *Mattern*, Festgabe Küchenhoff, a. a. O. (Fn. 42), S. 47 ff.
[48] Vgl. dazu *Tipke/Lang*, Steuerrecht, 14. Aufl., Köln 1994, S. 689 ff.
[49] Vgl. *Klein/Orlopp*, Kommentar zur Abgabenordnung, 5. Aufl., § 204 AO.
[50] Vgl. *Klein/Orlopp*, Kommentar zur Abgabenordnung, 5. Aufl., § 176 AO.

3. Widerstreitende Steuerfestsetzung[51]

Bei der Aufhebungs- und Änderungsvorschrift des § 174 AO ist der Grundsatz von Treu und Glauben vom Gesetzgeber in mehreren Teilbereichen berücksichtigt worden.

4. Einzelfälle

a) Mitwirkungspflichten des Steuerpflichtigen

Einen typischen Fall fehlender Bindungswirkung bei einer Zusage hat der IV. Senat des Bundesfinanzhofs 1983 entschieden.[52] Dort hatte die Klägerin, eine Gesellschaft des bürgerlichen Rechts, die Ausbuchung eines Grundstücks aus der Bilanz zum Buchwert mit der Begründung beantragt, das Grundstück sei von Anfang an Privatvermögen gewesen. Das Finanzamt hatte seine ursprüngliche Zustimmung dann später widerrufen. Der BFH hat diese Entscheidung des Finanzamts auch unter dem Gesichtspunkt von Treu und Glauben bestätigt. Er hat ausgeführt:

„Die Finanzbehörden sind verpflichtet, die nach dem Gesetz entstandenen Steueransprüche geltend zu machen und die für die Entstehung und den Umfang des Steueranspruchs maßgebenden Feststellungen der Besteuerungsgrundlagen durchzuführen. Nur ausnahmsweise können die Finanzbehörden nach dem Grundastz von Treu und Glauben gehindert sein, einen nach dem Gesetz entstandenen Steueranspruch geltend zu machen oder Besteuerungsgrundlagen in der dem Gesetz entsprechenden Höhe festzustellen. Ein solcher Fall ist gegeben, wenn ein Finanzamt einem Steuerpflichtigen zugesagt hat, einen Sachverhalt bei der Besteuerung (bzw. bei der Feststellung der Besteuerungsgrundlagen) in einem bestimmten Sinne zu beurteilen.

Voraussetzung für eine Bindung nach Treu und Glauben ist in einem solchen Fall u.a., daß der vom Steuerpflichtigen mitgeteilte Sachverhalt in allen wesentlichen Punkten richtig und vollständig dargestellt wurde. Einer Zusage kommt dagegen keine bindende Wirkung zu, wenn die Darstellung des Sachverhalts lückenhaft und unrichtig ist."

---

[51] Vgl. *Klein/Orlopp,* Kommentar zur Abgabenordnung, 5. Aufl., § 174 AO und *Sebiger,* Der Gedanke des Vertrauensschutzes im Entwurf der Abgabenordnung (E AO 1969), Steuerkongreß-Report 1970, S. 49–65.
[52] BStBl. II 1983, 459.

Im Streitfall sei die Sachverhaltsdarstellung, die die Klägerin ihrer Bitte um Zustimmung zur gewinneutralen Ausbuchung des Grundstücks beifügte, in wesentlichen Punkten ungenau und unvollständig gewesen. Dem Finanzamt war hier die Tatsache verschwiegen worden, daß das Grundstück ausweislich notarieller Urkunden für den Betrieb erworben und die Auflassung an die beiden Gesellschafter als Inhaber des Betriebs erklärt worden war.

b) Berichtigung des Bilanzansatzes

Der Grundsatz, daß die Richtigstellung des Bilanzansatzes immer erfolgswirksam in einer Schlußbilanz zu erfolgen hat, wird durchbrochen, wenn der Grundsatz von Treu und Glauben eine Durchbrechung des Bilanzzusammenhangs und damit eine erfolgsunwirksame Richtigstellung des Bilanzansatzes in der Anfangsbilanz des Jahres erlaubt, bei dessen Veranlagung sich die Berichtigung erstmals auswirken kann.

Diese Rechtsauffassung, die bereits vom Reichsfinanzhof[53] vertreten wurde, hat der BFH im Urteil vom 19. Januar 1982[54] erneut bestätigt. Danach kann der Grundsatz von Treu und Glauben eine Durchbrechung des Bilanzzusammenhangs gebieten mit der Folge, daß der Fehler zurück bis zur Anfangsbilanz des Jahres berichtigt wird, für das die Veranlagung noch nicht bestandskräftig ist. Den Vertrauenstatbestand hatte der BFH im Streitfall darin erfüllt gesehen, daß das Finanzamt dem Steuerpflichtigen in der rechtlich unzutreffenden Meinung, es bestehe stets eine Pflicht zur Buchwertfortführung, Wertansätze aufgedrängt hatte, die entsprechend dem in der steuerlichen Schlußbilanz angesetzten allgemeinen Wert der Wirtschaftsgüter unrichtig waren.

c) Verwirkung

Zur Frage der Verwirkung hat der BFH immer wieder Stellung genommen.[55] Das Rechtsinstitut der Verwirkung ist als Anwendungsfall des Verbots widersprüchlichen Tuns Ausfluß des Grundsatzes von Treu und Glauben. Der Tatbestand der Verwirkung setzt neben dem bloßen Zeitmoment, das heißt der zeitweiligen Untätigkeit des Anspruchsberechtigten, sowohl ein bestimmtes Verhalten des Anspruchsberechtigten voraus, demzufolge der Verpflichtete bei objektiver Beurteilung darauf

---

[53] Vgl. *Klein/Flockermann/Kühr*, Kommentar zum Einkommensteuergesetz, 3. Aufl., § 4 Anm. 13 b; vgl. *Schmidt/Glanegger*, EStG, 13. Aufl., § 4 Anm. 135 ff.
[54] BStBl. II 1982, 456.
[55] BFHE 141, 451; vgl. auch *Klein/Orlopp*, Kommentar zur Abgabenordnung, 5. Aufl., § 4 AO, Anm. 5i.

vertrauen durfte, nicht mehr in Anspruch genommen zu werden – also einen Vertrauenstatbestand – als auch, daß der Anspruchsverpflichtete tatsächlich auf die Nichtgeltendmachung des Anspruchs vertraut und sich hieraus – als Vertrauensfolge – eingerichtet hat.

Die Verwirkung soll den Steuerpflichtigen davor schützen, daß ihm erhebliche Nachteile entstehen, die nicht entstanden wären, wenn das Finanzamt den Anspruch rechtzeitig geltend gemacht hätte.

d) Unbedenklichkeitsbescheinigung

Ein der Steuererhebung entgegenstehender Vertrauenstatbestand im Sinne der eben erwähnten Entscheidungen wird nicht dadurch geschaffen, daß das Finanzamt eine Unbedenklichkeitsbescheinigung nach dem Grunderwerbsteuergesetz erteilt.[56] Die Unbedenklichkeitsbescheinigung setzt nämlich nicht zwingend voraus, daß der Erwerbsvorgang steuerfrei oder die Zahlung der Steuer erfolgt ist. Sie ist nur eine der förmlichen Voraussetzungen für die Eintragung des Erwerbers im Grundbuch.

Der BFH hat dazu im Urteil vom 15. Februar 1984[57] entschieden, daß es nicht darauf ankommt, unter welchen Umständen die Unbedenklichkeitsbescheinigung ausgestellt wurde. Entscheidend ist vielmehr, daß nach dem eindeutigen Wortlaut des GrEStG die Erteilung der Unbedenklichkeitsbescheinigung nicht voraussetzt, daß die Steuer entrichtet wurde oder der Erwerbsvorgang steuerfrei ist.

e) Grob pflichtwidriges Verhalten des Finanzamts

In einem anderen Grunderwerbsteuerfall hat sich der BFH mit der Frage beschäftigt, ob grob pflichtwidriges Handeln des Finanzamts zum Schutz eines Steuerpflichtigen nach Treu und Glauben führen kann.[58] Im Streitfall zog das Finanzamt den Grundstücksveräußerer als Schuldner der Grunderwerbsteuer zur Zahlung heran. Es hatte zuvor mehrfach versucht, vom Erwerber die Abgabe der Verpflichtungserklärung nach dem Gesetz über die Grunderwerbsteuerbefreiung für den sozialen Wohnungsbau zu erhalten, die Voraussetzung für die Gewährung der Grunderwerbsteuerbefreiung gewesen wäre. Diese Befreiung hätte dazu geführt, daß der Veräußerer für die Grunderwerbsteuer nicht mehr

---

[56] Vgl. § 22 Grunderwerbsteuergesetz 1983.
[57] BFHE 140, 380.
[58] BFHE 13, 393; BStBl. II 1983, 580.

hätte in Anspruch genommen werden können. Der BFH hat die Behandlung des Befreiungsantrags und die Verzögerung der Festsetzung der Grunderwerbsteuer gegenüber dem später in Konkurs gefallenen Erwerber als grob pflichtwidriges Verhalten angesehen, was zum Verlust des Steueranspruchs gegenüber dem Veräußerer führte.

f) Vertrauen auf Verwaltungsvorschriften bei Verschärfung der Rechtsprechung

Tritt eine Verschärfung der Rechtsprechung ein, stellt sich unter dem Gesichtspunkt von Treu und Glauben und des Vertrauensschutzes die Frage, wie und ob den Bürgern geholfen werden kann, die auf die bisherige Rechtsprechung vertraut haben.[59] Da in diesen Fällen die bestehenden Verwaltungsanweisungen – Richtlinien – für den Bürger günstiger sind als die neue, schärfere Rechtsprechung, muß in diesem Zusammenhang auch geprüft werden, ob das Vertrauen in solche Regelungen schützenswert ist. Das Problem des Vertrauensschutzes stellt sich hier deshalb in seiner ganzen Schärfe, weil die Senate des BFH in neuerer Zeit übereinstimmend davon ausgehen, daß ihren Rechtsausführungen Rückwirkung zukommt. Nach dieser Ansicht sind die Gerichte nicht gehindert, einen Sachverhalt in einer späteren Entscheidung anders zu beurteilen. In BFHE 137, Seite 202 ff. hat der I. Senat ausgeführt, daß die Finanzämter gemäß Treu und Glauben nicht verpflichtet sind, die Grundsätze einer aufgegebenen Rechtsprechung weiterhin anzuwenden, wenn der Steuerpflichtige auf den Fortbestand der bisherigen Rechtsprechung vertraut hat.[60] Er hat jedoch anerkannt, daß das Rechtsstaatsprinzip im Einzelfall gebieten könne, Vertrauensschutz zu gewähren, wenn der Bürger durch Anwendung einer strengeren Rechtsprechung auf einen schon abgeschlossenen Tatbestand beeinträchtigt wird. Diesem Anliegen kann im allgemeinen durch eine Anpassungsregelung der Verwaltung im Rahmen des § 163 AO Rechnung getragen werden. Eine Verpflichtung der Verwaltung zum Erlaß einer solchen Anpassungsregelung hat der I. Senat im zitierten Fall jedoch deshalb nicht für gegeben erachtet, weil es sich um einen besonders liegenden Einzelfall handelte und deshalb eine entsprechende Breitenwirkung der Entscheidung nicht gegeben war. Der Kläger wurde auf die Möglichkeit von Billigkeitsmaßnahmen nach § 163 Abs. 1, § 227 Abs. 1 AO verwiesen, über die im Streitfall nicht entschieden werden konnte.

---
[59] Vgl. *Götz,* a. a. O. (Fn. 5), S. 448 ff.
[60] Vgl. anders jedoch BVerfGE 59, 165 und *Klein/Orlopp,* Kommentar zur Abgabenordnung, 5. Aufl., § 4 AO, Anm. 5 h.

g) Maßnahmen des Finanzamts mit Drittwirkung

Auch Verwaltungsakte des Finanzamtes, die für andere als den Adressaten des Verwaltungsaktes Tatbestands- bzw. Bindungswirkung entfalten, können diesen gegenüber zu einem Vertrauenstatbestand führen. Als Beispiel sei die rückwirkende Aufhebung der Steuerbegünstigung eines gemeinnützigen Vereins hinsichtlich des Abzugs von sog. Durchlaufspenden als Sonderausgaben genannt. Diese Frage war Gegenstand des BFH-Urteils vom 18. Juli 1980.[61] Dort hatte der Kläger einer Gemeinde einen Geldbetrag zur Weiterleitung an diesen Verein übergeben. Die Gemeinde hatte diese Zuwendung formularmäßig mit dem Bemerken bestätigt, daß der bezeichnete gemeinnützige Zweck unter die allgemein als besonders förderungswürdig anerkannten Zwecke falle. Das Finanzamt hat daraufhin die Zuwendung des Klägers bei der Einkommensteuerveranlagung als Sonderausgabe gemäß § 10b EStG berücksichtigt. Dem Verein war später rückwirkend die Körperschaftsteuerbefreiung entzogen worden. Das Finanzamt hat deshalb den Einkommensteuerbescheid des Klägers dahin berichtigt, daß der Spendenabzug nunmehr versagt wurde. Das Finanzamt war dabei der Auffassung, daß die ursprüngliche Freistellungsbescheinigung gegenüber dem Verein keinen Vertrauenstatbestand für den Kläger geschaffen habe.

Der Bundesfinanzhof ist davon ausgegangen, daß der Sonderausgabenabzug zu versagen sei, wenn der Letztempfänger im Veranlagungszeitraum, in dem die Zuwendung beim Spender steuerlich begünstigt werden soll, tatsächlich nicht von der Körperschaftsteuer befreit ist. Dies gelte grundsätzlich auch bei rückwirkender Aufhebung der Steuerbegünstigung des Spendenempfängers. Der Bundesfinanzhof hat jedoch dann dem Grundsatz von Treu und Glauben Rechnung getragen und die Berechtigung des Finanzamtes zur Rückgängigmachung des Sonderausgabenabzugs mit der Begründung verneint, der Kläger habe das Geld im Vertrauen auf die dem Sportverein gewährte Steuerbefreiung verausgabt. Zum Zeitpunkt der Zahlung sei er hinsichtlich der Steuerbefreiung des Vereins gutgläubig gewesen. Die ursprüngliche Feststellung der Steuerbegünstigung des Vereins durch das Finanzamt sei geeignet gewesen, bei den Steuerpflichtigen, die diesen mit Spenden unterstützen wollten, einen Vertrauenstatbestand hinsichtlich der Steuerbegünstigung des Vereins und damit auch hinsichtlich der steuerlichen Abziehbarkeit ihrer Spenden zu schaffen.[61a]

---

[61] BFHE 131, 345; BStBl. II 1981, 52.
[61a] Vgl. dazu aber neuestens *Klein/Orlopp,* Kommentar zur Abgabenordnung, 5. Aufl., § 4 AO, Anm. 5h.

Besondere Bedeutung hat der Bundesfinanzhof in diesem Zusammenhang der bei Durchlaufspenden typischen Mittlerroller der öffentlich-rechtlichen Körperschaften beigemessen. Er hat es für entscheidend erachtet, daß die Gemeinde hinsichtlich der vom Finanzamt gegenüber dem Sportverein abgegebenen Willensäußerung als Mittler zwischen dem Finanzamt und dem Kläger aufgetreten ist. Sie hat dem Kläger bescheinigt, daß die Spende für gemeinnützige Zwecke verwendet worden ist. Diese Bescheinigung enthält damit unausgesprochen auch die Mitteilung, daß der Sportverein zum Zeitpunkt des Spendenempfanges von der Körperschaftsteuerpflicht befreit gewesen sei. Auf diese Mitteilung durfte der Kläger vertrauen. Insoweit mißt der BFH der Bestätigung nach § 48 Abs. 3 Nr. 1 EStDV eine über eine bloße Beweiserleichterung für den Steuerpflichtigen hinausgehende Bedeutung zu. Dies rechtfertigt sich insbesondere aus der besonderen Stellung der öffentlich-rechtlichen Körperschaften bei der Entgegennahme sog. Durchlaufspenden. Die Körperschaften (und deren Dienststellen) haben hier, bevor sie eine Spendenbestätigung erteilen, gewisse haushalts- und aufsichtsrechtliche Prüfungspflichten zu erfüllen, also gleichsam eine Garantenstellung.

Dieser Entscheidung ist zuzustimmen; ihre Grundsätze sind auch auf die Fälle anwendbar, in denen einer Körperschaft wegen der Verfolgung gemeinnütziger Zwecke zunächst Steuerbefreiung erteilt, aber später rückwirkend entzogen wird, weil Spenden zweckwidrig verwandt worden sind. Ein Spender, der im guten Glauben auf die im Zeitpunkt der Hingabe bestehende Steuerbefreiung eine Spende zuwendet, muß sich darauf verlassen können, daß die Steuerbefreiung nicht rückwirkend entfällt. Das Finanzamt setzt mit dem Freistellungsbescheid einen Vertrauenstatbestand; mit diesem Bescheid werden die in § 48 Abs. 3 EStDV genannten Stellen berechtigt, die Verwendungserklärung abzugeben, auf die der Steuerpflichtige vertrauen darf.[62] Das ist in den Strafverfahren wegen Parteispenden meist nicht berücksichtigt worden. Sie sind wider Treu und Glauben bestraft worden.

Das gilt jedoch nicht, wenn der Spender bösgläubig war, d.h. wenn er die Tatsachen, die zum Entzug der Steuerbefreiung geführt haben, kannte oder grob fahrlässig nicht kannte. Hat die steuerbefreite Körperschaft nur einen Teil der Spenden zweckwidrig verwandt, einen anderen Teil aber zweckentsprechend und läßt sich später nicht feststellen, ob eine bestimmte Spende dem einen oder dem anderen Teil zuzurechnen

---

[62] Vgl. *Klein,* a.a.O. (Fn. 37), S. 135.

ist, so ist im Sinne des zitierten Urteils das Erfordernis der zweckgerechten Verwendung der Spende grundsätzlich solange als gegeben anzunehmen, als dem Spender die zweckwidrige Verwendung gerade seiner Spende nicht nachgewiesen werden kann.[63]

Einen ähnlichen Gedanken verfolgt u. a. auch *Offerhaus*[64] im Bereich der Verwaltungsanordnungen. Der Steuergläubiger verzichtet jährlich auf rd. 5 Mrd. DM Einkommensteuer, indem er die sog. Annehmlichkeiten steuerfrei läßt, ohne hierfür eine gesetzliche Grundlage zu haben. Allein bei dem Essensfreibetrag von 1,50 DM wurden jährlich 1,5 Mrd. DM nicht erhoben. *Offerhaus* vertrat in Anlehnung an Entscheidungen des Bundesfinanzhofs die Auffassung, daß, solange eine von der Verwaltung anerkannte Steuerfreiheit (Essensgeldzuschuß) nicht widerrufen sei, Arbeitgeber nicht im Haftungsweg belangt werden konnten, wenn sie den entsprechenden Freibetrag ansetzten und deshalb keine Lohnsteuer abführten.

Hier vertraut der Bürger auf Verwaltungsrichtlinien; bei einer Rechtsverordnung ist das Vertrauen noch stärker geschützt als das auf einen von einer Finanzbehörde erlassenen befristeten Freistellungsbescheid.

h) Rechtswidrige Norm

Greift danach der Grundsatz von Treu und Glauben im Bereich der Abgabenordnung und früherer Regelungen in die bestehende Gemeinnützigkeit von Körperschaften ein, so stellt sich die Frage nach seiner Geltung bei Zahlungen an Körperschaften, die gem. § 49 EStDV durch Gesetz im materiellen Sinne, nämlich durch Rechtsverordnung der Bundesregierung mit Zustimmung des Bundesrates, wegen Förderung staatspolitischer Zwecke anerkannt wurden, so z. B. die Staatsbürgerliche Vereinigung 1954 e.V. in Köln und die Deutsche Wählergesellschaft in Frankfurt, die durch die zweite Verordnung über den Abzug von Spenden zur Förderung staatspolitischer Zwecke vom 23. Oktober 1956 als juristische Person im Sinne des § 49 Ziff. 3 EStDV anerkannt wurde, so daß ihr zufließende Mittel, Beiträge und Spenden beim Geber vom steuerbaren Einkommen als Sonderausgaben abgezogen werden konnten.

---

[63] Vgl. dazu m. w. N. *Hübschmann/Hepp/Spitaler,* AO und FGO, 8. Aufl., § 191 AO Anm. 125.
[64] *Offerhaus,* Gesetzlose Steuerbefreiungen zulässig?, DB 1985, S. 565–568.

Das Urteil des Finanzgerichts Köln von 1985,[65] das den Fall zu beurteilen hatte, in dem ein Finanzamtsvorsteher einem Steuerpflichtigen erklärt hatte, daß Parteispenden an die Staatsbürgerliche Vereinigung abziehbar seien, beruht auf dem Grundsatz von Treu und Glauben. Das Finanzgericht stellt fest, daß diese Spenden dann nicht nachträglich als nichtabziehbar erklärt werden könnten.

V. Unstetigkeit in der Rechtsprechung

Es wäre falsch zu glauben, daß nur in Gesetzgebung und Verwaltung Unstetigkeit herrsche. Auch die Rechtsprechung hat ihren Anteil an der Unstetigkeit des Steuerrechts. Man sollte meinen, die Rechtsprechung, die an Gesetz und Recht gebunden ist, müßte stetig sein. Das, was einmal als Recht anerkannt und ausgesprochen wurde, müßte so lange gelten, bis der Gesetzgeber die Grundlage, auf der das Urteil beruhte, ändert. Aber das Wort „Auf hoher See und vor Gericht bist du in Gottes Hand" sagt recht deutlich, daß auch die gerichtlichen Entscheidungen nicht nur für den Rechtsunkundigen wenig vorhersehbar und kalkulierbar sind. Sicher ist, daß der Bundesfinanzhof seine Rechtsprechung nur ändern kann, wenn einer der Verfahrensbeteiligten dies beantragt.

Götz führt in seiner Abhandlung „Bundesverfassungsgericht und Vertrauensschutz"[66] aus:

„Aus Gründen des Vertrauensschutzes einen Wandel höchstrichterlicher Rechtsprechung nur für die Zukunft, nicht aber ‚rückwirkend' für die noch unter der ‚Geltung' der bisherigen Rechtsprechung entstandenen Rechte und Pflichten zuzulassen, ist eine Forderung der Literatur. Von erster Problemerkenntnis ausgehend über das unvermeidlich folgende Postulat steuerrechtlicher Abhandlungen, die Anwendung steuerverschärfender richterlicher Gesetzesauslegung auf zurückliegende Sachverhalte, einschließlich desjenigen, welchen die Gerichte zum Anlaß des Rechtsprechungswandels nahmen, müsse unterbleiben, verbreitet sich die Spur der an den Adressaten richterlicher Gewalt gerichteten Vertrauensschutzforderung zur monographischen Aufarbeitung und zum vehementen Plädoyer *(Dürig),* welches Schutz vor Überraschungsentscheidungen und vorherige Ankündigung von Rechtsprechungsänderungen fordert und anderenfalls Bedenken dagegen anmel-

---

[65] StuW 1985, 279.
[66] *Götz,* a. a. O. (Fn. 5), S. 448 f.

det, daß die Rechtsprechung schon im zu behandelnden Fall ihre ... geänderte Rechtsauffassung anwenden dürfe. Inzwischen ist diese Diskussion in das Fahrwasser mehr differenzierender Betrachtungsweise gelangt, bis schließlich die Staatsrechtslehre auch die schuldigen grundsätzlichen Bedenken gegen die Forderung nach Vertrauensschutz bei Rechtsprechungswandel beisteuerte."

Es ist ständige Rechtsprechung des Bundesverfassungsgerichts, daß der Gleichheitssatz nicht verlangt, daß eine einmal höchstrichterlich entschiedene Rechtsfrage niemals mehr anders entschieden werden darf.[67] Auch der BFH ändert bisweilen seine Rechtsprechung. § 11 FGO erkennt die Änderungsmöglichkeit mittelbar an und nennt für bestimmte Fälle ein förmliches Verfahren.[68]

Der Bundesfinanzhof hat in dem Beschluß des Großen Senats vom 26. November 1973[69] entschieden, daß Heizungs-, Fahrstuhl- sowie Be- und Entlüftungsanlagen, sofern sie nicht Betriebsvorrichtungen sind, der Absetzung für Abnutzung des Gebäudes unterliegen. Damit hat er seine vorherige Rechtsprechung aufgegeben und dazu ausgeführt, gegen diese Änderung könne nicht eingewendet werden, daß im Hinblick auf die andersartige jahrzehntelange Übung der Gesichtspunkt der Kontinuität der Rechtsprechung den Vorzug verdiene.

Der Bundesfinanzhof hat sich zwar wiederholt zur Stetigkeit der Rechtsprechung als einem wesentlichen Element der Rechtssicherheit bekannt.[70] Er hat jedoch auch betont, daß eine andere und bessere Rechtserkenntnis dann zur Änderung einer ständigen Rechtsprechung führen muß, wenn wichtige Gründe gegeben sind. Unter dieser Voraussetzung kann auch eine Änderung zu Ungunsten des Steuerpflichtigen gerechtfertigt sein. Solche gewichtigen Gründe können in einem Wandel der tatsächlichen Verhältnisse oder in einer ständigen Rechtsprechung zu sachlich zusammenhängenden Fragen oder in Gesetzesänderungen liegen.

In der Fortführung dieser Rechtsprechung hat der Große Senat[71] eine erneute Vorlage derselben Rechtsfrage an ihn nur dann für zulässig gehalten, falls in der Zwischenzeit neue rechtliche Gesichtspunkte auf-

---

[67] BVerfGE 18, 224; vgl. auch BVerfGE 38, 386.
[68] Vgl. *Gräber,* Kommentar zur FGO, § 11.
[69] BFHE 111, 242ff.
[70] So insbesondere BFHE 101, 13; BStBl. II 1971, 207.
[71] Vgl. auch *Gräber,* Kommentar zur FGO, § 11 Rn. 15 mit Hinweis auf *Küchenhoff,* StRK FGO § 11 R 19.

getreten sind, die bei der ursprünglichen Entscheidung nicht berücksichtigt werden konnten und/oder neue Rechtserkenntnisse eine andere Beurteilung der entschiedenen Rechtsfrage rechtfertigen könnten. Die Anrufung des Großen Senats begegnet nach diesem Beschluß auch dann keinen Bedenken, wenn die ursprüngliche Entscheidung schon lange zurückliegt und an ihr ständige gewichtige Kritik geübt worden ist.

Man sieht also, die Stetigkeit der Rechtsprechung ist für den Bundesfinanzhof ein hohes Gut, jedoch geht sie nicht so weit, daß die entschiedene Rechtsfrage für alle Zeiten gleich entschieden werden muß. Das muß jeder Unternehmer bei seinen Dispositionen beachten.

Die Gerichte, das Bundesverfassungsgericht wie der Bundesfinanzhof haben es aber stets für notwendig gehalten zu betonen, daß bei einer Änderung der Rechtsprechung der Steuerpflichtige, der sich auf die bisherige Rechtsprechung in seinen Dispositionen gestützt hat, auch geschützt bleiben muß,[72] wenn dies nach Treu und Glauben notwendig ist. So hat das Bundesverfassungsgericht in seinem berühmten Beschluß, in dem es die unmittelbare Parteienfinanzierung über Spenden über den damaligen § 10b EStG und § 11 Ziff. 5 KStG für verfassungswidrig erklärt hat, gesagt: „Ob und inwieweit Steuerpflichtige, die bis zur Verkündung dieses Urteils im Vertrauen auf die Gültigkeit der Vorschriften Spenden an politische Parteien gegeben haben, der in den für nichtig erklärten Vorschriften vorgesehene Steuervorteil gewährt werden kann, muß die Finanzverwaltung in eigener Zuständigkeit entscheiden."[73] Die Finanzverwaltung hat damals nach Treu und Glauben die bisher gewährten Spenden im Billigkeitsweg als abziehbar erkannt.

Götz stimmt dieser Rechtsprechung zu und meint:[74]

„Der Gemeinsame Senat der Obersten Gerichtshöfe des Bundes hat mit seinem Beschluß vom 19. Oktober 1971 diese Methode vertrauensschützenden Übergangs in eine neue Rechtsprechung rechtsstaatlich vervollkommnet; hiernach mußte die Steuerbehörde einen Billigkeitserlaß für die Jahre vor 1962 gewähren, nachdem der Bundesfinanzhof 1961 entschieden hatte, daß ein Versicherungs-Generalagent mit gemischter Tätigkeit auch mit den Einnahmen aus werbender und verwaltender Tätigkeit zur Gewerbesteuer heranzuziehen ist. Derartiger intra-

---

[72] Vgl. *Klöpfer,* Vorwirkung von Gesetzen, München 1974, S. 209 und BVerwGE 39, 355 sowie *Klein/Orlopp,* Kommentar zur Abgabenordung, 5. Aufl., § 4 AO, Anm. 5h.
[73] BStBl. I 1958, 408.
[74] *Götz,* a. a. O. (Fn. 5), S. 452.

steuerrechtlicher Vertrauensschutz genügt auch den verfassungsrechtlichen Anforderungen; für weitergehende Analogien zum Verbot rückwirkender steuerverschärfender Gesetze besteht kein Raum."

Auch der III. Sentat des Bundesfinanzhofs hat, als er seine Rechtsprechung zum Ein- und Zweifamilienhaus geändert hat, in seinem Urteil gesagt,[75] daß dabei auftretende Härten für Steuerpflichtige, die ihr Wohngrundstück unter Beachtung der Verwaltungsvorschriften – insbesondere des gemeinsamen Ländererlasses vom 17. Oktober 1979 – als Zweifamilienhaus gestaltet hatten, von ihm erkannt werden. Er hat deshalb die Auffassung vertreten, daß die Verwaltung gehalten sein könnte, diese Härten durch eine Anpassungsregelung zu mildern. Ob allerdings die Finanzverwaltung jeweils tätig wird, in welcher Weise und für welche Dauer, liegt in ihrem Ermessen. Im konkreten Fall hatte sie schon bald reagiert.[76] Durch die Rechtsprechung kann nach Ergehen einer solchen Anpassungsregelung nur geprüft werden, ob die Verwaltung die Grenzen der Ermessensausübung beachtet hat.

Stetigkeit und Gerechtigkeit stehen auch in der Rechtsprechung oft im Widerstreit. Um der Rechtssicherheit Willen bin ich in meiner gesamten rechtsprechenden Tätigkeit immer der Meinung gewesen, daß der Stetigkeit der Vorrang gebührt. In einer nunmehr fast 50jährigen Tradition des Rechtsstaates ist das, was bisher entschieden wurde, nicht so schlecht, daß es um der Gerechtigkeit Willen nicht Bestand haben könnte.

---

[75] BFHE 142, 505, 511 und 567, 570.
[76] Übereinstimmender Ländererlaß vom 10. 5. 1985, StEK § 75 Nr. 26f. und BStBl. I 1985, 201.

RUUD J. J. KOEDIJK

Die Behandlung des goodwill im Jahresabschluß

I. Einleitung
II. Der Begriff des goodwill
III. Behandlung des goodwill in der Praxis
   1. Ermittlung des goodwill
   2. Behandlung des goodwill
IV. Anforderungen der Rechnungslegungsvorschriften
V. Eine alternative Methode

I. Einleitung

Im Rahmen dieser Ausarbeitung wird unter goodwill ausschließlich der Betrag verstanden, der als Teil des Kaufpreises bei dem Erwerb einer Beteiligung bezahlt wird. Der selbst geschaffene goodwill, der sich seinem Charakter nach von dem erworbenen goodwill nicht unterscheidet, wird nicht behandelt, da alle bestehenden Rechnungslegungsvorschriften seine Aktivierung im Jahresabschluß nicht gestatten.[1] Dieses Verbot läßt vermuten, daß die für die (Herausgabe von) Rechnungslegungsvorschriften zuständigen Gremien nicht viel Sympathie für den Ansatz eines goodwill empfinden. Beim erworbenen goodwill ist ein Ausweis jedoch unvermeidlich, da der im bezahlten Kaufpreis enthaltene goodwill nun einmal insgesamt verarbeitet werden muß.

Wenig Sympathie für die Aktivierung immaterieller Aktiva beherrscht die Diskussion über die Art der Behandlung des goodwill. Es ist jedoch unbestreitbar, daß viele Unternehmen einen Wert kennen, der größer als ihr Eigenkapital ist. Die Höhe dieses Mehrwertes ist höchst spekulativ und muß mit großer Vorsicht behandelt werden.

Diese Betrachtungsweise steht im Gegensatz zu dem verschiedentlich vertretenen „economic concept of profit".[2] Nach dieser Auffassung ist es erstrebenswert, sich dem Wert der Unternehmung im Jahresabschluß weitestmöglich anzunähern. Zu diesem Zweck sind Aktiva und Passiva des Unternehmens vorzugsweise zu „Marktwerten" auszuweisen. Darüber hinaus müssen alle dem Unternehmen inhärenten wirtschaftlichen Potentiale ebenfalls zu Marktwerten berücksichtigt werden. Als Jahresergebnis wird bei einem derartigen Verfahren der Unterschied zwischen dem so ermittelten Wert des Unternehmens zum Bilanzstichtag und dem Stichtag des Vorjahresabschlusses ausgewiesen. Es wird deutlich, daß in dieser Theorie der goodwill zum Marktwert in die Bilanz aufzunehmen ist, unabhängig von der Frage, ob er erworben

---

[1] Vgl. z. B. APB Opinion No. 17 Tz. 24–26 und Art. 9 der 4. EG-Richtlinie. Vgl. auch IASC, Intangible Assets, A Draft Statement of Principles issued for the Intangible Assets Steering Committee, London Jan. 1994 sowie *Schildbach*, Ansatz und Bewertung immaterieller Anlagewerte, in: US-amerikanische Rechnungslegung, hrsg. v. Ballwieser, Stuttgart 1995, S. 85–97. Eine Übersicht findet sich bei *Küting/Weber*, Internationale Bilanzierung, Herne/Berlin 1994, S. 270 f. Zur Behandlung des goodwill im Konzernabschluß vgl. auch den Beitrag von *Zielke*, S. 829 ff., in diesem Band.

[2] Vgl. zum Konzept des „ökonomischen Gewinns" z. B. *Schneider*, Bilanzgewinn und ökonomische Theorie, ZfhF 1963, S. 457–474; *Lippmann*, Der Beitrag des ökonomischen Gewinns zur Theorie und Praxis der Erfolgsermittlung, Düsseldorf 1970; *Moxter*, Betriebswirtschaftliche Gewinnermittlung, Tübingen 1982, S. 151 f., alle m. w. N.

oder selbst geschaffen wurde. Dem „economic concept of profit" steht das „accounting concept of profit" gegenüber. Für dieses Konzept werden enge Definitionen für Aktiva und Passiva gegeben. Diese sind aufgrund der in den Rechnungslegungsvorschriften festgelegten Bewertungsgrundsätze zu bewerten. Die Bewertungsgrundsätze basieren auf verschiedenen, allgemein anerkannten Prinzipien. Als solche sind zu nennen das Vorsichtsprinzip, das Realisationsprinzip, das matching-Prinzip und die Unterstellung der Unternehmensfortführung. Ein Ansatz zu Marktwerten kommt normalerweise innerhalb des „accounting concept of profit" nicht infrage, es sei denn, daß die Marktwerte niedriger sind als die Buchwerte, die nach Maßgabe der Bewertungsgrundsätze in der Bilanz auszuweisen wären. Dem Ausweis höherer Marktwerte stehen das Vorsichts- und das Realisationsprinzip entgegen.

Weltweit wird nirgends bei der Festlegung der Rechnungslegungsvorschriften für den Jahresabschluß vom „economic concept of profit" ausgegangen. Betrachtungen, die von diesem Konzept ausgehen, haben deshalb keinen praktischen Wert. Daher wird für Zwecke dieser Abhandlung das „accounting concept of profit" zugrundegelegt. Meine Ausführungen behandeln nachfolgend in Abschnitt II. den Begriff des goodwills und in Abschnitt III. verschiedene, in der internationalen Praxis anzutreffenden Ausweisformen. Anschließend wird in Abschnitt IV. die Frage behandelt, welche Anforderungen die erwähnten Bilanzierungsgrundsätze stellen. Zum Schluß wird in Abschnitt V. eine Methode beschrieben, die meiner Ansicht nach den Bilanzierungsgrundsätzen am besten entspricht.

II. Der Begriff des goodwill

In der Literatur wird der goodwill unterschiedlich definiert. Es sind mindestens die drei folgenden Auffassungen zu unterscheiden:

a. goodwill als Marktwert;

b. goodwill als ein Aktivum mit eigenständiger Bedeutung;

c. goodwill im Sinne der Rechnungslegungsvorschriften.

Die erste Auffassung betrachtet goodwill als eine Größe, durch die der Wert des Unternehmens zum Ausdruck kommt. Dies ist eine Betrachtungsweise, die in die Marktwertüberlegungen der Anhänger des „economic concept of profit" paßt und daher, wie bereits vorstehend ausgeführt, im Rahmen dieses Artikels nicht weiter diskutiert wird.

Die zweite Auffassung betrachtet goodwill als den Barwert zukünftiger Übergewinne. Übergewinne werden in diesem Zusammenhang als die Gewinne definiert, die oberhalb einer zuvor als normativ definierten Rentabilität liegen. Hierbei berücksichtigt man das im Rahmen der Rechnungslegungsvorschriften geltende Bewertungskriterium für Aktiva, wonach diese in Zukunft wirtschaftliche Vorteile liefern müssen. Diese wirtschaftlichen Vorteile sind dann die Übergewinne.[3]

Die Rechnungslegungsvorschriften (z. B. das niederländische Gesetz, die 4. EG-Richtlinie, das IASC) definieren goodwill schlußendlich als ein Rechenergebnis, nämlich als Differenz zwischen dem für die Beteiligung bezahlten Kaufpreis und dem Anteil am fair value zum Erwerbsstichtag der im erworbenen Unternehmen vorhandenen Aktiva und Passiva. Der genannte fair value muß im übrigen nach den Grundsätzen ermittelt werden, die das erwerbende Unternehmen in seinem eigenen Jahresabschluß anwendet. Das bedeutet z. B., daß eventuelle Wahlrechte bei Ansatz und Bewertung der erworbenen Aktiva und Passiva analog zu Ansatz und Bewertung beim erwerbenden Unternehmen ausgeübt werden.

III. Behandlung des goodwill in der Praxis

Die Behandlung des gekauften goodwills im Rahmen der Rechnungslegung wird durch die in den einzelnen Ländern bestehenden Vorschriften geregelt. Diese Vorschriften gehen selbstverständlich von dem dritten der im vorigen Abschnitt erläuterten goodwill-Begriffe aus, nämlich der Differenz zwischen dem bezahlten Kaufpreis und dem fair value. Die zu beantwortenden Fragen können in zwei Kategorien zusammengefaßt werden, nämlich:

- Wie wird der goodwill ermittelt, d. h. wie wird der fair value, der für die goodwill-Ermittlung essentiell ist, bestimmt?
- Wie wird der goodwill im Jahresabschluß behandelt?

---

[3] Vgl. zu den ersten beiden Auffassungen auch *Piltz*, Die Unternehmensbewertung in der Rechtsprechung, 3. Aufl., Düsseldorf 1994, S. 9 ff.

1. Ermittlung des goodwill

Wie im vorstehenden Abschnitt erläutert, ist der fair value zum Zeitpunkt des Erwerbs und nach den vom Erwerber angewendeten Bewertungsgrundsätzen zu ermitteln. In diesem Zusammenhang ist anzumerken, daß die in der Bilanz des erworbenen Unternehmens ausgewiesenen Werte für die fair value-Berechnung absolut nicht relevant sind, selbst dann nicht, wenn die Grundsätze der Bewertung und Ergebnisermittlung bei beiden Unternehmen vollkommen identisch sind. Der Begriff des fair value verlangt die Berücksichtigung der im Erwerbszeitpunkt geltenden Marktverhältnisse. Das bedeutet, daß stille Reserven, die z. B. durch vorsichtige Abschreibung entstanden sind, aufgedeckt werden müssen. Im Prinzip muß man daher für jeden Bilanzposten des erworbenen Unternehmens feststellen, zu welchem Wert dieser Posten unter den im Erwerbszeitpunkt geltenden Marktgegebenheiten erworben werden könnte. Dieser Wert ist der Anschaffungswert der Aktiva für das übernehmende Unternehmen, der an die Stelle des für die Obergesellschaft nicht relevanten Anschaffungswertes in den Büchern des erworbenen Unternehmens tritt.[4]

Für die Aktiva ist dieser Ausgangspunkt verständlich; der fair value ist als der Anschaffungswert anzusehen, zu dem die Aktiva im Erwerbszeitpunkt von dem kaufenden Unternehmen erfaßt werden; man erwirbt sie als gebrauchte Aktiva. Bezüglich der Verbindlichkeiten sind in der Praxis unterschiedliche Ansichten festzustellen. Wenn es sich z. B. um ein niedrigverzinsliches Darlehen handelt, könnte man zu dem Ergebnis kommen, daß der fair value eines derartigen Darlehens niedriger ist als dessen Nominalwert.[5] In den USA ist eine derartige Neubewertung von Darlehen bei der Ermittlung des fair value vorgeschrieben.[6] Andere stellen fest, daß das Darlehen gleichwohl zum Nominalwert zurückbezahlt werden muß und daß der Ausweis des Darlehens zum Marktwert in der konsolidierten Bilanz die Verbindlichkeiten, die der Konzern eingegangen ist, nicht richtig wiedergibt. Die Anhänger der erstgenannten Auffassung berufen sich auf die Definition des fair value. Sie sehen die Zinsersparnis infolge der niedrigen Zinsverpflichtung als ein Element des jetzigen inneren Wertes und nicht als einen zukünftigen

---
[4] Vgl. z. B. *Adler/Düring/Schmaltz,* HGB, 6. Aufl., § 255, Rdn. 269.
[5] Vgl. z. B. *Weber/Zündorf,* in: HdKR, § 301 HGB Rn. 99; *Ordelheide,* Anschaffungskostenprinzip im Rahmen der Erstkonsolidierung gem. § 301 HGB, DB 1986, S. 493–499, hier S. 496.
[6] Vgl. APB Opinion No. 16 Tz. 88.

Vorteil; sie normalisieren demzufolge systemgerecht die zukünftige Zinsbelastung. Die zweitgenannte Auffassung sieht die Zinsersparnis im Vergleich zum Marktzins als ein Element zukünftigen Gewinnpotentials, das von Natur aus in dem Posten goodwill seinen Niederschlag findet.[7]

Dadurch, daß das Darlehen zum Nominalwert in den fair value aufgenommen wird, wird letzterer niedriger und entsprechend der goodwill höher. Diese Auffassung entspricht der normalen Behandlung verzinslicher Verbindlichkeiten. Sofern es sich nicht um die Ermittlung des fair value im Zusammenhang mit dem Erwerb einer Beteiligung handelt, sind Verbindlichkeiten weltweit, auch in den USA, zum Rückzahlungsbetrag (Nominalwert) in der Bilanz auszuweisen.

Ein Problem der Feststellung des fair value ist, daß dazu eine eingehende Kenntnis der Aktiva und Passiva des übernommenen Unternehmens erforderlich ist. Diese ist jedoch nicht in allen Fällen gegeben. Sofern es sich bei dem Erwerb um eine Minderheitsbeteiligung handelt, ist es nicht selbstverständlich, daß das betreffende Unternehmen seinem Minderheitsgesellschafter die erforderlichen Detailinformationen gewährt. In einer derartigen Situation ist es erlaubt, den fair value in Höhe des Anteils am sichtbaren inneren Wert der Beteiligung festzulegen.

Jedoch auch in den Fällen, in denen es sich um eine Mehrheitsbeteiligung handelt, kann einige Zeit vergehen, bis man über die erforderlichen Details zur Beurteilung der Aktiva und Passiva des neuen Tochterunternehmens verfügt. Wenn man zum Zwecke des Abschlusses eines Geschäftsjahres eine goodwill-Berechnung machen muß, bevor ausreichende Informationen vorliegen, kann eine vorläufige Kalkulation erstellt und verarbeitet werden. Wenn später dann die erforderlichen Informationen zur Verfügung stehen, ist die vorläufige goodwill-Ermittlung erforderlichenfalls zu korrigieren. Dabei ist sehr genau zu untersuchen, ob die Ursache für die fair value-Korrektur eines Bilanzpostens bereits im Erwerbszeitraum bestand. Es muß vermieden werden, daß Verluste, die nach der Übernahme entstanden sind und daher im Betriebsergebnis des Erwerbers auszuweisen sind, im Wert des goodwill berücksichtigt werden. Sofern der goodwill als Aktivum mit eigenständiger Bedeutung angesehen wird, ist eine nachträgliche goodwill-Korrektur kaum zu verteidigen. Sofern sich ergibt, daß der fair value

---

[7] Vgl. dazu das einschlägige Schrifttum zur Ermittlung des Geschäfts- oder Firmenwertes.

des übernommenen Vermögens kleiner ist, wird der goodwill entsprechend höher. Ergebnis: Je schlechter sich die Unternehmenswerte darstellen, umso höher wird der aktivierte goodwill.

In der Praxis werden lediglich relativ kurzfristig goodwill-Korrekturen für vertretbar gehalten. Wenn sich nach ein oder zwei Jahren Verringerungen oder Erhöhungen zeigen, sind diese in der Ergebnisrechnung zu berücksichtigen.

2. Behandlung des goodwill

Wie in der Praxis der ermittelte goodwill behandelt wird, war die zweite, in diesem Abschnitt zu behandelnde Frage. Es sind dabei fünf Hauptformen zu unterscheiden, die alle in der Literatur vertreten werden. Es sind dies:

(1) Berücksichtigung als Verlust in der Gewinn- und Verlustrechnung im Zeitpunkt des Erwerbs;

(2) Abbuchung vom Eigenkapital im Zeitpunkt des Erwerbs;

(3) Aktivierung und gleichmäßige Abschreibung zu Lasten zukünftiger Gewinn- und Verlustrechnungen;

(4) Aktivierung und gleichmäßige Abschreibung zu Lasten des Eigenkapitals;

(5) Aktivierung und Abschreibung nur in den Fällen, in denen sich eine nachhaltige Wertminderung ergibt.

Das niederländische Gesetz läßt die ersten drei Alternativen zu.[8] In Deutschland hat man sich für die erste Alternative entschieden, wobei Alternative drei als Bilanzierungshilfe zugestanden ist (§ 255 Abs. 4 HGB für den Einzelabschluß). Die meisten Unternehmen in Deutschland machen Gebrauch von diesem Aktivierungswahlrecht, wobei die Abschreibungen planmäßig auf die voraussichtlichen Nutzungsjahre verteilt werden. In den USA ist ausschließlich Alternative drei erlaubt.[9] In UK ist es bisher wie in den Niederlanden gestattet, sich für eine der drei ersten Alternativen zu entscheiden,[10] aber hierüber wird derzeit diskutiert.[11] Vermutlich wird diese Diskussion zu dem Ergebnis

---

[8] Vgl. zur Bilanzierung immaterieller Vermögensgegenstände in den Niederlanden §§ 365, 386, 389 BW.
[9] Vgl. APB Opinion No. 17 Tz. 26.
[10] Vgl. SSAP 22 Tz. 6ff.
[11] Vgl. ASB Discussion Paper „Goodwill and intangible assets".

führen, daß nur Alternative 3 übrig bleibt. Schlußendlich erlaubt auch das IASC ausschließlich die Aktivierung und Abschreibung zu Lasten des Ergebnisses.[12]

Die erste Methode betrachtet an Dritte gezahlte Beträge für Aktiva, denen aus Vorsichtsgründen kein Wert beizumessen ist, als Verlust. Diese Behandlungsweise führt im Jahr des Beteiligungserwerbs zu einer erheblichen Gewinnminderung und wird daher kaum angewendet.

Die zweite Methode bietet den Unternehmen den Vorteil, daß die Ergebnisse durch den goodwill nicht beeinflußt werden. Sie hat einen sehr positiven Effekt auf die Rentabilität des Eigenkapitals, da ja ein ungeschmälerter Gewinn (oder eigentlich ein einschließlich des Gewinns des übernommenen Unternehmens höherer Gewinn) einem niedrigeren Eigenkapital gegenübergestellt wird. Bei einer großen Zahl von Übernahmen hat diese Methode jedoch den Nachteil, daß das Eigenkapital stark vermindert wird, wobei die aus der Bilanz ablesbare Solvabilitätsposition unakzeptabel niedrig werden kann. Die dritte Methode hat für das übernehmende Unternehmen den Nachteil, daß die zukünftige Rentabilität durch die Abschreibung auf den goodwill beeinflußt wird. Diesen Nachteil vermeidet jedoch die vierte Methode, aber die Vertreter dieser Methode haben, abgesehen davon, daß sie sich auf den Jahresabschluß des übernehmenden Unternehmens so günstig auswirkt, niemals angegeben, welche Vorteile diese Methode, vom Standpunkt einer getreuen Rechenschaftslegung aus gesehen, bietet.

Die fünfte Methode entspricht mehr dem „economic concept of profit". Die Notwendigkeit einer Abschreibung wegen nachhaltiger Ergebnisverschlechterung wird ja bestimmt durch die Frage, ob sich der Marktwert des goodwill nachhaltig verringert hat.

Sofern man sich für Aktivierung und Abschreibung entscheidet, ist die Frage interessant, welche Abschreibungsdauer zugrunde gelegt wird. In den Niederlanden ist vorgeschrieben, daß sich die Abschreibung nach der wirtschaftlichen Lebensdauer bemißt. Hierfür wird kein Zeitraum genannt; es wird jedoch verlangt, daß im Anhang eine Nutzungsdauer von wesentlich mehr als 5 Jahren begründet wird (§§ 386 Abs. 3, 389 Abs. 5 BW). In den USA wird als Maximum eine Nutzungs-

---

[12] Vgl. die revidierte Fassung des IAS 22 Tz. 40 ff. Bis 1994 war alternativ auch die Verrechnung mit dem Eigenkapital erlaubt. Vgl. dazu auch *Koberg,* IASC: Zehn revidierte Standards, Der Schweizer Treuhänder, S. 15–20, hier S. 20.

dauer von 40 Jahren genannt[13]; in der Praxis wird dieser Zeitraum vielfach angewandt. Das IASC empfiehlt 20 Jahre als Maximum,[14] ein Zeitraum, der auch im Vereinigten Königreich genannt wird.[15]

Die in den Niederlanden gewählte Möglichkeit, keinen Zeitraum zu nennen, sondern die Abschreibungsdauer an die wirtschaftliche Lebensdauer zu koppeln, bietet im Prinzip die Möglichkeit, für jede erworbene Beteiligung eine unterschiedliche Nutzungsdauer festzulegen. Die Nutzungsdauer braucht somit nicht für alle Beteiligungen gleich zu sein.

IV. Anforderungen der Rechnungslegungsvorschriften

Wie in der Einleitung ausgeführt, wird das Problem auf Basis des „accounting concept of profit" behandelt. Dieses Konzept wird durch eine Anzahl allgemein gültiger Grundsätze beherrscht. Für unser Problem sind hiervon das Prinzip der Vorsicht und das matching-Prinzip von besonderer Bedeutung.

Nach dem Prinzip der Vorsicht ist innerhalb des „accounting concept of profit" bei jedem Wertansatz für ein Aktivum zu prüfen, ob in Zukunft mit diesem Aktivum mindestens soviel Erträge erzielt werden, daß daraus die Abschreibungen auf den Buchwert gedeckt werden können.[16] Goodwill ist kein Aktivum, das selbst Erträge kreiert; wir sagen daher, es ist wirtschaftlich gesehen ein Abbild des zukünftigen Gewinnpotentials, das im Zusammenhang mit anderen Aktiva erwirtschaftet wird. Man kann auch sagen, daß er den zukünftigen Einnahmenstrom, soweit sich dieser nicht in der Bewertung der anderen Aktiva wiederspiegelt, repräsentiert.[17] Unter dem Gesichtspunkt des Vorsichtsprinzips ist es meiner Ansicht nach höchst zweifelhaft, ob dem Aktivum goodwill überhaupt ein Wert beigemessen werden kann. Dieses Aktivum schafft selbst keine Erträge und der Einnahmenstrom, aus dem sich sein Wert ableitet, ist der immer mit der Zukunft verbundenen Unsicherheit unter-

---

[13] Vgl. APB Opinion No. 17 Tz. 29.
[14] Vgl. IAS 22 Tz. 42.
[15] Vgl. ASB Discussion Paper „Goodwill and intangible assets", Tz. 4.3.1.
[16] Vgl. zum Verhältnis von Vorsichts- und Imparitätsprinzip *Leffson,* Die Grundsätze ordnungsmäßiger Buchführung, 7. Aufl., Düsseldorf 1987, S. 468. Vgl. zur internationalen Bedeutung des Vorsichtsgedankens *Küting/Weber,* a.a.O. (Fn. 1), S. 248f. und IASC, Framework, Tz. 37.
[17] Vgl. z. B. *Busse von Colbe/Ordelheide,* Konzernabschlüsse, 6. Aufl., Wiesbaden 1993, S. 206 f.

worfen, in diesem Fall umsomehr, als es sich um Zusatz-Einnahmen handelt.

Das matching-Prinzip bedeutet, daß den in der Gewinn- und Verlustrechnung ausgewiesenen Erträgen weitestmöglich die zum Erreichen der Erträge getätigten Aufwendungen gegenüber gestellt werden müssen.[18] Erst wenn diese beiden Größen einen positiven Saldo ergeben, kann von einem Gewinn gesprochen werden.

Zur Abgeltung der Gewinne der erworbenen Beteiligung ist an den früheren Eigentümer ein Betrag bezahlt worden. Nur wenn die Gewinne aus der Beteiligung in der Gewinn- und Verlustrechnung mit dem investierten Betrag „gematcht" werden, können Schlußfolgerungen gezogen werden, ob die Investition in die Beteiligung vernünftig war. Aufgrund dieses Prinzips muß daher der bezahlte goodwill mit den Erträgen aus der Beteiligung „gematcht" werden. Eine Abbuchung vom Kapital steht daher im Widerspruch zum matching-Prinzip.

V. Eine alternative Methode

Wenn man auf die bisherigen Ausführungen zurückblickt, kommt man zu dem Ergebnis, daß die genannten Methoden zur Berücksichtigung des erworbenen goodwills entweder dem Vorsichtsprinzip und/oder dem matching-Prinzip widersprechen.

Nachfolgend soll daher eine Methode beschrieben werden, die meiner Ansicht nach beiden Prinzipien gerecht wird. Diese Methode ist auch in einem Diskussionspapier, das der Accounting Standards Board im Vereinigten Königreich 1993 veröffentlicht hat, als mögliche Alternative genannt.[19]

Die Lösung zeigt eine große Ähnlichkeit mit der durch Philips in den 80er Jahren vorgenommenen Behandlung der durch Neubewertung entstandenen überproportionalen Gewinnbesteuerung. Philips vertrat den Standpunkt, daß diese Überproportionalität im Zeitpunkt der Neubewertung ausgewiesen werden mußte, da anderenfalls das Eigenkapital zu günstig gezeigt worden wäre.

Andererseits vertrat Philips die Ansicht, daß die Tatsache, daß der Fiskus erst im Zeitablauf die Werterhöhung besteuert, in der Gewinn-

---
[18] Vgl. zur Periodenabgrenzung ausführlich *Leffson,* a. a. O. (Fn. 16), S. 299 ff.; vgl. auch IASC, Framework, Tz. 22.
[19] Vgl. ausführlich zu den alternativen Bilanzierungsweisen des goodwill APB Discussion Paper „Goodwill and intangible assets", Tz. 4.1.1 ff.

und Verlustrechnung ihren Niederschlag finden muß. Eine Lösung wurde dahin gehend gefunden, daß eine Rückstellung für latente Steuern zu Lasten der Neubewertungsrücklage im Zeitpunkt der Neubewertung gebildet wurde. Andererseits wurden die Beträge wieder zu Lasten des Ergebnisses in die Neubewertungsrücklage im Zeitpunkt der tatsächlichen Steuerveranlagung eingestellt. Auf diese Weise wurde beiden Anforderungen entsprochen.

Im Hinblick auf die Behandlung des erworbenen goodwill ist eine analoge Lösung überlegenswert. Im Zeitpunkt der Bezahlung wird der goodwill vom Eigenkapital abgebucht. Dadurch wird erreicht, daß in der Bilanz kein Aktivposten, der dem Vorsichtsprinzip nicht entsprechen würde, ausgewiesen wird. In den Jahren, in denen die Gewinne aus der erworbenen Beteiligung vereinnahmt werden, erfolgen Einstellungen in das Eigenkapital zu Lasten der Gewinn- und Verlustrechnung. So wird auch dem matching-Prinzip entsprochen. Der Saldo aus Einstellung und Abschreibung gibt an, ob die Unternehmung eine vernünftige Investition getätigt hat.

Wie bereits erwähnt, wird die Alternative auch in dem englischen Diskussionspapier ganannt. Darin wird diese Alternative jedoch nicht sehr ernsthaft behandelt, da sie hinsichtlich des goodwill einen sehr zwiespältigen Standpunkt einnimmt: kein Aktivum, jedoch Abschreibung. Außerdem ist hierfür eine internationale Unterstützung nicht zu erwarten.

Die Argumente überzeugen mich aber nicht sonderlich. Es ist nämlich die Frage, ob das Auffüllen des Abzugspostens vom Eigenkapital eigentlich eine Form der Abschreibung ist. Ich sehe darin vielmehr eine Rechenschaftslegung des Unternehmens dadurch, daß der beim Erwerb bezahlte goodwill durch das erreichte Gewinnwachstum überprüft wird. Nur in dem Maße, wie das Wachstum sich manifestiert, kann der Abzug vom Eigenkapital rückgängig gemacht werden. Wird das erwartete Wachstum nicht erreicht, dann wird das Auffüllen des Abzugsposten nicht korrigiert. In diesem Fall ergeben Gewinnwachstum und goodwill-Aufwand einen negativen Saldo, der über das Ergebnis wiederum das Eigenkapital mindert.

Das Argument, daß diese Methode international nicht angewendet wird, hat keine Bedeutung. Das gilt für alle neuen Methoden. Die einzige Frage ist, ob diese Methode zu einer besseren, mehr Einblick gewährenden Information führt. Meiner Meinung nach ist das so. Daher ist es geboten, daß die Methode international diskutiert und vorgeschrieben wird.

BRUNO KROPFF

Rechtsfragen in der Abschlußprüfung

I. Rechtsfragen als Prüfungsgegenstand
  1. Unmittelbar anzuwendendes Recht und rechtliche Vorfragen
  2. Vorbehalte der Praxis
  3. Kein Ermessen bei der Abgrenzung der Prüfungsgegenstände
II. Notwendigkeit eines Ermessensspielraums
  1. Grenzen der rechtlichen Prüfung im Hinblick auf die Bedingungen der Abschlußprüfung
     a) Grenzen beim Aufgreifen von Rechtsfragen
     b) Grenzen der Prüfungsintensität
  2. Grenzen des juristischen Fachwissens
III. Das pflichtmäßige Ermessen des Prüfers
  1. Das Ermessen beim Aufgreifen von Rechtsfragen
  2. Das Ermessen bei der Prüfungsintensität
  3. Der Ermessensspielraum bei der Verlautbarung des Prüfungsergebnisses
IV. Zusammenfassung
V. Beispiel: Die Prüfung der Nichtigkeit des Jahresabschlusses
  1. Kontroverse Auffassungen im Berufsstand
  2. Die Nichtigkeit ist Prüfungsgegenstand
  3. Die Rechtsfrage der Nichtigkeit ist aufzugreifen
  4. Intensität der Prüfung
  5. Folgerungen für Prüfungsbericht und Bestätigungsvermerk
     a) Wiedergabe im Prüfungsbericht
     b) Wiedergabe im Bestätigungsvermerk

Hans Havermann gehört zu den Wirtschaftsprüfern, die sich – obwohl selbst nicht Jurist – in besonderem Maße um die Klärung der mit der Abschlußprüfung zusammenhängenden Rechtsfragen, aber auch um ihre gesetzliche Regelung verdient gemacht haben. Ich erinnere mich dankbar an unsere bis zu 35 Jahre zurückreichenden Gespräche, die damals auf die Vorarbeiten des Bundesjustizministeriums zum Bilanzrecht des Aktiengesetzes 1965 nicht ohne Einfluß geblieben sind. Daher mögen die folgenden Gedanken zum Ermessen des Abschlußprüfers bei Rechtsfragen auf sein Interesse stoßen.

I. Rechtsfragen als Prüfungsgegenstand

1. Unmittelbar anzuwendendes Recht und rechtliche Vorfragen

Nach § 317 Abs. 1 Satz 2 HGB hat sich die Prüfung des Jahresabschlusses darauf zu erstrecken, ob „die gesetzlichen Vorschriften und sie ergänzende Bestimmungen des Gesellschaftsvertrags oder der Satzung beachtet sind." Der Abschlußprüfer hat mithin die gesetzlichen Vorschriften (entsprechendes gilt für die im folgenden nicht mehr besonders erwähnten ergänzenden Bestimmungen der Satzung oder des Gesellschaftsvertrages) auf den ihm vorliegenden Jahresabschluß anzuwenden, also dessen Ansätze unter die gesetzlichen Vorschriften zu subsumieren. Diese Rechtsanwendung stellt ihn zwangsläufig vor Rechtsfragen. Ist z. B. zweifelhaft, ob der betreffende Bilanzansatz den §§ 246 ff. HGB entspricht, muß der Prüfer sich ein Urteil bilden und dies im Prüfungsbericht und u. U. auch im Bestätigungsvermerk zum Ausdruck bringen. Er trifft seine Entscheidung hierüber aufgrund einer rechtlichen Beurteilung.

Die Rechtsfragen, vor die der Abschlußprüfer gestellt wird, lassen sich schwerpunktmäßig zwei Hauptgebieten zuordnen. Erstens handelt es sich um das vom Abschlußprüfer unmittelbar anzuwendende Recht, hier in erster Linie das Bilanzrecht, also die Auslegung und Anwendung der handelsrechtlichen Vorschriften über den Jahresabschluß und den Konzernabschluß, also die §§ 238 bis 315, 336–340 j, 341–341 j HGB, zu denen weitere Vorschriften in Nebengesetzen sowie im Publizitätsgesetz treten. Durch die immer stärkere Verrechtlichung unseres Bilanzrechts – symptomatisch ist, daß sich die Zahl der einschlägigen Vorschriften mit jeder Reform (1931/37, 1965, 1985) etwa verdreifacht hat – haben die Rechtsfragen dieses Bereichs und dementsprechend auch die Kommentarliteratur stetig zugenommen. Ein zweiter Schwerpunkt des unmittelbar anzuwendenden Rechts sind die Prüfungsvorschriften, die vor allem im Handelsgesetzbuch (§§ 316–324, § 340 k, 341 k), aber auch im Berufsrecht kodifiziert sind. Für verbundene Unternehmen tritt als dritter Bereich das Konzernrecht hinzu, das bei der Prüfung des Konzernabschlusses, beim Ausweis der Konzernbeziehungen im Einzelabschluß und bei der Prüfung des Abhängigkeitsberichts unmittelbar Art und Umfang der Bilanzierung oder Prüfung bestimmt, den Prüfer aber außerdem auch oft vor rechtliche Vorfragen stellt.

Damit sind wir bei dem zweiten Hauptgebiet, den rechtlichen Vorfragen, die mittelbar den Umfang der Prüfung und Berichterstattung, namentlich Ansatz, Gliederung oder Bewertung der Bilanzgegenstände beeinflussen. Im Vordergrund steht hier neben dem schon erwähnten Konzernrecht das Steuerrecht, von dessen Anwendung und Auslegung, z. B. der Ansatz der Sonderposten mit Rücklageanteil (§ 247 Abs. 3, § 273 HGB), von steuerrechtlichen Abschreibungen (§§ 254, 279 Abs. 2, 281 HGB) oder von latenten Steuerposten (§§ 274, 306 HGB) abhängt. Besondere Bedeutung hat auch das Recht der Bürgschaften und Gewährleistungen, z. B. wenn bei Patronatserklärungen zu entscheiden ist, ob ein Vermerk nach § 251 HGB geboten ist und ob er ausreicht oder eine Pflicht zur Passivierung besteht. Es können aber bei nahezu jedem Bilanzposten rechtliche Vorfragen auftauchen, von deren Beurteilung die richtige Bilanzierung nach Grund und Höhe abhängt.[1] Vor allem die zutreffende Erfassung und Bewertung von Rückstellungen z.B. für Prozeßrisiken, Umweltschäden oder Patentverletzungen setzt voraus, daß das Risiko rechtlich beurteilt wird. Eine abschließende Aufzählung der in Betracht kommenden Vorschriften ist nicht möglich.[2] Gleichwohl sind auch die rechtlichen Vorfragen Gegenstand der Abschlußprüfung. Das galt schon zu § 162 AktG 1965, obwohl danach nur zu prüfen war, „ob die Bestimmungen des Gesetzes und der Satzung über den Jahresabschluß beachtet sind". Die Streichung der Worte „über den Jahresabschluß" in § 317 Abs. 1 Satz 2 hat ohne sachliche Änderung berück-

---

[1] Einen Überblick über die wichtigsten Vorfragen-Komplexe gibt *H.-P. Müller,* Pflicht des Abschlußprüfers zur Prüfung rechtlicher Vorfragen, in: Rechtliche Vorfragen im Jahresabschluß, ein Symposium, hrsg. v. der Treuarbeit, Düsseldorf 1991, S. 35–54; speziell über „Bilanzpolitisch motivierte Rechtsgeschäfte" dort auch *Kropff,* S. 9–33 (auch abgedruckt in: ZGR 1993, S. 41–62); ferner *Goerdeler/W. Müller,* Die Behandlung von nichtigen oder schwebend unwirksamen Anschaffungsgeschäften, von Forderungsverzichten und Sanierungszuschüssen im Jahresabschluß, WPg 1980, S. 313–322, hier S. 320.

[2] Vgl. *Adler/Düring/Schmaltz,* HGB, 5. Aufl., § 317, Rdn. 24.

sichtigt, daß die Prüfung sich auch auf die für den Abschluß erheblichen Vorfragen erstreckt.[3] Die Abschlußprüfung ist mithin auch eine Rechtsprüfung oder, wie sich das OLG Karlsruhe[4] ausgedrückt hat, eine Prüfung der Gesetzlichkeit. Darüber besteht im Grundsatz Einvernehmen.[5]

2. Vorbehalte der Praxis

In der Praxis wird allerdings die Prüfung von Rechtsfragen im Rahmen der Abschlußprüfung zurückhaltend gesehen und gehandhabt. Das ist verständlich. Das Berufsbild des Wirtschaftsprüfers wird durch die Betriebswirtschaft geprägt.[6] Sie steht, darüber sollen die hier erörterten Rechtsfragen keineswegs hinwegtäuschen, im Vordergrund seiner Aufgaben bei der Prüfung des Jahresabschlusses. Noch stärker bestimmt betriebswirtschaftliches Denken seine sonstigen beruflichen Tätigkeiten, etwa die Unternehmensbewertung oder Unternehmensberatung. Dies ist das Feld, auf dem er sich zu Hause fühlt.

Hinzu treten Erwägungen, die ich als berufspolitisch ansehen möchte. Beispielhaft werden sie bei *Adler/Düring/Schmaltz*[7] im Rahmen ihrer Erläuterungen zu der Frage angeführt, ob der Abschlußprüfer bei festgestellten Verstößen auch zu prüfen habe, ob diese den Jahresabschluß nichtig machen. Ich werde später (unter V.) auf diese Frage eingehen. *Adler/Düring/Schmaltz* meinen, es könne vom Abschlußprüfer nicht verlangt werden, daß er diese Frage in die Abschlußprüfung einbeziehe, u. a. weil

– die Rechtsfolgen eines Verstoßes „oft sehr schwierig zu beurteilen" sind,

– der Abschlußprüfer „damit Aufgaben an sich zieht, die den Gerichten zustehen" und

---

[3] Vgl. *Biener/Berneke*, Bilanzrichtlinien-Gesetz, Düsseldorf 1986, S. 404.
[4] OLG Karlsruhe, ZIP 1985, 409, 411.
[5] Z.B. FG 1/1988 Abschnitt C.I. mit Anm. 1; *Adler/Düring/Schmaltz*, HGB, 5. Aufl., § 317, Rdn. 24ff. und § 322, Rdn. 26; *Forster*, Juristen als Angehörige des Berufsstandes der Wirtschaftsprüfer, in: Bilanz- und Konzernrecht, Festschrift für Goerdeler, hrsg. v. Havermann, Düsseldorf 1987, S. 113–126, hier S. 118ff.; *H. P. Müller*, a.a.O. (Fn. 1), S. 37ff.; *Baetge/Fischer*, in: HdR, 3. Aufl., § 317 HGB Rn. 12.
[6] Vgl. § 2 Abs. 1 WPO; *Forster*, FS Goerdeler, a. a. O. (Fn. 5), S. 117; *Schedlbauer*, Berufsbild und Ausbildungswege des Wirtschaftsprüfers, DB 1991, S. 2093–2098, hier S. 2096ff.
[7] *Adler/Düring/Schmaltz*, HGB, 5. Aufl., § 322, Rdn. 78–80.

– der Abschlußprüfer „nicht davon ausgehen (könne), daß das jeweils angerufene Gericht seiner rechtlichen Würdigung folgen wird."

Die beiden letztgenannten Argumente ließen sich allerdings auf nahezu alle Rechtsfragen im Rahmen der Abschlußprüfung übertragen. Selbst Fragen im Kernbereich des Bilanzrechts oder des Rechts der Abschlußprüfung werden von den Gerichten nicht selten anders entschieden. Auch rechtliche Beurteilungen des Prüfers, die sich auf Stellungnahmen der Fachausschüsse des Instituts der Wirtschaftsprüfer stützen, werden von den Gerichten nicht immer akzeptiert.[8] Dem Prüfer geht es insoweit nicht anders als dem vor dem Verwaltungsgericht unterliegenden Minister. Zuzugeben ist aber, daß hier eine besondere berufspolitische Problematik steckt. Die ohnehin oft schwierige Stellung des Prüfers bei der Durchsetzung seiner fachlichen Auffassung wird nicht leichter, wenn die Berufsauffassung von den Gerichten desavouiert wird. Er mag zudem das Gefühl haben, daß die Finanzgerichte gelegentlich auch aus fiskalischen Gründen Bilanzierungsfragen gegen die fachliche Auffassung entscheiden. Doch ändert dies nichts daran, daß er im Rahmen seiner Prüfung Rechtsfragen beurteilen und sich auch insoweit u. U. einer gerichtlichen Überprüfung stellen muß.

Mehr Gewicht hat der Hinweis von *Adler/Düring/Schmaltz*[9], daß die Frage der Nichtigkeit „oft sehr schwierig" zu beurteilen sei. Das ist für die Nichtigkeit nach § 256 AktG sicher richtig[10] und gilt auch für viele andere rechtliche Vorfragen, insbesondere im Bereich des Konzernrechts und des Steuerrechts. Es ist auch verständlich, daß die Prüfung solcher Rechtsfragen auf besondere Bedenken stößt, weil bei ihnen die Gefahr besonders groß ist, daß ein Gericht später zu anderen Ergebnissen gelangt. Gleichwohl kann sich der Prüfer auch bei schwierig zu beurteilenden Rechtsfragen einer Prüfung nicht von vornherein entziehen, wenn sie für das Prüfungsergebnis erheblich sind. Wohl aber muß seine Prüfungspflicht und Verantwortung auf das im Rahmen einer

---

[8] Nicht nur von den oberen Bundesgerichten, vgl. Amtsgericht Duisburg, DB 1994, 466.
[9] *Adler/Düring/Schmaltz,* HGB, 5. Aufl., § 322, Rdn. 78.
[10] Es genügt ein Blick auf die in den Kommentaren erörterten Streitfragen, zuletzt bei *Hüffer,* Aktiengesetz, § 256 Rn. 6–27. Auch der Bundesgerichtshof (BGHZ 124, 111, auch ZIP 1993, 1862; AG 1994, 124; DB 1994, 84) ist kürzlich in einem Fall, in dem er die Nichtigkeit ohne lange Begründung feststellen zu können glaubte, auf Widerspruch gestoßen (z. B. bei *Müller,* Bilanzrecht und materieller Konzernschutz, AG 1994, S. 410 f.; *Schön,* Anmerkung zu der Entscheidung des BGH, JZ 1994, S. 684 und auch bei *Kropff,* Die Beschlüsse des Aufsichtsrats zum Jahresabschluß und zum Abhängigkeitsbericht, ZGR 1994, S. 628–643).

Abschlußprüfung zu Leistende begrenzt werden. Dies ist möglich, weil ihm – ebenso wie auch sonst bei der Durchführung der Prüfung[11] – beim Aufgreifen von Rechtsfragen, bei ihrer Prüfung und in Grenzen auch bei der Verlautbarung des Prüfungsergebnisses ein Ermessensspielraum einzuräumen ist. Ein solcher Ermessensspielraum bedeutet, daß der Prüfer im Rahmen des Gesetzes und der vom Gesetz vorgegebenen Prüfungsziele und Wertungen mit pflichtmäßiger Sorgfalt autonom über Art und Ausmaß seiner Prüfungshandlungen entscheiden kann, so daß der richterlichen Nachprüfung nur unterliegt, ob sich seine Entscheidung in diesem Rahmen gehalten hat. Er muß und kann auch bei Rechtsfragen seine Prüfungshandlungen „mit dem erforderlichen Maß an Sorgfalt so bestimmen, daß unter Beachtung der Grundsätze der Wesentlichkeit und der Wirtschaftlichkeit der Abschlußprüfung die geforderte Beurteilung der Rechnungslegung möglich wird".[12] Dazu soll im folgenden zunächst die Notwendigkeit eines Ermessensspielraumes auch bei Rechtsfragen im Rahmen der Abschlußprüfung dargestellt werden (II.) Sodann ist auf die für die Ausübung dieses Ermessens maßgebenden Gesichtspunkte einzugehen, und zwar beim Aufgreifen solcher Rechtsfragen (III.1.), bei ihrer Prüfung (III.2.) und bei der Verlautbarung des Prüfungsergebnisses (III.3.). Nach einer Zusammenfassung der Ergebnisse (IV.) sollen diese dann am Beispiel der im Berufsstand kontrovers diskutierten Fragen zur Stellung des Prüfers bei Nichtigkeit des Jahresabschlusses überprüft und vertieft werden (V.).

3. Kein Ermessen bei der Abgrenzung der Prüfungsgegenstände

Kein Ermessensspielraum besteht allerdings, soweit es darum geht, ob eine Rechtsfrage überhaupt Prüfungsgegenstand ist. Diese Frage ist von den später zu erörterten Fragen des Prüfungsumfangs und der Prüfungsdurchführung wohl zu unterscheiden. Welche Rechtsfragen Gegenstand der Abschlußprüfung sind, folgt aus dem gesetzlichen Prüfungsauftrag (§ 317 Abs. 1 HGB) und der gesetzlichen Pflicht, das Prüfungsergebnis im Prüfungsbericht und im Bestätigungsvermerk zu verlautbaren (§§ 321, 322 HGB). Wenn z. B. der zutreffende Ansatz einer Rückstellung von der rechtlichen Beurteilung des zugrundeliegenden Risikos abhängt, so ist die Beurteilung dieses Risikos durch das bilanzierende Unternehmen rechtlich Gegenstand der Abschlußprüfung. Das Unternehmen kann den Prüfer nicht hindern, sie zu überprüfen, der Prüfer nicht von der Einbeziehung in seine Prüfung absehen.

---

[11] Allgemein zum Ermessensspielraum des Prüfers FG 1/1988, Abschnitt B.I.
[12] FG 1/1988, Abschnitt B.I.

II. Notwendigkeit eines Ermessensspielraums

1. Grenzen der rechtlichen Prüfung im Hinblick auf die Bedingungen der Abschlußprüfung

a) Grenzen beim Aufgreifen von Rechtsfragen

Im Jahresabschluß schlagen sich alljährlich sämtliche Geschäftsvorfälle des abgelaufenen Jahres und oft auch früherer Jahre nieder. Unmöglich können im Rahmen der Abschlußprüfung alle diese Vorfälle darauf untersucht werden, ob sie für ihre Bilanzierung wesentliche rechtliche Vorfragen aufwerfen. Der Abschlußprüfer muß und darf grundsätzlich davon ausgehen, daß das Unternehmen bereits bei der Aufstellung von Jahresabschluß und Lagebericht rechtliche Zweifel berücksichtigt hat, z. B. rechtlich zweifelhafte Forderungen abgewertet oder ausreichende Rückstellungen für umstrittene Garantieleistungen gebildet hat. Er läßt sich dies vom Unternehmen in der berufsüblich eingeholten „Vollständigkeitserklärung"[13] versichern. Der Abschlußprüfer muß vielmehr – wie immer, wenn es um Art und Umfang von Prüfungshandlungen geht[14] – nach pflichtmäßigem Ermessen entscheiden, inwieweit er im Rahmen seiner Prüfung rechtliche Vorfragen aufgreift.

Zweifelhafter ist, ob ihm dieser Ermessensspielraum auch zusteht, soweit es um das von ihm unmittelbar anzuwendende Recht, also besonders das Bilanzrecht geht. Doch hat er auch insoweit nach dem Grundsatz der Wesentlichkeit und Wirtschaftlichkeit einen Ermessensspielraum. Z. B. kann die genaue Einordnung kleinerer Beträge in das gesetzliche Gliederungsschema für die geforderte Beurteilung der Rechnungslegung unerheblich sein. Je wesentlicher aber die rechtliche Beurteilung für das Prüfungsergebnis ist, desto notwendiger ist ihre Überprüfung im Rahmen der Abschlußprüfung. Das gilt vor allem, wenn sich Zweifel an der Rechtsauffassung aufdrängen, von der das Unternehmen bei der Aufstellung des Abschlusses ausgegangen ist.

b) Grenzen der Prüfungsintensität

Eine vertiefte rechtliche Prüfung ist im Rahmen der Abschlußprüfung oft nicht möglich. Sie würde zunächst voraussetzen, daß der Sachverhalt in tatsächlicher Hinsicht geklärt wird. Der Abschlußprüfer kann

---

[13] Vgl. FG 3/1988, Abschnitt C., Anm. 6; *Adler/Düring/Schmaltz*, HGB, 5. Aufl., § 320, Rdn. 15; WP-Handbuch 1992, Bd. I, P Tz. 148, 468f.
[14] Vgl. WP-Handbuch 1992, Bd. I, P Tz. 12.

zwar von den gesetzlichen Vertretern des geprüften Unternehmens alle Aufklärungen und Nachweise verlangen, die für eine sorgfältige Prüfung notwendig sind (§ 320 Abs. 2 HGB). Hingegen ist er nicht berechtigt, Auskünfte z. B. von Vertragspartnern oder Prozeßgegnern einzuholen oder Zeugen zu hören. Daher kann und muß er bei seiner rechtlichen Prüfung grundsätzlich von der Sachdarstellung des geprüften Unternehmens ausgehen, soweit sich nicht aus den ihm zugänglichen Unterlagen (§ 320 HGB) etwas abweichendes ergibt. Das begrenzt seine Verantwortung insbesondere bei der Prüfung konzernrechtlicher Vorfragen. Ob z. B. ein anderes Unternehmen, obwohl es nur mit Minderheit beteiligt ist, aufgrund seiner Hauptversammlungsmehrheit über beherrschenden Einfluß verfügt, hängt von der Verläßlichkeit dieser Hauptversammlungsmehrheit ab.[15] Kann der Vorstand begründet darlegen, daß diese Mehrheit nicht verläßlich ist, weil im Konfliktfall mit einer höheren Hauptversammlungspräsens zu rechnen wäre, ist dies für den Abschlußprüfer maßgebend.

Für die grundsätzliche Maßgeblichkeit der tatsächlichen Darstellung des Unternehmens spricht auch, daß dieses in der Regel über die größeren sachlichen und personellen Mittel zur Aufklärung des Sachverhalts verfügt. Bei wesentlichen Geschäftsvorfällen wird der Prüfer allerdings die seiner rechtlichen Beurteilung zugrundeliegende Sachdarstellung des Unternehmens im Prüfungsbericht wiedergeben und gegebenenfalls auf Zweifel hinweisen müssen.

Anders als bei tatsächlichen Fragen ist die rechtliche Beurteilung des geprüften Unternehmens für den Abschlußprüfer nicht maßgebend. Immerhin wird aber seine Prüfung in der Regel wesentlich dadurch erleichtert, daß bereits das geprüfte Unternehmen bei Aufstellung des Abschlusses die rechtlichen Vorfragen beantwortet haben muß. Der Prüfer kann Auskunft über die Gründe verlangen (§ 320 Abs. 2 HGB) und sie mit dem geprüften Unternehmen diskutieren. Er wird sich die Gründe oft zu eigen machen können, vor allem wenn das Unternehmen rechtlich beraten ist oder er bei dem Unternehmen das im konkreten Fall notwendige Fachwissen etwa in Gestalt einer qualifizierten Rechtsabteilung voraussetzen kann. Doch enthebt die Beurteilung des Unternehmens ihn nicht der eigenen Prüfung.

Der Rahmen der Abschlußprüfung begrenzt aber die Möglichkeiten dieser eigenen rechtlichen Prüfung. Oft werden die einschlägigen

---

[15] Vgl. BGHZ 69, 334, 347.

Rechtsfragen nicht bereits bei Vor- und Zwischenprüfungen, sondern erst nach Vorlage des Jahresabschlusses erkennbar sein (§ 320 Abs. 1 Satz 1 HGB). In der dann noch verbleibenden Prüfungszeit wird dem Prüfer eine vertiefte Beurteilung selbst wesentlicher rechtlicher Vorfragen oft nicht möglich sein. Zwangsläufig muß ihm auch insoweit ein Ermessensspielraum zugestanden werden. Es unterliegt seiner pflichtmäßigen Beurteilung, inwieweit er die rechtliche Beurteilung des geprüften Unternehmens ohne eigene vertiefte Prüfung übernehmen kann.

2. Grenzen des juristischen Fachwissens

Forster[16] hat auf den relativ hohen Anteil der Juristen unter den Wirtschaftsprüfern sowie auf die große Bedeutung der rechtlichen Prüfungsgebiete im Rahmen der Prüfungsordnung für Wirtschaftsprüfer[17] hingewiesen. Es steht außer Zweifel, daß Angehörige des Berufsstandes – Juristen wie Nichtjuristen – Hervorragendes für die rechtswissenschaftliche Durchdringung des Rechts der Abschlußprüfung und vieler anderer Rechtsgebiete geleistet haben. *Hans Havermann* ist dafür ein herausragendes Beispiel.

Trotzdem wird niemand leugnen, daß der rechtlichen Prüfung auch vom juristischen Fachwissen her Grenzen gezogen sind. Sie ergeben sich einmal durch die außerordentliche Vielfalt der möglichen Vorfragen, die zum Teil juristisches Spezialwissen erfordern. Man denke an die bei Bemessung der einschlägigen Rückstellungen auftauchenden Vorfragen im Bereich des Umweltrechts oder des gewerblichen Rechtsschutzes. Auch ist zu berücksichtigen, daß nur die größeren Prüfungsgesellschaften über eine eigene Rechtsabteilung mit juristischem Spezialwissen verfügen. Bei einem Einzelprüfer kann ein solches Spezialwissen nicht vorausgesetzt werden.

Letztlich bleibt die Möglichkeit, eine externe Beurteilung durch einen Rechtsanwalt oder Rechtswissenschaftler einzuholen.[18] Ob der Prüfer in Anwendung des § 320 Abs. 2 HGB verlangen kann, daß die geprüfte Gesellschaft ihm eine rechtsgutachtliche Stellungnahme vorlegt[19], erscheint mir zweifelhaft; mit den „Nachweisen" in § 320 Abs. 2

---

[16] *Forster*, FS Goerdeler, a. a. O. (Fn. 5), S. 113 ff.
[17] Vgl. § 5 der Prüfungsordnung für Wirtschaftsprüfer vom 31.7.1962, zuletzt geändert durch VO vom 22.2.1995, BGBl. I 1995, S. 233.
[18] Vgl. FG 1/1988, Abschnitt D.II.4 c) c4) und D.II.7, Anm. 4; WP-Handbuch 1992, Bd. I, P Tz. 390.
[19] So *H.-P. Müller*, a. a. O. (Fn. 1), S. 49.

HGB dürften nur Unterlagen gemeint sein, die im Unternehmen vorliegen oder von ihm selbst erstellt werden können. Doch kann der Prüfer selbst eine solche Stellungnahme einholen und dem Auftraggeber in Rechnung stellen (§ 670 BGB).[20] Zweckmäßig handelt der Prüfer dabei in Abstimmung mit der geprüften Gesellschaft.

Allerdings muß der Prüfer auch eine solche Stellungnahme Dritter grundsätzlich eigenverantwortlich nachprüfen, stets aber kritisch würdigen.[21] Zudem kommt das Einholen einer rechtlichen Beurteilung von außerhalb nach dem Prüfungsgrundsatz der Wesentlichkeit und Wirtschaftlichkeit nur in Ausnahmefällen in Betracht. Die Einholung eines Rechtsgutachtens wird oft schon aus Zeitgründen nicht möglich sein.

III. Das pflichtmäßige Ermessen des Prüfers

1. Das Ermessen beim Aufgreifen von Rechtsfragen

Angesichts dieser Grenzen können im Rahmen der Abschlußprüfung keinesfalls alle für die Gesetzmäßigkeit des Abschlusses erheblichen Fragen lückenlos und intensiv geprüft und rechtlich abschließend beurteilt werden. Der Prüfer muß vielmehr nach pflichtmäßigem Ermessen zunächst entscheiden, ob die Frage im Interesse des Prüfungsziels aufzugreifen ist. Maßgebend ist dabei in erster Linie ihre Bedeutung für das durch den Jahresabschluß vermittelte Bild (§ 264 Abs. 2 Satz 1 HGB). Das hängt nicht allein von quantitativen Gesichtspunkten, sondern von der Bedeutung der entsprechenden Angabe für die Informationsempfänger ab. Wenn Lizenzgebühren an ein Vorstandsmitglied gezahlt werden, wird – seien sie auch betragsmäßig unerheblich – die Rechtsfrage aufzugreifen sein, ob sie als Vorstandsbezüge anzugeben sind oder nicht. Hat eine qualifizierte Rechtsabteilung des Unternehmens bei der Abschätzung eines Prozeßrisikos mitgewirkt, kann auf die rechtliche Überprüfung der dafür gebildeten Rückstellung u. U. auch dann verzichtet werden, wenn sie erheblich ist.

Maßgebend muß zweitens sein, ob ein konkreter Anlaß, etwa ein begründeter Zweifel, es nahelegt, die rechtliche Beurteilung, von der der Vorstand bei seiner Bilanzierung ausgegangen ist, in Frage zu stellen. Schließlich kann es nach den Grundsätzen der Wesentlichkeit und der

---
[20] *H.-P. Müller,* a.a.O. (Fn. 1), S. 49; vgl. *Kropff,* in: Komm. AktG, § 163 Anm. 20.
[21] Vgl. FG 1/1988, Abschnitt D.II.7, Anm. 4; WP-Handbuch 1992, Bd. I, P Tz. 467.

Wirtschaftlichkeit sinnvoll sein, weniger erhebliche Rechtsfragen gar nicht erst aufzugreifen, wenn ihre einigermaßen qualifizierte Beurteilung in der für die Abschlußprüfung zur Verfügung stehenden Zeit doch nicht möglich ist.

2. Das Ermessen bei der Prüfungsintensität

Grundsätzlich die gleichen Gesichtspunkte begrenzen auch das Ermessen des Prüfers bei der Frage, wie intensiv eine von ihm aufgegriffene Rechtsfrage zu prüfen ist. Je wichtiger die Frage für das durch den Abschluß vermittelte Bild ist (§ 264 Abs. 2 Satz 1 HGB), je deutlicher Anhaltspunkte gegen die rechtliche Beurteilung des Unternehmens sprechen und je eher vom Prüfer eine eigenständige Beurteilung erwartet werden kann, desto intensiver muß die Frage – notfalls mit externer Hilfe – geprüft werden.

Grundsätzlich wird man dabei zwischen dem Bereich des unmittelbar anzuwendenden Rechts und dem der rechtlichen Vorfragen unterscheiden müssen. Es kann erwartet werden, daß der Prüfer die im Kern seiner Prüfungstätigkeit liegenden Fragen des Bilanzrechts und des Prüfungsrechts auch im engen Rahmen der Abschlußprüfung mit der vom Prüfungszweck her gebotenen Intensität aufgreifen und beantworten kann. Hingegen wird man ihm bei den rechtlichen Vorfragen, vor allem wenn sie entlegene Rechtsgebiete betreffen, einen größeren Ermessensspielraum zugestehen müssen. Doch gilt diese Unterscheidung nicht schematisch. Neu auftretende schwierige Bilanzierungsfragen – man denke an die Behandlung der Derivate - werden im Rahmen einer Abschlußprüfung oft nicht abschließend geklärt werden können.

Aus den Grenzen der Möglichkeit, im Rahmen der Abschlußprüfung Rechtsfragen zu prüfen, folgt schließlich eine Beschränkung des Prüfungszieles. Maßgebend ist nicht, ob der Prüfer den Rechtsstandpunkt des Unternehmens für richtig, sondern, ob er ihn für vertretbar hält.[22] Das unterscheidet seine Prüfung grundsätzlich von der des Richters. Hält er trotz eigener abweichender Ansicht den Rechtsstandpunkt des Unternehmens immerhin für vertretbar, sind Einwendungen (§ 322 Abs. 1 Satz 1 HGB) nicht zu erheben.

Jedoch ist nicht jede rechtlich begründbare, vielleicht auch rechtsgutachtlich oder von der einen oder anderen Stimme des Schrifttums

---

[22] Vgl. *H.-P. Müller,* a. a. O. (Fn. 1), S. 48, 50.

gestützte Meinung ohne weiteres in diesem Sinne vertretbar. Es ist zu berücksichtigen, daß der Jahresabschluß offengelegt werden muß (§ 325 HGB) und einem nach Zusammensetzung und Umfang nicht begrenzten Kreis von Beteiligten als Informationsquelle dient. Soweit zu einer Rechtsfrage höchstrichterliche Rechtsprechung oder eine eindeutig herrschende Ansicht im wissenschaftlichen Schrifttum besteht, muß damit gerechnet werden, daß diese von den Informationsempfängern zugrundegelegt wird. In der Regel kann dann nur sie als vertretbar angesehen werden. Die Informationsempfänger würden irregeführt, wenn der Abschluß in einer wesentlichen Frage für sie unerkennbar von einer anderen Rechtsauffassung ausgehen könnte.

Es sind Ausnahmefälle denkbar, in denen u.U. gerade der vorliegende Fall zeigt, daß die herrschende Meinung nicht haltbar ist. Auch dann wird aber die abweichende Rechtsmeinung des Unternehmens nur dann als vertretbar angesehen werden können, wenn im Anhang (§§ 284, 285 HGB) eindeutig und unter Darlegung der Konsequenzen auf sie hingewiesen wird. Zur Klarstellung kann darüber hinaus ein Zusatz zum Bestätigungsvermerk (§ 322 Abs. 2 HGB) geboten sein.

3. Der Ermessensspielraum bei der Verlautbarung des Prüfungsergebnisses

Der Abschlußprüfer verlautbart sein Prüfungsergebnis im Prüfungsbericht (§ 321 HGB) und im Bestätigungsvermerk (§ 322 HGB).[23] Adressat des Prüfungsberichts ist in erster Linie der Aufsichtsrat (§ 170 Abs. 1 AktG).[24] Ihn soll der Bericht über alle Prüfungsergebnisse unterrichten, die für seine Überwachungstätigkeit und insbesondere für seinen Beschluß über die Feststellung des Jahresabschlusses (§ 172 AktG) erheblich sind. Hingegen informiert der Bestätigungsvermerk in zusammengefaßter Form alle Leser des Abschlusses, ob Einwendungen zu erheben sind (§ 322 HGB).

---

[23] Daneben werden der Vorstand und (hoffentlich) der Aufsichtsratsvorsitzende manchmal noch in einem „Management-Letter" über – oft vertrauliche – Prüfungsergebnisse von geringerer Bedeutung informiert. Diese Form der Verlautbarung bleibt hier außer Betracht, weil sie die im Gesetz (§§ 321, 322 HGB) bestimmte Verlautbarung des Prüfungsergebnisses weder ersetzen noch einschränken kann, mag ihr auch in der Praxis große Bedeutung beigemessen werden, so von *Vogelsang,* Wirtschaftsprüfung im Geiste Eugen Schmalenbachs, WPg 1988, S. 645–648, hier S. 646.

[24] Vgl. *Kropff,* in: Komm. AktG, § 166 Anm. 3; Hense, Der Prüfungsbericht hat zu viele Empfänger, in: Rechenschaftslegung im Wandel, Festschrift für Budde, hrsg. v. Förschle u. a., München 1995, S. 287–311, hier S. 290 ff.

Für die Fragen, ob eine Berichtspflicht im Prüfungsbericht besteht oder eine Einschränkung des Bestätigungsvermerks geboten ist, gelten bei Rechtsfragen grundsätzlich keine Besonderheiten. Gelangt der Prüfer zu dem Ergebnis, daß die dem Jahresabschluß in einer nicht unwesentlichen Frage[25] zugrundeliegende Rechtsauffassung des Unternehmens nicht vertretbar ist, muß der Bestätigungsvermerk eingeschränkt oder versagt werden. Insoweit besteht kein Ermessensspielraum[26]; es ist eine von Gesetz und Satzung her (§ 317 Abs. 1 HGB) zu entscheidende Rechtsfrage, ob Einwendungen zu erheben sind oder nicht.

Hingegen ist ihm für die Entscheidung zwischen Einschränkung und Versagung ein Ermessensspielraum zuzubilligen.[27] Das Gesetz legt dies nicht fest (§ 322 Abs. 3 Satz 1 HGB). Grundsätzlich ist die Versagung geboten, wenn ein Positivbefund zu wesentlichen Teilen der Rechnungslegung nicht mehr möglich erscheint.[28] Ob diese Voraussetzung gegeben ist, kann besonders dann, wenn es auf die Beurteilung einer rechtlichen Vorfrage ankommt, unterschiedlich beurteilt werden. Denn dann kann sich u. U. ohne weiteres ein Positivbefund ergeben, wenn ein Gericht abweichend vom Prüfer urteilt. Ist dies nicht ganz unwahrscheinlich, so kann der Prüfer diese Möglichkeit bei seiner Entscheidung zwischen Einschränkung und Versagung berücksichtigen und den Bestätigungsvermerk nur einschränken, auch wenn auf der Grundlage seiner Rechtsauffassung ein Positivbefund nicht mehr möglich wäre. Dies gilt namentlich, seitdem § 322 Abs. 3 Satz 3 HGB vorschreibt, daß Einschränkung und Versagung in gleicher Weise zu begründen sind, so daß sie den Bilanzleser in annähernd gleicher Weise informieren.

---

[25] Mit „Einwendungen" (§ 322 Abs. 1 HGB) meint das Gesetz nur Beanstandungen, die nicht geringfügig sind; die teilweise gebrauchte Formulierung „wesentliche Beanstandungen" (vgl. FG 3/1988, Abschnitt C.III.; *Adler/Düring/Schmaltz*, HGB, 5. Aufl., § 322, Rdn. 62) scheint mir in der Praxis zu allzu großer Zurückhaltung bei Einschränkungen geführt zu haben; vgl. auch unten unter V.5.

[26] Vgl. *Kropff*, in: Komm. AktG, § 167 Anm. 19; Baumbach/Hueck-*Schulze-Osterloh*, GmbHG, 15. Aufl., § 41 Rn. 99; *Niehus/Scholz*, in: Meyer-Landrut u. a., GmbHG, §§ 238-335 HGB Rdn. 1515; *Erle*, Der Bestätigungsvermerk des Abschlußprüfers, eine Untersuchung zu § 322 HGB, Düsseldorf 1989, S. 166; *Leffson/Bönkhoff*, Zu Materiality-Entscheidungen bei Jahresabschlußprüfungen, in: Management und Kontrolle, Festgabe für Loitlsberger, hrsg. von Seicht, Berlin 1981, S. 61-78, hier S. 78; a. A. *Adler/Düring/Schmaltz*, HGB, 5. Aufl., § 322, Rdn. 55; *Sarx*, in: BeckBil-Komm., 2. Aufl., § 322, Anm. 39-43; WP-Handbuch 1992, Bd. I, O Tz. 380.

[27] Allgemein dazu WP-Handbuch 1992, Bd. I, O Tz. 385; Baumbach/Hueck-*Schulze-Osterloh*, GmbHG, 15. Aufl. § 41 Rn. 99.

[28] Allgemeine Ansicht, z. B. FG 3/1988, Abschnitt C.IV.; *Adler/Düring/Schmaltz*, HGB, 5. Aufl., § 322, Rdn. 76.

Im Prüfungsbericht (§ 321 HGB) ist das Prüfungsergebnis sehr viel weitergehend wiederzugeben. In für den Abschluß wesentlichen Fragen wird es dem Aufsichtsrat auch dann zu berichten sein, wenn der Prüfer die Auffassung des Unternehmens teilt, aber eine andere Beurteilung möglich ist. Dies gilt erst recht und auch bei weniger erheblichen Fragen, wenn der Prüfer die Rechtsauffassung des Unternehmens zwar nicht teilt, aber für vertretbar hält, so daß keine Folgerungen für den Bestätigungsvermerk zu ziehen sind. Der Aufsichtsrat hat dann Gelegenheit, sich selbst im Rahmen seiner Prüfung des Jahresabschlusses (§ 171 Abs. 1 AktG) ein Urteil zu bilden und u. U. auch Konsequenzen für die Überwachung zu ziehen. Es gilt der Grundsatz, daß im Zweifel eine Aufnahme in den Bericht geboten ist.

IV. Zusammenfassung

Zusammenfassend gilt also:

1. Auch Rechtsfragen sind Gegenstand der Abschlußprüfung, soweit sie unmittelbar oder als rechtliche Vorfragen den Inhalt des Jahresabschlusses oder des Lageberichts, soweit er zu prüfen ist, oder die Durchführung der Prüfung einschließlich der Verlautbarung des Prüfungsergebnisses beeinflussen. Ob eine Rechtsfrage hiernach Prüfungsgegenstand ist, bestimmt sich nach Gesetz und Satzung; ein Ermessensspielraum des Prüfers besteht nicht.

2. Hingegen entscheidet der Prüfer nach pflichtmäßigem Ermessen, ob die geforderte Beurteilung der Rechnungslegung es notwendig macht, daß er eine solche Rechtsfrage im Rahmen der Abschlußprüfung aufgreift, und mit welcher Intensität er sie prüft.

3. Maßgebend ist, ob die rechtliche Beurteilung des zu prüfenden Unternehmens vertretbar ist. Sie ist in der Regel nicht vertretbar, wenn sie von einer herrschenden Auffassung abweicht, die die Informationsempfänger mutmaßlich ihrer Beurteilung des Abschlusses zugrundelegen. Eine abweichende Rechtsauffassung kann ausnahmsweise vertretbar sein, wenn auf sie im Anhang ausdrücklich hingewiesen wird.

4. Über das Ergebnis der Prüfung wesentlicher Rechtsfragen ist im Prüfungsbericht (§ 321 HGB) zu berichten. Gelangt der Prüfer bei solchen Fragen zu dem Ergebnis, daß die rechtliche Beurteilung des zu prüfenden Unternehmens nicht vertretbar ist, so hat er den Bestätigungsvermerk einzuschränken oder zu versagen (kein Ermessensspielraum).

Ob eine Einschränkung oder eine Versagung geboten ist, entscheidet er nach pflichtmäßigem Ermessen nach Maßgabe der allgemein hierfür geltenden Gesichtspunkte.

V. Beispiel: Die Prüfung der Nichtigkeit des Jahresabschlusses

1. Kontroverse Auffassungen im Berufsstand

Die vorstehend abstrakt formulierten Thesen sollen am Beispiel der Frage angewandt und vertieft werden, ob die Nichtigkeit eines Jahresabschlusses Prüfungsgegenstand ist und welche Folgerungen der Abschlußprüfer zu ziehen hat, wenn er zu dem Ergebnis gelangt, daß der Jahresabschluß rechtlich nichtig ist. Gehört doch diese Frage zu den wenigen Rechtsfragen, die von den Fachgutachten des Instituts der Wirtschaftsprüfer einerseits und den großen Wirtschaftsprüfer-Kommentaren andererseits unterschiedlich beurteilt werden.

Das Fachgutachten 3/1988[29] sagt: „Liegt nach Auffassung des Abschlußprüfers ein Nichtigkeitsgrund vor, so ist grundsätzlich eine Versagung (des Bestätigungsvermerks) geboten".[30] In der Anmerkung 1 wird zunächst die gesetzliche Regelung in § 256 AktG[31] auszugsweise wiedergegeben: „Bei Verstößen gegen Gliederungsvorschriften und bei fehlerhafter Bewertung von Bilanzposten ist ein Jahresabschluß nur dann nichtig, wenn die Rechnungslegung dadurch wesentlich beeinträchtigt wird und im Falle der Unterbewertung die Vermögens- und Ertragslage vorsätzlich unrichtig wiedergegeben oder verschleiert wird. Bei einem verbleibenden Zweifel darüber, ob eine wesentliche Beein-

---

[29] FG 3/1988, Abschnitt C.IV.
[30] H. A. schon zum früheren Recht; Nachweise bei *Kropff,* in: Komm. AktG, § 166 Anm. 24; zu § 322 HGB z. B. Baumbach/Hueck-*Schulze-Osterloh,* GmbHG, 15. Aufl., § 41 Rn. 99; *Marks,* Entwicklungstendenzen beim Bestätigungsvermerk, WPg 1989, S. 121–128 und S. 164–173, hier S. 128; *Baumbach/Hopt,* HGB, 29. Aufl., § 322 Anm. 6.
[31] Die Vorschrift wird jedenfalls in ihren für die Abschlußprüfung wesentlichen Teilen auf die GmbH entsprechend angewandt, vgl. z. B. Baumbach/Hueck-*Schulze-Osterloh,* GmbHG, 15. Aufl., § 42 a Rn. 22; *Lutter/Hommelhoff,* GmbHG, 14. Aufl., Anh. § 47 Rn. 25 f. Insoweit im wesentlichen auch *Geßler,* Nichtigkeit und Anfechtung des GmbH-Abschlusses nach dem Bilanzrichtlinien-Gesetz, in: Bilanz- und Konzernrecht, Festschrift für Goerdeler, hrsg. v. Havermann, Düsseldorf 1987, S. 127–148, hier S. 135 ff. mit Einschränkungen hinsichtlich der entsprechenden Anwendung des § 256 Abs. 1 Nr. 4 auf gesellschaftsvertraglich zu bildende Rücklagen (S. 138).

trächtigung vorliegt und insbesondere auch darüber, ob im Falle der Unterbewertung Vorsatz gegeben ist, wird der Abschlußprüfer sorgfältig abzuwägen haben, ob er anstelle einer Versagung seinen Pflichten nicht eher durch eine Einschränkung des Bestätigungsvermerks gerecht wird." Dem folgt grundsätzlich das WP-Handbuch 1992[32], das aber die Zweifelsfälle noch etwas deutlicher anspricht. Auch nach ihm hat aber der Abschlußprüfer „die grundsätzliche Verpflichtung, einen Versagungsvermerk zu erteilen, jedoch unter Beachtung der dargestellten Sachverhalte abzuwägen, ob im konkreten Fall eine Versagung des Bestätigungsvermerks geboten ist oder ob eine Einschränkung – gegebenenfalls unter Hinweis auf die Nichtigkeitsfolge des Gesetzes- oder Satzungsverstoßes – vorzuziehen ist."

Grundsätzlich anderer Ansicht sind *Adler/Düring/Schmaltz*.[33] Sie verneinen bereits, daß die Frage, ob ein Verstoß den Abschluß gem. § 256 AktG nichtig macht, Gegenstand der Abschlußprüfung sei. Es könne vom Abschlußprüfer „nicht verlangt werden, daß er sich außer mit der Frage, ob ein Verstoß gegen die gesetzlichen Vorschriften vorliegt, auch noch abschließend mit den oft sehr schwierig zu beurteilenden Rechtsfolgen befaßt". Man werde „daher nur in für ihn eindeutigen Fällen einer Nichtigkeit bei Einschränkung des Testats einen Hinweis auf die Nichtigkeitsfolgen erwarten dürfen". Weniger deutlich in der Frage, ob die Nichtigkeit Gegenstand der Prüfung ist, aber im Ergebnis wohl übereinstimmend mit *Adler/Düring/Schmaltz,* äußern sich der Beck'sche Bilanzkommentar[34] und andere Autoren.[35]

2. Die Nichtigkeit ist Prüfungsgegenstand

Indes ist die Frage, ob ein Verstoß den Jahresabschluß nichtig macht, sehr wohl Gegenstand der Abschlußprüfung, so daß insoweit kein Ermessensspielraum besteht (oben I.2.). Sie ist rechtliche Vorfrage eines Gesamturteils über den Jahresabschluß. Die Nichtigkeit ist nicht allein Rechtsfolge festgestellter Verstöße. Sie erstreckt vielmehr die

---

[32] Bd. I, O Tz. 392.
[33] *Adler/Düring/Schmaltz,* HGB, 5. Aufl., § 322, Rdn. 77-81.
[34] *Sarx,* in: BeckBil-Komm., 2. Aufl., § 322, Anm. 44-48.
[35] *Claussen/Korth,* in: Kölner Komm. AktG, 2. Aufl., § 322, Rn. 23; *Breycha/Schäfer,* in: HdR, 3. Aufl., § 322 HGB Rn. 45-47; *Herrmann,* Der ungedeckte Fehlbetrag nach § 268 Abs. 3 HGB und die Folgepflichten für Abschlußprüfer und Gesellschaftsorgane in AG und GmbH, ZGR 1989, S. 273-304, hier S. 291-295.

Rechtsfolgen des Verstoßes auf den gesamten Jahresabschluß. Er ist dann nicht die alljährlich vom Kaufmann geforderte Rechnungslegung.[36] Wenn ein Verstoß den Abschluß nichtig macht, ist das Ergebnis der Prüfung nicht die Feststellung, daß einzelne Ansätze nicht die gesetzlichen Vorschriften beachten, sondern, daß der gesamte Abschluß nicht die den gesetzlichen Vorschriften entsprechende Rechnungslegung ist.

Weitere Überlegungen bestätigen die Prüfungspflicht. Das Gesetz verlangt, daß Einschränkungen des Bestätigungsvermerks so darzustellen sind, daß deren Tragweite deutlich erkennbar wird (§ 322 Abs. 3 Satz 3 und 4 HGB). Obwohl dies ausdrücklich nur für Einschränkungen gesagt ist[37], geht das Gesetz offenbar davon aus, daß bei Verstößen auch die Auswirkungen des Verstoßes Gegenstand der Prüfung sind.[38] Für die „Tragweite" eines Verstoßes ist es gewiß erheblich, ob er den Abschluß insgesamt nichtig macht oder machen kann; dies vor allem, weil bei Nichtigkeit des Jahresabschlusses auch der Gewinnverwendungsbeschluß nichtig ist (§ 253 Abs. 1 AktG).

Zum dritten: Der Prüfungsbericht nach § 321 HGB muß nach seinem Sinn und Zweck den Aufsichtsrat informieren, ob ein festgestellter Verstoß den Abschluß nichtig macht. Der Bericht ist die wichtigste Unterlage für den Aufsichtsratsbeschluß über den Jahresabschluß (§ 172 AktG) und für den Bericht des Aufsichtsrats an die Hauptversammlung (vgl. § 171 Abs. 2 Satz 3 AktG). Daher sind in ihn bei Beanstandungen alle Umstände aufzunehmen, die für die Entscheidung des Aufsichtsrats über die Feststellung erheblich sind.[39] Der Bericht verfehlt seinen Zweck, wenn er zu der Frage schweigt, ob ein Beschluß des Aufsichtsrats, den Abschluß in der vorliegenden Form festzustellen, überhaupt wirksam wäre.

Schließlich verlangt auch die in § 321 Abs. 2 HGB zum Ausdruck kommende Treuepflicht des Abschlußprüfers[40], daß er prüft und gegebenenfalls berichtet, ob nach seiner Auffassung der von ihm festgestellte Mangel einen gleichwohl gefaßten Feststellungsbeschluß und bei

---

[36] *Hüffer*, Aktiengesetz, § 256 Rn. 32 und in *Geßler/Hefermehl/Eckardt/Kropff*, Komm. AktG, § 256 Rn. 106.
[37] Zur Handhabung bei Versagungen *Adler/Düring/Schmaltz*, HGB, 5. Aufl., § 322, Rdn. 51.
[38] Zu Angaben über die Tragweite bei Versagung *Adler/Düring/Schmaltz*, HGB, 5. Aufl., § 322, Rdn. 51; WP-Handbuch 1992, Bd. I, O Tz. 419.
[39] Vgl. auch FG 2/1988, Abschnitt B., Anm. 2.
[40] Vgl. *Adler/Düring/Schmaltz*, HGB, 5. Aufl., § 321, Rdn. 157.

Ausweis eines Bilanzgewinns auch den Gewinnverwendungsbeschluß nichtig macht.

Gegen die Prüfungspflicht spricht auch nicht die Überlegung[41], daß ein uneingeschränktes Testat keineswegs die Wirksamkeit des Abschlusses garantieren kann. Das ist richtig, schon deshalb, weil auch Mängel der späteren Feststellung, die mithin zwangsläufig nicht Prüfungsgegenstand sein können, den Abschluß nichtig machen können (§ 256 Abs. 2 und 3 AktG). Der Abschlußprüfer kann selbstverständlich nur die für ihn erkennbaren und erkannten Mängel berücksichtigen, wenn er prüft, ob der Abschluß in der ihm vorliegenden Form überhaupt wirksam festgestellt werden kann. Das macht aber die Prüfung keineswegs sinnlos.

3. Die Rechtsfrage der Nichtigkeit ist aufzugreifen

Grundsätzlich steht es, wie unter I.2. gesagt, im Ermessen des Abschlußprüfers, ob er eine Rechtsfrage, die Gegenstand der Abschlußprüfung ist, aufgreift. Führt aber die Prüfung zu Einwendungen (§ 322 HGB), so besteht stets auch Anlaß, die Frage der Nichtigkeit nach § 256 AktG zu prüfen. Denn bei Einwendungen liegt stets die Möglichkeit nicht fern, daß sie den Abschluß nichtig machen.

Ein Ermessensspielraum bestände allerdings, wenn der Abschluß wegen inhaltlicher Mängel nichtig sein könnte, ohne daß Einwendungen (§ 322 HGB) zu erheben sind. Anscheinend gehen *Adler/Düring/Schmaltz* von dieser Möglichkeit aus, wenn sie sagen: „Steht ... die Nichtigkeitsfolge nicht eindeutig fest, so kann die Erteilung eines uneingeschränkten Bestätigungsvermerks in Betracht kommen".[42] Nach der Verweisung auf eine andere Kommentarstelle[43] scheint dabei an „kleinere Einwendungen" gedacht zu sein, „die zu keinen Folgerungen seitens des Abschlußprüfers für den Bestätigungsvermerk geführt haben". Danach müßten zur Testateinschränkung führende Mängel schwerer wiegen als Mängel, die zur Nichtigkeit führen. Damit wird das Verhältnis von Einwendungen (§ 322 HGB) und Nichtigkeit (§ 256 AktG) umgekehrt. Vielmehr folgt aus Wortlaut (insbesondere § 256 Abs. 4, Abs. 5 Nr. 2) und Sinn des § 256 AktG, daß die schwere Rechtsfolge der Nichtigkeit nicht bei jeder Einwendung i. S. von § 322 Abs. 1 HGB eintreten soll. Der Grundsatz, daß unwesentliche Beeinträchtigungen nicht

---

[41] So *Adler/Düring/Schmaltz*, HGB, 5. Aufl., § 322, Rdn. 80f.
[42] Vgl. *Adler/Düring/Schmaltz*, HGB, 5. Aufl., § 322, Rdn. 79.
[43] Vgl. *Adler/Düring/Schmaltz*, HGB, 5. Aufl., § 321, Rdn. 84.

zu Einwendungen gem. § 322 HGB führen, gilt, richtig verstanden[44], in mindestens gleicher Weise für die Nichtigkeit nach § 256 AktG, die selbst im Falle der Überbewertung (§ 256 Abs. 5 Nr. 1 AktG) nur bei nicht unwesentlichem Verstoß eintritt.[45]

4. Intensität der Prüfung

Angesichts der schon erwähnten Unschärfen des § 256 AktG – oben unter I.2. – wird die Prüfung, ob ein festgestellter Verstoß den Abschluß nichtig macht, in vielen Fällen nicht zu einem eindeutigen Ergebnis führen. Ob ein Gliederungsverstoß die Klarheit und Übersichtlichkeit „wesentlich beeinträchtigt" (Absatz 4), eine Unbewertung die „Vermögens- und Ertragslage vorsätzlich unrichtig wiedergibt oder verschleiert" (Abs. 5 Nr. 2) kann im konkreten Fall unterschiedlich beurteilt werden. Ist Nichtigkeit nach § 256 AktG nicht eindeutig gegeben, so muß dem Prüfer nach den Überlegungen unter I. ein Ermessensspielraum in der Frage eingeräumt werden, wie intensiv er – u. U. auch gestützt auf den Rechtsrat Dritter – der Frage nachgeht, ob die von ihm festgestellten Mängel den Abschluß nichtig machen. Allerdings ist das Ergebnis der Prüfung, gleichgültig wie es ausfällt, in den Bericht nach § 321 HGB aufzunehmen (unten 5.a). Das zwingt, Gründe und Gegengründe sorgfältig zusammenzustellen und abzuwägen.

5. Folgerungen für Prüfungsbericht und Bestätigungsvermerk

a) Wiedergabe im Prüfungsbericht

Über das Ergebnis dieser Prüfung ist jedenfalls im Prüfungsbericht nach § 321 HGB zu berichten. Das folgt aus dem Zweck dieses Berichts,

---

[44] Daß die Praxis hier z. T. zu großzügig verfährt, d. h. auch bei nicht geringfügigen Beanstandungen ein uneingeschränktes Testat erteilt, könnte zu der viel beklagten „Erwartungslücke" (vgl. *Forster,* Zur „Erwartungslücke" bei der Abschlußprüfung, WPg 1994, S. 789–793) beigetragen haben. Zur Frage, wann eine Beanstandung wegen Unerheblichkeit keine Einwendungen i. S. von § 322 Abs. 1 HGB begründet vgl. *Kropff,* in: Komm. AktG, § 167 Anm. 18–20; enger *Leffson/Bönkhoff,* a. a. O. (Fn. 26), S. 78.

[45] Vgl. BGHZ 83, 341, 347; *Zöllner,* in: Kölner Komm. AktG, § 256 Rn. 25; *Hüffer,* Aktiengesetz, § 256 Rn. 25 und in *Geßler/Hefermehl/Eckardt/Kropff,* Komm. AktG, § 256 Rn. 87; zur GmbH Baumbach/Hueck-*Schulze Osterloh,* GmbHG, 15. Aufl., § 42 a Rn. 23; insoweit auch Übereinstimmung zwischen *Wichmann* und *Schedlbauer;* vgl. ihre Kontroverse „Die Gefährdung der Bestandskraft von Jahresabschlüssen nur durch wesentliche Überbewertung?", DB 1993, S. 340–342.

dem Aufsichtsrat möglichst alle Handhaben zu geben, die er für seine Prüfung der Rechnungslegung (§ 171 Abs. 1 und 2 AktG) und für seinen Beschluß über die Feststellung des Jahresabschlusses (§ 172 AktG) benötigt. Die Berichtspflicht besteht m. E. auch, wenn der Abschlußprüfer zu dem Ergebnis gelangt ist, daß der von ihm festgestellte Einwand die Nichtigkeit nicht oder möglicherweise nicht nach sich zieht (weil z. B. der Gliederungsverstoß die Klarheit und Übersichtlichkeit nicht wesentlich beeinträchtigt, § 256 Abs. 4 AktG). Der Aufsichtsrat muß auf die Frage hingewiesen werden, damit er auch selbst verantwortlich prüfen kann, ob eine wirksame Feststellung des Abschlusses in dieser Form möglich ist.

b) Wiedergabe im Bestätigungsvermerk

Gelangt der Abschlußprüfer eindeutig zu dem Ergebnis, daß der Mangel den Abschluß nichtig macht, so muß dies auch nach außen, also in seinem Vermerk zum Jahresabschluß (§ 322 HGB) zum Ausdruck kommen. Jeder am Abschluß Interessierte muß dann aus dem Vermerk ersehen können, daß dieser Abschluß nach Auffassung des Prüfers nicht die vom Gesetz geforderte Rechnungslegung ist, auf die er vertrauen kann, sondern daß rechtlich die Neuaufstellung des Abschlusses mit u. U. anderen Zahlen geboten ist. Weist der Abschluß einen Bilanzgewinn aus, so muß auf die Nichtigkeit auch deshalb hingewiesen werden, weil ein Gewinnverwendungsbeschluß nichtig wäre (§ 253 AktG).[46] Die Verlautbarung dieses Prüfungsergebnisses „nach außen" darf nicht allein dem Bericht des Aufsichtsrats (§ 171 Abs. 2 Satz 2 AktG) überlassen werden, zumal der Abschlußprüfer auf die Formulierung dieses Berichts keinen Einfluß hat und dieser Bericht zwar auszulegen (§ 175 Abs. 2 AktG), aber nicht in gleicher Weise wie der Abschluß nebst Bestätigungsvermerk offenzulegen ist (§ 325 HGB). Der Hinweispflicht läßt sich nicht entgegenhalten, daß die Nichtigkeit nach Ablauf bestimmter Fristen nicht mehr geltend gemacht werden kann (§ 256 Abs. 6 AktG).[47] Bis zum Ablauf der hier in Betracht kommenden Frist – bei inhaltlichen Mängeln des Abschlusses 3 Jahre seit Bekanntmachung – gelten alle vorstehenden Gesichtspunkte.

---

[46] Auch diese Vorschrift gilt für die GmbH entsprechend; vgl. Baumbach/Hueck-*Schulze-Osterloh*, GmbHG, 15. Aufl., § 42 a Rn. 37, Baumbach/Hueck-*Hueck*, GmbHG, 15. Aufl., § 29 Rn. 43; Scholz/*Emmerich*, GmbHG, 8. Aufl., § 29 Rdn. 76.

[47] So aber *Adler/Düring/Schmaltz*, HGB, 5. Aufl., § 322, Rdn. 80, allerdings unter Hinweis nur auf die für inhaltliche Mängel des Abschlusses nicht geltende Heilungsfrist von 6 Monaten (§ 256 Abs. 6 Satz 1 AktG).

Demgegenüber ist von geringerer Bedeutung, ob der Hinweis mit einer Einschränkung des Bestätigungsvermerks oder mit einem Versagungsvermerk[48] verbunden wird. Da der Abschluß nach Ansicht des Prüfers insgesamt nicht dem Gesetz entspricht und der Bestätigungsvermerk mithin nicht den ersten Satz der in § 322 Abs. 1 Satz 1 HGB bestimmten Fassung enthalten kann, ist eine Versagung geboten.[49] Nur eine Versagung führt dann auch dem Aufsichtsrat und allen Informationsempfängern das volle Gewicht der Einwendungen vor Augen. Das Fachgutachten 3/1988[50] trifft mithin in der Grundsatzfrage zu.

Gelangt der Prüfer aber zu keiner gesicherten Auffassung darüber, ob der Abschluß nichtig ist oder nicht, so muß er nach pflichtmäßigem Ermessen entscheiden, ob eine Einschränkung oder Versagung geboten ist. Die mögliche Nichtigkeit zwingt dann nicht zur Versagung, selbst wenn sie nach Meinung des Prüfers näher liegt als die Wirksamkeit des Abschlusses. Lassen dann die festgestellten Mängel im Falle der Wirksamkeit des Abschlusses noch Raum für einen Positivbefund, so genügt eine Einschränkung des Bestätigungsvermerks. Sprechen gewichtige Gründe für die Nichtigkeit, so wird diese Einschränkung allerdings mit einem Hinweis auf die drohende Nichtigkeit versehen werden müssen. Er könnte im Anschluß an die Darstellung der Gründe für die Einschränkung etwa lauten: Auf die Möglichkeit daß der Abschluß gem. § 256 AktG nichtig ist, wird hingewiesen.

---

[48] Früher wurde gegen eine Versagung auch vorgebracht, daß ihre Gründe nicht angegeben werden könnten. Das war schon früher unrichtig – vgl. *Kropff,* in: Komm. AktG, § 167 Rn. 17, 24 – und kann jetzt im Hinblick auf die Pflicht, auch eine Versagung zu begründen (§ 322 Abs. 3 Satz 3 HGB), nicht mehr eingewandt werden.

[49] A.A. *Adler/Düring/Schmaltz,* HGB, 5. Aufl., § 322, Rdn. 79, die auch bei eindeutiger Nichtigkeit nur eine Einschränkung in Betracht ziehen.

[50] Vgl. oben unter V.1. und Fn. 29.

JÜRGEN KRUMNOW

Risikosteuerung im derivativen Geschäft

I. Entwicklung des Geschäfts in Derivaten
II. Organisation der Risikosteuerung in Derivaten
   1. Mindestanforderungen an die Organisationsstruktur des Handels
   2. Organisationsstruktur des Handels
   3. Organisation des Risikocontrolling
III. Risikosteuerung von Derivaten
   1. Zum Begriff des Risikos
   2. Risiken von Derivaten und ihre Steuerung
      a) Preisrisiken und ihre Steuerung
         aa) Preisrisiken
         ab) Die Steuerung von Preisrisiken
      b) Ausfallrisiken und ihre Steuerung
         ba) Ausfallrisiken
         bb) Die Steuerung von Ausfallrisiken
      c) Liquiditätsrisiken und ihre Steuerung
      d) Sonstige Risiken und ihre Steuerung
   3. Integration von Risiko- und Performancesteuerung
IV. Offenlegung des Derivativgeschäfts
   1. Behandlung der Derivate im externen Rechnungswesen
   2. Publizität von Derivaten

I. Entwicklung des Geschäfts in Derivaten

In den letzten Jahren hat der Handel in Derivaten ein rasantes Wachstum erlebt. Das Derivativgeschäft ist mittlerweile zum treibenden Faktor der Handelsaktivitäten geworden. Umsätze in Derivaten sind inzwischen um ein Vielfaches höher als die in den entsprechenden Kassainstrumenten. Während die Bedeutung der Kassainstrumente in den Hintergrund tritt, gewinnen Handels- und Portfoliostrategien sowie deren Realisierung durch flexible derivative Instrumente mehr und mehr an Bedeutung. Daneben erfordert der Einsatz von Derivaten eine ebenso sachgerechte Handhabung wie auch Kontrolle, wie Beispiele von Derivativgeschäften mit der Folge erheblicher finanzieller Verluste für einzelne Marktteilnehmer immer wieder zeigen.

Das Volumen ausgewählter börsengehandelter und außerbörslicher Finanzderivate wird, gemessen an den Nominalbeträgen, per Ende 1993 von der Bank für Internationalen Zahlungsausgleich auf 15 Billionen US-$ beziffert.[1] Als besonders wachstumsstark zeigten sich die außerbörslichen (OTC-) Derivate. Weitaus umsatzstärkster Bereich bei derivativen Produkten ist der Swapmarkt. Allein das ausstehende Swapvolumen betrug Ende 1993 7,1 Billionen US-$. Die deutschen Banken sind nach Angaben der Deutschen Bundesbank mit schätzungsweise 10% am Swapvolumen beteiligt.[2] Das Volumen sämtlicher maßgeblicher bilanzunwirksamer Geschäfte betrug Mitte 1994 insgesamt etwa 8,2 Billionen DM.[3] Dieser Betrag entspricht etwa dem 1,32-fachen der Bilanzsumme der deutschen Banken, die derivative Geschäfte betreiben. Im internationalen Vergleich sind diese Relationen eher bescheiden. Bei anderen weltweit tätigen Banken nehmen die Gesamtvolumina der Derivate mit einem Zehn- bis Zwölffachen der Bilanzsumme andere Dimensionen an.

Ursächlich für das Wachstum der Derivate waren häufig restriktive gesetzliche Regulierungen und Transferhemmnisse im internationalen Kapitalverkehr, die durch Derivate umgangen werden konnten. Das

---

[1] Vgl. *Bank für Internationalen Zahlungsausgleich* (BIZ), Basel, in: Deutsche Bundesbank, Bilanzunwirksame Geschäfte deutscher Banken, Monatsbericht 11/1994, S. 42–57.

[2] Vgl. *Deutsche Bundesbank,* Bilanzunwirksame Geschäfte deutscher Banken, Monatsbericht 10/1993, S. 47–69.

[3] Diese Volumensangabe ist nicht ohne weiteres mit den ISDA-Angaben zum derivativen Geschäft zu vergleichen, da von der ISDA Doppelzählungen von Kontrakten zwischen ISDA-Mitgliedern eliminiert werden.

anhaltende Wachstum der Derivate ist jedoch auf das gestiegene Bedürfnis von international tätigen Gesellschaften nach adäquaten Absicherungsmöglichkeiten gegenüber zunehmenden Marktpreisschwankungen zurückzuführen.

Diese Entwicklungen fanden vor dem Hintergrund einschneidender Veränderungen rechtlicher Rahmenbedingungen des internationalen Bankgeschäfts und Kapitalverkehrs statt. Mit den Stichworten Deregulierung und Liberalisierung werden diese Entwicklungen zutreffend beschrieben.

Im Geschäft mit derivativen Finanzinstrumenten verfolgen Kreditinstitute auch Eigeninteressen, da sie ein höheres, durch derivative Finanzinstrumente zu befriedigendes Absicherungsbedürfnis haben. Neben dem sog. Hedging nutzen sie Derivate auch für sich gegebenenfalls bietende Arbitragemöglichkeiten zwischen verschiedenen Produkten und Märkten.

Darüber hinaus hatten Kreditinstitute zumindest zeitweise die Möglichkeit, ihre Eigenkapitalkosten zu senken, indem sie das durch die Bankaufsicht stark reglementierte bilanzwirksame Geschäft durch Derivate substituierten. Heute können Kreditinstitute und auch deren Kunden Derivate wie z. B. Swaps unter Umständen zur Reduzierung ihrer Refinanzierungskosten nutzen.

Die zunehmende Bedeutung der Derivate ist aber nicht nur allein an gehandelten Volumina abzulesen, sondern wird insbesondere durch Ausmaß und Tempo in der Entwicklung von Finanzinnovationen deutlich. Der große Durchbruch der Derivate erfolgte mit dem fast schon legendär zu nennenden IBM/Weltbank-Zinswährungsswap aus dem Jahre 1981. IBM suchte nach Möglichkeiten, bestehende Sfr-Verbindlichkeiten, die zur Finanzierung von US-$-Investitionen eingegangen wurden, vorzeitig zurückzuzahlen, um Währungsgewinne zu realisieren. Die Weltbank wiederum suchte nach Möglichkeiten, sich in einer Niedrigzinswährung zu verschulden. Die Lösung dieses „Problems" bestand darin, daß die Weltbank eine laufzeit- und volumensmäßig entsprechende US-$-Anleihe emittierte, die den Sfr-Verbindlichkeiten von IBM entsprechend ausgestattet war. Beide Kontrahenten tauschten dabei die Zahlungsströme, die sich aus ihren Verpflichtungen ergaben, und übernahmen damit quasi die Verpflichtungen der Gegenpartei. Kurz darauf, im Jahre 1982, wurde von der Deutschen Bank Luxemburg ein reiner Zinsswap kontrahiert. Die Deutsche Bank tauschte hierbei Zinszahlungsverbindlichkeiten aus einer festverzinslichen US-$-Euroanleihe in eine variabel verzinsliche Verbindlichkeit um.[4]

Die Derivate Zinswährungs- und Zinsswaps wurden schon bald um weitere – heute schon als klassisch zu bezeichnende – Produkte wie Forward Rate Agreements, Swaptions sowie Caps und Floors erweitert. Hinzu gekommen sind neben einer Vielzahl von strukturierten Produkten u. a. exotische Optionen, Quanto-Swaps und Fixed Reverse Floater als Kombination verschiedener Derivate. Aufsehen haben in letzter Zeit sog. Libor-Quadrat-Swaps erregt. Es werden hier nicht, wie sonst bei einem gewöhnlichen Zinsswap üblich, feste Zinszahlungen gegen variable, an den (einfachen) Libor gekoppelte Zinszahlungen gezahlt. Der Referenzzinssatz für die variablen Zahlungsströme ist in diesem Fall das Quadrat des jeweiligen Libor-Satzes. Hier wurde ein Swap kreiert, dessen Wert bei Zinsschwankungen überproportional stark steigt bzw. fällt.

Mit der Entwicklung des Derivativgeschäfts haben sich auch die Absicherungsmethoden gewandelt. Wirkten anfänglich Finanzinstitute nur als Intermediäre bei Swaptransaktionen, wobei jede Transaktion auf Einzelgeschäftsebene durch einen Micro-Hedge abgesichert war, so gingen diese Institute recht bald zu einem sog. „warehousing" von Swaps über. Swaps wurden zwischen Kunden und Finanzinstitut nunmehr direkt kontrahiert, ohne einen zweiten Kontrahenten für die Gegenseite des Geschäfts zu haben. Mittlerweile werden Swaps und andere Derivate zu Portfolios zusammengefaßt und auf Portfolioebene durch sog. Macro-Hedges abgesichert. Grundlage der Portfoliosteuerung bildet dabei die Messung von Portfoliosensitivitäten, die die Reagibilität des Portfolios bezüglich der Änderungen von Marktparametern widerspiegeln.

Ermöglicht wurden diese rasanten Entwicklungen letztlich durch moderne Kommunikationsmittel, die maßgeblich die Effizienz der Märkte gesteigert haben, sowie den Fortschritt der EDV-Technologie, die in kürzester Zeit die Berechnung komplexer finanzmathematischer und stochastischer Modelle aus der Finanztheorie erlaubt. Ein Handel mit Derivaten findet mittlerweile, unterstützt durch moderne Computer, rund um die Uhr in den verschiedenen Zeitzonen statt. Handelsbücher werden zum Teil an Handelsstellen in anderen Zeitzonen weiter-

---

[4] Vgl. dazu *Nabben,* Financial Swaps, Instrument des Bilanzstrukturmanagements in Banken, Wiesbaden 1990.

gegeben, um gegebenenfalls die größere Liquidität dieser Märkte nutzen zu können.

Angesichts der fortwährenden Dynamik des komplexen, bisher wenig transparenten Geschäfts mit Derivaten und ihrer eminenten Bedeutung für die Handelsaktivitäten werden immer wieder die Risiken und die Notwendigkeit eines Risikomanagements diskutiert. Diese Diskussion lebt immer dann auf, wenn größere Kursschwankungen an den Märkten auftreten. Krisenszenarien stehen dann schnell im Vordergrund. Mittlerweile überwiegen jedoch die sachlich abwägenden Beurteilungen des derivativen Geschäfts, die den Nutzen der Derivate erkennen. So attestierte beispielsweise das Federal Reserve Board den OTC-Märkten nach der EWS-Krise im Herbst 1993, zur Vermeidung von Schlimmerem beigetragen zu haben.[5]

Zu insgesamt beruhigenden Schlüssen sind auch die veröffentlichten Untersuchungen verschiedener Aufsichtsbehörden und Studiengruppen wie z. B. der „Group of Thirty" (G 30) gekommen.[6] Dennoch zeigen alle Untersuchungen Handlungsbedarf sowohl für die Weiterentwicklung der externen Rahmenbedingungen als auch für die Marktteilnehmer selber auf.[7] Hierbei werden auch Anforderungen an das Risikomanagement von Banken formuliert.

II. Organisation der Risikosteuerung in Derivaten

Eine effiziente Risikosteuerung erfordert im Einklang mit den durch den Vorstand festgelegten Grundsätzen die Schaffung adäquater aufbauorganisatorischer Rahmenbedingungen mit klar abgegrenzten Kompetenzen und eindeutig festgelegten ablauforganisatorischen Vorgehensweisen, insbesondere bei Limitüberschreitungen.

1. Mindestanforderungen an die Organisationsstruktur des Handels

Für den Handel in Derivaten können im Hinblick auf die Organisation Mindestanforderungen aus den Regeln des BAKred für Devisen-, Kassa- und Termingeschäfte von 1975 sowie aus Anforderungen an

---

[5] Vgl. *Andermatt,* Die Rahmenbedingungen im OTC-Geschäft, Sonderbeilage der Neuen Züricher Zeitung vom 26. 10. 1993, S. B5.
[6] Vgl. *Group of Thirty,* Derivatives: Practices and Principles, Washington 07/1993.
[7] Vgl. *v. Ungern-Sternberg,* Entmystifizierung des derivativen Geschäfts, BZ vom 8. 9. 1994.

das Wertpapierhandelsgeschäft von 1980 abgeleitet werden. Oberster Grundsatz ist hierbei die klare funktionale Trennung von Handel, Abwicklung, Kontrolle und Rechnungswesen. Selbstverständlich sind abgeschlossene Geschäfte sofort, vollständig und richtig zu erfassen. Die Kontrolle ist durch eine handelsunabhängige Stelle vorzunehmen. Zumindest täglich sind Positionen, Performance und Risiken in einem Report zusammenzufassen und an die Geschäftsleitung zu melden. Wenigstens einmal jährlich sind die Geschäfte mit den Kontrahenten abzustimmen. Darüber hinaus ist der Handel in den Prüfungsplan der internen Revision aufzunehmen.

Wie zuvor erwähnt, werden Anforderungen an die organisatorischen Rahmenbedingungen auch in verschiedenen Studien zu Derivaten, z. B. auch in der Studie der „Group of Thirty", angesprochen. Bei dieser Studie hat sich das Finanzgewerbe selbst auf die Festlegung von „Marktstandards für das Risikomanagement" geeinigt.[8] Es wurden Empfehlungen an die Banken zur Geschäftspolitik, zur Bewertung der Produkte, zum Markt- und Kreditrisikomanagement sowie zu Systemen, Organisation und Kontrollen formuliert. Darüber hinaus wurde ein Handlungsbedarf auch für den Gesetzgeber und die Aufsichtsbehörden aufgezeigt.

Im Juli 1994 hat der Baseler Ausschuß für Bankenaufsicht gemeinsam mit der Aufsichtsbehörde für Wertpapierhäuser „IOSCO" Richtlinien für das Risikomanagement im Derivativgeschäft veröffentlicht.[9] Diese Richtlinien betreffen eigentlich nicht nur die Derivate, sondern das Risikomanagement im Handel insgesamt. Das BAKred wird hierauf aufbauend Anforderungen an das Betreiben von Handelsgeschäften der Kreditinstitute formulieren, die gegebenenfalls die älteren Mindestanforderungen für Devisen- und Wertpapierhandelsgeschäfte ersetzen werden.

In den Baseler Richtlinien wird betont, daß die Geschäftsleitung für die ordnungsgemäße Durchführung und Überwachung des Risikomanagements verantwortlich ist. Grundsätze des Risikomanagements sind schriftlich zu fixieren. Handelsaktivitäten dürfen nur innerhalb eines vorgegebenen Rahmens entfaltet werden. Die Zuständigkeiten müssen klar abgegrenzt sein, effektive interne Kontrollen und umfassende Risikomeldeverfahren sind erforderlich. Die Messung und Über-

---

[8] Vgl. *Group of Thirty,* a.a.O. (Fn. 6).
[9] Vgl. BIZ, Richtlinien für das Risikomanagement im Derivativgeschäft, Basel 7/1994, S. 5 f.

wachung der Risiken sind einer vom Handel weisungsunabhängigen Stelle zu übertragen. Aufbauend auf deren Analyseergebnisse ist ein System risikobegrenzender Limite aufzubauen. Für die einzelnen Risikoarten werden teilweise adäquate Analyseverfahren genannt.

Die neuen aufsichtsrechtlichen Anforderungen und die Empfehlungen der „Group of Thirty" haben viele Gemeinsamkeiten. Bankintern und -extern werden somit ähnliche Zielsetzungen verfolgt, um das Vertrauen in die Derivativmärkte zu fördern.

2. Organisationsstruktur des Handels

Klar abgegrenzte Kompetenzen im Handel bedingen eine präzise Definition der jeweiligen Haupt- und Hedgeprodukte für einzelne Portfolios bzw. Händler. Es stellt sich die Frage, wie eine aufbauorganisatorische Eingliederung des Handels mit Derivaten in den gesamten Handelsbereich vorgenommen werden kann, um Synergien bei der Informationsverwendung sowie bei dem Management der Positionen mit ihren Risiken optimal zu nutzen.

Eine generelle Lösung für die Frage, ob Derivate besser bei ihrem Underlying oder in einem separaten Bereich gehandelt werden sollten, gibt es nicht. In der Bankwirtschaft sind neben der Schaffung eigener Handelsbereiche für Derivate und der Aufspaltung der Derivate in Abhängigkeit von ihrem Standardisierungsgrad in dezentrale lokale Verantwortungsbereiche verschiedene Organisationskonzepte realisiert. Die Integration der Derivate mit ihren Underlyings in eine Organisationseinheit stellt dabei den fortschrittlicheren Ansatz der Organisation dar.

Bei diesem Ansatz werden Derivate mit ihren Underlyings in einen Gesamthandelsbereich Trading & Sales integriert, da sie den gleichen Gesetzmäßigkeiten bzw. Risiken unterliegen. In der konsequentesten Ausgestaltung dieses Ansatzes wird letztendlich nur je ein Buch für jede (primäre) Risikokategorie (Zins-, Währungs-, und Aktienkursrisiken) gefahren. Dieser Ansatz ermöglicht eine optimale Nutzung vorhandener Synergiepotentiale, da sich durch die große Zahl der Produkte in einem Gesamtbuch die Marktrisiken schneller und aufgrund einer gegebenenfalls bereits vorhandenen Diversifizierung leichter abbauen lassen.

Darüber hinaus wird eine einheitliche konzeptionelle Basis für die Risikosteuerung gewährleistet, die unter anderem auch eine durchgängige EDV-Struktur ermöglicht. Die Zusammenführung der verschiedenen Handelsbereiche im Bereich Trading & Sales ermöglicht auch ein einheitlich genutztes Back Office, das gleichermaßen für den Handel in derivativen Finanzinstrumenten und deren Underlyings arbeitet. Dies wird nicht zuletzt eine kostengünstigere Abwicklung des Handels insgesamt ermöglichen.

3. Organisation des Risikocontrolling

Die Risiken einer Bank werden auf verschiedenen Ebenen eines Konzerns gesteuert. Im Handelsbereich ist beispielsweise ein einzelner Händler für die Risiken aus seinem Portfolio verantwortlich. Entsprechend der Organisationsstruktur des Handels findet ein Risikomanagement auch für die zusammengefaßten Portfolios für einzelne Handelsbereiche (wie z. B. Aktien- oder Rentenhandel), verschiedene Risikokategorien oder unterschiedliche Lokationen statt. Im Prozeß des Risikomanagements sind somit koordinierende Gremien erforderlich. In vielen Banken treffen sich wöchentlich die konzernweit verantwortlichen Leiter der Handelsbereiche, sowie die Vertreter der sonstigen, mit Fragen des Risikomanagements befaßten neutralen Bereiche, um Aspekte der Preisrisikosteuerung zu erörtern. Auch kontrahentenrisikorelevante Fragen können in diesem oder einem separaten Komitee diskutiert werden. Diese Gremien informieren die Geschäftsleitung regelmäßig über die aktuelle Entwicklung der Risikoposition im Handel.

Der Erfassung und Messung von Risiken in einer Großbank muß ein durchgängiges Konzept für das Risikocontrolling zugrunde liegen. Im Handel ist eine neutrale Instanz der Handelsüberwachung erforderlich. Dies ist, wie bereits erwähnt, auch ein wesentliches Petitum der „Group of Thirty" sowie des Baseler Ausschusses für Bankenaufsicht. In den Handelsabteilungen selbst wird eine solche Funktion bisher häufig von einem Middle Office wahrgenommen, da die internen Abteilungen der dynamischen Entwicklung der Derivate nur bedingt folgen konnten. Das Middle Office ist meist Bestandteil der Handelsbereiche und, wenn es auch dem Leiter des Handels direkt untersteht, nur bedingt unabhängig. Daher liegt es nahe, einige Middle Office-Funktionen vom Handel organisatorisch zu trennen. Aus Gründen der Neutralität und der Verknüpfung mit anderen Steuerungsinformationen sind in der Deutschen Bank diese controlling-relevanten Funktionen des Middle Office sukzessive wieder auf das Controlling übergegangen.

Zu diesen controlling-relevanten Funktionen zählen insbesondere die Performance- und Risikoermittlung sowie die Limitüberwachung. Bei dieser Aufgabenstellung sind neben Informationen für die interne Steuerung auch Informationen für externe Zwecke im Sinne einer verbesserten Transparenz zu liefern. Um konsistente Steuerungsinformationen zu erzielen, bedarf es einheitlicher Methoden und Darstellungsformen zur Risikobewertung und -quantifizierung. Bewertungsmodelle des Front- und Back Office sind daher vom Controlling in enger Zusammenarbeit mit den Geschäftsbereichen zu prüfen.

Die verbleibenden Middle Office-Funktionen sind in der Deutschen Bank Teil der Aufgaben einer Risk Management Group. In Ergänzung zur quantitativen Risikoanalyse im Controlling führt diese Gruppe die Beurteilung der neutral ermittelten Risiken und der Performance aus Markt- und Geschäftssicht durch. Gleichfalls wird durch diese Gruppe eine Administration der Kreditlinien für Handelsgeschäfte vorgenommen. Weitere Aufgaben betreffen die Auseinandersetzung mit rechtlichen bzw. vertraglichen Aspekten des derivativen Geschäfts. Darüber hinaus übernimmt die Gruppe koordinierende Funktionen im Rahmen der Produktentwicklung im Handel und führt Plausibilisierungen sowie anschließend gegebenenfalls Freizeichnungen neuer Produkte aus Handelssicht durch.

Bei der Einführung neuer Produkte und Bewertungsverfahren sowie bei der Änderung von Bewertungsmodellen muß die Einbindung von Controlling gewährleistet sein. Vor Aufnahme des Handels ist eine Dokumentation des neuen Produkts sowie der Bewertungsalgorithmen zu erstellen und auch Controlling zur Prüfung zuzuleiten. Ein Handel in neuen Produkten darf letztendlich erst bei Genehmigung durch die zuständige Instanz nach Abstimmung mit Controlling stattfinden.

Das Controlling der Deutschen Bank befaßt sich nicht nur mit den Risiken aus Handelsaktivitäten. Aufgabe des Fachbereichs Risikocontrolling im Controlling ist es vielmehr, sämtliche Risiken, wie z. B. auch Ausfallrisiken im Kreditgeschäft, geschäftsbereichsübergreifend zu analysieren. Dieser Ansatz ist geboten, da der Konzern kollektiv für alle Risiken einzustehen hat. Das Controlling trägt somit die Verantwortung für eine konzernweite Zusammenführung von Risikowerten. Eine solche gesamtbankorientierte Risikoanalyse muß an die bestehende individuelle Erfassung und das Management der Einzelrisiken der Geschäftsbereiche anknüpfen. Voraussetzung für die einheitliche Risikodarstellung sind neben konsistenten Analysemethoden auch EDV-

Systeme, die auf einheitlichen Datenstrukturen beruhen. Ein wichtiges Aufgabengebiet des Risikocontrolling ist es daher, eine solche „Global Risk Database" für eine konzernweite Analyse zu schaffen.

Risikoanalyse heißt immer auch Risikobeurteilung. Die Risikotragfähigkeit kann aufgrund der kollektiven Sicherungsfunktion nur vor dem Hintergrund des gesamtbankbezogenen Risikodeckungskapitals beurteilt werden. Das verfügbare Risikodeckungskapital muß in Gesamtlimite je Risikobereich aufgeteilt werden. Das unabhängige Risikocontrolling kann hierbei in Analogie zum Planungsprozeß einer Bank Koordinationsfunktionen wahrnehmen. Die Aufteilung der Gesamtlimite auf die verschiedenen Teilportfolios obliegt den für das Risikomanagement verantwortlichen Geschäftsbereichen.

Fragestellungen bei der Aufteilung des Risikodeckungskapitals zu Zwecken der Limitierung sind eng mit Fragestellungen der Eigenkapitalkostenrechnung verbunden. Im Rahmen des strategischen Risikocontrolling sind Risikoinformationen erforderlich, um eine optimale Eigenmittelallokation zu gewährleisten. Während viele Banken Eigenkapitalkosten noch auf Basis von regulatorisch gebundenen Eigenmitteln wie z. B. dem Grundsatz I berechnen, finden zunehmend Systeme Verbreitung, die sich am ökonomisch gebotenen Risikokapital orientieren. Hierbei muß eine integrative Betrachtung von Risiko- und Ergebniskennziffern stattfinden, die später noch erörtert wird.

III. Risikosteuerung von Derivaten

1. Zum Begriff des Risikos

Entscheidungen an den Finanzmärkten – z. B. über Kapitalanlagen oder Aufnahme von Krediten – sind, wie auch in anderen Bereichen des Wirtschaftens, mit Ungewißheit und Unsicherheit verbunden. In dem Moment, in dem eine solche Entscheidung getroffen wird, ist prinzipiell unklar, ob sie falsch oder richtig ist. Die Unsicherheit über die Ausgänge einer Entscheidung läßt sich als Risiko im weitesten Sinne verstehen. Dieser Risikobegriff ist jedoch für die Belange eines Risikomanagements zu weit gefaßt. Risiken müssen quantifizierbar und untereinander vergleichbar sein. Für die Zwecke der Risikosteuerung eignet sich deshalb ein quantitativer Risikobegriff. Dieser zeichnet sich dadurch aus, daß für das Eintreten möglicher zukünftiger Zustände Wahrscheinlichkeiten angegeben oder geschätzt, Abweichungen von erwarteten oder geplanten Größen gemessen und mit quantifizierbaren Graden der Gewißheit belegt werden können. Die Aufgabe der Risikoanalyse besteht dann in der Operationalisierung des Risikobegriffs, insbesondere in der Identifikation von Risiken, der Entwicklung von Risikomaßen und geeigneter Methoden zur Risikomessung. Sie stellt somit die für die Risikosteuerung notwendigen Informationen zur Verfügung.

Übertragen auf das Geschäft mit Derivaten bedeutet Risikoanalyse, zukünftige Änderungen von Marktfaktoren, wie Aktienkurse, Zinsen und Volatilitäten, abzuschätzen, ihre Wirkung auf die Wertänderung eines Derivateportfolios zu simulieren und den potentiellen Wertverlust eines solchen Portfolios zu ermitteln.

Die Definition des obigen Risikobegriffs setzt voraus, daß mögliche Ereignisse annähernd abzuschätzen sind und diesen bestimmte Wahrscheinlichkeiten zugeordnet werden können. Dies wiederum setzt eine gewisse Kontinuität der Finanzmärkte voraus. Um nicht an die dem Risikobegriff inhärenten Restriktionen gebunden zu sein, werden in der Risikoanalyse zudem Streßszenarien und Crashs simuliert. Diese geben Aufschluß über die Wertänderung eines Derivateportfolios auch bei krisenartigen Situationen sowie extremen Marktbedingungen, eben bei nicht kontinuierlichen Entwicklungen an den Finanzmärkten.

2. Risiken von Derivaten und ihre Steuerung

Die Risiken aus Derivaten lassen sich weitgehend auf traditionelle Risiken zurückführen. Die verschiedenen Risikoarten aus Derivaten sind in der folgenden Abbildung zusammengefaßt dargestellt.[10]

a) Preisrisiken und ihre Steuerung

aa) Preisrisiken

Bei Derivaten genügt häufig ein kleiner Kapitaleinsatz, um synthetische Positionen zum Kassamarkt mit hohem Nominalvolumen und äquivalentem Risikoprofil aufzubauen. Im Hinblick auf diese Hebelwirkung der Derivate und der zunehmenden Volatilität der Märkte stehen daher zunächst (primäre) Preisänderungsrisiken im Vordergrund des Interesses. Veränderungen von Zinsen, Währungen, Aktienkursen und

---

[10] Vgl. *Krumnow*, Derivative Instrumente – Implikationen für Bankcontrolling und -organisation, in: Handbuch Bank Controlling, hrsg. v. Schierenbeck/Moser, Wiesbaden 1995, S. 735–755, hier S. 740.

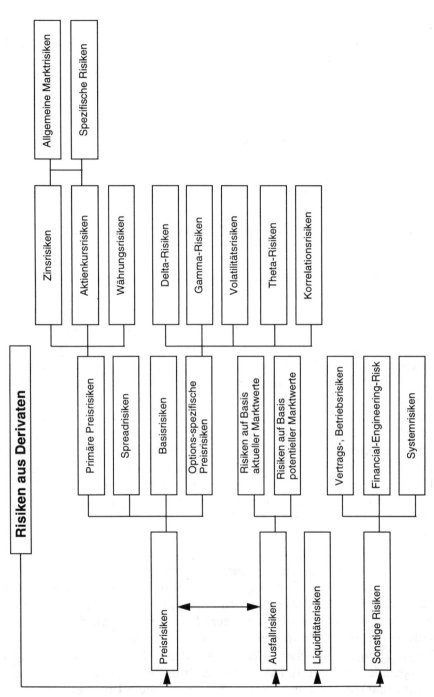

Abb. 1: Risiken aus Derivaten

Indizes, die die Basisinstrumente (Underlyings) der Derivate betreffen, beeinträchtigen maßgeblich den Wert der Derivate. Zinsrisiken und Aktienkursrisiken sind pro Währung separat zu analysieren. Diese beiden Risikokategorien können weiterhin in allgemeine Marktrisiken und emittentenspezifische Preisrisiken differenziert werden.

Während allgemeine Marktrisiken den potentiellen Wertverlust eines Wertpapiers aufgrund von gesamtmarktbezogenen Preisschwankungen kennzeichnen (z. B. Rückgang des gesamten Aktienmarktes gemessen am DAX), wird beim spezifischen Risiko die Möglichkeit einer über- bzw. unterproportionalen Kursschwankung eines einzelnen Papieres aufgrund emittentenspezifischer Einflußfaktoren berücksichtigt. Dieses Risiko ist daher auch verknüpft mit einem später noch zu erörternden Bonitätsrisiko.

Bei der Kombination derivativer Produkte im Rahmen einer portfoliobezogenen Steuerung treten neben diesen eher traditionellen Preisrisiken in aller Regel auch Spreadrisiken auf. Sie kennzeichnen den potentiellen Verlust, der z. B. aus der unterschiedlichen, nicht perfekt korrelierten Entwicklung marktspezifischer Zinssätze wie Bond- und Swapzinssätze resultiert. Wertverluste aus Zinsswaps werden dann beispielsweise nicht vollständig durch entsprechende Gewinne aus Hedgepositionen in Bonds ausgeglichen. Mit Spreadrisiken werden im Zinsbereich die Risiken bezeichnet, die aus Wertänderungen von Instrumenten verschiedener Marktsegmente resultieren. Manchmal werden unter Spreadrisiken auch Risiken verstanden, die sich aus Wertänderungen von Zinsinstrumenten eines Marktsegmentes aber unterschiedlicher Fristigkeit ergeben. Diese Arten von Risiken sind bereits im Zinsrisiko berücksichtigt. Hier zeigt sich die Notwendigkeit einer klaren Begriffsbildung und einer bankeinheitlichen Terminologie für das Risikomanagement.

Die in den achtziger Jahren enstandenen Börsen für Financial Futures bieten die Möglichkeit, Kassainstrumente über Termingeschäfte abzusichern. In der Regel bestehen zwischen Termin- und Kassakursen enge Beziehungen, die allerdings gerade in extremen Marktsituationen kurzfristig oder auch über einen längeren Zeitraum hinweg divergente Entwicklungen aufweisen können. Als Beispiel sei hier auf die länger anhaltende disparate Entwicklung des französischen Geld- und Eurofuturesmarktes im Jahre 1993 hingewiesen. Diese Divergenz zwischen Termin- und Kassakursen wird durch das Basisrisiko erfaßt.

Der Wert von Produkten mit Optionscharakter (Aktienoptionen, Bondoptionen, Swaptions, Caps, Floors, Devisenoptionen etc.) ist ebenfalls einem Preisrisiko ausgesetzt. Das sog. Optionsdelta kennzeichnet die Wertänderung einer Option im Verhältnis zur (kleinstmöglichen) Wertänderung des Underlyings. Beträgt das Delta einer Aktienoption beispielsweise 0,5, so würde sich der Optionswert bei einer Änderung des Aktienkurses um 1 DM nur um 0,50 DM verändern. Die Optionsposition entspricht damit von ihrem (Delta-)Risiko einer deltafachen Kassaposition, d.h. die Optionsposition kann durch eine Gegenposition in Höhe des deltafachen Kassa-Underlyings gegen Kursschwankungen gehedgt werden.

Bei unterstellten größeren Wertänderungen des Basisinstruments können die Wertänderungen der Option nicht allein durch das Optionsdelta erklärt werden, da sich der Optionswert nicht linear im Verhältnis zum Basisinstrument ändert. Vielmehr liegt ein konvexer Verlauf der Optionsfunktion vor, d.h. der Deltawert ist bei Veränderung des Underlyingpreises nicht konstant. Das sog. Optionsgamma kennzeichnet die Wertänderung der Option im Verhältnis zur Veränderung des Deltas. Diese Konvexitätseffekte treten auch bei klassischen Zinsprodukten wie Bonds auf; sie sind bei Optionsprodukten jedoch von größerer Bedeutung. So können über Optionen beispielsweise Portfolios konstruiert werden, die zwar bei wenig schwankenden bzw. unveränderten Zinssätzen gewinnen, jedoch bei großen Zinsänderungen (Zinsanstieg oder Zinssenkung) erhebliche Verluste nach sich ziehen. Eine Risikoanalyse, die nur lineare Wertänderungen erfaßt, kann das Risiko erheblich unterschätzen. Die mögliche Änderung des Optionsdeltas bedingt, daß in einem dynamischen, deltaneutralen Hedging-Prozeß die Hedgeposition ständig bei Wertänderungen des Underlyings angepaßt werden muß.

Optionsprodukte sind mit einer weiteren Variante von Preisrisiken verbunden. So wird der Wert einer Option unter anderem auch entscheidend von der Volatilität der Basisinstrumente bestimmt. Die Wertänderung der Option in bezug auf die Änderung der impliziten Volatilität, d.h. der am Markt „gehandelten" Volatilität, wird als Optionsvega bezeichnet. Das daraus resultierende Volatilitätsrisiko ist in vielen Fällen bereits größer als das reine Preisrisiko selbst, da Händler Portfolios häufig weitgehend gegen Wertänderungen des Underlyings deltaneutral hedgen.

Für Optionsportfolios wird in der Regel auch ein sog. Theta-Effekt ermittelt, der die Wertänderung der Option bei Verkürzung der Restlaufzeit kennzeichnet. Dieser Effekt ist nur bedingt als Risiko zu interpretieren, da die Änderung der Restlaufzeit nicht „zufallsabhängig", sondern deterministisch ist. Dennoch ist dieser Effekt, der auch im Kontext von Zinsportfolios als „time value of money" bezeichnet wird, bei der Ermittlung von möglichen Wertänderungen nicht zu vernachlässigen.

Vielfach haben Optionen nicht nur ein Basisinstrument, sondern einen Korb (basket) von Underlyings. Für den Wert einer solchen Basketoption sind dann die Korrelationen zwischen diesen Instrumenten von Bedeutung. So kann eine Option auf den ECU auch als Basketoption auf die im ECU enthaltenen Währungen interpretiert werden. Das Korrelationsrisiko bezeichnet den möglichen Wertverlust einer solchen Option aufgrund von Korrelationsänderungen.

Die hier aufgeführten, wesentlichen Marktpreisrisiken werden einzeln analysiert, ihr Zusammenspiel in komplexen Derivateportfolios erfaßt und so Risiken auch komplizierter Handelsstrategien aufgezeigt. Bei richtiger Anwendung moderner Risikomanagementsysteme werden die den Derivateportfolios inhärenten Risiken transparent und damit steuerbar. Dies wird zunehmend auch von denjenigen konzediert, die den Derivaten früher ausgesprochen kritisch gegenüberstanden.

ab) Die Steuerung von Preisrisiken

Um Preisrisiken abzubilden, ist für Handelsaktivitäten zunächst der Wert eines Portfolios zu ermitteln, um anschließend seine Reagibilität bei sich sukzessive verändernden Rahmenbedingungen analysieren zu können. Dabei werden häufig sowohl Benchmark- als auch Marktszenarien verwandt. Die Benchmarkszenarien unterstellen im Zeitablauf konstante Parameteränderungen: Neben Standard-Szenarien, die durchschnittliche Parameteränderungen widerspiegeln, müssen auch Worst-Case-Szenarien simuliert werden, um extreme Ausschläge zu berücksichtigen. Den Marktszenarien liegen dagegen aktuelle Parameterschwankungen der jüngsten Vergangenheit zugrunde. Sie spiegeln das Risiko marktnäher wider als die Benchmarkszenarien und bilden daher häufig die Grundlage für die Limitierung von Handelsbereichen. Die Risikoanalyse hat in der Vergangenheit eine Evolution ihrer Methoden erfahren. Im folgenden wird diese beispielhaft für Zinsänderungsrisiken im Handel skizziert.

Anfänglich wurden Parallelverschiebungen der Zinskurve, als einfachste Form eines Marktszenarios, betrachtet. Das Maß für das Zinsänderungsrisiko stellt die Duration, verstanden als mittlere Kapitalbindungsdauer des Zinsportfolios, dar. Die damit verbundene Immunisierungsstrategie besteht darin, die barwertgewichtete Duration des Zinsportfolios mit der des Hedgeportfolios in betragsmäßige Übereinstimmung zu bringen. Die Instrumente des Zins- und Hedgeportfolios können dabei durchaus eine Fristeninkongruenz aufweisen. Die Unzulänglichkeit dieses Ansatzes besteht in der Annahme paralleler Zinsverschiebungen und der Vernachlässigung der wechselseitigen Risiken verschiedener Zinsinstrumente, d. h. in der Abbildung der Risiken durch ein vereinfachendes Risikomaß. Realistischer sind jedoch nicht-parallele Zinsänderungen, die die unterschiedliche Volatilität kurz- und langfristiger Zinsen berücksichtigen sowie ein dieses Faktum abbildendes Risikomaß.

Neuere Ansätze zur Quantifizierung des Zinsänderungsrisikos bestehen aus einer eingehenden Portfolioanalyse und einer Analyse historischer Zinsänderungen. Beide Analysen werden dann gewissermaßen in einer Synthese zu einer Risikokennziffer, dem sog. Money-at-Risk, zusammengefaßt. Charakteristisch für die Portfolioanalyse ist das Auffinden adäquater, für die Risikosteuerung des Handels relevanter Portfoliosensitivitäten. Diese Sensitivitäten beschreiben die Reagibilität des Portfolios bei sich verändernden Marktbedingungen. Für die Analyse historischer Zinsänderungen greift man auf komplexe statistische Modelle zurück, die explizit auch die Korrelation zwischen den Zinssätzen verschiedener Laufzeitbereiche sowie die Volatilitäten der einzelnen Zinssätze berücksichtigen. Hierdurch werden implizit auch nicht-parallele Veränderungen der Zinskurve erfaßt.

Werden solche Verfahren auf Optionsportfolios angewandt, so sind auch die optionsspezifischen nicht-linearen Risiken, insbesondere Gamma- und Vegarisiken, zu berücksichtigen. Hierfür sind dann komplexe, sehr rechenaufwendige Simulationsmodelle erforderlich, die die mögliche Wertänderung des Portfolios unter Einbeziehung von Schwankungen sämtlicher wertbestimmender Parameter direkt ermitteln.

Die Interpretation der Ergebnisse hat unter Berücksichtigung der getroffenen Annahmen zu erfolgen. Bei der Bestimmung von Korrelationen und Volatilitäten ist der Zeitraum der Analyse festzulegen. Maßgeblich für die Höhe der Volatilitäten ist auch die unterstellte Liquidationsperiode, d. h. der Zeitraum, über den sich Preisveränderungen noch negativ auswirken können. Der mögliche Verlust innerhalb von 2 Wochen wird größer sein, als der mögliche Verlust innerhalb von

2 Tagen. Zudem wird durch die Einführung sog. Liquidationsperioden das Marktliquiditätsrisiko berücksichtigt. Desweiteren ist die zugrunde gelegte Sicherheitswahrscheinlichkeit für die Höhe des Money-at-Risk bedeutend. So ist ein Money-at-Risk, das mit einer Wahrscheinlichkeit von 99% in der unterstellten Liquidationsperiode nicht überschritten wird, wesentlich höher als ein Money-at-Risk bei 90%-iger Sicherheitswahrscheinlichkeit.

Die statistischen Verfahren bzw. Annahmen der Risikoanalyse sind stets auf ihren Aussagegehalt anhand der tatsächlichen Wertschwankung der Portfolios zu überprüfen. Unter Elimination des Neugeschäfts könnte man beispielsweise feststellen, ob die im Money-at-Risk Konzept gemessene prognostizierte Schwankungsbreite tatsächlich mit der vorgegebenen Sicherheitswahrscheinlichkeit eingehalten wurde. Damit wird die Zuverlässigkeit des Konzepts grundsätzlich überprüfbar.

Die Kenntnis der Portfoliosensitivitäten und der tatsächlich gemessenen Änderungen der Marktparameter geben Aufschluß über die zu erwartende Wertänderung des Portfolios. Diese können direkt mit den in der Performancemessung ermittelten Ertragszahlen verglichen werden und tragen zum Verständis der Risiken des Portfolios bei. Die Resultate der täglichen Performancemessung und Risikoanalyse werden in einer der Risikosteuerung des Handels angemessenen Form aufbereitet und sind somit unmittelbar kommunizierbar.

Zur Risikosteuerung zählt neben der Risikoanalyse auch das Risikomanagement. Im Handel findet dieses Risikomanagement im wesentlichen über Limite statt, wobei es sich traditionell um reine Volumenslimite handelte. Diese reichen heute weniger denn je aus, da sie mögliche Verluste nur indirekt begrenzen. Adäquater sind direkte verlustorientierte Limite, die auf den maximalen Verlust bei im voraus klar definierten Änderungen von Risikoparametern abstellen.

Zu beachten ist allerdings, daß die den Verlustlimiten zugrundeliegenden, statistisch fundierten Szenarien immer vergangenheitsorientiert sind. Crashartige Ausschläge der Marktpreise oder auch Trendänderungen decken sie nicht hinreichend ab. Die dramatischen Wechselkursschwankungen innerhalb des EWS im September 1992 machten diese „Grenzen der Statistik" oder die Restriktionen des zugrunde gelegten Risikobegriffs deutlich. Da sich die Limitierung von Handelsbereichen jedoch nicht an derartigen Extremen orientieren kann, muß ein Risikocontrolling stets auch Worst-Case-Szenarien berücksichtigen, um auch die nicht auszuschließenden schockartigen Entwicklungen in das Entscheidungskalkül mit einbeziehen zu können.

Eine solche verlustorientierte, auf Money-at-Risk zielende Limitierung von Risiken aus Handelsaktivitäten ist z. B. von der Bank für Internationalen Zahlungsausgleich im Oktober 1992 in einer Studie zu Derivaten empfohlen worden. In der Deutschen Bank ist die verlustorientierte Limitierung im Handel mit Derivaten schon immer die Regel. Die Limite sind jedoch in Relation zur Größe der Bank sehr eng bemessen.

b) Ausfallrisiken und ihre Steuerung

ba) Ausfallrisiken

Inzwischen stehen eher die Adressenausfallrisiken aus derivativen Geschäften im Vordergrund. Analog zum klassischen Geschäft kann man auch bei Derivaten diese Risiken in Bonitäts- und Länderrisiken unterteilen. Bei Derivaten lassen sich diese Ausfallrisiken jedoch nicht am Nominalbetrag festmachen. Für die Beurteilung des Adressenausfallrisikos sind mangels eines Kapitalaustauschs der zu einem bestimmten Zeitpunkt aktuelle Eindeckungsverlust (current exposure, aktuelles Risiko) sowie der potentielle Eindeckungsverlust (potential exposure, potentielles Risiko) relevant. Der aktuelle Eindeckungsverlust quantifiziert die Wiedereindeckungskosten, die bei Ausfall eines Kontrahenten zum aktuellen Zeitpunkt entstehen. Er berechnet sich auf der Grundlage des Marktwertes. Der potentielle Eindeckungsverlust ergibt sich als Schätzung der möglichen zukünftigen Wiedereindeckungskosten über die Restlaufzeit der Transaktion.

Beispielsweise verpflichten sich bei einem Zinsswap die Parteien, zinsfixe und zinsvariable Zahlungen bezogen auf einen bestimmten Kapitalbetrag auszutauschen. Direkt bei Abschluß des Swaps werden keine Kapitalbeträge getauscht. Es wird noch kein Kreditrisiko begründet, sofern die vereinbarten Zinszahlungen die aktuellen Marktsätze widerspiegeln. Erst mit Veränderung der Marktzinssätze entsteht für die eine oder andere Partei eine Nettoforderung bzw. ein Substitutionsrisiko.

Dieses Substitutionsrisiko kann bei einem Zinsswap relativ einfach anhand eines Beispiels (unter Vernachlässigung des variablen Zahlungsstroms) dargestellt werden: Eine Partei empfängt z. B. in einem Zinsswap mit einer Restlaufzeit von 2 Jahren einen Festzins in Höhe von 8% auf 100 Mio DM. Bei einem unterstellten aktuellen Swapzins für 2 Jahre in Höhe von nur noch 5% würde ein Ausfall des Swappartners bei Abschluß eines „Ersatzswaps" eine Minderzinszahlung in Höhe von 3% p.a. (d. h. 3 Mio DM für 2 Jahre Restlaufzeit) bedeuten. Der Barwert dieser jährlichen „Opportunitätsverluste" kennzeichnet den Marktwert des zu bewertenden Swaps. Dieses Beispiel verdeutlicht, daß das Substitutionsrisiko letztendlich ein preisrisiko-induziertes Ausfallrisiko darstellt. Die Abhängigkeit der Wertentwicklung der Position von den Marktpreisentwicklungen führt dazu, daß im Gegensatz zum Kreditgeschäft ein maximales Ausfallrisiko bei Vertragsabschluß nicht direkt festgestellt werden kann.

Ein weiterer, wenn auch nicht so bedeutender Bestandteil des Adressenausfallrisikos ist neben dem reinen Substitutionsrisiko das Vorleistungsrisiko. Es tritt immer dann auf, wenn von einer Partei Zahlungen geleistet werden, denen erst später Zahlungen der anderen Partei gegenüberstehen.

Im Gegensatz zum Kreditgeschäft betragen die Adressenausfallrisiken nur einen Bruchteil der stets im Mittelpunkt der Diskussion stehenden Kontraktvolumina. Der Eindeckungsverlust eines gesamten Portfolios kann durch die Summe der positiven Marktwerte der Positionen gekennzeichnet werden. Für die Zinsderivate der Deutschen Bank betrug er Ende 1993 beispielsweise nur 3,2% des ausstehenden Nominalvolumens. Negative Marktwerte, die bei Ausfall des Swappartners zu einem Gewinn führen würden, werden häufig bei konservativer, vorsichtiger Betrachtung nicht als „ausfallrisiko-mindernd" berücksichtigt. Pro Kontrahent könnte eine solche Aufrechnung – z. B. in einem Netting aller Ansprüche und Verpflichtungen – vorgenommen werden. Dabei muß freilich die rechtliche Durchsetzbarkeit, insbesondere auch bei grenzüberschreitenden Nettingvereinbarungen, unstrittig sein. Die verschiedenen Netting-Möglichkeiten spielen auch in den derzeitigen Gesprächen mit der Bankenaufsicht über eine veränderte Eigenkapitalunterlegung eine bedeutende Rolle.

bb) Die Steuerung von Ausfallrisiken

Die Steuerung von Adressenausfallrisiken bei derivativen Finanzinstrumenten unterscheidet sich grundsätzlich nicht von der Beurteilung allgemeiner Kreditrisiken. Über Kontrahentenlimite, denen das gesamte Engagement zugrunde gelegt wird, sind die Ausfallrisiken zu begrenzen.

Insbesondere bei langfristigen Instrumenten (z. B. im Swapgeschäft) sollte besondere Sorgfalt bei der Auswahl der Geschäftspartner verwandt werden. Es wird ausschließlich mit anerkannten Top-Adressen kontrahiert. Um das Adressenausfallrisiko zu reduzieren und auch um bonitätsmäßig nicht ganz so erstklassigen Kunden die in diesem Marktsegment liegenden Vorteile anzubieten, sollte in Zukunft auch im OTC-Bereich offen über bisher unübliche Besicherungsklauseln (wie z. B. Collaterals, Marginzahlungen) nachgedacht werden.

Darüberhinaus lassen sich durch relativ einfache, im Handel umsetzbare Strategien Ausfallrisiken reduzieren. Zu diesen Strategien zählen beispielsweise die Festsetzung neuer Coupons und Auszahlung aktueller Barwerte an einen der Kontrahenten bei bereits bestehenden Swaptransaktionen oder die Aufhebung ähnlicher, gegenläufiger Geschäfte mit einem Kontrahenten.

Da die Ausfallrisiken von Derivaten nicht – wie bereits erörtert – über ihre Nominalvolumina festzustellen sind, müssen deren Marktwerte zur Bestimmung des aktuellen Risikos herangezogen werden. Diese Marktwerte können sich jedoch in der Zukunft erheblich aufgrund von Preisschwankungen und Verkürzung der Restlaufzeit verändern. In aufsichtsrechtlichen Normen wird daher bei der Ermittlung von Kreditäquivalenten im Rahmen der sog. Marktwertmethode ein Add-On auf den Marktwert für zukünftige mögliche Wertänderungen erhoben; aktueller Marktwert plus Add-On fungieren als eine Schätzung für das potentielle Risiko. Diese Zuschlagssätze werden pauschal nach Restlaufzeit (Ursprungslaufzeit) bei Geschäften mit Zinsrisiko (Währungs- und sonstigen Risiken) vorgegeben.

Um bankintern das potentielle Risiko besser abschätzen zu können, sind feinere Methoden zur Bestimmung der möglichen Marktwertveränderungen des Derivateportfolios erforderlich. Aus den aktuellen Marktpreisen und deren Volatilitäten sind in einem statistischen Modell zahlreiche Szenarien der Wertentwicklung des Portfolios ermittelbar. Bei einer genügend großen Anzahl von Simulationen kann für jeden beliebigen Zeitpunkt auf Kontrahentenebene oder auf Gesamtportfolioebene unter Berücksichtigung von Nettingvereinbarungen das potentielle Risiko ermittelt werden. Diese hieraus gewonnenen Erkenntnisse sind bei einer Überprüfung der Kontrahentenlimite einzubeziehen.

Kombiniert man das potentielle Risiko mit zeitabhängigen Ausfallwahrscheinlichkeiten von Kontrahenten, so lassen sich mögliche Verlusthöhen quantifizieren. Die Ergebnisse solcher Untersuchungen werden bei der Adjustierung des Nettobarwerts eines Derivateportfolios berücksichtigt. Dieses Vorgehen entspricht einer Empfehlung der

"Group of Thirty", der zufolge bei der Mid-Market Bewertung der derivativen Portfolios Adjustierungen für Kreditrisiken vorgenommen werden sollten. Für den Handel stellen solche Adjustierungen einen Anreiz dar, die oben angesprochenen Strategien zur Reduzierung von Ausfallrisiken auch umzusetzen.

c) Liquiditätsrisiken und ihre Steuerung

Häufig werden Liquiditätsrisiken unter dem Aspekt der Marktliquidität, also der Markttiefe, betrachtet. Hierunter versteht man gerade im OTC-Bereich die Möglichkeit, große Transaktionen durch Gegengeschäfte nicht hinreichend absichern zu können, da eben die Liquidität im Markt für solche Geschäfte nicht vorhanden ist. Verstanden als Gewährleistung der Zahlungsbereitschaft, können sie beim Einsatz von Derivaten – wie im klassischen Geschäft – auch auftreten. Insbesondere im Zusammenhang mit erforderlichen Margineinschüssen bei börsengehandelten Derivaten kann diese Art von Liquiditätsrisiken im derivativen Geschäft schlagend werden, wenn täglich Einschußzahlungen zu leisten sind, während sich Zahlungen im Gegengeschäft erst später ergeben. So hatten beispielsweise einige im derivativen Geschäft exponierte Häuser bei dem Minicrash am Bondmarkt im Frühjahr 1994 Liquiditätsprobleme. Dieser Form des Liquiditätsrisikos kann beispielsweise durch die Limitierung der Anzahl offener Kontrakte, die ein Marktteilnehmer an einer Futuresbörse halten darf, Rechnung getragen werden. Bankintern läßt sich das Liquiditätsrisiko durch die Vergabe von Limiten für Long- und Short-Positionen steuern.

d) Sonstige Risiken und ihre Steuerung

Die größten Risiken des derivativen Geschäfts liegen indessen häufig im operativen Bereich als Vertrags- bzw. Betriebsrisiken vor. So sind die bisher größten Verluste im Swapgeschäft darauf zurückzuführen, daß Verträge zwischen Finanzinstituten und lokalen Behörden für unrechtmäßig erklärt wurden, nachdem letztere sich verspekuliert hatten. Als Betriebsrisiken sind die Verlustrisiken aus inadäquaten internen Vorschriften und Kontrollen, menschlichem Versagen, Betrug und Störungen der EDV-Systeme zu nennen. Ein guter Teil der in der Vergangenheit schlagend gewordenen Risiken hat hier seine Wurzeln, da in der Aufbruchstimmung des innovativen Geschäfts häufig ebenso einfache wie traditionelle Regeln verletzt wurden.

Besonders sei in diesem Zusammenhang auf sog. Financial Engineering Risiken hingewiesen, die die Gefahr kennzeichnen, daß sich aufgrund nicht adäquater Bewertungsmodelle und Hedgingansätze Verluste ergeben können. Finanzingenieure berechnen Preise komplexer, strukturierter Produkte, da nicht direkt im Markt beobachtbar, häufig mit Hilfe komplizierter finanzmathematischer Modelle aus Preisen gehandelter Produkte und Marktparametern wie Korrelationen und Volatilitäten. Ihre Verfahren sind deshalb von einem handelsneutralen Risikocontrolling auf Adäquanz zu überprüfen. Sicherzustellen ist, daß entsprechende Absicherungsinstrumente zur Verfügung stehen und die Hedgekosten bei der Preisfindung des entsprechenden Produktes berücksichtigt werden.

Aus der Makroperspektive einer Gesamtmarktbetrachtung ist bei derivativen Finanzinstrumenten ferner noch das Systemrisiko zu erwähnen, das vor allem als Gefahr eines Spill-Over von Schwierigkeiten in einem Marktsegment auf andere Marktsegmente oder gar auf das gesamte Finanzsystem in Erscheinung tritt. Man geht davon aus, daß solche Kettenreaktionen immer schwieriger in den Griff zu bekommen sind. Als eine mögliche Lösungsform bietet sich hier die Einrichtung eines Clearinghouse für OTC-Produkte an.

3. Integration von Risiko- und Performancesteuerung

Die Grundlage der Performancemessung wie auch der Risikoanalyse ist stets die Bewertung einzelner Geschäfte. Dabei ist für schwebende Geschäfte zu bestimmen, ob und in welcher Höhe zum Stichtag ein Gewinn oder ein Verlust zu erwarten ist. Bei liquiden Papieren, bei denen aufgrund des täglichen Handels Marktquotierungen vorhanden sind, ist dies relativ einfach, da die vertraglichen Bedingungen mit den nunmehr geltenden Marktkonditionen zu vergleichen sind. Zu diskutieren ist hierbei lediglich, wie ein Bid-Offer-Spread bei der Bewertung zu berücksichtigen ist. Die „Group of Thirty" fordert eine Bewertung zu Mid-Market-Sätzen.[11] Sehr viel schwieriger ist hingegen die Bewertung im „over the counter"-Geschäft (OTC-Geschäft) und bei zusammengesetzten Instrumenten (Structured Products). Hier müssen zunächst komplexe, zusammengesetzte Instrumente in ihre einzelnen Bestandteile zerlegt werden.

Die Spannweite der für Derivate relevanten Bewertungsmethoden reicht von der noch recht einfachen Barwertermittlung bekannter Zahlungsströme bis hin zur außerordentlich vielschichtigen Wertfindung

---
[11] Vgl. *Group of Thirty,* a.a.O. (Fn. 6).

zufallsabhängiger Zahlungen wie z. B. bei Optionen. Zinsswaps werden beispielsweise über die einzelnen Zahlungsströme Mark-to-Market bewertet. Dies geschieht dadurch, daß anhand der gültigen Zinsstrukturkurve der Barwert aller festen und variablen Zahlungsströme, die aus dem Portfolio in Zukunft generiert werden, bestimmt wird.

Ein weiteres Problem der Bewertung von OTC-Derivaten ergibt sich, wenn Preise auf illiquiden Märkten nicht direkt beobachtet werden können. Marktgerechte Bewertungsparameter müssen dann über Inter- bzw. Extrapolationsverfahren (bzw. Regressionsverfahren) aus ähnlichen, liquiden Instrumenten indirekt hergeleitet werden. Anwendung erfahren solche Methoden z. B. bei der Bestimmung von Zinskurven und bei der Berechnung von Volatiliäten für illiquide Optionen aus impliziten Volatilitäten der am Markt gehandelten Optionen. Die produktspezifischen Bewertungsmodelle bedürfen einer Prüfung durch ein unabhängiges Risikocontrolling. Hier ist sicherzustellen, daß die Bewertungsalgorithmen auch für alle nicht marktgängigen im Derivateportfolio enthaltenen Produkte adäquate, d. h. marktgerechte Preise berechnen. Ebenso sind die der Bewertung zugrundeliegenden Marktparameter im Rahmen der operativen Performancemessung regelmäßig zu überprüfen. Die marktgerechte Bewertung des Derivateportfolios ist die „Conditio sine qua non" des Risikomanagements.

Der Handel wird anhand seiner Performance beurteilt. Die verschiedenen, aus den unterschiedlichsten bilanzwirksamen bzw. bilanzunwirksamen Instrumenten resultierenden zukünftigen Cash-Flows werden zunächst gemeinsam mit den im Berichtsjahr bereits realisierten Zahlungen betrachtet und zu einem Nettobarwert des gesamten Buches verdichtet. In diesen Nettobarwert sind also neben den geleisteten Zahlungen auch sämtliche Bewertungsergebnisse saldiert eingeflossen. Veränderungen des Nettobarwertes eines Portfolios innerhalb einer Periode kennzeichnen die Brutto-Performance der Periode. Diese Brutto-Performance ist entsprechend der verschiedenen Aufwendungen zu korrigieren. Gehen Kostenkomponenten nur aus der reinen Abrechnungsperiode – im Gegensatz zur barwertigen Betrachtung der Erträge – in die Performancebetrachtung ein, so wird unterstellt, daß die Kosten immer aus der Brutto-Performance gedeckt werden könnten. Zusätzlich wäre zu berücksichtigen, daß auch in der Zukunft bei „Einfrieren" des Portfolios noch Kosten anfallen würden. In der Studie der „Group of Thirty" wird daher gefordert, daß Adjustierungen der Bewertung zu Mid-Market-Sätzen für die zukünftigen erwarteten

Kostenbestandteile vorzunehmen sind.[12] Diese Korrekturen führen zur Netto-Performance.

Damit die Ergebnis- und Risikosituation aus derivativen Finanzinstrumenten richtig eingeschätzt und in gegebenenfalls erforderlich werdende Anpassungsstrategien im Rahmen des Risikomanagements umgesetzt werden kann, bedarf es eines adäquaten Berichts- und Informationswesens. Auf täglicher Basis sind für den Bereich der Finanzderivate Reports zu erstellen, die für alle Handelsstellen weltweit eine Gegenüberstellung von Performance- und Risikozahlen beinhalten sollten. Außerordentliche Ertragsveränderungen, d. h. ein Über- oder Unterschreiten eines Thresholds, oder auch Limitüberschreitungen sind gesondert zu kommentieren. Dazu gehören eingehende Analysen zur Risikoposition der Handelsstellen sowie ausführliche Berichte zur Marktsituation. Dieses muß vom Risk-Monitoring im Handelsraum bis hin zur Information des Top-Managements reichen und sein Korrelat in konsistenten Controllingberichten finden.

Die verständlich aufbereitete, aggregierte Berichterstattung über die im Geschäft mit derivativen Finanzinstrumenten bewußt und verantwortet eingegangenen Risiken und deren Ergebnis muß konsequenterweise den Kern eines Konzeptes für die Risikosteuerung bilden.

Das Controlling darf sich in der Zukunft nicht mehr nur auf Erträge und Aufwendungen beschränken. Vielmehr muß das Risiko entsprechend seiner wachsenden Bedeutung gleichberechtigt neben diesen traditionellen Controllingdimensionen stehen. Erst der direkte Vergleich von Ergebnis und Risikopotential erlaubt eine vergleichende Wertung des Erfolges von Geschäftseinheiten. Nur auf dieser Basis kann eine optimale Ressourcenallokation erfolgen. Die Implementierung und Verfeinerung solcher – häufig unter dem Stichwort „RAROC", d. h. Risk adjusted Return on Capital – diskutierten Modelle ist eine zentrale Herausforderung des modernen Controlling.

IV. Offenlegung des Derivativgeschäfts

1. Behandlung der Derivate im externen Rechnungswesen

Eine strikte imparitätische Einzelbewertung derivativer Geschäfte entspricht nicht der wirtschaftlichen Realität des modernen Handels. Eine solche Bewertung würde angesichts der kontrahierten Volumina kein

---

[12] Vgl. *Group of Thirty*, a.a.O. (Fn. 6).

den tatsächlichen Verhältnissen entsprechendes Bild der Finanz- und Ertragslage vermitteln und jegliche Anstrengungen zur verantwortungsbewußten Risikobegrenzung außer acht lassen.[13]

Die Korrespondenz von wirtschaftlicher Betrachtungsweise und Behandlung von Derivaten im handelsrechtlichen Jahresabschluß wird durch den sog. Portfolio-Ansatz hergestellt.[14] Die Bildung solcher Ertrags- und Risikoeinheiten ist Ausfluß der im Bilanzrecht vorherrschenden wirtschaftlichen Betrachtungsweise und läßt sich mit § 252 Abs. 1 HGB begründen[15]; sie sind dementsprechend auch obligatorisch, was freilich nicht nur für den handelsrechtlichen, sondern auch mit allen Konsequenzen für den steuerrechtlichen Abschluß gilt.

Diese wirtschaftliche Betrachtungsweise, der Portfolio-Ansatz, wird in der Deutschen Bank auf den Handel in Derivaten angewandt. Der Portfolio-Ansatz wird für ein nahezu vollständig risikomäßig abgesichertes Swap-Portfolio angewendet. Zentrale Voraussetzung für die Anwendung des Portfolio-Ansatzes ist daher die Einhaltung von strengen Risikonormen. Der Portfolioansatz orientiert sich am Nettobarwert des Portfolios. Ein eventuell negativer Nettobarwert muß sofort in vollem Umfang zurückgestellt werden. Eine sofortige erfolgswirksame Vereinnahmung des gesamten Handelserfolges in dem Jahr des Vertragsabschlusses wird im Portfolio-Ansatz nicht vorgenommen. Aus Vorsichtsgründen erfolgt vielmehr eine Periodisierung des Handelserfolges. Ein festgestellter positiver Nettobarwert wird daher über die durchschnittliche Restlaufzeit des Portfolios verteilt.[16]

Durch die Verteilung des Handelserfolgs auf die Laufzeit des Portfolios wird ein der Abrechnungsperiode gebührender Gewinnanteil ermittelt. Es wird ein der klassischen Zinsabgrenzung (Accrual Methode) grundsätzlich ähnliches Gewinnprofil erreicht. Im internationalen Vergleich ist diese Vorgehensweise immer noch konservativ, da es z. B. in den anglo-amerikanischen Ländern üblich ist, den gesamten Netto-

---

[13] Vgl. *Krumnow,* Das derivative Geschäft als Motor des Wandels für das Bankcontrolling, Vortrag im Rahmen des Symposiums „Erste Erfahrungen mit den neuen Rechnungslegungsvorschriften für Kreditinstitute" am 19. 9. 1994 in Franfurt.
[14] Vgl. *Krumnow u. a.,* Rechnungslegung der Kreditinstitute, Kommentar zum Bankbilanzrichtlinie-Gesetz und zur RechKredV, Stuttgart 1994, § 340e HGB, Tz. 314 f.
[15] Vgl. *Prahl/Naumann,* Moderne Finanzinstrumente im Spannungsfeld zu traditionellen Rechnungslegungsvorschriften: Barwertansatz, Hedge Accounting und Portfolio-Approach, WPg 1992, S. 709–719, hier S. 715.
[16] Vgl. ausführlich *Prahl/Naumann,* WPg 1992, S. 709–719.

barwert sofort und vollständig in der Gewinn- und Verlustrechnung zu vereinnahmen. Über die Verteilung des Handelserfolgs wird jedoch bereits eine Überleitung von betriebswirtschaftlicher Performance und handelsrechtlichem Ergebnis möglich, was insbesondere im Rahmen der Jahresabschlußprüfung von Bedeutung ist.[17]

Der Portfolio-Ansatz drängt sich geradezu für Handelsaktivitäten in Derivaten mit definierten Hauptprodukten auf, die einen eindeutigen Zins- und Laufzeitbezug haben. Vielfach werden Portfolios wie beispielsweise Arbitrageportfolios in einzelnen Risikokategorien gebildet, bei denen die Aufteilung in Haupt- und Hedgeprodukte nicht eindeutig vorgenommen werden kann. Bei anderen Portfolios, wie zum Beispiel Aktienportiolios, fehlt der klare Laufzeitbezug.

Die Rechnungslegung kann sich einer sachgerechten Darstellung dieser wirtschaftlich fundierten Handelsstrategien nicht verschließen. Der bisherige Lösungsansatz über Bewertungseinheiten oder der Portfolioansatz kann daher nur als mehr oder weniger praktikables Hilfskonstrukt angesehen werden, risiko- und wertkompensierende Wirkungen bei Handelsgeschäften der Kreditinstitute zu berücksichtigen. Die im angelsächsischen Raum allgemein anerkannte Mark-to-Market Bewertung bietet sich zumindest als ein möglicher, vielleicht sogar als der einzig sinnvolle Ansatz an. Die Darstellung der Handelsergebnisse nach diesem Ansatz vereint Transparenz und internationale Anpassung der Bilanzierung.

Aufgrund der weitgehenden, natürlich nicht nur am Bilanzstichtag, sondern auch unterjährig zu fordernden und nachzuweisenden Risikoabsicherung, verstößt ein Mark-to-Market innerhalb der zu bildenden Makro-Bewertungseinheit auch nicht gegen die Vorschriften zur vorsichtigen Gewinnermittlung. Dem Gläubigerschutz kann bei einem generellen Mark-to-Market Ansatz durch „Ausschüttungssperren" für „ungewisse" Gewinne Rechnung getragen werden. Verbleibende restliche Preisrisiken und Bonitätsrisiken eines Portfolios sowie noch in Zukunft anfallende Administrationskosten könnten somit angemessen berücksichtigt werden. Auch aus rechtlicher Sicht bestehen – zumindest für Kreditinstitute – keine Hinderungsgründe, auf die Mark-to-Market Methode überzugehen. Das EU-Recht der Kreditinstitute für Wertpapiere des Handelsbestandes, das durchaus auch für Wertpapierderivate anzuwenden ist, bietet hierfür die Grundlage.

---

[17] Vgl. *Prahl/Naumann,* Zur Bilanzierung von portfolio-orientierten Handelsaktivitäten der Kreditinstitute, WPg 1991, S. 729–739.

2. Publizität von Derivaten

Transparenz im Derivativgeschäft ist nicht nur durch das im Jahresabschluß veröffentlichte Zahlenwerk, sondern durch eine weitergehende Informationspolitik zu schaffen, um die Akzeptanz dieser Geschäfte zu erhöhen, wesentlich zur Vertrauensbildung in die Märkte und damit insgesamt zur Stabilität des Derivatesystems beizutragen. Studien wie die der „Group of Thirty" und des „International Institute of Finance" sowie das sog. Fisher-Papier der G-10 Länder und Luxemburgs geben Empfehlungen für die Publizität von Derivaten. Am weitesten in dieser Hinsicht geht das Fisher-Papier[18] mit der Empfehlung zur Veröffentlichung quantitativer Informationen zum Markt- und Kreditrisikomanagement auf Grundlage bankinterner Risiko- und Performancemeßverfahren. Hinsichtlich der Frage, durch welche Form und welches Detail der Veröffentlichung Transparenz für Derivate geschaffen werden kann oder soll, gehen die Meinungen allerdings international auseinander. Ein grundsätzlicher Offenlegungskonflikt besteht zwischen einer breiten internationalen Vergleichbarkeit, wie sie für die Berichterstattung im Jahresabschluß erforderlich ist, und einer detaillierten, zeitnahen Überwachung durch spezialisierte Fachleute im Rahmen der Berichterstattung für die Bundesbank und das BAKred. Folglich ist der Vorschlag der Offenlegung von detaillierten, quantitativen Informationen zum Marktrisiko, wie es das Fisher-Papier vorsieht, für eine zu schaffende externe Transparenz als eher fragwürdig zu beurteilen. Er propagiert die Publizität nicht vergleichbarer Informationen mit der Forderung nach quantitativer Belegung. Damit wird jedoch nicht Transparenz geschaffen, sondern verhindert.

Vor allem im Interesse der internationalen Vergleichbarkeit im Rahmen der Jahresabschlußpublizität bietet es sich an, den Vorschlägen des IIF zu folgen, dabei aber die gesetzlichen Vorschriften des § 36 RechKredV mit in die Überlegung einzubeziehen. Zu differenzieren wäre somit zwischen quantitativen Angaben (z. B. Geschäftsvolumina, Risikokennziffern und Fristigkeiten) einerseits und beschreibenden qualitativen Informationen (z. B. Darstellung der Bilanzierungs-, Bewertungs- und Risikoüberwachungsgrundsätze) andererseits.

Zu beachten ist allerdings, daß bei den quantitativen Angaben geeignete Kennziffern entwickelt werden müssen, um die tatsächlichen mit dem Derivategeschäft verbundenen Risiken abschätzen zu können

---

[18] Vgl. BIZ, A Discussion-Paper on „Public Disclosure of Market- and Credit-risks by Financial Intermediaries", Basel 9/1994.

und vergleichbar zu machen. Im Detail wird sich dies äußerst schwierig gestalten. Wichtig für die Interpretation einer Risikokennziffer sind die der Risikokalkulation zugrundeliegenden Szenarien sowie die zur Risikosimulation eingesetzten Simulationsmodelle. Standards der Analyse von Marktrisiken sind daher eine notwendige Voraussetzung für vergleichbare Risikokennziffern. In Zukunft könnten sich die Verfahren der EU-Kapitaladäquanzrichtlinie zu einem solchen Standard entwickeln. Hierbei ist jedoch zu berücksichtigen, daß die aufsichtsrechtlichen Normen nur Mindestanforderungen für die interne Steuerung darstellen können. Intern muß das Risikomanagement weiter gehen, um unter Berücksichtigung der individuellen Strukturen und Ziele der Bank die Ressourcenallokation zu optimieren.

JOSEF LANFERMANN

Zur Internationalisierung der Wirtschaftsprüfung

I. Einleitung
II. Internationalisierung als Strategie
III. Strategien zur Bewältigung der Internationalisierung
IV. Leistungsangebot internationaler Wirtschaftsprüfungsgesellschaften
V. Strukturen internationaler Wirtschaftsprüfungsgesellschaften
VI. Schlußbemerkung

I. Einleitung

Die ständig fortschreitende Liberalisierung und Globalisierung der Waren-, Dienstleistungs- und Kapitalmärkte hat nicht nur zu einer entsprechenden Internationalisierung der in diesen Märkten tätigen Wirtschaftsunternehmen geführt, sondern auch zu einem länderübergreifenden Dienstleistungsangebot der Wirtschaftsprüfungsgesellschaften. Die Internationalisierung der Märkte macht darüber hinaus die Harmonisierung der Rechnungslegungs- und Prüfungsgrundsätze sowie die Harmonisierung der Berufsqualifikationen und Berufsstandards der Wirtschaftsprüfer erforderlich.

Das strategische Ziel der Internationalisierung der Wirtschaftsprüfung – sei es in Form eines länderübergreifenden Dienstleistungsangebots oder in Form der Harmonisierung der Rechnungslegungs- und Prüfungsgrundsätze – dürfte in Deutschland kein anderer Berufskollege so konsequent und erfolgreich verfolgt haben wie der hier zu ehrende *Hans Havermann* in seiner mehr als 30-jährigen Tätigkeit als Wirtschaftsprüfer.[1]

Er gehört zudem auch zu den wenigen Autoren, die sich über die Strategien der Internationalisierung der Wirtschaftsprüfungsgesellschaften im Sinne der Schaffung eines länderübergreifenden Dienstleistungsangebots literarisch geäußert haben[2], wobei seine Äußerungen – wie er selber ausführt – weitestgehend auf seinen umfangreichen persönlichen Erfahrungen basieren.[3] Seiner generellen Aussage, daß Wirtschaftsprüfungsgesellschaften heute wirtschaftliche Unternehmen im Dienstleistungssektor sind, die die gleichen oder zumindest ähn-

---

[1] Vgl. hierzu im einzelnen die Ausführungen im Vorwort.
[2] Vgl. *Havermann*, Strategische Aspekte internationaler Konzentrationsprozesse bei Wirtschaftsprüfungsgesellschaften, in: Zeitaspekte in betriebswirtschaftlicher Theorie und Praxis – 50. Wissenschaftliche Jahrestagung des Verbandes der Hochschullehrer für Betriebswirtschaft e.V., hrsg. v. Hax u. a., Stuttgart 1988, S. 105–116; *ders.,* Wirtschaftsprüfung heute, Vortrag anläßlich der Verleihung der Ehrendoktorwürde der Westfälischen Wilhelms-Universität Münster 1991, Sonderdruck, S. 35–57; *ders.,* Globale Prüfungsstrategien, in: Internationalisierung der Wirtschaft – Eine Herausforderung an Betriebswirtschaft und Unternehmenspraxis, hrsg. v. der Schmalenbach-Gesellschaft – Deutsche Gesellschaft für Betriebswirtschaft e.V., Stuttgart 1993, S. 170–181; *ders.,* Die Wirtschaftsprüfungsgesellschaft – Struktur und Strategie eines modernen Dienstleistungsunternehmens, in: Rechnungslegung und Prüfung – Perspektiven für die neunziger Jahre, hrsg. v. Baetge, Düsseldorf 1993, S. 41–59.
[3] Vgl. *Havermann*, Strategische Aspekte internationaler Konzentrationsprozesse bei Wirtschaftsprüfungsgesellschaften, a.a.O. (Fn. 2), S. 107.

lichen Probleme haben wie andere Dienstleistungsunternehmen[4], kann angesichts der Verhaltensweisen der Wirtschaftsprüfungsgesellschaften nicht widersprochen werden. Sie sind wie andere Dienstleistungsunternehmen „gezwungen, sich den Entwicklungen des wirtschaftlichen Umfeldes zu stellen, ihr Unternehmen nach wirtschaftlichen Grundsätzen zu führen, ihre Strukturen und Strategien regelmäßig zu überprüfen und ggf. den veränderten Bedingungen anzupassen".[5]

Auf der Grundlage dieser These wird im folgenden der Versuch unternommen aufzuzeigen, warum und wie die Wirtschaftsprüfungsgesellschaften die Internationalisierung betreiben und welche Strategien dabei in bezug auf das Leistungsangebot sowie die Führungs- und Organisationsstruktur verfolgt werden.

II. Internationalisierung als Strategie

Da sich bei den Wirtschaftsprüfungsgesellschaften alles um die Mandanten dreht, ist nach *Havermann* das strategische Ziel Nr. 1 der Wirtschaftsprüfungsgesellschaften, „die Mandanten fachlich, zeitlich und an allen Standorten optimal zu betreuen".[6] In Verfolgung dieses Ziels versuchen die Wirtschaftsprüfungsgesellschaften, ihre Mandanten bestmöglich nicht nur im Inland, sondern auch an deren ausländischen Standorten zu prüfen und zu beraten.

Historisch betrachtet steht die Entwicklung international tätiger Wirtschaftsprüfungsgesellschaften in unmittelbarem Zusammenhang mit der Entwicklung der internationalen Waren-, Dienstleistungs- und Kapitalmärkte und damit mit der Internationalisierung der Wirtschaftsunternehmen sowie auch der Kapitalanlagemöglichkeiten. Dies läßt sich zurückverfolgen in die Zeit Ende des letzten Jahrhunderts.[7] So errichtete aufgrund der engen Verflechtung der Märkte z. B. die 1845 in Groß-

---

[4] Vgl. *Havermann*, Die Wirtschaftsprüfungsgesellschaft – Struktur und Strategie eines modernen Dienstleistungsunternehmens, a.a.O. (Fn. 2), S. 44.

[5] *Havermann*, Die Wirtschaftsprüfungsgesellschaft – Struktur und Strategie eines modernen Dienstleistungsunternehmens, a.a.O. (Fn. 2), S. 44.

[6] *Havermann*, Strategische Aspekte internationaler Konzentrationsprozesse bei Wirtschaftsprüfungsgesellschaften, a.a.O. (Fn. 2), S. 108. Zu den Anforderungen an den Abschlußprüfer aus Sicht eines international tätigen Unternehmens vgl. auch den Beitrag von *Meinhardt*, S. 457ff., in diesem Band.

[7] Zu den nachfolgend genannten historischen Daten der angelsächsischen Gesellschaften vgl. im einzelnen Hoover's Handbook of World Business 1993, edited by Chai u. a., 2nd Edition, New York.

britannien gegründete Wirtschaftsprüfungsgesellschaft „Deloitte" bereits 1890 Büros in New York sowie in fünf weiteren Städten der USA. Ebenfalls in 1890 errichtete die 1860 in Großbritannien gegründete Wirtschaftsprüfungsgesellschaft „Price Waterhouse" in New York und Chicago Büros. 1890 wurde z. B. auch die KPMG Deutsche Treuhand-Gesellschaft als „Deutsch-Amerikanische Treuhand-Gesellschaft" gegründet mit dem Zweck, die Interessen deutscher Kapitalanleger in Nord-, Mittel- und Südamerika zu vertreten und zu wahren.[8]

In den 20er Jahren dieses Jahrhunderts, d.h. nach dem ersten Weltkrieg, waren es insbesondere US-amerikanische und britische Wirtschaftsunternehmen, die in Europa und umgekehrt in USA Direktinvestitionen vornahmen. Diese kamen teilweise mit der 1929 einsetzenden Weltwirtschaftskrise, insbesondere aber durch den zweiten Weltkrieg zum Erliegen. Die Entwicklung in den 20er Jahren veranlaßte z. B. die 1854 in Großbritannien gegründete Wirtschaftsprüfungsgesellschaft „Coopers Brothers & Company" 1921 in Brüssel, 1926 in New York und 1930 in Paris Büros zu eröffnen. Ihr späterer Fusionspartner, die 1898 in USA gegründete Wirtschaftsprüfungsgesellschaft „Lybrand Ross Bros. & Montgomery" errichtete 1924 in Berlin, 1926 in Paris und 1929 in London Büros. Die 1870 in Großbritannien gegründete Wirtschaftsprüfungsgesellschaft „Peat" sowie die 1897 in USA gegründete Wirtschaftsprüfungsgesellschaft „Marwick, Mitchell & Comp." schlossen bereits 1911 einen Kooperationsvertrag, der 1925 zur gemeinsamen Firma „Peat, Marwick, Mitchell & Co" führte.

Nach dem zweiten Weltkrieg waren es die von den Vereinigten Staaten im Jahre 1944 aus der Taufe gehobenen Bretton-Woods-Institute wie Weltbank und Internationaler Währungsfond (IWF) sowie die internationalen Institute wie GATT (1947) und OECD (1948), die zu einem liberalen Welthandelssystem führten, um nicht ein zweites Mal am Protektionismus und Abwertungswettlauf Schaden zu nehmen. Hiervon haben in den letzten Jahrzehnten insbesondere die Industrieländer profitiert. Erst in dieser Zeit konnten sich die großen Wirtschaftsunternehmen zu echten multinationalen bzw. globalen Unternehmen voll entfalten. Begünstigt wurde diese Entwicklung durch die zeitlich damit einhergehende technische Entwicklung, insbesondere der Kommunikations- und Informationstechnologie. Mit dieser Entwicklung setzte auch

---

[8] Vgl. *Schuld,* Geschichte der Deutsche Treuhand-Gesellschaft 1890–1965, in: 100 Jahre Dienstleistungen, Zur Geschichte der DTG, hrsg. v. Vorstand der KPMG Deutsche Treuhand-Gesellschaft, Berlin/Frankfurt 1990, S. 55–109.

die verstärkte Internationalisierung der Wirtschaftsprüfung ein, wobei diese vor allem von den angelsächsischen Wirtschaftsprüfungsgesellschaften forciert wurde.

In den 50er Jahren waren es vielfach zunächst Kooperationen und Allianzen zwischen britischen und US-amerikanischen Wirtschaftsprüfungsgesellschaften. Aus dieser Zeit stammen z. B. die Verbindungen der Wirtschaftsprüfungsgesellschaften Deloitte (UK) und Haskins & Sells (USA), Coopers Brothers & Company (UK) und Lybrand Ross Bros. & Montgomery (USA) sowie Whinney Murray (UK) und Ernst & Ernst (USA), die dann vielfach erst in den 70er Jahren zu Zusammenschlüssen mit gemeinsamen Firmennamen führten. In den 50er Jahren begannen aber auch andere bis dahin vorwiegend national orientierte Wirtschaftsprüfungsgesellschaften sich systematisch im Ausland auszudehnen. Dies gilt z. B. für Arthur Andersen (USA) und Price Waterhouse (UK/USA) sowie auch die großen deutschen Wirtschaftsprüfungsgesellschaften. So gründete im Jahre 1959 die „Deutsche Treuhand-Gesellschaft" eigene Gesellschaften in Brasilien und in der Schweiz sowie eine Gemeinschaftsgesellschaft mit einer britischen Wirtschaftsprüfungsgesellschaft.[9]

In den 60er Jahren entwickelten sich vor allem die sogen. „Big Eight", d. h. die acht großen angelsächsischen Accounting Firms, zu weltweit tätigen Wirtschaftsprüfungsgesellschaften.[10] Hierzu gehörten – in alphabetischer Reihenfolge – Arthur Andersen, Arthur Young, Coopers & Lybrand, Deloitte, Haskins & Sells, Ernst & Whinney, Peat Marwick Mitchell & Co., Price Waterhouse sowie Touche Ross. Aber erst die immer weiter fortschreitende Internationalisierung der großen Wirtschaftsunternehmen Ende der 60er sowie in den 70er Jahren führte dazu, daß sich verstärkt auch andere große nationale Wirtschaftsprüfungsgesellschaften – ohne rechtliche Verschmelzung – international miteinander verbündeten, z. B. als Korrespondenzpartner oder durch Errichtung von Gemeinschaftsunternehmen. Einige schlossen sich unmittelbar den Big-Eight-Firmen als Mitglied oder als Kooperationspartner an. Dies gilt insbesondere für die bis dahin vorwiegend national ausgerichteten großen deutschen Wirtschaftsprüfungsgesellschaften.

Das Interesse der deutschen Wirtschaftsprüfungsgesellschaften an einer partnerschaftlichen Verbindung mit den großen angelsächsischen

---
[9] Vgl. *Schuld,* a.a.O. (Fn. 8), S. 106.
[10] Vgl. dazu auch *Lück,* The Big Eight – Die großen US-amerikanischen Wirtschaftsprüfungsgesellschaften, DB 1988, S. 613–616.

Wirtschaftsprüfungsgesellschaften lag in den 50er und 60er Jahren zunächst in der Betreuung der inländischen Mandanten der ausländischen Partner.[11] Aufgrund der kräftigen Entwicklung der deutschen Wirtschaft Ende der 60er sowie Anfang der 70er Jahre, die zunehmend zu Direktinvestitionen im Ausland führte, verschob sich der Schwerpunkt der Zusammenarbeit hin zur Betreuung der Auslandsinvestitionen der inländischen Mandanten der deutschen Partner durch die angelsächsischen Partner.[12] Gleichzeitig waren hierdurch auch die anderen großen deutschen Wirtschaftsprüfungsgesellschaften, die eine solche internationale Verbindung bisher nicht hatten, aufgerufen, ihren inländischen Mandanten ins Ausland zu folgen und sie auch dort zu betreuen.

Die Motive, sich einer bestehenden internationalen Wirtschaftsprüfungsgesellschaft anzuschließen oder sich beim Aufbau einer solchen zu beteiligen, entsprachen sicherlich zunächst einer Defensiv-Strategie.[13] Jede Wirtschaftsprüfungsgesellschaft – auch eine rein national orientierte – will verhindern, daß ihre Mandanten im Ausland von einem Wettbewerber betreut werden, der auch im Inland vertreten ist. Es besteht sonst die Gefahr, daß der Wettbewerber über die Betreuung der Auslandsgesellschaften ihrer Mandanten zu enge Kontakte mit ihrem Mandanten im Inland knüpft und es dadurch zu einem Mandatswechsel kommt.[14]

Mit dem Fortschreiten der Internationalisierung der Wirtschaftsprüfungsgesellschaften ist aus der Defensiv-Strategie zunehmend eine Offensiv-Strategie geworden. Die internationalen Wirtschaftsprüfungsgesellschaften haben dabei das Ziel, zumindest in allen wirtschaftlich bedeutenden Ländern der Welt präsent zu sein und jeweils einen umfassenden Service anbieten zu können (Global Coverage). Sie wollen damit ihren Mandanten bei möglichen Auslandsinvestitionen behilflich sein und insbesondere auch als Wettbewerber bei denjenigen internationalen Wirtschaftsunternehmen auftreten, die im Ausland von der Prüfungs- und Beratungsgesellschaft des Mutterunternehmens nicht oder nicht

---

[11] Vgl. *Markus,* Der Wirtschaftsprüferberuf in Deutschland – Seine berufspolitische Entwicklung, hrsg. v. Price Waterhouse GmbH, Frankfurt 1993, S. 117.
[12] Vgl. *Markus,* a.a.O. (Fn. 11), S. 117 und S. 153.
[13] Vgl. *Havermann,* Strategische Aspekte internationaler Konzentrationsprozesse bei Wirtschaftsprüfungsgesellschaften, a.a.O. (Fn. 2), S. 109.
[14] Vgl. *Goerdeler,* Die Jahre 1965 bis 1990, in: 100 Jahre Dienstleistungen, Zur Geschichte der DTG, hrsg. v. Vorstand der KPMG Deutsche Treuhand-Gesellschaft, Berlin/Frankfurt 1990, S. 111-141, hier S. 119.

hinreichend betreut werden. Diese Offensiv-Strategie ist schließlich Ausdruck des ständig steigenden Wettbewerbs der internationalen Wirtschaftsprüfungsgesellschaften untereinander.

Das Ziel, in allen wirtschaftlich bedeutenden Ländern der Welt mit einem umfassenden Leistungsangebot vertreten zu sein, war auch einer der Gründe für die Mitte der 80er Jahre einsetzenden Mega-Merger (Zusammenschlüsse) von bereits bestehenden internationalen Wirtschaftsprüfungsgesellschaften, die 1989 ihren (vorläufigen) Abschluß fanden. Als weiterer Grund wurde auch angeführt, daß in den 70er und 80er Jahren die internationalen Wirtschaftsunternehmen ihre Internationalisierung vielfach durch Fusionen (Merger) oder Akquisitionen mit bzw. von anderen Wirtschaftsunternehmen im Ausland betrieben, wodurch das Betreuungspotential der bestehenden internationalen Wirtschaftsprüfungsgesellschaften sank. Sie wandten sich deshalb auch stärker der Betreuung kleinerer und mittelgroßer Wirtschaftsunternehmen in den nationalen Märkten zu und hatten ein Interesse am Zusammengehen mit starken nationalen Wirtschaftsprüfungsgesellschaften, um dadurch ihre Akzeptanz und Reputation in den nationalen Märkten zu erhöhen. Als weitere Gründe für die Mega-Merger bzw. für die Konzentrierung der internationalen Wirtschaftsprüfungsgesellschaften wurden regelmäßig auch angeführt die wachsenden Investitionen bzw. Aufwendungen in den Bereichen Aus- und Fortbildung der Mitarbeiter sowie Informationstechnologie, die von größeren Organisationen gemeinsam leichter getragen werden können.

Die ersten Mega-Merger-Verhandlungen großer internationaler Wirtschaftsprüfungsgesellschaften fanden bereits 1984 statt, und zwar zwischen Price Waterhouse und Deloitte Haskins & Sells sowie zwischen Peat Marwick International (PMI) und KMG. In beiden Fällen scheiterten die Verhandlungen daran, daß die Partner in den nationalen Mitgliedsfirmen nicht von der Notwendigkeit eines Mega-Mergers überzeugt waren. Erst erneute Verhandlungen zwischen PMI und KMG im Jahre 1986 führten dazu, daß beide sich 1987 unter dem neuen Firmennamen KPMG zusammenschlossen.[15] Nicht zuletzt der erfolgreiche Merger von KPMG hat die Merger-Verhandlungen anderer großer

---

[15] *Havermann* gehörte zu dem kleinen Kreis der Gründungsväter von KPMG; vgl. zu seiner Rolle *Cypert,* Following the Money, The Inside Story of Accounting's First Mega-Merger, New York 1991; vgl. zur Strategie dieses Mergers auch *Havermann,* Strategische Aspekte internationaler Konzentrationsprozesse bei Wirtschaftsprüfungsgesellschaften, a.a.O. (Fn. 2), S. 109 ff. sowie *Goerdeler,* a.a.O. (Fn. 14), S. 131 ff.

internationaler Wirtschaftsprüfungsgesellschaften beflügelt, die insbesondere im Jahre 1989 stattfanden. Erfolgreich waren sie im Falle Ernst & Whinney und Arthur Young, die sich unter der neuen Bezeichnung Ernst & Young zusammenschlossen, sowie im Falle von Deloitte Haskins & Sells und Touche Ross, die sich unter Hinzuziehung einer japanischen Wirtschaftsprüfungsgesellschaft unter der Bezeichnung Deloitte Touche Tohmatsu zusammenschlossen. Nicht erfolgreich waren dagegen die Merger-Verhandlungen im Jahre 1989 zwischen Arthur Andersen und Price Waterhouse. Diese Verhandlungen scheiterten u. a. daran, daß man der Meinung war, daß die Unternehmenskulturen beider Gesellschaften zu unterschiedlich waren, und man befürchtete, daß Mandanten, die untereinander im Wettbewerb stehen, einen solchen Merger nicht akzeptieren würden. Seit dieser Zeit konkurrieren im internationalen Markt vor allem die sogen. „Big Six" miteinander, wozu – in alphabetischer Reihenfolge – gehören: Arthur Andersen, Coopers & Lybrand, Deloitte Touche Tohmatsu, Ernst & Young, KPMG und Price Waterhouse. Daneben gibt es mehr als 20 sogen. „Middle Tier Firms".[16]

III. Strategien zur Bewältigung der Internationalisierung

Um das strategische Ziel Nr. 1, die Mandanten fachlich, zeitlich und an allen Standorten optimal zu betreuen, auch international zu erreichen, können die Wirtschaftsprüfungsgesellschaften folgende Strategien wählen[17]:

(1) Betreuung der Auslandsaktivitäten der Mandanten auf Reisebasis

Die Betreuung auf Reisebasis wird in der Regel von nationalen Wirtschaftsprüfungsgesellschaften gewählt, die keine Kontakte zu Berufskollegen im betreffenden Ausland haben.[18] Sie wird aber auch von den internationalen Wirtschaftsprüfungsgesellschaften gewählt, wenn sich in einem Land kein geeigneter Kooperationspartner findet bzw. wenn kein Berufsstand existiert[19] oder aber der Arbeitsanfall jeweils so gering

---

[16] Vgl. International Accounting Bulletin, Nr. 154 vom 19. 12. 1994, S. 7.
[17] Vgl. hierzu *Havermann,* Globale Prüfungsstrategien, a.a.O. (Fn. 2), S. 173 ff.; *Goerdeler,* a.a.O. (Fn. 14), S. 119 ff.
[18] So war z. B. auch *Havermann* 1964 und Folgejahren in Nigeria tätig.
[19] Entsprechend starteten die Aktivitäten in jüngerer Zeit z. B. in den Reformländern Mittel- und Osteuropas sowie China und Vietnam.

ist, daß sich die Errichtung einer eigenen Gesellschaft oder der Zusammenschluß mit einer bestehenden Wirtschaftsprüfungsgesellschaft in dem betreffenden Land nicht anbietet.

Der Vorteil dieser Vorgehensweise besteht darin, daß die Entsandten über das bei der Muttergesellschaft erworbene Know How verfügen und die Belange des Mutterunternehmens bestens kennen. Diese Lösung setzt aber auch regelmäßig voraus, daß die Entsandten über entsprechende Sprachkenntnisse und über die notwendige Flexibilität verfügen.

Die Nachteile, die mit dieser Vorgehensweise verbunden sind, bestehen regelmäßig darin, daß die Entsandten nicht die erforderliche Berufsqualifikation des betreffenden Landes besitzen, um einen Jahresabschluß nach jeweiligem Landesrecht testieren zu können. Auch sind sie regelmäßig nicht hinreichend mit den Besonderheiten des jeweiligen Landes (z. B. Rechtsordnung, vor allem Handels- und Steuerrecht) vertraut. Hinzu kommen hohe Reisekosten und zeitliche Belastungen für die Entsandten.

(2) Kooperation mit ausländischen Berufskollegen bzw. Wirtschaftsprüfungsgesellschaften

Die Kooperation mit ausländischen Berufskollegen bzw. Wirtschaftsprüfungsgesellschaften bietet sich zunächst dann an, wenn der Arbeitsanfall dauerhaft gering ist oder aber ein engerer Zusammenschluß erst nach einer Übergangsphase erfolgen soll.[20]

Voraussetzung für diese Vorgehensweise ist, daß sich in dem betreffenden Land ein Kooperationspartner findet, der über die notwendige berufliche Qualifikation verfügt und dessen Qualitätsstandards ausreichend sind.

Nachteile treten bei dieser Lösung meist dadurch auf, daß der Kooperationspartner bei der Festlegung der Geschäftspolitik und der qualitativen Ausrichtung häufig eigene Interessen verfolgt. Zumeist sind solche Kooperationen daher nicht von Dauer, sondern nur strategische Allianzen auf Zeit. Probleme treten vielfach auch dadurch auf, daß der Kooperationspartner auch mit anderen Wettbewerbern kooperiert.

---

[20] Auch die „Big Six" und „Middle Tier-Firms" haben vielfach in Ländern, in denen sie selbst nicht vertreten sind, Korrespondenzfirmen bzw. Repräsentanten, vgl. International Accounting Bulletin, Nr. 154 vom 19. 12. 1994, S. 7.

(3) Errichtung einer eigenen Wirtschaftsprüfungsgesellschaft oder Niederlassung im betreffenden Land

Die Errichtung einer eigenen Gesellschaft oder Niederlassung bietet sich insbesondere dann an, wenn sich in dem betreffenden Land ein Berufsstand noch nicht entwickelt hat[21] oder keine geeignete Wirtschaftsprüfungsgesellschaft als Kooperations- bzw. Mergerpartner vorhanden ist. Die Anteile an einer neu gegründeten Gesellschaft werden meist zunächst von den Gründern gehalten. In einer Aufbauphase werden dann lokale Fachkräfte ausgebildet, die später als Partner die Anteile übernehmen können oder zumindest am wirtschaftlichen Erfolg beteiligt werden.

Diese Vorgehensweise setzt voraus, daß in dem betreffenden Land ein genügend großer Arbeitsanfall vorhanden ist bzw. die notwendige kritische Masse gegeben oder zumindest zu erwarten ist. Sie setzt regelmäßig ferner voraus, daß in der Aufbauphase, die meist über mehrere Jahre geht, Fachpersonal transferiert wird. Dieses muß i. d. R. über die entsprechenden Sprachkenntnisse verfügen oder sich diese aneignen, und es muß sehr flexibel sein.

Als nachteilig erweist sich bei dieser Vorgehensweise meist, daß das Know How in dem betreffenden Land erst erworben werden muß und daß es regelmäßig Schwierigkeiten bereitet, geeignete Fachkräfte zu finden, die für einen längeren Zeitraum für Tätigkeiten im Ausland zur Verfügung stehen. Besonders nachteilig sind auch die in der Aufbauphase anfallenden hohen Kosten sowie die Dauer des Aufbaus, d. h. es ist regelmäßig sehr zeitaufwendig, die neuen Mitarbeiter entsprechend auszubilden, um das volle Leistungsprogramm anbieten zu können.

(4) Kauf einer bestehenden Wirtschaftsprüfungsgesellschaft im betreffenden Land

Der Kauf[22] einer bestehenden Wirtschaftsprüfungsgesellschaft im Ausland kommt vor allem dann in Betracht, wenn sich dort keine Wirtschaftsprüfungsgesellschaft mit gleich gerichtetem Interesse für einen anderweitigen Zusammenschluß findet und aufgrund der gegebenen

---

[21] Deshalb wurde dieser Weg von den internationalen Wirtschaftsprüfungsgesellschaften in jüngerer Zeit in den Reformländern Mittel- und Osteuropas sowie in China und Vietnam beschritten, wobei teilweise aufgrund politischer Erfordernisse auch Joint Ventures (Gemeinschaftsgesellschaften) mit staatlichen Stellen errichtet wurden.

[22] Zur Akquisitionsstrategie von Wirtschaftsprüfungsgesellschaften vgl. auch den Beitrag von *Nelissen,* S. 505 ff., in diesem Band.

Marktverhältnisse oder des zeitlichen Aspektes der Aufbau einer eigenen Gesellschaft wenig sinnvoll erscheint.

Diese Vorgehensweise setzt regelmäßig voraus, daß eine Wirtschaftsprüfungsgesellschaft gefunden wird, die sich relativ leicht in das Gesamtkonzept des Erwerbers integrieren läßt und deren bisherige Eigner – meist aus Altersgründen – zu einem Verkauf bereit sind.

Für den Zweck der Integration ist es dann meist ebenfalls erforderlich, für einen längeren Zeitraum eigene Fachkräfte zu transferieren. Wie bei der Errichtung einer eigenen Gesellschaft stellt sich hier auch die Frage, ob die Anteile auf Dauer gehalten oder ob sie später auf geeignete Partner bzw. Fachkräfte in dem betreffenden Land übertragen werden sollen.

(5) Der Zusammenschluß eigenständiger nationaler Wirtschaftsprüfungsgesellschaften mit gleichgerichtetem Interesse zu einer internationalen Wirtschaftsprüfungsgesellschaft

Der Zusammenschluß eigenständiger nationaler Wirtschaftsprüfungsgesellschaften kann dann sinnvoll sein, wenn sich in Verfolgung der Defensiv-Strategie Partner in den Ländern finden, in denen auch ihre internationalen Mandanten vorwiegend tätig sind.[23]

Der Neuaufbau einer solchen internationalen Wirtschaftsprüfungsgesellschaft kann den Vorteil haben, daß keine der Mitgliedsfirmen dominiert und die Mitgliedsfirmen am internationalen Gesamtmanagement gleichberechtigt beteiligt sind. Insoweit kann der Neuaufbau einer solchen internationalen Gesellschaft auch mit dem Ziel erfolgen, diese Gesellschaft nach Erlangung einer entsprechenden Bedeutung als gleichberechtigten Partner mit einer anderen internationalen Wirtschaftsprüfungsgesellschaft zusammenzuschließen.

Angesichts der derzeitigen Dominanz der Big Six erweist sich der Neuaufbau einer internationalen Wirtschaftsprüfungsgesellschaft heute als sehr schwierig. Insbesondere in den Ländern, in denen die Mitgliedsfirmen nicht zu den führenden Wirtschaftsprüfungsgesellschaften zählen, ist häufig die Akzeptanz durch die internationalen Mandanten nicht gegeben. Das Ziel, die großen internationalen Mandanten in allen wirtschaftlich bedeutenden Ländern der Welt optimal zu betreuen, läßt sich heute – insbesondere aus Kosten- und Zeitgründen – kaum noch

---

[23] Zu den entsprechenden Überlegungen bei Gründung der KMG im Jahre 1979 vgl. *Goerdeler*, a.a.O. (Fn. 14), S. 126 ff.

durch den Neuaufbau einer internationalen Wirtschaftsprüfungsgesellschaft realisieren. Insoweit fehlt – selbst bei einem stark ausgeprägten gleichgerichteten Interesse – auch meist die Kraft für eine Offensiv-Strategie.

(6) Anschluß an eine bestehende internationale Wirtschaftsprüfungsgesellschaft

Der Anschluß an eine bestehende internationale Prüfungs- und Beratungsgesellschaft hat gegenüber den bisher dargestellten Vorgehensweisen den großen Vorteil, daß ggf. ohne großen finanziellen und zeitlichen Aufwand den eigenen Mandanten ein optimaler internationaler Service geboten werden kann.[24] Voraussetzung für diese Vorgehensweise ist, daß die jeweilige internationale Wirtschaftsprüfungsgesellschaft ein Interesse daran hat, sich in dem betreffenden Land zu verstärken. Da sie i. d. R. in dem betreffenden Land bereits eine Mitgliedsfirma haben, hat dies im Regelfall einen Zusammenschluß mit der betreffenden Mitgliedsfirma zur Folge.

Abgesehen hiervon kann es von den sich anschließenden nationalen Wirtschaftsprüfungsgesellschaften als nachteilig empfunden werden, daß sie keinen oder nur schwerlich Einfluß auf die internationalen Führungsgremien gewinnen. Diese mangelnde Einflußmöglichkeit führt ggf. zu Akzeptanzproblemen bei internationalen Aufgabenstellungen.

(7) Merger (Zusammenschluß) bestehender internationaler Wirtschaftsprüfungsgesellschaften

Der Zusammenschluß bestehender internationaler Wirtschaftsprüfungsgesellschaften bietet sich an, wenn dadurch die optimale Betreuung der internationalen Mandanten verbessert werden kann.[25] Die Verbesserung kann dabei sowohl in Richtung Flächendeckung (Global Coverage) als auch in Richtung „Full Service-Konzept", d. h. in Richtung Verbesserung bzw. Abrundung des Leistungsprogramms gehen.

Angesichts der diesbezüglichen Positionierung der Big Six erscheint es gegenwärtig wenig wahrscheinlich, daß es zwischen ihnen zu weiteren Mega-Mergern kommt. Ein solcher Mega-Merger, allein um die Wettbewerbsposition zu verbessern und ggf. weltweit die größte Prüfungs-

---

[24] Zur entsprechenden Vorgehensweise einiger großer deutscher Wirtschaftsprüfungsgesellschaften vgl. *Markus*, a.a.O. (Fn. 11), S. 116ff. und S. 159ff.
[25] Vgl. hierzu auch die Ausführungen über die Mega-Merger in Abschnitt II.

und Beratungsgesellschaft zu werden, könnte zu gravierenden Akzeptanzproblemen nicht nur in der Öffentlichkeit (einschließlich der Kartellbehörden[26]), sondern insbesondere auch bei den Mandanten, d. h. den internationalen Wirtschaftsunternehmen führen. Die Akzeptanz dürfte insoweit auch nicht mit dem Argument erreicht werden, daß durch einen Mega-Merger die wachsenden Aufwendungen z. B. für die Aus- und Fortbildung der Mitarbeiter oder für die Informations- und Kommunikationstechnologie leichter getragen werden können. Eher vorstellbar ist dagegen, daß die Akzeptanz für einen Mega-Merger gegeben wäre, wenn eine Big Six-Gesellschaft aufgrund riesiger Schadenersatz- bzw. Vergleichszahlungen in finanzielle Schwierigkeiten geraten würde und als Alternative nur die Aufgabe der Gesellschaft bliebe.[27]

Ein Zusammenschluß bestehender internationaler Wirtschaftsprüfungsgesellschaften kommt somit insbesondere für die kleineren und mittelgroßen Gesellschaften in Betracht. Voraussetzung ist dabei die Verfolgung gleicher Ziele bzw. Strategien. Zudem müssen die kulturellen Unterschiede überwindbar erscheinen.[28] Ein solcher Zusammenschluß bietet auch die Möglichkeit, die Führung einem tatsächlich internationalen Gesamtmanagement zu übertragen, ohne daß eine Mitgliedsfirma dominiert.

Gegenwärtig sind bei den kleineren und mittelgroßen internationalen Wirtschaftsprüfungsgesellschaften aber eher Erosions- als Konzentrationsbewegungen zu beobachten. Einzelne Mitgliedsfirmen verlassen ihren internationalen Verbund, um sich z. B. einer der Big Six-Firmen anzuschließen.[29] Hierin kommt die Dominanz der Big Six aufgrund ihrer Offensiv-Strategie zum Ausdruck. Es erscheint deshalb fraglich, ob ein Zusammenschluß kleinerer oder mittelgroßer internationaler Wirtschaftsprüfungsgesellschaften hilft, die eigentlichen Probleme zu lösen.

---

[26] Vgl. *Havermann,* Wirtschaftsprüfung heute, a.a.O. (Fn. 2), S. 45 f.
[27] Vgl. ausführlich zur Haftung des Wirtschaftsprüfers *Geuer,* Das Management des Haftungsrisikos der Wirtschaftsprüfer, Düsseldorf 1994, S. 55–187; zur Situation in den USA vgl. z. B. *Lück/Knetsch,* Zur Haftung des wirtschaftsprüfenden Berufsstandes in den US, DB 1992, S. 901–906; *Lück/Holzer,* Die Krise des wirtschaftsprüfenden Berufsstandes in den USA, DB 1993, S. 237–242, hier S. 240.
[28] Vgl. zur Bedeutung kultureller Unterschiede jüngst auch *Großfeld,* Bilanzziele und kulturelles Umfeld, WPg 1994, S. 795–803.
[29] Jüngstes Beispiel ist die US-Firma Kenneth Leventhal, die mit Wirkung vom 1. Juni 1995 aus dem internationalen Verbund Clark Kenneth Leventhal, zu dessen Umsätzen sie etwa 50% beitrug, ausgeschieden ist und sich Ernst & Young angeschlossen hat, vgl. International Accounting Bulletin, Nr. 163 vom 5. 5. 1995, S. 1.

IV. Leistungsangebot internationaler Wirtschaftsprüfungsgesellschaften

Die internationalen Wirtschaftsprüfungsgesellschaften verfolgen generell das sogen. „Full Service-Konzept"[30], d. h. sie bieten aus einer Hand zumindest

- Abschlußprüfung (audit),
- Steuerberatung (tax),
- Unternehmensberatung (management consulting),

an. Neben diesen „klassischen" Produktgruppen[31] bieten sie – von Gesellschaft zu Gesellschaft sowie ggf. auch von Standort zu Standort unterschiedlich – regelmäßig z. B. folgende Leistungen an:

- allgemeine betriebswirtschaftliche Beratung im prüfungsnahen Bereich – Kosten / Leistungen / Investitionen etc. (audit related services),
- gutachterliche Tätigkeit, insbesondere Unternehmensbewertung (business valuations),
- Beratung und Analysen bei Unternehmenskäufen bzw. -verkäufen oder beim Gang an die Börse (corporate finance, advice and due diligence in relation to acquisitions and disposals, going public),
- Sanierungsberatung und -prüfung (corporate recovery),
- Privatisierungsberatung (privatization),
- forensische Untersuchungen[32] (forensic and investigatory studies),
- Dienstleistungen im Gesundheitswesen (hospital and health care consulting),
- Dienstleistungen im Bereich betriebliche Altersversorgung (actuarial advice),
- Umweltprüfung[33] (environmental audit),

---

[30] Vgl. *Havermann,* Die Wirtschaftsprüfungsgesellschaft – Struktur und Strategie eines modernen Dienstleistungsunternehmens, a.a.O. (Fn. 2), S. 56.

[31] Der Anteil des Prüfungsbereichs am Gesamthonorar beträgt bei den Big Six – mit Ausnahme von Arthur Andersen – mehr als 50%, vgl. International Accounting Bulletin, Nr. 154 vom 19. 12. 1994, S. 9.

[32] Vgl. zum sogen. Forensic Accounting *Marschdorf,* Möglichkeiten, Aufgaben und Grenzen des Jahresabschlußprüfers zur Aufdeckung von Wirtschaftsstraftaten im Rahmen der Jahresabschlußprüfung, DStR 1995, S. 111–114 und S. 149–154, hier S. 152–154.

[33] Vgl. dazu auch den Beitrag von *Stolberg,* S. 739ff., in diesem Band.

– Zoll- und Außenwirtschaftsberatung (customs and excise advisory services),
– Rechtsberatung (legal advice),
– Vermögensverwaltung (investment management),
– Treuhandtätigkeit (trust services),
– Subventionsberatung (advice on grants and subsidies).

Mit welcher Intensität und ggf. auch Qualität diese Dienstleistungen jeweils angeboten werden, hängt i. d. R. von den Bedürfnissen in den jeweiligen Märkten sowie auch von der jeweils verfolgten Strategie ab. Festzustellen ist, daß sich der Umfang der Dienstleistungen der internationalen Wirtschaftsprüfungsgesellschaften ständig erweitert und daß die neuen Dienstleistungen vielfach bereits von Spezialisten, d. h. von Personen erbracht werden, die sich nicht als Wirtschaftsprüfer qualifiziert haben. Die internationalen Wirtschaftsprüfungsgesellschaften stehen mit diesem umfangreichen Leistungsangebot insbesondere im Beratungsbereich nicht mehr nur untereinander im Wettbewerb, sondern zunehmend auch mit Gesellschaften anderer Berufsgruppen (z. B. Rechtsanwälten, Unternehmensberatern), die sich ebenfalls zu internationalen Gesellschaften formieren.

Hier stellt sich für die Wirtschaftsprüfungsgesellschaften die Frage, wo die Grenzen der Spezialisierung liegen. „Liegt die Zukunft in einem betriebswirtschaftlichen Warenhaus oder gilt nicht doch noch das alte Sprichwort „Schuster bleib bei deinen Leisten".[34] *Havermann* sieht in der Beantwortung dieser Frage eine der entscheidenden Weichenstellungen für die Zukunft, die nur von jeder Gesellschaft für sich beantwortet werden kann.[35] Er weist aber darauf hin, daß, je größer die Gesellschaft und damit je umfangreicher ihr Dienstleistungsangebot ist, umso größer die Gefahr von Interessenkollisionen wird.[36]

Gemeint ist damit die Gefahr, daß bei einem umfassenderen Leistungsangebot für einen Mandanten insbesondere die eigentliche Aufgabenstellung, die Abschlußprüfung, nicht mehr unabhängig oder unbefan-

---

[34] *Havermann*, Die Wirtschaftsprüfungsgesellschaft – Struktur und Strategie eines modernen Dienstleistungsunternehmens, a.a.O. (Fn. 2), S. 57.
[35] Vgl. *Havermann*, Die Wirtschaftsprüfungsgesellschaft – Struktur und Strategie eines modernen Dienstleistungsunternehmens, a.a.O. (Fn. 2), S. 58.
[36] Vgl. *Havermann*, Die Wirtschaftsprüfungsgesellschaft – Struktur und Strategie eines modernen Dienstleistungsunternehmens, a.a.O. (Fn. 2), S. 58.

gen durchgeführt werden kann.³⁷ Diese Gefahr läßt sich nur bannen durch eine sachgerechte Behandlung und Vorgehensweise im Einzelfall, insbesondere durch strikte Befolgung der Berufsgrundsätze sowie durch Aufstellung entsprechender interner Verhaltensrichtlinien.

Dagegen ist festzustellen, daß die wachsende Komplexität der zu prüfenden Unternehmen sowie von deren geschäftlichem Umfeld dazu geführt hat, daß auch die Abschlußprüfung zunehmend komplexer geworden ist. Für die Prüfungsdurchführung reicht somit i. d. R. nicht mehr ein Team von Generalisten aus, sondern es sind eine Vielzahl von Spezialisten mit einzubeziehen, um die erforderliche Prüfungsqualität sicherzustellen. Gleichzeitig reicht es jedoch nicht aus, diese Spezialisten nur bei Abschlußprüfungen einzusetzen, weil sie dann meist nicht in der Lage sind, ihre Spezialkenntnisse im erforderlichen Umfang weiterzuentwickeln. Dies macht es notwendig, die Spezialkenntnisse auch als spezielle Dienstleistungen anzubieten.

Hinzu kommt, daß durch die Übernahme von Spezialaufträgen bei einem Mandanten der Abschlußprüfer regelmäßig auch zusätzliche sowie wertvolle Informationen erhält, die für eine bessere Durchführung der Abschlußprüfung hilfreich sind. Denn je mehr Kenntnisse der Abschlußprüfer über das zu prüfende Unternehmen hat, desto besser kann er dessen Verfahrensabläufe und interne Kontrollen sowie dessen geschäftliche Risiken beurteilen. Gleichzeitig wird durch das breite Leistungsangebot erreicht, daß hochqualifizierte Mitarbeiter gewonnen werden können, denen zusätzliche Karrierewege in der Gesellschaft geboten werden. Auch dies wirkt sich auf die Qualität der Prüfungstätigkeit aus.³⁸

Dennoch sollte die Mahnung von *Havermann* beachtet werden, wonach Interessenkollisionen wie Zeitbomben sind und daß man sie deshalb soweit wie möglich vermeiden, auf gar keinen Fall aber provozieren sollte.³⁹

---

[37] Vgl. zur grundsätzlichen Vereinbarkeit von Prüfung und Beratung WP-Handbuch 1992, Bd. I, A Tz. 192; jüngst auch wieder LG Konstanz (n. rkr.), WPK-Mitteilungen 1995, 102.
[38] Vgl. zu den Vorteilen von gleichzeitiger Prüfung und Beratung auch *Jacobs*, Zur Vereinbarkeit von Jahresabschlußprüfung und Beratung, DB 1975, S. 2237–2241, hier S. 2238–2240.
[39] Vgl. *Havermann*, Die Wirtschaftsprüfungsgesellschaft – Struktur und Strategie eines modernen Dienstleistungsunternehmens, a.a.O. (Fn. 2), S. 58.

V. Strukturen internationaler Wirtschaftsprüfungsgesellschaften

Nach *Havermann* kann von einer wirklich internationalen Wirtschaftsprüfungsgesellschaft nur dann gesprochen werden, „wenn die Organisation so aufgebaut ist, daß kein Land und keine Region (z. B. Europa, Amerika, Asien) in der Lage ist, die anderen zu beherrschen und jedes Land den seinem Gewicht entsprechenden Einfluß hat".[40] Wenn diese Voraussetzungen nicht gegeben sind, handelt es sich eher um eine international tätige nationale Wirtschaftsprüfungsgesellschaft.[41] Dies gilt sicherlich in gewissem Umfang für die traditionell stark amerikanisch bzw. angelsächsisch dominierten internationalen Wirtschaftsprüfungsgesellschaften.

Abgesehen jedoch von der Frage, ob in einer internationalen Wirtschaftsprüfungsgesellschaft eine Mitgliedsfirma oder eine Region über Gebühr dominiert, geht es letztlich bei diesen Gesellschaften um die strategische Entscheidung über den Zentralisierungsgrad der Führung, d. h. ob stärker oder ggf. ausschließlich dem One Firm-Konzept oder dem Federation-Konzept gefolgt werden soll.[42]

Das One Firm-Konzept zielt auf eine zentrale Führung, wobei der Führungsstil und die Führungsentscheidungen im Regelfall von dem Land geprägt sind, in dem die Führungsmannschaft ansässig ist. Dies hat eine einheitliche Gruppenidentität – unabhängig von länderspezifischen Besonderheiten der Mitgliedsfirmen – zur Folge. Ziele und Image des Unternehmens als Ganzes haben Vorrang vor persönlichen Präferenzen der Mitglieder oder der Mitarbeiter, was eine entsprechende Loyalität der Beteiligten voraussetzt. Zu den Charakteristika des One Firm-Konzepts gehört aber auch, daß es beispielsweise nicht einzelne „Stars" (z. B. Partner) im Unternehmen geben soll, deren Standing allein für die gute Geschäftsentwicklung verantwortlich ist, sondern die Reputation des Unternehmens als solche soll die Mandanten überzeugen. Nicht die Arbeit des einzelnen ist entscheidend, sondern lediglich das Ergebnis von Teams, was zu einer stark ausgeprägten Teamarbeit mit starkem Konformitätsdenken führt. Das One Firm-Konzept ver-

---

[40] *Havermann*, Die Wirtschaftsprüfungsgesellschaft – Struktur und Strategie eines modernen Dienstleistungsunternehmens, a.a.O. (Fn. 2), S. 51.
[41] *Havermann*, Die Wirtschaftsprüfungsgesellschaft – Struktur und Strategie eines modernen Dienstleistungsunternehmens, a.a.O. (Fn. 2), S. 51.
[42] Vgl. zu diesen Konzepten auch *Mandler*, Theorie internationaler Wirtschaftsprüfungsorganisationen: Qualitätskonstanz und Reputation, DBW 1995, S. 31–44, hier S. 32 f.

langt insoweit die unbedingte Einhaltung der zentral vorgegebenen Unternehmensleitlinien. Auch die zentral vorgegebene Rangfolge der geschäftspolitischen Ziele und Maßnahmen gilt als unabdingbar und weltweit für jeden Auftrag als verbindlich. Zur One Firm-Philosophie gehört es auch, Wachstum nicht durch Merger zu erreichen. Es wird vielmehr ein kontrolliertes organisches Wachstum angestrebt, wobei das Wachstum sich danach richtet, wie schnell neue Mitarbeiter oder Spezialisten ausgebildet werden können.

Das Federation-Konzept zielt dagegen auf eine relativ starke Autonomie der einzelnen Mitgliedsfirmen. Es besteht weder ein zentrales Weisungsrecht noch Weisungsgebundenheit der Mitgliedsfirmen. Die Mitgliedsfirmen wählen das Führungsgremium, dem freiwillig – getragen vom gemeinsamen Interesse – in gewissem Umfang Kompetenzen eingeräumt werden. Die zugrundeliegende Philosophie besagt, daß die nationalen Mitgliedsfirmen am besten wissen, wie in ihrem Land das Geschäft zu betreiben ist. Sie können ihre geschäftspolitischen Entscheidungen an den jeweiligen Landesspezifika ausrichten. Sie sind insoweit auch offen für neue Mitglieder im internationalen Verbund oder Merger, insbesondere auf Landesebene.

Beide Konzepte bzw. Philosophien haben – wie unschwer zu erkennen ist – ihre Vor- und Nachteile. Die strikte Anwendung des One Firm-Konzepts kann leicht zu einer gewissen Selbstzufriedenheit in der Organisation führen, was insbesondere die Gefahr beinhaltet, daß Veränderungen im Umfeld bzw. in einzelnen Ländern nicht oder zu spät wahrgenommen werden. Es sind deshalb Kritikmechanismen zu implementieren, die eine rechtzeitige Reaktion gewährleisten. Eine weitere Gefahr liegt darin, daß es zu mangelnder Unternehmerinitiative der Partner und Manager kommen kann und insgesamt die detailliert geregelte „Firmenphilosophie" sowie die umfassenden zentralen Regelungen von den einzelnen Mitarbeitern als sehr einengend empfunden werden. Im Rahmen des Federation-Konzepts gestaltet sich die internationale Kooperation naturgemäß schwieriger. Hier gilt es vor allem, ein einheitliches Erscheinungsbild am Markt durchzusetzen, was bereits mit dem Auftreten unter einem einheitlichen Firmennamen zu beginnen hat. Zu diesem Zweck sind darüber hinaus gewisse Elemente des One Firm-Konzepts zu übernehmen, die es ermöglichen, gegenüber den Mandanten wirtschaftlich wie eine einheitliche Firma zu agieren. Dies setzt nicht nur voraus, daß im internationalen Verbund das Leistungsangebot abgestimmt wird, die Standards für Auftragsdurchführung, Qualität und Aus- und Fortbildung der Mitarbeiter vereinheitlicht werden, sondern auch, daß einzelnen Mitgliedsfirmen und ggf. Partnern – bezogen auf ihre Mandanten – Kompetenzen eingeräumt werden, die zu einer Verpflichtung der internationalen Organisation und ihrer Mitglieder insgesamt führt. Soweit es dem gemeinsamen Interesse entspricht, muß auch das internationale Führungsgremium entsprechende Kompetenzen haben.

Die Praxis zeigt deshalb heute, daß bei den internationalen Wirtschaftsprüfungsgesellschaften weder das One Firm-Konzept noch das Federation-Konzept in Reinkultur verfolgt wird. Die Gesellschaften, die bislang stärker der One Firm-Philosophie folgten, gehen so z. B. dazu über, in den Ländern oder Märkten, in denen sie schwach vertreten sind, nicht mehr aus eigener Kraft neue Einheiten zu errichten, sondern bereits bestehende Einheiten von Dritten zu erwerben. Umgekehrt agieren die Gesellschaften, die stark von der Federation-Philosophie geprägt sind, international gegenüber den Mandanten und den Märkten wie ein einheitliches Unternehmen. Sie haben i. d. R. auch nur jeweils eine Mitgliedsfirma in einem Land.

Verbunden mit der strategischen Entscheidung über den Zentralisierungsgrad der Führung (One Firm-Konzept vs. Federation-Konzept) ist die Entscheidung über die Organisation der Führung, d. h. die Unternehmensverfassung bzw. Corporate Governance. Hierbei geht es im Kern um die Frage der Zusammenhänge zwischen Unternehmensleitung, Leitungskontrolle und Unternehmenserfolg. Wie die derzeitige Corporate Governance-Debatte zeigt, bestehen unterschiedliche Sichtweisen des Unternehmens und dessen, was als unternehmerischer Erfolg gelten kann, insbesondere zwischen den angelsächsischen und den kontinentaleuropäischen Ländern.[43] Während die Angelsachsen im Unternehmen eine Institution sehen, die allein den Ertragsinteressen der Anteilseigner als Kapitalgeber gerecht zu werden hat, wird von den Kontinentaleuropäern, hier insbesondere in Deutschland, im Unternehmen vor allem eine Institution gesehen, die unterschiedlichen gesellschaftlichen und wirtschaftlichen Interessen gerecht zu werden hat, d. h. nicht nur denen der Anteilseigner.[44]

Diese unterschiedliche Sichtweise kommt auch in den Organisationsformen der angelsächsischen und kontinentaleuropäischen Wirtschaftsprüfungsgesellschaften zum Ausdruck. In den angelsächsischen Ländern werden sie traditionell in Form der Partnership und in den

---

[43] Vgl. *Assmann,* Corporate Governance, AG 1995, S. 289 f.
[44] Vgl. *Assmann,* AG 1995, S. 289.

kontinentaleuropäischen Ländern in Form der Kapitalgesellschaft geführt. „Im Mittelpunkt der Partnership stehen die Partner. An ihnen richtet sich alles aus. Im Zweifelsfall wird das getan, was die Partner wollen und was ihnen nützt".[45] Dagegen steht im Mittelpunkt der Berufsausübung in Form der Kapitalgesellschaft das Unternehmen als solches, was bedeutet, „daß im Falle von Interessenkonflikten das getan wird, was der Gesellschaft nützt".[46]

In großen Partnerships mit mehreren hundert oder tausend Partnern ist regelmäßig bereits die Grundidee, daß wesentliche Entscheidungen von allen Partnern gemeinsam und einvernehmlich getroffen werden, nicht mehr realisierbar. Es wird deshalb i. d. R. für die laufende Geschäftsführung ein Leitungsgremium eingesetzt, das ggf. bei Entscheidungen von besonderer Bedeutung die Zustimmung der Partner einholen muß, wobei das Quorum unterschiedlich ausgestaltet sein kann.[47] Dagegen werden in Kapitalgesellschaften, insbesondere in Aktiengesellschaften, die Entscheidungen regelmäßig von der Geschäftsführung bzw. vom Vorstand eigenverantwortlich getroffen. Dies ermöglicht grundsätzlich flexible Strategien und schnelle Reaktionen sowie sachgerechte Entscheidungen, vor allem losgelöst von den Interessen einzelner Partner oder Partnergruppen. Allerdings gibt es bei den Kapitalgesellschaften i. d. R. ein Aufsichtsorgan, das nicht nur die Geschäftsführung überwacht, sondern auch bei bestimmten, im Gesellschaftsstatut definierten Entscheidungen zustimmen muß. Darüber hinaus können Entscheidungen von besonderer Bedeutung auch der Zustimmung der Gesellschafterversammlung bedürfen, wobei - je nach anstehender Entscheidung - das erforderliche Quorum ebenfalls unterschiedlich sein kann. Soweit die Gesellschafter der Kapitalgesellschaft zugleich den Partnerstatus haben, nähern sich dadurch beide Organisationsformen zwar nicht rechtlich, wohl aber tatsächlich weitgehend einander an.

Für die internationale Wirtschaftsprüfungsgesellschaft gilt es ebenfalls zu entscheiden, ob die Führungsorganisation sich stärker am Modell der Partnership oder an dem der Kapitalgesellschaft orientieren soll. Es ist vor allem festzulegen, inwieweit das eigentliche Leitungs-

---

[45] *Havermann*, Die Wirtschaftsprüfungsgesellschaft - Struktur und Strategie eines modernen Dienstleistungsunternehmens, a.a.O. (Fn. 2), S. 46.

[46] *Havermann*, Die Wirtschaftsprüfungsgesellschaft - Struktur und Strategie eines modernen Dienstleistungsunternehmens, a.a.O. (Fn. 2), S. 46.

[47] Vgl. *Havermann*, Die Wirtschaftsprüfungsgesellschaft - Struktur und Strategie eines modernen Dienstleistungsunternehmens, a.a.O. (Fn. 2), S. 47.

gremium eigenverantwortlich Entscheidungen treffen kann und ob hierbei stärker die Interessen der Partner oder der Gesellschaft als solches im Vordergrund zu stehen haben. Zu entscheiden ist auch, ob ein Aufsichtsgremium eingerichtet wird, dessen Zustimmung für bestimmte Entscheidungen einzuholen ist, und/oder ein Gremium geschaffen wird, das die Funktionen einer Gesellschafterversammlung wahrnimmt. In der Praxis finden sich regelmäßig Mischformen, wobei es üblich ist, ein Aufsichtsgremium zu haben, das ggf. auch die Funktionen der Gesellschafterversammlung ausübt. Anstelle der einzelnen Partner treten dabei regelmäßig die Vertreter der einzelnen Mitgliedsfirmen oder einzelner Regionen.

Eine strategische Entscheidung stellt auch die Besetzung der Führungsgremien dar. Als Kriterien kommen hierfür insbesondere in Betracht das Vertretensein der großen Mitgliedsfirmen, der Regionen, der wesentlichen Dienstleistungsbereiche und/oder der wesentlichen Wirtschaftszweige, in denen man tätig ist. Je nach strategischer Ausrichtung und Organisation der nachgeordneten Bereiche wird in der Praxis diesen Kriterien unterschiedlich Rechnung getragen. Aufgrund der Größe der Organisationen erfolgt üblicherweise die Einteilung der nachgeordneten Bereiche nach dem Regionalprinzip (z. B. Erdteile), wobei die einzelnen Regionen ggf. eigene Führungsgremien einrichten. Dies ermöglicht vor allem ein flexibleres Eingehen auf die Erfordernisse des Marktes in den Regionen. Die Einteilung nach dem Funktionsprinzip (z. B. Prüfung, Steuerberatung, Unternehmensberatung, spezielle Dienstleistungen) oder nach Wirtschaftszweigen (z. B. Banken, Versicherungen, Industriebetriebe, Handelsbetriebe, Gesundheitswesen, öffentlicher Sektor etc.) stellt i. d. R. ein nachgeordnetes Organisationsprinzip dar, das vielfach erst in den einzelnen Mitgliedsfirmen zum Tragen kommt. Die weltweite oder auch regionale Koordination sowie der entsprechende Know-How-Austausch solcher nachgeordneten Bereiche erfolgt dann meist über Komitees, Arbeitskreise oder Netzwerke der jeweiligen Spezialisten.

Die Besonderheiten der einzelnen Wirtschaftszweige machen es zunehmend erforderlich, daß die internationalen Wirtschaftsprüfungsgesellschaften jeweils hierfür sowohl Spezialisten im Prüfungs- und Steuerberatungsbereich als auch im Unternehmensberatungsbereich haben. Damit stellt sich verstärkt die Frage, ob zur besseren Marktorientierung diese Spezialisten in multidisziplinären Organisationseinheiten nach Marktsegmenten zusammengefaßt werden sollen oder ob es im Rahmen einer herkömmlichen Organisation nach dem Funktionsprinzip (Prüfung, Steuerberatung, Unternehmensberatung) ausreicht, wenn diese Spezialisten bei einzelnen Aufträgen zusammenarbeiten und ansonsten die Koordination sowie der Know-How-Austausch über Komitees, Arbeitskreise oder Netzwerke hergestellt wird. Die ersten Erfahrungen mit einer solchen an Wirtschaftszweigen bzw. Marktsegmenten ausgerichteten Organisationsstruktur zeigen, daß sie nicht unproblematisch ist. Probleme ergeben sich vor allem bei der Bestimmung und Abgrenzung der Marktsegmente sowie aus der Art der Spezialisierung. Die Mandanten lassen sich z. B. aufgrund der Vielfalt ihres Leistungsprogramms nicht immer eindeutig einem bestimmten Marktsegment zuordnen, oder das relative Gewicht einzelner Marktsegmente für die Gesellschaft verändert sich, was eine häufigere Neuorganisation bedingen kann. Die ausschließlich wirtschaftszweigorientierte Spezialisierung der Mitarbeiter und Partner wird von diesen vielfach als zu eng empfunden, weil sie dann kaum noch Chancen haben, als Generalisten für Prüfung, Steuerberatung oder Unternehmensberatung in anderen Marktsegmenten tätig zu sein. Insbesondere bei der Durchführung von nicht wirtschaftszweigspezifischen Großaufträgen im Bereich Steuer- oder Unternehmensberatung erweist sich diese Organisationsstruktur ggf. als hinderlich. Die Vorteile dieser Organisationsstruktur liegen ohne Zweifel in der stärkeren Markt- und Mandantenorientierung. Inwieweit hierbei der Grundsatz „structure follows strategy" an seine Grenzen stößt, muß die Erfahrung noch lehren.

VI. Schlußbemerkung

Die Internationalisierung der Wirtschaftsprüfung im Sinne der Schaffung eines länderübergreifenden Dienstleistungsangebots ist heute noch nicht abgeschlossen. Die von den internationalen Wirtschaftsprüfungsgesellschaften verfolgten Strategien des „Global Coverage" und des „Full Service-Konzept" erfordern eine ständige Anpassung an die sich verändernden Verhältnisse. Die Internationalisierung führt insbesondere auch zu einem ständig zunehmenden Wettbewerb der inzwischen weltweit tätigen Wirtschaftsprüfungsgesellschaften untereinander. Um in diesem Wettbewerb zu bestehen, bedarf es einer entsprechend strategischen Ausrichtung der Führungs- und Organisationsstrukturen. „Daß Einheiten dieser Größenordnungen nach den gleichen betriebswirtschaftlichen Grundsätzen geführt werden müssen wie Industrie-, Bank- oder Versicherungsunternehmen, bedarf wohl keiner weiteren Erläuterung".[48]

---

[48] *Havermann*, Strategische Aspekte internationaler Konzentrationsprozesse bei Wirtschaftsprüfungsgesellschaften, a.a.O. (Fn. 2), S. 107.

RAINER LUDEWIG

Abschlußprüfung und kriminelle Energien im Unternehmen

I. Einführung
II. Erscheinungsformen krimineller Energie im Unternehmen
   1. Vorbemerkungen
   2. Bilanzdelikte im engeren Sinn (Typ 1)
   3. Vermögensdelikte im engeren Sinn (Typ 2)
   4. Vermögensdelikte unter Einbeziehung des Jahresabschlusses (Typ 3)
III. Die Möglichkeiten zur Aufdeckung und Verhinderung von Delikten im Unternehmen
   1. Allgemeines
   2. Die Verantwortlichkeiten der Unternehmensleitungen
   3. Das Interne Kontrollsystem (IKS)
   4. Die Interne Revision
   5. Die Abschlußprüfung
IV. Die Möglichkeiten und Grenzen der Abschlußprüfung zur Aufdeckung und Verhinderung von krimineller Energie im Unternehmen
   1. Vorbemerkungen
   2. Die Möglichkeiten und Grenzen bei Bilanzdelikten im engeren Sinn (Typ 1)
      a) Die Verantwortung für die Aufstellung des Jahresabschlusses
      b) Die Aufgaben und Ziele der Jahresabschlußprüfung
      c) Die Grenzen der Abschlußprüfung
   3. Die Möglichkeiten und Grenzen bei Vermögensdelikten im engeren Sinn (Typ 2)
      a) Die Besonderheiten der unterstellten Sachverhaltsgestaltung
      b) Die Möglichkeiten und Grenzen der Abschlußprüfung

4. Die Möglichkeiten und Grenzen bei Vermögensdelikten unter Einbeziehung des Jahresabschlusses (Typ 3)
    a) Die Besonderheiten der unterstellten Sachverhaltsgestaltung
    b) Die Möglichkeiten und Grenzen der Abschlußprüfung
5. Zusammenfassung
V. Die internationale Entwicklung dieses Problemkreises
VI. Schluß

I. Einführung

Unter anderem die Berichterstattung in den Medien über den Fall Balsam AG/Procedo GmbH[1] ließ wieder einmal die Frage entstehen, ob die gesetzlich vorgeschriebene Jahresabschlußprüfung, der auch die beiden Unternehmen unterworfen sind, in der Lage ist, Sachverhalte, die kriminelle Energien aufweisen, aufzudecken und damit für die Zukunft zu verhindern. Ausgelöst durch die von den Medien berichteten Fälle und die Diskussionen im internationalen berufspolitischen Bereich besitzt die oben aufgeworfene Fragestellung beachtliche Bedeutung und Aktualität.

Dieses wird durch die allgemein bekannten Erwartungen der Öffentlichkeit an die Leistungen der gesetzlichen Abschlußprüfung unterstrichen. Diese gehen weit über die im § 317 Abs. 1 Satz 2 HGB formulierte Aufgabenstellung hinaus. Die Öffentlichkeit erwartet nämlich zum einen, daß der Abschlußprüfer dem Unternehmen durch den Bestätigungsvermerk ein „Gesundheitstestat" ausstellt, also die wirtschaftliche Lage des Unternehmens beurteilt, und zum anderen, daß durch die Abschlußprüfung auch Delikte nicht unentdeckt geblieben sind, also mögliche Unterschlagungen oder sonstige Unregelmäßigkeiten in dem Berichtsjahr aufgedeckt wurden. Für dieses Auseinanderfallen von Erwartung und Wirklichkeit wurden in der Literatur die Begriffe „Expectation Gap" bzw. „Erwartungslücke" geprägt.[2] Durch eine positive Antwort auf die oben formulierte Fragestellung könnte die Erwartungslücke zumindest etwas reduziert werden.

II. Erscheinungsformen krimineller Energie im Unternehmen

1. Vorbemerkungen

Bevor man sich aber der Frage zuwendet, was denn die gesetzliche Abschlußprüfung zur Aufdeckung von Delikten im Unternehmen lei-

---

[1] Vgl. u. a. „Betrugsfall Balsam: Prüfer und Banken stehen in schlechtem Licht", FAZ vom 11. 6. 1994; „Doppelverkauf von Balsam-Forderung?", SZ vom 14. 6. 1994; *Eglau,* Hakelmänner im Zwielicht, Die Zeit vom 16. 6. 1994; *Heemann/Spegel,* Alles im Angebot, Focus 34/1994; *Lückmann,* „Wir sind nicht nur Hakelmacher" – Wirtschaftsprüfer/Innung wehrt sich gegen Vorwürfe der Unseriosität, HB vom 21.9.1994.
[2] Vgl. u. a. *Forster,* Zur Erwartungslücke bei der Abschlußprüfung, in: Für Recht und Staat, Festschrift für Helmrich, hrsg. v. Letzgus u. a., München 1994, S. 613–626, hier S. 613.

sten kann, ist zu klären, welche Arten von Delikten in einem Unternehmen auftreten können. Anhand einer Systematisierung können dann Aussagen darüber gemacht werden, inwieweit die Abschlußprüfung zur Aufdeckung der einzelnen Deliktarten beitragen kann.

Vorausgeschickt sei, daß die kriminelle Energie, abgesehen von ihren einzelnen Arten, auch in unterschiedlichen Stärken auftreten kann, die für die Beurteilung des einzelnen Sachverhaltes von Bedeutung sein kann. So ist die einfache nachträgliche Änderung von Einzelpreisen im Rahmen der Inventur anders zu beurteilen, als z. B. eine völlig neu geschriebene Inventur mit unzutreffenden Mengenangaben, die aber der Bilanzaufstellung plausibel zugrunde gelegt wird. Schon an dieser Klassifizierung ist erkennbar, daß es nicht Aufgabe der Abschlußprüfung sein kann, mit höchster krimineller Energie gefälschte Unterlagen aufzudecken. Es muß nämlich akzeptiert werden, daß der Abschlußprüfer keine kriminalistischen Fähigkeiten haben muß, wohl aber ein angemessenes Maß an Skepsis. Die Konsequenzen aus einer solchen Betrachtung werden an anderer Stelle dieses Beitrags gezogen.

2. Bilanzdelikte im engeren Sinn (Typ 1)

Unter dem Begriff „Bilanzdelikte im engeren Sinn" sollen solche kriminelle Energien verstanden werden, die das unmittelbare Ziel haben, den Jahresabschluß abweichend von den gesetzlichen Vorschriften aufzustellen. Ursache für solche Handlungsweisen könnte z. B. die schlechte wirtschaftliche Lage des Unternehmens sein, die der Öffentlichkeit nicht bekannt gemacht werden soll. Hier kämen also z. B. vorsätzlich vorgenommene Überbewertungen oder vorsätzlich unterlassene Rückstellungsvorsorge etc. in Betracht.

Einen Sonderfall im Rahmen dieser Kategorie stellt das deliktische Verhalten der Organe des Unternehmens außerhalb der Rechnungslegung dar, wenn die Auswirkungen dieses Verhaltens nicht bilanziell berücksichtigt sind.

Die deliktischen Handlungen beschränken sich also in dieser Kategorie nur auf den Jahresabschluß selbst und ggf. auf die ihm zugrundeliegenden Unterlagen, wie z. B. Inventuren.

Es darf schon an dieser Stelle hervorgehoben werden, daß sich diese Art krimineller Energie vielfach in Bereichen derjenigen abspielt, die die Verantwortung für die Aufstellung des Jahresabschlusses tragen.

3. Vermögensdelikte im engeren Sinn (Typ 2)

Vermögensdelikte i.e.S. sind Handlungsweisen, bei denen das Unternehmen unmittelbar durch kriminelle Energien geschädigt wird. Klassische Beispiele hierfür sind Diebstähle im Bereich des Vorratsvermögens oder von Teilen der Betriebs- und Geschäftsausstattung des Unternehmens. Dabei wird dem Unternehmen Vermögen entzogen. Der Jahresabschluß weist zwar den „richtigen" Wert des Vorratsvermögens aus, da der entwendete Gegenstand richtigerweise nicht mehr durch die Inventur oder in sonstiger Weise erfaßt wird. Der eingetretene Vermögensschaden wirkt sich somit ergebnismindernd aus. Der Jahresabschluß weist aber nicht die den tatsächlichen Verhältnissen entsprechende Vermögens- und Ertragslage aus, da der anzusetzende und zu bewertende Anspruch gem. § 823 Abs. 1 BGB und § 823 Abs. 2 BGB i.V.m. § 242 StGB gegenüber dem Schädiger nicht ausgewiesen wird.[3]

4. Vermögensdelikte unter Einbeziehung des Jahresabschlusses (Typ 3)

Bei Vermögensdelikten unter Einbeziehung des Jahresabschlusses handelt es sich um Sachverhalte, bei denen der Schädiger Vermögensgegenstände aus dem Unternehmen entfernt, aber – um diese Vermögensminderung nicht deutlich zu machen – dafür sorgt, daß in dem Jahresabschluß dieser Vermögensgegenstand noch – unmittelbar oder mittelbar – enthalten ist. Als Beispiel für diese Kategorie von Fällen mag gelten, daß beim Eingang einer Forderung der eingehende Betrag nicht zu einer Reduzierung des Forderungssaldos führt, sondern z. B. „in die Tasche des Defraudanten wandert". Hier kann man von einer Verschleierung des Jahresabschlusses als Bestandteil einer komplexen Handlung mit erheblicher krimineller Energie sprechen.

Nachdem nun eine Klassifizierung der einzelnen in Betracht kommenden Typen krimineller Energien vorstehend vorgenommen worden ist, soll im folgenden dargestellt werden, mit welchen Mitteln die Aufdeckung oder Verhinderung von Delikten der genannten Arten im Unternehmen erreicht werden könnte.

---

[3] Vgl. *Meyer zu Lösebeck,* Unterschlagungsverhütung und Unterschlagungsprüfung, 2. Aufl., Düsseldorf 1990, S. 162 m.w.N.

III. Die Möglichkeiten zur Aufdeckung und Verhinderung von Delikten im Unternehmen

1. Allgemeines

Wie bereits an anderer Stelle erwähnt[4], ist die Aufdeckung und Verhinderung mit krimineller Energie verbundener Handlungen davon abhängig, wie groß die eingesetzte kriminelle Energie ist und welche Hilfsmittel in diesem Zusammenhang eingesetzt werden.

Des weiteren muß angemerkt werden, daß es für die Chancen zur Aufdeckung und Verhinderung von Delikten von ausschlaggebender Bedeutung ist, ob diese Handlungen nur von einer Person begangen werden, oder eine zwei- oder mehrköpfige Komplizenschaft besteht.

Schließlich ist noch zu bedenken, daß kriminelle Energie in der Führungsebene des Unternehmens besondere Probleme aufwirft, da in diesem Bereich die sonst in einem Unternehmen üblichen Kontrollen zumeist nicht (mehr) angewendet werden.

Diese besonderen Umstände des Einsatzes krimineller Energie,

1.) Umfang und Intensität krimineller Energie,

2.) Anzahl der Täter oder Mittäter,

3.) Ort der Ansiedlung krimineller Energie,

sind mitentscheidend dafür, ob ein Sachverhalt mit krimineller Energie für die Überwachungsorgane ein hohes oder niedriges „Entdeckungsrisiko"[5] hat.

Das läßt schon jetzt erkennen, daß der Abschlußprüfung, die auch unter dem Gebot der Wirtschaftlichkeit zu erfolgen hat[6], im Hinblick auf die Aufdeckung krimineller Energie gewisse Grenzen gesetzt sind.

---

[4] Siehe Gliederungspunkt II.1.

[5] Unter dem Entdeckungsrisiko sei hier in Anlehnung an *Dörner* (Audit Risk, in: Handwörterbuch der Revision, hrsg. v. Coenenberg/v. Wysocki, 2. Aufl., Stuttgart 1992, Sp. 82-95, hier Sp. 83) das Risiko verstanden, daß die Überwachungsorgane trotz der vorgenommenen Überwachungs- bzw. Prüfungshandlungen zu dem Ergebnis gelangen, daß keine kriminellen Handlungen in der Unternehmung vorgenommen worden sind, obwohl dies tatsächlich der Fall war, und somit zu einem falschen Urteil kommen.

[6] Vgl. *Leffson,* Wirtschaftsprüfung, 4. Aufl., Wiesbaden 1988, S. 61; FG 1/1988, Abschnitt B.I.

2. Die Verantwortlichkeiten der Unternehmensleitungen

Es bedarf der besonderen Hervorhebung, daß nach den allgemeinen gesetzlichen Vorschriften (§ 93 AktG, § 43 GmbHG u. a.) der Vorstand bzw. die Geschäftsführung die primäre Verantwortung für den Schutz des Vermögens der Unternehmung hat.[7] Somit muß die Geschäftsführung alles tun, was der Sicherung und dem Schutz des Vermögens der Unternehmung dient, allerdings gilt auch hier der Grundsatz der Wirtschaftlichkeit von Sicherungsmaßnahmen.[8] Diese Pflichten der Geschäftsführung in dieser Weise darzulegen, bedeutet gleichzeitig auch die Bewußtseinmachung eines wesentlichen Teilbereiches der Aufgaben der Geschäftsführung.

3. Das Interne Kontrollsystem (IKS)

Selbstverständlich kann sich die Unternehmensleitung zur Erfüllung ihrer Aufgaben der Mitarbeiter und Mittel im Unternehmen bedienen. Eines dieser Mittel ist das Interne Kontrollsystem (IKS). Es sei bei Vernachlässigung des Grundsatzes der Wirtschaftlichkeit die These aufgestellt, daß ein umfassendes und völlig funktionsfähiges IKS Delikte der Typen 2 und 3 ausschließt. Betrachtet man aber diese Aussage vor dem Hintergrund des Grundsatzes der Wirtschaftlichkeit, den auch eine Unternehmensleitung bei der Installation von Sicherungsmaßnahmen zu beachten hat, so muß diese Aussage letztendlich doch wieder relativiert werden.

Die Aussage muß auch noch aus einem anderen Grund mit Vorsicht gewertet werden. Nach meinen Feststellungen gibt es derzeit keine allgemeingültige Monographie zur Frage der Anforderungen und des Systems eines IKS. Infolgedessen wird die Beurteilung über die uneingeschränkte Funktionsfähigkeit eines IKS außerordentlich schwierig. Hinzu kommt, daß eine Beschreibung des Internen Kontrollsystems in einem Unternehmen durch die Unternehmensleitung als Dokumentation ausreichenden Vermögensschutzes, bisher jedenfalls, nicht üblich gewesen ist. Es wäre somit zu überlegen, ob nicht von den Organen des Unternehmens im Rahmen einer vollständigen Aufnahme des IKS auch eine Dokumentation der Maßnahmen zur Sicherung und zum Schutze des Vermögens der Unternehmung angefertigt werden sollte.

---

[7] Vgl. *Hefermehl,* in: Komm. AktG, § 93 Anm. 31; Hachenburg-*Mertens,* GmbHG, 7. Aufl., § 43 Rdn. 19.
[8] Vgl. *Meyer zu Lösebeck,* a.a.O. (Fn. 3), S. 105 f.

4. Die Interne Revision

Ein weiteres Mittel der Möglichkeiten zur Aufdeckung und Verhinderung von Delikten im Unternehmen ist die Einrichtung einer Internen Revisionsabteilung. Abgesehen davon, daß sich solches nur ab einer bestimmten Unternehmensgröße lohnt, ist anzumerken, daß die Interne Revision nicht ausschließlich der Sicherung des Vermögens der Unternehmung, also der Unterschlagungsprophylaxe dient, sondern üblicherweise auch andere Aufgaben hat. Sie müßte, um den Schutz des Vermögens vollständig leisten zu können, auch die Kontrolle der Handlungsweisen des Managements und des Vorstandes einschließen. Da es sich bei der Internen Revision um eine delegierte Aufgabe der Unternehmensleitung handelt, wird sie selbst zumeist nicht Gegenstand von Prüfungen der Internen Revision sein.[9] Die Überwachung des Managements hat also durch andere Institutionen, wie z. B. den Aufsichtsrat[10] und u. U. den Abschlußprüfer[11], zu erfolgen.

5. Die Abschlußprüfung

Ein weiteres Instrument zur Aufdeckung und Verhinderung von Delikten kann die für Kapitalgesellschaften gesetzlich vorgeschriebene Abschlußprüfung sein. Es wird im folgenden nachgewiesen, daß die Abschlußprüfung eine solche Aufgabe auch nur zum Teil zu erfüllen in der Lage ist. Dies hat eine Reihe von Ursachen, die in den nachfolgenden Ausführungen dargestellt werden.

IV. Die Möglichkeiten und Grenzen der Abschlußprüfung zur Aufdeckung und Verhinderung von krimineller Energie im Unternehmen

1. Vorbemerkungen

Wendet man sich nun der Frage zu, in welcher Weise die Abschlußprüfung die Aufdeckung krimineller Energien leisten kann, so muß zunächst geklärt werden, welche Aufgabenstellung die gesetzlich vorgeschriebene Abschlußprüfung hat. Sie läßt sich am besten aus den Grün-

---

[9] Vgl. *Hofmann*, Interne Revision und Wirtschaftsprüfung als Instrumente gegen dolose Handlungen im Unternehmen, DB 1989, S. 1354–1359, hier S. 1357.
[10] Vgl. *Hofmann*, Intensität und Effizienz der Überwachung der Führungskräfte von Kapitalgesellschaften, DB 1990, S. 2333–2339, hier S. 2336f.
[11] Siehe Gliederungspunkt IV.

den ableiten, die zu ihrer Einführung im Jahre 1931[12] geführt haben. Anlaß für die Einführung der Pflichtprüfung war die Weltwirtschaftskrise.[13] Die Umstände der damaligen Zeit verbunden mit den spektakulären Zusammenbrüchen von einigen Großunternehmen (u. a. Nordwolle und Favag), führten zu den gesetzlichen Vorschriften[14], die vom Grundsatz her auch heute noch ihre Gültigkeit haben. Durch die Abschlußprüfung sollte „nur" die „Richtigkeit" des Jahresabschlusses bestätigt werden, weil die Ursache der Zusammenbrüche meist in der erstgenannten Form deliktischen Handelns, nämlich in der Bilanzverschleierung und der Bilanzfälschung[15] gesehen wurde.

Gem. § 317 Abs. 1 Satz 2 HGB hat sich die Tätigkeit des Abschlußprüfers darauf zu erstrecken, ob die gesetzlichen Vorschriften und die sie ergänzenden Bestimmungen des Gesellschaftsvertrages und der Satzung beachtet sind. Es ist durch den Abschlußprüfer die Rechtmäßigkeit des Jahresabschlusses zu bestätigen. Durch das Fachgutachten 1/1937 i.d.F. 1990[16] wird darüber hinaus eindeutig klargestellt, daß die Jahresabschlußprüfung von der Unterschlagungsprüfung zu unterscheiden ist.

Vor dem Hintergrund der Aufgabenstellung an den Abschlußprüfer wurden Prüfungsmethoden entwickelt, die u. a. in dem Fachgutachten 1/1988 des Instituts der Wirtschaftsprüfer[17] ihren Niederschlag gefunden haben. Als Prüfungshandlungen werden Plausibilitätsprüfungen, System- und Funktionsprüfungen und Einzelfallprüfungen genannt. Diese Prüfungsmethoden sind in eine Prüfungsstrategie eingebettet, die letztendlich die Risiken der Abschlußprüfung[18] minimieren soll.

Es würde den Rahmen dieses Beitrags sprengen, wollte man an dieser Stelle allgemein auf die Bedeutung der Prüfungsstrategie und die Vor- und Nachteile der einzelnen Prüfungsmethoden eingehen.

---

[12] Durch die erste Notverordnung vom 19. 9. 1931 (RGBl. I 63/1931, 493) wurde die Pflichtprüfung für die AG und die KGaA eingeführt.
[13] Vgl. *Adler/Düring/Schmaltz*, HGB, 5. Aufl., § 316, Rdn. 8.
[14] Vgl. *Clemm*, Erwartungen an die Abschlußprüfung, WPg 1984, S. 645-655, hier S. 646.
[15] Vgl. *Koch*, Der Beruf des Wirtschaftsprüfers, Berlin 1957, S. 62f.
[16] Vgl. FG 1/1937 i.d.F. 1990, Abs. 1.
[17] Vgl. FG 1/1988, Abschnitt D.II.
[18] Vgl. zu der Minimierung der Risiken bei der Abschlußprüfung u. a. *Dörner*, Risikoorientierte Abschlußprüfung, in: Bericht über die Fachtagung 1988 des IDW, Düsseldorf 1989, S. 339-350; *ders.*, a.a.O. (Fn. 5), Sp. 82-95; *Havermann*, Das Risiko des Abschlußprüfers, in: Bericht über die Fachtagung 1988 des IDW, Düsseldorf 1989, S. 57-70 und *Wiedmann*, Der risikoorientierte Prüfungsansatz, WPg 1993, S. 13-25.

2. Die Möglichkeiten und Grenzen bei Bilanzdelikten im engeren Sinn (Typ 1)

a) Die Verantwortung für die Aufstellung des Jahresabschlusses

§ 242 HGB bestimmt, daß der Kaufmann zum Schluß eines jeden Geschäftsjahres einen Jahresabschluß aufzustellen hat. Nach einhelliger Literaturmeinung[19] kann diese Pflicht auch nicht auf Dritte delegiert werden, sondern obliegt ausschließlich dem Kaufmann, also den in einer Kapitalgesellschaft zuständigen Organen (Vorstand, Geschäftsführung). Infolgedessen hat auch das zuständige Organ für die Ordnungsmäßigkeit einzustehen und alle notwendigen Vorkehrungen zu treffen, um die Möglichkeiten von Bilanzdelikten zu verhindern. Da nun aber das zuständige Organ selbst die Verantwortung für den Jahresabschluß trägt, kann auch nur dieses Organ letztendlich Bilanzdelikte im engeren Sinn durchführen. Dabei muß bedacht werden, daß bei einem solchen Sachverhalt in der Regel das Interne Kontrollsystem und die Interne Revision nicht wirksam werden, weil beide nicht die Aufstellung des Jahresabschlusses in ihre Kontrolle mit einbeziehen. Festzustellen ist also, daß bei dem gegebenen Sachverhalt (Bilanzdelikte im engeren Sinne) vornehmlich die unternehmensinternen Kontrollsysteme versagen, da die Unternehmensleitung, die nicht – wie oben ausgeführt[20] – Gegenstand der Kontrollen ist, selbst mit der Bilanzaufstellung vertraut ist.

b) Die Aufgaben und Ziele der Jahresabschlußprüfung

An anderer Stelle waren bereits die Aufgaben und Ziele der Jahresabschlußprüfung dargestellt worden.[21] Dabei war nachgewiesen worden, daß es Aufgabe der Jahresabschlußprüfung ist, die Rechtmäßigkeit des Jahresabschlusses im Sinne des § 317 Abs. 1 Satz 2 HGB zu bestätigen. Zu bestätigen sind die Gesetzmäßigkeit von Ausweis, Ansatz und Bewertung der Vermögensgegenstände und Schulden sowie der ordnungsgemäßen periodengerechten Abgrenzung von Aufwendungen und Erträgen.

---

[19] Vgl. *Adler/Düring/Schmaltz*, HGB, 5. Aufl., § 264, Rdn. 19ff.; *Budde/Karig*, in: BeckBil-Komm., 2. Aufl., § 264, Anm. 11f.; *Ludewig*, Die Erstellung eines Jahresabschlusses einer Kapitalgesellschaft durch den Wirtschaftsprüfer, in: Rechnungslegung. Entwicklungen bei der Bilanzierung und Prüfung von Kapitalgesellschaften, Festschrift für Forster, hrsg. von Moxter u. a., Düsseldorf 1992, S. 359–372, hier S. 362.

[20] Siehe Gliederungspunkte III.3. und III.4.

[21] Siehe Gliederungspunkt IV.1.

Mit dieser Umschreibung der Aufgabenstellung der Abschlußprüfung wird aber auch gleichzeitig deutlich, daß das Schwergewicht der Jahresabschlußprüfung auf der Prüfung der Gesetzmäßigkeit der Bilanzierung liegt. Infolgedessen müssen die vom Abschlußprüfer anzuwendenden Prüfungsmethoden darauf ausgerichtet werden. Es kann daher prima vista ausgesagt werden, daß die Jahresabschlußprüfung durch die derzeit üblichen Prüfungsmethoden Bilanzdelikte im engeren Sinne aufdecken muß.

Dies gilt nicht, soweit es sich um Delikte handelt, die außerhalb der Rechnungslegung stattfinden und deren finanzielle für das Unternehmen nachteilige Wirkungen (z. B. zu befürchtende Bußgelder) im Jahresabschluß keine Berücksichtigung gefunden haben. Denn hier ist der Abschlußprüfer nur dann zum Handeln verpflichtet, wenn solche Sachverhalte „bei Wahrnehmung seiner Aufgaben" ihm bekannt werden.

c) Die Grenzen der Abschlußprüfung

Die aus den Ausführungen im vorangegangenen Abschnitt gewonnenen Erkenntnisse mögen auf den ersten Blick zutreffend sein. Sie müssen aber relativiert werden, denn die Wirksamkeit von Prüfungsstrategie und Prüfungsmethoden finden dort ihre Grenzen, wo ihnen kriminelle Energie gegenübersteht, die mit Prüfungsmethoden vor dem Hintergrund der Wirtschaftlichkeit der Jahresabschlußprüfung nicht aufzudecken ist. Dabei ist z. B. an die mit großer Raffinesse hergestellten Fälschungen zu denken. Man wird aber doch postulieren müssen, daß in diesem Bereich die Festlegung des Prüfungsumfanges besondere Bedeutung erlangt, weil, wie bereits erwähnt, Kontrollinstrumente weitestgehend nicht einsetzbar sind. Der Abschlußprüfer darf sich auch nicht scheuen, die Integrität des Managements in Frage zu stellen.[22] Mit anderen Worten, der Abschlußprüfer wird mit einem gesunden Maß an Skepsis in diesem Bereich zu prüfen haben. Es erscheint in diesem Zusammenhang auch notwendig, mit allem Nachdruck auf die Bedeutung der Vollständigkeitserklärung hinzuweisen. Keinesfalls darf die Abgabe einer Vollständigkeitserklärung als eine reine Formalie angesehen werden. Vielmehr ist es notwendig, diejenigen, die die Vollständigkeitserklärung abzugeben haben, auf die Bedeutung dieser Erklärung ausdrücklich hinzuweisen. So wird auch die Möglichkeit nicht gering

---

[22] Vgl. *Meyer zu Lösebeck,* Unterschlagungs- und Veruntreuungsprüfung, in: Handwörterbuch der Revision, hrsg. v. Coenenberg/v. Wysocki, 2. Aufl., Stuttgart 1992, Sp. 2003–2013, hier Sp. 2009.

sein, daß deliktisches Verhalten außerhalb der Rechnungslegung durch den Abschlußprüfer aufgedeckt wird. Der Abschlußprüfer hat sich in diesen Fällen davon zu überzeugen, ob und in welchem Ausmaß die mit solchem Handeln verbundenen Risiken (z. B. Bußgeld) bilanziell erfaßt sind.

3. Die Möglichkeiten und Grenzen bei Vermögensdelikten im engeren Sinn (Typ 2)

a) Die Besonderheiten der unterstellten Sachverhaltsgestaltung

Der hier beschriebene Typ 2 krimineller Energie zeichnet sich dadurch aus, daß Vermögensminderungen eintreten, ohne daß dies unmittelbar im Rechnungswesen seinen Niederschlag findet (Diebstähle etc.). Es handelt sich also um ein Delikt, welches sich im ersten Schritt außerhalb des Rechnungswesens abspielt. Infolgedessen fällt dieser Sachverhalt in den alleinigen Verantwortungsbereich des Vorstandes oder der Geschäftsführung. Sie haben, wie bereits dargestellt wurde, das Vermögen des Unternehmens zu wahren und zu schützen. Ihre Aufgabe ist es, ein dauerhaft voll funktionsfähiges Internes Kontrollsystem zu errichten.

b) Die Möglichkeiten und Grenzen der Abschlußprüfung

Es war an anderer Stelle bereits dargestellt, welche Aufgaben die Abschlußprüfung hat. Es war auch dargestellt, daß bei dem Typ 2 der kriminellen Energie der Jahresabschluß dadurch unrichtig wird, daß Ersatzansprüche des Unternehmens gegenüber dem Schädiger nicht erfaßt sind, also weder angesetzt noch bewertet sind.

Deshalb kann die Auffassung vertreten werden, daß auch bei diesem Sachverhalt die Abschlußprüfung etwas für die Aufdeckung vorhandener krimineller Energie leisten muß. Die Leistung kann nur darin bestehen, die von der Unternehmensleitung eingerichteten Kontrollsysteme auf ihre Vollständigkeit und Funktionsfähigkeit hin zu überprüfen. Diese Tätigkeit ist aber eine solche, die den Rahmen der Abschlußprüfung vor dem Hintergrund ihrer Wirtschaftlichkeit sprengen würde. Infolgedessen muß sich die Abschlußprüfung im Rahmen der Prüfung des gesamten Internen Kontrollsystems darauf beschränken, Teilbereiche des Internen Kontrollsystems intensiv zu prüfen und daraus Schlüsse auf die Vollständigkeit und Funktionsfähigkeit ziehen. Wenn diese notwendige Beschränkung der Prüfung des Internen Kontrollsystems im Rahmen einer Jahresabschlußprüfung – u. a. zur Aufdeckung krimineller Energie – akzeptiert wird, so hat dies aber gleichzeitig zur Folge, daß in dem Prüfungsbericht sehr deutlich auf die Beschränkung der Prüfung des Internen Kontrollsystems hingewiesen werden muß.

Es ergibt sich daraus jedoch die Frage, was denn zu tun ist, wenn die Prüfung des Internen Kontrollsystems Lücken des Systems erkennen läßt und entweder bisher kein Delikt oder ein Delikt festgestellt worden ist. Wenn der Abschlußprüfer bei der Prüfung eines Teils des Internen Kontrollsystems feststellt, daß das Interne Kontrollsystem Lücken aufweist, die zu krimineller Energie genutzt werden können, so stellt dies einen Fall des § 321 Abs. 2 dar, da es sich um eine Tatsache handelt, die den Bestand des geprüften Unternehmens gefährden oder auch seine Entwicklung wesentlich beeinträchtigen kann. Der Abschlußprüfer hat auch darauf hinzuweisen, daß nicht auszuschließen ist, daß in anderen Bereichen des Internen Kontrollsystems ebenfalls Mängel vorhanden sind, die für kriminelle Handlungen genutzt werden (könnten). In diesem Zusammenhang erscheint es sinnvoll, eine in sich geschlossene Funktionsprüfung des gesamten Internen Kontrollsystems anzuregen und sich diesen Sachverhalt für die Durchführung der nächstjährigen Abschlußprüfung vorzumerken.

Sollten sich bei der Prüfung des Teilbereichs des Internen Kontrollsystems Mängel herausstellen, aufgrund derer sich bereits kriminelle Energie realisiert hat, hat der Abschlußprüfer eine Unterschlagungsprüfung anzuregen. Es hängt von der Wesentlichkeit solcher Feststellungen ab, ob diese Auswirkungen auf das Prüfungsergebnis haben. In der Regel sollte aber die Erteilung des Bestätigungsvermerkes erst dann entschieden werden, wenn die angeregte Unterschlagungsprüfung abgeschlossen ist.

Abschließend sei noch darauf hingewiesen, daß in diesem Fall die Aufdeckung krimineller Energie letztendlich von der Funktionsfähigkeit des Internen Kontrollsystems abhängt. Es gilt auch hier, daß die Abschlußprüfung mit den beschriebenen Prüfungshandlungen dort ihre Grenzen findet, wo raffinierte kriminelle Energie realisiert wird.

4. Die Möglichkeiten und Grenzen bei Vermögensdelikten unter Einbeziehung des Jahresabschlusses (Typ 3)

a) Die Besonderheiten der unterstellten Sachverhaltsgestaltung

Der dritte Typ krimineller Energie ist dadurch gekennzeichnet, daß die Vermögensbeeinträchtigungen durch Dritte durch unzutreffenden Ausweis im Jahresabschluß verdeckt werden. Hier gilt das in den Abschnitten IV.1. und IV.2. Gesagte entsprechend, obwohl das Bilanzdelikt nicht durch den Bilanzaufstellenden selbst, sondern durch einen Dritten, meist einen Mitarbeiter des Unternehmens, begangen wird. Bemerkenswert bei diesem Sachverhalt ist, daß, wie bereits erwähnt, der gesetzliche Vertreter des Unternehmens für die Ordnungsmäßigkeit der Aufstellung des Jahresabschlusses allein verantwortlich ist. Infolgedessen hat auch er dafür Sorge zu tragen, daß Bilanzdelikte, die von Dritten verursacht werden, verhindert werden. Dies kann auch durch Sicherungsmaßnahmen geschehen, wie z. B. durch das Interne Kontrollsystem und die Interne Revision.

b) Die Möglichkeiten und Grenzen der Abschlußprüfung

In einem solchen Fall hat auch die Jahresabschlußprüfung durch ihre Prüfungsstrategie und Prüfungsmethoden zur Aufdeckung krimineller Energie beizutragen. Das Fachgutachten 1/1988 weist in seinen Ausführungen ausdrücklich auf die Prüfung von Beständen an Forderungen und Waren hin[23], so daß davon auszugehen ist, daß in solcher Weise angelegte kriminelle Energie zum einen durch die ordnungsgemäße Prüfung von Nachweis, Ausweis, Ansatz und Bewertung, und zum anderen durch die geschilderte Teilprüfung des Internen Kontrollsystems aufgedeckt werden können. Auch hier gilt, daß die Abschlußprüfung dort ihre Grenzen findet, wo nur mit kriminalistischem Gespür die Folgen krimineller Energie zu erkennen sind.

5. Zusammenfassung

Das Ergebnis der vorstehenden Untersuchung über die Leistungsfähigkeit der Abschlußprüfung zur Aufdeckung krimineller Energie wird möglicherweise nicht befriedigen. Es kann sich aber so lange kein befriedigendes Ergebnis herausstellen, wie die Wirtschaftlichkeit der Jahresabschlußprüfung im allgemeinen Interesse eingehalten werden muß. Wirtschaftlichkeit bedeutet in diesem Falle die Anwendung von Prüfungsstrategien und -methoden, die auf den gesetzlichen Zweck der Jahresabschlußprüfung ausgerichtet sind. Hinzu kommt auch die gesteigerte kriminelle Energie, die, wie auch in anderen Bereichen des Lebens nur und leider auch nur teilweise, von speziellen Berufen verfolgt und aufgedeckt wird. So bleibt die Erkenntnis, daß im Rahmen der Jahres-

---

[23] Vgl. FG 1/1988, Abschnitt D.II.4.

abschlußprüfung die in einem Unternehmen vorhandene kriminelle Energie nur in Grenzen und auf der Grundlage einer sachverhaltsorientierten Prüfungsstrategie unter gewichtiger Einbeziehung des Internen Kontrollsystems aufgedeckt werden kann. Diese Erkenntnis sollte auch der Öffentlichkeit vermittelt werden, um zumindest einen Teilbereich der Erwartungslücke zu schließen. Dieses Ergebnis deckt sich auch mit den Entwicklungen im internationalen Bereich, die nachstehend dargestellt werden sollen.

V. Die internationale Entwicklung dieses Problemkreises[24]

Mertin[25] hat 1989 die Entwicklung im amerikanischen Bereich ausführlich dargestellt und auf die neuen Prüfungsstandards des AICPA hingewiesen. Hier kommt insbesondere das SAS 53 mit der Bezeichnung „Die Verantwortlichkeit des Abschlußprüfers für die Aufdeckung von Irrtümern und Unregelmäßigkeiten und die Berichterstattung darüber" in Betracht.

Im Unterschied zu den deutschen beruflichen Verlautbarungen enthält das SAS 53 die grundsätzliche Verpflichtung des Abschlußprüfers, Unregelmäßigkeiten aufzudecken, soweit eine Risikoabschätzung derartige Vorkommnisse vermuten läßt. Prüfungsplanung und -durchführung sind dann entsprechend darauf auszurichten.

Zugleich werden Grenzen aufgezeigt, die im Hinblick auf die Möglichkeiten der Fehlerentdeckung bestehen. Dieses Entdeckungsrisiko ist besonders hoch,

– wenn die Delikte durch das Management begangen oder verschleiert werden,
– wenn es sich um im prüfungstechnischen Sinn nicht zu entdeckende Fehler handelt, d. h. Fehler, die auch bei sorgfältiger Prüfungsplanung und -durchführung dem Prüfer nicht bekannt werden (können).

Mit dem Hinweis auf das verbleibende Entdeckungsrisiko kann eine klarstellende Begrenzung der Verantwortlichkeit abgeleitet werden.[26]

---

[24] Vgl. hierzu insbesondere den Beitrag von *Kaminski/Marks,* S. 247 ff., in diesem Band.
[25] *Mertin,* Verantwortlichkeit des Abschlußprüfers für Unterschlagungen, WPg 1989, S. 385–390.
[26] Vgl. auch die Hinweise beim AICPA, The Auditor's Responsibility to Detect Fraud, The CPA Letter – January 1994, S. 5 f. und ISA 11 „Fraud and Error" Tz. 11.

Gerade dieser Aspekt ist Anlaß der Kritik von *Mertin,* der darauf hinweist, daß das SAS 53 den Anspruch an die Prüfungsqualität erhöht, ohne die Verantwortlichkeitsgrenzen klarer zu fassen[27]. Tendenziell gleiche Aussagen enthalten die „International Standards on Auditing" (ISA).[28]

Auch die ISA 11 fordert eine Einschätzung des Fehlerrisikos in bezug auf Unregelmäßigkeiten und ihre Auswertungen auf die Rechnungslegung. Desgleichen wird das verbleibende Fehlerrisiko betont, das sich unabhängig von sorgfältiger Prüfungsplanung und -durchführung nach Grundsätzen ordnungsmäßiger Abschlußprüfung darstellt.

VI. Schluß

Die hier aufgeworfene Thematik der Möglichkeiten zur Aufdeckung krimineller Energie durch die Jahresabschlußprüfung steht vor aktuellem Hintergrund. Die gewonnenen Erkenntnisse zeigen deutlich die Grenzen der Abschlußprüfung, aber auch die Chancen, die in einer intensiveren Beschäftigung mit der Prüfung des Internen Kontrollsystems liegen können. Es gehört sicherlich nicht zu den Aufgaben des Abschlußprüfers, das Interne Kontrollsystem eines Unternehmens vollständig zu prüfen. Die durch den Abschlußprüfer gewonnenen Erkenntnisse können aber dadurch besonders hilfreich sein, daß eine Kontrolle der Vollständigkeit und Funktionsfähigkeit des Internen Kontrollsystems angeregt wird. Schließlich kann die intensive Beschäftigung des Wirtschaftsprüfers mit dieser Problematik auch dazu führen, daß er sich in anderen Fällen mit der Vollständigkeit und Funktionsfähigkeit des Internen Kontrollsystems zu beschäftigen hat.

---

[27] Vgl. *Mertin,* WPg 1989, S. 389.
[28] Siehe insbesondere ISA 11 „Fraud and Error".

ULRICH MAAS und WIENAND SCHRUFF

Ausgliederungen aus dem Konsolidierungskreis

– Sachverhaltsgestaltungen und deren Auswirkungen
auf die Aussagefähigkeit des Konzernabschlusses –

I. Problemstellung
II. Ausgewählte Fallgruppen der Ausgliederung aus dem Konsolidierungskreis
  1. Veräußerung von Tochterunternehmen
  2. Einbringung von Geschäftsbereichen in eine Kooperation mit konzernfremden Gesellschaftern
  3. Übertragung von Vermögensgegenständen auf Leasing-Objektgesellschaften
III. Würdigung der Lösungen nach HGB vor dem Hintergrund internationaler Entwicklungen
IV. Schlußbemerkung

Mit der beruflichen Tätigkeit *Hans Havermanns* ist die fachwissenschaftliche Arbeit untrennbar verbunden. Dies spiegelt sich wider in seinen zahlreichen Veröffentlichungen zu Fragen der Rechnungslegung, insbesondere des Konzerns.* Sie sind geprägt von Problemstellungen aus der Praxis und theoretisch fundierten, konsistenten und praktikablen Lösungen. Als einer der ersten Wirtschaftsprüfer in Deutschland hat *Hans Havermann* die Diskussion um die Weiterentwicklung und Harmonisierung der Rechnungslegung auf internationaler Ebene geführt und entscheidend dazu beigetragen, daß in Deutschland Bilanzfragen heute nicht mehr allein mit Blick in das Gesetzbuch diskutiert werden, was sich gerade in jüngster Zeit an den Geschäftsberichten einiger großer Aktiengesellschaften ablesen läßt. In diesem Sinne widmen die Verfasser ihren Beitrag *Hans Havermann* mit den besten Wünschen zur Vollendung des 65. Lebensjahrs.

I. Problemstellung

Die strategische Ausrichtung eines Unternehmens bedarf stetiger Überprüfung und ggfs. Anpassung. Als Folge dieses dynamischen Prozesses kommt es bei größeren Konzernen zu Umstrukturierungen und Investitionen in neue Geschäftsfelder, jedoch auch zu Desinvestitionen, vor allem in Zeiten wirtschaftlicher Anspannung. Desinvestitionen können die Folge einer Konzentration der vorhandenen Management-Kapazität auf Kerngeschäftsfelder, einer notwendigen Liquiditätsfreisetzung oder mangelnder Rentabilität des investierten Kapitals sein. Desinvestitionen können sich dabei auf einzelne Vermögensgegenstände, Betriebe oder Teilbetriebe, aber auch auf rechtlich selbständige Tochterunternehmen bzw. Teilkonzerne erstrecken.

Aus der Fülle der Fragen, die sich aus Restrukturierungen von Konzernen für den Konzernabschluß ergeben, können hier nur drei typisierte Fallgruppen näher untersucht werden:

1.) Die beabsichtigte Veräußerung (verlustbringender) Tochterunternehmen, wobei insbesondere der Zeitpunkt des Ausscheidens aus dem Konsolidierungskreis in Frage steht;

2.) die Einbringung von Geschäftsbereichen in eine Kooperation mit Dritten in Form von Gemeinschaftsunternehmen oder assoziierten

---

* Ein Verzeichnis der Veröffentlichungen von *Hans Havermann* ist auf den Seiten 863 ff. abgedruckt.

Unternehmen, wobei die Frage der Eliminierungspflicht etwaiger aufgedeckter stiller Reserven im Vordergrund steht;

3.) die Übertragung von Vermögensgegenständen auf Leasing-Objektgesellschaften ohne Aufgabe der Nutzung des Vermögensgegenstandes für den Konzern, wobei die Frage der Nicht-Einbeziehung der Objektgesellschaft in den Konsolidierungskreis zu untersuchen ist.

Bei diesen Fallgruppen geht es im ersten Schritt um Möglichkeiten und Grenzen der Gestaltung von Ausgliederungen aus dem Konsolidierungskreis im Rahmen der Konzernrechnungslegungsvorschriften des HGB. Im Anschluß werden die nach HGB zulässigen Lösungen vor dem Hintergrund internationaler Entwicklungen gewürdigt.

II. Ausgewählte Fallgruppen der Ausgliederung aus dem Konsolidierungskreis

1. Veräußerung von Tochterunternehmen

Die erste Fallgruppe ist dadurch gekennzeichnet, daß bisherige Geschäftsbereiche des Konzerns aus strategischen Gründen endgültig veräußert werden sollen. Ist der Beschluß zur Veräußerung gefaßt, so hat die Konzernleitung in aller Regel den Wunsch, die Ausgliederung aus dem Konsolidierungskreis sofort wirksam werden zu lassen, unabhängig davon, ob die Veräußerung bereits vollzogen ist. Hinter dieser Zielsetzung steht die Absicht, den Konzernabschluß entweder frühzeitig von etwaigen Verlusten zu entlasten oder bisher eliminierte Zwischengewinne bereits vor tatsächlicher Veräußerung an einen Dritten im Konzernabschluß zu realisieren.

Da die Suche nach einem Käufer einige Zeit in Anspruch nehmen kann und die Veräußerungsabsicht unzweifelhaft besteht,[1] soll auf die Einbeziehung der betreffenden Tochtergesellschaft nach Möglichkeit bereits zum nächsten Konzernbilanzstichtag verzichtet werden. Die Konzernleitung beruft sich dabei auf das Einbeziehungswahlrecht[2] des § 296 Abs. 1 Nr. 3 HGB. Danach braucht ein Tochterunternehmen nicht einbezogen zu werden, wenn die Anteile an diesem Tochterunter-

---

[1] Zum Nachweis der Veräußerungsabsicht vgl. statt vieler *Adler/Düring/Schmaltz*, HGB, 5. Aufl., § 296, Rdn. 23 ff.
[2] Zur grundsätzlichen Kritik an diesem Konsolidierungswahlrecht vgl. *Zwingmann*, Zur Einbeziehung von Tochterunternehmen in den Konzernabschluß, DStR 1994, S. 1547–1552, hier S. 1550.

nehmen ausschließlich zum Zweck ihrer Weiterveräußerung gehalten werden.

Die gleiche Problematik stellt sich für den Fall, daß es sich bei dem zu veräußernden Geschäftsbereich um einen rechtlich unselbständigen, aber bisher in einem oder mehreren Tochterunternehmen geführten und damit in den Konzernabschluß einbezogenen Teilbereich handelt. Vielfach wird als vorbereitende Maßnahme dieser Teilbereich an ein bereits vorhandenes Tochterunternehmen ohne eigene Aktivitäten (Mantelgesellschaft) veräußert. Die Veräußerungsabsicht bezieht sich dann auf dieses Tochterunternehmen. Dabei ist es für die folgenden Überlegungen irrelevant, ob die Mantelgesellschaft bisher bereits einbezogen worden oder wegen untergeordneter Bedeutung (§ 296 Abs. 2 HGB) nicht in den Konzernabschluß einbezogen worden ist. In beiden Fällen ist für die Frage einer künftigen Nichteinbeziehung die Möglichkeit der Subsumtion unter § 296 Abs. 1 Nr. 3 HGB entscheidend.

Es stellt sich damit die Frage, ob das Konsolidierungswahlrecht des § 296 Abs. 1 Nr. 3 HGB auf die oben beschriebenen Sachverhalte Anwendung findet.

Zweifelsfrei besteht das Einbeziehungswahlrecht für solche Tochterunternehmen, bei denen die Weiterveräußerungsabsicht bereits *bei Erwerb* der Anteile vorhanden war. Fraglich ist jedoch, ob das Wahlrecht auch dann gilt, wenn die Veräußerungsabsicht erst – wie in den oben beschriebenen Sachverhalten – zu einem späteren Zeitpunkt entsteht.[3]

Die Vorschrift des § 296 Abs. 1 Nr. 3 HGB verlangt, daß die Anteile ausschließlich zum Zwecke ihrer Weiterveräußerung *gehalten* werden. Der Wortlaut „gehalten werden" könnte die Vermutung nahelegen, daß der Gesetzgeber die Inanspruchnahme des Wahlrechts auch für bereits konsolidierte Tochterunternehmen zulassen wollte. Andernfalls hätte er klarer auf die Weiterveräußerungsabsicht bereits beim Erwerb abstellen und insoweit formulieren können „zum Zwecke ihrer Weiterveräußerung *erworben* worden sind". Unabhängig davon fordert der Gesetzestext weiterhin, daß die Anteile *ausschließlich* zu Zwecken ihrer Weiterveräußerung gehalten werden.

Das ausschließliche Halten der Anteile zum Zweck der Weiterveräußerung impliziert jedoch, daß andere Zwecke mit dem Halten der

---

[3] Vgl. hierzu auch *Adler/Düring/Schmaltz,* HGB, 5. Aufl., § 296, Rdn. 22, sowie *Busse von Colbe/Ordelheide,* Konzernabschlüsse, 6. Aufl., Wiesbaden 1993, S. 92.

Anteile nicht verfolgt werden dürfen.⁴ Dabei braucht die Einbindung in die Konzernaktivitäten nicht die Intensität einheitlicher Leitung oder maßgeblichen Einflusses anzunehmen, da bereits geringfügige und kurzfristige Einflußnahmen diese Ausschließlichkeitsbedingung verletzen würden.⁵ Als insoweit „schädlich" muß daher jede Einflußnahme angesehen werden, die über die Ausübung der gesetzlichen Aktionärsrechte in der Hauptversammlung hinausgeht. Diese Ausschließlichkeitsbedingung wird deshalb bei bisher konsolidierten Tochterunternehmen, die veräußert werden sollen, in der Regel nicht erfüllt sein, da bis zum Zeitpunkt ihrer tatsächlichen Veräußerung eine Einbeziehung in die Aktivitäten des Konzerns, z. B. in Bereiche wie Wareneinkauf, Produktion, Absatz etc., noch vorhanden sein wird.⁶ Diese Tatsachenfrage kann nur im Einzelfall beurteilt werden. Für die weitere Untersuchung der Frage, ob die Weiterveräußerungsabsicht bereits bei Erwerb bestanden haben muß, soll deshalb unterstellt werden, daß tatsächlich keine Einflußnahme oder sonstige Zwecke mit dem Halten der Anteile (mehr) verbunden sind.

Die Konsolidierungswahlrechte des § 296 HGB sind als Ausnahmen vom Vollständigkeitsgebot des § 294 Abs. 1 HGB restriktiv auszulegen.⁷ Dabei ist auf den Zweck der Vorschrift und den erkennbaren Regelungswillen des Gesetzgebers abzustellen.⁸

Das Konsolidierungswahlrecht geht auf Art. 13 Abs. 3 c) der 7. EG-Richtlinie zurück. Es dient dazu, in Grenzfällen den Konsolidierungskreis an die wirtschaftliche Einheit „Konzern" anzupassen.⁹ Insoweit ist sie als notwendiges Korrektiv zum „formalen" Control-Konzept zu verstehen.¹⁰ Gäbe es die Vorschrift des § 296 Abs. 1 Nr. 3 HGB nicht, so würde sich bei nur vorübergehendem, mehrheitlichem Anteilsbesitz wegen des an formale Kriterien anknüpfenden Control-Konzeptes des § 290 Abs. 2 HGB der Konsolidierungskreis häufig ändern. Dieser relativ kurzzeitige „doppelte Wechsel" des Konsolidierungskreises würde aber die Vergleichbarkeit der Konzernabschlüsse beeinträchtigen und

---

⁴ Vgl. *Biener/Schatzmann,* Konzern-Rechnungslegung, Düsseldorf 1983, S. 26.
⁵ Ebenso wohl auch *Sahner/Kammers,* in: HdKR, § 296 HGB Rn. 25.
⁶ Vgl. auch *Busse von Colbe/Ordelheide,* a. a. O. (Fn. 3), S. 93.
⁷ Vgl. *Adler/Düring/Schmaltz,* HGB, 5. Aufl., § 296, Rdn. 2.
⁸ Vgl. *Larenz,* Methodenlehre der Rechtswissenschaft, 4. Aufl., Berlin u. a. 1979, S. 344.
⁹ Vgl. Begr. RegE zu § 280 HGB-EK, in: *Biener/Berneke,* Bilanzrichtlinien-Gesetz, Düsseldorf 1986, S. 318.
¹⁰ Vgl. *Biener/Schatzmann,* a. a. O. (Fn. 4), S. 25.

darüber hinaus für die Konzerne mit erheblichem Arbeits- und Zeitaufwand verbunden sein.[11] Das Wahlrecht bezweckt somit auch, ein höheres Maß an Stetigkeit bei der Abgrenzung des Konsolidierungskreises zu erreichen und damit eine bessere Vergleichbarkeit mehrerer aufeinanderfolgender Konzernabschlüsse zu ermöglichen.

Eine derartige Gefahr der Beeinträchtigung des Aussagewertes des Konzernabschlusses im Hinblick auf seine Vergleichbarkeit ist jedoch im Falle bereits konsolidierter Tochterunternehmen nicht gegeben. Hier soll lediglich mit der Inanspruchnahme des Konsolidierungswahlrechts eine Vorverlagerung des Zeitpunktes der Entkonsolidierung erreicht werden. Eine bessere Vergleichbarkeit der jeweiligen Konzernabschlüsse wird dadurch nicht erzielt.

Art und Zeitpunkt des Ausscheidens von Tochterunternehmen aus dem Konsolidierungskreis bzw. von Vermögen und Schulden aus dem Konzernabschluß sind nicht ausdrücklich im Gesetz geregelt. Im Einzelabschluß des Mutterunternehmens sind die Anteile i. d. R. bis zum Übergang des rechtlichen Eigentums zu bilanzieren.[12] Für den Konzernabschluß folgt daraus, daß die Entkonsolidierung erst dann erfolgen darf, wenn die Anteile an dem Tochterunternehmen an Konzernfremde übereignet worden sind. Erst zu diesem Zeitpunkt scheidet das Unternehmen aus der wirtschaftlichen Einheit Konzern aus, und erst zu diesem Zeitpunkt ist es sachgerecht, z. B. etwaige Veräußerungsgewinne im Konzernergebnis auszuweisen.[13]

Durch die Nichteinbeziehung vor dem Zeitpunkt der tatsächlichen Veräußerung an Dritte kann darüber hinaus die Vermittlung eines den tatsächlichen Verhältnissen entsprechenden Bildes der Vermögens-, Finanz- und Ertragslage des Konzerns gemäß § 297 Abs. 2 Satz 2 HGB beeinträchtigt werden.[14] So ist insbesondere der Einblick in die Ertragslage dann stark beeinträchtigt, wenn erhebliche Verluste von Tochterunternehmen künftig nicht im Konzernergebnis erscheinen, weil das

---

[11] Vgl. *Busse von Colbe/Ordelheide*, a. a. O. (Fn. 3), S. 92.
[12] Vgl. *Weber, E.*, Grundsätze ordnungsmäßiger Bilanzierung für Beteiligungen, Düsseldorf 1980, S. 156.
[13] Eine andere Frage ist, ob bei Veräußerung im Lauf des Konzerngeschäftsjahres die Einbeziehung für das gesamte Geschäftsjahr unterbleiben darf. Wegen zulässiger Vereinfachungen vgl. IDW, Entwurf einer Verlautbarung: Konzernrechnungslegung bei Änderungen des Konsolidierungskreises, WPg 1994, S. 327–329.
[14] In einem solchen Fall sind außer der Begründung für die Nichteinbeziehung nach § 296 Abs. 3 HGB zusätzliche Angaben in den Konzernanhang aufzunehmen.

betreffende Tochterunternehmen wegen bestehender Weiterveräußerungsabsicht nicht mehr in den Konzernabschluß einbezogen wird.[15]

Werden durch die Nichteinbeziehung des Tochterunternehmens erhebliche Zwischengewinne im Konzernabschluß nicht oder nicht mehr eliminiert, so handelt es sich nicht nur um eine Beeinträchtigung der Darstellung der Ertragslage, sondern darüber hinaus um einen Verstoß gegen das Realisationsprinzip (§ 298 Abs. 1 i. V. m. § 252 Abs. 1 Nr. 4 HGB), da diese Gewinne, die aus konzerninternen Veräußerungsvorgängen entstanden sind, noch nicht durch Transaktion mit Dritten bestätigt sind.

Im Ergebnis ist daher die Voraussetzung des § 296 Abs. 1 Nr. 3 HGB, das „Halten ausschließlich zum Zwecke der Weiterveräußerung", nach Wortsinn und Zweck der Vorschrift nur dann erfüllt, wenn die Weiterveräußerungsabsicht bereits bei Erwerb der Anteile bestand.

Zusammenfassend ist damit festzustellen, daß das Einbeziehungswahlrecht des § 296 Abs. 1 Nr. 3 HGB auf bisher konsolidierte Tochterunternehmen keine Anwendung finden kann. Das gleiche gilt für bisher wegen untergeordneter Bedeutung nicht einbezogene Tochterunternehmen, die nach Erwerb wesentlicher Vermögensteile zur Veräußerung bestimmt sind.

Wird der obige Sachverhalt dahingehend abgewandelt, daß die auszugliedernden Bereiche nicht an ein bereits vorhandenes Tochterunternehmen veräußert werden, sondern in eine neu gegründete Tochtergesellschaft gegen entsprechende Anteile *eingebracht* werden, so ist bereits bei Entstehen der Anteile die Weiterveräußerungsabsicht vorhanden. Dieser Sachverhalt unterscheidet sich damit insoweit von den bisher dargestellten Fällen, als hier eine Tochtergesellschaft durch Sacheinlage neu gegründet wird und deshalb bereits *bei Erwerb* der Anteile die Weiterveräußerungsabsicht besteht. Damit sind *formal* die Voraussetzungen des § 296 Abs. 1 Nr. 3 HGB erfüllt; der Sachverhalt läßt sich – auch bei restriktiver Auslegung – unter den Wortsinn der Vorschrift subsumieren. Zu dem gleichen Ergebnis gelangt man im übrigen auch dann, wenn die Einbringung des Geschäftsbereiches gegen Gewährung neuer Anteile (Kapitalerhöhung) in ein bisher nicht einbezogenes Tochterunternehmen (z. B. Mantelgesellschaft) erfolgt.

---

[15] Vgl. *Busse von Colbe/Ordelheide,* a. a. O. (Fn. 3), S. 93.

Gleichwohl bestehen hinsichtlich der Anwendung des Konsolidierungswahlrechts auf diese Sachverhalte aus betriebswirtschaftlicher Sicht erhebliche Bedenken. Bei wirtschaftlicher Betrachtungsweise unterscheiden sich nämlich die letztgenannten Einbringungsfälle in keiner Weise von den erstgenannten Veräußerungsfällen auf ein bereits vorhandenes Tochterunternehmen. Es besteht zwar kein Zweifel daran, daß die Anteile durch das Mutterunternehmen neu erworben worden sind; dasjenige jedoch, was diese Anteile materiell verkörpern, nämlich die Vermögensteile und Schulden des Tochterunternehmens, haben ihre wirtschaftliche Zugehörigkeit aus Sicht des Konzerns nicht verändert.

Bei Nichtkonsolidierung des Jahresabschlusses der Tochtergesellschaft im Einbringungsfall ist der Konzernabschluß deshalb mit den gleichen Mängeln behaftet wie im Fall der Veräußerung auf ein bereits vorhandenes Tochterunternehmen. Werden durch den Einbringungsvorgang erhebliche stille Reserven aufgedeckt, die wegen der Nichteinbeziehung des Tochterunternehmens nicht dem Gebot der Zwischenergebniseliminierung unterliegen, oder werden künftig erhebliche Verluste nicht mehr im Konzernergebnis erfaßt, so vermittelt der Konzernabschluß kein den tatsächlichen Verhältnissen entsprechendes Bild der Vermögens-, Finanz- und Ertragslage.

Im Einbringungsfall sind jedoch – im Gegensatz zu den vorher untersuchten Fällen – die Voraussetzungen des Wahlrechts nach obiger Auslegung der Vorschrift eindeutig erfüllt. Die Inanspruchnahme des Wahlrechts im Einbringungsfall könnte deshalb nur dann ausgeschlossen sein, wenn sie im Wege teleologischer Reduktion auf solche Fälle zu beschränken ist, in denen nicht nur die Anteile neu und mit Weiterveräußerungsabsicht erworben worden sind, sondern auch das in diesen Anteilen verkörperte Vermögen der Gesellschaft bisher nicht Konzernvermögen gewesen ist. Eine derartige Reduktion läßt sich u. E. aber mit dem Normzweck des § 296 Abs. 1 HGB nicht begründen. Wie bereits dargelegt, soll das Wahlrecht die Einbeziehungspflicht für den Fall vermeiden, in denen zwar aufgrund des Anteilsbesitzes nach den Kriterien des § 290 Abs. 2 Nr. 1 HGB ein Mutter-Tochter-Verhältnis gegeben ist, dieses jedoch wegen der beabsichtigten Weiterveräußerung nur kurzfristig bestehen wird. Diese Voraussetzungen sind im Einbringungsfall gegeben. Für eine über die oben dargelegte restriktive Auslegung hinausgehende Einschränkung des Konsolidierungwahlrechts im Wege teleologischer Reduktion besteht damit kein Raum. Im übrigen gibt es keinen allgemeinen Grundsatz „substance over form", wonach rechtlich unterschiedlich gestaltete, aber im Ergebnis wirtschaftlich gleiche Sachverhalte, gleich zu behandeln sind.[16]

Im Ergebnis ist damit festzustellen, daß der Fall der Einbringung gegen Gewährung neuer Anteile unter die Vorschrift des § 296 Abs. 1 Nr. 3 HGB subsumiert werden kann. Aus betriebswirtschaftlicher Sicht sprechen allerdings dieselben Gründe, die gegen eine Nichteinbeziehung im Falle der Weiterveräußerungsabsicht bisher einbezogener Konzernunternehmen angeführt wurden, gleichermaßen gegen die Nichteinbeziehung im Einbringungsfall.

2. Einbringung von Geschäftsbereichen in eine Kooperation mit konzernfremden Gesellschaftern

Diese Fallgruppe zeichnet sich dadurch aus, daß bisherige Konzernaktivitäten aus strategischen Überlegungen, wie Risikominimierung, Kooperation mit anderen Partnern zur Ausnutzung von Synergieeffekten, Lieferung des fachlichen Know Hows etc., aus dem Mehrheitsbesitz bzw. beherrschenden Einfluß des Konzerns ausgegliedert und auf ein in der Regel für diese Zwecke neu gegründetes Unternehmen übertragen werden sollen. Im Unterschied zur vorherigen Fallgruppe sollen die betreffenden Geschäftsbereiche nicht endgültig veräußert, sondern mit einem in den meisten Fällen zumindest gleichberechtigten Partner fortgeführt werden. Die aufnehmende Gesellschaft ist jedoch nicht Tochterunternehmen i. S. d. § 290 HGB,[17] sondern wird gemeinsam mit einem konzernfremden Unternehmen geführt (Gemeinschaftsunternehmen i. S. d. § 310 HGB) oder unterliegt dem maßgeblichen Einfluß des Konzerns (assoziiertes Unternehmen i. S. d. § 311 HGB). Ebenso wie bei der vorherigen Fallgruppe kann es sich bei den auszugliedernden Aktivitäten um Vermögensgegenstände, Betriebe oder Teilbetriebe, aber auch um rechtlich selbständige Unternehmen handeln.

Bei diesen Veräußerungs- bzw. Einbringungsvorgängen ist häufig beabsichtigt, die in diesem Geschäftsbereich enthaltenen stillen Reserven im Konzernergebnis zu realisieren. Die aufnehmende Gesellschaft wird dabei i. d. R. als OHG oder KG gegründet, um etwaige stille Reserven steuerneutral (z. B. mit Hilfe einer negativen Ergänzungs-

---

[16] Vgl. auch *Schulze zur Wiesch*, Bilanzpolitik durch Sachverhaltsgestaltung – Tendenzen und Grenzen –, in: Bericht über die Jubiläumsfachtagung 1981 des IDW, Düsseldorf 1981, S. 61–70, hier S. 68.

[17] Zu den Fällen, bei denen das Gemeinschaftsunternehmen gleichzeitig auch Tochterunternehmen ist, vgl. WP-Handbuch 1992, Bd. I, M Tz. 70 f.

bilanz) aufdecken zu können.[18] Bei der Ausgliederung von Grundstücken in Personenhandelsgesellschaften läßt sich ferner gemäß § 5 GrEStG die Grunderwerbsteuer reduzieren.

Zur Erörterung der Problematik sei folgender Sachverhalt dargestellt:

Die Konzernleitung beschließt, einen bisher zum Konzern gehörenden Geschäftsbereich gegen Gewährung von Gesellschaftsrechten in eine neu zu gründende OHG einzubringen. Neben dem Konzern beteiligt sich an der OHG eine konzernfremde Gesellschaft mit gleich hohem Kapitalanteil. Laut Gesellschaftsvertrag richten sich die Stimmrechte nach dem Anteil am Kapital. Die seitens des Konzerns eingebrachten Vermögensgegenstände enthalten erhebliche stille Reserven, die im Konzernergebnis möglichst realisiert werden sollen.

Die Realisierung der stillen Reserven im Konzernabschluß ist insbesondere davon abhängig, daß handelsrechtlich die eingebrachten Vermögensgegenstände und damit auch die Anschaffungskosten der Beteiligung[19] mit dem *Zeitwert* angesetzt werden können und daß eine etwaige Realisierung der stillen Reserven nicht dem Gebot der *Zwischenergebniseliminierung* nach § 304 HGB unterliegt.

Bei entsprechender Sachverhaltsgestaltung kann die aufnehmende Gesellschaft in den Konzernabschluß entweder im Wege der anteilsmäßigen Konsolidierung (§ 310 HGB) oder nach der Equity-Methode (§ 312 HGB) in den Konzernabschluß einbezogen werden. Beide Vorschriften sehen grundsätzlich eine entsprechende Anwendung der Zwischenergebniseliminierung vor (§ 310 Abs. 2; § 312 Abs. 5 Satz 3 HGB).

Da bei Anwendung der quotalen Konsolidierung nach § 310 HGB eine (quotale) Zwischenergebniseliminierung außer Frage steht, und darüber hinaus § 310 HGB lediglich als Unternehmenswahlrecht formuliert ist, beziehen sich die nachfolgenden Ausführungen ausschließlich auf die Frage der Zwischenergebniseliminierung bei Anwendung der Equity-Methode nach § 312 HGB.[20]

---

[18] Vgl. auch *Weber, K.,* Gewinnrealisierung durch Ausgliederung von Vermögensgegenständen auf Tochter-Personengesellschaften, DStR 1994, S. 592–596, hier S. 592; vgl. ferner *Wassermeyer,* Die Übertragung von Wirtschaftsgütern unter Vermeidung der Aufdeckung stiller Reserven, BB 1994, S. 1–6, hier S. 3.
[19] Vgl. *Pankow/Gutike,* in: BeckBil-Komm., 2. Aufl., § 255, Anm. 147ff.
[20] Bezüglich weiterer Fragen, wie z. B. die Ausnahmen des Gebots der Zwischenergebniseliminierung bei Anwendung der Equity-Methode wegen nicht bekannter oder zugänglicher Daten (§ 312 Abs. 5 Satz 3 Halbsatz 2 HGB) sowie Fragen der quotalen Zwischenergebniseliminierung (§ 312 Abs. 5 Satz 4 HGB), wird auf die insoweit einschlägige Kommentierung verwiesen.

Nach überwiegender Auffassung in der Literatur[21] sind bei der Einbringung von Vermögensgegenständen gegen Gewährung von Gesellschaftsrechten handelsrechtlich für die Bestimmung der Anschaffungskosten der Anteile die für einen Tausch von Wirtschaftsgütern entwickelten Grundsätze anzuwenden.

Danach bestehen grundsätzlich für die Ermittlung der Anschaffungskosten der Gesellschaftsanteile folgende Bewertungswahlrechte:
- Ansatz zum Buchwert;
- Ansatz zum Buchwert zuzüglich der durch den Einbringungsvorgang verursachten Ertragsteuern;
- Ansatz zum Zeitwert.

Werden die Anteile zum Zeitwert der eingebrachten Vermögensgegenstände bilanziert, so realisieren sich grundsätzlich die stillen Reserven im Einzelabschluß des beteiligten Unternehmens. Die Realisierung im Konzernabschluß kann auf unterschiedliche Weise erreicht werden:

Werden die Anteile bereits im handelsrechtlichen Jahresabschluß (Handelsbilanz I) zum Zeitwert ausgewiesen, braucht dieser Wertansatz lediglich in den Konzernabschluß übernommen zu werden. Die Bewertung der Anteile im Jahresabschluß und im Konzernabschluß entsprechen sich somit.

Darüber hinaus besteht jedoch auch die Möglichkeit, die Anteile in Ausübung des Bewertungswahlrechts des § 308 Abs. 1 Satz 2 HGB ausschließlich für Zwecke der Konsolidierung (Handelsbilanz II) zum Zeitwert zu bewerten und damit lediglich im Konzernabschluß die stillen Reserven zu realisieren.[22]

In beiden Fällen ist jedoch zu beachten, daß die realisierten stillen Reserven – soweit sie abnutzbare Vermögensgegenstände betreffen – künftig das Konzernergebnis durch entsprechende Abschreibungen belasten werden. Dies geschieht entweder dadurch, daß die Abschreibungen bereits das zu übernehmende anteilige Jahresergebnis des assoziierten Unternehmens gemindert haben, oder aber dadurch, daß der entstehende aktive Unterschiedsbetrag abgeschrieben werden muß (§ 312 Abs. 2 Satz 2 HGB). Sofern der Ausgliederungsvorgang steuerneutral,

---
[21] Statt vieler vgl. *Pankow/Gutike*, in: BeckBil-Komm., 2. Aufl., § 255, Anm. 152 sowie *Adler/Düring/Schmaltz*, HGB, 6. Aufl., § 255, Rdn. 89ff. m.w.N.
[22] Bei steuerneutraler Behandlung stimmen insoweit handelsrechtliche und steuerrechtliche Bilanzierung im Ergebnis überein.

z. B. durch eine negative Ergänzungsbilanz, behandelt worden ist, besteht darüber hinaus die Verpflichtung, eine Rückstellung für latente Ertragsteuern nach § 274 Abs. 1 HGB entweder bereits im Jahresabschluß des beteiligten Unternehmens oder im Rahmen der Handelsbilanz II-Maßnahmen zu bilden, soweit es sich nicht um quasi-permanente Differenzen handelt.

Es stellt sich jedoch die Frage, ob die im Konzernabschluß zunächst realisierten stillen Reserven nicht durch das grundsätzliche Gebot zur Zwischenergebniseliminierung nach § 312 Abs. 5 i. V. m. § 304 HGB wieder eliminiert werden müssen.

In obigem Sachverhalt ist die Realisierung der stillen Reserven durch den Einbringungsvorgang von einem Konzernunternehmen in ein assoziiertes Unternehmen entstanden. Damit handelt es sich um einen im Schrifttum als „down stream" Lieferung bezeichneten Vorgang.[23] Entscheidende Bedeutung kommt damit der Beantwortung der Frage zu, ob der Hinweis in § 312 Abs. 5 Satz 3 HGB bezüglich der entsprechenden Anwendung der Vorschrift zur Zwischenergebniseliminierung so zu verstehen ist, daß grundsätzlich alle Zwischenergebnisse aus Lieferungen und Leistungen zwischen Konzernunternehmen und assoziierten Unternehmen – gleich in welcher Richtung – eliminiert werden müssen, oder ob sich die Zwischenergebniseliminierung bei Anwendung der Equity-Methode grundsätzlich nur auf Lieferungen von assoziierten Unternehmen zum Konzern (also „up stream") bezieht.[24]

Die Auffassungen im Schrifttum hierzu sind unterschiedlich.[25] Dies liegt vor allem daran, daß sich aus Wortlaut, Entstehungsgeschichte und Gesetzessystematik gute Argumente sowohl für die eine als auch für die andere Auffassung ableiten lassen. Entscheidende Bedeutung für die Auslegung der Vorschrift kommt der Frage zu, ob

---

[23] Vgl. *Haase*, Die Zwischenerfolgseliminierung bei der Equity-Bilanzierung, BB 1985, S. 1702–1707, hier S. 1703.
[24] Vgl. *Haase*, BB 1985, S. 1703.
[25] *Für* ein grundsätzliches Gebot zur Zwischenergebniseliminierung bei down stream Lieferungen z. B. *Budde/Raff*, in: BeckBil-Komm., 2. Aufl., § 312, Anm. 100 ff. m.w.N. *Gegen* ein grundsätzliches Gebot zur Zwischenergebniseliminierung bei down stream Lieferungen z. B. *Adler/Düring/Schmaltz*, HGB, 5. Aufl., § 312, Rdn. 151 ff. m.w.N. Wird die Equity-Methode auf ein nicht konsolidiertes Tochterunternehmen angewendet, sollte auch nach Auffassung von *Adler/Düring/Schmaltz*, HGB, 5. Aufl., § 312, Rdn. 155, gleichermaßen auch bei down stream Lieferungen eine Zwischenergebniseliminierung erfolgen.

die Equity-Methode nach § 312 HGB eher als eine reine Bewertungsmethode normiert worden ist, oder ob sie als eine Konsolidierungsmethode zu verstehen ist.[26] Faßt man – wie die Verfasser dieses Beitrages – die Equity-Methode nach § 312 HGB als eine Bewertungsvorschrift für bestimmte Beteiligungen im Konzernabschluß auf, so kann die Zwischenergebniseliminierung im Rahmen der Equity-Methode auch nur dort sachgerecht angewendet werden, wo sie das Ergebnis des assoziierten Unternehmens berührt hat, also nur bei sog. up stream Lieferungen. Versteht man jedoch die Equity-Methode eher als Konsolidierungsmethode, so ist für eine Differenzierung nach up bzw. down stream Lieferungen kein Raum.[27] Für eine weitere Differenzierung in dem Sinne, daß bei außergewöhnlichen Geschäften grundsätzlich eine Zwischenergebniseliminierung vorzunehmen sei,[28] bietet das Gesetz in diesem Zusammenhang keine Grundlage.

Als Ergebnis bleibt damit festzuhalten, daß nach derzeitigem Meinungsstand bei obigem Sachverhalt eine Realisierung der stillen Reserven im Konzernergebnis zumindest nicht als unzulässig angesehen werden kann.

Die Gewinnrealisierung im Konzernabschluß kann jedoch für obigen Sachverhalt nur dann eintreten, wenn die aufnehmende Gesellschaft tatsächlich ein assoziiertes Unternehmen, d. h. ein nicht zu konsolidierendes Unternehmen ist. Bei der Ausgliederung auf ein einzubeziehendes Tochterunternehmen können wegen des grundsätzlichen Gebotes der Zwischenergebniseliminierung nach § 304 HGB stille Reserven im Konzernabschluß nicht realisiert werden. Eine Qualifizierung als Tochterunternehmen kann insbesondere daraus resultieren, daß trotz der Beteiligung eines konzernfremden Gesellschafters die Mehrheit der Stimmrechte an der aufnehmenden Gesellschaft bei wirtschaftlicher Betrachtungsweise dem Konzern zugerechnet werden muß. Dies wird vor allem die Fälle betreffen, bei denen der konzernfremde Gesellschafter zwar (formal) an der aufnehmenden Gesellschaft beteiligt wird (z. B. als Komplementär-GmbH ohne Einlage mit alleiniger Geschäftsführungsbefugnis), im übrigen die Kapitalaufbringung sowie die wirtschaftlichen Chancen und Risiken an der aufnehmenden Gesell-

---

[26] Vgl. hierzu *Kirsch,* Die Equity-Methode im Konzernabschluß, Düsseldorf 1990, S. 156 ff.
[27] Vgl. *Kirsch,* a. a. O. (Fn. 26), S. 157, 160 f.
[28] Vgl. so aber *Müller/Lauer,* in: BeckHdR, C 511, Tz. 121; *Biener,* Die Konzernrechnungslegung nach der Siebenten Richtlinie des Rates der Europäischen Gemeinschaften über den Konzernabschluß, DB 1983, Beilage 19, S. 14.

schaft aber ausschließlich bei Konzernunternehmen liegen. Hierauf wird im folgenden Abschnitt ausführlich eingegangen.

3. Übertragung von Vermögensgegenständen auf Leasing-Objektgesellschaften

Neben den bereits diskutierten Fällen, in denen sich Unternehmen ganz oder zumindest teilweise von einzelnen Tochtergesellschaften, Geschäftsaktivitäten oder Vermögensgegenständen trennen wollen, finden sich im Rahmen von Restrukturierungen auch solche Vorgänge, bei denen zwar die Ausgrenzung von Vermögensgegenständen aus dem Konsolidierungkreis beabsichtigt ist, nicht jedoch die Aufgabe der bisherigen Nutzung. Ein klassischer Fall dieser Art ist das sog. sale-and-lease-back.

Der nachfolgenden Untersuchung wird der folgende typisierte Sachverhalt zugrundegelegt:

Der Vermögensgegenstand wird an eine Leasing-Objektgesellschaft veräußert bzw. eingebracht, aber im Wege des Leasing weiterhin im Konzern genutzt. Das Leasingobjekt sei nach der Vertragsgestaltung handels- und steuerrechtlich dem Leasinggeber, d. h. der Objektgesellschaft, zuzurechnen. Die Objektgesellschaft habe – vornehmlich aus steuerlichen Gründen – die Rechtsform einer Personenhandelsgesellschaft, hier in der Variante einer GmbH & Co. KG. Die GmbH als einzige persönlich haftende Gesellschafterin sei mit einem Stammkapital von DM 50 000,- ausgestattet, das von einem Leasingunternehmen gehalten wird. Die GmbH ist am Vermögen und Ergebnis der KG nicht beteiligt, jedoch stehen ihr 80% der Stimmrechte der Gesellschafter in der KG zu. Kommanditistin ist ein Unternehmen des betrachteten Konzerns (des Leasingnehmers), das allein eine – erhebliche – Einlage (z. B. in Form des Objektes) leistet, dem das gesamte Ergebnis zusteht, das jedoch nur über 20% der Stimmrechte verfügt.

Ähnliche Gestaltungen von Objektgesellschaften sind auch in der Rechtsform der OHG zu finden, wobei i. d. R. der Gesellschafter aus dem Kreis des Leasingunternehmens allein zur Geschäftsführung und Vertretung berechtigt ist.

Die Zielsetzung des Konzerns wird i. d. R. darin bestehen, etwaige Gewinne aus der Übertragung an die Objektgesellschaft im Konzernabschluß ausweisen zu können. Im Einzelabschluß des übertragenden

Konzernunternehmens ist dies bei entsprechender Gestaltung des Leasingvertrages unter Berücksichtigung der einschlägigen Erlasse der Finanzverwaltung[29] auch grundsätzlich möglich. Allerdings wird bereits für den Einzelabschluß bezweifelt, ob eine Gewinnrealisierung akzeptiert werden könne, wenn es sich bei der Leasing-Objektgesellschaft um ein verbundenes Unternehmen handelt.[30] Zweifelhaft ist, ob ein Gefahrenübergang tatsächlich stattgefunden hat, wenn das wirtschaftliche Risiko aus dem Objekt, das primär bei der Objektgesellschaft selbst liegt, aufgrund der gesellschaftsrechtlichen Konstruktion aber weiterhin nahezu vollständig von dem Konzern getragen wird.

Ausgeschlossen ist die Gewinnrealisierung im Konzernabschluß, sofern die Objektgesellschaft ein konsolidierungspflichtiges Tochterunternehmen des Konzerns ist und die Verpflichtung zur Eliminierung der Zwischenergebnisse (§ 304 HGB) greift. Somit hängt die Gewinnrealisierung aus dem Übertragungsvorgang vor allem von der gesellschaftsrechtlichen Beziehung des Konzerns zu der Objektgesellschaft ab.

Für die Frage, ob die Objektgesellschaft ein konsolidierungspflichtiges Tochterunternehmen des Konzerns ist, muß zunächst geprüft werden, ob ein Mutter-Tochter-Verhältnis zwischen einem der Konzernunternehmen und der Objektgesellschaft besteht. Bei den in der Praxis verbreiteten Gestaltungen stellt sich i. d. R. nur die Frage der Stimmrechtsmehrheit i. S. d. § 290 Abs. 2 Nr. 1 HGB. Diese liegt nach der Regelung im Gesellschaftsvertrag in vorliegendem Fall eindeutig bei der Komplementär-GmbH aus dem Kreis des Leasingunternehmens.

An dieser Stelle wird üblicherweise die Prüfung der Frage, ob die Objektgesellschaft ein konsolidierungspflichtiges Tochterunternehmen des Konzerns ist, beendet und festgestellt, daß die Objektgesellschaft nicht nach § 290 HGB Tochterunternehmen dieses Konzerns und daher auch nicht einbeziehungspflichtig sei. Danach seien die betreffenden Vermögensgegenstände mit der Übertragung auf die Objektgesellschaft aus der Konzernbilanz ausgeschieden, ein etwaiger Gewinn als realisiert anzusehen. Nach dieser Beurteilung ist die Objektgesellschaft als Tochterunternehmen des Leasingunternehmens anzusehen, dem die Stimmrechtsmehrheit zusteht.

---

[29] Vgl. hierzu *Gelhausen/Gelhausen*, in: HdJ, Abt. I/5, Rn. 213 ff.
[30] Vgl. *Kropff*, Zur Wirksamkeit bilanzpolitisch motivierter Rechtsgeschäfte im Jahresabschluß, ZGR 1993, S. 41–62, hier S. 53 f.

Dieses Ergebnis ist jedoch juristisch angreifbar.[31] Ist allein ein Unternehmen des Konzerns mit einer erheblichen Einlage am Vermögen und am Ergebnis beteiligt, so treffen die wirtschaftlichen Chancen und Risiken des Objektes allein diesen Konzern. Das Haftungsrisiko des nicht am Ergebnis beteiligten geschäftsführenden Gesellschafters hat dann praktisch keine Bedeutung, weil er im Fall der KG durch die erhebliche Einlage des Kommanditisten (alternativ kapitalersetzendes Darlehen) vor einer tatsächlichen Inanspruchnahme aus der Haftung weitestgehend geschützt ist. Bei einer solchen Gestaltung fehlt es an einem wirtschaftlichen Eigeninteresse der Komplementärin in der Objektgesellschaft. Das Eigeninteresse des Leasingunternehmens findet seinen Niederschlag ggfs. in schuldrechtlichen Vereinbarungen über die Verwaltung und die Finanzierung des Objektes, nicht jedoch auf der gesellschaftsrechtlichen Ebene. Daher ist fraglich, ob nicht bei einer extrem asymmetrischen Gestaltung von Stimmrechtsverhältnis und Vermögensbeteiligung die Stimmrechte des geschäftsführenden Gesellschafters (der dem Kreis des Leasingunternehmens angehört) dem anderen Gesellschafter zuzurechnen sind.[32]

Der allein am Vermögen und Ergebnis der Objektgesellschaft beteiligte Gesellschafter wird die Vereinbarung der Stimmrechtsmehrheit zugunsten des Leasingunternehmens auch deshalb akzeptieren, weil die Bedeutung von Entscheidungen der Gesellschafterversammlung bei derartigen Gesellschaften verhältnismäßig gering ist, da i. d. R. bereits bei Errichtung der Gesellschaft alle wirtschaftlich bedeutsamen Entscheidungen getroffen und in schuldrechtlichen Verträgen (z. B. im Leasingvertrag) festgeschrieben sind. Aus demselben Grund birgt auch der Ausschluß von der Geschäftsführung und Vertretung für den allein am Vermögen beteiligten Gesellschafter kein Risiko.

Bei einer derartigen Konstruktion handelt der geschäftsführende Gesellschafter in der Objektgesellschaft mangels eigenen Interesses ausschließlich im wirtschaftlichen Interesse des anderen Gesellschafters. Auch die Ausübung seiner Stimmrechte in der Gesellschafterversammlung berührt allein die Vermögensinteressen des anderen Gesellschafters. Zwar liegt keine explizite Treuhandabrede vor, jedoch stimmt das Ergebnis einer derartigen Gestaltung der Objektgesellschaft weitestgehend mit dem eines uneigennützigen Verwaltungs-Treuhandverhältnisses überein. Im Schrifttum ist jüngst vorgeschlagen worden, in der-

---

[31] Vgl. *Gelhausen/Gelhausen,* in: HdJ, Abt. I/5, Rn. 164 ff.
[32] Vgl. *Gelhausen/Gelhausen,* in: HdJ, Abt. I/5, Rn. 173.

artigen Fällen die (mehrheitlichen) Stimmrechte des geschäftsführenden Gesellschafters nach § 290 Abs. 3 Satz 1 HGB dem anderen Gesellschafter und damit dem Mutterunternehmen des (Leasingnehmer-)Konzerns zuzurechnen.[33]

Zwar wird regelmäßig keine diesbezügliche Treuhandabrede getroffen sein, was nach § 290 Abs. 3 Satz 1 HGB auch nicht erforderlich ist. Wenn aber bei störungsfreiem Ablauf der Geschäfte der Objektgesellschaft das Resultat einer gesellschaftsvertraglichen Gestaltung vermögensmäßig dem eines Treuhandverhältnisses entspricht, so ist zumindest nach dem Sinn und Zweck der Vorschrift eine Zurechnung geboten. Wie bei anderen Zurechnungsvorschriften[34] auch, liegt der Normzweck des § 290 Abs. 3 Satz 1 HGB in der Sicherung der Anwendung von § 290 Abs. 2 HGB gegen Umgehung.[35] Ebenso wie bei der Anwendung von § 16 Abs. 4 AktG[36] ist daher auch hier weitgehend eine wirtschaftliche Betrachtung angebracht. Als „Handeln für Rechnung" des Mutterunternehmens bzw. eines seiner Tochterunternehmen wird das Halten von Rechten immer dann anzusehen sein, wenn das wirtschaftliche Risiko und die Chancen aus diesen Rechten bei dem Mutter- bzw. Tochterunternehmen liegen.[37] Im Ergebnis ist daher *Gelhausen/Gelhausen* zuzustimmen, die bei extrem asymmetrischer Verteilung von Stimm- und Vermögensrechten in der Objektgesellschaft die Stimmrechtsmehrheit nach § 290 Abs. 3 Satz 1 HGB dem Mutterunternehmen des Konzerns zurechnen.

In einem derartigen Fall ist daher die Objektgesellschaft Tochterunternehmen und gem. § 294 Abs. 1 HGB grundsätzlich[38] in den Konzernabschluß einzubeziehen. Die Gewinne aus der Übertragung der betreffenden Vermögensgegenstände auf die Objektgesellschaft sind dann gem. § 304 Abs. 1 HGB zu eliminieren.

Dieses Ergebnis kann nur vermieden werden, wenn der geschäftsführende Gesellschafter (aus dem Kreis der Leasingunternehmen) ein

---
[33] Vgl. *Gelhausen/Gelhausen*, in: HdJ, Abt. I/5, Rn. 177.
[34] Vgl. z. B. § 16 Abs. 4 AktG; vgl. zum Normzweck Begr.RegE, in: *Kropff,* Aktiengesetz. Textausgabe des Aktiengesetzes vom 6. 9. 1965 mit Begründung des Regierungsentwurfs und dem Bericht des Rechtsausschusses des Deutschen Bundestags, Düsseldorf 1965, S. 30.
[35] Vgl. hierzu auch *Bork,* Zurechnung im Konzern, ZGR 1994, S. 237–265.
[36] Vgl. *Adler/Düring/Schmaltz,* HGB, 5. Aufl., § 16 AktG, Rdn. 26.
[37] Vgl. *Adler/Düring/Schmaltz,* HGB, 5. Aufl., § 290, Rdn. 154; *Koppensteiner,* in: Kölner Komm. AktG, 2. Aufl., § 16, Rn. 17.
[38] Vorbehaltlich eines Einbeziehungsverbots bzw. -wahlrechts nach §§ 295, 296 HGB.

hinreichendes wirtschaftliches Eigeninteresse in der Objektgesellschaft hat. Hierzu müßte er zumindest am Ergebnis der Objektgesellschaft (Jahres- und Liquidationsergebnis) mit einem nennenswertem Anteil beteiligt sein. *Gelhausen/Gelhausen* halten eine Beteiligung von 5% für einen möglichen Schwellenwert.[39] Auch wenn sich letztlich kein Schwellenwert hierfür aus dem Gesetz heraus beziffern läßt, erscheint uns diese Grenze recht niedrig bemessen.

Zur Klarstellung sei hier angemerkt, daß sich die Zurechnung der Stimmrechte des geschäftsführenden Gesellschafters auch dann nicht ergibt, wenn ein Dritter am Vermögen und Ergebnis der Objektgesellschaft mit nennenswertem Anteil beteiligt ist oder das Unternehmen des Konzerns als Kommanditist mit nur geringer Einlage an der Objektgesellschaft beteiligt ist.[40]

Das hier untersuchte Modell der Leasing-Objektgesellschaft ist nicht nur auf die sog. sale-and-lease-back-Geschäfte anwendbar. Extrem asymmetrische Verteilungen von Stimmrechten und Vermögen finden sich zuweilen auch in Leasing-Objektgesellschaften, die als Instrument der Absatzfinanzierung („Herstellerleasing") fungieren. In solchen Fällen werden die Erzeugnisse, wenn sie nach Abschluß des Leasingvertrages mit Kunden den Absatzmarkt erreicht haben, an eine Objektgesellschaft übertragen. Diese ist Leasinggeber und nach der Vertragsgestaltung in Übereinstimmung mit den einschlägigen Erlassen der Finanzverwaltung auch wirtschaftlicher Eigentümer der Objekte, so daß sie bei der Objektgesellschaft bilanziert werden. Auch für derartige Objektgesellschaften gilt die oben begründete Zurechnung der mehrheitlich von der Seite des Leasingunternehmens gehaltenen Stimmrechte zum anderen Gesellschafter, wenn auf gesellschaftsrechtlicher Ebene kein nennenswertes wirtschaftliches Eigeninteresse mit der Stimmrechtsmehrheit verbunden ist.

III. Würdigung der Lösungen nach HGB vor dem Hintergrund internationaler Entwicklungen

In der deutschen Rechnungslegung rangiert das Bilanzrecht vor den Bilanzierungsgepflogenheiten, weshalb die rechtliche Betrachtungsweise in Deutschland eine wesentlich größere Bedeutung hat als in angelsäch-

---

[39] Vgl. *Gelhausen/Gelhausen,* in: HdJ, Abt. I/5, Rn. 177.
[40] Vgl. *Gelhausen/Gelhausen,* in: HdJ, Abt. I/5, Rn. 175, 177.

sischen Ländern.[41] Dies gilt gleichermaßen für den Einzelabschluß wie für den Konzernabschluß. Soweit das Gesetz Sachverhalte nicht ausdrücklich geregelt hat, werden diese Lücken durch die Anwendung der Grundsätze ordnungsmäßiger Buchführung geschlossen, die für den Konzernabschluß um die Grundsätze ordnungsmäßiger Konsolidierung ergänzt werden.[42] Soweit jedoch explizite Regelungen im Gesetz getroffen sind, haben sie Vorrang vor den GoB. Es überrascht insofern nicht, daß mit Hilfe rechtlicher Gestaltungen von Sachverhalten versucht wird, den Konzernabschluß zu beeinflussen.

Die Ergebnisse der oben untersuchten Fallgruppen sind daher auch in erster Linie durch die Anwendung juristischer Kriterien bestimmt. In anderen Ländern, insbesondere der angelsächsischen Welt, steht die wirtschaftliche Substanz der Sachverhalte im Vordergrund der Rechnungslegung. Dem angelsächsischen Common Law entsprechend sind die Grundsätze und Methoden weniger detailliert, sondern vielmehr die Ziele und Grenzen des Zulässigen[43] gesetzlich geregelt. Zwar ist in einigen angelsächsischen Ländern eine Tendenz zur Regulierung durch detaillierte Standards erkennbar, die auch bilanzpolitisch motivierte Sachverhaltsgestaltungen hervorruft,[44] doch hat vor dem Hintergrund des „true and fair view"-Gebots der Grundsatz des „substance over form" eine zentrale Bedeutung.[45]

Ausdrücklich liegt dieses Prinzip den International Accounting Standards (IAS) des IASC zugrunde.[46] Die IAS finden in Deutschland in jüngster Zeit zunehmendes Interesse, nachdem einige Konzerne für das Geschäftsjahr 1994 ihre Konzernabschlüsse an diese Standards angenähert haben[47] und seitens des Bundesministeriums der Justiz angekündigt worden ist, die Möglichkeit zu prüfen, ob die IAS anstelle der Vorschriften des HGB für den Konzernabschluß deutscher Mutter-

---

[41] Vgl. *Havermann*, Internationale Entwicklungen der Rechnungslegung, in: Bilanzrecht und Kapitalmarkt, Festschrift für Moxter, hrsg. v. Ballwieser u. a., Düsseldorf 1994, S. 657–677, hier S. 661.
[42] Vgl. *Adler/Düring/Schmaltz*, HGB, 5. Aufl., § 297, Rdn. 31.
[43] Vgl. *Havermann*, FS Moxter, a. a. O. (Fn. 41), S. 663.
[44] Vgl. dazu den Beitrag von *Sharman*, S. 699 ff., in diesem Band.
[45] Vgl. z. B. für das Vereinigte Königreich FRS 5, Reporting the substance of Transactions; ferner SSAP 21, Accounting for Leases and Hire Purchase Contracts. Für USA vgl. FASB Statement of Financial Accounting Concepts No. 2, Tz. 160.
[46] Vgl. IASC, Framework, Tz. 35.
[47] Vgl. z. B. die Konzernabschlüsse zum 31. 12. 1994 der Schering AG, Bayer AG, Hoechst AG und der Heidelberger Zement AG.

unternehmen zugelassen werden können.⁴⁸ Im folgenden sollen deshalb die nach HGB zulässigen Lösungen für die oben untersuchten Fragestellungen vor dem Hintergrund internationaler Standards gewürdigt werden.

Kämen allein die GoB und die Grundsätze ordnungmäßiger Konsolidierung zur Anwendung, so wäre zumindest für die Frage des Zeitpunktes, zu dem eine Tochtergesellschaft (bzw. deren Vermögen und Schulden) aus dem Konzernabschluß ausscheidet, die Antwort eindeutig: Erst mit Gefahrenübergang scheiden die Vermögensgegenstände aus und sind etwaige Gewinne realisiert. Danach wäre ein Vermögensgegenstand bzw. ein Tochterunternehmen bis zur Übertragung an einen Dritten in den Konzernabschluß einzubeziehen. Die nach HGB zulässige, aber hiervon abweichende Lösung resultiert lediglich aus der entsprechenden rechtlichen Gestaltung zum Zweck der Inanspruchnahme eines Wahlrechts, das für andere Fälle gedacht ist.

Die beabsichtigte Veräußerung eines Tochterunternehmens rechtfertigt nach IAS 27⁴⁹ und nach dem englischen Standard⁵⁰ die Nichteinbeziehung nur dann, wenn die Veräußerungsabsicht bereits bei Erwerb der Anteile bestand.⁵¹ Der Wortlaut dieser Standards ist insoweit eindeutiger als der des § 296 Abs. 1 Nr. 3 HGB.⁵² Die Einbringung des zur Veräußerung anstehenden Vermögens in ein anderes, bisher nicht konsolidiertes Tochterunternehmen gegen Gewährung neuer Anteile, auf die sich die Veräußerungsabsicht dann von Beginn an bezieht, dürfte – zumindest nach IAS – ebenfalls nicht zu dem Ziel führen, die Tochtergesellschaft vor erfolgter Veräußerung der Anteile aus dem Konsolidierungskreis auszugliedern, weil nach dem Grundsatz des „substance over form" die rechtlich formale Gestaltung hinter den wirtschaftlichen Inhalt der Transaktion zurücktritt. Tochtergesellschaften sind solange in den Konsolidierungskreis einzubeziehen, bis das Mutterunternehmen tatsächlich keinen beherrschenden Einfluß mehr ausüben kann.⁵³ Bevor die Veräußerung der Anteile wirksam gewor-

---

⁴⁸ Vgl. hierzu den Beitrag von *Biener,* S. 37ff., in diesem Band.
⁴⁹ Vgl. IAS 27 Tz. 18, 19.
⁵⁰ Vgl. *Accounting Standards Board* (ASB), Financial Reporting Standard (FRS) No. 2: Accounting for Subsidiary Undertakings, Tz. 25, Accountancy 9/1992, S. 126.
⁵¹ IAS 27 und FRS No. 2 enthalten allerdings kein Wahlrecht, sondern ein Verbot der Einbeziehung in derartigen Fällen.
⁵² Vgl. *Busse von Colbe/Ordelheide,* a. a. O. (Fn. 3), S. 93; zur Kritik an der deutschen Regelung vgl. ferner *Zwingmann,* DStR 1994, S. 1550f.
⁵³ Vgl. IAS 27 Tz. 23; für USA vgl. ferner ARB No. 51 Tz. 12 und SFAS 94 Tz. 13.

den ist, hat das Vermögen der Tochtergesellschaft den Konzern nicht verlassen und ist deshalb weiterhin im Konzernabschluß auszuweisen. Bemerkenswert ist, daß sich das Ergebnis nach den Grundsätzen des IASC im vorliegenden Fall mit der Lösung deckt, die sich auch bei alleiniger Anwendung der deutschen GoB – unter Vernachlässigung des § 296 Abs. 1 Nr. 3 HGB – ergeben hätte.

Die Beschränkung der Zwischenergebniseliminierung im Rahmen der Equity-Methode auf sog. up stream Lieferungen ist ebenfalls eine Folge deutscher Regelungstechnik. Sie ergibt sich daraus, daß die Zwischenergebniseliminierung in § 304 HGB durch eine Bewertungsvorschrift für Vermögensgegenstände geregelt ist, die in der Konzernbilanz anzusetzen sind. Da die an assoziierte Unternehmen gelieferten Vermögensgegenstände in der Konzernbilanz nicht angesetzt sind, greift die Verpflichtung zur Eliminierung bei „down stream" Geschäften nicht. Demgegenüber werden nach den Standards im Vereinigten Königreich[54] und in den USA[55] Zwischenergebnisse aus Geschäften mit assoziierten Unternehmen unabhängig von ihrer Richtung eliminiert. Nach IAS 28 besteht keine Verpflichtung zur Eliminierung von Zwischenergebnissen bei Anwendung der Equity-Methode. Vielmehr ist davon auszugehen, daß die Einbringung von Vermögensgegenständen in ein assoziiertes Unternehmen gegen Gewährung von Anteilen nach IAS stets zum „fair value" erfolgen muß und damit zur Aufdeckung stiller Reserven führt.[56] Angesichts der zwischen den anglo-amerikanischen Regelungen und IAS 28 bestehenden Divergenzen fehlt es an einem internationalen Maßstab, die nach deutschem Recht zulässige Aufdeckung stiller Reserven bei der Einbringung zu kritisieren. Ansatzpunkte für Kritik an den deutschen Regelungen ergeben sich vor dem Hintergrund internationaler Grundsätze aber insofern, als sie bei der Einbringung in Verbindung mit einer Beschränkung der Eliminierungspflicht auf „up stream" Lieferungen ein Bewertungswahlrecht gewähren, wodurch der Periodenerfolg des Konzernabschlusses ggfs. erheblich beeinflußt werden kann.

---

[54] Vgl. SSAP No. 1, Accounting for associated companies, rev. 1982, Tz. 39, sowie Discussion Paper, Sept. 1994, Associated and Joint Ventures, Tz. 5.4.
[55] APB Opinion No. 18 einschl. Erläuterung in Suplemental Guidance, in: FASB, Current Text 1992, Accounting Standards, Vol. I, Section I. 82.505 ff.
[56] IAS 28 Tz. 17 verweist insoweit auf IAS 22 Tz. 22, 25, wonach die Anschaffungskosten der Anteile stets zum „fair value" des hingegebenen Vermögensgegenstandes anzusetzen sind. Vgl. zum „fair value" auch den Beitrag von *Wiedmann*, S. 779 ff., in diesem Band.

Die Sachverhaltsgestaltungen des „sale-and-lease-back" würden sich bei Anwendung der IAS auf den Konzernabschluß erübrigen. Nach IAS 17 wäre bei einem „sale-and-lease-back" das Leasingobjekt, sofern das Leasingverhältnis als „Finance Lease" zu qualifizieren wäre, ohnehin dem Leasingnehmer zuzurechen.[57] Die Aufdeckung stiller Reserven würde danach nicht sofort erfolgswirksam, sondern über die Vertragslaufzeit ratierlich vereinnahmt.

Im Fall des Herstellerleasing ist für die Behandlung nach den Grundsätzen des IASC zunächst von Bedeutung, ob das Leasingverhältnis als „operating lease" im Sinne des IAS 17 anzusehen ist und ob die Objektgesellschaft nach IAS 27 als Tochterunternehmen in den Konzernabschluß des Herstellers einzubeziehen ist. Häufig ist das Leasingverhältnis als „operating lease" anzusehen, so daß der Leasinggegenstand bei der Objektgesellschaft als Leasinggeber zu bilanzieren ist. Ist die Objektgesellschaft als Tochterunternehmen in den Konzernabschluß des Herstellers einzubeziehen, so ist ein Gewinnausweis ausgeschlossen: Der Abschluß eines solchen Leasingvertrages rechtfertigt nicht die Vereinnahmung eines Veräußerungsgewinns.[58] Ein etwaiger Gewinn aus der Übertragung des Leasingobjektes vom Herstellerunternehmen auf die Objektgesellschaft wäre als Zwischengewinn nach IAS 27 zu eliminieren.[59] Fraglich ist allerdings, ob die Objektgesellschaft bei der oben dargestellten asymmetrischen Verteilung von Stimmrechts- und Vermögensanteilen nach den Kriterien des IAS 27 als Tochterunternehmen anzusehen ist. Obwohl die Definition eines Mutter-Tochter-Verhältnis nach IAS 27 ebenso wie nach § 290 Abs. 2 HGB auf dem „Control-Konzept" beruht, existieren im Detail Unterschiede, die im vorliegenden Fall zu einer Abweichung in der Beurteilung führen. So enthält IAS 27 keine dem § 290 Abs. 3 Satz 1 HGB entsprechende Zurechnungsvorschrift. Da somit keine Stimmrechtmehrheit an der Objektgesellschaft gegeben ist und auch nicht auf anderer Grundlage eine Beherrschungsmöglichkeit besteht, ist die Objektgesellschaft bei der genannten gesellschaftsrechtlichen Konstruktion nicht Tochterunternehmen im Sinne von IAS 27, so daß ein Gewinn aus der Übertragung des Objektes vom Hersteller auf die Objektgesellschaft im Konzernabschluß des Herstellers nach IAS nicht als Zwischengewinn zu eliminieren ist. Allerdings könnte bereits im Einzelabschluß nach IAS bezweifelt werden, ob die Übertragung auf eine Objekt-

---

[57] Vgl. IAS 17 Tz. 57.
[58] Vgl. IAS 17 Tz. 45.
[59] Vgl. IAS 27 Tz. 17.

gesellschaft als Veräußerung angesehen werden kann, wenn alle Chancen und Risiken aus der Objektgesellschaft und damit mittelbar aus dem Objekt auf die bisherige Eigentümerin entfallen.[60]

Eine Objektgesellschaft, bei der dem Hersteller nicht die Mehrheit der Stimmrechte zusteht oder auf andere Weise eine Beherrschungsmöglichkeit gegeben ist, wird – soweit ersichtlich – nur nach US-amerikanischen Grundsätzen in den Konzernabschluß einbezogen.[61] Die Diskussion über eine explizite Regelung dieser Frage ist allerdings auch in den USA noch nicht abgeschlossen.[62]

IV. Schlußbemerkung

Die in diesem Beitrag untersuchten Fallgruppen der Ausgliederungen aus dem Konsolidierungskreis stehen beispielhaft für Sachverhaltsgestaltungen, mit Hilfe derer die Darstellung der Vermögens-, Finanz- und Ertragslage des Konzerns beeinflußt werden soll. Wir haben dargelegt, daß einige der in erster Linie rechtlichen Gestaltungsformen auch bei juristischer Argumentation nicht die gewünschten Auswirkungen auf den Konzernabschluß nach den Vorschriften des HGB haben können. Die Untersuchung hat jedoch auch gezeigt, daß im Rahmen von Restrukturierungen Konzernbilanzpolitik durch rechtliche Gestaltung der Sachverhalte letztlich möglich ist.

Bei Anwendung angelsächsischer Rechnungslegungsgrundsätze hingegen blieben derartige Gestaltungen weitgehend wirkungslos. Dies ist auf die herausragende Stellung des „substance over form"-Grundsatzes zurückzuführen. Der Vorrang rechtlicher Betrachtungsweise in der Anwendung deutscher Vorschriften, in Verbindung mit z. T. weitreichenden Wahlrechten innerhalb der Konzernrechnungslegungsvorschriften, läßt die Realitätstreue der Abbildungsregeln zur Vermittlung

---
[60] Vgl. IASC, Framework, Tz. 35.
[61] Leasing-Objektgesellschaften können als „Special Purpose Entities" konsolidierungspflichtig sein; vgl. EITF 84-30. Nach den derzeitigen Überlegungen des FASB liegt grundsätzlich auch dann ein „Control"-Verhältnis vor, wenn der Muttergesellschaft zwar nicht die Mehrheit der Stimmrechte zusteht, sie aber über die Vermögensgegenstände der anderen Gesellschaft verfügen kann oder ihr bei Auflösung oder anderen Anlässen die Mehrheit am Vermögen zusteht; vgl. hierzu auch FASB, Preliminary Views on major issues related to Consolidation Policy, Financial Accounting Series No. 140-B, August 26, 1994.
[62] Vgl. FASB Status Report No. 139, Nov. 1994, S. 10.

eines den tatsächlichen Verhältnissen entsprechenden Bildes der Vermögens-, Finanz- und Ertragslage des Konzerns in Zweifel geraten. In der gegenwärtig auch im Ausland intensiv geführten Diskussion um die Akzeptanz deutscher Rechnungslegung sind die Versuche, den Konzernabschluß durch rechtliche Gestaltungen zu beeinflussen, nicht unbemerkt geblieben. Sie haben mit dazu beigetragen, daß sich die Akzeptanz deutscher Rechnungslegungsvorschriften international zur Zeit auf einem Tiefpunkt befindet.

JON C. MADONNA

International Accounting Standards, Freer Trade, and National Sovereignty

    I. Introduction
   II. International Accounting and Freer Trade
  III. The Council for Trade in Services
  IV. IASC Standards, Harmonization, and Mutual Recognition
    V. International Accounting and Sovereignty
  VI. The Quality of Information
 VII. Conclusion

I. Introduction

International accounting is gradually entering a new phase, and it is worthwhile trying to peer into the future to see what it might mean. This task may be challenging, but I think it suitable for a volume in honor of *Hans Havermann,* who has done so much to advance accounting in the international environment.

With the implementation of the GATT agreements from the Uruguay Round getting underway, new institutions are being formed that could influence the course of international accounting. Meanwhile, the International Organization of Securities Commissions (IOSCO) continues to follow a path that could end with an endorsement of the standards of the International Accounting Standards Committee (IASC). These events will take place in a world where national economies are closely intertwined and where barriers to flows of goods and services are being stripped away for the sake of economic growth. The new institutions and changes are likely to affect views of international accounting standards and their relationship to national sovereignty. We cannot know how international accounting will be changed over the years by these circumstances, but we can try to identify some of the major factors and how they might affect us.

II. International Accounting and Freer Trade

The GATT agreements acknowledge the effect of standards on trade in services and contain provisions to address them. A Decision on Professional Services is explicit on the issue of accounting standards. However, the first issue is the relationship between accounting standards and freer trade.

Trade in what? The transnational provision of accountancy services is primarily affected by restrictions on cross-border payments of fees, on licensing, and on other credentials that establish the right to practice. National differences in accounting standards do not appear to be a major barrier.[1]

---

[1] It is true that unique or different accounting standards in any particular country make it harder for accountancy services to be delivered there by practitioners from other countries. But it does not follow directly that national differences in accounting are major restraints on trade in accountancy services. This is partly because differences among national accounting standards increase the amount of services that are needed.

There is, however, another type of trade to be considered – trade in capital. Just as accounting affects capital raising nationally, it affects transnational capital flows. Again, there is reason to approach the idea of trade restriction with some caution. It can be argued that the increasing cross-border flows of capital are evidence there is not too great a problem from national differences in accounting. According to this argument, there is little real impediment to trade from such differences because one cannot expect much more in the way of capital flows than the current volume and rate of increase.

Certainly, transnational capital flows have grown impressively. Annual cross-border equity securities transactions rose from $ 120 billion in 1980 to $ 1.4 trillion in 1990; international bonds outstanding went up from $ 259 billion in 1982 to $ 1.65 trillion in 1991; and international bank loans outstanding increased from $ 324 billion in 1980 to $ 7.5 trillion in 1991.[2] These numbers suggest that the differences in accounting standards have not been a very great obstacle to global economic progress. *Richard Karl Goeltz* made this argument a few years ago, and he concluded that there is no demonstrated need for Global GAAP.[3]

Ironically, the same data can be used by parties arguing the need for international accounting standards. Were transnational capital movements of little consequence, there would be little to gain in making them freer. It is because the current and coming stages of economic growth depend heavily on how national economies affect one another, because global growth is so much more important for national growth than it has been in the past, that we need to think about how to speed that growth.

For example, a multinational corporation that must report differently in different countries needs more accountancy services than one that can satisfy transnational requirements by applying a single set of reporting standards. Similarly, the increased knowledge needed to apply different national standards is a type of expertise, and, language skills aside, it is hard to differentiate the need to acquire expertise in foreign accounting standards from the need to acquire expertise in national standards. On the other hand, international accounting standards could facilitate transnational registrations and listings of securities, thereby increasing the volume of filings and causing an increase in accountancy services. This potential source of increased trade in accountancy services is subsumed in the larger subject of trade in capital, discussed below.

[2] *Mueller/Gernon/Meek,* Accounting: An International Perspective, Burr Ridge, Illinois and New York 1994, page 53.

[3] *Goeltz,* International Accounting Harmonization: The Impossible (and Unnecessary?) Dream, Accounting Horizons, March 1991, pages 85–88.

Nevertheless, we are left with a cause-and-effect dilemma: Does the growth in world trade and capital flows mean that there is no severe problem from national differences in accounting, or does it mean that steps are more and more urgent to diminish those differences?

The answer, of course, lies between the extremes. National accounting differences do not have to be an enormous barrier to global progress in order for there to be good sense in reducing them. It does no good to exaggerate the problem, but it is a clear mistake to ignore it. Growth figures for past international capital flows must be seen in the perspective of future global needs for capital, and a number of economists have pointed out that the needs are growing rapidly. Eliminating impediments to capital flows is consistent with meeting those needs. Moreover, we know of damage to transnational business from differences in accounting. Multinational corporations incur additional costs to draw up accounts and report according to more than one set of accounting principles. Access to extra-national capital markets is more difficult because of national differences in accounting principles. Transnational joint venture negotiations are sometimes lengthened by accounting options to measure goals, even when the commercial objectives have been settled. Investors have more difficulty assessing opportunities when they cannot compare the data for companies from different countries. All these reasons suggest that national differences in accounting impose penalties we would clearly be better off without.

The problems could be alleviated by common accounting standards (assuming compatible regulatory requirements), but that raises another question. Uniformity alone, or something approximating it, cannot be the goal. The absence of accounting information is a type of uniformity, but it would not help the world economy. And uniformly irrelevant information would hurt the world economy. So uniformity in itself is not to be valued. For this reason, throughout this article, when I mention harmonized or uniform standards, I am assuming that the information they provide is at least as good as what was provided with the accounting differences. I'll return to the question of the quality of information later.

III. The Council for Trade in Services

The influence of the GATT agreements on accounting standards will depend on the commitments signatories assume and on the new institutions that can follow up on those commitments.

One commitment is to meet a test for acceptable national standards – that they are „not more burdensome than necessary to ensure the quality of the service."⁴ We do not know how this test will be applied, and it is subject to refinement from subsequent negotiating rounds. Moreover, the kinds of factors cited by academic studies to explain national accounting differences do not suggest intent to restrain trade. National differences in accounting have been typically interpreted as stemming from environmental factors, such as differences in legal systems, taxation, inflation, the structure and practices of capital markets, and standard-setting mechanisms.⁵

The new Council for Trade in Services is responsible for establishing any needed „disciplines" to ensure that the commitment is fulfilled (i.e., that national standards are „not more burdensome than necessary to ensure the quality of the service"). The Council can also influence the success of international accounting standards. The degree and type of this influence is likely to be determined by the Working Party on Professional Services. The Working Party will be responsible, as a „matter of priority," to make recommendations „in the accountancy sector." It is to concentrate on „the use of international standards" and to encourage cooperation with „the relevant international organizations."⁶

The Working Party is designed to help fulfill the provisions on standards and qualifications in the agreement on trade in services, and these include other references to international standards. For example, when determining whether a member has used technical standards to create an unnecessary trade barrier, „account shall be taken of international standards of relevant international organizations applied by that Member."⁷ International standards are also cited in this cautiously worded statement: „In appropriate cases, Members shall work in cooperation with relevant intergovernmental and nongovernmental organ-

---

[4] Uruguay Round: Final Texts of the GATT Uruguay Round Agreements, Including the Agreement Establishing the World Trade Organization, As Signed on April 15, 1994, Marrakech, Morocco, General Agreement on Trade in Services, Article VI, paragraph 4(b).

[5] For example: *Mueller/Gernon/Meek,* op cit. (footnote 2), pages 3–13; *Nobes/Parker,* eds., Comparative International Accounting, 3rd ed., Hemel Hempstead, Hertfordshire, England 1991, pages 10–21.

[6] Uruguay Round, op cit. (footnote 4), Decisions Relating to the General Agreement on Trade in Services, Decision on Professional Services.

[7] Uruguay Round, op cit. (footnote 4), General Agreement on Trade in Services, Article VI, paragraph 5(b).

izations towards the establishment and adoption of common international standards ...".[8]

The outcome of the Working Party's efforts is impossible to predict. Much depends on the members chosen for the Working Party. They could, for example, give more attention to criteria that establish the right to practice accountancy than to accounting standards. However, if the Working Party chooses to address accounting standards vigorously, it should give a push to international standards. It would probably give new standing to the International Federation of Accountants (IFAC) and the IASC. Observers have often noted that the IASC has no power to enforce its standards or to get them enforced. It relies on the voluntary efforts of professional accounting organizations. Recognition by the global institution in charge of trade would help. That recognition could come in the report of the Working Party and perhaps subsequently as a consequence of its recommendations.

The Working Party's greatest effect could be through the power of ideas. The idea that national differences in accounting function as nontariff trade barriers might become more widely accepted. The idea could spread even though, according to the academic analyses, that is not the origin of the differences.

The agreement and Working Party could also affect regional standard setters. For a number of years now, there has been an interplay between the movement for freer trade through GATT and the movement for freer trade through regional groupings and bilateral agreements. There has been concern that the narrower agreements might create new discriminations against outsiders' trade with the parties to the narrower agreements. The European Union counts in this discussion as a regional grouping of particular importance because it both sets and can enforce accounting standards. In fact, one set of scholars considers the future of the EU's effort the key test of whether accounting harmonization can be successful.[9] Several other regional groups have objectives or intentions to reduce accounting diversity among their members.[10]

---

[8] Uruguay Round, op cit. (footnote 4), General Agreement on Trade in Services, Article VII, paragraph 5.
[9] *Mueller/Gernon/Meek,* op cit. (footnote 2), pages 45–46.
[10] *Mueller/Gernon/Meek,* op cit. (footnote 2), page 46, cite the African Accounting Council, the ASEAN Federation of Accountants, and the Confederation of Asian and Pacific Accountants.

Bilateral or multiparty agreements for mutual recognition could become more common. Under mutual recognition, two or more countries agree to accept compliance with country-of-origin disclosure standards for purposes of registering or listing the securities of other signatories' companies. The U.S., for example, has an agreement of this sort with Canada.

The reason some free trade proponents are wary of bilateral and regional trading arrangements is that, depending on the circumstances, they can damage broader arrangements, such as GATT itself. A basic test is whether the bilateral or regional arrangement is trade-creating or trade-diverting.[11] Does it lead to additional trade between the signatories that would not have otherwise occurred, or does it divert to the signatories trade that would have taken place between those signatories and outside parties? In the former case, the bilateral or regional arrangement is a step in progress toward globally freer trade; in the latter case, the arrangement is an impediment to freer trade.

It is certainly not easy to answer such questions when considering the effect of accounting requirements on capital flows, or even to imagine the questions being widely asked. However, if we think of the stock exchanges of the world competing for transaction volume, it is possible to conceive of some desiring regulatory preferences that divert transaction volume to their particular exchanges. Similarly, governments, for their own reasons, could attempt to create such preferences to divert transaction volume to domestic markets.

For purposes of the agreement on trade in services, the question is the consequence of the bilateral or regional accounting arrangements to third parties. Regional accounting standards and mutual recognition agreements are acceptable under the agreement, assuming they do not raise barriers to others.[12] However, if they do set up such barriers, injured parties could resort to the WTO's trade dispute settlement procedures.

It would be surprising to see dispute settlement procedures used because accounting standards have caused a trade grievance. But the possibility tells us something about the circumstances in which accoun-

---

[11] *Bhagwati,* The World Trading System at Risk, Princeton, New Jersey 1991, page 59. The cited test, which was first introduced by *Jacob Viner,* is one of several analytical approaches discussed in chapter 5, „Regionalism," pages 58-79.
[12] Uruguay Round, op cit. (footnote 4), General Agreement on Trade in Services, Article V.

ting standards are being enmeshed. The circumstances could, over a number of years, affect the way people think about national differences in accounting standards.

IV. IASC Standards, Harmonization, and Mutual Recognition

The prospective changes brought by the Uruguay Round are likely to interact with the relationship that has been developed between the IASC and IOSCO. If so, it should advance the pace of harmonization.

Both organizations date from the 1970s, but their relationship became closer, more cooperative, and more significant in 1987, when the IASC shifted its emphasis from developing additional accounting standards to reducing the number of options in existing standards. IOSCO was then invited to join the representatives of preparers and users on the IASC Consultative Group, and IOSCO indicated that IASC standards might eventually be acceptable for use in prospectuses for multinational offerings. IOSCO representatives participated in the steering committee on the project to reduce accounting alternatives, which resulted, in November 1993, in the adoption of ten revised standards.

A second phase in the post-1987 IASC-IOSCO relationship is based on the notion of core standards – standards that would cover the accounting issues the typical enterprise would likely encounter in preparing financial statements. The two bodies agreed on the topics that would make up the core in 1993. As of this writing, IOSCO's position is that it will await completion of the core standards before deciding whether to endorse them as a set. The IASC has not always agreed with IOSCO. The IASC would prefer that IOSCO endorse standards now completed, rather than wait for the completion of the entire core, and it would prefer that IOSCO endorse the IASC process rather than the requirements in its standards that IOSCO specifically agrees with.[13] Nevertheless, since 1987, cooperation between the two groups has given the prospect of international standards a considerable boost. Many observers have seen the relationship as a potential remedy for the IASC's lack of either enforcement powers or a claim on an agency that could enforce its standards. They recognized that cooperation could lead to the endorsement of IASC standards by a set of regulatory

---

[13] World Accounting Report, November 1994, page 1.

authorities, and some were impressed by IOSCO's level of initiative. *World Accounting Report* wrote in 1992, „The International Organization of Securities Commissions (IOSCO) is the single most influential player in today's international accounting scene."[14]

IOSCO or its members could play some role in the WTO's Working Party on Professional Services or at least have some influence on its recommendations. That remains to be seen, just as it remains to be seen whether the Working Party gives accounting standards as much attention as barriers to cross-border accountancy practice. However, the IOSCO-IASC process of moving toward a core set of international standards should be ongoing during the Working Party's tenure. This holds out enough prospect of new support for IASC standards to justify speculating about the consequences to national disclosure systems of adopting the standards.

There are three basic variables at work in adopting IASC standards, each of which could change national disclosure systems:

- The *standard-setting authority*. Action to adopt IASC standards could be taken by regulators, private-sector standard-setting bodies (where they are present), or both and could cause changes in these authorities and their relationships.
- *Applicability*. If adopted, IASC standards could be made applicable to all companies, to publicly traded but not private companies, or only to some set of public companies – those listed both domestically and on foreign exchanges, those listed but not those making offerings, or those meeting some other criteria.
- *Degree of implementation*. IASC standards could be adopted as a complete set of disclosure requirements, as disclosure requirements to be supplemented or adapted by domestic standards, or for purpose of reconciliations to domestic standards. Some package of IASC standards less than the full set could be used in each of these ways.[15]

Thus, adoption of IASC standards is unlikely to mean the same thing in all countries or regions. This has consequences for intercountry comparability and for the complexity of national disclosure systems.

---

[14] World Accounting Report, March 1992, page 1.
[15] This list was suggested by the set of potential implications of adoption of the IASC's Comparability Exposure Draft discussed in *Diamond/Gernon/Purvis,* Position Paper for the International Financial Reporting Forum to Debate the IASC's Comparability Project, in: *Diamond/Gernon/Purvis,* An Analysis of the IASC's Comparability Project, SEC and Financial Reporting Institute, School of Accounting, University of Southern California 1990, pages 12–20.

Some level of simplification in the disclosure obligations of transnational companies could mean greater complexity for the disclosures within a country. This would be the case whenever more than one set of standards is recognized and applied within a country – for example, by mutual agreement to accept multinational prospectuses with financial statements prepared in accordance with IASC standards.

IASC standards allow more alternatives than do the standards of some countries, so adoption of IASC standards would increase accounting alternatives in those cases. The range of litigation in some countries could also get more complicated. Lawsuits could be brought against foreign companies using IASC standards that have been made acceptable for listings or offerings, while domestic companies litigate under domestic GAAP.

Applicability criteria for the use of IASC standards could become more complex than the division between public and private companies or between foreign and domestic issuers. A level of minimal capitalization could be used to define companies qualifying for the use of IASC standards. This criterion could be combined with a minimal level of experience in the public capital markets. Another possible criterion is based on the purchaser of the securities: International standards could be used for purchases by sophisticated investors (e.g., banks, insurance companies, and mutual and pension funds) who would be identified by purchases larger than a certain minimum amount. There are already precedents for some of these types of distinctions (e.g., in the U.S.-Canadian Multi-jurisdictional Disclosure Agreement).

There is a growing appreciation of a closer relationship between harmonization and mutual recognition despite the fact that the two sound like opposites. Harmonization reduces national differences in accounting, and mutual recognition accepts them. By definition, mutual recognition suspends national accounting requirements in some way. Otherwise, there would be no need for mutual recognition. National treatment (applying domestic requirements to foreign companies) would work. However, *Roberta Karmel,* a former member of the U.S. Securities and Exchange Commission, has argued that without sufficient harmonization there would be fewer mutual recognition agreements. She held that „minimum international standards are a necessary condition for mutual recognition."[16]

---

[16] *Karmel,* National Treatment, Harmonization and Mutual Recognition, in: International Bar Association, Capital Markets Forum Yearbook, Volume 1, 1993, ed. Revell, London 1994, pages 231–263. The quotation is on page 231.

The idea that mutual recognition is the beneficiary of harmonization has also appeared elsewhere. Australia's *Michael Sharpe,* at the IASC's 20th anniversary conference in June 1993, said, „Mutual recognition without harmonisation cannot fulfill the investors' need for comparable information."[17] A few years earlier, the IASC's Comparability exposure draft listed as one of the benefits of improvements in its standards that they could „facilitate the mutual recognition of prospectuses for multinational securities offerings."[18]

There is certainly much truth in the argument harmonization can facilitate mutual recognition. However, it is also true that mutual recognition can inhibit future efforts to develop harmonized standards. Those who support harmonized standards because they want to encourage foreign listings and registrations will lose their motive for continued support if the listings and registrations are already achieved through mutual recognition. A world dominated by mutual recognition could settle into a period without further progress on harmonizing standards.

Mutual recognition for listings links trading in the home and in the foreign securities markets. According to efficient markets theory, all public information will be impounded into market prices. Arbitrageurs will act on the differences in the prices in two respective markets when they see enough profit in the transactions. Thus prices and information in one market can influence prices in another. In some circumstances, the home country market of a company listed under a mutual recognition agreement could effectively price the security in the foreign market.

This suggests that, under mutual recognition, the foreign country is relying not just on the disclosure level required in a foreign market, but also on the effectiveness of the foreign market's enforcement regime – in other words on its auditing and on its other regulation. Requirements for high quality disclosure do not result in high quality presentations unless there is compliance with the requirements. Mutual recognition agreements on disclosure could therefore be accompanied by agreements on other regulatory issues as well.

These brief speculations show that adopting international standards could lead to quite a variety of changes in national disclosure systems. The variety suggests that the adoption of international stan-

---

[17] World Accounting Report, July 1993.
[18] *International Accounting Standards Committee,* Exposure Draft 32, Comparability of Financial Statements, January 1989, paragraph 6.

dards is likely to be influenced by the same cultural factors that have led to national differences in accounting.

V. International Accounting and Sovereignty

The drive for more uniform international accounting standards can run counter to desires to retain the full integrity of a national standard-setting authority. Such desires can be strong no matter how the national standard-setting authority is set up – whether the standards are set by the laws of elected officials, by regulators appointed by elected officials, or by private-sector bodies. The strength of such feelings is not very surprising. Accounting standards within nations sometimes represent difficult compromises, and those who participated in making the compromises, or have come to accept them, are unlikely to want them replaced by the decisions of outsiders. Desires to retain the full integrity of national standard-setting authority are not a wholly new context for international harmonization. *Joseph P. Cummings,* former Deputy Senior Partner of KPMG's U.S. practice and a founding member of the IASC, wrote in 1975, „at the outset, the IASC recognized that no country could or would yield its sovereignty in setting standards."[19] What is new is the strength of the vision of a single international economy. It is likely to shape some of the forces that will determine the degree to which harmonization takes hold.

A long-held view of sovereignty is that it consists of law-making and law-enforcement authority exercised with respect to a territorial entity.[20] To a great extent, these twin authorities are what we mean by the power to govern. The link between sovereignty and peopled territories yields a concept of the nation state. Its typical features include a sense of community from language, shared history, or other aspects of culture. These features add interest to the global mosaic. They also make government easier to conduct and to accept whenever the cultural bonds create a sense of common destiny and a cooperative spirit. However, these features of national sovereignty, together with the efficiencies of local government, also make people wary of certain types of internationalism. They fear mandates and practices that could undo any of the benefits of national sovereignty.

---

[19] Quoted in *Diamond/Gernon/Purvis,* op cit. (footnote 15), page 22.
[20] *Morgenthau,* Politics among Nations, New York 1950, page 243.

National acceptance of accounting rules set outside the country, whether applicable to all disclosing companies or to some narrower set, erodes a national standard setter's jurisdiction. Instead of being the sole standard setter in the territory, another standard setter outside the territory is setting rules that are being accepted and applied within the national jurisdiction. Specialists may argue whether this is technically a violation of sovereignty, because agreeing to take on obligations issued by an international agency is not in itself a concession of sovereignty. However, if law-making or law-enforcement authority within a state's territory is involuntarily lost to an outside authority, at least some measure of sovereignty is given up.

Another way to look at what happens in these situations is to focus on *de facto,* rather than *de jure,* sovereignty. If a country defers to international standard setters, the initiative in setting the standards lies in the hands of the external standard setter. For my purposes, that is a *de facto* erosion of standard-setting authority. It can be illustrated by imagining a very active international standard-setting agency and a country with a national regulator and a private-sector standard-setting body. If the international standard setter's full set of standards is adopted by the decision of the national regulator and thereby made applicable to all parties within the territory, the national standard setter would then for practical purposes be out of business. To the extent that the national standard setter represents law-making authority, that small element of national sovereignty would become nominal.

Although the erosion of sovereignty would be most clear when standards are set by statute, even when standards are not set by statute, there can be a strong link to the law. In the U.S., for example, the rules of the private-sector standard setter are recognized by the regulatory body and in the courts. Nevertheless, the idea of *de facto* erosion of sovereignty is broader than the legal concept. If domestic standard-setting activity is diminished by the applicability of internationally set standards, a change has taken place that can be treated as a loss of control over national destiny. Influential attitudes can be generated this way regardless the size of the loss and regardless of technical violations of legal sovereignty.

The idea of the *de facto* erosion of sovereignty can also be applied to regulatory authorities in countries with private-sector standard setters. Consider the case of the national regulator in the U.S., the Securities and Exchange Commission (SEC). The private-sector standard setter, the Financial Accounting Standards Board (FASB), sets standards for all companies, but its authority to set standards for public companies is delegated to it by the SEC, which actively oversees the standard-setting process. If the SEC adopted IASC standards for public companies, the FASB would, as we have seen, lose jurisdiction over setting standards for those companies. But the decision would also affect the way the SEC applied its regulatory authority. The SEC would have much less influence on the IASC than it now has on the FASB. The SEC would retain, I'm sure, the right to reject or supplement IASC standards, but its role as one among many national regulators would give it less influence with the IASC than it had with the FASB.

There is still another, quite different, view of national sovereignty that stresses how it is becoming more limited. *Walter Wriston,* former CEO of Citicorp, and *Kenichi Ohmae,* former head of McKinsey's Japanese operations, for example, have written about the new limitations on government. They describe the growing volume of economic activity that is beyond the reach of regulation.[21]

With modern information technology and travel, the tastes that create market demand are more global and less confined to particular nations. From preferences for jeans to decisions on entertainment, tastes can change regardless of government control. Protectionism, which has long been a governmental instrument to retain local tastes and production franchises, is being diminished not only by the movement for freer trade, but also by changes in consumer preferences that are beyond governmental control. Similarly, governments and central banks have lost much of their power to influence foreign exchange rates because the volume of privately traded foreign exchange has grown so vast, a development made possible by the electronic transfer of information.

The prosperity of individual countries depends more than ever on the prosperity of others. The Great Depression reminded us generations ago that national economies are interlinked, so we are talking about a change in degree rather than a break with the past. Nevertheless, the increase in interdependence means that individual sovereign governments have less control over prosperity within their borders.

Ohmae takes the notion of a world with less effective economic borders a step further with his idea of „region states." These are natural

---

[21] *Wriston,* The Twilight of Sovereignty, New York 1992; *Ohmae,* The Borderless World, New York 1991, first published 1990.

economic zones that can be parts of nations (e.g., northern Italy, California) or overlap national boundaries (e.g., Hong Kong and southern China). According to *Ohmae,* „The primary linkages of region states tend to be with the global economy and not with their host nations."[22]

These ideas provide a broader context for the relationship between international accounting standards and national sovereignty. To the degree that national differences in accounting standards function as nontariff barriers, they represent obstructions to transnational „region states." To the extent that transnational region states will be growing in the future, pressures should build to reduce obstructions to economic activity, including national accounting standards – assuming they are material obstructions. To the extent that international accounting standards can facilitate capital flows, they increase the international interdependence that diminishes national control of economies, but at the same time increase the economic growth that is in those nations' interests.

VI. The Quality of Information

Because capital markets are global, harmonization has become more important, but harmonization without high quality information will not serve the interests of accountants or of economic growth. A lowest common denominator approach to international accounting is obviously in no party's long-term interests.

In the U.S. the profession's Special Committee on Financial Reporting, which recently concluded its deliberations, recommended that international standard setters base their pronouncements more specifically on the information needs of users of financial reports, who the committee defined as investors and creditors. The information needs would be determined by research and by greater participation by investors and creditors in the standard-setting process.[23] It is an approach to determining the quality of information that is consistent with the IASC's Framework for the Preparation and Presentation of Financial Statements.

---

[22] *Ohmae,* The Rise of the Region State, Foreign Affairs, Spring 1993, pages 78–87.
[23] *Special Committee on Financial Reporting,* Improving Business Reporting – A Customer Focus, New York: American Institute of Certified Public Accountants, 1994, pages 115–116.

At a London conference on international accounting, *David Tweedie,* Chairman of the U.K.'s Accounting Standards Board, cited two ways to achieve harmonization: by deferring to the majority of participants or by seeking international agreement on the ideal standard.[24] If observers can make the case that the second approach is given too little attention or that the first is both dominant and divorced from determining the quality of information, the IASC and its standards will be at a disadvantage. In the long term, harmonized standards will be judged by their quality, no matter how they were formulated.

VII. Conclusion

We are entering an era in which international institutions can influence accounting standards in new ways. They will be able to modify the way we think about international accounting and the way we pursue international harmonization. The harmonization process will present problems, just as it has in the past, and a need to persevere. We can expect new problems to be created by our own progress, because reducing the problems we already have creates new circumstances. The harmonization process is also likely to raise more questions about threats to national sovereignty. There will be tension between international institutions and the interests of national distinctiveness, but I think they are compatible and, with patience, over time, will prove to be so.

---

[24] IASC Insight, December 1993, page 6.

HANS MEINHARDT

Anforderungen an den Konzernabschlußprüfer aus der Sicht eines international tätigen Unternehmens

    I. Einleitung
   II. Funktionen der Abschlußprüfung
  III. Ableitung des Anforderungsprofils
      1. Internationale Präsenz als Vorbedingung
      2. Anforderungen bei der Durchführung der Abschlußprüfung
         a) Fachwissen
         b) Effizienz
         c) Flexibilität
      3. Anforderungen außerhalb der Abschlußprüfung
  IV. Grenzen des Anforderungsprofils

I. Einleitung

Die Dynamik der Internationalisierung der Wirtschaft hat den Wirtschaftsprüfer in den letzten Jahren vor ständig neue Herausforderungen gestellt. Wie bei jedem Unternehmen gilt es, die zukünftigen Anforderungen der Auftraggeber rechtzeitig zu erkennen, um den wachsenden Ansprüchen genügen zu können. Die in vergangenen Jahren vorgenommenen strukturellen und organisatorischen Veränderungen bei Wirtschaftsprüfungsgesellschaften[1] zeigen, daß dies dem Berufsstand bisher gelungen ist.

Hans Havermann darf für sich in Anspruch nehmen, durch sein Wirken wesentlich dazu beigetragen zu haben, daß der Berufsstand sich rechtzeitig auf die Erfordernisse der Wirtschaft vorbereitet hat. Als Chairman von KPMG stellt er nunmehr seine reiche Erfahrung zur Verfügung, um die strategischen Weichen bei Prüfungs- und Qualitätsstandards sowie Geschäftsfeldwahl zu stellen. Die folgenden Überlegungen sollen ihm als Anregung bei seiner Aufgabe behilflich sein.

II. Funktionen der Konzernabschlußprüfung

Der Konzernabschluß erfüllt vor allem eine Informationsfunktion für externe Adressaten, zu denen neben Eigen- und Fremdkapitalgebern unter anderem die interessierte Öffentlichkeit gehört.[2] Aber auch die Konzernleitung sowie der Aufsichtsrat sind Adressaten des Konzernabschlusses, der durch Eliminierung der konzerninternen Beziehungen die Aussagegrenzen von Einzelabschlüssen der Mitglieder einer Unternehmensgruppe überwindet. Neben diesem Abschluß der wirtschaftlichen Einheit Konzern wird jedoch auch den zum Konzernabschluß zusammengefaßten Einzelabschlüssen in ihrer Fassung als Handelsbilanz II regelmäßig eine Bedeutung als Planungs-, Steuerungs- und Kontrollinstrument beigemessen. Obwohl internationale Konzerne im allgemeinen über ein gut ausgebautes Berichtswesen verfügen, ist zu bedenken, daß Aspekte der Vereinheitlichung und Aggregation gerade

---

[1] Vgl. *Havermann*, Globale Prüfungsstrategien, in: Internationalisierung der Wirtschaft – Eine Herausforderung an Betriebswirtschaft und Unternehmenspraxis, hrsg. v. der Schmalenbach-Gesellschaft – Deutsche Gesellschaft für Betriebswirtschaft e.V., Stuttgart 1993, S. 170–181. Vgl. auch den Beitrag von *Lanfermann*, S. 373 ff., in diesem Band.
[2] Vgl. grundlegend z. B. *Busse von Colbe/Ordelheide*, Konzernabschlüsse, 6. Aufl., Wiesbaden 1993, S. 19–22.

bei dezentral geführten großen Konzernen im Rahmen der Entwicklung von Informationssystemen zunehmend Berücksichtigung finden. Folglich basiert das interne Berichtswesen heute überwiegend auf denselben Daten wie die externe Rechnungslegung. Durch Modifikationen, Bildung von Kennzahlen etc. werden aus der gemeinsamen Datenbasis die für die Planung, Steuerung und Kontrolle besonders relevanten Informationen für das interne Berichtswesen gewonnen und um Zusatzinformationen ergänzt.

Die Bedeutung der gesetzlichen Verpflichtung zur Prüfung von Konzernabschlüssen ist vor dem Hintergrund der skizzierten Funktionen des Konzernabschlusses zu sehen. Der Bestätigungsvermerk des Abschlußprüfers entfaltet zum einen eine Öffentlichkeitswirkung und erfüllt insofern ebenfalls eine Informations- bzw. Beglaubigungsfunktion.[3] Zum anderen bedeutet die Prüfung der Jahresabschlüsse der einbezogenen Unternehmen auch eine Kontrolle des lokalen Managements, die die vorhandene unternehmensinterne Kontrollen ergänzt. Die Verläßlichkeit und Vergleichbarkeit der Informationen dient in diesem Zusammenhang auch der Planung und Steuerung, und zwar sowohl der einzelnen Einheiten als auch des Konzerns im ganzen.

Publikumsgesellschaften nehmen heute internationale Finanzmärkte in Anspruch. Die Kosten dieser Finanzierung richten sich nach den risikoabhängigen Renditeerwartungen der Kapitalgeber. Konzernabschlußprüfungen können deshalb aufgrund ihrer Beglaubigungsfunktion die Kapitalkosten der Unternehmen senken, weil der Nachweis vertrauenswürdiger Informationen Risikozuschläge bei den Renditeforderungen der Eigen- und Fremdkapitalgeber mindert.[4] Dies gilt jedoch nur, wenn die Kapitalmärkte Vertrauen in die Qualität der Prüfung haben. Der Kreis potentieller Konzernabschlußprüfer reduziert sich heute aus diesem Grunde auf die „Big Six" der Prüfungsgesellschaften. Allein diese weisen ungeachtet der Qualität lokaler Wirtschaftsprüfungsgesellschaften ein ausreichendes internationales Standing auf, um Finanzanalysten bzw. Kapitalgebern die Zuverlässigkeit und Glaubwürdigkeit der Informationen nachweisen zu können.

---

[3] Vgl. *Adler/Düring/Schmaltz*, HGB, 5. Aufl., § 316, Rdn. 22.
[4] Vgl. *Elliot*, The Future of Audits, JoA 9/1994, S. 74–82, hier S. 74.

III. Ableitung des Anforderungsprofils

1. Internationale Präsenz als Vorbedingung

Neben allgemeingültigen Anforderungen wie einer hohen Qualität der Prüfungsleistung erscheint aus Sicht der international tätigen Unternehmung die internationale Präsenz vordringlich. Die Präsenz des Konzernabschlußprüfers auf allen für das Unternehmen relevanten Auslandsmärkten soll dem Unternehmen zum einen Such- und Verhandlungskosten ersparen. Die andernfalls gegebene Notwendigkeit, sich unbekannten Prüfungsgesellschaften anzuvertrauen, würde Qualitätsunsicherheiten schaffen, denen sich der Dienstleistungskäufer nicht unnötig aussetzen will.[5] Zum anderen können international ausgerichtete Prüfungsgesellschaften Qualitätsführerschaft erreichen, wenn sie als erste und insbesondere vor dem Mandanten im Ausland vertreten sind. Vor allem in Osteuropa und Südostasien gilt es, nicht nur dem international expandierenden Industrieunternehmen zu folgen, sondern vor diesem präsent zu sein, Einblicke in den Markt sowie in die Rechtsordnung und -kultur zu gewinnen und auf der Basis dieser Wissensvorsprünge die erforderlichen Beratungsleistungen zu erbringen.

Die internationale Präsenz läßt sich selbstverständlich nicht allein durch Eröffnung eines Büros oder Errichtung einer Niederlassung herstellen. Die international ausgerichteten Prüfungsgesellschaften erfüllen formal die Anforderungen der international tätigen Unternehmen, lassen jedoch zuweilen die einheitliche Linie vermissen. Ist kein entsprechender Esprit de Corps vorhanden, sondern sind die Gesellschaften durch Zusammenschlüsse von Einzelfirmen aus unterschiedlichen Kulturen entstanden, muß durch systematische Führung und hausinterne Richtlinien ein einheitliches Profil entwickelt werden.

Die Erwartungen internationaler Unternehmen an die Partnerunternehmen und Niederlassungen des Konzernabschlußprüfers im Ausland orientieren sich an der Qualität des Konzernabschlußprüfers im Inland. Von daher zieht die Vorbedingung einer internationalen Präsenz eine weitere Bedingung nach sich: Investitionen in die Qualifikation der Mitarbeiter. Nicht in allen Ländern bietet der Arbeitsmarkt den international expandierenden Wirtschaftsprüfungsgesellschaften ein angemessen ausgebildetes Mitarbeiterpotential. Von daher sind die Prüfungsgesellschaften selbst gefordert, hinreichende Ausbildungs- und Trainingsfazilitäten zu schaffen.

---

[5] Vgl. *Mandler,* Wirtschaftsprüfung im Umbruch, ZfB 1994, S. 167–188, hier S. 175.

Nach unseren Erfahrungen hat sich die Mitwirkung im Ausland tätiger deutscher Prüfer besonders bewährt. Zum einem erfolgt auf diese Weise der wünschenswerte Know-how-Transfer und zum anderen wird die Kommunikation zwischen landesrechtlichem Abschlußprüfer und Konzernabschlußprüfer sowie zur Konzernobergesellschaft erleichtert. Werden darüber hinaus die deutschen (HB II)-Prüfer bereits in die Prüfung der landesrechtlichen Abschlüsse einbezogen, können zeitliche Vorteile realisiert werden.[6]

2. Anforderungen bei der Durchführung der Abschlußprüfung

a) Fachwissen

Voraussetzung zur Erfüllung des dem Abschlußprüfer von den Anteilseignern übertragenen Auftrags ist, daß er bzw. sein Team über ausreichendes Know-how verfügen. Zum erforderlichen Fachwissen gehören neben der Rechtskenntnis ein entsprechendes Sachverhalts- und Organisationswissen. Diese Kenntnisse sowie seine Erfahrung macht ihn über den gesetzlichen Auftrag hinaus zum kompetenten Gesprächspartner für international tätige Unternehmen.

Die Kenntnis aller wesentlichen Rechtsnormen umfaßt im international tätigen Unternehmen nur als Ausgangsbasis die Vorschriften des heimischen Handels-, Steuer- und Gesellschaftsrechts zuzüglich bestimmter Schwerpunkte im bürgerlichen und öffentlichen Recht. Schon innerhalb dieser Rechtsgebiete treten hinreichende Schwierigkeiten auf. Hinzu kommt ferner die Beratung und Information über die oben genannten relevanten Normen der Länder, in denen das zu prüfende Unternehmen mit Tochtergesellschaften vertreten ist. Deshalb benötigen gerade Großunternehmen den ständigen Gedankenaustausch mit dem Abschlußprüfer.

Die Anforderungen erweitern sich noch um die Kenntnis des ausländischen Berufsrechts, wenn der Konzernabschlußprüfer HB I und HB II ausländischer Töchter durch lokale, nicht der eigenen Prüfungsgesellschaft angehörige Experten befreiend prüfen läßt.[7] Die Möglichkeit zur Übernahme der fremden Prüfungsurteile verlangt nämlich gemäß § 317 Abs. 2 HGB eine der 8. EG-Richtlinie gleichwertige Befähigung des Wirtschaftsprüfers. Diese Prüfung obliegt rechtlich dem

---
[6] Vgl. hierzu auch *Havermann,* a.a.O. (Fn. 1), S. 175.
[7] Vgl. *Vogelsang,* Wirtschaftsprüfung und Werbung im Rahmen einer internationalen Wettbewerbswirtschaft, Bergisch Gladbach/Köln 1988, S. 56f.

Abschlußprüfer, ist aber auch für das Unternehmen von Interesse, weil von der Zulässigkeit einer befreienden Einzelabschlußprüfung abhängt, welche Prüfungsvariante die kostengünstigere darstellt.[8]

Höhere Anforderungen als die Rechtskenntnis stellt die Aufgabe, die den Rechtsnormen zu subsumierenden Geschäftssachverhalte zu erfassen. Bereits für den inländischen Einzelabschluß wird der Prüfer mit Ermessens- und Beurteilungsproblemen konfrontiert, die selbst unter technischen Sachverständigen unterschiedlichste Auffassungen provozieren würden. Dieses *Sachverhaltswissen* reicht von der Plausibilitätsprüfung, z. B. der Nutzungsdauer eines Lastwagens oder einer EDV-Anlage, bis hin zur keinesfalls „abschließend" zu beurteilenden Bestimmung des Niederstwerts eines im Bau befindlichen Bürokomplexes eines Bauträgers oder die höchst unsichere Schätzung der Kosten für die Beseitigung einer Bodenkontaminierung.[9]

Im Konzernabschluß eines international tätigen Unternehmens potenzieren sich die Probleme einer Beurteilung der Sachverhalte. Ein Teil dieser zusätzlichen Schwierigkeiten resultiert aus den gesetzlich bedingten Anforderungen. Beispielhaft dafür steht die seit Umsetzung der 7. EG-Richtlinie gegebene Notwendigkeit, nicht allein schlichte Konsolidierungstechnik, sondern Neubewertungs- und Bilanzierungsmaßnahmen im Rahmen der HB II-Erstellung zu prüfen. Infolge der Abkehr von der Maßgeblichkeit der Einzelabschlüsse „hat die Handelsbilanz II quantitativ und qualitativ an Bedeutung gewonnen. ... Die Handelsbilanz II wird dabei in Zukunft tendenziell wesentlich stärker von der Handelsbilanz I abweichen als bei Anwendung des AktG 1965."[10] Damit ist dem Bilanzierenden ein weiteres bilanzpolitisches Instrument an die Hand gegeben, das für den Abschlußprüfer „ein völlig neues und zugleich schwieriges Prüffeld" darstellt.[11] Nicht weniger brisant erscheinen beispielsweise die Bemessung und Verteilung stiller Reserven im Zuge der Kapitalkonsolidierung oder die Beurteilung der Zwischengewinneliminierung. Ohne gegenseitiges Vertrauen in die je-

---

[8] Vgl. *Lotz*, Die „befreiende" Einzelabschlußprüfung ausländischer Tochterunternehmen, WPg 1994, S. 453–459, hier S. 457.
[9] Vgl. *Hoffmann*, Das abschließende Beurteilungsvermögen des Abschlußprüfers und der Bestätigungsvermerk, BB 1994, S. 1743–1749, hier S. 1745.
[10] *Havermann*, Die Handelsbilanz II, in: Handelsrecht und Steuerrecht, Festschrift für Döllerer, hrsg. v. Knobbe-Keuk u. a., Düsseldorf 1988, S. 185–203, hier S. 186f.
[11] Vgl. *Küting*, Rechnungslegung im Umbruch – Ein Plädoyer für ein Rechnungswesen des Konzerns, in: Das Konzernrechnungswesen des Jahres 2000, Stuttgart 1991, S. 3–39, hier S. 33.

weilige Sachkenntnis der Unternehmensmitarbeiter bzw. Abschlußprüfer können derartige Gebiete nicht effektiv geprüft werden.

Der andere Teil erhöhter Anforderungen an das Sachverhaltswissen des Konzernabschlußprüfers ergibt sich aus den Tätigkeitsfeldern und Tätigkeitsregionen internationaler Unternehmen. Beispielsweise werden auf dem amerikanischen Markt Erzeuger heute mit Produkthaftungsklagen konfrontiert, deren Rechtmäßigkeit dem Grunde nach kaum bestimmbar geschweige denn hinsichtlich der Höhe quantifizierbar erscheinen. Hier ergeben sich Schätzungsintervalle in Höhe mehrerer Millionen Dollar, deren endgültige Festlegung vom Abschlußprüfer zu testieren ist, ohne daß er sich in den sicheren Hafen einer Über-Vorsicht zurückziehen dürfte. Derartige Entscheidungen erfordern vom Wirtschaftsprüfer deshalb ein überdurchschnittliches Augenmaß für wirtschaftliche Zusammenhänge.

Als dritte Anforderung an die (konzern-)abschlußbezogene Kompetenz des Prüfers ist ein hinreichendes *Organisationswissen* zu nennen. Organisationswissen im Bereich der Rechnungslegung und Prüfung beinhaltet in erster Linie fundiertes Verständnis der EDV-Prozesse. Technologische Innovationsprozesse gelten als eine der zentralen Gestaltungskräfte, von denen Strukturänderungen und Wachstumsimpulse auf dem Markt von Dienstleistungsunternehmen ausgehen.[12] Für den Konzernabschlußprüfer gilt diese Feststellung in besonderem Maße, weil ein Konzernrechnungswesen ohne EDV nicht mehr denkbar ist. Der Prüfer muß die neuen Technologien der Rechnungslegung und ihre Auswirkungen auf Bilanz- und GuV-Erstellung beherrschen. In einem ersten Schritt bedeutet dies, Software zur Erstellung von Einzel- und Konzernabschlüssen nutzen und damit Rechenoperationen des Unternehmens nachvollziehen zu können.

Vom Abschlußprüfer wird zudem in einem zweiten Schritt erwartet, nicht nur das Verständnis der Funktionsweise von Finanzbuchhaltungssoftware mitzubringen, sondern auch die Zuverlässigkeit und Glaubwürdigkeit der Programme und ihrer Anwendung prüfen zu können. Andernfalls verkennt der Prüfer die Implikationen automatischer Verarbeitungsprozesse oder begibt sich in die Abhängigkeit von den

---

[12] Vgl. *Meffert,* Marktorientierte Führung von Dienstleistungsunternehmen – neuere Entwicklungen in Theorie und Praxis, DBW 1994, S. 519–541, hier S. 519f.; *Rall,* Internationalisierung der Wirtschaft – Internationalisierung der Unternehmensberatung, in: Internationale Management-Beratung, hrsg. v. Wacker, Berlin 1991, S. 65–77, hier S. 72.

Mitarbeitern des zu prüfenden Unternehmens[13], denn Rechtskenntnis und Sachverhaltswissen werden Makulatur, wenn die technologischen Prozesse ihrer Verarbeitung im Dunkeln bleiben. Mit der Prüfung dieser Abläufe kommt der Abschlußprüfer seiner gesetzlichen Verpflichtung gem. § 317 Abs. 1 HGB zur Einbeziehung der Buchführung in die Jahresabschlußprüfung nach. Die Zuverlässigkeit eines Buchführungssystems ist jedoch unmittelbar abhängig vom internen Kontrollsystem des zu prüfenden Unternehmens, da stets die Gefahr des Mißbrauchs durch den Anwender beseht. Dem Prüfer obliegt deshalb im Rahmen seiner Beurteilung des internen Kontrollsystems (IKS) die Aufgabe, die Existenz und Effektivität von Kontroll- bzw. Sicherungsmechanismen zu prüfen. Dieser IKS-Prüfung kommt herausragende Bedeutung zu, weil sie im Modell der risikoorientierten Abschlußprüfung erlaubt, kostspielige Einzelfallprüfungen zu reduzieren, da ein gut funktionierendes IKS das Sicherheitsniveau des Prüfungsergebnisses beträchtlich erhöht.[14]

Der eigentliche Prüfungsauftrag der Anteilseigner ist mit der Beurteilung des internen Kontrollsystems erfüllt. Stellt der Abschlußprüfer jedoch tatsächlich Lücken und Fehlsteuerungen im internen Kontrollsystem eines Unternehmens fest, so liegt es im Interesse von Gesellschaftern und Verwaltung des internationalen Unternehmens, zumindest Ansätze zur Problemlösung zu erwarten.[15] Neben der Fähigkeit, Ablaufprozesse zu verstehen und prüfen zu können, ist mit dieser Gestaltungsaufgabe eine hohe Stufe der Anforderung an das organisatorische und technologische Know-how des Abschlußprüfers erreicht. International tätige Unternehmen erwarten, dieses Wissen durch sogenannte Management letter als im Prüfungshonorar inbegriffene Dienstleistung zu erhalten. Das Verständnis für die Abläufe in einem Unternehmen zeigt sich insbesondere an der Qualität der Management letter, die somit zum Indikator für die Qualität einer Abschlußprüfung werden.

Erkenntnisse aus den Management letter sind ferner häufig Ansatzpunkte für weitergehende Beratungen durch dem Konzernabschlußprüfer angeschlossene Beratungsgesellschaften, die ihr Know-how als selbständige Dienstleistung anbieten. Diese Beratungsfunktion wird selbst-

---

[13] Vgl. *Thomas*, IKS in und mit qualifizierter Standard-Anwendungssoftware, WPg 1994, S. 137–144, hier S. 138.
[14] Vgl. *Diehl*, Risikoorientierte Abschlußprüfung – Gedanken zur Umsetzung in der Praxis, DStR 1993, S. 1114–1121, hier S. 1115f.
[15] Vgl. *Emmerich*, Die Beratung auf der Grundlage der Abschlußprüfung, WPg 1988, S. 637–645, hier S. 640.

verständlich von den Mandanten, insbesondere aufgrund des Vertrauensverhältnisses, gern in Anspruch genommen. Dies gilt bei im Aufbau befindlichen Tochtergesellschaften – beispielsweise in Osteuropa –, deren internes Kontrollsystem häufig nicht den Konzernmaßstäben genügt. In diesen Fällen kann sich der Rückgriff auf die Beratungsleistungen der ohnehin vor Ort vertretenen Prüfungsgesellschaft als kostengünstig und effektiv erweisen.

b) Effizienz

Als wichtiger Bestandteil des Anforderungsprofils international tätiger Unternehmen an ihren Konzernabschlußprüfer gilt der Wunsch nach einer konzerneinheitlichen Abschlußprüfung.[16] Dieser Wunsch hat neben der Absicht, Synergieeffekte zu erreichen, das Ziel, Koordinationskosten zu sparen. Internationale Konzerne wollen nicht mit vielen kleineren bzw. mittelgroßen Wirtschaftsprüfungsgesellschaften verhandeln, sondern ein Gesamtpaket fixieren. Dies bedingt von Seiten des Abschlußprüfers jedoch einheitliche Prüfungsrichtlinien und Risikobeurteilungen im Prüfungsverbund. Dadurch bleibt den Unternehmen die Auseinandersetzung mit unterschiedlichen Risikoeinstellungen und Rechnungslegungsphilosophien der nationalen Prüfungsteams erspart.

In engem Zusammenhang mit dem Erfordernis einer kostenoptimalen konzerneinheitlichen Prüfung steht die Festlegung von Wesentlichkeitsgrenzen im Rahmen der weltweiten Prüfungsplanung. Das Wesentlichkeitsgebot als Grundvoraussetzung einer sachgerechten Urteilsbildung[17] schränkt gerade im Bereich der Prüfung internationaler Konzernabschlüsse das Vollständigkeitsprinzip erheblich ein. Die quantitative Dimension internationaler Konzerne erfordert vom Abschlußprüfer die Bestimmung eines Schwellenwerts aus Gesamtkonzernsicht. Ausschlaggebend für die Höhe dieses Schwellenwerts ist die entscheidungsbeeinflussende Wirkung einer möglichen Abweichung des Ergebnisses auf das Verhalten der Konzernabschlußadressaten.[18] Dieser Ansatz führt dazu, daß für die Auswahl der oft einigen hundert Tochterunternehmen eine ABC-Analyse anzustreben ist, da wenige A-Gesellschaften oft bereits mehr als 50% der Konzernumsätze erzielen, während viele C-Gesellschaften für das Ergebnis der Prüfung irrelevant

---

[16] Vgl. *Marten,* Der Wechsel des Abschlußprüfers, Düsseldorf 1994, S. 308.
[17] Vgl. *Leffson,* Wirtschaftsprüfung, 4. Aufl., Wiesbaden 1988, S. 86.
[18] In Anlehnung an *Leffson,* a.a.O. (Fn. 17), S. 160.

sind.¹⁹ Dieser Minimierung des Prüfungsaufwands mit dem Ziel einer Verbesserung der Preiskomponente im Preis/Leistungsverhältnis sind zumindest jedoch durch den gesetzlichen Auftrag Grenzen gesetzt. Die Kostenuntergrenze wird durch das Erfordernis einer gewissenhaften Prüfung und durch berufsrechtliche Maßnahmen sowie zivilrechtliche Haftungsfolgen markiert.

c) Flexibilität

Der Abschlußprüfer ist von den Anteilseignern gewählt und muß in seiner ihm vom Gesetz zugewiesenen Funktion die Interessen der Kapitalgeber gegenüber der Verwaltung wahren. Von ihm ist jedoch zu verlangen, daß er sich mit den Besonderheiten der Tätigkeitsfelder des Unternehmens eingehend auseinandersetzt, um den bilanziell abzubildenden Sachverhalt angemessen würdigen zu können. Nur diese Analyse versetzt ihn in die Lage, ein abschließendes Urteil über die Vermittlung eines den tatsächlichen Verhältnissen entsprechenden Bildes zu geben. Berufsständische Empfehlungen können die individuelle Sachverhaltsanalyse nicht ersetzen, weil der Abschlußprüfer in Eigenverantwortung entscheiden muß, ob eine bestimmte Bilanzierungsweise im individuellen Fall dem Auslegungsmaßstab der Generalnorm im Sinne von § 264 Abs. 2 HGB gerecht wird.

Eine weitergehende Entwicklung könnte sich aus dem Erfordernis ergeben, das Unternehmen auf den internationalen Finanzmärkten zu präsentieren oder eine Notierung an US-amerikanischen Börsen anzustreben. Die deutsche Bilanzierungstradition, den Gläubigerschutz stärker als den Gesellschafterschutz zu akzentuieren, läßt deutsche Jahres- und Konzernabschlüsse bei Bilanzanalyse bzw. Betriebsvergleichen international ungünstiger abschneiden. Gewinn und Eigenkapitalquoten fallen in der Regel geringer aus als in angelsächsischen Abschlüssen. Selbst die Kenntnis der deutschen Bilanzierungstradition und damit das Wissen um stille Reserven vermag die Reputation deutscher Bilanzierungspraxis auf angelsächsisch dominierten Finanzmärkten nicht zu verbessern, weil das Verschleierungspotential und nicht die Ertragskraft gesehen wird.

Unabhängig von einer Bewertung der unterschiedlichen Rechnungslegungsphilosophien sehen sich international tätige Unternehmen

---

[19] Vgl. *Bertschinger,* Konzernabschlußprüfung zur Überwachung und Beratung im internationalen Unternehmen, in: Revision und Rechnungslegung im Wandel, Festschrift für Zünd, hrsg. v. Helbling u. a., Zürich 1988, S. 27-33, hier S. 28f.

deshalb der Notwendigkeit ausgesetzt, den Erwartungen und Anforderungen ihrer internationalen Investoren Rechnung zu tragen. Welcher Weg dahin der beste ist, bleibt umstritten. Zum einen böte sich die Erstellung unterschiedlicher Abschlüsse nach deutschem Recht und nach amerikanischen GAAP oder International Accounting Standards an. Während dieser Möglichkeit im allgemeinen jedoch wenig Sympathie entgegen gebracht wird, weckt ein anderer Vorschlag mehr Interesse. Denkbar wäre danach die Erstellung eines einzigen, auch nach deutschem Recht befreienden Konzernabschlusses nach den International Accounting Standards. Zwar steht de lege lata vor allem das Realisationsprinzip einer derartigen Neuorientierung entgegen. Dennoch bietet bereits das geltende Recht hinreichende Wahlrechte, IAS-Regeln im Konzernabschluß zu implementieren, da dieser von den Fesseln direkter und umgekehrter Maßgeblichkeit befreit ist. Allerdings läuft die damit verbundene einseitige Ausübung von Wahlrechten Gefahr, gegen den true and fair view[20], wie er vom deutschen Gesetzgeber im Rahmen der Jahresabschlußkonzeption kodifiziert wurde, zu verstoßen.

Im Rahmen dieses Diskurses darf allerdings nicht vergessen werden, daß Bilanzierungsregeln nicht nur für international tätige Unternehmen gelten und daß auch nicht alle international tätigen Unternehmen eine Notierung an der New York Stock Exchange anstreben. Am naheliegendsten erscheint daher heute eine „qualitative reconciliation" durch Berichterstattung im Anhang und Lagebericht, da diesen freiwilligen Angaben dem Umfang nach keine rechtlichen Grenzen gesetzt werden.[21] Diese freiwillige Erweiterung ermöglicht den an den ausländischen Börsen notierten Unternehmen größtmögliche Flexibilität, ohne die für die Mehrzahl der deutschen Unternehmen geltenden und über einen langen Zeitraum gewachsenen Bilanzierungstraditionen aufzugeben.

Der internationale Berufsstand ist aufgefordert, weitere Lösungsansätze aufzuzeigen. Persönlichkeiten wie *Hans Havermann* kommt in ihrer Funktion als Chairman einer der „Big Six"-Gesellschaften insoweit eine Schlüsselrolle zu, „Mittler zwischen den Welten" zu sein und einerseits um internationales Verständnis für kontinentaleuropäische Bilanzierungsgepflogenheiten zu werben, andererseits aber auch angel-

---

[20] Vgl. *Hoffmann/Arden,* Legal Opinion on „true and fair" - The Accounting Standards Committee Joint Opinion, 1983, no. 17, abgedruckt in: Palmer's Company Law, hrsg. v. Morse, 25. Aufl., London/Edinburgh 1992.
[21] Vgl. *Goebel,* Konzernrechnungslegung nach den International Accounting Standards, DB 1994, S. 2457–2464, hier S. 2464.

sächsisches Gedankengut in die kontinental-europäische Diskussion einzubringen.

3. Anforderungen außerhalb der Abschlußprüfung

Jenseits der abschlußbezogenen Leistungen zeigt das Kompetenzprofil von Wirtschaftsprüfern in der Beratung auf den klassischen Gebieten Finanzierung, Wirtschaftlichkeitsrechnung, Unternehmensbewertung, Kostenrechnung und Recht positive Ausschläge.[22] Daß auf anderen Gebieten der Betriebswirtschaft niedrigere Erwartungshorizonte bestehen, besagt allerdings nicht, daß in jenen Bereichen keine qualifizierten Leistungen angeboten werden könnten. So berichtet beispielsweise eine der „Big Six"-Gesellschaften über die hervorragende Annahme ihres Serviceangebots auf dem Sektor der Personalentwicklung.[23]

Häufig wird in Fragen der Unternehmensbewertung auf das Leistungsangebot von Prüfungsgesellschaften zurückgegriffen. Zu unterscheiden ist jedoch, in welcher Funktion der Unternehmensbewertung ein Gutachter tätig wird. Internationale Konzerne nehmen die Leistung renommierter Wirtschaftsprüfungsgesellschaften insbesondere zur Ermittlung von Schiedswerten in Anspruch, nach denen die Abfindungen außenstehender Gesellschafter oder Umtauschverhältnisse bemessen werden. Darüber hinaus übernehmen Wirtschaftsprüfer gelegentlich auch Beratungsfunktionen, wenn es gilt, strategische Unternehmenswerte zu bestimmen, um die Vorteilhaftigkeit eines Unternehmenserwerbs zu prüfen. Die intime Kenntnis des übernehmenden Mandanten als auch die aus der Prüfungstätigkeit bei wechselnden Klienten resultierenden Branchenkenntnisse verleihen dem Urteil des Abschlußprüfers ein hohes Gewicht.

Daneben erhoffen sich Großunternehmen auch Anregungen auf dem Beratungsfeld der optimalen Finanzierung. Für international tätige Unternehmen geht es dabei weniger um die Bestimmung eines angemessenen Eigenkapitals auf Konzernebene oder Ebene des Mutterunternehmens. Der insoweit gegebene, individuelle Kapitalbedarf wird in aller Regel unter Berücksichtigung der geplanten Investitionen und voraussichtlichen Kapitalkosten selbst ermittelt. Für die Konzernfinanzierung

---

[22] Vgl. *Backhaus/Späth*, Unternehmensberatung durch Wirtschaftsprüfer: Eine sortimentspolitische Entscheidung, DBW 1992, S. 761–776, hier S. 769.
[23] Vgl. „Enge Kapazitäten bremsen Wachstum – Beratungs-Palette erneut ausgeweitet", HB vom 17. 11. 1992, S. 26.

entscheidend sind vielmehr die Aufteilung der Kapitalausstattung auf die internationalen Tochterunternehmen sowie das konzernweite Cash-Management.[24] Hinweise zur betriebswirtschaftlichen Optimierung des internationalen Risiko- und Liquiditätsausgleichs sind deshalb immer willkommen. Gleiches gilt für Informationen zu den rechtlichen Anforderungen bei Überschuldung und Zahlungsunfähigkeit sowie deren Vorstadien in den Ländern, wo das Unternehmen mit Tochtergesellschaften vertreten ist. Insbesondere in Osteuropa erschwert eine ständig modifizierte Rechtsordnung die Einhaltung dieser rechtlichen und finanziellen Existenzbedingungen und erfordert die Sicherstellung eines laufend aktualisierten Informationsflusses.

Zum Kompetenzkern des wirtschaftsprüfenden Berufsstandes gehört das steuerrechtliche Know-how, welches schon durch die Doppelqualifikation der meisten Berufsangehörigen als Wirtschaftsprüfer und Steuerberater augenscheinlich wird. Obwohl in international tätigen Unternehmen die eigenen Steuerabteilungen nicht nur die Steuerdeklaration durchführen, sondern auch internationale Entwicklungen im Steuerrecht verfolgen und steueroptimierende Gestaltungen ermitteln, wird auch der Konzernabschlußprüfer gern konsultiert, um die steuerlichen Konsequenzen strategischer Entscheidungen abzuschätzen. Schließlich kennt dieser mögliche Ansatzpunkte der Steuerplanung, so daß von ihm erwartet werden darf, daß er als beratender Prüfer auf Sachverhalte aufmerksam macht, die im Hinblick auf eine Senkung der Steuerbelastung vor allem aus der ausländischen Geschäftstätigkeit gestaltbar sind.[25] Eine derartige Beratung erfordert umfassende Kenntnisse über die Detailregelungen im internationalen Steuer- und Gesellschaftsrecht sowie deren Zusammenspiel, weil sämtliche steuerlichen und nichtsteuerlichen Auswirkungen einer Gestaltungsalternative abzuwägen sind.

IV. Grenzen des Anforderungsprofils

Das skizzierte Anforderungsprofil verlangt vom Abschlußprüfer seinen Prüfungsauftrag als differenziertes Leistungsangebot zu begreifen.

---

[24] Vgl. *Müller,* Konzernabschluß und interne Steuerung im internationalen Unternehmen, in: Der Wirtschaftsprüfer im Schnittpunkt nationaler und internationaler Entwicklungen, Festschrift für v. Wysocki, hrsg. v. Gross, Düsseldorf 1985, S. 159–176, hier S. 172 ff.

[25] Vgl. *Scheffler,* Steuerberater und Wirtschaftsprüfer als internationale Management-Berater, in: Internationale Management-Beratung, hrsg. v. Wacker, Berlin 1991, S. 125–146, hier S. 129.

„Der heutige Berufsangehörige kann sich nicht mehr darauf beschränken, in Fragen des Bilanz- und Steuerrechts hinreichend kompetent zu sein, sondern er muß in gesellschaftsrechtlichen Fragen und Entwicklungen der höchstrichterlichen Rechtsprechung . . ., in Fragen der Informationsverarbeitung und Datensicherung und in den immer drängender werdenden Fragen der Unternehmensführung auf allen Gebieten den Mandanten ein akzeptierter, kompetenter Gesprächspartner"[26] sein. Soll dieser Widerspruch nicht als Diskrepanz zwischen Akquisitionsgeschick auf der einen Seite und Ablehnung der Verantwortung für die eigene Aufgabe auf der anderen Seite verstanden werden, gilt es, die Kluft zwischen Anforderung und Erfüllbarkeit zu überbrücken. Einem Generalisten kann dies kaum noch gelingen. Den einzig gangbaren Weg bietet eine Teambildung, mittels derer Spezialisten zu einer interdisziplinären und auch internationalen Arbeitsgruppe zusammenfinden.[27]

Neben den Randbedingungen hinreichender Kompetenz und lokaler Präsenz setzt die Zeitrestriktion der Ausweitung des Prüfungsauftrags deutliche Grenzen. Daher wird in der Literatur gefordert, die Prüfung des Jahresabschlusses zugunsten einer Auseinandersetzung mit den strategischen Fragen zu kürzen.[28] Dieser Vorschlag berücksichtigt jedoch nicht die im Handels- und Gesellschaftsrecht kodifizierten Erfordernisse der Prüfung, insbesondere die Beglaubigungsfunktion. Der in praxi verbreitete Weg einer risikoorientierten Abschlußprüfung in Kombination mit mehrjähriger Prüfungsplanung, die auf wechselnde Schwerpunkte setzt, weist hingegen in die zutreffende Richtung. Diese Strategie trägt dem gesetzlichen Sicherheitsbedarf und der unternehmerisch geforderten Wirtschaftlichkeit gleichermaßen Rechnung und trägt auch zur Entzerrung der Prüfungshandlungen bei.

§ 319 Abs. 2 Nr. 5 HGB schließt denjenigen von der Abschlußprüfung aus, der bei der Führung der Bücher oder Aufstellung des zu prüfenden Jahresabschlusses der Kapitalgesellschaften über die Prüfungstätigkeit hinaus mitgewirkt hat. Inwieweit jedoch eine Beratung Anlaß

---

[26] *Weber,* Wachsende Aufgaben, wachsende Anforderungen an den Wirtschaftsprüfer, in: Rechnungslegung und Prüfung – Perspektiven für die neunziger Jahre, hrsg. v. Baetge, Düsseldorf 1993, S. 145–155, hier S. 149.
[27] Vgl. *Rall,* a.a.O. (Fn. 12), S. 73 f.; AICPA, SAS 73: Using the Work of a Specialist, JoA 8/1994, S. 101–103; *Durbin/Summo,* When Auditors use Specialists, JoA 8/1994, S. 47–49.
[28] Vgl. *Schad,* Zusammenhang zwischen den globalen Strategien eines innovativen Unternehmens und deren Berücksichtigung in der Rechnungslegung, in: Der Wirtschaftsprüfer vor innovativen Herausforderungen, Festschrift für Otte, hrsg. v. Boysen u. a., Stuttgart 1992, S. 109–129, hier S. 128.

zur Sorge einer möglichen Befangenheit des Abschlußprüfers gibt, hängt von Gegenstand und Umfang der Beratung ab. Im Fall international tätiger Unternehmen ist die Gefahr einer Beeinträchtigung der Urteilsfreiheit gering einzuschätzen, weil auch der beratende Prüfer in aller Regel allein in der Anregungs- und Suchphase tätig wird. Optimierung[29] und Umsetzung von Entscheidungen erfolgen hier ohnehin durch die entsprechenden Fachabteilungen oder externe Berater.

Größere Probleme bereitet der Wunsch des international tätigen Unternehmens nach stringenten Prüfungsrichtlinien, die die einzelnen Prüferteams im In- und Ausland zu einer einheitlichen Risikobeurteilung zwingt. Diese Anforderung an den Abschlußprüfer kollidiert mit dem ihm gesetzlich auferlegten Zwang zur eigenverantwortlichen Prüfung. Der Grundsatz der Eigenverantwortlichkeit verlangt, daß ein Wirtschaftsprüfer keine Urteile unterzeichnet, die seiner eigenen Beurteilung der Sachverhalte nicht entsprechen.[30] Dies schließt jedoch solche Einflußnahmen innerhalb einer Prüfungsgesellschaft nicht aus, die sich auf eine sachgerechte Beurteilung des Untersuchungsobjekts beschränken, ohne durch bestimmte Interessen von Personen oder Institutionen motiviert zu sein.[31] Von daher dürfte der Vereinheitlichung von Prüfungstechniken, der gemeinsamen Festlegung von Wesentlichkeitsgrenzen und der Koordinierung einer aus Gesamtkonzernsicht zu bestimmenden Risikobeurteilung keine rechtliche Randbedingung entgegenstehen.

---

[29] Vgl. v. *Wysocki*, Differenzierung von Beratungsleistungen durch Wirtschaftsprüfer innerhalb der gesetzlich gezogenen Grenzen, DBW 1993, S. 279–281, hier S. 280.
[30] Vgl. *Leffson*, a.a.O. (Fn. 17), S. 62; WPK, Richtlinien für die Berufsausübung der Wirtschaftsprüfer und vereidigten Buchprüfer, Düsseldorf 1987, S. 15 ff.
[31] Vgl. *Leffson*, a.a.O. (Fn. 17), S. 62.

GÜNTER MINZ

Wirtschaftsprüfung und Automation

   I. Vorbemerkung
  II. Rechtsgrundlagen und wesentliche Aussagen zu computergestützten Buchführungssystemen
 III. Prüfungsstrategien für die Systemprüfung und die PC-gestützte Einzelfallprüfung
 IV. ACL – Audit Command Language
     1. Die Software
     2. „Demokratisierte Prüfungstechnik"?
  V. Schlußbemerkung

I. Vorbemerkung

Prüfung im weitesten Sinne ist die Ermittlung von Sachverhalten und ihr kritischer Vergleich mit gesetzten Maßstäben. Die Ermittlung der Sachverhalte setzt Methoden voraus, die der Technik des Zustandekommens dieser Sachverhalte adäquat sind.

In Auslegung von § 317 HGB soll die Abschlußprüfung unter anderem feststellen, ob die Buchhaltung so organisiert ist, daß sie die chronologische und systematische Erfassung aller Geschäftsvorfälle innerhalb einer Abrechnungsperiode sicherstellt. Sinngemäß stellt die sogenannte formelle Prüfung auf die äußere Ordnungsmäßigkeit der Rechnungslegung ab, die im wesentlichen durch zwei Merkmale bestimmt wird:

(1) Ordnungsmäßige Erfassung sämtlicher Geschäftsvorfälle in den Belegen, Büchern und sonstigen Unterlagen.

(2) Richtige Verarbeitung des Zahlenmaterials auf allen Stufen des Rechnungswesens bis zu den Posten des Jahresabschlusses.

Manuelle Buchführungsverfahren sind durch vorgegebene Arbeitsanweisungen geregelt, zugleich aber auch durch das menschliche Arbeitsverhalten beeinflußt.

Computergestützte Buchführungsverfahren sind ebenfalls durch vorgegebene Arbeitsanweisungen geregelt, nämlich in der Form von Programmen. Das Programm ist ein System detaillierter deterministischer Arbeitsanweisungen, deren Einhaltung bei der Bearbeitung der Geschäftsvorfälle gewährleistet ist. Diese Programme werden durch das Betriebssystem einschließlich der Hardware-Kontrollen sowie durch programmierte Kontrollen in der Regel ohne menschliche Eingriffe gesteuert und überwacht. Insofern hat jedes Buchführungsverfahren seine eigenen systembedingten Kontrollen, die einen Einfluß auf die anzuwendende Prüfungstechnik haben.

Der Einsatz von Computern hat die Möglichkeit eröffnet, eine Vielzahl von Kontrollfunktionen zu automatisieren, so daß bei richtigem Programm, Funktionieren des Computers einschließlich Betriebssystem und Richtigkeit der Eingabedaten die Verarbeitung des Buchungsstoffes richtig sein wird. Das Schwergewicht der Prüfung verlagert sich deshalb auf die Prüfung des EDV-Systems sowie auf die Prüfung des Kontrollsystems als Teil eines Sicherheitssystems für die vollständige, richtige und zeitgemäße Verarbeitung der Geschäftsvorfälle im Sinne der Grundsätze ordnungsmäßiger Buchführung.

Zusammengefaßt weisen die computergestützten Buchführungssysteme drei Merkmale auf, die eine Anpassung der Prüfungstechnik erforderlich machen, wenn mit einem wirtschaftlich vertretbaren Aufwand ein fundiertes und ausgewogenes Urteil zur Ordnungsmäßigkeit abgegeben werden soll:

(1) Die Programmgestaltung der Verarbeitung der Geschäftsvorfälle bewirkt aufgrund der starren Bindung an die im EDV-Programm fixierten Instruktionen, daß nicht die einzelnen Buchungsfälle, sondern die Verarbeitungsregeln zu prüfen sind.

(2) Die Verknüpfung mehrerer Arbeitsstufen zu einem geschlossenen internen Verarbeitungsprozess bewirkt, daß die Buchführung in der Tendenz papierärmer wird.

(3) Das Datenvolumen bei EDV-Buchführungen macht es zwingend erforderlich, den Computer selbst als Hilfsmittel bei der Prüfung einzusetzen.

II. Rechtsgrundlagen und wesentliche Aussagen zu computergestützten Buchführungssystemen

Von den Buchführungsvorschriften des HGB und der Abgabenordnung sind aus der Sicht der Buchführungsverfahren und der eingesetzten Technik insbesondere die §§ 239 HGB (Führung der Handelsbücher), § 257 HGB (Aufbewahrung von Unterlagen, Aufbewahrungsfristen) und aus der Abgabenordnung die gleichlautend formulierten §§ 146 und 147 von Bedeutung. Besonders wichtig ist § 239 Abs. 4 HGB. Die dort erwähnte Anforderung an die Ordnungsmäßigkeit des Verfahrens besagt, daß es nicht ausreicht, wenn der Kaufmann seine Handelsbücher und die sonst erforderlichen Aufzeichnungen vorlegt. Er muß grundsätzlich nachweisen, daß die Art und Weise der Erstellung dieser Unterlagen den Grundsätzen ordnungsmäßiger Buchführung entspricht. Aus dieser Anforderung ergibt sich für den Prüfer die Pflicht zur Verfahrens- oder Systemprüfung. Diese Anforderung an die Ordnungsmäßigkeit des Verfahrens hat für eine EDV-Buchführung einen sehr hohen Stellenwert. Sie gilt jedoch nicht nur für computergestützte Buchführungen, sondern für alle Buchführungen.

In § 257 Abs. 1 Nr. 1 HGB werden neben den Handelsbüchern, Inventaren usw. auch „die zu ihrem Verständnis erforderlichen Arbeitsanweisungen und sonstigen Organisationsunterlagen" als aufbewahrungspflichtig genannt. Diese Regelung ist die gesetzliche Basis für die Forderung nach Führung und Aufbewahrung einer Verfahrensdokumentation. Die Forderung besteht wiederum für alle Buchführungen, sowohl für manuelle als auch für computergestützte. Selbstverständlich unterscheidet sich der Umfang der erforderlichen Verfahrensdokumentation von einer mehr konventionell geführten computergestützten Buchführung bis zur sogenannten Speicherbuchführung. In der Tendenz wird für eine computergestützte Buchführung mehr Verfahrensdokumentation vorhanden sein müssen als zu einer manuellen Buchführung. Eine computergestützte Buchführung mit hoher Komplexität (z. B. Speicherbuchführung) wird wiederum mehr Verfahrensdokumentation erfordern als eine EDV-Buchführung mit geringer Komplexität.

Neben der generellen Bedeutung des Fachgutachtens 1/1988 des Hauptfachausschusses „Grundsätze ordnungsmäßiger Durchführung von Abschlußprüfungen" ist die FAMA-Stellungnahme 1/1987 „Grundsätze ordnungsmäßiger Buchführung bei computergestützten Verfahren und deren Prüfung" von besonderer Wichtigkeit. Zu beachten ist auch der dieser Stellungnahme im November 1993 beigefügte neue Fragebogen „DV-Systemprüfung". Zu dieser Checkliste stellt das Institut der Wirtschaftsprüfer auch eine PC-Software zur Verfügung. Im Grunde genommen ist die Anwendung der neuen Checkliste nur mit der PC-Software sinnvoll. Die Anwendung dieser neuen Checkliste ist dringend zu empfehlen.

Der Bundesminister der Finanzen hat mit Schreiben vom 5. Juli 1978 die „Grundsätze ordnungsmäßiger Speicherbuchführung" verbindlich festgelegt.[1] Diese GoS stellen die Basis für steuerliche Außenprüfungen dar. Sie sind damals vom Ausschuß für wirtschaftliche Verwaltung in Wirtschaft und Öffentlicher Hand e.V. (AWV) entwickelt worden und stehen derzeit zur Überarbeitung an.

Das HGB gibt nur wenige zusätzliche Informationen über die Grundsätze ordnungsmäßiger Buchführung. Generell gilt, daß die Grundsätze ordnungsmäßiger Buchführung ohne jede Einschränkung sowohl für manuelle als auch für computergestützte Buchführungsverfahren gelten oder gelten müssen. Auch gibt es keine besonderen Grundsätze ordnungsmäßiger Buchführung für speziell PC-gestützte Buchführungstechniken. Selbstverständlich muß jedoch die Realisierung der Grundsätze

---

[1] Vgl. BdF-Schreiben vom 5. 7. 1978, IV A 7 – S 0316 – 7/78, Betr.: Grundsätze ordnungsmäßiger Speicherbuchführung (GoS), BStBl. I 1978, 250f. (DB 1978, S. 1470–1473).

ordnungsmäßiger Buchführung für computergestützte Buchführungssysteme eine andere sein als für manuelle Verfahren.

Die Grundsätze Wahrheit, Klarheit, Wirtschaftlichkeit und Vorsicht sind für die Ordnungsmäßigkeit einer EDV-Buchführung relevant. Dabei ist der Grundsatz der Wirtschaftlichkeit im Rahmen dieser beiden ersten Grundsätze zu beachten. Vorrangig gilt jedoch, daß die Buchführung wahr und klar erstellt werden muß, unabhängig davon, welche Kosten dies verursacht.

Der sich aus dem Grundsatz der Wahrheit ergebende Belegzwang konnte in der Vergangenheit nur mit Hilfe eines Beleges aus Papier erfüllt werden. Beim Einsatz moderner Informationstechnologien ist die Belegfunktion auf andere Weise ohne konventionellen Beleg zu erfüllen.

Ebenso wird für die Forderung nach Vollständigkeit der Bücher der Einfluß der technischen Entwicklung deutlich. Soweit bei computergestützten Buchführungssystem die Daten nicht ausgedruckt sind, ist die Vollständigkeit der gespeicherten Daten durch ein Kontroll- und Abstimmsystem nachzuweisen.

Aus den abstrakt formulierten Grundsätzen ordnungsmäßiger Buchführung müssen also konkrete Maßnahmen für die Erfüllung der GoB abgeleitet werden. Dieses Vorgehen setzt notwendigerweise voraus, daß man sowohl den Zweck der GoB erkennt als auch das jeweilige Buchführungsverfahren und die eingesetzte Technik hinsichtlich ihrer Möglichkeiten, Stärken und Schwächen beurteilen kann.

III. Prüfungsstrategien für die Systemprüfung und die PC-gestützte Einzelfallprüfung

In der Prüfungspraxis haben sich zahlreiche Methoden und Techniken (Computer Audit Techniques) für die computergestützte Jahresabschlußprüfung herausgebildet. Sie werden als bekannt vorausgesetzt. Auf die einschlägige Fachliteratur wird verwiesen.[2]

Will der Prüfer diese Techniken und Methoden für Systemprüfungen und computergestützte Einzelfall- oder Datenprüfungen mit dem Ziel einsetzen, die Jahresabschlußprüfung wirtschaftlich durchzufüh-

---
[2] Vgl. *Minz*, Computergestützte Jahresabschlußprüfung, Düsseldorf 1987.

ren und ein effizientes Prüfungsergebnis zu erreichen, so muß er zwischen den Methoden und Techniken auswählen. Für diesen Auswahlvorgang muß er die Kombinationsmöglichkeiten der Methoden und programmtechnischen Hilfsmittel kennen. Darüber hinaus ist die Auswahl von der organisatorischen Struktur der Datenverarbeitung im Bereich der Buchhaltung des einzelnen Unternehmens abhängig.

Die Typisierung von Hardware- und Software-Systemen im Bereich der Buchhaltung, die möglichen Methoden- und Hilfsmittelkombinationen für die PC-gestützte Prüfung sowohl für die Systemprüfung als auch für die Einzelfallprüfung und die Interdependenzen dieser beiden Bereiche zur jeweiligen Organisationsstruktur der Datenverarbeitung in den einzelnen Unternehmen soll als Strategie für die computergestützte Prüfung bezeichnet werden.

Eine Verknüpfung einzelner Klassifizierungsmerkmale von computergestützten Buchführungssystemen wie Funktionsumfang, Nutzungsform, Organisationsform und Softwareart führt zu einigen charakteristischen Typen von computergestützten Buchführungssystemen.

Die Entwicklung alternativer, den Zielgrößen der Urteilssicherheit und Wirtschaftlichkeit entsprechender Strategien für die computergestützte Prüfungsdurchführung setzt zunächst eine umfassende, von bestimmten Prüfungsobjektstrukturen unabhängige Analyse aller Relationen und Kombinationsmöglichkeiten zwischen den bekannten Methoden und Hilfsmitteln zur computergestützten System- und Datenprüfung voraus. Dabei ist zwischen vertikalen Kombinationsmöglichkeiten innerhalb der System- und Datenprüfung und horizontalen Kombinationen zwischen diesen beiden Teilgebieten der Prüfungsdurchführung zu unterscheiden.[3]

Es ist mittlerweile unübersehbar, daß der Einsatz von prüfereigenen Personal Computern die Gestaltung und Fortentwicklung der vorstehend angedeuteten Strategien maßgeblich beeinflußt hat und noch immer beeinflußt. Der enorme technische Leistungsfortschritt im PC-Bereich sowie der dazugehörigen Software läßt es richtig erscheinen, heute nicht mehr von computergestützter Prüfung, sondern von PC-gestützter Jahresabschlußprüfung zu sprechen.

---

[3] Vgl. auch WP-Handbuch 1992, Bd. I, P Tz. 96ff.

IV. ACL – Audit Command Language

ACL – in Deutschland auch unter der Bezeichnung APS „Allgemeine Portable Prüfersprache" bekannt – ist eine Konstruktion von *Prof. Dr. Hartmut Will,* British Columbia University, Vancouver/Kanada.[4] *Hart Will* ist Deutsch-Amerikaner, der sich in der deutschen wie auch in der internationalen Prüfungspraxis hervorragend auskennt. Die Beschäftigung mit der Idee, die ACL zugrunde liegt, liegt schon mehr als zwanzig Jahre zurück. *Hart Will* hat in Deutschland einige Jahre bei GMD – Gesellschaft für Mathematik und Datenverarbeitung – in St. Augustin gearbeitet und auch dort ACL fortentwickelt.

1. Die Software

Mit dem Einsatz des Computers als Prüfungshilfsmittel reiht sich der Prüfer in die Gruppe der Benutzer eines EDV-Systems ein. Doch wird für ihn die sogenannte „Schnittstellenthematik" zu einem Problem weit komplexerer Struktur als für den originären Benutzer, da dieser in der Regel nur mit einem EDV-System arbeitet, während der Prüfer bei den verschiedenen Mandanten mit den unterschiedlichsten Systemen konfrontiert wird. Unterschiedliche EDV-Systeme bedeuten:

a) Verschiedene Hersteller,
b) Verschiedene Betriebssysteme,
c) Verschiedene Datenstrukturen.

Diese Vielfalt wird noch erhöht durch den zunehmenden Einsatz von integrierten Systemen. Dies sind in erster Linie Datenbanken, Modellbanken (Programm-Bibliotheken) und Textbanken. Eine Verwaltung der hierin gespeicherten Inhalte wird durch unterschiedliche Datenbank-Management-Systeme, unterschiedliche Modellbank-Management-Systeme und unterschiedliche Textbank-Management-Systeme vorgenommen. Um den Computer als Prüfungshilfsmittel einsetzen und mit seiner Hilfe auf prüfungsrelevante Prüfungsinformationen zugreifen zu können, sind somit für den Prüfer die folgenden vier Prüfungsschnittstellen von Bedeutung:

1. Prüfer / Computer,
2. Prüfer / Datenbank,
3. Prüfer / Modellbank,
4. Prüfer / Textbank.

---

[4] Vgl. *Will,* Prüfungs- und Controlling-Software: Entwicklungstendenzen und Anwendungsmöglichkeiten, WPg 1991, S. 57–68.

Da diese Schnittstellen jedoch – wie dargestellt – nicht einheitlich konzipiert sind, müßte der Prüfer, um diese Varietät bewältigen zu können, über enorme EDV-Kenntnisse wie Programmiersprachen, spezielle Abfragesprachen usw. verfügen. Ein solches Maß an Spezialwissen ist für den Wirtschaftsprüfer nicht zumutbar.

Die aufgeführten Schnittstellen haben zur EDV-Systemprüfung und zur computergestützten Datenprüfung naturgemäß unterschiedliche Beziehungen. Bei der EDV-Systemprüfung ist der Prüfer vornehmlich auf Informationen aus den Subsystemen Modellbanken und Textbanken angewiesen. Bei der computergestützten Datenprüfung steht naturgemäß die Prüfer-/Datenbankschnittstelle im Mittelpunkt des Interesses. Durch die starke Verbreitung von Datenbanksystemen kommt hier die Problematik der nichteinheitlichen Schnittstelle voll zum Tragen, so daß in diesem Bereich verstärkt nach einer Lösung gesucht werden mußte.

Die vorhandene Prüfsoftware ist in ihrer Anwendbarkeit durch die fehlende Kompatibilität stark eingeschränkt. Zur Beseitigung dieses für jede Art von vielseitig verwendbarer Standard-Software bedeutenden Problems wurden national und international Standardisierungsanstrengungen im Bereich der Betriebssysteme und Datenbanken unternommen. Da die Idee eines einheitlichen Betriebssystems aufgrund der unterschiedlichen Herstellerinteressen wohl von vornherein als realitätsfremd angesehen werden mußte, rückte der Gedanke einer einheitlichen Datenbank, d. h. speziell eines einheitlichen Datenbankmanagementsystems (DBMS) in den Vordergrund der Betrachtungen. Aus der Sicht des Prüfers hätte ein standardisiertes DBMS nicht nur die Prüfbarkeit erleichtert, sondern auch die Einhaltung gewisser Datenschutz- und Datensicherungsmaßnahmen garantiert. Da die Prüfer bestimmte Anforderungen in Bezug auf die Prüfbarkeit an ein DBMS kennen mußten, forderten sie ein Mitspracherecht bei der DBMS-Standardisierung. Dieser Forderung wurde jedoch bei dem bis jetzt einzigen Vorschlag eines solchen prüfbaren Datenverwaltungssystems schlechthin, die von der Conference on Data Systems Language (CODASYL) stammte, nicht entsprochen. CODASYL hatte als Standard-DBMS eine auf das Netzwerkmodell ausgerichtete Data Description Language (DDL) und eine Datenbankabfragesprache (Data Manipulation Language – DML) vorgeschlagen. Die Akzeptanz dieses Konzeptes war jedoch nicht groß. Ausschlaggebend dafür war vor allem das Festhalten der Hersteller an dem von ihnen vertretenen Datenmodell und DBMS mit der Begründung des erneuten Anfalls hoher Entwicklungskosten bei der Anpassung der existierenden Systeme an den CODASYL-Vorschlag. Aus diesem Grund war aber nicht nur die CODASYL-Konzeption, sondern auch jede andere DBMS-Standardisierungsidee zum Scheitern verurteilt, es sei denn, sie wäre durch gesetzliche Eingriffe erzwungen worden.

Die Idee einer allgemeinen Prüfersprache ist der Versuch, eine künstliche Fachsprache für die Prüfer zu schaffen. Die Prüfersprache muß zunächst einmal in zu jeder Zeit abrufbarer Form alle gebräuchlichen Prüfungstechniken enthalten. Sie sollte dem Prüfer aber zusätzlich gestatten, selbst entwickelte Methoden in die Sprache einzubauen, so daß sie nicht auf dem prüfungstheoretischen Status quo festgelegt bleibt und eine Erweiterung der beruflichen Intelligenz ermöglicht. Als weiteres Gestaltungskriterium ist zu beachten, daß die Prüfersprache die Kommunikation des Prüfers mit dem zu prüfenden Informationssystem so natürlich wie möglich aufbaut. Zur Erfüllung dieses Aspektes ist es zum Beispiel notwendig, daß die Prüfersprache sowohl interaktiv als auch traditionell im Batch-Verfahren benutzt werden kann. Darüber hinaus sollte sie die Bereitschaft des Prüfers steigern, neue Prüfungstechniken zu erlernen und damit sein Prüfungsverhalten zu verbessern. Dies erfordert zum einen, daß die Sprache verständliche Erklärungen zu benutzten Kommandos bereithält und zum anderen, daß die Möglichkeit besteht, den Benutzerdialog zu überwachen, um so das Prüfungsverhalten bewerten zu können.

Die mit der Entwicklung einer allgemeinen Prüfersprache verfolgten Ziele lassen sich aus den gegenwärtigen Problemen in der Prüfungspraxis folgendermaßen ableiten:

(1) Standardisierung der Prüfsoftware und damit Reduzierung der Kosten, die sich aus der Parallelentwicklung unterschiedlicher genereller Prüfprogramme ergeben.
(2) Anpassung des Prüfers an eine wachsende Vielfalt von Computersystemen/Datenbanksystemen (absolute Kompatibilität).
(3) Standardisierung der Prüfungsdokumentation in einer natürlichen Sprache.
(4) Senkung der Kosten, die aus der berufsständischen Verpflichtung zur Aus- und Weiterbildung von Prüfern resultieren.
(5) Internationale Zusammenarbeit des Berufsstandes bei der Entwicklung und Implementierung der allgemeinen Prüfersprache.

Betrachtet man ACL heute, so wird deutlich, daß ACL zur Überwindung der aufgezeichneten Schnittstellenproblematik eine Menge Vorteile bietet:

(1) Der Prüfer erhält eine, auf seine Bedürfnisse zugeschnittene einheitliche Sprache, die von der Syntax und Semantik her gesehen so natürlich gestaltet ist, daß sie noch leichter zu verstehen und zu erlernen ist als z. B. die Parameter-Sprache CULPRIT EDP-AUDITOR.
(2) Es kommt zu einer Standardisierung der Prüfsoftware auf nationaler und internationaler Ebene.
(3) Es wird ein hoher Grad an Kompatibilität erreicht.
(4) Das Prüfverhalten kann empirisch erforscht werden und somit zu Rückschlüssen auf die Prüfungstheorie führen.
(5) Der Prüfer ist vollkommen unabhängig von EDV-Spezialisten und mandanten-eigenen Dienstprogrammen.

Die Software ACL soll hier nicht weiter erläutert werden. Vielmehr kommt es dem Verfasser darauf an, auf eine Entwicklung aufmerksam zu machen, die *Will* erst in jüngster Zeit vorgestellt hat.

2. „Demokratisierte Prüfungstechnik"?

Der Verfasser hat die nachstehend kurz dargestellten Überlegungen in zahlreichen Gesprächen mit *Hartmut Will* in jüngster Zeit diskutiert. *Will* selbst hat an den Seminaren und Lehrstühlen für Prüfungswesen an den Universitäten in Münster, Göttingen, Köln und Wien Ende 1993 seine Ideen vorgestellt.[5]

Wie bereits erwähnt, ist Prüfungstechnik notwendigerweise technologieabhängig. Die Informationstechnologie hat sich durch die rasante Entwicklung und Verbreitung von PC einschneidend geändert. *Will* versteht Prüfungstechnik ganz allgemein als alle bei der Prüfung angewandten Daten- und Informationsverarbeitungsmethoden zur gedanklichen Unterstützung von Prüfern. Als „Prüfer" versteht er hierbei alle legitimen und kritischen Benutzer von organisationsbezogenen Daten und Informationen, also Aktionäre, Banker, Controller, Eigentümer, Journalisten, Manager, Revisoren, Steuerfachleute und Unternehmer, die selbständig und kritisch die vorhandenen Daten und Informationen verstehen wollen, ohne auf die Meinung Dritter angewiesen zu sein.

---

[5] Dem Verfasser liegt ein Vortragsmanuskript (deutsche Übersetzung) vor, das die Ideen von *Will* enthält. Der Vortrag erscheint demnächst in einem Sammelband der Schriften des Instituts für Revisionswesen der Westfälischen Wilhelms-Universität Münster, hrsg. v. Baetge.

Ebenso wie die Datenverarbeitungs- und Datenverwaltungstechnologie die Buchhaltung in den Augen vieler Nichtbuchhalter entmythologisierte, „demokratisiert" die moderne Prüfungstechnik das Wissen über tatsächliches Geschehen in allen Organisationen, in denen das Rechnungswesen weitgehend elektronisch unterstützt wird. In diesem Zusammenhang weist *Will* zu Recht darauf hin, daß die Veröffentlichung von *Lucca Paccioli* vor ca. 500 Jahren in gleicher Weise als Popularisierung der Buchhaltung „ausreichend und genügend für die ganze Welt" gedacht war, wie die moderne Buchhaltungs- und Prüfungssoftware auf PC, oft zuerst in englischer Sprache.

Die sogenannte „alte Prüfungstechnik" mit den Paradigma als technische Unterstützung der Prüfer sollte zugunsten gedanklicher Unterstützung durch Prüfsoftware aufgegeben werden. Deswegen spricht *Will* in englischen Vorträgen und in der englisch-sprachigen Literatur seit einigen Jahren nicht mehr von den „Computer Assisted Audit Techniques" (CAATS)", sondern stattdessen von „Computer Aided Audit Thought Support (CAATS)", um durch dieses gedankliche Spiel mit der Bedeutung des Akronyms „CAAT" die veränderte Situation zu charakterisieren. Danach ist „Prüfen" zunächst hauptsächlich ein kritischer und schöpferischer Entdeckungsprozess, der durch Mutmaßungen, Phantasie und sofortige Antworten oder Ergebnisse in Gang gebracht und gehalten wird, bis er in eine Urteilsbildung umschlägt. Hier wird die Idee für eine neue Prüfungstheorie sichtbar: Die moderne Informationsflut fordert, etwas überspitzt ausgedrückt, vor allen Dingen aus der Sicht des Prüfers Mißtrauen heraus. Dementsprechend bedeutet modernes Prüfen, gegebene oder vorgelegte Informationen so lange zu durchforsten oder zu verarbeiten, bis auch nach objektiven Maßstäben keine Fehlermöglichkeit mehr erkannt werden kann. Mit anderen Worten: Die heutige Prüfungstechnik beruht nach Gesetz und Grundsätzen ordnungsmäßiger Buchführung auf der Feststellung eines „Positivbefundes" des Jahresabschlusses und nur im Ausnahmefall auf einem Negativbefund. Darauf ist auch die Formulierung des Bestätigungsvermerkes abgestellt. Moderne Prüfungstheorie bedeutet demgegenüber, wiederum etwas überspitzt ausgedrückt, das Voraussetzen eines „Negativbefundes".

In ähnlicher Richtung bewegen sich die Überlegungen zum Prüfungsrisiko (audit risk). Nach moderner Auffassung setzt sich das Prüfungsrisiko aus drei Teilrisiken zusammen, dem Risiko, das dem Prüfungsgegenstand innewohnt (inherent risk), dem Kontrollrisiko und dem Entdeckungsrisiko (control risk, detection risk).

Unter „inherent risk" versteht man die Tatsache, daß ohne Berücksichtigung interner Kontrollen Bestände oder Transaktionen mit Fehlern behaftet sind, die zu einer Verfälschung des entsprechenden Postens oder gar des ganzen Jahresabschlusses führen können. Zur Abschätzung des Risikos muß sich der Abschlußprüfer weitgehend auf Informationen verlassen, die er im Rahmen seiner Analyse der Geschäftstätigkeit und des wirtschaftlichen Umfeldes des Unternehmens gewinnt. Dazu gehört vor allem der vom Unternehmen gewählte Umfang der Gestaltungs- und Bewertungsspielräume.

Das Kontrollrisiko geht davon aus, daß wesentliche Fehler oder Verstöße bei Geschäftsvorfällen oder Beständen nicht durch das interne Kontrollsystem verhindert oder entdeckt werden. Das Entdeckungsrisiko besagt, daß auch detaillierte ergebnisorientierte Prüfungshandlungen nicht zur Aufdeckung eines wesentlichen Fehlers im jeweiligen Prüfungsbereich führen.[6] Es ist aber offensichtlich, daß die Überlegungen von *Will* eher viel weiter gehen.

Deswegen ist die Datenverarbeitung heute weder eine geheimnisvolle Kunst noch ein Engpaß für Prüfer, deren Aufgabe zunächst darin besteht, Prüfungsaufgaben zu formulieren, unabhängig auf die vorhandenen Daten und Informationen anzuwenden und die so gewonnenen Prüfinformationen anschließend kritisch zu beurteilen. Computer sind nicht mehr bloße elektronische Rechner für Prüfer, Controller und alle anderen kritischen Benutzer, sondern wenigstens potentiell Hilfsmittel zur gedanklichen Unterstützung bei der Gewinnung von Wissen als glaubwürdige Information. Traditionelle Prüfprogramme im Stapelverfahren (Batch Processing) sind zwar noch möglich und können auf verschiedene Weise verfeinert werden, aber sie sind nicht mehr die einzige computergestützte Prüfungsmethode. Modernes Prüfen ähnelt eher einem intelligenten Audit von elektronisch gespeicherten Beweismitteln und der Entdeckung von Irrtümern und Widersprüchlichkeiten im Daten- und Informationsbereich als dem linearen Verarbeiten von Daten.

Insoweit fordert *Will,* daß moderne Prüfprogramme einen universellen Datenzugriff erlauben müssen, direkt und ohne Umformung oder zwangsweises Kopieren oder Herunterladen auf andere Datenträger. Sie sollen das traditionelle prozeduale Programmieren durch die Verwendung einer Deklarierungssprache eliminieren und bequeme Benutzer-

---
[6] Vgl. WP-Handbuch 1992, Bd. I, P Tz. 58 ff.

schnittstellen ohne Verringerung der technischen Leistungsfähigkeit bieten. Sie müssen auf den meisten Maschinen ausführbar sein.

Will hält mit Hilfe von ACL die Realisierung einer derartigen neuen Prüfungstheorie für möglich.

V. Schlußbemerkung

Dank prüfungstechnischer Innovationen sind heute praktisch alle elektronisch gespeicherten Daten und computergenerierten Informationen jederzeit überprüfbar. Zeitgemäße Prüfsoftware unterstützt dabei die gedanklichen Anstrengungen von Prüfern und Controllern und anderen kritischen Denkern.

Die moderne Informationsgesellschaft ist eine in sich selbst regulierende Organisationsform, in der die Bürger Vertrauen zum System haben müssen, wenn alle Beteiligten einschließlich der politischen Repräsentanten überprüfbare Rechenschaft ablegen. Damit hat eine moderne Prüfungstechnik und die Anwendung moderner Prüfsoftware eine beträchtliche ethische, intelektuelle, organisatorische und politische Bedeutung.

KPMG hat national wie international nicht erst heute die Zusammenhänge zwischen Wirtschaftsprüfung und Automation erkannt. Die 1972 zur DTG fusionierten einzelnen Wirtschaftsprüfungsgesellschaften haben etwa schon im Jahre 1962 mit der Umstellung der Prüfungstechnik in vorsichtiger Form im Rahmen der damals gegebenen Möglichkeiten begonnen. Das gleiche gilt auch für den Berufsstand der deutschen Wirtschaftsprüfer insgesamt. Das Institut der Wirtschaftsprüfer bildete damals den Fachausschuß für Moderne Abrechnungssysteme FAMA, der bis zum heutigen Tag die Entwicklung beobachtet und auch Lösungsmöglichkeiten darstellt und anbietet.

Heute ist die Anpassung der Prüfungstechnik an die moderne Informationstechnologie in der DTG und in der KPMG national wie international mehr oder weniger zur Selbstverständlichkeit geworden. Innerhalb der KPMG international ist ebenfalls ein Fachausschuß existent, der KPMG-eigene Prüfsoftwareentwicklungen fördert und beobachtet, selbstverständlich alle auf PC-Basis. Dennoch sind die Bemühungen der Anpassung der Prüfungstechnik, wie *Will* treffend zeigt, noch lange nicht abgeschlossen.

ADOLF MOXTER

Das „matching principle":
Zur Integration eines internationalen Rechnungslegungs-Grundsatzes in das deutsche Recht

I. Einführung
II. „Matching principle" und Vermögensermittlungsprinzipien
   1. An Vermögenswerten orientierte Ausgaben-Ertrags-Zuordnung
      a) Besonderheiten der Vermögensermittlungsprinzipien
      b) Positive und negative Vermögenswerte als Einnahmenüberschüsse bzw. Ausgabenüberschüsse
   2. Einschränkung des „matching principle" durch die Vermögensermittlungsprinzipien
      a) Aktivierungsbeschränkungen
      b) Passivierungsbeschränkungen
III. „Matching principle" und Gewinnermittlungsprinzipien
   1. Die beherrschende Stellung des Realisationsprinzips
   2. Die Bedeutung des am Realisationsprinzip orientierten „matching principle"
      a) Aktivierungen
      b) Passivierungen
         ba) Konflikt mit den Vermögensermittlungsprinzipien
         bb) Bilanzrechtliches Monstrum?
   3. Das „matching principle" als Ausdruck einer dynamischen Bilanzauffassung?
IV. Zusammenfassung

I. Einführung

Hans Havermann hat sich – auch – um die Entwicklung internationaler Rechnungslegungsgrundsätze in Theorie und Praxis entscheidende Verdienste erworben.[1] Es mag daher in einer ihm gewidmeten Festschrift angemessen sein, den Geltungsbereich eines der wichtigsten und zugleich umstrittensten dieser Grundsätze, des „matching principle", im deutschen Bilanzrecht zu bestimmen. Das „matching principle" ist ein Periodisierungsprinzip im Sinne von § 252 Abs. 1 Nr. 5 HGB: „Aufwendungen und Erträge des Geschäftsjahrs sind unabhängig von den Zeitpunkten der entsprechenden Zahlungen im Jahresabschluß zu berücksichtigen"; es besagt grundsätzlich, daß Ausgaben (Aufwendungen) dem Geschäftsjahr als Aufwand zu belasten sind, in dem der dazugehörige Ertrag erfaßt wurde[2]: das Problem besteht in den „zugehörigen" Erträgen.

Der Jubilar hat mit Recht hervorgehoben, daß internationale Rechnungslegungs-Grundsätze „nicht so spezifisch sein können wie nationale".[3] Sie bilden im allgemeinen bloße Leitprinzipien; ihnen fehlt daher jener differenzierte Unterbau eines Gefüges von Folgeprinzipien und Einzelnormen, der erst ihre Konkretisierung ermöglicht; ein Bilanzrecht, das etwa nur aus derart abstrakten internationalen Rechnungslegungs-Grundsätzen bestünde, wäre völlig unvereinbar mit den Erfordernissen der Rechtssicherheit und der Rechtsklarheit – was freilich nicht allgemein als Nachteil empfunden wird. Den Kritikern[4] des „matching principle" ist jedenfalls zuzugeben, daß es ohne jenen Unterbau ein bloßes Formalprinzip fast beliebiger Deutbarkeit darstellt.

Hans Havermann verkörpert die ideale, leider nur äußerst selten verwirklichte Symbiose von Theorie und Praxis. Das mag das Wagnis

---

[1] Vgl. insbes. *Havermannn,* IASC-Statements und EG-Richtlinien, WPg 1978, S. 365–372; *ders.,* Rechnungslegung im Wandel, Köln 1980; *ders.,* Entwicklungstendenzen in Rechnungslegung und Prüfung in nationaler und internationaler Sicht, WPg 1981, S. 564–575; *ders.,* Internationale Entwicklung in der Rechnungslegung, in: Bilanzrecht und Kapitalmarkt, Festschrift für Moxter, hrsg. von Ballwieser u. a., Düsseldorf 1994, S. 655–677.

[2] Vgl. zu Einzelheiten *Haller,* Die Grundlagen der externen Rechnungslegung in den USA, 4. Aufl., Stuttgart 1994, S. 216, 256f., 258, 291ff., 310, 384; *Strobl,* Matching Principle und deutsches Bilanzrecht, in: Bilanzrecht und Kapitalmarkt, Festschrift für Moxter, hrsg. v. Ballwieser u. a., Düsseldorf 1994, S. 407–432.

[3] *Havermann,* Rechnungslegung im Wandel, a. a. O. (Fn. 1), S. 310.

[4] Vgl. insbes. *Strobl,* FS Moxter, a. a. O. (Fn. 2); *Siegel,* Das Realisationsprinzip als allgemeines Periodisierungsprinzip?, BFuP 1994, S. 1–24, insbes. S. 4.

rechtfertigen, in seiner Festschrift zu zeigen, wie sich umstrittene und für die Praxis äußerst bedeutsame Bilanzierungsfragen vor dem Hintergrund unterschiedlicher bilanzrechtstheoretischer Schulen ausnehmen. Dieser Dogmenstreit wird ihn hoffentlich mehr amüsieren als verwirren, sollen Festschriftbeiträge doch vor allem, was meist unbeachtet bleibt, den Jubilar ein wenig erfreuen.

II. „Matching principle" und Vermögensermittlungsprinzipien

1. An Vermögenswerten orientierte Ausgaben-Ertrags-Zuordnung

a) Besonderheiten der Vermögensermittlungsprinzipien

Das geltende deutsche Bilanzrecht stellt sich dar als ein System sich wechselseitig ergänzender und beschränkender Prinzipien und Einzelnormen.[5] Die Bedeutung des „matching principle" im geltenden deutschen Recht erkennen zu wollen erfordert daher, es in dieses Bilanzrechtssystem einzuordnen. Dabei versteht es sich von selbst, daß es hier aus Raumgründen mit einer groben Skizze des geltenden Bilanzrechtssystems sein Bewenden haben muß; dessen detaillierte Beschreibung wäre Gegenstand eines mehrbändigen Werkes. Doch genügt eine solche grobe Skizze, um die wesentlichen Bedeutungsinhalte des „matching principle" würdigen zu können.

Charakteristisch für das geltende deutsche Bilanzrechtssystem ist das Zusammenspiel von Vermögensermittlungsprinzipien und Gewinnermittlungsprinzipien. Diese Doppelschichtigkeit wird freilich leicht übersehen: Da sich der Geschäftsjahresgewinn aus einem (Rein-)Vermögensvergleich (unter Berücksichtigung von Einlagen und Entnahmen) errechnet, also eine (Rein-)Vermögensmehrung verkörpert, könnte man meinen, alle Vermögensermittlungsprinzipien bildeten notwendigerweise zugleich Gewinnermittlungsprinzipien und alle Gewinnermittlungsprinzipien seien ebenso zwangsläufig zugleich Vermögensermittlungsprinzipien. In Wahrheit gibt es jedoch eine Gruppe von Prinzipien, die sich an der Vermögensermittlung orientiert, und eine zweite Gruppe von Prinzipien, die auf die Gewinnermittlung ausgerichtet ist; beide Gruppen von Prinzipien – das ist entscheidend – beschränken sich wechselseitig.

---

[5] Grundlegend *Beisse,* Zum neuen Bild des Bilanzrechtssystems, in: Bilanzrecht und Kapitalmarkt, Festschrift für Moxter, hrsg. v. Ballwieser u. a., Düsseldorf 1994, S. 3–31.

Die Vermögensermittlungsprinzipien sind zunächst die Domäne der Eröffnungsbilanz (im Sinne von § 242 Abs. 1 Satz 1 HGB): Da in der Eröffnungsbilanz zwar alle denkbaren Komponenten des (bilanzrechtlichen) Vermögens abgebildet werden können, aber kein Gewinn berechnet wird, sind die Vermögensermittlungsprinzipien hier ebenso umfassend wie rein, das heißt ohne jede Vermischung mit bzw. Beschränkung durch Gewinnermittlungsprinzipien, zu demonstrieren. Freilich reicht die Bedeutung der Vermögensermittlungsprinzipien weit über die Eröffnungsbilanz (und spätere, ebenfalls gewinnunwirksame Einlagenvorgänge) hinaus: Die Vermögensermittlungsprinzipien gelten auch für die Folgebilanzen, dort freilich, anders als in Eröffnungsbilanzen, nur zusammen mit den Gewinnermittlungsprinzipien; ihr Geltungsbereich wird hier durch Gewinnermittlungsprinzipien beschränkt.

Die Vermögensermittlungsprinzipien besagen, daß der Kaufmann seine Vermögensgegenstände und seine Verbindlichkeiten (hier immer einschließlich ungewisser Verbindlichkeiten gemeint) gegenüberzustellen hat, und zwar jeweils grundsätzlich zu Teilwerten im Sinne der Beträge, die ein gedachter Erwerber des ganzen Unternehmens für die betreffenden Vermögensgegenstände bzw. Verbindlichkeiten im Rahmen eines Gesamtkaufpreises ansetzen würde. Nach ständiger höchstrichterlicher Rechtsprechung sind Vermögensgegenstände und Verbindlichkeiten eng definiert: Vermögensgegenstände bilden zwar nicht nur Gegenstände im Sinne des bürgerlichen Rechts[6], aber es muß sich um (wirtschaftliche) Vermögenswerte handeln, die greifbar werthaltig[7] und selbständig bewertbar[8] sind; Verbindlichkeiten sind dementsprechend zwar nicht nur Rechtsverpflichtungen[9], sondern grundsätzlich negative (wirtschaftliche) Vermögenswerte, aber auch hier gelten das Greifbarkeitsprinzip (Außenverpflichtungen mit objektivierter Mindestwahrscheinlichkeit) und das Prinzip selbständiger Bewertbarkeit.[10] Überdies beschränken Zurechnungsregeln – z. B. bei den Sachen die Mindestvoraussetzung sogenannten wirtschaftlichen Eigentums – die Ansetzbarkeit von Vermögensgegenständen und Verbindlichkeiten, hat der Kaufmann doch das Verhältnis nur „seines" Vermögens und nur „seiner" Schulden in der Bilanz darzustellen (§ 242 Abs. 1 Satz 1 HGB).

---

[6] Ständige Rechtsprechung, vgl. etwa BFH, BFHE 160, 364 und bereits das Reichsgericht, RGZ 68, 49.
[7] „Die Greifbarkeit erst erweist das Wirtschaftsgut": BFH, BFHE 116, 474.
[8] Vgl. etwa BFH, BFHE 147, 412.
[9] Vgl. etwa BFH, BFHE 169, 382 sowie BGH, BB 1991, 507.
[10] Vgl. etwa BFH, BFHE 104, 422.

b) Positive und negative Vermögenswerte als Einnahmenüberschüsse bzw. Ausgabenüberschüsse

Scheinbar ist für das „matching principle" im Rahmen der Vermögensermittlungsprinzipien kein Raum: Wenn man, wie in einer Eröffnungsbilanz, nur das Vermögen, nicht auch einen Gewinn ermittelt, so pflegt man keine Umperiodisierung von Ausgaben und Einnahmen im Sinne einer Aufwands-Ertrags-Ermittlung vorzunehmen. Man könnte geradezu meinen, das gesetzliche Vermögensermittlungsgebot (insbesondere § 242 Abs. 1 Satz 1 HGB; §§ 4 Abs. 1 Satz 1, 5 Abs. 1 Satz 1, 6 Abs. 1 Satz 1 EStG) schließe eine Anwendung des „matching principle" aus. Das gilt indes nur, wenn man der Vermögensermittlung eine formalrechtliche Betrachtungsweise zugrunde legt: Veranschaulicht am besonders umstrittenen Verbindlichkeitsansatz hieße das, alle, aber auch nur die am Bilanzstichtag bestehenden, Rechtsverpflichtungen zu passivieren; zur Bestimmung dieser am Bilanzstichtag vorhandenen Rechtsverpflichtungen bedarf es in der Tat keines „matching principle".

Formalrechtliche Bilanzinhalte stehen indes im Konflikt mit dem Sinn und Zweck der bilanziellen Vermögensermittlung: Der Kaufmann soll das Verhältnis seines Vermögens und seiner Schulden darstellen, damit er und gegebenenfalls Dritte aufgrund dieser Information wirtschaftlich sinnvolle Entscheidungen treffen können, insbesondere im Gläubigerinteresse[11]; wirtschaftlich sinnvolle Entscheidungen aber setzen wirtschaftlich sinnvolle Bilanzinhalte voraus. Wiederum veranschaulicht am Verbindlichkeitsansatz bedeutet das insbesondere: Das rechtliche Bestehen der Verbindlichkeit bildet zwar einen wichtigen Indikator für eine am Bilanzstichtag gegebene wirtschaftliche Belastung – kann sich der Kaufmann einer derartigen Verbindlichkeit doch im allgemeinen nicht mehr entziehen[12] –, aber wirtschaftlich belastend wirkt die Verbindlichkeit nur, wenn sie nicht durch zugehörige (künftige) Einnahmen bzw. Erträge wirtschaftlich ausgeglichen wird, wenn die von der Verbindlichkeit verkörperten Ausgaben (Aufwendungen) in diesem Sinne einen (künftigen) Ausgabenüberschuß darstellen. Nur die so zu verstehenden „unkompensierten" Verbindlichkeiten zählen in einer Bilanz, die – unter Berücksichtigung der bilanzrechtlichen Objektivierungsrestriktionen – das Vermögen im wirtschaftlichen Sinne abbilden soll.

---

[11] Vgl. insbes. *Beisse,* Gläubigerschutz – Grundprinzip des deutschen Bilanzrechts, in: Festschrift für Beusch zum 68. Geburtstag, hrsg. v. Beisse u. a., Berlin/New York 1993, S. 77–97.
[12] Vgl. insbes. *Clemm/Nonnenmacher,* in: BeckBil-Komm., 2. Aufl., § 249, Anm. 45.

Eine wirtschaftliche Verbindlichkeitskompensation liegt grundsätzlich bei schwebenden Verträgen vor: Auch in Eröffnungsbilanzen verzichtet man im allgemeinen darauf, derartige Verbindlichkeiten (z. B. aus der Bestellung von Waren) zu erfassen; sie werden wirtschaftlich grundsätzlich ausgeglichen durch die ihnen entsprechenden Forderungen (im Beispiel auf Lieferung der Ware). Bei schwebenden Geschäften ist die Verbindlichkeit freilich grundsätzlich noch nicht in dem Sinne rechtlich voll wirksam entstanden, als ihrer Geltendmachung durch den Gläubiger die Einrede des nicht erfüllten Vertrags gegenübersteht.[13] Indes gilt der Kompensationsgrundsatz auch für rechtlich voll wirksam entstandene Verbindlichkeiten; denn auch diese können durch ihnen einwandfrei zuordenbare künftige Einnahmen bzw. Erträge vollständig wirtschaftlich kompensiert sein: Z. B. ist die Ausgleichsverpflichtung gegenüber Handelsvertretern (§ 89b HGB) mit dem Ausscheiden des Handelsvertreters rechtlich voll wirksam entstanden; eine Last im wirtschaftlichen Sinne bildet sie indes jedenfalls dann nicht, wenn sie nach Beendigung des Vertragsverhältnisses aus Umsätzen mit den vom Handelsvertreter geworbenen Kunden mit sehr hoher Wahrscheinlichkeit kompensiert wird. Die Ausgleichsverpflichtung verkörpert dann trotz rechtlich voll wirksamer Entstehung keinen künftigen Ausgabenüberschuß; sie bildet eine wirtschaftlich kompensierte und daher bilanziell unbeachtliche Last.[14]

Man könnte einzuwenden geneigt sein, zur Kompensation einer rechtlich voll wirksam entstandenen Verbindlichkeit bedürfe es eines (aktivierbaren) Vermögensgegenstandes, woran es im gerade skizzierten Beispiel fehle: Der so gut wie sicher zu erwartenden künftigen Ausgabe – der sich der Kaufmann nicht mehr entziehen könne – müsse eine (mindestens) so gut wie sichere und damit aktivierbare künftige Einnahme entsprechen. Doch sogar in diesem Falle stehe das gesetzliche Saldierungsverbot (§ 246 Abs. 2 HGB) der „Aufrechnung" entgegen.[15]

---

[13] Vgl. zu Einzelheiten *Woerner*, Zeitpunkt der Passivierung von Schulden und Verbindlichkeitsrückstellungen – Problematik der „wirtschaftlichen Verursachung", in: Bilanzrecht und Kapitalmarkt, Festschrift für Moxter, hrsg. v. Ballwieser u. a., Düsseldorf 1994, S. 483-506.

[14] „Selbst rechtlich entstandene Verbindlichkeiten sind nur dann erfolgswirksam, wenn sie gegenwärtigen Aufwand verkörpern" (*Weber-Grellet*, Adolf Moxter und die Bilanzrechtsprechung, BB 1994, S. 30-35, hier S. 31). Anders freilich die herrschende Lehre: vgl. etwa *Christiansen*, Das Erfordernis der wirtschaftlichen Verursachung ungewisser Verbindlichkeiten, BFuP 1994, S. 25-38, hier S. 36 (mit Rechtsprechungsnachweisen) und den im gleichen BFuP-Heft zu findenden „Meinungsspiegel", S. 51-58.

[15] Vgl. insbes. *Siegel,* BFuP 1994, S. 18.

Dem ist zu erwidern, daß das gesetzliche Saldierungsverbot nach dem Gesetzeswortlaut „Posten der Aktivseite" und „Posten der Passivseite" betrifft; ob die rechtliche Entstehung überhaupt zu einem „Posten der Passivseite" führt, ist indes gerade das zu lösende Problem. Im übrigen besteht in wirtschaftlicher Betrachtungsweise grundsätzlich kein Unterschied zwischen einer rechtlich voll wirksam entstandenen Verbindlichkeit und einer Verbindlichkeit aus schwebendem Vertrag: Der Kaufmann kann sich einerseits in beiden Fällen der Verpflichtung grundsätzlich nicht mehr entziehen; es müssen andererseits die der Verpflichtung gegenüberstehenden Vorteile berücksichtigt werden, auf deren Aktivierbarkeit es beim schwebenden Vertrag indes nicht ankommt, ergäbe sich doch sonst eine völlig ungerechtfertigte Ausweitung der Drohverlustrückstellungen.[16]

Muß indes im Rahmen der Vermögensermittlung geprüft werden, ob rechtlich entstandene Verbindlichkeiten im wirtschaftlichen Sinne kompensiert sind, so ist das gleichbedeutend mit einer Prüfung, ob künftige Ausgaben (die von der Verbindlichkeit verkörpert werden) künftigen Erträgen zuzuordnen sind: Das „matching principle" im Sinne einer Zuordnung von Ausgaben (Aufwendungen) und Erträgen ist mithin selbst bei einer reinen Vermögensermittlung unentbehrlich. Für die Aktivseite gilt im übrigen nichts anderes: Ein wirtschaftlicher Vermögenswert ist nur gegeben, wenn die erwarteten Erträge nicht etwa von erwarteten Aufwendungen überdeckt werden; eine Maschine, die zwar gewisse Erträge erwarten läßt, aber deutlich höhere Instandhaltungsaufwendungen, bildet keinen wirtschaftlichen Vermögenswert und damit keinen Vermögensgegenstand: die Maschine verkörpert keinen Einnahmenüberschuß. Daß der Kaufmann das rechtliche Eigentum an der Maschine besitzt, reicht für deren Aktivierung nicht aus.

Im übrigen können grundsätzlich auch rein faktische (rein wirtschaftliche) Verpflichtungen Verbindlichkeiten im bilanzrechtlichen Sinne bilden[17], und rein wirtschaftliche Güter können Vermögensgegenstände im bilanzrechtlichen Sinne darstellen.[18] In beiden Fällen fehlt es am Bilanzstichtag an rechtlichen Zurechnungsmöglichkeiten; in beiden Fällen bedarf es deshalb der Orientierung an zu erwartenden Ausgaben-

---

[16] Vgl. zu dieser Problematik *Herzig,* Drohverlustrückstellungen für wirtschaftlich ausgewogene Geschäfte?, DB 1994, S. 1429–1432; *Siegel,* Saldierungsprobleme bei Rückstellungen, BB 1994, S. 2237–2245 sowie den Vorlagebeschluß des BFH, BFHE 171, 455.
[17] Vgl. oben Fn. 8.
[18] Vgl. oben Fn. 6.

überschüssen bzw. Einnahmenüberschüssen. Einer Zuordnung von Ausgaben und Einnahmen (Erträgen) bedarf es ferner bei jenen Verbindlichkeiten, die rechtlich noch nicht voll wirksam entstanden, aber am Bilanzstichtag bereits „wirtschaftlich verursacht" sind und deshalb passiviert werden: Sie gelten bei Anwendung der Vermögensermittlungsprinzipien als „wirtschaftlich verursacht", weil sie eine wirtschaftliche Last, verkörpert durch einen künftigen Ausgabenüberschuß, bilden. So hat die Rechtsprechung z. B. Garantierückstellungen abgelehnt, wenn künftige „Garantieausgaben" für nicht von dem betreffenden Kaufmann veräußerte Gegenstände anfallen[19]: Solche künftigen „Garantieausgaben" haben Werbecharakter und sind daher künftigen Erträgen zuzuordnen. Wiederum gilt für die Aktivseite nichts anderes: Man denke etwa an die Aktivierung von rechtlich noch nicht entstandenen Forderungen, etwa gesellschaftsrechtlichen Ansprüchen.[20]

2. Einschränkung des „matching principle" durch die Vermögensermittlungsprinzipien

a) Aktivierungsbeschränkungen

Soweit das „matching principle" die Zuordnung bereits realisierter Ausgaben auf künftige Erträge regelt, wird es durch die Vermögensermittlungsprinzipien erheblich eingeschränkt: Zwar bilden bereits realisierte Ausgaben, die künftige Erträge alimentieren, positive Vermögenswerte (Einnahmenüberschüsse), doch greifen hier die den bilanzrechtlichen Vermögensgegenstand – neben dem positiven Vermögenswert – bestimmenden Objektivierungsprinzipien der Greifbarkeit und der selbständigen Bewertbarkeit. Im Interesse von Rechtssicherheit und Rechtsklarheit ist es, anders als etwa nach dynamischer Bilanzauffassung, z. B. ausgeschlossen, den von einem Reklamefeldzug verkörperten wirtschaftlichen Vermögenswert zu aktivieren[21]: es fehlt an einem Vermögensgegenstand.

b) Passivierungsbeschränkungen

Künftige Ausgaben, die bereits realisierte Erträge alimentieren, bilden negative Vermögenswerte: Die Erträge sind bereits vereinnahmt, die

---
[19] Vgl. BFH, BFHE 82, 372.
[20] Ständige Rechtsprechung, vgl. z. B. BFH, BFHE 156, 443.
[21] Vgl. zur Dynamik *Schmalenbach*, Dynamische Bilanz, 13. Aufl., Köln u. a. 1962, S. 43; zur älteren Rechtsprechung BFH, BFHE 76, 16.

zugehörigen Ausgaben stehen noch aus und bilden daher Ausgabenüberschüsse. Doch wird auch der Ansatz von Ausgabenüberschüssen empfindlich begrenzt: Wiederum gelten Objektivierungsprinzipien, nämlich das Greifbarkeitsprinzip (hier als Außenverpflichtungsprinzip und als Prinzip objektivierter Mindestwahrscheinlichkeit) und das Prinzip selbständiger Bewertbarkeit; zu den Merkmalen der bilanzrechtlichen Verbindlichkeit gehören neben dem Ausgabenüberschuß wegen des Erfordernisses der Rechtssicherheit und Rechtsklarheit auch diese Objektivierungsprinzipien. Daher sind z. B. Selbstversicherungsrückstellungen, nach dynamischen Grundsätzen zwingend[22], nach geltendem Recht von der Passivierung ausgeschlossen: Wegen der fehlenden Außenverpflichtung liegt keine bilanzrechtliche Verbindlichkeit vor. Noch viel weniger läßt das geltende Recht etwa Verrechnungsposten dynamischer Prägung zu; denn diesen fehlt sogar die Eigenschaft, positive bzw. negative Vermögenswerte zu verkörpern.[23]

III. „Matching principle" und Gewinnermittlungsprinzipien

1. Die beherrschende Stellung des Realisationsprinzips

Gewinne lassen sich gleichermaßen in der GVR ermitteln – als Unterschiedsbetrag von Ertrag und Aufwand – wie in der Bilanz – als Reinvermögensmehrung unter Berücksichtigung der Einlagen und Entnahmen. Wird Gewinn als Unterschiedsbetrag von Ertrag und Aufwand bestimmt, tritt das Periodisierungsproblem deutlich hervor: Ertrag stellt sich als periodisierte Einnahme dar, Aufwand als periodisierte Ausgabe (§ 252 Abs. 1 Nr. 5 HGB); das „matching principle" regelt diese Ausgabenperiodisierung.

Die bilanzrechtlichen Gewinnermittlungsprinzipien unterscheiden sich indes nicht nur in der gerade erwähnten formalen Hinsicht von den Vermögensermittlungsprinzipien. Die die Gewinnermittlungsprinzipien ausmachenden Periodisierungsregeln führen zu einer anderen Gewinnhöhe als sie sich allein aufgrund der Vermögensermittlungsprinzipien ergäbe. Das erklärt sich aus der Umsatzbindung dieser Gewinnermittlungsprinzipien.

---

[22] Vgl. *Schmalenbach*, Grundlagen dynamischer Bilanzlehre, ZfhF 1919, S. 1–60 und S. 65–101, hier S. 35.

[23] Vgl. *Schmalenbach*, ZfhF 1919, S. 32–35; vgl. zur Kritik *Beisse*, Rechtsfragen der Gewinnung von GoB, BFuP 1990, S. 499–514, hier S. 501.

Die Art der Einnahmen- und Ausgabenperiodisierung wird im deutschen Bilanzrecht grundlegend durch das Realisationsprinzip bestimmt, daneben durch das Imparitätsprinzip im Sinne eines Verlustantizipationsprinzips und eine Reihe von Objektivierungsprinzipien. Nach dem Realisationsprinzip setzt Ertrag den (bilanzrechtlichen) Umsatz, das heißt den aufgrund eigener Leistungserbringung so gut wie sicheren Forderungszugang[24] voraus: Einnahmen werden in diesem Sinne umsatzorientiert als Ertrag erfaßt. Denkt man sich ein aufwandloses Unternehmen, so ist sein Gewinn reiner Umsatzgewinn; nur die durch Umsätze bestätigten Werterhöhungen bilden Gewinn.

Nach dem Realisationsprinzip wird indes – entgegen einer verbreiteten Meinung[25] – auch der Aufwand umsatzabhängig erfaßt: „Realisation aber heißt Nettorealisation, d. h. im Zeitpunkt der Leistungserbringung müssen auch die leistungszugehörigen Aufwendungen gewinnwirksam werden. Nur der Saldo, der Erfolgsbeitrag des Geschäfts, darf also das Unternehmensergebnis nach der Leistungserbringung beeinflussen."[26] Eine grundsätzliche Abkopplung der Aufwandskonzeption von der (umsatzorientierten) Ertragskonzeption wäre wenig sinnvoll; denn nur eine umsatzorientierte Aufwandskonzeption vermag die umsatzorientierte Ertragskonzeption zu sichern: Die mit der umsatzorientierten Ertragskonzeption gewollte vorsichtige Gewinnermittlung könnte unterlaufen werden, wenn Realisation nicht als Nettorealisation zu verstehen wäre.

Wenn nach dem „matching principle", wie mehrfach erwähnt, Ausgaben mit dem zugehörigen Ertrag in der GVR als Aufwand zu berücksichtigen sind, so ergibt sich aus der beherrschenden Stellung des Realisationsprinzips die Umsatzorientierung des „matching principle". Das „matching principle" gilt mithin im deutschen Bilanzrecht insoweit in der Version, daß bereits realisierte Ausgaben, die künftigen Umsätzen zugehören, zu aktivieren und daß sich künftig realisierende Ausgaben, die bereits realisierten Umsätzen zugeordnet werden müssen, zu passivieren sind.

---

[24] Ständige Rechtsprechung, vgl. etwa BFH, BFH/NV 1986, 595; BFH, BFHE 147, 8 und *Woerner,* Grundsatzfragen zur Bilanzierung schwebender Geschäfte, FR 1984, S. 489–496, hier S. 494.
[25] Die Phalanx der Kritiker ist in der BFuP 1994, S. 1-65 zu Wort gekommen.
[26] *Groh,* Rechtsprechung zum Bilanzsteuerrecht, StuW 1994, S. 90–96, hier S. 90. Vgl. auch die von *Siegel,* BFuP 1994, S. 5 angeführten Arbeiten von *Ballwieser, Böcking, Herzig, Kupsch, Naumann* und *L. Schmidt,* ferner *Weber-Grellet,* BB 1994, S. 31f. und *Schmidt/Weber-Grellet,* EStG, 13. Aufl., § 5 Anm. 14c und 41.

2. Die Bedeutung des am Realisationsprinzip orientierten „matching principle"

a) Aktivierungen

Die spezifischen Gewinnermittlungsprinzipien erweitern nicht etwa den Kreis der Aktiven: Wenn nach dem „matching principle" bereits realisierte Ausgaben, die künftige Umsätze alimentieren, zu aktivieren sind, so gilt das schon nach den Vermögensermittlungsprinzipien, liegen in diesem Falle doch positive Vermögenswerte im Sinne von Einnahmenüberschüssen vor. Die spezifischen Gewinnermittlungsprinzipien engen den Kreis der Aktiven sogar noch stärker ein; denn sie umfassen zusätzliche Objektivierungsprinzipien, insbesondere das Prinzip des entgeltlichen Erwerbs (§ 248 Abs. 2 HGB, § 5 Abs. 2 EStG), das sogar, objektivierungs- wie vorsichtsbedingt, die Ansetzbarkeit bestimmter Vermögensgegenstände ausschließt.

Erhebliche Konsequenzen haben die spezifischen Gewinnermittlungsprinzipien jedoch für die Aktivenbewertung. Das sei im folgenden am wichtigsten Fall, den planmäßigen Abschreibungen, gezeigt; ein einfaches Beispiel diene zur raschen Veranschaulichung: Eine Anlage habe Anschaffungskosten von 1 Mio. DM, es werde eine Nutzungsdauer von zwei Jahren erwartet bei Umsätzen im ersten Jahr von 2 Mio. DM und im zweiten Jahr von 1 Mio. DM, einem Restwert von Null und zu Beginn des zweiten Jahres anfallenden Instandhaltungsausgaben von 0,2 Mio. DM. Die Anlage erfordert zur zweijährigen Umsatzalimentierung mithin (zurechenbare) Ausgaben von insgesamt 1,2 Mio. DM; diese werden den Umsätzen proportional zugerechnet (0,8 Mio. DM im ersten Jahr, 0,4 Mio. DM im zweiten Jahr), so daß die Abschreibungen im ersten Jahr 0,8 Mio. DM betragen, im zweiten Jahr nur noch 0,2 Mio. DM. Der Gewinn beläuft sich im ersten Jahr auf 1,2 Mio. DM, im zweiten Jahr (bei Gesamtaufwendungen von 0,4 Mio. DM) auf 0,6 Mio. DM; die Gewinnfolge ist mithin umsatzproportional. Nicht notwendig ist übrigens, daß sich der Anlage absolute Umsatzzahlen zurechnen lassen; für die Anwendung des umsatzorientierten „matching principle" auf die Abschreibung genügt es, die Umsatzrelationen (im Beispiel 2:1) zu kennen, wovon im allgemeinen ausgegangen werden kann: Aus der Umsatzrelation ergibt sich die Verteilung der Gesamtaufwendungen und aus dieser die Abschreibungsrelation.[27]

---

[27] Vgl. zu Einzelheiten *Breidert*, Grundsätze ordnungsmäßiger Abschreibung auf abnutzbare Anlagegegenstände, Düsseldorf 1994; vgl. auch *Siegel*, BFuP 1994, S. 9 f.

Im gerade skizzierten Beispiel beträgt der nach einem Jahr erreichte Buchwert 0,2 Mio. DM, nach zwei Jahren, am Ende der Nutzungsdauer, entspricht der Buchwert dem Restwert (von Null). Auf der Basis der Vermögensermittlungsprinzipien, so bei Einlagevorgängen, aktivierte man eine (gebrauchte) Anlage nach Ende des ersten Nutzungsjahres zu ihrem Teilwert, der hier grundsätzlich dem sogenannten Wiederbeschaffungs-Altwert entspricht (wobei als Obergrenze des Teilwerts die erwarteten Einnahmenüberschüsse, hier in Höhe von 0,8 Mio. DM, zu gelten haben). Nur zufällig wird dieser Teilwert aber dem nach dem „matching principle" ermittelten Buchwert (von 0,2 Mio. DM) gleichkommen; insoweit führt die Orientierung am „matching principle" mithin zu einem anderen Vermögens- und Gewinnausweis als die Orientierung an den Vermögensermittlungsprinzipien.

So wenig das geltende Recht indes eine Orientierung der planmäßigen Abschreibungen an den Teilwerten vorsieht, so wenig kann die Umsatzorientierung generell gelten. Das folgt daraus, daß das Realisationsprinzip in das Vorsichtsprinzip eingebettet ist (§ 252 Abs. 1 Nr. 4 HGB). Die Umsatzorientierung ist zwar grundsätzlich ein Ausdruck dieses Vorsichtsprinzips: Sie erzwingt bei fallenden Umsatzalimentierungen (wie sie sich etwa auch aus reparaturbedingten Stillstandszeiten ergeben können) degressive Abschreibungen; bei linearen Abschreibungen besteht in solchen Fällen die Gefahr, daß die insgesamt auftretenden Geschäftsjahresaufwendungen von den jeweiligen Umsätzen nicht mehr gedeckt werden. Anders ist es jedoch, wenn steigende Umsätze erwartet werden. Hier verbietet das Vorsichtsprinzip grundsätzlich, die planmäßigen Abschreibungen progressiv vorzunehmen; eine Ausnahme gilt nur dann, wenn ein Umsatzanstieg aufgrund besonderer Umstände als so gut wie sicher gelten darf.

b) Passivierungen

ba) Konflikt mit den Vermögensermittlungsprinzipien

Nach dem (am Realisationsprinzip orientierten) „matching principle" müssen sich künftig realisierende Ausgaben, die bereits realisierten Umsätzen zuzurechnen sind, passiviert werden. Wiederum wirken jedoch die Vermögensermittlungsprinzipien insofern ansatzbeschränkend, als das Greifbarkeitsprinzip (Außenverpflichtung mit objektivierter Mindestwahrscheinlichkeit) und das Prinzip selbständiger Bewertbarkeit den Anwendungsbereich des „matching principle" einengen. Das Objektivierungserfordernis wirkt zusätzlich passivierungsbegrenzend, indem es für die Zurechnung sich künftig realisierender Ausgaben auf bereits realisierte Umsätze objektive Anhaltspunkte im Sinne einer vernünftigen kaufmännischen Beurteilung voraussetzt (§ 253 Abs. 1 Satz 2 HGB).

Im Unterschied zur Aktivseite hat das „matching principle" auf der Passivseite indes nicht nur Auswirkungen hinsichtlich der Bewertung: Es erweitert den Kreis der Passiven, was wohl wesentlich dazu beiträgt, daß sich das „matching principle" in einem von der Parteien Haß und Gunst verzerrten Bild darbietet. Nach den Vermögensermittlungsprinzipien ergeben sich Passiven, wie gezeigt, als (nach den gerade erwähnten Regeln objektivierte) negative wirtschaftliche Vermögenswerte im Sinne künftiger Ausgabenüberschüsse. Aufgrund des am Realisationsprinzip orientierten „matching principle" kann sich jedoch ein Passivierungszwang ergeben, obgleich es an einem zu erwartenden Ausgabenüberschuß fehlt.

Wiederum mag ein einfaches Beispiel den Sachverhalt rasch veranschaulichen: Aufgrund eines entsprechenden Vertrags mit dem Grundstückseigentümer werde eine Kiesgrube ausgebeutet. Im ersten Nutzungsjahr haben sich Umsätze in Höhe von 2 Mio. DM ergeben; für das zweite Nutzungsjahr werden Umsätze von 1 Mio. DM erwartet und außerdem Rekultivierungsausgaben von 0,3 Mio. DM. Der Einfachheit halber wird angenommen, daß diese Rekultivierungsausgaben im wesentlichen in gleicher Höhe anfielen, wenn man im zweiten Nutzungsjahr auf Abbau und Umsatz verzichtete; von weiteren Aufwendungen wird ebenfalls aus Vereinfachungsgründen abgesehen. Bestimmen sich die Rückstellungszuführungen nach dem am Realisationsprinzip orientierten „matching principle", so belaufen sie sich im ersten Nutzungsjahr auf 0,2 Mio. DM, im zweiten Nutzungsjahr auf 0,1 Mio. DM; es ergibt sich wegen dieses umsatzproportionalen Aufwandsansatzes wiederum eine umsatzproportionale Gewinnfolge (1,8 Mio. DM im ersten Jahr, 0,9 Mio. DM im zweiten Jahr).

Nach den Vermögensermittlungsprinzipien wäre im gerade skizzierten Fall am Ende des ersten Nutzungsjahres mangels eines Ausgabenüberschusses keine Rückstellung geboten: Würde dieser schwebende Ausbeutungsvertrag am Ende des ersten Nutzungsjahres eingelegt, so errechnete sich ein positiver Vermögenswert von 0,7 Mio. DM (zu erwartende Umsatzerlöse von 1 Mio. DM abzüglich zu erwartende Rekultivierungsausgaben von 0,3 Mio. DM). Es fehlt mithin zu diesem Zeitpunkt nicht nur an einer (wirtschaftlichen) Vermögensbelastung; der schwebende Ausbeutevertrag verkörpert, im Gegenteil, einen einlagefähigen Vermögensgegenstand.

bb) Bilanzrechtliches Monstrum?

Die höchstrichterliche Rechtsprechung wendet in Fällen der gerade skizzierten Art die für schwebende Geschäfte geltenden Regeln an: Eine Passivierung setzt die Unausgeglichenheit des schwebenden Vertrags voraus. An einer Unausgeglichenheit in der Form eines drohenden Verlustes fehlt es im Beispiel; ein Verpflichtungsüberschuß liegt nicht vor. Ob eine Unausgeglichenheit in der Form eines Erfüllungsrückstandes gegeben und damit eine Verbindlichkeitsrückstellung zu passivieren ist, hängt davon ab, wie man den Erfüllungsrückstand versteht: Zivilrechtlich gesehen ist ein Erfüllungsrückstand zu verneinen; denn die Rekultivierungsleistung war nicht im ersten Nutzungsjahr zu erbringen. Bei zivilrechtlicher Betrachtung käme eine Passivierung mithin allenfalls in Betracht, wenn die Rekultivierungsverpflichtung als selbständige Nebenverpflichtung aus dem schwebenden Vertrag herausgelöst werden dürfte, was indes sehr fraglich ist. Die höchstrichterliche Rechtsprechung hat den bilanzrechtlichen Erfüllungsrückstand jedoch wiederholt wirtschaftlich verstanden, so etwa im Falle der Pachterneuerungsverpflichtung.[28] Auch bei einer wegen der Pachterneuerungsverpflichtung gebildeten Verbindlichkeitsrückstellung fehlt es indes jedenfalls zu Beginn des Pachtzeitraums an den Bilanzstichtagen im allgemeinen an einem künftigen Ausgabenüberschuß und damit an einer nach den Vermögensermittlungsprinzipien zu berücksichtigenden wirtschaftlichen Last: Das mag dazu beigetragen haben, daß ein Mitglied des die Pachterneuerungsrückstellung bejahenden Senats des Bundesfinanzhofs diese Rückstellung ein „bilanzrechtliches Monstrum" genannt hat.[29]

Nur scheinbar darf eine am umsatzorientierten „matching principle" ausgerichtete Rückstellungszuführung als übervorsichtig gelten; nur scheinbar genügt es dem Vorsichtsprinzip, Rückstellungen im Sinne der Vermögensermittlungsprinzipien erst in dem Jahr zu bilden, in dem sich ein künftiger Ausgabenüberschuß unmittelbar abzeichnet: In der Realität sind die künftigen Umsätze und Aufwendungen nicht verläßlich zu bestimmen; es besteht mithin ein erhebliches Risiko, daß bei Orientierung an den Vermögensermittlungsprinzipien für die künftigen Aufwendungen (für Rekultivierung, Pachterneuerung und ähnliches) nicht ausreichend vorgesorgt wird. Der Kaufmann darf bei einer jährlichen Umsatzfolge, die zwingend mit künftigen Aufwendungen verbunden ist, nicht darauf vertrauen, daß diese künftigen Aufwendungen

---

[28] Vgl. BFH, BFHE 167, 322.
[29] Urteilsanmerkung, in: HFR 1992, S. 448.

durch die in den Jahren unmittelbar vor dem Aufwendungsanfall sich ergebenden Umsätze gedeckt sind.

Übervorsichtig wäre dagegen eine Passivierung, bei der – wie gelegentlich gefordert[30] – die künftigen Aufwendungen sofort in voller Höhe zurückgestellt werden. Das gilt auch dann, wenn, wie etwa bei Atomkraftwerken, die Höhe jener künftigen (Entsorgungs-)Aufwendungen im wesentlichen umsatzunabhängig anfällt. Das Gesetz will einen Kompromiß zwischen den Schutzinteressen der Gläubiger und den Ausschüttungsinteressen der Anteilseigner bzw. des Fiskus, keine Extremwertungen.

Wie im Abschreibungsfall muß im übrigen auch bei der Rückstellungsbewertung gelten, daß umsatzproportionale jährliche Rückstellungszuführungen ihre Grenze im Vorsichtsprinzip finden: Von steigenden Umsätzen und demgemäß steigenden Rückstellungszuführungen darf nur dann ausgegangen werden, wenn das Umsatzwachstum ausnahmsweise als so gut wie sicher gelten darf, andernfalls sind trotz der Erwartung steigender Umsätze lineare Rückstellungszuführungen geboten.

3. Das „matching principle" als Ausdruck einer dynamischen Bilanzauffassung?

Das „matching principle" wird oft als Kernstück einer dynamischen Bilanzauffassung mißverstanden. Richtig ist, daß es in der Dynamik auf eine periodengerechte Gewinnermittlung ankommt – soll der ermittelte Gewinn doch ein Indikator der wirtschaftlichen Unternehmensentwicklung sein – und daß es deshalb einer sehr sorgfältigen Ausgaben-Ertrags-Zuordnung bedarf.[31] Entscheidend ist indes, an welchem Prinzipiengefüge und damit an welcher dominierenden Bilanzaufgabe sich die Periodenabgrenzung und mit ihr die Ausgaben-Ertrags-Zuordnung orientieren: Einer sorgfältigen Ausgaben-Ertrags-Zuordnung bedarf es nicht nur in der Dynamik, sondern auch, wie zu zeigen versucht wurde, im geltenden Bilanzrecht.

Das geltende Bilanzrecht ist statisch geprägt in dem Sinne, daß es den Erfordernissen der Rechtssicherheit und der Rechtsklarheit durch gewichtige Objektivierungsprinzipien ungleich stärker entspricht als die

---
[30] Vgl. *Siegel*, BFuP 1994, S. 17.
[31] Vgl. *Schmalenbach*, ZfhF 1919, S. 9f.

Dynamik[32]; hieraus resultieren einschneidende Einflüsse auf die Ausgaben-Ertrags-Zuordnung. Statisch geprägt ist das geltende Bilanzrecht aber zweitens insofern, als es dem Vorsichtsprinzip und auch insoweit dem Gläubigerschutz stärkeres Gewicht einräumt; statisch wird man z. B. die Nutzungsdauer von Anlagen vorsichtig (tendenziell kurz) bemessen; dynamisch sind dem enge Grenzen gesetzt, ergibt sich doch in dem Geschäftsjahr, in dem die Abschreibungsmöglichkeiten erschöpft sind, ein die Gewinnvergleichbarkeit störender Gewinnsprung. Die statisch dominierende Bilanzaufgabe ist die Bestimmung des Gewinns als entziehbarem Betrag[33], wogegen sich die Dynamiker nachdrücklich wenden.[34]

IV. Zusammenfassung

1. Das „matching principle" regelt die Zuordnung von Ausgaben (Aufwendungen) und Erträgen; es konkretisiert sich erst in einem Gefüge von Zuordnungsprinzipien.

2. Im Rahmen der Vermögensermittlungsprinzipien bedarf es der Ausgaben-Ertrags-Zuordnung, um die in wirtschaftlicher Betrachtungsweise maßgebenden Ausgabenüberschüsse (Verbindlichkeiten einschließlich ungewisser Verbindlichkeiten) bzw. Einnahmenüberschüsse (Vermögensgegenstände) bestimmen zu können; diese Ausgaben-Ertrags-Zuordnung wird jedoch durch die für Verbindlichkeiten und Vermögensgegenstände gleichermaßen geltenden Prinzipien der Greifbarkeit und der selbständigen Bewertbarkeit entscheidend eingeengt.

3. Im Rahmen der Gewinnermittlungsprinzipien wird die Ausgaben-Ertrags-Zuordnung durch das Realisationsprinzip beherrscht; einengend wirken hier das Imparitätsprinzip (als Verlustantizipationsprinzip) und eine Reihe von Objektivierungsprinzipien, insbesondere das Prinzip des entgeltlichen Erwerbs.

---

[32] Vgl. insbes. *Groh,* Zur Bilanztheorie des BFH, in: StbJb 1979/80, S. 121–139, insbes. S. 129 ff.

[33] Vgl. insbes. *Döllerer,* Grundsätze ordnungsmäßiger Bilanzierung, deren Entstehung und Ermittlung, BB 1959, S. 1217–1221, hier S. 1219; *Beisse,* Zum Verhältnis von Bilanzrecht und Betriebswirtschaftslehre, StuW 1984, S. 1–14, hier S. 2; *Blümich/Schreiber,* EStG, § 5 Anm. 212; *Groh,* a. a. O. (Fn. 32), S. 138; *Schmidt,* EStG, 12. Aufl., § 5 Anm. 14c; *Schmidt/Weber-Grellet,* EStG, 13. Aufl., § 5 Anm. 14c.

[34] Vgl. *Schmalenbach,* ZfhF 1919, S. 6 und *Walb,* Die Erfolgsrechnung privater und öffentlicher Betriebe, Berlin u. a. 1926, S. 384; *ders.,* Finanzwirtschaftliche Bilanz, 2. Aufl., Duisburg 1948, S. 75–80.

4. Durch eine am Realisationsprinzip orientierte Ausgaben-Ertrags-Zuordnung wird der Kreis der Aktivposten nicht ausgeweitet, wohl aber beeinflußt sie in erheblichem Maße die Aktivenbewertung.

5. Durch eine am Realisationsprinzip orientierte Ausgaben-Ertrags-Zuordnung ergeben sich indes spezifische Verbindlichkeitsposten und spezifische Verbindlichkeitsbewertungen; vor allem hieran hat sich ein heftiger Streit entzündet.

6. Eine an den gerade skizzierten Prinzipien orientierte Integration des „matching principle" in das deutsche Bilanzrecht darf keinesfalls einer Integration dynamischen Gedankenguts gleichgesetzt werden; die Wertungen von Objektivierungs- und Vorsichtserfordernissen wie auch die dominierenden Bilanzaufgaben bleiben völlig verschieden.

7. Im ersten Heft der Zeitschrift „Die Wirtschaftsprüfung", die heute von *Hans Havermann* betreut wird, meinte *Eugen Schmalenbach,* die Wirtschaftsprüfer sollten auf der Basis ihres Erfahrungsschatzes durch „literarische Arbeit auf die Wirtschaft des Landes fördernd einwirken". Nur sehr wenige Wirtschaftsprüfer sind dieser Mahnung in gleich fruchtbarer Weise wie *Hans Havermann* nachgekommen; wie der Jubilar das neben seiner mehr als aufreibenden Kerntätigkeit geschafft hat, gehört zu den Unergründlichkeiten des Phänomens *Hans Havermann*.

HEINZ NELISSEN

Beteiligungspraxis und Beteiligungsstrategie von Wirtschaftsprüfungsgesellschaften

I. Einführung
II. Akquisitionen als Ergebnis eines Auswahlprozesses im Rahmen der strategischen Planung
  1. Ermittlung der strategischen Ausgangssituation
  2. Festlegung der strategischen Ziele
    a) Strategieentwicklung auf Ebene der strategischen Geschäftseinheiten
    b) Strategieentwicklung auf Gesamtunternehmensebene
    c) Übertragbarkeit normativer Modelle der Strategieentwicklung auf Wirtschaftsprüfungsgesellschaften
  3. Handlungsalternativen zur Umsetzung der strategischen Ziele
    a) Die Unternehmensakquisition im Vergleich zu anderen Handlungsalternativen
    b) Die Bestimmung der zieladäquaten Beteiligungshöhe
III. Akquisitionen zur Umsetzung strategischer Ziele bei Wirtschaftsprüfungsgesellschaften
  1. Strategische Ausgangssituation
  2. Strategien zur Sicherung und Erweiterung der vorhandenen Marktstellung
    a) Absicherung der bestehenden Mandantenbeziehungen
    b) Erweiterung des Dienstleistungsangebots
    c) Ausbau der geographischen Präsenz
    d) Ausbau des Branchenportfolios
    e) Realisierung von Unternehmenswachstum
  3. Verbesserung der Kapazitäts- und Kostenposition
    a) Verbesserung der Kapazitätsauslastung
    b) Optimierung des Aus- und Fortbildungswesens
    c) Realisierung von Größendegressionseffekten im Verwaltungsbereich
    d) Grenzen der Realisierung von Verbundeffekten
IV. Zusammenfassung

I. Einführung

Die Wettbewerbsstruktur im Bereich der Wirtschaftsprüfungsunternehmen in der Bundesrepublik Deutschland hat, insbesondere seit Anfang der 80er Jahre, einem erheblichen Wandel unterlegen. Soweit dieser auch von der Öffentlichkeit – teils zustimmend[1], teils kritisch[2] – beobachtete Umstrukturierungsprozeß in erster Linie einen Ausfluß der im internationalen Bereich vollzogenen sog. „Mega-Mergers" auf die jeweiligen nationalen Mitgliedsfirmen darstellte, ist diese Entwicklung bereits seit längerem zu einem vorläufigen Ende gekommen. Überdies dürften weitere „Mega-Mergers" dieses Ausmaßes im internationalen Bereich eher unwahrscheinlich sein. Daneben vollzieht sich jedoch – von der Öffentlichkeit weit weniger aufmerksam beachtet – ein weiterer Konzentrationsprozeß durch den Erwerb kleiner und mittelständischer Wirtschaftsprüfer- und Steuerberaterpraxen, wobei auf der Käuferseite vornehmlich die großen Wirtschaftsprüfungsgesellschaften stehen. Das Ausmaß dieses Konzentrationsprozesses zeigt eine Auswertung der Aufstellung des Anteilsbesitzes gemäß § 285 Nr. 11 HGB für die sieben größten deutschen Wirtschaftsprüfungsgesellschaften.

Die Übersicht (Abb. 1) zeigt zum einen, daß in der Anzahl der Beteiligungen zwischen den untersuchten Gesellschaften mit drei Beteiligungsunternehmen am unteren und 42 Beteiligungsunternehmen am oberen Ende der Bandbreite erhebliche Unterschiede bestehen, die aber vermutlich weniger in unterschiedlichen unternehmerischen Zielsetzungen als vielmehr in unterschiedlichen Auffassungen darüber begründet sein dürften, ob diese Ziele sinnvoller durch interne Maßnahmen oder durch den Erwerb von Beteiligungen erreicht werden können. Des weiteren läßt die durchschnittliche Höhe des Eigenkapitals der erworbenen Unternehmen den Schluß zu, daß es sich dabei überwiegend um mittelständische oder kleine Wirtschaftsprüfer- oder Steuerberaterpraxen handelt. Die Tatsache, daß das durchschnittliche Eigenkapital der Beteiligungsunternehmen von KPMG und C&L wesentlich höher liegt, beruht, von wenigen Ausnahmen abgesehen,[3] darauf, daß diese Gesellschaften ihr Unternehmensberatungsgeschäft in rechtlich selbständige

---
[1] Vgl. *Friedemann*, Die deutsche Wirtschaftsprüfung wird international, FAZ vom 4.9.1986, S. 15. Vgl. auch den Beitrag von *Lanfermann*, S. 373 ff., in diesem Band.
[2] Vgl. *Lück*, Fusionswelle im wirtschaftsprüfenden Beruf – Gefährliches Fieber oder Ergebnis unternehmerischer Weitsicht?, WPK-Mitteilungen 1989, S. 65 f.
[3] Diese betreffen u.a. den Erwerb der Treuverkehr durch die KPMG sowie den Erwerb von 49% der Anteile der Wibera durch C&L.

Obergesellschaft \ Beteiligungshöhe	x = 100	95 ≤ x < 100	75 ≤ x < 95	50 ≤ x < 75	x = 50	25 ≤ x < 50	x = 25	Σ	ØEK der Bet.-Unt. TDM
KPMG Deutsche Treuhand-Gesellschaft	26	2		1				29	2.692
C & L Deutsche Revision	25		1	1	3	2		32	1.245
Schitag Ernst & Young	30	1	1	9	1			42	k. a.[4]
Arthur Andersen & Co.	2	1						3	147
Wollert Elmendorff	8	1						9	356
Price Waterhouse	14					2		16	163[5]
BDO Deutsche Warentreuhand	26	3				1		30	217
SUMME	**131**	**8**	**2**	**11**	**4**	**5**	**0**	**161**	

Abb. 1: Anzahl, Beteiligungshöhe und Eigenkapital der Beteiligungsgesellschaften der großen deutschen Wirtschaftsprüfungsgesellschaften[6]

Tochtergesellschaften eingebracht haben, die mit einer dem Umfang dieses Geschäfts entsprechenden Kapitalausstattung zu versehen waren.

Wenngleich im übrigen aus den Angaben zwangsläufig nicht ohne weiteres erkennbar ist, welche Beteiligungsunternehmen selbst gegründet und welche erworben wurden, so dürfte die Schätzung eines Anteils der erworbenen Unternehmen von 90% eher zu niedrig als zu hoch liegen. Anzeichen, daß dieser Konzentrationsprozeß abflachen oder gar zum Stillstand kommen würde, sind derzeit nicht erkennbar.[7]

Während auf der Seite des Verkäufers als Motiv für die Veräußerung kleiner oder mittelständischer Wirtschaftsprüfer-/Steuerberater-Praxen in der Mehrzahl der Fälle Altersgründe bzw. eine fehlende Nachfolgeregelung im Vordergrund stehen dürften[8], können auf der Seite des Erwerbers sehr unterschiedliche Motive eine Rolle spielen. Sieht man von dem Fall eines Unternehmenskaufs „aus Gelegenheit" einmal ab,

---

[4] Bei der Schitag erfolgte statt einer Veröffentlichung des Anteilsbesitzes im BAnz eine Hinterlegung beim Handelsregister gem. § 287 HGB.

[5] Das durchschnittliche Eigenkapital der Beteiligungsunternehmen der Price Waterhouse GmbH enthält nicht das Eigenkapital der Karl Baumgartner + Partner Consulting KG, da eine entsprechende Angabe gem. § 286 Abs. 3 Satz 2 HGB unterblieben ist.

[6] Die Angaben wurden den jeweils letzten im BAnz (Stand 29.10.1994) veröffentlichten Jahresabschlüssen der Gesellschaften entnommen und beziehen sich nur auf die inländischen Beteiligungen. Nicht berücksichtigt wurden solche Beteiligungen, bei denen es sich erkennbar lediglich um Unterstützungseinrichtungen o.ä. Unternehmen handelt.

[7] Vgl. bspw. die Mitteilung der BDO Deutsche Warentreuhand AG über den Erwerb dreier mittelständischer Praxen zum 1.1.1994, FAZ vom 19.7.1994, S. 13.

[8] Vgl. *Wehmeier*, Praxisübertragung in wirtschaftsprüfenden und steuerberatenden Berufen, 2. Aufl., Bonn 1993, S. 51 ff.

bei dem der Erwerber versucht, ohne Einbettung in ein umfassendes strategisches Konzept eine eher zufällig sich ergebende Chance auszunutzen, so unterscheidet sich das Erwerbsmotiv grundsätzlich nicht von anderen Investitionsmotiven, da die Akquisition grundsätzlich nur eine von mehreren Handlungsalternativen zur Umsetzung der unternehmensspezifischen strategischen Ziele darstellt. Nachfolgend soll deshalb untersucht werden, inwieweit die in der Literatur diskutierten Ansätze zur Formulierung und Umsetzung strategischer Akquisitionsstrategien auf den Bereich der Wirtschaftsprüfungsgesellschaften übertragbar sind und inwieweit – ausgehend von den in den Geschäftsberichten der Gesellschaften getroffenen Aussagen über die von ihnen verfolgte Unternehmenspolitik – eine Akquisitionsstrategie zur Umsetzung der strategischen Ziele bei Wirtschaftspüfungsgesellschaften beitragen kann. Dabei beschränkt sich die Untersuchung auf Akquisitionen im nationalen Bereich. Strategische Überlegungen im Zusammenhang mit Konzentrationsprozessen bei Wirtschaftsprüfungsgesellschaften im internationalen Bereich sind von dem mit dieser Festschrift zu ehrenden Jubilar bereits an anderer Stelle ausführlich dargestellt worden.[9]

II. Akquisitionen als Ergebnis eines Auswahlprozesses im Rahmen der strategischen Planung

1. Ermittlung der strategischen Ausgangssituation

Die Entwicklung eines in die allgemeine Unternehmensstrategie eingebundenen Akquisitionskonzeptes basiert auf einem dreistufigen Verfahren im Rahmen eines Prozesses der strategischen Planung, nämlich

- der Ermittlung der strategischen Ausgangssituation;
- der Festlegung der strategischen Ziele;
- der Auswahl der geeignetsten Handlungsalternativen.

Die Ermittlung der strategischen Ausgangssituation dient der Generierung und Bereitstellung strategisch relevanter Informationen und der dadurch bedingten Schaffung eines strategischen Problembewußtseins. Sie beinhaltet die Frage, wo das Unternehmen zur Zeit

---

[9] Vgl. *Havermann*, Strategische Aspekte internationaler Konzentrationsprozesse bei Wirtschaftsprüfungsgesellschaften, in: Zeitaspekte in betriebswirtschaftlicher Theorie und Praxis – 50. Wissenschaftliche Jahrestagung des Verbandes der Hochschullehrer für Betriebswirtschaft e.V., hrsg. v. Hax u. a., Stuttgart 1988, S. 105–116.

steht, d. h. auf welchen Märkten es tätig ist, welche Produkte oder Dienstleistungen es herstellt und wo seine spezifischen Stärken und Schwächen liegen. Die Analyse der strategischen Ausgangssituation umschließt dabei zum einen eine Analyse der Umwelt des Unternehmens, zum anderen eine Analyse seiner spezifischen Situation.[10]

Die Umweltanalyse umfaßt mit der Analyse der politischen, gesellschaftlichen, wirtschaftlichen und technischen Entwicklung die allgemeinen Faktoren, die einen Einfluß auf die gegenwärtigen und zukünftigen Arbeitsgebiete des Unternehmens haben. Zum anderen beinhaltet sie eine Branchenanalyse, deren Aufgabe es ist, für den Industriesektor, in dem das Unternehmen tätig ist bzw. in Zukunft operieren will, die Marktsituation und die Wettbewerbskräfte zu ermitteln, von denen das Gewinnpotential und die Entwicklungsperspektiven der Branche abhängen.

Gegenstand der Analyse der individuellen Situation des Unternehmens ist die Ermittlung der kritischen Ressourcen und Potentiale unter Berücksichtigung der für das Unternehmen relevanten Umweltentwicklungen sowie die Beurteilung der kritischen Erfolgsfaktoren durch unmittelbaren Vergleich mit den Wettbewerbern.

2. Festlegung der strategischen Ziele

a) Strategieentwicklung auf Ebene der strategischen Geschäftseinheiten

Aufbauend auf den Ergebnissen der strategischen Analyse erfolgt im zweiten Schritt die Festlegung der strategischen Ziele. Dieser Schritt dient der Ermittlung eines „Soll-Profils" und gibt eine Anwort auf die Frage, wo das Unternehmen in Zukunft hin will, d. h. auf welchen Märkten es mit welchen Produkten künftig tätig sein will.

Bei der Entwicklung einer Unternehmensstrategie läßt sich insbesondere bei diversifizierten Unternehmen das gesamte Tätigkeitsfeld des Unternehmens als ein Portfolio sogenannter strategischer Geschäftsfelder oder strategischer Geschäftseinheiten darstellen. Dabei kann ein Unternehmensbereich (Division bzw. Sparte) mit einem strategischen Geschäftsfeld deckungsgleich sein oder mehrere strategische Geschäftsfelder umfassen. Ein einzelnes strategisches Geschäftsfeld kann wiederum mit einem Marktsegment deckungsgleich sein oder aber mehrere

---

[10] Vgl. dazu auch *Hinterhuber*, Strategische Unternehmensführung, Bd. I: Strategisches Denken, 5. Aufl., Berlin/New York 1992, S. 73 ff.

Marktsegmente umfassen.[11] Unter strategisch relevanten Geschäftseinheiten werden dabei solche relativ autonomen Einheiten verstanden, die, ausgehend von den vorhandenen oder künftigen Kundenanforderungen, in Abgrenzung zu anderen Produkt-/Marktkombinationen eine eigenständige Marktaufgabe erfüllen, eigene Wettbewerber und eine eigene Wettbewerbsfähigkeit und damit eigenständige Risiken und Chancen aufweisen.[12] Da sich die Analyse der Marktattraktivität und des relativen Marktanteils als den Schlüsselfaktoren im Wettbewerb der Unternehmen für die einzelnen strategischen Geschäftseinheiten völlig unterschiedlich darstellen kann, ist die Zergliederung des Unternehmens in strategische Geschäftseinheiten Voraussetzung für eine sinnvolle strategische Planung.[13]

Der Erfolg der einzelnen Geschäftseinheit hängt wesentlich davon ab, in welchem Umfang es ihr gelingt, ein Marktbedürfnis besser als ihre Mitbewerber zu befriedigen. Sie muß imstande sein, ein gleiches Produkt zu einem attraktiveren Preis, ein besseres Produkt zum gleichen Preis oder einem anderen Nutzen anzubieten, den die Abnehmer höher einschätzen als den Nutzen der Konkurrenzprodukte.[14] Ausgangspunkt für die Ermittlung eines „Soll-Profils" ist deshalb die Beantwortung der Frage, wie das Unternehmen hinsichtlich seiner Produkte oder Dienstleistungen relative Wettbewerbsvorteile gegenüber den Konkurrenzprodukten erzielen kann. Relative Wettbewerbsvorteile beziehen sich auf die Eigenschaften der Produkte oder Dienstleistungen und können ihre Ursache u. a. in

- einer Produktdifferenzierung,
- einer günstigen Kostensituation,
- einer wirksamen und flexiblen Organisation,
- einem gut ausgebildeten Mitarbeiterstamm etc.

haben.[15]

---

[11] Vgl. *Hahn,* Zweck und Entwicklung der Portfolio-Konzepte in der strategischen Unternehmensplanung, in: Hahn/Taylor (Hrsg.), Strategische Unternehmensplanung – Strategische Unternehmensführung, 5. Aufl., Heidelberg 1990, S. 223.
[12] Vgl. *Szyperski/Winand,* Grundbegriffe der Unternehmensplanung, Stuttgart 1980, S. 83.
[13] Zur Bildung von strategischen Geschäftseinheiten bei Wirtschaftsprüfungsgesellschaften vgl. *Tenhagen,* Strategisches Management in Wirtschaftsprüfungsunternehmen, Bergisch Gladbach/Köln 1992, S. 92ff.
[14] Vgl. *Hinterhuber,* a.a.O. (Fn. 10), S. 148.
[15] Vgl. *Hinterhuber,* a.a.O. (Fn. 10), S. 150.

Um die Lücke zwischen der gegenwärtigen Situation der strategischen Geschäftseinheit und der erstrebten Marktstellung zu schließen, müssen deshalb entsprechende Maßnahmen, wie z. B. Innovationen, Erlangung der Kostenführerschaft usw. geplant werden, mit denen die strategische Geschäftseinheit eine Position der Überlegenheit gegenüber den Konkurrenten aufbauen kann.

b) Strategieentwicklung auf Gesamtunternehmensebene

Die Formulierung einer Gesamtunternehmensstrategie ist auf die Festlegung der grundsätzlichen Entwicklungsrichtung des Unternehmens ausgerichtet und bestimmt im einzelnen, in welchen Märkten, Marktsegmenten oder Marktnischen es tätig sein will, welche Positionen die strategischen Geschäftseinheiten im Zielportfolio des Unternehmens einnehmen sollen, welche Ressourcen ihnen zur Erreichung der angestrebten Position zugeteilt werden sollen und wie die einzelnen Funktionsbereiche zur Realisierung eines möglichst großen Nutzens zu koordinieren sind.

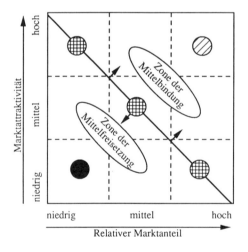

Für die Positionierung der strategischen Geschäftseinheiten und die Formulierung entsprechender Strategien kann dabei insbesondere auf das Instrumentarium der Portfolio-Analyse zurückgegriffen werden. Dabei werden die einzelnen strategischen Geschäftseinheiten, entsprechend der jeweiligen Einschätzung ihres relativen Marktanteils und der Marktattraktivität, in einer Matrix (Abb. 2) abgebildet.[16]

Abb. 2: Grundschema der Portfolio-Matrix[17]

---

[16] Zu weiteren Ausprägungen der Portfolio-Matrix vgl. *Hammer,* Unternehmensplanung, 4. Aufl., München 1991, S. 188 ff.
[17] In Anlehung an *Hinterhuber,* a.a.O. (Fn. 10), S. 109.

Da nach den der Portfolio-Analyse zugrunde liegenden Denkmodellen hohe Marktanteile hohe Gewinne bedeuten und große Wachstumsraten zu hohen Investitionen und Mittelabflüssen führen, während im Bereich niedriger Wachstumsraten Mittelfreisetzungen möglich sind, müssen deshalb, um die Überlebensfähigkeit und Rentabilität eines Unternehmens zu sichern, zukunftsorientierte, jedoch hohe Finanzmittel erfordernde und ensprechende Finanzmittelüberschüsse erwirtschaftende Produkte in einem ausgewogenen Verhältnis zueinander stehen. Entsprechend der Einschätzung der einzelnen strategischen Geschäftseinheiten hinsichtlich ihres relativen Marktanteils und der Marktattraktivität lassen sich daraus drei Normstrategien ableiten, nämlich

- Abschöpfungs- oder Desinvestitionsstrategien,
- Investitions- und Wachstumsstrategien,
- Selektive Strategien.[18]

Eine Abschöpfungsstrategie ist darauf ausgerichtet, das Gewinnpotential der bestehenden strategischen Geschäftseinheiten auf den gegenwärtigen Märkten durch Produktdifferenzierung, Rationalisierung etc. abzuschöpfen, während eine Desinvestitionsstrategie vor allem dann in Betracht kommt, wenn aufgrund der ungünstigen Stellung im Markt und der damit verbundenen ungünstigen Kostenstruktur eine Einstellung dieses Bereichs die sinnvollste Alternative ist.

Investitions- und Wachstumsstrategien sind darauf ausgerichtet, zusätzliches Wachstumspotential zum einen für die bestehenden Produktlinien, z. B. durch die Erschließung neuer geographischer Märkte, durch die Entwicklung neuer Produkte für die bestehenden Märkte oder, als Diversifikationsstrategie, für das Vordringen in neue Märkte, zu erschließen.

Selektive Strategien schließlich können in Form von Defensivstrategien darauf gerichtet sein, durch laufende Produktdifferenzierung, Verbesserung der Kundenbeziehungen etc. die Mitbewerber davon abzuhalten, in dieses Marktsegment einzudringen. Als Offensivstrategien hingegen sind sie darauf ausgerichtet, durch Verfahrensinnovationen, Standortanpassungen etc. eine Position der Stärke in dem jeweiligen Marktsegment aufzubauen.

---

[18] Vgl. *Hinterhuber*, a.a.O. (Fn. 10), S. 171 ff.

c) *Übertragbarkeit normativer Modelle der Strategieentwicklung auf Wirtschaftsprüfungsgesellschaften*

Der Portfolio-Analyse liegen mit der Lebenszykluskurve und der Erfahrungskurvenhypothese zwei Modelle zugrunde, die auf bestimmten, empirisch nachgewiesenen Gesetzmäßigkeiten beruhen.[19] Eine Übertragbarkeit der aus der Portfolio-Analyse abgeleiteten Normstrategien auf Wirtschaftsprüfungsgesellschaften setzt deshalb voraus, daß auch bei ihnen die Gesetzmäßigkeiten dieser Modelle Gültigkeit beanspruchen können.

Die Lebenszykluskurve beschreibt ein empirisch nachgewiesenes Phänomen, nach der der Lebenszyklus eines Produktes in vier Phasen eingeteilt werden kann, nämlich

- Einführungsphase,
- Wachstumsphase,
- Reifephase und
- Sättigungsphase.

Die Einführungsphase ist durch einen hohen Kapitalbedarf aufgrund der hohen Entwicklungs- und Einführungskosten und der noch geringen Absatzmenge sowie eine dadurch bedingte niedrige bzw. negative Rentabilität gekennzeichnet.

In der Wachstumsphase steigt der Umsatz zwar überproportional an, jedoch bedingen die erforderlichen Erweiterungsinvestitionen noch einen erheblichen Kapitalbedarf, so daß sich das Umsatzwachstum noch nicht unmittelbar verbessernd auf die Rentabilität auswirken kann.

In der Reifephase wird das Umsatzmaximum erreicht, wobei sich gleichzeitig der Kapitalbedarf auf die für das Halten des Marktanteils notwendigen Investitionen reduziert und damit eine Maximierung der Rentabilität bewirkt.

In der Sättigungsphase sind Umsatz, Gewinn und Rentabilität rückläufig, da verbesserte Produkte auf den Markt drängen und zu einem entsprechenden Preisdruck bzw. einer Änderung des Nachfrageverhaltens führen.

Maßgeblich für den Verlauf der Lebenszykluskurve sind Veränderungen im gesellschaftlichen, sozialen und technischen Bereich, wie z. B.

---

[19] Zu den Implikationen dieser Modelle vgl. *Hammer*, a.a.O. (Fn. 16), S. 144 ff.

Änderungen im Einkommensbereich oder im Umweltbewußtsein, Modeänderungen oder Fortschritte in der Fertigungstechnologie, denen die von Wirtschaftsprüfungsgesellschaften erbrachten Leistungen nicht im gleichen Maße unterliegen wie Produkte beispielsweise im Konsum- oder Investitionsgüterbereich, da das Angebot von und die Nachfrage nach Wirtschaftsprüferleistungen nicht nur vom Markt, sondern auch und in besonderem Maße von gesetzlichen Bestimmungen geregelt ist.[20] Gleichwohl ist auch das Leistungsspektrum von Wirtschaftsprüfungsgesellschaften, insbesondere soweit Tätigkeiten betroffen sind, die nicht zu den Vorbehaltsaufgaben des Wirtschaftsprüfers zählen, aufgrund sich verändernder Mandantenerwartungen einem Entwicklungsprozeß unterworfen, auf den die durch die Lebenszykluskurve bedingten Grundverhaltensweisen prinzipiell übertragbar sind.[21]

Das Erfahrungskurvenkonzept als zweites der Portfolio-Analyse zugrunde liegendes Denkmodell beschreibt eine empirisch abgeleitete Gesetzmäßigkeit, derzufolge mit jeder Verdoppelung der in der kumulierten Ausbringungsmenge ausgedrückten Produkterfahrung die realen Stückkosten um einen konstanten Prozentsatz sinken. Als maßgebliche, diesen Effekt verursachende Einflußfaktoren werden dabei insbesondere Lerneffekte, Größendegressionseffekte sowie Produkt- und Verfahrensinnovationen angesehen.

Die wesentliche, aus der Erfahrungkurvenhypothese abgeleitete Schlußfolgerung, daß sich mit zunehmendem Marktanteil das Kostensenkungspotential vergrößert und bei dessen Nutzung durch das Management die Profitabilität verbessert werden kann, trifft im Grundsatz auch für Wirtschaftsprüfungsgesellschaften zu, da auch bei ihnen die für dieses Phänomen verantwortlichen Lernprozeß-, Größendegressions- und Rationalisierungseffekte auftreten. So ermöglicht die Ausweitung des Marktanteils beispielsweise eine Erfahrungsakkumulation und Aufgabenspezialisierung der Mitarbeiter, eine Verbesserung der Personalauslastung, Verfahrensinnovationen durch die Entwicklung einheitlicher Prüfprogramme und ähnliche Maßnahmen.

Jedoch sind der Realisierung solcher Effekte bei Wirtschaftsprüfungsgesellschaften aufgrund der Tatsache, daß der individuelle Charakter der von ihnen erbrachten Dienstleistungen eine Standardisierung

---

[20] Dies gilt insbesondere für die sog. Vorbehaltsaufgaben des Wirtschaftsprüfers.
[21] Ein Beispiel für sich verändernde Aufgabenstellungen ist der sog. Umweltaudit. Vgl. dazu *Förschle*, Umwelt-Audit als Betätigungsfeld für Wirtschaftsprüfer, WPK-Mitteilungen 1994, S. 1-8. Vgl. dazu auch den Beitrag von *Stolberg*, S. 739 ff., in diesem Band.

nur in sehr eingeschränktem Umfang ermöglicht, enge Grenzen gesetzt. Von daher erscheint eine Übertragbarkeit der Erfahrungskurvenhypothese in der Form eines exakt quantifizierbaren, funktionalen Zusammenhangs zwischen Kosten und Marktanteilen nicht möglich.[22]

Wenn somit eine am Portfolio-Konzept orientierte strategische Ausrichtung des Leistungsprogramms bei Wirtschaftsprüfungsgesellschaften aufgrund der diesem Konzept immanenten Prämissen nur mit Einschränkungen möglich ist, so erscheint die Portfolio-Methodik gleichwohl als Visualisierungs- und Kommunikationsinstrument auch bei Wirtschaftsprüfungsgesellschaften geeignet, den Prozeß der Allokation finanzieller, materieller und personeller Ressourcen zum Aufbau und zur Erhaltung solcher Erfolgspotentiale transparent zu machen, mit denen auf Dauer die Überlebensfähigkeit des Unternehmens gesichert werden kann.

3. Handlungsalternativen zur Umsetzung der strategischen Zielsetzungen

a) Die Unternehmensakquisition im Vergleich zu anderen Handlungsalternativen

Bei der Auswahl der geeignetsten Handlungsalternativen zur Umsetzung der strategischen Ziele als dritter Stufe der strategischen Planung kommen im Regelfall folgende Handlungsalternativen in Betracht:[23]

- Selbermachen/Internes Wachstum (Investition, Gründung),
- Lizenzen/Patente,
- Fremdbezug/Lohnherstellung,
- Kooperation,
- Akquisition.

Gegenüber den anderen Handlungsalternativen weist die Akquisition den Vorteil auf, daß sie eine überschaubare und schnelle Realisierung der Zielsetzung verspricht. Die Akquisition bietet die Möglichkeit, „Zeit zu kaufen", da sich die gewünschten Wirkungen schneller einstellen als bei einer Strategie des Selbermachens. Dies ist insbesondere dann von Vorteil, wenn die Akquisition eine Reaktion auf bereits eingetretene

---

[22] Vgl. *Tenhagen*, a.a.O. (Fn. 13), S. 82.
[23] Vgl. *Sieben/Sielaff (Hrsg.)*, Unternehmensakquisition, Bericht des Arbeitskreises „Unternehmensakquisition" der Schmalenbach Gesellschaft – Deutsche Gesellschaft für Betriebswirtschaft e.V., Stuttgart 1989, S. 14.

Diskontinuitäten darstellt, da sie in diesem Fall, um effektiv wirken zu können, ohne zeitliche Verzögerung erfolgen muß.[24] Ein weiterer Vorteil der Akquisition im Vergleich zu den anderen Handlungsalternativen besteht darin, daß es häufig nur auf diese Weise möglich ist, Mitarbeiter mit der notwendigen führungsmäßigen Kompetenz und fachlichen Qualifikation gewinnen zu können.[25]

Eine Entscheidung für eine Akquisition wird häufig auch mit der Möglichkeit begründet, Synergie- oder Verbundvorteile zu realisieren. Als Verbundvorteile werden dabei solche Vorteile bezeichnet, die daraus resultieren, daß das Käuferunternehmen oder das gekaufte Unternehmen über Ressourcen verfügt, die es allein nicht wirtschaftlich ausnutzen kann.[26] Nach *Ansoff* ist dabei zu unterscheiden zwischen sog. Gründungssynergien (start-up synergies) und Betriebssynergien (operating synergies).[27] Mit Gründungssynergien wird dabei der Vorteil bezeichnet, daß etablierte Unternehmen besser in neue Industrien diversifizieren und dort Marktpositionen aufbauen können als Neugründungen.[28] Während der Gründungsphase sei ein Unternehmen, das eine eigene Organisation aufbauen, branchenadäquate Entscheidungsprozesse entwickeln, neue Komponenten erwerben und bei den Kunden Akzeptanz finden müsse, gegenüber den auf dem jeweiligen Markt bereits etablierten Wettbewerbern benachteiligt und müsse während dieser Phase häufig ein „Lehrgeld" bezahlen.

Betriebssynergien bezeichnen dagegen jene andauernden Wettbewerbsvorteile, die dem Unternehmen im laufenden Geschäftsbetrieb im Vergleich zu nicht diversifizierten Unternehmen entstehen. Solche Wettbewerbsvorteile, die sich in allen betriebswirtschaftlichen Funktionsbereichen ergeben können, haben ihre Ursache in Größendegressionseffekten (economies of scale), d. h. der gemeinsamen Nutzung unteilbarer Faktoren durch mehrere Geschäftseinheiten, bzw. bei Mehrproduktunternehmen auch in sog. Reichweiteneffekten (economies of

---

[24] Vgl. *Klein/Kleefisch,* Akquisition im Binnenmarkt als Bestandteil künftiger Unternehmensstrategie, in: Wirtschaftsprüfung im Gemeinsamen Markt 1992, hrsg. v. Warth & Klein, Stuttgart 1989, S. 63–113, hier S. 73.
[25] Vgl. *Sieben/Sielaff (Hrsg.),* a.a.O. (Fn. 23), S. 14.
[26] Vgl. *Bühner/Spindler,* Synergieerwartungen bei Unternehmenszusammenschlüssen, DB 1986, S. 601–606, hier S. 604.
[27] Vgl. *Ansoff,* Management-Strategie, München 1966, S. 75 ff.
[28] In der Literatur wird in diesem Zusammenhang teilweise auch von economies in expansion gesprochen. Vgl. *Penrose,* The Theory of the Growth of the Firm, London 1959, S. 67 ff.

scope).[29] Die Einzelmaßnahmen zur Erschließung möglicher Betriebssynergien, die güterwirtschaftlicher oder finanzwirtschaftlicher Art sein können, lassen sich wie folgt systematisieren:

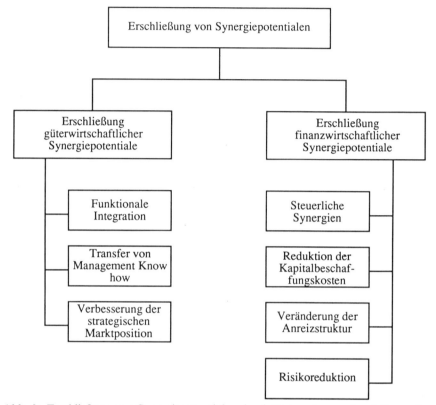

Abb. 3: Erschließung von Synergiepotentialen durch Unternehmensakquisitionen[30]

Allerdings ist die Existenz von Synergien bzw. die Möglichkeit, diese zu realisieren, in jüngerer Zeit zunehmend in Frage gestellt worden. Als Hauptursache wird dabei die mangelnde Fähigkeit des Managements gesehen, die Verschiedenartigkeit von Unternehmensteilen in Synergien umzusetzen. Die Aufnahme fremder Geschäftstätigkeiten durch externe Diversifikation führe auch dazu, daß das Management sich nicht mehr mit der notwendigen Sorgfalt den unterschiedlichen Problemen der einzelnen Unternehmensteile widmen könne.[31]

---

[29] Vgl. *Coenenberg/Sautter,* Strategische und finanzielle Bewertung von Unternehmensakquisitionen, DBW 1988, S. 691–710, hier S. 700.
[30] Vgl. *Coenenberg/Sautter,* DBW 1988, S. 699.
[31] Vgl. *Bühner/Spindler,* DB 1986, S. 601 f.

b) Die Bestimmung der zieladäquaten Beteiligungshöhe

Eine Realisierung der mit der Akquisition verfolgten Ziele setzt voraus, daß die Höhe der erworbenen Beteiligung eine diesen Zielen adäquate Einbindung in das Käuferunternehmen erlaubt. Unter dem Gesichtspunkt der Beeinflussung des Beteiligungsunternehmens im Hinblick auf ein gemeinsames Konzernziel ist grundsätzlich eine möglichst hohe Anteilsquote anzustreben, da in dieser Konstellation potentielle Konflikte mit den übrigen Anteilseignern und dem Geschäftsführungsorgan weitgehend ausgeschaltet werden. Gleichzeitig nimmt jedoch mit steigender Anteilsquote auch die Finanzierungs- und Risikolast zu. Aus Sicht des Erwerbers steht somit die Frage, welche Anteilsquote an dem Beteiligungsunternehmen gehalten werden soll, im Spannungsfeld zwischen maximalem unternehmerischem Einfluß und minimalem finanziellem Engagement.[32]

Wie Abbildung 4 zeigt, bestehen in der Beteiligungshöhe zwischen Industrieunternehmen und Wirtschaftsprüfungsgesellschaften beachtliche Unterschiede. Während im Industriebereich die Anteilsquote bei 72,4% der untersuchten Beteiligungen über 50% der Anteile und in 56,3% der Fälle sämtliche Anteile umfaßt, werden bei den untersuchten Wirtschaftsprüfungsgesellschaften bei 94,4% der untersuchten Beteiligungen über 50% der Anteile und in 81,5% der Fälle sämtliche Anteile von der Obergesellschaft gehalten.

Beteiligungskategorie	Beteiligungs- höhe	Anzahl der Beteiligungen in %	
		Industrie	WPG
Alleinbeteiligung	x = 100	56,3%	81,5%
Eingliederungsbeteiligung	95 ≤ x < 100	3,9%	4,9%
Qualifizierte Mehrheitsbeteiligung	75 ≤ x < 95	4,1%	1,2%
Einfache Mehrheitsbeteiligung	50 ≤ x < 75	8,1%	6,8%
Paritätische Beteiligung	x = 50	12,2%	2,5%
Sperrminderheitsbeteiligung	25 ≤ x < 50	11,2%	3,1%
Viertelbeteiligung	x = 25	4,2%	0,0%

Abb. 4: Vergleich der Beteiligungshöhen von Industrieunternehmen und Wirtschaftsprüfungsgesellschaften[33]

---

[32] Vgl. *Binder*, Beteiligungsstrategien in der Konzernpraxis, AG 1994, S. 391-396.
[33] Zu den Anteilsquoten der Industrieunternehmen vgl. *Binder*, AG 1994, S. 392. Die Anteilsquoten der in Abb. 1 genannten Wirtschaftsprüfungsgesellschaften wurden den Geschäftsberichten dieser Gesellschaften entnommen.

Ein wesentlicher Grund dafür, daß der Prozentsatz der Beteiligungen, die sich zu 100% im Besitz von Wirtschaftsprüfungsgesellschaften befinden, wesentlich höher als im industriellen Bereich liegt, ist die Tatsache, daß es sich, wie bereits oben gezeigt, bei den erworbenen Unternehmen überwiegend um kleine oder mittelständische Praxen handelt, bei denen nicht nur die bisherige Eignerstruktur einen Vollerwerb erleichtert,[34] sondern bei denen im Hinblick auf die absolute Höhe des Kaufpreises entsprechend auch Finanzierungs- und Risikoaspekte im Interesse des zur Gewährleistung eines maximalen unternehmerischen Einflusses gebotenen Vollerwerbs eine eher untergeordnete Rolle spielen dürften.

Wenn dennoch in Einzelfällen auf einen Vollerwerb verzichtet wurde, so dürfte es sich dabei zum einen um solche Fälle handeln, in denen dem bisherigen Inhaber im Interesse einer reibungslosen Fortführung der Mandate für eine Übergangszeit eine Minderheitsbeteiligung eingeräumt wurde. Zum anderen betrifft dies, soweit aus den ausgewerteten Unterlagen ersichtlich, überwiegend Beteiligung an Unternehmensberatungsgesellschaften, bei denen offenbar ohne vollständige konzernrechtliche Einbindung eine langfristig angelegte Zusammenarbeit kapitalmäßig unterlegt werden sollte. Eine solche Strategie erscheint insbesondere sinnvoll, wenn trotz der eingegangenen gesellschaftsrechtlichen Verbindung die Beratungsgesellschaft nach außen weiterhin ein möglichst hohes Maß unternehmerischer Eigenständigkeit dokumentieren möchte, um auf ihren angestammten Märkten auch in Zukunft erfolgreich operieren zu können.

III. Akquisitionen zur Umsetzung strategischer Ziele bei Wirtschaftsprüfungsgesellschaften

1. Strategische Ausgangssituation

Die strategische Ausgangssituation, wie sie sich heute für die großen deutschen Wirtschaftsprüfungsgesellschaften darstellt, läßt sich grob wie folgt skizzieren:

- Alle großen Wirtschaftsprüfungsgesellschaften verfolgen, wenngleich mit unterschiedlicher Intensität, ein sog. Full-Service-Konzept.

---

[34] Hinzu kommt, daß die Beschränkung des Gesellschafterkreises von Wirtschaftsprüfungs- bzw. Steuerberatungsgesellschaften aufgrund der berufsrechtlichen Regeln (§§ 28 Abs. 4 WPO, 50a StBerG) eine breite Streuung der Anteile verhindert.

Darunter wird ein Konzept verstanden, daß darauf ausgerichtet ist, den Mandanten in mehr oder weniger starkem Umfang sämtliche Dienstleistungen anzubieten, die nach dem Berufsrecht mit dem Beruf des Wirtschaftsprüfers vereinbar sind. Den Anteil der, typisierend mit den Schlagworten „Prüfung", „Steuerberatung" und „Unternehmensberatung" umschriebenen, Dienstleistungsbereiche am Gesamtumsatz der Unternehmen zeigt die folgende Übersicht (Abb. 5):

Gesellschaft	Prüfung %	Steuer- beratung %	Unternehmens- beratung %	Sonstige %
KPMG Deutsche Treuhand-Gesellschaft	67	17	11	5
C & L Deutsche Revision[36]	66	19	15	-
Schitag Ernst & Young	48	30	22	-
Arthur Andersen & Co.	66	28	6	-
Wollert Elmendorff	57	17	22	4
Price Waterhouse	– keine Angaben –			
BDO Deutsche Warentreuhand	66	23	10	1

Abb. 5: Aufgliederung der Umsatzerlöse nach Erlösarten[35]

- Die Standardleistungen der Abschlußprüfung und der Steuerberatung im Sinne der sog. Deklarationsberatung weisen nur geringe Wachstumsraten auf. Gleichzeitig nimmt der Honorardruck in diesem Bereich weiter zu. Dieser wird noch verschärft durch die zunehmende Praxis von Mandanten, Prüfungsaufträge in regelmäßigen Abständen auszuschreiben und die dabei verstärkt feststellbaren Bemühungen von Mitbewerbern, durch Preisunterbietungen diese Aufträge zu erlangen.
- Im Bereich der qualifizierten Steuerberatung treten Rechtsanwälte durch die Gründung überörtlicher oder supranationaler Vereinigun-

---

[35] Die Angaben wurden den jeweils letzten im BAnz (Stand 29. 10. 1994) veröffentlichten Jahresabschlüssen der Gesellschaften entnommen. Wegen der teilweise unterschiedlichen Abgrenzung der einzelnen Erlösarten sind die Zahlen jedoch nur bedingt vergleichbar.

[36] Die Angaben für C&L betreffen nur die C&L Treuhand-Vereinigung Deutsche Revision AG. Eine entsprechende Aufgliederung für die C&L Treuarbeit Deutsche Revision AG wird in deren Geschäftsbericht nicht gegeben.

gen und durch die Aufnahme von Steuerberatern oder die Kooperation mit Steuerberaterpraxen zunehmend als Wettbewerber auf.[37]
- Für den Bereich der Unternehmensberatung werden zwar höhere Wachstumsraten prognostiziert als für den Bereich der Abschlußprüfung. Gleichzeitig hat sich jedoch gerade in den letzten Jahren gezeigt, daß die Nachfrage nach Unternehmensberatungsleistungen in wesentlich stärkerem Maße als etwa die Abschlußprüfung oder Steuerberatung konjunkturellen Einflüssen ausgesetzt ist.[38] Hinzu kommt, daß insbesondere Banken im Rahmen ihrer strategischen Ausrichtung zu sog. Allfinanzkonzernen mit eigenen Beratungsgesellschaften verstärkt in diesen Markt drängen.[39]

Die Frage, ob den Herausforderungen, die sich aufgrund dieser Marktveränderungen ergeben, am besten durch die Konzentration auf die klassischen Tätigkeitsgebiete, die Suche nach profitablen Marktnischen, durch weitere Diversifikation oder andere Maßnahmen begegnet werden kann, läßt sich nicht global beantworten, sondern nur in Abhängigkeit von der derzeitigen Marktstellung der jeweiligen Gesellschaft und ihrer Einschätzung hinsichtlich der künftigen Entwicklung. Gleichwohl soll, ausgehend von den in den Geschäftsberichten der Gesellschaften getroffenen Aussagen über die von ihnen verfolgte Unternehmenspolitik, nachfolgend untersucht werden, inwieweit eine Akquisitionsstrategie zur Umsetzung der strategischen Ziele bei Wirtschaftsprüfungsgesellschaften beitragen kann.

2. Strategien zur Sicherung und Erweiterung der vorhandenen Marktstellung

a) Absicherung der bestehenden Mandantenbeziehungen

Jede Wirtschaftsprüfungsgesellschaft wird, bevor sie auf die Akquisition neuer Mandate ausgerichtete Strategien ergreift, in erster Linie ver-

---

[37] Vgl. bspw. die Mitteilung über den Zusammenschluß der Sozietäten Boden Oppenhoff Razor und Rädler Raupach Bezzenberger in FAZ vom 4. 1. 1995, S. 18, in der ausdrücklich auf die Kompetenz im deutschen und internationalen Steuerrecht hingewiesen wird.
[38] Vgl. Wirtschaftswoche vom 15. 12. 1994, S. 65.
[39] Vgl. bspw. den Erwerb von Roland Berger & Partner durch die Deutsche Bank, FAZ vom 7. 8. 1987, S. 18 und die Beteiligung der Commerzbank an der Baumgartner + Partner Unternehmensberatung, HB vom 7.7.1989, S. 14.

suchen, den Bestand der vorhandenen Mandate abzusichern.[40] Dabei ist das Risiko eines Mandatsverlustes um so größer, je geringer der Anteil der höherwertigen Beratung, die bei einem Mandanten erbracht wird, im Vergleich zum sogenannten „Compliance Work"[41] ist. Ist die Wirtschaftsprüfungsgesellschaft beispielsweise nur als Abschlußprüfer tätig, während steuerliche und/oder betriebswirtschaftliche Beratungsleistungen weitestgehend von Mitbewerbern erbracht werden, so besteht die Gefahr, daß das Mandat langfristig verloren geht, indem der Mitbewerber auch mit der Jahresabschlußprüfung beauftragt wird. Da davon ausgegangen werden kann, daß in der Qualität des Compliance Work zwischen den großen deutschen Wirtschaftsprüfungsgesellschaften keine signifikanten Unterschiede bestehen, kann deshalb ein Wettbewerbsvorsprung am ehesten über den Umfang und die Qualität der höherwertigen Beratungsleistungen erzielt werden.

Eine Strategie, die, ausgehend von dem vorhandenen Leistungsangebot, darauf ausgerichtet ist, die vorhandenen Mandantenbeziehungen abzusichern, setzt voraus, daß der Wirtschaftsprüfer besser als seine Mitbewerber in der Lage ist, die Probleme seiner Mandanten zu erkennen und sie im Rahmen eines Full-Service-Konzeptes durch konstruktive, qualitativ hochwertige Serviceleistungen bei der Lösung dieser Probleme zu unterstützen. Sie muß deshalb in erster Linie solche Maßnahmen umfassen, die geeignet sind, das Potential der höherwertigen Dienstleistungen bei den vorhandenen Mandanten zu verbessern, um, in der Regel ausgehend von den Prüfungsmandaten, durch eine Intensivierung des Cross-selling eine Ausweitung der Steuerberatungs- und Unternehmensberatungsleistungen bei diesen Mandaten zu erreichen (sog. audit based penetration).

Für die Verfolgung einer solchen, vom derzeitigen Umfang des Leistungsangebotes ausgehenden, Strategie stellt eine Akquisition allerdings normalerweise keine sinnvolle Handlungsalternative dar. Eine Verbesserung des Cross-selling läßt sich vielmehr in erster Linie durch interne Maßnahmen erreichen, die eine stärkere Orientierung an den Bedürfnissen der Mandanten gewährleisten. Diese müssen deshalb abzielen auf eine

---

[40] Dies schließt selbstverständlich die Trennung von solchen Mandaten nicht aus, deren Fortführung im Hinblick auf die gestiegenen Haftungsrisiken unter Qualitätskontrollgesichtspunkten nicht mehr vertretbar erscheint. Vgl. auch „Auch Schweizer Prüfer werden vorsichtiger", FAZ vom 11. 11. 1994, S. 18.

[41] Unter Compliance Work wird dabei im wesentlichen die Abschlußprüfung und die Steuerdeklarationsberatung verstanden.

- Stärkung des Problembewußtseins der Mitarbeiter für die Bedürfnisse der Mandanten (Schaffung einer Beratermentalität);
- Verbesserung der Kenntnisse der Mitarbeiter für die Durchführung von Beratungsaufgaben insbesondere in den prüfungsnahen Bereichen (Schaffung einer Beraterkompetenz);
- Ausrichtung der internen Struktur auf die Bedürfnisse der Mandanten (Schaffung einer Beraterinfrastruktur).

Zu den letztgenannten Maßnahmen gehört beispielsweise der Abbau von Schranken zwischen den funktionalen Bereichen durch Einführung branchen- und/oder dienstleistungsbezogener Strukturen, eine funktionsübergreifende Teamzusammensetzung (client service teams), die Einrichtung sog. „intelligence centers" etc.[42]

b) Erweiterung des Dienstleistungsangebotes

Die Verfolgung eines full service Konzeptes, mit dem den Mandanten die Möglichkeit geboten werden soll, die jeweils gewünschte Unterstützung „aus einer Hand" zu erhalten, beinhaltet neben den klassischen Tätigkeiten der Jahresabschlußprüfung und der Steuerberatung insbesondere die Erbringung sog. audit related services, d. h. von Beratungsleistungen, die ihren Ursprung in der Abschlußprüfung und dem daraus erworbenen Know how haben. Wenngleich die Grenzen zwischen audit related services und der Unternehmensberatung im engeren Sinne fließend sind, so können für den Bereich der audit related services doch beispielhaft folgende Tätigkeiten genannt werden:

- Durchführung von Kostenanalysen und Rationalisierungsuntersuchungen,
- Planung und Implementierung von Kostenrechnungssystemen,
- Einrichtung von Controllingsystemen,
- Durchführung von Schwachstellenanalysen,
- Entwicklung und Implementierung betrieblicher Ablaufsysteme,
- Unternehmensbewertungen.

Eine Erweiterung des Dienstleistungsangebots im Bereich der audit related services stellt dabei in erster Linie eine Defensivstrategie dar,

---

[42] Zur interdisziplinären Teamzusammensetzung vgl. Schitag, Geschäftsbericht 1993, S. 5; zum Aufbau branchen- und dienstleistungsorientierter Netzwerke sowie der Schaffung von „Centers of Competence" vgl. KPMG, Geschäftsbericht 1993, S. 15.

da sie primär darauf ausgerichtet ist, die Wettbewerbsposition bei den bestehenden Mandaten abzusichern.[43]

Davon zu unterscheiden ist der Auf- oder Ausbau des Leistungsangebots im Bereich der Unternehmensberatung im engeren Sinne, zu dem beispielsweise

- Strategieberatung,
- Entwicklung und Implementierung von Fertigungs- und Logistiksystemen,
- Büroautomation,
- Datenbankmodellierung und -realisierung,
- Führungskräfteauswahl,
- System- und Anwendungsprogrammierung u. ä.

zu zählen sind. Ob eine solche Diversifikationsstrategie, die primär darauf abzielt, neue Dienstleistungen für neue Märkte zu entwickeln, insbesondere, wenn sie extensiv verfolgt wird, sinnvoll ist,[44] hängt insbesondere davon ab, ob es gelingt, das erforderliche Know how vorzuhalten und in den Augen der potentiellen Nachfrager als kompetenter Problemlöser in Konkurrenz zu den Beratern oder Beratungsgesellschaften anerkannt zu werden, die in dem jeweiligen Marktsegment bereits etabliert sind.[45]

---

[43] Eine auf den Ausbau des Dienstleistungsangebotes im prüfungsnahen Bereich ausgerichtete Strategie findet sich bspw. bei KPMG, Geschäftsbericht 1993, S. 20; Arthur Andersen, Geschäftsbericht 1993, S. 19. Dagegen lassen die Ausführungen im Geschäftsbericht der C&L Treuhand-Vereinigung, S. 6 („Wir haben ... Anstrengungen unternommen, um ... neue Produkte anzubieten.") nicht erkennen, ob dies ausschließlich den Bereich der prüfungsnahen Beratung betrifft.

[44] Arthur Andersen, Geschäftsbericht 1993, S. 19 sprechen sich dezidiert für eine Beschränkung des Leistungsangebots auf den prüfungsnahen Bereich aus („Dabei umfaßt unser Angebot ausschließlich Leistungen, die unsere Kernbereiche Wirtschaftsprüfung und Steuerberatung sinnvoll erweitern."). Allerdings ist bei der Würdigung dieser Beschränkung das Leistungsspektrum der Schwestergesellschaft Andersen Consulting GmbH mit zu berücksichtigen. Eine Strategie der Erweiterung des Leistungsangebots im Bereich der Unternehmensberatung in engeren Sinne wird dagegen ausdrücklich von KPMG und Price Waterhouse verfolgt (vgl. KPMG, Geschäftsbericht 1993, S. 20: „Beachtliche Investitionen flossen ... in die Entwicklung einer Standardsoftware zur Vermögensverwaltung für Versicherungen, Finanzdienstleister und große Industrieunternehmen" sowie Price Waterhouse, BAnz Nr. 107 vom 11. 6. 1994 S. 3861: „Im Bereich Unternehmensberatung im engeren Sinne wurden die ... Investitionen mit dem Ziel der marktorientierten ... Expansion unserer Ressourcen fortgesetzt").

[45] Kritisch zu einer Diversifikationsstrategie, die auf Marktsegmente ausgerichtet ist, die von einem oder wenigen Unternehmen beherrscht werden *Hinterhuber,* a.a.O. (Fn. 10), S. 173.

Die Verfolgung einer Diversifikationsstrategie setzt deshalb eine umfassende Branchen- und Konkurrenzanalyse voraus, da mit zunehmender Entfernung von den „klassischen" Tätigkeitsbereichen das Risiko von Fehleinschätzungen der jeweiligen Marktsituation und -entwicklung steigt und damit den Erfolg der geplanten Strategie gefährdet. Hinzu kommt, daß den Wirtschaftsprüfungsgesellschaften aufgrund des berufsrechtlichen Werbeverbotes im Vergleich zu den Mitbewerbern auf diesen Märkten nur ein eingeschränktes Marketing-Instrumentarium zur Verfügung steht.[46] Zwar steht dem die Tatsache gegenüber, daß der Wirtschaftsprüfer aufgrund seines regelmäßigen Kontakts mit dem Mandanten und der im Rahmen der Abschlußprüfung gewonnenen Kenntnisse über das Unternehmen, anders als ein fremder Berater, häufig auf umfangreiche Voranalysen zur Ermittlung der spezifischen Probleme des Mandanten und des Unternehmensumfeldes verzichten kann. Dies läßt sich jedoch nur dann als strategischer Vorteil nutzen, wenn die jeweiligen Beratungsleistungen mit der gleichen, hohen Qualität wie von den auf diese Tätigkeitsbereiche spezialisierten Mitbewerbern erbracht werden, da die Tatsache, daß die Wirtschaftsprüfungsgesellschaft die Leistungen aus einer Hand erbringen kann, von den Mandanten per se nicht als strategischer Vorteil angesehen wird.

Die Umsetzung einer entsprechenden Diversifikationsstrategie kann dabei grundsätzlich durch interne Maßnahmen, wie die Ausbildung bzw. Einstellung entsprechender Mitarbeiter, Tätigung notwendiger Sachinvestitionen etc. erfolgen. Allerdings ist zu berücksichtigen, daß hier die Markteintrittsbarrieren wesentlich höher sind als z. B. bei einer Erweiterung des Dienstleistungsangebotes im Bereich der audit related services, da je nach Grad der angestrebten Produktdifferenzierung die Anerkennung eines den in dem jeweiligen Bereich traditionell tätigen Beratern zumindest vergleichbaren Problemlösungspotentials durch den Markt häufig nur sehr langfristig erreichbar ist.

Wenngleich vor diesem Hintergrund die Akquisition eines in dem entsprechenden Marktsegment etablierten Unternehmens durchaus als vorziehenswürdige Handlungsalternative erscheinen kann, so ist jedoch zu prüfen, ob durch die Einbeziehung in den Verbund mit einer Wirtschaftsprüfungsgesellschaft die vorhandene Marktstellung des akquirierten Unternehmens tangiert wird. Eine solche Beeinflussung der Marktstellung des erworbenen Unternehmens kann sich dabei insbesondere durch die aufgrund der Einbeziehung in einen Konzernverbund

---
[46] Vgl. § 52 WPO.

eintretende Imageänderung sowie durch eventuelle Wettbewerbsnachteile gegenüber den bisherigen Mitbewerbern ergeben, die daraus resultieren, daß das erworbenen Unternehmen dem für Wirtschaftsprüfungsgesellschaften geltenden Werbeverbot unterfallen kann.[47]

Um solche Nachteile zu vermeiden, bietet sich als Alternative zum Beteiligungserwerb ggfs. an, mit dem betreffenden Unternehmen ohne kapitalmäßige Verflechtung eine vertragliche Kooperation in den entsprechenden Bereichen einzugehen.[48] Dies erscheint insbesondere dann sinnvoll, wenn bei grundsätzlicher Aufrechterhaltung des derzeitigen Leistungsspektrums eine bloße Abrundung in solchen Bereichen vorgenommen werden soll, die von den Mandanten nur fallweise nachgefragt werden, wo aber gleichwohl erwartet wird, daß der Wirtschaftsprüfer als Ansprechpartner bei der Lösung dieser Fragen zur Verfügung steht.

c) Ausbau der geographischen Präsenz

Es ist unabdingbar, „daß das operative Geschäft einer landesweit tätigen WP-Gesellschaft dezentral, d. h. möglichst mandantennah organisiert ist."[49] Dabei ist jedoch hinsichtlich des Grades einer solchen Dezentralisierung nach der Mandantenstruktur und der Art der erbrachten Dienstleistungen zu differenzieren, da die Mandantennähe beispielsweise bei mittelständischen Mandanten, bei denen die kontinuierliche Betreuung insbesondere in steuerlichen, rechtlichen und betriebswirtschaftlichen Fragen im Mittelpunkt steht, eine wesentlich bedeutendere Rolle spielt als etwa bei der Prüfung multinationaler Konzerne. Auch für die Bemühungen zur Erlangung von Aufträgen beispielsweise aus dem kommunalen Bereich ist eine Präsenz vor Ort hilfreich, wenn nicht sogar unabdingbar. Der Ausbau der geographischen Präsenz stellt daher bei den großen Wirtschaftsprüfungsgesellschaften fast ausnahmslos ein wesentliches strategisches Ziel dar.[50]

---

[47] Das Werbeverbot des § 52 WPO gilt auch für Beteiligungsunternehmen von Wirtschaftsprüfungsgesellschaften mit weitgehend übereinstimmender Firmierung. Vgl. WP-Handbuch 1992, Bd. I, A Tz. 237.

[48] Zur Verfolgung einer Kooperationsstrategie mit einem Software-Haus vgl. BDO, Geschäftsbericht 1993, S. 15.

[49] *Havermann*, Die Wirtschaftsprüfungsgesellschaft – Struktur und Strategie eines modernen Dienstleistungsunternehmens, in: Rechnungslegung und Prüfung – Perspektiven für die neunziger Jahre, hrsg. v. Baetge, Düsseldorf 1993, S. 41–59, hier S. 52.

[50] Ein Ausbau der geographischen Präsenz als strategisches Ziel wird u. a. formuliert von Schitag, Geschäftsbericht 1993, S. 5. sowie C&L Treuhand-Vereinigung, Geschäftsbericht 1993, S. 11. Eine abweichende Strategie verfolgt dagegen offenbar Arthur Andersen, die dem „Trend, ... an möglichst vielen Standorten vertreten zu sein, ... nur verhalten gefolgt sind"; vgl. Geschäftsbericht 1993, S. 16.

Eine Erweiterung der geographischen Präsenz kann dabei zum einen durch die Errichtung von Zweigniederlassungen oder Tochtergesellschaften erfolgen. Diese Alternative hat jedoch den Nachteil, daß ein Aufbau solcher Einheiten aufgrund der bestehenden Markteintrittsbarrieren häufig erhebliche Zeit in Anspruch nimmt und mit entsprechend hohen Anlaufverlusten verbunden sein kann. Hinzu kommt, daß in den ersten Jahren eine für den Aufbau eines kapazitätsmäßigen und qualitativ hochwertigen Know hows erforderliche kritische Masse nicht vorhanden ist, so daß mit zunehmendem Schwierigkeitsgrad der Aufgabenstellungen auch längerfristig noch Mitarbeiter anderer Niederlassungen hinzugezogen werden müssen.

Dagegen bietet der Erwerb einer am betreffenden Ort ansässigen Praxis nicht nur die Möglichkeit zur Übernahme eines vorhandenen Mandantenstamms und eines qualifizierten Mitarbeiterteams, sondern auch die Nutzung und den Ausbau der für die Sicherung und Erweiterung der Aktivitäten der Praxis wesentlichen Kontakte des bisherigen Inhabers und seiner Mitarbeiter zu Behörden, Verbänden oder ähnlichen Institutionen.

d) Ausbau des Branchenportfolios

Wie empirische Untersuchungen von *Schruff*[51] und *Marten*[52] zum Einfluß von Präferenzen auf die Mandatsverteilung gezeigt haben, bevorzugen Unternehmen verschiedener Branchen bei der Auswahl ihrer Abschlußprüfer solche Wirtschaftsprüfungsunternehmen, die sich auf die Prüfung von Gesellschaften des entsprechenden Wirtschaftszweiges spezialisiert haben. Zwar bezweifelt *Selchert,* daß solche leistungsbezogenen Präferenzen auf dem Wirtschaftsprüfermarkt wirksam werden, da denkbar erscheint, daß „ein Auftraggeber eine qualitativ höhere und deshalb verstärkt Fehler aufzeigende Prüfungsleistung scheut".[53] Allerdings übersieht diese Ansicht, daß ein mit der Branche des Mandanten vertrauter Wirtschaftsprüfer[54] die Prüfung i.d.R. nicht nur kostengün-

---

[51] Vgl. *Schruff,* Der Wirtschaftsprüfer und seine Pflichtprüfungsmandate, Düsseldorf 1973, S. 128 ff.
[52] Vgl. *Marten,* Der Wechsel des Abschlußprüfers, Düsseldorf 1994, S. 262.
[53] Vgl. *Selchert,* Der „Absatz" im Wirtschaftsprüfungsbetrieb, Die Unternehmung 1971, S. 1-15, hier S. 7.
[54] Die Verpflichtung des Wirtschaftsprüfers, einen Auftrag nur dann anzunehmen, wenn er über die erforderlichen Kenntnisse und Erfahrungen verfügt, ergibt sich bereits aus den Berufsrichtlinien. Vgl. Wirtschaftsprüferkammer, Richtlinien für die Berufsausübung der Wirtschaftsprüfer und vereidigten Buchprüfer, Nr. 1 der Richtungweisenden Feststellungen zu II. Gewissenhaftigkeit.

stiger durchführen kann, sondern auch gezieltere Hinweise auf im Rahmen der Abschlußprüfung aufgedeckte Schwachstellen geben und damit der Erwartung des Mandanten nach stärkerer Nutzenorientierung der Abschlußprüfung (Value for Money) besser entsprechen kann. Darüber hinaus ist ein Wirtschaftsprüfer, der mit dem Unternehmensumfeld, der strukturellen Situation und den Besonderheiten der Branche sowie den in dem Wirtschaftszweig wirkenden Marktgesetzen vertraut ist, in der Lage, qualitativ höherwertige Beratungsleistungen im steuerlichen und betriebswirtschaftlichen Bereich zu erbringen als ein mit den Besonderheiten der Branche weniger vertrauter Abschlußprüfer.

Um die aus einer Branchenspezialierung resultierenden Präferenzen auszunutzen, kann im Rahmen einer auf die Sicherung und Erweiterung des Mandantenstammes ausgerichteten Strategie deshalb eine sinnvolle Maßnahme darin liegen, die Aktivitäten auf bestimmte Branchen zu fokussieren, um sich in diesen Segmenten eine unique selling proposition, d.h. einen entsprechenden Wettbewerbsvorteil gegenüber den Mitbewerbern als anerkannter Problemlöser zu erwerben. Dabei wird sich die Gesellschaft auf solche Branchen konzentrieren, die aufgrund der wirtschaftlichen Entwicklung, der Konkurrenzsituation usw. ein entsprechend hohes Gewinn- oder Wachstumspotential erwarten lassen.[55]

Um gegenüber den Mitbewerbern in ausgewählten Branchen entsprechende Wettbewerbsvorteile zu erzielen, empfiehlt es sich, das in der Gesellschaft vorhandene Know how in einer Stabsstelle zu konzentrieren, um auf dieser Basis branchenrelevante Informationen zu sammeln und auszuwerten, ein branchenspezifisches Schulungsprogramm aufzubauen und branchenspezifische Dienstleistungen zu entwickeln. Gleichzeitig kann durch die Einrichtung entsprechender Netzwerke eine Einbindung aller mit der Betreuung von Mandanten der jeweiligen Branche befaßten Mitarbeiter in den Informationsfluß sichergestellt werden.

Bei der Verfolgung einer auf den Ausbau des Branchenportfolios ausgerichteten Strategie kann neben den vorstehend genannten internen Maßnahmen auch eine Akquisition solcher Praxen sinnvoll sein, die in der Zielbranche bereits über das erforderliche Know how und eine entsprechende Reputation verfügen. Dies gilt insbesondere für die Fälle,

---

[55] Zu einer auf die Verbesserung des branchenorientierten Dienstleistungsprogramms ausgerichteten Strategie vgl. u. a. KPMG, Geschäftsbericht 1993, S. 15; Arthur Andersen, Geschäftsbericht 1993, S. 15.

in denen das Käuferunternehmen selbst in der definierten Zielbranche bisher nur in eingeschränktem Umfang vertreten ist, da es sich dabei nicht nur auf die bei dem erworbenen Unternehmen vorhandenen Kenntnisse und Ressourcen, sondern auch auf entsprechende „Referenzmandate" für den Ausbau ihrer eigenen Stellung in der betreffenden Branche abstützen kann. Darüber hinaus lassen sich durch den Erwerb einer entsprechenden Praxis ggfs. auch Größendegressionseffekte im Zusammenhang mit der Entwicklung branchenspezifischer Schulungsprogramme oder branchenspezifischer Dienstleistungen erzielen.

e) Realisierung von Unternehmenswachstum

Wenngleich in den ausgewerteten Unterlagen die Realisierung von Unternehmenswachstum nicht eindeutig als unternehmerische Zielsetzung angesprochen wird, so legen doch insbesondere die Kommentierungen zu den im jeweils abgelaufenen Geschäftsjahr erzielten Wachstumsraten den Schluß nahe, daß die von den Unternehmen verfolgte Akquisitionspolitik auch der Realisierung von Unternehmenswachstum dient. Eine solche Politik erscheint insbesondere dann sinnvoll, wenn dem Marktanteil eine wesentliche Bedeutung als strategischer Erfolgsfaktor bei Wirtschaftsprüfungsgesellschaften beizumessen ist.

Die Bedeutung des relativen Marktanteils als strategischer Erfolgsfaktor wird dabei primär unter dem Gesichtspunkt der Erlangung der Kostenführerschaft durch Realisierung von Lern- und Größendegressionseffekten der Erfahrungskurve diskutiert, durch die das Unternehmen in die Lage versetzt wird, Wettbewerbsvorteile gegenüber den Mitbewerbern zu erzielen, indem es die Stückkosten unter das Niveau der wichtigsten Konkurrenten senkt oder dem auf dem Markt herrschenden Kostendruck durch die Realisierung marktanteilsbedingter Kostensenkungspotentiale wirkungsvoller begegnen kann. Allerdings ist, wie bereits gezeigt wurde,[56] eine Übertragbarkeit des aus dem industriellen Bereich unter den Bedingungen der Serienfertigung abgeleiteten Erfahrungskurvenkonzeptes auf Wirtschaftsprüfungsgesellschaften aufgrund der fehlenden Homogenität der von ihnen erbrachten Leistungen nur sehr eingeschränkt möglich. Von daher ist das Entstehen marktanteilsinduzierter Kostensenkungspotentiale in einem die Verfolgung einer Akquisitionsstrategie sinnvoll begründenden Umfang nicht zu erwarten.

---

[56] Vgl. oben, Abschn. II.2.c).

Wenn gleichwohl eine auf die Realisierung von Unternehmenswachstum abzielende Akquisitionspolitik zu konstatieren ist, so könnte dem eine Strategie zugrunde liegen, die auf die Erzielung imagerelevanter Größen- oder Wachstumseffekte ausgerichtet ist. Dabei ist zwar zu konzedieren, daß die Durchführung bestimmter Arten von Aufträgen eine entsprechende absolute Größe bedingt, gleichwohl erscheint die betriebswirtschaftliche Relevanz der relativen Marktstellung bei Wirtschaftsprüfungsgesellschaften zweifelhaft. So ist weder erkennbar, daß die Frage, welchen Platz eine Gesellschaft beispielsweise unter den größten deutschen Wirtschaftsprüfungsgesellschaften einnimmt, noch die Frage, ob das erzielte Umsatzwachstum, ohne Differenzierung nach internem und externem Wachstum[57], über oder unter dem der Mitbewerber liegt, für die Erzielung von Wettbewerbsvorteilen von maßgeblicher Bedeutung wäre. Gleichzeitig ist jedoch umgekehrt zu beachten, daß die Größe der Wirtschaftsprüfungsgesellschaft durchaus auch einen Wettbewerbsnachteil darstellen kann, da insbesondere bei kleinen und mittelständischen Mandanten die Befürchtung besteht, daß mit zunehmender Größe der Wirtschaftsprüfungsgesellschaft der Grad der individuellen Betreuung abnimmt. Nicht zuletzt unter diesem Aspekt erscheint der Sinn einer auf ein Wachstum um des Wachstums willen ausgerichteten, auch als „Wachstumsfetischismus" bezeichneten,[58] Strategie eher fraglich.

3. Verbesserung der Kapazitäts- und Kostenposition

Neben der Möglichkeit zur Verbesserung der Marktposition durch die Abrundung oder Erweiterung des Dienstleistungsangebots kann eine Akquisitionsstrategie auch darauf ausgerichtet sein, beispielsweise durch die Vermeidung oder Beendigung von Doppelaktivitäten oder die Verbesserung der Faktorallokation[59] Verbundeffekte zur Verbesserungen der Kapazitäts- und Kostenposition zu realisieren.[60] Ob die Realisierung entsprechender Verbundeffekte dabei als eigenständiges Akquisitionsziel formuliert oder lediglich im Entscheidungskalkül über die

---

[57] Vgl. jedoch die Angaben im Geschäftsbericht 1993 der BDO, S. 6, die eine separate Ermittlung des aus Unternehmenskäufen resultierenden Umsatzwachstums ermöglichen.
[58] Vgl. *Jung*, Praxis des Unternehmenskaufs, 2. Aufl., Stuttgart 1993, S. 5.
[59] Vgl. *Küting*, Zur Bedeutung und Analyse von Verbundeffekten im Rahmen der Unternehmensbewertung, BFuP 1981, S. 175–189, hier S. 178 f.
[60] Zur Realisierung von Verbundeffekten durch räumliche Zusammenlegung vgl. Schitag, Geschäftsbericht 1993, S. 5.

Vorziehenswürdigkeit der Akquisition gegenüber anderen Handlungsalternativen als zusätzlicher Effekt berücksichtigt wird, hängt insbesondere davon ab, wie groß der Umfang der in diesem Zusammenhang als realisierbar angesehenen Verbundeffekte eingeschätzt wird.

Wenngleich in dem hier untersuchten Fall des Erwerbs kleiner und mittlerer Wirtschaftsprüferpraxen die realisierbaren Verbundeffekte aus Sicht des Käuferunternehmens schon quantitativ so gering sein dürften, daß sie als (alleiniges) Akquisitionsmotiv wohl zu verneinen sind, so läßt sich jedoch grundsätzlich das Vorhandensein eines entsprechenden Einsparungspotentials, insbesondere im Zusammenhang mit einer

- Verbesserung der Kapazitätsauslastung,
- Optimierung des Aus- und Fortbildungssystems,
- Realisierung von Größendegressionseffekten im Verwaltungsbereich

vermuten.

a) Verbesserung der Kapazitätsauslastung

Die Kapazitätsauslastung und die mit ihrer Optimierung verbundene mögliche Verbesserung der Kostenposition bei Wirtschaftsprüfungsgesellschaften wird im wesentlichen durch zwei Faktoren determiniert:

- Die Tatsache, daß die überwiegende Zahl der Unternehmen ein mit dem Kalenderjahr identisches Geschäftsjahr hat und sich deshalb die Jahresabschlußprüfung als Tätigkeitsschwerpunkt[61] der großen Wirtschaftsprüfungsgesellschaften auf wenige Monate im Jahr konzentriert.
- Die Tatsache, daß trotz des verstärkten Einsatzes der EDV als Prüfungshilfsmittel die Mitarbeiter weiterhin den wesentlichsten Produktionsfaktor bei Wirtschaftsprüfungsgesellschaften repräsentieren. Entsprechend stellt der Anteil der Personalkosten bei den großen Wirtschaftsprüfungsgesellschaften mit rd. 67% der Umsatzerlöse den mit Abstand größten Aufwandsposten dar.[62]

Es ist evident, daß aufgrund dieser Faktoren eine Optimierung der saisonal schwankenden Auslastung ein erhebliches Einsparungspoten-

---

[61] Vgl. oben, Abschn. III.1.
[62] Vgl. auch zur Kostenstruktur der Freien Berufe Statistisches Jahrbuch 1994 für die Bundesrepublik Deutschland, Wiesbaden 1994, S. 143.

tial bietet. Ob neben entsprechenden internen Maßnahmen, wie die Ausweitung der Vorprüfung zur verstärkten Verlagerung von Prüfungshandlungen in die beschäftigungsärmere Zeit, die Beschäftigung von Freiberuflern zur Abdeckung von Auslastungsspitzen o.ä., auch durch Akquisitionen eine Optimierung der Kapazitätsauslastung erreicht werden kann, hängt wesentlich vom Grad der Abweichung zwischen Leistungsprogramm und Mandantenstruktur des Käuferunternehmens einerseits und des gekauften Unternehmens andererseits ab. Je stärker diese übereinstimmen, desto geringere Optimierungseffekte sind grundsätzlich in diesem Bereich erzielbar. Dabei ist insbesondere bei kleinen und mittelgroßen Wirtschaftsprüferpraxen festzustellen, daß mit zunehmender Verlagerung des Tätigkeitsschwerpunktes von der Abschlußprüfung zur Steuerberatung tendenziell eine geringere Schwankung bei der Auslastung der Mitarbeiter verbunden ist. Von daher ist davon auszugehen, daß durch den Erwerb solchen Praxen wesentliche Verbesserungen der Kapazitätsauslastung kaum zu erzielen sind.

b) Optimierung des Aus- und Fortbildungswesens

Um den steigenden Erwartungen der Mandanten, verbunden mit einer immer rascheren Änderung der handels-, gesellschafts- und steuerrechtlichen Rahmenbedingungen, gerecht zu werden und eine möglichst hohe Qualität der fachlichen Arbeit zu gewährleisten, wenden alle großen Wirtschaftsprüfungsgesellschaften erhebliche Mittel für die laufende Aus- und Fortbildung ihrer Mitarbeiter auf.[63] Diese setzen sich, soweit die Aus- und Fortbildung im Rahmen eines internen Schulungsprogramms erfolgt, neben den variablen Kosten zu einem nicht unerheblichen Teil aus fixen Kosten für die Unterhaltung der Schulungseinrichtungen, für die Erstellung der Kursunterlagen und Durchführung der Kurse, die Organisation des Schulungsprogramms etc. zusammen. Entsprechend lassen sich mit zunehmender Mitarbeiterzahl Größendegressionseffekte erzielen, die zu einer Verringerung der Gesamtkosten pro Ausbildungsstunde und Mitarbeiter führen. Eine Zusammenlegung der Ausbildungsprogramme des Käuferunternehmens mit dem des gekauf-

---

[63] Arthur Andersen und Price Waterhouse wandten im Geschäftsjahr 1992/93 nach eigenen Angaben 11,6 Mio. DM bzw. 3,5 Mio. DM für die Aus- und Fortbildung ihrer Mitarbeiter auf, entsprechend rd. DM 7.200,- bzw. 3.100,- pro Mitarbeiter (vgl. Arthur Andersen, Geschäftsbericht 1993, S. 31; Price Waterhouse, BAnz Nr. 107 vom 11. 6. 1994, S. 3861), wobei jedoch nicht erkennbar ist, ob die Angaben auf vergleichbaren Berechnungsgrundlagen beruhen. Von den anderen Gesellschaften liegen keine Zahlenangaben vor, jedoch dürften sich die Aufwendungen auf einem vergleichbaren Niveau bewegen.

ten Unternehmens bzw. eine Einbeziehung der Mitarbeiter des gekauften Unternehmens in das Aus- und Fortbildungsprogramm des Käuferunternehmens bietet daher grundsätzlich die Möglichkeit zur Realisierung von Verbundeffekten. Dies setzt allerdings voraus, daß beide Unternehmen bisher der Aus- und Fortbildung ihrer Mitarbeiter in etwa den gleichen Stellenwert beigemessen haben, da anderenfalls das Risiko negativer Verbundeffekte durch die notwendige Harmonisierung der Aus- und Fortbildung auf dem aus Sicht des Käuferunternehmens zur Gewährleistung der Qualität ihrer Facharbeit als erforderlich angesehenen Niveau entsteht.

c) Realisierung von Größendegressionseffekten im Verwaltungsbereich

Eine Verbesserung der Kostenposition läßt sich auch dadurch erreichen, daß durch die Zusammenlegung von Verwaltungsfunktionen des Käuferunternehmens und des gekauften Unternehmens Größendegressionseffekte realisiert werden. Hier ist etwa zu denken an die Zusammenlegung der Buchhaltungen, der Berichtsabteilungen o. ä. Der Grad der Realisierung entsprechender Effekte hängt dabei wesentlich davon ab, in welchem Umfang das erworbene Unternehmen räumlich bzw. organisatorisch in das Käuferunternehmen integriert wird. Dabei steht dem Interesse des Käuferunternehmens an einer kurzfristigen Realisierung entsprechender Verbundvorteile durch eine möglichst weitgehende Integration häufig die Notwendigkeit entgegen, im Hinblick auf Image und Marktstellung des erworbenen Unternehmens, vorhandene Mandantenbeziehungen des Verkäufers, unterschiedliche Kulturen o. ä. zumindest für einen Übergangszeitraum das Käuferunternehmen als weitestgehend selbständige Einheit fortzuführen.[64]

d) Grenzen der Realisierung von Verbundeffekten

Die Frage, ob durch die Realisierung entsprechender Verbundeffekte eine Verbesserung der Kostenposition erzielt werden kann, hängt insbesondere davon ab, inwieweit diese Effekte bereits bei der Kaufpreisermittlung antizipiert und an den Verkäufer im Rahmen eines strategischen Kaufpreises abgegolten worden sind. Hinzu kommt, daß positive Verbundeffekte ggfs. durch negative Verbundeffekte kompensiert oder überlagert werden können. Negative Verbundeffekte können sich im Rahmen von Unternehmensakquisitionen beispielsweise im Personal-

---

[64] Vgl. dazu auch *Havermann*, a.a.O. (Fn. 49), S. 52 sowie ausführlich *Scheiter*, Die Integration akquirierter Unternehmen, St. Gallen 1988.

bereich ergeben, wenn eine Angleichung der Lohn- und Sozialkosten von Kaufobjekt und Käuferunternehmen sich auf einem höheren Niveau vollzieht.[65] Ferner können sich neben einmaligen Kosten, etwa durch die Umstellung bzw. Vereinheitlichung von Prüfungsrichtlinien o. ä., Kostensteigerungen im Verwaltungsbereich ergeben, wenn beispielsweise ein ausgebautes Berichtswesen des Käuferunternehmens auf ein erworbenes mittleres Unternehmen übertragen wird.[66]

IV. Zusammenfassung

Die Ausführungen haben gezeigt, daß ein Praxiserwerb in bestimmten Fällen eine sinnvolle Handlungsalternative zur Erreichung der strategischen Ziele einer Wirtschaftsprüfungsgesellschaft darstellen kann. Umgekehrt ist davon auszugehen, daß Inhaber kleiner oder mittlerer Wirtschaftsprüferpraxen, beispielsweise zur Lösung von Nachfolgeproblemen oder um den gestiegenen Anforderungen ihrer Mandanten nach einer umfassenden Betreuung im In- und Ausland gerecht zu werden, auch in Zukunft fallweise die Anlehnung an eine der großen Wirtschaftsprüfungsgesellschaften suchen werden.[67] Von daher erscheint die Annahme, daß der seit einer Reihe von Jahren in diesem Bereich zu beobachtende Konzentrationsprozeß sich weiter fortsetzen wird, berechtigt.

Es verwundert dabei nicht, daß die bislang zu beobachtenden Strukturveränderungen auf dem Wirtschaftsprüfermarkt weniger zu Lasten der kleinen als vielmehr hauptsächlich der mittelständischen Praxen gegangen sind[68], da diese nicht nur aufgrund ihrer Mandantenstruktur für die großen Wirtschaftsprüfungsgesellschaften als Erwerbsobjekte vielfach attraktiver sind, sondern die Erwartungen und Bedürfnisse ihrer Mandanten nach umfassender Betreuung im In- und Ausland

---

[65] Vgl. dazu auch *Wächter,* Personalwirtschaftliche Voraussetzungen und Folgen von Unternehmenszusammenschlüssen, BFuP 1990, S. 114–128.
[66] Vgl. *Sieben/Zapf (Hrsg.),* Unternehmensbewertung als Grundlage unternehmerischer Entscheidungen, Bericht des Arbeitskreises „Unternehmensbewertung im Rahmen der unternehmerischen Zielsetzung" der Schmalenbach-Gesellschaft – Deutsche Gesellschaft für Betriebswirtschaft e.V., Stuttgart 1981, S. 15.
[67] Nach einer Erhebung von *Wehmeier,* a.a.O. (Fn. 8), S. 49, wurden allein im Jahr 1992 im Anzeigenteil der Zeitschrift Neue Wirtschaftsbriefe 1.451 Praxen zum Verkauf angeboten.
[68] Vgl. *Zimmek,* Wirtschaftsprüfung: Von der Versicherung bis zum Bauherrenmodell, Blick durch die Wirtschaft vom 22. 6. 1989, S. 7.

auch eine Anlehnung an eine der großen Wirtschaftsprüfungsgesellschaften eher nahelegen oder gar erfordern, als dies bei den Mandanten kleinerer Praxen der Fall ist.

Gleichwohl erscheinen Befürchtungen, daß dieser Prozeß zu einer Beeinträchtigung des Wettbewerbs auf dem Wirtschaftsprüfermarkt führen könnte oder bereits geführt hat, unberechtigt. Der Wettbewerbsdruck unter den großen Wirtschaftsprüfungsgesellschaften hat, wie auch eine im Auftrag der EG-Kommission vor einiger Zeit durchgeführte Studie belegt[69], in den letzten Jahren erheblich zugenommen. Gleiches gilt für die kleinen Einzelpraxen und Sozietäten, denen nicht zuletzt durch die (Wieder-) Einführung des Berufsstandes der vereidigten Buchprüfer ein zusätzlicher Wettbewerber an die Seite gestellt worden ist. Schließlich sind auch bei den mittelständischen Praxen verstärkte Bemühungen erkennbar, durch eine Neustrukturierung ihrer Dienstleistungspalette, durch eine Nischenpolitik und ähnliche Maßnahmen, ihre Wettbewerbsposition zu verbessern. Davon zeugt auch die in den letzten Jahren sprunghaft gestiegene Zahl der internationalen Kooperationen mittelständischer Praxen.[70]

Unabhängig davon jedoch, wie sich diese Veränderungen letztendlich auf die Struktur des Berufsstandes auswirken werden, hat auch in Zukunft die von *Havermann* getroffene Feststellung, daß „letztlich die Mandanten über Produktgruppen, Größe, Wachstum, Erfolg und Prestige entscheiden"[71], unverändert Gültigkeit. Die Wirtschaftsprüfer und Wirtschaftsprüfungsgesellschaften, die sich bei ihren strategischen Überlegungen von dieser Maxime leiten lassen, werden sich, unbeschadet der vorstehend aufgezeigten Entwicklungen, auch in Zukunft im Markt behaupten können.

---

[69] Vgl. „Der Wettbewerb zwischen Wirtschaftsprüfern funktioniert", FAZ vom 16. 6. 1992, S. 22.
[70] Vgl. dazu bspw. „German Survey", International Accounting Bulletin vom 10. 1. 1995, S. 8.
[71] *Havermann,* a.a.O. (Fn. 9), S. 108.

RUDOLF J. NIEHUS

Zum Bestätigungsvermerk von internationalen Jahresabschlüssen
– Neue Risiken für die „Erwartungslücke"–

I. Relevanz des Themas
 1. Anspruch und Bedürfnis
    a) Deutsche Unternehmen
    b) Internationale Jahresabschlußadressaten
 2. Internationalisierung der Rechnungslegung
    a) Unvollständige EU-Harmonisierungsbemühungen
       aa) Eingeschränkte Zielsetzung
       ab) Verweigerte Reziprozität
    b) Extra-EU-Bestrebungen
       ba) Internationale Rechnungslegung und das International Accounting Standards Committee („IASC")
       bb) Zweck einer Rechnungslegung nach IASC
 3. Hypothese, Auswirkungen, Anliegen
    a) Parallele Konzernrechnungslegung durch deutsche Unternehmen
    b) Auswirkungen
       ba) Aufsteller
          (i) Mehrkosten
          (ii) Verzicht auf Optionen und erweiterte Offenlegung
          (iii) Risiko für die Kapitalschutzbestimmungen des HGB
       bb) Abschlußprüfer
          (i) Gewährleistung der Kompetenz für eine internationale Abschlußprüfung und Berichterstattung
          (ii) Anpassung an die Prüfungsparameter der IFAC
    c) Anliegen: Verhinderung einer Vertiefung der „Erwartungslücke"

II. Bestätigungsvermerk von internationalen Konzernabschlüssen
   1. Parallele Konzernrechnungslegung
      a) Getrennte Bestätigungsvermerke
      b) Erweiterung des gesetzlichen Bestätigungsvermerks
      c) Irrelevanz einer Bescheinigung
      d) Zwischenergebnis – Remanenz des Risikos einer „Erwartungslücke"
   2. Bestätigung des Primärabschlusses mit Überleitung („Reconciliation")
      a) HGB-Konzernabschluß mit „Reconciliation" zum IASC-Konzernabschluß
         aa) Bestätigungsvermerk mit Ergänzung
            (i) Zulässigkeit
            (ii) Formulierungsvorschlag
         ab) Unzureichende Zweckmäßigkeit
      b) IASC-Konzernabschluß mit „Reconciliation" auf den HGB-Konzernabschluß
         ba) Freiformulierter Bestätigungsvermerk
         bb) Zweifelhafte Zulässigkeit
      c) Zwischenergebnis: Zweifel an Eignung und Zulässigkeit
   3. Problematik eines Bestätigungsberichtes
      a) Vorteil
      b) Formulierungsvorschläge
      c) Internationale Besonderheiten
      d) Ergebnis
         da) Fortbestehen der Erwartungslücke
         db) Geringe Akzeptanz
   4. Versuch einer vereinheitlichten Bestätigung
      a) Zielsetzung
      b) Mehrspaltensystem bei parallelem Konzernabschluß
      c) Die Problematik des True and Fair-View Postulats als Bestandteil des Bestätigungsvermerks
      d) „Vereinheitlichter" Bestätigungsvermerk
III. Ergebnis

I. Relevanz des Themas

1. Anspruch und Bedürfnis

a) Deutsche Unternehmen

Die makro-ökonomische Entwicklung der deutschen Wirtschaft hat zunehmend zu einer Internationalisierung auch des Kapitalmarktes der deutschen Unternehmen geführt. Sie sind in eine internationale Dimension gewachsen, wenn auch unter den 140 umsatzstärksten Industrie- und Handelsunternehmen der Welt nur dreizehn deutsche zu finden sind.[1]

b) Internationale Jahresabschlußadressaten

Ein Reflex dieser Entwicklung ist die zunehmende Internationalität von Anteilseignern und Kreditgebern deutscher Unternehmen. Ihnen gegenüber wird Rechnung gelegt in aller Regel mittels eines Jahresabschlusses, der in seiner Grundkonzeption sich fundamental von der unterscheidet, wie sie von internationalen Kapitalmärkten erwartet, wie sie dort bekannt ist und vielfach auch verlangt wird. Die „Globalisierung"[2] läßt die deutschen „Global Players" nach „Worldwide Accepted Principles of Accounting" rufen.[3]

Ein solches Verlangen zu erfüllen, ist der deutsche Gesetzgeber, selbst wenn er es wollte, allein nicht länger in der Lage. Die Kompetenz für gesetzgeberische Akte auf dem Gebiet der Rechnungslegung für Kapitalgesellschaften liegt bei der Europäischen Union. Diese hat – auch das ist bekannt – durch ihre Bilanzrichtlinien einen europäischen Harmonisierungsprozeß in der Rechnungslegung in Gang gebracht.

---

[1] Vgl. Wirtschaftswoche, Nr. 52 vom 24. 12. 1993, S. 2.
[2] Vgl. *Busse von Colbe,* Globalisierung im Rechnungswesen, in: Globalisierung der Wirtschaft – Einwirkungen auf die Betriebswirtschaftslehre, 44. Wissenschaftliche Jahrestagung des Verbandes der Hochschullehrer für Betriebswirtschaft e.V., hrsg. v. Haller u. a., Bern u. a. 1993, S. 319–322.
[3] Vgl. *Liener,* Internationale Unternehmen brauchen eine globalisierte Rechnungslegung, ZfB 1991, S. 269–289, hier S. 281–286; *ders.,* Erfahrungen mit Aktiennotierungen an ausländischen Börsen, in: Unternehmen und Unternehmensführung im Recht, Festschrift für Semler, hrsg. v. Bierich u. a., Berlin/New York 1993, S. 721–740, hier 738–740.

2. Internationalisierung der Rechnungslegung

a) Unvollständige EU-Harmonisierungsbemühungen

aa) Eingeschränkte Zielsetzung

Ob zu Recht oder zu Unrecht, den Kritikern der Harmonisierungsbemühungen in der Europäischen Union wird entgegengehalten, daß von vornherein keine Uniformität, sondern nur eine „Gleichwertigkeit" angestrebt würde.[4] Das sei im Kern der Zweck der Bilanzrichtlinien gewesen. Bei diesem niedrigen Ziel darf es dann nicht weiter verwundern, daß die Bundesregierung die Meinung vertritt, es sei erreicht. Wie immer man es sieht, eine Vergleichbarkeit dieser „harmonisierten" Rechnungslegung in der EU jedenfalls ist nicht hergestellt worden. Dies wird auch von deren Repräsentanten zugegeben. Es sei eine „unvollendete Symphonie", denn: „However, many issues have not been addressed".[5]

ab) Verweigerte Reziprozität

Eng damit im Zusammenhang steht die Problematik einer gegenseitigen Anerkennung der Rechnungslegung mit Ländern außerhalb der Gemeinschaft. Sie findet sich als Ziel in der 7. EG-Richtlinie.[6] Die Bundesregierung hat folgerichtig in § 292 HGB bestimmt, daß Konzernunternehmen eines Mutterunternehmens, das seinen Sitz außerhalb der EU hat, von der Aufstellung eines Teilkonzernabschlusses, etwa nach den Vorschriften des HGB, dann freigestellt sein sollen, wenn Entsprechendes für deutsche Konzernunternehmen in dem betreffenden ausländischen Staat gewährt würde.

Es ist bekannt, daß sich die Stoßrichtung dieser Erklärung und der dazu nach § 292[7] ergangenen Verordnung gegen amerikanische Teil-

---

[4] Vgl. *Biener*, Die Rechnungslegung am Scheideweg: Rechtsetzung oder Norm? – Ein Fazit nach 25 Jahren Harmonisierung in der EG, in: Biener, Vorträge 1992 (Privatdruck), S. 23f.

[5] Vgl. *Van Hulle*, Accounting in Europe, Harmonisation of Accounting Standards: The View from the European Community, The European Accounting Review, May 1992, S. 161–172, hier S. 167; auch *Probst*, u. a. deutscher Regierungsvertreter bei der OECD, muß einräumen, daß man in der Angleichung der Rechnungslegung in der Europäischen Union nicht weiter gekommen sei; vgl. *Probst*, Mehr angloamerikanische Rechnungslegung in der EU durch geänderte Verfahren?, BFuP 1992, S. 426–440.

[6] Vgl. Bericht des Rechtsausschusses des deutschen Bundestages, abgedruckt bei *Biener/Berneke*, Bilanzrichtlinien-Gesetz, Düsseldorf 1986, S. 302.

[7] Sie ist zunächst nur bis zum 31. 12. 1996 befristet; vgl. Konzernabschlußbefreiungsverordnung vom 15. 11. 1991, § 4 Abs. 1.

konzerne in Deutschland und damit – indirekt – gegen die amerikanische Securities and Exchange Commission („SEC") richtet. Diese hat jedoch ihre – wie es *Claussen* formuliert – „Absolutheitsansprüche" nicht aufgegeben.[8] Das darf eigentlich nicht wundern, bietet doch angesichts der zahlreichen Optionen die europäische Konzernrechnungslegung kein Äquivalent. Sie hat den mit dieser Festschrift zu Ehrenden zu der – u. E. noch moderat formulierten – kritischen Frage veranlaßt: „Der Konzernabschluß nach neuem Recht – Ein Fortschritt?".[9] Die von ihm selbst erteilte Antwort war eher negativ.

Wie immer man es sehen will[10], die Harmonisierung in der EU stagniert. Die EU-Kommission hat dies de facto eingeräumt, indem sie das sog. „Forum" schuf in der Absicht, mit diesem Gremium auf informellem Wege, d. h. unter Umgehung der Regierungsvertreter und damit der gesetzgebenden Instanzen in den einzelnen Mitgliedsländern, den Prozeß voranzutreiben. Tatsächlich sind die Aussichten hierfür alles andere als vielversprechend.[11] Bei den global engagierten Großunternehmen hat diese Situation zu einer Verunsicherung – man könnte auch sagen: Orientierungslosigkeit – geführt: „Die deutsche Gesetzgebungskunst steht also mit ihrem Gläubigerschutzmodell in einer einsamen Ecke, in die der Wind der internationalen Kritik bläst".[12]

Es hat die Suche nach neuen Lösungen eingesetzt. Bisher ist von konkreten Ergebnissen nichts bekannt. Eher lassen sich Anzeichen einer gewissen Resignation feststellen. Während z. B. im Jahre 1991 es noch als eine Bedingung deutscherseits für die Reziprozität angesehen werden

---

[8] Vgl. *Claussen,* So mußte es kommen – Über die Situation des deutschen Rechnungslegungsrechts, AG 1993, S. 278–280, hier S. 279.

[9] Vgl. *Havermann,* Der Konzernabschluß nach neuem Recht – Ein Fortschritt?, in: Bilanz- und Konzernrecht, Festschrift für Goerdeler, hrsg. v. Havermann, Düsseldorf 1987, S. 173–197. Im Kontrast dazu steht der Aufschrei von *Nobes,* EC Group Accounting: Two Zillion Ways to Do It, Accountancy, December 1990, S. 84f.

[10] Vgl. auch *Biener,* Die negativen Aspekte der Harmonsierungsvorschriften, a.a.O. (Fn. 4), S. 47; ebenso *Hagerty,* Accounting Integration in Europe – Still on Track? – Journal of Accountancy, May 1993, S. 92–96, hier S. 95; *Hagerty* ist noch optimistisch: „Europe will be assertive", muß aber andererseits einräumen: „No further legislative initiatives are expected."

[11] Vgl. *Van Hulle,* a.a.O. (Fn. 5), S. 70; *Biener* geht weiter: ein „European Standard Setting Board", das von ihm, aber nicht nur von ihm, hinter dem Forum vermutet wird, angesichts der legalistischen Ausrichtung des Harmonisierungsprozesses, der bestimmte Mehrheiten der Regierungsvertreter verlangt, müsse auf rechtliche Schwierigkeiten stoßen; vgl. *Biener,* Die Rechnungslegung am Scheideweg, a.a.O. (Fn. 4), S. 28f.

[12] *Claussen,* AG 1993, S. 279.

sollte[13], für die Anerkennung internationaler Jahresabschlüsse in Deutschland, z. B. auch der an deutschen Börsen notierten ausländischen Unternehmen, zu verlangen, daß mittels einer „Reconciliation" auf wichtige Positionen eines Jahresabschlusses nach dem HGB übergeleitet wird, sieht sich nunmehr „die deutsche Bilanzierung vor neue Herausforderungen"[14] gestellt. Und es wird bereits überlegt, welche Voraussetzungen erfüllt sein müssen, wenn deutsche Unternehmen zusätzlich oder gar ausschließlich nach internationalen Vorschriften Rechnung legen, und welche Konsequenzen dies für Aufsteller und Adressaten hätte.[15]

b) Extra-EU-Bestrebungen

ba) „Internationale Rechnungslegung" und das International Accounting Standards Committee („IASC")

Als „internationale" Jahresabschlüsse gelten im allgemeinen solche, die entsprechend den Empfehlungen oder Richtlinien von internationalen Gremien aufgestellt sind. Die OECD, die UNO und das IASC sind hier zu nennen. Die praktische Bedeutung der ersten beiden ist gering.[16] Sie können vernachlässigt werden. Vielmehr soll allein das IASC in die Betrachtung einbezogen werden. Unbestritten ist, daß ihre Rechnungslegungsstandards von angelsächsischem Gedankengut geprägt sind.[17] Ihre Akzeptanz aber ist weltweit verbreiteter als die des HGB, weil eben dieses nur in Deutschland gilt, angelsächsische Rechnungslegungsnor-

---

[13] Vgl. *Baetge,* Harmonisierung der Rechnungslegung – Haben die deutschen Rechnungslegungsvorschriften noch eine Chance?, in: Internationalisierung der Wirtschaft – Eine Herausforderung an Betriebswirtschaft und Unternehmenspraxis. Kongreß-Dokumentation, 46. Deutscher Betriebswirte-Tag 1991, hrsg. v. der Schmalenbach-Gesellschaft – Deutsche Gesellschaft für Betriebswirtschaft e.V., Stuttgart 1993, S. 111-127, hier S. 122.

[14] Vgl. *Stein,* Die deutsche Bilanzierung vor neuen Herausforderungen, ZfbF 1994, S. 658-670, hier S. 659.

[15] Neuestens auch: *Krumnow,* Die deutsche Rechnungslegung auf dem Weg ins Abseits? Ein Ausblick nach der vorläufig abgeschlossenen EG-Harmonisierung, in: Bilanzrecht und Kapitalmarkt, Festschrift für Moxter, hrsg. v. Ballwieser u. a., Düsseldorf 1994, S. 680-698.

[16] Vgl. *Niehus,* Internationales Rechnungswesen, in: Handwörterbuch des Rechnungswesens, hrsg. v. Chmielewicz u. a., 3. Aufl., Stuttgart 1993, Sp. 936-946; *Havermann,* Internationale Entwicklungen in der Rechnungslegung, in: Bilanzrecht und Kapitalmarkt, Festschrift für Moxter, hrsg. v. Ballwieser u. a., Düsseldorf 1994, S. 657-677.

[17] Vgl. *Probst,* BFuP 1992, S. 430 f.; *Biener,* Die Rechnungslegung am Scheideweg, a.a.O. (Fn. 4), S. 23.

men etwa in Großbritannien, in weiten Bereichen des früheren Empire und vor allem auch in den USA und Kanada anerkannt oder zumindest beachtet werden, um nur die wesentlichen Wirtschaftsregionen zu nennen. International muß man deshalb eine dominante Position derartiger Rechnungslegungsvorschriften realisieren.[18]

bb) Zweck einer Rechnungslegung nach IASC
Es muß hier ausreichen, nur zusammengefaßt und nur in den grundlegenden Prinzipien die Konzeption einer Rechnungslegung nach IASC, so wie sie in dem „Framework" niedergelegt ist[19], dar- und der des HGB gegenüberzustellen:

- Für Inhalt und Aufbereitung von Informationen des rechnungslegenden Unternehmens gilt das Theorem der „Decision Usefulness", d. h. die Vorlage von investitionsentscheidungsrelevanten Informationen, nicht die Ausschüttungssperrfunktion, wie sie dem HGB zugrunde liegt:
  -- Eine Finanzflußrechnung ist obligatorisch.
  -- Sonstige Aufstellungen sind dann vorzulegen, wenn anders der True and Fair-View nicht zu gewährleisten ist.
- Mit dem Jahresabschluß soll in erster Linie die „Performance" gemessen werden. Diese Zielsetzung findet ihren Niederschlag u. a. im Begriff des Vermögensgegenstandes - „Asset" - der von dem des deutschen Rechts zumindest in folgender Hinsicht abweicht:
  -- Ein „Asset" ist schon dann gegeben, wenn damit in der Zukunft sich Einnahmen - „Cash" - erzielen lassen.
  -- Für den Ansatz als Höchstwert eines „Asset" gelten nicht nur die Anschaffungskosten, sondern in zahlreichen Fällen auch ein (gegebenenfalls höherer) „Fair Value".
- Die IASC-Rechnungslegung ist frei von steuerlichen Überlegungen und Zwängen.
- Das Jahresergebnis wird vorrangig durch das „Matching Principle" bestimmt. Negativ ausgedrückt heißt dies:

---

[18] Vgl. *Biener,* Die Rechnungslegungsempfehlungen der IASC und deren Auswirkung auf die Rechnungslegung in Deutschland, BFuP 1993, S. 345–356, hier S. 352.
[19] Vgl. Framework for the Preparation and Presentation of Financial Statements, International Accounting Standards 1994, S. 29–63.

-- Dem Vorsichtsprinzip wird kein Vorrang gegenüber allen anderen Grundsätzen ordnungsmäßiger Buchführung eingeräumt.
-- Fakultative Rückstellungen, sog. Vorsorgerückstellungen, etwa im Reparaturkostenbereich, sind nicht gestattet.
-- Es fehlt, zumindest ist dies nicht proklamiert, der Grundsatz der Einzelbewertung.
-- Es gilt das sog. „doppelte" Niederstwertprinzip für die Roh-, Hilfs- und Betriebsstoffe und Handelswaren nur eingeschränkt.
- Das True and Fair View-Axiom hat einen im Vergleich zum HGB höheren Stellenwert. Es hat seinen Niederschlag in den „Primary Financial Statements", d. h. der Bilanz, der Ergebnisrechnung und der Finanzflußrechnung zu finden und nicht – wie nach dem HGB – ersatzweise im Anhang, und dann eben nur dort.

Zwar kann nicht bestritten werden, daß einige dieser Anforderungen relativ leicht auch von deutschen Unternehmen erfüllt werden könnten[20], insbesondere, soweit es sich um den Verzicht auf bestimmte Optionen handelt, etwa bei Vorsorgerückstellungen oder der Ausnutzung von steuerrechtlichen Möglichkeiten. Auch ließe sich z. B. ein cash flow statement als dritter konstitutiver Teil des Jahresabschlusses ohne Schwierigkeiten vorlegen, da eine deutsche gesetzliche Vorgabe fehlt. Doch ist nicht zu übersehen, daß in entscheidenden Bereichen grundlegende Unterschiede bestehen. Diese sind, wie deutlich geworden sein dürfte, konzeptioneller Art. Deshalb muß davon ausgegangen werden, daß sich die Zwecke des IASC- und des HGB-Abschlusses nicht soweit angleichen, als daß sie in einem einheitlichen Jahresabschluß berücksichtigt werden könnten, unterstellt naturgemäß, die Unterschiede sind wesentlich.[21]

---

[20] Vgl. *Stein,* ZfbF 1994, S. 666 und S. 669.
[21] Diese These hat neuestens ihre praktische Bestätigung in der Konzernrechnungslegung der Bayer AG und der Schering AG gefunden. Diese Unternehmen haben – soweit erkennbar als erste von den deutschen Großunternehmen – für 1994 einen Konzernabschluß vorgelegt, der sowohl dem HGB als auch den Normen des IASC entspricht. Dies wird ausdrücklich von den Konzernabschlußprüfern testiert, indem sie dem gesetzlichen Bestätigungsvermerk (wortgleich) anfügen: „Nach dem Ergebnis unserer Prüfung entspricht der Konzernabschluß unter Berücksichtigung der ergänzenden Erläuterungen im Konzernanhang auch den Standards des International Accounting Committee".
   Beide Gesellschaften erklären allerdings, daß die IAS-bedingten Abweichungen von der Bilanzierung nach dem HGB „immaterial" sind, so daß sich eine Überleitung auf einen gesonderten IASC-Konzernabschluß erübrige.

3. Hypothese, Auswirkungen, Anliegen

a) Parallele Konzernrechnungslegung durch deutsche Unternehmen

Es erscheint uns angesichts der ins Ungewisse weisenden Weiterentwicklung einer europäischen Harmonisierung einerseits und eines offenbar zunehmenden Zwangs aus der Globalisierung heraus, sich auch der Internationalisierung der Rechnungslegung zu stellen, andererseits, nicht realitätsfern zu sein, daß auch deutsche Unternehmen sich gezwungen sehen werden, einen internationalen Jahresabschluß vorzulegen – und dies in nicht zu ferner Zukunft. Bei der, von uns so gesehenen, Unabdingbarkeit einer Weitergeltung der deutschen Jahresabschlußzwecke – hier an erster Stelle zu nennen die Ausschüttungssperr- und die Kapitalerhaltungsfunktionen sowie seine prinzipielle Maßgeblichkeit für die Einkommensbesteuerung – würde dies angesichts der Stagnation des EU-Angleichungsprozesses der Rechnungslegung die Aufstellung eines zweiten Jahresabschlusses zum selben Stichtag über dasselbe Unternehmen bedeuten. Es stellt sich die Frage

---

Die Finanzierungsrechnung ist in Übereinstimmung mit IAS 7 erstellt und erscheint auch äußerlich als gleichrangige Aufstellung neben der Konzernbilanz und der Konzern-Gewinn- und Verlustrechnung.

Ferner weisen beide Gesellschaften ausdrücklich darauf hin, daß trotz der Umstellung auf die IAS das deutsche Vorsichts- und das Realisationsprinzip gewahrt wurden (Bayer) bzw. die am Bilanzstichtag gültigen IAS nur angewandt wurden „soweit sie den Bilanzierungs- und Bewertungsgrundsätzen des HGB nicht entgegenstehen" (Schering).

Ein auffallender Unterschied in dem Vorgehen zwischen beiden Gesellschaften scheint in der ausdrücklichen Bezugnahme im Konzernanhang auf die IAS zu bestehen. Während Schering, von den erwähnten grundsätzlichen Erklärungen abgesehen, sich jeden weiteren Hinweises auf die IAS enthält, bringt Bayer im Konzernanhang nicht nur eine gesonderte Aufstellung, in der die Bewertungsänderungen der einzelnen Positionen gegenüber denen des HGB nach Art und Betrag erläutert werden, sondern die Gesellschaft zitiert auch an verschiedenen anderen Stellen die jeweils relevanten IAS.

Im Bayer-Konzernabschluß sind bis auf die sich aus der Umstellung der Umrechnung von Fremdwährungsabschlüssen ergebenden Auswirkungen, die im Konzerneigenkapital zu Beginn des Jahres erfaßt wurden, die Änderungen aufgrund der Anwendung der IAS im laufenden Konzernergebnis verarbeitet worden.

U. E. wird sich erst in der Zukunft erweisen, ob tatsächlich ohne eine Überleitung oder gar ohne einen parallelen IASC-Konzernabschluß auszukommen ist, wenn es gilt, mit der Konzernrechnungslegung auch den Standards des IASC zu entsprechen. Dies hängt einmal von der Verfügbarkeit von Wahlrechten nach IASC ab, mittels deren sich Konformität mit den deutschen Bilanzierungs- und Bewertungsgrundsätzen beibehalten läßt, wie auch naturgemäß von den jeweiligen Tatbeständen und etwaiger Wesentlichkeit der Unterschiedsbeträge.

nach einem Ausweg.²² Da dieser sich nicht oder zumindest nicht kurzfristig bietet, stehen die deutschen Unternehmen vor dem Zwang einer Parallelität ihrer Rechnungslegung wie auch der dazugehörigen Bestätigungen des Abschlußprüfers.

In einem anderen Zusammenhang hatten wir untersucht, ob sich die Unterschiede zwischen beiden Systemen vermeiden oder zumindest verringern lassen, wenn man auf den deutschen Konzernabschluß abstellt, indem dieser im Hinblick auf die Gewährleistung seiner Informationsfunktion – welcher Zweck, wie oben dargestellt²³, der „Decision Usefulness"-Theorie entspricht – aufgemacht wird.²⁴ Es müßten die GoB für eine Konzernrechnungslegung, so wie es das Gesetz bereits formuliert, „konzernartigen" ausgelegt werden. Sie existieren bisher nur rudimentär. Es bedarf weiterer Untersuchungen, und eine sich anschließende Diskussion müßte zu einem Konsens führen. In jedem Fall wäre ein solcher Prozeß zeitraubend. Sicher könnte eine Gesetzesänderung ihn abkürzen, indem z. B. in Ausweitung von § 292 ein IASC-Konzernabschluß als „befreiend" zugelassen würde. Eine solche Initiative ist z. Zt. nicht erkennbar. Auch sie wird in jedem Fall Zeit brauchen.

Einer Beschränkung von solcherart Internationalisierung, nämlich auf den Konzernabschluß, käme der Umstand erleichternd entgegen, daß dieser im internationalen Bereich das einzige relevante Medium der Rechnungslegung ist.²⁵ Die folgenden Überlegungen beschränken sich deshalb auf den Konzernabschluß.

b) Auswirkungen

ba) Aufsteller

(i) Mehrkosten

Es bedarf keiner weiteren Begründung, daß durch das Aufstellen eines IASC-Konzernabschlusses zusätzliche Kosten entstehen. Nachdem die

---
²² Vgl. *Stein,* ZfbF 1994, S. 665.
²³ Vgl. I.2.b)bb) oben.
²⁴ Vgl. *Niehus,* Zur Entwicklung von „konzernartigen" GoB durch Paradigmawechsel – Auch ein Beitrag über die Diskussion über die Internationalisierung der deutschen Konzernrechnungslegung, in: Bilanzrecht und Kapitalmarkt, Festschrift für Moxter, hrsg. v. Ballwieser u. a., Düsseldorf 1994, S. 624–652, hier insbes. S. 632 mit den dort angegebenen weiteren Nachweisen; ferner auch *Serve,* Die Notwendigkeit zur Modifikation der Grundsätze ordnungsmäßiger Buchführung im Rahmen der Konzernrechnungslegung, WPg 1993, S. 653–662.
²⁵ Vgl. aus amerikanischer Sicht *Kubin,* Die Konzernrechnungslegung in den USA, in: Rechnungslegung, Prüfung, Wirtschaftsrecht und Steuern in den USA, hrsg. v. Sonnemann, Wiesbaden 1989, S. 95–125, hier S. 105f. Der Einzelabschluß dient dagegen nahezu ausschließlich der internen Rechnungslegung.

deutschen Unternehmen vor weniger als zehn Jahren mit dem Übergang auf das Bilanzrichtliniengesetz und vor rund fünf Jahren mit dem Beginn der obligatorischen Konzernrechnungslegung bereits erhebliche Mehrkosten auf sich genommen haben, würde sie mit einer parallelen internationalen Konzern-Rechnungslegung ein neuer „Kostenschub" in der Rechnungslegung erwarten.[26]

(ii) Verzicht auf Optionen und erweiterte Offenlegung

Die deutschen Unternehmen müßten bereit sein, auf die Beibehaltung von steuerrechtlichen Bewertungsvorschriften, die nach deutschem Recht zulässig, nach IASC aber unstatthaft sind, da der True-and-Fair-View-Abbildung widersprechend, zu verzichten; sie müßten die von IASC verlangten, generell umfassenderen Offenlegungsvorschriften erfüllen, besonders auch die sonstigen Aufstellungen vorlegen, die nach IASC neben dem Cash-Flow-Statement immer dann erforderlich sind, wenn dies der „Decision Usefulness" dient.

(iii) Risiko für die Kapitalschutzbestimmungen des HGB

Man kann sich auf den Standpunkt stellen, bei einer parallelen Konzernrechnungslegung aufgrund von teilweise unterschiedlichen Zahlen für dieselbe Bilanzposition zusätzlich aufkommende Fragen, z. B. auf der Hauptversammlung, beantworten und somit Zweifel ausräumen zu können. Es sollte jedoch nicht übersehen werden, daß durch den – zumindest in aller Regel und wenn auch meistens nur bei kurzfristiger Betrachtung – höheren Eigenkapitalausweis in einem IASC-Konzernabschluß neue Ansprüche entstehen können. In einem anderen Zusammenhang haben wir bereits darauf hingewiesen[27], daß die Kompetenz für eine – höhere – Rücklagendotierung, die bekanntlich im aktienrechtlichen Einzelabschluß gemäß § 58 AktG nur mit Zustimmung der Hauptversammlung und dazu noch nur unter bestimmten satzungsmäßig definierten Bedingungen zulässig ist, für die Konzernrechnungslegung keineswegs geklärt ist. Im Schrifttum ist die Meinung nicht einheitlich.[28] Diese Kontroverse dürfte mit der Vorlage eines parallelen Konzernabschlusses neu belebt werden.

---

[26] Hierauf weist Stein besonders hin; vgl. *Stein*, ZfbF 1994, S. 664.
[27] Vgl. *Niehus*, 7. EG-Richtlinie = „US GAAP"?, „Duale" Konzernrechnungslegung in Frankreich – Anmerkungen und Überlegungen aus deutscher Sicht, WPg 1991, S. 1–8 und S. 34–39, hier S. 38.
[28] Vgl. zum Meinungsstand zu § 58 Abs. 2 AktG: *Adler/Düring/Schmaltz*, HGB, 5. Aufl., § 58 AktG, Rdn. 81–90; *Clemm/Jensen*, in: BeckBil-Komm., 2. Aufl., Vor

bb) Abschlußprüfer

(i) Gewährleistung der Kompetenz für eine internationale Abschlußprüfung und Berichterstattung

Die Glaubwürdigkeit und Verläßlichkeit eines parallelen Konzernabschlusses wird durch eine Abschlußprüfung und d. h. durch ein Abschlußprüfertestat, wenn nicht erst hergestellt, so doch erhöht. Eine unabhängige Abschlußprüfung zumindest für börsennotierte und/oder kreditsuchende Kapitalgesellschaften entspricht internationalen Gepflogenheiten, und das gilt auch für eine formal freiwillige Rechnungslegung, wie es die internationale Konzernrechnungslegung aus der Sicht des deutschen Gesetzgebers ist.

Es darf unterstellt werden, daß der deutsche Abschlußprüfer auch bei einer internationalen Konzernrechnungslegung die personellen und sachlichen Voraussetzungen für eine ordnungsgemäße Prüfungsdurchführung erfüllt. Ihr Begriff und ihr Inhalt sind in den Fachgutachten des IDW geregelt. Hierauf sei verwiesen.[29] Grundvoraussssetzung ist natürlich, daß der Abschlußprüfer die Vertrautheit mit den Standards des IASC und seinem „Framework" herbeigeführt hat, also insoweit der Grundsatz der Gewissenhaftigkeit der Berufsausübung gewährleistet ist.[30]

Ein Abschlußprüfer hat die berufliche Aufgabe, über die Durchführung seiner Prüfung einen Prüfungsbericht zu erstellen und einen Bestätigungsvermerk zu erteilen.[31]

Was die Berichterstattung betrifft, braucht dies bei einer parallelen Rechnungslegung nicht zwangsläufig auch zu einer Duplizität im Sinne von zwei Prüfungsberichten zu führen. Es ist durchaus vorstellbar – und dies wird auch in der Praxis in vergleichbaren Fällen bereits so gehandhabt, – daß bei weitestgehender Beibehaltung der konventionellen Gliederung[32] im sog. Berichtsanhang jeweils die einzelnen Positionen zunächst des HGB-Abschlusses und anschließend die des IASC-Abschlusses erläutert werden.

---

§ 325, Anm. 50 m.w.N. sowie insbes. auch *Lutter*, Rücklagenbildung im Konzern, in: Bilanz- und Konzernrecht, Festschrift für Goerdeler, hrsg. v. Havermann, Düsseldorf 1987, S. 327-348 ebenfalls m.w.N.

[29] Vgl. insbesondere die Fachgutachten 1-3/1988.
[30] Vgl. § 43 Abs. 1 WPO.
[31] Vgl. § 2 Abs. 1 WPO.
[32] Vgl. hierzu WP-Handbuch 1992, Bd. I, O Tz. 41-49.

(ii) Anpassung an die Prüfungsparameter der IFAC

An anderer Stelle haben wir versucht nachzuweisen, daß die Beachtung der Grundsätze ordnungsmäßiger Prüfungsdurchführung gemäß den Fachgutachten 1-3/1988 des IDW[33] auch den internationalen Normen einer ordnungsmäßigen Prüfungsdurchführung, wie sie von der weltweiten Berufsorganisation der Abschlußprüfer, der International Federation of Accountants („IFAC") niedergelegt worden sind, entspricht – dies allerdings mit der, u. E. bedeutenden, Ausnahme, daß der deutsche Abschlußprüfer keine direkte Verantwortung für im Rahmen seiner Internal Control-Untersuchung nicht aufgedeckten Unterschlagungen übernimmt.[34]

Noch eine zweite Ausnahme muß hier erwähnt werden: die Prüfung der Geschäftsbeziehungen zu nahestehenden Personen, die sog. „Related Party Transactions". Sie ist nach deutschem Recht und demgemäß nach deutscher Praxis eingeschränkt erforderlich, da gesetzlich nur bei Abschlußprüfungen von Aktiengesellschaften relevant – dort als Prüfung des Abhängigkeitsberichtes geregelt –, und die „verbundenen Unternehmen" sind nach deutschem Recht nur Unternehmen.[35] Dagegen erfaßt das betreffende IFAC-Gutachten auch natürliche Personen wie Mitglieder der Geschäftsleitung, die ihrerseits z. B. die Kontrolle über einen bedeutenden Abnehmer oder Zulieferer innehaben.[36]

Grundsätzlich dürfte es für den deutschen Berufsstand der Abschlußprüfer kein Problem sein, sich diesen beiden Normen anzupassen, wenn auch nicht verkannt werden darf, daß insbesondere bei der qualifizierten Übernahme einer Mitverantwortung für das Aufdecken von Unterschlagungen als Ausfluß der Control-Prüfung gravierende Haftungsprobleme entstehen können.[37] Andererseits wird die Behauptung gewagt, daß bei den größeren deutschen Wirtschaftsprüfungsge-

---

[33] Vgl. FG 1-3/1988.
[34] Vgl. *Niehus*, Zur Weiterentwicklung der Grundsätze ordnungsmäßiger Durchführung von Abschlußprüfungen – Anregung aus nationaler und internationaler Sicht, in: Rechnungslegung. Entwicklungen bei der Bilanzierung und Prüfung von Kapitalgesellschaften, Festschrift für Forster, hrsg. v. Moxter u. a., Düsseldorf 1992, S. 489-506, hier S. 502-504.
[35] Vgl. § 311 AktG; das FG 1/1988 enthält hierzu keinen besonderen Grundsatz.
[36] Vgl. International Standard on Auditing (ISA), Related Parties, IFAC Handbook 1994, Technical Pronouncements 1994, S. 173-178, hier S. 174, Abschnitt 4, mit der Definition nach IAS 24 „Related Parties", abgedruckt ebenda.
[37] Vgl. *Niehus*, FS Forster, a.a.O. (Fn. 34), S. 500; vgl. hierzu auch *Mertin*, Verantwortlichkeit des Abschlußprüfers für Unterschlagungen – Neue Prüfungsstandards des AICPA zur Schließung der Erwartungslücke, WPg 1989, S. 385-390.

sellschaften eine solche Ausweitung und Anpassung der Prüfungsparameter in Anlehnung an internationale, vor allem US-amerikanische Prüfungsgrundsätze[38] bereits routinemäßig erfolgt.

c) Anliegen: Verhinderung einer Vertiefung der „Erwartungslücke"

Es dürfte unbestritten sein, daß de lege lata die Rechnungslegung der Unternehmen als solche, aber auch die Formulierung des Bestätigungsvermerks einen „Expectation Gap" auf seiten der Benutzer eines Jahresabschlusses erzeugt haben, wenn auch, wie kürzlich erneut nachgewiesen, dem Abschlußprüfer die Schuld hieran nur in geringem Umfang trifft.[39] Es kann aus einleuchtenden Gründen weder das Interesse der deutschen rechnungslegenden Unternehmen noch das der deutschen Abschlußprüfer sein, diesen „Expectation Gap", der bei einer parallelen Konzernrechnungslegung zwangsläufig dokumentiert werden würde, weiter zu vertiefen. Im Gegenteil, beide – Unternehmen und Abschlußprüfer – müssen sich aufgefordert wissen mitzuwirken, ihn zu verringern.[40]

Welchen Stellenwert diese Besorgnis einnehmen kann, beweisen, folgt man der Tagespresse, die Planungen deutscher Großunternehmen im Hinblick auf die Börseneinführung ihrer Aktien am Platz New York. Um keinen parallelen Konzernabschluß vorlegen zu müssen, sei beabsichtigt, den Konzernabschluß in Übereinstimmung mit den amerikanischen Bilanzierungsgrundsätzen zu erstellen, so wie es die SEC prinzipiell verlangt. Durch einen zweiten Abschluß sähe der Finanzvorstand des Unternehmens die „Glaubwürdigkeit gegenüber den Anliegern gefährdet". Wie man dabei auch der Pflicht für eine Konzernrech-

---

[38] Zu den US General Accepted Auditing Standards (US-GAAS) vgl. AICPA (Hrsg.), Professional Standards Vol. 1, as of June 1, 1990, Sec. 334, Related Party Transactions, § 334.01–334.11.

[39] Im wesentlichen, als er sich mit seinem Vorschlag einer klareren Fassung des Bestätigungsvermerks bei Gelegenheit der Novellierung des HGB im Jahre 1985 nicht hat durchsetzen können; vgl. *Forster,* Zur „Erwartungslücke" bei der Abschlußprüfung, in: Für Recht und Staat, Festschrift für Helmrich, hrsg. v. Letzgus u. a., München 1994, S. 613–626; vgl. hierzu auch die Diskussion anläßlich der letzten Anhörung zum Entwurf des Bilanzrichtlinien-Gesetzes im Unterausschuß zum Rechtsausschuß des Deutschen Bundestages im Jahre 1985, abgedruckt bei *Helmrich,* Bilanzrichtlinien-Gesetz, München 1986, S. 283–286.

[40] Vgl. zur Erwartungslücke aus der Rechnungslegung und damit verbunden dem Risiko einer Glaubwürdigkeitskrise der Abschlußprüfung ausführlich *Niehus,* Die Qualitätskontrolle der Abschlußprüfung, Düsseldorf 1993, S. 23–27.

nungslegung gem. §§ 290ff. weiterhin entsprechen will, erfährt der Leser nicht.[41]

II. Bestätigungsvermerk von internationalen Konzernabschlüssen

1. Parallele Konzernrechnungslegung

a) Getrennte Bestätigungsvermerke

Es wäre die „direkte" Lösung, wenn der Abschlußprüfer einen frei formulierten Bestätigungsvermerk zum IASC-Konzernabschluß erteilen würde. Dieses zweite Testat könnte weitestgehend dem gesetzlichen nachgebildet werden. Eine Formulierung wäre wie folgt:

„Der IASC-Konzernabschluß entspricht aufgrund meiner ordnungsgemäß durchgeführten Jahresabschlußprüfung den IAS-Standards und vermittelt ein den tatsächlichen Verhältnissen entsprechendes Bild der Vermögens-, Finanz- und Ertragslage des Konzerns."

Das Ganze erscheint unproblematisch – mit einer u. E. sehr bedeutenden Einschränkung: Bei dem Bezug auf den „True and Fair-View" entfällt – im Gegensatz zur deutschen gesetzlichen Vorschrift (§ 322 Abs. 1) – die Restriktion „unter Beachtung der Grundsätze ordnungsmäßiger Buchführung". Das ist für den Geltungsbereich der IASC-Standards auch absolut zwingend, hat doch das „True and Fair-View"-Prinzip dort eine unmittelbare Wirkweise. Es ist ein „Overriding Principle" und im Gegensatz zu seiner deutschen Kodifikation durch einen GoB-Bezug nicht eingeschränkt.[42] Auf die sich darauf für den deutschen Abschlußprüfer ergebenden Konsequenzen soll unten gesondert eingegangen werden.[43]

b) Erweiterung des gesetzlichen Bestätigungsvermerks

Zwei unabhängig nebeneinanderstehende Bestätigungsvermerke zu zwei Konzernabschlüssen ein und desselben Unternehmens zum gleichen Datum, aber mit unterschiedlichem Inhalt, tragen sicher wesent-

---

[41] Vgl. FAZ vom 26. 11. 1994: „Die Telekom erwartet für 1994 ein deutlich besseres Ergebnis". Offenbar stellt ein weiteres deutsches Großunternehmen ähnliche Überlegungen an. Vgl. FAZ vom 5. 12. 1994: „Bayer: Nur mit einer Bilanz nach New York."
[42] Vgl. I.2.b)bb) oben.
[43] Vgl. II.4.b) unten.

lich dazu bei, das Risiko des „Expectation Gap" zu verstärken. Es ist deshalb zu prüfen, ob z. B. durch eine Ergänzung des gesetzlichen und damit der Erteilung nur eines einzigen Bestätigungsvermerkes eine Minderung dieses Risikos zu erreichen ist.

Durch ein derart erweitertes Testat sollen auch die Prüfungsdurchführung und Berichterstattung über den IASC-Konzernabschluß abgedeckt werden. Dies ist jedoch formal durch eine schlichte Ergänzung nicht zu erreichen. Nach der Intention der Verfasser von FG 3/1988 ist eine Ergänzung vielmehr immer dann geboten, „wenn die Kernfassung des Bestätigungsvermerks bei Würdigung aller Umstände zu einem falschen Eindruck über den Inhalt der Prüfung und die Tragweite des Bestätigungsvermerks führen könnte".[44] Dieser Fall aber liegt hier nicht vor. Der vorgestellte Bestätigungsvermerk deckt den Inhalt der Prüfung, nämlich die beider Konzernabschlüsse, ausreichend ab, und auch über seine Tragweite können Zweifel in formaler Hinsicht u. E. nicht aufkommen.

Was erfolgen muß, ist nicht eine Ergänzung, sondern eine Erweiterung. Darüber schweigt sich FG 3/1988 aus. Diese Regelungslücke ließe sich u. E. leicht schließen, indem man den Text des zweiten Kernsatzes aus dem oben frei formulierten Testat unmittelbar an den des gesetzlichen Testattextes sich anschließen läßt. Man hätte dadurch auch erreicht, daß der Bestätigungsvermerk sich rein äußerlich von der konventionellen, gesetzlichen Formulierung nicht so stark abhebt. Dies ist nicht nur nicht viel, sondern bewirkt angesichts des zumindest optischen Ineinanderübergehens der beiden Bestätigungen kaum eine Reduzierung des „Expactation Gap".

c) Irrelevanz einer Bescheinigung

Nach beruflicher Auffassung hat eine Bescheinigung immer dann zu erfolgen, wenn entweder in einem eingeschränkten Umfang geprüft worden ist oder der Abschlußprüfer an der Aufstellung mitgewirkt hat.[45] Beides liegt in dem von uns unterstellten Fall nicht vor. Deshalb ist es fehl am Platze, die Bestätigung eines solchen freiwillig aufgestellten Konzernabschlusses als „Bescheinigung" anzusehen und so zu bezeichnen.

Hinzu kommt, daß damit bei den Adressaten – vor allem denen im Ausland – der Eindruck einer Inferiorität für diese Art von Konzern-

---
[44] Vgl. FG 3/1988, Abschnitt C.II. Abs. 1, Satz 1.
[45] Vgl. FG 3/1988, Abschnitt G.II. Abs. 2, Satz 1.

abschluß erweckt würde. Das ist nicht gewollt und kann nicht im Interesse des aufstellenden deutschen Unternehmens liegen. Beide Konzernabschlüsse werden als Ergebnis einer unternehmenspolitischen Entscheidung vorgelegt und sollen gleichberechtigt nebeneinander stehen. Dies muß sich auch in einem gleichwertigen Bestätigungsvermerk ausdrücken.

d) Zwischenergebnis – Remanenz des Risikos einer „Erwartungslücke"

Durch den Umstand, daß der IASC-Konzernabschluß – sei es für sich gesondert, sei es durch Erweiterung – bestätigt wird, weist man ausdrücklich auf ihn hin. Dadurch wird das Risiko des „Expectation Gaps" u.E. nicht abgebaut. Eine parallele Bestätigung ebenso wie eine Ergänzung kann weder aus der Sicht des deutschen Berufsstandes noch aus der des rechnungslegenden Unternehmens als eine optimale Lösung für das uns hier beschäftigende Problem angesehen werden.

2. Bestätigung des Primärabschlusses mit Überleitung („Reconciliation")

a) HGB-Konzernabschluß mit „Reconciliation" zum IASC-Konzernabschluß

Bei diesem Vorgehen ist der HGB-Konzernabschluß das primäre Medium. So wird auch äußerlich dokumentiert, daß die deutsche Rechnungslegungshoheit erhalten bleibt. Es stellt sich jedoch die Frage, ob durch eine derartige Überleitung ein IASC-Konzernabschluß überhaupt erstellt wird. Ein Hinführen zu einem andersartigen Jahresabschluß mittels bestimmter, zweckgerichteter Zahlen ist u.E. etwas anderes als eine originäre, aus sich heraus verständliche Präsentation.

Unterstellt, daß die – im Zweifel recht umfangreichen – Angaben zur Überleitung auf den IASC-Konzernabschluß im Anhang des HGB-Konzernabschlusses erscheinen, müßte eine solche „Reconciliation" mindestens mit dem (ggf. abweichenden) Konzernjahresüberschuß und dem (ggf. abweichenden) Konzerneigenkapital gemäß IASC enden. Ein kundiger Bilanzleser könnte vermittels einer solchen Überleitung einen IASC-Konzernabschluß selbst erstellen. Dies dürfte möglich sein und zu dem gewünschten Ergebnis führen, unterstellt die „Reconciliation" ist ausreichend tief gegliedert. Ein Konzernabschluß im formalrechtlichen wie auch substantiellen Sinne wird damit u.E. jedoch nicht vorgelegt.

Eines der bekanntesten „Reconciliation"-Erfordernisse im internationalen Bereich stellt sich ohne Zweifel bei einer Registrierung durch die SEC für Jahresabschlüsse, die nicht den „Generally Accepted Accounting Principles" (US-GAAP) entsprechen. Man könnte geltend machen, daß die amerikanische Aufsichtsbehörde auf diese Weise eingeräumt hat, daß ein Konzernabschluß – wenn auch indirekt, nämlich über die „Reconciliation" – nach US-GAAP als eine zweite Jahresrechnung vorgelegt worden ist. Hierzu ist zweierlei zu bemerken:

(1) Unbestritten ist die „Reconciliation" (sie erfolgt im Formblatt F 20 für „Foreign Registrants") nur eine Hilfslösung. Die Securities Exchange Act 1934 selbst geht primär von der Vorlage eines integralen Konzernabschlusses, aufgestellt nach US-GAAP aus.[46]

2) Auch die Anerkennung des Verfahrens einer Überleitung als solches durch eine Aufsichtsbehörde, wie sie die SEC darstellt, kann nicht bewirken, daß daraus ein eigenständiger Abschluß wird.

Die Inferiorität bleibt bestehen.

aa) Bestätigungsvermerk mit Ergänzung

i) Zulässigkeit

Es kann auf das oben Gesagte verwiesen werden.[47]

ii) Formulierungsvorschlag

Der vorgestellte Formulierungsvorschlag würde im Hinblick auf den Umstand, daß die Überleitung im Konzernanhang oder in einer gesonderten Anlage vorgenommen ist, entsprechend ergänzt und könnte wie folgt lauten:

Der im Abschnitt ... des Anhangs entwickelte IASC-Konzernabschluß entspricht den internationalen Standards. Er vermittelt einen tatsächlichen Einblick in die Vermögens-, Finanz- und Ertragslage des Konzerns."

---

[46] Vgl. *Deloitte/Touche,* SEC-Handbook, Rules and Forms for Financial Statements and Related Disclosures, as of Dec. 1, 1992, § 33081, Form 20 F, General Instructions, A. Rule as to Use of Form 20 F, wo es heißt: „Any foreign private issuer may use this form as a registration statement under Sec. 12 of the Securities Exchange Act of 1934".

[47] Vgl. II.1.b) oben.

ab) Unzureichende Zweckmäßigkeit

Stärker noch als bei einer Bestätigung von zwei parallelen Konzernabschlüssen durch ein einziges, entsprechend erweitertes Testat würde in diesem Falle die Inferiorität der Rechnungslegung durch einen IASC-Konzernabschluß gegenüber dem originären nach HGB aufgestellten offenkundig werden. Ob dadurch dennoch das mit der unternehmenspolitischen Entscheidung erstrebte Ziel einer Konzernrechnungslegung auch nach internationalen Standards erreicht wird, hängt vom Einzelfall ab. Im Hinblick auf die Notwendigkeit einer gleichwertigen Information für die Adressaten und damit ihrer absoluten Gleichbehandlung, ob sie nun aus dem Geltungsbereich des HGB oder aus dem der internationalen Standards stammen, müssen Zweifel an der Zweckmäßigkeit angemeldet werden.

b) IASC-Konzernabschluß mit Reconciliation auf den HGB-Konzernabschluß

ba) Freiformulierter Bestätigungsvermerk

In einem frei formulierten Bestätigungsvermerk würde durch einen Zusatz darauf hingewiesen, daß der aus dem IASC-Konzernabschluß mittels Überleitung entwickelte HGB-Konzernjahresüberschuß den gesetzlichen Vorschriften entspricht und unter Beachtung der Grundsätze ordnungsmäßiger Buchführung einen tatsächlichen Einblick in die Vermögens-, Finanz- und Ertragslage des Konzerns vermittelt. Die Testatsaussagen wären dann:

„Der IASC-Konzernabschluß entspricht nach unserer pflichtgemäßen Prüfung den internationalen Standards."

Der aus der Überleitung sich ergebende HGB-Konzernabschluß würde testiert:

„Das Konzernergebnis (vgl. Überleitung vom IASC-Konzernabschluß in Tz. ... des Anhangs) ist nach den gesetzlichen Vorschriften für die Konzernrechnungslegung ermittelt.

Der Konzernabschluß vermittelt unter Beachtung der Grundsätze ordnungsmäßiger Buchführung einen den tatsächlichen Verhältnissen entsprechendes Bild der Vermögens-, Finanz- und Ertragslage des Konzerns.

Der Konzernlagebericht steht im Einklang mit dem Konzernabschluß."

bb) Zweifelhafte Zulässigkeit

Auch für eine solche Lösung müssen u.E. die oben angemeldeten Zweifel gelten[48]. Den Adressaten des Konzernabschlusses würden zwar durch die Überleitung der Konzernjahresüberschuß und das Konzerneigenkapital nach HGB mitgeteilt. Ein für sich bestehender Konzernabschluß würde aber nicht vorgelegt. Dies bedeutet u. a. auch, daß sonstige, für eine Bilanzanalyse benötige Kennzahlen vom Leser selbst entwickelt werden müßten, soweit ihm das ermöglich wird. Ein stark vereinfachtes Beispiel möge diese Schwierigkeit verdeutlichen:

Aus bestimmten Gründen möchte der Bilanzleser die Umschlagsgeschwindigkeit der Vorräte kennen. In der Überleitung würde, weil entsprechend IAS-Standard Nr. 2 „Valuation and Presentation of Inventories in the Context of the Historical Cost System"[49] die Halb- und Fertigfabrikate mit den anteiligen Gemeinkosten angesetzt worden sind, dieser Betrag vom Konzernergebnis nach HGB wieder abgezogen werden. Um zu der Ausgangszahl für seine Analyse zu kommen, müßte der Leser die Veränderung in der Konzernbilanz zwischen diesen Vorratspositionen zu Beginn und zu Ende des Jahres abziehen (oder hinzufügen), bevor er die von ihm benötige Kennzahl erhält.

Das Beispiel zeigt, daß man sich u.E. zu Recht auf den Standpunkt stellen kann, ein Jahresabschluß, und das gilt auch für einen Konzernabschluß, ist das Endprodukt der Rechnungslegung, und dieses Endprodukt ist dem Adressaten durch das Unternehmen unmittelbar vorzulegen. Es kann nicht im Sinne des Gesetzes sein, einzelne Zahlen als Komponenten zu vermitteln und die Erstellung eines Jahresüberschusses im eigentlichen Sinne und der weiteren für seine Investitionsentscheidungen benötigten Zahlen dem Leser zu überlassen.

c) Zwischenergebnis: Zweifel an Eignung und Zulässigkeit

Ein Konzernabschluß mit Überleitung auf einen anderen Abschluß, der eine andere Konzeption widerspiegelt, ist u.M.n. ein unvollkommenes Informationsinstrument, denn

– er beseitigt nicht den Makel der Inferiorität, der einem nur mittelbar herzustellenden Konzernabschluß anhaftet;
– er läßt – zumindest aus deutscher Sicht – Zweifel aufkommen, ob, wenn der HGB-Konzernabschluß sich nur aus der „Recon-

---

[48] Vgl. II.1.d) oben
[49] Vgl. IAS 2 Tz. 20ff.

ciliation" ergibt, er im Sinne des Gesetzes überhaupt vorgelegt worden ist.

3. Problematik eines Bestätigungsberichtes

Es bleibt zu untersuchen, ob die hier skizzierte Problematik der Bestätigung einer parallelen Konzernrechnungslegung durch einen Bestätigungsbericht gelöst werden kann.

a) Vorteil

Ein Bestätigungsbericht, wie er in der Literatur vorgestellt wurde[50], böte den Vorteil, daß

(1) nur eine einzige Aussage zur Prüfungsdurchführung erfolgt,

(2) er die Kernfassung des deutschen Bestätigungsvermerks

und parallel dazu

(3) die Bestätigung des freiwillig geprüften IASC-Konzernabschlusses enthält.

b) Formulierungsvorschläge

Erste Kernaussage:

In der Beschreibung des Prüfungsumfanges – international „Scope-Paragraph"[51] – würde man explizit auf die Prüfung auch des IASC-Konzernabschlusses eingehen. Es würde ferner zum Ausdruck gebracht, daß beide Konzernabschlüsse dem Bestätigungsbericht beigefügt sind. Die Formulierung könnte wie folgt lauten:

„Als von der Hauptversammlung der X-Aktiengesellschaft gewählte Konzernabschlußprüfer haben wir den Konzernabschluß (Anlage 1) sowie den IASC-Konzernabschluß (Anlage 2) pflichtgemäß geprüft."

Zweite Kernaussage:

Sie würde als erstes Urteil (international: „Opinion") die des deutschen Testats enthalten:

---

[50] Vgl. *Marks,* Bestätigungsbericht in Großbritannien, Kanada und in den USA – Vorbilder für eine Reform des Bestätigungsvermerks?, WPg 1982, S. 177–184 und S. 209–211, hier S. 180–184; *ders.,* Entwicklungstendenzen zum neuen Bestätigungsvermerk, WPg 1982, S. 121–128 und S. 164–173, hier insbes. S. 167–171.
[51] Vgl. IFAC Handbook 1994, a.a.O. (Fn. 36), S. 214.

„Der Konzernabschluß vermittelt unter Beachtung der Grundsätze ordnungsmäßiger Buchführung ein den tatsächlichen Verhältnissen entsprechendes Bild der Vermögens-, Finanz- und Ertragslage des Konzerns."

Dritte Kernaussage:

Im zweiten Teil der „Opinion" würde der IASC-Konzernabschluß bestätigt:

„Der IASC-Konzernabschluß entspricht den internationalen Standards. Er vermittelt ein den tatsächlichen Verhältnissen entsprechendes Bild der Vermögens-, Ertrags- und Finanzlage des Konzerns."

c) Internationale Besonderheiten

Auf internationaler Ebene hat sich die IFAC mit dem Inhalt des Bestätigungsberichtes befaßt. Im Hinblick auf den mit einem internationalen Konzernabschluß intendierten Adressatenkreis ist für unser Thema von Bedeutung, daß der Bestätigungsbericht nach IFAC neben den vorstehenden noch zwei weitere Aussagen enthalten soll[52]:

1. Es sollte darauf hingewiesen werden, daß der Jahresabschluß die Verantwortung des aufstellenden Unternehmens ist und damit, negativ abgegrenzt, nicht des Abschlußprüfers.
2. Es sollte erläutert werden, was eine Jahresabschlußprüfung ist, insbesondere sollte hervorgehoben werden, daß es sich nicht um eine Vollprüfung handelt, sondern sie nur auf ausgewählten Stichproben („Test Basis") beruht.

Diese beiden Feststellungen wären in einem Bestätigungsbericht vor den Prüfungsurteilen einzuordnen.

Über die Zweckmäßigkeit der Übernahme solcher Aussagen in einen deutschen Bestätigungsvermerk, erteilt durch einen deutschen Abschlußprüfer über eine internationale Konzernrechnungslegung, kann man unterschiedlicher Meinung sein. Für eine Konformität würde sprechen, daß man sich insoweit auch hier internationalen Gepflogenheiten angeschlossen hat und das auch zum Ausdruck bringen will.

Andererseits ist zu bedenken, daß die erste Feststellung für den Geltungsbereich des HGB selbstverständlich ist, denn der Gesetzgeber hat

---

[52] Vgl. IFAC Handbook 1994, a.a.O. (Fn. 36), The Auditor's Report on Financial Statements, S. 213 f.

eindeutig die Pflichten des aufstellenden Unternehmens geregelt. Und was den Inhalt der Abschlußprüfung betrifft, so ist dieser nicht im Gesetz definiert, vielmehr durch den Berufsstand der Wirtschaftsprüfer in den Fachgutachten 1–3/1988 niedergelegt.

Zusammengefaßt sind wir der Meinung, daß die Aufnahme dieser beiden IFAC-Empfehlungen in den Bestätigungsvermerk nach dem „Scope-Paragraph" aus deutscher Sicht unschädlich ist, aber eine stärkere Anpassung an internationale Konformität erkennen ließe. Dabei unterstellen wir jedoch, daß berufsrechtlich etwaige Haftungsfragen ausreichend haben beantwortet werden können.

d) Ergebnis

da) Fortbestehen der Erwartungslücke

In einem Bestätigungsbericht käme die Parallelität der Konzernrechnungslegung besonders deutlich zum Ausdruck. Der Bericht stellte in gewisser Weise den „Mantel" dar, der die Aussagen des einen Abschlußprüfers zu den beiden Konzernabschlüssen umschließt. Das zum Fortbestehen des „Expectation Gap"-Risikos Gesagte[53] gilt jedoch auch hier. Wir glauben nicht, daß der Umstand, daß es nur den einen Bestätigungsbericht gibt, in dem beide Bestätigungsvermerke gleichberechtigt nebeneinander stehend enthalten sind, diesen Nachteil deutlich abzuschwächen geeignet ist.

db) Geringe Akzeptanz

Es ist auch anzumerken, daß die Zulässigkeit eines Bestätigungsberichts nach deutschem Recht nicht unumstritten ist.[54] Hier soll nicht zu dieser Kontroverse Stellung genommen werden. Wichtig scheint aber zu sein, daß von den rechnungslegenden Unternehmen in Deutschland, aus welchen Gründen auch immer, ein Bestätigungsbericht bisher nicht verwandt worden ist, soweit sich dies feststellen läßt. Er wäre deshalb auch für deutsche Destinatäre etwas Neues. Fragen müssen ob seiner Tragweite aufkommen.

Es ist jedoch auch vorstellbar, daß, wenn man die hier angenommene Notwendigkeit zu einer internationalen Rechnungslegung mittels

---

[53] Vgl. II.1.d) oben.
[54] Für die Zulässigkeit vgl. *Sarx,* in: BeckBil-Komm., 2. Aufl., § 322, Anm. 73–75; WP-Handbuch 1992, Bd. I, O Tz. 372–375; *Biener/Berneke,* a.a.O. (Fn. 6), S. 428; eher ablehnend *Adler/Düring/Schmaltz,* HGB, 5. Aufl., § 322, Rdn. 109–111 sowie neuestens *Forster,* FS Helmrich, a.a.O. (Fn. 39), S. 615 f., alle m.w.N.

Parallelität lösen und den „Expectation Gap" möglichst reduzieren will, der Bestätigungsbericht, so wie ihn der Berufsstand der Abschlußprüfer seinerzeit propagiert hat[55], eine Renaissance erfährt.

4. Versuch einer vereinheitlichten Bestätigung

a) Zielsetzung

Um die virtuellen und auch die – von uns so gesehenen – potentiellen Nachteile, die den deutschen Unternehmen aus einer Parallelität als Lösung der Internationalisierung ihrer Rechnungslegung und daraus folgend den Testaten dazu entstehen können, und um dem Bedürfnis der Unternehmen wie auch dem Anliegen des Berufsstandes in dieser Hinsicht zu entsprechen, sei angenommen, daß beide Konzernabschlüsse in einem einzigen Konzernabschluß vereinigt werden sollen und dazu nur ein einziger (vereinheitlichter) Bestätigungsvermerk erteilt wird.

b) Mehrspaltensystem bei parallelem Konzernabschluß

Konzernbilanz, Konzerngewinn- und -verlustrechnung und die Konzernfinanzflußrechnung würden in einem Drei-Spalten-System aufgemacht, je eine Spalte für die Beträge

- nach HGB,
- nach IASC und für die
- Differenz.

Der Vorschrift, – sie gilt sowohl für das HGB (§ 265 Abs. 2 Satz 1) wie für IASC[56] – daß Vorjahreszahlen angegeben werden müssen, könnte technisch leicht dadurch entsprochen werden, daß diese, eventuell farblich abgesetzt, jeweils in der Zeile unter der für die aktuellen Zahlen erschienen. So würden sechs Spalten (nämlich drei für das laufende und drei für das Vorjahr) vermieden werden, die eher verwirrend wirken. Diese Lösung würde u. E. auch die Frage der Inferiorität des einen gegenüber dem anderen Konzernabschluß erst gar nicht aufkommen lassen.

---

[55] Vgl. *Helmrich,* a.a.O. (Fn. 39), S. 284–286, mit Diskussionen zu Beiträgen der Berufsvertreter zu diesem Thema.
[56] Vgl. IAS 1, Disclosure of Accounting Policies, Tz. 21.

c) Die Problematik des True and Fair-View-Postulats als Bestandteil des Bestätigungsvermerks

Wie oben bereits hervorgehoben[57], enthält die gesetzliche Formulierung des Bestätigungsvermerks, wie sie das HGB festlegt (§ 322), den Bezug auf die Grundsätze ordnungsmäßiger Buchführung im Rahmen des Einblicks in die tatsächlichen Verhältnisse der Vermögens-, Finanz- und Ertragslage. Dies wirkt unbestritten, wie auch vom deutschen Gesetzgeber eingeräumt wird, wie eine Restriktion.[58] Sie ist in der 4. EG-Richtlinie, Art. 2 Abs. 4, nicht enthalten, sondern von deutscher Seite gewissermaßen im Alleingang eingeführt worden. Sie sollte eine Hilfe sein insofern, als der Aufsteller nur zu gewährleisten hat, daß der True and Fair-View im Rahmen der GoB, die bekanntlich im Bilanzrichtlinien-Gesetz weitestgehend kodifiziert worden sind, hergestellt ist. Eine vom Gesetz abweichende Bilanzierung wird nicht verlangt, zumal Deutschland die Übernahme von Abs. 5 des Art. 2 verweigert hat. Diese Hilfestellung kann auch dem Abschlußprüfer zugute kommen.[59]

Bei einer Bestätigung eines internationalen Abschlusses gilt nach den Regeln der IFAC entweder der Bezug auf den True and Fair-View oder, „where appropriate", auf die „Statutory Requirements".[60] Das IASC hingegen kennt in dieser Hinsicht, wie gesagt, keine Einschränkung durch gesetzliche Bestimmungen. Es äußert sich zwar nicht ausdrücklich zu dem Grundsatz des True and Fair-View, stellt aber in seinem „Framework"[61] fest, daß eine Beachtung der von ihm entwickelten Bilanzierungsgrundsätze („Qualitative Characteristics of Financial Statements") und der entsprechenden Standards im allgemeinen ausreichend ist, einen True and Fair-View zu gewährleisten.

So gesehen ist es geradezu ein Kennzeichen der Rechnungslegung nach IASC, daß gesetzliche Vorschriften insoweit, als sie von den IAS-

---

[57] Vgl. II.1.a) oben.
[58] Vgl. auch die Reg.Begr. zu § 264 Abs. 2; abgedruckt bei *Biener/Berneke,* a.a.O. (Fn. 6), S. 136.
[59] Diese Problematik vom Standpunkt des deutschen Abschlußprüfers hat *Forster* kürzlich eklektisch untersucht. Er kam zu dem Ergebnis, daß zwischen dem True and Fair View-Axiom einerseits und seiner Beschränkung auf den GoB-Rahmen andererseits eine Aporie besteht. Aus diesem Grunde plädierte er für den Wegfall dieser Bestimmung; vgl. *Forster,* Gedanken beim Unterzeichnen eines Bestätigungsvermerks, in: Bilanzrecht und Kapitalmarkt, Festschrift für Moxter, hrsg. v. Ballwieser u. a., Düsseldorf 1994, S. 951-966, hier S. 965f.
[60] Vgl. IFAC-Handbook 1994, a.a.O. (Fn. 36), S. 214f.
[61] Vgl. IASC, Framework, Tz. 46.

Standards abweichen, ignoriert werden müssen. Dementsprechend bestimmt auch die IFAC – und dies ist besonders geeignet, die andersgeartete Funktion des True and Fair-View-Bezuges zu beleuchten – daß eine Angabe im Anhang nicht den Verstoß gegen einen Standard heilt, sondern ein solcher Verstoß trotz Offenlegung immer zu einer Einschränkung des Bestätigungsvermerks führen muß.[62]

Diese aus der unterschiedlichen Stellung des True and Fair View-Postulates sich ergebende Konsequenz würde eindeutig in dem Drei-Spalten-System dokumentiert werden. Die Differenzspalte nimmt die zahlenmäßigen Unterschiede zwischen beiden Systemen auf. Dem Leser wird der Konzernabschluß nach beiden Konzeptionen gewissermaßen „auf einen Blick" vorgestellt. Die Unterschiede treten offen zu Tage.

Wir sind der Auffassung, daß beide Umstände, die Gesamtschau wie auch die Angaben der Differenzen, geeignet sind zu verhindern, daß als Folge der – erzwungenen – parallelen Rechnungslegung der „Expectation Gap" auf Seiten des Lesers noch vergrößert wird.

d) „Vereinheitlichter" Bestätigungsvermerk

Nach der IFAC[63] sollten die einzelnen Konzernabschlußbestandteile, nämlich Bilanz, Gewinn- und Verlustrechnung und die Finanzflußrechnung, in dem Bestätigungsvermerk einzeln erwähnt werden. Dies dürfte sich leicht durch entsprechende Umformulierungen erreichen lassen. Sie wären auch nach deutscher Auffassung zulässig.[64] Danach könnte der in einem Mehrspaltensystem vereinheitlichte Parallel-Konzernabschluß wie folgt bestätigt werden:

Erste Kernaussage:

Sie würde so formuliert werden, daß sie für beide Abschlüsse gilt:

„Die Konzernbilanz, die Konzerngewinn- und -verlustrechnung und die Konzernfinanzflußrechnung entsprechen nach unserer pflichtgemäßen Prüfung den gesetzlichen Vorschriften (Spalte 1) und den Standards des IASC (Spalte 2)."

Zweite Kernaussage:

„Der Konzernabschluß vermittelt unter Beachtung der Grundsätze ordnungsmäßiger Buchführung (Spalte 1) und der Standards des IASC

---
[62] IFAC Handbook 1994, a.a.O. (Fn. 36), S. 221.
[63] Vgl. IFAC Handbook 1994, a.a.O. (Fn. 36), S. 213.
[64] Vgl. statt vieler WP-Handbuch 1992, Bd. I, O Tz. 322–331.

(Spalte 2) einen tatsächlichen Einblick in die Vermögens-, Finanz- und Ertragslage des Konzerns."

Dritte Kernaussage:

„Der Konzernlagebericht steht in Einklang mit dem Konzernabschluß."

III. Ergebnis

Ausgehend von der u. E. hohen Wahrscheinlichkeit, daß die Globalisierung der deutschen Wirtschaft die Unternehmen zu einer Internationalisierung ihrer Rechnungslegung zwingt, wurde, abgestellt auf den Konzernabschluß als dem international gegenüber dem Einzelabschluß vorrangigem Medium der Rechenschaftslegung, untersucht, wie aus der Sicht des bestätigenden Abschlußprüfers diese Rechnungslegung und damit der Bestätigungsvermerk aufgemacht werden müßten, um zu verhindern, daß bei einer solcherart erzwungenen parallelen Rechnungslegung der „Expectation Gap" sich weiter vertieft.

Es wurde aufgezeigt, daß bei einer Erweiterung des Bestätigungsvermerks im Hinblick auf den parallel vorgelegten internationalen Konzernabschluß, bei einer Bestätigung des durch Überleitung von einem auf den anderen Konzernabschluß erstellten wie auch bei einem Bestätigungsbericht, der beide Konzernabschlüsse in sich aufgenommen hat, dieses Risiko sich nicht verkleinern läßt. Schließlich wurde, ausgehend von der Annahme, der nationale wie der internationale Konzernabschluß würden in einem Dreispalten-System, gewissermaßen „auf einen Blick" unter Offenlegung der jeweiligen Differenzen, vorgelegt und bestätigt, das Testat des Abschlußprüfers formuliert. Es wurde begründet, warum durch diese Form der Konzernrechnungslegung der „Expectation Gap" zumindest nicht vertieft wird.

Eine parallele Konzernrechnungslegung entfällt naturgemäß, sobald der Gesetzgeber eingreift, indem er etwa einen IASC-Konzernabschluß als „befreiend" (analog § 292) auch für Muttergesellschaften mit Sitz im Inland anerkennt, und damit entfallen auch die potentiellen Auswirkungen auf den „Expectation Gap". Ob durch die Vorlage einer Jahresrechnung nach zwei völlig gegensätzlichen Konzeptionen – Einzelabschluß nach der Ausschüttungsbemessungs- und Kapitalerhaltungsfunktion des HGB, Konzernabschluß als „Performance"-Rechnung nicht eine neue Art von Erwartungslücke entsteht, halten wir für nahezu unwahrscheinlich. Im Gegenteil: sie dürfte, da systembedingt, eine neue Dimension annehmen.

HORST NIEMEYER

Die Stiftung als eine Grundform der europäischen Gesellschaft
– Vom Conto per Dio der causa pia zur Gemeinnützigkeit mit einer causa utilis –

   I. Einführung
  II. Die Stiftung als Grundform der alteuropäischen Gesellschaft
 III. Das Vordringen des Staates
  IV. Wirtschaftliches Wohlergehen und Förderung von Kultur und Wissenschaft
   V. Kooperation von Staat und Gesellschaft
  VI. Stiftungen und das Bildungsmonopol des modernen Staates

Die Stiftung als eine Grundform der europäischen Gesellschaft 567

I. Einführung

„Die Pflicht befiehlt, das Wohlergehen / Des Nächsten nicht zu meiden. / Man soll, wenn Arme mutlos flehen, / Sie speisen, tränken, kleiden:/ Der wahre Mensch fühlt ihre Pein; / Er fühlt's, um Hülfe zu verleihen: / Wir wollen Menschen sein". Darauf verpflichteten sich 1782 in einem Lied deutsche Freimaurer. Sie waren beeindruckt von den vorbildlichen Werken englischer Aufklärer, aber auch schon großer Amerikaner wie *Benjamin Franklin,* der damals als Botschafter von Paris aus den Europäern eine Vorstellung von neuer, selbstverantwortlicher Bürgerlichkeit vermittelte. *Franklin,* der Inbegriff des American way of life, aller republikanischen Tugenden, von denen man auch im empfindsamen Deutschland zaghaft zu schwärmen begann, veranschaulichte mit seinem Leben, wie möglichst jeder über Tüchtigkeit zum Erfolg gelangen könne. Der Erfolg, den ein anständiges Leben gewährt, gibt aber auch das Recht, ja verpflichtet dazu, sich desto entschlossener um die öffentlichen Angelegenheiten zu kümmern. Dieser selbstgemachte Mann verteidigte die Privatheit und Unabhängigkeit des Individuums. Aber als moralisches Wesen, und die Moral verweist es auf die Gesellschaft und macht es zum sozialen Wesen, ist das Individuum dazu angehalten, in aller Freiheit zu einer öffentlichen Person zu werden, um läuternd auf die übrigen einzuwirken.

Nicht der Staat als notwendige Erscheinung, sondern die freien Einzelnen, die gesellschaftlichen Gruppen verständigen sich über das Notwendige und Bekömmliche. *Franklin* bedachte bei aller theoretisch-wissenschaftlichen Neugier stets den praktischen Vorteil für die Allgemeinheit. Er gründete Leihbibliotheken und entwickelte einen energiesparenden Ofen, er kümmerte sich um die Straßenpflasterung Philadelphias, förderte das Schulwesen, rationalisierte den Postverkehr, richtete Krankenhäuser ein und vergaß darüber nie die Grundlage aller praktischen Tätigkeit, die Forschung, das vorerst zweckfreie wissenschaftliche Denken. Deshalb errichtete er 1743 in Form einer Stiftung in Philadelphia die American Philosophical Society, die später mit einer Akademie ergänzt wurde.

Seine Energie und Phantasie, seine Fähigkeit, aus bescheidenen Verhältnissen stammend sich emporzuarbeiten und darüber den Blick für immer weitere Zusammenhänge zu schärfen, beeindruckte deutsche Bürger. Sie richteten sich nach seinem Beispiel, das ihren eigenen Erwartungen entsprach, ihrem Bedürfnis nach Philanthropie, vernünftig geordneter Sozialharmonie. Ein paar Jahre später – 1788 – rief ihnen

Christoph Martin Wieland aufmunternd zu: „Und da wir nun doch – unseren kleinen häuslichen Zirkel ausgenommen – der Welt mit nichts als unserem guten Willen dienen können, so laßt uns immer von Zeit zu Zeit etwas ausstreuen, wovon wir uns – wenigstens so gewiß, als Menschen von etwas gewiß sein können, überzeugt halten, daß es gute Samenkörner sind – und der Himmel lasse sie gedeihen".

Diese Samenkörner waren nach dem Zusammenbruch des alten Römischen Reiches vor allem Stiftungen, die in vaterstädtischem und auch schon vaterländischen Eifer beweisen sollten und konnten, was *Goethe* nicht nur seinem Frankfurt empfahl: „daß einer freien Stadt ein freier Sinn gezieme", was heißt, sich von veralteten Vorurteilen zu lösen, und in einem erneuerten Dasein von allen Seiten zu glänzen und nach allen Seiten hin tätig zu sein. Nach 1815 entwickelte sich rasch ein ansehnliches Stiftungswesen, geleitet von der Überzeugung, daß die wohlhabenden Verständigen und Unterrichteten gerade aufgrund ihrer Bildung und Urteilsfähigkeit sich besonders darum zu kümmern hätten, das allgemeine Niveau durch Volkserziehung zu heben, über ästhetische und wissenschaftliche Einrichtungen, gefällige Sitten, ruhige Besonnenheit und guten Geschmack möglichst allgemein durchzusetzen. Denn Bildung als Voraussetzung freier Urteilskraft befreie, wie man erwartete, zu selbstbewußter Freiheit und unabhängiger Staatsbürgerlichkeit. Bildung sollte, trotz der als selbstverständlich angenommenen Führung durch die Elite der Vernünftigen und Einsichtigen, möglichst jedem ermöglicht werden. Denn sie war das vornehmste Mittel zur Freiheit, aber auch die Voraussetzung, in Industrie und Handel mit den anderen Nationen in erfolgreichen Wettbewerb zu treten, den praktisch-materiellen Wohlstand in dem durch Krieg, Besatzung und Kontributionen an den früheren Sieger schwer geschädigten Deutschland zu heben, einen wirtschaftlichen Aufschwung vorzubereiten.

Die Bürger strebten danach, sich die Verantwortung für das Gemeinwesen mit den staatlichen Einrichtungen zu teilen, um sich als freie Bürger zusätzlichen Entfaltungsraum zu schaffen, auch unabhängig von den städtischen, um mit ganz unabhängigen Stiftungen oder Vereinen ihren freien Sinn zu bekunden. Den staatlichen Behörden war der edle Eifer keineswegs immer unverdächtig, da das vaterländische Gefühl sich nicht von den jeweiligen Staatsgrenzen einengen lassen wollte. Anderenteils fehlte den meisten Staaten das Geld, um selber die als notwendig empfundenen Bildungs- und Ausbildungsanstalten finanzieren zu können, weshalb sie sich darein schicken mußten, gerade in der Kunst- und Wissenschaftsförderung, im Schul- und Fachschul-

Die Stiftung als eine Grundform der europäischen Gesellschaft 569

wesen, dem bürgerlichen Anspruch freien Lauf zu gewähren, Wissenschaft und Kunst als gemeingesellschaftliche Aufgabe zu betrachten. Gehörte doch die Bildung zur Legitimation der bürgerlichen Gesellschaft, wie sie sich damals entwickelte. Die Bildungsangelegenheiten konnten deshalb die Bürger nicht dem Staat ganz und gar überlassen. Eines der wichtigsten Instrumente bürgerlicher Einflußnahme waren die Stiftungen, gegen die sich im 18. Jahrhundert der rationalisierende, betreuende Staat wandte, in ihnen Monumente unkontrollierten Eigensinns vermutend. Der Staat verstand sich zunehmend als Vertreter des gemeinen Nutzens und er legte von nun an fest, was in seinem Sinne unter Gemeinnützigkeit zu verstehen sei.

II. Die Stiftung als Grundform der alteuropäischen Gesellschaft

Stiftungen hatten in Deutschland eine alte Tradition. Allerdings war es früher dem „frommen Sinn" des Stifters überlassen, welchem gemeinnützigen Zweck er dienen wollte. Die causa pia war die Grundlage des überlieferten Stiftungswesens, das sich seit der Aufklärung und der Säkularisation nun über eine causa utilis rechtfertigen mußte. Denn die Stiftung, eine Grundform der alteuropäischen Gesellschaft, hing unmittelbar mit der Kirche, seit der Reformation mit den Konfessionskirchen zusammen. Schließlich war die wichtigste Stiftung die Kirche selber. Sie hat einen Stifter, sie hat ein heiliges Testament zur Grundlage. Ein gemeinsames Mahl, das regelmäßig wiederholt werden muß, verbindet die der Stiftung Zugeordneten. Ein Stellvertreter des Stifters wacht über den Kultus, über die Satzung und den Zweck, führt ihre Geschäfte. Aber nicht nur die Kirche ist eine Stiftung. Die einzelnen Gotteshäuser, die Kirchen, sind auf ihre Art wieder Stiftungen im Namen eines Heiligen, die in vermögensrechtlicher wie geistlicher Hinsicht eine erhebliche Selbständigkeit erlangten. Wie groß diese Selbständigkeit sei, wem die eigentliche Aufsicht über diese Eigenwesen zufalle, dem Stifter und seiner Familie oder dem geistlichen Verwalter, das war lange ein Gegenstand des Streites, der als „Investiturstreit" im mittelalterlichen Deutschland am heftigsten ausgetragen wurde.

Zumindest in den katholischen Teilen des alten Reiches erhielt sich bis 1803 die Selbständigkeit dieser Stifte und Stiftungen, die aber auch nach der Reformation in den lutherischen Staaten nicht grundsätzlich aufgehoben, höchstens anderen wohltätigen Zwecken, als Schulstiftungen etwa, zugeführt wurden. Erst die Beschlüsse des Reichsdeputationshauptausschußes 1803 ermöglichten deren Enteignung und Säkularisation, was das System des alten Reiches dann zum Einsturz brachte. Mit den Kirchen als Stiftungen waren aufgrund des christlichen Liebesgebotes unzählige weitere Stiftungen verknüpft, deren Zweck die Fürsorge in allen Bereichen des sozialen Lebens war: Krankenpflege, Armenfürsorge, Alterssicherung, Wissenschaft, Schulen und Universitäten, Kunst und Kult. Die ganze Gesellschaft unterteilte sich in Stiftungen und schloß sich unter ihnen zu selbständigen Gemeinschaften zusammen. Oben an der Spitze befanden sich die Ritterorden, von denen Malteser und Johanniter noch heute sich über Krankenpflege bis zu Diensten bei Verkehrsunfällen gemeinnützig betätigen. Am unteren Ende standen Gilden, Zünfte oder Bruderschaften der jeweiligen Handwerke, Gewerbe oder einfach frommer Bedürfnisse.

Auch das Königtum, als von Gott gestiftet aufgefaßt, veranschaulichte seine Stiftungsbestimmung über Stiftungen, am eindringlichsten in den großen kaiserlichen Reichsstiften, die noch im 18. Jahrhundert in Melk, Klosterneuburg, Göttweig ungemein erweitert und ausgebaut wurden. Der königlich-kaiserliche Palast ist in diesen Anlagen mit einer einem Heiligen gestifteten Abtei verknüpft, einem Reichskloster. Es dient dem Ahnenkult der Dynastie, dem Kaiserkult überhaupt, der auf den Christus Imperator verweist, und ist oft genug auch allgemeiner Wallfahrtsort. Mit Abtei und Palast ist meist ein Hospital verbunden, das ausdrücklich als Stiftung für Kranke und Arme gegründet wurde. Denn der Kaiser ist als Abbild des Christus-König der Arzt seiner Gefolgschaft. Weil der Kaiser oder König heilt, – noch *Karl X.* von Frankreich legte 1825 die Hände auf die von Skrofulose Befallenen, um sie von ihrer Krankheit zu befreien, die nur er, der König zu heilen vermochte –, gehörten Medizingärten und Medizinschulen zu solchen Stiften. Aus derartigen ideellen Erwägungen heraus – in Deutschland war der Anblick der Reichskrone, die einmal im Jahr im Heilig-Geist-Spital in Nürnberg dem Volk gezeigt wurde, ein „Heiltum", eine rettende Medizin – ergab es sich, daß gerade die Naturwissenschaften in diesen Klöstern gepflegt wurde.

Meist gehörten Musterbetriebe und Landwirtschaftsschulen zu derartigen Anlagen, die nicht nur Arbeit gaben, die darauf hinwiesen, daß Kirche und Königtum kultivierende Einrichtungen waren, die Seele und Geist urbar machten, veredelten. Die Pflege der Wissenschaften war deshalb immer ein selbstverständlicher Zweck. Galten sie doch als das beste Mittel, den immer leidenschaftlichen Menschen zur klärenden Vernunft hinzuleiten.

Die Stiftung als eine Grundform der europäischen Gesellschaft

Das hieß nicht zuletzt aus Sorge um sein Seelenheil, um sich eines freundlichen Gottes zu versichern, sich vor der Luxuria in Acht zu nehmen, den Fallstricken weltlicher Üppigkeit zu entgehen. Bis tief in die frühe Neuzeit lebte der christliche Verdacht fort, großer Reichtum klage den, der über ihn verfügt, ganz von selbst an, weil er beim bestehenden Zinsverbot nicht rechtmäßig erworben sein könne. Luxuria galt selbstverständlich als Sünde. Warnend wiederholte man durch die Jahrhunderte: Regna cadunt luxu, surgunt virtutibus urbes, also: Luxus zerstöret die Reiche, die Städte wachsen durch Tugend. Die Divites und Potentes, die Reichen und Mächtigen, standen immer unter dem Druck, um nicht als Wucherer gebrandmarkt zu werden, durch Wohltätigkeit an ihrem Wohlstand viele teilnehmen zu lassen und durch Verzicht auf ostentativen Luxus ihre Tugend zu bestätigen. *Cosimo Medici,* einer der großen Mäzene im 15. Jahrhundert, bedacht auf vornehm-zurückhaltenden Lebensstil, schrieb einmal seinem Sohn *Piero* halb im Scherz, er habe oft gesagt: „Herr, habe Geduld mit mir, ich werde Dir alles zurückgeben", eine Formel, die dem großen Bankier gewiß vertraut war über die Bitten seiner Schuldner. Er, wie so viele andere Bankiers, bald auch die *Welser* und *Fugger* in Augsburg, unterhielten ein conto per dio, ein Konto Gottes, auf das für Wohltätigkeit und Stiftungen ein Teil der Gewinne übertragen wurde.

Die Sozialpflichtigkeit des Eigentums, von der heute so viel gesprochen wird, war als Grundsatz längst im Mittelalter ausgebildet. Im übrigen war unter den Bedingungen des Lehnsrechtes der Besitz an Grund und Boden in den meisten Fällen nur Nutznießung und kein absolutes Eigentum. Das markanteste Beispiel ist der „Kirchenstaat", das patrimonium Petri, eine Stiftung der Kaiser für den Heiligen Petrus. Noch heute beruht die englische Familienstiftung, der Trust, auf ähnlichen Voraussetzungen. Die Familienmitglieder treten als Treuhänder und Nutznießer des Besitzes auf, während das Obereigentum der Krone verbleibt. Einige der Gründungsstaaten der USA, wie etwa Pennsylvania, waren in diesem Sinne Stiftungen.

III. Das Vordringen des Staates

Es war der rationalisierende, moderne Staat, der die Grundlagen des Stiftungswesens und der zu ihm gehördenden gesellschaftlichen Freiheit zerstörte, am spätesten in Deutschland als Folge der französischen Besatzung unter Napoleon und der Zerschlagung des Reiches. Dem alles reglementierenden, alles zentralisierenden Staat erschienen die freien gesellschaftlichen Zusammenschlüsse und Stiftungen, meist im Zusammenhang mit der Kirche, als unvernünftig, unpraktisch, als offenkundiger Ausdruck der Willkür und Selbstsucht. Er erhob immer mehr Aufgaben, die früher der freien Tätigkeit überlassen blieben, zu seinem „Staatszweck". Unter den deutschen Staaten waren es vor allem Österreich, Preußen und Bayern, die mit entschlossener Energie sich zu straffen Verwaltungsstaaten wandelten, in denen der Beamte jedem das Seine zumaß in Hinsicht auf das allgemeine Wohl, den öffentlichen Nutzen, den nur der Bürokrat, wie er vermutete, richtig einzuschätzen verstand. Unzählige Stiftungen wurden, sofern nicht gleich enteignet, unter staatliche Aufsicht gestellt, umgewidmet, zusammengelegt, entmündigt.

Nach 1815, als die deutsche Staatenwelt im Zusammenhang mit der europäischen eine neue Ordnung erfuhr, erwies es sich als unmöglich, die beraubten Stiftungen wieder in ihre Rechte einzusetzen. Denn alle Staaten hatten sich an dem einträglichen Raubzug beteiligt. Und was der Fiscus einmal sich aneignet, das rückt er, wie die alten Römer schon wußten, nie wieder heraus. Da der Staat öffentliche Wohlfahrt, Schulen, Hochschulen als seine ureigensten Aufgaben verstand, wurden aber alsbald neue Stiftungen zum erfolgreichen Instrument, um staatliche Monopolansprüche zu unterlaufen und freier Konkurrenz den Weg zu ebnen. Sie waren ein Mittel der Liberalisierung, mit dem der aus dem Untertanenverband entlassene mündige Staats-und Kulturbürger sich seiner Mitsprache bei der Gestaltung aller öffentlichen Angelegenheiten zu versichern gedachte. Auch er beanspruchte, gerade weil er Staatsbürger war, Anteil an der tätigen Vernunft zu haben, die Staat und Gesellschaft erfüllen sollen.

Staatliche Behörden beobachteten lange Zeit mißtrauisch die Regsamkeit in bürgerlichen Kreisen, weil sie darin nur die Verfolgung partikulärer Bestrebungen vermuteten, die gar nichts mit dem allgemeinen Nutzen zu tun haben könnten. Anderenteils, bei der föderalistischen Struktur der deutschen Staatenwelt, die stets ein Sonder-und Eigenleben gestattete, hatten selbst die großen Einzelstaaten durch die Selbstverwaltung der Gemeinden ihrem inneren Zentralismus eine Schranke gesetzt. Deutsche Bürgerlichkeit in ihrer Freiheit war vorzugsweise städtisch, vaterstädtisch. In diesem begrenzten Rahmen konnten Stiftungen nicht nur Anregungen geben, sondern in eigener Verantwortung Museen gründen, Kunstschulen einrichten, wissenschaftliche Gesellschaften aller Art unterhalten, Krankenhäuser oder Operntheater,

Bildungsanstalten jeder Art. Der vaterstädtische Eifer überwog, aber der vaterländische setzte sich doch auch seine Zwecke, meist ästhetisch-historischer Richtung: Der Kölner Dombau, die Schiller-Stiftung, das Arminiusdenkmal oder die Stiftung für das Germanische Nationalmuseum in Nürnberg. Das ermöglichte eine sehr lebendige Konkurrenz unter den Städten, unter den Ländern, zuletzt innerhalb des 1871 geeinten Reiches, das eine Föderation noch sehr selbständiger Staaten war. Der Wettbewerb unter den Städten, es genügt hier an die zu erinnern, die keine Residenz eines Fürsten waren, an Frankfurt vor allem, an Leipzig, Hamburg und Breslau, erzeugte jene geistige Vielfalt, die von den Neigungen und Bedürfnissen ihrer jeweiligen und hier doch sehr freien Bürgerschaft geprägt war. In der Stadt, im unmittelbaren Lebensraum, entfaltete sich die bürgerliche Freiheit.

IV. Wirtschaftliches Wohlergehen und Förderung von Kultur und Wissenschaft

Dem Staat wurde viel überlassen, nicht unbedingt aus Resignation, sondern weil auch der städtische Bürger nicht einmal zu Unrecht vermutete, daß der unparteiische, neutrale Staat mit seiner neutralen Verwaltung sehr viele Aufgaben vernünftig, ohne Freiheitsrechte zu beeinträchtigen, wahrzunehmen vermochte. Die Reichseinigung entfesselte eine wirtschaftliche Dynamik, die nur mit dem fast gleichzeitigen Boom in den Vereinigten Staaten nach dem Sezessionskrieg vergleichbar ist. Zum ersten Male seit der Ära des Frühkapitalismus gab es wieder steinreiche Bürger in Deutschland, die Vermögen anhäuften, die so enorm waren, daß sie selbst durch exzessive Investitionen und rein luxuriöse Verschwendung überhaupt nicht verbraucht werden konnten. Obschon in diesen Gründerjahren der Typus des Neureichen sich lebhaft bemerkbar machte, der sich nicht scheute, seinen Reichtum unerschrocken zur Schau zu stellen, hielt sich die Neigung zu rein ostentativem Luxus doch in bestimmten Grenzen, die freilich dem Adel, dessen Vermögen hinter dem großen bürgerlichen Geld zurücktrat, immer noch zu weit gezogen waren.

Zügelnd wirkte die protestantische Ethik und liberales Bürgerbewußtsein energischer Selbsttätigkeit. Beides verpflichtete auf den Grundsatz, daß aller Besitz nur Besitz für andere sei, daß jeder, wie er es kann, mit seinem Gelde, allerdings nach seinem Gutdünken, öffentlich wirksam werden solle. Im übrigen herrschten noch unangefochten die Vorstellungen der Bildungsbürgerlichkeit. Die Industriellen, meist self-made-men, wollten mit Spenden und Stiftungen für Kultur und Wissenschaften bestätigen, daß sie zum Bildungsbürgertum gehörten und den zweckfreien Geist achteten, wie er sich in Kunst und Wissenschaft äußert. Eine wichtige Rolle spielten unter ihnen jüdische Bankiers und Unternehmer, die ganz bewußt sich die Überzeugungen der bildungsbürgerlichen Welt aneigneten, um ihre vollständige Assimilation zu bekunden, ihre Zugehörigkeit zum Bildungsbürgertum, die ja von manchen durchaus bestritten wurde. Es sei hier nur an die *Siemens, Rathenau,* an die *Speyer, Koppel* oder *Warburg* erinnert, stellvertretend für zahllose andere, die sich entschlossen allen öffentlichen Belangen zuwandten, um sie selbsttätig im allgemeinen Interesse zu gestalten.

Gerade bei der Kunstförderung wurde jetzt, als sich die frei gewordene Kunst zusehends vom Auftraggeber löste, die Rolle des Mäzens ausschlaggebend. Maler wie *Hans von Marees* oder der Bildhauer *Hildbrandt* empfingen großzügigste Unterstützung von dem reichen Erben und Schöngeist *Conrad Fiedler.* Der vorherrschende Geschmack war akademisch, entsprechend den an staatlichen Universitäten und Akademien gepflegten Anschauungen. Wer allzu energisch davon abwich, war auf den Mäzen angewiesen, der, wenn überzeugt von einem Künstler oder einer Richtung, interesselos, nur leidenschaftlich an einem Künstler anteilnehmend, dessem Werk sich verpflichtete, der Kunst schlechthin diente. Das eklatanteste Beispiel ist *Richard Wagner,* der es verstand, überall in Europa bis zum Fanatismus begeisterte Anhänger zu gewinnen, die ihm endlich nicht nur ein fürstliches Leben ermöglichten, sondern ihn dazu instand setzten, sein Kunstwerk der Zukunft zu verwirklichen und seine Festspiele in Bayreuth. Auch *Ludwig II.* von Bayern förderte ihn als Privatmann, nicht als König, aus seinen privaten Mitteln.

Bei aller Rücksicht, in aristokratischer Tradition, auf die reine Forschung und die reine Kunst, wies aber auch ein „materialistischer Humanismus", wie der Mediziner *Virchow* oder der Physiologe *Du Bois-Reymond* ihn vertraten, auf die unmittelbare soziale Umwelt hin. Er ergänzte die Grundlagenforschung um eine neue „Wissenschaft der Wirklichkeit", von Hygiene, Ernährung, Seuchenbekämpfung über Statistik, Verwaltungsrecht bis zur Soziologie. Schließlich galt es als Aufgabe der Gebildeten, die soziale Frage oder die vielen sozialen Fragen zu lösen. Es gab also viele Möglichkeiten, privat zu intervenieren und sie wurden beherzt genutzt. Die Zeit vor dem Ersten Weltkrieg ist eine Blütezeit des Stiftungs- und Spendenwesens. Deutschland nahm

Die Stiftung als eine Grundform der europäischen Gesellschaft

damals eine Entwicklung, die in vielen Details der amerikanischen entspricht, nicht zuletzt, weil man sich keineswegs von amerikanischen Modellen hochmütig abgrenzen, vielmehr von ihnen lernen, ihnen nacheifern wollte. Es sei nur an *Carnegie* und seine weitverzweigte Stiftung erinnert. Gewisse Parallellen ergaben sich aus der historischen Situation. Die USA und Deutschland wurden gleichzeitig mit einem erstaunlichen Tempo zu den erfolgreichsten, den technischen und wissenschaftlichen Innovationsrhythmus rasant beschleunigenden Volkswirtschaften. Das ermöglichte zugleich eine ungewöhnliche Mobilität im sozialen Gefüge.

V. Kooperation von Staat und Gesellschaft

Deutschland war sicherlich immer noch eine Klassengesellschaft, aber die Sachzwänge, die Bedürfnisse der Wirtschaft und Verwaltung hatten es längst zu einer dynamisierten Leistungsgesellschaft gemacht.Unmittelbar vor dem Ersten Weltkrieg kam die Mehrheit aller deutschen Studenten, nämlich 52 Prozent, aus Elternhäusern ohne akademischen Hintergrund. 1870 waren es noch 94 Prozent gewesen. Die Deutschen fürchteten allerdings, im Gegensatz zu den Amerikanern, überhaupt nicht die Staatsintervention in allen gesellschaftlichen Belangen. Wenn sie sich an der Gestaltung aller kulturellen und sozialen Belange beteiligten und mithandelten, dachten sie doch nicht daran, den Staat aus seiner Verantwortung zu entlassen. Sie waren sich mit *Bismarck* darin einig, daß der Staat nicht nur eine notwendige, sondern eine wohltätige Erscheinung sei, was ihn dazu verpflichte, in das freie Spiel der Kräfte einzugreifen. Zumal es in der sich entwickelnden, sich verwissenschaftlichenden Industriegesellschaft einfach unumgänglich war, Problemlösungen vom Staat zu erwarten und nicht allein von den gesellschaftlichen Kräften. Staat und Verwaltung galten als unparteiisch, neutral, die einer sich in mannigfache Gesellschaften zersplitternden Gesellschaft gegenüber stehen und zum Vorteil der gesamten, konkreten Ordnung ausgleichend eingreifen. Was die Gesellschaft teilt, das eint, wie es hieß, der neutrale Staat, der darüber wacht, daß die gesellschaftlichen Bewegungen mit ihrer Dynamik zum Vorteil einer Ordnung, die beide umfaßt, jeweils kanalisiert werden können. In der neutralen Wissenschaft erkannte der Staat den angemessensten Verbündeten. Deshalb erweiterte er sich zum Kulturstaat, der die Autonomie der Wissenschaft achtet und schützt, ja sie überhaupt erst ermöglicht. Eine Autonomie, die es ihr erlaubt, unparteiisch zu bleiben, unbeeinträchtigt vonAnsprüchen, die gesellschaftliche Gruppen an sie richten, auf die sie sie unter Umständen verpflichten möchte.

Wissenschaftlichkeit und Unabhängigkeitsgeist galten aber nach dem Beamtengesetz als Voraussetzung für die Verwaltungslaufbahn. Die höhere Bürokratie befand sich in völliger Übereinstimmung mit den bildungsbürgerlichen Überzeugungen und verstand sich nicht dazu eingesetzt, Freiheiten etwa einzuengen, deren Entfaltung aufzuhalten, sondern selbständig andere Selbständigkeiten zu schützen. Über die Verwaltung waren Staat und Gesellschaft wieder verbunden, und es war die Verwaltung, die darauf achtete, daß der Staat praktisch und sittlich seine Grenzen nicht überschritt. Die Stiftungen und das breit gefächerte Spendenwesen waren keine Versuche, staatlichem Eingriff zuvorzukommen oder ihn zu verhindern, sondern in Absprache mit ihm, seine Tätigkeit zu ergänzen oder manches, was sich besser privat organisieren läßt, bei staatlichem Wohlwollen, an Stelle des Staates zum allgemeinen Wohl zu übernehmen. Die hohe Bürokratie, dem Bildungsbürgertum angehörend, hatte ihrerseits ein hohes Interesse daran, den Staat zu entlasten, statt ihm immer weitere Lasten aufzubürden. Bürgerliche Selbständigkeit wollte sie vielmehr dem Staate nutzbar machen. Das führte zu dem harmonischen Zusammenwirken zwischen unabhängig-bürgerlichem Mäzenatentum und staatlichen Behörden, von denen oftmals die Anregungen ausgingen, Projekte zu fördern, die notwendig erschienen, für die dem Staat aber einfach die Mittel fehlten. Denn im Gegensatz zu seinen Bürgern war der „wilhelminische" Staat vergleichsweise arm.

Die wohl beeindruckendste Gestalt dieser fruchtbaren Zusammenarbeit war der Ministerialrat im preußischen Kultusministerium, *Friedrich Althoff,* der bis 1908 ein Viertel Jahrhundert lang unangefochten alle bildungs- und wissenschaftspolitischen Entwicklungen leitete, direkt in Preußen, indirekt im Reich. Er kam sehr früh zu der Überzeugung, daß nur mit Hilfe der Gesellschaft all die wissenschaftlichen Einrichtungen geschaffen und erhalten werden können, die der Staat braucht, um sich im wissenschaftlichen Wettbewerb der Nationen zu behaupten. Er, der sehr aufmerksam die Entwicklung in den USA beobachtete, gab der Bildungspolitik eine andere Richtung, hin zu amerikanischen Verhältnissen. Was hieß, das Bildungsmonopol des Staates aufzugeben, es mit der Gesellschaft zu teilen. Während man in den USA, in denen Universitäten lange für Privatveranstaltungen gehalten wurden, allmählich dazu überging, den Staat gründlicher bei der Organisation von Bildungs- und Ausbildungsanstalten zu beteiligen, gab er ehemals staatliche Aufgaben

Die Stiftung als eine Grundform der europäischen Gesellschaft 577

in die Hand der gesellschaftlichen Gruppen. Das Ergebnis war, daß vor dem Ersten Weltkrieg beide, Deutschland und die USA, ein sehr effizientes Mischsystem staatlicher und privater Bildungseinrichtungen besaßen, das seinesgleichen weder Frankreich noch England kannte.

Althoff überließ es gerne den Städten und ihren Bürgern, Technische Hochschulen zu gründen, etwa in Breslau oder in Posen, und sie aus privaten Mitteln zu unterhalten. Er regte Mäzene dazu an, Fachhochschulen für Wirtschafts- und Rechtswissenschaften einzurichten, medizinische Akademien zu gründen. Wohlwollend unterstützte er die Bemühungen Frankfurter Bürger, die mannigfachen, auf Stiftungen beruhenden wissenschaftlichen Institute und Gesellschaften in einer Universität zusammenzufassen. Die Frankfurter Universität, 1914 endlich gegründet, war die erste Stiftungsuniversität in Preußen. Die Errichtung der Hamburger Universität wurde 1920, unter widrigsten Zeitumständen, von der Bürgerschaft bewilligt und mit erheblichen Spenden aus dem Bürgertum unterhalten. Vor allem für die Naturwissenschaften, deren Labore immer kostspieliger wurden, warb *Althoff* bei der Industrie um großzügigste Unterstützung, um außerhalb der Universität mit selbständigen Forschungsinstituten neuen wissenschaftlichen Richtungen die entsprechenden Möglichkeiten zu verschaffen. Die Witwe des Bankiers *Georg Speyer* errichtete aus Mitteln der Speyerschen Studienstiftung 1906 in Frankfurt das Speyer-Haus für *Paul Ehrlich,* das sich dann in Zusammenarbeit mit der Firma *Hoechst* aus dem Verkauf seiner verwertbaren Erkenntnisse weiter finanzierte. Mit der schrittweisen Ausgliederung der Forschung aus der Universität stellte *Althoff* den heiligsten deutschen Grundsatz, den der Einheit von Forschung und Lehre, in Frage. Außerdem entzog er der Universität damit das Privileg, die Einheit aller Wissenschaften körperschaftlich zu repräsentieren. Die Universität besaß kein Monopol mehr. Sie wurde unaufhaltsam zu einer wissenschaftlichen Anstalt neben anderen. *Althoff* konnte in Übereinstimmung nicht mit den Professoren oder Universitäten, aber im Einklang mit den bürgerlichen Interessen solche Neuerungen durchsetzen. Beispiele unterrichten nicht nur, sie regen zur Nachahmung an. Überall taten sich Einzelne zusammen, um Hochschulen und Bibliotheken, Studentenheime, Stipendienfonds, wissenschaftliche Gesellschaften, Forschungsinstitute aller Art zu gründen. Innerhalb zweier Jahrzehnte verwandelte sich Deutschland zu einem Land der überraschendsten, ehrgeizigen Privatinitiativen.

Gerade diese Zersplitterung und Vielfalt, so wünschenswert sie *Althoff* erschien, hatte aber doch den Nachteil, daß für ganz große Aufgaben unter Umständen das Geld fehlte. Als Systematiker an der Bündelung der Energien interessiert, versuchte er die weitverzweigten Bestrebungen zu koordinieren, auf ein gemeinsames großes Ziel zu verpflichten. Das Ergebnis war – nach seinem Tod – 1912 die Kaiser-Wilhelm-Gesellschaft, die Vorläuferin der Max-Planck-Gesellschaft, die damals allerdings allein aus privaten Mitteln, unter Anführung des Kaisers als Privatmann, finanziert wurde. *Althoffs* Interessen an den Naturwissenschaften hatte nicht allein wissenschaftliche Gründe. Er wußte sehr genau, daß ein rohstoffarmes Land wie Deutschland, wollte es wirtschaftlich seine hervorragende Stellung behaupten oder noch ausbauen, gleichsam mit seinem wichtigsten Rohstoff wuchern mußte, mit Wissenschaft, Forschung und Gelehrten. Weitblickend erkannte er schon um 1900 Amerika als die größte Herausforderung. Mit dessen Einrichtungen den Wettbewerb bestehen zu können, das erachtete er als wichtigste Zukunftsaufgabe. Die Wirtschaft ihrerseits begriff, welche Bedeutung im Wettbewerb der wissenschaftlichen Leistungskraft zukam. Sie brauchte von *Althoff* und dann von seinem Nachfolger *Friedrich Schmidt-Ott* nicht allzu eindringlich gemahnt zu werden, welchen Nutzen sie daraus zöge, in Forschungseinrichtungen mit Spenden zu investieren. In kürzester Zeit fanden sich 140 Millionäre, die mit ihren Zuwendungen die Institute der Kaiser-Wilhelm-Gesellschaft unterhielten.

VI. Stiftungen und das Bildungsmonopol des modernen Staates

Das staatlich-private Mischsystem bei den Bildungs-und Forschungseinrichtungen, das sich ungemein bewährt hatte, zerbrach nach dem Ersten Weltkrieg. Die Inflation vernichtete die großen Vermögen und die Stiftungskapitalien. Bildung und Ausbildung wurden, der Not gehorchend, wieder zu rein staatlichen Aufgaben, zu Aufgaben, die einen Staat, der über wenig Mittel verfügte, überforderten. Die Industrie blieb sich bewußt, wie sehr ihre Wettbewerbsfähigkeit von den wissenschaftlichen Forschungen abhing – deshalb gründete sie 1920 den Stifterverband, um Spenden für die Notgemeinschaft der deutschen Wissenschaft, der Vorläuferin der Deutschen Forschungsgemeinschaft, zu sammeln, die es deutschen Wissenschaftlern ermöglichen sollten, den Anschluß an die internationale Gemeinschaft der Gelehrten nicht zu verlieren. Aber unter den schwierigen Bedingungen der Weimarer Republik erwies es sich als aussichtslos, die früheren Traditionen aufzugreifen. Der Nationalsozialismus und die zweite Geldentwertung nach dem zweiten verlorenen Krieg machten es vollends den noch verbliebenen Stiftungen unmöglich, sich wirkungsvoll bemerkbar zu machen.

Im Grunde konnte erst seit den vergangenen zehn, fünfzehn Jahren in Deutschland eine frühere Tradition der Privatinitiative über Stiftungen energisch wiederbelebt werden. Die Gründungsgeneration der früheren Bundesrepublik vererbt jetzt erhebliche Vermögen, die sich wieder mit denen vor dem Ersten Weltkrieg vergleichen lassen. Die Stiftung als eine Form, sich gemeinnützig zu betätigen, gewinnt an Überzeugungs- und Anziehungskraft, auch aus rein biologischen Gründen, weil oft Erben fehlen. Außerdem ist der sich immer weiter perfektionierende deutsche Sozialstaat ganz eindeutig an die Grenze seiner Belastungsfähigkeit geraten. Das gilt auch für den Unterhalt und die Förderung von Bildungs- und Forschungseinrichtungen. Die phantasievolle Selbständigkeit der Bürger muß sich in Mitverantwortung äußern. Die Bereitschaft dazu ist da, durchaus in der Absicht, der bürokratischen Umständlichkeit der staatlich geförderten Wissenschaftsapparate auszuweichen, dem Ungewohnten wieder Möglichkeiten zu verschaffen. Es gibt indessen knapp 8000 Stiftungen in Deutschland, über die Einzelne Einfluß nehmen auf das gesellschaftliche Leben.

So erfreulich das ist, so läßt sich doch nicht das Urteil vermeiden, daß manche Strukturmängel und unübersehbaren Probleme in unserem Bildungs- und Ausbildungssystem sich daraus ergeben, daß jenes gemischte System, wie es *Althoff* anstrebte, aus den genannten Gründen zerbrach. Vorerst muß man vornehmlich erst einmal dafür werben, wenigstens das, was in einer Gesellschaft von immer mehr Unselbständigen, Einzelne leisten können, sie auch leisten zu lassen. Allerdings stellt sich dabei die unvermeidliche Frage, wie bei einer ständig wachsenden Staatsquote eine Stiftung überhaupt noch eine Lücke entdecken kann, die der Staat, Bund und Länder, noch nicht mit seiner ausufernden Betriebsamkeit geschlossen hat? Es erweist sich als immer schwieriger, nicht staatliche Förderung zu ergänzen, sie vielmehr zu ersetzen, gar überflüssig zu machen. Wahrscheinlich ist es unvermeidlich, private und staatliche Energie vorerst zu bündeln. Aber im Hinblick auf die nähere Zukunft wäre es doch wünschenswert danach zu trachten, ein staatliches Bildungsmonopol, das aufrecht zu halten den Staat schon fast überfordert, allmählich aufzuweichen, um über Stiftungen und Spenden auch Bildung, Ausbildung und Forschung allmählich wieder in größerem Umfang zu privatisieren. Das ist ein mühseliger Weg. Die Einsatzbereitschaft, die Phantasie und Energie der Generationen vor dem Ersten Weltkrieg könnten anregend wirken, sich nach ihrem Vorbild zu richten, um zu einem lebhaften Wettbewerb zu gelangen, wie er in den USA, aber auch in England mittlerweile selbstverständlich ist. Den Wettbewerb und die Qualitätssteigerung, die er erlaubt, kann der Staat nicht herstellen, der alle gleich behandeln muß. Da hilft nur privates Engagement, in der Absicht den staatlichen Apparaten lebhafte Konkurrenz zu machen, nicht zuletzt um manches Phlegma dort aufzuschrecken. Insofern scheint es angebracht, Stiftern und Stiftungen, Sponsoren und Spendern, Mut zu machen, sich aus dem Schatten des Staates selbstbewußt zu lösen, sich ins Große zu denken, um grundsätzliche Strukturveränderungen zu bewirken, die wie bei der Post sich nur über Privatisierungen erreichen lassen.

Da kann vielleicht der Rat *Goethes* ganz willkommen sein, den er im Wilhelm Meister erteilt: daß die Zeit, die Notwendigkeit ihrer Herausforderungen die Geister frei mache, unter ihrem Sachzwang den Blick ins Weite zu öffnen, was im Weiteren das Größere erkennen lasse und die Hindernisse, die es allerdings zu überwinden gelte. Die Menschen werden sich wohl über die Zwecke rasch einig, wie er fortfährt, viel seltener aber über die Mittel, dahin zu gelangen. Doch der Druck der Zeit ergänzt die Vernunft und führt dazu, wie er vermutete, daß im erweiterten Herzen der höhere Vorteil alle kleinlicheren Vorbehalte zurückdrängt und die Gemüter dahin bringt, das Erforderliche zu tun. „Wo wir Nützliches betreiben, / ist der werteste Bereich". Doch „Je verflochtener die allgemeinen Zustände sind, desto schwieriger wird es, das Allgemeine durchzuführen, das, indem es dem Einzelnen etwas nähme, dem Ganzen und durch Rück- und Mitwirkung auch jenem wieder unerwartet zu Gute käme." Dem Einzelnen mag über die Steuer einiges genommen werden. Doch in erster Linie geht es darum, daß er zum Nutzen des Allgemeinen sich bestimmter, überflüssiger Vermögen entäußere, gebe und fördere. Da sind die Stifter gefordert als anschaulicher Ausdruck solchen bürgerlichen Willens, um die verflochtenen allgemeinen Zustände heilsam zu entflechten.

HERMANN NIESSEN

Zur Entstehung eines europäischen Konzernbegriffs für die Rechnungslegung*

- I. Vorbemerkung
- II. Der vertikale Konzern
  1. Vorschläge der Kommission und 7. EG-Richtlinie
  2. Ausnahmen von der Konsolidierungspflicht
  3. Minderheitsbeteiligungen
  4. Exkurs: Teilkonzernabschlüsse
- III. Der horizontale Konzern
- IV. Rechtsform der Konzernunternehmen
- V. Größenabhängige Befreiungen
- VI. Schlußbemerkung

---

* Dieser Beitrag ist *Hans Havermann* mit den besten Wünschen in Freundschaft und Dankbarkeit gewidmet.

I. Vorbemerkung

Die Angleichung der Rechtsordnungen der Mitgliedstaaten der Europäischen Union erstreckt sich auch auf die des Gesellschaftsrechts (Art. 54 (3) g) EGV), zu der wiederum die des Bilanzrechts gehört. Auf der Grundlage einer Angleichung der Regeln über die Registerpublizität durch die Erste Richtlinie vom 9. 3. 1968[1] ist die Angleichung des Bilanzrechts in mehreren Schritten vollzogen worden und zwar durch die Vierte Richtlinie vom 25.7.1978[2] über den Jahresabschluß von Kapitalgesellschaften, die Siebte Richtlinie vom 13. 6. 1983[3] über den konsolidierten Abschluß, die Achte Richtlinie vom 10. 4. 1984[4] über die Zulassung der Abschlußprüfer sowie die Elfte Richtlinie vom 21. 12. 1989[5], soweit sie zusammen mit der Registerpublizität auch die Rechnungslegung von Zweigniederlassungen ausländischer Kapitalgesellschaften regelt.

Der bilanzrechtliche Konzernbegriff, mit dessen Entstehung wir uns befassen wollen, ist Gegenstand der Siebten Richtlinie. Deren Anwendung ist – übrigens wie die der Vierten Richtlinie – durch eine Richtlinie vom 8. 11. 1990[6] über die Kapitalgesellschaften hinaus auf solche Personalgesellschaften wie die OHG und KG, deren unbeschränkt haftende Mitglieder nur Kapitalgesellschaften sind, ausgedehnt worden (diese Organisationsformen sind im folgenden auch gemeint, wenn von Kapitalgesellschaften die Rede ist). Ferner gelangte die Siebte Richtlinie, von wenigen Sonderregeln abgesehen (ebenso wie zahlreiche Vorschriften der 4. Richtlinie) auf Banken und Versicherungen zur vollen Anwendung, dabei teilweise über den Kreis der Kapitalgesellschaften hinaus alle Gesellschaften im Sinne des Art. 58 (2) EGV erfassend, erst im Zuge der Angleichung des Bilanzrechts für diese beiden Wirtschafts-

---

[1] Richtlinie 68/151/EWG, ABl. der Europäischen Gemeinschaften v. 14. 3. 1968, Nr. L 65, 8.
[2] Richtlinie 78/660/EWG, ABl. der Europäischen Gemeinschaften v. 14. 8. 1978, Nr. L 222, 11.
[3] Richtlinie 83/349/EWG, ABl. der Europäischen Gemeinschaften v. 18. 7. 1983, Nr. L 193, 1.
[4] Richtlinie 84/253/EWG, ABl. der Europäischen Gemeinschaften v. 12. 5. 1984, Nr. L 126, 20.
[5] Richtlinie 89/666/EWG, ABl. der Europäischen Gemeinschaften v. 30. 12. 1989, Nr. L 395, 36.
[6] Richtlinie 90/605/EWG, ABl. der Europäischen Gemeinschaften v. 16. 11. 1990, Nr. L 317, 60.

zweige zunächst der Banken durch die Richtlinie vom 8. 12. 1986[7] und sodann der Versicherungen durch die Richtlinie vom 19. 12. 1991.[8] Damit ist der Rahmen abgesteckt, innerhalb dessen der bilanzrichtliche Konzernbegriff eine zentrale Rolle spielt.

II. Der vertikale Konzern

1. Vorschläge der Kommission und 7. EG-Richtlinie

Indessen ist in der Siebten Richtlinie vom „Konzern" oder damit zusammenhängenden Begriffen wie „herrschendes" und „abhängiges Unternehmen" ebensowenig wie von „Konzernunternehmen" oder „Konzernabschluß" etwas zu finden. Das steht ganz im Gegensatz zum ursprünglichen Vorschlag der Kommission vom 4. 3. 1976[9] – hierdurch war das Verfahren zum Erlaß der Richtlinie eingeleitet worden – in dem alle die genannten Begriffe verwendet und definiert worden waren.[10] An deren Stelle sind in der endgültig beschlossenen Fassung gänzlich andere getreten, nämlich „Mutter-" und „Tochterunternehmen", „zu konsolidierende Unternehmen", „in die Konsolidierung einbezogene Unternehmen" sowie „konsolidierter Abschluß". Das hat die Lesbarkeit des Textes nicht gerade gefördert. Wer allerdings hinter dem Wechsel der Terminologie besondere Geheimnisse wittert, der täuscht sich. Es ging allein darum, Befürchtungen auszuräumen, die Verwendung konzernrechtlicher Begriffe könnte als eine Vorentscheidung für eine spätere Angleichung des Konzernrechts – dazu gibt es bis heute nicht einmal einen Vorschlag der Kommission – gedeutet werden. Eine sicherlich übertriebene Vorsicht! Es war von Anfang an nur an Definitionen für Zwecke der Rechnungslegung gedacht. Deshalb sollte es darüber auch keine neuen Mißverständnisse geben, wenn wir im folgenden der Kürze halber mit „Konzern" die Gesamtheit der in einen konsolidierten Abschluß einbezogenen Unternehmen, diese somit als „Konzernunternehmen" und entsprechend den konsolidierten Abschluß als „Konzernabschluß" bezeichnen.

---

[7] Richtlinie 86/635/EWG, ABl. der Europäischen Gemeinschaften v. 31. 12. 1986, Nr. L 372, 1, Art. 43. Hierdurch wurde die Übergangsregelung Art. 40 der 7. EG-Richtlinie (Fn. 3) abgelöst.
[8] Richtlinie 91/674/EWG, ABl. der Europäischen Gemeinschaften v. 31. 12. 1991, Nr. L 372, 7, Art. 67. Wegen der Übergangsregelung vgl. Fn. 7.
[9] Vgl. ABl. der Europäischen Gemeinschaften v. 2. 6. 1976, Nr. C 121.
[10] Vgl. Art. 2–4 des Kommissionsvorschlags (Fn. 9). Die Definition des assoziierten Unternehmens (Art. 1) spielt für unser Thema keine Rolle.

Die Definition des Konzerns ist, soweit eine die Rechnungslegung übergreifende, allgemeine Begriffsbestimmung fehlt, wie es auf das Gemeinschaftsrecht zutrifft, notwendig das Kernstück jeder Regelung über den Konzernabschluß. Dem ist der Erste Abschnitt der Siebten Richtlinie „Voraussetzungen für die Aufstellung des konsolidierten Abschlusses" vor allem gewidmet. In der Hinsicht ist der Kommissionsvorschlag durch den Ratsbeschluß grundlegend verändert worden. Dem wollen wir nachgehen und dabei auch die Stellungnahmen des Wirtschafts- und Sozialausschusses[11] sowie des Europäischen Parlaments[12] (beide Instanzen hatten seinerzeit nur ein Anhörungsrecht)[13] und als Reaktion darauf den Änderungsvorschlag der Kommission vom 14.12. 1978[14] berücksichtigen.

Die Änderungen der beschlossenen Fassung gegenüber den Kommissionsvorschlägen berühren indessen keineswegs nur die Terminologie, sondern auch Reihenfolge, Aufbau und Inhalt der maßgeblichen Vorschriften. Die Kommission hatte sich im Ersten Abschnitt ihres Textes auf die besagten konzernrechtlich gefärbten Definitionen beschränken und in dessen Zweiten Abschnitt „Anwendungsbereich" insbesondere die Verpflichtung zur Aufstellung eines Konzernabschlusses regeln wollen. Ganz anders der Ratsbeschluß, der, um mit dem vertikalen Konzern zu beginnen, in ein und derselben Vorschrift die Definition der Beziehung Mutter- und Tochterunternehmen mit der Pflicht zum Konzernabschluß verbindet.[15] Dies geschieht aber nicht etwa so, daß damit zugleich auch bereits der Konzern abschließend umschrieben worden wäre; dazu gehört noch ein Katalog von Tatbeständen, die, obgleich eine Beziehung von Mutter- und Tochterunternehmen vorliegt, eines dieser Unternehmen wegen zusätzlicher auf es zutreffender Umstände – darauf kommen wir zurück – für eine Konsolidierung ungeeignet machen und es deshalb vom Konzernabschluß ausgeschlossen werden muß oder kann.[16] Sollten solche Ausnahmen für alle Tochterunter-

---

[11] Vgl. ABl. der Europäischen Gemeinschaften v. 26.3.1977, Nr. C 75, 2.
[12] Vgl. ABl. der Europäischen Gemeinschaften v. 10.7.1978, Nr. C 163, 60.
[13] Vgl. Art. 54 Abs. 2 in der ursprünglichen Fassung des Vertrages zur Gründung der Europäischen Wirtschaftsgemeinschaft. Seit dem ist die Stellung des Europäischen Parlaments zweimal verbessert worden. Zunächst durch die Einheitliche Akte mit Einführung des Verfahrens der Zusammenarbeit (nach diesem sind die in den Fn. 5–8 zitierten Richtlinien ergangen) und sodann durch den Vertrag über die Europäische Union, der dem Europäischen Parlament ein Mitentscheidungsrecht einräumt (Art. 189b EGV).
[14] Vgl. ABl. der Europäischen Gemeinschaften v. 17.1.1979, Nr. C 14.
[15] Vgl. Art. 1 der 7. EG-Richtlinie (Fn. 3).
[16] Vgl. Art. 13–15 der 7. EG-Richtlinie (Fn. 3).

nehmen zum Zuge kommen, hätte dies den Wegfall des Konzernabschlusses überhaupt zur Folge.

Die Kommissionsvorschläge setzten für den Konzern ein „herrschendes" und ein oder mehrere „abhängige" Unternehmen voraus. Als abhängig wurde ein Unternehmen definiert, auf das ein anderes, das herrschende, einen beherrschenden Einfluß ausüben kann. Zur Feststellung dessen sollte eine widerlegbare Vermutung eingreifen und zwar bei Mehrheit des Kapitals oder der Stimmrechte oder wegen des Rechts auf Bestellung der Mehrheit eines der Gesellschaftsorgane.[17] Damit aber war der Konzern noch nicht dargetan; es mußte die tatsächliche Ausübung des beherrschenden Einflusses hinzukommen, derart, daß die betreffenden Unternehmen einer einheitlichen Leitung durch das herrschende Unternehmen unterstellt werden. Zum Beweis dafür sollte, falls an der „Abhängigkeit" kein Zweifel bestand, eine weitere widerlegbare Vermutung gelten.[18]

Dieses Konzept war von der Kommission, wie in der Begründung ihres ursprünglichen Vorschlags[19] nachzulesen, mit dem Argument verteidigt worden, es komme den wirtschaftlichen Realitäten am nächsten und vermeide zugleich durch Verwendung allgemein geltender Begriffe eine zu starre, nicht hinreichend flexible Konzerndefinition. Dabei wurde in Kauf genommen, daß die gewählte Umschreibung Fälle außer acht läßt, in denen die Mehrheit des Kapitals oder der Stimmrechte nicht zur Einflußnahme auf die Geschäftsführung eines Unternehmens genutzt werden, etwa weil die Anteile nur als Vermögensanlage oder in der Absicht ihrer baldigen Weiterveräußerung gehalten werden. Andererseits wurde als besonderer Vorteil der Definition die Einbeziehung von Minderheitsbeteiligungen hervorgehoben, mit denen eine ständige und nicht nur zufällige oder vorübergehende Beherrschung erreicht wird. Unsicherheiten bei der Auslegung der Allgemeinbegriffe glaubte die Kommission zumindest bei Mehrheitsbeteiligungen durch die dann eingreifenden Vermutungen weitgehend ausgeräumt zu haben. Zu den Umständen, unter denen jene widerlegt werden können, finden sich in der Begründung des Vorschlags einige Beispiele zur Erläuterung: wenn trotz einer Kapitalmehrheit wegen stimmrechtsloser Aktien die Stimmrechtsmehrheit nicht erreicht wird oder trotz einer Stimmrechtsmehrheit die Satzung des Unternehmens allgemein oder für wichtige Beschlüsse

---

[17] Vgl. Art. 2 Abs. 1 und 2 des Kommissionsvorschlags (Fn. 9).
[18] Vgl. Art. 3 des Kommissionsvorschlags (Fn. 9).
[19] Vgl. Bulletin der Europäischen Gemeinschaften, Beilage 9/76.

qualifizierte Mehrheiten fordert oder zwar die Befugnisse zur Bestellung, nicht aber die zur Abberufung der Mehrheit eines Gesellschaftsorgans besteht oder wichtige Beschlüsse der Gesellschaftsversammlung nur mit Zustimmung eines anderen Gesellschaftsorgans, auf dessen Zusammensetzung die Gesellschafter keinen maßgeblichen Einfluß haben, getroffen werden können.

Der Kommissionsvorschlag war mit seiner Konzerndefinition beim Wirtschafts- und Sozialausschuß[20] nicht auf Kritik gestoßen; dieser legte nur Wert auf die Feststellung, daß „einheitliche Leitung" nicht mit einer Zentralisierung der Verwaltung gleichzusetzen ist. Das Europäische Parlament[21] schloß sich einerseits dem Kommissionsvorschlag an, sprach sich andererseits aber dafür aus, bei Mehrheitsbeteiligungen, mit denen keine „einheitliche Leitung" hergestellt wird, einer Konsolidierung gleichwertige Angaben zu verlangen. Das wäre auf die Kombination zweier nicht zur vereinbarender Konzepte hinausgelaufen, worauf sich die Kommission in ihrem Änderungsvorschlag[22] nicht einließ.

In den Verhandlungen des Rates hat sich schließlich die Auffassung durchgesetzt, für die Konzerndefinition bei Mehrheitsbeteiligungen nicht mehr auf die tatsächliche Beherrschung, sondern auf das Recht dazu abzustellen. Dabei sind an die Stelle der drei alternativen Voraussetzungen für widerlegbare Vermutungen der Abhängigkeit drei gleichfalls alternative Voraussetzungen für eine Beziehung von Mutter-Tochterunternehmen getreten. Unter diesen fehlt die Kapitalmehrheit; hingegen wird die Stimmrechtsmehrheit übernommen, die auch durch Vertrag mit anderen Gesellschaftern über die Verfügung der diesen zustehenden Stimmrechten erreicht werden kann.[23] Dem Recht auf Bestellung der Mehrheit eines Gesellschaftsorgans wird ein entsprechendes Recht auf Abberufung gleichgesetzt.[24] Schließlich wird der Beherrschungsvertrag oder eine darauf abzielende Satzungsklausel hinzugefügt, allerdings nur, soweit solche Verträge oder Klauseln nach dem Recht des Tochterunternehmens zulässig sind[25]; eine Lücke in der Angleichung des Konzernbilanzrechts, die in der noch ausstehenden Angleichung des übrigen Konzernrechts ihre Erklärung findet.

---

[20] Vgl. Ziff. 2.3 der Stellungnahme (Fn. 11).
[21] Vgl. Ziff. 10 der Stellungnahme (Fn. 12).
[22] Vgl. Fn. 14.
[23] Vgl. Art. 1 Abs. 1a) und d) bb) der 7. EG-Richtlinie (Fn. 3).
[24] Vgl. Art. 1 Abs. 1b) der 7. EG-Richtlinie (Fn. 3).
[25] Vgl. Art. 1 Abs. 1c) der 7. EG-Richtlinie (Fn. 3).

Für die Berechnung der Mehrheiten, die nach dem Kommissionsvorschlag widerlegbare Vermutungen für eine Abhängigkeit auslösen sollten, wurde nicht allein auf Anteile des herrschenden Unternehmens abgestellt; darin wurden auch Anteile eines anderen von diesem abhängigen Unternehmen einbezogen. Desgleichen ferner solche Anteile, die im Besitz von anderen Personen für Rechnung des herrschenden oder eines abhängigen Unternehmens sind.[26] Regeln vergleichbarer Art enthält auch die endgültige Fassung der Richtlinie. So werden den Stimm-, Bestellungs- und Abberufungsrechten des Mutterunternehmens die entsprechenden Rechte eines Tochterunternehmens hinzugerechnet. Gleiches gilt für die von anderen Personen im eigenen Namen, aber für Rechnung des Mutter- oder eines Tochterunternehmens gehaltenen Anteile.[27]

Anders als der Kommissionsvorschlag befaßt sich die erlassene Richtlinie auch mit Umständen, die für die Berechnung der jeweils erforderlichen Mehrheiten in Händen von Konzernunternehmen statt einer Hinzufügung einen Abzug erfordern. So bei Anteilen, die das Mutter- oder Tochterunternehmen für Rechnung anderer Personen besitzt.[28] Ferner ist eine besondere Regel ergangen für Anteile, die als Sicherheit dienen und die nicht allein deshalb wie solche für fremde Rechnung behandelt werden. Hier kommt es entscheidend auf die Ausübung des Stimmrechts aus solchen Anteilen an. Diese sind abzuziehen, falls das Mutter- oder Tochterunternehmen als Sicherungsnehmer das Stimmrecht nach Weisung des Sicherungsgebers ausüben müssen. Dienen indessen die Anteile der Absicherung eines im Rahmen laufender Geschäfte gewährten Darlehens, ist auch ohne die Erteilung solcher Weisungen der Abzug bereits dann geboten, wenn die Stimmabgabe im Interesse des Sicherungsgebers erfolgt.[29]

2. Ausnahmen von der Konsolidierungspflicht

Der Kommissionsvorschlag hatte, wie wir sahen, die nötige Flexibilität der Konzerndefinition durch die Verwendung allgemeiner, auf wirtschaftliche Gegebenheiten zurückgreifender Begriffe und die Einführung widerlegbarer Vermutungen angestrebt. Demgegenüber müßte sich die beschlossene Richtlinie, die bei den Mehrheitsbeteiligungen für eine

---
[26] Vgl. Art. 2 Abs. 3 des Kommissionsvorschlags (Fn. 9).
[27] Vgl. Art. 2 Abs. 1 der 7. EG-Richtlinie (Fn. 3).
[28] Vgl. Art. 2 Abs. 2 a) der 7. EG-Richtlinie (Fn. 3).
[29] Vgl. Art. 2 Abs. 2 b) der 7. EG-Richtlinie (Fn. 3).

Beziehung von Mutter-Tochterunternehmen ausschließlich an rechtliche Befugnisse ohne Rücksicht auf deren tatsächliche Ausübung anknüpft, den Vorwurf der Starrheit gefallen lassen, wenn nicht der bereits erwähnte Katalog von Ausnahmen[30] bestünde, die ein Unternehmen, obgleich es in einer Mutter-Tochter-Beziehung steht, aus dem Konzernabschluß ausscheiden. Eine derartige Ausnahme gilt zunächst für Unternehmen von untergeordneter Bedeutung. Trifft dies auf mehrere Unternehmen zu, ist jedoch ein Ausschluß nicht gerechtfertigt, wenn die Unternehmen zusammen betrachtet als wesentlich einzustufen sind.[31] So auch der Kommissionsvorschlag.[32] Der Grundsatz der Wesentlichkeit war zuvor schon von der Vierten Richtlinie[33] für den Einzelabschluß anerkannt worden. Für die übrigen Ausnahmen in der Richtlinie findet sich nichts Vergleichbares im Kommissionsvorschlag. Da sind einmal „erhebliche und andauernde Beschränkungen, welche die Ausübung der Rechte des Mutterunternehmens in Bezug auf Vermögen oder Geschäftsführung eines Tochterunternehmens nachhaltig beeinträchtigen".[34] Das läuft keineswegs auf das Gleiche wie die fehlende Ausübung eines beherrschenden Einflusses nach dem Kommissionsvorschlag hinaus. Dafür würde bloßes Nichtstun genügt haben; statt dessen wird der Nachweis von wirklichen, nicht bloß vorübergehenden Hemmnissen gefordert, die sich der Ausübung der Rechte des Mutterunternehmens entgegenstellen. Mit Hilfe dieser Vorschrift sollten sich auch die in der Begründung des Kommissionsvorschlags erwähnten Fälle lösen lassen, in denen die Satzung für alle oder für wichtige Beschlüsse qualifizierte Mehrheiten oder die Zustimmung anderer Organe verlangt, auf deren Zusammensetzung die Gesellschafter keinen maßgeblichen Einfluß haben. Ferner ist das Fehlen von Angaben, die für die Konsolidierung benötigt werden, deren Beschaffung aber unmöglich ist oder mit zu hohem Kosten- oder Zeitaufwand verbunden wäre, als Grund für einen Ausschluß zugelassen.[35] So auch,

---

[30] Vgl. Art. 13–15 der 7. EG-Richtlinie (Fn. 3).
[31] Vgl. Art. 13 Abs. 1 und 2 der 7. EG-Richtlinie (Fn. 3).
[32] Vgl. Art. 10 des Kommissionsvorschlags (Fn. 9); das Europäische Parlament (Fn. 12) legte Wert darauf, daß der Abschlußprüfer nach jedem Geschäftsjahr die Voraussetzungen für eine Ausnahme wegen Unwesentlichkeit neu prüft (Ziff. 11 der Stellungnahme). Das gilt indessen für alle Ausnahmen, die zudem auch im Anhang des Konzernabschlusses zu erläutern sind (Art. 34 Ziff. 2b) der 7. EG-Richtlinie (Fn. 3)).
[33] Vgl. Art. 4 Abs. 3 a), 18, 21, 43 Abs. 1 Ziff. 2 der 4. EG-Richtlinie (Fn. 2).
[34] Vgl. Art. 13 Abs. 3 a) der 7. EG-Richtlinie (Fn. 3).
[35] Vgl. Art. 13 Abs. 3 b) der 7. EG-Richtlinie (Fn. 3); ähnlich für Verzicht auf Weglassung von konzerninternen Gewinnen und Verlusten aus Geschäften zu Marktbedingungen Art. 26 Abs. 2.

falls die Anteile an einem Tochterunternehmen zur baldigen Weiterveräußerung bestimmt sind.[36] Schließlich wird der Ausschluß von Unternehmen wegen zu unterschiedlicher Tätigkeiten zwingend vorgeschrieben, jedoch nur, wenn andernfalls der Konzernabschluß die ihm ausdrücklich zugedachte Zielsetzung verfehlen würde, nämlich „ein den Tatsachen entsprechendes Bild der Vermögens-, Finanz- und Ertragslage des Konzerns zu vermitteln". Dafür reicht allerdings allein die Zusammenfassung von Industrie-, Handels- und Dienstleistungsunternehmen und die Verschiedenartigkeit ihrer Produkte und Leistungen nicht aus; die Unterschiede müssen sich speziell als Hindernis für eine gemeinsame Konsolidierung und der damit angestrebten Darstellung des Konzerns als einer wirtschaftlichen Einheit erweisen.[37]

Die bislang erläuterten Ausnahmen gelten einheitlich in der EU. Darüber hinaus ist es den Mitgliedsstaaten freigestellt, eine einzige weitere Ausnahme hinzuzufügen. Diese betrifft ein Mutterunternehmen, sofern zwei weitere Voraussetzungen erfüllt sind: er darf keine gewerbliche oder Handelstätigkeit betreiben und außerdem müssen die Anteile an seinen Tochterunternehmen aufgrund einer Vereinbarung mit einem anderen außerhalb des Konzerns stehenden Unternehmen gehalten werden.[38] Wird unter diesen besonderen Umständen der Ausschluß des Mutterunternehmens zugelassen, bleibt davon im übrigen dessen Verpflichtung zum Konzernabschluß unberührt. Von dieser fakultativen Ausnahme sowie der vom Recht des Tochterunternehmens abhängigen Zulässigkeit von Beherrschungsvertrag oder -klausel abgesehen, ist der Siebten Richtlinie für den vertikalen Konzern auf der Grundlage von Mehrheitsbeteiligungen eine einheitliche Regelung gelungen.

3. Minderheitsbeteiligungen

Wie aber steht es mit den Minderheitsbeteiligungen, deren Einbeziehung sich der Kommissionsvorschlag zugute gehalten hatte? Hierüber

---

[36] Vgl. Art. 13 Abs. 3c) der 7. EG-Richtlinie (Fn. 3); solche Anteile gehören zum Umlaufvermögen (vgl. Art. 15 Abs. 1 und 2 der 4. EG-Richtlinie (Fn. 2)).
[37] Vgl. Art. 14 der 7. EG-Richtlinie (Fn. 3). Für Banken gibt es eine Sonderregelung (Fn. 7). Soweit diese einen Konzernabschluß aufstellen, sind darin stets auch Tochterunternehmen, die keine Kreditinstitute sind, aufzunehmen, sofern „ihre Tätigkeit in direkter Verlängerung zu der Banktätigkeit steht oder eine Hilfstätigkeit in bezug auf diese darstellt" (Art. 43 Abs. 2f)).
[38] Vgl. Art. 15 der 7. EG-Richtlinie (Fn. 3); zur Anwendung der Equity-Methode auf den Einzelabschluß des Mutterunternehmens ist zu beachten, daß Art. 59 der 4. EG-Richtlinie (Fn. 2) durch Art. 45 der 7. EG-Richtlinie (Fn. 3) neugefaßt worden ist.

wurde außerordentlich kontrovers verhandelt. Das schließlich erzielte Ergebnis kann nur halb befriedigen. Eine grundlegende Schwierigkeit ist indessen nicht zu verkennen. Bei einer Mehrheitsbeteiligung ist der Schluß von der bloßen Rechtsmacht auf deren Ausübung möglich und psychologisch überzeugend. So läßt sich jedoch bei Minderheitsbeteiligungen nicht argumentieren. Diese müssen, wenn es mit deren Hilfe zur Bildung eines Konzerns kommen soll, auch tatsächlich für eine Beherrschung genutzt werden. Dies hätte es nahegelegt, zumindest insoweit am Konzept des Kommissionsvorschlags festzuhalten. Die dafür herangezogenen ökonomischen Kriterien „Ausübung eines beherrschenden Einflusses" und „einheitliche Leitung" wurden jedoch für eine von allen Mitgliedstaaten einzuführende Verpflichtung zum Konzernabschluß als zu vage und zu unscharf kritisiert. Es gab dann verschiedene Versuche, typische Fälle für eine tatsächliche Beherrschung zu präzisieren, von denen einer in den endgültigen Text der Richtlinie eingegangen ist: die Bestellung der Mehrheit eines Gesellschaftsorgans, sofern diese während zweier Geschäftsjahre[39] und bis zur Aufstellung des Konzernabschlusses im Amt bleibt, allein mit den Stimmen des Mutterunternehmens. Doch hat sich die Hoffnung, wenigstens diese genau umschriebenen Umstände als einen weiteren Tatbestand für eine Mutter-Tochter-Beziehung einheitlich festlegen zu können, gleichfalls nicht erfüllt. Sowohl in diesem speziellen Fall als auch sonst bei Minderheitsbeteiligungen sieht die Siebte Richtlinie nur ein Wahlrecht der Mitgliedstaaten vor, die Verpflichtung zum Konzernabschluß darauf auszudehnen.[40]

Die Option ist zwar unter dem Gesichtspunkt der Angleichung unbefriedigend, dennoch aber nicht ohne jeden Wert. Denn damit werden die Grenzen gezogen, innerhalb deren die Mitgliedstaaten zur Feststellung eines vertikalen Konzerns die drei alternativen Voraussetzungen für eine Mutter-Tochter-Beziehung um Fälle einer tatsächlichen Beherrschung erweitern können. Dazu wird, um bloß vorübergehende Einflüsse auszuschalten, stets eine Beteiligung im Sinne der Vierten Richtlinie verlangt, die nach ihrer Definition auf eine dauerhafte Verbindung angelegt ist, weshalb sie in der Bilanz stets im Anlagevermögen erscheint.[41] Außerdem trennt der beschlossene Text der Siebten Richtlinie die beiden im Kommissionsvorschlag noch kombinierten Elemente, so daß die Pflicht zum Konzernabschluß bei Minderheitsbeteiligungen,

---

[39] Vgl. Art. 1 Abs. 1d) aa) der 7. EG-Richtlinie (Fn. 3).
[40] Vgl. Art. 1 Abs. 2 der 7. EG-Richtlinie (Fn. 3).
[41] Vgl. auch die Bilanzgliederung Art. 9 Aktiva C III 3 bzw. Art. 10 C III 3 der 4. EG-Richtlinie (Fn. 2): Beteiligungen als 3. Unterposten der „Finanzanlagen".

sofern sich ein Mitgliedstaat überhaupt dafür entscheidet, nach seiner Wahl bereits entweder die Ausübung eines beherrschenden Einflusses oder die Herstellung einer einheitlichen Leitung begründen kann. Doch brauchen die Mitgliedstaaten die ihnen eingeräumten Möglichkeiten nicht auszuschöpfen. Darauf folgt u. a. die Befugnis, die beiden erwähnten Elemente für eine tatsächliche Beherrschung, welche die Richtlinie als Alternative formuliert, bei der Umsetzung in nationales Recht wieder miteinander zu verknüpfen. Auch wird anderen Versuchen, die besagten Voraussetzungen zu verdeutlichen, nichts in den Weg gestellt. Darüber hinaus aber läßt sich die Definition des vertikalen Konzerns nicht erweitern. Wie gesagt, es steht den Mitgliedstaaten frei, von der Option einer Konsolidierungspflicht bei Minderheitsbeteiligungen innerhalb des aufgezeigten Rahmen ganz oder teilweise Gebrauch zu machen; doch soweit dies geschieht, finden im übrigen die Vorschriften der Siebten Richtlinie, vor allem die über die Art und Weise der Konsolidierung, uneingeschränkt Anwendung.

4. Exkurs: Teilkonzernabschlüsse

An dieser Stelle ist ein Exkurs über den Teilkonzern und damit den Teilkonzernabschluß geboten. Der ursprüngliche Kommissionsvorschlag[42] hatte außer dem Abschluß für den gesamten Konzern zusätzlich auf jeder Stufe innerhalb des Konzerns einen Teilabschluß verlangen wollen. Dabei wurden zwei unterschiedliche Fälle in Betracht gezogen. Zum einen den Konzern, dessen Spitze außerhalb der EU liegt, so daß mangels Gesetzgebungshoheit darüber nur Tochterunternehmen innerhalb der EU, soweit diese Mutterunternehmen weiterer Tochterunternehmen sind, wo immer letztere auch ansässig sein mögen, zu Abschlüssen für den jeweiligen Teilkonzern verpflichtet werden können. Falls das Mutterunternehmen des Gesamtkonzerns aus einem Drittstaat mehrere Tochterunternehmen innerhalb der EU hat, die zugleich an der Spitze eines Teilkonzerns stehen, sollten letztere in einem „europäischen" Teilkonzernabschluß zusammengefaßt werden.[43] Ferner wollte die Kommission auch dann auf Teilkonzernabschlüssen bestehen, wenn die Spitze des Gesamtkonzerns innerhalb der EU ist und für diesen ein Abschluß nach Gemeinschaftsrecht aufgestellt wird. Dies sei notwendig, heißt es in der Begründung des Vorschlags[44], um die verschiedenen

---

[42] Vgl. Art. 6 Abs. 2a) des Kommissionsvorschlags (Fn. 9).
[43] Vgl. Art. 6 Abs. 2 b) des Kommissionsvorschlags (Fn. 9).
[44] Vgl. Fn. 19.

mit dem Unternehmen an der Spitze des Teilkonzerns verbundenen Interessen besser zu schützen. Damit war indessen das Europäischen Parlament nicht einverstanden, einmal wegen der Kosten und zum anderen wegen des geringen Aussagewertes von Teilabschlüssen.[45] In die gleiche Richtung ging ein Antrag im Plenum des Wirtschafts- und Sozialausschusses, der jedoch keine Mehrheit fand.[46] Im übrigen stimmten Parlament und Ausschuß darin überein, den „europäischen" Teilkonzernabschluß jedenfalls dann für überflüssig zu halten, wenn für den gesamten Konzern ein „angemessener konsolidierter Abschluß auf weltweiter Grundlage" (Parlament)[47] bzw. ein „mit der Richtlinie vergleichbarer Abschluß" (Ausschuß)[48] vorliegt.

Die Kritik hatte Auswirkungen auf den Änderungsvorschlag der Kommission[49], der erstmalig eine Befreiung vom Teilkonzernabschluß in Betracht zog. Dazu mußten nicht nur alle zum Teilkonzern gehörenden Unternehmen in den Gesamtkonzernabschluß einbezogen und dieser nach der Siebten Richtlinie (das heißt innerhalb der EU) aufgestellt, geprüft und offengelegt worden sein. Ferner wurde das jährlich zu erneuernde Einverständnis aller Gesellschafter des Unternehmens mit der Befreiung gefordert, die aus dem befreienden Abschluß hervorgehen muß. Vor allem aber sollte das Mutterunternehmen für den gesamten Konzern sich bereit erklärt haben, für die von dem zu befreienden Unternehmen eingegangenen Verpflichtungen einzustehen, eine Garantie, die, ebenso wie der Verzicht der Gesellschaft auf den Teilabschluß, beim zu befreienden Unternehmen hätte offengelegt werden müssen.

Im Vergleich zum Änderungsvorschlag der Kommission sind die entscheidenden Änderungen der endgültigen Fassung in folgendem zu sehen: die Verpflichtung zu einem „europäischen" Teilkonzernabschluß ist ersatzlos entfallen. Die Möglichkeit einer Befreiung von einem sonstigen Teilabschluß wird auch mit Rücksicht auf Abschlüsse für den Gesamtkonzern oder einen größeren Teilkonzern zugelassen, die außerhalb der EU erstellt worden sind.[50] Dies wird nicht vom Abschluß eines Übereinkommens mit dem betreffenden Drittstaat abhängig gemacht. Verlangt wird einerseits Aufstellung und Prüfung nach dem Recht des

---

[45] Vgl. Ziff. 6 und 7 der Stellungnahme (Fn. 12).
[46] Vgl. Ziff. 2 des Anhangs der Stellungnahme (Fn. 11).
[47] Vgl. Ziff. 8 der Stellungnahme (Fn. 12).
[48] Vgl. Ziff. 2.6 der Stellungnahme (Fn. 11).
[49] Vgl. Art. 6 a) und b) des Änderungsvorschlags (Fn. 14).
[50] Vgl. Art. 11 der 7. EG-Richtlinie (Fn. 3).

Drittstaates und andererseits die Gleichwertigkeit mit Abschlüssen nach Gemeinschaftsrecht. Für befreiende Abschlüsse aus einem Mitgliedstaat ist der Einklang mit dem Gemeinschaftsrecht unverzichtbar.[51] Gleichgültig, ob der Konzern die Grenzen der EU überschreitet oder nicht, an Stelle des ausdrücklich erklärten Einverständnisses mit der Befreiung[52] tritt eine negative Voraussetzung: eine Minderheit der Gesellschafter hat innerhalb bestimmter Frist vor Ablauf des Geschäftsjahres nicht auf einem Teilkonzernabschluß bestanden.[53] Von einer Haftung für Verpflichtungen des befreiten Unternehmens ist keine Rede mehr.[54] Schließlich ist die Befreiung nicht im befreienden Abschluß[55], sondern im Jahresabschluß des befreiten Unternehmens kenntlich zu machen und zwar so, daß dessen Leser auch erfährt, wer den befreienden Abschluß erstellt hat.[56] Vor allem aber muß dieser, gegebenenfalls in einer autorisierten Übersetzung, beim befreiten Unternehmen offengelegt werden.[57]

Die besprochenen Voraussetzungen für eine Befreiung vom Teilkonzernabschluß sind in Form von Mindestvorschriften formuliert[58]; sie können also von den Mitgliedstaaten unter Beachtung bestimmter Kautelen verschärft werden.[59] Unter besonderen Umständen ist allerdings die Befreiung obligatorisch.[60] So wenn das Unternehmen, das den befreienden Abschluß erstellt, dem Recht eines Mitgliedstaates untersteht und es entweder alle oder wenigstens 90 % der Anteile des befreiten Unternehmens hält, sofern im letzteren Fall die außenstehenden Gesellschafter der Befreiung zustimmen. Schließlich darf das befreite Unternehmen nicht an der Börse zugelassen sein. Die geschilderte Abgrenzung zwischen der für die Mitgliedstaaten obligatorischen und der für sie fakultativen Befreiung vom Teilkonzernabschluß ist der schließlich gefundene Kompromiß im Streit über Wert oder Unwert solcher Abschlüsse. Soweit nach dem bisher Gesagten die Siebte Richtlinie

---

[51] Vgl. Art. 7 Abs. 2 b) aa) und Art. 8 Abs. 1 der 7. EG-Richtlinie (Fn. 3).
[52] Vgl. Art. 6 a) Abs. 2 c) des Änderungsvorschlags der Kommission (Fn. 14).
[53] Vgl. Art. 8 Abs. 1 und Art. 11 Abs. 2 der 7. EG-Richtlinie (Fn. 3).
[54] Vgl. Art. 6 a) Abs. 2 d) des Änderungsvorschlags der Kommission (Fn. 14) im Gegensatz zu Art. 7–11 der 7. EG-Richtlinie (Fn. 3).
[55] Vgl. Art. 6 a) Abs. 2 e) des Änderungsvorschlags der Kommission (Fn. 14).
[56] Vgl. Art. 7 Abs. 2 c), 8 Abs. 1 und 11 Abs. 2 der 7. EG-Richtlinie (Fn. 3).
[57] Vgl. Art. 7 Abs. 2 b) bb), 8 Abs. 1 und 11 Abs. 2 der 7. EG-Richtlinie (Fn. 3).
[58] Vgl. Art. 8 Abs. 1 und 11 Abs. 1 der 7. EG-Richtlinie (Fn. 3).
[59] Vgl. Art. 8 Abs. 2 und 3, Art. 9, 10, 11 Abs. 3 der 7. EG-Richtlinie (Fn. 3).
[60] Vgl. Art. 7 der 7. EG-Richtlinie (Fn. 3).

eine Befreiung davon weder gestattet noch vorschreibt, ist auf jeder Stufe eines Konzerns innerhalb der EU eine derartige Unterlage zu erstellen. Dabei gilt alles das, was wir zur Definition des Konzerns ausgeführt haben, für den Teilkonzern entsprechend.

III. Der horizontale Konzern

Der Kommissionsvorschlag[61] hatte außer der Regelung des vertikalen Konzerns bzw. Teilkonzerns auch eine für den horizontalen Konzern gefordert, dessen Mitglieder nicht in einem Abhängigkeitsverhältnis stehen, die sich aber einer einheitlichen Leitung unterworfen haben, die ebenso wie für den vertikalen Konzern nicht näher definiert wurde. In der Begründung des Vorschlags[62] waren als Mittel zum Aufbau eines horizontalen Konzerns der Vertrag, die Personalunion von Mitgliedern der Gesellschaftsorgane der beteiligten Unternehmen und die Errichtung eines Gremiums genannt worden, in dessen Händen die einheitliche Leitung liegt und in das alle oder ein Teil der Mitglieder der Gesellschaftsorgane entsandt werden. Für den Fall, daß Unternehmen eines horizontalen Konzerns gleichzeitig beherrschenden Einfluß auf andere ausüben und dadurch auch diese der einheitlichen Leitung unterstehen, sollte dies zu einer Kombination von horizontalem und vertikalem Konzern führen.

Vom Kommissionsvorschlag unterscheidet sich die verabschiedete Richtlinie[63] einmal darin, daß sie die Elemente des horizontalen Konzerns formal und inhaltlich präzisiert. Zwar bleibt das Kriterium der „einheitlichen Leitung" weiterhin entscheidend; diese muß jedoch durch Vertrag oder Satzung aller beteiligten Unternehmen näher definiert werden. Das verstehen wir nicht als eine bloße Sollvorschrift zur Beweiserleichterung, sondern als Erfordernis für das wirksame Entstehen eines horizontalen Konzerns. In einem besonderen Fall allerdings bedarf es weder der Einhaltung der Formvorschrift noch des Nachweises einer einheitlichen Leitung, so wenn zumindest die Mehrheit der Mitglieder von Gesellschaftsorganen der betreffenden Unternehmen wenigstens während des letzten Geschäftsjahres und bis zur Aufstellung des Konzernabschlusses aus denselben Personen bestanden haben. Im übrigen gilt das bereits zum Kommissionsvorschlag hinsichtlich der Kombi-

---
[61] Vgl. Art. 4 der Kommissionsvorschläge (Fn. 9 und 14).
[62] Vgl. Fn. 19.
[63] Vgl. Art. 12 Abs. 1 der 7. EG-Richtlinie (Fn. 3).

nation von horizontalem und vertikalem Konzern Gesagte auch für den geltenden Text der Richtlinie.[64]

Trotz der Formalisierung, mit der eine größere Rechtssicherheit erzielt wird, und der für den Fall einer Personalunion erreichten Konkretisierung der Voraussetzungen für den horizontalen Konzern, ist es letztlich nicht gelungen, diesen für alle Mitgliedstaaten verbindlich zu machen; auch hier ist wie beim vertikalen Konzern aufgrund von Minderheitsbeteiligungen nur eine Option der Mitgliedstaaten erreicht worden. Die Parallele besteht auch insoweit, als die Richtlinie wiederum den Rahmen absteckt, der bei Einführung eines horizontalen Konzerns nicht überschritten werden darf, und schließlich auch darin, daß bei Aufstellung eines entsprechenden Konzernabschlusses die Regeln der Richtlinie zu beachten sind.[65]

IV. Rechtsform der Konzernunternehmen

Bei der Darstellung des bilanzrechtlichen Konzernbegriffs haben wir bislang stets nur von „Unternehmen" gesprochen. Dies bedarf einer Korrektur schon mit Rücksicht auf die Rechtsgrundlage (Art. 54 (3) g EGV) aller bilanzrechtlichen Richtlinien. Es geht immer um Schutzbestimmungen im Hinblick auf Gesellschaften. So hat sich die Siebte Richtlinie von Anfang an als eine Ergänzung der Vierten Richtlinie verstanden, die auf Kapitalgesellschaften[66] unter Einschluß der später ihnen gleichgestellten Personalgesellschaften mit ausschließlich Kapitalgesellschaften als vollhaftenden Mitgliedern[67] Anwendung findet; so setzt auch die Anwendung der Siebten Richtlinie das Vorhandensein einer dieser Rechtsformen innerhalb des Konzerns voraus. Darin liegt zugleich auch eine territoriale Beschränkung[68], denn die Kapitalgesellschaft muß nach dem Recht eines Mitgliedstaates gegründet sein. Dabei soll es aber keinen Unterschied machen, ob die Kapitalgesellschaft in der Position des Mutter- oder eines oder mehrerer Tochterunternehmen anzutreffen ist. Eine Regelung also, die dazu führt, daß zum Beispiel Einzelunternehmer, Personalgesellschaften

---

[64] Vgl. Art. 12 Abs. 2 der 7. EG-Richtlinie (Fn. 3).
[65] Vgl. Art. 12 Abs. 3 der 7. EG-Richtlinie (Fn. 3).
[66] Vgl. den ersten Erwägungsgrund der 7. EG-Richtlinie (Fn. 3).
[67] Vgl. Fn. 6.
[68] Vgl. Art. 4 Abs. 1 der 7. EG-Richtlinie (Fn. 3); für den horizontalen Konzern vgl. Art. 12 Abs. 2.

oder Stiftungen, obgleich sie keine Kapitalgesellschaften sind und für ihren Einzelabschluß nicht der Vierten Richtlinie unterliegen, sobald sie an die Stelle des Mutterunternehmens eines Konzerns gelangen, dem als Tochterunternehmen eine Kapitalgesellschaft angehört, einen Konzernabschluß nach der Siebten Richtlinie aufstellen müssen.

Die Notwendigkeit einer solchen Regelung hatte die Kommission in der Begründung ihres Vorschlags[69] damit verteidigt, die Interessen einer Kapitalgesellschaft auch als Tochterunternehmen wegen ihrer Einbindung in den Konzern zu schützen und andernfalls mögliche Umgehungen durch eine entsprechende Organisation der Konzernspitze auszuschließen. Während der Vorschlag[70] zunächst den vertikalen und horizontalen Konzern definiert und davon gesondert die Verpflichtung zum Konzernabschluß festgelegt hatte, die mit dem Vorhandensein einer Kapitalgesellschaft innerhalb des Konzerns verknüpft worden war, sind die entsprechenden Bestimmungen der endgültigen Fassung der Siebten Richtlinie in anderer Reihenfolge und Kombination im Ersten Teil des Gemeinschaftsaktes zu finden. Dessen Überschrift „Voraussetzungen für die Aufstellung des konsolidierten Abschlusses" trägt in ihrer sehr allgemeinen Formulierung dem Umstand Rechnung, daß wir es anders als im Kommissionsvorschlag zu tun haben, teils mit Umständen, unter denen die Mitgliedstaaten einen Konzernabschluß fordern oder, umgekehrt, von einem Teilkonzernabschluß absehen *müssen,* und teils mit Voraussetzungen, unter denen sie einen Konzernabschluß fordern oder sie solche für die Befreiung zum Teilkonzernabschluß durch weitere ergänzen bzw. von der Befreiung ganz absehen *können.* Auch unabhängig von dieser Unterscheidung zwischen Verpflichtungen und Befugnissen der Mitgliedstaaten werden in der Richtlinie einige Grundsätze verankert, die für alle Konzernabschlüsse gelten. Dazu gehören die Vorschriften, die im Anschluß an die Definition der Mutter-Tochter-Beziehung und, unbeschadet etwaiger Ausschlußgründe, eine Präzisierung der jeweils zu konsolidierenden Unternehmen vorsehen. So gehören zum Konzern im Sinne der Rechnungslegung alle Tochterunternehmen ohne Rücksicht auf ihren Sitz und bei mehrstufigen Konzernen auch Tochter- von Tochterunternehmen und sofort.[71] Dies alles jedoch nur, wenn unter den zu konsolidierenden Unternehmen, ob Mutter- oder

---

[69] Vgl. Fn. 19.
[70] Vgl. Art. 2–4 sowie Art. 6–7 des Kommissionsvorschlags (Fn. 9 und 14).
[71] Vgl. Art. 3 der 7. EG-Richtlinie (Fn. 3) und Art. 6 Abs. 1 b) des Kommissionsvorschlags (Fn. 9).

Tochterunternehmen, in der EU eine Kapitalgesellschaft ist.[72] Bis dahin läßt sich hinsichtlich der Umschreibung des Konsolidierungskreises von einem Gleichlaut von Kommissionsvorschlag und Ratsbeschluß sprechen. Letzterem ist jedoch eine zusätzliche Vorschrift zu entnehmen, welche den Mitgliedstaaten die Befugnis einräumt, von der Verpflichtung zum Konzernabschluß zu befreien, falls in der Position des Mutterunternehmens keine Kapitalgesellschaft anzutreffen ist.[73] In der Tat war in den Verhandlungen über die Frage, ob und gegebenenfalls mit welchen Einschränkungen Unternehmen, die nicht in dieser Rechtsform organisiert sind, eine solche Pflicht auferlegt werden sollte, auf der Grundlage verschiedener Kompromißformeln (Ausschluß des Einzelunternehmens?, Ausschluß von Personengesellschaften, falls der Konzern eine bestimmte Größe nicht überschreitet?) gestritten worden. Schließlich mußte den Mitgliedstaaten die erwähnte Möglichkeit der Befreiung uneingeschränkt zugestanden werden. In die betreffende Vorschrift darf indessen nicht mehr hineingelegt werden, als darin steht; sie ändert nichts an der ihr unmittelbar vorangehenden, die, wie gesagt, für den Konsolidierungskreis das Vorhandensein einer Kapitalgesellschaft genügen läßt. Schon dann sind wir im Anwendungsbereich der Siebten Richtlinie. Macht demnach ein Mitgliedstaat von der Befreiungsbefugnis keinen oder nur teilweise Gebrauch, findet auch auf diese von Nichtkapitalgesellschaften erstellten Abschlüsse die Siebte Richtlinie in vollem Umfang Anwendung.

Es ist hier also nicht anders als bei den Optionen für vertikale Konzerne aufgrund von Minderheitsbeteiligungen[74] sowie für horizontale Konzerne.[75] Ebenso steht es, wenn die Möglichkeiten für die Befreiung vom Teilkonzernabschluß nicht voll ausgeschöpft werden.[76] In diesem Zusammenhang gehört auch die unter bestimmten Voraussetzungen zugestandene Freistellung von Beteiligungsgesellschaften.[77] Schließlich ist die gleichfalls fakultative Befreiung für Konzerne zu nennen, die einen bestimmten Umfang nicht überschreiten.[78]

---

[72] Vgl. Art. 4 Abs. 1 der 7. EG-Richtlinie (Fn. 3) und Art. 6 Abs. 1 a) des Kommissionsvorschlags (Fn. 9).
[73] Vgl. Art. 4 Abs. 2 der 7. EG-Richtlinie (Fn. 3); gilt auch für die Unternehmen eines horizontalen Konzerns (Art. 12 Abs. 3).
[74] Vgl. Art. 1 Abs. 2 der 7. EG-Richtlinie (Fn. 3).
[75] Vgl. Art. 12 der 7. EG-Richtlinie (Fn. 3).
[76] Vgl. Art. 8–11 im Gegensatz zu Art. 7 der 7. EG-Richtlinie (Fn. 3).
[77] Vgl. Art. 5 der 7. EG-Richtlinie (Fn. 3). Eine vergleichbare Regelung fehlte im Kommissionsvorschlag, war aber wohl dort auch nicht erforderlich.
[78] Vgl. Art. 6 der 7. EG-Richtlinie (Fn. 3).

V. Größenabhängige Befreiungen

Die größenabhängigen Vergünstigungen haben in der beschlossenen Fassung der Siebten Richtlinie gegenüber den Vorschlägen der Kommission[79] eine wesentliche Veränderung und Erweiterung erfahren. Die Kommission hatte zunächst nur partielle Erleichterungen bei der Offenlegung und die auch nur für Konzerne, denen eine GmbH, nicht aber eine AG angehört, zugestehen wollen. In ihrem Änderungsvorschlag[80] war sie denn mit der Gleichbehandlung aller Kapitalgesellschaften einen Schritt weitergegangen. Aber erst in der endgültigen Fassung hat sich im Gegensatz zur Vierten Richtlinie über den Einzelabschluß, für den eine nach kleinen, mittelgroßen und großen Gesellschaften abgestufte Publizität gilt, die gänzliche Freistellung vom Konzernabschluß durchgesetzt.[81] Die dafür maßgeblichen Größenmerkmale sind mit denen der

---

[79] Vgl. Art. 21 des ursprünglichen Vorschlags (Fn. 9) in Anlehnung an Art. 24 des geänderten Vorschlags der 4. EG-Richtlinie (Bulletin der Europäischen Gemeinschaften, Beilage 6/74).

[80] Vgl. Art. 11 Abs. 2 und 3, Art. 20 a), 21 Abs. 2, 23 Abs. 2 a) und 24 a) des Änderungsvorschlags (Fn. 14) in Anlehnung an Art. 11, 12, 27, 44 sowie Art. 47 Abs. 2 und 3 und Art. 51 Abs. 2 der 4. EG-Richtlinie (Fn. 2).

[81] Vgl. Art. 6 Abs. 1 der 7. EG-Richtlinie (Fn. 3); die in Ecu ausgedrückten Größenmerkmale betreffend Bilanzsumme und Nettoumsatz für die mittelgroßen Gesellschaften i. S. v. Art. 27 der 4. EG-Richtlinie (Fn. 2) sind seit deren Erlaß dreimal erhöht worden, während das Größenmerkmal der Arbeitnehmerzahl, auf das sich das vereinfachte Verfahren zur Anpassung nach Art. 53 der 4. EG-Richtlinie nicht erstreckt, unverändert geblieben ist. Die Beträge sind derzeit die folgenden:

Bilanzsumme: 10 Mio Ecu
Nettoumsatz: 20 Mio Ecu
Arbeitnehmerzahl: 250

Für die Berechnung der Konzerngröße können die genannten Ecu-Beträge um bis zu 20% erhöht werden, falls dabei auf eine Kapitalkonsolidierung sowie die Weglassung konzerninterner Forderungen, Verbindlichkeiten, Erträge und Aufwendungen verzichtet wird (Art. 6 Abs. 2). Die Übergangsregelung, welche die Erhöhung der Ecu-Beträge auf das Zweieinhalbfache und der Arbeitnehmerzahl auf 500 gestattet, läuft im Jahre 2000 automatisch aus (Art. 6 Abs. 5), ohne daß dafür eine erneute Entscheidung des Rates erforderlich wäre.

Die Erscheinung, daß zwar die Zulässigkeit eines Vorgangs dem nationalen Recht überlassen wird, der Vorgang selbst aber eine Rechtsangleichung erfährt, ist auch sonst im Gesellschaftsrecht anzutreffen, so nach der 2. EG-Richtlinie (77/91/EWG, ABl. der Europäischen Gemeinschaften v. 31. 1. 1977, Nr. L 26) für Tilgung des Kapitals ohne dessen Herabsetzung (Art. 35), Kapitalherabsetzung durch Einziehung von Aktien (Art. 36 und 37) sowie Ausgabe von rückerworbenen Aktien (Art. 39), nach der 3. EG-Richtlinie (78/855/EWG, ABl. der Europäischen Gemeinschaften v. 20. 10. 1978, Nr. L 295) für fusionsähnliche Vorgänge (Art. 30 und 31),

mittelgroßen Gesellschaften nach der Vierten Richtlinie derart verknüpft, daß jede Veränderung hier eine entsprechende Veränderung dort nach sich zieht.

VI. Schlußbemerkung

Wir haben in groben Zügen die Entstehung eines europäischen Konzernbegriffs für die Rechnungslegung nachzuzeichnen versucht. Angesichts des zweistufigen Verfahrens der Rechtsangleichung genügt es natürlich nicht, eine solche „Bilanz" nur auf europäischer Ebene zu ziehen; ebenso notwendig ist es zu untersuchen, wie die Mitgliedstaaten bei der Umsetzung der einschlägigen Vorschriften der Richtlinien in das nationale Recht verfahren sind, was wir in diesem Beitrag nicht tun können. Die Betrachtung aus europäischer und die aus nationaler Sicht stehen nicht beziehungslos nebeneinander; sie gehören auf das Engste zusammen. Auch soweit das Gemeinschaftsrecht den Mitgliedstaaten Optionen für eine Erweiterung oder Verkürzung von Pflichten zur Rechnungslegung überläßt, bleibt der nationale Gesetzgeber im übrigen für deren Ausgestaltung dem erreichten, durch Richtlinien fixierten europäischen Standard verpflichtet. Das gilt erst recht dort, wo Rechnungslegungspflichten Gegenstand einheitlicher Regelung geworden sind.

---

nach der 6. EG-Richtlinie (82/891/EWG, ABl. der Europäischen Gemeinschaften v. 31. 12. 1982, Nr. L 378) für die Spaltung (Art. 1) und nach der 12. EG-Richtlinie (89/667/EWG, ABl. der Europäischen Gemeinschaften v. 30. 12. 1989, Nr. L 395) für die Einführung der Einpersonen-AG (Art. 6).

DIETER ORDELHEIDE

Aktivische latente Steuern bei Verlustvorträgen im Einzel- und Konzernabschluß
– HGB, SFAS und IAS –*

I. Problemstellung
II. Diskussion zum deutschen Abschlußrecht
   1. Einzelabschluß
   2. Konzernabschluß
      a) Vortragsfähige Verluste bei Inlandsgesellschaften
         aa) Erworbene Verlustvorträge
         ab) Während der Konzernzugehörigkeit entstandene Verlustvorträge
      b) Vortragsfähige Verluste bei Auslandsgesellschaften
   3. Konformität mit den EG-Bilanzrichtlinien
III. Transnationale Analyse
   1. Die Regelung im SFAS 109
   2. Der Vorschlag im IAS ED 49
IV. Latente Steuern auf vorgetragene Anlaufverluste von Tochtergesellschaften
V. Zusammenfassung

---

* Der Verfasser dankt Frau Dipl.-Kffr. *Hanne Böckem* für Anregungen zu diesem Beitrag.

I. Problemstellung

Gewinne lösen grundsätzlich Steueransprüche des Fiskus aus, Verluste aber nicht unbedingt Ansprüche des Steuerpflichtigen an den Fiskus. Wenn in früheren Jahren Gewinne versteuert wurden, besteht jedoch die auf zwei Jahre begrenzte Möglichkeit, Verluste mit diesen Gewinnen zu verrechnen (§ 10d Abs. 1 EStG). Nur dann begründet der Verlustrücktrag einen Zahlungsanspruch an den Fiskus.

Diese asymmetrische steuerliche Behandlung von Gewinnen und Verlusten wird dadurch gemildert, daß Verluste zeitlich unbegrenzt in späteren Jahren mit steuerpflichtigen Gewinnen verrechnet werden können (§ 10d Abs. 3 EStG). Die Vortragsmöglichkeit von Verlusten begründet einen ökonomischen Vorteil – verglichen mit einer Situation, in der dies nicht erlaubt ist. So argumentieren etwa *Wolk/Tearney,* daß bei Veräußerung der Gesellschaft der Vorteil realisiert werden kann, da die Verlustvortragsmöglichkeit im Verkaufspreis entlohnt werde.[1] Der Vorteil besteht darin, daß zukünftige Gewinne in Höhe des vortragbaren Verlustes nicht besteuert werden. Folglich gäbe der Ausweis des vollen Verlustes ohne die Kürzung um den Vorteil aus seiner Vortragsmöglichkeit das den tatsächlichen Verhältnissen entsprechende Bild der Vermögens- und Ertragslage nicht zutreffend wider. Darüber hinaus wird mit einem Bilanzausweis dieses ökonomischen Vorteils die Möglichkeit einer späteren Steuerminderzahlung signalisiert, so daß damit auch die Finanzlage zutreffender dargestellt wird[2], sofern mit dieser Minderzahlung zu rechnen ist.

Diese Argumente sind allerdings nach deutschem Recht nicht ausreichend tragfähig, um allein darauf eine Aktivierung des Steuervorteils in der Handelsbilanz zu begründen. Anders als beim Rücktrag des Verlustes entsteht mit dem Vortrag kein Zahlungsanspruch an den Fiskus. Es entsteht nicht einmal eine unsichere Forderung, da der Vorteil sich auch bei seiner Realisierung nicht in einem Zahlungsanspruch, sondern nur in einer Verkürzung der Steuerzahlung niederschlägt. Damit scheidet seine Aktivierung als Vermögensgegenstand aus.[3] Es ist gleichgültig,

---

[1] Vgl. *Wolk/Tearney,* Income Tax Allocation and Loss Carry-Forwards: Exploring Uncharted Grounds, Accounting Review 1973, S. 292–299, hier S. 292.
[2] So bereits *Williams,* Reporting Loss Carryovers in Financial Statements, Accounting Review 1966, S. 226–234, hier S. 231, und im Anschluß daran *Feldhoff/Langermeier,* Zur Aktivierbarkeit des Steuereffektes aus Verlustvortrag nach § 10d EStG, DStR 1991, S. 195–197, hier S. 196.
[3] Vgl. *Baumann,* Bilanzierung latenter Steuern nach neuem Recht, in: Einzelabschluß und Konzernabschluß, hrsg. v. Mellwig u. a., Wiesbaden 1988, S. 105–120, hier S. 113.

welche der vorgeschlagenen Kriterien für die Abgrenzung des Vermögensgegenstandes man zugrundelegt[4]; in keinem Fall erfüllt der ökonomische Vorteil die Voraussetzungen, die an einen Vermögensgegenstand gestellt werden.

Ferner kann er auch nicht als Rechnungsabgrenzungsposten aktiviert werden, da dafür gem. § 250 Abs. 1 HGB eine Ausgabe vor dem Abschlußstichtag, die Aufwand für eine bestimmte Zeit danach darstellt, vorausgesetzt wird. Darüber hinaus setzt nach herrschender Meinung die Aktivierung eines Rechnungsabgrenzungspostens einen Rechtsanspruch voraus[5], der hier – wie dargestellt – nicht besteht.

Als Ausweg kommt dann nur noch eine Aktivierung des Vorteils als latenter Steuerposten und somit gem. § 274 Abs. 2 HGB als Bilanzierungshilfe in Frage. Latente Steuern dienen dem Zweck, den Ausweis des Steueraufwandes in der Handelsbilanz und das handelsrechtliche Ergebnis vor Steuern besser aufeinander abzustimmen als bei Ausweis der Steuerzahlung oder -zahlungsverpflichtung als Aufwand. Die Ertragslage soll in diesem Sinne zutreffender dargestellt werden. Auch soll eine Bilanzierungshilfe dazu beitragen, daß die Signale über die Ertragslage den tatsächlichen Verhältnissen eher entsprechen als ohne Ausweis der Hilfe. Ein Ausweis von latenten Steuern für vortragsfähige Verluste muß diese Anforderungen erfüllen und diese müssen sich als zulässige Auslegung des § 274 HGB begründen lassen.

In der Fachdiskussion ist dies umstritten. Man kann zwei Arten von zeitlichen Differenzen unterscheiden, die latente Steuern begründen können:

(i) Differenzen, die auf der unterschiedlichen Behandlung einzelner Geschäftsvorfälle in Handels- und Steuerbilanz beruhen, und
(ii) Differenzen, die sich zwischen der Steuerbemessungsgrundlage von Null und einem handelsrechtlichen Verlust ergeben (niveauabhängige Differenzen). Sie bestehen unabhängig davon, ob Differenzen aufgrund einzelner Geschäftsvorfälle vorliegen, weswegen nachfolgend auch von letzteren abgesehen werden soll.

Umstritten ist nur, ob für niveauabhängige Differenzen latente Steuern gebildet werden können. Zur Klärung dieser Streitfrage soll hier beigetragen werden (Abschnitt II.). Der weniger strittige Fall der Kürzung

---

[4] Vgl. statt vieler *Ballwieser,* in: BeckHdR, B 131, Rz. 9 ff.
[5] Vgl. *Adler/Düring/Schmaltz,* HGB, 5. Aufl., § 250, Rdn. 42 ff.; *Sarx/Fricke,* in: BeckBil-Komm., 2. Aufl., § 250, Anm. 15; *Kupsch,* in: BoHdR, § 250 HGB Rz. 10 f.

der Kürzung einer schon vorhandenen Steuerrückstellung wird nur am Rande behandelt werden. Die Frage nach der Zulässigkeit aktivischer latenter Steuern bei Verlustvorträgen soll hier sowohl für den Einzel- als auch für den Konzernabschluß diskutiert werden.

Der Jubilar hat die Entwicklung zu einer internationalen Ausrichtung der deutschen Rechnungslegung frühzeitig erkannt[6], darüber hinaus die internationale Wirtschaftsprüfung zu seinem Tätigkeitsfeld gemacht und zudem die Hochschulforschung auf dem Gebiet der transnationalen Rechnungslegung ermutigt und wesentlich gefördert. Eine auf die gegenwärtige deutsche Regelung beschränkte Analyse wäre da unangemessen, zumal die Bilanzierung von Steuern auf der Tagesordnung des IASC steht und im Jahre 1992 in den USA neu geregelt wurde. Die Analyse der Rechtssituation in Deutschland soll daher mit der Vorgehensweise in den USA verglichen und auch an den vorgeschlagenen Regelungen des IASC gemessen werden (Abschnitt III.).

Abschließend soll ein typischer Fall, für den aktivische latente Steuern bei Verlustvorträgen in Frage kommen, die Anlaufverluste von Tochtergesellschaften, behandelt werden (Abschnitt IV.).

II. Diskussion zum deutschen Abschlußrecht

1. Einzelabschluß

In der deutschen Fachdiskussion ist man sich nur darin einig, daß bei Verlustvorträgen keine Aktivierungs*pflicht* für latente Steuern besteht; § 274 Abs. 2 HGB ist insoweit unmißverständlich. Ob ein Aktivposten bilanziert werden darf und ggf. unter welchen Bedingungen, ist jedoch umstritten. In bekannten Kommentaren und Handbüchern zum Bilanzrecht wird, soweit sie sich überhaupt mit dieser Frage auseinandersetzen, eine Aktivierungsmöglichkeit abgelehnt.[7] Auch *Karrenbrock* lehnt eine Aktivierung ab.[8] Jüngst hat sich der AFIZ des IDW ebenfalls

---
[6] Vgl. *Havermann,* IASC-Statements und EG-Bilanzrichtlinien, WPg 1978, S. 365–372; *ders.,* Vorentwurf eines Transformationsgesetzes zur 4. EG-Richtlinie liegt vor, WPg 1980, S. 181–189; *ders.,* Entwicklungstendenzen in Rechnungslegung und Prüfung in nationaler und internationaler Sicht, WPg 1981, S. 564–575.
[7] Vgl. *Adler/Düring/Schmaltz,* HGB, 5. Aufl., § 274, Rdn. 28; *Laser,* in: BeckHdR, B 235, Tz. 178 f.; *Baumann,* in: HdR, 3. Aufl., § 274 HGB Rn. 42; *Coenenberg/ Hille,* in: HdJ, Abt. I/13, Rn. 58–61, für den Fall der Entstehung der Differenz in einer Verlustsituation ohne Rücktragsmöglichkeit.
[8] Vgl. *Karrenbrock,* Latente Steuern in Bilanz und Anhang, Düsseldorf 1991, S. 165 ff.

gegen eine Aktivierung ausgesprochen.[9] *Siegel, Feldhoff/Langermeier* und *Neumann* vertreten dagegen die Position, daß eine Aktivierung durch den Wortlaut des Gesetzes gedeckt ist.[10] Andere Autoren sind der Rechtsansicht, daß eine Aktivierung zulässig ist, sofern besondere Bedingungen erfüllt sind.[11]

a) Gegen eine Aktivierungsmöglichkeit könnte erstens eingewendet werden, daß es sich bei den Verlustvorträgen nicht um einen Fall des § 274 HGB handele. Nach § 274 Abs. 2 HGB kann ein Abgrenzungsposten als Bilanzierungshilfe auf der Aktivseite gebildet werden,

– wenn der dem Geschäftsjahr und früheren Geschäftsjahren zuzurechnende Steueraufwand zu hoch ist, weil der nach den steuerrechtlichen Vorschriften zu versteuernde Gewinn höher als das handelsrechtliche Ergebnis ist, und
– wenn sich der zu hohe Steueraufwand in späteren Geschäftsjahren voraussichtlich ausgleicht.

Zunächst könnte man vorbringen, daß ein steuerlich vorzutragender Verlust keinen Unterschied zwischen dem handelsrechtlichen und dem steuerlichen Verlust voraussetzt und daß dann keine zeitliche Differenz auf der Ebene einzelner Geschäftsvorfälle vorliege. Dies folgt jedoch nicht notwendig aus dem Wortsinn dieser Vorschrift, die auf den Unterschied zwischen dem nach den „steuerrechtlichen Vorschrif-

---

[9] Vgl. *Ausschuß für internationale Zusammenarbeit des IDW*, FN 1993, S. 519–520, hier S. 520.
[10] Vgl. *Siegel*, Konzeptionsprobleme und Anwendungsfragen zur Bilanzierung nach § 274 HGB, ZfB-Ergänzungsheft 1/1987, S. 137–174, hier S. 157; *Feldhoff/Langermeier*, DStR 1991, S. 197; *Neumann*, Die Steuerabgrenzung im handelsrechtlichen Jahresabschluß: ein Beitrag zur systematischen Erfassung, Bewertung und dem Ausweis latenter Steuern in Bilanz, Erfolgsrechnung und Anhang, Frankfurt am Main u. a. 1992, S. 209.
[11] So z. B. *Arbeitskreis 'Externe Unternehmensrechnung' der Schmalenbach-Gesellschaft – Deutsche Gesellschaft für Betriebswirtschaft e.V.*, Aufstellung von Konzernabschlüssen, hrsg. v. Busse von Colbe u. a., ZfbF-Sonderheft 21/1987, 2. Aufl., 1989, S. 124; *Arbeitskreis 'Rechnungslegungsvorschriften der EG-Kommission' der GEFIU*, Ausgewählte Probleme bei der Anwendung des Bilanzrichtlinien-Gesetzes, Band 1, Stuttgart 1987, S. 37; *Lochner*, Latente Steuern im Einzel- und Konzernabschluß, BB 1990, S. 2289–2300, hier S. 2293 f.; wohl ebenfalls *Bömelburg*, Grundsätze ordnungsmäßiger Abschlußprüfung für latente Steuern im Konzernabschluß unter besonderer Berücksichtigung von Rechnungslegungsaspekten, Erlangen 1992, S. 197f.; vor Wirksamkeit des neuen Bilanzrechts bereits in den grundlegenden Arbeiten von *Hennig*, Bilanzierung latenter Steuern, Bochum 1982, S. 188 und *Hille*, Latente Steuern im Einzelabschluß und Konzernabschluß, Frankfurt a. M. 1982, S. 80.

ten zu versteuernden Gewinn" (Steuerbemessungsgrundlage) und dem handelsrechtlichen Ergebnis abstellt. Aufbauend auf *Siegel*[12] läßt sich durchaus argumentieren, daß bei steuerlichen Verlusten die Steuerbemessungsgrundlage nach den steuerrechtlichen Vorschriften stets mit Null angenommen wird und sich somit in Höhe des handelsrechtlichen Verlustes eine niveauabhängige Differenz ergibt[13], die sich umkehrt, wenn der steuerliche Verlust in späteren Jahren entsprechend steuerpflichtiges Einkommen kürzt.

Trotzdem deckt der Wortsinn des § 274 HGB den vorliegenden Fall nicht ab, da die Differenz zwischen einem steuerpflichtigen Gewinn von Null und dem handelsrechtlichen Verlust keinen zu hohen Steueraufwand begründet. Der Wortsinn des § 274 stellt hier nur auf solche Fälle ab, in denen aufgrund der Ergebnisdifferenz ein zu hoher Steueraufwand ausgewiesen wird, insbesondere also Fälle, in denen ein Gewinn in der Handelsbilanz kleiner als ein steuerlicher Gewinn ist.

Daraus könnte dann auf ein Aktivierungsverbot für aktivische latente Steuern bei Verlustvorträgen geschlossen werden[14], wenn aktivische latente Steuern überhaupt nur im Fall eines zu hohen Steueraufwandes gebildet werden könnten. Dies wäre zweifelsfrei der Fall, wenn in Analogie zu dem Ausschluß nicht genannter rückstellungsbegründender Tatbestände (§ 249 Abs. 3 HGB) deutlich gemacht worden wäre, daß für andere Fälle aktivische latente Steuern nicht gebildet werden dürfen oder wenn dies in anderer Form in § 274 HGB erklärt worden wäre. Dies ist jedoch nicht geschehen. Auch die Begründung der Vorschrift enthält keinen entsprechenden Hinweis.[15]

Ferner müßte man, wenn man einen „zu hohen Steueraufwand" zur conditio sine qua non macht, diese dann auch in anderen Fällen wirksam werden lassen. Betroffen wären in diesem Fall alle in der Literatur als timing-difference-begründend angeführten Geschäftsvorfälle, wie etwa eine unterschiedliche Disagio-Bilanzierung, und zwar immer dann, wenn die conditio nicht erfüllt ist, d. h. im Fall der Verlustsituation.

---

[12] *Siegel,* ZfB-Ergänzungsheft 1/1987, S. 157.
[13] Es wird hier vorausgesetzt, daß der handelsrechtliche Verlust vor Steuern gleich dem steuerlichen Verlust ist. Da nur latente Steuern aus Verlustvorträgen untersucht werden sollen, werden sonstige zeitliche Differenzen, die in der Praxis in der Regel gleichzeitig auftreten, auch nachfolgend nur am Rande behandelt.
[14] So wohl *Coenenberg/Hille,* in: HdJ, Abt. I/13, Rn. 60.
[15] Vgl. *Biener/Berneke,* Bilanzrichtlinien-Gesetz, Düsseldorf 1986, S. 203 ff., insbes. S. 205.

Eine solche Ungleichbehandlung gleicher Sachverhalte läuft dem Sinn und Zweck des Konzeptes latenter Steuern jedoch zuwider.

Zusammenfassend kann festgestellt werden, daß eine nur am Wortsinn des § 274 HGB orientierte Auslegung und ein darauf basierendes Aktivierungsverbot für latente Steuern bei Verlustvorträgen nicht befriedigen kann. In diesem Zusammenhang sei noch darauf hingewiesen, daß auch in anderen Fällen vom Wortsinn der handelsrechtlichen Vorschriften für latente Steuern abgewichen wird. In den letzten Jahren hat sich ein Wandel im Verständnis der latenten Steuern insbesondere für den Konzernabschluß vollzogen. So wird es heute für zulässig angesehen, daß im Rahmen der Erstkonsolidierung die Zurechnung „erworbener" stiller Reserven *net-of-tax* vorgenommen wird und damit latente Steuern berücksichtigt werden, obwohl dies durch den Wortsinn der §§ 306, 274 HGB nicht gedeckt ist.[16]

b) Zweitens werden gegen eine Aktivierung Argumente vorgebracht, die sich unter der Überschrift „Verletzung oder Gefährdung des Vorsichtsprinzips" zusammenfassen lassen. Wenn diese Vorwürfe begründet wären, würden sie besonders schwer wiegen, da das Vorsichtsprinzip zu den herausragenden Grundsätzen der Gewinnermittlung zählt[17] und besonders in solchen Fällen, in denen wie hier vom Wortsinn der Vorschrift abgewichen wird, als Richtschnur der Auslegung herangezogen werden muß. Das Vorsichtsprinzip kommt darüber hinaus in § 274 HGB selbst auch zum Ausdruck, wenn gefordert wird, daß sich die Unterschiede in Zukunft *voraussichtlich* ausgleichen.

Besonders im älteren Schrifttum wurde darauf hingewiesen, daß die Umkehrung in späteren Jahren deshalb besonders unsicher sei, weil

---

[16] Vgl. u. a. *Lanfermann,* Kapitalkonsolidierung beim Übergang auf die neuen Konzernrechnungslegungsvorschriften des HGB, in: Bilanz- und Konzernrecht, Festschrift für Goerdeler, hrsg. v. Havermann, Düsseldorf 1987, S. 295–313; *Baumann,* in: HdR, 1. Aufl., § 306 HGB Rn. 21 f.; *Arbeitskreis 'Externe Unternehmensrechnung' der Schmalenbach-Gesellschaft – Deutsche Gesellschaft für Betriebswirtschaft e.V,* a.a.O. (Fn. 11), S. 118; *Adler/Düring/Schmaltz,* HGB, 5. Aufl., § 301, Rdn. 92; *Adler/Düring/Schmaltz,* HGB, 5. Aufl., Art. 27 EGHGB, Rdn. 53; *Pankow/Kilgert/Lienau,* in: BeckBil-Komm., 2. Aufl., § 306, Anm. 11; WP-Handbuch 1992, Bd. I, M Tz. 342 m.w.N.; *Busse von Colbe/Ordelheide,* Konzernabschlüsse, 6. Aufl., Wiesbaden 1993, S. 268 ff.; allerdings ablehnend v. *Wysocki/Wohlgemuth,* Konzernrechnungslegung unter Berücksichtigung des Bilanzrichtlinien-Gesetzes, 3. Aufl., Düsseldorf 1986, S. 207; *Budde/Förschle,* in: BeckBil-Komm., 2. Aufl., § 301, Anm. 66 m.w.N.

[17] Vgl. *Leffson,* Grundsätze ordnungsmäßiger Buchführung, 7. Aufl., Düsseldorf 1987, S. 465 ff.

die Verlustvortragsmöglichkeit auf 5 Jahre beschränkt sei.[18] Seit 1990 ist diese Beschränkung aufgehoben. Gem. § 10d EStG kann der den rücktragbaren Verlust übersteigende Betrag zeitlich unbegrenzt vorgetragen werden. Trotzdem bleibt die steuermindernde Wirkung auch nach dieser Gesetzesänderung unsicher. Sie hängt von folgenden Voraussetzungen ab:

- Die Gesellschaft muß in Zukunft existieren. Davon ist aufgrund der allgemeinen going-concern-Annahme auszugehen.
- Die Vortragsmöglichkeit könnte durch Steuerrechtsänderungen bedroht sein. Dies wäre allenfalls ein Argument, wenn diese rückwirkend gelten würden und im Zeitpunkt der Aktivierung der latenten Steuer aufgrund konkreter Hinweise abzusehen wären. Ansonsten besteht immer die Möglichkeit und Notwendigkeit, zunächst aktivierte latente Steuern dann abzuschreiben, wenn sich ein solches Risiko konkretisieren sollte.
- Es muß Personenidentität i. S. von § 8 Abs. 4 KStG zwischen der den Verlust erleidenden Gesellschaft und der den Verlust vortragenden Gesellschaft bestehen.[19] Im Einzelabschluß ist dies ebenfalls durch die allgemeine going-concern-Annahme abgedeckt, da sich die Fortführung der Tätigkeit auf die rechnungslegende Einheit bezieht.
- Es müssen in Zukunft ausreichende Gewinne für den Verlustausgleich zur Verfügung stehen. Ob damit voraussichtlich zu rechnen ist, hängt von den Gegebenheiten des Einzelfalls ab. So kann eine Aktivierungsmöglichkeit z. B. in Frage kommen bei Verlusten durch Produktionsausfälle aufgrund eines Brandes oder einer Explosion, deren Folgen aber beseitigt sind, so daß die frühere Gewinnposition wieder realisiert werden kann[20] oder bei einmaligen besonders hohen Verlusten durch Abschreibung einer Auslandsbeteiligung aufgrund von politischen Ereignissen, die eine sonst profitable Muttergesellschaft getroffen haben.[21] Bei der Beurteilung des voraussichtlichen Eintritts des Steuervorteils ist auch die Frist zu berücksichtigen, die für die Abgrenzung zwischen zeitlichen und quasi-permanenten Differenzen benutzt wird.[22] Wenn z. B. in einem Unternehmen grundsätzlich Dif-

---

[18] Vgl. besonders *Laser,* in: BeckHdR, B 235, Tz. 178; zuvor bereits *Hennig,* a.a.O. (Fn. 11), S. 186f.
[19] Vgl. *Neumann,* a.a.O. (Fn. 10), S. 208ff.
[20] Vgl. *Niehus,* Verrechnung des Steueraufwandes in der Handelsbilanz bei selbständiger Steuerbilanz, WPg 1974, S. 28–33, hier S. 32.
[21] Vgl. zu diesem und weiteren Beispielen *Hille,* a.a.O. (Fn. 11), S. 80.
[22] Vgl. *Baumann,* in: HdR, 3. Aufl., § 274 HGB Rn. 8.

ferenzen, die sich nicht innerhalb von fünf Jahren ausgleichen, nicht als zeitlich begrenzte Differenzen bei der Ermittlung der latenten Steuern berücksichtigt werden, muß sich der Verlust mit hoher Wahrscheinlichkeit innerhalb dieses Zeitraumes ausgleichen. Diese Unsicherheit ausreichender zukünftiger Gewinne rechtfertigt jedoch kein generelles Verbot der Aktivierung latenter Steuern auf Verlustvorträge, sondern nur ein Verbot in den Fällen, in denen die Unsicherheiten so groß sind, daß eine voraussichtliche Umkehrung im Sinne des § 274 HGB nicht mehr vorliegt. Schon die Formulierung „voraussichtlich" belegt, daß der Gesetzgeber durchaus nicht von einer sicheren Umkehrung ausgeht. Entgegen der Meinung von *Hennig*[23] ist auch die Umkehrung der normalen zeitlichen Differenzen niemals absolut sicher.[24] Bei der Abschätzung des hinreichenden Grades an Sicherheit ist auch zu berücksichtigen, daß der Gesetzgeber die aktivische latente Steuer als Bilanzierungshilfe ausgestaltet hat. Aufgrund der Ausschüttungssperregelung des § 274 Abs. 2 Satz 3 HGB ist eine Beeinträchtigung des Gläubigerschutzes durch eine erhöhte Ausschüttung in jedem Fall ausgeschlossen. Das entsprechende Argument von *Karrenbrock* geht insoweit von unzutreffenden gesetzlichen Voraussetzungen aus.[25] Es können folglich geringere Anforderungen gestellt werden, als wenn auch die Ausschüttungsbemessungsfunktion des Einzelabschlusses betroffen wäre.

Schließlich wäre es wenig überzeugend, wenn für den Fall der Existenz von Steuerrückstellungen eine Kürzung um den Vorteil aus der Verlustvortragsmöglichkeit befürwortet wird[26] und zugleich für den Fall, daß solche Rückstellungen nicht existieren, die äquivalente Aktivierung latenter Steuern abgelehnt würde, da doch die Wirkung auf das Reinvermögen und die Ertragslage in beiden Fällen gleich ist.[27]

---

[23] Vgl. *Hennig*, a.a.O. (Fn. 11), S. 187.
[24] Vgl. *Feldhoff/Langermeier*, DStR 1991, S. 197.
[25] *Karrenbock*, a.a.O. (Fn. 8), S. 165 ff., lehnt eine Aktivierung latenter Steuern bei Verlustvorträgen mit dem Argument ab, daß die „primär am Gläubigerschutz orientierte (...) Ausschüttungsbemessungsfunktion des Jahresabschlusses hier (...) einer an dynamischen Grundsätzen orientierten periodengerechten Gewinnermittlung, vorgehen müsse".
[26] Zu einer Verrechnungspflicht vgl. *Neumann*, a.a.O. (Fn. 10), S. 210; *Biener/Bernecke*, a.a.O. (Fn. 15), S. 204; zu einer Diskussion der Saldierungsproblematik vgl. insbes. *Karrenbrock*, a.a.O. (Fn. 8), S. 148 ff.; auch *Siegel*, ZfB-Ergänzungsheft 1/1987, S. 147 ff. und *Lochner*, BB 1989, S. 2292 f.; für die österreichische Praxis vgl. *Wagenhofer*, Latente Steuern und Verluste, Der Gesellschafter: Zeitschrift für Gesellschafts- und Unternehmensrecht (GesRZ) 1987, S. 17–23.
[27] Vgl. *Lochner*, BB 1989, S. 2293 f.

c) Im Zusammenhang mit dem Vorsichtsprinzip steht das Argument, daß die Aktivierung gegen das Realisationsprinzip des § 252 Abs. 1 Nr. 4 HGB verstößt. Dafür spricht, daß der Aktivierung keine Ausgabe, sondern nur zukünftige Vorteile zugrunde liegen. Dies führt hier allerdings nicht zu einem ausschüttungsfähigen Gewinn, sondern lediglich zu einem den tatsächlichen Verhältnissen weitgehender entsprechenden Verlustausweis. Ferner wird hier der Argumentation von *Siegel* gefolgt, daß „mit der Gewährung der Aktivierungshilfe (...) bewußt vom mit dem Gewinn-Realisationsprinzip verbundenen Vorsichtsprinzip abgewichen"[28] wird.

d) Schließlich wird gegen eine Aktivierung eingewendet, daß der Gesetzestatbestand nicht erfüllt sei, weil der Verlust nicht schon bei der Ermittlung des sog. Steuerbilanzgewinns abgezogen wird, sondern erst bei der Einkommensermittlung.[29] Dagegen läßt sich zunächst vorbringen, daß der Ausgleich im Steuerbilanzgewinn in § 274 HGB nicht zur Voraussetzung gemacht wird. Ferner überzeugen die Gegenargumente von *Neumann*: „Verluste, wie auch Gewinne, (entstehen) auf der Ebene der einzelnen Unternehmen und sie beeinflussen den aus dem Unternehmensgeschehen resultierenden Steueraufwand. Soweit man – diesem Gedankengang folgend – Verluste bei der Steuerabgrenzung konzeptionsgemäß und der wirtschaftlichen Entstehung entsprechend als Determinante des betrieblichen Steueraufwandes berücksichtigt, was der h. M. entspricht, so kann man andererseits nicht in der Frage der Verlustvorträge eine andere Stellung einnehmen. Der Standpunkt, daß der Verlustabzug steuertechnisch auf der Ebene des zu versteuernden Einkommens erfolgt, ist dann nicht vertretbar. Bei Kapitalgesellschaften, dem vorherrschenden Anwenderkreis des § 274 HGB, reduziert sich die Differenzierung zudem auf eine rein formale Argumentation ohne wirtschaftliche Rechtfertigung, (da die Einkunftsart hier regelmäßig dem steuerlichen Erfolg entspricht)."[30]

Zusammenfassend wird ein handelsrechtliches Wahlrecht für den Ansatz aktivischer latenter Steuern bei Verlustvorträgen in den Fällen, in denen mit der Steuersenkung aufgrund der zukünftigen Verrechnung vorgetragener Verluste gegen realisierte Gewinne voraussichtlich zu rechnen ist (vgl. dazu vertiefend Abschnitt III.1.), als gegeben angenommen. Im Einzelfall bietet sich als Entscheidungskriterium bzw. als Über-

---

[28] Vgl. *Siegel,* ZfB-Ergänzungsheft 1/1987, S. 157.
[29] Vgl. *Laser,* in: BeckHdR, B 235, Tz. 179.
[30] *Neumann,* a.a.O. (Fn. 10), S. 207f.

wälzungsindikator eine Analyse der den Verlust begründenden Aufwendungen an. Liegt das Schwergewicht der Aufwandsverrechnung im außerordentlichen oder aperiodischen Bereich, so daß bspw. Produktionsausfälle aufgrund höherer Gewalt die realwirtschaftliche Rentabilitäts- und Wettbewerbssituation nicht nachhaltig beeinflussen, dann ist von der zukünftigen Überwälzbarkeit auszugehen. Gründet ein Verlust dagegen auf einem Ergebnisrückgang im operativen Geschäft und werden im Zuge dessen Teilwertabschreibungen an Investitionsgütern aufgrund mangelnder Rentabilität durchgeführt, so muß die Aktivierung latenter Steuern unterbleiben, da das mit dem Ausweis eines ökonomischen Vorteils verbundene Signal in die falsche Richtung weist.

Stellt sich in den Folgeperioden heraus, daß entgegen den Erwartungen bei Bildung des aktivischen Steuerpostens ein Verlustausgleich unwahrscheinlich wird, ist der Posten zu Lasten des Ergebnisses aufzulösen. Man wird davon ausgehen dürfen, daß normalerweise die Verluste spätestens innerhalb von vier Jahren nach der Periode ihrer Entstehung durch Gewinne vollständig ausgeglichen sein sollten. Die vier Jahre wurden hier aus den für entsprechende Bilanzierungshilfen (z.B. Ingangsetzungskosten) zwingend vorgeschriebenen Abschreibungszeiträumen abgeleitet.[31]

Für den Fall, daß das Wahlrecht zur Aktivierung latenter Steuern nicht genutzt wird, könnte dieser Umstand, ggf. auch der Betrag, im Anhang vermerkt werden[32], allerdings nur, wenn mit dem Verlustausgleich voraussichtlich zu rechnen ist.

2. Konzernabschluß

Für einen internationalen Konzern mit Sitz der Muttergesellschaft in Deutschland können vortragsfähige Verluste sowohl bei inländischen Unternehmen als auch bei ausländischen Unternehmen entstehen. In Abschnitt II.2.a) wird die Frage untersucht, inwieweit die bei inländischen Konzernunternehmen vortragsfähigen Verluste auch im Konzernabschluß aufgrund des § 298 i.V.m. § 274 Abs. 2 HGB zu aktivischen latenten Steuern führen können. Dabei ist zwischen solchen vortragsfähigen Verlusten zu unterscheiden, die mit dem Kauf der Beteiligung erworben wurden (Abschnitt II.2.a)aa)) und solchen, die erst während der Konzernzugehörigkeit des Verlustunternehmens entstanden sind

---
[31] Vgl. *Matschke*, in: BoHdR, § 274 HGB Rz. 38.
[32] Vgl. *Karrenbrock*, Angaben im Anhang über künftige Belastungen auf Grund der Inanspruchnahme von Steuervergünstigungen, BB 1993, S. 1045-1052, hier S. 1050.

(Abschnitt II.2.a)ab)). Im Abschnitt II.2.b) werden Verlustvorträge behandelt, die bei Auslandsgesellschaften entstanden sind.

a) Vortragsfähige Verluste bei Inlandsgesellschaften

aa) Erworbene Verlustvorträge

Wenn ein Unternehmen erworben wird, das einen steuerlich vortragbaren Verlust aufweist, dann wird dieser ökonomische Vorteil in der Regel mit den Anschaffungskosten der Beteiligung entgolten. Bei der erstmaligen Konsolidierung ist fraglich, ob ein solcher Vorteil gesondert aktiviert werden muß oder darf, oder ob er – das ist hier die einzige Alternative – als Teil des restlichen Unterschiedsbetrages aus der Kapitalkonsolidierung unter der Position Firmenwert oder als passivischer Unterschiedsbetrag gezeigt wird.

Gem. § 300 Abs. 1 Satz 2 HGB treten im Konzernabschluß an die Stelle der dem Mutterunternehmen gehörenden Anteile an den einbezogenen Unternehmen deren Vermögensgegenstände, Schulden, Rechnungsabgrenzungsposten, Bilanzierungshilfen und Sonderposten, soweit sie nach dem Recht des Mutterunternehmens bilanzierungsfähig sind und die Eigenart des Konzernabschlusses keine Abweichung bedingt oder in anderen Vorschriften nichts anderes bestimmt ist. Nimmt man, abweichend von der hier vertretenen Rechtsansicht für den Einzelabschluß, ein Aktivierungsverbot für aktivische latente Steuern bei Verlustvorträgen an, dann gilt dies gem. § 300 Abs. 1 Satz 2 HGB auch für den Konzernabschluß. Der Vorteil aufgrund der Vortragsmöglichkeit wird dann nur im restlichen Unterschiedsbetrag gezeigt. Dies ist unbefriedigend, weil bei gesondertem Ausweis eine den tatsächlichen Verhältnissen weit besser angepaßte Aufwandsperiodisierung dieses Teils der Anschaffungskosten der Beteiligung möglich wäre als mit der pauschalen Verrechnung als Geschäftswert.

Besteht dagegen, wie hier vertreten, im Einzelabschluß ein Aktivierungswahlrecht, so ist die gesetzliche Regelung für den Konzernabschluß unklar. Nach § 300 Abs. 1 Satz 2 HGB treten an „die Stelle der dem Mutterunternehmen gehörenden Anteile die Vermögensgegenstände, Schulden, Rechnungsabgrenzungsposten, Bilanzierungshilfen und Sonderposten der Tochterunternehmen (...)". Man könnte diese Vorschrift einerseits so verstehen, daß die Bilanzierungshilfen der *Tochterunternehmen* angesetzt werden müssen, was voraussetzt, daß sie bereits im Einzelabschluß angesetzt wurden. Dann wäre die tatsächliche Ausübung des Wahlrechts im Einzelabschluß auch für den Konzernabschluß maßgeblich. Andererseits leben jedoch gem. § 300 Abs. 2 Satz 2 HGB die Wahlrechte aus dem Einzelabschluß bei der Aufstellung des Konzernabschlusses wieder auf. Nach herrschender Meinung gilt dieses Wahlrecht auch für Bilanzierungshilfen[33], obwohl in Satz 1 dieser Vorschrift nur Vermögensgegenstände, Schulden und Rechnungsabgrenzungsposten, nicht aber Bilanzierungshilfen angesprochen sind.

Dem Zweck der Erstkonsolidierung entspricht keine dieser Lösungen – weder die Maßgeblichkeit des Einzelabschlusses noch das Wahlrecht. Die Erstkonsolidierung hat die Aufgabe, die Anschaffungskosten möglichst weitgehend im Rahmen eines erweiterten pagatorischen Prinzips in bilanzierungsfähige Aktiva und Passiva aufzulösen, um sie damit den tatsächlichen Verhältnissen entsprechend den folgenden Perioden als Aufwand zurechnen zu können.[34] Diesem Zweck entspricht eine Bilanzierungspflicht auch für jene Positionen, für die bei der laufenden Gewinnermittlung ein Wahlrecht besteht[35], insoweit als sie im Kaufpreis entgolten wurden. Aufgrund der abweichenden Formulierung im Gesetz ist hier jedoch zumindest ein Wahlrecht anzunehmen, nicht dagegen die Maßgeblichkeit des Einzelabschlusses. Sie könnte einer Vereinheitlichung der Bilanzinhalte im Wege stehen.

ab) Während der Konzernzugehörigkeit entstandene Verlustvorträge

Anders als im Fall der Erstkonsolidierung verändert hier die Aktivierung latenter Steuern in der Aktivierungsperiode den Konzernerfolg. Maßgebliche Vorschriften sind die bereits dargestellten §§ 300 Abs. 1 Satz 2 und 300 Abs. 2 Satz 2 HGB. Gesetzlicher Zweck dieser Vorschriften ist es, durch die Einräumung eines neuerlichen Wahlrechts im Konzernabschluß die Einheitlichkeit der Bilanzierung zu erleichtern. Diesem Zweck entsprechend besteht dann ein Wahlrecht für die Aktivierung dieser latenten Steuern, wenn man auch für den Einzelabschluß ein Wahlrecht für gegeben hält.[36] Andernfalls schlägt ein Aktivierungsverbot gem. § 300 Abs. 1 Satz 2 HGB auch auf den Konzernabschluß durch.

Im Konzernabschluß entsteht jedoch, anders als im Einzelabschluß, darüber hinaus die Frage, ob die Bildung einer aktivischen latenten

---

[33] Vgl. *Adler/Düring/Schmaltz*, HGB, 5. Aufl., § 300, Rdn. 18; *Scherrer*, in: BoHdR, § 300 HGB Rz. 28 f.; *Budde/Förschle*, in: BeckBil-Komm., 2. Aufl., § 300, Anm. 46 ff., insbes. Anm. 48 m.w.N.
[34] Vgl. *Busse von Colbe/Ordelheide*, a.a.O. (Fn. 16), S. 191 ff.
[35] Vgl. *Busse von Colbe/Ordelheide*, a.a.O. (Fn. 16), S. 209.
[36] Befürwortend: *Verband der Chemischen Industrie*, Übertragung des neuen Bilanzrechts in die Unternehmenspraxis, Teil 2: Konzernabschluß, 1989, S. 48.

Steuer nicht auch auf den Einheitsgrundsatz des § 297 Abs. 3 HGB gestützt werden kann. Aus ihm wurde die Fiktion der Konzernbesteuerung abgeleitet. Danach „werden im Konzernabschluß Unterschiede zwischen der Summe der aus den Einzelabschlüssen übernommenen Gewinnsteuerbeträge und dem Gewinnsteuerbetrag, der sich bei Besteuerung des Konzernergebnisses ergäbe, grundsätzlich insoweit durch Ansatz aktivischer und passivischer Posten für latente Steuern abgegrenzt, als sich diese Steuerbetragsunterschiede im Zeitablauf ausgleichen".[37] Die Fiktion der Konzernbesteuerung mag dazu verführen, wie folgt zu argumentieren: Wenn der Konzernerfolg besteuert worden wäre, dann wären die Verluste von Tochtergesellschaften wie Verluste von Betriebsstätten mit Gewinnen von anderen Teilen des Konzerns ausgleichbar. Der dann zu hohe Steueraufwand müßte folglich durch den Ertrag aus der Aktivierung eines latenten Steuerpostens rechnerisch kompensiert werden. Bei einer solchen Argumentation würde jedoch vernachlässigt, daß auch die Fiktion der Konzernbesteuerung erfordert, daß sich der Steuerbetragsunterschied tatsächlich voraussichtlich ausgleicht. Ferner würde nicht beachtet, daß der Einheitsgrundsatz durch den Äquivalenzgrundsatz konkretisiert und damit beschränkt wird.[38] Der Äquivalenzgrundsatz legt das Gesetz durch Bilden von Analogien zwischen dem Einzelabschluß und dem Konzernabschluß aus. Die Analogie zum Einzelabschluß trägt hier wegen des steuerrechtlichen Erfordernisses der Identität des Steuersubjektes bei Verlustentstehung und Nutzung des Verlustes die Fiktion der Konzernbesteuerung nicht. Faktisch ist im Konzern, sieht man vom Fall der Organschaft ab, keine Aufrechnung von Gewinnen und Verlusten unterschiedlicher Töchter möglich. Die Existenz von Gewinnen anderer Konzerngesellschaften allein rechtfertigt somit noch keine Bildung aktivischer latenter Steuern.

Das Erfordernis einer voraussichtlichen faktischen Realisierung des Steuervorteils schließt aber nicht aus, daß im Konzernabschluß latente Steuern aktiviert werden, die im Einzelabschluß des Tochterunternehmens nicht aktiviert werden können. Die Zuverlässigkeit der Vorteilsrealisierung hängt im Konzernabschluß nicht notwendig davon ab, daß der Vortrag von dem Tochterunternehmen selbst genutzt wird. Er kann auch durch Verschmelzung eines anderen profitablen Konzernunternehmens auf das erworbene Unternehmen genutzt werden. Folglich ist es durchaus denkbar, daß für den Einzelabschluß des Tochterunternehmens eine Aktivierung latenter Steuern abzulehnen ist, weil mit

---
[37] *Busse von Colbe/Ordelheide,* a.a.O. (Fn. 16), S. 34.
[38] Vgl. *Busse von Colbe/Ordelheide,* a.a.O. (Fn. 16), S. 41 f.

einem voraussichtlichen Ausgleich dort nicht zu rechnen ist, daß aber für den Konzernabschluß die Aktivierung befürwortet wird. Entscheidend für die Bildung aktivischer latenter Steuern für vorgetragene Verluste von Tochtergesellschaften ist aber auch im Konzernabschluß, daß der steuerliche Vorteil voraussichtlich tatsächlich realisiert wird. Die einheitstheoretische Fiktion einer Realisierung genügt nicht.

b) Vortragsfähige Verluste bei Auslandsgesellschaften

Auch bei Auslandsgesellschaften gibt es Verlustvortragsmöglichkeiten auf der Ebene der steuerlichen Erfolgsermittlung der einzelnen Gesellschaft. Bei ihrer etwaigen Berücksichtigung im Konzernabschluß ist jedoch zu beachten, daß einerseits die Regelungen, z. B. die zeitliche Befristung der Vortragsmöglichkeit, von Land zu Land durchaus unterschiedlich sein können, daß aber andererseits im deutschen Konzernabschluß aufgrund des Einheitsgrundsatzes und der spezielleren Vorschriften des § 300 HGB ein gewisses Ausmaß an Einheitlichkeit des Bilanzansatzes gefordert ist. Nach § 300 Abs. 1 Satz 2 HGB sind nur solche Bilanzpositionen im Konzernabschluß ansatzfähig, die auch nach dem Recht des Mutterunternehmens bilanzierungsfähig wären. Daraus folgt, daß für ausländische Verlustvorträge das gleiche Ausmaß an Zuverlässigkeit für das Eintreten des voraussichtlichen Steuervorteils gefordert werden muß, wie für Verlustvorträge von Inlandsgesellschaften. Das bedeutet nicht notwendig, daß im Ausland die gleichen steuerlichen Regeln gelten müssen. So ist es z. B. denkbar, daß auch dann latente Steuern aktiviert werden dürfen, wenn anders als in Deutschland der Vortragszeitraum befristet ist. Dies setzt dann allerdings voraus, daß mit hoher Wahrscheinlichkeit innerhalb dieses Zeitraumes mit einer Realisierung des Steuervorteils zu rechnen ist.

Sofern für ausländische Tochterunternehmen deren Teilkonzernabschlüsse die Basis der Ertragsbesteuerung bilden und Verluste in diesen Abschlüssen dort steuerlich vortragsfähig sind, können diese Verluste auch auf Konsolidierungsvorgängen, z. B. auf Geschäftswertabschreibungen oder der Eliminierung von Zwischengewinnen, beruhen. Wenn diese jedoch bei der steuerlichen und der handelsrechtlichen Gewinnermittlung in gleicher Weise vorgenommen werden, handelt es sich nicht um Differenzen i. S. von § 306 HGB, sondern um die zu Beginn erwähnte niveauabhängige Differenz. Da nach dem Einheitsgrundsatz vergleichbare Vorgänge im Konzernabschluß wie im Einzelabschluß behandelt werden sollen, sind auch in diesem Fall die für latente Steuern auf vortragsfähige Verluste entwickelten Grundsätze anzuwenden, d. h. es besteht ggf. ein Ansatzwahlrecht.

3. Konformität mit den EG-Bilanzrichtlinien

Nach Art. 43 Abs. 1 Nr. 11 der 4. EG-Richtlinie ist der „Unterschied zwischen dem Steueraufwand, der dem Geschäftsjahr und den früheren Geschäftsjahren zugerechnet wird, und den für diese Geschäftsjahre gezahlten oder zu zahlenden Steuern", im Anhang anzugeben, „sofern dieser Unterschied für den zukünftigen Steueraufwand von Bedeutung ist. Dieser Betrag kann auch als Gesamtbetrag in der Bilanz unter einem gesonderten Posten mit einer entsprechenden Bezeichnung ausgewiesen werden". Eine entsprechende Forderung wird für den Konzernabschluß in Art. 34 Nr. 11 der 7. EG-Richtlinie aufgestellt.

Der Wortsinn dieser Vorschrift wirft ähnliche Auslegungsprobleme auf, wie § 274 Abs. 2 HGB, weil Art. 43 nur auf den Steueraufwand, nicht aber auf einen Steuerertrag abstellt. Da sich aber auch hier die gleichen Inkonsistenzen ergeben würden wie bei der engen Auslegung des § 274 HGB, erscheint es im Sinne einer konsistenten Auslegung vertretbar, die Formulierung „Unterschied zwischen dem Steueraufwand, der dem Geschäftsjahr (...) zugerechnet wird, und den (...) gezahlten (...) Steuern" auch auf Fälle auszudehnen, in denen der Unterschied zwischen einem Steuerertrag und den gezahlten Steuern (hier Null) entsteht. Die Bedingung, daß der Unterschied für den zukünftigen Steueraufwand von Bedeutung ist, ist schwächer als das Erfordernis der Voraussichtlichkeit nach HGB, so daß insoweit keine Konformitätsprobleme der HGB Regelung mit der Richtlinie bestehen. Die schwache Formulierung der Richtlinie legt darüber hinaus nahe, das Erfordernis der Voraussichtlichkeit nicht zu streng auszulegen.

III. Transnationale Analyse

1. Die Regelung im SFAS 109

Nach dem SFAS 96 vom Dezember 1987 war es nicht zulässig, latente Steuern für Vorteile aus Verlustvorträgen zu aktivieren. Dieses Verbot wurde bereits mit dem SFAS 109 vom Juli 1992 aufgehoben.[39] Danach

---

[39] Vgl. zur Darstellung und Diskussion von SFAS 109 vor allem *KPMG/Peat Marwick*, Accounting for Income Taxes. An Analysis of FASB Statement 109, 1992; die Zusammenfassung bei *Wallraf*, Neue Grundsätze für die Bilanzierung latenter Steuern, in: KPMG USA-Mitteilungen, Februar 1993.

setzt die Aktivierung latenter Steuern ganz allgemein voraus, daß der Posten die Voraussetzungen des asset-Begriffs erfüllt. Ein asset ist definiert als

a) wahrscheinlicher, zukünftiger ökonomischer Vorteil,
b) der von einer bestimmten rechnungslegenden Einheit gehalten oder kontrolliert wird und
c) der das Ergebnis vergangener Geschäftsvorfälle oder Ereignisse ist.[40]

ad a) Mit „ökonomischem Vorteil" ist die Fähigkeit gemeint, einzeln oder im Zusammenwirken mit anderen assets direkt oder indirekt zu den zukünftigen Nettozahlungsüberschüssen beitragen zu können.[41] Diese Voraussetzung erfüllen Verlustvorträge offensichtlich. Darüber hinaus wird gefordert, daß der Beitrag „wahrscheinlich" (probable) ist, wobei eine Wahrscheinlichkeit von mehr als 50% genügt (Tz. 97). Die Realisierung des zukünftigen Vorteils muß wahrscheinlicher sein als die Nicht-Realisierung (Tz. 96).

ad b) Die rechnungslegende Einheit muß in der Lage sein, den Vorteil für sich zu realisieren (obtain the benefit) und Ansprüche anderer darauf zu kontrollieren (control others' access to it).[42] Die Bedingung ist insbesondere für den Konzernabschluß, für den die SFAS vor allem entwickelt werden, relevant. Es können nur solche Verlustvorträge berücksichtigt werden, die unter der Kontrolle des Mutterunternehmens stehen oder durch Erwerb gebracht wurden. Da die Frage der Grenzziehung des Konzerns weit über das anstehende Thema hinausgeht, soll diese Voraussetzung hier nicht weiter diskutiert werden.

ad c) Der Geschäftsvorfall oder das Ereignis, das den Anspruch der rechnungslegenden Einheit auf oder seine Kontrolle über den Vorteil begründet, muß bereits stattgefunden haben.[43] Die entscheidende Frage ist die nach dem begründenden Geschäftsvorfall oder Ereignis. Würde man dieses aus dem Realisationsprinzip ableiten, dann wäre die Entstehung des Gewinns, mit dem der Verlustvortrag verrechnet wird, das den Vorteil begründende Ereignis (so noch SFAS 96). Dies entspräche bei uns in etwa dem Erfordernis, daß ein Vermögensgegenstand vorliegen

---
[40] Vgl. Statement of Financial Accounting Concept (SFAC) No. 6, in: Financial Accounting Standards Board, Original Pronouncements, Accounting Standards, Vol. II, Norwalk CT 1993, Tz. 25.
[41] Vgl. SFAC No. 6, a.a.O. (Fn. 40), Tz. 26.
[42] Vgl. SFAC No. 6, a.a.O. (Fn. 40), Tz. 26.
[43] Vgl. SFAC No. 6, a.a.O. (Fn. 40), Tz. 26.

muß, hier ein Rechtsanspruch auf den Vorteil. Eine Aktivierung latenter Steuern auf Verlustvorträge wäre dann nicht möglich. Nach SFAS 109 Tz. 83-85 braucht jedoch nicht mehr bis zur Entstehung der Gewinne gewartet zu werden. Statt auf die Realisierung wird jetzt auf die Realisierbarkeit des zukünftigen Vorteils abgestellt. Realisierbarkeit wird bei Eintritt des Ereignisses angenommen, das der rechnungslegenden Einheit das Recht oder die Kontrolle über den zukünftigen Vorteil gibt (Tz. 85). Dies wird als gegeben angenommen, wenn der Verlust entstanden ist und wenn das entsprechende Verlustunternehmen unter der Kontrolle des Mutterunternehmens ist.

Mit dieser Differenzierung zwischen realisierten und realisierbaren Vorteilen erreicht der FASB in diesem Punkt eine ähnliche Ausweitung der Aktivierungsfähigkeit über die nach dem Realisationsprinzip aktivierbaren Vorteile hinaus, wie sie bei uns mit dem Institut der Bilanzierungshilfe erreicht wurde. Fraglich ist, ob die Grenze der Aktivierbarkeit auch bei uns schon bei einer Wahrscheinlichkeit von 50% gezogen werden kann. Nach § 274 Abs. 2 HGB muß sich der Vorteil „voraussichtlich" einstellen. Der Begriff „voraussichtlich" ist ein unbestimmter Rechtsbegriff und muß ausgelegt werden. In § 274 Abs. 1 HGB wird der gleiche Begriff benutzt, um die Bildung von Steuerrückstellungen zu regeln. Für Rückstellungen ist bekannt, daß sie nach deutschem Recht schon gebildet werden müssen, wenn die Verbindlichkeiten oder Verluste möglich sind (*possible*), während nach SFAS vorausgesetzt wird, daß sie *probable* sind. Nach der Rechtsprechung des BFH muß für den Ansatz von Passiva mehr für das Eintreten einer wirtschaftlichen Belastung sprechen als dagegen; das bedeutet eine Wahrscheinlichkeit von mehr als 50%. Obwohl der BFH hier GoB auslegt, werden in der Praxis Rückstellungen wohl auch bereits dann gebildet, wenn die Eintrittswahrscheinlichkeit kleiner als 50% ist. Würde man den Begriff „voraussichtlich" für aktivische latente Steuern in § 274 Abs. 2 HGB so interpretieren wie in Abs. 1 für passivische latente Steuern und dementsprechend ein anwendungsadäquates Maß an Vorsicht fordern, dann dürften aktivische latente Steuern bereits gebildet werden, wenn die Wahrscheinlichkeit des Ausgleichs größer als 50% ist (BFH-Auslegung für Passiva). Wird jedoch in einer Unternehmung für den Ansatz von Passiva ein höheres Maß an Vorsicht gefordert, dann müßte bei äquivalenter Behandlung für den Ansatz aktivischer latenter Steuern eine deutlich über 50% liegende Eintrittswahrscheinlichkeit vorausgesetzt werden. Bei einer solchen Auslegung bliebe aber unberücksichtigt, daß bei Steuerrückstellungen das Vorsichtsprinzip wegen der betroffenen Gewinnausschüttung strenger anzuwenden ist als bei aktivischen latenten Steuern, weil diese als Bilanzierungshilfen mit einer Ausschüttungssperre verbunden sind. Daraus wird hier gefolgert, daß für die Bildung aktivischer latenter Steuern, wie auch nach SFAS 109, eine Eintrittswahrscheinlichkeit für den Verlustausgleich von mehr als 50% ausreicht. Es sollte klar sein, daß solche Wahrscheinlichkeiten nicht berechnet werden können, sondern daß die Prozentangaben lediglich als Abschätzungshilfe dienen.

2. Der Vorschlag im IAS ED 49

Im Oktober 1994 hat das IASC den Entwurf eines International Accounting Standard „Income Taxes" (ED 49) und ein zugehöriges Hintergrundpapier veröffentlicht. Danach sind latente Steuern für vortragsfähige Verluste in dem Ausmaß zu aktivieren, in dem wahrscheinlich zukünftige steuerpflichtige Gewinne zur Verfügung stehen, gegen die die Verluste vorgetragen werden können (Tz. 37).

Zunächst fällt auf, daß auch hier auf die Wahrscheinlichkeit des Vorteils abgestellt wird. Damit werden die Anforderungen des zuvor maßgeblichen IAS 12 abgeschwächt. Dort wurde noch eine über jeden vernünftigen Zweifel erhabene Sicherheit gefordert (assurance beyond any reasonable doubt). Insoweit wurden die IAS somit an SFAS 109 angepaßt. IAS ED 49 gibt darüber hinaus einige Dimensionen an, mit deren Hilfe überprüft werden soll, ob es wahrscheinlich ist, daß ausreichende zukünftige Gewinne zur Verfügung stehen:

a) Es muß wahrscheinlich sein, daß die Gewinne in der steuerlichen Vortragsperiode anfallen. Für Deutschland wäre mit diesem Kriterium keine nennenswerte Einschränkung verbunden, da die Vortragsperiode nicht begrenzt ist.

b) Die vortragsfähigen Verluste müssen auf identifizierbaren Ursachen beruhen, die sich wahrscheinlich nicht wiederholen.

c) Es muß eine Steuerplanung existieren und aus ihr müssen sich für die Perioden steuerpflichtige Gewinne ergeben, für die die steuerpflichtigen Verluste genutzt werden können.

d) Das Unternehmen muß schon früher in der Lage gewesen sein, vortragsfähige Verluste zu nutzen, bevor sie verfallen sind.

Im Unterschied zum SFAS wird das Erfordernis der Wahrscheinlichkeit nicht durch eine quantitative Wahrscheinlichkeitsangabe, sondern durch diese qualitativen Kriterien konkretisiert. Diese sind leichter nachprüfbar und entsprechen damit dem Erfordernis der Objektivierbarkeit weitgehender als die Anhaltspunkte des SFAS 109. Sie scheinen darüber hinaus dem Erfordernis des deutschen Bilanzrechts eher zu entsprechen als SFAS 109. Die größte Besonderheit der deutschen Regelung besteht darin, daß § 274 Abs. 2 HGB ggf. ein Unternehmenswahlrecht einräumt, das auch für vortragsfähige Verluste im Konzernabschluß gilt, die während der Konzernzugehörigkeit entstanden sind. SFAS 109 und IAS ED 49 verlangen dagegen die Aktivierung.

Wenn angestrebt werden sollte, die deutschen Vorschriften an die dargestellten international bedeutsamen Regelungen anzupassen, sollte somit erstens in § 274 HGB klargestellt werden, daß latente Steuern auch für vortragsfähige Verluste gebildet werden dürfen, und zweitens müßte das Wahlrecht des § 274 Abs. 2 HGB durch eine Aktivierungspflicht ersetzt werden. Die deutsche Regelung gestattet nach der hier vertretenen Rechtsansicht allerdings jetzt schon den Unternehmungen, ihre Abschlüsse praktisch mit SFAS 109 und IAS ED 49 in Einklang zu bringen.

IV. Latente Steuern auf vorgetragene Anlaufverluste von Tochtergesellschaften

Bei der Gründung und der Restrukturierung von Tochtergesellschaften entstehen häufig in den ersten Jahren sogenannte Anlaufverluste. Die Etablierung der Gesellschaft, die Planung und Einrichtung des Produktionstandortes, die Markteindringung, die Integration der Gesellschaft in das Logistiksystem und in das informationelle Netzwerk des Konzerns – solche Maßnahmen verursachen erhebliche Aufwendungen, die häufig nicht durch entsprechende Umsätze gedeckt sind, weil die Gesellschaft in eine kostengünstige Produktion und in den Absatzmarkt erst noch hineinwachsen muß. In der Regel können wesentliche Teile solcher Anlaufaufwendungen auch nicht durch die Aktivierung von Vermögensgegenständen kompensiert werden. Zum Teil entstehen überhaupt keine Gegenstände im Sinne des § 246 HGB und zum Teil werden zwar Vermögensgegenstände geschaffen, die aber zumindest im Konzernabschluß nicht aktivierbar sind, weil sie durch Dienstleistungen anderer Konzernunternehmen geschaffen und damit aus Konzernsicht selbsterstellt und immateriell sind. Ein Verlustausweis kann jedoch immerhin insoweit vermieden werden, als die Anlaufaufwendungen Ingangsetzungs- und Erweiterungsaufwendungen im Sinne des § 269 HGB darstellen. Wenn diese Bilanzierungshilfe jedoch nicht genutzt werden soll – häufig wird der Ausweis aus optischen Gründen unterlassen – entsteht die Frage, ob der Ausweis der Anlaufverluste um aktivische latente Steuern reduziert werden kann oder ob bereits ausgewiesene latente Steuern korrigiert werden können bzw. müssen. Diese Frage entsteht ferner für jene Teile der Anlaufaufwendungen, die keine Ingangsetzungs- und Erweiterungskosten darstellen.

Bei Verlusten aus dem laufenden Geschäft wird man nicht ohne weiteres einen solchen Ausgleich erwarten dürfen. Bei Anlaufverlusten kann jedoch davon ausgegangen werden, wenn die üblichen Indikatoren dies deutlich signalisieren, z. B. Anstieg der Umsätze in den letzten Monaten vor dem Bilanzstichtag zu Preisen, die mehr als Vollkostendeckung garantieren, Steigerung der Auftragsbestände und Profitabilität des Unternehmens aufgrund einer glaubhaften Unternehmungsplanung für das folgende Jahr.

Fraglich könnte sein, ob die Aktivierung latenter Steuern hier nicht gegen das auch für den Konzernabschluß geltende Vorsichtsprinzip verstößt. Für jene Anlaufverluste, die zugleich Ingangsetzungskosten sind, steht dem jedoch entgegen, daß die vom Gesetzgeber ebenfalls vorgesehene Aktivierung von Ingangsetzungskosten sogar zu einer größeren Ergebnissteigerung führen würde, wenn dort keine passivischen latenten Steuern angesetzt würden, was von zahlreichen Autoren gefordert wird.[44]

Ferner ist bei der Prüfung auf Beachtung des Vorsichtsprinzips zu berücksichtigen, daß die Aktivierung latenter Steuern nicht zu einer Erhöhung des Ausschüttungspotentials führen kann.

Einer vorsichtigen Darstellung der Vermögens-, Finanz- und Ertragslage wird Genüge getan, wenn an die Wahrscheinlichkeit des tatsächlichen Verlustausgleichs hohe Anforderungen gestellt werden und wenn ein aktivierter Posten für latente Steuern wie für Bilanzierungshilfen üblich und wie oben gefordert in den Folgeperioden zügig ergebnismindernd verrechnet wird.

Schließlich kann dem Vorsichtsprinzip auch dadurch Rechnung getragen werden, daß der Posten für aktivische latente Steuern in der Konzernbilanz oder im Konzernanhang gesondert angegeben wird. Nach § 306 Satz 3 HGB darf er allerdings mit dem Posten latente Steuern aus den Einzelabschlüssen zusammengefaßt werden. Es dient sicher

---

[44] Vgl. zur Literaturdiskussion *Commandeur,* in: HdR, 3. Aufl., § 269 HGB Rn. 61f.

der Klarheit des Abschlusses, wenn – sollte er zusammengefaßt worden sein – die Tatsache der Aktivierung latenter Steuern auf Verlustvorträge aus Anlaufverlusten und die Art der Bilanzierung im Anhang erläutert werden.

V. Zusammenfassung

Nach deutschem Bilanzrecht ist umstritten, ob überhaupt für vortragsfähige Verluste latente Steuern aktiviert werden können. Nach der in diesem Beitrag begründeten Rechtsansicht besteht sowohl für vortragsfähige Verluste im Einzelabschluß als auch für solche im Konzernabschluß ein Aktivierungswahlrecht, wenn die Zusammenfassung mit zukünftigen steuerpflichtigen Gewinnen voraussichtlich realisiert werden kann. Nach dem SFAS 109 und dem IAS ED 49 besteht demgegenüber eine Aktivierungsverpflichtung. Nach SFAS genügt bereits eine Wahrscheinlichkeit des Ausgleichs von Verlusten von 50%. Dies gilt nach der hier vertretenen Rechtsansicht auch für aktivische latente Steuern gem. § 274 Abs. 2 HGB. Im IAS ED 49 werden qualitative Kriterien für die Voraussichtlichkeit des Verlustausgleichs angegeben, die auch für die Entscheidung nach deutschem Recht hinzugezogen werden sollten.

Für Anlaufverluste – die hier als Beispielfall besonders behandelt wurden – von Tochtergesellschaften, die sich voraussichtlich in den folgenden ca. vier Perioden mit steuerpflichtigen Gewinnen ausgleichen, können in der Regel latente Steuern aktiviert werden.

HORST RICHTER

Harmonisierung der Rechnungslegung von Versicherungsunternehmen in der Europäischen Union

– Darstellung anhand der Bilanzierung
der versicherungstechnischen Rückstellungen –

I. Einführung
II. Bilanzierung der versicherungstechnischen Rückstellungen
   1. Überblick
   2. Beitragsüberträge
   3. Deckungsrückstellung
   4. Rückstellung für noch nicht abgewickelte Versicherungsfälle
   5. Rückstellung für Beitragsrückerstattung
   6. Schwankungsrückstellung und ähnliche Rückstellungen
   7. Rückstellung für drohende Verluste aus dem Versicherungsgeschäft
III. Konsequenzen für die Konzernrechnungslegung
IV. Zusammenfassung

I. Einführung

Die 4. EG-Richtlinie ermöglichte es den Mitgliedstaaten, von ihrer Anwendung auf Versicherungsunternehmen bis zu einer späteren Koordinierung abzusehen.[1] Diese Koordinierung erfolgte durch die „Richtlinie des Rates vom 19. Dezember 1991 über den Jahresabschluß und den konsolidierten Abschluß von Versicherungsunternehmen"[2] – kurz VersBiRiLi. Diese Richtlinie enthält auch Bestimmungen zum Konzernabschluß von Versicherungsunternehmen. Die 7. EG-Richtlinie hat den Mitgliedstaaten im Gegensatz zur 4. EG-Richtlinie keine generelle Bereichsausnahme für Versicherungsunternehmen gestattet. Sie sah nur die Möglichkeit für Versicherungsunternehmen vor, von den Vorschriften über die Gliederung des konsolidierten Abschlusses, der Art der Bewertung und den Angaben im Anhang abzuweichen.[3]

Die VersBiRiLi stellt kein von der 4. und 7. EG-Richtlinie unabhängiges Normenwerk dar, sondern trägt den branchenspezifischen Besonderheiten der Versicherungsunternehmen Rechnung. Sie regelt daher lediglich Abweichungen von der 4. und 7. EG-Richtlinie.[4]

Die VersBiRiLi ist auch im Zusammenhang mit den 3. Koordinierungsrichtlinien für die Schaden-[5] und für die Lebensversicherung[6] zu sehen. Deren Anliegen ist im wesentlichen die Angleichung der Aufsichtssysteme. Die 3. Koordinierungsrichtlinie Leben bildet u. a. die Grundlage für die Ermittlung der versicherungsmathematischen Rückstellungen, also insbesondere der Deckungsrückstellung.[7] Die 3. Koordinierungsrichtlinie Schaden verweist bezüglich der Ermittlung der versicherungstechnischen Rückstellungen auf die VersBiRiLi.[8] Sie regelt jedoch die Bildung der Schwankungsrückstellung für die Kreditversicherung.[9]

Versicherungsunternehmen gewähren ihren Kunden für einen vertraglich vereinbarten Zeitraum Versicherungsschutz gegen Entgelt. Die-

---
[1] Vgl. Art. 1 Abs. 2 der 4. EG-Richtlinie.
[2] Richtlinie 91/674/EWG, Abl. der Europäischen Gemeinschaften v. 31. 12. 1991, Nr. L 374, 7.
[3] Vgl. Art. 40 Abs. 1 der 7. EG-Richtlinie.
[4] Vgl. die Erwägungsgründe zur VersBiRiLi.
[5] Abl. der Europäischen Gemeinschaften v. 11. 8. 1992, L 228, 1.
[6] Abl. der Europäischen Gemeinschaften v. 9. 12. 1992, L 360, 1.
[7] Vgl. Art. 18 der 3. Koordinierungsrichtlinie Leben.
[8] Vgl. Art. 17 der 3. Koordinierungsrichtlinie Schaden.
[9] Vgl. Art. 18 der 3. Koordinierungsrichtlinie Schaden.

ses Entgelt ist zu Beginn der Versicherungsperiode zu zahlen. Dagegen konkretisiert sich die Verpflichtung erst im Leistungsfall während der Versicherungsperiode.

Neben diesem im Verhältnis zu Handel und Industrie umgekehrten Leistungsprozeß wird die Bilanzierung hauptsächlich dadurch bestimmt, daß die bei Konkretisierung des Versicherungsschutzes vom Versicherungsunternehmen zu erbringenden Leistungen in vielen Fällen sowohl dem Grunde als auch der Höhe nach ungewiß sind.

Diese Besonderheiten finden ihren Niederschlag in den versicherungstechnischen Rückstellungen, der bei weitem umfangreichsten Gruppe von Passivposten in den Bilanzen der Versicherungsunternehmen. Ansatz, Ausweis und Bewertung der versicherungstechnischen Rückstellungen bilden daher den Gegenstand zahlreicher Vorschriften der VersBiRiLi.[10] Definiert werden die versicherungstechnischen Rückstellungen in den Art. 25 bis 30 VersBiRiLi. Ihre Bewertung wird in den Art. 57 bis 61 VersBiRiLi geregelt. Umgesetzt wurden diese Bestimmungen in Deutschland in den durch das Versicherungsbilanzrichtlinie-Gesetz vom 24. 6. 1994 (VersRiLiG)[11] ins HGB neu eingefügten §§ 341e bis h sowie §§ 23, 24 und 26 bis 31 der Rechnungslegungsverordnung für Versicherungsunternehmen vom 8. 11. 1994 (RechVersV).[12]

II. Bilanzierung der versicherungstechnischen Rückstellungen

1. Überblick

Die Zusammensetzung und Untergliederung des Passivpostens „C. Versicherungstechnische Rückstellungen" nach Art. 6 VersBiRiLi entspricht weitestgehend der bisherigen Gliederung gemäß Formblatt I der Externen VUReV. Dies verwundert nicht, beruhen doch die Regelungen der VersBiRiLi zu den versicherungstechnischen Rückstellungen auf einem Bericht der Arbeitsgruppe „Technische Reserven" der Konferenz der Versicherungsaufsichtsbehörden der Länder der EWG unter der Leitung des ehemaligen Präsidenten des deutschen BAV, *August Angerer*.

---

[10] Zur Harmonisierung der Bilanzierung der Kapitalanlagen bei Versicherungsunternehmen siehe den Beitrag von *Geib*, S. 143ff., in diesem Band.
[11] BGBl. I 1994, 1377.
[12] BGBl. I 1994, 3378.

Vorgesehen ist in der VersBiRiLi der gesonderte Ausweis der
1.) Beitragsüberträge,
2.) Deckungsrückstellung,
3.) Rückstellung für noch nicht abgewickelte Versicherungsfälle,
4.) Rückstellung für Beitragsrückerstattung,
5.) Schwankungsrückstellung und
6.) Sonstigen versicherungstechnischen Rückstellungen.

Zudem ist in einem gesonderten Posten D. der Ausweis der „Versicherungstechnischen Rückstellungen im Bereich der Lebensversicherung, wenn das Anlagerisiko von den Versicherungsunternehmen getragen wird", vorgeschrieben.

Unter dem Begriff „versicherungstechnische Rückstellungen" werden nicht nur Rückstellungen im betriebswirtschaftlichen und bilanzrechtlichen Sinne zusammengefaßt, sondern auch Verbindlichkeiten, die dem Grunde und der Höhe nach feststehen, und Rechnungsabgrenzungsposten ausgewiesen. Weiterhin umfaßt dieser Bilanzposten alle Tatbestände, die wegen der Besonderheit des Versicherungsgeschäfts wirtschaftlich wie Schulden oder Rechnungsabgrenzungsposten wirken.[13] Sie können sowohl auf einzelnen Versicherungsverträgen als auch auf dem gesamten Versicherungsbestand bzw. Teilbeständen beruhen. Gemein ist den versicherungstechnischen Rückstellungen, daß die Passiva unmittelbar aus Versicherungsgeschäften resultieren.

Die VersBiRiLi schreibt eine Bilanzierung der versicherungstechnischen Rückstellungen nach dem sogenannten modifizierten Netto-Prinzip vor, d. h. in der Hauptspalte werden die Beträge für die einzelnen Unterposten für eigene Rechnung ausgewiesen. In den Vorspalten sind jeweils die Brutto-Beträge und Anteile der Rückversicherer an den Brutto-Rückstellungen anzugeben.

Die Schwankungsrückstellung wird sinnvollerweise nur für den Eigenbehalt des Versicherungsunternehmens berechnet und demzufolge nur für eigene Rechnung ausgewiesen.[14]

Die Mitgliedstaaten können auch vorschreiben oder zulassen, daß die Rückversichereranteile jeweils auf der Aktivseite ausgewiesen wer-

---

[13] Vgl. *Welzel,* Rückstellungen, versicherungstechnische, in: Handwörterbuch der Versicherung, hrsg. v. Farny u. a., Karlsruhe 1988, S. 685–687, hier S. 685.
[14] Vgl. *Gerathewohl,* Rückversicherung – Grundlagen und Praxis, Band I, Karlsruhe 1976, S. 681.

den. Der deutsche Gesetzgeber hat – wie auch die Niederlande, jedoch entgegen der Umsetzung in Großbritannien und Frankreich – von dieser in Art. 24 Abs. 3 VersBiRiLi vorgesehenen Möglichkeit keinen Gebrauch gemacht. Das seit jeher in Deutschland praktizierte modifizierte Netto-Prinzip wird somit beibehalten. Eine Ausnahme vom Saldierungsverbot des § 246 Abs. 2 HGB bzw. von Art. 7 der 4. EG-Richtlinie ist in diesem Vorgehen nicht zu sehen.[15] Vielmehr wird mit dieser Ausweisform den Besonderheiten der Risikobegrenzung durch die Rückversicherungsnahme des Erstversicherers Rechnung getragen. Beispielsweise wäre eine Aktivierung der bei dem Netto-Prinzip in Abzug gebrachten Rückversicherungsanteile – bei isolierter Betrachtung der Aktivseite – kaum mit den allgemeinen Aktivierungsgrundsätzen in Einklang zu bringen: Die in Art. 24 Abs. 1 VersBiRiLi vorgeschriebene Ermittlung der Rückversicherungsanteile anhand der vertraglichen Abmachungen mit dem Rückversicherer[16] wird beispielsweise in der Regel auch zu einer Berücksichtigung sehr vorsichtig geschätzter Schadenrückstellungen führen, die bei einer isolierten Bewertung der Rückversicheranteile ebenfalls vorsichtig zu bewerten wären.[17] Die Netto-Rückstellung des Erstversicherers und die Brutto-Rückstellung des Rückversicherers zusammengenommen würden dann zu einem höheren Rückstellungsbetrag führen als die Brutto-Rückstellung des Erstversicherers bei einem Verzicht auf die Rückversicherungsnahme.[18]

Auch dem Grunde nach erscheint eine Aktivierungsfähigkeit der Rückversicherungsanteile fraglich. Schließlich sind die diesbezüglichen Forderungen des Erstversicherers gegenüber den Rückversicherern doch ebenso ungewiß wie die Brutto-Rückstellungen. Eine Saldierung würde somit das Bestehen eines Aktivums „Ungewisse Forderungen" bedingen.[19] Derartige materielle Abweichungen sind mit der Ausweisvorschrift in Art. 24 VersBiRiLi sicherlich nicht beabsichtigt.

---

[15] Vgl. *Oos,* Zum Ausweis des passiven Rückversicherungsgeschäfts im Rechnungsabschluß der Schaden- und Unfallversicherungsunternehmen, WPg 1979, S. 604–613, hier S. 611.
[16] Zur Umsetzung vgl. § 23 Satz 1 RechVersV.
[17] Die 4. EG-Richtlinie enthält das Vorsichtsprinzip in Art. 31 Abs. 1 c) und den Einzelbewertungsgrundsatz in Art. 31 Abs. 1 e). Vgl. auch *Farny,* Buchführung und Periodenrechnung im Versicherungsunternehmen, 4. Aufl., Wiesbaden 1992, S. 114.
[18] Vgl. *Gerathewohl,* a.a.O. (Fn. 14), S. 685.
[19] Vgl. *Biener,* Die Weiterentwicklung der Rechnungslegungsvorschriften für Versicherungsunternehmen aus der Harmonisierung allgemeiner Rechnungslegungsvorschriften in der Europäischen Wirtschaftsgemeinschaft, ZVersWiss 1976, S. 135–144, hier S. 137. Zu weiteren Zweifeln bezüglich der Aktivierungsfähigkeit siehe die Hinweise bei *Oos,* WPg 1979, S. 611, dort Fn. 54.

Für den Ansatz und die Bewertung der versicherungstechnischen Rückstellungen gelten zunächst grundsätzlich die allgemeinen Vorschriften in Art. 20 und 42 der 4. EG-Richtlinie[20] bzw. §§ 249 und 253 Abs. 1 Satz 2 HGB.[21]

Daneben schreibt die VersBiRiLi in Art. 56 vor, daß die versicherungstechnischen Rückstellungen jederzeit gewährleisten müssen, „daß das Versicherungsunternehmen alle seine aus Versicherungsverträgen resultierenden Verpflichtungen im Rahmen dessen, was bei vernünftiger kaufmännischer Betrachtungsweise vorhersehbar ist, erfüllen kann". Ergänzend wird durch die Protokollerklärung (Nr. 10) zu Art. 56 klargestellt, daß die Höhe der Rückstellung „dem Betrag entsprechen muß, der in Deutschland als der Betrag gilt, der es einem Unternehmen entsprechend einer vernünftigen kaufmännischen Beurteilung ermöglicht, den Verpflichtungen aus Versicherungsverträgen auf Dauer nachzukommen".

Aus deutscher Sicht wird damit der Fortbestand der subsidiär zu den allgemeinen handelsrechtlichen Vorschriften geltenden Regelung[22] des § 56 Abs. 3 VAG a. F. – nunmehr in § 341 e Abs. 1 Satz 1 HGB übernommen[23] – ermöglicht.

Die Frage, ob mit dieser Bestimmung EU-weit eine einheitlich vorsichtige Bilanzierung der versicherungstechnischen Rückstellungen herbeigeführt wird, muß bei einem Blick auf die Mitgliedstaatenwahlrechte zu den einzelnen Vorschriften und auf die Ermessensspielräume verneint werden.

Daß die aufgrund des Ungewißheitscharakters der Rückstellung bestehenden Ermessensspielräume in den einzelnen Mitgliedstaaten wegen der unterschiedlichen Rechnungslegungsphilosophien unterschiedlich ausgefüllt werden, kann nicht ausbleiben. Unternehmen aus Ländern, in denen das Vorsichtsprinzip im Zweifel Vorrang vor der periodengerechten Gewinnermittlung hat,[24] würden auch bei der Schät-

---

[20] Vgl. Art. 23 und Art. 1 Abs. 1 VersBiRiLi.
[21] Vgl. Begr.RegE, BT-Drucksache 12/5587, S. 26.
[22] Siehe *Perlet*, Zur Umsetzung der Versicherungsbilanzrichtlinie in deutsches Recht, in: Bilanzrecht und Kapitalmarkt, Festschrift für Moxter, hrsg. v. Ballwieser u. a., Düsseldorf 1994, S. 833–860, hier S. 844 ff. m.w.N.
[23] Vgl. KPMG, Rechnungslegung von Versicherungsunternehmen, Frankfurt 1994, S. 112.
[24] Vgl. *Havermann*, Internationale Entwicklungen in der Rechnungslegung, in: Bilanzrecht und Kapitalmarkt, Festschrift für Moxter, hrsg. v. Ballwieser u. a., Düsseldorf 1994, S. 655–677, hier S. 663 ff.

zung ungewisser Verbindlichkeiten oder drohender Verluste in der Regel mehr Vorsicht walten lassen als Unternehmen aus Ländern, in denen der „true and fair view" den Maßstab bei Zweifelsfragen bildet. Schließlich ist die Rechnungslegung Bestandteil eines Gesamtsystems und wird von dessen kulturellen, sozialen und historischen Elementen beeinflußt.[25] Hierin liegende Unterschiede werden sicherlich auch zu unterschiedlichen Interpretationen der in Art. 56 VersBiRiLi vorgeschriebenen „vernünftigen kaufmännischen Betrachtungsweise" führen. Unterschiedliche Denkgewohnheiten lassen sich nicht durch übereinstimmende Wortlaute harmonisieren.[26]

2. Beitragsüberträge

Nach der Definition in Art. 25 VersBiRiLi umfassen die Beitragsüberträge „den Teil der Brutto-Beiträge, der dem folgenden Geschäftsjahr bzw. den folgenden Geschäftsjahren zuzurechnen ist". Die in der Gewinn- und Verlustrechnung unter den „Gebuchten Beiträgen" auszuweisenden Einnahmen sind über die Bildung der Beitragsüberträge periodengerecht abzugrenzen. Vom Charakter her bilden die Brutto-Beitragsüberträge bei dynamischer Betrachtung somit einen passiven Rechnungsabgrenzungsposten.[27]

Ausgangspunkt für die Berechnung der Beitragsüberträge bilden die im Geschäftsjahr gebuchten Beiträge. Diese sind in Art. 35 VersBiRiLi als „während des Geschäftsjahres für die Versicherungsverträge fällig gewordenen Beiträge..." umschrieben. Die Bezugnahme auf die Fälligkeit führt in Deutschland dazu, daß, wenn die tariflichen Jahresbeiträge vereinbarungsgemäß in Raten gezahlt werden, nur die im Geschäftsjahr fällig gewordenen Raten (einschließlich der Ratenzuschläge) unter den gebuchten Beiträgen erfaßt werden.[28] Das bedeutet eine auf die Liquidi-

---

[25] Vgl. *Havermann,* Rechnungslegung, Vereinheitlichung, der, in: Handwörterbuch Export und Internationale Unternehmung, hrsg. v. Macharzina/Welge, Stuttgart 1989, Sp. 1797–1808, hier Sp. 1807; *Großfeld,* Bilanzziele und kulturelles Umfeld, WPg 1994, S. 795–803.
[26] Vgl. *Havermann,* FS Moxter, a.a.O. (Fn. 24), S. 669.
[27] Vgl. *Wels,* Die Beitragsüberträge der Versicherungsunternehmen, in: Die versicherungstechnischen Rückstellungen im Steuerrecht, hrsg. v. Prölss u. a., Karlsruhe 1973, S. 41–54, hier S. 41.
[28] Vgl. *Geib/Horbach,* Besonderheiten der Rechnungslegung der Schaden- und Unfallsowie Rückversicherungsunternehmen, in: Kommentar zu den Rechnungslegungsvorschriften für Versicherungsunternehmen, Handausgabe, hrsg. v. Welzel u. a., Karlsruhe 1991, Beitrag J, Tz. 334.

tät bezogene Betrachtung. Demgegenüber werden beispielsweise in Großbritannien auch solche Beitragsteile als gebuchte Beiträge ausgewiesen, die zwar im Geschäftsjahr noch nicht zu zahlen waren, auf die aber aufgrund vertraglicher Regelungen bereits vor dem Abschlußstichtag ein uneingeschränkter rechtlicher Anspruch entstanden ist; ein Beispiel unterschiedlicher Interpretation des Wortlauts „fällig gewordener Beiträge". Hier wird also auf die Absatzleistung abgestellt; Liquiditätsaspekte treten in den Hintergrund.

Es ist jedoch darauf hinzuweisen, daß durch die Periodisierung über die Beitragsüberträge eventuelle Abweichungen im Ergebnis ausgeglichen werden.

Nach den Bilanzierungsrichtlinien des BAV (VUBR) sind bislang als Beitragsüberträge nur solche Beiträge oder Beitragsraten in der Bilanz auszuweisen, die für einen nach dem Bilanzstichtag liegenden Versicherungszeitraum bestimmt und übertragsfähig sind.[29] Genauere Ausführungen darüber, was übertragsfähig ist, macht das BAV nicht. Wegen zahlreicher Zweifelsfragen hinsichtlich der Bemessung der übertragsfähigen Beitragsteile äußerte sich das BMF mit Schreiben vom 30. 4. 1974.[30] In einigen Verlautbarungen des BAV ist später dann auf einzelne Regelungen dieses Erlasses Bezug genommen bzw. sind Regelungen durch das BAV interpretiert worden.[31] Die Regelungen dieses Schreibens finden in der Praxis auch handelsrechtliche Anwendung. Mit dem Wortlaut des § 24 Satz 1 RechVersV möchte der Verordnungsgeber die handelsrechtliche Berücksichtigung des BMF-Schreibens auch in Zukunft klargestellt wissen.[32]

Als passive Rechnungsabgrenzungsposten sind gem. § 250 Abs. 2 HGB Einnahmen vor dem Bilanzstichtag auszuweisen, soweit sie Ertrag für eine bestimmte Zeit nach diesem Tag darstellen. Dem entspricht die Definition der Beitragsüberträge in § 341e Abs. 2 Nr. 1 HGB.

Es darf bezweifelt werden, ob aus bilanzrechtlicher Sicht eine Differenzierung der Beiträge in einen der zeitpunktbezogenen Versicherungsleistung des Versicherungsunternehmens zuzuordnenden Beitragsteil und einen zeitraumbezogenen Beitragsteil begründbar ist. *Boetius* hält den Beitrag für ein unteilbares Entgelt einer Gesamtleistung des

---

[29] Vgl. Nr. I P 3.1 Abs. 1 VUBR.
[30] BMF-Schreiben vom 30. 4. 1974 – IV B 5 – S 2750 – 15/74, DB 1974, S. 1504.
[31] Vgl. *Geib/Horbach,* a.a.O. (Fn. 28), Tz. 65.
[32] Vgl. BR-Drucksache 823/94 v. 14. 10. 1994, S. 1.

Versicherers. Kalkulatorische Gesichtspunkte müssen seiner Ansicht nach unberücksichtigt bleiben.[33]

Der BFH hat sich in Urteilen vom 31.5.1967[34] und vom 25.9.1968[35] mit der Bildung von Rechnungsabgrenzungsposten befaßt und entschieden, daß es für die bilanzrechtliche Betrachtung auf das schuldrechtliche Verhältnis von Leistung und Gegenleistung und nicht auf die Kostenrechnung ankommt. Danach bemißt sich die Höhe des passiven Rechnungsabgrenzungspostens ausschließlich nach dem Verhältnis der noch ausstehenden Gegenleistung zur gesamten Gegenleistung.

Handels- und steuerrechtliche Anordnungen versagen den Versicherungsunternehmen die volle zeitanteilige Passivierung der Beiträge, obwohl bilanzierende Versicherungsnehmer zweifelsfrei den gezahlten Beitrag grundsätzlich voll zeitanteilig abzugrenzen haben, wenn die Dauer des Versicherungsschutzes über das Geschäftsjahr hinausreicht.

Die Kürzung um nicht übertragsfähige Beitragsteile beruht auf einem Urteil des RFH vom 13.3.1930.[36] Danach wurde für die Berechnung des passiven Rechnungsabgrenzungspostens verlangt, die vereinnahmten Beiträge um die mit der Vereinnahmung zusammenhängenden Kosten zu kürzen und nur den verbleibenden Teil nach dem Verhältnis der auf das abgelaufene Geschäftsjahr und der auf die folgende Zeit entfallenden Versicherungsdauer zu verteilen. Nach dem angeführten BMF-Schreiben sind im selbst abgeschlossenen Schaden-/Unfallversicherungsgeschäft von den Beiträgen (ohne Ratenzuschläge) als nicht übertragungsfähige Einnahmeteile 85% der Provisionen und sonstigen Bezüge der Vertreter zu kürzen.[37] Ein Verstoß gegen das Verbot der Aktivierung von Abschlußaufwendungen in § 248 Abs. 3 HGB ist darin nicht zu sehen, da es sich, wie die Regierungsbegründung klarstellt, um eine pauschale Erfassung von solchen Teilen handelt, die einem späteren Geschäftsjahr nicht zuzurechnen sind.[38]

Im Nicht-Lebensversicherungsgeschäft können die Mitgliedstaaten nach der VersBiRiLi einen Abzug von abgegrenzten Abschlußaufwen-

---
[33] Vgl. *Boetius,* in: Herrmann/Heuer/Raupach, KStG, § 20 Anm. 66.
[34] Vgl. BStBl. III 1967, 607.
[35] Vgl. BStBl. II 1968, 810.
[36] Vgl. RStBl. 1930, 396.
[37] Beim im Rückdeckung übernommenen Versicherungsgeschäft sind 92,5% der Rückversicherungsprovision in Abzug zu bringen.
[38] Vgl. Begr.RegE, BT-Drucksache 12/5587, S. 27; so auch *Wels,* a.a.O. (Fn. 27), S. 50f.

dungen bei den Beitragsüberträgen zulassen.[39] Das setzt aber voraus, daß der Mitgliedstaat nicht von einem weiteren Wahlrecht Gebrauch gemacht hat, die Abgrenzung von Abschlußaufwendungen zu untersagen.[40]

Durch § 248 Abs. 3 HGB wird eine Aktivierung von Abschlußaufwendungen im Jahresabschluß deutscher Versicherungsunternehmen untersagt. Zielsetzung dieser Regelung, die auch steuerlich Geltung hat,[41] ist es, die Aktivierung handelsrechtlicher Nonvaleurs in Höhe der Abschlußaufwendungen zu verhindern.[42] Demzufolge stellt das Verfahren, die Beitragsüberträge um nicht übertragungsfähige Beitragsteile zu kürzen, keine Ausübung des Wahlrechts, abgegrenzte Abschlußkosten bei den Beitragsüberträgen abzuziehen, dar, wenngleich das Verfahren verschiedentlich auch mit dem Begriff „Kostenabzug" bezeichnet wird.

In Frankreich, Großbritannien und den Niederlanden wird die Abgrenzung von Abschlußaufwendungen auch in Zukunft nicht verboten, wobei in den Niederlanden auch eine Verrechnung mit den Beitragsüberträgen erlaubt wird. Die in Abzug gebrachten Beträge sind dann im Anhang anzugeben.[43]

Grundsätzlich sind die Beitragsüberträge für jeden Vertrag einzeln zu berechnen.[44] Allerdings können die Mitgliedstaaten die Anwendung von statistischen Methoden, insbesondere der Bruchteils- und Pauschalmethoden,[45] zulassen, wenn anzunehmen ist, daß diese zu annähernd gleichen Ergebnissen führen wie die Einzelberechnung.[46] Von dieser Möglichkeit wurde sowohl in Deutschland als auch in Frankreich, Großbritannien und den Niederlanden Gebrauch gemacht. In Deutschland dürfen die Verfahren jedoch nur angewandt werden, wenn eine Einzel- oder Gruppenbewertung nicht möglich ist oder der damit ver-

---

[39] Vgl. Art. 18 Abs. 2 VersBiRiLi.
[40] Vgl. Art. 18 Abs. 1 VersBiRiLi.
[41] Erl. FM NRW vom 3.1.1966, VerBAV 1966, S. 86; Erl. FM NRW vom 16.5.1966, VerBAV 1967, S. 97.
[42] Vgl. *Prölss*, VAG, § 56 Tz. 23; siehe auch *Meyer*, Das Vorsichtsprinzip bei der Bilanzierung von Versicherungsunternehmen im Licht der Deregulierung, in: Dieter Farny und die Versicherungswissenschaft, Festschrift für Farny, hrsg. v. Schwebler und den Mitgliedern des Vorstands des Deutschen Vereins für Versicherungswissenschaft, Karlsruhe 1994, S. 99–110, hier S. 104f.
[43] Vgl. Art. 18 Abs. 2 Satz 2 VersBiRiLi.
[44] Vgl. Art. 57 Abs. 1 Satz 1 VersBiRiLi bzw. § 252 Abs. 1 Nr. 3 i.V.m. § 341a Abs. 1 HGB.
[45] Siehe dazu *Geib/Horbach*, a.a.O. (Fn. 28), Tz. 50ff.
[46] Vgl. Art. 57 Abs. 1 Satz 2 VersBiRiLi.

bundene Aufwand unverhältnismäßig hoch wäre.[47] Beim derzeitigen Stand der EDV-Möglichkeiten dürften diese Voraussetzungen bei der Beitragsübertragsberechnung nur in seltenen Fällen erfüllt sein.

Um den Besonderheiten in Versicherungszweigen oder -arten Rechnung zu tragen, in denen die das Geschäftsjahr betreffenden Informationen über die fälligen Beiträge oder eingetretenen Versicherungsfälle zum Zeitpunkt der Bilanzaufstellung zu einer genauen Schätzung nicht ausreichen, können die Mitgliedstaaten in diesen Fällen verlangen oder zulassen, daß anstelle der Beitragsüberträge eine Rückstellung nach der sogenannten Nullstellungsmethode oder dem Standardsystem ermittelt und unter der Rückstellung für noch nicht abgewickelte Versicherungsfälle ausgewiesen wird.[48] Diese Verfahren wurden in Deutschland insbesondere im Transportversicherungsgeschäft schon bisher angewendet[49] und sind nun explizit in § 27 Abs. 2 RechVersV geregelt.

Daneben erlaubt Art. 61 VersBiRiLi den Mitgliedstaaten unter den zuvor genannten Bedingungen, eine zeitversetzte Bilanzierung zuzulassen oder zu verlangen.[50] Dabei werden in die versicherungstechnische Rechnung oder in einige ihrer Posten die Zahlen des Jahres eingesetzt, das dem Geschäftsjahr ganz oder teilweise, maximal jedoch 12 Monate, vorangeht. Mit diesem Verfahren kann insbesondere den Usancen bei der Abrechnung des aktiv betriebenen Rückversicherungsgeschäfts Rechnung getragen werden. Für deutsche Versicherungsunternehmen wird diese Möglichkeit nun in § 27 Abs. 3 RechVersV geregelt.

Auch in Frankreich, Großbritannien und den Niederlanden wird von der Möglichkeit, die zuvor beschriebenen Verfahren zuzulassen oder zu verlangen, Gebrauch gemacht.

Nach der VersBiRiLi darf in den einzelstaatlichen Rechtsvorschriften vorgesehen werden, daß die Rückstellung für drohende Verluste aus dem Versicherungsgeschäft den Beitragsüberträgen hinzugerechnet und mit diesen in einem Posten ausgewiesen wird.[51] Von dieser Möglichkeit wird in den Niederlanden, im Gegensatz zu Deutschland und Frank-

---

[47] Vgl. § 341e Abs. 3 HGB.
[48] Vgl. Art. 61 Abs. 1 „Methode 1" VersBiRiLi.
[49] Vgl. im einzelnen *Geib/Horbach*, a.a.O. (Fn. 28), Tz. 163 ff.; *Donandt/Richter*, Die versicherungstechnischen Posten der Schaden- und Unfallversicherungsunternehmen, in: Rechnungslegung und Prüfung der Versicherungsunternehmen, hrsg. v. IDW, 3. Auflage, Düsseldorf 1989, Beitrag C IV, Tz. 36 ff.
[50] Vgl. Art. 61 Abs. 1 „Methode 2" VersBiRiLi.
[51] Vgl. Art. 26 Abs. 1 Satz 2 VersBiRiLi.

reich, Gebrauch gemacht. Die Rückstellung für drohende Verluste ist jedoch in der Bilanz oder im Anhang gesondert auszuweisen, wenn sie einen größeren Umfang erreicht,[52] ohne daß hier ein einheitlicher Maßstab vorgegeben wäre.

In der Lebensversicherung können die Mitgliedsstaaten zulassen oder verlangen, daß die Beitragsüberträge zusammen mit der Deckungsrückstellung ausgewiesen werden.[53] Davon machen Frankreich, die Niederlande und Großbritannien Gebrauch. In Deutschland ist diese Möglichkeit nicht vorgesehen.

3. Deckungsrückstellung

Für die Bilanzierung der Deckungsrückstellung wird in Art. 27 VersBiRiLi lediglich die Anwendung prospektiver versicherungsmathematischer Verfahren sowie die Berücksichtigung der bereits zugeteilten Überschußanteile vorgeschrieben. Einzelheiten zur Berechnung, wie z. B. das Verfahren zur Festsetzung des Höchstzinssatzes, sind in Art. 18 der 3. Koordinierungsrichtlinie Leben geregelt. Eine detaillierte Darstellung dieser Regelungen würde den Rahmen dieser Ausführungen sprengen. Die Bestimmungen dienen im wesentlichen aufsichtsrechtlichen Motiven und tragen den weitreichenden Produktgestaltungen in der Lebensversicherung oder den nach Art der Lebensversicherung betriebenen anderen Versicherungszweigen in Europa Rechnung. Daß sich diesbezüglich einheitliche Abbildungsregeln im Detail nicht entwickeln lassen, liegt auf der Hand. Demzufolge können den Mitgliedstaaten lediglich gewisse Grundregeln vorgegeben werden. Für den Anhang wird eine Zusammenfassung der wichtigsten Berechnungsgrundlagen daher in Art. 59 Abs. 1 Satz 3 VersBiRiLi gefordert.

Auch für die Deckungsrückstellung fordert die VersBiRiLi grundsätzlich eine Berechnung je Versicherungsvertrag, jedoch können die Mitgliedstaaten auch die Anwendung statistischer oder mathematischer Methoden zulassen, wenn anzunehmen ist, daß diese zu annähernd gleichen Ergebnissen führen wie die Einzelberechnungen.

Von dieser Möglichkeit hat der deutsche Gesetzgeber in § 341e Abs. 3 HGB Gebrauch gemacht. Auch im Bereich der Deckungsrückstellung fragt es sich, wann in heutiger Zeit die genannten Voraussetzungen – Unwirtschaftlichkeit oder Unmöglichkeit einer Einzel- bzw.

---
[52] Vgl. Art. 25 Abs. 2 Satz 2 VersBiRiLi.
[53] Vgl. Art. 25 Abs. 1 Satz 2 VersBiRiLi.

Gruppenbewertung – gegeben sind. In Frankreich, Großbritannien und den Niederlanden ist die Anwendung statistischer Methoden ebenfalls zulässig.

Im Lebensversicherungsgeschäft können die Mitgliedstaaten eine versicherungsmathematische Verrechnung der Abschlußaufwendungen mit der Deckungsrückstellung zulassen.[54] Die in Abzug gebrachten Beträge sind im Anhang anzugeben.[55] Im Ausland wird in der sogenannten „Zillmerung"[56] zumeist eine Abgrenzung von Aufwendungen für den Abschluß von Versicherungsverträgen über die versicherungsmathematische Verrechnung mit der Deckungsrückstellung gesehen.[57] In Deutschland würde eine derartige Betrachtung zu einem Widerspruch mit dem Aktivierungsverbot für Abschlußaufwendungen führen.[58] Daß dieses Aktivierungsverbot in Deutschland eine Zillmerung der Deckungsrückstellung nicht ausschließt, wird in der Gesetzesbegründung zu § 248 Abs. 3 HGB klargestellt: „Die Anwendung des Zillmer-Verfahrens stellt keine Aktivierung von Abschlußaufwendungen dar."[59] In Deutschland wird hierunter die Verrechnung einer vertragsrechtlich begründeten Forderung des Versicherers an den Versicherten verstanden.[60] Eine Angabe dieser Beträge im Anhang wird wegen der Nichtinanspruchnahme des genannten Mitgliedstaatenwahlrechts in Art. 18 Abs. 2 VersBiRiLi[61] nicht gefordert. Daß diese Interpretation im Ausland nicht immer auf Verständnis stößt, sei hier nur erwähnt.

Es sei des weiteren darauf hingewiesen, daß die Mitgliedstaaten bestimmen können, daß im Lebensversicherungsgeschäft unter der Deckungsrückstellung – außer den Beitragsüberträgen – auch die Rückstellung für noch nicht abgewickelte Versicherungsfälle ausgewiesen werden darf.[62] Davon hat Großbritannien Gebrauch gemacht, nicht jedoch Deutschland, Frankreich und die Niederlande.

---

[54] Vgl. Art. 18 Abs. 2 Satz 1 VersBiRiLi.
[55] Vgl. Art. 18 Abs. 2 Satz 2 VersBiRiLi.
[56] Siehe die anschaulichen Ausführungen von *Nies*, Die Zillmerung als Teil des Geschäftsplans und als Grundlage der Bilanzierung, Blätter der Deutschen Gesellschaft für Versicherungsmathematik, Band XI, 1973–1974, S. 11–29.
[57] Eine Verrechnung wird beispielsweise in Frankreich zugelassen.
[58] Vgl. § 248 Abs. 3 HGB.
[59] Begr.RegE, BT-Drucksache 12/5587, S. 18.
[60] Vgl. *Prölss*, VAG, § 56 Tz. 24; *Nies*, a.a.O. (Fn. 56), S. 25.
[61] Vgl. Begr.RegE, BT-Drucksache 12/5587, S. 17.
[62] Vgl. Art. 60 Abs. 2 b) VersBiRiLi.

4. Rückstellung für noch nicht abgewickelte Versicherungsfälle

Die Rückstellung für noch nicht abgewickelte Versicherungsfälle umfaßt die geschätzten Gesamtaufwendungen, die aus der Abwicklung der bis zum Bilanzstichtag angefallenen oder verursachten Versicherungsfälle entstehen, abzüglich der für diese Versicherungsfälle bis zum Bilanzstichtag bereits gezahlten Beträge.[63]

Im Zusammenhang mit dieser Rückstellung sollen die Aspekte herausgehoben werden, die für die Frage der Harmonisierung von besonderem Interesse sind: der Umfang der Berücksichtigung von Schadenregulierungsaufwendungen, der Abzug von Forderungen aus Regressen und Provenues und die Möglichkeit, die Rückstellung für noch nicht abgewickelte Versicherungsfälle abzuzinsen. Auf die Möglichkeit zur Ermittlung der Rückstellung nach der Nullstellungsmethode bzw. dem Standardsystem sowie des Ausweises der Rückstellungsbeträge im Lebensversicherungsgeschäft unter der Deckungsrückstellung wurde bereits hingewiesen. Der Vollständigkeit halber sei erwähnt, daß die Mitgliedstaaten die Anwendung statistischer Methoden bei der Ermittlung der Rückstellung für noch nicht abgewickelte Versicherungsfälle von einer vorherigen Genehmigung abhängig machen können; grundsätzlich ist eine Bildung je Versicherungsfall vorgeschrieben.[64] Statistische Methoden sind weder in Deutschland noch in Frankreich, Großbritannien oder den Niederlanden zugelassen.

„In die Berechnung sind die Schadenregulierungsaufwendungen, gleich welchen Ursprungs, einzubeziehen."[65] Damit kann es in Deutschland weiterhin bei der Bilanzierung der Teilschadenrückstellung für Schadenregulierungsaufwendungen dem Grunde nach bleiben. Es stellt sich jedoch die Frage nach der Rückstellungshöhe. Deutsche Versicherungsunternehmen haben bei den Schadenregulierungsaufwendungen zwischen Schadenermittlungs- und Schadenbearbeitungskosten zu unterscheiden. Das ergibt sich aus der abweichenden ertragsteuerlichen Behandlung der dafür zu bildenden Rückstellungen.[66] Der BFH hatte mit Urteil vom 19.1.1972[67] eine Rückstellung für Schadenbearbeitungskosten mit der Begründung abgelehnt, daß sich aus dem § 66 VVG zwar eine Verpflichtung des Versicherungsunternehmens zur Schadenermitt-

---
[63] Vgl. Art. 28 VersBiRiLi.
[64] Vgl. Art. 60 Abs. 1 c) VersBiRiLi.
[65] Art. 60 Abs. 1 c) VersBiRiLi.
[66] Vgl. BMF-Schreiben vom 2.2.1973, DStZ Eild., S. 74f.
[67] Vgl. BStBl. II 1972, 392.

lung, nicht jedoch zur Schadenbearbeitung ergebe. Er stellte u. a. fest, daß eine Rückstellung für Schadenbearbeitungskosten somit als nach dem AktG nicht zulässige Aufwandsrückstellung anzusehen ist. Mit der durch das BiRiLiG eingeführten Möglichkeit (Wahlrecht) zur Bildung von Aufwandsrückstellungen gemäß § 249 Abs. 2 HGB ist die Bilanzierung der Rückstellung für Schadenbearbeitungskosten nunmehr handelsrechtlich zumindest zulässig.[68]

Die VersBiRiLi schreibt allerdings, wie oben zitiert, eine Einbeziehung von Schadenregulierungsaufwendungen, „gleich welchen Ursprungs", vor. Die Umsetzung in deutsches Recht erfolgte in § 341g Abs. 1 Satz 2 HGB. Danach „*sind* die *gesamten* Schadenregulierungsaufwendungen zu berücksichtigen" (Hervorh. d. Verf.). Offensichtlich beabsichtigt der Gesetzgeber durch diese Formulierung aber keine Verpflichtung zur Rückstellung von Schadenbearbeitungskosten, wie aus der Gesetzesbegründung hervorgeht. Danach ändert der in § 341g Abs. 1 Satz 2 HGB „festgelegte Bewertungsgrundsatz ... das geltende Recht nicht. Wie bisher sind die auf den Schadensfall bezogenen Verwaltungskosten künftiger Geschäftsjahre in den Wertansatz nicht einzubeziehen."[69] Angesichts zuvor erwähnter Argumentation des BFH, daß es sich bei der Rückstellung für Schadenbearbeitungsaufwendungen um eine Aufwandsrückstellung handele, erscheinen die Ausführungen in der Gesetzesbegründung unverständlich, lassen sie doch auf die Absicht eines handelsrechtlichen Passivierungsverbots schließen. Hinzu kommt die offensichtliche Diskrepanz zwischen erklärter Regelungsabsicht einerseits und Regelungswortlaut – sowohl in HGB als auch VersBiRiLi – andererseits.

Ein einheitliches Verfahren, wie die Rückstellung für Schadenregulierungsaufwendungen im einzelnen zu ermitteln ist, wird in der VersBiRiLi nicht vorgegeben. Dasselbe gilt übrigens auch für die Ermittlung der Rückstellung für am Bilanzstichtag noch nicht gemeldete, aber bereits eingetretene Versicherungsfälle. Hier ergeben sich für die Mitgliedstaaten bzw. Versicherungsunternehmen erhebliche Spielräume.

Versicherungsunternehmen haben häufig die Möglichkeit, aufgrund geleisteter Entschädigungen Rückgriff zu nehmen (Regreß) oder An-

---

[68] Vgl. *Biener/Berneke,* Bilanzrichtliniengesetz, Düsseldorf 1986, S. 85; zur darüber hinausgehenden Annahme einer Passivierungspflicht siehe *Perlet,* Rückstellung für noch nicht abgewickelte Versicherungsfälle in Handels- und Steuerbilanz, Karlsruhe 1986, S. 77ff.; *Clemm/Nonnenmacher,* in: BeckBil-Komm., 2. Aufl., § 249, Anm. 32; zustimmend *Geib/Horbach,* a.a.O. (Fn. 28), Tz. 148ff.

[69] Begr.RegE, BT-Drucksache 12/5587, S. 28.

sprüche auf ein versichertes Objekt, für das bereits Ersatz geleistet wurde (Provenues), anzumelden. Daneben können auch Teilungsabkommen mit anderen Versicherungsträgern bestehen. Hieraus resultierende „beitreibbare Forderungen" sind bei der Rückstellung für noch nicht abgewickelte Versicherungsfälle zu berücksichtigen.[70] Wegen der Aktivierungsfähigkeit dieser Forderungen und des Bezugs auf bereits *abgewickelte* Versicherungsfälle handelt es sich in diesem Fall – anders als bei den Anteilen der Rückversicherer an den versicherungstechnischen Rückstellungen – um eine Ausnahme vom grundsätzlichen Saldierungsverbot. Entsprechend verlangt die VersBiRiLi eine Berücksichtigung des Grundsatzes der Vorsicht bei der Ermittlung der in Abzug zu bringenden Beträge und eine gesonderte Angabe im Anhang, sofern die Beträge einen größeren Umfang erreichen. Ebenfalls konsequent erscheint das Mitgliedstaatenwahlrecht, einen Ausweis dieser Forderungen als Aktivposten zuzulassen oder vorzuschreiben. Davon wurde in Großbritannien Gebrauch gemacht. Für die Verrechnung bei der Rückstellung, wie sie in Deutschland[71], den Niederlanden und Frankreich vorgeschrieben ist, spricht jedoch, daß auch zweifelsfrei zu erwartende Erträge aus Regressen, Provenues und Teilungsabkommen aus noch *nicht* abgewickelten Versicherungsfällen als rückstellungsbegrenzende Merkmale bei der Bewertung der Rückstellung für noch nicht abgewickelte Versicherungsfälle zu berücksichtigen sind.[72] Nach Abwicklung des Versicherungsfalls und Eintritt der Aktivierungsfähigkeit kann somit eine Ausweisänderung unterbleiben.

Sicherlich am meisten Aufmerksamkeit im Bereich der versicherungstechnischen Rückstellungen erregte in Deutschland die Umsetzung des Mitgliedstaatenwahlrechts, unter bestimmten Voraussetzungen eine offene[73] Abzinsung der Rückstellung für noch nicht abgewickelte Versicherungsfälle zuzulassen.[74] Brisanz erhielt diese Frage – über die Versicherungswirtschaft hinausgehend – aufgrund bestimmter Versuche, für steuerliche Zwecke eine Bewertung von Rückstellungen höchstens zu ihrem Teilwert zuzulassen. Zu nennen sind ein Entwurf zu Anpassungen

---

[70] Vgl. Art. 60 Abs. 1 d) VersBiRiLi.
[71] Vgl. § 26 Abs. 2 RechVersV.
[72] Vgl. KPMG, a.a.O. (Fn. 23), S. 128; siehe auch das BFH-Urteil vom 17. 2. 1993 zur Berücksichtigung von Rückgriffsmöglichkeiten bei Garantierückstellungen, DB 1993, 1396.
[73] Unter Angabe des Betrages vor Abzinsung.
[74] Vgl. Art. 60 Abs. 1 g) VersBiRiLi.

der Einkommensteuerrichtlinien 1993[75] sowie ein Ergänzungsantrag im Rahmen der Änderung des Umwandlungsteuergesetzes.

Daß hingegen für handelsrechtliche Zwecke vom Mitgliedstaatenwahlrecht, die Schadenrückstellungen abzuzinsen, kein Gebrauch gemacht werde, wurde, soweit ersichtlich, nicht angezweifelt. So sah denn auch der Gesetzentwurf zu § 341f Abs. 1 HGB-E vor, explizit zu regeln, die Abzinsung der Rückstellung für noch nicht abgewickelte Versicherungsfälle zu verbieten. Um jedoch keinen Anlaß zu dem Umkehrschluß zu geben, daß alle übrigen Rückstellungen abgezinst werden dürfen oder müssen, wurde das Abzinsungsverbot letztlich in die für alle Kaufleute geltenden Vorschriften aufgenommen.[76] § 253 Abs. 1 Satz 2 2. Halbsatz HGB läßt eine Abzinsung von Rückstellungen nämlich nur zu, „soweit die ihnen zugrunde liegenden Verbindlichkeiten einen Zinsanteil enthalten".[77]

Das ist bei den Rückstellungen der Versicherungsunternehmen für noch nicht abgewickelte Versicherungsfälle i. d. R. nicht der Fall. Die Entschädigungsleistungen für Versicherungsfälle enthalten weder einen verdeckten noch einen offenen Zinsanteil.[78] Demzufolge besteht für die Rückstellung für noch nicht abgewickelte Versicherungsfälle in Deutschland ein Abzinsungsverbot. Eine abweichende Umsetzung des Mitgliedstaatenwahlrechts der VersBiRiLi hätte zu einem Widerspruch zum Realisationsprinzip in § 252 Abs. 1 Nr. 4 HGB geführt.[79] Daß dennoch in einigen Staaten die Berücksichtigung zukünftiger, noch nicht

---

[75] Siehe dazu IDW, Stellungnahme zu einem Entwurf der Einkommensteuerrichtlinien 1993, WPg 1993, S. 54–56, hier S. 54f.

[76] Vgl. Bericht des Rechtsausschusses, BT-Drucksache 12/7646, S. 2.

[77] Siehe dazu *Adler/Düring/Schmaltz*, HGB, 6. Aufl., § 253, Rdn. 197ff.; *Geib/Wiedmann*, Zur Abzinsung von Rückstellungen in der Handels- und Steuerbilanz, WPg 1994, S. 369–377; *Karrenbrock*, Zur Abzinsung von Rückstellungen nach der Neufassung von § 253 Abs. 1 Satz 2 HGB, DB 1994, S. 1941–1944.

[78] Vgl. *Perlet*, a.a.O. (Fn. 68), S. 152f.; *Strobl*, Zur Abzinsung von Verbindlichkeiten und Rückstellungen für ungewisse Verbindlichkeiten, in: Handelsrecht und Steuerrecht, Festschrift für Döllerer, hrsg. v. Knobbe-Keuk u. a., Düsseldorf 1988, S. 615–634, hier S. 628; *Angerer*, Zur Abzinsung der Rückstellung für noch nicht abgewickelte Versicherungsfälle, in: Dieter Farny und die Versicherungswirtschaft, Festschrift für Farny, hrsg. v. Schwebler und den Mitgliedern des Vorstands des Deutschen Vereins für Versicherungswissenschaft, Karlsruhe 1994, S. 35–44, hier S. 39f.

[79] Vgl. stellvertretend *Horbach*, Der EG-Versicherungsbilanzrichtlinien-Entwurf, Bergisch Gladbach 1988, S. 172; *Perlet*, FS Moxter, a.a.O. (Fn. 22), S. 856; *Jannott*, Rechnungslegung der Versicherungsunternehmen – Überlegungen zur EG-Versicherungsbilanzrichtlinie, ZVersWiss 1991, S. 83–96, hier S. 91.

realisierter Kapitalanlageerträge bei der Bewertung der Rückstellung für noch nicht abgewickelte Versicherungsfälle für zulässig erklärt wird,[80] mag in unterschiedlichen Interpretationen des in Art. 31 Abs. 1 c) aa) der 4. EG-Richtlinie geregelten Realisationsprinzips begründet liegen. In angelsächsisch geprägten Ländern können Gewinne nämlich schon dann als realisiert gelten, wenn eine objektive Bestätigung am Markt noch nicht erfolgt ist.[81] „Dieser Unterschied führt bei gleichem Richtlinientext zu unterschiedlichen Gewinnen in Deutschland und in England."[82]

5. Rückstellung für Beitragsrückerstattung

Bezüglich der Rückstellung für Beitragsrückerstattung gibt die VersBiRiLi den Mitgliedstaaten nur wenig Spielraum zur Gestaltung der Abbildungsregeln. Abweichungen zwischen den einzelnen Mitgliedstaaten dürften im wesentlichen auf unterschiedlichen der Rückstellungsbildung zugrunde liegenden Sachverhalten begründet sein. Unterschiedliche vertragliche, satzungsmäßige, geschäftsplanmäßige und gesetzliche Regelungen über die Beteiligung der Versicherungsnehmer am Erfolg des Versicherungsunternehmens oder bestimmter Versicherungszweige oder -arten bzw. dem Schadenverlauf der Versicherungsverträge führen zu unterschiedlichen Verpflichtungsvolumina, die in der Bilanz ihren Niederschlag finden.

Denkbar sind aber auch abweichende nationale Regelungen im Bereich von Rückstellungsbewertung und -ansatz, etwa zur Ermittlung der Rückstellung für Schlußüberschußanteile sowie die interne Rückstellung zur Finanzierung dieser Beträge.[83] Hierzu enthält die VersBiRiLi keine Regelungen.

In Ländern, in denen die Bilanz eines Versicherungsunternehmens bestimmte Vermögenswerte oder Fonds umfassen kann, deren Aufteilung auf die Versicherungsnehmer und auf die Aktionäre zum Zeitpunkt des Bilanzstichtags noch nicht festgelegt war,[84] können Beträge, die für eine mögliche Beitragsrückerstattung zurückgestellt werden, in einem Posten „Fonds für spätere Zuweisungen" auszuweisen sein.[85]

---

[80] So in den Niederlanden und Großbritannien.
[81] Vgl. *Havermann,* FS Moxter, a.a.O. (Fn. 24), S. 669.
[82] *Havermann,* FS Moxter, a.a.O. (Fn. 24), S. 669.
[83] Für Deutschland vgl. § 28 Abs. 7 RechVersV.
[84] Von einem entsprechenden Mitgliedstaatenwahlrecht in Art. 22 VersBiRiLi wurde in Großbritannien Gebrauch gemacht.
[85] Vgl. Art. 29 VersBiRiLi.

6. Schwankungsrückstellung und ähnliche Rückstellungen

Außer für die Kreditversicherung[86] ist den Versicherungsunternehmen in der EU einheitlich die Bildung einer Rückstellung zum Ausgleich von Schwankungen im Schadenverlauf künftiger Jahre (Schwankungsrückstellung) oder um besonderen Risiken Rechnung zu tragen, nicht vorgeschrieben. Die VersBiRiLi verweist diesbezüglich auf nationale Rechts- oder Verwaltungsvorschriften.[87] Solche bestehen in Deutschland, den Niederlanden und Frankreich.

Ihre Begründung findet die Schwankungsrückstellung, so wie sie in der Anlage zu § 29 RechVersV geregelt ist, dem Grunde nach im Realisationsprinzip.[88] Die Tatsache, daß im Versicherungsbetrieb die Beitragszahlung der Leistungserbringung – Gewährung von Versicherungsschutz – vorausgeht, verlangt, daß Gewinne erst dann als realisiert gelten können, wenn die Leistungsabgabe am Markt tatsächlich erfolgt ist. Auf den Zeitpunkt der Gegenleistung – Prämienzahlung – kann es dabei nicht ankommen. Die Produktion des Versicherungsschutzes durch einen Ausgleich von Unter- und Überschäden im Kollektiv findet kein planmäßiges Ende zum Bilanzstichtag, sondern stellt einen permanenten Vorgang dar. Neben dem Risikoausgleich im Kollektiv tritt aus diesem Grunde der Risikoausgleich in der Zeit. Daher sind bestimmte Teile der in der Risikoprämie enthaltenen Sicherheitszuschläge den Perioden nach dem Bilanzstichtag zuzurechnen, um den Risikoausgleich in der Zeit zu erreichen. Daß es sich dabei nicht um einen Rechnungsabgrenzungsposten handelt, liegt im stochastischen Charakter der Schadenschwankungen begründet; Rechnungsabgrenzungsposten stellen deterministische Größen dar.[89] Die Begründung der Schwankungsrückstellung mit dem Realisationsprinzip gemäß Art. 31 Abs. 1 c) aa) der 4. EG-Richtlinie bei dynamischer Betrachtung und eben nicht mit einem Vorsichtsprinzip statischer Natur sollte auch in Staaten, in denen eine periodengerechte Erfolgsermittlung dem Vorsichtsprinzip vorgeht, Anlaß geben, die ablehnende Haltung gegenüber der Schwankungsrückstellung zu überdenken.[90]

---

[86] Vgl. Art. 18 der 3. Koordinierungsrichtlinie Schaden.
[87] Vgl. Art. 30 Abs. 1 und Art. 62 VersBiRiLi.
[88] Vgl. auch im folgenden *Karten*, Zur Begründung einer sachgerechten Schwankungsrückstellung, in: Sorgen-Vorsorgen-Versichern, Festschrift für Gerhardt, hrsg. v. Kalwar, Karlsruhe 1975, S. 215–241, hier S. 220 ff.
[89] Vgl. *Karten*, FS Gerhardt, a.a.O. (Fn. 88), S. 217 m.w.N.
[90] Vgl. *Welzel*, Das Vorsichtsmotiv im EG-Versicherungsbilanzrecht, in: Risiko-Versicherung-Markt, Festschrift für Karten, hrsg. v. Hesberg u. a., Karlsruhe 1994, S. 501–522, hier S. 522.

Das Ausmaß der zurückzustellenden Sicherheitszuschläge und damit die Höhe der Schwankungsrückstellung richtet sich nach der vorzugebenden Wahrscheinlichkeit, mit der der Ausgleich von Überschäden in den nachfolgenden Perioden gewährleistet sein soll. Es handelt sich dabei um eine Ermessensentscheidung, die sich an der in Art. 56 VersBiRiLi vorgegebenen „vernünftigen Betrachtungsweise" zu orientieren hat.[91]

7. Rückstellung für drohende Verluste aus dem Versicherungsgeschäft

Zu den unter den sonstigen versicherungstechnischen Rückstellungen auszuweisenden Rückstellungen enthält die VersBiRiLi lediglich wage Bestimmungen zur Rückstellung für drohende Verluste aus dem Versicherungsgeschäft.

Diese Rückstellung kann, je nach einzelstaatlichen Rechtsvorschriften, auch unter den Beitragsüberträgen ausgewiesen werden.[92] Derartige Bestimmungen existieren in den Niederlanden. In Deutschland und Frankreich wird von dieser Möglichkeit kein Gebrauch gemacht. Die Rückstellung für drohende Verluste aus dem Versicherungsgeschäft umfaßt „den Betrag, der zusätzlich zu den Beitragsüberträgen für nach dem Ende des Geschäftsjahres von dem Versicherungsunternehmen zu tragende Risiken zurückgestellt wurde, um allen über die entsprechenden Beitragsüberträge und etwaige Beitragsforderungen aus diesen Verträgen hinausgehenden Aufwendungen für Versicherungsfälle und Verwaltungsaufwendungen Rechnung zu tragen".[93]

Wie die Rückstellung im einzelnen zu bewerten ist, regelt die VersBiRiLi nicht. In Anlehnung an die Definition bestimmt Art. 58 VersBiRiLi lediglich, daß „Grundlage für die Berechnung ... die voraussichtlichen Aufwendungen für Versicherungsfälle und Verwaltungsaufwendungen (sind), die nach dem Bilanzstichtag aus vor dem Bilanzstichtag geschlossenen Verträgen entstehen können, soweit die dafür angesetzten Beträge die Beitragsüberträge und etwaige Beitragsforderungen übersteigen".

Offen bleiben beispielsweise die Fragen bezüglich der Einbeziehung von Kapitalanlageerträgen, der zugrunde zu legenden Restlaufzeit und des Bezugskollektivs.

---

[91] Vgl. *Karten,* FS Gerhardt, a.a.O. (Fn. 88), S. 216f.
[92] Vgl. Art. 26 Abs. 1 Satz 2 VersBiRiLi.
[93] Art. 26 Abs. 1 Satz 1 VersBiRiLi.

Die Berücksichtigung von Kapitalanlageerträgen ist in der deutschsprachigen Literatur umstritten.[94] Das Imparitätsprinzip deutscher Prägung läßt eine Berücksichtigung von Zinserträgen nur insoweit zu, wie dem Versicherungsunternehmen finanzielle Mittel aus dem betrachteten Versicherungsgeschäft zufließen, diese im Unternehmen gebunden werden und zinsbringend angelegt werden können.[95]

Bei der Beurteilung der Ausgeglichenheit ist auf die wirtschaftliche Restlaufzeit abzustellen.[96] Nach anderer Auffassung reicht die zur Berechnung anzusetzende Restlaufzeit bis zum nächsten Jahres-Beitragsfälligkeitszeitpunkt.[97]

Auch bezüglich der Abgrenzung der Berechnungskollektive für die Rückstellung für drohende Verluste besteht im deutschsprachigen Schrifttum keine Einigkeit.[98] Unumstritten ist lediglich, daß es einer sachgerechten Interpretation des Einzelbewertungsgrundsatzes bedarf. Vor diesem Hintergrund reichen die Vorschläge von der Zusammenfassung von Risikogruppen, die einer einheitlichen Kalkulation unterliegen,[99] bis zur Berücksichtigung des Risikoausgleichs auf der Ebene des Gesamtbestandes.[100] Praktikabilitätsüberlegungen sprechen für eine Ermittlung der Rückstellung für drohende Verluste auf Basis der Kollektive, wie sie der Berechnung der Schwankungsrückstellung zugrunde liegen.[101] Letztendlich hängt auch hier die Abgrenzung vom gewünschten Grad der Vorsicht ab.

---

[94] Siehe dazu *Geib/Horbach*, a.a.O. (Fn. 28), Tz. 289 ff.
[95] Vgl. KPMG, a.a.O. (Fn. 23), S. 143.
[96] Vgl. *Geib/Ellenbürger/Kölschbach*, Ausgewählte Fragen zur EG-Versicherungsbilanzrichtlinie (VersBiRiLi), Teil II, WPg 1992, S. 221-231, hier S. 226; zustimmend *Welzel*, FS Karten, a.a.O. (Fn. 90), S. 520.
[97] Vgl. *Laaß*, Die Publizitätsvorschriften für inländische Versicherungsunternehmen (VU), WPg 1991, S. 582-592, hier S. 585.
[98] Vgl. dazu *Welzel*, FS Karten, a.a.O. (Fn. 90), S. 520.
[99] Vgl. *Geib/Horbach*, a.a.O. (Fn. 28), Tz. 279 m.w.N.
[100] So dem Grunde nach *Mehring*, Bewertungseinheiten im Jahresabschluß von Versicherungsunternehmen, in: Dieter Farny und die Versicherungswissenschaft, Festschrift für Farny, hrsg. v. Schwebler und den Mitgliedern des Vorstands des Deutschen Vereins für Versicherungswissenschaft, Karlsruhe 1994, S. 87-97, hier S. 96, wenngleich unter Hinweis auf aufsichtsrechtliche Restriktionen.
[101] Vgl. *Welzel*, FS Karten, a.a.O. (Fn. 90), S. 520; KPMG, a.a.O. (Fn. 23), S. 143.

III. Konsequenzen für die Konzernrechnungslegung

Angesichts der zuvor dargestellten Spielräume für die Bilanzierung und Bewertung der versicherungstechnischen Rückstellungen in den jeweiligen EU-Mitgliedstaaten bzw. den in ihnen ansässigen Versicherungsunternehmen stellt sich die Frage nach der Behandlung unterschiedlicher Bilanzansätze und -werte für die Zwecke der Rechnungslegung internationaler Versicherungskonzerne.

Das bisherige Recht beinhaltet für Versicherungsunternehmen eine Ausnahme vom Grundsatz der einheitlichen Bilanzierung in § 56b Abs. 5 VAG. Begründet wurde die Aufnahme dieser Vorschrift in das VAG mit den „teilweise erheblichen nationalen Unterschieden" bei der Bewertung versicherungstechnischer Rückstellungen.[102] Die Ausnahme vom Grundsatz einheitlicher Bilanzierung wird in ähnlicher Form nunmehr in § 300 Abs. 2 Satz 3 HGB geregelt.[103] Da die Unterschiede bei der Bilanzierung versicherungstechnischer Rückstellungen auch nach der Umsetzung der VersBiRiLi nicht gänzlich beseitigt sind, von den abweichenden Bestimmungen in Nicht-EU-Staaten ganz abgesehen, bleiben die Ausnahmen von der einheitlichen Bilanzierung sowie auch der einheitlichen Bewertung[104] nicht nur für den Einbezug branchenfremder Unternehmen, sondern auch ausländischer Versicherungsunternehmen von Bedeutung.[105] So führt der Gesetzgeber in der Begründung zum neu eingefügten § 300 Abs. 2 Satz 3 HGB an, daß für die Versicherungsunternehmen aus Ländern, in denen eine Schwankungsrückstellung nicht gebildet werden muß, auch im Konzernabschluß hinsichtlich dieses Unternehmens auf die Bildung einer Schwankungsrückstellung verzichtet werden kann.[106]

Die Möglichkeit der Beibehaltung abweichender Ansätze bzw. Werte stellt bei einbezogenen branchengleichen Unternehmen nur eine Erleichterung dar; ein Kompromiß zwischen dem Grundsatz einheitlicher Bewertung bzw. Bilanzierung einerseits und dem allgemeinen Grundsatz der Wirtschaftlichkeit andererseits. Dies ist bei der Inan-

---

[102] Vgl. Begr.RegE, in: *Biener/Berneke*, a.a.O. (Fn. 68), S. 673.
[103] Zur Gegenüberstellung der alten und neuen Regelung vgl. KPMG, a.a.O. (Fn. 23), S. 222 ff.
[104] Vgl. § 308 Abs. 2 Satz 2 HGB.
[105] Zu restriktiv u. E. die Auffassung von *Krumnow u. a.*, Rechnungslegung der Kreditinstitute, Kommentar zum Bankbilanzrichtlinie-Gesetz und zur RechKredV, Stuttgart 1994, § 340i, j HGB Tz. 161.
[106] Vgl. Begr.RegE, BT-Drucksache 12/5587, S. 19.

spruchnahme der Wahlrechte in § 300 Abs. 2 Satz 3 und § 308 Abs. 2 Satz 2 HGB zu berücksichtigen. Es wird dann beispielsweise nicht zulässig sein können, beim Einbezug eines ausländischen EU-Versicherungsunternehmens in den Konzernabschluß eines deutschen Versicherungsunternehmens die Rückstellung für noch nicht abgewickelte Versicherungsfälle mit dem abgezinsten Betrag zu übernehmen. Schließlich ist dieses ausländische Versicherungsunternehmen ohnehin verpflichtet, den nicht abgezinsten Betrag für die Zwecke der Anhangabe[107] zu ermitteln. Es dürfte unumstritten sein, daß die Einheitstheorie nicht nur generell als Grundlage für die Konzernbilanzierung zu verstehen ist, sondern darüber hinaus auch eine Leitlinie für die Beantwortung aller Einzelfragen darstellt, die gesetzlich nicht geregelt sind.[108] Darüber hinaus kann die Einheitstheorie unseres Erachtens auch bei der Ausfüllung von Wahlrechten eine verpflichtende Leitlinie darstellen.[109] Ein bilanzfremder Grund, wie z. B. ein unverhältnismäßig hoher Aufwand zur Ermittlung des Grades vor Abzinsung, der gegen eine Begrenzung des expliziten Wahlrechts spräche,[110] liegt hier nicht vor. Etwas anderes könnte sich ergeben im Falle einer impliziten Abzinsung derart, daß künftige Preissteigerungen bei der Rückstellungsermittlung außer acht gelassen werden und die Ermittlung der nicht abgezinsten Beträge einen unverhältnismäßig hohen Aufwand erfordern würde.

IV. Zusammenfassung

Die obigen Ausführungen zeigen, daß den Mitgliedstaaten und/oder Versicherungsunternehmen in der VersBiRiLi bezüglich der Bilanzierung versicherungstechnischer Rückstellungen zahlreiche Umsetzungs- und Ermessensspielräume offenstehen. Über die angewendeten Bilanzierungs- und Bewertungsmethoden haben die Versicherungsunternehmen im Anhang zu berichten. Für die Schaffung einer Vergleichbarkeit der Jahresabschlüsse von Versicherungsunternehmen in Europa reichen diese Angaben jedoch nicht aus. Zu sehr dürfte die Ausfüllung der für die Unternehmen bestehenden Ermessensspielräume von unterschied-

---

[107] Vgl. Art. 60 Abs. 1 g) Satz 2 VersBiRiLi.
[108] Vgl. *Havermann,* Der Konzernabschluß nach neuem Recht – Ein Fortschritt?, in: Bilanz- und Konzernrecht, Festschrift für Goerdeler, hrsg. v. Havermann, Düsseldorf 1987, S. 173–197, hier S. 177f. Siehe jedoch auch *Ruppert,* Währungsumrechnung im Konzernabschluß, Düsseldorf 1993, S. 57ff.
[109] Vgl. *Baetge,* Konzernbilanzen, Düsseldorf 1994, S. 38.
[110] Vgl. *Baetge,* a.a.O. (Fn. 109), S. 40.

lichen Kulturen beeinflußt sein, als daß von einem EU-weit einheitlichen Verständnis über das, was im Rahmen vernünftiger Betrachtungsweise notwendig ist, um alle aus den Versicherungsverträgen resultierenden Verpflichtungen jederzeit erfüllen zu können, ausgegangen werden kann. Die von *Havermann* oft betonte Notwendigkeit, unterschiedliche Kulturen in Fragen der Harmonisierung des Bilanzrechts zu berücksichtigen, zeigt sich bei der Bilanzierung versicherungstechnischer Rückstellungen besonders deutlich.

EBERHARD SCHEFFLER

Aufsichtsrat und Abschlußprüfer als Überwachungsorgane der Aktiengesellschaft

I. Einleitung
II. Die Überwachungsaufgabe des Aufsichtsrates
   1. Überwachungsgegenstand
   2. Überwachungsmaßstäbe
   3. Überwachungsinstrumente
III. Die Aufgabe des Abschlußprüfers
   1. Zweck und Zielsetzung der Abschlußprüfung
   2. Die Unabhängigkeit des Abschlußprüfers
   3. Zukunftsaspekte bei der Abschlußprüfung
   4. Abschlußprüfung im Konzern
IV. Intensivierung der Zusammenarbeit von Aufsichtsrat und Abschlußprüfer
   1. Audit Committee
   2. Überwachung des Risikomanangements
   3. Erweiterung des Prüfungsauftrages für den Abschlußprüfer
V. Schlußbemerkung

I. Einleitung

Aufsichtsrat und Abschlußprüfer sind beide ins Gerede gekommen. Anlaß dafür sind für die Öffentlichkeit unerwartete und intern möglicherweise nicht rechtzeitig erkannte Unternehmenskrisen und der daraus abgeleitete Vorwurf, daß beide Organe[1] ihren Überwachungsaufgaben nicht gerecht geworden sind.[2]

Im einzelnen wird beim Aufsichtsrat kritisiert, daß Kompetenz, Engagement und Interessenwahrnehmung seiner Mitglieder oft unzureichend sind. In diesem Zusammenhang werden die Zusammensetzung des Aufsichtsrates, die persönliche Mühewaltung der Mitglieder bei der Ausübung des Amtes, die Begrenzung der Mandate pro Person und die Häufigkeit der Aufsichtsratssitzungen diskutiert.[3] Darüber hinaus wird bezweifelt, daß der Aufsichtsrat für seine Überwachung ausreichende Informationen erhält oder vom Vorstand verlangt.

Das Unbehagen gegenüber dem Abschlußprüfer wird vor allem damit erklärt, daß sein Testat nicht immer der wirtschaftlichen Lage des Unternehmens gerecht wird, weil ein uneingeschränkter Bestätigungsvermerk auch bei kritischer Unternehmenssituation zu erteilen ist, wenn der Jahresabschluß ordnungsgemäß unter Berücksichtigung der Going-concern-Prämisse erstellt worden ist und der Lagebericht in dem gebotenen Umfang auf die Lage der Gesellschaft eingeht.[4] Es kann aber auch sein, daß der Abschlußprüfer zu Unrecht von einer Fortführung des Unternehmens ausgegangen ist, Risiken falsch eingeschätzt hat oder eine kritische Unternehmenssituationen in seinem Prüfungsbericht nicht deutlich genug anspricht. Hiermit werden vor allem die Unabhängigkeit und die Redepflicht des Abschlußprüfers angesprochen.

Eine gemeinsame Ursache für das tatsächliche oder angebliche Versagen von Aufsichtsrat und Abschlußprüfer kann man, abgesehen von

---

[1] Das Aktiengesetz geht von einer dreigliedrigen Organisation aus: Hauptversammlung, Aufsichtsrat und Vorstand. Die beiden letztgenannten Organe werden als Verwaltung der AG bezeichnet. Der Abschlußprüfer ist ebenfalls Organ der Gesellschaft; vgl. *Wiesner,* in: Münchener Handbuch des Gesellschaftsrechts, Bd. 4: Aktiengesellschaft, München 1988, § 19 Rn. 6.
[2] Siehe dazu *Theisen,* Notwendigkeit, Chancen und Grenzen der Zusammenarbeit von Wirtschaftsprüfer und Aufsichtsrat, WPg 1994, S. 809–820 mit vielen Nachweisen. Vgl. zu diesem Themenkomplex auch die Beiträge von *Baetge,* S. 1 ff.; *Biener,* S. 37 ff.; *Clemm,* S. 83 ff.; *Hoffmann,* S. 201 ff. und *Hoffmann-Becking,* S. 229 ff., in diesem Band.
[3] Dazu ausführlich *Scheffler,* Der Aufsichtsrat – nützlich oder überflüssig?, ZGR 1993, S. 63–76.
[4] Vgl. WP-Handbuch 1992, Bd. I, O Tz. 285; *Forster,* Zur „Erwartungslücke" bei der Abschlußprüfung, WPg 1994, S. 789–795, hier S. 792 f.

persönlichen Verfehlungen in Einzelfällen, darin vermuten, daß sich beide Organe zu sehr mit der Vergangenheit und zu wenig mit der künftigen Entwicklung des Unternehmens befassen. Diese Unzulänglichkeit wird durch die rasanten Veränderungen der Umwelteinflüsse auf die Unternehmen, durch die internationale Verflechtung der Unternehmen und die damit größere Komplexität der Unternehmensführung noch verschärft. Danach wäre für Aufsichtsrat und Abschlußprüfer zumindest ein Umdenken oder eine andere Akzentuierung bei der Aufgabenerledigung erforderlich.

Vor diesem Hintergrund sollen die Aufgaben und die Zusammenarbeit von Aufsichtsrat und Abschlußprüfer erörtert und Maßnahmen zur Effizienzsteigerung der laufenden Überwachung der Geschäftsführung angesprochen werden.

Die nachfolgenden Ausführungen stellen in erster Linie auf die Aktiengesellschaft ab; sie gelten aber entsprechend für Unternehmen anderer Rechtsformen, insbesondere für die GmbH.[5] Darüber hinaus sind sie analog auf die „Konzernunternehmung", d. h. auf die wirtschaftliche Einheit Konzern, und auf Konzernunternehmen zu beziehen.[6]

II. Die Überwachungsaufgabe des Aufsichtsrates

1. Überwachungsgegenstand

Der Vorstand einer AG hat die Gesellschaft in eigener Verantwortung zu leiten (§ 76 Abs. 1 AktG) und dabei für eine erfolgreiche Entwicklung des Unternehmens und die Absicherung seiner Überlebensfähigkeit zu sorgen.[7] In Erfüllung dieser originären Führungsaufgabe sind Entscheidungen und Maßnahmen zu treffen, um für das Unternehmen strategische Erfolgspositionen aufzubauen und zu pflegen sowie eine angemessene Kapitalrendite und die ständige Zahlungsbereitschaft des Unternehmens sicherzustellen.

Die Überwachung der *Geschäftsführung des Vorstands* ist die wichtigste Aufgabe des Aufsichtsrates (§ 111 Abs. 1 AktG)[8]; eine Auf-

---

[5] Vgl. § 52 Abs. 1 GmbHG, § 38 GenG, § 35 VAG.
[6] Siehe dazu *Scheffler,* Die Überwachungsaufgabe des Aufsichtsrates im Konzern, DB 1994, S. 793–799.
[7] So u. a. *Semler,* Die Überwachungsaufgabe des Aufsichtsrates, Köln u. a. 1980, S. 10 ff.
[8] Vgl. *Lutter/Krieger,* Rechte und Pflichten des Aufsichtsrats, 3. Aufl., Freiburg 1993, Rn. 16.

gabe, die die Aufsichtsratsmitglieder persönlich wahrzunehmen haben (§ 111 Abs. 5 AktG). Jedes Aufsichtsratsmitglied muß daher „die Mindestkenntnisse allgemeiner, wirtschaftlicher, organisatorischer und rechtlicher Art besitzen, die erforderlich sind, um alle normalerweise anfallenden Geschäftsvorgänge auch ohne fremde Hilfe zu verstehen und sachgerecht beurteilen zu können."[9] Es muß sich mit den Besonderheiten des Unternehmens und seiner Branche vertraut machen. Im übrigen sollte bei der Zusammensetzung des Aufsichtsrates darauf geachtet werden, daß die für die Gesellschaft betriebsgewöhnlichen Themenkreise durch die individuellen Sachkompetenzen der Aufsichtsratsmitglieder allgemein abgedeckt werden.

Ist die Gesellschaft gleichzeitig herrschendes Unternehmen in einem Konzern oder Teilkonzern, so erweitert sich die Leitungsaufgabe des Vorstandes um die spezifischen *Konzernführungsaufgaben*. Dementsprechend verbreitern sich die Überwachungsaufgaben des Aufsichtsrates des konzernleitenden Unternehmens. Diese zusätzliche Leitungsbzw. Überwachungsdimension hat in den letzten Jahren erheblich an Bedeutung gewonnen und ist oft gewichtiger als die unmittelbar auf die Gesellschaft bezogenen Geschäftsführungsaufgaben.[10] Im Konzern muß ein abgestimmtes und ausreichendes Netzwerk der Überwachung geschaffen werden, das u.a. davon beeinflußt wird, ob es sich um einen Gleichordnungs- oder einen Unterordnungskonzern, um einen Vertrags- oder faktischen Konzern oder um ein eingegliedertes Unternehmen handelt.

Die Überwachung durch den Aufsichtsrat bezieht sich auf die Gesamtheit der Leitungs- und Verwaltungsmaßnahmen des Vorstandes. Sie ist nicht auf die nachträgliche Kontrolle beschränkt, sondern schließt eine begleitende und zukunftsorientierte Überwachung[11] und insoweit auch eine *Beratung* des Vorstandes zu allgemeinen Fragen der Unternehmensführung ein.[12] Die kritische Begleitung und Kontrolle der Geschäftsführung durch den Aufsichtsrat soll wesentliche Fehlentscheidungen des Vorstandes vermeiden und gravierende Managementmängel rechtzeitig aufdecken.

Der Aufsichtsrat kann darüber hinaus die Vornahme bestimmter Geschäfte durch den Vorstand von seiner Zustimmung abhängig machen (§ 111 Abs. 4 AktG). Er darf jedoch nicht selbst die Ge-

---

[9] BGHZ 85, 293, 295; *Potthoff/Trescher,* Das Aufsichtsratsmitglied, 2. Aufl., Stuttgart 1994, S. 38.
[10] Vgl. *Scheffler,* DB 1994, S. 796; *Semler,* a.a.O. (Fn. 7), S. 109 f.
[11] So auch *Semler,* a.a.O. (Fn. 7), S. 98; *Lutter/Krieger,* a.a.O. (Fn. 8), Rn. 18.
[12] Vgl. BGH, DB 1991, 1212 f.; *Lutter/Krieger,* a.a.O. (Fn. 8), Rn. 30 f.

schäftsführung ausüben (vgl. § 105 Abs. 1 und § 111 Abs. 4 AktG). Der Katalog der *zustimmungspflichtigen Geschäfte* kann in der Satzung und/oder in der vom Aufsichtsrat zu erlassenden Geschäftsordnung für den Vorstand festgelegt werden. Aus Gründen der Flexibilität ist die Regelung durch die Geschäftsordnung vorzuziehen. Wegen der raschen Veränderungen im Unternehmen und in seiner relevanten Umwelt empfiehlt es sich, den Katalog der zustimmungspflichtigen Geschäfte jährlich zu bestätigen oder an die zwischenzeitliche Entwicklung anzupassen.

Nach dem Gesetzeswortlaut können „bestimmte Arten von Geschäften" an die Zustimmung des Aufsichtsrates gebunden werden. Wenn es sich um ein besonders bedeutsames Geschäfts handelt, z. B. wegen des damit verbundenen Risikos, kann aber der Zustimmungsvorbehalt auch für ein einzelnes Geschäft angeordnet werden.[13] Eine andere, formale Auslegung würde die Überwachung durch den Aufsichtsrat in einem wichtigen Punkt aushöhlen.

Die *Schwerpunkte der Überwachungstätigkeit* des Aufsichtsrates ergeben sich aus § 90 AktG, der die Berichterstattung des Vorstandes an den Aufsichtsrat regelt.[14] Dazu gehören

1.) die beabsichtigte Geschäftspolitik und andere grundsätzliche Fragen der künftigen Geschäftsführung;
2.) die Rentabilität der Gesellschaft, der Gang der Geschäfte und die Lage der Gesellschaft;
3.) Geschäfte von erheblicher Bedeutung und sonstige wichtige Anlässe.

Hervorzuheben ist der klare Zukunftsbezug der Berichterstattung über die Geschäftspolitik und andere grundsätzliche Fragen der Geschäftsführung. Auch bei den übrigen Berichtspunkten ist der Zukunftsaspekt wesentlich, denn eine erfolgreiche Geschäftsführung ist auf eine nachhaltige Existenzsicherung des Unternehmens ausgerichtet. Die Überwachung der Geschäftsführung darf sich daher nicht auf die Feststellung eines Zustandes beschränken. Sie muß vielmehr die Gestaltungsmöglichkeiten oder -notwendigkeiten der Gegenwart und Zukunft einschließen. Die Tabelle 1 verdeutlicht diese Zusammenhänge.

---

[13] Lt. *Hoffmann-Becking*, in: Münchener Handbuch des Gesellschaftsrechts, Bd. 4: Aktiengesellschaft, München 1988, § 29 Rn. 37, herrschende Meinung; a. A. *Arbeitskreis „Externe und interne Überwachung der Unternehmung" der Schmalenbach-Gesellschaft/Deutsche Gesellschaft für Betriebwirtschaft e.V.,* Grundsätze ordnungsmäßiger Aufsichtsratstätigkeit – ein Diskussionspapier, DB 1995, S. 1–4, hier S. 2 (These 5).

[14] So u. a. *Hoffmann-Becking*, a.a.O. (Fn. 13), § 29 Rn. 23; *Lutter/Krieger*, a.a.O. (Fn. 8), Rn. 18.

Zuständigkeit des Vorstandes → Berichterstattung gegenüber dem Aufsichtsrat	Zuständigkeit des Aufsichtsrates
Normative Unternehmensführung	
Unternehmensorganisation Managementstruktur Richtlinien, Anweisungen Internes Kontrollsystem, Revision	Geschäftsordnung für den Vorstand
Strategische Unternehmensführung	
Vision, Mission, Unternehmenspolitik Strategische Zielsetzung und Planung Strategische Prioritäten, Ressourceneinsatz	Zustimmungspflichtige Geschäfte
Finanzielle Unternehmensführung	
Finanzwirtschaft: Finanzplanung, Finanzierung, Cash-Management, Liquidität, Investitionen	Zustimmungspflichtige Geschäfte
Erfolgswirtschaft: Rentabilität, Wirtschaftlichkeitsrechnung Controlling	
Jahresabschluß	Prüfung des Jahresabschlusses
Personelle Unternehmensführung	
Auswahl der Mitarbeiter, insbesondere Manager auf der nachgelagerten Führungsebene, Gehaltspolitik Managemententwicklung	Bestellung und Abberufung von Vorstandsmitgliedern Vergütungsregelung Zustimmungspflichtige Geschäfte

Tab. 1: Die Überwachung der Unternehmensführung

Die Überwachungsgegenstände sind durch § 90 AktG, der auf die originären Aufgaben der Unternehmensführung abstellt[15], nicht abschließend aufgezählt. Sie umfassen die gesamten Leitungs- und Geschäftsführungsmaßnahmen des Vorstandes. Die Gegebenheiten können (zeitweise) zusätzliche oder andere Themenschwerpunkte für die Überwachung in den Vordergrund rücken.[16]

---
[15] Vgl. *Semler*, a.a.O. (Fn. 7), S. 10 ff.; siehe dazu auch *Scheffler*, Konzernmanagement, München 1992, S. 36 ff.
[16] Vgl. *Semler*, a.a.O. (Fn. 7), S. 88 ff.

Außerdem hat der Aufsichtsrat den *Jahresabschluß* und den Lagebericht, die ihm vom Vorstand mit dem Bericht des Abschlußprüfers vorzulegen sind, zu prüfen (§ 171 AktG). Grundlage der Prüfung bilden der Prüfungsbericht des Abschlußprüfers und ergänzende Erläuterungen des Vorstandes. Die Prüfungspflicht obliegt jedem Aufsichtsratsmitglied persönlich; eine generelle Hinzuziehung von Sachverständigen ist nicht zulässig.[17] In der Bilanzsitzung des Aufsichtsrates werden hauptsächlich die Lage des Unternehmens sowie die Wirtschaftlichkeit und Zweckmäßigkeit der Bilanzpolitik zu erörtern und vom Aufsichtsrat kritisch zu würdigen sein.[18]

Der Aufsichtsrat (einer abhängigen AG) hat ferner einen etwaigen *Abhängigkeitsbericht* (§ 312 AktG) zu prüfen, in dem alle Maßnahmen oder Unterlassungen mit oder im Interesse von verbunden Unternehmen mit Leistung und Gegenleistung sowie etwaigem Nachteilsausgleich aufzuführen sind. Der Aufsichtsrat hat auf der Grundlage des Abhängigkeitsberichtes selbst über Angemessenheit, Wirtschaftlichkeit und Zweckmäßigkeit zu befinden (§ 314 AktG).

Schließlich ist dem Aufsichtsrat (eines Mutterunternehmens – § 290 HGB) der *Konzernabschluß* und der Konzernlagebericht sowie der Prüfungsbericht des Konzernabschlußprüfers vorzulegen (§ 337 Abs. 1 AktG). Obwohl eine Prüfung des Konzernabschlusses durch den Aufsichtsrat nicht ausdrücklich vorgeschrieben ist, ergibt sich ihre Notwendigkeit aus der Pflicht, die Geschäftsführung des Vorstandes auch in bezug auf die Konzernleitung zu überwachen. Analog zur Behandlung des Jahresabschlusses (§ 171 Abs. 1 Satz 2 AktG) sollte der Aufsichtsrat bei seiner Behandlung des Konzernabschlusses den Abschlußprüfer hinzuziehen.[19]

2. Überwachungsmaßstäbe

Die Überwachung des Aufsichtsrates bezieht sich auf die Wahrung des Unternehmensinteresses sowie auf die Rechtmäßigkeit, Ordnungsmäßigkeit, Wirtschaftlichkeit und Zweckmäßigkeit der Geschäftsführung.

---

[17] Vgl. BGH, BB 1983, 102ff.
[18] Zur Bilanzpolitik ebenso *Forster,* Aufsichtsrat und Abschlußprüfung, ZfB 1988, S. 789–811.
[19] Vgl. *Scheffler,* DB 1994, S. 799; *Lutter/Krieger,* a.a.O. (Fn. 8), Rn. 78 und 85; *Potthoff/Trescher,* a.a.O. (Fn. 9), S. 145. Die Ausführungen gelten analog für einen Teilkonzernabschluß.

Vorstand und Aufsichtsrat sind gleichermaßen dem *Unternehmensinteresse* verpflichtet.[20] Es ist die unternehmerische Aufgabe beider Organe, dieses Interesse im Einzelfall aus der Sicht des Unternehmens und seiner Bedürfnisse zu ermitteln. Bei anstehenden Entscheidungen muß die langfristige Existenzsicherung des Unternehmens die oberste Maxime sein.[21] Dagegen sind die Individualinteressen von Aktionären, Arbeitnehmern, anderen Vetragspartnern und der Allgemeinheit abzuwägen.

Die *Rechtmäßigkeit* als Grundlage einer korrekten Geschäftsführung beinhaltet die Beachtung des Aktiengesetzes, der Satzung und des HGB sowie aller sonstigen rechtlichen Normen wie Wettbewerbs-, Steuer- und Umweltrecht.

Ordnungsmäßigkeit der Geschäftsführung verlangt eine der Größe und den sonstigen Eigenarten des Unternehmens angemessene Aufbau- und Ablauforganisation sowie die Entwicklung und Einhaltung zweckentsprechender Verfahrens-, Abwicklungs-, Dokumentations- und Kontrollregeln unter Beachtung zeitgemäßer betriebswirtschaftlicher Erkenntnisse und Erfahrungen.

Die *Wirtschaftlichkeit* der Geschäftsführung zielt in sehr umfassendem Sinn auf erfolgreiche und sparsame Maßnahmen, die die Rentabilität und die Überlebensfähigkeit des Unternehmens sichern und stärken. Dazu gehört auch eine Optimierung der im Unternehmen ablaufenden Prozesse, damit das Unternehmen im Zeit-, Qualitäts- und Kostenwettbewerb bestehen kann.[22]

Die *Zweckmäßigkeit* der Geschäftsführung schließlich umfaßt die Beachtung der vorgenannten Punkte unter Einbeziehung des Unternehmensinteresses, der Praktikabilität und der Effizienz. Gemeint sind hiermit vor allem eine funktionierende Managementstruktur, ein reibungsloser Betrieb und ein wirkungsvolles Führungsinstrumentarium.

---

[20] Ganz h.M. in Rechtsprechung und Literatur, vgl. *Semler*, a.a.O. (Fn. 7), S. 60ff.; *Lutter/Krieger,* a.a.O. (Fn. 8), Rn. 303.
[21] Ebenso *Lutter/Krieger,* a.a.O. (Fn. 8), Rn. 303; *Potthoff/Trescher,* a.a.O. (Fn. 9), S. 23.
[22] Vgl. ausführlich *Hammer/Champy,* Reengineering the Corporation, Stanford 1993; *Scheer (Hrsg.),* Prozeßorientierte Unternehmensmodellierung, Wiesbaden 1994.

3. Überwachungsinstrumente

Im Rahmen seiner *gestaltenden Überwachung*[23] bestellt der Aufsichtsrat die Mitglieder des Vorstandes und beruft sie gegebenenfalls ab (§ 84 AktG). Er ist ferner zuständig für die Anstellungsverträge mit den Vorstandsmitgliedern unter Beachtung der §§ 86–89 AktG. Im Rahmen der Satzung kann der Aufsichtsrat eine Geschäftsordnung für den Vorstand erlassen.[24] Die Geschäftsordnung ist ein geeignetes Instrument, um die Kompetenzen des Vorstandes überwachungsgerecht zu strukturieren.

Zur laufenden Überwachung der Geschäftsführung steht dem Aufsichtsrat folgendes Instrumentarium zur Verfügung:

1.) Berichte des Vorstandes nach § 90 AktG;
2.) Katalog zustimmungspflichtiger Geschäfte (§ 111 Abs. 4 AktG);
3.) Sonderberichte des Vorstandes aus besonderem Anlaß oder zur Begründung zustimmungspflichtiger Geschäfte;
4.) Jahresabschluß und Lagebericht, sowie gegebenenfalls Abhängigkeitsbericht oder Konzernabschluß und Konzernlagebericht;
5.) Prüfungsberichte der Abschlußprüfer;
6.) mündliche Erläuterungen des Vorstandes in den Aufsichtsrat- oder Ausschußsitzungen bzw. in Gesprächen mit dem Aufsichtsratsvorsitzenden;
7.) Einsichtnahme in die Bücher und Schriften der Gesellschaft (§ 111 Abs. 2 Satz 1 AktG);
8.) Beauftragung von Sachverständigen für bestimmte Aufgaben (§ 111 Abs. 2 Satz 2 AktG).

Gemäß § 90 AktG hat der Vorstand dem Aufsichtsrat routinemäßig zu berichten

1.) periodisch
   – mindestens einmal jährlich über die beabsichtigte Geschäftspolitik und andere grundsätzliche Fragen der künftigen Geschäftsführung;
   – anläßlich der Bilanzsitzung des Aufsichtsrates, also ebenfalls einmal im Jahr, über die Rentabilität der Gesellschaft;
   – regelmäßig, mindestens vierteljährlich über den Gang der Geschäfte und die Lage der Gesellschaft;

---

[23] *Potthoff/Trescher,* a.a.O. (Fn. 9), S. 16f.
[24] Vgl. dazu im einzelnen *Lutter/Krieger,* a.a.O. (Fn. 8), Rn. 169–173.

2.) entscheidungsorientiert
   - über Geschäfte von erheblicher Bedeutung, und zwar möglichst so rechtzeitig, daß der Aufsichtsrat vor Vornahme der Geschäfte Gelegenheit hat, zu ihnen Stellung zu nehmen sowie
3.) ereignisbedingt
   - aus sonstigen wichtigen Anlässen an den Vorsitzenden des Aufsichtsrates.

Die vorgenannten Berichte stellen eine Bringschuld des Vorstandes dar.[25]

Darüber hinaus kann der Aufsichtsrat vom Vorstand jederzeit einen Bericht verlangen über rechtliche und geschäftliche Angelegenheiten der Gesellschaft, über die Beziehung zu verbundenen Unternehmen und über geschäftliche Vorgänge bei diesen Unternehmen, die auf die Lage der Gesellschaft erheblichen Einfluß haben können. Diese Berichte sind gewissermaßen eine Holschuld des Aufsichtsrates.[26] Wenn es die Überwachungsaufgabe erfordert, ist der Aufsichtsrat verpflichtet, zusätzliche Informationen vom Vorstand anzufordern. So z. B. bei kritischer oder unerwarteter Geschäftsentwicklung oder bei unklaren Informationen.

Nach dem Aktienrecht hat der zu überwachende Vorstand selbst die Informationen zu seiner Überwachung zu liefern. Er allein ist im Einklang mit seiner Leitungsautonomie dazu berechtigt und verpflichtet (vgl. §§ 90, 109 Abs. 1 AktG).[27] Wegen dieser Eigentümlichkeit der Informationsversorgung ist es wichtig, daß für die Unterrichtung des Aufsichtsrates ein *Berichtsystem* eingerichtet und zeitgemäß fortentwickelt wird, das dem Aufsichtsrat alle überwachungsrelevanten Informationen rechtzeitig, vollständig und zweckgerecht liefert. Seine Systematik ist auf sachgerechte Struktur sowie auf Vollständigkeit und Kompatibilität der Informationen angelegt. Sie verhindert, daß Inhalt, Umfang und Zeitpunkt der Berichte einseitig manipuliert werden können.

Aufbauend auf dem Planungs- und Berichtswesen des Unternehmens (*Controlling-System*) sollte für die Kontrolle und Überwachung durch den Aufsichtsrat ein zweckmäßiges Berichtssystem entwickelt

---

[25] Vgl. *Potthoff/Trescher*, a.a.O. (Fn. 9), S. 106; *Wiesner*, a.a.O. (Fn. 1), § 25 Rn. 4.
[26] Bei drohender oder eingetretener Unternehmenskrise ist eine intensivere Überwachungstätigkeit des Aufsichtsrates notwendig (h.M.; vgl. u.a. *Potthoff/Trescher*, a.a.O. (Fn. 9), S. 104 ff.).
[27] Vgl. *Lutter*, Information und Vertraulichkeit im Aufsichtsrat, 2. Aufl., Köln u. a. 1984, S. 62.

werden.[28] Die Controllingberichte selbst sind nicht unmittelbar geeignet, sie sind manager- und aktionsorientiert. Ihr Inhalt hängt wesentlich von der Managementstruktur und vom Entscheidungsablauf im Unternehmen ab. Während das Controlling, vor allem mit seinem prozeßbegleitenden Soll-Ist-Vergleich, eine Unterstützungsfunktion für das Management zur Zielerreichung ausübt, zielt die Überwachung durch den Aufsichtsrat darauf ab, daß der Vorstand bei der Zielrealisierung und bei der Ausübung seiner Leitungsfunktion recht- und ordnungsgemäß sowie wirtschaftlich und zweckmäßig handelt.

Daher beziehen sich die *Überwachungsberichte* für den Aufsichtsrat auf die Leitung des Gesamtunternehmens. Im Vergleich zu den Controllingberichten ist ihre Detaillierung und Aktualität geringer. Sie beschränken sich auf die wesentlichen Daten zur Geschäftsentwicklung und zur Lage des Unternehmens, anhand derer Wirtschaftlichkeit, Recht-, Ordnungs- und Zweckmäßigkeit der Unternehmensführung durch den Vorstand beurteilt werden können.

Die Berichterstattung des Vorstandes soll dem Aufsichtsrat eine zukunftsorientierte und präventive Kontrolle der Geschäftsführung ermöglichen. Die Berichte müssen wahr und vollständig, sachgerecht, übersichtlich und klar sowie nachprüfbar oder plausibel sein. Schließlich sind sie form- und zeitgerecht zu erstatten.[29]

Wahrheit und Vollständigkeit der Berichte messen sich an dem zutreffenden Bild der tatsächlichen Unternehmenssituation und Unternehmensentwicklung. Eine sachgerechte Berichterstattung verlangt einerseits Aktualität, so daß der Aufsichtsrat aufgrund seines Zustimmungsvorbehaltes eingreifen oder wichtige Fragen der Geschäftsführung ausreichend beraten kann. Außerdem soll die Berichterstattung in der Weise überwachungsorientiert sein, daß der Aufsichtsrat an getroffene Maßnahmen oder Unterlassungen des Vorstandes die o.g. Maßstäbe anlegen kann.

Übersichtlichkeit und Klarheit beziehen sich auf Transparenz, Vergleichbarkeit und Verständlichkeit. Dazu gehören ein thematisch klarer Aufbau und die Herausstellung der kritischen Erfolgsfaktoren. Um eine Analyse zu erleichtern, sind Tatsachen und Bewertung voneinander zu

---

[28] Zum Berichtsystem für die Unternehmensführung vgl. u. a. *Hahn,* Planungs- und Kontrollrechnung, 3. Aufl., Wiesbaden 1985, insbesondere S. 51ff. Vgl. auch *Scheffler,* Controlling im Konzern unter Beachtung der rechtlichen Regeln für die Eigenständigkeit der konzernabhängigen juristischen Personen, AG 1991, S. 256–261.
[29] Vgl. *Potthoff/Trescher,* a.a.O. (Fn. 9), S. 94ff.

trennen. Nachprüfbarkeit bedeutet, daß die Daten der Berichte belegbar sind und daß etwaige Bewertungen aus den Daten ableitbar oder plausibel sein müssen.

Die gesetzlich geforderte Berichterstattung über „die beabsichtigte *Geschäftspolitik und* andere grundsätzliche *Fragen der künftigen Geschäftsführung"* (§ 90 Abs. 1 Ziff. 1 AktG) macht es notwendig, daß dem Aufsichtsrat der wesentliche Inhalt der Unternehmensplanung vorgestellt wird.[30] Das bedeutet, daß dem Aufsichtsrat die strategischen Zielsetzungen und Strategien sowie die wesentlichen Eckdaten und Erfolgsfaktoren der operativen Planung dargestellt und erläutert werden. Für eine kritische Würdigung der Planung hat sich der Aufsichtsrat vom Vorstand die Unternehmenspolitik, die strategischen Ziele und ihre wirtschaftliche Tragfähigkeit, die Wahrscheinlichkeit oder Plausibilität der Planungsprämissen sowie die Verfügbarkeit und den Einsatz der zur Planungsdurchführung notwendigen Ressourcen erklären zu lassen. Außerdem sollte sich der Vorstand zur Sicherheit und Genauigkeit bzw. zu den Risiken und wesentlichen Sensitivitäten der Planung äußern.

Nach Verabschiedung der Planung interessiert bei der Überwachung der Geschäftsführung, wie der Vorstand den Unternehmensplan realisiert und mit welchen Maßnahmen er auf Veränderungen von Planprämissen oder auf Planabweichungen reagiert. Die Unternehmensplanung oder gravierende Soll-Ist-Abweichungen können für den Aufsichtsrat Anlaß sein, den Katalog der zustimmungspflichtigen Geschäfte und den Inhalt der routinemäßigen Berichte des Vorstandes zu überdenken.

Für die laufende Berichterstattung über den *Gang der Geschäfte* reicht eine quartalsweise Berichterstattung nur bei kontinuierlichem und unkritischem Geschäftsverlauf und wenig komplexer Unternehmenstätigkeit aus. Im Regelfall wird zur laufenden Unterrichtung des Aufsichtsrates eine monatliche, schriftliche Berichterstattung notwendig sein.

Die Berichte können oder müssen in den *Aufsichtsratssitzungen* weiter vertieft und diskutiert werden. Bei kritischer und diskontinuierlicher Unternehmensentwicklung reichen dazu die in der Regel

---

[30] Ebenso *Lutter,* a.a.O. (Fn. 27), S. 12f.; *Kropff,* Zur Vinkulierung, zum Vollmachtsstimmrecht und zur Unternehmensaufsicht im deutschen Recht, ZGR Sonderheft 12, 1994, S. 3–24, hier S. 18; *Arbeitskreis „Externe und interne Überwachung der Unternehmung" der Schmalenbach-Gesellschaft/Deutsche Gesellschaft für Betriebwirtschaft e.V.,* DB 1995, S. 3.

praktizierten drei bis vier Aufsichtsratssitzungen pro Jahr nicht aus.[31] Eine Erhöhung der Frequenz auf sechs und mehr Sitzungen pro Jahr wird bei großen Aufsichtsräten nicht leicht zu praktizieren sein. Hier bietet sich für die notwendige Kontinuität und Intensität der Überwachung an, daß ein Präsidialausschuß oder andere Fachausschüsse des Aufsichtsrates gebildet werden, die engeren Kontakt mit dem Vorstand pflegen.

Darüber hinaus ist der *Vorsitzende des Aufsichtsrates* besonders gefordert. Er muß regelmäßig, bei größeren Unternehmen mindestens monatlich, mit dem Vorstand im Gespräch sein. Außerdem sollte er die Protokolle der Vorstandsitzungen zur Kenntnis nehmen.[32] Er hat nach pflichtmäßigem Ermessen zu entscheiden, wann und in welcher Form er die ihm besonders zugegangenen Informationen an einen Ausschuß oder an das Plenum des Aufsichtsrates weitergibt und ob Anlaß besteht, eine Sitzung einzuberufen.

Zu den *Standardinformationen* der laufenden Berichterstattung gehören Angaben über Auftragseingang, Absatz, Marktanteil, Umsatz, Deckungsbeiträge und Ergebnisse oder andere relevante Erfolgskriterien. Mindestens quartalsweise sollte über wesentliche Investitionen im Anlage- und Umlaufvermögen, über den Cash-flow und andere wichtige Finanzierungsvorgänge informiert werden. Neben betriebswirtschaftlichen Daten gehören auch wichtige Aktivitäten oder Problemstellungen wie Produktentwicklung, Beschaffungsprobleme, Produktivität oder Personalentwicklung zu den Tatbeständen, über die laufend zu berichten ist. Schließlich sind ausreichende Mitteilungen über Beteiligungsunternehmen unerläßlich. Im übrigen werden Art, Umfang und Detaillierung der Informationen von den Besonderheiten des Unternehmens bestimmt.

Ist-Daten allein werden einer zukunftsorientierten Überwachung nicht gerecht. Daher ist ein Soll-Ist-Vergleich in den Bericht aufzunehmen. Mindestens quartalsweise oder bei wesentlichen Abweichungen von bisher angenommenen Entwicklungen ist auf das voraussichtliche Ist für das laufende Geschäftsjahr und die wichtigsten Maßnahmen zu seiner Erreichung einzugehen.

---

[31] Vgl. *Bleicher,* Der Aufsichtsrat im Wandel, Gütersloh 1987, S. 41 ff.; *Bremeier/Mülder/Schilling,* Praxis der Aufsichtsratstätigkeit in Deutschland, Düsseldorf 1994, S. 68 f.

[32] Zur besonderen Rolle des Aufsichtsratsvorsitzenden vgl. *Potthoff/Trescher,* a.a.O. (Fn. 9), S. 67–70; *Lutter/Krieger,* a.a.O. (Fn. 8), Rn. 220–236.

Die regelmäßigen Monats- oder Quartalsberichte sollten spätestens am Ende des Folgemonats dem Aufsichtsrat vorliegen. Im übrigen müssen Form, Inhalt und Frequenz der Berichterstattung den Besonderheiten und der Entwicklung des Unternehmens angepaßt werden.

Bei einem *konzernleitenden Unternehmen* ist es unerläßlich, daß die Berichterstattung an den Aufsichtsrat die Geschäfts- und Ergebnisentwicklung der wesentlichen Tochterunternehmen und des Gesamtkonzerns einschließt.[33] Zur Beurteilung der Konzernleitung bei faktischen Konzernverhältnissen kann eine Einsichtnahme in die Abhängigkeitsberichte und die zugehörigen Prüfungsberichte der Tochterunternehmen (§§ 312 ff. AktG; s. u.) nützlich sein, z. B. im Hinblick auf die zulässige Einflußnahme der Konzernleitung und etwaige Haftungsrisiken.[34] Diese Unterlagen sind grundsätzlich auch dem Aufsichtsrat der Konzernobergesellschaft zugänglich (§ 294 Abs. 3 Satz 3 HGB i. V. m. § 111 Abs. 2 AktG).

Angesichts der Bedeutung des Berichtswesens für die Überwachungstätigkeit sollte der Aufsichtsrat oder ein Aufsichtsratsausschuß einmal jährlich erörtern, ob *Berichtsquantität und -qualität* ausreichend sind und wie sie verbessert werden können. Bei dieser Gelegenheit wäre auch zu überlegen, bei welchen Entwicklungen oder Ereignissen zusätzliche oder unverzügliche Informationen des Vorstandes notwendig und „automatisch" ausgelöst werden sollten. Mit entsprechender Sachverhaltsdefinition wird die erwähnte Holschuld des Aufsichtsrates in eine Bringschuld des Vorstandes umgewandelt. Beispielhaft sind zu nennen: wesentliche Veränderungen der Markt- und Wettbewerbsverhältnisse, die (Zwischen-) Ergebnisse der steuerlichen Betriebsprüfung, Verzögerungen bei der Abwicklung wichtiger Aufträge oder bei der Produktentwicklung, drohende Forderungsausfälle oder schwerwiegende Produktmängel.

In diesem Zusammenhang sei noch erwähnt, daß auch an die *Berichte des Aufsichtsrates* über seine Überwachungstätigkeit (§ 171 Abs. 2 AktG) gegenüber der weitverbreiteten Praxis erhöhte Anforderungen zu stellen sind. Anstelle der formelhaft erstarrten Berichte sollte näher auf Art, Umfang und Besonderheiten der Überwachungstätigkeit eingegangen werden.[35]

---

[33] Vgl. im einzelnen *Scheffler,* DB 1994, S. 797.
[34] Zu dieser Problematik vgl. z. B. *Emmerich/Sonnenschein,* Konzernrecht, 5. Aufl., München 1993, insbesondere § 20.
[35] Vgl. *Trescher,* Überwachungsberichte des Aufsichtsrates, DB 1989, S. 1981–1989; *Potthoff/Trescher,* a.a.O. (Fn. 9), S. 32.

III. Die Aufgabe des Abschlußprüfers

1. Zweck und Zielsetzung der Abschlußprüfung

Die Aufgaben des Abschlußprüfers sind in §§ 316 und 317 HGB gesetzlich geregelt. Die Abschlußprüfung erfüllt danach eine Kontroll-, eine Informations- und eine Beglaubigungsfunktion.[36]

Die *Kontrollfunktion* besteht darin, festzustellen, ob Buchführung und Jahresabschluß den gesetzlichen Vorschriften, der Satzung und den Grundsätzen ordnungsmäßiger Buchführung entsprechen und ob der Lagebericht im Einklang mit dem Jahresabschluß steht und keine falschen Vorstellungen von der Lage des Unternehmens erweckt.

Die *Informationsfunktion* schlägt sich vor allem im Prüfungsbericht des Abschlußprüfers nieder, der sich an den Vorstand und vor allem an den Aufsichtsrat richtet. Der Abschlußprüfer unterstützt damit namentlich den Aufsichtsrat bei seiner Überwachungsaufgabe. Von dem Wahlrecht, den Abschlußprüfer an der Bilanzsitzung des Aufsichtsrates teilnehmen zu lassen (§ 171 Abs. 1 Satz 2 AktG) sollte wesentlich intensiver Gebrauch gemacht werden; die Teilnahme des Abschlußprüfers sollte zur Regel werden.

Der *Beglaubigungsfunktion* dient das mit dem Jahresabschluß zu veröffentlichende Testat des Abschlußprüfers, mit dem er die Ordnungsmäßigkeit des Jahresabschlusses bestätigt oder nicht. Ein uneingeschränkter Bestätigungsvermerk besagt allerdings nicht, daß die wirtschaftlichen Verhältnisse des Unternehmens gesund oder unverwundbar sind, denn die Abschlußprüfung stellt auf die Ordnungsmäßigkeit und weitgehend auf den Bilanzstichtag ab. Insoweit werden in der Öffentlichkeit (Aktionäre, Wirtschaftspresse u.a.) oft falsche Erwartungen an die Abschlußprüfung gestellt.[37]

Der *Vorstand* ist auch für den Abschlußprüfer der vorrangige Informant[38]; er hat dem Abschlußprüfer den Jahresabschluß und den Lagebericht unverzüglich nach deren Aufstellung vorzulegen. Der Abschlußprüfer hat das Recht, sämtliche Bücher und Schriften sowie die Bestände des Unternehmens zu prüfen. Er kann vom Vorstand alle

---

[36] Vgl. *Adler/Düring/Schmaltz,* HGB, 5. Aufl., § 316, Rdn. 16–23.
[37] Vgl. dazu u. a. *Forster,* Zur „Erwartungslücke" bei der Abschlußprüfung, in: Für Recht und Staat, Festschrift für Helmrich, hrsg. v. Letzgus u. a., München 1994, S. 613–626.
[38] Vgl. *Adler/Düring/Schmaltz,* HGB, 5. Aufl., § 320, Rdn. 37–39.

Aufklärungen und Nachweise verlangen, die für eine sorgfältige Prüfung notwendig sind. Dieses Recht hat er auch bereits vor der Aufstellung des Jahresabschlusses und ebenfalls in bezug auf Mutter- und Tochterunternehmen (§ 320 HGB).

Der Abschlußprüfer hat neben der Ordnungsmäßigkeit von Buchführung und Jahresabschluß festzustellen, ob der Jahresabschluß und der Lagebericht unter Beachtung der Grundsätze ordnungsmäßiger Buchführung ein *zutreffendes Bild* von der Vermögens-, Finanz- und Ertragslage des Unternehmens vermitteln (§ 322 HGB). Die Einschränkung „unter Beachtung der Grundsätze ordnungsmäßiger Buchführung" wird leicht übersehen und oft mißverstanden. Zu nennen sind hier insbesondere das Imparitäts- und Stichtagsprinzip. Bilanzierende und Prüfer sind jedoch nicht daran gehindert, im Anhang bzw. im Prüfungsbericht Sachverhalte deutlich anzusprechen, um einen geläuterten „True and fair view" zu vermitteln.[39]

Gemäß § 321 Abs. 2 HGB hat der Abschlußprüfer ebenfalls zu berichten, wenn er bei Wahrnehmung seiner Aufgaben Tatsachen feststellt, die den Bestand des geprüften Unternehmens gefährden oder seine Entwicklung wesentlich beeinträchtigen können. In dringenden Fällen ist der Aufsichtsrat bzw. sein Vorsitzender unverzüglich und unmittelbar zu unterrichten.

Über das Ergebnis seiner Prüfung hat der Abschlußprüfer schriftlich zu berichten (§ 321 HGB).[40] In dem *Prüfungsbericht* sind unter anderem nachteilige Veränderungen der Vermögens-, Finanz- und Ertragslage gegenüber dem Vorjahr und Verluste, die das Jahresergebnis nicht unwesentlich beeinträchtigt haben, ausreichend zu erläutern. Zu den nachteiligen Veränderungen gehören unter Umständen auch solche, die sich (noch) nicht im Jahresabschluß niedergeschlagen haben.

Für den Aufsichtsrat ist der Prüfungsbericht des Abschlußprüfers die wesentliche Grundlage für die ihm selbst obliegende Prüfung des Jahresabschlusses. Ein uneingeschränkter Bestätigungsvermerk des Abschlußprüfers macht eine eigene Prüfung des Aufsichtsrates nicht überflüssig.[41] Diese Prüfung ist allerdings im Regelfall mit einer sorgfältigen und kritischen Lektüre des Prüfungsberichtes erledigt, wenn sich dabei

---

[39] Vgl. dazu *Goebel,* Konzernrechnungslegung nach den International Accounting Standards, WPg 1994, S. 2457–2464.
[40] Vgl. FG 2/1988, Abschnitt C. und D.
[41] Ebenso *Theisen,* WPg 1994, S. 814; *Forster,* ZfB 1988, S. 795.

ergebende Fragen vom Vorstand oder vom Abschlußprüfer befriedigend beantwortet werden.[42]

Der Prüfungsbericht kann seine Funktion als Überwachungsinstrument nur erfüllen, wenn er vollständig sowie verständlich und deutlich die berichtspflichtigen Tatsachen und Entwicklungen enthält. Klare Sprache anstelle von professionellem Kauderwelsch sind gefordert. Der Abschlußprüfer wird seiner Aufgabe nicht gerecht, wenn er im Prüfungsbericht wichtige Tatbestände derart verklausuliert oder verstreut anspricht, so daß ein bilanzrechtlich ungeschulter Leser den wahren Sinngehalt kaum erkennen kann.

Der Abschlußprüfer hat über alle festgestellten Tatsachen und die Einzelheiten des Jahresabschlusses und des Lageberichtes zu berichten, die zur Beurteilung der Rechnungslegung notwendig sind. Dazu gehören insbesondere eine kritische Würdigung der Vermögens-, Finanz- und Ertragslage des Unternehmens auf der Grundlage des Jahresabschlusses durch den Abschlußprüfer sowie ausreichende Erläuterungen zu den Posten des Jahresabschlusses, zu ihrer Bewertung und zu wesentlichen Veränderungen gegenüber dem Vorjahr sowie zu etwaigen Verlusten (im übrigen siehe auch unter III.3.).

2. Die Unabhängigkeit des Abschlußprüfers

Die Besonderheit des aktienrechtlichen Überwachungssystems, nach dem der zu überwachende Vorstand die Informationen zu seiner Überwachung zu liefern hat, macht es notwendig, daß der Abschlußprüfer auch faktisch vom Vorstand des zu prüfenden Unternehmens unabhängig ist. Zweifel tauchen in diesem Zusammenhang auf, weil vielfach der Vorstand einen Abschlußprüfer seiner Wahl vorschlägt, weil er der wesentliche oder alleinige Gesprächspartner des Abschlußprüfers ist[43] und weil in aller Regel der Entwurf des Prüfungsberichtes mit dem Vorstand besprochen und sein Inhalt und Wortlauf oft von ihm beeinflußt wird.[44] Um solche meist ungerechtfertigten Vorwürfe zu entkräften,

---

[42] Vgl. *Adler/Düring/Schmaltz,* HGB, 5. Aufl., § 171 AktG, insbesondere Rdn. 18; *Lutter/Krieger,* a.a.O. (Fn. 8), Rn. 192.

[43] Auskunftsverpflichtet gegenüber dem Abschlußprüfer ist grundsätzlich nur der Vorstand (§ 320 Abs. 2 HGB). Er kann jedoch Mitarbeiter zur Auskunft bevollmächtigen; vgl. *Adler/Düring/Schmaltz,* HGB, 5. Aufl., § 320, Rdn. 28; *Baetge/Göbel,* in: HdR, 3. Aufl., § 320 HGB Rn. 22.

[44] Sehr pointiert *Hakelmacher,* Der Prüfungsbericht als sprachliches Kunstwerk, WPg 1981, S. 143-174. § 262 eHGB in der Fassung der Notverordnung vom 19.3.1931 sah demgegenüber vor, daß der schriftliche Bericht der Revisoren allein dem Aufsichtsrat zu übermitteln war.

sollte sich der Aufsichtsrat in die Auswahl des Abschlußprüfers einschalten und sich auch direkt vom Abschlußprüfer informieren lassen. De lege ferenda wird vorgeschlagen, daß anstelle der Hauptversammlung der Aufsichtsrat für die *Bestellung des Abschlußprüfers* zuständig ist.[45] Ein weiterer Vorschlag geht dahin, den Abschlußprüfer für einen längeren Zeitraum bis zu fünf Jahren zu bestellen.[46] Beide Vorschläge erscheinen sinnvoll, wobei bei einem längeren Bestellzeitraum jährlich, z.B. im Anschluß an die Bilanzsitzung, eine Bestätigung durch den Aufsichtsrat für die verbleibende Periode vorgesehen werden sollte, die nur aus wichtigem Grund versagt werden kann. Wichtige Gründe können sein: Eigentümerwechsel in bezug auf die Kapitalmehrheit bei der AG, wesentliche personelle Veränderung beim Abschlußprüfer oder unzureichende Prüfungsqualität, die im Zweifel durch einen Peer Review[47] zu belegen wäre.

Eine Abhängigkeit des Abschlußprüfers wird weiterhin darin gesehen, daß er bei über mehrere Jahre wiederholter Prüfungstätigkeit „betriebsblind" zu werden droht oder daß er durch den relativen Umfang der Prüfungstätigkeit bzw. des dafür anfallenden Honorars in Abhängigkeit von dem zu prüfenden Unternehmen gerät. Zu dem ersten Einwand ist vorgeschlagen worden, daß der die Prüfung betreuende Partner oder der Prüfungsleiter regelmäßig ausgewechselt wird oder daß sich zwei Abschlußprüfer in einem bestimmten Turnus oder in der Federführung abwechseln. Ein Wechsel des betreuenden Partners oder Prüfungsleiters nach fünf Jahren erscheint sachgerecht. Gegen einen kürzeren Zeitraum oder gegen einen generellen Prüferwechsel spricht, daß die Effizienz der Abschlußprüfung dadurch leidet, denn der neue Abschlußprüfer muß sich erst mit den (aktuellen und meist komplizierten) Verhältnissen des Unternehmens näher vertraut machen. Das Ausmaß der Beeinträchtigung hängt von der Größe und Komplexität des Unternehmens und von den spezifischen Besonderheiten der Branche ab.

Die finanzielle Abhängigkeit will § 319 Abs. 2 Nr. 8 HGB dadurch begrenzen, daß der Honorarumfang eines Prüfungsmandats 50 Prozent der Gesamthonorareinnahmen des Abschlußprüfers nicht übersteigen darf. Man mag zweifeln, ob diese Grenze nicht zu hoch angesetzt ist.

---

[45] Vgl. *Theisen,* WPg 1994, S. 818f. m.w.N.
[46] Vgl. *Theisen,* WPg 1994, S. 820.
[47] Vgl. dazu *Niehus,* Die Qualitätskontrolle der Abschlußprüfer, Düsseldorf 1993, S. 328–333.

Auf der anderen Seite wird behauptet, daß sich eine solche Beschränkung wegen der zunehmenden Vernetzung der Abschlußprüfer leicht umgehen läßt.[48]

3. Zukunftsaspekte bei der Jahresabschlußprüfung

Die Aufgabe des Abschlußprüfers wird vielfach immer noch zu sehr vergangenheits- bzw. stichtagsbezogen aufgefaßt. Demgegenüber ergibt sich ein wesentlicher Zukunftsaspekt bereits aus dem Grundsatz der Unternehmensfortführung, der bei der Bewertung im Jahresabschluß anzuwenden ist (§ 252 Abs. 1 Nr. 2 HGB). Der Abschlußprüfer muß sich davon überzeugen, daß einer *Fortführung der Unternehmenstätigkeit* über den Bilanzstichtag hinaus nicht tatsächliche oder rechtliche Gegebenheiten entgegenstehen. Als Mindestzeitraum ist dabei auf die künftige betriebsgewöhnliche Nutzungs- oder Verbrauchsdauer der zu bewertenden Vermögensgegenstände abzustellen. Zukunftsorientierte Prüfungsfeststellungen sind notwendig in bezug auf die voraussichtliche (Rest-) Nutzungsdauer der Anlagegegenstände, bei Rückstellungen für drohende Verluste, zur Beurteilung der Verwendbarkeit des Vorratsvermögens oder beim Wertansatz des Umlaufvermögens, um Abwertungen in der nächsten Zukunft zu vermeiden (§ 253 Abs. 3 Satz 3 HGB).

Die *Finanzlage* des Unternehmens wird weitgehend rein stichtagsbezogen gesehen. Man versteht darunter die Finanzstruktur, Deckungsverhältnisse, Fristigkeiten, Kreditlinien und ähnliche am Bilanzstichtag gegebene Finanzkriterien.[49] Zur Beurteilung der Finanzlage gehört aber auch die künftige Zahlungsbereitschaft des Unternehmens, die der Abschlußprüfer nur unter Heranziehung einer Finanzplanung sachgerecht beurteilen kann.[50]

Jahresabschlußrelevante Tatsachen, die am Bilanzstichtag vorgelegen, aber erst danach bekannt werden, sind bei der Aufstellung des Jahresabschlusses zu berücksichtigen. Darüber hinaus können sich aber auch Ereignisse nach dem Abschlußstichtag auf den Jahresabschluß oder den Lagebericht auswirken.[51] Der Abschlußprüfer hat daher geeignete Prüfungshandlungen vorzunehmen, um solche Ereignisse bis zum

---

[48] Vgl. *Theisen,* WPg 1994, S. 820.
[49] Vgl. *Adler/Düring/Schmaltz,* HGB, 5. Aufl., § 264, Rdn. 71, § 321, Rdn. 108.
[50] Vgl. *Baetge/Commandeur,* in: HdR, 3. Aufl., § 264 HGB Rn. 26.
[51] Z. B. die Rückbeziehung von Sanierungsmaßnahmen; vgl. *Selchert,* in: HdR, 3. Aufl., § 252 HGB Rn. 64.

Zeitpunkt der Testaterteilung zu erkennen und entsprechende Schlußfolgerungen daraus zu ziehen.

Eine klare zukunftsbezogene Aufgabe schließlich ergibt sich aus
der *Redepflicht* des Abschlußprüfers gemäß § 321 Abs. 2 HGB. Sie
bezieht sich auf Sachverhalte, die den Bestand des Unternehmens oder
seine Entwicklung künftig beeinträchtigen können, z. B. schwerwiegende Bedenken gegen die Geschäftsführung oder drohende Liquiditätsengpässe.

4. Abschlußprüfung im Konzern

Wie schon erwähnt, kommt den Konzernverbindungen der Unternehmen und der Konzernführung in der Praxis *steigende Bedeutung* zu. Der
Konzernabschluß wird gegenüber dem Einzelabschluß zunehmend zum
wichtigsten Informationsträger zur Beurteilung von Konzern, Konzernobergesellschaft und den übrigen Konzernunternehmen. Allein der
Konzernabschluß zeigt das Eigenkapital des Konzerns, seinen Verschuldungsgrad und seine Außenbeziehungen auf den Beschaffungs- und
Absatzmärkten. Die Anzahl der bilanzpolitischen Wahlrechte ist beim
Konzernabschluß größer als beim Einzelabschluß. Andererseits muß
beim Konzernabschluß nicht auf steuerrechtliche Bilanzierungs- und
Bewertungsvorschriften Rücksicht genommen werden.

Dem *Bericht des Konzernabschlußprüfers* kommt daher als Überwachungsinstrument für den Aufsichtsrat der Konzernobergesellschaft
ein stärkeres Gewicht zu (§ 337 AktG). Dabei ist der Abschlußprüfer
gefordert, in seinem Prüfungsbericht die Besonderheiten des Konzernabschlusses und die komplexen Zusammenhänge der Konzerndaten ausreichend und verständlich zu erläutern. Der Konzernabschluß und seine
wesentlichen Posten sollten im Prüfungsbericht nicht konsolidierungs-
technisch beschrieben, sondern kaufmännisch vernünftig dargestellt
und in ihrer Relevanz für die Vermögens-, Finanz- und Ertragslage des
Konzerns und der Konzernobergesellschaft kommentiert werden.

Bei abhängigen Konzernunternehmen im faktischen Konzern[52] hat
der Abschlußprüfer auch den sogenannten *Abhängigkeitsbericht* des
Vorstandes (§ 12 AktG) zu prüfen (§ 313 AktG). Der Prüfungsbericht
des Abschlußprüfers bildet eine wichtige Grundlage für die Prüfung des
Abhängigkeitsberichtes durch den Aufsichtsrat selbst (§ 314 AktG).

---

[52] Vgl. dazu u. a. *Emmerich/Sonnenschein,* a.a.O. (Fn. 34), § 19–§ 24; *Scheffler,* a.a.O.
(Fn. 15), S. 11ff.

Der Zweck dieser Berichterstattung und Prüfung ist, die Eigeninteressen der abhängigen Gesellschaft bei Einwirkung des herrschenden oder eines mit ihm verbundenen Unternehmens zu schützen.[53] In der Praxis haben sich – trotz anfänglicher Bedenken[54] – der Abhängigkeitsbericht und seine Prüfung mit ihrer prophylaktischen Wirkung bewährt.

IV. Intensivierung der Zusammenarbeit von Aufsichtsrat und Abschlußprüfer

1. Audit Committee

Angesichts der Größe der Aufsichtsräte und der unterschiedlichen Kompetenz (Wissen, Erfahrung) seiner Mitglieder wird mit Recht zur Verbesserung der Überwachungsfunktion durch den Aufsichtsrat die stärkere Nutzung von Ausschüssen angeraten.[55] Die Ausschüsse sollen insbesondere die Beschlüsse des Aufsichtsrates vorbereiten und die Ausführung seiner Beschlüsse überwachen. Wichtige Beschlußfassungen, die der Aufsichtsrat als solcher zu treffen hat, können einem Ausschuß nicht übertragen werden (§ 107 Abs. 3 Satz 2 AktG); dazu gehört auch die Prüfung des Jahresabschlusses.

Zur Überwindung der Überwachungskrise wird unter Berufung auf das anglo-amerikanische Vorbild die Einrichtung von Audit Committees empfohlen.[56] Das Audit Committee soll bei dem anglo-amerikanischen Board-System, das im Gegensatz zu dem dualen System von Aufsichtsrat und Vorstand nicht zwischen Geschäftsführung und Überwachung der Geschäftsführung trennt, eine stärkere Kontrolle der Geschäftsführung gewährleisten. In gewisser Anlehnung an das duale System sind Mitglieder des Audit Committees in zunehmendem Umfang ausschließlich non-executive directors oder sogenannte outside board members.

Bei einer Aktiengesellschaft wäre ein Audit Committee als Ausschuß des Aufsichtsrates zu etablieren (§ 107 Abs. 3 Satz 1 AktG). Die

---

[53] Zur Problematik von Einflußnahme und Quantifizierbarkeit vgl. *Scheffler*, Zur Problematik der Konzernleitung, in: Bilanz- und Konzernrecht, Festschrift für Goerdeler, hrsg. v. Havermann, Düsseldorf 1987, S. 471–485, insbesondere S. 477–482.

[54] Vgl. *Adler/Düring/Schmaltz*, Rechnungslegung und Prüfung der Aktiengesellschaft, 4. Aufl., Stuttgart 1967, § 313 Rdn. 2.

[55] Vgl. *Bleicher*, a.a.O. (Fn. 31), S. 27; *Scheffler*, ZGR 1993, S. 74; *Potthoff/Trescher*, a.a.O. (Fn. 9), S. 72 f.

[56] Vgl. *Langenbucher/Blaum*, Audit Committees – ein Weg zur Überwindung der Überwachungskrise?, DB 1994, S. 2197–2206.

Einrichtung eines Prüfungs- oder Bilanzausschusses ist bei größeren Unternehmen nicht unüblich. Ihm obliegt eine intensivere Prüfung des Jahresabschlusses und eine engere Kontaktnahme mit dem Abschlußprüfer, um die dem Gesamtaufsichtsrat obliegende Prüfung abzustützen.[57] Die *Aufgaben* des Audit Committees sind demgegenüber weiter angelegt. Als seine klassischen Aufgaben gelten:[58]

1.) Auswahl des Abschlußprüfers, Vereinbarung des Prüfungshonorars;

2.) Erörterung von Umfang und Schwerpunkten der Abschlußprüfung;

3.) Besprechung des Jahresabschlusses und des Prüfungsberichtes des Abschlußprüfers;

4.) Erörterung von Vorschlägen des Abschlußprüfers zu Verbesserung des internen Kontrollsystems, die oft in einem sogenannten Management Letter enthalten sind;

5.) Erörterung der Tätigkeiten und Feststellungen der internen Revision;

6.) Einhaltung der für das Unternehmen und seine Angehörigen geltenden Verhaltensregeln.

Im Vordergrund der Erörterungen des Audit Committees stehen der Jahresabschluß und die daraus ersichtliche wirtschaftliche Lage des Unternehmens sowie die Effizienz des internen Kontrollsystems.

Bei einer Konzernobergesellschaft erweitert sich das Themenfeld eines Prüfungsausschusses oder Audit Committees auf die Konzernverhältnisse, d. h. insbesondere auf Konzernabschluß, Konzernabschlußprüfung und (interne) Konzernrevision. Es geht dabei vor allem darum, daß die beim herrschenden Unternehmen praktizierte Überwachungsqualität in angemessener Weise auch für den Gesamtkonzern und bei den einzelnen Konzernunternehmen gehandhabt wird. Themenschwerpunkte sind hierbei:

1.) Umfang und Schwerpunkte der Konzernabschlußprüfung unter Berücksichtigung von Konzernstruktur sowie von Bedeutung und Eigenart der Konzernunternehmen;

2.) Auswahl und Qualitätsüberwachung der Abschlußprüfer von Konzernunternehmen;

---

[57] Vgl. *Forster*, ZfB 1988, S. 798 f.
[58] Vgl. *Langenbucher/Blaum*, DB 1994, S. 2199. Zur Entwicklung vgl. *Gehrmann*, „Audit Committees" (Prüfungsausschüsse), DB 1978, S. 453–456; *Baruch*, The Audit Committee: A Guide for Directors, Havard Business Review 1980, S. 176; *Haasen*, Die Bedeutung der Audit Committees, ZfbF 1988, S. 370–379, hier S. 373.

3.) Erörterung des Konzernabschlusses und des Konzernlageberichts;
4.) Interne Revision und Kontrollsysteme im Konzern (Revisionsstruktur und -tätigkeiten im Konzern, Einrichtung von Prüfungsausschüssen, konzerneinheitliche Richtlinien u.ä.).

Mitglieder des Audit Committees sollen wie gesagt unabhängige outside (non-executive) directors sein.[59] Bei einer deutschen AG müßten es Mitglieder des Aufsichtsrates sein (§ 209 AktG). Es ist üblich, daß an den Sitzungen des Audit Committees neben seinen Mitgliedern regelmäßig der Abschlußprüfer, der Leiter der internen Revision und/oder Konzernrevision sowie der Finanzvorstand teilnehmen. Die Anwesenheit von Abschlußprüfer und Revisionsleiter wird u. a. zur Abstimmung der jeweiligen Prüfungsschwerpunkte genutzt.

Im Hinblick auf § 109 Abs. 1 AktG mag die generelle Teilnahme von Abschlußprüfer und Revisionsleiter fragwürdig erscheinen. Sachverständige und Auskunftspersonen, die nicht dem Aufsichtsrat oder Vorstand angehören, sind nur zur Beratung über einzelne Gegenstände zugelassen. Aktienrechtlich ist allein der Vorstand einer AG berechtigt und verpflichtet, Informationen an den Aufsichtsrat oder an einen seiner Ausschüsse zu geben. Dennoch wird sich für die Teilnahme an den Sitzungen des Audit Committees eine vernünftige Handhabung in der Praxis finden lassen, z. B. dadurch, daß der Vorstand den Revisionsleiter bevollmächtigt, über seine Tätigkeit und Feststellungen direkt zu berichten.

Die Einrichtung von Prüfungsausschüssen allein wird die Überwachungskrise allerdings nicht überwinden. Schließlich sind die Prüfung des Jahresabschlusses und die unternehmensinternen Kontrollen nur ein Teilaspekt der zu überwachenden Geschäftsführung.

2. Überwachung des Risikomanagements

Angesichts der verstärkten Risiken für Unternehmen wird in jüngster Zeit die Tätigkeit des Audit Committees auf die Überwachung des Risikomanagements durch den Vorstand ausgedehnt. Das Thema Risikomanagement ist im Zusammenhang mit derivativen Finanzinstrumenten besonders akut geworden. Es spielt außerdem eine zunehmende Rolle im Zusammenhang mit Produkthaftung und Umweltschäden. Das Management der Risiken, denen die Gesellschaft

---
[59] Vgl. *Haasen*, ZfbF 1988, S. 374.

ausgesetzt ist, gehört zu den originären Führungsaufgaben der Vorstandes.

Bei dieser bereichsübergreifenden Querschnittsfunktion geht es darum, die für das Unternehmen bestehenden oder drohenden Risiken zu identifizieren (Risikoanalyse), in ihrem individuellen Ausmaß und möglichen Auswirkungen zu bewerten (Risikobewertung) und einen angemessenen Risikoschutz zu überlegen (Risikopolitik). Für den Aufsichtsrat sind Ausmaß und Behandlung der Risiken vor allem im Hinblick auf die Wirtschaftlichkeit und Zweckmäßigkeit der Geschäftsführung relevant. Den Abschlußprüfer interessieren sie insbesondere hinsichtlich etwaiger Wertberichtigungen und Rückstellungen.

Der *Katalog von Risiken,* denen das Unternehmen in seinem Bestand und Erfolg ausgesetzt ist, wird von Einzelfall zu Einzelfall stark variieren und unter anderem von Branche, Größe, Organisation und Situation des Unternehmens abhängen. Die beispielhafte Aufzählung in Tabelle 2 soll die Vielfältigkeit möglicher Risiken aufzeigen, wobei einzelne Risiken auch miteinander verknüpft sind.

Ein verantwortungsvolles Risikomanagement wird einen unternehmensindividuellen Risikokatalog aufstellen, in dem die einzelnen Risiken nach Gewichtigkeit und Wahrscheinlichkeit ihres Eintritts klassifiziert und unter Berücksichtigung von Ergebnisauswirkung oder Substanzbedrohung bewertet werden. Der Risikokatalog ist regelmäßig und bei Bedarf zu aktualisieren. Auf dieser Basis sind dann zweckentsprechende Maßnahmen zur Risikovermeidung oder -begrenzung vorzusehen, z. B. durch Verfahrensregeln, Schutzvorrichtungen oder Versicherungen. Für die Überwachung des Risikomanagements ist wichtig, daß alle wesentlichen Risiken erfaßt und aktuell verfolgt werden und daß die Schutzmaßnahmen den Risiken adäquat sind und auch tatsächlich realisiert sind bzw. ihre Funktionsfähigkeit praktisch nachgewiesen ist.

Es dürfte sich empfehlen, die Überwachung des Risikomanagements einem Ausschuß des Aufsichtsrates zu übertragen, z. B. dem Audit Committee. Ein solches Verfahren ist nach den Erfahrungen des Verfassers geeignet, um innerhalb des Unternehmens und insbesondere beim Management ein zeitgemäßes Risikobewußtsein zu entwickeln und wachzuhalten.

Risiken der Unternehmen
1. Risiken aus Rechtsverletzungen z. B. Gesetz, insbesondere Handels- und Steuerrecht, Satzung, Umweltauflagen, Insiderregeln
2. Risiken, die das Vermögen oder die Kapitalerhaltung bedrohen z. B. Eigentümerpflichten, Warenzeichenschutz, Einhaltung von Versicherungsverträgen, Wahrung von Geschäftsgeheimnissen
3. Risiken aus der Arbeitgeberfunktion z. B. Arbeitsbedingungen, Arbeitssicherheit, Verantwortung für Handlungen der Mitarbeiter, Sozialversicherung, Streikgefahr
4. Beschaffungsrisiken z. B. Ernteabhängigkeit, Marktengpässe, Erschöpfung der Vorräte, Transportprobleme
5. Produzentenrisiken z. B. Verfügbarkeit und Qualität der Einsatzmaterialien, Produktqualität, Lizenzverträge, Aktualisierung der Produkte, Logistik
6. Absatzrisiken z. B. Kundenkonzentration, Preiskriegsgefahr, Boykott, gesetzliche Auflagen
7. Finanzielle Verluste z. B. Außenstände, Währungsrisiken, Inflationsgefahr, Einsatz derivativer Finanzinstrumente
8. Physische Zerstörung z. B. Feuer-, Hochwasser-, Explosionsgefahr, Produktionsausfall, EDV-Sicherheit, Dokumentation
9. Strafrechtliche Gefahren z. B. Diebstahl, Betrug, Industriespionage, Sabotage
10. Öffentliche Kritik z. B. Produkt- oder Umweltverantwortung, Sozialverhalten, schlechte PR

Tab. 2: Risiken der Unternehmen (Beispiele)

3. Erweiterung des Prüfungsauftrages für den Abschlußprüfer

Im Rahmen der Abschlußprüfung hat der Abschlußprüfer u. a. die Vorstands- und Aufsichtsratsprotokolle einzusehen[60]. Dabei wird er sich auch darüber informieren, ob der Vorstand rechtzeitig und ausreichend den Aufsichtsrat informiert hat. Bei einem Verstoß gegen die Berichtspflichten des Vorstandes gemäß § 90 AktG oder nach Maßgabe

---

[60] Vgl. WP-Handbuch 1992, Bd. I, P Tz. 28 einschränkend; *Adler/Düring/Schmaltz*, HGB, 5. Aufl., § 320, Rdn. 42.

der Geschäftsordnung hat er hierüber zu berichten[61]. Es bietet sich an, den Abschlußprüfer zu beauftragen, die *Berichterstattung an den Aufsichtsrat* auf Ordnungsmäßigkeit und generelle Funktionsfähigkeit zu prüfen.

Zur Intensivierung der Überwachung der Geschäftsführung kann ferner überlegt werden, ob der Prüfungsauftrag für den Abschlußprüfer auf die Prüfung der Ordnungsmäßigkeit der Geschäftsführung ausgedehnt wird.[62] Ein praktisches Beispiel bietet hierzu die erweiterte Prüfung nach § 53 Abs. 1 HGrG.[63] Danach ist im Rahmen der Abschlußprüfung auch die Ordnungsmäßigkeit der Geschäftsführung zu prüfen. Darüber hinaus hat der Abschlußprüfer in seinem Bericht die Entwicklung der Vermögens- und Ertragslage sowie die Liquidität und die Rentabilität der Gesellschaft darzustellen. Er hat ferner auf wesentliche verlustbringende Geschäfte und die Ursachen der Verluste einzugehen und die Ursachen eines Jahresfehlbetrages zu behandeln.

Maßstab für die *Ordnungsmäßigkeit der Geschäftsführung* ist die Sorgfalt eines ordentlichen und gewissenhaften Geschäftsleiters (§ 93 Abs. 1 Satz 1 AktG). Der Prüfer hat also festzustellen, ob die Geschäfte der Gesellschaft mit der erforderlichen Sorgfalt durchgeführt worden sind. Dies schließt die gebotene Wirtschaftlichkeit und die Übereinstimmung mit den rechtlichen Normen ein.

In der Anlage 2 zu den vorläufigen Verwaltungsvorschriften zu § 68 BHO sind Grundsätze für die Prüfung von Unternehmen nach § 53 HGrG formuliert. Danach hat der Abschlußprüfer unter anderem auf folgende Punkte einzugehen:[64]

1.) Anpassung des Rechnungswesens an die besonderen Verhältnisse des Unternehmens;

2.) Umfang und Angemessenheit der internen Revision;

3.) ungewöhnliche, risikoreiche oder nicht ordnungsgemäß abgewickelte Geschäftsvorfälle sowie erkennbare Fehldispositionen und wesentliche Unterlassungen;

---

[61] Ebenso *Arbeitskreis „Externe und interne Überwachung der Unternehmung" der Schmalenbach-Gesellschaft/Deutsche Gesellschaft für Betriebswirtschaft e.V.*, DB 1995, S. 3.
[62] So auch *Theisen*, WPg 1994, S. 819.
[63] Dazu ausführlich *Eibelshäuser*, Die Aufgabe des Abschlußprüfers nach § 53 HGrG, in: Bilanzrecht und Kapitalmarkt, Festschrift für Moxter, hrsg. v. Ballwieser u. a., Düsseldorf 1994, S. 919–950.
[64] Vgl. *Eibelshäuser*, FS Moxter, a.a.O. (Fn. 63), S. 933.

4.) Ordnungsmäßigkeit der Investitionsabwicklung; Angemessenheit der Gegenleistung beim Erwerb oder der Veräußerung von Beteiligungen;

5.) Stellungnahme zu nach Art und Höhe ungewöhnlichen Abschlußposten.

Diese zusätzlichen Prüfungstätigkeiten beziehen sich auf die Organisation, das Instrumentarium und die Tätigkeit der Geschäftsführung. Auch hier ist eine vorausschauende Sicht notwendig. Auf jeden Fall setzt die vom Gesetzgeber geforderte Stellungnahme zur Liquidität der Gesellschaft voraus, daß sich der Abschlußprüfer mit den wesentlichen Auszahlungen und Einzahlungen nach dem Bilanzstichtag auseinandersetzt. Bei der Beurteilung der Liquidität interessiert allein die Zukunft.[65]

Über § 53 HGrG hinaus kann es empfehlenswert sein, den Prüfungsauftrag für den Abschlußprüfer regelmäßig oder fallweise zu erweitern auf die Ordnungsmäßigkeit der schriftlichen Berichterstattung des Vorstandes an den Aufsichtsrat und auf die Ordnungsmäßigkeit der operativen *Unternehmensplanung*.[66] Mit Ordnungsmäßigkeit der Planung ist vor allem die Vollständigkeit und betriebswirtschaftlich vernünftige Systematik der Unternehmensplanung und die Kompatibilität der Teilpläne gemeint.[67] Die Beurteilung der Wirtschaftlichkeit und Zweckmäßigkeit der Berichterstattung und der Planung, bei der eine unternehmerische Betrachtung geboten ist, sollte sich dagegen der Aufsichtsrat selbst vorbehalten. Nicht delegierbar seitens des Aufsichtsrates ist aus demselben Grund die Überwachung der strategischen Unternehmensplanung.[68] Sie betrifft einen ganz wesentlichen Überwachungsgegenstand des Aufsichtsrates. Dies schließt nicht aus, daß der Aufsichtsrat zu Einzelaspekten von Planung und Berichterstattung Sachverständige heranzieht, zu denen auch der Wirtschaftsprüfer zählt.

Der weitergehende Vorschlag, den Abschlußprüfer als externen Controller einzusetzen[69], verkennt die Controllingfunktion und die unterschiedliche Interessenlage von Aufsichtsrat und Abschlußprüfer.

---

[65] Vgl. *Eibelshäuser*, FS Moxter, a.a.O. (Fn. 63), S. 942.
[66] Im Rahmen der Prüfung nach § 53 HGrG hat der Prüfer zu berichten, wenn die Berichterstattung des Vorstandes offensichtlich nicht zutreffende Darstellungen enthält; vgl. *Eibelshäuser*, FS Moxter, a.a.O. (Fn. 63), S. 933.
[67] So schon *Moxter*, Wirtschaftsprüfung und Zeitgeist, WPg 1981, S. 579–582.
[68] Vgl. dazu *Bea/Scheurer*, Die Kontrollfunktion des Aufsichtsrates, DB 1994, S. 2145–2152.
[69] Vgl. *Steiner*, Der Abschlußprüfer als externer Controller, WPg 1991, S. 470–482.

Das Controlling ist als delegierbare, organisatorisch verselbständigte Teilfunktion des Managements zur Planung, Steuerung, Koordinierung und Kontrolle zielorientierter Führungsmaßnahmen konzipiert.[70] Es ist also Bestandteil der Geschäftsführung. Während der Aufsichtsrat bei seiner Überwachungsaufgabe wie der Vorstand vom Interesse des Unternehmens geleitet wird, handelt der Abschlußprüfer auch im öffentlichen Interesse.[71] Die dadurch erforderliche Neutralität des Abschlußprüfers gegenüber dem Unternehmensinteresse ist mit der Controllingfunktion nicht zu vereinbaren.

Es bietet sich an, die zusätzlichen Prüfungsfeststellungen im Rahmen eines Prüfungsausschusses intensiver zu behandeln. Über die wesentlichen Erörterungen und Feststellungen des Prüfungsausschusses ist das Plenum des Aufsichtsrates zu unterrichten, dem im übrigen auch der ausführlichere Prüfungsbericht des Abschlußprüfers zur Verfügung steht.

Solche Erweiterungen des Prüfungsauftrages für den Abschlußprüfer verursachen zusätzliche *Prüfungskosten*. Der Aufsichtsrat wird dem Vorstand, der den Prüfungsauftrag zu erteilen hat (§ 318 Abs. 1 Satz 4 HGB), eine solche Erweiterung nahelegen, wenn er dies zur professionellen Ausübung seiner Überwachungsfunktion für angebracht hält. Der Vorstand hat nach eigenem pflichtmäßigem Ermessen zu entscheiden, ob oder inwieweit er den Prüfungsauftrag erweitern will. Da der Aufsichtsrat an die gleiche Sorgfaltspflicht wie der Vorstand gebunden ist, wäre es ungewöhnlich, wenn der Vorstand einem angemessenen Erweiterungswunsch nicht Rechnung tragen würde. Im übrigen könnte der Aufsichtsrat im Rahmen seines pflichtmäßigen Ermessens selbst den Abschlußprüfer beauftragen.[72]

V. Schlußbemerkung

Die rechtlichen Vorschriften für die Überwachung der Geschäftsführung durch den Aufsichtsrat und zur Prüfung des Jahresabschlusses sind prinzipiell ausreichend. Entscheidend ist, wie diese rechtlichen Vorschriften von den Personen im Aufsichtsrat bzw. vom Abschlußprüfer

---

[70] Vgl. u. a. *Weber*, Ursprünge, Begriff und Ausprägung des Controlling, in: Handbuch Controlling, Stuttgart 1990, S. 3–52.
[71] Vgl. *Adler/Düring/Schmaltz*, HGB, 5. Aufl., § 319, Rdn. 6 u. 10.
[72] Vgl. *Hoffmann-Becking*, a.a.O. (Fn. 13), § 29 Rn. 34.

gehandhabt werden.[73] Bezüglich etwaiger Gesetzesänderungen erscheinen diskussionswürdig: eine Begrenzung der Aufsichtsratsmandate pro Person, eine Verringerung der Größe von Aufsichtsräten, eine intensivere Zusammenarbeit von Aufsichtsrat und Abschlußprüfer sowie ein Wegfall der zwingenden Beteiligung von Gewerkschaftsfunktionären.

Für die Abschlußprüfer hat das Institut der Wirtschaftsprüfer Grundsätze ordnungsmäßiger Abschlußprüfung und ordnungsgemäßer Berichterstattung[74] entwickelt. Es wäre wünschenswert, daß sie eine stärkere Zukunftsbezogenheit von Prüfung und Berichterstattung betonen.

Für die Tätigkeit des Aufsichtsrates werden sich *Grundsätze ordnungsmäßiger Überwachung*[75] herausbilden, die sich mit der Auswahl, der Kompetenz und dem Engagement der Aufsichtsratsmitglieder, mit der Zusammensetzung des Aufsichtsrates und mit Art, Umfang und Intensität der Aufsichtsrattätigkeit befassen. Sie sollten – in gewisser Analogie zu den Grundsätzen ordnungsmäßiger Buchführung – auf breiter Basis unter Beteiligung von Wissenschaftlern und Praktikern der Betriebswirtschafts- und Rechtslehre entwickelt und unter Wahrung von Flexibilität und Praktikabilität zurückhaltend formuliert werden. Schließlich darf die Überwachung nicht die Eigenverantwortlichkeit des Vorstandes unterlaufen und auch nicht die notwendige Flexibilität, Schnelligkeit und Markt- oder Betriebsnähe der Entscheidungen behindern.

Eine engere Zusammenarbeit von Aufsichtsrat und Abschlußprüfer wie sie in Kapitel IV. angesprochen wurde, kann dazu beitragen, die Überwachungstätigkeit gegenüber der Geschäftsführung effizienter zu gestalten. Ein Teil der Ordnungsmäßigkeitsprüfungen, die dem Aufsichtsrat obliegen, kann an die Abschlußprüfer delegiert werden, so daß sich der Aufsichtsrat stärker mit der Wirtschaftlichkeit und Zweckmäßigkeit der Geschäftsführung sowie mit der strategischen und zukunftsorientierten Überwachung befassen kann.

---

[73] Vgl. *Scheffler*, ZGR 1993, S. 73–76
[74] Vgl. FG 1/1988 und FG 2/1988.
[75] Vgl. *Arbeitskreis „Externe und interne Überwachung der Unternehmung" der Schmalenbach-Gesellschaft/Deutsche Gesellschaft für Betriebswirtschaft e.V.*, DB 1995, S. 1–4.

HANNS MARTIN W. SCHOENFELD

Schwierigkeiten bei der Beurteilung der Betriebsleistung internationaler Unternehmungen

    I. Leistungsdeterminanten
   II. Im Rechnungswesen begründete Abrechnungsprobleme
  III. Im Rechnungswesen nicht berücksichtigte Einflüsse
      1. Störungen durch Inflationsfaktoren
      2. Störungen durch Umfeldeinflüsse und betriebliche Entscheidungen
  IV. Interne Lösungsmöglichkeiten
      1. Entwicklung von Vergleichskennzahlen
      2. Verwendung nicht-monetärer quantitativer und qualitativer Indikatoren
         a) Quantitative Kennzahlen
         b) Qualitative Meßgrößen
   V. Auswirkungen auf das Prüfungswesen

I. Leistungsdeterminanten

Für multinationale Unternehmungen gibt es eine Vielzahl von Faktoren, die die Leistung bestimmen. Im Gegensatz zu Unternehmen, die nur in einem Land oder einem relativ engen Bereich tätig sind, wirken zahlreiche äußerst unterschiedliche und oft gegenläufige Einflüsse auf das betriebliche Leistungsergebnis ein.[1] Diese entziehen sich zum Teil der direkten betrieblichen Einflußnahme oder können – allerdings oft nur langfristig – beeinflußt werden. Zur Beurteilung der echten betrieblichen Leistung ist es jedoch notwendig, diese Einflüsse zu berücksichtigen, um nicht ein falsches Bild von der Periodenleistung zu bekommen. Die Organisationstheorie[2] hat diese Leistungsdeterminanten sowohl im Konzept wie auch teilweise empirisch untersucht und ist zu dem Schluß gelangt, daß (mindestens) die in der Abbildung 1 dargestellten Faktoren gemeinsam das betriebliche Ergebnis determinieren – nur ist nicht eindeutig meßbar, in welchem Umfang das in der jeweiligen Abrechnungsperiode geschieht.

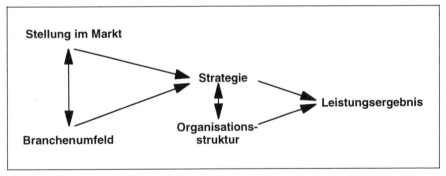

Abb. 1: Leistungdeterminanten

---

[1] Eine Reihe dieser Ausführungen geht auf langfristige Untersuchungen multinationaler Unternehmungen zurück. Die ersten Untersuchungsergebnisse sind veröffentlicht in: *Holzer/Schoenfeld,* Managerial Accounting and Analysis in Multinational Enterprises, Berlin 1986; insbes. in dem Beitrag *Schoenfeld,* The Present State of Performance Evaluation in Multinational Companies, S. 217–252, sind meine Ausführungen zusammengefaßt, die im nachstehenden Text deshalb nicht erneut einzeln zitiert werden.

[2] Vgl. *White/Hammermesh,* Toward a Model of Business Unit Performance: An Integrative Approach, Academy of Management Review, 1981, S. 2–213, hier S. 210. Abbildung 1 ist aus dieser Quelle übernommen und übersetzt worden.

Wäre es möglich, diese Einflüsse voll zu quantifizieren, so wären viele Beurteilungsfragen einfach beantwortbar. Fest steht, daß jede einzelne multinationale Tochtergesellschaft davon in unterschiedlichem Ausmaß und zu unterschiedlichen Zeitpunkten betroffen ist. Deshalb sind diese Einflüsse, soweit es geht, bei einer Leistungsbeurteilung zu berücksichtigen.

Das Rechnungswesen stellt das Betriebsgeschehen lediglich eindimensional in Form monetärer Ergebnisse dar, zeigt dabei aber nicht die Ursachen, die zu tatsächlichen Ergebnissen geführt haben; außerdem wirken sich viele der Determinanten mit unterschiedlichem timelag aus. Diese Tatsache erschwert eine objektive Interpretation oder macht sie u.U. fast unmöglich. Zusätzlich bedingen die für das Rechnungswesen gültigen Konventionen, wie z.B. die Regeln für die Zuordnung zu einer Abrechnungsperiode (matching) oder die vorgeschriebenen Abschreibungsverfahren, daß u. U. weitere zeitliche Verschiebungen in der Abrechnung auftreten können, die zu Interpretationsschwierigkeiten führen. Diese Problematik soll nachstehend kurz untersucht werden, um sowohl die Grenzen wie auch die Möglichkeiten einer Leistungsbeurteilung für multinationale Unternehmen aufzuzeigen.[3] Jede Unternehmung setzt laufend umfangreiche Ressourcen ein, die sich oft auf die Leistung erst in fernerer Zukunft voll auswirken. Deshalb kann das Rechnungswesen und insbesondere der Jahresabschluß als eine Form der historischen Darstellung von Istwerten nicht in vollem Umfang dieser Aufgabe gerecht werden, denn ein Teil des Jahresergebnisses enthält bereits Aufwendungen oder Investitionen, die zukunftsgerichtet sind und damit im Abschlußzeitpunkt lediglich zu Aufwendungen aber noch nicht zu erkennbaren Leistungsergebnissen geführt haben.

II. Im Rechnungswesen begründete Abrechnungsprobleme

Jahresabschlüsse internationaler Konzerne erfordern sowohl nach den in den USA gültigen wie auch nach europäischen Grundsätzen (7. EG Richtlinie – umgesetzt in das Recht der Mitgliedstaaten) eine Konsolidierung aller Tochtergesellschaften – allerdings zur Zeit noch nach nicht

---

[3] Einen Überblick über die historische Entwicklung und die Vielzahl der noch offenen Fragen gibt *Holzer*, Past Research on Performance Evaluation of International Subsidiaries, in: *Holzer/Schoenfeld,* a.a.O. (Fn. 1), S. 1–12. Weitere Beispiele (Monsanto-USA, Goldstar Electronice-Korea, FMC Corp.-USA, Borg-Warner-USA, Philips-Holland und Nixdorf-Deutschland) finden sich in demselben Band.

vereinheitlichten Grundsätzen für die Einbeziehung von abhängigen (affiliated) Unternehmen. Die letztere Tatsache soll in diesem Zusammenhang unbeachtet bleiben, weil – so steht zu hoffen – mit einer Harmonisierung in Zukunft zu rechnen ist und weil auch bei Nicht-Einbeziehung das Problem der Vergleichbarkeit unverändert bestehen bleibt. Für die weitere Diskussion wird deshalb nur von in den Konsolidierungskreis einbezogenen Tochtergesellschaften ausgegangen. In diesem Fall sind für die Konsolidierung jeweils folgenden Schritte erforderlich:

(1) Umstellung der Rechnungslegungsgrundsätze auf das „Domizil", d. h. das Land des Sitzes der Muttergesellschaft;

(2) Umrechnung in die Währung der Muttergesellschaft;

(3) Eliminierung von sich ausgleichenden Posten und von Zwischengewinnen.

Die Umstellung auf die Rechnungslegungsgrundsätze der Muttergesellschaft führt vielfach zu einer Veränderung der Bilanzrelationen, die die Vergleichbarkeit mit dem ursprünglichen Abschluß stört, aber insofern eine Verbesserung darstellt, als sämtliche in der Konsolidierung einbezogenen Tochtergesellschaften formal nach einheitlichen Abrechnungsprinzipen (Bewertung, Gliederung) erfaßt werden. Ebenfalls ausgeglichen werden Unterschiede, die sich aus der Eingliederung bestimmter Posten ergeben, wie z. B. die Darstellung als Eventualverbindlichkeiten (contingencies) in den USA und die in weiterem Umfang zulässige Einstellung als echte Rückstellungen in Europa. Nicht bereinigt werden hingegen Unterschiede, die durch materiell andersartige Behandlung von bestimmten Transaktionen in einzelnen Ländern entstehen, wie z. B. das Verbleiben von Pensionsfonds im Betrieb oder deren Ausgliederung auf Dritte, wie z. B. in USA üblich. Unbestreitbar entsteht dadurch ein aus der Jahresrechnung nicht auszuschaltender Einfluß auf Bilanzrelationen, der zumindest das Finanzierungsbild verändern könnte. Selbst bei fortschreitender Harmonisierung werden diese durch Gesetzgebung oder Usancen hervorgerufenen Unterschiede teilweise fortbestehen und erklärungsbedürftig bleiben.

Ein auf Dauer fortbestehendes Problem bildet dagegen die Währungsumrechnung (translation), die in den USA durch SFAS 52[4] geregelt

---

[4] Statement of Financial Accounting Standards No. 52: Foreign Currency Translation, Dec. 1981, in: FASB Original Pronouncements 1991/92 Edition, Homewood/IL 1991, S. 501–531.

ist, über die die 7. Direktive jedoch nichts aussagt und für die in zahlreichen Ländern[5] unterschiedliche Empfehlungen vorliegen. Ohne die Diskussion aufzugreifen, ob dabei vorzugsweise eine Erhaltung der Bilanzrelationen oder eine marktnahe Darstellung zu bevorzugen ist, läßt sich feststellen, daß in der Praxis – in der aus Gründen der Nachvollziehbarkeit und Überprüfbarkeit pragmatisch vorgegangen werden muß – unterschiedliche Verfahren anzutreffen sind, die das Ergebnis bei größeren Wechselkursschwankungen erheblich verändern, ohne daß dabei an einen Transfer der Posten in ein anderes Währungsgebiet gedacht ist (der eine Realisierung dieser Unterschiede zur Folge hätte).

Gemäß der US-Regelung sind immer dann, wenn die Arbeitswährung (functional currency[6]) die Währung der Tochtergesellschaft ist, alle Bilanzpositionen mittels der Kurses am Bilanzstichtag (current-rate Verfahren) und die Posten der Erfolgsrechnung mit (gewogenen) Jahresdurchschnittskursen zu übersetzen (Ausnahme: einmalige materielle Sonderposten, für die ein Tranferstichtagskurs anzuwenden ist). Die daraus rein rechnerisch entstehenden Unterschiede (auch nicht realisierte Gewinne sind darin enthalten) werden als vorübergehende Umrechnungsgewinne/-verluste bis zur endgültigen Realisierung in einem Unterposten des Eigenkapitals ausgewiesen – und sind damit eindeutig als schwebende Posten gekennzeichnet, die den Jahreserfolg modifizieren.

Handelt es sich um Tochtergesellschaften, deren Arbeitswährung US-$ sind (regelmäßig kleinere Gesellschaften), dann sind nicht-monetäre Bilanzposten (Anlagen und Bestände) mit dem historischen Kurs (Anschaffungs- oder letzter Neubewertungszeitpunkt) und monetäre Bilanzposten mit dem Bilanzstichtagskurs zu übersetzen (temporal method). Für die Erfolgsrechnung gilt wieder der (gewichtete) Jahresdurchschnittskurs; Ausnahmen bilden diejenigen Posten (Abschreibungen), die direkt von Bilanzpositionen abhängen und die „cost of goods sold", die in einer Stufenrechnung unter Berücksichtigung der Bilanzansätze von Anfangs- und Endbeständen errechnet werden. Das Verfahren ist auch auf alle Hyperinflationsländer (Inflationsrate > als 100% in den letzten drei Jahren) anzuwenden.

---

[5] Für eine Darstellung der empfohlenen unterschiedlichen Umrechnungsmethoden vgl. *Choi/Mueller,* International Accounting, 2nd. ed, Englewood Cliffs/NJ 1988, S. 195.
[6] Statement of Financial Accounting Standards No. 52: Foreign Currency Translation, a.a.O. (Fn. 4), S. 512f., behandelt die Kriterien für die Bestimmung der 'functional currency' ausführlich; es sind dies: cash flow, Verkaufspreise, Absatzmarkt, Aufwendungen, Finanzierung, innerkonzernliche Transaktionen. Häufig ist es schwierig, eine eindeutige Entscheidung zu fällen – dann gilt der überwiegende Teil der Indikatoren.

Eine unterschiedliche Behandlung dieser speziellen Situationen erscheint sinnvoll, weil in beiden genannten Fällen davon ausgegangen werden kann, daß die Tochtergesellschaft im Rahmen des Währungsgefüges der Muttergesellschaft entscheidet und sich infolgedessen so verhält, als habe sie fortdauernd mit US-$ gearbeitet. Zu berücksichtigen ist aber, daß im Falle der Arbeitswährung US-$ jede durch Kursänderungen hervorgerufene Wertänderung zu Lasten des Jahresgewinnes/-verlustes abzurechnen ist. Damit entstehen gegenüber dem current-rate Verfahren veränderte Jahresergebnisse, die für die Leistungsbeurteilung von Bedeutung sind. Diese Frage wird besonders bedeutsam, wenn im Laufe des Geschäftsjahres eine Änderung der Arbeitswährung eingetreten (z. B. bei Überschreiten der Hyperinflationsgrenze) und dadurch die Kontinuität der Rechnungslegung gestört ist. Zumindest würde es in einem solchen Fall notwendig, alle auftretenden Veränderungen im einzelnen zu erklären und u. U. nach amerikanischen Prinzipen die Auswirkungen auf die Vorjahre rückzurechnen.

Die Verzerrungen durch Wechselkursschwankungen betreffen aber nicht nur Bilanz und Erfolgsrechnung, sondern wirken sich – u.U. sogar stärker – auf die in Europa freiwillig und in den USA verpflichtend aufgestellte cash-flow-Rechnung aus. Geht man hypothetisch von einer Tochtergesellschaft aus, in der keinerlei Geschäftsvorfälle stattgefunden haben, deren Währung aber wesentlich gestiegen oder gefallen ist, so ist in der in Landeswährung aufgestellten Cash-flow-Rechnung keinerlei Veränderung sichtbar; nach der Übersetzung errechnet sich aber ein cash-flow in vielen oder allen Positionen – je nach angewendeter Übersetzungsmethode kommt es damit zu erheblichen Veränderungen. Wird die cash-flow-Rechnung summarisch (derivative Methode) für den Konzern erstellt, bleiben diese Veränderungen erhalten und bedürfen der Bereinigung. Diese Tatsache und die Notwendigkeit, auch Innen- und Außengeldflüsse gesondert kenntlich zu machen, verlangt auch in diesem Bereich eine Datenbereinigung, weil sonst evtl. wichtige Relationen, wie z. B. „echter" cash-flow/Gewinn o.ä., ein falsches Bild ergeben.[7]

---

[7] Für Einzelheiten vgl. *Coenenberg/Günther,* Cash-Flow, in: Handwörterbuch des Rechnungswesens, hrsg. v. Chmielewicz u. a., 3. Aufl., Stuttgart 1993, Sp. 301–311.

III. Im Rechnungswesen nicht berücksichtigte Einflüsse

1. Störungen durch Inflationsfaktoren

Ein weiteres Problem für multinationale Unternehmen entsteht aus der weltweiten Inflation, die Tochtergesellschaften in einzelnen Ländern unterschiedlich stark trifft und damit bei der für die Bewertung vorherrschenden Verwendung von Anschaffungswerten zu Ergebnisabweichungen führt, die außerdem durch die oben angeführten pragmatischen Übersetzungsprinzipien verstärkt werden. Aus Gründen der Überprüfbarkeit der Rechnungslegung im Rahmen der Jahresabschlußprüfung erscheint das kaum vermeidbar – jedoch ist auch unbestreitbar, daß z. B. entscheidenden Bilanzpositionen oft niedrigere Inflationsraten zu Grunde liegen als das auf die Posten der Erfolgsrechnung zutrifft. Aber selbst wenn keine hohen Inflationsraten auftreten, dürfte – zumindest bei Anlagegütern mit einer längeren Lebensdauer – der inflatorische Einfluß über längere Zeiträume erhebliche Auswirkungen haben (z. B. Verbesserung der Gesamtkapitalrentabilität durch relatives Zurückbleiben der Vermögenswerte gegenüber den Erträgen). Jede größere Neuanschaffung führt damit zwangsläufig zu sprunghaften Rentabilitätsveränderungen, die wiederum erklärungsbedürftig sind. Dieser Fall tritt ein, wenn mit einem inflationsunabhängigen gleichbleibenden Währungsumrechnungsverfahren gearbeitet wird.

Die vorstehenden Mängel werden nur teilweise dadurch geheilt, daß Hochinflationsländer (z. B. Lateinamerika) eine Inflationsanpassung im Rechnungswesen kraft Gesetzes verlangen. Regelmäßig erfolgt das durch Indexierung, die in ihrer Qualität von den verfügbaren oder vorgeschriebenen Indizes abhängt und auch nicht in allen Ländern nach einheitlichen Prinzipien gehandhabt wird. Wie schon angeführt, zwingt das – jedenfalls US-Muttergesellschaften – zu einer Änderung des Währungsumrechnungsverfahrens, die allerdings die Wertverzerrung nicht heilt. Außerdem ist schwer einzusehen, daß in konsolidierten Jahresabschlüssen eine willkürliche Grenze von 100% Inflation in den letzten drei Geschäftsjahren zu unterschiedlicher Behandlung führen soll, gleiches aber z. B. im Falle von 95% nicht verlangt wird.

Eine Ausnahme vom Anschaffungswertprinzip findet sich z. B. in niederländischen Bilanzen, soweit diese mit dem nach der 4. Direktive zulässigen Wiederbeschaffungswertprinzip aufgestellt worden sind. Allerdings geht dieses Prinzip über eine reine Inflationsanpassung hinaus, weil auch wertbeeinflußende Marktveränderungen darin ihren

Niederschlag finden.[8] Es kann aber davon ausgegangen werden, daß es ohnehin nicht möglich ist, diese Einflüsse eindeutig voneinander zu trennen; daraus folgt, daß jede Methode, die eine Annäherung an den „echten" Marktwert darstellt, zumindest die Rentabilitätsberechnung wesentlich verbessert. Geringere Mängel in der Bewertung fallen leider gegenwärtig nicht wesentlich ins Gewicht, weil ohnehin entscheidende, den Gesamtwert der Unternehmung bestimmende Posten, wie z. B. Know-how oder selbsterworbene Patente, nicht oder nur unzureichend in den immateriellen Anlagegegenständen enthalten sind.[9] Daraus folgt, daß insbesondere bei know-how-intensiven Unternehmen oder Unternehmensteilen die Rentabilität überhöht ausgewiesen wird (z. B. bei Microsoft und anderen Softwareherstellern). Insofern ist der Schluß zulässig, daß – insbesondere für grenzüberschreitende Investitionsentscheidungen und auch für die Beurteilung des Management-Erfolges – eine verbesserte Analyse der effizienten Kapitalverwendung erforderlich erscheint.

Den ersten Schritt in dieser Richtung stellt die produktbezogene Segmentberichterstattung[10] dar, die zumindest in der in den USA geforderten Form für einzelne Produktbereiche eine getrennte Analyse zuläßt. Das genügt allerdings nicht, wenn diese Produktbereiche gleichzeitig in mehreren Ländern liegen, weil dann wiederum die Übersetzungs- und Inflationsstörfaktoren auftreten – und weil außerdem der Leistungserfolg der einzelnen Tochtergesellschaft nicht isoliert betrachtet wird. In all diesen Situationen bietet sich lediglich eine interne Bewertung mittels Marktwerten bzw. marktnahen Werten an. Offenbar ist diese Notwendigkeit so stark, daß – wie Befragungen von multinationalen Unternehmungen ergeben haben – diese Rechnung als Investitionsentscheidungsgrundlage und für Zwecke der Leistungsbeurteilung der Tochtergesellschaften überall zusätzlich durchgeführt wird.[11]

---

[8] Zum Verfahren vgl. *Goudeket,* An Application of Replacement Value Theory, Journal of Accounting, July 1966; vgl. auch die veröffentlichten Philips-Jahresberichte.

[9] Das AICPA hat zu dieser Frage und der Notwendigkeit einer Abhilfe bereits Stellung bezogen; vgl. dazu The AICPA Special Committee on Financial Reporting, Improving Business Reporting: A Customer Focus, New York 1994.

[10] Vgl. Statement of Financial Accounting Standards No. 14: Fiancial Reporting of Segments of a Business Enterprise, Dec. 1976, in: FASB Original Pronouncements, 1991/92 Editon, Homewood/IL. 1991, S. 145–168 (amended by FASB 18, 21, 24, 30, 94 und 95).

[11] Vgl. *Schoenfeld,* a.a.O. (Fn. 1), S. 217. Diese Feststellung geht auf eine 1983/84 durchgeführte Untersuchung von 14 europäischen und 6 amerikanischen multinationalen Unternehmungen zurück.

2. Störungen durch Umfeldeinflüsse und betriebliche Entscheidungen

Eine Reihe weiterer Störfaktoren, die die Vergleichbarkeit der Ergebnisse von Tochtergesellschaften beeinträchtigen entsteht – und bleibt oft permanent erhalten – aus Umfeldeinflüssen. Diese erwachsen aus den im jeweilige Land vorherrschenden wirtschaftlichen Einflüssen (Infrastruktur, Wirtschaftslage, Wirtschaftspolitik, Einkommens- und Lohnniveau, Beschäftigungslage der Branche, Kapitalmarkt und Banksystem, Zinsniveau etc.), sozialen Einflüssen (Verhaltensnormen, Einstellung zur Arbeit, Sozialsystem, Erwartungshaltung etc.), den politischen und gesetzlichen Einflüssen (politisches System, Stabilität, Rechtsordnung, Funktionsfähigkeit der Gerichte, Umweltgesetzgebung, Arbeitsschutzgesetzgebung etc.) und den technologischen Einflüssen (Stand der angewendeten Technik, Produktivität, Anpassungsgeschwindigkeit etc.), um nur einige zu nennen. Zu erwähnen sind außerdem durch geographische Lage (Klima, Rohstoffverfügbarkeit, Transportwege) hervorgerufene Einflüsse. In jedem Fall sind Unterschiede zwischen Ländern vorhanden, denen die Unternehmensleitung mit den für ihre Zwecke geeigneten modifizierten Zielsetzungen und besonderen Aufgabenstellungen für die Tochtergesellschaft zu begegnen versucht. Nur auf diese Weise ist eine „optimale" Gestaltung des Konzerns erreichbar, die bei multinationalen Unternehmungen besonders auf Arbeitsteilung und Zusammenwirkung von Tochtergesellschaften abstellt. Das führt aber zwangsläufig zu kostenwirksamen Unterschieden in den Tochtergesellschaften. Eine Reihe dieser Unterschiede sind beispielhaft (und nicht vollständig) in der nachstehenden Übersicht 1 aufgeführt, um sowohl Ursachen wie Auswirkungen zu verdeutlichen.

Daran wird deutlich, daß nicht mit einer direkten Vergleichbarkeit der aus dem Rechnungswesen resultierenden Kennzahlen zu rechnen ist, weder kurz- noch langfristig. Europäische und insbesondere deutsche Unternehmungen versuchen zwar dieser Entwicklung teilweise durch Verwendung kalkulatorischer Kosten zu begegnen, doch sind diesem Vorgehen insofern Grenzen gesetzt, als eine Verwendung von zu vielen Posten dieser Art die Abrechnung erschwert oder stört. Infolgedessen müssen zusätzliche analytische Verfahren eingesetzt werden, um eine echte Betriebsleistung und insbesondere deren Veränderung über mehrere Perioden möglichst direkt überwachen zu können.

1. **Aufgabenstellung der Tochtergesellschaft:**
   Kann von reiner Rohstoffbeschaffung über lohngünstige Produktion, reine Marktpräsenz bis zur Wahrnehmung aller Betriebsfunktionen reichen; kann als Wachstumsbereich oder Cash-cow geführt werden.

2. **Entwicklungsstufe:**
   Neugründung (Anlaufkosten) bis zum voll entwickelten Zweigbetrieb mit den resultierenden Kostenunterschieden.

3. **Organisationsstruktur:**
   Abhängig von Gesetzgebung (nationales Management), Größe, Aufgabenstellung und landestypischen Normen.

4. **Entwicklungsstand der Betriebsfunktionen:**
   Tochtergesellschaft mit ausgewählten Funktionen, sämtliche Funktionen vorhanden; Regelfall: einige Funktionen (F&E) zentral, andere entsprechend der Größe und zum Teil auf Zwischenholdings übertragen.

5. **Sozialordnung und Usancen:**
   Arbeitstradition, landesübliche Arbeitszeitregelungen, gesetzliche und freiwillige soziale Leistungen, Lohngestaltung und Managementhierarchie.

6. **Vertriebskanäle und Serviceleistungen:**
   Landesüblich und produktbezogen.

7. **Kapitalstruktur und Finanzierung:**
   Landesübliche Anteile von Eigen- und Fremdkapital, Konzernfinanzierungsmethoden, Mittelabfluß an internes Clearinghouse, Ausnutzung weltweiter Kapitalmärkte, mangelnde Währungs-Konvertabilität, Kredit-Absicherung durch andere Konzerngesellschaften, Gewinnrepatriierung.

8. **Preisstruktur und Zahlungsmodalitäten:**
   Ertragshöhe und Zahlungseingang.

9. **Kostenstruktur:**
   Lohnhöhe und Sozialleistungen (Höhe und Form), Ausbildungskosten, Produktivitätsniveau, Technologie-Einsatz, Produktanpassungsnotwendigkeiten, Beschaffungspreise und andere Kosten, klimabedingte Kosten, Umweltschutzkosten, Kostensteuern, behördenabhängige Kosten.

10. **Betriebspolitik-abhängige Kosten:**
    Transferpreise von/zu anderen Konzerngesellschaften, Konzernumlagen, Kosten für zentrale Dienstleistungen, Bezugs- und Lieferauflagen, Investitionsrestriktionen, Kapazitätsausnutzungsauflagen(-restriktionen).

11. **Gesamtwirtschaftliche länderabhängige Faktoren:**
    Wirtschaftslage, Wachstumsraten, Industrieförderung, Abschreibungsraten, Inflationsrate etc.

Übersicht 1: Faktoren, die mangelnde Vergleichbarkeit von Kosten und Erlösen bei multinationalen Tochtergesellschaften auslösen

Datengruppe	Vergleichsbasis	Mögliche Aussagen und Mängel
1. Ist-Bilanz- und Erfolgsrechnungsdaten	Vorjahresdaten	Entwicklung und Trend, rein rechnerische Abweichung.
		Mängel: keine Zielvorstellungen
2. Ist-Bilanz- und Erfolgsrechnungsdaten	Strategische (Soll) Planzahlen und Budgetdaten	Planeinhaltung, Planungsfehler, Istabweichungen
		Mängel: keine objektiven Planmaßstäbe
3. Ist-Bilanz- und Erfolgsrechnungsdaten	Vergleichszahlen aus demselben Land	Inländischer Leistungsvergleich
		Mängel: schwer erhältliche Daten
4. Übersetzte Ist-Daten	Vergleichbare Tochtergesellschaften	Zwischenbetrieblicher Einzelleistungsvergleich
		Mängel: Kosten- und Erlösunterschiede, übersetzte Werte
5. Übersetzte Ist-Daten	sämtliche Tochtergesellschaften und Gesamtkonzern	Investitionsrentabilitätsvergleich u.ä. Konzernergebnisse
		Mängel: Kosten- und Erlösunterschiede, übersetzte Werte

Übersicht 2: Kennzahlengruppen

IV. Interne Lösungsmöglichkeiten

1. Entwicklung von Vergleichskennzahlen

Für leistungsorientierte Analysen entsteht aus den vorstehend aufgeführten Problemen die Notwendigkeit, zusätzliche Kennzahlen oder Kennzahlenreihen zu verwenden, um ein echtes Leistungsbild entwickeln zu können. Dafür werden regelmäßig Vergleichswerte verwendet, die aber alle nur eine begrenzte Aussagefähigkeit besitzen und ihrerseits deshalb interpretationsbedürftig sind. Es handelt sich dabei um die in Übersicht 2 gezeigten Kennzahlengruppen.

Eine Umrechnung in Relativzahlen ist dabei oft hilfreich, garantiert aber nicht immer die Möglichkeit unmittelbarer Aussagen.

2. Verwendung nicht-monetärer quantitativer und qualitativer Indikatoren

a) Quantitative Kennzahlen

In jüngster Zeit werden zunehmend zur Leistungsmessung nicht-monetäre Daten empfohlen, die eine direkte Überwachung von Veränderungen in Leistungsvorgängen erlauben. Diese Entwicklung stammt weitgehend aus der Kostenrechnung, insbesondere dem activity costing (Prozeßkostenrechnung). Bei der Untersuchung kostenverursachender Vorgänge ist man darauf gestoßen, daß traditionelle Umlage-Schlüssel sich als unzureichend für die Analyse der Stellen- und Stückkosten erweisen. Die Entwicklung neuer Umlageschlüssel (sogenannte cost driver) auf Basis innerbetrieblicher Aktivitäten hat zu einer schrittweisen Verbesserung der Kostenzuordnung und damit einer realistischen Analyse eines Teils der Kostenentwicklung geführt. Gleichzeitig wird dabei offensichtlich, daß bisher vernachlässigte Datengruppen mit größerer Effizienz für Kostenverbrauchsmessungen und Kostenüberwachung eingesetzt werden können. Derartige Größen lassen sich auch häufig direkt als Leistungsindikator verwenden, weil sie Veränderungen im Betriebsgeschehen unmittelbar aufzuzeigen. Es handelt sich dabei vorzugsweise um eindeutig erfaßbare Zeiten, Mengen oder Ereignisse. Die nachstehende Übersicht 3 zeigt einige dieser in der Activity-Costing-Literatur aufgeführten Größen, die unter der Sammelbezeichnung „cost driver" zusammengefaßt werden.

Jede das Gesamtergebnis beeinflußende Betriebsleistung besteht aus sich wiederholenden Vorgängen, die jedoch im Umfang veränderlich sind (Auftragsgröße). Im Betrieb sind dafür auf Grund vorhergehender Planung Kapazitäten vorgesehen; die damit verbundenen Kosten gehen auf Ressourcen-Input-Entscheidungen zurück – sind also von der Betriebsstruktur abhängig und damit im wesentlichen fixe oder stufenfixe Kosten. Folglich bestimmt der Ausnutzungsgrad dieser Kapazitäten oder Kapazitätsteile die Höhe der tatsächlichen Stück-

Betriebsaktivität	Leistungsindikator
Einkauf	Anzahl der Bestellungen Dauer von Bestellvorgängen Bearbeitungs- und Lieferdauer Wartezeiten
Einlagerung	Anzahl der Anlieferungen Anzahl der Inspektionsvorgänge Dauer der Einlagerung
Lagerhaltung	Dauer der Lagerung Anzahl der Bewegungsvorgänge Zeit zwischen Eingang und Verbrauch
Fertigung	Anzahl der innerbetr. Aufträge Anzahl der Einrichtungsvorgänge Anteil der Einrichtungszeit Anteilige Arbeits-/Stillstandszeit Auftragsdurchlaufzeit (pro Stück) Zwischenlagerzeiten Anzahl der Fertigungsunterbrechungen Auftragsabfallmengen Produkt-Design-Zeiten
Qualitätsmanagement	Inspektionen pro Auftrag Inspektionszeiten Fehlerhäufigkeit Nacharbeitszeiten Garantiekosten Garantiearbeitszeiten Betriebsunterbrechungszeiten Abnehmerbeschwerden
Endlagerung	Auftragslagerdauer Lagerbewegungen pro Auftrag
Versand	Lieferdauer

Übersicht 3: Leistungsindikatoren

kosten und das erzielbare Leistungsergebnis. Vorab eine umfassende Kapazitätsplanung und -anpassung vorzunehmen führt aber meist nicht zu einem praktisch brauchbaren Ergebnis, weil in verschiedenen Abrechnungsperioden eine unterschiedliche Inanspruchnahme von Kapazitätsteilen (= betrieblicher Einzelaufgaben) erfolgt. Deshalb ist die Messung und Beurteilung nur auf der untersten Kapazitätsebene, nämlich bei den Einzelaktivitäten, sinnvoll und führt zu auswertbaren Einsichten. Die den Ausnutzungsgrad am besten beschreibenden (meßbaren) Faktoren, „cost drivers", erweisen sich deshalb als besonders geeignet für eine Leistungskontrolle. Am Beispiel von Losgrößen wird dieser Fall besonders deutlich. Sobald Schwankungen in der Nutzung der für ein Erzeugnis bereitgestellten Kapazitäten entstehen – und zwar durch Umschichtung von Leistungszeiten in Rüstzeiten bei vermehrten Kleinaufträgen – fallen zwar überwiegend unveränderte Gesamtkosten an, doch ergeben sich höhere Stück-Kosten (d. h. eine geringere Menge von Ausstoß-Leistungs-Vorgängen, denen diese Kosten anzulasten sind). Werden keine höheren Preise eingefordert, ist die Einwirkung auf das Betriebsergebnis deutlich.

In den letzten Jahrzehnten hat sich diese Entwicklung durch Wachstum des Anteils der fixen an den Gesamtkosten rapide verstärkt. Damit hängt das Betriebsergebnis immer stärker von diesen Kosten ab; außerdem ist über solche Kosten immer länger vor Beginn des Leistungsvorganges zu entscheiden (Inputabhängigkeit der Kosten).[12] Das periodenbezogene Rechnungswesen erfaßt zwar diese Kosten, aber nicht unbedingt in der Verbrauchsperiode, denen sie zugerechnet werden sollten (typisches Beispiel: zeitbezogene Abschreibung bei stark mengenabhängigem Verbrauch). Damit kann der Fall eintreten, daß die Betriebsleistung über die Totalperiode richtig, für willkürlich auf Jahresbasis angesetzte Zwischenperioden aber vorübergehend unrichtig gemessen wird. Da eine Leistungsbeurteilung aber fast regelmäßig auf Jahresbasis erfolgt, müssen weitere Hilfsgrößen herangezogen werden, weil Einzelprojekte nicht mit diesem Abrechnungsrythmus übereinstimmen und so Ergebnisverzerrungen auslösen. Aus diesem Grunde werden in die strategische Planung häufig nicht-monetäre Zielvorgaben eingearbeitet, deren Erfüllungsgrad unabhängig von Rechnungswesen überprüfbar ist.

b) Qualitative Meßgrößen

Qualitative Meßgrößen (überwiegend verbale Beschreibungen) haben den Nachteil, daß sie schwierig überprüfbar sind und häufig nicht ohne subjektive Wertung erstellt werden können. Besonders bei allen zukunftsorientierten Ressourcen-Einsätzen (d. h. eigentlich allen Neu-

---

[12] *Shank/Govindarajan,* Strategic Cost Management, New York 1993, hier S. 19–28, weisen ausdrücklich auf die Bedeutung der „structural cost" drivers hin, die das betriebliche Kostenniveau überwiegend bestimmen. Diese Gedanken entsprechen der von *Gutenberg* bereits herausgestellten technischen Ausstattung als Kostendeterminante.

investitionen in veränderte oder neue Produkte oder Technologien) tritt aber genau dieser Fall ein. Sowohl die langfristigen und im Rechnungswesen noch nicht erfaßten Verpflichtungen wie auch bereits eingetretene Investitionen, die aber die Ertragslage noch nicht beeinflussen, fallen in diesen Bereich. Deshalb bleibt keine andere Möglichkeit, als die damit verfolgte Zielsetzung zu beschreiben und die planmäßige Projektabwicklung – die ohnehin in der strategischen Unternehmensplanung aufgeführt sein sollte – soweit wie möglich zeitlich eindeutig festzulegen und alle Entwicklungsstufen in einer Form darzustellen, die nachträglich auf den Erfüllungsgrad hin eindeutig überprüft werden können. Geschieht das nicht, so bleiben die Zusammenhänge zwischen Aktivitäten und Ergebnissen immer undurchsichtig und Veränderungen in den Zahlenrelationen des Rechnungswesens sind nicht erklärbar. Das gilt besonders für neue Möglichkeiten (Technologien, Produkte etc.) und den damit verbundenen Risiken. Ansätze für eine solche Überwachung mittels nicht monetärer Größen sind bereits in der Praxis zu finden. *Czechowicz, Choi* und *Bavishi*[13] berichten bereits in ihrer Untersuchung von 1982 über die weitgehende – allerdings innerbetriebliche – Verwendung von check-lists, in der für ausgewählte betriebliche Funktionsbereiche und Projekte genau definierte Einzelziele mit Terminangaben vorgegeben werden (als Teil der betrieblichen Planung), die es ermöglichen später den Grad der Zielerfüllung zeitlich und qualitativ (Einstufung in eine Lickert-Skala) mit den Vorgaben zu vergleichen. Obgleich dabei oft die Frage der Objektivität umstritten erscheint, kann bis heute in keiner anderen Weise eine Beurteilung vorgenommen werden. Bei weltweiten dezentralen Unternehmungen bleibt dem zentralen Management keine andere Möglichkeit, zu überwachen, ob zielorientiert gearbeitet worden ist. Die Überwachbarkeit und Steuerung jeder Unternehmung wird damit zu einer Funktion der Genauigkeit der Zielvorgaben. Diese sind aber im Rechnungswesen nur mit großer Verzögerung – d. h. also eigentlich zu spät erkennbar. Daraus folgt, daß das Rechnungswesen als Kontrollinstrument erweitert werden muß.

VI. Auswirkungen auf das Prüfungswesen

Für regelmäßige Jahresabschlußprüfungen spielt der vorstehend angeführte Fragenkreis zur Zeit nur eine untergeordnete Rolle, da es sich

---

[13] *Czechowicz/Choi/Bavishi,* Assessing Foreign Subsidiary Performance: Systems and Practices of Leading Multinational Companies, Business International Corporation, New York/NY 1982.

Beurteilung der Betriebsleistung internationaler Unternehmungen 697

um eine Aufgabe handelt, die eine materielle Ordnungsmäßigkeit im Hinblick auf die für das Rechnungswesen festgelegten Regeln (oder gesetzlichen Vorschriften) untersucht. Eine Beurteilung der Wirtschaftslage der Unternehmung ist nicht direkt Gegenstand dieser Untersuchung. Die Frage erlangt nur dann Bedeutung, wenn sich die Unternehmung der Gefahrenzone nähert und diese Tatsache einen Hinweis im Testat erfordert. Das liegt aber nur in extremen Fällen vor.

Anders ist die Situation bei Sonderaufträgen, wie z. B. bei der Erstellung von Bewertungsgutachten im Fall einer geplanten Übernahme. Die dabei übliche Ertragswertberechnung deutet bereits in die oben genannte Richtung, wenn sie auch nicht in vollem Umfang auf eine Leistungsbeurteilung hinausläuft.[14] Es wird jedoch zunehmend argumentiert, daß die Aufgabe des Auditors (und damit auch des Wirtschaftsprüfers) wesentlich weiter reicht – und seine unabhängige Position ihn in die Lage versetzt, auch die Wirtschaftslage einer Unternehmung durchleuchten zu können. Es mag zu diesem Zeitpunkt offen bleiben, ob das in Form einer Sonderprüfung erfolgt, oder ob die – insbesondere in den USA sehr viel weiterreichende – Haftung nicht allein schon Anlaß ist, sich mit der Wirtschaftslage einer Unternehmung eingehender zu befassen. Letzteres wird im Fall einer multinationalen Unternehmung aber zwangsläufig dazu führen, daß eine solche Untersuchung – vielleicht mit unterschiedlichem Durchdringungsgrad – notwendig wird; das erfordert dann auch eine Beurteilung der einzelnen Tochtergesellschaften bei denen keineswegs eine einheitliche Entwicklung der Lage vorausgesetzt werden kann. Diese Entwicklung wird auch bereits vom AICPA Special Committee on Financial Reporting antizipiert.[15] Ausgehend davon, daß die diversen Investorenbedürfnisse nach Informationen ständig zunehmen, kommt das Committee zu dem Schluß, daß das zur Zeit verwendete, auf Anschaffungswerten basierende Rechnungslegungsmodell durch ein auf Marktwerten aufbauendes „fair value Accounting"-Modell mit weitgehend disaggregierten (verbesserten Segment-)Daten ersetzt werden müsse, die durch weitere quantitative und qualitative und zusätzliche zukunftsorientierte Infor-

---

[14] Vgl. *Lanfermann*, Performance Evaluation of International Subsidiaries in the Case of Acquisition/Disposal and Annual Audits from the Point of View of Wirtschaftsprüfer, in: Holzer/Schoenfeld, a.a.O. (Fn. 1), S. 189–216.

[15] Das AICPA Special Committee on Financial Reporting, a.a.O. (Fn. 9), S. 12, weist besonders auf die verbesserte Segmentberichterstattung und auf die Berichterstattung über sonstige Aktivitäten (non-core) hin; es wird u. a. auch eine verstärkte Einschaltung der Prüfer gefordert (S. 15).

mationen (jedoch keine forecasts) unterstützt werden müßten. Diese Wunschvorstellungen führen zunehmend zu praktischen Erfordernissen, wie die jüngste Entwicklung im Bereich der off-balance-risks bereits zeigt. Außerdem wird erwartet, daß die Prüfungsaufgaben dadurch wachsen, daß die Offenlegung von Informationen nur dann voll wirksam und glaubwürdig wird, wenn sie auch geprüft ist. Wenn auch noch nicht abzusehen ist, wann diese (keineswegs unbestrittenen) Forderungen und Ziele realisiert werden, so dürften doch die Anforderungen des Kapitalmarktes – wie sich in USA in den letzten Jahrzehnten gezeigt hat – eher zu einer Beschleunigung solcher Entwicklungen führen. Verbunden mit der wachsenden Internationalisierung der Unternehmen, der Kapitalmärkte und ebenso der Prüfungsfirmen wird das Erfordernis einer tiefergehenden Leistungsbeurteilung internationaler Tochtergesellschaften mehr in den Vordergrund treten und damit letztlich auch die Frage nach der Prüfung solcher Angaben im Jahresabschluß. Ob das allein in der vorstehend dargestellten Form oder auch auf anderen Wegen möglich ist, erscheint dabei die einzig offene Frage.

COLIN SHARMAN

UK Accountancy Practice – the drift towards rules

   I. Introduction
  II. Background
 III. Mounting Concerns
  IV. Accounting standards introduced
   V. A system under strain
  VI. A flawed approach
 VII. Rules and judgment
VIII. Can the trend be reversed?
  IX. The way forward

UK Accountancy Practice – the drift towards rules

I. Introduction

In the mid-1990's, professionalism in the UK accountancy profession is under threat. This comes in a number guises – requests for tighter auditing standards, the external monitoring of the work of professional accountants, and so on. A major element of this situation is the controversy over accounting standards. One view is that these are becoming more heavily based on rules, and that this trend poses a threat to professional judgment to the potential detriment of the profession. A contrary view is also prevalent, particularly amongst the profession's detractors – that tight accountancy rules are necessary if abuses are to be avoided. This paper considers the issues.

II. Background

Central to UK (and now European) accountancy practice is the true and fair view. This is a long established concept, but has until relatively recently been one that is largely the preserve of professional judgment. One of the major reforms of companies legislation came in the Companies Act 1929. This required a company's balance sheet to give a true and correct view of its state of affairs, but contained no similar requirement for the profit and loss account. Beyond the general requirement, there was little guidance: certainly the Act gave no significant guidance on the content of the profit and loss account, while the principal requirement of the balance sheet was that it should include a summary of the share capital and give a general indication of the company's liabilities and assets. Consolidation was not required, although the accounts had to state how profits and losses of subsidiaries had been dealt with.

Although best practice went beyond the requirements of the law – including, somewhat later, the first steps in consolidation – there was no real change in this position until 1947. The Companies Act of that year, consolidated a year later into the Companies Act 1948, extended the true and fair requirement to encompass the profit and loss account. More significantly, for what was to come, it defined the minimum information to be disclosed in company accounts. This was the first time such detail had been specified in legislation, but the requirements did not extend to the accounting principles to be adopted – directors and auditors were largely free to adopt those they considered to be most appropriate.

This substantially unregulated position had not led to any widespread problems with company accounts. The most celebrated case was in 1931. In the Royal Mail Steam Packet case, the chairman was charged with making and issuing annual reports for 1926 and 1927 which he knew to be false in a material particular; the auditor was charged with aiding and abetting this offence. The case centred on the use, in effect, of secret reserves. The company had in fact made losses in these two years, but this was not shown by the accounts which described the results as:

'Balance for the year, including dividends on shares in allied and other companies, adjustment of taxation reserves less depreciation of fleet, etc'.

The results included transfers from provisions no longer required but this fact was not clearly disclosed. Although the auditor and chairman were cleared of the charges relating to the accounts, there was as a result concern over the practice of using secret reserves: despite this, the Institute of Chartered Accountants in England & Wales decided not to give members guidance on this important but difficult subject.

The history books are not, however, littered with cases of this kind and although the professional bodies issued recommendations on accounting matters from time to time, there was no great pressure for change – professional judgment, subject to independent audit, was thought to be sufficient to ensure fair financial reporting. This position remained largely unchanged until the early 1970's. No single catalyst can be identified, but a number of difficulties contributed to a different climate prepared to accept change.

III. Mounting concerns

Acquisition accounting was one area of concern. In the middle of 1968 a senior industrialist, *Sir Frank Kearton,* wrote to the President of the Institute of Chartered Accountants in England & Wales to complain about the many different accounting principles which were in use. He was particularly concerned about the difficulty that this gave rise to in the course of acquisitions and in the subsequent accounting.

Although this initiative in itself achieved no result, it happened that shortly afterwards a similar problem gave rise to public criticism. In October 1967, AEI was subject to a take-over bid from GEC; the directors of AEI made a profit forecast for the year ended 31 December 1967 of £10m before tax. This forecast was reviewed by a firm of accountants who confirmed that the forecast had been prepared on a basis consistent with the principles followed in recent published accounts of AEI. The bid was successful and AEI's forecast became subject to scrutiny when in July 1968 it was announced that AEI's loss for the year ended 31 December 1967 was £4.5m against the previous forecast of a substantial profit. This shortfall was attributed to elements which were 'matters substantially of fact' of £5m and 'adjustments which remain matters substantially of judgment' of £9.5m. The nature of the differences was never made fully clear but the incident led to serious concern about how substantially different views could have been taken of the results of the year.

This affair was closely followed by the Pergamon affair which led to further criticism of the accountancy profession. In 1969 'The Economist', commenting on the Pergamon affair, noted that:

'Accountants do not have, nor do they believe in, written rules. Apart from the information and method of presentation required by the Companies Act, they rely on integrity and common sense, guided by occasional statements issued by various professional institutions. These carry none of the legal weight that similar recommendations from institutions of American accountants do. They merely represent the evolving concept of what constitutes "best practice", and the need to define this only arises when accountants find themselves increasingly meeting situations that defeat their common sense. . . .'

'A blow-up of this scale is mercifully rare, but when it happens it reveals dangerously hit-and-miss methods by which company accounts get audited by accountants who are often under-staffed, working against pressure of time, facing possibly hostile and strong-minded directors and with too much left to individual discretion. Playing the game is all very well and most accountants do. But the system which has been exposed so lamentably this week in the City's handling of this mess-up simply is not good enough.'

IV. Accounting standards introduced

The result of these difficulties was the recognition that there needed to be a more authoritative basis for accountancy practice than existed at that time. The Accounting Standards Steering Committee was formed in 1970 under the chairmanship of *Sir Ronald Leach,* then senior partner of Peat, Marwick, Mitchell & Co. It was a creature of the accountancy profession, but was able to produce accounting standards which the professional bodies would endorse and which their members were expected to – and did – follow.

This regime continued, with certain changes, until the late 1980's and was on the whole a success. The law, meantime, became more prescriptive and the Companies Act 1981 introduced for the first time into law certain accountancy principles previously contained only in accounting standards: this was the result of implementation of the EC's Fourth company law directive.

V. A system under strain

There were, however, some concerns. The 1980's saw the flowering of a sophisticated avoidance industry whereby rules were exploited through specially designed instruments. Off-balance sheet finance schemes were common; capital instruments were designed to be presented as something other than debt although this was their substance; and acquisition accounting was pushed to its limit. It was becoming clear that the Accounting Standards Committee, a part-time body with limited resources, was not able to provide an effective response to these changes despite its considerable achievements.

The result was a review of the standard setting process and the publication of the Dearing Report in September 1988.[1] The balance of views expressed to the Dearing Committee was that tighter and more timely standards were required, supported by stronger arrangements for securing compliance. These views were reflected in the recommendations of the Committee, which included the suggestion that further work on a conceptual framework was desirable and that the authority of the standard setting body should be increased: its primary concern should be with increasing the quality and timeliness of accounting standards and reducing the permitted options.

This is indeed the direction taken by the new Accounting Standards Board that emerged from the Dearing review. It has now issued seven

---

[1] 'The making of accounting standards', the report of the Review Committee under the chairmanship of *Sir Ron Dearing,* appointed in November 1987 by the Consultative Committee of Accountancy Bodies.

accounting standards, the subjects very largely having been given priority by the perception of where abuse has been seen. The Board has also been developing a statement of principles. The concern which is now emerging is that the new style of accounting standards is seen as more prescriptive than the former standards – consistent with the Dearing recommendation that standards should seek to reduce the permitted options. The question is, is this the right approach? We think not.

VI. A flawed approach

The prime difficulty, we think, with a substantially rule-based approach is that the rules will never be sufficiently complete. Experience in America shows how rules have a tendency to expand and how the Emerging Issues Task Force is constantly being called upon to interpret the rules so as to deal with specific situations. It tends also to engender a view that compliance with the rules is sufficient to give a true and fair rule and that a broader view need not be taken.

It is not difficult to find examples of the inappropriate application of rules. A celebrated case concerns Polly Peck International, a prominent star of the UK stock market in the 1980's. Their accounts showed an impressive growth record and in early September 1990 they reported interim pre-tax profits for the half year ended 30 June 1990 of £110m[2], a significant increase from the equivalent period for 1989. Less than three weeks later the shares were suspended as a result of a fraud investigation into a company connected with the chairman of Polly Peck, and the group is now in the hands of receivers. The demise of the Group has brought into focus their accounting methods and in particular their treatment of foreign currency items.

The most interesting aspect of their accounting is the way in which the group was able to report net interest credits in their accounts, despite apparently being net debtors. Their results for the year ended 31 December 1989[3], the last full financial year before the group collapsed, showed pre-tax profits of £161.4m (1988 – 16 months – £144.1m) of which £68.1m (£27.8m) was attributable to interest receivable, interest payable

---

[2] Polly Peck International PLC, interim report for the six months ended 30 June 1990.
[3] Polly Peck International PLC, annual report and accounts for the year ended 31 December 1989.

amounting to £55.6m (£40.6m). It is difficult to tell the full story on the basis of published accounts, since cash balances can fluctuate during a year, but it would appear that the interest income looks high in relation to cash balances of £249.3m at 31 December 1989 (£124.2m at 31 December 1988). The rate of interest on borrowings on the other hand, looks reasonably low. One reason for this is that significant borrowings were in hard currencies where interest rates are relatively low. It is thought, however, that a substantial proportion of the bank deposits were made in soft currencies where interest rates were relatively high.

UK accounting practice in relation to consolidation of overseas subsidiaries was followed by Polly Peck, whose accounting policy note in 1989 read as follows:

'Assets and liabilities of overseas subsidiary companies are translated into sterling at the rates of exchange ruling at the balance sheet date. The effect of variances in exchange rates between the beginning and end of the financial year on the net investment in subsidiary companies is dealt with through reserves. The results of overseas subsidiary companies are translated into sterling using average exchange rates for the financial year and variances compared with exchange rates at the balance sheet date are dealt with through reserves. In countries affected by exceptional inflation, the financial statements of subsidiary companies are adjusted to reflect the current value of tangible fixed assets before translation into sterling.'[4]

The key point about UK practice is that movements on exchange affecting a group's net investment in an overseas subsidiary are dealt with in reserves. In normal cases there will be annual fluctuations in the value of the net investment arising from exchange movements, and these movements have no relevance to the assessment of the regular trading performance of a group. However, where a net investment is in a country whose currency is very weak it is quite possible that the earning power in local terms of those net assets, particularly cash, will be high but that the effective capital value of the assets will decline rapidly as the currency weakens. It is thought that this was a significant factor in Polly Peck's position and it is noteworthy that in 1989 an amount of £46.4m (1988–£182.4m) was charged against reserves as a consequence of the movement on the net investment overseas arising from exchange variations.

---

[4] Polly Peck International PLC, annual report and accounts for the year ended 31 December 1989.

While the accounting conformed with UK standard practice, it is not clear that the profit and loss account in including so much interest income but ignoring the decline in the value of the related assets, gave a fair picture of the group's performance. One consequence of this form of accounting was that the UK's Urgent Issues Task Force issued a pronouncement intended to deal with accounting for subsidiaries operating in areas of hyper-inflation.

Another area where it has been common to follow the rules in a literal manner is that of acquisition accounting. Until recently, UK practice has never mandated merger accounting, although it has permitted it to be used in certain circumstances. The circumstances were defined by a number of conditions, which if met, would permit merger accounting to be used, although it would also be possible to use acquisition accounting. The essential feature of merger accounting is that the assets and liabilities of the acquired company are brought into the consolidated accounts on the same basis as they have been included in the accounts of the acquired company, subject only to changes arising from differences in accounting policies, and the results of the acquired company are reported in the accounts of the enlarged group as if the acquired company had always belonged to the group. Acquisition accounting, on the other hand, requires the assets and liabilities of the acquired company to be stated at fair value at the date of acquisition, including where necessary certain provisions for reorganisation or closures (if these were anticipated at the time of the acquisition) and the results of the acquired company are included only from the date of acquisition. An illustration of the way in which these rules could be misused is included in the Department of Trade & Industry Inspectors' Report on Astra Holdings PLC.[5] A partner in KPMG Peat Marwick was one of the Inspectors. The essence of what happened was as follows.

Listed company A wished to acquire another company (U). That other company had a very significant contract for the delivery of goods to Nigeria but company A did not wish to acquire U until the receipt of the money for the contract was assured. The contract was, however, extremely profitable and company A wished to reflect the profits in its accounts as a consequence of the acquisition. In principle, since A would not proceed with the acquisition until the receipt of money

---

[5] Astra Holdings PLC, Investigation under Section 431(2)(c) of the Companies Act 1985, Report by Colin Percy Farquharson Rimer QC and John White FCA, Department of Trade & Industry, 1993.

(and hence, effectively, the fulfilment of the contract) was assured the profit would fall to be treated as pre-acquisition and would not be reflected in the accounts of A if acquisition accounting was used. It was essential, therefore, that merger accounting be applied. However, one of the conditions for merger accounting is that no more than 10% of the fair value of the consideration should be in a form other than equity share capital. In this case, A had agreed to pay a substantial amount of cash, as well as shares, for the acquisition of U. In principle, therefore, merger accounting was not available. These problems were solved by introducing a newly formed company, N, which acquired U for shares and a loan note prior to the resolution of the Nigerian contract. The consequence of this arrangement was that N would have to apply acquisition accounting in relation to its acquisition of U because of the substantial non-equity element of the consideration. Once the Nigerian contract had been resolved, A acquired N in exchange for shares, a transaction to which merger accounting could be applied. One of the terms of the arrangement was that A would procure the settlement of the loan note issued by N to the vendors of U. The results of this arrangement were:

1.) The vendors of U had obtained the consideration they wanted;
2.) The results of U prior to the completion of the Nigerian contract were pre-acquisition to N and were therefore excluded from N's consolidated accounts – these were losses;
3.) The Nigerian contract was completed post-acquisition from N's prospective and was therefore included in N's accounts;
4.) A applied merger accounting to its acquisition of N and therefore included in its own accounts the results of the Nigerian contract.

Taking each at its face value, the UK accounting rules were properly applied and yet the substance of the overall arrangement was that A acquired U on terms which involved the transfer of assets from the group (in the form of the settlement of the loan note) and which therefore on an overall basis would not have permitted merger accounting to have been applied. Another line of attack which, even within the rules, might have prevented the form of accounting adopted would have been to say that the fair value accounting by N of its acquisition of U was improperly done in that the Nigerian contract was of such significance that it ought to have been attributed a fair value considerably in excess of its costs, thereby reducing the post-acquisition profit available to N. The overall effect of the arrangement was to abuse the accounting rules at the expense of giving a true and fair view.

VII. Rules and judgment

The above examples might be extreme cases. They do, however, illustrate the approach that tended to be adopted in the 1980's when compliance with the rules was seen as the first objective of accounting, with the true and fair view and the ability to override the rules following some way behind. They illustrate an attitude of mind which, when firmly established, is capable of being tackled only by yet more rules to close perceived loopholes. The more rules that are put in place, the more time needs to be invested in ensuring that they are complied with. The consequence of this is that the concept of truth and fairness becomes synonymous with compliance with the rules. There are a number of dangers which flow from this approach.

The most serious is that judgment is downgraded as part of the accounting process. It is inevitable that this will be so since a greater proportion of accountancy time will be spent on ensuring compliance with the rules and there will be less time available for reflecting upon whether the end result is appropriate.

At the same time, the existence of rules tends to reduce the accountant's confidence in his own judgment. An accountant will only depart from rules which, as in the UK, are heavily policed when he is very confident that the rules give an inappropriate answer. The mere existence of a rule implies that it is believed by a sufficient number of accountants to give the appropriate answer in the majority of cases. The pressure is therefore very much on the accountant to accept the answer given by the rules rather than to stick his neck out by insisting on an alternative treatment. This is particularly so given that the legal position is that a departure from normal accountancy practice may only be made where the result of applying normal accountancy practice would be misleading – it is not simply a case of taking the view that an alternative presentation would be preferable.

A discernible effect of this approach is that the auditing profession is losing respect. One reason is that it is seen simply as a compliance function examining whether the rules have been followed. Another, and probably more important aspect, is that the profession has in the past accepted, and will no doubt continue to accept, accounting treatments on the basis of the rules which give answers which are convenient but ridiculous. How can a profession which endorses this sort of practice expect to be respected?

VIII. Can the trend be reversed?

In KPMG we have sought to lead a campaign to redirect accounting standard setting towards principles and away from detailed rules. We have published articles[6] recently which have made clear that this is our preferred approach, and have poured scorn on the typical question which auditors are frequently confronted with: 'where do the rules say this treatment cannot be adopted?'. We have pointed out the overriding requirement for judgment, and that judgment must be applied to the picture given by the accounts as a whole and not through attention to the minutiae. We have criticised rules as being incapable of keeping up with developments in practice. We have drawn attention to the difficulties arising in other countries. And we have held an important debate between accounting standard setters, auditors, users and preparers of accounts in an attempt to ensure that the issues are thoroughly aired.

That debate was an opportunity for people with varying interests in financial reporting to make their views known in a forum which included those responsible for setting and policing accounting standards, and those with responsibility for preparing and interpreting financial information. The debate encapsulated the issues. The standard setters took the view that they had no wish to set rules to deal with every conceivable situation. It would be enough to have a standard that would deal with 80% of cases leaving judgment to be exercised in those remaining cases which do not neatly fit within readily understandable rules. The standard setters themselves are not interested in standard setting merely as a means of stamping out abuses, although they recognise that this has had to be one of their tasks in the past. Given a free hand, therefore, they are attracted to the idea of principles rather than detailed rules: indeed, one of the current projects in the UK is the drafting of a statement of principles which can be used as the basis for future accounting standards and will give guidance in those cases where no standards exist. From the standard setters' perspective, however, there are two major problems. The first is history, as referred to above. The second is the attitude of auditors. The standard setters' experience is that when principles are offered, auditors immediately react by asking for more explanation and more guidance. Auditors are therefore, in the standard setters' view, exposing their own weakness by demanding rules and explanations to enable them to enforce interpretations of standards on reluctant clients.

---

[6] Financial Times, April 14, 1994; Financial Times, January 12, 1995; The Times, January 12, 1995.

While accepting that explanations are often called for by auditors and preparers of accounts, one explanation for this is the possibility that the standards themselves are not easy to understand. This may be because they are counter-intuitive – if they were blatantly reasonable and sensible there would be little need for detailed guidance. There may be an element of truth in this view, advanced by the financial director who spoke in our debate, but there is no doubt that the modern financial world is becoming increasingly complex so that it is not always easy to see how to apply simple rules to complex transactions structured specifically with the aim of confusing the accounting.

The general attitude of preparers to the question is ambivalent. It is argued that rules are complex and demanding and consequently are difficult to follow even with the best professional advice. This takes time which is generally unproductive. Further, the interpretation of the rules can influence economic decisions. On the other hand, preparers welcome certainty. It was surprising to find a number of preparers who might have been expected to be in favour of principles arguing strongly for rules. The basis of this argument lies in the need for certainty – the certainty that directors know exactly how a transaction will be accounted for and that their competitors will not present similar transactions in ways that might be seen as being more flattering.

In the modern commercial world the international element cannot be ignored. International standards continue to be developed and are being narrowed so as to restrict the range of acceptable treatments. At the same time, moves are afoot to make international standards more acceptable to security market regulators throughout the world. It follows that there is likely to be a certain minimum amount of rules which will be acceptable internationally and it would seem unlikely that any country could single-handedly swim against this tide. But there will presumably be at least international acceptance that regulation of the extensive kind seen in North America cannot be allowed to dominate international practice.

Some of the international messages that were raised during the debate indicated that extensive regulation is not necessarily essential to the health of the securities markets. It is generally accepted that the markets in the United States of America are the most heavily regulated. Yet there is increasing evidence that US investors are prepared to move into other markets. There is no convincing evidence that absence of very detailed accounting standards results in investors avoiding the relevant market.

A view that was expressed during the debate is that relaxation in accounting rules will only be possible if there is a proper system of enforcement. This depends, of course, upon auditors in the first instance but some form of external enforcement is also required. The difficulty with enforcement systems can be that they inevitably get caught up in the courts and are therefore a somewhat slow means of resolving problems. It was suggested that some form of tribunal which was capable of taking speedy decisions that would be respected without the need to resort to the courts is required.

IX. The way forward

We recognise that there are problems ahead. There is at least a measure of agreement even amongst the accounting standards setters, that accounting principles are preferable to rules. There is, however, a lack of confidence in the ability of the preparers of accounts to resist the temptation to try to take advantage of weaknesses in the rules; and more importantly, there is a disturbing lack of confidence in the auditing profession's ability to enforce principles. The way forward is not easy to see. The opponents of the principles approach have plenty of ammunition in the sort of events referred to above. The auditing profession's record, at least in public, on being able to apply principles fearlessly has not been good – there would have been no need for an Accounting Standards Committee had it been otherwise.

It is clear that for a new approach to be effective and realistic, there is a need for auditors to have more backbone. It is difficult to predict the time over which it will be achieved. This will not be an easy process nor a quick one. We believe that a start could be made by the accounting standard setters adopting a principles-based approach to at least one accounting standard to give the profession the opportunity to show that it is capable of dealing at that level. But the auditing profession itself also needs to take steps to take matters forward. We are looking at the possibility of suggesting a code of practice for auditors of public interest companies that would seek to ensure greater rigour in auditing and greater firmness in insisting on the adoption of appropriate accounting principles. It will not be easy but the future of a strong auditing profession, which we believe is a fundamental matter of long term public interest, depends upon it.

GÜNTER SIEBEN

Unternehmensbewertung: Discounted Cash Flow-Verfahren und Ertragswertverfahren – Zwei völlig unterschiedliche Ansätze?*

I. Einleitung
II. Theoretische und praktische Grundlagen der Verfahren
   1. Charakteristika des DCF-Verfahrens
   2. Charakteristika des Ertragswertverfahrens
III. Methodische Unterschiede und konzeptionelle Gemeinsamkeiten des DCF-Verfahrens und des Ertragswertverfahrens
   1. Methodische Unterschiede
   2. Konzeptionelle Gemeinsamkeiten
       a) Einzahlungs- oder Ertragsüberschußrechnung als Basisrechnungssystem
       b) Brutto- oder Nettorechnung als Rechnungsverfahren
       c) Die Berücksichtigung der Steuerersparnis aus Fremdfinanzierung beim freien Cash Flow bzw. im Gesamtkapitalkostensatz oder beim Ertragsüberschuß
       d) Das Capital Asset Pricing Model oder subjektive Sicherheitspräferenzen als Grundlage der Risikoberücksichtigung
IV. Bewertungsdivergenzen aufgrund verfahrenstypischer Bewertungsannahmen und -vereinfachungen
   1. Bewertungsdivergenzen aufgrund unterschiedlicher Finanzierungsannahmen
   2. Bewertungsdivergenzen aufgrund des Ansatzes über die Zeit konstanter Kapitalisierungszinssätze
   3. Bewertungsdivergenzen aufgrund der Berücksichtigung der Steuerersparnis aus Fremdfinanzierung im Gesamtkapitalkostensatz
V. Beurteilung des DCF-Verfahrens und des Ertragswertverfahrens unter Einbeziehung von Praktikabilitätsaspekten
VI. Fazit

---

* Ich danke meinen Mitarbeitern, Herrn *Dr. Ralf Diedrich* und Herrn *Marc Coenenberg*, beide Treuhandseminar der Universität zu Köln, für viele wertvolle Hinweise und Anregungen.

I. Einleitung

Bis vor wenigen Jahren war das in Theorie und Praxis vorherrschende Verfahren zur Unternehmensbewertung im deutschsprachigen Raum das Ertragswertverfahren.[1] Wie schon die Bezeichnung vermuten läßt, sind die historischen Wurzeln dieses Verfahrens in Zeiten zu suchen, in denen Fragen der Unternehmensbewertung noch in engem Zusammenhang mit Bilanzierungsfragen diskutiert wurden. Wohl aufgrund dieser historischen Entwicklung werden Fragen der Unternehmensbewertung in Deutschland insbesondere von Wirtschaftsprüferseite immer noch relativ unabhängig von entsprechenden Fragen in der Investitionsrechnung diskutiert. Ein Beispiel ist die zögerliche Einbeziehung kapitalmarkttheoretischer Modelle in die Unternehmensbewertungslehre, die zumindest vom Berufsstand der Wirtschaftsprüfer erst in Ansätzen nachvollzogen wurde. So enthalten weder die maßgebliche Stellungnahme 2/83 des Hauptfachausschusses des IDW[2] noch das WP-Handbuch 1992[3] ergänzende Ausführungen zur Anwendung kapitalmarktorientierter Risikozuschläge zum Kapitalisierungszinssatz.

Im Zuge der Umsetzung des Gedankenguts der wertorientierten Unternehmensführung[4] und infolge vermehrter grenzüberschreitender Unternehmenstransaktionen scheint das Ertragswertverfahren heute seine vorherrschende Stellung als das zentrale Verfahren der Unternehmensbewertung in Deutschland verloren zu haben. Insbesondere Unternehmensberatungsgesellschaften und Investmentbanken greifen zunehmend auf das in den USA gängige sogenannte Discounted Cash Flow-Verfahren (DCF-Verfahren) zur Unternehmensbewertung zurück.[5]

---

[1] Vgl. WP-Handbuch 1992, Bd. II, A Tz. 18; *Peemöller,* Stand und Entwicklung der Unternehmensbewertung, DStR 1993, S. 409–416, hier S. 409; *Sieben,* Unternehmensbewertung, in: Handwörterbuch der Betriebswirtschaftslehre, hrsg. von Wittmann u. a., 5. Aufl., Stuttgart 1993, Sp. 4315–4331, hier Sp. 4322.

[2] Vgl. HFA 2/1983: Grundsätze zur Durchführung von Unternehmensbewertungen, WPg 1983, S. 468–480.

[3] Siehe WP-Handbuch 1992, Bd. II, A Tz. 207ff.

[4] Vgl. z. B. *Rappaport,* Shareholder Value: Wertsteigerung als Maßstab für die Unternehmensführung, Stuttgart 1994; *Gomez/Weber,* Akquisitionsstrategie. Wertsteigerungen durch Übernahme von Unternehmungen, Stuttgart 1990; *Lewis,* Steigerung des Unternehmenswertes, Landsberg/Lech 1994; *Bühner,* Das Management-Wert-Konzept, Stuttgart 1990; *Bühner (Hrsg.),* Der Shareholder Value Report, Landsberg/Lech 1994.

[5] Vgl. *Peemöller/Bömelburg/Denkmann,* Unternehmensbewertung in Deutschland, WPg 1994, S. 741–749.

Anders als in Deutschland das Ertragswertverfahren war das DCF-Verfahren schon immer in die Investitions- und Finanzierungstheorie eingebettet. Dies erklärt, warum die Einbeziehung kapitalmarkttheoretischer Modelle heute anders als beim Ertragswertverfahren als integrierter Bestandteil des DCF-Verfahrens angesehen wird.

Die unterschiedliche gedankliche Herkunft der beiden Verfahren begründet nicht nur unterschiedliche Bezeichnungen, sondern auch eine unterschiedliche Methodik. Leicht entsteht der Eindruck, als beruhten das DCF-Verfahren und das Ertragswertverfahren auf zwei völlig unterschiedlichen Konzeptionen der Unternehmensbewertung. Selbst wenn man annimmt, daß die Verfahren auf der gleichen konzeptionellen Grundlage aufbauen, bleibt die Frage, welche Implikationen mit den jeweiligen verfahrenstypischen Bewertungsannahmen und -vereinfachungen verbunden sind. Der vorliegende Aufsatz will einen Beitrag zu der hierzu begonnenen Diskussion leisten. Insbesondere geht es um die Frage, inwiefern die für das Ertragswertverfahren typische Nettorechnung auf der Grundlage von Ertragsüberschüssen und die im Rahmen des DCF-Verfahrens vorherrschende Bruttorechnung auf der Basis des freien Cash Flow zu unterschiedlichen Ergebnissen führen.

Die Ausführungen sind wie folgt aufgebaut: Im ersten Abschnitt werden die wesentlichen Charakteristika des Ertragswertverfahrens und des DCF-Verfahrens dargestellt. Damit werden die Grundlagen für die folgenden Überlegungen geschaffen. Anschließend werden im zweiten Abschnitt die wesentlichen methodischen Unterschiede der beiden Verfahren zusammen- und gegenübergestellt. Auf den ersten Blick lassen diese Unterschiede vermuten, daß es sich in der Tat um zwei völlig verschiedene Ansätze handelt, die geradezu zwangsläufig zu unterschiedlichen Unternehmenswerten führen müssen. Daß dies, vom theoretischen Standpunkt aus beleuchtet, nicht so ist, soll im zweiten Teil des zweiten Abschnitts nachgewiesen werden, indem gezeigt wird, daß die beiden Verfahren auf den gleichen konzeptionellen Grundlagen beruhen. Bewertungsdivergenzen, wie sie in der Praxis beobachtet werden, müssen demnach aus verfahrenstypischen Bewertungsannahmen und -vereinfachungen resultieren. Solche Bewertungsannahmen und -vereinfachungen, ihre Konsequenzen und Beurteilung sind Gegenstand des dritten und vierten Abschnitts. Der Aufsatz schließt mit der Antwort auf die im Thema gestellte Frage.

II. Theoretische und praktische Grundlagen der Verfahren

1. Charakteristika des DCF-Verfahrens

Das DCF-Verfahren ermittelt den Wert des Eigenkapitals eines Unternehmens, den Unternehmenswert im engeren Sinne, als Differenz aus dem Gesamtwert des Unternehmens und dem Wert des Fremdkapitals.[6] Der Unternehmensgesamtwert wird errechnet, indem die für Zahlungen an die Kapitalgeber verfügbaren Einzahlungsüberschüsse des Unternehmens, der freie Cash Flow, mit dem Gesamtkapitalkostensatz auf den Zeitpunkt der Bewertung abgezinst werden. Der Wert des Fremdkapitals ergibt sich durch Diskontierung der an die Fremdkapitalgeber fließenden Zahlungen mit dem Fremdkapitalkostensatz. Aufgrund der indirekten Herleitung des Unternehmenswertes kann das DCF-Verfahren als Bruttorechnung[7] bezeichnet werden. Grundsätzlich wird der Unternehmenswert wie folgt ermittelt:

$$WE^{DCF} = WG - WF$$

$$\text{mit } WG = \sum_{t=1}^{T} \frac{x_t}{\prod_{s=1}^{t}(1+i_s^g)} \text{ und } WF = \sum_{t=1}^{T} \frac{z_t}{\prod_{s=1}^{t}(1+i_s^f)}$$

Dabei ist:

WE^{DCF} = Unternehmenswert nach dem DCF-Verfahren

WG = Gesamtwert des Unternehmens

WF = Wert des Fremdkapitals

t = Periode / Zeitpunkt

T = Ende des Planungshorizonts

x_t = Freier Cash Flow der Periode t

z_t = Zahlungen an Fremdkapitalgeber in der Periode t

i_t^g = Gesamtkapitalkostensatz der Periode t

i_t^f = Fremdkapitalkostensatz der Periode t

---

[6] Vgl. zum folgenden z. B. *Copeland/Koller/Murrin,* Unternehmenswert: Methoden und Strategien für eine wertorientierte Unternehmensführung, Frankfurt/Main 1993, S. 119 ff.; *Rappaport,* a.a.O. (Fn. 4), S. 53 ff.; *Bühner,* a.a.O. (Fn. 4), S. 35 ff.

[7] Vgl. *Ballwieser,* Aktuelle Aspekte der Unternehmensbewertung, WPg 1995, S. 119–129, hier S. 121; *Börsig,* Unternehmenswert und Unternehmensbewertung, ZfbF 1993, S. 79–91, hier S. 85.

Der künftig zu erwartende freie Cash Flow x_t wird in der Regel retrograd aus Plan-Gewinn- und Verlust-Rechnungen abgeleitet.[8] Ausgangspunkt ist idealtypischerweise das Ergebnis vor Zinsen und nach (bei den Eignern nicht anrechenbaren) Unternehmenssteuern. Dieser Ergebnisgröße werden zunächst Abschreibungen und eventuelle Rückstellungszuführungen hinzugerechnet. Nach Abzug von Investitionsauszahlungen gelangt man dann zum freien Cash Flow. z_t umfaßt sämtliche Zins- und Tilgungszahlungen für Finanzierungsinstrumente, die keinen Eigenkapitalcharakter haben.[9]

Die zur Diskontierung herangezogenen Zinssätze spiegeln die periodenspezifischen Kapitalkosten des Unternehmens wider, die auf den Renditeforderungen der jeweiligen Kapitalgeber basieren.[10] i_t^f bezeichnet die Verzinsung, die die Fremdkapitalgeber in der Periode t aus ihrem finanziellen Engagement erwarten. Da der freie Cash Flow den für Zahlungen an alle Kapitalgeber verfügbaren Betrag darstellt, wird i_t^g, der Gesamtkapitalkostensatz der Periode t, als gewogenes Mittel der Renditeforderungen aller Kapitalgebergruppen ermittelt. Als Gewichtungsfaktoren dienen die Anteile der auf die jeweiligen Kapitalgeber entfallenden Werte am Unternehmensgesamtwert. Im folgenden werden nur zwei Gruppen von Kapitalgebern unterschieden, Eigen- und Fremdkapitalgeber.[11] i_t^g errechnet sich dann als gewogenes Mittel des Eigen- und des Fremdkapitalkostensatzes des Unternehmens:

$$i_t^g = i_t^e \frac{WE_{t-1}^{DCF}}{WG_{t-1}} + i_t^f \frac{WF_{t-1}}{WG_{t-1}}$$

i_t^e bezeichnet die Renditeforderungen der Eigenkapitalgeber, den Eigenkapitalkostensatz des Unternehmens. Zur Berechnung des Eigenkapitalkostensatzes wird in der Regel empfohlen, das Capital Asset Pricing

---

[8] Vgl. zum folgenden *Meyersiek*, Unternehmenswert und Branchendynamik, BFuP 1991, S. 233–240, hier S. 235 f.; *Börsig*, ZfbF 1993, S. 85 f. Eine detaillierte Anleitung zur Herleitung des freien Cash Flow findet sich z. B. in *Copeland/Koller/Murrin*, a.a.O. (Fn. 6), S. 130 ff.

[9] Vgl. *Copeland/Koller/Murrin*, a.a.O. (Fn. 6), S. 202 ff. Letztlich handelt es sich bei z_t um eine Nettogröße, bei der auch Fremdkapitalzuführungen Berücksichtigung finden. Infolge der Annahme, daß sich dieses Fremdkapital zum Fremdkapitalkostensatz verzinst, so daß sich der Wert des Fremdkapitals durch die Aufnahme von Fremdmitteln nicht ändert, werden jedoch meist nur Zins- und Tilgungszahlungen auf bestehende Verbindlichkeiten berücksichtigt.

[10] Zum folgenden vgl. *Copeland/Koller/Murrin*, a.a.O. (Fn. 6), S. 192 ff.; *Rappaport*, a.a.O. (Fn. 4), S. 58 ff.

[11] Eine Ausweitung auf mehr als zwei Kapitalgebergruppen ist problemlos möglich. Vgl. hierzu bspw. *Copeland/Koller/Murrin*, a.a.O. (Fn. 6), S. 193.

Model heranzuziehen.[12] Der Eigenkapitalkostensatz setzt sich dann aus der Rendite risikofreier Kapitalanlagen und einem Risikozuschlag zusammen, der sich nach dem systematischen, d.h. nicht durch Diversifikation zu beseitigenden Risiko einerseits und der Marktrisikoprämie andererseits bemißt. Wie der Eigenkapitalkostensatz auf der Basis des Capital Asset Pricing Model im einzelnen ermittelt wird, spielt im folgenden keine Rolle. Für eine detaillierte Darstellung sei auf die umfangreiche Literatur verwiesen.[13]

Wie erläutert, handelt es sich bei x_t um den freien Cash Flow nach den (bei den Kapitalgebern nicht anrechenbaren) tatsächlich anfallenden Unternehmenssteuern, so daß bei der Abzinsung auch entsprechende Kapitalkostensätze verwendet werden müssen. Diese Vorgehensweise (im folgenden Variante I) stellt aber nur eine mögliche Variante zur Berücksichtigung von Steuern dar. Weiter verbreitet ist eine andere Variante (im folgenden Variante II), bei der nicht der freie Cash Flow nach tatsächlichen Steuerzahlungen, sondern der freie Cash Flow nach den Steuerzahlungen abgezinst wird, die ein unverschuldetes Unternehmen zu leisten hätte.[14] Die Diskrepanz der Steuerzahlungen eines unverschuldeten Unternehmens von den tatsächlichen Steuerzahlungen muß bei Variante II natürlich auf andere Weise berücksichtigt werden. Dies erfolgt durch eine Modifikation des Gesamtkapitalkostensatzes. An die Stelle der oben aufgeführten Berechnungsformel für die Gesamtkapitalkosten tritt:

$$i^{*g}_t = i^e_t \frac{WE^{DCF}_{t-1}}{WG_{t-1}} + (1-s_t) \, i^f_t \frac{WF_{t-1}}{WG_{t-1}}$$

i^{*g}_t steht dabei für den modifizierten Gesamtkapitalkostensatz; s_t bezeichnet einen auf Einzahlungsüberschüsse bezogenen Steuersatz, der die Belastung mit den zu berücksichtigenden Unternehmenssteuern widerspiegelt. Im folgenden dient Variante I des DCF-Verfahrens als

---

[12] Vgl. u.a. *Copeland/Koller/Murrin*, a.a.O. (Fn. 6), S. 208 ff.; *Lewis*, a.a.O. (Fn. 4), S. 87 ff.; *Rappaport*, a.a.O. (Fn. 4), S. 58 ff.; *Bühner*, a.a.O. (Fn. 4), S. 40 ff. Alternativ schlagen bspw. *Copeland/Koller/Murrin* vor, ein Arbitrage Pricing Model zu verwenden; siehe *Copeland/Koller/Murrin*, a.a.O. (Fn. 6), S. 215 ff.
[13] Die grundlegenden Arbeiten zum CAPM finden sich bei *Lintner*, The Valuation of Risk Assets and the Selection of Risky Investments in Stock Portfolios and Capital Budgets, Review of Economics and Statistics 1965, S. 13-37; *Sharpe*, Capital Asset Prices: A Theory of Market Equilibrium under Conditions of Risk, Journal of Finance 1964, S. 425-442. Eine übersichtliche Darstellungen der Thematik ist bspw. zu finden in *Franke/Hax*, Finanzwirtschaft des Unternehmens und Kapitalmarkt, 3. Auflage, Berlin u.a. 1994, S. 345 ff.
[14] Diese Variante findet sich z.B. in *Copeland/Koller/Murrin*, a.a.O. (Fn. 6), S. 193.

Ausgangspunkt der Untersuchung; sie ist gemeint, sofern nichts anderes vermerkt ist. Die Besonderheiten von Variante II werden separat behandelt.

2. Charakteristika des Ertragswertverfahrens

Beim Ertragswertverfahren wird der Unternehmenswert aus den zu erwartenden Ertragsüberschüssen nach (nicht beim Eigner anrechenbaren) Unternehmenssteuern abgeleitet.[15] Zinszahlungen an die Fremdkapitalgeber sind in den Ertragsüberschüssen bereits berücksichtigt, so daß sich bei der Abzinsung direkt der gesuchte Unternehmenswert ergibt. Es kann deshalb von einer Nettorechnung gesprochen werden. Die resultierende Kapitalisierungsformel lautet in allgemeiner Form:

$$WE^{EW} = \sum_{t=1}^{T} \frac{e_t}{\prod_{s=1}^{t} (1+r_s^e)}$$

Die abzuzinsenden Ertragsüberschüsse e_t werden auf der Grundlage von Plan-Gewinn- und Verlustrechnungen ermittelt. Wie schon angedeutet, kommen dabei (beim Eigner nicht anrechenbare) Unternehmenssteuern in Abzug, so daß die oben angeführte Berechnungsformel die Steuerproblematik bereits berücksichtigt. Eine der Variante II des DCF-Verfahrens analoge Berücksichtigung der steuerlichen Abzugsfähigkeit des Fremdfinanzierungsaufwands im Kapitalisierungszinssatz ist dem Ertragswertverfahren fremd. Um sicherzustellen, daß die prognostizierten Ertragsüberschüsse für die Eigenkapitalgeber auch verfügbar sind, wird eine Finanzierungsnebenrechnung[16] aufgestellt, die in der Regel von der Vollausschüttung[17] der Ertragsüberschüsse ausgeht und eine Fremdkapitalaufnahme nach Maßgabe eines dadurch oder durch Investitionsvorhaben bedingten zusätzlichen Finanzbedarfs vorsieht. Umgekehrt wird von einer Fremdkapitalrückzahlung ausgegangen, wenn dem Unternehmen liquide Mittel in entsprechender Größenordnung zufließen. Die Ertragsüberschußrechnung und die Finanzierungsnebenrechnung sind in der Weise verknüpft, daß die durch die Fremd-

---

[15] Zum folgenden vgl. HFA 2/1983, WPg 1983, S. 469 f.; WP-Handbuch 1992, Bd. II, A Tz. 80 ff.
[16] Vgl. WP-Handbuch, Bd. II, A Tz. 162.
[17] Vgl. *Moxter*, Grundsätze ordnungsmäßiger Unternehmensbewertung, Nachdruck der 2. Aufl. 1983, Wiesbaden 1994, S. 85 ff.; WP-Handbuch 1992, Bd. II, A Tz. 46. Implikationen der Vollausschüttungshypothese untersucht *Löhr*, Unternehmensbewertung: Ausschüttungspolitik und Vollausschüttungshypothese, WPg 1992, S. 525–531.

kapitalaufnahme oder -tilgung hervorgerufenen Veränderungen des Zinsaufwands in den Folgeperioden in der Ertragsüberschußrechnung Berücksichtigung finden.

Der verwendete Kapitalisierungszinssatz r_t^e spiegelt die Renditeforderungen der Eigner wider; er wird üblicherweise ausgehend von der Verzinsung quasi-sicherer, langfristiger festverzinslicher Wertpapiere, dem sogenannten Basiszinssatz, ermittelt.[18] Um die Risikoäquivalenz einer entsprechenden Kapitalmarktanlage mit dem finanziellen Engagement in das Unternehmen sicherzustellen, wird in der Bewertungstheorie die Abzinsung der Sicherheitsäquivalente der künftigen Ertragsüberschüsse mit dem (quasi-sicheren) Basiszinssatz vorgeschlagen.[19] Die Bewertungspraxis behilft sich vorzugsweise mit einem Risikozuschlag zum Basiszinssatz,[20] was bei korrekter Anwendung zum gleichen Ergebnis führt.

III. Methodische Unterschiede und konzeptionelle Gemeinsamkeiten des DCF-Verfahrens und des Ertragswertverfahrens

1. Methodische Unterschiede

Die wesentlichen methodischen Unterschiede des DCF-Verfahrens und des Ertragswertverfahrens sind in folgender Tabelle zusammengefaßt:

	DCF-Verfahren	Ertragswertverfahren
Basisrechnungssystem	Einzahlungsüberschußrechnung	Ertragsüberschußrechnung
Rechnungsverfahren	Bruttorechnung	Nettorechnung
Berücksichtigung der Steuerersparnis aus Fremdfinanzierung	Variante I: Im freien Cash Flow Variante II: Im Gesamtkapitalkostensatz	Im Ertragsüberschuß
Risikoberücksichtigung	Anwendung des CAPM	Anwendung subjektiver Sicherheitspräferenzen

Tab. 1: Wesentliche methodische Unterschiede des DCF-Verfahrens und des Ertragswertverfahrens

---

[18] Vgl. *Sieben*, a.a.O. (Fn. 1), Sp. 4324 ff.; WP-Handbuch 1992, Bd. II, A Tz. 193–221; HFA 2/1983, WPg 1983, S. 472.
[19] Vgl. *Ballwieser*, Unternehmensbewertung und Komplexitätsreduktion, 3. Aufl., Wiesbaden 1990, S. 171 ff.
[20] Vgl. WP-Handbuch 1992, Bd. II, A Tz. 197 ff.

Beim DCF-Verfahren werden in bestimmter Weise definierte Einzahlungsüberschüsse, beim Ertragswertverfahren Ertragsüberschüsse abgezinst. Jeder Student der Betriebswirtschaftslehre im Grundstudium weiß, daß diese nicht notwendig übereinstimmen, so daß schon von daher ein konzeptioneller Unterschied vorzuliegen scheint. Auch die Verwendung verschiedener Rechnungsverfahren, einer Bruttorechnung beim DCF-Verfahren und einer Nettorechnung beim Ertragswertverfahren, könnte zu der Vermutung führen, daß die Verfahren zu unterschiedlichen Ergebnissen führen. Diesen Verdacht legt auch die Berücksichtigung der Steuerersparnis aus Fremdfinanzierung im Gesamtkapitalkostensatz bei Variante II des DCF-Verfahrens nahe. Die Risikoberücksichtigung beim DCF-Verfahren basiert auf einem Kapitalmarktmodell, beim Ertragswertverfahren auf subjektiven Sicherheitspräferenzen. Angesichts all dieser Unterschiede könnte man zu dem Schluß kommen, daß es sich um zwei konzeptionell verschiedene Ansätze zur Unternehmensbewertung handelt, die zwangsläufig zu unterschiedlichen Unternehmenswerten führen müssen. Im folgenden geht es zunächst darum, zu zeigen, daß diese auf den ersten Blick naheliegende Vermutung nicht zutrifft.

2. Konzeptionelle Gemeinsamkeiten

a) Einzahlungs- oder Ertragsüberschußrechnung als Basisrechnungssystem

In der Bewertungstheorie ist man sich einig: Der Wert eines Unternehmens aus der Sicht seiner Eigner resultiert aus seiner Fähigkeit, monetäre Ergebnisse in Form von Entnahmen zu erzielen.[21] Um so befremdlicher muß die Tatsache stimmen, daß weder beim DCF-Verfahren noch beim Ertragswertverfahren Entnahmen abgezinst werden. Basieren etwa beide Verfahren auf konzeptionell falschen Grundlagen? Keineswegs. Vielmehr basieren beide Verfahren auf Annahmen, die dazu führen, daß das jeweils abzuzinsende Ergebnis mit den Zahlungen an die entsprechenden Kapitalgeber übereinstimmt. Zunächst gehen beide Verfahren in aller Regel von einer unbeschränkten Lebensdauer des Unternehmens aus. Beim DCF-Verfahren wird ferner unterstellt, daß der für Zahlungen an die Kapitalgeber verfügbare Einzahlungsüberschuß des Unternehmens auch tatsächlich an diese fließt. Dies beinhaltet die Annahme, daß der Bestand an liquiden Mitteln im Unternehmen

---

[21] Vgl. *Moxter*, a.a.O. (Fn. 17), S. 79; *Sieben*, a.a.O. (Fn. 1), Sp. 4323.

unverändert bleibt, oder – hilfsweise – daß eine Veränderung dieses Bestands als Investitionszahlung angesehen und folglich bei der Berechnung des freien Cash Flow berücksichtigt wird. Dem Ertragswertverfahren liegt bei Anwendung der Vollausschüttungshypothese die Annahme zugrunde, daß die prognostizierten Ertragsüberschüsse in voller Höhe an die Eigner des Unternehmens ausgeschüttet werden, so daß das Eigenkapital des Unternehmens unverändert bleibt. Für denjenigen, der eine formale Argumentation bevorzugt, stellt sich die Äquivalenz des Barwertes der Entnahmen mit den Barwerten des auf die Eigenkapitalgeber entfallenden freien Cash Flow bzw. der Ertragsüberschüsse unter diesen Bedingungen als trivialer Grenzfall des Lücke-Theorems dar.[22]

Problematisch wird es bei beiden Verfahren, wenn aus faktischen oder rechtlichen Gründen von der Geltung der genannten Annahmen nicht ausgegangen werden kann. Abgesehen vom Fall endlicher Lebensdauer wird dies bei einer Rechnung auf der Grundlage von Ertragsüberschüssen hauptsächlich dann der Fall sein, wenn nicht genügend liquide Mittel bereit stehen, um eine Ausschüttung in Höhe des Ertragsüberschusses zu bestreiten. Aus diesem Grund sieht das Ertragswertverfahren – wie oben dargestellt – die Anfertigung einer Finanzierungsnebenrechnung vor, durch die entsprechende Liquiditätsengpässe aufgedeckt und berücksichtigt werden können. Beim DCF-Verfahren ist dagegen vor allem der Fall von Interesse, daß ein freier Cash Flow prognostiziert wird, der infolge handels- oder gesellschaftsrechtlicher Ausschüttungssperren nicht in voller Höhe an die Kapitalgeber ausgezahlt werden darf. Der entsprechende Betrag müßte dann zwangsläufig im Unternehmen verbleiben und würde dort zu einer Erhöhung des Bestands an liquiden Mitteln führen. Wird dieser Sachverhalt bei der Prognose des freien Cash Flow erkannt, werden entsprechende Investitionen geplant und deren Konsequenzen bei der Prognose des freien Cash Flow der Folgeperioden berücksichtigt, so ergibt sich hieraus kein Problem. Da das DCF-Verfahren aber keine Überprüfung des freien Cash Flow auf Ausschüttungsfähigkeit vorsieht, ist zu befürchten, daß die fehlende Ausschüttungsfähigkeit des prognostizierten freien Cash Flow im Bewertungszeitpunkt unbemerkt bleibt. Die dadurch in die Bewertung

---

[22] Zum Lücke-Theorem siehe grundlegend *Lücke,* Investitionsrechnung auf der Basis von Ausgaben oder Kosten?, ZfhF 1955, S. 310–324. Bezüglich der Anwendung bei der Unternehmensbewertung vgl. *Sieben,* Der Unternehmenserfolg als Determinante des Unternehmenswerts – Berechnung auf Basis künftiger Entnahme- oder Ertragsüberschüsse?, in: Festschrift für Busse von Colbe, hrsg. v. Domsch u. a., Wiesbaden 1988, S. 361–373.

einfließende Ungenauigkeit läßt sich dann nur noch über die pauschale Annahme beheben, daß alle zwangsweise im Unternehmen verbleibenden liquiden Mittel in Projekte investiert werden, deren Verzinsung den Eigenkapitalkosten entspricht

b) Brutto- oder Nettorechnung als Rechnungsverfahren

Wenngleich man also auf einige Annahmen zurückgreifen muß, um die Äquivalenz der Unternehmensbewertung auf der Basis von Zahlungen an die Kapitalgeber, des freien Cash Flow und von Ertragsüberschüssen herzustellen, bleibt festzuhalten, daß das DCF-Verfahren und das Ertragswertverfahren diesbezüglich auf der gleichen konzeptionellen Grundlage beruhen. Beide stehen in Einklang mit dem grundlegenden Postulat von der alleinigen Maßgeblichkeit der Zahlungen an die Kapitalgeber. Unterschiedlich ist lediglich die Herleitung dieser Zahlungen. Welche Schlüsse aber sind daraus zu ziehen, daß sich der Unternehmenswert im Rahmen des DCF-Verfahrens auf der Grundlage einer Brutto-, beim Ertragswertverfahren aber auf der Basis einer Nettorechnung ergibt? Diese Frage soll im folgenden zunächst grundsätzlich beantwortet werden. Dabei wird unterstellt, daß der beim Ertragswertverfahren abgezinste Ertragsüberschuß dem Teil des freien Cash Flow entspricht, der für Zahlungen an die Eigenkapitalgeber zur Verfügung steht; es gilt $x_t = e_t + z_t$. Ferner wird von den gleichen Renditeforderungen der Eigenkapitalgeber ausgegangen; es gilt $r_t^e = i_t^e$. Inwiefern sich bei praktischen Bewertungen diesbezügliche Unterschiede ergeben und welche Folgen dies hat, wird später erläutert.

Unter den genannten Bedingungen führen beide Verfahren zum gleichen Ergebnis. Will man dies formal zeigen, so gilt es, folgende Äquivalenz nachzuweisen:

$$WE_0^{DCF} = WE_0^{EW}$$

wobei gilt $WE_t^{DCF} = WG_t - WF_t,$ $\quad WG_t = \sum_{s=t+1}^{T} \dfrac{x_s}{\prod_{r=t+1}^{s}(1+i_r^g)},$

$$i_{t+1}^g = i_{t+1}^e \dfrac{WE_t^{DCF}}{WG_t} + i_{t+1}^f \dfrac{WF_t}{WG_t}, \quad WF_t = \sum_{s=t+1}^{T} \dfrac{z_s}{\prod_{r=t+1}^{s}(1+i_r^f)}$$

und $\quad WE_t^{EW} = \sum_{s=t+1}^{T} \dfrac{x_s - z_s}{\prod_{r=t+1}^{s}(1+i_r^e)}$ für $t = 0, \ldots, T-1$

sowie $\quad WG_T = WF_T = WE_T^{DCF} = WE_T^{EW} = 0.$

Der Beweis mittels vollständiger Induktion ist nicht sonderlich originell und soll deshalb hier nur skizziert werden: Für t = 1, .., T gilt $WG_{t-1} = \frac{WG_t + x_t}{1 + i_t^g}$ bzw. $WG_{t-1} + i_t^e WE_{t-1}^{DCF} + i_t^f WF_{t-1} = WG_t + x_t$.
Nutzt man die Definition von WF_{t-1} und die Beziehungen $WE_{t-1}^{DCF} = WG_{t-1} - WF_{t-1}$ und $WE_t^{DCF} = WG_t - WF_t$ so folgt $WE_{t-1}^{DCF} = \frac{WE_t^{DCF} + x_t - z_t}{1 + i_t^e}$.
An dieser Stelle setzt der Induktionsbeweis an. Zunächst gilt $WE_T^{DCF} = WE_T^{EW}$. Aus der Induktionsannahme $WE_t^{DCF} = WE_t^{EW}$ folgt $WE_{t-1}^{DCF} = \frac{WE_t^{EW} + x_t - z_t}{1 + i_t^e}$. Dies entspricht per Definition WE_{t-1}^{EW}, so daß auch $WE_{t-1}^{DCF} = WE_{t-1}^{EW}$ gilt. Es folgt $WE_0^{DCF} = WE_0^{EW}$.

Die Bruttorechnung des DCF-Verfahrens und die Nettorechnung des Ertragswertverfahrens führen also zum gleichen Ergebnis, wenn man unterstellt, daß bei beiden Verfahren von den gleichen Zahlungen an die Kapitalgeber ausgegangen wird und wenn der beim Ertragswertverfahren verwendete Kapitalisierungszinssatz dem Eigenkapitalkostensatz beim DCF-Verfahren entspricht. Umgekehrt kann gefolgert werden, daß mindestens eine der genannten Voraussetzungen nicht erfüllt ist, wenn bei der Anwendung der Verfahren unterschiedliche Ergebnisse resultieren. Worauf dies zurückzuführen sein kann, ist Gegenstand des nächsten Kapitels. Zuvor jedoch sollen noch die letzten beiden Punkte in der obigen Übersicht behandelt werden, die Steuer- und Risikoberücksichtigung beim DCF-Verfahren und beim Ertragswertverfahren.

c) Die Berücksichtigung der Steuerersparnis aus Fremdfinanzierung beim freien Cash Flow bzw. im Gesamtkapitalkostensatz oder beim Ertragsüberschuß

Daß zwischen Variante I des DCF-Verfahrens und dem Ertragswertverfahren hinsichtlich der Berücksichtigung von Steuern kein konzeptioneller Unterschied besteht, ist leicht einsichtig. In beiden Fällen werden zumindest von der Idee her die an die jeweiligen Kapitalgeber fließenden Zahlungen nach Abzug nicht anrechenbarer, tatsächlich anfallender Unternehmenssteuern abgezinst; die Besteuerung der Kapitalgeber bleibt bei beiden Verfahren außer acht. Wie aber ist Variante II des DCF-Verfahrens zu beurteilen, bei der die mit der Fremdfinanzierung einhergehende Steuerersparnis nicht durch einen entsprechend höheren freien Cash Flow, sondern durch eine Verminderung des Gesamtkapitalkostensatzes berücksichtigt wird? Die Beantwortung dieser Frage ergibt sich aus der Erkenntnis, daß der oben für Variante I geführte

Beweis analog auch für Variante II geführt werden kann. Dabei ist nur darauf zu achten, daß sich die steuerliche Abzugsfähigkeit der Zahlungen an die Fremdkapitalgeber nur auf Zinszahlungen, nicht aber auf Tilgungszahlungen bezieht. Aufgrund der Tatsache, daß die Modifikation des Gesamtkapitalkostensatzes bei Variante II des DCF-Verfahrens genau so erfolgt, daß prinzipiell übereinstimmende Ergebnisse mit Variante I und damit auch mit dem Ertragswertverfahren resultieren, kann darauf geschlossen werden, daß die Berücksichtigung von Steuern auch bei dieser Variante auf der gleichen Idee wie beim Ertragswertverfahren beruht. Auch hier geht es eigentlich um die tatsächlich anfallenden, nicht bei den Kapitalgebern anrechenbaren Unternehmenssteuern. Und auch hier wird eine Rechnung vor Kapitalgebersteuern angestellt. Die Berücksichtigung der mit der Fremdfinanzierung einhergehenden Steuerersparnis im Gesamtkapitalkostensatz liegt ausschließlich in dem Wunsch begründet, mit einer von Finanzierungsaspekten unabhängigen freien Cash Flow Größe zu arbeiten. Allein dies rechtfertigt es nicht, von unterschiedlichen konzeptionellen Grundlagen auszugehen.

d) Das Capital Asset Pricing Model oder subjektive Sicherheitspräferenzen als Grundlage der Risikoberücksichtigung

Wie in bezug auf die abzuzinsenden Größen, so herrscht auch hinsichtlich der grundlegenden Funktion des Kapitalisierungszinssatzes in der Bewertungstheorie weitgehende Einigkeit: Der Kapitalisierungszinssatz soll diejenige Verzinsung widerspiegeln, die der Kapitalgeber aus seinem finanziellen Engagement in das Unternehmen mindestens fordern muß, will er sich nicht schlechter stellen als bei Ergreifen seiner bestmöglichen Alternative. Im Prinzip erfordert dies, daß bei der Bemessung des Kapitalisierungszinssatzes alle möglichen Investitions- und Finanzierungsalternativen des Kapitalgebers und seine individuellen Präferenzen Berücksichtigung finden müßten:[23] eine praktisch unlösbare Aufgabe, zumal infolge der Problematik der Aggregation von Präferenzordnungen auch völlig unklar bliebe, wie die verschiedenen Renditeforderungen z. B. einzelner Aktionäre zu einem einheitlichen Eigenkapitalkostensatz zusammengefaßt werden sollten. Hinter der Bemessung des theoretisch adäquaten Kapitalisierungszinssatzes für die Unternehmensbewertung verbirgt sich also ein Problemkomplex, der nur durch relativ drastische Vereinfachungen einer praktischen Lösung zugeführt werden kann. Beim Ertragswertverfahren sieht diese Vereinfachung meist so

---

[23] Vgl. *Sieben*, a.a.O. (Fn. 1), Sp. 4323 f.

aus, daß der maßgebliche Kapitalisierungszinssatz ausgehend von der langfristigen Verzinsung festverzinslicher Wertpapiere durch Ansatz eines Risikozuschlags gewonnen wird. Dieser Risikozuschlag wird idealtypisch auf der Grundlage der Sicherheitspräferenz des Eigners festgelegt und soll die Gleichwertigkeit des finanziellen Engagements in das Unternehmen und der zum Vergleich herangezogenen Anlage in festverzinsliche Wertpapiere am Kapitalmarkt sicherstellen. Die oben angesprochene Problematik der Aggregation von Präferenzordnungen wird in der Literatur zum Kapitalisierungszinssatz beim Ertragswertverfahren meist stillschweigend vernachlässigt, so daß wohl davon ausgegangen werden muß, daß der angesetzte Risikozuschlag als geeignet angesehen wird, die Sicherheitspräferenz der Eigner insgesamt zu repräsentieren.

Es dürfte Einigkeit darüber bestehen, daß es sich bei der geschilderten Form der Ermittlung des Kapitalisierungszinssatzes nur um den Versuch handeln kann, dem theoretisch richtigen Kapitalisierungszinssatz möglichst nahe zu kommen, und daß man sich bei der Bemessung des Kapitalisierungszinssatzes nach Möglichkeit stärker an den tatsächlichen Alternativen der Eigner orientieren sollte. Die Anleitungen zur Bemessung des Kapitalisierungszinssatzes besitzen beim Ertragswertverfahren dementsprechend eher den Charakter allgemein gehaltener Vorschläge als den konkreter Arbeitsanleitungen. Anders ist dies beim DCF-Verfahren, bei dem offenbar die Heranziehung eines Kapitalmarktmodells als zwingender Bestandteil der Bewertung angesehen wird. Hieraus ist aber nicht zu schließen, daß die Funktion des Kapitalisierungszinssatzes beim DCF-Verfahren eine grundsätzlich andere wäre. Vielmehr wird die Integration des Kapitalmarktmodells in die Bewertung als Möglichkeit gesehen, die oben aufgezeigte Problematik der Bemessung des Kapitalisierungszinssatzes auf zufriedenstellende und elegante Weise zu lösen.

Unterstellt man nämlich, daß der Kapitalmarkt tatsächlich wie vom Capital Asset Pricing Model beschrieben funktioniert, so kann eine mühsame Suche nach der besten Anlagealternative des Kapitalgebers unterbleiben, weil der Kapitalmarkt annahmegemäß alle Anlagemöglichkeiten umfaßt und weil alle am Kapitalmarkt vorhandenen und hinsichtlich des (systematischen) Risikos äquivalenten Anlagemöglichkeiten die gleiche Verzinsung erzielen.[24] Ferner liegt unter den Bedingungen des Kapitalmarktmodells die vom Kapitalgeber zu fordernde

---

[24] Hierzu und zum folgenden siehe die oben (Fn. 13) angegebene Literatur zum CAPM.

Rendite unabhängig von der genauen Ausgestaltung seiner Sicherheitspräferenz fest. Zufriedenstellend ist diese Lösung, weil die Annahmen, auf deren Grundlage die Annäherung an den theoretisch korrekten Kapitalisierungszinssatz gefunden wird, durch die explizite Einbeziehung eines Kapitalmarktmodells transparent gemacht werden. Elegant ist sie, weil darüber hinaus auch das Problem der Aggregation unterschiedlicher Präferenzordnungen gelöst wird: Indem der vom Modell beschriebene Kapitalmarkt Marktpreise für die Übernahme von Risiko generiert, wird die Verzinsung der bestmöglichen Alternative aus Sicht des Kapitalgebers von dessen individuellen Präferenzen unabhängig. Folglich werden alle Kapitalgeber, deren finanzielles Engagement in das Unternehmen mit dem gleichen Risiko behaftet ist, die gleichen Renditeforderungen stellen.

IV. Bewertungsdivergenzen aufgrund verfahrenstypischer Bewertungsannahmen und -vereinfachungen

1. Bewertungsdivergenzen aufgrund unterschiedlicher Finanzierungsannahmen

Die vorstehenden Ausführungen zeigen, daß das DCF-Verfahren und das Ertragswertverfahren trotz der Unterschiede in der Methodik auf die gleichen konzeptionellen Grundlagen zurückgeführt werden können. Es wäre allerdings vorschnell, deshalb schon zu erwarten, daß beide Verfahren zum gleichen Unternehmenswert führen. Tatsächlich ist in der Praxis immer wieder zu beobachten, daß die mittels beider Verfahren errechneten Unternehmenswerte in mehr oder weniger großem Maße divergieren. Da dies wie gezeigt nicht auf grundlegende konzeptionelle Unterschiede zurückzuführen ist, müssen solche Bewertungsdivergenzen auf Bewertungsannahmen und -vereinfachungen beruhen, die mit der Anwendung der Verfahren üblicherweise einhergehen. In erster Linie sind dies unterschiedliche Annahmen bezüglich der Finanzierung von Investitionen, der vereinfachte Ansatz über die Zeit konstanter Kapitalisierungszinssätze und die Berücksichtigung der mit der Fremdfinanzierung einhergehenden Steuerersparnis im Gesamtkapitalkostensatz bei Variante II des DCF-Verfahrens.

Wie geschildert, liegt der Berechnung des Unternehmensgesamtwertes im Rahmen des DCF-Verfahrens der freie Cash Flow als der für Zahlungen an die Kapitalgeber insgesamt verfügbare Betrag nach Berücksichtigung der Investitionsvorhaben zugrunde. Erst ein nach Abzug der Investitionsauszahlungen verbleibender Einzahlungsüberschuß aus dem operativen Geschäft steht demnach für die Verteilung an die Kapitalgeber bereit. In erster Annäherung geht das Verfahren mithin davon aus, daß Investitionen so weit wie möglich innenfinanziert werden.[25] Natürlich kann auch von einer teilweisen oder sogar reinen Fremdfinanzierung ausgegangen werden; die Einbeziehung der Fremdfinanzierung erfordert jedoch zusätzliche Überlegungen, die nicht durch das Bewertungsverfahren selbst angeregt werden. Anders beim Ertragswertverfahren: Dem Unternehmen zufließende liquide Mittel werden bei Zugrundelegung der Vollausschüttungshypothese zunächst verwendet, um die Ausschüttung des erzielten Ertragsüberschusses zu bestreiten. Nur ein darüber hinausgehender Mittelzufluß (bei dem es sich näherungsweise um die Abschreibungsgegenwerte handeln dürfte) wird zur Finanzierung von (Ersatz-) Investitionen herangezogen. Weiterer Finanzbedarf wird verfahrensimmanent durch Fremdkapitalaufnahme abgedeckt.

Aus der Tatsache, daß die Aufnahme von Fremdkapital beim DCF-Verfahren konkrete zusätzliche Planungsschritte verlangt, beim Ertragswertverfahren dagegen quasi automatisch eingeplant wird, dürfte in der Praxis eine gewisse Tendenz zur Annahme vorwiegend innenfinanzierter bzw. zumindest teils innen- und teils fremdfinanzierter Investitionen ausgehen. Im wesentlichen werden nur dann die gleichen Annahmen bezüglich der Finanzierung von Investitionsprojekten zugrunde gelegt werden, wenn die Abschreibungen größer sind als die Investitionsauszahlungen oder diesen entsprechen. In diesem Fall liegt es nahe, bei beiden Verfahren von einer reinen Innenfinanzierung auszugehen. Übersteigen die Investitionsauszahlungen die Abschreibungen, so wirkt das DCF-Verfahren darauf hin, so lange weiter Innenfinanzierung zu unterstellen, bis der Zufluß liquider Mittel aus dem operativen Geschäft aufgebraucht ist. Beim Ertragswertverfahren dagegen wird von einer Fremdkapitalaufnahme zur Deckung des entsprechenden Finanzbedarfs ausgegangen.

Daß die Finanzierung von Investitionsvorhaben Auswirkungen auf den Unternehmenswert haben kann, bedarf angesichts der Angreifbarkeit der Prämissen des Theorems von der Irrelevanz der Finanzierung[26]

---

[25] Vgl. *Jonas,* Unternehmensbewertung: Zur Anwendung der Discounted-Cash-flow-Methode in Deutschland, BFuP 1995, S. 83–98, hier S. 87 u. S. 96.

[26] Zum Irrelevanztheorem siehe *Modigliani/Miller,* The Cost of Capital, Corporation Finance and the Theory of Investment, American Economic Review 1958, S. 261–297. Für eine übersichtliche Darstellung auch der Kritik an den Prämissen des Theorems vgl. bspw. *Franke/Hax,* a.a.O. (Fn. 13), S. 332ff.

keiner näheren Erläuterung. Im Lichte der angestellten Überlegungen ist es folglich nicht verwunderlich, wenn das DCF-Verfahren zu einem anderen Unternehmenswert als das Ertragswertverfahren führt. Zu dem gleichen Ergebnis gelangt man auch, wenn man die Bedingungen betrachtet, unter denen die Identität $WE^{DCF} = WE^{EW}$ oben nachgewiesen wurde, die Annahme gleicher Zahlungen an die Kapitalgeber und den Ansatz gleicher Eigenkapitalkostensätze. Die Annahme gleicher Zahlungen an die Kapitalgeber und von den Kapitalgebern entspricht nämlich der Zugrundelegung gleicher Finanzierungsannahmen.

2. Bewertungsdivergenzen aufgrund des Ansatzes über die Zeit konstanter Kapitalisierungszinssätze

Im Zusammenhang mit der Verwendung gleicher Eigenkapitalkostensätze spielt eine formelmäßige Vereinfachung der Bewertungsverfahren eine Rolle, die der praktischen Anwendung im Regelfall zugrunde gelegt wird. Die Rede ist vom Ansatz über die Zeit konstanter Kapitalisierungszinssätze. Wie oben gezeigt, kommen die beiden Verfahren bei Zugrundelegung gleicher Finanzierungsannahmen und gleicher Eigenkapitalkostensätze notwendig zum gleichen Ergebnis. Ein über die Zeit konstanter Gesamtkapitalkostensatz ergibt sich dabei – konstante Eigen- und Fremdkapitalkostensätze vorausgesetzt – nur, wenn jegliche Investition im Verhältnis der Anteile der Eigen- und Fremdkapitalwerte am Unternehmensgesamtwert finanziert wird. Dies ist eine Implikation der Definition der gewogenen Gesamtkapitalkosten und beinhaltet noch keine empirische Aussage über den Zusammenhang zwischen dem Verschuldungsgrad und der insbesondere von den Eigenkapitalgebern geforderten Rendite. Anders wird dies dann, wenn bei Anwendung des DCF-Verfahrens generell von der Periodenabhängigkeit insbesondere des Gesamtkapitalkostensatzes abstrahiert wird und man damit annimmt, dieser bleibe auch bei Änderungen des Verschuldungsgrads konstant, wie sie durch die Zugrundelegung einer überwiegenden Innenfinanzierung von Investitionsvorhaben hervorgerufen werden können.

Die Vereinfachung der Rechnung wird in diesem Fall erkauft, indem die Irrelevanz der Finanzierung stillschweigend zur Bewertungsannahme erhoben wird; denn ein verschuldungsgradunabhängiger Gesamtkapitalkostensatz ist bei gegebenem Investitionsprogramm gleichbedeutend mit einem finanzierungsunabhängigen Unternehmensgesamtwert.[27] Ein sinnvoller Vergleich des Ertragswertverfahrens mit

---
[27] Vgl. *Modigliani/Miller,* American Economic Review 1958, S. 268.

dem DCF-Verfahren erfordert dann, daß auch bei Anwendung des Ertragswertverfahrens von der Irrelevanz der Finanzierung ausgegangen wird. Dabei ist zu berücksichtigen, daß ein konstanter Gesamtkapitalkostensatz bei konstantem Fremdkapitalkostensatz einen linear mit dem Verschuldungsgrad steigenden Eigenkapitalkostensatz impliziert.[28] Folglich muß der bei Anwendung des Ertragswertverfahrens zur Abzinsung herangezogene Kapitalisierungszinssatz entsprechend dem durch Fremdkapitalaufnahme geänderten Verschuldungsgrad angepaßt werden. Erfolgt dies, so gelangt man infolge der in die Bewertung eingeflossenen Annahme der Irrelevanz der Finanzierung auch dann zum gleichen Ergebnis, wenn bei Anwendung der beiden Verfahren von einer unterschiedlichen Finanzierung der Investitionsvorhaben ausgegangen wird.[29] Arbeitet man stattdessen beim DCF-Verfahren und beim Ertragswertverfahren mit konstanten Gesamt- und Eigenkapitalkostensätzen, so wird beim DCF-Verfahrens die Irrelevanz der Finanzierung zur Bewertungsannahme, während beim Ertragswertverfahren von der Vorteilhaftigkeit der Fremdfinanzierung ausgegangen wird, weil die Eigner annahmegemäß keine Kompensation für das infolge der erhöhten Verschuldung gestiegene finanzielle Risiko fordern. Daß dies zu Bewertungsdivergenzen führen kann, leuchtet ein.

Damit ist auch der Grund dafür gefunden, warum die Gleichheit der Ergebnisse der beiden Verfahren (bei Ansatz eines konstanten Gesamtkapitalkostensatzes) für den Fall behauptet wird, daß entweder Investitionen im Verhältnis der Anteile der Werte des Eigen- und des Fremdkapitals finanziert werden oder der Eigenkapitalkostensatz gemäß dem Irrelevanztheorem an den geänderten Verschuldungsgrad angepaßt wird.[30] Im ersten Fall ist gewährleistet, daß beide Verfahren von den gleichen Finanzierungsannahmen ausgehen, so daß von daher keine Divergenz der ermittelten Unternehmenswerte zu erwarten ist. Zudem bleibt der Gesamtkapitalkostensatz im Zeitablauf tatsächlich konstant, so daß der Ansatz eines periodenunabhängigen Gesamtkapitalkostensatzes beim DCF-Verfahren gerechtfertigt ist. Im zweiten Fall impliziert die Anpassung des Kapitalisierungszinssatzes beim Ertrags-

---

[28] Vgl. *Modigliani/Miller,* American Economic Review 1958, S. 271.
[29] Angesichts der oben abgeleiteten Bedingungen für die Identität der Ergebnisse der Brutto- und der Nettorechnung, gleiche Annahmen bezüglich der Zahlungen an die Kapitalgeber und Ansatz gleicher Eigenkapitalkostensätze, mag dies überraschen, weil in diesem Fall gegen beide Bedingungen verstoßen wird. Letztlich handelt es sich bei diesem Resultat aber nur um eine Folge der Tatsache, daß die genannten Bedingungen für die Identität der Ergebnisse zwar hinreichend, aber nicht notwendig sind.
[30] Vgl. *Ballwieser,* WPg 1995, S. 124.

wertverfahren die Irrelevanz der Finanzierung und damit die Verwendung eines konstanten Gesamtkapitalkostensatzes beim DCF-Verfahren. Die in die Bewertung eingehende Annahme der Irrelevanz der Finanzierung sorgt dann auch bei unterschiedlicher Finanzierung der Investitionsvorhaben für übereinstimmende Unternehmenswerte.

3. Bewertungsdivergenzen aufgrund der Berücksichtigung der Steuerersparnis aus Fremdfinanzierung im Gesamtkapitalkostensatz

Wie dargelegt, wird von den Verfechtern der Variante II des DCF-Verfahrens ein Vorteil darin gesehen, mit einer freien Cash Flow Größe zu arbeiten, wie sie von einem unverschuldeten Unternehmen erwirtschaftet worden wäre. Um die durch die Fremdfinanzierung bewirkte Steuerersparnis zu berücksichtigen, wird der Gesamtkapitalkostensatz auf mehr oder weniger pauschale Weise mittels eines an Einzahlungsüberschüssen ansetzenden Steuersatzes modifiziert. Da es sich bei den maßgeblichen Steuerbemessungsgrundlagen durchgängig nicht um Zahlungsgrößen handelt, sind bezüglich der Möglichkeit, diesen Steuersatz ohne die Anfertigung umfangreicher Nebenrechnungen hinreichend genau zu bestimmen, größte Zweifel anzumelden. Es leuchtet ein, daß diese Problematik durch den üblichen Ansatz über die Zeit konstanter Kapitalisierungszinssätze noch verschärft wird. Aus den nahezu zwangsläufigen Ungenauigkeiten wird in aller Regel eine Bewertungsdivergenz zum Ertragswertverfahren resultieren. Eine derartige Bewertungsdivergenz ist dann auf eine Bewertungsvereinfachung beim DCF-Verfahren zurückzuführen, die u. a. dazu dient, zunächst mit einer nicht durch den Verschuldungsgrad des Unternehmens beeinflußten freien Cash Flow Größe arbeiten zu können.

V. Beurteilung des DCF-Verfahrens und des Ertragswertverfahrens unter Einbeziehung von Praktikabilitätsaspekten

Die vorstehenden Ausführungen haben gezeigt, daß das Ertragswertverfahren und das DCF-Verfahren – korrekte Anwendung und gleiche Bewertungsannahmen vorausgesetzt – zum gleichen Ergebnis führen. Die Entscheidung darüber, welchem der beiden Verfahren der Vorzug gegeben werden sollte, kann folglich nicht anhand konzeptioneller Unterschiede getroffen werden. Sie muß sich an der Praktikabilität der Verfahren und der Realitätsnähe der verfahrenstypischen Bewertungsannahmen und -vereinfachungen orientieren.

Bezüglich der Zugrundelegung einer Einzahlungsüberschußrechnung oder einer Ertragsüberschußrechnung als Basisrechnungssystem könnte der Schluß naheliegen, daß das DCF-Verfahren dem Ertragswertverfahren insbesondere dann vorzuziehen ist, wenn von einer weitgehenden Innenfinanzierung der Investitionsvorhaben ausgegangen werden soll. Weitergehend könnte man argumentieren, daß die Vollausschüttungshypothese beim Ertragswertverfahren relativ starre Finanzierungsannahmen impliziert, während das DCF-Verfahren in dieser Hinsicht um einiges flexibler ist. Eine solche Argumentation übersieht jedoch, daß auch das Ertragswertverfahren durch die Zugrundelegung einer anderen Ausschüttungspolitik in der Finanzierungsnebenrechnung und eine entsprechende Modifikation der abzuzinsenden Größen relativ problemlos an alternative Finanzierungsannahmen angepaßt werden kann. Von daher ergibt sich meines Erachtens kein Grund für eine Abkehr vom Ertragswertverfahren.

Von größerer Bedeutung für die Beurteilung der Verfahren ist der gängige Einwand gegen die Bruttorechnung des DCF-Verfahrens, daß zur Ermittlung des gewogenen Gesamtkapitalkostensatzes der Unternehmenswert, den es letztlich zu ermitteln gilt, schon bekannt sein muß.[31] Um dieser Zirkularität des Bewertungskalküls zu begegnen, werden im allgemeinen zwei Lösungswege vorgeschlagen, zum einen der Ansatz einer „normierten" Kapitalstruktur oder Zielkapitalstruktur,[32] zum anderen die Verwendung eines iterativen Lösungsverfahrens.[33] Angesichts der vorstehenden Ausführungen dürfte unmittelbar einleuchten, daß ersteres im Regelfall zu einer Verzerrung der Ergebnisse des DCF-Verfahrens führt. Geht es um die Beurteilung von Investitionsprojekten, so mag die Inkaufnahme solcherart begründeter Ungenauigkeiten noch sinnvoll sein, weil die Zuordnung von Finanzierungsquellen zu einzelnen Investitionsprojekten naturgemäß Schwierigkeiten bereitet. Bei der Unternehmensbewertung jedoch geht es um die Finanzierung des Unternehmens insgesamt, das Problem der Zuordnung einzelner Finanzierungsquellen zu Investitionsprojekten stellt sich nicht. Die Anwendung eines iterativen Lösungsverfahrens führt zwar unter der oben genannten Voraussetzung für den Ansatz über die Zeit konstanter Kapitalisierungszinssätze – der Finanzierung von Investitionsvorhaben

---

[31] Rechnerisch läßt sich diese Zirkularität nur in sehr einfachen Fällen, insbesondere bei zeitlich unbeschränkt anfallenden und uniformen Zahlungen, auflösen. Als Ergebnis einer solchen Auflösung erhält man den Unternehmenswert nach der Nettorechnung.

[32] Vgl. z. B. *Copeland/Koller/Murrin,* a.a.O. (Fn. 6), S. 194 ff.

[33] Vgl. z. B. *Jonas,* BFuP 1995, S. 95.

im Verhältnis der Anteile der Eigen- und Fremdkapitalwerte am Unternehmensgesamtwert – zu korrekten Ergebnissen, ist jedoch mit erheblichem Aufwand verbunden. Aufgrund der rechnerischen Äquivalenz des DCF-Verfahrens und des Ertragswertverfahrens unter den aufgezeigten Bedingungen scheint weder die Inkaufnahme der durch den Ansatz einer normierten Kapitalstruktur bewirkten Bewertungsfehler noch der zusätzliche Aufwand bei Anwendung eines iterativen Verfahrens zur Ermittlung der Gesamtkapitalkosten gerechtfertigt.

Auch die in der Literatur vorgebrachten Argumente zugunsten einer Bruttorechnung vermögen nicht zu überzeugen. *Copeland/Koller/ Murrin* schreiben hierzu: „Die Abzinsung der Zahlungsströme an die Aktionäre liefert weniger Informationen über die Quellen der Wertsteigerungen, und daher eignet sich das Verfahren nur begrenzt zur Identifikation von Wertsteigerungsmöglichkeiten. Zudem erfordert es sorgfältige Anpassungen, um sicherzustellen, daß Änderungen der geplanten Finanzierung nicht zu Verfälschungen des Unternehmenswertes führen."[34] Als Beispiel für die zweite Aussage führen die Autoren an, daß die durch eine Steigerung des Verschuldungsgrads bewirkte Erhöhung des Eigenkapitalkostensatzes im Rahmen einer Nettorechnung meist keine Berücksichtigung findet. Bei dieser Argumentation leuchtet nicht ein, warum denn dann bei der Bruttorechnung davon auszugehen sein soll, daß die Auswirkungen eines geänderten Verschuldungsgrades korrekt berücksichtigt werden. Oder gehen die Autoren etwa stillschweigend von der Irrelevanz der Finanzierung aus und unterstellen, ein einmal berechneter Gesamtkapitalkostensatz bliebe auch bei Änderungen des Verschuldungsgrades konstant? Sollte dies der Fall sein, so würde die erste Aussage, daß eine Nettorechnung weniger Informationen über die Quellen von Wertsteigerungen liefert, mehr als zweifelhaft, bliebe doch eine in der Praxis bedeutsame Quelle von Wertsteigerungen, die Finanzierung eines Unternehmens, außer acht. So gesehen scheint sich die Situation eher umgekehrt darzustellen: Sollen mögliche Auswirkungen der Finanzierung nicht von vornherein negiert werden, so erfordert es bei der Bruttorechnung infolge der Zirkularitätsproblematik sogar noch wesentlich sorgfältigerer Überlegungen als bei der Nettorechnung, um die Auswirkungen der Finanzierung korrekt zu berücksichtigen.

Die Berücksichtigung der durch Fremdfinanzierung bewirkten Steuerersparnis im Gesamtkapitalkostensatz bei Variante II des DCF-

---

[34] Vgl. *Copeland/Koller/Murrin*, a.a.O. (Fn. 6), S. 125f. Ähnliche Argumente bringt *Stewart*, The Quest for Value. A Guide for Senior Managers, Harper Business 1991, S. 261.

Verfahrens scheint ebenfalls problematisch. Mit der Festlegung des hierfür benötigten zahlungsbezogenen Steuersatzes gehen wie erläutert nahezu zwangsläufig Unschärfen einher. Strebt man eine möglichst exakte Rechnung an, so ist die Berücksichtigung des Steuervorteils aus Fremdfinanzierung bei den abzuzinsenden Größen jedenfalls vorzuziehen. Ob der besonders für die Beurteilung von Investitionsprojekten bedeutsame Vorteil, mit einer verschuldungsgradunabhängigen freien Cash Flow Größe arbeiten zu können, diesen Nachteil ausgleicht, hängt in erster Linie vom Bewertungsanlaß und vom Bewertungszweck ab und kann meines Erachtens nicht allgemeingültig entschieden werden.

Bezüglich der Herleitung der Eigenkapitalkosten beinhaltet das DCF-Verfahren eine verfahrensendogene Komplexitätsreduktion durch die Zugrundelegung einer Modellwelt, die durch das herangezogene Kapitalmarktmodell beschrieben wird. Die Bestimmung der Eigenkapitalkosten beruht auf vom Markt festgelegten Risikoentgelten und ist daher im Idealfall frei von subjektiven Einflüssen. Beim Ertragswertverfahren erfolgt dagegen eine einzelfallbezogene Komplexitätsreduktion durch den Bewerter, der die in der Realität unüberschaubare Menge möglicher Anlagealternativen der Eigner weitgehend eigenständig einschränken und auch deren Präferenzen mehr oder weniger explizit berücksichtigen muß. In Abhängigkeit vom Bewertungszweck und -anlaß kann die Vorgabe einer Methodik zur Ableitung des Eigenkapitalkostensatzes sicherlich von Vorteil sein, da sie zu einer Objektivierung der Bewertung beitragen kann.[35] Hieraus ist aber nicht auf einen Nachteil des Ertragswertverfahrens zu schließen, da es auch bei diesem ohne weiteres möglich ist, den heranzuziehenden Kapitalisierungszinssatz auf der Basis eines Kapitalmarktmodells zu bestimmen. In der unreflektierten, regelmäßigen Heranziehung eines Kapitalmarktmodells kann – ebenfalls in Abhängigkeit von Bewertungszweck und -anlaß – aber auch eine Gefahr liegen: Da die Annahmen solcher Modelle in der Realität nämlich nicht erfüllt sind, wird eine Verfälschung des ermittelten Unternehmenswertes sozusagen endogenisiert. Tatsächlich vorhandene Anlagealternativen der Eigenkapitalgeber des Unternehmens, deren Berücksichtigung relativ problemlos möglich wäre, drohen durch die mechanische Orientierung am Kapitalmarktmodell außer acht zu bleiben. Aus diesen Gründen scheint mir eine einzelfallbezogene Komplexitätsreduktion hinsichtlich des Kapitalisierungszinssatzes sinnvoller als eine schematische Ableitung von Eigenkapitalkostensätzen. Daß dies hohe

---

[35] Vgl. *Jonas*, BFuP 1995, S. 91.

Anforderungen an die Fachkompetenz des Bewerters stellt, ist kein Gegenargument.

VI. Fazit

Zusammenfassend bleibt festzuhalten, daß das sogenannte DCF-Verfahren der Unternehmensbewertung und das Ertragswertverfahren auf den gleichen konzeptionellen Grundlagen beruhen. Die eingangs gestellte Frage „Discounted Cash Flow-Verfahren und Ertragswertverfahren: Zwei völlig unterschiedliche Ansätze?" kann also mit einem klaren Nein beantwortet werden.[36] Es handelt sich nicht um zwei völlig verschiedene, sondern um zwei prinzipiell identische Ansätze zur Unternehmensbewertung. Dennoch auftretende Bewertungsdivergenzen sind auf verfahrenstypische Bewertungsannahmen und -vereinfachungen zurückzuführen. Von besonderer Bedeutung sind dabei unterschiedliche Finanzierungsannahmen, der vereinfachende Ansatz über die Zeit konstanter Kapitalisierungszinssätze und die Berücksichtigung der Steuerersparnis aus Fremdfinanzierung im Gesamtkapitalkostensatz bei Variante II des DCF-Verfahrens. Infolge der Tatsache, daß das DCF-Verfahren und das Ertragswertverfahren auf der gleichen Bewertungskonzeption basieren, mußte sich die Beurteilung der beiden Verfahren an der Realitätsnähe dieser Bewertungsannahmen und -vereinfachungen und an Praktikabilitätsaspekten orientieren. Letztlich kommt man zu dem Schluß, daß kein überzeugender Grund besteht, sich vom Ertragswertverfahren ab- und dem DCF-Verfahren zuzuwenden; im Gegenteil, besonders die Anwendung der Bruttorechnung beim DCF-Verfahren und das damit zusammenhängende Zirkularitätsproblem bezüglich des Gesamtkapitalkostensatzes deuten darauf hin, daß eine Nettorechnung, wie sie das Ertragswertverfahren vornimmt, unter Praktikabilitätsgesichtspunkten von Vorteil ist. Die in der Literatur zu findenden Argumente zugunsten einer Bruttorechnung vermögen nicht zu überzeugen, zumindest jedoch diesen Nachteil des DCF-Verfahrens nicht auszugleichen.

Das DCF-Verfahren wird trotz der hier angestellten Überlegungen in der Praxis wahrscheinlich weiter an Bedeutung gewinnen. Dies gilt vor allem für die Bewertung ausländischer Unternehmen, insbesondere solcher aus dem angloamerikanischen Sprachraum. Verhandlungspart-

---

[36] Zu diesem Ergebnis kommt auch *Drukarczyk*, DCF-Methoden und Ertragswertmethode – einige klärende Anmerkungen, WPg 1995, S. 329–334.

ner aus Übersee sind eben kaum mit dem Ertragswertverfahren, sehr wohl jedoch mit dem DCF-Verfahren vertraut. Kommt es zur Anwendung des DCF-Verfahrens, so ist vor allem darauf zu achten, daß die speziellen Gegebenheiten des US-amerikanischen Wirtschafts-, Rechts- und Steuersystems, die das DCF-Verfahren mit geprägt haben, nicht gleichsam automatisch auch bei der Bewertung deutscher Unternehmen zugrundegelegt werden. Die angestellten Überlegungen qualifizieren darüber hinaus das Ertragswertverfahren, als Prüfstein für die aus dem DCF-Verfahren resultierende Wertgröße zu dienen; angesichts der Tatsache, daß die für die Anwendung der beiden Verfahren notwendigen Daten weitgehend den gleichen Quellen entstammen und gleiche Planungs- und Prognoseüberlegungen erfordern, dürfte dies den Bewertungsaufwand nicht übermäßig erhöhen. Somit liefert der vorliegende Beitrag – abgesehen von der Beantwortung der im Thema enthaltenen grundsätzlichen Fragestellung – wichtige Anhaltspunkte zur Aufdeckung und zur Beurteilung von Bewertungsunterschieden bei Anwendung des DCF-Verfahrens und des Ertragswertverfahrens.

KLAUS STOLBERG

Umweltprüfung und -beratung als neue Dienstleistung

- I. Umweltbezogener Handlungsbedarf in der Wirtschaft
- II. Die EG-Öko-Audit-Verordnung als Ansatzpunkt zur strukturierten Berücksichtigung von Umweltaspekten in der Unternehmensführung
- III. Unternehmensvorteile durch Öko-Audits
- IV. Externe Unterstützung bei der Durchführung von Öko-Audits
- V. Ausblick

I. Umweltbezogener Handlungsbedarf in der Wirtschaft

Mehr und mehr werden in der heutigen Zeit Umweltprobleme wie Klimaveränderung, Störfälle mit Auswirkungen auf unsere Boden-, Wasser- und Luftressourcen sowie das kontinuierlich wachsende Abfallaufkommen zu festen Diskussionsbestandteilen in Politik und Gesellschaft. Weltweit wächst damit auch der Druck auf die Unternehmen, umweltrelevante Gesichtspunkte bei der Produktion zu berücksichtigen, und zwar frühzeitig, um Umweltrisiken vorzubeugen und Umweltbelastungen aus der Unternehmenstätigkeit zu vermeiden bzw. zu vermindern.

Bisher regeln überwiegend nationale Gesetze die umweltschutzbezogenen Anforderungen, die von seiten der Unternehmen einzuhalten sind. Sie bieten wenig Anreiz für eigenverantwortliches Handeln im Sinne der Umwelt. Vielmehr erlauben die nationalen umweltrechtlichen Bestimmungen fast ausschließlich ein reaktives Verhalten im Hinblick auf die sich kontinuierlich verschärfenden Bedingungen, die häufig nur mit der nachträglichen Anpassung von Produktionseinheiten durch sogenannte „end-of-pipe-Technologien" zu erfüllen sind.

Die Europäische Union hat mit einer neuen Verordnung, der „Verordnung (EWG) Nr. 1836/93 des Rates vom 29. Juni 1993 über die freiwillige Beteiligung gewerblicher Unternehmen an einem Gemeinschaftssystem für das Umweltmanagement und die Umweltbetriebsprüfung", ein umweltpolitisches Instrument geschaffen, das es den Unternehmen ermöglicht, den betrieblichen Umweltschutz eigenverantwortlich und präventiv durch die Etablierung von ganzheitlichen und strukturierten Umweltmanagementsystemen anzugehen. Nach dieser Verordnung können Unternehmen ihre Umweltmanagementsysteme durch externe unabhängige Umweltgutachter prüfen lassen und bei Erfolg mit einer Zertifizierung der Umwelterklärung an die Öffentlichkeit treten.

Solche zertifizierten Umwelterklärungen stellen einen ersten Schritt zu einer externen, umweltbezogenen Rechenschaftslegung dar. Ebenso wie der Jahresabschluß der Kapitalgesellschaft ein den tatsächlichen Verhältnissen entsprechendes Bild der Vermögens-, Finanz- und Ertragslage des Unternehmens vermitteln soll (§ 264 Abs. 2 Satz 1 HGB), dient die Umwelterklärung – gegebenenfalls verbunden mit einer „Umweltbilanz" – der transparenten und glaubwürdigen Darstellung der Umweltsituation des Unternehmens. Hinsichtlich der externen Überwachung und Kontrolle tritt neben die Prüfung des Jahresabschlusses künftig die Verifizierung der Umwelterklärung durch akreditierte Umweltgutachter.

II. Die EG-Öko-Audit-Verordnung als Ansatzpunkt zur strukturierten Berücksichtigung von Umweltaspekten in der Unternehmensführung

Der Rat der Europäischen Gemeinschaften hat am 29. Juni 1993 die „Verordnung (EWG) Nr. 1836/93 über die freiwillige Beteiligung gewerblicher Unternehmen an einem Gemeinschaftssystem für das Umweltmanagement und die Umweltbetriebsprüfung" (im folgenden EG-Öko-Audit-Verordnung) verabschiedet. Sie wurde am 10. Juli 1993 im Amtsblatt der EG[1] veröffentlicht und ist somit gemäß Art. 21 der Verordnung drei Tage später, d. h. am 13. Juli 1993 in Kraft getreten.

Mit dieser Verordnung wurde für die Mitgliedsstaaten der Europäischen Union ein System zur Bewertung und Verbesserung des betrieblichen Umweltschutzes im Rahmen von gewerblichen Tätigkeiten sowie zur geeigneten Unterrichtung der Öffentlichkeit geschaffen. An diesem System können sich Unternehmen mit gewerblichen Tätigkeiten freiwillig beteiligen.

Gewerbliche Tätigkeiten im Sinne der Verordnung sind alle Tätigkeiten, die unter die Abschnitte C (Bergbau und Gewinnung von Steinen und Erden) und D (Verarbeitendes Gewerbe) der statistischen Systematik der Wirtschaftszweige in der Europäischen Gemeinschaft gemäß der Verordnung (EWG) Nr. 3037/90 des Rates vom 9. Oktober 1990 fallen.[2] Hinzu kommen die Erzeugung von Strom, Gas, Dampf und Heißwasser sowie Recycling, Behandlung, Vernichtung oder Endlagerung von festen oder flüssigen Abfällen.

Wesentliches Ziel der Verordnung ist die kontinuierliche Verbesserung des Umweltschutzes im Rahmen der gewerblichen Tätigkeiten durch:

- Festlegung und Umsetzung standortbezogener Umweltpolitik, -programme und -managementsysteme durch die Unternehmen,
- systematische, objektive und regelmäßige Bewertung der Leistung dieser Instrumente,
- Bereitstellung von Informationen über den betrieblichen Umweltschutz für die Öffentlichkeit.[3]

---

[1] ABl. der Europäischen Gemeinschaften v. 10. 7. 1993, Nr. L 168, 1.
[2] ABl. der Europäischen Gemeinschaften v. 24. 10. 1990, Nr. L 293, 1.
[3] Vgl. Art. 1 Abs. 2 der EG-Öko-Audit-Verordnung.

Mit diesen Forderungen wird ein Planungs-, Steuerungs- und Kontrollinstrumentarium skizziert, das als ganzheitliches Umweltmanagement- bzw. Umweltcontrollingsystem bezeichnet werden kann. Ein wesentlicher Bestandteil dieses Systems ist das Öko-Audit, das eine systematische und regelmäßige Überprüfung und Bewertung von Umweltpolitik, Umweltprogramm und -managementsystem eines Unternehmens standortbezogen vorsieht. Öko-Audits werden damit zu einem zentralen Element eines umfassenden Umweltmanagements bzw. eines aktiven Umwelt-Controllings.

Der Begriff des Öko-Audits wird im folgenden als Gesamtprozeß in einem umfassenden Sinn verwendet. Er schließt unternehmensinterne Prüfungen sowie externe Beratungen und Prüfungen ein. Die durch die EG-Öko-Audit-Verordnung eingeführten Bezeichnungen kollidieren mit anderen, bereits einschlägig bekannten Begriffen und sind deswegen teilweise verwirrend. Interne Schritte des Unternehmens sind die einmalige Umweltprüfung und die in regelmäßigen Abständen zu wiederholende Umweltbetriebsprüfung. Der „Betriebsprüfer", der über bestimmte von der Verordnung definierte Qualifikationen verfügen muß, kann der Belegschaft angehören oder unternehmensfremd sein. Dagegen darf der „Umweltgutachter", der nach den Bedingungen der Verordnung zugelassen wird, nur eine externe Person oder Organisation sein. Aufgabe des Umweltgutachters ist es, die Umwelterklärung zu „prüfen" (verifizieren) und für „gültig" zu erklären (zertifizieren). In allen Prozeßschritten kann sich das Unternehmen – mehr oder weniger umfassend – eines externen Beraters bedienen.

Eine bedeutende Neuerung der EG-Öko-Audit-Verordnung im Vergleich mit der bisher bestehenden Umweltschutzgesetzgebung ist die Orientierung an Managementsystemen und -strukturen als wesentliche Voraussetzung für einen wirksamen betrieblichen Umweltschutz.[4] Umwelttechnologien, spezifische Anlagen oder Umweltmedien (Luft, Wasser, Boden etc.), an denen sich die national geltenden umweltrechtlichen Vorschriften – wie z. B. das Bundesimmissionsschutzgesetz – im wesentlichen orientieren, treten dabei zugunsten eines ganzheitlichen Betrachtungsansatzes anlagen- und umweltmedienübergreifender Umweltmanagementstrukturen eindeutig in den Hintergrund. Dies wird ebenfalls deutlich an der Standortbezogenheit der EG-Öko-Audit-Verordnung, die sich nicht auf eine anlagenbezogene Sichtweise be-

---

[4] Vgl. hierzu auch *Waskow,* Betriebliches Umweltmanagement. Anforderungen nach der Audit-Verordnung der EG, Heidelberg 1994, S. 11 f.

schränkt, sondern ihren Anwendungsbereich auf die gesamte Produktionsstätte eines Unternehmens an einem spezifischen Standort bezieht.

Hierbei ist jedoch zu berücksichtigen, daß die EG-Öko-Audit-Verordnung neben die jeweils geltenden nationalen umweltrechtlichen Bestimmungen tritt und somit die Verpflichtungen der Unternehmen aus diesen Rechtsvorschriften von den Vorschriften der Verordnung unberührt bleiben. Mehr war angesichts der in den einzelnen Ländern sehr unterschiedlichen umweltrechtlichen Vorschriften auch nicht möglich; eine Harmonisierung des Umweltrechts in den EU-Staaten anläßlich der Verordnung wurde nicht angestrebt. Die standortbezogene Betrachtungsweise führt daher dazu, daß bei Unternehmen mit mehreren Standorten im In- und Ausland das jeweilige nationale Umweltrecht zugrunde liegt. Standorte in Nicht-EU-Ländern, die diese Problematik noch steigern würden, werden von der EG-Öko-Audit-Verordnung gar nicht erfaßt.

Die Elemente eines Umweltmanagementsystems, das den Anforderungen der Verordnung entsprechend im Unternehmen bzw. an den jeweiligen Produktionsstandorten zu etablieren ist, sind die folgenden:[5]

- Umweltpolitik,
- Umweltziele,
- Umweltprogramm,
- Umweltorganisation,
- Umweltprüfung,
- Umweltbetriebsprüfungen,
- Umweltmanagement-Dokumentation.

Wesentlicher Ansatzpunkt für die Einführung und Ausrichtung dieser Elemente des Umweltmanagementsystems sind die relevanten Umweltauswirkungen der Unternehmenstätigkeiten am jeweiligen Standort bzw. die kontinuierliche Arbeit an deren Verminderung und Vermeidung. Hierzu ist es erforderlich, daß Unternehmen in der Lage sind, ihre Umweltauswirkungen zu identifizieren und zu messen sowie über geeignete Verfahren verfügen, um diese entsprechend ihrer besonderen Bedeutung für die Umwelt zu prüfen und zu bewerten.

Unter der Umweltpolitik werden die umweltbezogenen Gesamtziele und Handlungsgrundsätze eines Unternehmens unter Einbezie-

---

[5] Vgl. hierzu auch Anhang I der EG-Öko-Audit-Verordnung.

hung aller einschlägigen und jeweils relevanten Umweltvorschriften verstanden. Die Umweltpolitik ist im Gegensatz zu den anderen Elementen, die standortspezifisch zu definieren sind, ganzheitlich, d. h. bezogen auf das gesamte Unternehmen zu formulieren. Im Rahmen des Öko-Audits wird überprüft, inwieweit die Umweltpolitik den formalen und inhaltlichen Anforderungen der EG-Öko-Audit-Verordnung gerecht wird und ob die festgelegten umweltbezogenen Handlungsgrundsätze den identifizierten Umweltauswirkungen der Unternehmenstätigkeit bzw. ihrer Verminderung und Vermeidung Rechnung tragen. Neben der Überprüfung der schriftlich festgelegten Umweltpolitik wird im Rahmen des Audits auch der Umsetzung dieser Politik in der Unternehmenspraxis nachgegangen.

Die Umweltziele eines Unternehmens sind diejenigen Ziele, die sich ein Unternehmen im einzelnen für seinen betrieblichen Umweltschutz an einem Standort gesetzt hat und die jeweils für alle betroffenen Unternehmensebenen festzulegen sind. Sie stellen eine wesentliche Anforderung der Verordnung dar, anhand derer der Gedanke der kontinuierlichen Verbesserung der Umweltleistungen und die Zukunftsorientierung der Verordnung besonders deutlich werden. Die Umweltziele eines Unternehmensstandortes werden im Rahmen des Öko-Audits auf ihr Vorhandensein, auf ihre Übereinstimmung mit der Umweltpolitik und ihre Effektivität zur Eingrenzung der relevanten Umweltauswirkungen sowie auf die Ableitung eines entsprechenden Umweltprogramms zur Verwirklichung dieser Ziele überprüft.

Das Umweltprogramm gilt im Sinne der Verordnung als eine Beschreibung der konkreten Ziele und Tätigkeiten des Unternehmens, die einen größeren Schutz der Umwelt an einem bestimmten Standort gewährleisten sollen. Ebenfalls sollte das Umweltprogramm die zur Erreichung dieser Ziele getroffenen oder in Betracht gezogenen Maßnahmen mit gegebenenfalls festgelegten Fristen beschreiben. Die Maßnahmen werden im Rahmen des Öko-Audits auf ihr Vorhandensein, ihre Umsetzung und Einhaltung wie auf ihre Effektivität im Hinblick auf die gesetzten Ziele zur Eingrenzung und Vermeidung der relevanten Umweltauswirkungen überprüft.

Inhaltlich sollten gemäß der EG-Öko-Audit-Verordnung sowohl im Rahmen der Umweltpolitik, -ziele und -programme wie auch im Rahmen der Umweltbetriebsprüfungen die folgenden Gesichtspunkte berücksichtigt werden:[6]

---

[6] Siehe Anhang I.C. der EG-Öko-Audit-Verordnung.

- Beurteilung, Kontrolle und Verringerung der Auswirkungen der betreffenden Tätigkeit auf die verschiedenen Umweltbereiche,
- Energiemanagement, Energieeinsparungen und Auswahl von Energiequellen,
- Bewirtschaftung, Einsparung, Auswahl und Transport von Rohstoffen, Wasserbewirtschaftung und Einsparung,
- Vermeidung, Recycling, Wiederverwendung, Transport und Endlagerung von Abfällen,
- Bewertung, Kontrolle und Verringerung der Lärmbelästigung innerhalb und außerhalb des Standorts,
- Auswahl neuer und Änderungen bei bestehenden Produktionsverfahren,
- Produktplanung (Design, Verpackung, Transport, Verwendung und Endlagerung),
- Betrieblicher Umweltschutz und Praktiken bei Auftragnehmern, Unterauftragnehmern und Lieferanten,
- Verhütung und Begrenzung umweltschädigender Unfälle,
- Besondere Verfahren bei umweltschädigenden Unfällen,
- Externe Information über ökologische Fragestellungen.

Die Umweltorganisation betrifft den Teil des gesamten übergreifenden Managementsystems, der die Organisationsstruktur, Zuständigkeiten, Verhaltensweisen, förmlichen Verfahren, Abläufe und Mittel für die Festlegung und Umsetzung der Umweltpolitik, -ziele und -programme beinhaltet. Hierzu wird im Rahmen des Öko-Audits die Frage gestellt, auf welche Weise die umweltrelevanten Unternehmenstätigkeiten organisiert sind und wie effektiv die Umweltorganisation zur Steuerung und Kontrolle der Einhaltung von Umweltpolitik, Umweltzielsetzungen und umweltrechtlichen Bestimmungen beiträgt.

Ist ein Unternehmen bereit, sich an dem Gemeinschaftssystem für das Umweltmanagement und die Umweltbetriebsprüfung zu beteiligen, muß es sich den Anforderungen der EG-Öko-Audit-Verordnung an das Umweltmanagementsystem stellen. Mit Hilfe einer Umweltprüfung als erste umfassende Untersuchung der umweltbezogenen Fragestellungen, Auswirkungen und des betrieblichen Umweltschutzes im Zusammenhang mit den Unternehmenstätigkeiten an einem Standort kann das Unternehmen einen ersten Überblick über seinen Status Quo erlangen, Schwachstellen identifizieren und entsprechende Verbesserungsmaßnahmen einleiten.

Umweltbetriebsprüfungen dienen als Managementinstrument zur systematischen, dokumentierten, regelmäßigen und objektiven Bewertung der Leistungen der Organisation, des Managements und der Abläufe zum Schutz der Umwelt, d. h. der Überprüfung der Effektivität des gesamten Umweltmanagementsystems. Sie werden intern durchgeführt und können am ehesten mit der internen Revision eines Unternehmens verglichen werden. Für die Umweltbetriebsprüfungen sind daher vom Unternehmen entsprechende Prüfungsprogramme und Verfahrensweisen zu entwickeln.[7]

Danach sind insbesondere die folgenden Punkte inhaltlich abzudecken:

- Kenntnisnahme der Managementsysteme,
- Beurteilung der Stärken und Schwächen der Managementsysteme,
- Erfassung relevanter Nachweise,
- Bewertung der Feststellungen,
- Ausarbeitung der Schlußfolgerungen,
- Bericht über die Feststellungen und Schlußfolgerungen.

Die Durchführung von Umweltbetriebsprüfungen erfolgt unter Berücksichtigung bestimmter Kriterien (z. B. Art und Umfang der Emissionen) in Abständen von nicht mehr als drei Jahren.[8]

Umweltbetriebsprüfungen dürfen auch durch externe Personen oder Organisationen durchgeführt werden. Auch insoweit ergibt sich eine Parallele zur internen Revision eines Unternehmens, deren Aufgaben in der Praxis zuweilen (ganz oder teilweise) auf externe Personen (gegebenenfalls temporär) übertragen werden. Ebenso ist bei der internen Umweltbetriebsprüfung eine beratende und begleitende externe Unterstützung denkbar.

Ein wesentliches Element des Umweltmanagementsystems ist letztlich die Umweltmanagement-Dokumentation, d. h. die Erstellung von Aufzeichnungen zur Beschreibung der Umweltpolitik, -ziele, -programme, der organisatorischen Regelungen sowie der Umweltbetriebsprüfungen. Sie dient damit als Informationsgrundlage, um Maßnahmen abzuleiten, die Einhaltung aller Anforderungen zu belegen und zu

---

[7] Siehe Anhang II der EG-Öko-Audit-Verordnung.
[8] Vgl. Art. 4 und Anhang II der EG-Öko-Audit-Verordnung.

dokumentieren, inwieweit Umweltziele erreicht wurden. Der Umweltmanagement-Dokumentation kommt somit eine bedeutende Planungs-, Steuerungs- und Überwachungsfunktion zu; sie ist eine wesentliche Informationsgrundlage für interne und externe Umweltbetriebsprüfungen.

Nach der Optimierung des Umweltmanagementsystems an einem Unternehmensstandort im Sinne der Verordnung wird für diesen Standort eine Umwelterklärung erstellt, die in Form und Inhalt den Anforderungen nach Art. 5 der Verordnung entspricht und insbesondere auf die folgenden Aspekte eingeht:

- Beschreibung der Tätigkeiten des Unternehmens am Standort,
- Beurteilung aller wichtigen Umweltfragen im Zusammenhang mit den betreffenden Tätigkeiten,
- Zusammenfassung der Zahlenangaben über Schadstoffemissionen, Abfallaufkommen, Rohstoff-, Energie- und Wasserverbrauch und gegebenenfalls über Lärm und andere bedeutsame umweltrelevante Aspekte soweit angemessen,
- sonstige Faktoren, die den betrieblichen Umweltschutz betreffen,
- Darstellung der Umweltpolitik, des Umweltprogramms und des Umweltmanagementsystems des Unternehmens für den Standort,
- Termin für die Vorlage der nächsten Umwelterklärung,
- Name des zugelassenen Umweltgutachters.

Die Umwelterklärung ist nach jeder Umweltbetriebsprüfung zu aktualisieren und zwischen den Umweltbetriebsprüfungen jährlich in vereinfachter Form zu erstellen.[9]

Die Umwelterklärung ist durch einen externen, zugelassenen Umweltgutachter auf Übereinstimmung mit den Bestimmungen der Verordnung sowie auf Richtigkeit und Vollständigkeit der enthaltenen Daten und Informationen zu prüfen. Im einzelnen prüft der Umweltgutachter im Zusammenhang mit der Umwelterklärung die Umweltpolitik, Umweltprogramme, Umweltmanagementsysteme, Umweltprüfungs- und Umweltbetriebsprüfungsverfahren. Bei Erfüllung der Voraussetzungen wird die Gültigkeitserklärung erteilt.[10] Die für gültig erklärte Umwelterklärung ist der zuständigen „nationalen Stelle" zu übermitteln, die

---
[9] Siehe hierzu Art. 5 Abs. 5 und 6 der EG-Öko-Audit-Verordnung.
[10] Vgl. Art. 4 der EG-Öko-Audit-Verordnung.

den betreffenden Standort „einträgt". Die Grundsätze dieser Prüfung entsprechen in vielfacher Hinsicht der Methodik, die Wirtschaftsprüfer bei Jahresabschlußprüfungen und anderen betriebswirtschaftlichen Prüfungen zugrundelegen, wie etwa die Systemprüfungstechnik oder die Durchführung von „compliance tests".

Der Umweltgutachter darf in keinem Abhängigkeitsverhältnis zum Betriebsprüfer des Standorts stehen. Diese und andere allgemeine Bestimmungen der Verordnung zur Stellung des Umweltgutachters entsprechen ebenfalls weitgehend dem berufsrechtlichen Umfeld eines Wirtschaftsprüfers.[11]

III. Unternehmensvorteile durch Öko-Audits

Unternehmen, die an dem Gemeinschaftssystem für das Umweltmanagement und die Umweltbetriebsprüfung erfolgreich teilgenommen haben, erhalten die Berechtigung, für ihren eingetragenen Standort bzw. für ihre eingetragenen Standorte eine der vier Teilnahmeerklärungen („Zeichen") der Europäischen Union zu verwenden, in denen der Umfang der Teilnahme (bezogen auf die Standorte und ihre Ansiedlung innerhalb der EU) zum Ausdruck kommt. Mit diesen Teilnahmeerklärungen dürfen die Unternehmen für sich bzw. ihren jeweiligen Produktionsstandort/ihre Produktionsstandorte werben.[12]

Generell liegt in der Verordnung ein Anreiz für Unternehmen, ihre umweltorientierte Unternehmensführung zu verbessern und durch die Verwendung des Audit-Zeichens ihr Unternehmensimage zu verbessern.[13] Da das Umweltbewußtsein der Bevölkerung kontinuierlich steigt und sich mehr und mehr auch auf das Kaufverhalten auswirkt, kann ein umweltorientiertes Unternehmensimage indirekt auch Wettbewerbsvorteile schaffen.[14]

---

[11] Vgl. insbesondere Art. 4 Abs. 3 und 7 sowie Anhang III der EG-Öko-Audit-Verordnung.
[12] Die Verwendung der Teilnahmeerklärung in der Produktwerbung, auf den Erzeugnissen selbst oder auf ihrer Verpackung ist jedoch gemäß Art. 10 der EG-Öko-Audit-Verordnung explizit ausgeschlossen.
[13] Vgl. hierzu *Hopfenbeck/Jasch*, Öko-Controlling. Umdenken zahlt sich aus! Audits, Umweltberichte und Ökobilanzen als betriebliche Führungsinstrumente, Landsberg/Lech 1993, S. 154 ff. und *Waskow,* a.a.O. (Fn. 4), S. 13 ff.
[14] Vgl. hierzu auch *Winter,* Das umweltbewußte Unternehmen, 5. Auflage, München 1993, S. 40 ff.

Ebenso ist die Teilnahme am Gemeinschaftssystem eine fundierte Grundlage für eine umfassende umweltbezogene Öffentlichkeitsarbeit. Die bisher veröffentlichten umweltbezogenen Unternehmensinformationen sind in Form und Inhalt sehr heterogen und beschränken sich oftmals auf pauschale Kommentare zur allgemeinen Bedeutung des Umweltschutzes. Die für gültig erklärte Umwelterklärung eines Unternehmens bietet hingegen aufgrund der eindeutig vorgegebenen Inhalte die Möglichkeit, die Öffentlichkeit wahrheitsgetreu und glaubwürdig über alle die Unternehmenstätigkeit betreffenden Umweltaspekte zu informieren. Bei publizierenden Unternehmen bietet sich für solche ökologischen Informationen in erster Linie der (Konzern-)Lagebericht (§§ 289, 315 HGB) an. Daneben veröffentlichen einige Unternehmen auch separate Umweltberichte.

Ein wesentlicher Vorteil von ganzheitlichen Umweltmanagementsystemen gemäß der Verordnung ist die systematische Identifizierung von Kosteneinsparungspotentialen. Diese können sich auf der „Input"-Seite z. B. durch die Senkung von Energie-, Wasser- und Rohstoffverbrauch und auf der „Output"-Seite z. B. durch die Abfallvermeidung, Reststoffverwertung, Abwärmenutzung und Abwasseraufbereitung ergeben. Schließlich werden durch die Einrichtung umfassender Umweltmanagementsysteme und die regelmäßige Durchführung von Öko-Audits wesentliche Voraussetzungen zur Begrenzung der Haftungsrisiken im Umweltbereich geschaffen.

IV. Externe Unterstützung bei der Durchführung von Öko-Audits

Im Rahmen der EG-Öko-Audit-Verordnung ergeben sich folgende Ansatzpunkte für externe Prüfungs- und Beratungsdienstleistungen:
- Moderation oder Durchführung der Umweltprüfung,
- Beratung bei der Erstellung und Implementierung eines umfassenden Umweltmanagementsystems,
- Begleitung und Moderation der internen Umweltbetriebsprüfung, um deren Effizienz zu steigern,
- Durchführung der Umweltbetriebsprüfung anstelle des internen Betriebsprüfers,
- Prüfung der Umwelterklärung und des Umweltmanagementsystems durch den Umweltgutachter.

Über diese Ansatzmöglichkeiten für Prüfungs- und Beratungsleistungen hinaus besteht eine Vielzahl weiterer Beratungsmöglichkeiten bezogen auf die einzelnen relevanten Elemente des Umweltmanagementsystems wie z. B.:

- Beratung bei der sachgemäßen Erstellung der Umweltdokumentation und gegebenenfalls eines Umweltmanagementhandbuchs,
- Beratung bei der sachgemäßen Erstellung der Umwelterklärung,
- Beratung bei der sachgemäßen Erstellung von Prüfprogrammen zur internen Umweltbetriebsprüfung.

Die Vorgehensweise bei einer ersten Umweltprüfung mit externer Unterstützung läßt sich wie folgt schematisch darstellen:

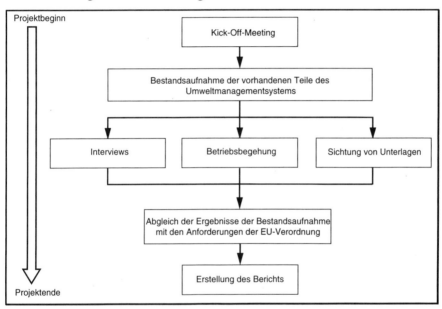

Abb. 1: Umweltprüfung mit externer Unterstützung

Danach ergibt sich folgender Ablauf:

1.) Planungs-, Organisations- und Informationsphase

Im Rahmen dieser ersten Phase sind in Abstimmung mit der Unternehmensführung die wesentlichen Prüfungsziele, der Prüfungsumfang und das Prüfungsobjekt festzulegen.

Gemäß den individuellen Anforderungen ist ein entsprechendes Prüfungs- bzw. Beratungsteam aufzubauen. Die Prüfungsaktivitäten und -abläufe sind zusammen mit der entsprechenden Zeitplanung und der Definition von Stichtagen als („Meilensteine") festzulegen, zu denen Teilprojektzielsetzungen erreicht sein sollten. Ebenso müssen die Prüfungskriterien und das Prüfprogramm für den zu untersuchenden Standort erörtert und festgelegt werden.

Die Mitarbeiter des Unternehmens am Untersuchungsstandort sind mit Unterstützung durch das Management über die Zielsetzungen des Audits und gegebenenfalls ihre Rollen und Aufgaben im Rahmen der Prüfung zu informieren. Dieser Informationsaspekt ist von besonderer Bedeutung, da auf diese Weise bereits der Sensibilisierungs- und Motivationsprozeß für die verstärkte Auseinandersetzung mit Umweltbelangen im Rahmen aller Unternehmenstätigkeiten eingeleitet werden kann.

2.) Bestandsaufnahme

Die Bestandsaufnahme bildet die Grundlage für die Analyse und Bewertung des Umweltmanagementsystems und erfolgt im Rahmen von drei verschiedenen Erhebungsphasen:

a) Durch Interviews mit der Geschäftsleitung, Managern und Mitarbeitern auf verschiedenen Betriebs- und Funktionsebenen werden relevante Informationen zum Unternehmensstandort gewonnen. Um einen strukturierten und effizienten Gesprächsverlauf zu gewährleisten, werden Gesprächsleitfäden und Checklisten verwandt, die branchen- und unternehmensspezifisch unterschiedlich gestaltet sind.

b) Im Rahmen von Betriebsbegehungen können wichtige Einblicke in die tatsächliche Situation des Betriebs, in die Betriebstätigkeiten, Betriebsausrüstungsbedingungen, umweltrelevanten Anlagen und Prozesse, Anlagensicherheit, den Arbeitsschutz sowie gegebenenfalls Anregungen zur operativen Ausgestaltung bestehender Umweltrichtlinien gewonnen werden. Die Betriebsbegehung ist sinnvollerweise erst nach den ersten Interviews mit der Geschäftsleitung und dem Produktionsleiter durchzuführen, da durch die Informationsgewinnung aus den Gesprächen bereits ein Grundverständnis für die Unternehmenstätigkeiten und die Umweltsituation am Standort vorhanden ist. Darüber hinaus ist es zweckmäßig, die Betriebsbegehungen in Begleitung des Produktionsleiters oder des Umweltschutzbeauftragten durchzuführen.

c) Ebenso wird das innerbetriebliche Dokumentationswesen untersucht, d. h. schriftliche Unterlagen zu Umweltbelastungen, -risiken, -politik, -zielen, -programmen und -organisation gesammelt und gesichtet. Derartige Informationen werden z. B. aus Jahresberichten, Genehmigungsunterlagen, Kontrollberichten, internen Betriebsanweisungen,

Organigrammen, Ablaufdiagrammen, Funktions- und Aufgabenbeschreibungen, Übersichten über verwendete Roh-, Hilfs- und Betriebsstoffe, Abfall- und Energieverbrauchsmengen etc. gewonnen.

3.) Auswertungsphase

Die Auswertung der im Rahmen von Gesprächen, Datensichtung und Betriebsbegehung erhobenen Informationen erfolgt anhand der vorher festgelegten Kriterien. In Ergänzung zu den Anforderungen der EG-Öko-Audit-Verordnung und den nationalen umweltrechtlichen Bestimmungen ist auch die Umweltpolitik als unternehmenseigener Umweltstandard zu berücksichtigen. Neben organisatorischen (z. B. Betriebsanweisungen, Ausbildung, Kontrolle, Kommunikation) und umwelttechnischen Aspekten (z. B. Emissionen, Einsatz und Lagerung von Roh-, Hilfs- und Betriebsstoffen, Inspektion der technischen Anlagen und umwelttechnische Vorkehrungen) finden einschlägige rechtliche Vorschriften Eingang in die Auswertung.

Abbildung 2 stellt exemplarisch dar, wie als Ergebnis einer Untersuchung die formulierte Umweltpolitik eines Unternehmens an den Anforderungen der EG-Öko-Audit-Verordnung gemessen und dargestellt werden kann. Ein Erfüllungsgrad „voll" ist als Stärke hervorzu-

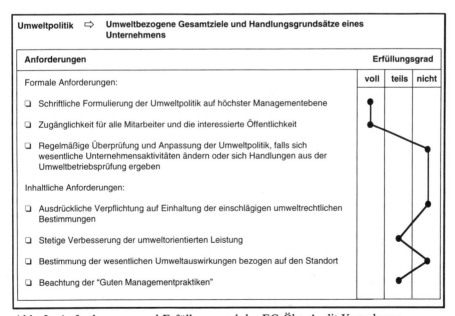

Abb. 2: Anforderungen und Erfüllungsgrad der EG-Öko-Audit-Verordnung

heben, ein Erfüllungsgrad „teils" oder „nicht" zeigt Schwachstellen auf, die ausführlicher erörtert und durch die Veranlassung von Folgemaßnahmen behoben werden müssen (vgl. Abbildung 2).

4.) Berichterstellung

Nach der Durchführung der Bestandsaufnahme und nach Auswertung der Ergebnisse erfolgt die Berichterstattung zur Dokumentation der Prüfungsergebnisse. Hierbei sind neben der Darstellung des Untersuchungsobjektes und der Prüfungszielsetzungen die Unternehmenssituation in technischer und organisatorischer Hinsicht darzustellen sowie die umweltrelevanten Stärken und Schwächen am Standort mit entsprechenden Schlußfolgerungen und Empfehlungen für Folgemaßnahmen zu erläutern.

Den inhaltlichen Aufbau eines Berichts zu einer ersten Umweltprüfung, der an den Elementen der EG-Öko-Audit-Verordnung orientiert ist, zeigt exemplarisch die Abbildung 3:

```
1. Zusammenfassung der Ergebnisse
2. Auftrag und Auftragsdurchführung
3. Analyse und Bewertung des Umweltmanagementsystems
    3.1 Auswirkungen auf die Umwelt
    3.2 Umweltpolitik
    3.3 Umweltziele
    3.4 Umweltprogramm für den Standort
    3.5 Organisatorische Integration des Umweltschutzes
        3.5.1 Verantwortung und Befugnisse
        3.5.2 Weiterbildung und Kommunikation
        3.5.3 Aufbau- und Ablaufkontrolle
    3.6 Umweltbetriebsprüfungen
    3.7 Umweltmanagement-Dokumentation
4. Ausblick

Anlagen
```

Abb. 3: Inhaltlicher Aufbau eines Berichts zur Umweltprüfung

Der Abschlußbericht wird zunächst im Entwurf erstellt und daraufhin mit dem Management des untersuchten Unternehmensstandortes besprochen. Nach erfolgter Abstimmung wird der Abschlußbericht der Geschäftsleitung präsentiert und in seiner endgültigen Form zur Verfügung gestellt. In nachfolgenden Gesprächen können Aktionspläne für die Folgemaßnahmen aufgestellt und gegebenenfalls eine weitere Begleitung durch den externen Prüfer (z. B. Moderation der Umsetzung der Folgemaßnahmen) vereinbart werden. Es ist erforderlich, die Resultate des Öko-Audits allen Mitarbeitern des Unternehmensstandortes in geeigneter Form bekannt zu machen, da diese für den Erfolg und die Umsetzung der einzuleitenden Folgemaßnahmen einen entscheidenden Beitrag liefern.

V. Ausblick

Umweltbezogene Informationen werden in zunehmendem Maße ein fester Bestandteil der Berichterstattung und Offenlegung durch die Unternehmen, wobei dies nicht auf Großunternehmen und -konzerne beschränkt ist. Es kann nicht ausgeschlossen werden, daß solche Informationen, die heute bereits freiwillig innerhalb des Jahresabschlusses und Lageberichts enthalten sind, zukünftig für alle Unternehmen obligatorisch werden.

Zunehmendes Umweltbewußtsein und andere faktische Zwänge, aber auch die eigene Überzeugung der verantwortlichen Unternehmensleitungen werden dazu beitragen, daß die vorerst noch freiwillige Anwendung der EG-Öko-Audit-Verordnung zur allgemeinen Routine wird. Die Anwendung wird nicht auf gewerbliche Unternehmen im Sinne der Verordnung beschränkt bleiben können; bereits in der Präambel der Verordnung wird eine entsprechende Empfehlung gegeben. Schon heute zeigt sich beispielsweise der durch die Verordnung nicht erfaßte Handel ebenfalls an einer praktischen Anwendung interessiert.[15] Für mittelständische und kleine Unternehmen sollten bestimmte praktische Erleichterungen vorgesehen werden, wenn und soweit dies die jeweilige Umweltsituation zuläßt.

Politisch gesehen sollte zu gegebener Zeit die Chance genutzt werden, die umweltrelevanten Rechtsvorschriften – gegebenenfalls mit Abstufungen – mindestens im Raum der EU-Mitgliedsstaaten zu harmonisieren. Aus der praktischen Anwendung der EG-Öko-Audit-Verordnung zeigt sich, daß in dieser Hinsicht noch ein Dilemma besteht,

---

[15] Vgl. u. a. *Stolberg/Baumert,* Der Umweltschutz kann ein Wettbewerbsvorteil für den Handel sein, BAG Handelsmagazin 12/1994, S. 31ff.

da bei größeren Unternehmen oder Konzernen die standortbezogenen verifizierten Umwelterklärungen ein untereinander nur teilweise vergleichbares Konglomerat darstellen. Erst bei Zugrundelegung gleicher Rechtsvorschriften für alle Standorte könnte an eine aus Einzelerklärungen abgeleitete „konsolidierte" Umwelterklärung gedacht werden.

Die Dienstleistungen des zugelassenen Umweltgutachters sind mehr und mehr gefragt. Ein weiteres interessantes Tätigkeitsgebiet in der Prüfung und Beratung ist damit in der Entwicklung begriffen. Praktische Erfahrungen und Erkenntnisse werden die grundlegenden Anforderungen der Verordnung ergänzen, die Meinungsbildung beeinflussen und zu bestimmten Grundsätzen – vergleichbar vielleicht mit den wohlbekannten „Grundsätzen ordnungsmäßiger Buchführung und Bilanzierung" – führen.

KURT WESSING

Die BGB-Gesellschaft
– Eine nützliche Gestaltungsform zur Übertragung von Vermögen –

I. Einleitung
II. Die Vorteile der BGB-Gesellschaft
   1. Die Struktur und Entstehung der BGB-Gesellschaft
      a) Die Teilrechtsfähigkeit
      b) Die Gründung der BGB-Gesellschaft
   2. Die Vorteile der BGB-Gesellschaft im einzelnen
      a) Die BGB-Gesellschaft als Grundstücksgesellschaft
         aa) Die Abtretung von Gesellschaftsanteilen
         ab) Das Ausscheiden eines Gesellschafters
            (i) Die Mehr-Personen-Gesellschaft
            (ii) Die Zwei-Personen-Gesellschaft
         ac) Eintritt und Austritt von Gesellschaftern
      b) Die BGB-Gesellschaft als Instrument zur Gestaltung einer vorweggenommenen Erbfolge
         ba) Gestaltungen zu Lebzeiten des Schenkers
         bb) Gestaltungen nach dem Tod des Schenkers
III. Die steuerrechtliche Beurteilung
   1. Die Schenkungsteuerpflicht der BGB-Gesellschaft
      a) Änderung der Rechtslage
      b) Die steuerlichen Auswirkungen
      c) Der Weg zur Vermeidung dieses Ergebnisses
      d) Besonderheiten bei der Übertragung von Betriebsvermögen
   2. Zur Auslegung des Bundesfinanzhof-Urteils vom 7. 12. 1988
   3. Parallelen im Grunderwerbsteuergesetz
   4. Abweichende Entscheidungen von Finanzgerichten
      a) Finanzgericht Düsseldorf
      b) Finanzgericht Rheinland-Pfalz
IV. Zusammenfassung
V. Nachtrag

I. Einleitung

Die BGB-Gesellschaft (im folgenden auch GbR) gewinnt in der Praxis zunehmend an Bedeutung. Ihre Erscheinungsformen sind vielfältig. Sie reichen von der Gelegenheitsgesellschaft des Alltags bis hin zu Konsortien, Bauherrengemeinschaften, Konzernen und Kartellen.[1] Häufig zu beobachten ist die zum Zweck des Erwerbs und/oder der Verwaltung von Grundstücken gegründete GbR. Gleichwohl werden ihre erheblichen Vorteile gegenüber anderen Gesellschaftsformen in der rechtswissenschaftlichen Literatur häufig vernachlässigt. Im allgemeinen wird lediglich darauf hingewiesen, daß Grund für ihre Beliebtheit die überwiegend als dispositives Recht ausgestalteten §§ 705 ff. BGB sind, die einen weit gesteckten Rahmen für gesellschaftsvertragliche Vereinbarungen zulassen.[2] In der Tat bietet die BGB-Gesellschaft eine große Elastizität und Anpassungsfähigkeit in ihren Ausgestaltungsmöglichkeiten, und zwar weitgehend ohne Beachtung von Formvorschriften.

Die Zukunft der BGB-Gesellschaft wurde in den letzten Jahren durch die Finanzverwaltung in Frage gestellt. Viele Gestaltungen setzen eine unentgeltliche Zuwendung von Vermögen in das Gesamthandseigentum der Gesellschaft voraus. Hierfür legt die Finanzverwaltung nicht – was nahe läge – das Verwandtschaftsverhältnis zwischen Schenker und beschenkten Gesellschaftern zugrunde. Sie sieht vielmehr in der Gesellschaft einen „beziehungslosen Dritten" und wendet dementsprechend die höchste Steuerklasse IV an. Wäre diese Ansicht richtig, dann wäre die BGB-Gesellschaft als Modell für die unentgeltliche Übertragung von Vermögenswerten, insbesondere im Wege der vorweggenommenen Erbfolge oder als Grundform für Familiengesellschaften, ungeeignet.

Daß dies nicht zutrifft, soll nachstehend dargestellt werden.

Im folgenden werden die zivilrechtlichen Vorteile der BGB-Gesellschaft im einzelnen näher ausgeführt (II.). Sodann wird die von der Finanzverwaltung vertretene Besteuerungspraxis näher untersucht (III.).

---

[1] Übersicht bei Palandt/*Putzo,* BGB, 54. Aufl., § 705 Rn. 9; *Ulmer,* in: MünchKomm. BGB, 2. Aufl., vor § 705 RdNr. 18.
[2] Vgl. *Marsch-Barner,* in: Münchener Vertragshandbuch, Bd. 1: Gesellschaftsrecht, 3. Aufl., Abschn. I.1 Anm. 1; *Eisenhardt,* Gesellschaftsrecht, 6. Aufl., München 1994, S. 21.

II. Die Vorteile der BGB-Gesellschaft

1. Die Struktur und Entstehung der BGB-Gesellschaft

a) Die Teilrechtsfähigkeit

Die BGB-Gesellschaft hat keine eigene Rechtspersönlichkeit; sie ist keine juristische Person. Eine von den gesamthänderisch verbundenen Mitgliedern rechtlich losgelöste, vom Mitgliederbestand unabhängig bestehende Körperschaft besteht nicht. Gleichwohl stellt sich die Frage, ob lediglich die Summe der einzelnen Mitglieder der Gesamthandsgemeinschaft am Rechtsverkehr teilnimmt, oder ob auch die Personenverbindung als solche befähigt ist, am Rechtsverkehr teilzunehmen und gesamthänderisch Rechte zu erwerben und Verbindlichkeiten einzugehen.

Die §§ 705 ff. BGB enthalten für die BGB-Gesellschaft zwar keine den §§ 124, 128 HGB entsprechende Regelung. Das erlaubt jedoch nicht den Gegenschluß, daß einer GbR jede eigene Rechtsfähigkeit fehlt. Angesichts der gesetzlichen Trennung von Gesellschaftsvermögen (§ 718 Abs. 1 BGB) und der gemeinschaftlichen Schulden (§ 733 Abs. 1 BGB) vom Privatvermögen und den Verbindlichkeiten der Gesellschafter ist davon auszugehen, daß der Gruppe der Mitglieder in ihrer gesamthänderischen Verbundenheit eine „Teilrechtsfähigkeit" zuzuerkennen ist. Dieser im wesentlichen von *Flume*[3] entwickelten Lehre folgt heute der größte Teil der Autoren.[4] Die Rechtsprechung hat eine dogmatische Auseinandersetzung mit dem Theorienstreit vermieden. Einige neuere Entscheidungen lassen jedoch erkennen, daß auch die Rechtsprechung mittlerweile von einer Teilrechtsfähigkeit der BGB-Gesellschaft ausgeht.[5]

Ob und inwieweit die BGB-Gesellschaft im Rechts- und Geschäftsverkehr selbständig auftreten kann, zeigt sich daran, wen die Geschäftsführer im Außenverhältnis vertreten.[6] Nach der kollektivistischen

---

[3] Allgemeiner Teil des bürgerlichen Rechts, Bd. I, Teil 1, Berlin u. a. 1977, § 1 III, § 2 III.

[4] Vgl. *Ulmer,* in: MünchKomm. BGB, 2. Aufl., § 705 RdNr. 130; Soergel-*Hadding,* BGB, 12. Aufl., § 705 Rz. 20f.; *Aderhold,* Das Schuldmodell der BGB-Gesellschaft, Bonn 1981, S. 146ff., 159ff.; *Hüffer,* Gesellschaftsrecht, 2. Aufl., München 1983, S. 38; *Schmidt,* Ehegatten- oder Eigenheim-Gesellschaft, AcP 182, S. 481–514, hier S. 486; *Teichmann,* Die Personengesellschaft als Rechtsträger, AcP 179, S. 475–492, hier S. 481.

[5] Vgl. BGHZ 72, 267, 271; BGHZ 74, 240, 241; BGHZ 79, 374, 377.

[6] Vgl. *Wiedemann,* Zur Selbständigkeit der BGB-Gesellschaft, in: Festschrift für Kellermann, hrsg. v. Goerdeler u. a., Berlin/New York 1991, S. 529–546, hier S. 539.

Lehre[7] wird allein die Gesellschaft verpflichtet. In analoger Anwendung von § 128 HGB sollen die Gesellschafter für die Schulden der Gesellschaft haften.[8] Nach der herrschenden Lehre von der „Doppelverpflichtung", der auch hier gefolgt wird, begründet ein namens der Gesamthand eingegangenes Verpflichtungsgeschäft unmittelbar Verbindlichkeiten sowohl der Gesamthand als auch der Gesamthänder.[9]

Nach den oben dargestellten Grundsätzen bestehen keine Bedenken gegen die Anerkennung des Erwerbs von Vermögensrechten und Eigentum an beweglichen und unbeweglichen Sachen durch die BGB-Gesellschaft als gesamthänderischem Rechtssubjekt. Die Gesamthand kann schuldrechtliche Verträge abschließen und durch sie berechtigt und verpflichtet werden. Sie kann Gesellschafter an einer anderen BGB-Gesellschaft werden[10], aber auch an einer AG oder einer GmbH.[11]

Allgemein anerkannt ist, daß die BGB-Gesellschaft Schenker, Beschenkte oder Erwerber sogar aufgrund eines Vertrages zugunsten Dritter sein kann.[12] Sie kann durch Verfügungen von Todes wegen gemäß § 2301 BGB oder §§ 331, 328 BGB erwerben.[13] Sie kommt als Vermächtnisnehmerin in Betracht, mit der Folge, daß der Vermächtnisanspruch unmittelbar zum Gesamthandsvermögen gehört.[14] Demgegen-

---

[7] Begriff bei *Schmidt,* Gesellschaftsrecht, 2. Aufl., Köln u. a. 1991, S. 1505.
[8] Grundlegend *Flume,* a.a.O. (Fn. 3), § 16 IV 3; *Hennecke,* Das Sondervermögen der Gesamthand, Frankfurt 1976, S. 72ff.; *Aderhold,* a.a.O. (Fn. 4), S. 146ff.; *Kornblum,* Die Haftung der Gesellschafter für Verbindlichkeiten der Gesellschaft, Frankfurt 1972, S. 29ff., 40, 46; *Wiedemann,* Gesellschaftsrecht, Bd. I: Grundlagen, München 1980, § 5 IV 1 c und *ders.,* Anmerkung zu BGH JZ 1979, 570, JZ 1980, S. 195–197.
[9] Vgl. BGHZ 74, 240, 241f.; BGH, NJW 1981, 1213f.; BGH, NJW 1983, 749; BGH, NJW-RR 1990, 701, 702; *Kübler,* Gesellschaftsrecht, 4. Aufl., Heidelberg 1994, § 6 Abs. 3 IV c; *Ulmer,* Die Gesellschaft bürgerlichen Rechts, 2. Aufl., München 1986, § 714 Rdn. 24ff.; *ders.,* Vertretung und Haftung bei der Gesellschaft bürgerlichen Rechts, in: Festschrift für Fischer, hrsg. v. Lutter u. a., Berlin u. a. 1979, S. 790–808; Ermann-*Westermann,* BGB, 8. Aufl., § 714 Rdn. 10.
[10] Vgl. *Ulmer,* in: MünchKomm. BGB, 2. Aufl., § 705 RdNr. 132 m.w.N.
[11] Vgl. RGZ 78, 311, 313; Hachenburg-*Ulmer,* GmbHG, 8. Aufl., § 2 Rdn. 68; *Koch,* Die Beteiligung einer Gesellschaft bürgerlichen Rechts an der GmbH-Gründung, ZHR 1982, S. 118–139; *Kraft,* in: Kölner Komm. AktG, 2. Aufl., § 2, Rn. 9f. m.w.N.
[12] Vgl. *Meincke,* Erbschaft- und Schenkungsteuergesetz, 10. Aufl., München 1994, § 1 Rz. 5.
[13] Vgl. *Meincke,* a.a.O. (Fn. 12), § 1 Rz. 4.
[14] Vgl. Soergel-*Schultze-von Lasaulx,* BGB, 12. Aufl., § 718 Rz. 5; *von Gamm,* in: BGB-RGRK, § 718 Rdn. 7; Staudinger-*Keßler,* BGB, 12. Aufl., § 705 Rz. 6; *Ulmer,* in: MünchKomm. BGB, 2. Aufl., § 718 RdNr. 18.

über wird ihre Erbrechtsfähigkeit im Schrifttum allgemein verneint, weil nach geltendem Erbrecht bei Einsetzung mehrerer Personen (BGB-Gesellschafter) zwingend eine Erbengemeinschaft entstehe.[15]

Vor allem im formellen Recht ist die BGB-Gesellschaft nicht mit Merkmalen der Rechtsträgerschaft ausgestattet.[16] Sie ist daher auch nicht grundbuchfähig, obgleich sie Eigentum an einem Grundstück erwerben kann. Nach § 47 GBO werden die Gesellschafter – nicht die Gesellschaft – in das Grundbuch eingetragen.

b) Die Gründung der BGB-Gesellschaft

Die Gründung der BGB-Gesellschaft erfolgt durch Abschluß des Gesellschaftsvertrages. Dieser bedarf grundsätzlich keiner Form.[17] Ausnahmsweise ist eine notarielle Beurkundung (§ 313 Satz 1 BGB) erforderlich, wenn er eine formbedürftige Leistungsverpflichtung eines Gesellschafters enthält, wie beispielsweise die Verpflichtung zur Einbringung eines Grundstücks.[18] Der Gesellschaftsvertrag ist auch beurkundungspflichtig, wenn der Gesellschaftszweck auf den Erwerb eines bestimmten Grundstücks gerichtet ist.[19] Gleiches gilt, wenn vereinbart ist, daß im Falle der Gesellschaftsauflösung Grundstücke veräußert werden müssen.[20] Aus dem Umstand allein, daß das Vermögen einer BGB-Gesellschaft auf den Grundbesitz beschränkt ist, folgt indes keine Beurkundungspflicht.

2. Die Vorteile der BGB-Gesellschaft im einzelnen

a) Die BGB-Gesellschaft als Grundstücksgesellschaft

Die Vorteile einer BGB-Grundstücksgesellschaft liegen auf der Hand:

Anteile können formlos übertragen, Beteiligungsverhältnisse formlos geändert werden, selbst wenn die BGB-Gesellschaft ausschließlich

---

[15] Vgl. *Flume,* a.a.O. (Fn. 3), § 7 III 6; Soergel-*Schultze-von Lasaulx,* BGB, 12. Aufl., § 705 Rz. 5; *von Gamm,* in: BGB-RGRK, § 705 Rdn. 7; Staudinger-*Keßler,* BGB, 12. Aufl., § 705 Rz. 6; *Ulmer,* in: MünchKomm. BGB, 2. Aufl., § 718 RdNr. 18.

[16] Vgl. die Übersicht bei *Schmidt,* a.a.O. (Fn. 7), S. 1438.

[17] Vgl. RGZ 151, 327; RGZ 163, 392; BGH, WPM 1962, 880.

[18] Vgl. BGH-BB 55/203; OLG Koblenz, NJW-RR 9/614; Palandt-*Heinrichs,* BGB, 54. Aufl., § 313 Rn. 9.

[19] Vgl. *Schwanecke,* Formzwang des § 313 Satz 1 BGB bei Durchgangserwerb von Grundeigentum, NJW 1984, S. 1585–1591, hier S. 1588; Staudinger-*Keßler,* BGB, 12. Aufl., § 705 Rz. 37.

[20] Vgl. BGH, BB 1984, 18.

Grundvermögen hält. Gleiches gilt für den Eintritt und das Ausscheiden von Gesellschaftern.

aa) Die Abtretung von Gesellschaftsanteilen

Nach der Rechtsprechung[21] unterliegen grundsätzlich Anteilsveräußerungen an BGB-Gesellschaften nicht der Form des § 313 Satz 1 BGB. Dies gilt auch dann, wenn alle Gesellschafter ihre Anteile gemeinsam an neue Gesellschafter übertragen und das Gesellschaftsvermögen im wesentlichen aus Grundstücken besteht. Begründet wird dies damit, daß Gegenstand des Vertrages nicht die Verpflichtung ist, Grundstückseigentum zu veräußern oder zu erwerben. Gegenstand des Vertrages sei vielmehr die Verpflichtung, einen Anteil an einer Personengesellschaft mit Grundstückseigentum zu übertragen oder zu erwerben. Der Wechsel der Mitberechtigung am gesamthänderischen Grundstückseigentum sei lediglich eine gesetzliche Folge des Erwerbes oder des Verlustes der Mitgliedschaft.[22]

In der Literatur wird zum Teil gefordert, in Umgehungsfällen § 313 BGB analog anzuwenden.[23] Insbesondere wird auf die Gefahr hingewiesen, das formlose Auswechseln von Anteilsinhabern schalte die Publizität des Grundbuches aus und erschwere oder vereitele dadurch den Zugriff von Gläubigern in der Einzelzwangsvollstreckung erheblich.[24] Das sei vor allem dann der Fall, wenn Anteile von BGB-Gesellschaften übertragen werden, deren Zweck ausschließlich das Halten oder Verwalten von Grundstücken sei.[25] Auf eine Umgehungsabsicht solle es dabei nicht ankommen, entscheidend seien allein objektive Umstände, die unter Berücksichtigung des Normzwecks von § 313 BGB eine analoge Anwendung rechtfertigten.[26]

Der Bundesgerichtshof[27] lehnt eine analoge Anwendung von § 313 BGB grundsätzlich ab. Er beruft sich dabei auf den Grundsatz, Form-

---

[21] BGHZ 86, 367.
[22] Vgl. BGHZ 86, 367, 369, 370.
[23] Vgl. *Ulmer,* in: MünchKomm. BGB, 2. Aufl., § 719 RdNr. 27; *Schmidt,* AcP 182, S. 511 und *ders.,* Die GmbH-Beteiligung von Gesellschaften bürgerlichen Rechts als Publizitätsproblem, BB 1983, S. 1697–1702, hier S. 1702.
[24] Vgl. *Schmidt,* AcP 182, S. 507; *Ulmer,* in: MünchKomm. BGB, 2. Aufl., § 719 RdNr. 27.
[25] Vgl. *Schmidt,* AcP 182, S. 511 und *ders.,* BB 1983, S. 1702; *Ulmer,* in: MünchKomm. BGB, 2. Aufl., § 719 RdNr. 27.
[26] Vgl. *Ulmer,* in: MünchKomm. BGB, 2. Aufl., § 719 RdNr. 27.
[27] BGHZ 86, 367, 370, 371.

vorschriften seien streng tatbestandskonform anzuwenden und daher nur beschränkt analogiefähig. Er argumentiert zutreffend, es sei kaum möglich, feste, allgemein plausible und klare Maßstäbe zu finden, um zwischen formbedürftigen und formfreien Anteilsübertragungen eine klare Grenzlinie zu ziehen. Er verweist weiter auf die Schwierigkeiten, die hinsichtlich der analogen Anwendung von § 313 Satz 2 BGB bestünden.[28] Der Bundesgerichtshof hält es jedoch nicht für gänzlich ausgeschlossen, daß eine analoge Anwendung von § 313 BGB dann in Betracht kommt, wenn Grundstücksgesellschaften ausschließlich deshalb gegründet werden, um Grundvermögen außerhalb des Grundbuchs ohne Formzwang beweglicher verlagern zu können.[29] Hierzu ist freilich eine – schwer feststellbare – subjektive Motivation erforderlich.[30]

Es kann also festgehalten werden, daß grundsätzlich Anteile auch an BGB-Gesellschaften, die ausschließlich Grundstücke halten, formfrei übertragen werden können. Im Falle einer solchen Übertragung wird das Grundbuch unrichtig. Zur berichtigenden Grundbucheintragung, die auf Antrag erfolgt (§ 13 GBO), ist die Bewilligung des ausscheidenden (§ 19 GBO) und die Zustimmung des eintretenden Gesellschafters (§ 22 Abs. 2 GBO) oder der Nachweis der Unrichtigkeit des Grundbuchs (§ 22 Abs. 1 GBO) jeweils in der Form des § 29 GBO erforderlich. Die Bewilligung auch der übrigen Gesellschafter ist – wenn das Abtretungsverbot des § 719 BGB nicht im Gesellschaftsvertrag abbedungen ist – notwendig, weil eine Abtretung von Geschäftsanteilen nur mit ihrer Zustimmung vollzogen werden kann.[31]

ab) Das Ausscheiden eines Gesellschafters

(i) Die Mehr-Personen-Gesellschaft

Scheidet ein Gesellschafter aus oder wird ein Gesellschafter ausgeschlossen (§ 737 BGB) und ist im Gesellschaftsvertrag bestimmt, die Gesellschaft solle unter den übrigen Gesellschaftern fortbestehen (§ 736 BGB), so wächst sein Anteil am Gesellschaftsvermögen den übrigen Gesellschaftern zu (§ 738 Abs. 1 Satz 1 BGB). Die übrigen Gesellschafter bleiben gesamthänderisch Eigentümer des Gesellschaftsgrundstücks. Der Ausscheidende erlangt lediglich einen Auseinandersetzungsanspruch nach § 738 BGB.

---

[28] Vgl. BGHZ 86, 367, 370, 371.
[29] Vgl. BGHZ 86, 367, 371.
[30] Vgl. BGHZ 86, 367, 371.
[31] Vgl. BGHZ 13, 179, 186.

Auch in diesem Fall wird mit dem Ausscheiden eines Gesellschafters das Grundbuch unrichtig. Die verbleibenden Gesellschafter, denen der Gesamthandsanteil des ausgeschiedenen Gesellschafters infolge der Anwachsung an dem Grundstück anwächst, haben Anspruch auf Grundbuchberichtigung gegen den ausgeschiedenen Gesellschafter gemäß § 894 BGB. Die Grundbuchberichtigung erfolgt auf Antrag (§ 13 GBO). Die Bewilligung der verbliebenen und des ausgeschiedenen Gesellschafters oder der Nachweis der Unrichtigkeit des Grundbuchs (§ 22 GBO) ist jeweils in der Form des § 29 GBO erforderlich.

(ii) Die Zwei-Personen-Gesellschaft

Anders ist die Rechtslage, wenn ein Gesellschafter aus einer BGB-Gesellschaft ausscheidet, die aus zwei Gesellschaftern besteht. Zur Vermeidung einer Liquidation wird der Rechtsgedanke des § 142 HGB auf die Zwei-Personen-BGB-Gesellschaft angewandt:

Es kann vereinbart werden – entweder von vornherein im Gesellschaftsvertrag oder im konkreten Einzelfall –, daß der verbleibende Gesellschafter das Gesellschaftsvermögen übernimmt.[32] Eine derartige Abrede bedarf auch dann nicht der Form des § 313 BGB, wenn zum Gesellschaftsvermögen ein Grundstück gehört.[33] Mit der Übernahme durch den dazu gesellschaftsvertraglich oder später ermächtigten Gesellschafter wird das bisherige Gesamthandseigentum – ohne Auflassung[34] – entsprechend § 738 Abs. 1 Satz 1 BGB Alleineigentum des verbliebenen Gesellschafters. Dieser hat gemäß § 894 BGB gegenüber dem ausscheidenden Gesellschafter Anspruch auf Grundbuchberichtigung.[35]

ac) Eintritt und Austritt von Gesellschaftern

Der Eintritt eines neuen Gesellschafters in die BGB-Gesellschaft erfordert einen Aufnahmevertrag mit sämtlichen Gesellschaftern. Regelmäßig ist dieser nicht formbedürftig (Eine Ausnahme besteht nur für die unter II.1.b) dargestellten Fälle).

Das Ausscheiden eines Gesellschafters und der Neueintritt eines weiteren Gesellschafters können zeitlich zusammentreffen. Einer Abtretung von Gesellschaftsanteilen ist jedoch der Vorzug zu geben. Denn

---

[32] Vgl. BGH, NJW 1990, 1171; LG Münster, Rechtspfleger 1992, 149.
[33] Vgl. RGZ 65, 227, 240; RGZ 68, 410; RGZ 82, 160, 161; BGH, NJW 1990, 1171.
[34] Vgl. *Haegele/Schöner/Stöber*, GBO, 10. Aufl., München 1993, Rdn. 982 b.
[35] Vgl. BGH, NJW 1990, 1171.

wenn alle Gesellschafter bis auf einen ausscheiden und gleichzeitig neue eintreten, besteht die Gefahr der Anwachsung aller Anteile bei dem verbleibenden Gesellschafter. Das würde zum Erlöschen der Gesellschaft führen. Ein Neueintritt wäre nur durch Gründung einer neuen Gesellschaft mit Grundstückseinbringung (§§ 313, 929 BGB) möglich.[36]

b) Die BGB-Gesellschaft als Instrument zur Gestaltung einer vorweggenommenen Erbfolge

ba) Gestaltungen zu Lebzeiten des Schenkers

Die BGB-Gesellschaft eignet sich besonders als Gestaltungsinstrument bei einer vorweggenommenen Erbfolge. Soll Vermögen auf eine jüngere Generation übertragen werden, hat die ältere Generation häufig den Wunsch, sich Kontroll-, Verwaltungs- und Nutzungsrechte vorzubehalten. Dies ist über die Mitgliedschaft in einer BGB-Gesellschaft möglich, an der neben den zu beschenkenden Kindern auch die schenkenden Eltern beteiligt sind. Ein späteres Ausscheiden der älteren Generation ist unproblematisch und formlos möglich.[37] Bei entsprechender Gestaltung des Gesellschaftsvertrages wächst der Anteil der älteren Generation der jüngeren zu.

Darüber hinaus kann die ältere Generation Einfluß darauf nehmen, wie zukünftig mit Anteilen an der BGB-Gesellschaft zu verfahren ist. Da nach § 719 BGB der Gesellschafter über seinen Anteil nicht allein verfügen darf, ist eine Übertragung des Anteils nur mit Zustimmung der anderen Gesellschafter möglich. Diese Zustimmung kann schon im Gesellschaftsvertrag enthalten sein.[38]

bb) Gestaltungen nach dem Tod des Schenkers

Die BGB-Gesellschaft kann zur Steuerung des Nachlasses dienen. Es läßt sich über eine Generation hinaus bestimmen, wer Gesellschafter der BGB-Gesellschaft sein soll. Gesellschaftsanteile lassen sich am Nachlaß, möglicherweise sogar auch an Pflichtteilsberechtigten, vorbeisteuern. Nach § 727 BGB wird die BGB-Gesellschaft durch den Tod eines Gesellschafters aufgelöst, sofern nicht der Gesellschaftsvertrag ein anderes bestimmt. Die Mitgliedschaft ist also nach der gesetzlichen Regelung

---

[36] Vgl. *Haegele/Schöner/Stöber,* a.a.O. (Fn. 34), Rdn. 982 d.
[37] Vgl. II.2.a)ab).
[38] Vgl. BGH, WM 1968, 303, 309; *Ulmer,* in: MünchKomm. BGB, 2. Aufl., § 719 RdNr. 21.

nicht vererblich. Mit dem Zeitpunkt des Todes eines Gesellschafters tritt die Gesellschaft in das Liquidationsstadium ein. Die Gesellschafter haben das Gesellschaftsvermögen nach § 730 ff. BGB auseinanderzusetzen. An die Stelle des verstorbenen Gesellschafters treten die Erben, die seine Einlage oder deren Wert und seinen Anteil am Überschuß erhalten.

Diese gesetzlichen Regelungen sind dispositives Recht. Es gibt eine Reihe von gesellschaftsvertraglichen Gestaltungsmöglichkeiten, um zu verhindern, daß der Bestand der Gesellschaft durch den Tod eines Gesellschafters gefährdet wird.[39]

Zum einen kann vereinbart werden, daß die Gesellschaft von den verbleibenden Gesellschaftern fortgesetzt wird (§ 736 BGB). Nach § 738 BGB wächst dann der Anteil des verstorbenen Gesellschafters am Gesellschaftsvermögen den verbleibenden Gesellschaftern zu. Der Gesellschaftsanteil selbst wird mithin nicht Nachlaßbestandteil.[40] Die Fortsetzungsklausel ermöglicht es also, den Gesellschaftsanteil am Nachlaß „vorbeizusteuern".[41] In den Nachlaß fällt jedoch der Abfindungsanspruch des verstorbenen Gesellschafters gemäß §§ 738–740 BGB. Dieser kann vom Erben gegenüber den verbleibenden Gesellschaftern geltend gemacht werden. Der Gesellschaftsvertrag kann jedoch den Abfindungsanspruch für den Fall des Todes eines Gesellschafters ganz oder teilweise ausschließen.[42] Stirbt ein Gesellschafter, so besteht dann kein oder nur ein verminderter Anspruch auf Abfindung. Der Nachlaß wird dadurch geschmälert. Gleiches gilt, wenn bei einer zweigliedrigen Gesellschaft vereinbart ist, daß beim Tod eines Gesellschafters der andere den Anteil entschädigungslos übernehmen kann.[43]

Streitig ist, ob ein Abfindungsverzicht auf den Todesfall eine unentgeltliche Zuwendung darstellt, der Pflichtteilsergänzungsansprüche gemäß § 2325 BGB auslösen kann. Nach herrschender Meinung ist dies zu verneinen, wenn alle Gesellschafter diese Vereinbarung gleichmäßig treffen. Dann handelt es sich nicht um ein unentgeltliches Geschäft, da der Verzichtsleistung eines jeden Gesellschafters der Verzicht

---

[39] Vgl. hierzu ausführlich *Langenfeld/Gail*, Handbuch der Familienunternehmen, Köln 1986 ff., RdZiff. IV 210–242 m.w.N.
[40] Vgl. BGH, NJW 1981, 1956.
[41] *Langenfeld/Gail*, a.a.O. (Fn. 39), RdZiff. IV 218.
[42] Vgl. BGH, BB 1974, 996, 997; *Langenfeld/Gail*, a.a.O. (Fn. 39), RdZiff. IV 177.
[43] Vgl. dazu BGH, WM 71, 1338.

der übrigen Gesellschafter als Gegenleistung gegenübersteht.[44] Haben dagegen nur einzelne Gesellschafter auf zukünftige Abfindungsansprüche verzichtet, so haben sie den übrigen Gesellschaftern etwas unentgeltlich zugewandt. Das löst Pflichtteilsergänzungsansprüche aus.[45]

Ist im Gesellschaftsvertrag die Fortsetzung der Gesellschaft bei Tod eines Gesellschafters mit den Erben vereinbart, so tritt die erbrechtliche Nachfolge ein. Danach werden alle Personen zugelassen, die der Erblasser in seinem Testament oder Erbvertrag bestimmt hat oder die ihn kraft Gesetz beerben.[46] Sollen hingegen nicht alle Erben, sondern nur einer oder einige von ihnen in die Gesellschafterstellung nachrücken, so bedarf es einer „qualifizierten" Nachfolgeklausel im Gesellschaftsvertrag.[47]

Nach ständiger Rechtsprechung[48] erben mehrere Erben die Mitgliedschaft eines verstorbenen Gesellschafters durch Erbfolge nicht in Erbengemeinschaft, sondern jeweils einzeln zu Bruchteilen. Jeder Miterbe erhält im Wege der sogenannten Sondererbfolge einen seinem Erbteil entsprechenden Teil der Mitgliedschaft des Erblassers. Er wird mit diesem Teil automatisch Gesellschafter. Die Mitgliedschaft teilt und vervielfältigt sich unmittelbar.[49] Die Erbengemeinschaft wird auch nicht vorübergehend Mitgesellschafter. Eine Erbengemeinschaft besteht lediglich hinsichtlich des übrigen Nachlasses.

III. Die steuerrechtliche Beurteilung

Vorstehend ist dargelegt, daß Vermögen auf die BGB-Gesellschaft übertragen werden kann, um deren zivilrechtlichen Vorteile auszunutzen. Im folgenden soll aufgezeigt werden, welche steuerrechtlichen Probleme bei der Vermögensübertragung entstehen und wie sie vermieden werden können.

---

[44] Vgl. Ermann-*Schlüter*, BGB, 8. Aufl., § 2111 Rdn. 6; Staudinger-*Ferid-Cislar*, BGB, 12. Aufl., Einleitung zu §§ 2303 ff. Rz. 131; *Reinicke/Reinicke*, Zur Kollision von Gesellschaftsrecht und Erbrecht, NJW 1957, S. 561–564, hier S. 562; *Buchwald*, Das Verhältnis von Erbrecht und Gesellschaftsrecht, JR 55, S. 173 f., hier S. 174; a. A. *Frank*, in: MünchKomm. BGB, 2. Aufl., § 2325 RdNr. 16.
[45] Vgl. Ehrmann-*Schlüter*, BGB, 8. Aufl., § 2311 Rdn. 6.
[46] Vgl. *Langenfeld/Gail*, a.a.O. (Fn. 39), RdZiff. IV 218 ff.
[47] Vgl. *Langenfeld/Gail*, a.a.O. (Fn. 39), RdZiff. IV 232 m.w.N.; BGHZ 68, 225; BGH, NJW 1983, 2376.
[48] Vgl. BGHZ 22, 186; BGHZ 68, 225.
[49] Vgl. BGHZ 68, 225.

1. Die Schenkungsteuerpflicht der BGB-Gesellschaft

a) Änderung der Rechtslage

In der Vergangenheit wurden Personengesellschaften unter Hinweis auf die Vorschriften der §§ 80 Abs. 2 RAO und § 11 Nr. 5 StAnpG aus dem Kreis der Steuerpflichtigen nach dem Erbschaftsteuergesetz ausgegrenzt.[50] An Stelle der Gesamthand gelten die Gesellschafter anteilig als Schenker/Erwerber.

Durch Urteil vom 7.12.1988 hat der Bundesfinanzhof diese Rechtsprechung geändert. Der Bundesfinanzhof hat nunmehr die Gesellschaften zur gesamten Hand als Erwerber und damit als Steuerschuldner im Sinne des Erbschaftsteuergesetzes angesehen.[51] Das Gericht erwähnt neben der OHG und der KG ausdrücklich auch die BGB-Gesellschaft. Der Bundesfinanzhof folgt damit der zivilrechtlichen Auffassung, nach der Gesamthandsgemeinschaften nicht nur durch Schenkung unter Lebenden, sondern auch von Todes wegen Vermögenswerte erwerben können.[52]

Die Finanzverwaltung hat aus der geänderten Rechtsprechung den Schluß gezogen, für eine erbschaft- oder schenkungsteuerpflichtige Zuwendung durch oder an eine Personengesellschaft finde generell die Steuerklasse IV Anwendung. Nach § 19 ErbStG beginnt diese Steuerklasse bereits mit einem Steuersatz von 20% und endet mit einem solchen von 70%!

b) Die steuerlichen Auswirkungen

Bei der Gestaltung einer vorweggenommenen Erbfolge unter Einschaltung einer BGB-Gesellschaft führt diese Änderung der Rechtsprechung zu erheblichen steuerlichen Auswirkungen. Das zeigt das folgende Beispiel:[53]

Übertragen Eltern ihren beiden Kindern, die zuvor zu diesem Zweck eine BGB-Gesellschaft gegründet haben, ein Grundstück mit einem Einheitswert von DM 480.000,-, so galt nach der bis zum BFH-

---

[50] Vgl. RFH, RStBl. 1928, 270; BFH, BStBl. III 1960, 358.
[51] Vgl. BFH, BStBl. II 1989, 237.
[52] Statt aller: Palandt-*Edenhofer*, BGB, 51.Aufl., § 1923 Rn. 1; *Meincke*, a.a.O. (Fn. 12), § 1 Rz. 4; siehe im einzelnen oben II.1.a).
[53] Vgl. auch das Beispiel bei: *Reiter*, Die Gesamthandsgesellschaften als Schenker und Erwerber im Erbschaft- und Schenkungsteuerrecht, BB 1990, S. 2159-2161, hier S. 2159.

Urteil vom 7.12.1988 gültigen Rechtsauffassung nicht die Gesellschaft, sondern der einzelne Gesellschafter im Verhältnis seiner Beteiligung als Erwerber im Sinne des Erbschaft- und Schenkungsteuerrechts.[54] Für die anzuwendende Steuerklasse war sein Verwandtschaftsverhältnis zum Schenker maßgebend. Jedes einzelne Kind erwarb danach einen Wert von DM 240.000,-. Es konnte hiervon einen Freibetrag gemäß § 16 Abs. 1 Nr. 2 ErbStG in Höhe von DM 90.000,- absetzen, so daß ein steuerpflichtiger Erwerb von DM 150.000,- vorlag. Hierauf fiel nach der Steuerklasse I eine Schenkungsteuer von 5 %, also für jedes Kind DM 7.500,-, an. Die Gesamtsteuer betrug DM 15.000,-.

Nach der Auffassung der Finanzverwaltung[55] erwirbt dagegen die BGB-Gesellschaft den gesamten Vermögenswert von DM 480.000,-. Hiervon ist ein Freibetrag nach § 16 Abs. 1 Nr. 5 ErbStG in Höhe von DM 3.000,- abzuziehen. Auf die somit steuerpflichtigen DM 477.000,- entfällt eine Schenkungsteuer nach Steuerklasse IV in Höhe von 38%, also von DM 181.260,-.

c) Der Weg zur Vermeidung dieses Ergebnisses

Zur Vermeidung dieser steuerlich ungünstigen Gestaltung wird in der Literatur empfohlen, eine Bruchteilsgemeinschaft (§§ 741 ff. BGB) zwischen den zu Beschenkenden zwischenzuschalten.[56] Dies bedeutet, die Eltern verschaffen ihren Kindern im obigen Beispiel zunächst zu gleichen Teilen Miteigentum an dem unentgeltlich zu übertragenden Grundvermögen. Das löst – wie oben ausgeführt – Schenkungsteuer von DM 15.000,- aus. Übertragen die Kinder die Grundstücke daraufhin in einem zweiten Schritt auf eine von ihnen gegründete BGB-Gesellschaft, fällt mangels Bereicherung weder weitere Schenkungsteuer noch Grunderwerbsteuer an (§ 5 Abs. 1 GrEStG).[57]

Allerdings entstehen durch diese „Umgehungsstrategie" zusätzliche Notargebühren durch die weitere Übertragung des Grundstücks oder der Grundstücke auf die BGB-Gesellschaft sowie durch die Beurkundungspflicht des BGB-Gesellschaftsvertrages.[58]

---

[54] Vgl. *Troll,* Erbschaft- und Schenkungsteuergesetz, § 3 Rdnr. 5, § 7 Rdnr. 29; *Kapp/Ebeling,* Erbschaftsteuer- und Schenkungsteuergesetz, 11. Aufl., § 1 Anm. 20.
[55] Vgl. *Reiter,* BB 1990, S. 2159.
[56] Vgl. *Ebeling,* Die Gesamthandsgesellschaft als Schenker und Erblasser sowie als Erwerber im Rahmen des Erbschaft- und Schenkungsteuergesetzes, BB 1989, S. 1865–1870; *Petzold,* Erbfolge und Erbschaftsteuer, NWB, Fach10, S. 619.
[57] Vgl. *Petzold,* NWB, Fach 10, S. 619.
[58] Vgl. oben, II.1.b).

d) Besonderheiten bei der Übertragung von Betriebsvermögen

Der vorstehend aufgezeigte Weg[59] hilft nicht, wenn Betriebsvermögen übertragen werden soll. Wollen Eltern ein Einzelunternehmen oder Teile davon im Wege der vorweggenommenen Erbfolge unentgeltlich auf ihre Kinder übertragen, entsteht im Zeitpunkt der Übertragung automatisch eine Personengesellschaft (Offene Handelsgesellschaft) oder eine Kommanditgesellschaft (Eine Ausnahme gilt nur im Falle einer Betriebsaufspaltung; dann entsteht eine BGB-Gesellschaft).

Bei der Übertragung von einzelnen Wirtschaftsgütern des Betriebsvermögens stellt sich zunächst stets die Frage, ob eine steuerpflichtige Entnahme vorliegt. Wirtschaftsgüter, die zu einem Betriebsvermögen gehören, gelten als entnommen, wenn der persönliche oder sachliche Betriebszusammenhang gelöst wird.[60] Der persönliche Betriebszusammenhang wird grundsätzlich bei einer Übertragung des Wirtschaftsgutes auf einen anderen Rechtsträger gelöst.[61] Die Entnahme führt im Wirtschaftsjahr des Ausscheidens zur Aufdeckung und Besteuerung der in den Wirtschaftsgütern angesammelten stillen Reserven.[62] Der Steuerpflichtige hat nach § 6 Abs. 1 Nr. 4 EStG die Differenz zwischen Teilwert und Buchwert der ihm übertragenen Wirtschaftsgüter zu versteuern.

In den nachstehenden Fällen wird jedoch beim Übergang von Wirtschaftsgütern auf einen anderen Rechtsträger die sofortige Aufdeckung der stillen Reserven vermieden.[63]

Für die hier interessierende Übertragung im Wege der vorweggenommenen Erbfolge sind § 24 UmwStG und § 7 Abs. 1 EStDV von besonderer Bedeutung. Nach § 24 Abs. 1 i.V.m. § 24 Abs. 2 UmwStG darf bei Einbringung eines Betriebs, eines Teilbetriebs oder eines Mitunternehmeranteils in eine Personengesellschaft das eingebrachte Betriebsvermögen bei der Personengesellschaft mit dem Buchwert angesetzt werden.

Gleiches gilt gemäß § 7 Abs. 1 EStDV für die unentgeltliche Übertragung eines Betriebs oder Teilbetriebs.[64]

---

[59] Vgl. oben, III.1.c).
[60] Vgl. *Schmidt/Heinicke*, EStG, 13. Aufl., § 4 Anm. 28a.
[61] Vgl. *Schmidt/Heinicke*, EStG, 13. Aufl., § 4 Anm. 28b.
[62] Vgl. *Schmidt/Heinicke*, EStG, 13. Aufl., § 4 Anm. 28c.
[63] Vgl. *Schmidt/Heinicke*, EStG, 13. Aufl., § 4 Anm. 16d.
[64] Vgl. *Schmidt/Heinicke*, EStG, 13. Aufl., § 4 Anm. 14i.

Hieraus folgt: Betriebsvermögen ohne Aufdeckung stiller Reserven kann zu Buchwerten übertragen werden, wenn es sich um einen Betrieb oder um einen Teilbetrieb handelt. Was ein „Betrieb" oder „Teilbetrieb" ist, ergibt sich aus § 15 Abs. 2 EStG. Dort ist der Begriff des gewerblichen Unternehmens, der dem Betriebsbegriff entspricht, als eine selbständige, nachhaltige Betätigung definiert, die mit der Absicht, Gewinn zu erzielen, unternommen wird und sich als Beteiligung am allgemeinen wirtschaftlichen Verkehr darstellt. Dabei darf die Betätigung weder als Ausübung von Land- und Forstwirtschaft (§ 13 EStG) noch als Ausübung selbständiger Arbeit (§ 18 EStG) angesehen werden. Die Betätigung muß darüber hinaus den Rahmen privater Vermögensverwaltung überschreiten.

Ein Teilbetrieb ist ein mit einer gewissen Selbständigkeit ausgestatteter, organisch geschlossener Teil des Gesamtbetriebs, der für sich allein lebensfähig ist. Er ist begrifflich von unselbständigen Betriebsteilen und einzelnen Wirtschaftsgütern des Betriebsvermögens abzugrenzen.[65]

Soll ein „Betrieb" oder „Teilbetrieb" auf mehrere Kinder im Wege der vorweggenommenen Erbschaft in der Weise übertragen werden, daß die Kinder den (Teil-)Betrieb zu gleichen oder zu unterschiedlichen Teilen erhalten, so ist das ohne Aufdeckung stiller Reserven nur möglich, wenn der (Teil-)Betrieb auf eine von den Kindern zuvor errichtete BGB-Gesellschaft übertragen wird. Das gilt auch dann, wenn die Eltern noch selbst an dem zu übertragenden Betriebsvermögen beteiligt bleiben wollen. Das aber führt dazu, daß nach Auffassung des Bundesfinanzhofs Schenkungsteuer nach Steuerklasse IV entstünde.[66]

Der „Umweg" über die Bruchteilsgemeinschaft[67] hilft hier nicht weiter. Denn die Übertragung von Bruchteilseigentum setzt voraus, daß lediglich einzelne Wirtschaftsgüter aus dem Betriebsvermögen übertragen werden. Die Übertragung einzelner Wirtschaftsgüter erfüllt jedoch in der Regel die steuerlichen Voraussetzungen eines „Betriebs" oder „Teilbetriebs" nicht mehr. Das hätte zur Folge, daß die stillen Reserven der übertragenen Wirtschaftsgüter als aufgelöst gelten.

Die steuerneutrale Übertragung von Betriebsvermögen auf eine Personengesellschaft ist über den Umweg des Bruchteilsübertragungs-

---

[65] Vgl. *Schmidt*, EStG, 13. Aufl., § 16 Anm. 14f.
[66] Vgl. oben, III.1.b).
[67] Vgl. oben, III.1.c).

modells mithin nicht möglich. Die Unanwendbarkeit dieses Modells für den Fall der Übertragung von Betriebsvermögen auf eine Personengesellschaft führt daher zu der grundsätzlichen Frage, ob die Auffassung der Finanzverwaltung zur Steuerpflicht der BGB-Gesellschaft zutreffend ist. Zu dieser Frage werden im folgenden die Aussagen des BFH-Urteils vom 7. 12. 1988 untersucht.

2. Zur Auslegung des Bundesfinanzhof-Urteils vom 7. 12. 1988

Der BFH hat in diesem Urteil entschieden, daß Gesamthandsgemeinschaften „Erwerber" und „Schenker" im Sinne von § 20 Abs. 1 ErbStG 1974 sein können. Denn nach § 2 Abs. 1 Nr. 1d ErbStG 1974 trete bei einem Erwerb von Todes wegen oder bei einer Schenkung unter Lebenden die Erbschaft- oder Schenkungsteuerpflicht ein, wenn der „Erwerber" oder „Schenker" u. a. ein Inländer sei. Als Inländer gelten neben natürlichen Personen Personenvereinigungen, die ihre Geschäftsleitung oder ihren Sitz im Inland haben.[68]

Für die BGB-Gesellschaft ergebe sich aus § 719 BGB die Möglichkeit, in eigener Rechtszuständigkeit Rechte zu erwerben und zu übertragen. Das Vermögen der Gesamthand sei im Verhältnis zu den Gesamthändern wie gegenüber Dritten verselbständigt. Die Gesellschafter seien Träger der gemeinschaftlichen Rechte nicht als „Individualpersonen", sondern als „Teilhaber der zweckgebundenen Personenvereinigung". Der Bundesfinanzhof führt weiter aus, zivil- und handelsrechtlich ergebe sich hinsichtlich der Vermögensgesamthand kein „Durchgriff" durch die Gesamthand auf die Gesamthänder.[69] Zivil- und handelsrechtliche Grundsätze müßten hier insbesondere deshalb zur Auslegung herangezogen werden, weil die Erbschaftsteuer und die Schenkungsteuer grundsätzlich an die bürgerlich-rechtliche Gestaltungsform anknüpfe.[70] Maßgeblich seien nicht wirtschaftliche, sondern rechtliche Vorgänge.[71]

Auch aus § 39 Abs. 2 Nr. 2 AO 1977 soll sich nach Auffassung des Bundesfinanzhofs keine vom Zivil- und Handelsrecht abweichende Beurteilung ergeben. Zwar seien nach Satz 1 dieser Vorschrift Wirtschaftsgüter, die mehreren zur gesamten Hand zustehen, den Beteiligten

---
[68] Vgl. BFH, BStBl. II 1989, 237, 238.
[69] Vgl. BFH, BStBl. II 1989, 237, 238.
[70] Vgl. BFH, BStBl. II 1989, 237, 239.
[71] Vgl. BFH, BStBl. II 1989, 237, 239 m.w.N.; zustimmend insoweit *Reiter,* BB 1990, S. 2160.

so zuzurechnen, als wären die Beteiligten nach Bruchteilen berechtigt. Das bedeute jedoch keine Gleichstellung der Gesamthandsgemeinschaft mit der Bruchteilsgemeinschaft. Vielmehr bleibe es bei der Regelzurechnung des § 39 Abs. 1 AO 1977, soweit eine getrennte Zurechnung für die Besteuerung nicht erforderlich sei. Eine solche Abweichung von der Regelzurechnung des Zivil- und Handelsrechts der Gesamthandsgemeinschaften sei nur erforderlich, soweit die Besteuerung nicht die Gesamthand, sondern die Gesamthänder erfasse. Dies sei aber im Erbschaftsteuergesetz nicht der Fall. Das Gesetz gehe vielmehr davon aus, daß die Gesamthand als solche „Erwerber" und damit auch „Steuerpflichtiger" sein könne.[72]

Hieraus folgt:

Das Urteil vom 7.12.1988 sagt zunächst nichts darüber aus, welche Konsequenzen zur Besteuerungshöhe aus der Tatsache gezogen werden müssen, daß die BGB-Gesellschaft selbst und nicht der einzelne Gesellschafter steuerpflichtig ist.[73] Der Bundesfinanzhof verweist lediglich auf die zivil- und handelsrechtliche Verselbständigung des Gesamthandsvermögens. Ein Durchgriff auf die Gesamthänder ist ausgeschlossen. Zivil- und handelsrechtlich erwirbt unmittelbar die Gesamthandsgemeinschaft und nicht der einzelne Gesellschafter. Eine über diese Beschreibung der zivil- und handelsrechtlichen Lage hinausgehende Aussage läßt sich den Ausführungen des Bundesfinanzhofs nicht entnehmen.

Das BFH-Urteil enthält insbesondere keine Entscheidung über die Anwendbarkeit der Steuerklasse.[74] Sie wird durch § 15 Abs. 1 ErbStG bestimmt. Danach ist das persönliche Verhältnis des Erwerbers zum Schenker maßgebend. Zweck dieser Vorschrift ist es, eine Abstufung der Steuer nach dem Grad der Verwandtschaft vorzunehmen. Je näher der Erwerber mit dem unentgeltlich Zuwendenden verwandt ist, desto niedriger ist die festzusetzende Steuer. Das muß auch dann gelten, wenn der Beschenkte BGB-Gesellschafter ist. Der Bundesfinanzhof hat dies für das Grunderwerbsteuerrecht in ständiger Rechtsprechung bestätigt.

---

[72] Vgl. BFH, BStBl. II 1989, 237, 239.
[73] Das verkennt *Schmitz,* der meint, der BFH habe sich für eine Besteuerung der Gesellschaft nach Steuerklasse IV ausgesprochen; vgl. *Schmitz,* Übertragung privaten Grundvermögens unter Nießbrauchsvorbehalt in vorweggenommener Erbfolge, DStR 1993, S. 497–502, hier S. 500.
[74] Wie hier: *Reiter,* BB 1990, S. 2160.

3. Parallelen im Grunderwerbsteuergesetz

Eine Parallelvorschrift zu § 15 Abs. 1 ErbStG findet sich in § 3 Nr. 6 GrEStG, der ebenfalls den näher verwandten Erwerber privilegiert. In ständiger Rechtsprechung wendet der Bundesfinanzhof diese Bestimmung über ihren reinen Wortlaut hinaus auch auf Fälle des Erwerbs durch eine Gesamthandsgemeinschaft an.[75] Dabei rechnet er der Gesellschaft die verwandtschaftlichen Beziehungen aller oder einzelner Gesellschafter zum Grundstücksveräußerer oder -erwerber mit der Quote zu, mit der die Gesellschafter im Veräußerungs- oder Erwerbszeitpunkt an der Gesellschaft beteiligt sind. Die Gesellschaft als solche bleibt zwar Veräußerer oder Erwerber und damit Steuerschuldner im Sinne des Grunderwerbsteuergesetzes. Zur Bemessung der Steuer wird jedoch unterstellt, die einzelnen Gesellschafter hätten den Grundbesitz zu Miteigentum erworben oder als Miteigentümer veräußert.

In seiner Entscheidung vom 21. 3. 1968[76] führt der Bundesfinanzhof aus:

„Unbeschadet dessen, daß die Kommanditgesellschaften ebenso wie die offenen Handelsgesellschaften und die Gesellschaften bürgerlichen Rechts im Grunderwerbsteuerrecht materiell als selbstständige Rechtsträger behandelt werden, bleibt die bürgerlich-rechtliche Vorgegebenheit, daß das Eigentum dieser Gesellschaften nur Eigentum dieser Gesellschafter, wenn auch mit besonderer gesamthänderischer Bindung, ist. Folglich müssen personenbezogene Eigenschaften, die bei allen Gesellschaftern vorliegen, auch der Gesellschaft zugerechnet werden."[77]

Diese Aussage trifft auch auf das Erbschaft- und Schenkungsteuerrecht zu. Die Behandlung von Personengesellschaften als selbständige Rechtsträger steht der Berücksichtigung personenbezogener Eigenschaften nicht entgegen. Eine personenbezogene Eigenschaft ist die Verwandtschaft.[78] Hinzu kommt für den Fall, daß Betriebsvermögen auf eine Personengesellschaft übertragen werden soll, die gewollte Privilegierung eines Entnahmetatbestandes gerade nur dann möglich ist, wenn sich die Schenkungsteuer nach der Steuerklasse des beschenkten Gesellschafters bemißt.[79]

---
[75] Vgl. BFH, BStBl. II 1980, 217.
[76] BFH, BStBl. II 1968, 619.
[77] BFH, BStBl. II 1968, 619.
[78] Vgl. BFH, BStBl. II 1969, 400.
[79] Vgl. oben, III.2.d).

4. Abweichende Entscheidungen von Finanzgerichten

a) Finanzgericht Düsseldorf

So hat auch das Finanzgericht Düsseldorf durch Beschluß vom 26. 2. 1991 entschieden.[80] Es sei geboten, die vom Bundesfinanzhof zu § 3 Nr. 6 GrEStG entwickelten Rechtsgrundsätze auf das Erbschaftsteuer- und Schenkungsteuergesetz zu übertragen. Für die Anwendung der Steuerklasse I spreche auch, daß die Beteiligten das von ihnen gewünschte Ergebnis ohne weiteres durch die Zwischenschaltung einer Miteigentümergemeinschaft erreichen könnten. Wähle der Schenker diesen Umweg über die Miteigentümergemeinschaft, so liege ein Mißbrauch rechtlicher Gestaltungsmöglichkeiten im Sinne von § 42 AO nicht vor. Sei aber der rechtlich zulässige Umweg steuerbegünstigt, so erscheine es sinnvoll, den geraden, unmittelbaren Weg bei möglicher Gesetzesauslegung ebenfalls steuerbegünstigt zu belassen.[81]

b) Finanzgericht Rheinland-Pfalz

Das Finanzgericht Rheinland-Pfalz hat mit Urteil vom 15. 10. 1992[82] entschieden, bei einer Schenkung im Wege der vorweggenommenen Erbfolge auf Kinder sei der Schenkungsvertrag dahin auszulegen, daß der Schenker die Gesellschafter einer BGB-Gesellschaft als Individualpersonen beschenke. Diese wollten aber den Schenkungsgegenstand in das Gesamthandsvermögen erwerben.

IV. Zusammenfassung

Die BGB-Gesellschaft ist, wie aufgezeigt, ein geeignetes Gestaltungsinstrument gerade im Hinblick auf eine vorweggenommene Erbfolge. Sie ist einfach und flexibel einzusetzen. Dies gilt insbesondere für die Übertragung von Grundvermögen und Anteilen hiervon.

Diese Vorteile wären aufgehoben, wenn eine unentgeltliche Vermögensübertragung auf die BGB-Gesellschaft den höchsten Schenkungsteuersatz selbst dann auslöst, wenn die beschenkten BGB-Gesellschafter mit dem Schenker im ersten Grad verwandt sind.

---

[80] EFG 1991, 333.
[81] So auch: BFH, BStBl. II 1969, 400; zustimmend wohl *Reiter*, BB 1990, S. 2160.
[82] 82 EFG 1993, 390.

Die Auffassung der Finanzverwaltung, bei einer Schenkung auf eine BGB-Gesellschaft sei die Steuerklasse IV anzuwenden, ist verfehlt. Bei einer Schenkung von Gegenständen des Privatvermögens läßt sich dieses Ergebnis durch die Zwischenschaltung von Bruchteilseigentum vermeiden. Bei der Schenkung von einzelnen Gegenständen des Betriebsvermögens ergeben sich durch die Verwirklichung des Entnahmetatbestandes erhebliche steuerliche Nachteile. Bei zutreffender Beurteilung ist bei einer Schenkung auf Personen zur gesamten Hand, die sich zu einer BGB-Gesellschaft zusammengeschlossen haben, nicht die Steuerklasse IV, sondern die individuelle Steuerklasse des beschenkten Gesellschafters anzuwenden.

V. Nachtrag

Der vorstehende Festschriftbeitrag war geschrieben und zur Veröffentlichung freigegeben, als am 20.1.1995 das BFH-Urteil vom 14.9.1994 veröffentlicht wurde,[83] mit dem das Gericht seine Rechtsprechung aus dem Jahr 1988 aufgegeben hat.

Nunmehr vertritt der Bundesfinanzhof die Auffassung, bei einer unentgeltlichen Zuwendung an eine Gesamthandsgemeinschaft (OHG, KG oder GbR) sei nicht die Gesamthand, sondern seien die Gesamthänder als bereichert anzusehen. Das folge aus § 718 BGB, wonach das Gesellschaftsvermögen gemeinschaftliches Vermögen der Gesellschafter und nicht etwa Vermögen der Gesellschaft sei. Die Gesellschafter selbst seien Träger der gesamthänderischen Rechte und Pflichten. Die zivilrechtliche Teilrechtsfähigkeit betreffe lediglich die Anerkennung der Gesamthand im Rechtsverkehr, d. h. die Bestimmung der Rechtsposition, die eine Gesamthandsgemeinschaft als Teilnehmer am Rechtsverkehr Dritten gegenüber einnehme.

Der Bundesfinanzhof schließt damit den Kreis seiner Rechtsprechung zum Grunderwerbsteuergesetz. Er bestätigt damit zugleich das rechtliche Ergebnis des vorstehenden Beitrags als zutreffend.

Es bleibt abzuwarten, wie die Finanzverwaltung reagiert.*

---

[83] DStR 1995, 94.
* Für seine Mitwirkung an diesem Beitrag danke ich *Stephan Prinz zur Lippe*.

HARALD WIEDMANN

Fair Value in der internationalen Rechnungslegung

I. Vorbemerkungen
II. Grundgedanken einer Fair Value-Bewertung
III. Berufsständische Verlautbarungen zur Fair Value-Bewertung im internationalen Vergleich
   1. Verlautbarungen des US-amerikanischen Financial Accounting Standards Board (FASB)
   2. Internationale Verlautbarungen des International Accounting Standards Committee (IASC)
IV. Übertragbarkeit einer Fair Value-Bewertung auf die deutsche Rechnungslegung?
   1. Unterschiedliche Rechnungslegungsphilosophien im anglo-amerikanischen Raum und in Deutschland
   2. Vereinbarkeit einer Fair Value-Bewertung mit den deutschen Grundsätzen ordnungsmäßiger Buchführung sowie dem Maßgeblichkeitsprinzip
   3. Vorhandene Ansätze einer Fair Value-Bewertung im Bereich der deutschen Rechnungslegung – Bilanzierung von Fremdwährungsgeschäften und Finanzinnovationen
   4. Ausblick: Übernahme anglo-amerikanischer Rechnungslegungsgrundsätze in Deutschland?
V. Zusammenfassung

I. Vorbemerkungen

Gerade in jüngster Zeit hat sich die schon seit längerer Zeit geführte Diskussion um die Unterschiede zwischen deutschen und internationalen Rechnungslegungsgrundsätzen intensiviert, was durch eine Fülle von Publikationen zu diesem Thema – nicht zuletzt auch seitens des Jubilars[1] – belegt wird. Zu einem bestimmenden Faktor dieser Diskussion ist dabei die in der internationalen Rechnungslegung zunehmende Tendenz zum Ansatz des sog. Fair Value geworden.[2] Unter dem Fair Value versteht man grundsätzlich den Preis, zu dem ein Aktivum zwischen zwei Parteien frei gehandelt werden kann; dieser Wert wird in der Regel durch einen Börsen- oder Marktpreis bestimmt.[3] Im Kern geht es hier also um die Hinwendung zu einer marktwertorientierten Rechnungslegung.

Die Diskussion um den Aussagewert einer marktwertorientierten Rechnungslegung im Vergleich zu dem einer auf historischen Anschaffungskosten basierenden Rechnungslegung nahm ihren Ausgang in den Vereinigten Staaten, wo bereits seit einigen Jahren beträchtliches Unbehagen hinsichtlich der Qualität einer anschaffungskostenorientierten Rechnungslegung herrscht. Diese Diskussion hat in den USA inzwischen zu der Veröffentlichung von drei Verlautbarungen durch das Financial Accounting Standards Board (FASB) geführt, die sich mit der bilanziellen Behandlung von Wertpapieren des Anlage- und Umlaufvermögens[4], Finanzinstrumenten[5] sowie – in Erweiterung der eben ge-

---

[1] Vgl. *Havermann*, Internationale Entwicklungen in der Rechnungslegung, in: Bilanzrecht und Kapitalmarkt, Festschrift für Moxter, hrsg v. Ballwieser u. a., Düsseldorf 1994, S. 655–677.
[2] Vgl. *Wiedmann*, Vergleich der deutschen Rechnungslegungsvorschriften mit den internationalen Rechnungslegungsgrundsätzen unter besonderer Berücksichtigung des Vorsichtsprinzips sowie des Matching Principle, in: Die deutsche Rechnungslegung vor dem Hintergrund internationaler Entwicklungen, hrsg. v. Baetge, Düsseldorf 1994, S. 99–121, hier S. 112.
[3] Vgl. *Financial Accounting Standards Board* (FASB), SFAS No. 107, Disclosures about Fair Value of Financial Instruments, Tz. 5, in: Original Pronouncements, Accounting Standards as of June 1, 1994, Volume I, hrsg. v. FASB, Norwalk/Connecticut 1994, S. 1392–1408, hier S. 1394.
[4] *Financial Accounting Standards Board* (FASB), SFAS No. 115, Accounting for Certain Investments in Debt and Equity Securities, in: Original Pronouncements, Accounting Standards as of June 1, 1994, Volume I, hrsg. v. FASB, Norwalk/Connecticut 1994, S. 1548–1571.
[5] FASB, SFAS No. 107.

nannten Verlautbarung – mit Finanzderivaten[6] befassen. Diese Verlautbarungen stellen erste Schritte hin zu einer marktwertorientierten Rechnungslegung dar. In die gleiche Richtung weist auch der im Januar 1994 vom International Accounting Standards Committee (IASC) vorgelegte revidierte Exposure Draft E 48 zu Financial Instruments.[7] Dieser Diskussionsentwurf schlägt als präferierte Regelung u. a. eine Marktbewertung von kurzfristigen Finanzinstrumenten vor; als Alternative wird sogar eine generelle Marktbewertung aller Finanzinstrumente zugelassen.[8] Nach den auf E 48 erfolgten Reaktionen entstand im IASC eine kontroverse Diskussion über die Bilanzierung und Bewertung von Finanzinstrumenten, insbesondere von Hedge-Geschäften. Diese Diskussion führte letztendlich dazu, daß die Fragen zur Bilanzierung und Bewertung von Finanzinstrumenten von den übrigen Regelungen des E 48 abgekoppelt wurden und Gegenstand einer gesonderten Verlautbarung werden sollen, die jedoch im IASC noch eingehend zu diskutieren ist und nicht vor 1996 erwartet wird.[9] Eine Verlautbarung über Ausweisfragen sowie Angabepflichten zu Finanzinstrumenten wurde als IAS 32 „Financial Instruments: Disclosure and Presentation" im März 1995 verabschiedet.[10] Schließlich sind auch in Großbritannien seit einigen Jahren intensive Bemühungen im Gange, eine Alternative zu der auf historischen Anschaffungskosten basierenden Rechnungslegung zu finden.[11]

Zielsetzung dieses Beitrags ist neben der Darstellung des Fair Value-Konzepts sowie von bisher existierenden berufsständischen Verlautbarungen zur Fair Value-Bewertung in den USA und auf internationaler Ebene die Beantwortung der Frage, inwieweit es sinnvoll und möglich ist, das Fair Value-Konzept auch auf die deutsche Rechnungslegung zu übertragen. Solche Überlegungen sind angebracht, denn auch in Deutschland werden die Forderungen nach einer Rechnungslegung, die

---

[6] *Financial Accounting Standards Board* (FASB), SFAS No. 119, Disclosure about Derivative Financial Instruments and Fair Value of Financial Instruments, Journal of Accountancy, March 1995, S. 107–110.
[7] *International Accounting Standards Committee* (IASC), Proposed International Accounting Standard: Financial Instruments, Exposure Draft E 48, London 1994.
[8] IASC, Exposure Draft E 48, Tz. 162–164 und Tz. 182–190.
[9] Vgl. *International Accounting Standards Committee* (IASC), IASC Insight, March 1995, S. 9.
[10] Vgl. *International Accounting Standards Committee* (IASC), IASC Update, March 1995, S. 1.
[11] Vgl. *Lee,* Mark to Market: The U.K. Experience, Journal of Accountancy, September 1994, S. 84–88.

weniger auf Vorsichtsprinzip und Gläubigerschutz, dafür mehr auf Marktwerte und Investoreninteressen abstellt, immer lauter.[12] Dabei wird gezeigt werden, daß Ansätze einer Fair Value-Bewertung auch im Bereich der deutschen Rechnungslegung bereits praktiziert werden; man denke beispielsweise nur an die Bilanzierung von Finanzinnovationen.

II. Grundgedanken einer Fair Value-Bewertung

Der Fair Value ist vor allem im Bereich der US-amerikanischen Rechnungslegung zum Mittelpunkt grundsätzlicher Überlegungen hinsichtlich der Bewertung von Finanzinstrumenten geworden: Gemeinsam mit Begriffen wie „Current Value", „Market Value" oder „Mark-to-Market", die im weitesten Sinne alle die gleiche Bedeutung haben, nämlich eine Bewertung zum Marktwert, gehört er in den USA seit einiger Zeit zu den am heftigsten diskutierten Themen auf dem Gebiet der Rechnungslegung. Es geht dabei um die grundsätzliche Frage, ob für Finanzinstrumente eine Rechnungslegung auf der Grundlage von historischen Anschaffungskosten noch zeitgemäß und sinnvoll ist oder ob die Hinwendung zu einer umfassenden Rechnungslegung auf der Basis von Marktwerten erfolgen muß.

Die gegenwärtige Diskussion zum Thema Fair Value in den USA stellt sich wie folgt dar: Befürworter einer marktwertorientierten Rechnungslegung vertreten den Standpunkt, daß die Ergebnisse einer Bewertung auf der Grundlage von historischen Anschaffungskosten für die Entscheidungsprozesse von Jahresabschlußadressaten nicht von Relevanz sind.[13] Einer der ersten Fürsprecher einer marktwertorientierten Rechnungslegung war die US-amerikanische Börsenaufsichtsbehörde, die Securities and Exchange Commission (SEC). Eigens zu diesem Thema fand bereits im November 1991 in Washington D.C. die Market Value Conference der SEC statt, auf der die wesentlichen Gesichtspunkte einer grundsätzlichen Überarbeitung der Grundlagen US-amerikanischer Rechnungslegung sowie der damit verbundenen Bericht-

---

[12] Vgl. *Krumnow,* Die deutsche Rechnungslegung auf dem Weg ins Abseits? Ein Ausblick nach der vorläufig abgeschlossenen EG-Harmonisierung, in: Bilanzrecht und Kapitalmarkt, Festschrift für Moxter, hrsg. v. Ballwieser u. a., Düsseldorf 1994, S. 679-698, hier S. 682.
[13] Vgl. *Pflumm,* Is Mark-to-Market Accounting a Threat to U.S. Competitiveness?, Management Accounting (USA), August 1993, S. 55-60, hier S. 55.

erstattung diskutiert wurden und der damalige SEC-Chairman *Richard Breeden* nachdrücklich die ersten Schritte in Richtung einer marktwertorientierten Rechnungslegung forderte.[14] Diese Konferenz kam zu dem klaren Ergebnis, daß eine marktwertorientierte Rechnungslegung nachhaltig zu befürworten sei. Die SEC vertritt die Ansicht, daß auf den heutigen Finanzmärkten, die durch hohe Komplexität und Volatilität sowie ständig ansteigende Flexibilität und Liquidität gekennzeichnet sind, eine anschaffungskostenorientierte Rechnungslegung den Bilanzadressaten keine entscheidungsrelevanten Informationen mehr über Unternehmen mit bedeutenden Beständen an Finanzinstrumenten liefern kann und eine marktorientierte Bewertung für Berichterstattungszwecke wesentlich sachdienlicher ist. Häufig wird eine marktorientierte Bewertung auch als ein frühzeitiges Warnsignal für finanzielle Schwierigkeiten eines Unternehmens angesehen; nach der Ansicht der Verfechter von Marktwerten hätte die Anwendung einer marktorientierten Bewertung sogar das Ausmaß der Savings and Loan-Krise in wesentlich engeren Grenzen halten können, weil durch eine marktwertorientierte Rechnungslegung die Bankrottsituation der Sparkassen offenbart worden wäre.[15]

Solche Überlegungen hinsichtlich einer marktwertorientierten Rechnungslegung scheinen auf den ersten Blick mit den insbesondere durch das Vorsichts-, Realisations- und Nominalwertprinzip geprägten deutschen Rechnungslegungsgrundsätzen nicht in Übereinstimmung zu bringen sein. Naturgemäß bestehen in Deutschland auch erhebliche Bedenken gegen eine „Fair Value"-Bewertung, was vorrangig auf die deutsche Interpretation des Grundsatzes der Vorsicht sowie auf das Maßgeblichkeitsprinzip zurückzuführen ist. Auf diese Zusammenhänge wird an einer anderen Stelle dieses Beitrages noch näher einzugehen sein. Wenn somit eine analoge Übertragung angelsächsischer Rechnungslegungsgrundsätze zur jetzigen Zeit systembedingt nicht möglich und wohl auch nicht angezeigt ist (auf die traditionell gewachsenen Unterschiede zwischen deutschen und anglo-amerikanischen Bilanzierungsprinzipien wird später ebenfalls noch eingegangen werden), so

---

[14] Vgl. *Miller,* SEC Market Value Conference – Experts urge Mark-to-Market, Journal of Accountancy, January 1992, S. 3–6, hier S. 3.
[15] Vgl. *Sullivan,* Market Value Accounting – Salvation or Apocalypse?, Journal of Corporate Accounting and Finance, Winter 1991/92, S. 179–186, hier S. 182; *Parks,* FASB 115 – It's back to the Future for Market Value Accounting, Journal of Accountancy, September 1993, S. 49–56, hier S. 50; *Miller,* Journal of Accountancy, January 1992, S. 3.

kann doch geprüft werden, ob sich nicht Anregungen aus dem Bereich der anglo-amerikanischen Rechnungslegungsregeln in unser Regelungssystem einbauen lassen, um auf diese Weise sinnvolle Vorschläge für eine Weiterentwicklung unserer eigenen Rechnungslegungsgrundsätze unterbreiten zu können.[16] Diese Überlegungen sind nicht nur sinnvoll, sondern auch notwendig.

Notwendig sind sie zunächst ganz generell deshalb, weil es sich auch bei international unterschiedlichen Bilanzierungs- und Bewertungsregeln um einen Wettbewerbsfaktor handelt, der bei entsprechend ungünstiger Ausgestaltung für Deutschland Wettbewerbsnachteile mit sich bringen kann.[17] Im Zuge einer international orientierten Unternehmenstätigkeit richten insbesondere Investoren und Finanzanalysten aus dem Ausland ihren Informationsbedarf aus Gründen der Vergleichbarkeit mit dem heimischen Markt zunächst an den jeweiligen ihnen bekannten nationalen Gepflogenheiten aus. Aufgrund der großen Bedeutung der US-amerikanischen Anleger sowie der US-amerikanischen Finanzzentren – der US-amerikanische Kapitalmarkt ist gemessen an seinem Volumen und der Anzahl der Investoren der größte Kapitalmarkt der Welt[18] – müssen die anglo-amerikanischen Rechnungslegungsgrundsätze und die daraus resultierenden Publizitätsanforderungen als der Maßstab angesehen werden, den international tätige Anleger und Finanzanalysten an die Unternehmenspublizität legen.[19] Wenn deutsche Unternehmen aufgrund ihrer Rechnungslegung nicht auf Dauer von den wichtigsten Kapitalmärkten in den Vereinigten Staaten ausgeschlossen werden sollen, ist eine Orientierung an den anglo-amerikanischen Bilanzierungsprinzipien ratsam. Notwendig sind die Überlegungen weiterhin auch deshalb, weil sich wirtschaftliche Risiken aus Geschäften mit Finanzinstrumenten – und hier vor allem aus Geschäften mit den überwiegend aus dem angelsächsischen Bereich stammenden Neuentwicklungen solcher Instrumente (sog. Finanzinno-

---

[16] Vgl. *Krumnow u. a.*, Rechnungslegung der Kreditinstitute, Kommentar zum Bankbilanzrichtlinie-Gesetz und zur RechKredV, Stuttgart 1994, § 340e HGB Tz. 320.
[17] Vgl. *Krumnow u. a.*, a.a.O. (Fn. 16), § 340e HGB Tz. 320.
[18] Vgl. *Kleber*, Unterschiede und Annäherungsmöglichkeiten deutscher und amerikanischer/internationaler Rechnungslegung, in: Die deutsche Rechnungslegung vor dem Hintergrund internationaler Entwicklungen, hrsg. v. Baetge, Düsseldorf 1994, S. 67–89, hier S. 70.
[19] Vgl. *Seeberg*, Probleme der Harmonisierung der Rechnungslegung aus der Sicht eines international tätigen Unternehmens, in: Die deutsche Rechnungslegung vor dem Hintergrund internationaler Entwicklungen, hrsg. v. Baetge, Düsseldorf 1994, S. 134–149, hier S. 137f.

vationen) – im Ausland nicht anders darstellen als in Deutschland. Notwendig ist eine Auseinandersetzung mit dem Thema „Fair Value" – im Rahmen der weitergehenden grundsätzlichen Diskussion einer Übernahme US-amerikanischer Rechnungslegungsgrundsätze im Zuge einer internationalen Vereinheitlichung der Rechnungslegung – schließlich auch deshalb, weil der Zwang zu einer Übernahme der Generally Accepted Accounting Principles (GAAP) in Deutschland in den nächsten Jahren ernsthaft befürchtet wird.[20]

Abschließend sei noch angeführt, daß eine Anlehnung an angloamerikanische Rechnungslegungsprinzipien in Deutschland keineswegs neu wäre. Beispielhaft für die Adaption US-amerikanischer Bilanzierungsgepflogenheiten sei hier die Diskussion über das sog. Hedge-Accounting angeführt, die vor einigen Jahren in den USA geführt wurde, und dessen Zulässigkeit heute auch im Bereich der deutschen Rechnungslegung unter bestimmten Voraussetzungen wohl unstreitig ist.[21]

III. Berufsständische Verlautbarungen zur Fair Value-Bewertung im internationalen Vergleich

1. Verlautbarungen des US-amerikanischen Financial Accounting Standards Board (FASB)

In den USA bestehen im Gegensatz zu Deutschland, abgesehen von wenigen Ausnahmen – wie den Gesetzen zum Schutz des Wertpapierhandels (z. B. Securities Act 1933 und Securities Exchange Act 1934) oder den Regelungen der SEC und anderer Bundes- bzw. Staatsaufsichtsbehörden, die sich aber zumeist nur auf die formelle Seite der Rechnungslegung beziehen – praktisch keine gesetzlich fixierten Normen, die die Erstellung von Jahresabschlüssen betreffen. Der Grund für das Fehlen kodifizierter Regelungen liegt in dem andersgearteten Rechtssystem und Rechtsverständnis in den USA, wonach die Einflußnahme des Staates auf private Bereiche möglichst gering gehalten werden sollte.[22] Der Großteil der konkreten materiellen Rechnungslegungs-

---

[20] Vgl. *Biener*, Die Rechnungslegungsempfehlungen des IASC und deren Auswirkungen auf die Rechnungslegung in Deutschland, BFuP 1993, S. 345–356, hier S. 352–354.
[21] Vgl. *Wiedmann*, Die Bewertungseinheit im Handelsrecht, in: Bilanzrecht und Kapitalmarkt, Festschrift für Moxter, hrsg. v. Ballwieser u. a., Düsseldorf 1994, S. 453–482, hier S. 480.
[22] Vgl. *Haller*, Die Grundlagen der externen Rechnungslegung in den USA, 4. Aufl., Stuttgart 1994, S. 57 und S. 11–28.

normen ergibt sich aus „case law", d. h. die Normenfindung im Bereich der Rechnungslegung erfolgt zumeist kasuistisch, pragmatisch und situationsbezogen durch vom Staat hierfür beauftragte und authorisierte Institutionen und Personen.[23] Das sich so ergebende Regelsystem wird als „Generally Accepted Accounting Principles (GAAP)" bezeichnet. Die GAAP sind zwar keine Gesetze, erfüllen aber faktisch Gesetzesfunktion und haben somit quasi Gesetzescharakter.

Die wichtigste Institution in den USA, die authorisiert ist, verbindliche Rechnungslegungsvorschriften zu erlassen, ist die Securities and Exchange Commission (SEC), die diese Kompetenz heute jedoch auf das Financial Accounting Standards Board (FASB) übertragen hat.[24] Das FASB hat die Aufgabe, für den Bereich der privaten Unternehmen Rechnungslegungsgrundsätze und Verfahrensnormen zu erarbeiten und zu veröffentlichen. Zu den wichtigsten Verlautbarungen des FASB, die als formell erlassene GAAP gelten, gehören die Statements of Financial Accounting Standards (SFAS) und die diese erläuternden Interpretations.

Veranlaßt durch die bereits angesprochene Diskussion über eine Abkehr von der anschaffungskostenorientierten und die Hinwendung zur marktwertorientierten Rechnungslegung hat das FASB seit 1991 drei SFAS veröffentlicht, die sich mit der Fair Value-Bewertung auseinandersetzen: SFAS No. 107 „Disclosures about Fair Value of Financial Instruments"[25], SFAS No. 115 „Accounting for Certain Investments in Debt and Equity Securities"[26] und SFAS No. 119 „Disclosure about Derivative Financial Instruments and Fair Value of Financial Instruments".[27]

Statement No. 107, das im Dezember 1991 veröffentlicht wurde und für nach dem 15. Dezember 1992 endende Geschäftsjahre gültig ist, fordert in der Bilanz oder im Anhang (accompanying notes) die Angabe des Fair Value bei solchen Finanzinstrumenten, für die eine Schätzung dieses Wertes durchführbar ist.[28] „Durchführbar" bedeutet in diesem Zusammenhang, daß durch die Schätzung für das Unternehmen kein unangemessen hoher Aufwand entstehen soll. Die Verfahren und wich-

---

[23] Vgl. *Haller,* a.a.O. (Fn. 22), S. 19.
[24] Vgl. *Haller,* a.a.O. (Fn. 22), S. 67.
[25] Vgl. FASB, SFAS No. 107, a.a.O. (Fn. 3).
[26] Vgl. FASB, SFAS No. 115, a.a.O. (Fn. 4).
[27] Vgl. FASB, SFAS No. 119, a.a.O. (Fn. 6).
[28] Vgl. FASB, SFAS No. 107 Tz. 10.

tige Annahmen, die der Schätzung des Fair Value zugrundeliegen, sollen von den Unternehmen ebenfalls angegeben werden. Ist eine Schätzung nicht möglich, fordert das Statement erläuternde Informationen, die für eine Marktwertermittlung des Finanzinstruments zweckdienlich sein können, sowie die Angabe des Grundes, warum die Schätzung des Fair Value nicht durchführbar ist.[29]

Obwohl sich Statement No. 107 auf die Bilanzierung von Finanzinstrumenten bei Unternehmen jeder Branche erstreckt[30], werden Kreditinstitute wohl am stärksten davon betroffen sein.[31] Das FASB hatte zunächst in Erwägung gezogen, Unternehmen, die vorrangig außerhalb der Kreditwirtschaft tätig sind, aus dem Regelungsbereich von Statement No. 107 auszuschließen, ist dann aber zu der Überzeugung gelangt, daß auch bei solchen Unternehmen Finanzinstrumente einen beachtlichen Anteil an den Aktiva und Passiva ausmachen können.[32] Unter die Regelung von Statement No. 107 fallen praktisch alle Arten von Finanzinstrumenten. Diese werden ganz generell definiert als flüssige Mittel, vertragliche Verpflichtungen, die letztendlich zu einer Übertragung flüssiger Mittel führen, oder Eigentümerpositionen an Unternehmen (z. B. Forderungen, Verbindlichkeiten, Forward-Verträge, Optionen, Bürgschaften, Anteilspapiere).[33] Bestimmte Sachverhalte werden allerdings von Statement No. 107 explizit von dem Erfordernis zur Angabe eines Fair Value ausgeschlossen: dazu zählen beispielsweise Pensionsverpflichtungen, bestimmte Versicherungs- und Leasingverträge, Gewährleistungsverpflichtungen oder nach der Equity-Methode bilanzierte Beteiligungen.[34] Der Fair Value braucht ebenfalls nicht gesondert angegeben werden bei Forderungen und Verbindlichkeiten aus Lieferungen und Leistungen, wenn deren Buchwert annähernd dem Fair Value entspricht.[35]

Der Fair Value der Finanzinstrumente wird dabei definiert als der Betrag, zu dem das Finanzinstrument in einer laufenden Transaktion zwischen zwei Parteien frei gehandelt werden kann; ist ein Börsen- oder Marktpreis für das betreffende Finanzinstrument verfügbar, so wird

---

[29] Vgl. SFAS No. 107 Tz. 14.
[30] Vgl. SFAS No. 107 Tz. 7.
[31] Vgl. *Swenson/Buttross,* A Return to the Past: Disclosing Market Values of Financial Instruments, Journal of Accountancy, January 1993, S. 71–77, hier S. 71.
[32] Vgl. *Swenson/Buttross,* Journal of Accountancy, January 1993, S. 73.
[33] Vgl. SFAS No. 107 Tz. 3.
[34] Vgl. SFAS No. 107 Tz. 8.
[35] Vgl. SFAS No. 107 Tz. 13.

der Fair Value durch diesen bestimmt.[36] Stehen Börsen- oder Marktpreise nicht zur Verfügung, muß der Fair Value geschätzt werden. Eine solche Schätzung kann auf der Grundlage des Börsen- oder Marktpreises eines vergleichbaren Finanzinstruments oder mit Hilfe eines Schätzverfahrens vorgenommen werden. Appendix A zu Statement No. 107 enthält Beispiele für die Schätzung des Fair Value.[37]

Die Zweckmäßigkeit der Ermittlung von Fair Values wird vom FASB damit begründet, daß die Angabe des Fair Value von Finanzinstrumenten für potentielle Anleger und Gläubiger beim Treffen von Anlageentscheidungen und Entscheidungen über Kreditvergaben äußerst nützlich ist. Anleger und Gläubiger haben ein starkes Interesse an einer Aussage über die zukünftigen Netto-Cash-Flows, die ein Unternehmen zu erwarten hat, da hiervon die Erfüllung ihrer eigenen Ansprüche gegenüber dem Unternehmen abhängt. Durch die Angabe von Fair Values haben es Anleger und Gläubiger, aber auch andere Jahresabschlußadressaten leichter, die Auswirkungen der Anlage- und Finanzierungsstrategien eines Unternehmens einzuschätzen. Darüber hinaus ermöglichen Fair Values in einem dynamischen wirtschaftlichen Umfeld die kontinuierliche Neubeurteilung früherer Entscheidungen in Anbetracht veränderter Umstände.[38]

Statement No. 107 beinhaltet lediglich eine Angabepflicht hinsichtlich der Fair Values von Finanzinstrumenten, obwohl verschiedene Befürworter des Fair Value-Konzeptes hier lieber einen vollständigen Übergang von einer anschaffungskostenorientierten hin zu einer marktwertorientierten Bilanzierung gesehen hätten.[39] Das Statement bringt in dieser Hinsicht eine wichtige, wenngleich nicht ganz so einschneidende Veränderung, indem es zwar die Angabe von Fair Values fordert, ohne jedoch existierende Bewertungsverfahren zu verändern. Nichtsdestoweniger dürfte Statement No. 107 ein bedeutendes Signal für die Zukunft der Rechnungslegung setzen.[40]

In Ergänzung zu Statement No. 107 hat das FASB im Oktober 1994 das Statement No. 119 veröffentlicht, das für Geschäftsjahre, die nach dem 15. Dezember 1994 enden, anzuwenden ist und eine Erweiterung der Publizitätserfordernisse insbesondere im Derivatebereich beinhal-

---

[36] Vgl. SFAS No. 107 Tz. 5.
[37] Vgl. SFAS No. 107 Tz. 18–29.
[38] Vgl. SFAS No. 107 Tz. 41.
[39] Vgl. *Miller,* GAAP Guide 1994, San Diego u. a. 1994, S. 16.11.
[40] Vgl. *Miller,* a.a.O. (Fn. 39), S. 16.13.

tet. Der Markt für Finanzderivate ist in den letzten Jahren stark gewachsen; Ende 1993 lag das Nominalvolumen derivativer Geschäfte in der Welt bei US-$ 15 Billionen, was eine Verzehnfachung des Volumens über einen Zeitraum von 5 Jahren bedeutet.[41] Zur Begrenzung der mit Finanzderivaten verbundenen Risiken wird international als vorrangiges Mittel neben verstärkten regulatorischen Maßnahmen der Aufsichtsbehörden eine größere Transparenz und damit verbunden eine umfassende Berichterstattung über Finanzderivate im Rahmen der Jahresabschlußpublizität als unerläßlich erachtet.[42] Besonders deutlich wurden die aus dem Handel mit Finanzderivaten resultierenden Risiken in letzter Zeit durch teilweise spektakuläre Schieflagen multinationaler Unternehmen; beispielhaft seien hier die Metallgesellschaft, der britische Pharmakonzern Glaxo, der amerikanische Waschmittelkonzern Procter & Gamble und nicht zuletzt der Zusammenbruch der britischen Baring-Bank angeführt.

Zu den in Statement No. 119 geforderten Angabepflichten zählen für Finanzderivate, die als Handelsbestand gehalten werden, die Angabe des durchschnittlichen Fair Value der während der Berichtsperiode gehaltenen Positionen sowie die Nettobeträge der aus Handelsaktivitäten resultierenden Gewinne oder Verluste. Darüber hinaus ist anzugeben, welche dieser Finanzderivate Gewinne oder Verluste verursacht haben und wo in der Gewinn- und Verlustrechnung über diese Beträge berichtet wird. Für alle anderen Finanzderivate sind Angaben darüber zu machen, zu welchem Zweck sie gehalten werden, wie sie im Jahresabschluß ausgewiesen sind und ob sie zu Sicherungszwecken gehalten werden.[43] Sämtliche Angaben über Fair Values müssen nach Statement No. 119 in einem gesonderten Abschnitt des Anhangs oder in Form einer zusammenfassenden Übersicht mit Verweisen auf andere diesbezügliche Erläuterungen im Anhang dargestellt werden; eine Zusammenfassung oder Aufrechnung von Finanzderivaten mit anderen Finanzinstrumenten ist grundsätzlich nicht erlaubt.[44]

Ein weiterer Rechnungslegungsgrundsatz, der sich mit der Fair Value-Bewertung auseinandersetzt, ist das im Mai 1993 veröffentlichte und für nach dem 15. Dezember 1993 beginnende Geschäftsjahre gültige Statement No. 115 zur Bilanzierung und Bewertung von Wertpapieren.

---

[41] Vgl. „Über Stillhalter und Termingeschäfte", FAZ vom 28. 2. 1995, S. 13.
[42] Vgl. *Ausschuß für Bilanzierung des Bundesverbandes deutscher Banken,* Bilanzpublizität von Finanzderivaten, WPg 1995, S. 1-6, hier S. 1.
[43] Vgl. SFAS No. 119 Tz. 10f.
[44] Vgl. SFAS No. 119 Tz. 15.

Fair Value in der internationalen Rechnungslegung 791

Dieses Statement ersetzte das bis dahin gültige Statement No. 12 „Accounting for Certain Marketable Securities" und führt als eine wesentliche Neuerung den Fair Value als entscheidenden Bewertungsmaßstab ein. Der Regelungsbereich von Statement No. 115 umfaßt alle Wertpapiere, die als „debt securities" anzusehen sind sowie solche „equity securities", deren Fair Value ohne weiteres feststellbar ist.[45] Die Vorschriften sind dabei von grundsätzlich allen Unternehmen zu befolgen, die entsprechende Wertpapiere halten; ausgenommen sind solche Unternehmen, die aufgrund spezieller Bilanzierungsvorschriften im wesentlichen alle ihre equity securities und debt securities zum Fair Value bilanzieren, sowie gemeinnützige Organisationen.[46]

Debt securities sind solche Wertpapiere, bei denen der Anleger eine Gläubigerposition einnimmt und somit als Fremdkapitalgeber anzusehen ist. Dazu zählen beispielsweise Schatzanweisungen, Kommunalobligationen, Wandelschuldverschreibungen sowie sog. Commercial Papers, aber auch Vorzugsaktien, die eine Rückzahlungsverpflichtung durch das emittierende Unternehmen enthalten; Optionskontrakte, Termingeschäfte und Leasingverträge sind keine debt securities.[47]

Als equity securities werden solche Wertpapiere angesehen, durch deren Ausgabe Eigenkapital zur Verfügung gestellt wird und die dem Halter eine Eigentümerposition verschaffen. Dazu gehören Stammaktien, Vorzugsaktien sowie solche Wertpapiere, denen das Recht zum Erwerb oder zum Verkauf einer Eigentümerposition zu feststehenden oder feststellbaren Preisen zugrunde liegt (z. B. Aktienoptionen).[48]

Die Unternehmen sind nach Statement No. 115 verpflichtet, beim Erwerb von debt- und equity-securities diese jeweils in eine der drei folgenden Kategorien einzuordnen: Gläubigerpapiere mit Halteabsicht bis zur Fälligkeit („held-to-maturity"), veräußerbare Wertpapiere („available-for-sale") oder Handelsbestände an Wertpapieren („trading"). Die Angemessenheit dieser Einordnung ist an jedem folgenden Bilanzstichtag zu überprüfen.[49] Bei einer Veränderung der ursprünglichen Absicht des Unternehmens über die Bestimmung eines Wertpapiers ist ein Wechsel innerhalb der Kategorien zwar prinzipiell zulässig, sollte jedoch Aus-

---

[45] Vgl. SFAS No. 115 Tz. 3.
[46] Vgl. SFAS No. 115 Tz. 4.
[47] Vgl. SFAS No. 115 Tz. 137.
[48] Vgl. SFAS No. 115 Tz. 137.
[49] Vgl. SFAS No. 115 Tz. 6.

nahmecharakter haben, um willkürliche Entscheidungen des Managements zu vermeiden.⁵⁰

In die Kategorie held-to-maturity sind alle diejenigen debt securities einzuordnen, bei denen seitens des Unternehmens eine Halteabsicht bis zur Fälligkeit besteht und das Unternehmen auch in der Lage ist, die Wertpapiere langfristig zu halten. Diese Wertpapiere werden grundsätzlich als Wertpapiere des Anlagevermögens (noncurrent assets) qualifiziert. Ist die Restlaufzeit der Wertpapiere kürzer als ein Jahr bzw. kürzer als der Geschäftszyklus (operating cycle), der auch länger als ein Jahr dauern kann und in diesem Fall dann als Maßstab für die Zuordnung zum Anlage- oder Umlaufvermögen anzusehen ist, dann sind sie als Wertpapiere des Umlaufvermögens auszuweisen.⁵¹

Wertpapiere der Kategorie held-to-maturity sind zu den fortgeführten Anschaffungskosten zu bewerten. Erfolgt der Erwerb der Wertpapiere durch Zahlung eines Aufgelds oder mit einem Abschlag, dann sind die Differenzbeträge erfolgswirksam über die Laufzeit zu verteilen.⁵² Wertminderungen, die voraussichtlich nicht nur von vorübergehender Natur sind, führen zu einer ergebniswirksamen Wertberichtigung auf den niedrigeren Fair Value; eine spätere Wertaufholung ist nicht zulässig.⁵³ Unter bestimmten Umständen, die allerdings den Ausnahmefall darstellen sollten, kann ein Transfer von Wertpapieren aus der Kategorie held-to-maturity in eine der beiden anderen Kategorien erfolgen. Als Gründe hierfür kommen beispielsweise eine wesentliche Verschlechterung der Kreditwürdigkeit des Emittenten oder Änderungen in der Steuergesetzgebung, die zur Aufhebung oder Verminderung von mit den Wertpapieren verbundenen Steuervorteilen führen, in Frage. Werden die Wertpapiere nach dem Transfer in die Kategorie trading eingeordnet, wird ein bestehender unrealisierter Gewinn oder Verlust sofort erfolgswirksam berücksichtigt; die Zuordnung zu der Kategorie available-for-sale führt dazu, daß bestehende unrealisierte Gewinne oder Verluste in einen gesonderten Eigenkapitalposten eingestellt werden.⁵⁴

---

⁵⁰ Vgl. *Kroner*, Bilanzierung und Bewertung von Wertpapieren nach SFAS No. 115, DB 1994, S. 2247–2249, hier S. 2248.
⁵¹ Vgl. *Accounting Principles Board* (APB), ARB No. 43, Restatement and Revision of Accounting Research Bulletins, chapter 3A, Tz. 5, in: Original Pronouncements, Accounting Standards as of June 1, 1994, Volume II, hrsg. v. FASB, Norwalk/Connecticut 1994.
⁵² Vgl. SFAS No. 115 Tz. 14.
⁵³ Vgl. SFAS No. 115 Tz. 16.
⁵⁴ Vgl. SFAS No. 115 Tz. 8 und 15.

Die Kategorie trading enthält alle Wertpapiere (debt securities und equity securities), die nur vorübergehend gehalten werden und hauptsächlich zum Zweck des baldigen Wiederverkaufs erworben wurden. Das Halten eines Handelsbestandes ist in der Regel ein Zeichen für den regelmäßigen Erwerb und Verkauf von Wertpapieren mit der Zielsetzung, über kurzfristige Preisunterschiede Gewinne zu erzielen.[55] Da also für diese Wertpapiere bereits im Erwerbszeitpunkt eine Verkaufsabsicht besteht, sind sie generell als Wertpapiere des Umlaufvermögens (current assets) einzuordnen.

Wertpapiere der Kategorie trading sind mit dem Fair Value zu bewerten; unrealisierte Gewinne und Verluste werden ergebniswirksam verrechnet. Erfolgt eine Zuordnung dieser Wertpapiere in eine andere Kategorie, wird die bis dahin vorgenommene erfolgswirksame Verrechnung unrealisierter Gewinne oder Verluste nicht rückgängig gemacht.

In der Kategorie available-for-sale werden alle diejenigen debt securities und equity securities zusammengefaßt, die weder der Kategorie held-to-maturity noch der Kategorie trading zugeordnet werden. Dazu zählen beispielsweise Wertpapiere, die zur Deckung eines Liquiditätsbedarfs vor Fälligkeit veräußert werden können oder solche Papiere, die im Rahmen eines Risikomanagement-Systems gehalten werden.[56] Der Verbleib dieser Wertpapiere im Unternehmen läßt sich also zeitlich nicht eindeutig bestimmen, weshalb auch ein Ausweis entweder bei den Wertpapieren des Anlagevermögen oder den Wertpapieren des Umlaufvermögens möglich ist.[57]

Wie die Wertpapiere der Kategorie trading sind auch diejenigen der Kategorie available-for-sale mit dem Fair Value zu bewerten. Unrealisierte Gewinne oder Verluste werden allerdings nicht erfolgswirksam berücksichtigt, sondern ergebnisneutral in einen gesonderten Posten des Eigenkapitals eingestellt.[58] Wie bei den Wertpapieren der Kategorie held-to-maturity muß aber eine erfolgswirksame Wertberichtigung auf den niedrigeren Fair Value vorgenommen werden, wenn es zu einer nicht nur vorübergehenden Wertminderung kommt. Im Falle einer späteren Werterholung darf keine erfolgswirksame Zuschreibung vorgenommen werden. Solche Werterhöhungen dürfen nur in dem geson-

---

[55] Vgl. SFAS No. 115 Tz. 12.
[56] Vgl. *Ponemon/Raghunandan,* Accounting for Investments in Debt and Equity Securities, The CPA Journal, August 1993, S. 34–40, hier S. 38.
[57] Vgl. *Kroner,* DB 1994, S. 2249.
[58] Vgl. SFAS No. 115 Tz. 13.

derten Eigenkapitalposten berücksichtigt werden; das gleiche gilt für später eintretende Wertminderungen, die nur von vorübergehender Natur sind.[59] Werden Wertpapiere aus der Kategorie available-for-sale in die Kategorie trading umgegliedert (z. B. bei Veräußerungsabsicht), werden die bis dahin in dem gesonderten Eigenkapitalposten erfaßten unrealisierten Gewinne und Verluste sofort erfolgswirksam. Eine Umgruppierung von debt securities aus der Kategorie available-for-sale in die Kategorie held-to-maturity zieht den unveränderten Ausweis der unrealisierten Gewinne und Verluste in dem gesonderten Eigenkapitalposten nach sich; dieser ist erfolgswirksam über die Restlaufzeit der Wertpapiere zu verteilen.[60]

Aus Statement No. 115 resultieren darüber hinaus umfangreiche Angabepflichten.[61] Für Wertpapiere der Kategorie available-for-sale und gesondert für Wertpapiere der Kategorie held-to-maturity sind der Gesamtbetrag des Fair Value, die Bruttobeträge der unrealisierten Gewinne und Verluste, fortgeführte Anschaffungskosten der wesentlichen Wertpapierpositionen (für Kreditinstitute werden bestimmte Wertpapierpositionen explizit vorgeschrieben) sowie bei debt securities die vertraglichen Restlaufzeiten anzugeben. Außerdem sind für alle Perioden, in denen das Betriebsergebnis veröffentlicht wird, die Erlöse aus dem Verkauf von Wertpapieren der Kategorie available-for-sale und die Bruttobeträge der dabei realisierten Gewinne und Verluste, die durch die Umgliederung von der Kategorie available-for-sale in die Kategorie trading erfolgswirksam verrechneten Bruttogewinne und -verluste, die der Ermittlung der realisierten Gewinne oder Verluste zugrundeliegenden Anschaffungskosten, die Nettoveränderung des gesonderten Eigenkapitalpostens sowie die Nettoveränderung der während der Periode bei den trading securities erfolgswirksam verrechneten unrealisierten Gewinne oder Verluste anzugeben. Schließlich besteht für alle Verkäufe von oder Umgliederungen aus den Wertpapieren der Kategorie held-to-maturity die Verpflichtung zur Angabe der fortgeführten Anschaffungskosten der Wertpapiere, des mit dem Verkauf verbundenen realisierten bzw. mit der Umgliederung verbundenen unrealisierten Gewinns oder Verlusts sowie der Gründe für den Verkauf bzw. die Umgliederung.

---

[59] Vgl. SFAS No. 115 Tz. 16.
[60] Vgl. SFAS No. 115 Tz. 15.
[61] Vgl. SFAS No. 115 Tz. 19-22.

Hintergrund der Veröffentlichung eines neuen Rechnungslegungsgrundsatzes zur Bilanzierung und Bewertung von Wertpapieren waren vor allem die Bedenken verschiedener Aufsichtsbehörden und anderer Gremien gegenüber der bislang praktizierten Rechnungslegung und Berichterstattung für debt securities, insbesondere für solche, die von Kreditinstituten gehalten werden.[62] Vorrangige Kritikpunkte waren:

- Literaturmeinungen und Kommentierungen über die Rechnungslegung für Wertpapiere seien widersprüchlich und hätten daher eine uneinheitliche Berichterstattung zur Folge;
- die lower-of-cost-or-market-Methode führe zu einer imparitätischen Behandlung, da bei zum Verkauf gehaltenen debt securities und langfristigen marketable equity securities zwar eine Berücksichtigung von Wertminderungen, aber nicht von Wertsteigerungen gefordert wird;
- Informationen über den Fair Value seien für die Jahresabschlußadressaten bei der Einschätzung der Auswirkungen wirtschaftlicher Ereignisse auf das Unternehmen wesentlich zweckdienlicher als Informationen über die fortgeführten Anschaffungskosten.

Die hier angesprochenen Probleme sind durch Statement No. 115 weitestgehend gelöst worden.[63] Die Regelungen des Statements stellen einen wichtigen Schritt in die Richtung einer marktwertorientierten Rechnungslegung dar. Die Verpflichtung zur Anwendung des Fair Value für Wertpapiere der Kategorien trading und available-for-sale kann in gewisser Weise als revolutionär in der Hinsicht angesehen werden, daß unrealisierte Gewinne oder Verluste im Jahresabschluß zu berücksichtigen sind.[64] Allerdings wurde von verschiedenen Mitgliedern des FASB kritisiert, daß wesentliche weitere Probleme noch offen sind.[65] Dazu zählt einmal die Einflußnahme des Managements auf die Rechnungslegung. Durch die Verpflichtung zur Kategorisierung der Wertpapiere wird diese Einflußnahme nicht beseitigt, da das Statement eine willkürliche Kategorisierung und damit eine Beeinflussung der Erfolgsrechnung weder verhindert noch faktisch einschränkt. Darüber hinaus wurde es für notwendig gehalten, alle von Statement No. 115 erfaßten Wertpapiere mit dem Fair Value zu bewerten und unrealisierte Wertänderungen generell erfolgswirksam zu verrechnen. So gesehen

---

[62] Vgl. SFAS No. 115 Tz. 26–43.
[63] Vgl. *Miller,* a.a.O. (Fn. 39), S. 27.08.
[64] Vgl. *Miller,* a.a.O. (Fn. 39), S. 27.14.
[65] Vgl. *Kroner,* DB 1994, S. 2249; *Ponemon/Raghunandan,* The CPA Journal, August 1993, S. 40.

stellt Statement No. 115 nur einen Kompromiß dar zwischen denen, die eine Beibehaltung des status quo befürworteten und denjenigen, die mit einer umfassenden Marktbewertung den entscheidenden Schritt in die Zukunft der Rechnungslegung machen wollten.[66]

2. Internationale Verlautbarungen des International Accounting Standards Committee (IASC)

Die Gründung des IASC erfolgte im Jahre 1973 und geht im wesentlichen auf die Initiative der britischen Berufsstände der Accountants zurück. Diese wollten vermeiden, daß die im anglo-amerikanischen Bereich übliche Normung der Rechnungslegung durch berufsständische oder mit Berufsangehörigen besetzte Gremien in der EG durch rechtsverbindliche Richtlinien ersetzt werden.[67] Das IASC verfolgt das selbstgesetzte Ziel, internationale Rechnungslegungsgrundsätze zu erarbeiten und zu veröffentlichen sowie deren weltweite Anerkennung und Beachtung zu fördern.[68] Bisher wurden über 30 Standards zu Grundsätzen und auch zu Einzelfragen – International Accounting Standards (IAS) – verabschiedet.[69]

Obwohl es sich beim IASC um eine internationale Organisation handelt, ist es – allein schon wegen seiner quantitativen Zusammensetzung – weitestgehend von anglo-amerikanischem Bilanzdenken geprägt.[70] Die Akzeptanz und Anwendung der IAS ist jedoch bisher gering; insbesondere in den kontinentaleuropäischen Ländern, wo sie sogar teilweise inhaltlich nicht mit den nationalen Vorschriften vereinbar sind.[71] Die Gründe für die mangelnde praktische Bedeutung der IAS sind vielfältig. Dies liegt zum einen daran, daß die IAS lediglich Empfehlungscharakter haben (im Fall der Nichtbefolgung sind keine Sanktionen vorgesehen)[72]; zum anderen waren die Grundsätze bisher zu allgemein gehalten und enthielten zu viele Wahlrechte, so daß eine mate-

---

[66] Vgl. *Parks*, Journal of Accountancy, September 1993, S. 52.
[67] Vgl. *Biener*, BFuP 1993, S. 345f.
[68] *International Accounting Standards Committee* (IASC), Preface to Statements of International Accounting Standards, Tz. 2, in: International Accounting Standards 1995, hrsg. v. IASC, London 1995, S. 29–33, hier S. 29.
[69] Vgl. *Havermann*, FS Moxter, a.a.O. (Fn. 1), S. 671.
[70] Vgl. *Havermann*, FS Moxter, a.a.O. (Fn. 1), S. 671.
[71] Vgl. *Schruff*, Die internationale Vereinheitlichung der Rechnungslegung nach den Vorschlägen des IASC – Gefahr oder Chance für die deutsche Bilanzierung?, BFuP 1993, S. 400–426, hier S. 413–422.
[72] Vgl. *Biener*, BFuP 1993, S. 346.

rielle Vergleichbarkeit von nach IAS aufgestellten Abschlüssen nicht gewährleistet war.[73]

Um seinen Standards ein größeres Gewicht und eine größere Verbreitung zu verschaffen, begann das IASC die Zusammenarbeit mit den Börsenorganisationen, insbesondere mit der International Organization of Securities Commissions (IOSCO), dem weltweiten Zusammenschluß der Wertpapier- und Börsenaufsichtsbehörden sowie der nationalen Wertpapierzulassungsorgane.[74] Damit nach IAS aufgestellte Jahresabschlüsse als Börsenzulassungsvoraussetzung akzeptiert werden, verlangt die IOSCO eine Vervollständigung und Verbesserung der IAS sowie den weitgehenden Abbau der darin bisher enthaltenen Wahlrechte.[75] Diesem Zweck diente das im Dezember 1993 vorläufig abgeschlossene Comparability and Improvement-Projekt des IASC. Diesem Projekt lag die Idee zugrunde, in den IAS jeweils alle bis auf eine Bilanzierungs- oder Bewertungsalternative zu beseitigen, wenn das bestehende Wahlrecht ohne Restriktionen ausgeübt werden konnte. Wahlrechte, die nicht mittels einer verpflichtenden Vorgehensweise ausgeräumt werden konnten, sollten grundsätzlich bestehen bleiben; eine Alternative wurde jedoch als zu präferierende Methode (Benchmark Treatment) festgelegt.[76] Als erster Rechnungslegungsgrundsatz mit faktisch verpflichtendem Charakter ist IAS No. 7 (Cash Flow Statement) anzusehen: Die SEC als Mitgliedsorganisation erkennt auf Empfehlung der IOSCO eine nach IAS No. 7 erstellte Cash-Flow-Rechnung als gleichwertig mit einer nach SFAS No. 95 erstellten Kapitalflußrechnung an. Die IOSCO will nach dem Vorbild des IAS No. 7 in Zukunft weitere IAS offiziell unterstützen und den Mitgliedsorganisationen zur Anwendung empfehlen.[77] Hierin kann ein Anzeichen für die zunehmende Bedeutung der IAS gesehen werden.

Die zunehmende Tendenz zur Marktbewertung – also zum Ansatz des Fair Value – spiegelt sich in dem vom IASC in 1994 vorgelegten, bisher jedoch noch nicht vollständig als IAS verabschiedeten, Diskussions-

---

[73] Vgl. *Rost,* Der internationale Harmonisierungsprozeß der Rechnungslegung, Frankfurt a. M. u. a. 1991, S. 181.
[74] Vgl. *Havermann,* Fachorganisationen der Wirtschaftsprüfer, internationale, in: Handwörterbuch der Revision, hrsg. v. Coenenberg/v. Wysocki, 2. Aufl., Stuttgart 1992, Sp. 513–528, hier Sp. 521.
[75] Vgl. *Schruff,* BFuP 1993, S. 403.
[76] Vgl. *Hayn,* Die International Accounting Standards (Teil I), WPg 1994, S. 713–721, hier S. 716f.
[77] Vgl. *Hayn,* WPg 1994, S. 717.

entwurf E 48 „Financial Instruments"[78] wider. Der Diskussionsentwurf E 48 wurde vom IASC nach eingehender Diskussion zahlreicher Änderungs- und Ergänzungsvorschläge als überarbeitete Fassung des bereits im Jahre 1991 vorgelegten Diskussionsentwurfes E 40 veröffentlicht und befaßt sich mit branchenübergreifenden Grundsätzen für den Bilanzansatz, die Bewertung und den Ausweis von Finanzinstrumenten. Die Regelungen sollen den Unternehmen eine sachdienliche Berichterstattung über ihre Geschäfte mit Finanzinstrumenten abfordern und sind dabei so ausgestaltet, daß auch eine entsprechende Abbildung künftiger Innovationen auf dem Gebiet der Finanzinstrumente im Jahresabschluß problemlos möglich ist. Damit soll der dynamischen Entwicklung der internationalen Finanzmärkte Rechnung getragen werden.

Wie konträr allerdings die Ansichten insbesondere zur Bilanzierung und Bewertung der Finanzinstrumente sind, zeigt die bereits angesprochene Abkopplung dieser Fragen von dem inzwischen verabschiedeten IAS 32. Den weiteren Ausführungen liegt somit, soweit sie Fragen des Ausweises von Finanzinstrumenten oder diesbezügliche Angabepflichten betreffen, ein bereits verabschiedeter IAS zugrunde; Regelungen zu Bilanzierungs- und Bewertungsfragen sind jedoch wie bisher nur im Entwurf vorgesehen.

Der Begriff der Finanzinstrumente wird in IAS 32 sehr weit definiert; er umfaßt neben Geldforderungen, Geldverbindlichkeiten und Wertpapieren auch Finanzderivate wie Optionen, Futures, Swaps und Termingeschäfte.[79] Als Voraussetzungen für die Aktivierung und die Passivierung von Finanzinstrumenten verlangt E 48 den Übergang aller wesentlichen mit einem Finanzinstrument verbundenen Risiken und Nutzen auf das Unternehmen sowie die Möglichkeit einer zuverlässigen Bewertung des Finanzinstruments.[80] Die Ausbuchung eines Finanzinstrumentes aus dem Jahresabschluß des Unternehmens erfolgt entsprechend, wenn eine dieser Voraussetzungen nicht mehr erfüllt ist.[81] Emittiert das Unternehmen bestimmte komplexe Finanzinstrumente, die aus verschiedenen Bestandteilen zusammengesetzt sind, dann sollen diese Bestandteile getrennt voneinander ausgewiesen werden.[82]

---
[78] IASC, Exposure Draft E 48, a.a.O. (Fn. 7).
[79] Vgl. IAS 32 Tz. 9.
[80] Vgl. IASC, Exposure Draft E 48, Tz. 19.
[81] Vgl. IASC, Exposure Draft E 48, Tz. 27.
[82] Vgl. IAS 32 Tz. 23.

Sämtliche Finanzinstrumente sind grundsätzlich zunächst mit dem Fair Value zu erfassen. IAS 32 definiert den Fair Value als den Wert, zu dem das Finanzinstrument zwischen sachverständigen und ernsthaft interessierten Geschäftspartnern auf der Grundlage des „arm's-length"-Prinzips gehandelt werden könnte.[83] Der Fair Value entspricht in der Regel dem Börsen- oder Marktpreis. Ist ein Börsen- oder Marktpreis nicht verfügbar, können Schätzverfahren zur Ermittlung des Fair Value eingesetzt werden.[84] Zur weiteren Bewertung der Finanzinstrumente unterscheidet der Diskussionsentwurf E 48 zwischen einer präferierten Regelung (Benchmark Treatment)[85] und einer zulässigen Alternative (Allowed Alternative Treatment).[86]

Nach dem Benchmark Treatment sind die Finanzinstrumente in drei Kategorien einzuteilen. Die erste Kategorie umfaßt solche Instrumente, die langfristig oder bis zur Fälligkeit gehalten werden. In die zweite Kategorie sind Finanzinstrumente einzuordnen, die als Hedge-Bestand anzusehen sind. Diese dienen dem Unternehmen dazu, sich bei eindeutig identifizierten Positionen nachhaltig gegen Verlustrisiken aus möglichen Preisänderungen abzusichern. Die dritte Kategorie bilden solche Finanzinstrumente, die nicht in eine der beiden erstgenannten Kategorien fallen, also als Handels- und Spekulationsbestände anzusehen sind.

Die Bewertung der Finanzinstrumente erfolgt somit in Abhängigkeit von der Zweckbestimmung. Instrumente, die langfristig oder bis zur Fälligkeit gehalten werden, sind grundsätzlich zu den fortgeführten Anschaffungskosten zu bewerten. Abwertungen auf den geringeren Fair Value sind nur dann vorzunehmen, wenn keine überzeugenden Argumente dafür sprechen, daß noch während der Zeit, für die eine Halteabsicht besteht, eine Wertaufholung zu erwarten ist. Finanzinstrumente, die im Rahmen eines Hedge-Bestandes bilanziert und bewertet werden sollen, müssen nach E 48 bestimmte Voraussetzungen erfüllen. Zunächst muß die abzusichernde Position eindeutig identifiziert sein und das Unternehmen einem Verlustrisiko aus Preisänderungen aussetzen. Die Sicherungsabsicht muß darüber hinaus ausdrücklich deklariert werden. Schließlich muß eine hohe Wahrscheinlichkeit dafür bestehen, daß die Veränderungen des Fair Value des Sicherungsinstruments

---

[83] Vgl. IAS 32 Tz. 5.
[84] Vgl. IAS 32 Tz. 81f.
[85] Vgl. IASC, Exposure Draft E 48, Tz. 83–181.
[86] Vgl. IASC, Exposure Draft E 48, Tz. 182–191.

und die gegenläufigen Veränderungen des Fair Value der abgesicherten Position einen hohen Grad an Korrelation aufweisen. Gewinne oder Verluste, die aus Fair Value-Änderungen des Hedge-Instruments resultieren, sollten dann erfolgswirksam erfaßt werden, wenn auch die entsprechenden Verluste oder Gewinne aus der abgesicherten Position erfolgswirksam zu berücksichtigen sind. Die Finanzinstrumente der dritten Kategorie, die zu Handels- oder Spekulationszwecken gehalten werden, sollten zum Fair Value bewertet werden. Realisierte und unrealisierte Gewinne, die aus einer Veränderung des Fair Value resultieren, sind sofort erfolgswirksam zu erfassen.

Neben dem Benchmark Treatment ist das Alternative Treatment zulässig. Nach dieser Methode können sämtliche Finanzinstrumente zum Fair Value bewertet werden. Ist die Ermittlung eines zuverlässigen Fair Value bei einzelnen Finanzinstrumenten nicht ohne größeren Aufwand möglich, dann kann auch eine Bewertung zu Anschaffungskosten erfolgen oder der zuletzt ermittelte Fair Value zugrunde gelegt werden. In jedem Fall sind aber die Bewertungsgrundlagen offenzulegen. Realisierte und unrealisierte Gewinne oder Verluste sind grundsätzlich sofort erfolgswirksam zu berücksichtigen.

IAS 32 sieht schließlich auch umfangreiche Offenlegungsregelungen vor. So sind beispielsweise Informationen über die Ausstattungsmerkmale der Finanzinstrumente sowie über die angewandten Bilanzierungs- und Bewertungsmethoden bereitzustellen;[87] außerdem sind Angaben über Zinsänderungsrisiken[88] und Kreditänderungsrisiken[89] sowie Angaben über die Fair Values[90] sämtlicher Finanzinstrumente zu machen.

Mit der Veröffentlichung von Diskussionsentwurf E 48, der Verabschiedung von IAS 32 sowie mit der für 1996 geplanten Verabschiedung eines weiteren IAS zu den noch offenen Fragen aus E 48 verfolgt das IASC das Ziel, eine Basis für fundierte Rechnungslegungsgrundsätze für Finanzinstrumente zu schaffen. Angesichts der Dynamik der internationalen Finanzmärkte, die zu einer großen Vielfalt an Finanzinstrumenten geführt hat, und Anwendern, die über Finanzinnovationen nach immer neuen Wegen zur Absicherung von Risiken in von hoher Volatilität gekennzeichneten Märkten oder auch zur Steigerung ihrer

---

[87] Vgl. IAS 32 Tz. 47.
[88] Vgl. IAS 32 Tz. 56.
[89] Vgl. IAS 32 Tz. 66.
[90] Vgl. IAS 32 Tz. 77.

Profite auf eben diesen Märkten suchen, ergibt sich nach der Auffassung des IASC in zunehmendem Maße die Notwendigkeit zur Veröffentlichung solcher Rechnungslegungsgrundsätze.[91]

IV. Übertragbarkeit einer Fair Value-Bewertung auf die deutsche Rechnungslegung?

1. Unterschiedliche Rechnungslegungsphilosophien im anglo-amerikanischen Raum und in Deutschland

Um eine Antwort auf die Frage nach der Übertragbarkeit der Fair Value-Bewertung auf die deutsche Rechnungslegung geben zu können, muß zunächst untersucht werden, inwieweit die zugrundeliegenden Rechnungslegungsphilosophien einen solchen Brückenschlag überhaupt ermöglichen. Die bestehende Antinomie zwischen der anglo-amerikanischen und der kontinentaleuropäischen (und somit auch der deutschen) Rechnungslegungsphilosophie[92] läßt dies zumindest als fraglich erscheinen. Auch die Empfehlungen des IASC, die im Diskussionsentwurf E 48 ebenfalls eine Fair Value-Bewertung vorsehen, müssen dabei der anglo-amerikanischen Rechnungslegungsphilosophie zugeordnet werden.[93]

Unterschiede ergeben sich bereits bei den Rahmenbedingungen der Rechnungslegung. Im anglo-amerikanischen Raum bildet eine Vielzahl von maßgeblich durch berufsständische Organe der Wirtschaftsprüfer – also private Institutionen – geprägten Einzelregelungen den Rahmen für die Bilanzierung.[94] Die Rechnungslegung wird nicht durch Gesetz, sondern durch Rechnungslegungsgrundsätze, die der allgemeinen Anerkennung durch die Anwendung in der Praxis bedürfen, bestimmt.[95] Dagegen findet sich in Deutschland ein gewachsenes kodifiziertes Bilanzrecht, das als integraler Bestandteil des Handelsrechts in das Gesamtrecht eingebettet ist, mit detaillierten gesetzlichen Vorschriften.

---

[91] Vgl. IASC, Exposure Draft E 48, S. 16.
[92] Vgl. *Havermann,* FS Moxter, a.a.O. (Fn. 1), S. 659.
[93] Vgl. *Küting,* Europäisches Bilanzrecht und Internationalisierung der Rechnungslegung, BB 1993, S. 30-38, hier S. 32.
[94] Vgl. *Küting,* BB 1993, S. 36.
[95] Vgl. *Biener,* Wäre die Übernahme der allgemein anerkannten Rechnungslegungsgrundsätze der Vereinigten Staaten von Amerika nachteilig?, in: Die deutsche Rechnungslegung vor dem Hintergrund internationaler Entwicklungen, hrsg. von Baetge, Düsseldorf 1994, S. 123-134, hier S. 125-127.

Da dieses Bilanzrecht nicht alle Einzelheiten regeln kann, wird es durch Bilanzierungsgepflogenheiten, die sog. Grundsätze ordnungsmäßiger Buchführung, ausgefüllt und ergänzt.[96] In Deutschland rangiert somit im Gegensatz zur anglo-amerikanischen Rechnungslegung das Bilanzrecht vor den Bilanzierungsgepflogenheiten.

Diese Abweichung im zugrundeliegenden Rechnungslegungssystem, viel stärker aber noch die unterschiedliche Eigentumsstruktur und die grundlegend andere Bedeutung des Kapitalmarktes führen zu einem weiteren wesentlichen Unterschied zwischen anglo-amerikanischer und deutscher Rechnungslegungsphilosophie. In den USA existiert ein hochentwickelter Aktienmarkt mit einer breiten Streuung der Aktien, was zu großem Einfluß institutioneller und privater Investoren führt. Diese stellen auch die primären Adressaten der Rechnungslegung dar, die somit eindeutig investorschutzorientiert ist.[97] Für die Investoren, deren vorrangiges Interesse der Ermittlung eines ausschüttungsfähigen Gewinns gilt, steht als Grundlage für wirtschaftliche Entscheidungen die Darstellung der Leistung („performance") des Unternehmens im Vordergrund.[98] Dem in Deutschland vorherrschenden Vorsichtsprinzip, das möglicherweise zur – in der anglo-amerikanischen Rechnungslegung unerwünschten – Bildung stiller Reserven führt, kommt im Rahmen dieses sog. „Decision Usefulness"-Ansatzes[99] nur eine untergeordnete Bedeutung zu; hier regiert das Prinzip der periodengerechten Gewinnermittlung, das „Matching Principle".[100] In Deutschland ist dagegen die Eigentumsstruktur durch einen erheblichen Einfluß der Banken und eine entsprechend geringe Rolle der privaten Anleger geprägt; einer geringen Bedeutung des Kapitalmarktes als langfristiger Finanzierungsquelle steht ein beträchtlicher Umfang der stillen Fremdfinanzierung gegenüber.[101] Dies führt zu einer stärkeren Betonung des Gläubigerschutzgedankens, wozu auch die Erhaltung und Sicherung des haften-

---

[96] Vgl. *Havermann,* FS Moxter, a.a.O. (Fn. 1), S. 661.
[97] Vgl. *Ballwieser,* Die Entwicklung der Theorie der Rechnungslegung in den USA, ZfbF-Sonderheft 32/1993, S. 107–138, hier S. 119; *Küting,* BB 1993, S. 36; *Biener,* a.a.O. (Fn. 95), S. 131.
[98] Vgl. *Havermann,* FS Moxter, a.a.O. (Fn. 1), S. 663.
[99] Vgl. *Wiedmann,* a.a.O. (Fn. 2), S. 104.
[100] Vgl. *Havermann,* FS Moxter, a.a.O. (Fn. 1), S. 663; ausführlich zum Matching Principle *Strobl,* Matching Principle und deutsches Bilanzrecht, in: Bilanzrecht und Kapitalmarkt, Festschrift für Moxter, hrsg. v. Ballwieser u. a., Düsseldorf 1994, S. 407–432. Vgl. dazu auch den Beitrag von *Moxter,* S. 487ff., in diesem Band.
[101] Vgl. *Küting,* BB 1993, S. 36.

den Eigenkapitals gehören, als Zweck der Rechnungslegung.[102] Hieraus wird das Vorsichtsprinzip abgeleitet, das dazu führt, daß Aktiva tendenziell eher zu niedrig und Passiva eher zu hoch bewertet werden können; die damit eventuell verbundene Bildung von stillen Reserven wird nicht nur in Kauf genommen, sondern im Sinne kaufmännischer Tradition sogar als etwas Positives angesehen.[103]

Ein Unterschied zwischen anglo-amerikanischer und deutscher Rechnungslegung, der nicht nur im Ausland mit Skepsis betrachtet wird[104], ist der Einfluß des deutschen Steuerrechts auf die handelsrechtliche Bilanzierung über das Maßgeblichkeitsprinzip bzw. die umgekehrte Maßgeblichkeit. Eine Verbindung zwischen Handels- und Steuerbilanz, wie sie durch das Maßgeblichkeitsprinzip hergestellt wird, ist im Bereich der anglo-amerikanischen Rechnungslegung unbekannt. Nach dem Maßgeblichkeitsprinzip erlangen die handelsrechtlichen Bilanzierungs- und Bewertungsvorschriften auch für die Steuerbilanz Geltung. Steuervergünstigungen, die überhöhte Abschreibungen oder die Bildung steuerfreier Rücklagen ermöglichen, werden vom Steuergesetzgeber nur noch unter der Bedingung gewährt, daß in der Handelsbilanz entsprechend verfahren wird. Aber auch in Deutschland wird diese Beeinflussung der Handelsbilanz durch steuerrechtliche Vorschriften teilweise als unbefriedigend angesehen. Die mangelnde Quantifizierbarkeit der Beeinflussung des handelsrechtlichen Ergebnisses durch steuerliche Maßnahmen in bestimmten Fällen übt einen negativen Einfluß auf den Aussagewert des Jahresabschlusses aus.[105] Die Verbindung zwischen Handels- und Steuerbilanz über das Maßgeblichkeitsprinzip resultiert allerdings nicht aus der in Deutschland zugrundeliegenden besonderen Rechnungslegungsphilosophie[106], sondern liegt darin begründet, daß in Deutschland die Rechnungslegung Gegenstand der Gesetzgebung ist und der Gesetzgeber keine Veranlassung zur Schaffung grundsätzlich unterschiedlicher Regelungen sieht.[107]

Es ist deutlich geworden, daß die anglo-amerikanische und die deutsche Bilanzierung aus grundsätzlich unterschiedlichen Rechnungs-

---

[102] Vgl. *Havermann,* FS Moxter, a.a.O. (Fn. 1), S. 661; *Moxter,* Bilanzlehre I, 3. Aufl., Wiesbaden 1984, S. 157f.
[103] Vgl. *Havermann,* FS Moxter, a.a.O. (Fn. 1), S. 661f.
[104] Vgl. *Havermann,* Der Aussagewert des Jahresabschlusses, WPg 1988, S. 612–617, hier S. 614f.
[105] Vgl. *Havermann,* WPg 1988, S. 614; *Schruff,* BFuP 1993, S. 409.
[106] Vgl. *Havermann,* FS Moxter, a.a.O. (Fn. 1), S. 662.
[107] Vgl. *Biener,* a.a.O. (Fn. 95), S. 127.

legungsphilosophien abgeleitet werden. Darüber hinaus weist die deutsche Rechnungslegung mit der Maßgeblichkeit der Handelsbilanz für die Steuerbilanz sowie der Umkehrung des Maßgeblichkeitsprinzips Besonderheiten auf, die im anglo-amerikanischen Raum ihresgleichen suchen. In einem nächsten Schritt soll nun untersucht werden, ob sich auf dieser Grundlage das Fair Value-Konzept trotzdem in die deutschen Rechnungslegungsvorschriften integrieren läßt.

2. Vereinbarkeit einer Fair Value-Bewertung mit den deutschen Grundsätzen ordnungsmäßiger Buchführung sowie dem Maßgeblichkeitsprinzip

Die deutschen Rechnungslegungsgrundsätze sind – im Gegensatz zu den anglo-amerikanischen – traditionell sehr stark durch das Vorsichtsprinzip geprägt. Das Vorsichtsprinzip ist in § 252 Abs. 1 Nr. 4 HGB als allgemeiner Bewertungsgrundsatz kodifiziert und bestimmt, daß alle vorhersehbaren Risiken und Verluste, die bis zum Bilanzstichtag entstanden und bis zur Aufstellung bekannt geworden sind, zu berücksichtigen sind und Gewinne nur zu berücksichtigen sind, wenn sie am Abschlußstichtag realisiert sind. Das so normierte Vorsichtsprinzip fordert also bis zum Realisationszeitpunkt eine imparitätische Bewertung und verbietet bis dahin die Berücksichtigung von Wertsteigerungen.[108] Als Zweck der handelsrechtlichen Bilanzierungs- und Bewertungsvorschriften steht die Bestimmung des als Gewinn entziehbaren Betrages im Vordergrund; dieser Betrag ist im Hinblick auf die im Interesse des Gläubigerschutzes vertretbaren Entnahmen besonders vorsichtig zu bestimmen.[109] Das Realisationsprinzip, das als Ausdruck des Vorsichtsprinzips gilt, bindet den Gewinn an den Umsatz und regelt damit den zeitgerechten Ausweis von Erträgen und Aufwendungen;[110] es ist so grundlegendes Aktivierungs- und Passivierungsprinzip.[111] Bei einer am Realisationsprinzip orientierten periodengerechten Gewinnermittlung ergeben sich Perio-

---

[108] Vgl. *Wiedmann*, Bewertungseinheit und Realisationsprinzip, in: Neuorientierung der Rechenschaftslegung, Bericht über die Fachtagung 1994 des IDW, Düsseldorf 1995, S. 101–122, hier S. 103.
[109] Vgl. *Moxter*, Zur wirtschaftlichen Betrachtungsweise im Bilanzrecht, StuW 1989, S. 232–241, hier S. 236.
[110] Vgl. *Schmidt/Weber-Grellet*, EStG, 14. Aufl., § 5 Rz. 77.
[111] Vgl. *Moxter*, Das Realisationsprinzip – 1884 und heute, BB 1984, S. 1780–1786, hier S. 1784.

denaufwendungen in Höhe der Ausgaben, die man den – als Periodenertrag erfaßten – Umsätzen der Rechnungsperiode zuzurechnen hat.[112]

Ein wesentliches Merkmal der Fair Value-Bewertung, das grundsätzlich im Widerspruch zum Realisationsprinzip steht, ist die Berücksichtigung unrealisierter Gewinne. Die US-amerikanischen Vorschriften zur Bilanzierung und Bewertung von Wertpapieren sehen für bestimmte Wertpapierkategorien je nach Zweckbestimmung bei der Bewertung mit dem Fair Value entweder die erfolgswirksame Berücksichtigung dabei auftretender unrealisierter Gewinne oder Verluste oder deren Berücksichtigung innerhalb eines gesonderten Eigenkapitalpostens vor. Ebenfalls eine erfolgswirksame Berücksichtigung von unrealisierten Gewinnen oder Verlusten bei bestimmten Finanzinstrumenten sieht der Entwurf eines internationalen Rechnungslegungsgrundsatzes des IASC als zu präferierende Methode vor; als alternativ zulässige Methode wird eine generelle erfolgswirksame Berücksichtigung unrealisierter Gewinne oder Verluste vorgeschlagen. Diese Vorgehensweise resultiert daraus, daß im Bereich der anglo-amerikanischen Rechnungslegung das Realisationsprinzip wesentlich großzügiger interpretiert wird; hier herrscht die Auffassung vor, daß bereits die jederzeitige Realisierbarkeit für die Vereinnahmung entsprechender Erträge ausreicht.[113] In Deutschland wird dagegen streng auf die rechtlichen Kriterien der Gewinnrealisierung abgestellt.[114] Die Dominanz des Gläubigerschutzgedankens führt hier zu wesentlich stärker von der Vorsicht geprägten Rechnungslegungsgrundsätzen;[115] Gewinne werden zwar erst spät ausgewiesen, der Außenstehende soll dann aber davon ausgehen können, daß sie weitestgehend abgesichert sind.[116]

Neben der Unvereinbarkeit mit der Interpretation des Realisationsprinzips stehen einer Fair Value-Bewertung in Deutschland aber auch das bereits angesprochene Maßgeblichkeitsprinzip – „eine heilige Kuh des deutschen Bilanzrechts"[117] – und dessen Umkehrung entgegen. Durch diese Verknüpfung zwischen Handelsbilanz und steuerrechtlichen

---

[112] Vgl. *Moxter,* Periodengerechte Gewinnermittlung und Bilanz im Rechtssinne, in: Handelsrecht und Steuerrecht, Festschrift für Döllerer, hrsg. v. Knobbe-Keuk u. a., Düsseldorf 1988, S. 447–458, hier S. 449.
[113] Vgl. *Havermann,* FS Moxter, a.a.O. (Fn. 1), S. 669.
[114] Vgl. *Havermann,* FS Moxter, a.a.O. (Fn. 1), S. 669.
[115] Vgl. *Clemm,* Meinungsspiegel, BFuP 1993, S. 428.
[116] Vgl. *Schildbach,* Internationale Rechnungslegungsstandards auch für deutsche Einzelabschlüsse?, in: Bilanzrecht und Kapitalmarkt, Festschrift für Moxter, hrsg. v. Ballwieser u. a., Düsseldorf 1994, S. 699–721, hier S. 715.
[117] *Havermann,* WPg 1988, S. 614.

Gewinnermittlungsvorschriften würde die Anwendung einer Fair Value-Bewertung, die ja in die Gewinnermittlung eingreift, zu steuerlichen Nachteilen für die Unternehmen führen.[118] Der Maßgeblichkeitsgrundsatz hat dazu die Konsequenz, daß Unternehmen sich im Jahresabschluß nicht unbedingt stärker darstellen, als es die Rechnungslegungskonventionen tatsächlich erfordern.[119] Dies entspricht jedoch nicht gerade der Informationsorientierung eines Fair Value-Konzepts. Solche unerwünschten Auswirkungen ließen sich nur durch Änderungen des Steuerrechts bzw. die Aufgabe des Maßgeblichkeitsgrundsatzes – die von verschiedenen Seiten ohnehin gefordert wird[120] – beseitigen.

3. Vorhandene Ansätze einer Fair Value-Bewertung im Bereich der deutschen Rechnungslegung – Bilanzierung von Fremdwährungsgeschäften und Finanzinnovationen

Die vorstehenden Ausführungen haben gezeigt, daß eine reine Fair Value-Bewertung, also eine Bewertung zum Marktwert, zur jetzigen Zeit in Deutschland nicht mit den geltenden Grundsätzen ordnungsmäßiger Buchführung und dem Maßgeblichkeitsgrundsatz vereinbar ist. Trotzdem haben sich bei den Bilanzierungsgepflogenheiten der Unternehmen, insbesondere im Bereich der Kreditwirtschaft, Ansätze zu einer Fair Value-Bewertung entwickelt. Es handelt sich dabei um die Bildung von sog. Bewertungseinheiten[121] bei der Bilanzierung von Fremdwährungsgeschäften und Finanzinnovationen, wo es zu einer Berücksichtigung von unrealisierten Gewinnen kommt. Die Bewertungseinheit ist dabei „bilanzierungsobjektübergreifend"[122] zu sehen; hierunter soll der Sachverhalt verstanden werden, daß trotz zweifelsfreien Vorliegens verschiedener selbständiger Vermögensgegenstände und Schulden bestimmte Komplexe nicht in ihren einzelnen Bestandteilen, sondern als Einheit zu bilanzieren sind.[123]

Bei Fremdwährungsgeschäften werden die damit verbundenen Risiken häufig durch das Eingehen genau gegenläufiger Verträge abge-

---

[118] Vgl. *Schruff,* BFuP 1993, S. 423.
[119] Vgl. *Krumnow,* FS Moxter, a.a.O. (Fn. 12), S. 693.
[120] Vgl. *Schruff,* BFuP 1993, S. 409 sowie die dort angegebene Literatur.
[121] Vgl. *Wiedmann,* a.a.O. (Fn. 108), S. 101f.
[122] *Naumann,* Bewertungseinheiten im Gewinnermittlungsrecht der Banken, Düsseldorf 1995, S. 53.
[123] Vgl. *Breker,* Optionsrechte und Stillhalteverpflichtungen im handelsrechtlichen Jahresabschluß, Düsseldorf 1993, S. 184; *Prahl/Naumann,* Zur Bilanzierung von portfolio-orientierten Handelsaktivitäten der Kreditinstitute, WPg 1991, S. 729–739, hier S. 729.

sichert, so daß bei Verlusten aus dem einen Geschäft zwangsläufig ein Gewinn aus dem anderen eintritt und umgekehrt.[124] Bei isolierter Betrachtung eines jeden Vorgangs würde in diesen Fällen der als unbefriedigend anzusehende Zustand eintreten, daß für die jeweils risikobehaftete Position eine Verlustrückstellung zu bilden bzw. eine Abschreibung vorzunehmen wäre, während das erfolgversprechende Absicherungsgeschäft wegen des Realisationsprinzips noch nicht berücksichtigt werden dürfte.[125] Aus diesem Grund wird auch die grundsätzliche Zulässigkeit einer Bildung von Bewertungseinheiten (der sog. kompensierenden Bewertung) im Schrifttum ganz überwiegend nicht mehr angezweifelt;[126] auch die Stellungnahmen des Instituts der Wirtschaftsprüfer – BFA 1/1975 zur Bilanzierung und Prüfung der Devisengeschäfte der Kreditinstitute[127] bzw. der Entwurf einer Verlautbarung des BFA zur Währungsumrechnung bei Kreditinstituten[128] sowie der Entwurf einer HFA-Verlautbarung zur Währungsumrechnung im Konzernabschluß[129] – gehen von der Zulässigkeit einer Bildung von Bewertungseinheiten aus. Für Kreditinstitute ist in diesem Bereich mit § 340h HGB sogar eine gesetzliche Regelung in Kraft getreten, die unter bestimmten Voraussetzungen die Bildung von Bewertungseinheiten zur Pflicht macht.[130]

Die gleiche Problematik wie bei den Fremdwährungsgeschäften besteht bei der Bilanzierung von Finanzinnovationen, insbesondere von Finanzderivaten wie Forwards, Futures, Optionen und Swaps. Auch hier besteht die Tendenz, Risiken aus Marktpreis- oder Zinsänderungen durch den Abschluß von entsprechenden Sicherungsgeschäften zu begegnen.[131] Angesichts des Volumens der Handelsaktivitäten mit Finanzinnovationen gerade bei Kreditinstituten ist die Bildung von Bewertungseinheiten unter bestimmten Voraussetzungen nicht nur im Rah-

---

[124] Vgl. *Wiedmann,* a.a.O. (Fn. 108), S. 106.
[125] Vgl. *Groh,* Zur Bilanzierung von Fremdwährungsgeschäften, DB 1986, S. 869–877, hier S. 872f.
[126] Vgl. *Krumnow u.a.,* a.a.O. (Fn. 16), § 340e HGB Tz. 98 sowie die dort angegebene Literatur.
[127] IDW, BFA 1/1975, Bilanzierung und Prüfung der Devisengeschäfte der Kreditinstitute, WPg 1975, S. 664–667.
[128] IDW, Entwurf einer Verlautbarung des BFA „Währungsumrechnung bei Kreditinstituten", WPg 1994, S. 844–847.
[129] IDW, Entwurf einer HFA-Verlautbarung „Zur Währungsumrechnung im Konzernabschluß", WPg 1984, S. 585–588.
[130] Vgl. *Benne,* Einzelbewertung und Bewertungseinheit, DB 1991, S. 2601–2610, hier S. 2605.
[131] Vgl. *Häuselmann/Wiesenbart,* Fragen zur bilanzsteuerlichen Behandlung von Geschäften an der Deutschen Terminbörse (DTB), DB 1990, S. 641–647, hier S. 642.

men des sog. Mikro-Hedge, einer einzelproduktbezogenen Sicherung durch paarweise Verknüpfung gegenläufiger Geschäfte, sondern auch bei weitergehenden Verfahren des Hedge-Accounting wie dem Makro-Hedge oder dem Portfolio-Ansatz, wo Gesamtbestände bestimmter Produktgattungen als Bewertungseinheiten betrachtet werden, zur Erzielung wirtschaftlich vernünftiger Ergebnisse unumgänglich und daher gängige Praxis.[132] Auch das Institut der Wirtschaftsprüfer sieht in der Stellungnahme BFA 2/1993 zur Bilanzierung und Prüfung von Financial Futures und Forward Rate Agreements[133] sowie in der Stellungnahme BFA 2/1995 zur Bilanzierung von Optionsgeschäften[134] die Bildung von Bewertungseinheiten bei Erfüllung bestimmter Voraussetzungen als zulässig an. Ihre Rechtfertigung findet diese Vorgehensweise in den international üblichen Usancen der mit solchen Finanzinstrumenten befaßten Häuser.[135]

Zu einer Beeinträchtigung des Realisations- und des Imparitätsprinzips kommt es wegen der strengen Voraussetzungen, die für die Bildung von Bewertungseinheiten gefordert werden, nicht.[136] Eine grundlegende Voraussetzung ist, daß die Bewertungseinheiten risikomäßig weitgehend geschlossen sind, wobei in der Praxis der Wertausgleich innerhalb der einzelnen Bewertungseinheit abstrakt durch die organisatorischen Regelungen und konkret durch implementierte Money- oder Value-at-Risk-Konzepte nachgewiesen wird.[137] Ohne eine solche nachhaltige Absicherung ist diese Form der Marktbewertung nach geltendem deutschen Bilanzrecht allerdings nicht zulässig.[138]

4. Ausblick: Übernahme anglo-amerikanischer Rechnungslegungsgrundsätze in Deutschland?

Im Zuge einer internationalen Harmonisierung der Rechnungslegungsvorschriften wird auch die Ansicht vertreten, daß über kurz oder lang in Deutschland eine Übernahme von anglo-amerikanischen Rechnungs-

---

[132] Vgl. *Wiedmann*, a.a.O. (Fn. 108), S. 121.
[133] IDW, BFA 2/1993, Bilanzierung und Prüfung von Financial Futures und Forward Rate Agreements, WPg 1993, S. 517f.
[134] IDW, BFA 2/1995, Bilanzierung von Optionsgeschäften, FN 1995, S. 221–223.
[135] Vgl. *Wiedmann*, a.a.O. (Fn. 108), S. 118.
[136] Vgl. *Krumnow u. a.*, a.a.O. (Fn. 16), § 340e HGB Tz. 318.
[137] Vgl. *Naumann*, a.a.O. (Fn. 122), S. 194. Vgl. dazu auch den Beitrag von *Krumnow*, S. 343 ff., in diesem Band.
[138] Vgl. *Naumann*, a.a.O. (Fn. 122), S. 197.

legungsvorschriften zu erwarten ist.[139] Ausschlaggebend für eine mögliche Entwicklung in diese Richtung wäre zum einen die bereits angesprochene Zusammenarbeit zwischen IOSCO und IASC, die das Ziel verfolgt, die Börsenaufsichtsbehörden weltweit dazu zu bringen, bei der Zulassung von Wertpapieren zum Börsenhandel die Einhaltung der IASC-Standards zu verlangen. Deutsche Unternehmen müßten dann, wollten sie sich nicht auf deutsche Börsen beschränken, die – durch den anglo-amerikanischen Einfluß geprägten – Rechnungslegungsgrundsätze des IASC beachten. Zum anderen plant die EG-Kommission ein vereinfachtes Verfahren zur Verabschiedung von Durchführungsrichtlinien, das in letzter Konsequenz dazu führen könnte, daß die Kommission ohne Mitwirkung des Europäischen Parlaments und des Ministerrats in eigener Verantwortung Richtlinien verabschieden könnte. In diesem Fall wäre es möglich, daß Rechnungslegungsempfehlungen des von der Kommission eingerichteten und vom IASC stark beeinflußten EG-Forums in EG-Durchführungsrichtlinien aufgenommen werden und von den Mitgliedstaaten in ihre Rechtsvorschriften aufgenommen werden müßten.[140] Dieser von der EG-Kommission eingeschlagene Weg wird zurecht kritisch betrachtet.[141] Das deutsche Bilanzrecht würde vom anglo-amerikanischen Einfluß so „gleichzeitig von zwei Seiten in die Zange genommen werden".[142]

V. Zusammenfassung

Die weltweit zunehmende Komplexität und Volatilität der Kapitalmärkte lassen Zweifel an dem Aussagewert der traditionell anschaffungskostenorientierten Rechnungslegungsvorschriften aufkommen, da diese die Empfänger von Jahresabschlußinformationen nicht mehr mit entscheidungsrelevanten Informationen versorgen können. Der Trend geht vielmehr in Richtung einer Rechnungslegung und Berichterstattung auf der Basis von Marktwerten.

Eine intensive Auseinandersetzung mit der Forderung nach einer marktwertorientierten Rechnungslegung – nichts anderes verbirgt sich hinter dem Stichwort „Fair Value" – findet, soweit es die Veröffent-

---

[139] Vgl. *Biener*, BFuP 1993, S. 352–355.
[140] Vgl. *Biener*, BFuP 1993, S. 353 f.
[141] Vgl. *Clemm*, Meinungsspiegel, BFuP 1993, S. 436; *Krumnow*, FS Moxter, a.a.O. (Fn. 12), S. 689.
[142] Vgl. *Küting*, BB 1993, S. 38.

lichung von Rechnungslegungsgrundsätzen betrifft, bisher nur im Bereich der anglo-amerikanischen bzw. internationalen Rechnungslegung statt. Die Financial Accounting Standards des US-amerikanischen FASB und der Diskussionsentwurf einer Stellungnahme des IASC zur Bilanzierung und Bewertung von Wertpapieren sowie von Finanzinstrumenten sind ein Beleg für die Bemühungen, dieser Forderung nachzukommen. Allerdings stellen diese Standards nur erste Schritte hin zu einer marktwertorientierten Rechnungslegung dar; der Übergang zu einer generellen verbindlichen Marktbewertung im Bereich der Finanzinstrumente wurde damit noch nicht vollzogen. Besonders deutlich wird die noch bestehende Zurückhaltung in der kontroversen Diskussion über den Exposure Draft E 48 des IASC, die dazu geführt hat, daß bisher nur ein Standard zu Ausweisfragen und Angabepflichten hinsichtlich der Finanzinstrumente durch das IASC verabschiedet wurde.

In Deutschland ist man von Rechnungslegungsregeln, die eine Marktbewertung vorschreiben, noch weit entfernt. Dies hängt zum einen mit der bei uns zugrundeliegenden Rechnungslegungsphilosophie zusammen, die den Gläubigerschutz in den Vordergund stellt und dementsprechend das Vorsichtsprinzip betont, während in der anglo-amerikanischen Rechnungslegungsphilosophie Investorinteressen und Matching-Principle dominieren. Zum anderen steht einer Marktbewertung in Deutschland das Maßgeblichkeitsprinzip entgegen. Eine Übernahme der anglo-amerikanischen Grundsätze im Zuge einer internationalen Harmonisierung der Rechnungslegung wäre daher zum jetzigen Zeitpunkt nicht ohne Systemveränderungen möglich. Auch eine möglicherweise erzwungene Übernahme dieser Grundsätze aufgrund der Anstrengungen der IOSCO bzw. der EG-Kommission ist unter diesen Gesichtspunkten kritisch zu beurteilen.

Ungeachtet der Überlegungen zur grundsätzlichen Übertragbarkeit oder zu einer eventuell zwangsweisen Übertragung anglo-amerikanischer Prinzipien auf die deutsche Rechnungslegung finden sich jedoch auch in der deutschen Bilanzierungspraxis mit der Bildung von Bewertungseinheiten Ansätze einer Marktbewertung. Aufgrund der strengen Voraussetzungen, die an die Bildung solcher Bewertungseinheiten zu stellen sind, ist die Einhaltung des Realisationsprinzips als Ausdruck des Vorsichtsprinzips gewährleistet und somit die Vereinbarkeit mit den gesetzlichen Vorschriften und den Grundsätzen ordnungsmäßiger Buchführung gegeben. Es handelt sich bei dieser Vorgehensweise allerdings um Usancen, die ihre Grundlage nicht in Rechnungslegungsgrundsätzen, sondern in der internationalen Bilanzierungspraxis finden.

An dieser Stelle soll abschließend die Frage gestellt werden, ob eine Übernahme anglo-amerikanischer Rechnungslegungsgrundsätze für die Befriedigung der Informationsinteressen international operierender Investoren und Finanzanalysten überhaupt erforderlich ist. Den stärkeren Informationsbedürfnissen kann schließlich auch dadurch begegnet werden, daß die Unternehmen ihr Publizitätsverhalten entweder freiwillig oder nach der Vorgabe bestimmter offenzulegender Angaben an internationale Bilanzierungsgepflogenheiten anpassen und die erforderlichen zusätzlichen Informationen zur Verfügung stellen.[143]

---

[143] Vgl. *Seeberg,* a.a.O. (Fn. 19), S. 140f.; *Schildbach,* FS Moxter, a.a.O. (Fn. 116), S. 721.

KLAUS v. WYSOCKI

Zur Abgrenzung und Offenlegung des Finanzmittelfonds in der Kapitalflußrechnung nach internationalen Grundsätzen und nach der Stellungnahme HFA 1/1995

I. Problemstellung und Anlaß der Untersuchung
II. Zur Diskussion um die zweckmäßige Abgrenzung des Finanzmittelfonds
III. Zur Lösung des Abgrenzungproblems nach den internationalen Stellungnahmen und nach HFA 1/1995
    1. Abgrenzung nach internationalen Stellungnahmen
    2. Abgrenzung nach HFA 1/1995
    3. Erfassung von Wertänderungen im Finanzmittelfonds
IV. Zusatzangaben zum Finanzmittelfonds
    1. Berichterstattung über die Abgrenzung des Finanzmittelfonds und Überleitung zu Bilanzposten
    2. Berichterstattung über die Verfügbarkeit des Finanzmittelfonds
V. Schlußbemerkungen: Erfassung und Offenlegung von Änderungen im Finanzmittelfonds in Sonderfällen

I. Problemstellung und Anlaß der Untersuchung

Im März 1995 wurde eine grundlegend überarbeitete Fassung einer Stellungnahme zur Kapitalflußrechnung mit dem Titel: „HFA 1/1995: ‚Die Kapitalflußrechnung als Ergänzung des Jahres- und Konzernabschlusses' Gemeinsame Stellungnahme des Hauptfachausschusses und des Arbeitskreises ‚Finanzierungsrechnung' der Schmalenbach-Gesellschaft/ Deutsche Gesellschaft für Betriebswirtschaft e. V." veröffentlicht.[1] Die Neufassung der Stellungnahme ist das Ergebnis einer Gemeinschaftsarbeit zwischen dem Hauptfachausschuß im Institut der Wirtschaftsprüfer und dem Arbeitskreis „Finanzierungsrechnung" der Schmalenbach-Gesellschaft/Deutsche Gesellschaft für Betriebswirtschaft e.V.

Vom Hauptfachausschuß des IDW (HFA) war bereits im Jahre 1978 eine erste Stellungnahme zur Kapitalflußrechnung: „Die Kapitalflußrechnung als Ergänzung des Jahresabschlusses"[2] vorgelegt worden. Diese Stellungnahme wurde im Jahre 1990 an das neue Bilanzrecht des Handelsgesetzbuchs angepaßt, ohne daß dabei wesentliche konzeptionelle Änderungen vorgenommen wurden.

Anlaß für die Neufassung der HFA-Stellungnahme 1/1978 war die Berücksichtigung von Ergebnissen der in der jüngeren Zeit intensiv geführten internationalen Diskussion zur Gestaltung von Kapitalflußrechnungen: In den angelsächsischen Ländern, insbesondere in den USA und in Großbritannien, werden von den börsennotierten Gesellschaften seit längerem Kapitalflußrechnungen als Teil des offenzulegenden Jahresabschlusses verlangt. So für Großbritannien nach der Verlautbarung SSAP 10 „Statements of Source and Application of Funds"; diese Stellungnahme wurde 1991 durch die Stellungnahme FRS No. 1 des Accounting Standards Board [ASB]: „Cash Flow Statements" ersetzt.[3] In den USA wurde die Opinion No. 19 des Accounting Principles Board: „Reporting Changes in Financial Position"[4] durch die Stellungnahme des Financial Accounting Standards Board: SFAS No. 95: „Statement of Cash Flows"[5] abgelöst. Auf internationaler Ebene liegt

---
[1] Vgl. WPg 1995, S. 210–213.
[2] WPg 1978, S. 207f.
[3] Vgl. *Accounting Standards Board:* FRS No. 1 „Cash Flow Statements", Accountancy, Nov. 1991, S. 129ff.
[4] *American Institute of Certified Public Accountants* (AICPA): APB Opinion Nr. 19: „Reporting Changes in Financial Position", Journal of Accountancy, Jun. 1971, S. 69ff.
[5] Vgl. *Financial Accounting Standards Board:* Stellungnahme SFAS No. 95, „Statement of Cash Flows", Journal of Accountancy, Feb. 1988, S. 139.

schließlich die (im Jahre 1992 geänderte) Stellungnahme IAS 7 des International Accounting Standards Committee (IASC) „Cash Flow Statements"[6] vor.[7] Anlaß für die Neufassung einer Stellungnahme zur Kapitalflußrechnung waren ferner die Tendenzen auch deutscher Unternehmen und Konzerne, international anerkannte Grundsätze zur Aufstellung von Kapitalflußrechnungen zu rezipieren, um sich so den Zugang zu internationalen Kapitalmärkten zu erleichtern.

Einer der wesentlichen Unterschiede zwischen der Stellungnahme HFA 1/1978 und der neuen Stellungnahme HFA 1/1995 ist – in Anpassung an die Ergebnisse der international geführten Diskussion zur Kapitalflußrechnung – die Einschränkung der Wahlmöglichkeiten bei der Abgrenzung des Finanzmittelfonds. Die Stellungnahme 1/1995 übernimmt die Ergebnisse der internationalen Diskussion einschließlich ihrer Begründung.[8] Es heißt in der Stellungnahme HFA 1/1995: „Ausgangspunkt der Kapitalflußrechnung ist ein Zahlungsmittelbestand, der als Finanzmittelfonds bezeichnet wird. In diesen Fonds sind nur Zahlungsmittel und Zahlungsmittel-Äquivalente einzubeziehen. Eine solche enge Abgrenzung des Finanzmittelfonds hat gegenüber umfassenderen Fondsabgrenzungen (z. B. Netto-Geldvermögen oder Netto-Umlaufvermögen) den Vorzug, daß die Fondsbestände in ihrer jeweiligen Währung keinen wesentlichen Wertänderungsrisiken ausgesetzt sind." Zu Einzelfragen der Abgrenzung und zu Fragen der Offenlegung des Finanzmittelfonds nimmt der vorliegende Beitrag Stellung.

II. Zur Diskussion um die zweckmäßige Abgrenzung des Finanzmittelfonds

Die Frage der Fondsabgrenzung, d. h. der Abgrenzung des sog. Finanzmittelfonds ist in Deutschland bisher vor allem unter Wirtschaftlichkeitsgesichtspunkten geführt worden. Gesucht war eine Fondsabgren-

---
[6] Vgl. *International Accounting Standards Committee,* International Accounting Standard (IAS 7) „Cash Flow Statements" (revised 1992), Sonderdruck, London 1992.
[7] Zur Kommentierung der Stellungnahme in Einzelheiten vgl. *Mansch/Stolberg/v. Wysocki,* Die Kapitalflußrechnung als Ergänzung des Jahres- und Konzernabschlusses, Anmerkungen zur gemeinsamen Stellungnahme HFA 1/1995 des Hauptfachausschusses und der Schmalenbach-Gesellschaft, WPg 1995, S. 185–203. Zum Vergleich zwischen der Stellungnahme HFA 1/1978 und der Stellungnahme HFA 1/1995 vgl. *v. Wysocki,* Zur jüngeren Entwicklung der Kapitalflußrechnung in Deutschland, in: Rechenschaftslegung im Wandel, Festschrift für Budde, hrsg. v. Förschle u. a., München 1995, S. 681–694.
[8] Vgl. HFA 1/1995, Abschnitt 2.

zung, die möglichst einfach aus dem externen Rechnungswesen ableitbar ist. Unter diesem Gesichtspunkt wurden unterschiedliche Abgrenzungen des „Finanzmittelfonds" diskutiert und vorgeschlagen. Entsprechend hatte auch der HFA in seiner Stellungnahme HFA 1/1978 noch alternativ die folgenden Abgrenzungen empfohlen:

- Die (netto) verfügbaren flüssigen Mittel; dies sind nach § 266 Abs. 2 B.IV. HGB: Schecks, Kassenbestand, Bundesbank- und Postbankguthaben, Guthaben bei Kreditinstituten – gegebenenfalls abzüglich der kurzfristigen Verbindlichkeiten gegenüber Kreditinstituten (§ 266 Abs. 3 C.2. HGB); als „kurzfristig" sollten nach HFA 1/1978[9] alle Posten mit einer Restlaufzeit von bis zu einem Jahr angesehen werden.
- Das Nettogeldvermögen sollte nach HFA 1/1978 zusätzlich zu den (netto) verfügbaren flüssigen Mitteln sämtliche Geldforderungen abzüglich der Geldverbindlichkeiten mit einer Restlaufzeit bis zu dem nächsten Bilanzstichtag, d. h. mit höchstens einem Jahr umfassen.
- Das Nettoumlaufvermögen sollte nach HFA 1/1978 zusätzlich zu dem Nettogeldvermögen die kurzfristigen aktiven und passiven Nichtgeldpositionen, also Vorräte, Anzahlungen und Rechnungsabgrenzungsposten umfassen, also das sog. „net working capital" im angelsächsischen Sinne.

Gegen die Umschreibung des Finanzmittelfonds im Sinne des Nettoumlaufvermögens (net working capital) spricht vor allem, daß in einer auf dieser Größe aufgebauten „Finanzflußrechnung" nicht nur Zahlungsbewegungen sondern auch Nicht-Zahlungsvorgänge abgebildet würden. Hinzu kommt, daß bei einer derartigen Abgrenzung Bewertungswahlrechte, besonders im Bereich des Vorratsvermögens, Eingang in die Liquiditätsdarstellung finden würden. Bewertungsänderungen der im Finanzmittelfonds enthaltenen Posten würden als Zahlungszuflüsse/-abflüsse interpretiert werden, obwohl solche Bewertungsänderungen keine Zahlungsvorgänge darstellen.

Für die Umschreibung des Finanzmittelfonds im Sinne des (Netto-) Geldvermögens spricht vor allem, daß eine Kapitalflußrechnung auf der Grundlage des Netto-Geldvermögens relativ einfach aus einem nach neuem Bilanzrecht aufgestellten Jahresabschluß abgeleitet werden kann, weil Kapitalgesellschaften nach dem HGB ohnehin die Restlaufzeiten der Forderungen und Verbindlichkeiten bis zu einem Jahr angeben müssen. Zusätzlicher Aufwand für die Datenbeschaffung würde

---

[9] Vgl. HFA 1/1978, Abschnitt II.3.

insoweit anläßlich der Aufstellung einer Kapitalflußrechnung auf der Grundlage des Netto-Geldvermögens nicht entstehen. Die Stellungnahme HFA 1/1978 hat wohl aus diesem Grunde der Verwendung des Nettogeldvermögens als Finanzmittelfonds den Vorzug gegeben. Aber auch hier kann die relativ weite Fondsabgrenzung zu Fehlinterpretationen der Kapitalflußrechnung führen. Bewertungsänderungen der in den Fonds einbezogenen Aktiv- und Passivposten werden als Fondsveränderungen nicht von den Zahlungsvorgängen getrennt.

Für die Umschreibung des Finanzmittelfonds im Sinne der flüssigen Mittel spricht die intendierte Darstellung nur der Zahlungsströme und der liquiden Mittel in einer externen Kapitalflußrechnung. Wesentlicher Vorteil einer so engen Abgrenzung des Finanzmittelfonds ist die weitgehende Vermeidung von Bewertungseinflüssen, die sich bei einer zu weiten Abgrenzung des Finanzmittelfonds ergeben können. Dem steht allerdings der Nachteil gegenüber, daß die Trennung der zahlungswirksamen Vorgänge von den erfolgs- und bestandswirksamen Vorgängen bei den üblicherweise primär auf Bestandsfortschreibung und Erfolgsermittlung ausgerichteten Buchhaltungssystemen weit größere Schwierigkeiten bereitet als die Erfassung der Veränderungen des Netto-Geldvermögens bzw. des Netto-Umlaufvermögens und deren Zuordnung zu Finanzierungs- und Investitionsvorgängen sowie zu den Vorgängen der laufenden Geschäftstätigkeit.

Es wurde aus diesen Gründen seinerzeit den Unternehmen (Konzernen) überlassen, ob sie bei der Abgrenzung der Liquiditätsposition entweder einer Analyse der Zahlungsvorgänge auf der Grundlage der Netto-flüssigen Mittel, des Netto-Geldvermögens oder des Netto-Umlaufvermögens den Vorzug geben wollten.

III. Zur Lösung des Abgrenzungsproblems nach den internationalen Stellungnahmen und nach HFA 1/1995

1. Abgrenzung nach internationalen Stellungnahmen

In der internationalen Diskussion ist inzwischen der Widerstreit zwischen der Einfachheit der Ableitung von Kapitalflußrechnungen und deren Aussagekraft in bezug auf die darzustellenden Zahlungsmittelzuflüsse/-abflüsse eindeutig zugunsten der Aussagefähigkeit solcher Rechnungen gelöst worden. Als Finanzmittelfonds sollen deshalb nur

Zur Abgrenzung und Offenlegung des Finanzmittelfonds

die Zahlungsmittel und die sog. Zahlungsmittel-Äquivalente benutzt werden (cash und cash-equivalents).[10]

Die Abgrenzung des Finanzmittelfonds nach SFAS No. 95, FRS No. 1 und IAS 7 ist entsprechend dieser Grundsatzentscheidung konsequenter als die in der Stellungnahme HFA 1/1978, weil dafür Sorge getragen wird, daß im Interesse der Aussagefähigkeit der Kapitalflußrechnung in die „cash equivalents" nur solche Posten aufgenommen werden können, die Bewertungsüberlegungen grundsätzlich überflüssig machen; wo sich dennoch solche Bewertungseinflüsse auf die Fondsdarstellung auswirken, sind sie innerhalb der Kapitalflußrechnung offenzulegen.

Unter „cash" werden hierbei die Barmittel (cash on hand) und die täglich fälligen Guthaben bei Banken und Finanzinstituten verstanden. „cash equivalents" werden in der Stellungnahme SFAS No. 95[11] wie folgt definiert:

„Cash equivalents are short-term, highly liquid investments that are both: (a) readily convertible to known amounts of cash (b) so near their maturity that they present insignificant risk of changes in value because of changes in interest rates. Generally, only investments with original maturities of three months or less qualify under that definition."

Ähnliche Definitionsmerkmale für die „cash equivalents" finden sich in den Stellungnahmen FRS No. 1[12] und IAS 7.[13] Da der Internationale Rechnungslegungsgrundsatz IAS 7 i.d.F. von 1992 bei der Neufassung der Stellungnahme HFA 1/1995 als „Meßlatte" für eine den internationalen Standards entsprechende Kapitalflußrechnung herangezogen worden ist, wird die Definition der Zahlungsmittel-Äquivalente nach IAS 7 ebenfalls im Originalwortlaut wiedergegeben:[14]

„Cash equivalents are held for the purpose of meeting short-term cash commitments rather than for investment or other purposes. For an investment to qualify as a cash equivalent it must be readily convertible to a known amount and be subject to an insignificant risk of changes in value. Therefore, an investment normally qualifies as a cash equivalent only when it has a short maturity of, say, three months or less

---

[10] Vgl. z. B. SFAS No. 95 Tz. 8; IAS 7 (revised 1992) Tz. 6–8.
[11] SFAS No. 95 Tz. 8.
[12] Vgl. FRS No. 1 Tz 3.
[13] Vgl. IAS 7 (revised 1992) Tz 7.
[14] IAS 7 (revised 1992) Tz. 7.

from the date of acquisition. Equity investments are excluded from cash equivalents unless they are, in substance, cash equivalents, for example in the case of preferred shares acquired within a short period of their maturity and with a specified redemtion date."

Danach gehören nach Auffassung der genannten Stellungnahmen zum Finanzmittelfonds nur die Barbestände in in- und ausländischer Währung sowie kurzfristige Forderungen (Restlaufzeit vom Entstehungstag gerechnet: höchstens drei Monate), jedoch dürfen solche Forderungen keinen wesentlichen Einlösungsrisiken unterliegen. „Equity investments" können dagegen nur in Ausnahmefällen in den Finanzmittelfonds einbezogen werden.

2. Abgrenzung nach HFA 1/1995

Die Stellungnahme HFA 1/1995 sucht diese enge Abgrenzung des Finanzmittelfonds durch Bezugnahme auf das Bilanzgliederungsschema nach § 266 HGB zu konkretisieren. Danach sollen zum Finanzmittelfonds die „liquiden Mittel" im Sinne von § 266 Abs. 2 B.IV. HGB gehören, also:

- Schecks,
- Kassenbestand,
- Bundesbank- und Postbankguthaben sowie
- Guthaben bei Kreditinstituten.

Gleichwohl soll der Bilanzposten „liquide Mittel" nicht unbesehen dem Finanzmittelfonds zugerechnet werden. Die Einbeziehung in den Finanzmittelfonds soll vielmehr nur dann erfolgen, wenn die darin enthaltenen Bestände nicht als Finanzinvestitionen gehalten werden und deshalb im Rahmen der Kapitalflußrechnung als Investitionen behandelt werden müssen, sondern dazu dienen, kurzfristigen Zahlungsverpflichtungen nachzukommen. Dies bedeutet in Übereinstimmung mit den internationalen Stellungnahmen, daß die in den Finanzmittelfonds aufzunehmenden Bestände nur unwesentlichen Einlösungsrisiken unterliegen dürfen und kurzfristig veräußerbar sein müssen oder eine Restlaufzeit[15] von nicht mehr als etwa drei Monaten aufweisen.

---

[15] Um Umgliederungen zu vermeiden und in Übereinstimmung mit IAS 7 (revised 1992) Tz. 7, sollte die Ermittlung der Restlaufzeiten nicht an den Bilanzstichtag, sondern an den Zugangstag des betreffenden Postens anknüpfen.

Nach der Stellungnahme HFA 1/1995 wird allerdings auch akzeptiert, daß unter Beachtung des Stetigkeitsgrundsatzes weitere Posten (z. B. Wertpapiere mit Ausnahme der „equity investments") in den Finanzmittelfonds aufgenommen werden können, wenn diese kurzfristig veräußerbar sind und als Liquiditätsreserve gehalten werden.[16] Diese Abweichung von dem Abgrenzungsgrundsatz für die Zahlungsmittel-Äquivalente findet ihre Entsprechung in der Stellungnahme IAS 7. Auch IAS 7 verzichtet auf eine völlig starre Abgrenzung derjenigen Beträge, die in der Kapitalflußrechnung als Zahlungsmittel-Äquivalente zu behandeln sind und weist zur Begründung darauf hin, daß angesichts der unterschiedlichen Praktiken des „cash-management" von Unternehmen und Konzernen eine starre Abgrenzung nicht zweckmäßig sei.[17] In solchen Fällen sollte dann aber auf jeden Fall über die Zusammensetzung des Fonds und über die möglichen Bewertungseinflüsse auf die Fondsveränderungen informiert werden.[18]

Nach den internationalen Grundsätzen soll der Finanzmittelfonds eine Brutto-Größe sein, d. h. eine Saldierung von Zahlungsmitteln oder Zahlungsmittel-Äquivalenten mit kurzfristigen Verbindlichkeiten, wie dies nach der Stellungnahme HFA 1/1978 auch bei der Wahl der „Nettoflüssigen Mittel" als Finanzmittelfonds vorgesehen war, soll grundsätzlich ausgeschlossen sein. Aber auch hier läßt IAS 7 Ausnahmen zu.[19] Danach gehört die Aufnahme von Bankverbindlichkeiten im allgemeinen zu den Finanzierungstätigkeiten und deshalb nicht in den Finanzmittelfonds. Bestehen jedoch Kontokorrent-Verhältnisse, und stellen solche Kontokorrent-Beziehungen einen Bestandteil des „cash management" des jeweiligen Unternehmens (Konzerns) dar, so können auch entsprechende Haben-Posten in den Finanzmittelfonds einbezogen werden. Entsprechend heißt es in der Stellungnahme HFA 1/1995: „Jederzeit fällige Bankverbindlichkeiten, die in die Disposition der liquiden Mittel einbezogen sind, können mit negativem Vorzeichen als Bestandteil des Finanzmittelfonds berücksichtigt werden."[20] Auch in diesen Fällen sollen Angaben über die Zusammensetzung des Fonds offengelegt werden.[21]

---

[16] Vgl. HFA 1/1995, Abschnitt 2 Abs. 3.
[17] Vgl. IAS 7 (revised 1992) Tz. 7 und Tz. 45.
[18] Vgl. HFA 1/1995, Abschnitt 2 Abs. 3. Treten z. B. bei der Einbeziehung von Wertpapieren mit wechselnden (Markt-)Werten Wertdifferenzen auf, sollen diese Differenzen in der Fondsveränderungsrechnung (Zeilen 15 bzw. 18 der in der Stellungnahme 1/1995 enthaltenen Mindestgliederungsschemata) offengelegt werden.
[19] Vgl. IAS 7 (revised 1992) Tz. 8.
[20] HFA 1/1995, Abschnitt 3 Abs. 3.
[21] Vgl. HFA 1/1995, Abschnitt 3 Abs. 3.

Unter Bezugnahme auf das Bilanzgliederungsschema nach § 266 HGB ergeben sich demnach zusammenfassend die folgenden grundsätzlichen Abgrenzungen für die Finanzmittelfonds im Vergleich zu der Abgrenzung nach den internationalen Stellungnahmen, nach der Stellungnahme HFA 1/1978 i.d.F. 1990 und nach der Stellungnahme HFA 1/1995 (Zahlungsmittel und Zahlungsmittel-Äquivalente):

Positionen (§ 266 HGB)	Cash & equivalents	Flüssige Mittel netto	Netto-Geldvermögen	Nettoumlaufvermögen
Laufzeiten	max. 3 Monate	max. 1 Jahr	max. 1 Jahr	nicht begrenzt
Kurzfristige Aktiva				
Flüssige Mittel (A.IV.)*	•	•	•	•
Wertpapierte des UV (B.III.1, 3*)			•	•
Geleistete Anzahlungen (B.I.4)				
Vorräte (B.I.)				•
Forderungen (B.II.)			•	•
Sonstige Vermögensgegenstände (B.II.4)			•	•
Rechnungsabgrenzungsposten (C.)				•
Kurzfristige Passiva				
Rückstellungen (kurzfristig, B.3)				•
Verbindlichkeiten gegenüber Kreditinstituten (C.2)		•	•	•
davon aus Kontokorrent*	•			
Erhaltene Anzahlungen (C.3)				
Verbindlichkeiten aus Lieferungen und Leistungen (C.4)			•	•
Wechselverbindlichkeiten (C.5)			•	•
andere Verbindlichkeiten (C.6-8)			•	•
Rechnungsabgrenzungsposten (D.)				•

* Sofern Zahlungsmittel-Äquivalente und sofern nicht in den Teilbereichen Investition oder Finanzierung zu berücksichtigen

Abb. 1: Zuordnung von Bilanzposten zum Finanzmittelfonds

3. Erfassung von Wertänderungen im Finanzmittelfonds

Trotz der engen Abgrenzung des Finanzmittelfonds nach IAS 7 und HFA 1/1995 lassen sich (zahlungsunwirksame) Wertänderungen von Fondsposten, dann nicht vermeiden, wenn sich im Finanzmittelfonds Fremdwährungsbestände oder andere Posten, die Wertänderungen unterliegen, befinden. Änderungen des Finanzmittelbestandes zwischen dem Anfang und dem Ende der Berichtsperiode können, wenn im Finanzmittelfonds Fremdwährungsposten enthalten sind, durch Änderungen der Umrechnungskurse entstehen. Gleiches gilt dann, wenn bei den im Finanzmittelfonds enthaltenen Posten, wie z. B. Wertpapieren, (Markt-)Wertänderungen stattgefunden haben. In der Stellungnahme IAS 7 wird hierzu – allerdings nur in bezug auf Fremdwährungsposten im Finanzmittelfonds – festgestellt:[22]

"... the effect of exchange rate changes on cash and cash equivalents held or due in a foreign currency is reported in the cash flow statement in order to reconcile cash and cash equivalents at the beginning and at the end of the period. ..."

In der Stellungnahme HFA 1/1995 wird diese Forderung durch eine entsprechende Gestaltung der (Mindest-)Gliederungen für die Kapitalflußrechnung berücksichtigt: Im Rahmen der Fondsveränderungsrechnung[23] sollen in einer besonderen Zeile – falls vorhanden – die „Wechselkursbedingten und sonstigen Wertänderungen des Finanzmittelbestands" gezeigt werden. Zu beachten ist, daß die Stellungnahme HFA 1/1995 in die Korrektur nicht nur die Fremdwährungsposten sondern auch die sonstigen Änderungen des Finanzmittelbestands, die sich z. B. durch Wertänderungen von im Fonds befindlichen Wertpapieren ergeben können, einbezieht (Abbildung 2):

- Zahlungswirksame Veränderung des Finanzmittelbestands (Summe der Zuflüsse/Abflüsse aus laufender Geschäftstätigkeit, aus der Investitionstätigkeit und aus der Finanzierungstätigkeit)
- +/− Wechselkursbedingte und sonstige Wertänderungen des Finanzmittelbestands
- + Finanzmittelbestand am Anfang der Periode

- = Finanzmittelbestand am Ende der Periode

Abb. 2: Fondsveränderungsrechnung, Sonderausweis der wechselkursbedingten und sonstigen Wertänderungen des Finanzmittelbestands

---

[22] IAS 7 (revised 1992) Tz. 28.
[23] Vgl. dazu das Mindestgliederungsschema nach HFA 1/1995, Abschnitt 3.1 oder 3.2 in Abb. 2.

Zur Technik der Berechnung des Korrekturpostens für die Wertänderungen im Finanzmittelfonds enthalten weder die Stellungnahme IAS 7 noch die Stellungnahme HFA 1/1995 nähere Hinweise.[24]

IV. Zusatzangaben zum Finanzmittelfonds

Wegen der Bedeutung, die der Finanzmittelfonds und seine Abgrenzung für die Interpretierbarkeit von Kapitalflußrechnungen besitzt, verlangt IAS 7 eine Offenlegung der Komponenten des Finanzmittelfonds, eine Überleitung zu den entsprechenden Bilanzposten und die Offenlegung von etwaigen Verfügungsbeschränkungen, denen Teile des Finanzmittelfonds unterliegen können. Die Stellungnahme HFA 1/1995 folgt den entsprechenden Festlegungen der Stellungnahme IAS 7 nicht vollständig: Im Rahmen von freiwillig erstellten Kapitalflußrechnungen werden einige der Zusatzangaben lediglich als „sachgerecht" bezeichnet; die Stellungnahme 1/1995 verlangt die entsprechenden Zusatzangaben nur dann, wenn die Aufsteller von Kapitalflußrechnungen die Absicht haben, die Rechnung vollständig an die Mindestanforderungen von IAS 7 anzupassen.

1. Berichterstattung über die Abgrenzung des Finanzmittelfonds und Überleitung zu Bilanzposten

IAS 7 verlangt stets die Offenlegung der Komponenten des Finanzmittelfonds,[25] um so den Einblick in die Finanz- und Liquiditätspolitik des berichtenden Unternehmens/Konzerns zu ermöglichen.

Eine nur verbale Berichterstattung über die Zusammensetzung des Finanzmittelfonds dürfte hier nicht ausreichen, denn IAS 7 verlangt zusätzlich eine Überleitungsrechnung (reconciliation) für die Komponenten des Finanzmittelfonds zu den entsprechenden Bilanzposten.[26] Danach ist jeder Bilanzposten, der Zahlungsmittel und Zahlungsmittel-Äquivalente enthält, aufzugliedern in jene Bestandteile, die in den Finanzmittelfonds einbezogen worden sind und solche Bestandteile, die in den Teilbereichen Geschäftstätigkeit, Investition und Finanzierung berücksichtigt wurden.

---

[24] Beispiele für die Berechnung finden sich in der Stellungnahme SFAS No. 95, Appendix C, Tz. 146 und in dem Erläuterungsaufsatz zur Stellungnahme HFA 1/1995, Abschnitt F. (vgl. *Mansch/Stolberg/v. Wysocki*, WPg 1995, S. 199 ff.).
[25] Vgl. IAS 7 (revised 1992) Tz. 45.
[26] Vgl. IAS 7 (revised 1992) Tz. 45.

HFA 1/1995[27] verlangt eine Angabe der Fondskomponenten nur dann, wenn außer den Zahlungsmittel-Äquivalenten im engeren Sinne weitere Posten (zulässigerweise) in den Finanzmittelfonds einbezogen sind. Eine Fondsveränderungsrechnung dagegen, in der – ausgehend von den Fondskomponenten zu Beginn der Periode – die nach Komponenten gegliederten Veränderungen bis zu den Endbeständen fortgeführt werden, wird zwar nicht verlangt, kann aber m.E. durchaus empfehlenswert sein. Die Stellungnahme HFA 1/1978 sah eine solche aufgegliederte Fondsveränderungsrechnung noch vor:[28] „Der Saldo der Veränderung des Finanzmittelfonds sollte so aufgegliedert werden, daß die Veränderung der wesentlichen Positionen, aus denen sich der Finanzmittelfonds zusammensetzt, ersichtlich wird."

2. Berichterstattung über die Verfügbarkeit des Finanzmittelfonds

Sind im Finanzmittelfonds Bestände enthalten, über die das Unternehmen nicht oder nur beschränkt verfügen kann, so ist insoweit der Einblick in die Liquiditätslage beeinträchtigt. IAS 7 verlangt deshalb ferner eine Kommentierung, wenn der Finanzmittelbestand wesentliche Beträge enthält, die der Verfügungsmöglichkeit durch das Unternehmen oder durch den Konzern ganz oder teilweise entzogen sind.[29]

Es kann sich hierbei – worauf in der Stellungnahme HFA 1/1995 ausdrücklich hingewiesen wird[30] – einmal um die quotal in die Konzern-Kapitalflußrechnung einbezogenen Anteile am Finanzmittelfonds von Gemeinschaftsunternehmen nach § 310 HGB handeln, über die das Unternehmen oder der Konzern nicht unabhängig von seinen Partnern im Gemeinschaftsunternehmen verfügen kann. Es kann sich ferner um Bestände in nicht oder nur beschränkt konvertierbaren Währungen im Finanzmittelfonds handeln. In Betracht kommen auch administrative Verwendungsbeschränkungen, denen Teile des Finanzmittelfonds unterliegen.

Eine Beschränkung der Konvertierbarkeit der Währungen kann darin bestehen, daß die Verwendbarkeit einzelner Währungen auf regionale (nationale) Bereiche begrenzt ist: Die betreffenden Währungen können deshalb nicht oder nur beschränkt in die Zahlungsdispositionen des Unternehmens einbezogen werden. Eine weitere Folge kann sein,

---

[27] Vgl. HFA 1/1995, Abschnitt 2 Abs. 3.
[28] HFA 1/1978, Abschn III.5.
[29] Vgl. IAS 7 (revised 1992) Tz. 48.
[30] Vgl. HFA 1/1995, Anlage, Abschnitt 1.

daß die betreffenden Währungen (offiziell) nur zu unrealistischen Kursen in andere Währungen, vor allem in die Berichtswährung des Unternehmens/Konzerns, umgetauscht werden können.

Es geht schließlich um jene Fälle, in denen Bestände von an sich voll konvertierbaren Währungen durch administrative Maßnahmen der nationalen Regierungen mehr oder weniger strengen Verwendungsbeschränkungen unterworfen sind. So ist es z. B. möglich, daß DM- oder Dollarbestände aus bestimmten Ländern weder in das Sitzland des bilanzierenden Unternehmens noch in dritte Länder transferiert werden dürfen, oder es ist möglich, daß die Bestände an konvertierbaren Währungen innerhalb dieser Länder nur bestimmten Verwendungen, z. B. zur Finanzierung bestimmter im nationalen Interesse liegender Importe, zugeführt werden können, wobei die zugelassenen Verwendungszwecke keineswegs im jeweiligen Unternehmens-(Konzern-)Interesse liegen müssen.

V. Schlußbemerkungen: Erfassung und Offenlegung von Änderungen im Finanzmittelfonds in Sonderfällen

Die vorstehenden Erörterungen beziehen sich im wesentlichen auf die zweckmäßige Gestaltung von Einzel-Kapitalflußrechnungen und auf die Erfassung der Zahlungsvorgänge in den Teilbereichen der laufenden Geschäftstätigkeit, der Investitions- und der Finanzierungstätigkeit eines Unternehmens. Die Darstellung wäre unvollständig, wenn nicht abschließend auf die Sonderfälle des Kaufs/Verkaufs von Unternehmen, auf die Auswirkungen von Veränderungen des Konsolidierungskreises auf die Konzern-Kapitalflußrechnung und auf die Behandlung von Gemeinschaftsunternehmen (§ 310 HGB) sowie von Assoziierten Unternehmen (§ 311 HGB) eingegangen würde.

Es entspricht der Konzeption der Zahlungsstrom-orientierten Kapitalflußrechnung, daß Veränderungen im Konsolidierungskreis nur mit den liquiditätswirksamen Beträgen erfaßt werden. Zu- und Abgänge von Vermögensgegenständen und Schulden durch die Erst- oder Entkonsolidierung von Konzerntöchtern dürfen keinen Einfluß auf die Veränderung des Finanzmittelbestandes haben und sind daher in der Kapitalflußrechnung nicht als Mittelzuflüsse oder Mittelabflüsse zu berücksichtigen.[31]

---

[31] Vgl. HFA 1/1995, Abschnitt 4.3, Satz 1; IAS 7 (revised 1992) Tz. 37.

Im Fall des Kaufs oder Verkaufs von Unternehmen ist in der Zahlungsstrom-orientierten Kapitalflußrechung entsprechend nur der zahlungswirksame Betrag, d. h. der Kaufpreis abzüglich/zuzüglich der zusammen mit dem Unternehmen erworbenen oder abgegebenen Zahlungsmittel und Zahlungsmittel-Äquivalente zu erfassen, soweit diese Mittel nicht gesondert ausgewiesen werden. Eine Einbeziehung der sonstigen erworbenen Vermögensgegenstände und Schulden in die Kapitalflußrechnung entspicht nach HFA 1/1995 nicht den tatsächlichen Zahlungsvorgängen; es sei allerdings sachgerecht, als zusätzliche Information die zahlungsunwirksamen Bestandsänderungen anzugeben.[32]

Nach IAS 7 dagegen sind außerhalb der Kapitalflußrechnung stets folgende Informationen als Gesamtbeträge bei Unternehmenskäufen und Unternehmensverkäufen offenzulegen:[33]

- Kauf- bzw. Verkaufspreis;
- Anteil der Zahlungsmittel und Zahlungsmitteläquivalente am vereinbarten Kauf- bzw. Verkaufspreis;
- der mit dem Unternehmen oder der sonstigen Geschäftseinheit erworbene bzw. verkaufte Bestand an Zahlungsmitteln und Zahlungsmittel-Äquivalenten;
- der mit dem Unternehmen oder der sonstigen Geschäftseinheit erworbene bzw. verkaufte Bestand an anderen Vermögensgegenständen und Schulden, gegliedert nach Hauptposten.

Bei Beteiligung eines Konzerns an einem Gemeinschaftsunternehmen darf dieses Unternehmen nach § 310 HGB quotal, d. h. entsprechend den Anteilen am Kapital in den Konzernabschluß einbezogen werden. In Übereinstimmung mit der Stellungnahme IAS 7[34] verlangt HFA 1/1995 im Falle der Quotenkonsolidierung des Gemeinschaftsunternehmen auch die anteilige (quotale) Übernahme der Zahlungen des Gemeinschaftsunternehmens in die Konzern-Kapitalflußrechnung.[35]

Im Falle von nach der Equity-Methode (§§ 311, 312 HGB) bewerteten Beteiligungen an Assoziierten Unternehmen sind – ebenso wie bei einer Beteiligungsbewertung nach dem Anschaffungskostenprinzip – nur die Zahlungen zwischen dem Konzern und diesen Unternehmen

---

[32] Vgl. HFA 1/1995, Abschnitt 4.3, Satz 2-5.
[33] Vgl. IAS 7 (revised 1992) Tz. 39-42; HFA 1/1995, Anhang, Abschnitt 4.
[34] Vgl. IAS 7 (revised 1992) Tz. 37.
[35] Vgl. HFA 1/1995, Abschnitt 4.4 Abs. 1.

(z. B. Dividenden, Kapitalrückzahlungen) sowie Zahlungen im Zusammenhang mit dem Erwerb oder Verkauf solcher Beteiligungen in der Konzern-Kapitalflußrechnung zu erfassen.[36] Die Stellungnahme HFA 1/1995 folgt damit der Stellungnahme IAS 7 in der unterschiedlichen Behandlung der quotal konsolidierten Unternehmen einerseits und der at equity bewerteten Beteiligungen an assoziierten Unternehmen andererseits. Der Grund dafür liegt darin, daß dann, wenn die Konzern-Kapitalflußrechnung eine Ergänzung des Konzernabschlusses sein soll, auch der beiden Rechnungen zugrunde gelegte Konsolidierungskreis übereinstimmen muß.

---

[36] Vgl. IAS 7 (revised 1992) Tz. 38; HFA 1/1995, Abschnitt 4.4 Abs. 2.

WOLFGANG ZIELKE

Zur Behandlung des Goodwill im Konzernabschluß

   I. Einleitung
      1. Problemstellung
      2. Einführendes Beispiel
  II. Erst- und Folgekonsolidierung
      1. IASC und US GAAP
      2. HGB
         a) Erfolgswirksame Abschreibung
         b) Erfolgsneutrale Verrechnung mit den Rücklagen
 III. Entkonsolidierung
      1. Entkonsolidierung bei erfolgswirksamer Behandlung des Goodwill
      2. Entkonsolidierung bei erfolgsneutraler Behandlung des Goodwill
  IV. Zusammenfassung

I. Einleitung

1. Problemstellung

In Geschäftsberichten international tätiger deutscher Unternehmen ist der Jahresabschluß des Mutterunternehmens (oftmals als „Dividendenabschluß" bezeichnet) zunehmend nicht mehr enthalten.[1] Hierin drückt sich die gestiegene Bedeutung des Konzernabschlusses als Informationsinstrument für externe Adressaten aus. Die vom Gesetzgeber eingeräumten Wahlrechte und Ermessensspielräume haben jedoch für die Gestaltung des Konzernabschlusses ein bilanzpolitisches Spektrum eröffnet, das es externen Analysten kaum erlaubt, die Entwicklung eines Unternehmens im Zeitablauf und im Vergleich zu anderen Unternehmen verläßlich zu beurteilen. Dies trifft vor allem für die Behandlung des Geschäfts- oder Firmenwertes[2] zu.

Im Rahmen der Erstkonsolidierung eines Tochterunternehmens ergibt sich – nach Anpassung der Wertansätze gem. § 308 Abs. 2 HGB und der Aufteilung von stillen Reserven und Lasten – in der Konzernbilanz immer dann ein Goodwill, wenn der vom Mutterunternehmen gezahlte Kaufpreis über dem anteiligen Eigenkapital des Tochterunternehmens liegt (§ 301 Abs. 3 HGB). Für die Behandlung dieses Goodwill in den Folgeperioden sind vom Gesetzgeber folgende Möglichkeiten vorgesehen:

– Abschreibung mit mindestens einem Viertel in jedem Geschäftsjahr gem. § 309 Abs. 1 Satz 1 HGB,
– planmäßige Abschreibung über die voraussichtliche Nutzungsdauer gem. § 309 Abs. 1 Satz 2 HGB oder
– offene Verrechnung mit den Rücklagen gem. § 309 Abs. 1 Satz 3 HGB.

Indem der Goodwill statt der grundsätzlich gebotenen erfolgswirksamen Behandlung durch Abschreibung – wie beim Einzelabschluß gem. § 255 Abs. 4 Satz 2 und 3 HGB – erfolgsneutral verrechnet werden kann, werden die Konzernergebnisse während der Nutzungsdauer des Goodwill verbessert (entlastet).

---
[1] So z. B. bei Bayer, Bertelsmann, Heraeus, Schering, Siemens, Thyssen, VEBA, Volkswagen.
[2] Nachfolgend als Goodwill bezeichnet. Vgl. zur Goodwill-Bilanzierung auch den Beitrag von *Koedijk,* S. 309 ff., in diesem Band.

Die Behandlung des (ggf. verrechneten) Goodwill beim Ausscheiden eines Unternehmens aus dem Konsolidierungskreis ist vom Gesetzgeber nicht geregelt. Hier stellt sich insbesondere die Frage, welche Auswirkungen die Ausübung der Wahlrechte des § 309 Abs. 1 HGB auf die Darstellung der Vermögens-, Finanz- und Ertragslage des Konzernabschlusses im Zeitpunkt des Ausscheidens hat und inwieweit dem „true and fair view"-Prinzip (§ 297 Abs. 2 HGB) entsprochen wird. In diesem Zusammenhang ist darauf hinzuweisen, daß die Bedeutung des „true and fair view"-Prinzips als Deduktionsbasis für die Grundsätze ordnungsmäßiger Konzernrechnungslegung nach wie vor umstritten ist.[3] Im folgenden wird davon ausgegangen, daß das „true and fair view"-Prinzip aufgrund der Informationsfunktion des Konzernabschlusses die vorrangige Generalnorm darstellt, ohne daß diese These nachfolgend problematisiert wird.[4]

Hans Havermann, ein Fachmann auf dem Gebiet der Konzernrechnungslegung, hat die Bedeutung des Konzernabschlusses als wichtiges Informationsinstrument frühzeitig erkannt und in mehreren Veröffentlichungen wichtige Beiträge zu seiner Fortentwicklung geleistet.[5] Inwieweit vom Jubilar die nachfolgenden Überlegungen geteilt werden, bleibt abzuwarten. Die Bereitschaft von *Hans Havermann* zum Querdenken hat aber jedenfalls stets ermutigt, sich auch mit herrschenden Meinungen kritisch auseinanderzusetzen.

---

[3] Vgl. zum Meinungsstand *Ballwieser,* Zur Frage der Rechtsform-, Konzern- und Branchenunabhängigkeit der Grundsätze ordnungsmäßiger Buchführung, in: Rechenschaftslegung im Wandel, Festschrift für Budde, hrsg. v. Förschle u. a., München 1995, S. 43–66, hier S. 52–57 m.w.N.

[4] Vgl. zur Bedeutung des „true and fair view"-Prinzips im Einzelabschluß jüngst *Clemm,* § 264 HGB und Wahlrechte, in: Rechenschaftslegung im Wandel, Festschrift für Budde, hrsg. v. Förschle u. a., München 1995, S. 135–156; *van Hulle,* „True and Fair View" im Sinne der 4. Richtlinie, in: Rechenschaftslegung im Wandel, Festschrift für Budde, hrsg. v. Förschle u. a., München 1995, S. 313–326; *Moxter,* Zum Verhältnis von handelsrechtlichen Grundsätzen ordnungsmäßiger Bilanzierung und True-and-fair-view-Gebot bei Kapitalgesellschaften, in: Rechenschaftslegung im Wandel, Festschrift für Budde, hrsg. v. Förschle u. a., München 1995, S. 419–429, jeweils m.w.N.

[5] Vgl. z. B. WP-Handbuch 1992, Bd. I, Abschnitte M und N; *Havermann,* Der Konzernabschluß nach neuem Recht – ein Fortschritt?, in: Bilanz- und Konzernrecht, Festschrift für Goerdeler, hrsg. v. Havermann, Düsseldorf 1987, S. 173–197; *ders.,* Offene Fragen der Konzernrechnungslegung, in: Bericht über die Fachtagung 1986 des IDW, S. 43–51; *ders.,* Die Handelsbilanz II – Zweck, Inhalt und Einzelfragen ihrer Erstellung, in: Handelsrecht und Steuerrecht, Festschrift für Döllerer, hrsg. v. Knobbe-Keuk u. a., Düsseldorf 1988, S. 185–203.

2. Einführendes Beispiel

Das Mutterunternehmen A erwirbt 100% der Anteile an der B-GmbH zum 1.1.01 zum Kaufpreis von 400. Bei einem Eigenkapital von 200 der B-GmbH ergibt sich – nach Aufteilung von stillen Reserven im Grund und Boden in Höhe von 50 – ein Goodwill von 150. Die Konzernergebnisse von A für den Zeitraum 01–05 – vor Berücksichtigung des Goodwill – sollen konstant mit 30 p.a. anfallen. Ausschüttungen erfolgen nicht. Das Konzerneigenkapital beträgt zum 1.1.01 870; davon entfallen 470 auf Rücklagen. Am 1.1.06 wird die B-GmbH für 350 an einen konzernfremden Dritten veräußert. An Gestaltungsmöglichkeiten werden gewählt:[6]

(1) Sofortabschreibung des Goodwill;
(2) Abschreibung mit 1/3 p.a. gem. § 309 Abs. 1 Satz 1 HGB;
(3) Planmäßige Abschreibung über eine Nutzungsdauer von 15 Jahren;
(4) Sofortige Verrechnung des Goodwill mit den Konzernrücklagen gem. § 309 Abs. 1 Satz 3 HGB;
(5) Ratierliche Verrechnung mit den Konzernrücklagen über einen Zeitraum von 10 Jahren.

Entsprechend den alternativen Gestaltungsmöglichkeiten (1) bis (5) ergeben sich für denselben Sachverhalt folgende unterschiedliche Auswirkungen auf das Konzerneigenkapital und den Konzernjahresüberschuß:

		01	02	03	04	05	per 1.1.06 nach Verkauf
Konzerneigenkapital zum 31.12. vor Berücksichtigung Goodwill		900	930	960	990	1.020	
Sofortige Abschreibung	(1)	750	780	810	840	870	970
Abschreibung mit 1/3	(2)	850	830	810	840	870	970
Abschreibung ND 15 J.	(3)	890	910	930	950	970	970
Verrechnung mit RL	(4)	750	780	810	840	870	970
Ratierliche Verrechnung	(5)	885	900	915	930	945	970
Konzernjahresüberschuß vor Berücksichtigung Goodwill		30	30	30	30	30	
Sofortige Abschreibung	(1)	./.120	30	30	30	30	100
Abschreibung mit 1/3	(2)	./.20	./.20	./.20	30	30	100
Abschreibung ND 15 J.	(3)	20	20	20	20	20	0
Verrechnung mit RL	(4)	30	30	30	30	30	./.50 oder 100
Ratierliche Verrechnung	(5)	30	30	30	30	30	./.50 oder 25

---

[6] Die Gestaltungsmöglichkeiten lassen sich bspw. durch Änderungen der Nutzungsdauern fast beliebig ausweiten. Vereinzelt ist auch die Kombination von erfolgswirksamer und erfolgsneutraler Behandlung des Goodwill anzutreffen.

Das positive Ergebnis aus dem Abgang von 100 bei den Alternativen (1) und (2) ergibt sich aus dem verbliebenen Eigenkapital des Tochterunternehmens (ursprünglich 400 abzügl. 150 Abschreibungen auf den Geschäftswert = 250) und dem erzielten Veräußerungserlös von 350. Beispiel (3) bleibt ohne Ergebnisauswirkung, da die bis 05 vorgenommenen Abschreibungen von insgesamt 50 dem Wertverlust zwischen dem ursprünglichen Eigenkapital (400) und dem Veräußerungserlös (350) entsprechen. Im Fall (4) ergibt sich bei Rückgängigmachung der ursprünglichen Verrechnung von 150 zunächst ein Konzerneigenkapital von 870 + 150 = 1.020, dem ein negatives Ergebnis aus dem Abgang des Konzernunternehmens von 350–400 = ./.50 gegenübersteht, so daß das Konzerneigenkapital ebenfalls 970 beträgt. Analoges gilt für den Fall (5), bei dem zunächst die bisherige Verrechnung von 75 rückgängig gemacht wird (975 + 75 = 1.020). Auch hiervon ist dann wieder der Verlust von ./.50 aus dem Abgang des Tochterunternehmens abzusetzen.

Sofern in den Fällen (4) und (5) jedoch die erfolgte Verrechnung des Goodwill mit den Konzernrücklagen beibehalten wird, beträgt das Konzerneigenkapital im Fall (4) zunächst 870. Aus dem Abgang des Tochterunternehmens ergibt sich dann ein rechnerischer Gewinn von 100, der das Eigenkapital auf 970 erhöht. Schließlich beträgt im Fall (5) das Konzerneigenkapital vor Veräußerung 945. Das Eigenkapital des ausscheidenden Konzernunternehmens beläuft sich auf 400 ./.75 = 325. Bei einem Veräußerungserlös von 350 verbleibt ein rechnerischer Gewinn von 25, der das Konzerneigenkapital auf 970 erhöht.

Wie die vorstehende Tabelle zeigt, entwickeln sich Konzerneigenkapital und -jahresüberschuß im Zeitablauf bei den alternativen Gestaltungsmöglichkeiten äußerst unterschiedlich. Insbesondere im Zeitpunkt der Veräußerung des Tochterunternehmens kommt es dabei in den Fallbeispielen (4) und (5) zu völlig abweichenden Ergebnissen, je nachdem, ob die ursprüngliche Verrechnung mit den Konzernrücklagen rückgängig gemacht wird oder nicht. Bei so gravierenden Ergebnisabweichungen muß sich die Frage nach der Einhaltung der Generalnorm des „true and fair view" stellen.

II. Erst- und Folgekonsolidierung

1. IASC und US GAAP

Sowohl in Deutschland als auch im Ausland ergibt sich der Goodwill nach der Aufdeckung der stillen Reserven und Lasten durch eine Gegenüberstellung des Buchwerts der Beteiligung mit dem (anteiligen) Eigenkapital des Tochterunternehmens. Auf Einzelheiten der Zuordnung von Unterschiedsbeträgen auf die einzelnen Vermögensgegenstände und Schulden sowie auf die in diesem Zusammenhang anzuwendenden Methoden (Buchwertmethode, Neubewertungsmethode) soll im Rahmen dieses Beitrages nicht eingegangen werden.

Bezüglich der Folgekonsolidierung besteht nach IAS 22 „Accounting for Business Combinations" für Geschäftsjahre, die vor dem 1. Januar 1995 begonnen haben, ein Wahlrecht zur erfolgswirksamen oder erfolgsneutralen Verrechnung des Goodwill.[7] Zur Begründung wird einerseits ausgeführt, daß Kaufpreiszahlungen, die das anteilige Eigenkapital übersteigen, in Erwartung zukünftiger Erträge geleistet würden, so daß die planmäßige Abschreibung über die voraussichtliche Nutzungsdauer angemessen sei.[8] Andererseits wird auf die fehlende selbständige Veräußerbarkeit sowie auf die Schwierigkeiten bei der Schätzung der Nutzungsdauer hingewiesen, so daß auch eine (sofortige) erfolgsneutrale Verrechnung mit dem Eigenkapital[9] zugelassen worden ist.

Nach der in 1993 verabschiedeten Neufassung von IAS 22 ist für Geschäftsjahre, die nach dem 31. Dezember 1994 beginnen, nunmehr ausschließlich die planmäßige Abschreibung zulässig.[10] Bei der in diesem Zusammenhang vorzunehmenden Schätzung der Nutzungsdauer sind unter anderem folgende Einflußfaktoren zu berücksichtigen:

– die absehbare Lebensdauer des Unternehmens oder der Branche,
– Auswirkungen der Nichtgängigkeit von Produkten, Nachfrageverschiebungen und anderen ökonomischen Faktoren,
– die erwartete Dienstzeit wichtiger Personen oder Personengruppen im Unternehmen,
– erwartete Aktionen von Wettbewerbern oder potentiellen Wettbewerbern,
– gesetzliche oder vertragliche Vorschriften, die die Nutzungsdauer beeinflussen.

Den verbleibenden Schwierigkeiten der Nutzungsdauerschätzung wird im Rahmen der Neuregelung zum einen dadurch Rechnung getra-

---

[7] Vgl. IAS 22 Tz. 40.
[8] Vgl. IAS 22 Tz. 20.
[9] Eine ratierliche Verrechnung ist nicht zulässig.
[10] Vgl. IAS 22 (revised 1993) Tz. 42.

gen, daß eine typisierte Regelnutzungsdauer von 5 Jahren vorgegeben wird. In begründeten Ausnahmefällen kann die Abschreibung jedoch auch über einen längeren Zeitraum, höchstens jedoch über 20 Jahre, erfolgen. Als Beispiel wird insbesondere ein eindeutiger Zusammenhang zwischen dem erworbenen Goodwill und der Nutzungsdauer einzelner Vermögensgegenstände genannt.[11] Daneben wird auf das Erfordernis zur fortlaufenden Einschätzung der Werthaltigkeit an nachfolgenden Bilanzstichtagen hingewiesen. Eine (dem Wertaufholungsverbot unterliegende) außerplanmäßige Abschreibung ist zwingend zu berücksichtigen, wenn und soweit der Wertansatz nicht durch zukünftige vermögenswerte Vorteile gedeckt ist.[12]

Die ab 1995 gültige Regelung der IAS entspricht vom Grundsatz her der US-amerikanischen Regelung in APB Opinion No. 17, wonach ebenfalls eine planmäßige Abschreibung über die voraussichtliche Nutzungsdauer vorzunehmen ist.[13] In den USA ist vielfach die höchstmögliche Abschreibungsdauer von 40 Jahren zugrundegelegt worden.[14] In jüngster Zeit ist – nicht zuletzt aufgrund der gestiegenen Bedeutung, die der Behandlung des Goodwill von Seiten der SEC beigemessen wird – jedoch eine gewisse Tendenz zur Verkürzung der Nutzungsdauern zu beobachten.[15]

2. HGB

a) Erfolgswirksame Abschreibung

Es besteht weitgehend Einigkeit, daß die erfolgswirksame Abschreibung des Goodwill die einzige Methode ist, die dem Einheitsgedanken ent-

---

[11] Vgl. IAS 22 (revised 1993) Tz. 45.
[12] Vgl. IAS 22 (revised 1993) Tz. 47.
[13] Vgl. APB Opinon No. 16, Business Combinations, Tz. 90 i.V.m. APB Opinion No. 17, Intangible Assets, Tz. 27-29.
[14] Vgl. insbesondere *American Institute of Certified Public Accountants,* Accounting Trends & Techniques 1993, 47th edition, S. 177, wonach 1992 in 177 von 408 Fällen die Abschreibung des Goodwill über 40 Jahre und in weiteren 76 Fällen die Abschreibung über einen Zeitraum „not exceeding 40 years" erfolgte.
[15] Hinzuweisen ist beispielhaft auf die Ausführungen von *Holmes* (U.S. Securities and Exchange Commission, 1994 Twenty-First Annual National Conference on Current SEC Developments, January 11, 1994, Remarks by *Chris M. Holmes,* S. 4), wonach „the selection of a forty year amortization period is appropriate only when evidence exists that the value and future benefit of goodwill will last for forty years or more. In many purchase business combinations, this assertion cannot be credibly maintained. Registrants should not presume that goodwill has a life of forty years. Registrants and their auditors can expect the SEC staff to question extended amortization periods for goodwill in light of evidence suggesting that a shorter amorization period is warranted."

spricht und die dem Periodisierungsgedanken Rechnung trägt. In Anbetracht der Gefahr der Verflüchtigung erscheint die gesetzlich vorgesehene Abschreibung des Goodwill in den auf den Erwerb folgenden Geschäftsjahren zu jeweils mindestens einem Viertel (§ 309 Abs. 1 Satz 1 HGB) im Regelfall vertretbar. Es ist jedoch nicht zu verkennen, daß dieser (auch international) vergleichsweise kurze Abschreibungszeitraum im Einzelfall zu unangemessenen Ergebnisauswirkungen führt. So kann beispielsweise die strategische Ausrichtung vieler Akquisitionen meines Erachtens nicht außer Acht gelassen werden. In diesem Zusammenhang ist auch zu berücksichtigen, daß der Planungshorizont bei größeren Investitionen in der Regel einen Zeitraum von mehr als vier Jahren umfaßt. Dem trägt das Gesetz Rechnung, indem es die planmäßige Abschreibung über die voraussichtliche Nutzungsdauer als Alternative zuläßt (§ 309 Abs. 1 Satz 2 HGB). Andererseits dürften objektive Anhaltspunkte für die Schätzung der Nutzungsdauer im Regelfall fehlen, „insbesondere weil man im allgemeinen nicht über vergleichbare Erfahrungswerte verfügt."[16] Aus diesem Grund kann nach SABI 2/1988 eine Nutzungsdauer von 40 Jahren nicht überschritten werden.[17] Auch vor dem Hintergrund der skizzierten internationalen Entwicklungen sollten meines Erachtens Nutzungsdauern von mehr als 20 Jahren nur in begründeten Ausnahmefällen zugrunde gelegt werden, zumal das Vorsichtsprinzip auch im Konzernabschluß zu beachten ist.[18] Gründe, die steuerrechtliche Nutzungsdauer von 15 Jahren nach § 7 Abs. 1 Satz 3 EStG als generelle Obergrenze anzusehen, sind für den Konzernabschluß jedoch nicht ersichtlich.

b) Verrechnung mit den Rücklagen

Neben der erfolgswirksamen Abschreibung des Goodwill hat der Gesetzgeber durch Umsetzung des Art. 30 Abs. 2 der 7. EG-Richtlinie in § 309 Abs. 1 Satz 3 HGB die wahlweise erfolgsneutrale Verrechnung mit den

---

[16] *Moxter,* Bilanzrechtliche Probleme beim Geschäfts- oder Firmenwert, in: Unternehmen und Unternehmensführung im Recht, Festschrift für Semler, hrsg. v. Bierich u. a., Berlin/New York 1993, S. 853-861, hier S. 857; vgl. auch *Adler/Düring/Schmaltz,* HGB, 6. Aufl., § 255, Rdn. 283.

[17] Vgl. SABI 2/1988, Behandlung des Unterschiedsbetrags aus der Kapitalkonsolidierung, WPg 1988, S. 343-346, hier S. 344.

[18] Für eine Obergrenze von 20 Jahren bereits *Kommission Rechnungswesen im Verband der Hochschullehrer für Betriebswirtschaft e.V.,* Stellungnahme zur Umsetzung der 7. EG-Richtlinie (Konzernabschluß-Richtlinie), DBW 1985, S. 267-277, hier S. 274.

Rücklagen zugelassen. Dabei wird teilweise auch eine ratierliche Verrechnung für zulässig gehalten.[19] Es ist in der Literatur bereits hinreichend dargelegt worden, daß das Wahlrecht zur erfolgsneutralen Verrechnung „als lex specialis mehrere allgemeine Rechnungslegungsvorschriften des HGB" durchbricht.[20] Überzeugende ökonomische Begründungen für die Verrechnung des Goodwill mit den Rücklagen sind nicht ersichtlich. Aus betriebswirtschaftlicher Sicht ist es insbesondere schwer nachvollziehbar, daß ökonomische Grundprinzipien durch eine erfolgsneutrale Verrechnung negiert werden, denn „im Zeitpunkt des Erwerbs der Beteiligung muß die Leitung des Erwerbers davon überzeugt sein, daß mit dem für den Firmenwert aufgewendeten Betrag unter Beachtung unterschiedlicher Risiken die gleiche Rendite zu erzielen ist wie für eine Alternativinvestition."[21] Die Zulässigkeit der Rücklagenverrechnung ist insofern wohl als Bilanzierungshilfe[22] anzusehen.

Zur Entstehungsgeschichte des diesbezüglichen Mitgliedstaatenwahlrechts stellt u. a. *Busse von Colbe* fest, daß die Aufnahme „offenbar zur Berücksichtigung der Bilanzierungspraxis einzelner Mitgliedstaaten, vor allem Großbritanniens, als Kompromiß aufgenommen worden" ist.[23] In Großbritannien wird die erfolgsneutrale Verrechnung mit den Rücklagen durch SSAP 22 als bevorzugte Methode betrachtet.[24] Begründet wird diese Auffassung insbesondere mit der einheitlichen Bilanzierung des originären und des derivativen Goodwill.[25] Daneben wird auf die fehlende selbständige Veräußerbarkeit und auf die Schwierigkeiten der Folgebewertung verwiesen. Die Rücklagenverrechnung wird jedoch auch in Großbritannien kontrovers diskutiert.[26]

---

[19] Vgl. insbesondere *Busse von Colbe/Ordelheide,* Konzernabschlüsse, 6. Aufl., Wiesbaden 1993, S. 236 sowie die Beispiele bei *Küting,* Aktuelle Fragen der Kapitalkonsolidierung, DStR 1995, S. 192-196 (Teil I) und S. 229-235 (Teil II), hier S. 193; a. A. insbesondere *Weber/Zündorf,* in: HdKR, § 309 HGB Rn. 26 sowie SABI 2/1988, WPg 1988, S. 345.

[20] *Busse von Colbe,* Gefährdung des Kongruenzprinzips durch erfolgsneutrale Verrechnung von Aufwendungen im Konzernabschluß, in: Rechnungslegung. Entwicklungen bei der Bilanzierung und Prüfung von Kapitalgesellschaften, Festschrift für Forster, hrsg. v. Moxter u. a., Düsseldorf 1992, S. 125-138, hier S. 130f.

[21] *Busse von Colbe,* FS Forster, a.a.O. (Fn. 20), S. 132.

[22] Vgl. *Busse von Colbe/Ordelheide,* a.a.O. (Fn. 19), S. 236.

[23] *Busse von Colbe,* FS Forster, a.a.O. (Fn. 20), S. 131.

[24] Vgl. SSAP 22, Accounting for Goodwill (issued December 1984, revised July 1989), Tz. 39. Vgl. auch *Fliess,* Konzernabschluß in Großbritannien, Frankfurt u. a. 1991, S. 318-329.

[25] Vgl. SSAP 22 Tz. 6f.

[26] Vgl. vor allem *Accounting Standards Board,* Goodwill and intangible assets, Discussion Paper, London 1993. Vgl. auch *Küting,* DStR 1995, S. 194.

Vor dem Hintergrund der skizzierten internationalen Entwicklungen sollte der Fehler der erfolgsneutralen Goodwillverrechnung im deutschen Bilanzrecht vom Gesetzgeber meines Erachtens schnellstens behoben und die erfolgswirksame Abschreibung als alleingültige Methode vorgegeben werden. Dies gilt umso mehr, als die deutsche Rechnungslegung zunehmend ins Abseits gerät. Gerade in der Konzernrechnungslegung sollten unnötige Abweichungen zu internationalen Grundsätzen vermieden werden.[27] Dies würde nach meiner Einschätzung die Chancen verbessern, bewährte Rechnungslegungsprinzipien, wie insbesondere das Vorsichtsprinzip, gegen Widerstände verteidigen zu können und dem deutschen Konzernabschluß zu internationaler Anerkennung zu verhelfen.

III. Entkonsolidierung

1. Entkonsolidierung bei erfolgswirksamer Behandlung des Goodwill

Während die Frage der Erst- und Folgekonsolidierung gesetzlich recht ausführlich geregelt ist, hat der Gesetzgeber die Entkonsolidierung beim Ausscheiden eines Tochterunternehmens aus dem Konsolidierungskreis offengelassen. Es ist vor allem das Verdienst von *Ordelheide,* Grundsätze einer ordnungsmäßigen Entkonsolidierung entwickelt zu haben, die die Unsicherheiten in der Praxis weitgehend beseitigt und die Lücken des Gesetzes ausgefüllt haben.[28] Aus dem in § 297 Abs. 3 Satz 1 HGB kodifizierten Einheitsgrundsatz kann abgeleitet werden, daß bei Beendigung der Vollkonsolidierung nicht die Beteiligung als solche, sondern die einzelnen im Konzernabschluß enthaltenen Vermögensgegenstände und

---

[27] Vgl. zum Stand der derzeitigen Harmonisierungsbetrebungen insbesondere *Ordelheide,* Notwendigkeiten und Probleme der Weiterentwicklung des EG-Bilanzrichtlinien und des deutschen Konzernabschlußrechts, in: Die deutsche Rechnungslegung vor dem Hintergrund internationaler Entwicklungen, hrsg. von Baetge, Düsseldorf 1994, S. 11–39; *Seeberg,* Probleme der Harmonisierung der Rechnungslegung aus der Sicht eines international tätigen Unternehmens, in: Die deutsche Rechnungslegung vor dem Hintergrund internationaler Entwicklungen, hrsg. von Baetge, Düsseldorf 1994, S. 135–149; *von Rosen,* Harmonisierung internationaler Bilanzierungsstandards – Ein weiter Weg, in: Rechenschaftslegung im Wandel, Festschrift für Budde, hrsg. v. Förschle u. a., München 1995, S. 505–530; *Küting/Hayn,* Der internationale Konzernabschluß als Eintrittskarte zum weltweiten Kapitalmarkt, BB 1995, S. 662–672.

[28] Vgl. insbesondere *Ordelheide,* in: BeckHdR, C 403, sowie *Busse von Colbe/Ordelheide,* a.a.O. (Fn. 19), S. 251–259 m.w.N.

Schulden ausscheiden. Die in diesem Zusammenhang anzusetzenden Buchwerte stimmen zumeist nicht mit dem Buchwert im Einzelabschluß überein, so daß das Ergebnis aus dem Abgang des Unternehmens im Einzel- und Konzernabschluß regelmäßig unterschiedlich hoch ausfällt.

2. Entkonsolidierung bei erfolgsneutraler Behandlung des Goodwill

In Großbritannien ist die Rückgängigmachung der in Vorjahren erfolgten Verrechnung des Goodwill mit den Konzernrücklagen geboten „in order to prevent purchased goodwill that has been eliminated against reserves from bypassing the profit and loss account completely."[29] Auch in Deutschland wird zumindest von der betriebswirtschaftlichen Lehrmeinung inzwischen fast einhellig die Rückgängigmachung gefordert. Gegen eine Beibehaltung der erfolgsneutralen Verrechnung wird insbesondere argumentiert, daß sich der Totalerfolg des Konzerns nicht aus der Summe der Periodenerfolge ableiten ließe, so daß das fundamentale Kongruenzprinzip verletzt würde.[30] Der Goodwill würde zudem ohne Rückgängigmachung der Verrechnung im Konzernabschluß nicht aufwandswirksam, was einen Verstoß gegen die Erwerbsmethode (purchase method) darstellen würde.[31] Auch werde das Konzernergebnis zu gut dargestellt, weil in Höhe des verrechneten Goodwill ein zusätzlicher Gewinn bzw. ein verminderter Verlust im Zeitpunkt des Abgangs entsteht.[32] Schließlich würden die Konzernergebnisse keine betriebswirtschaftlich sinnvolle Größe mehr darstellen und somit elementare betriebswirtschaftliche Grundregeln verletzt.

Wenngleich die aufgeführten Argumente schwergewichtig und kaum zu entkräften sind, zeigen sie aber doch nur auf, daß das Wahlrecht des § 309 Abs. 1 Satz 3 HGB weder mit den Grundlagen der Konzernrechnungslegung noch mit den Prinzipien der Betriebswirtschaftslehre in Einklang steht. Eine Zwangsläufigkeit zur Fehlerberichtigung in oftmals weit entfernten Zeitpunkten der Entkonsolidierung kann daraus meines Erachtens aber nicht abgeleitet werden.

---

[29] *Accounting Principles Board,* Urgent Issues Task Force, Abstract 3, Treatment of Goodwill on Disposal of a Business, Accountancy 1992 (February), S. 112f.

[30] Vgl. z. B. *Adler/Düring/Schmaltz,* HGB, 5. Aufl., § 309, Rdn. 33; *Baetge/Herrmann,* Probleme der Endkonsolidierung im Konzernabschluß, WPg 1995, S. 225–232, hier S. 228; *Busse von Colbe,* FS Forster, a.a.O. (Fn. 20), S. 130; *Küting,* DStR 1995, S. 230.

[31] Vgl. z. B. *Ordelheide,* Kapitalkonsolidierung und Konzernerfolg, ZfbF 1987, S. 292–301, hier S. 295f.; *Küting,* DStR 1995, S. 230f.

[32] Vgl. z. B. *Budde/Förschle,* in: BeckBil-Komm., 2. Aufl., § 301, Anm. 201.

Zur Begründung einer Beibehaltung der Rücklagenverrechnung wird zum einen angeführt, daß die Verrechnung nur die Konsequenz der erfolgsneutralen Verrechnung nach § 309 Abs. 1 Satz 3 HGB darstelle, die vom Gesetzgeber so gewollt war.[33] Zum anderen wird argumentiert, daß für eine quasi Rücklagendotierung im Zeitpunkt der Entkonsolidierung kein Raum und im übrigen allein der richtige Ausweis des Konzerneigenkapitals ausschlaggebend sei.[34] Dieser ist, wie aus dem einführenden Beispiel (Abschnitt I.2.) deutlich wird, gewährleistet.

Es verwundert, daß bei allen Argumenten für und wider nicht die Frage nach dem „true and fair view" im Entkonsolidierungszeitpunkt gestellt wird, sondern allein die Einhaltung von Konsoliderungs- und betriebswirtschaftlichen Grundsätzen oder gar formale Argumente im Vordergrund stehen. Dabei geht es nach meiner Überzeugung gerade beim Konzernabschluß vor dem Hintergrund der Informationsfunktion um die Vermittlung eines den tatsächlichen Verhältnissen entsprechenden Bildes der Vermögens-, Finanz- und Ertragslage des Konzerns, wobei in Anbetracht der zunehmenden Bedeutung des Investors als Abschlußadressat[35] die zutreffende Darstellung der Ertragslage stärker in den Vordergrund rücken dürfte. Dabei kann das Verständnis der Abkopplungsthese[36] gerade von ausländischen Investoren nicht unbedingt vorausgesetzt werden. Insofern sollte für den Zeitpunkt der Erstkonsolidierung die Orientierung an der zutreffenden Darstellung der Ertragslage im Vordergrund der Überlegungen stehen.

Demnach ist insbesondere zu fragen, ob es sinnvoll und zweckmäßig erscheint, die Messung des Totalerfolgs einer Unternehmung derart in den Vordergrund zu stellen, d.h. das Kongruenzprinzip als „overriding principle" zu betrachten, obwohl die Rückgängigmachung der erfolgsneutralen Verrechnung durch eine Verzerrung des Periodenerfolgs zu einer Verfälschung des Einblicks in die Ertragslage führen kann. Man stelle sich nur vor, daß eine Goodwillverrechnung in 1995 von 100 GE im Zeitpunkt des Verkaufs der Gesellschaft im Jahre 2030 im Konzernabschluß rückgängig gemacht wird, wobei der Verkaufserlös um 110 GE unter den Anschaffungskosten des Jahres 1995 liegen und das Konzernergebnis vor der Berücksichtigung des Goodwill 30 GE

---

[33] Vgl. *Elkart/Hundt/Müller,* Probleme der Endkonsolidierung, in: Aktuelle Fachbeiträge aus Wirtschaft und Beratung, Festschrift für Luik, hrsg v. Schitag, Ernst & Young-Gruppe, Stuttgart 1991, S. 53–89, hier S. 69f.
[34] Vgl. *Weber/Zündorf,* in: HdKR, § 301 HGB Rn. 269.
[35] Vgl. *Küting/Hayn,* BB 1995, S. 663f.
[36] Vgl. zuletzt *Moxter,* FS Budde, a.a.O. (Fn. 4), S. 426–428.

betragen soll. Das Konzernergebnis würde 20 GE betragen, wenn der Goodwill erfolgswirksam abgeschrieben worden wäre. Dasselbe Ergebnis ergibt sich, wenn die Goodwillverrechnung nicht rückgängig gemacht wird, während es bei einer Rückgängigmachung ./.80 GE betragen würde. Welchen Informationswert soll aber die Fehlerkorrektur der in den Jahren 1995 bis ggf. 2030 nicht erfolgten Abschreibungen des Goodwill durch eine Berücksichtigung im Rahmen der Entkonsolidierung haben? Bestenfalls den, daß aufgrund der nicht erfolgten Abschreibung des Goodwill ein Verlust aus dem Abgang der Beteiligung von 110 GE gezeigt wird. Insbesondere bei langfristig gehaltenen Beteiligungen wird man hier ggf. in eine Erklärungsnot gegenüber externen Adressaten kommen. Ansonsten aber vermittelt eher der Konzernabschluß unter Beibehaltung der Verrechnung ein den tatsächlichen Verhältnissen entsprechendes Bild der Vermögens-, Finanz- und Ertragslage des Konzerns, weshalb diese Vorgehensweise nach meiner Überzeugung zu präferieren ist.

Was dennoch bleibt, ist der fade Geschmack unvollständiger Information. Deshalb sollten in Anlehnung an § 297 Abs. 2 Satz 3 HGB in jedem Geschäftsjahr Angaben gemacht werden, und zwar über den Gesamtbetrag der vorgenommenen Verrechnungen, über die im Geschäftsjahr erstmals verrechneten Beträge sowie über den Betrag der ersparten Abschreibungen im laufenden Jahr bei Zugrundelegung einer fiktiven, anzugebenden Nutzungsdauer. Im Fall der Entkonsolidierung wäre zudem der Zeitpunkt der Erstkonsolidierung und der mit den Rücklagen verrechnete Goodwill zu nennen. Analysten wissen sehr wohl, solche Angaben richtig zu interpretieren, während der uninteressierte oder auch unkundige Anleger nicht unnötig auf gedankliche Irrpfade gelenkt wird. Insofern fällt es schwer, der derzeit herrschenden Meinung der Rückgängigmachung der Verrechnung zu folgen, obwohl diese theoretisch begründet ist.

IV. Zusammenfassung

1.) Dem Konzernabschluß kommt eine Informationsfunktion für externe Adressaten zu. Wahlrechte wie die Verrechnung des Goodwill mit den Rücklagen beeinträchtigen nicht nur die Vergleichbarkeit mit anderen Unternehmen, sondern auch die Glaubwürdigkeit der deutschen Rechnungslegung.

2.) Das Wahlrecht des § 309 Abs. 1 Satz 3 HGB verstößt gegen fundamentale Grundsätze ordnungsmäßiger Konzernbuchführung und gegen Grundprinzipien der Betriebswirtschaftslehre. Der Gesetzgeber ist auch vor dem Hintergrund internationaler Entwicklungen aufgerufen, das Wahlrecht aufzuheben und eine Lösung anzustreben, die sich im Einklang mit dem neugefaßten IAS 22 befindet.

3.) Die Rückgängigmachung der Verrechnung im Zeitpunkt der Entkonsolidierung beim Ausscheiden eines Unternehmens aus dem Konsolidierungskreis ist zwar der theoretisch richtige Ansatz, die in der Vergangenheit mit der Verrechnung gemachten Fehler wieder zu korrigieren. Die Fehlerkorrektur führt aber zwangsläufig zu einer falschen Darstellung der Ertragslage des Konzerns im Zeitpunkt der Entkonsolidierung. Damit wird die Informationsfunktion des Konzernabschlusses erneut beeinträchtigt.

4.) Die Beibehaltung der Verrechnung im Zeitpunkt der Entkonsoldierung erfüllt zwar auch nicht die Generalnorm des § 297 Abs. 2 Satz 2 HGB, da das Konzernjahresergebnis - solange die Nutzungsdauer des Goodwill noch nicht abgelaufen ist - tendenziell zu positiv dargestellt wird. Nach Ablauf der Nutzungsdauer des Goodwill entspricht es aber demjenigen, daß bei Anwendung der erfolgswirksamen Abschreibungsmethode gezeigt würde. Die Informationsfunktion des Konzernabschlusses wird nicht mehr unmittelbar beeinträchtigt.

5.) Zur Erfüllung der Generalnorm des § 297 Abs. 2 Satz 2 HGB erscheinen zusätzliche Angaben im Anhang erforderlich. So sollte beispielsweise beim Ausscheiden eines Unternehmens aus dem Konsolidierungskreis der Zeitpunkt der erstmaligen Einbeziehung und der mit den Rücklagen verrechnete Betrag angegeben werden. Darüber hinaus sollten in jedem Geschäftsjahr die Summe der bisher insgesamt verrechneten Goodwill-Beträge sowie die ersparten Abschreibungen angegeben werden.

CARL ZIMMERER

Aufwendungen, die das Vermögen mehren, Aufwendungen, die zu niedrig bilanziert werden

    I. Einleitung
   II. Werbeaufwand
  III. Forschungs- und Entwicklungsaufwand
  IV. Personalaufwand
   V. Aufwand für den Aus-/Aufbau einer Organisation
  VI. Restrukturierungsaufwendungen
 VII. Aufwendungen für Altlastensanierung
VIII. Schlußbemerkung

I. Einleitung

Eine Legaldefinition des Begriffes „Aufwendungen" gibt es anscheinend nicht. Auch das WP-Handbuch 1992 führt im Sachregister dieses Wort nicht gesondert auf, sondern ebenso wie die Nachschlagwerke, die ich konsultierte, nur im Zusammenhang mit Spezialbegriffen, also anschaffungsnahe Aufwendungen oder zinsähnliche Aufwendungen. So muß ich denn bei *Schmalenbach* nachschlagen, um zu einer Definition zu kommen. In der 11. Auflage der Dynamischen Bilanz[1] heißt es auf S. 67:

„Aufwand ist der Wert derjenigen Güter, die für Rechnung der Unternehmung, sei es bestimmungsmäßig oder nicht bestimmungsmäßig, sei es im Betriebe der Unternehmung selbst oder außerhalb desselben, vernichtet wurden oder sonst verlorengingen".

Die Erfolgsrechnung nimmt also auf der Aufwandseite die „vernichteten" oder „verlorenen" Werte auf. Natürlich gibt es Korrekturen durch den willkürlichen Bilanzschnitt zum Ende der Geschäftsperiode. Das aber, was gewollt als vernichtet oder verloren ausgewiesen wird, entspricht einem feststehenden, nicht mehr infrage gestellten Brauch. Aufwandseite, das ist Werteverzehr. Personalaufwand, Materialaufwand, steuerlicher Aufwand – das wird behandelt als Einsatz zur Erzeugung von Gütern (oder zum nicht beabsichtigten Ergebnis eines Verlustes). Nur in Nebensätzen findet sich gelegentlich eine Bemerkung, daß diese Anschauung, als ob die Buchhaltungspraxis schon die Wahrheit sei, vielleicht doch nicht so genau zu nehmen ist.

In einem bemerkenswerten Aufsatz von *Hauschildt* über die Innovationsergebnisrechnung[2] heißt es:

„Wir behaupten nun, daß sich die Opposition gegen Innovation vielfach auf Aussagen des Rechnungswesens bezieht. Auf jeden Fall steht das Rechnungswesen der Innovation ratlos gegenüber und trägt nicht dazu bei, die Austragung der Konflikte zu erleichtern, die mit der Innovation einhergehen ... Das gilt ganz unstrittig für das externe Rechnungswesen, für die Erstellung des Jahresabschlusses. Das Aktivierungsverbot des § 248 Abs. 2 HGB blockiert jede sachdienliche Diskussion. Tatsächlich unterscheiden sich Innovationen sehr oft nicht

---

[1] *Schmalenbach,* Dynamische Bilanz, 11. Aufl., Köln/Opladen 1953.
[2] *Hauschildt,* Die Innovationsergebnisrechnung – Instrument des F&E-Controllings, BB 1994, S. 1017–1020, hier S. 1017.

von Investitionen, (werden aber buchhalterisch als Aufwendungen behandelt; Erg. d. Verf.)".

Auch von dem Wort „Investition" gibt es weder eine Legaldefinition noch einen eigenen Abschnitt in den zugänglichen Handwörterbüchern. Doch wird man keinen Streit bekommen, wenn man die Investition als Zugang zum Anlagevermögen behandelt. Zugang zum sachlichen und zum immateriellen Anlagevermögen. Wenn z. B. eine Position unter den Aufwendungen aufgeführt ist, hat man sich zu fragen, ob es sich um Werteverzehr oder um Investition handelt. Wenn, was die Regel ist, die Aufwandart einen Mischcharakter hat, dann wird man sich fragen müssen, welcher Teil nun Werteverzehr darstellt, und welcher Teil Investition, also eine Vorleistung auf kommende Perioden darstellt. Diese Vorleistung gehört in der betriebswirtschaftlichen Bilanz aktiviert. Schwindet ihr Wert, so ist sie abzuschreiben.

Normalerweise erhöhen Investitionen, die als Aufwendungen ausgewiesen sind, das immaterielle Anlagevermögen. Überhöhte Abschreibungen mindern nur bilanziell das Sachanlagevermögen. Aber sie schaffen nicht Anlagevermögen. Wir beschränken uns hier auf einige spektakuläre Fälle, in denen Ausgaben als Aufwendungen ausgewiesen sind, teilweise aber Vorleistungen für künftige Perioden darstellen.

II. Werbeaufwand

Beginnen wir mit dem Werbeaufwand, der, auch wenn er ein relativ hohes Ausmaß erreicht, unter den sonstigen Aufwendungen ausgewiesen wird. Wir unterscheiden als Werbezwecke die Markteroberung von der Aufrechterhaltung der Marktposition. Wird ein Produkt neu eingeführt, so muß es bekannt gemacht werden. Die Werbung hat dafür einen genau so investiven Charakter wie die Anschaffung der sachlichen Investitionsgüter, um dieses Gut zu erzeugen. Produktherstellung ohne Schaffung des Marktes ist eine Fehlinvestition. In der FAZ vom 11. 6. 1994 ist ein Bericht über die Joh. A. Benckiser GmbH Ludwigshafen überititelt: „Ertragsrückgang durch Markterschließungskosten". Zu fragen ist: will Benckiser bewußt seine Ertragslage verschlechtern, indem er fremde Märkte erschließt? Oder erwirbt Benckiser nur einen Marktzugang, weil er eine Investition tätigen will? Ist das Resultat denn gar kein „Ertragsrückgang", sondern handelt es sich nur um einen falschen Ausdruck aufgrund der Bilanzierungsvorschriften? Der buchhalterische Unterschied kann darin bestehen, daß Sachinvestitionen noch mit einem positiven Ergebnis liquidiert werden können, die Marktinvestition im allgemeinen nicht. Den Lieferwagen kann man verkaufen, die Werbeaufschrift nicht. Aber es kann nicht bezweifelt werden, daß in einer Marktwirtschaft der Markt mindestens so wichtig ist wie die Fabrik. Aber die Fabrik, freilich in verschiedene Positionen des Sachanlagevermögens getrennt, tritt in den Bilanzen als Vermögen auf. Der Markt aber ist keine geläufige Vermögensposition, höchstens, wenn er von dritter Seite gekauft worden ist. Dann aber tritt er auch nicht als Aktivposten Markt oder Marktbeziehung in Erscheinung, sondern nur als erworbener Geschäftswert.

Der externe Bilanzanalytiker kann die Werbeaufwendungen weder in summa noch eingeteilt in Verbrauch der Periode und Vorleistung auf spätere Perioden aus dem vorgelegten Jahresabschluß erkennen. Auch in den Lageberichten der Aktiengesellschaften wird er selten aufgeführt. *Krumbholz* hat 120 Jahresabschlußberichte auf ihren Inhalt durchgesehen, aber in keinem etwas über den Werbeaufwand gelesen.[3] *Jacobi,* Sprecher der persönlich haftenden Gesellschafter des Bankhauses Trinkaus & Burkhardt KGaA, hat in der Hauptversammlung seiner Bank am 22.6.1993 ausgeführt, daß die Akquisitionstätigkeit seiner Firmenkundenbetreuer verstärkt worden ist. 32% der Erträge seien mit Firmen erzielt worden, die erst während der letzten fünf Jahre als Kunden gewonnen worden sind. Jedoch sind diese Vorleistungen in den Markt in den Jahresabschlüssen dieses Unternehmens, auch im Lagebericht, nicht aufgeführt.[4] Der sog. Grundsatz der Wesentlichkeit („Materiality") ist in allen diesen Fällen vernachlässigt worden und man kann angesichts des geschätzten Hundertsatzes der Vorleistungen in den Markt vom Umsatz *Ossadnik* nur zustimmen, wenn er das unübersichtliche Nebeneinander von unwesentlichen und wesentlichen Informationen in den vorgelegten Jahresabschlüssen kritisiert.[5]

Natürlich gilt dies nicht nur für die laufende Berichterstattung. Im Falle der Unternehmensbewertung wird der Zusammenhang zwischen veröffentlichter Bilanz und Steuerbilanz auf der einen Seite und Gesamtwert des Unternehmens auf der anderen Seite fast vollständig zerstört. Plötzlich spielt, wenn das Unternehmen verkauft wird, der Markt eine Rolle, oft sogar die entscheidende Rolle. Ein Unternehmen, das

---

[3] Vgl. ausführlich die Untersuchung von *Krumbholz,* Die Qualität publizierter Lageberichte, Düsseldorf 1994.
[4] Vgl. die Veröffentlichung als Beilage zu „Das Wertpapier" 1993.
[5] Vgl. *Ossadnik,* Grundsatz und Interpretation der „Materiality", WPg 1993, S. 617–629, hier S. 629.

eine Aushöhlungsstrategie betrieben hat, also die „stillen" Positionen entleert hat, sinkt gewaltig im Wert, sowohl nach dem Ertragswertverfahren als auch nach dem Substanzwertverfahren. Ein Unternehmen hingegen, das offiziell gewinnlos ist, aber die „stillen Aktiva" angereichert hat, kann dann einen gewaltigen Wertzuwachs erfahren. Das Vermögen wird also festgestellt, aber nicht bilanziert.[6]

Gelegentlich muß sich der Bundesfinanzhof mit diesen scheinbaren Widersprüchen herumplagen. Interessant ist sein Urteil vom 10. 12. 1992. Als Leitsatz 2 steht:[7] „Aufwendungen für sog. Konzeptionskosten können als Anschaffungskosten eines immateriellen Wirtschaftsgutes zu aktivieren sein". Es handelte sich um eine sog. „Verlustzuweisungs-KG", zu deren Gründung eine Reihe von Besprechungen und Ausarbeitungen nötig war.

III. Forschungs- und Entwicklungsaufwand

Daß gelegentlich Fragen der zu aktivierenden Forschungs- und Entwicklungskosten auftauchen, ist namentlich in einer Zeit, in der man über mangelnde Innovationskraft klagt, nicht ungewöhnlich. Jedoch wirft die Konzeptionierung, Entwicklung und Fertigstellung einer Innovation eine Reihe von Problemen auf, die den normalen Buchhalter erschüttern. Denn zum einen wird aus der Forschungs- und Entwicklungstätigkeit im allgemeinen kein Aktivum (was man von vorneherein nicht weiß), zum anderen weigern sich die Forscher und Entwickler, sich auf einen verbindlichen Fertigstellungstermin festzulegen. Sie haben von der Freiheit eines Forschers andere Vorstellungen als die, die dafür bezahlen. Die Auswirkung in Zeiten rückläufiger Konjunktur ist bekannt: man verzichtet in den auf Erfolg angelegten Unternehmen auf ihre Anstrengung. Das gibt man allerdings ungern in der Öffentlichkeit zu. Da es keine verbindlichen Normen über den F&E-Aufwand gibt, sind die gelegentlich in Lageberichten und HV-Reden veröffentlichten Angaben auch schlecht von Branche zu Branche vergleichbar. Natürlich gibt es gekauftes Know-How, ebenso wie es eine Aktivierung von gekauften Kundenkarteien und Kundenbeziehungen gibt. Im Prinzip sollte es zwar buchhalterisch ohne Belang sein, ob ein immaterielles Gut fremd gekauft oder selbst entwickelt worden ist. Aber die Gesetzgeber sind anderer Meinung; wahrscheinlich fürchten sie die Willkür der Be-

---
[6] Vgl. z. B. den Jahresbericht 1989 der Interfinanz GmbH Düsseldorf, S. 26.
[7] BFH, BStBl. II 1993, 538.

wertung von eigener Entwicklung. Dabei gibt es unter Konkurrenzunternehmen durchaus Faustziffern für die Bewertung, auch wenn jeder Fall verhandelt wird. Aber über den Einkauf von Maschinen und Fabriken verhandelt man preislich ja auch. Daß die aufstrebenden Unternehmen nicht interessiert sind, Gewinne schon dann zu versteuern, wenn sie innerbetrieblich entstanden sind, sondern lieber „still" „über Aufwand" forschen und entwickeln, um das Ergebnis dann aus den am Markt erzielten Erträgen zu versteuern, kann als Entgegenkommen des Steuergesetzgebers an die „Zukunftsindustrien" verstanden werden. In Wirklichkeit liegt die Ursache in der betriebswirtschaftlich unzureichenden Kenntnis der Beteiligten.

Im Gegensatz zu dem amerikanischen Schema kennt unsere Gewinn- und Verlustrechnung keine Position „Forschungs- und Entwicklungsaufwand". Das, was gelegentlich bekanntgegeben wird, ist eine Summe von Positionen aus der Kostenrechnung. Jedenfalls wird der F&E-Aufwand versteckt in einer Reihe offizieller Aufwandpositionen, das meiste wohl in den Personalaufwendungen, die aber auch nicht vollständig ausgewiesen werden. Sicherlich gibt es auch Materialverbrauch, Energieverbrauch, Abschreibungen und Zinsen auf Forschungsvermögen. Es gibt jedoch keine besondere Besteuerung der Forschungseinrichtungen. Bemerkenswert ist, daß die meisten Gesellschaften die Zuschüsse zu Forschung und Entwicklung, die sie von der öffentlichen Hand erhalten, nicht buchhalterisch ausweisen, auch nicht im Lagebericht darstellen. Es gibt abweichende Regeln bei französischen Firmen, gewiß. Aber bei deutschen Unternehmen wird das Thema oftmal gar nicht erwähnt. Es gibt z. B. auch die Praxis, solche Zuschüsse von den eigenen Aufwendungen zu kürzen und nur den Saldo auszuweisen. Als Erträge werden sie kaum bekannt gemacht: die F&E-Aufwendungen in solche, die im eigenen Unternehmen anfallen und in solche, die man bei fremden Forschungseinrichtungen unterbringt, zu unterteilen, fällt keinem Bilanzier ein. So tappen wir weitgehend im Dunkeln, obwohl es sicher, z. B. beim VDMA, Bestrebungen nach Systematisierung, schon im Rahmen von Unternehmensvergleichen, gegeben hat. Oftmals werden die Angaben zum Thema F&E bewußt soweit verschleiert, daß man sich buchhalterisch kein rechtes Bild machen kann. Im Geschäftsbericht 1993 des Verbunds Bremer Vulkan AG heißt es z. B. auf S. 16: „Ein weiteres Ziel der F&E-Aktivitäten ist der konsequente Ausbau nationaler und internationaler Kooperationen, vorzugsweise mit industriellen Partnern, aber auch mit Universitäten und Instituten."

Natürlich ist das, was man mit F&E bezeichnet, nicht immer zahlenmäßig greifbar. Wird einer Büromaschine ein neuer Tragbügel verpaßt, kann das sicherlich zu Versuchen, Präsentationen, Umfragen und anderem führen. Eine Entwicklung zweifellos. Aber was wäre davon buchhalterisch zu erfassen und zu aktivieren?

„Hinzu kommt, daß die Bilanzierenden oft kein Aktivierungsinteresse haben, da sie es vorziehen, die Ausgaben für Innovationen als Betriebsausgaben im Augenblick ihres Anfalls zu verrechnen. Hier dominiert das Steuerstundungsinteresse".[8] Nun liegt ein Steuerstundungsinteresse nur vor, wenn das Unternehmen in der Zone des steuerpflichtigen Gewinns ist. Befindet sich das Unternehmen aber in der Verlustzone, so bestünde ein solches Interesse nicht, damit man sich vielleicht reicher zeigt als man wirklich ist. Die Bilanziers sträuben sich dagegen aber mit Händen und Füßen, weil sie den Verlust eher als eine kurzzeitige Situation ansehen und vielleicht auch der Konkurrenz, soweit das Zahlenwerk veröffentlicht wird, Sand in die Augen streuen wollen. Die riesigen Buchverluste kleiner Unternehmen, die durch große Entwicklungsaufgaben entstehen, werden deshalb nicht an die große Glocke gehängt, weil man die Banken nicht zur Kreditkündigung veranlassen will. Man schafft sie sozusagen durch manipulative Buchungen fort: durch verdeckte Zuschreibungen zu den Sachanlagen, durch schwächere Dotierungen der Rückstellungen und anderes mehr.[9] Solange berufsmäßige Kreditgeber nur Bilanzen studieren wollen, die „nach Gesetz und Recht" erstellt, recte manipuliert sind, kann man Innovationen nur in kleinem Umfang aus den laufenden Erträgen finanzieren oder in großem Umfang nur durch Eigenkapital (sieht man von den steuerlichen Abschreibungsvorteilen bis hin zum negativen Kommanditkapital ab). Die Forschungs- und Entwicklungsaufwendungen bleiben im offiziellen Rechnungswesen desintegriert. Wir wissen daher nicht, ob und wenn wieviel von den konventionellen Aufwandposten, bis hin zu den sonstigen Aufwendungen, investiven Charakter hat. Vielleicht sogar am wenigsten bei den F&E-Aufwendungen. Zwischen Buchhalter und Innovator klafft ein unüberbrückbarer geistiger Unterschied, noch weit stärker als zwischen Genie und Talent.

---

[8] *Hauschildt,* BB 1994, S. 1017.
[9] Vgl. z.B. die Aufstellung „Was man so tut, um einen Gewinn zu zeigen, den man nicht hat", in: Jahresbericht 1976 der Interfinanz GmbH Düsseldorf, S. 24f.

IV. Personalaufwand

Der Personalaufwand in unserer Gewinn- und Verlustrechnung wird nicht als *ein* Posten ausgewiesen. Wir folgen der Regel, daß die freiwilligen Sozialaufwendungen unter den sonstigen Aufwendungen erscheinen. Man braucht nicht so weit zu gehen, wie das *le Coutre* tat, der auch die Abschreibungen auf die Anlage der Mitarbeiterkantine funktional den Personalaufwendungen zurechnete. Aber daß man die Summe der herkömmlichen Personalaufwendungen nicht aus der Erfolgsrechnung erfährt, ist schon ein starker Kritikpunkt. Ferner fällt auf, daß die echte Periodisierung der Personalaufwendungen fehlt. So werden Sozialplanaufwendungen und andere Aufwendungen nach dem Kündigungsschutzgesetz sowie der freiwillige Kündigungsurlaub nicht erfaßt. Es gibt allerdings einige Unternehmen, die dies in den Erläuterungen kenntlich machen. Für unser Thema ist entscheidend, daß das Prinzip: Ausgabe jetzt, Ertrag später (bzw. Ausgabe jetzt, Ertrag früher) unberücksichtigt bleibt. Werden durch Stellenanzeigen im Dezember Mitarbeiter ab 1. Januar folgenden Jahres akquiriert, so werden die Aufwendungen unter „Sonstiges" im alten Jahr gebucht. In Wirklichkeit handelt es sich um Vorleistungen für kommende Perioden. Ein Unternehmen, das keine neuen Arbeitskräfte mehr akquiriert, höhlt das stille Aktivum „Personal" aus. Freilich können heute, vielmehr als noch vor zwanzig Jahren, Belegschaft und Führung nicht mehr durchweg als Aktiva angesehen werden. Vielfach handelt es sich schon um stille Passiva. Denn für die Entlassungsabfindungen, die möglicherweise anfallen, ist eine entsprechende Passivposition als Rückstellung nicht vorgesehen (In einigen ausländischen Staaten, z. B. in Österreich, Frankreich, Italien und Brasilien, ist das anders).

Zu den „Ausgaben heute, Erträge in späteren Perioden", also den investiven „Personalaufwendungen", gehören auch Schulung und Fortbildung, gehört selbstverständlich auch das Zusammenwachsen einer Mannschaft. Die meisten Arbeitnehmer haben ja in der Anlaufzeit Minderleistungen zu verzeichnen. Man sagt, daß z. B. eine Sekretärin erst nach zwei Jahren ihre Normalleistung erreicht. Entfallen diese Anstrengungen von seiten der Geschäftsleitung, so verliert die Belegschaft an Wert. Beim Unternehmensverkauf wird man ja mit Interessenten konfrontiert, die vor der Frage stehen, eine Belegschaft zu kaufen oder selbst aufzubauen. Und erst dann sieht man den Wert einer eingespielten Mannschaft. Beim Neuaufbau versäumt man nicht nur Zeit. Eine „Mannschaft" neu aufzubauen, kann Jahre dauern. Man erspart auch

Werbeaufwendungen, Einarbeitungs-Minderleistungs-Aufwand und Schulungsaufwand. Dieser Teil der „Aufwendungen" ist investiv.

Gegen diese Argumentation gibt es zwei Einschränkungen: zum einen, wir kennen weder Faustzahlen noch exakte Ergebnisse, da z. B. die Minderleistungen in der Einarbeitungszeit und der häufigere Arbeitnehmerwechsel in der Aufbauzeit eines Betriebes buchhalterisch nicht kontiert werden. Zweitens, für die Bilanz sind im Grunde die Marktwerte maßgebend und nicht die Kosten. Gegen die erste Einschränkung läßt sich durchaus einwenden, daß unsere Unternehmen, auch die im Ausland, große Versäumnisse begangen haben, indem sie diese Aufwendungen nicht eigens kontiert haben. Auch die etablierte Betriebswirtschaftslehre, ebenso die Verbände, liefern keine Hilfestellung. Zur zweiten Einschränkung läßt sich sagen, daß zwar die Marktwerte einer Vorleistung in das Aktivum Personal nicht bekannt sind, daß aber bei Unternehmenstransaktionen der „Wert der Belegschaft" in einer Reihe von Fällen argumentativ eine Rolle gespielt hat. Es gab z. B. in der ersten Zeit der Rückgliederung der neuen Bundesländer Faustzahlen für den Wert des Baustellenpersonals, auch zur Olympiazeit in München, oder kurz vorher, wo ein Jahresverdienst für Baustellenpersonal bei Transaktionen gezahlt worden ist. Auch kannte man für Ingenieure in Ingenieurbüros z. B. den Brauch, daß ein Jahresverdienst als Wert angesetzt wurde. Der Verfasser hat das in anderen Bereichen, z. B. bei der Akquisition von Außendienststäben (der „Sales force") in der Konsumgüterindustrie erlebt. Gut, diese „Ertragswerte" sind nicht aufwandorientiert. Denn sie leiteten ihre Berechtigung vom Markt her, vielleicht auch von ersparten „Zukunftskosten". Das sollte nicht ausschließen, daß eine auf der Buchhaltung aufgebaute Bilanz auch das Aktivum Belegschaft verzeichnet, und zwar so, wie es sich investiv darstellt. Daß auch hier die Aufrechterhaltung der Beschäftigung bestimmte „Investitionen", die sich aber im gleichen Jahr wieder auflösen, erfordern, steht außer Zweifel. Ein bestimmter Prozentsatz der Belegschaft ist fortlaufend zu erneuern. Eine bestimmte Schulung ist laufend nötig. Investiv zu behandeln sind die „Gründungs- und Bildungskosten" der Belegschaft, einmalige Umschulungen, Zusammenführung zu einer Gruppe, die unter sich die Vorteile der Arbeitsteilung ausnützt, ohne sie noch einstudieren zu müssen.

Selbstverständlich stehen diesen Aktivierungen Abschreibungen aus den Abgängen und aus Obsoletion gegenüber. Ob man altersbedingte Abschreibungen wegen allgemeinem Leistungsabfall vornehmen muß, ist Tatfrage. Das ganze Thema sollte die Lehrstuhlinhaber zu Diplom- und Doktorarbeiten anregen.

Man kann natürlich generell den Einwand erheben, daß die Bilanzierung von Markt, Forschung und Entwicklung, Personal und dgl. dem Vorsichtsprinzip widerspreche. *Baetge* meint, ein Gewinn kann erst entstehen, wenn bilanzierte Vermögensgegenstände am Markt abgesetzt worden sind, nicht aber bereits dann, wenn der Marktwert von nicht in der bilanzierenden Unternehmung vorhandenen Gütern gestiegen ist.[10] Diese Auffassung ist aber der Bilanzwahrheit diametral entgegengesetzt. Außerdem sind ja die bilanzierten Anlagegüter auch nicht verkauft, so daß das Bedenken der Vorsicht auch für sie gelten müßte.

V. Aufwand für den Aus- und Aufbau einer Organisation

Zu den Aufwendungen, die investiven Charakter haben, gehört der Auf- und Ausbau einer Organisation. Er wird zum kleinen Teil aktiviert, nämlich, wenn z. B. die sog. Software von Dritten gekauft wird. Aber die Schulung des Personals, die einen Großteil der Organisation ausmacht, geht in den Personalaufwendungen und den sonstigen Aufwendungen unter. Alle die kleinen Auf- und Umbauten werden zumeist als Reparaturen und Anschaffung von geringwertigen Wirtschaftsgütern verbucht. Die zusätzlichen Schalter, die angebracht werden, die Kabel, die Erstellung von Leitplänen, von Organigrammen und dergleichen sind zwar Investitionen, auch für kommende Perioden, werden aber der Rechnungsperiode belastet. Die Rechtsprechung über die „Ingangsetzungsaufwendungen" ist ohnehin widersprüchlich. Im allgemeinen wird betont, daß sich die Aktivierung nicht mit dem Vorsichtsgebot vertrage. Daß eine Willküraktivierung nicht ganz ausgeschlossen ist und daß sich die Prüfung nicht einwandfrei gestaltet, sei zugegeben. In den BFH-Urteilen vom 28. 1. 1954 und vom 14. 6. 1955[11] sind vorbereitende Betriebsausgaben (Organisationsaufwendungen) regelmäßig als Aufwand des laufenden Jahres zu behandeln (Aktivierungsverbot); „eine Aktivierung kommt nur in Betracht, wenn ihnen ein aktivierungsfähiges Wirtschaftsgut gegenübersteht".[12]

Nun kann nicht bezweifelt werden, daß der Aufbau z. B. einer Außenorganisation viel Geld kostet. Ein Vertreterstab von 100 Leuten kostet einen Anwerbungsbetrag von 50 000 bis 100 000 DM pro Mann. Die Einführung und Erprobung eines neuen Systems der Datenver-

---
[10] Vgl. *Baetge,* Bilanzen, 3. Aufl., Düsseldorf 1994, S. 65.
[11] BFH, BStBl. III 1954, 109 und BFH, BStBl. III 1955, 221.
[12] WP-Handbuch 1992, Bd. I, F Tz. 60.

arbeitung kann schon in einem 1000-Mann-Unternehmen mehr kosten als einen Jahresgewinn. Wer ein Unternehmen verkaufen möchte, ohne die Organisation auf dem technisch laufenden Standard zu haben, wird sich einen entsprechenden Abzug vom Kaufpreis gefallen lassen müssen. Sicherlich wird es verhandlungstechnisch nicht einfach sein, den Übernehmer eines Geschäftes davon zu überzeugen, daß die eingespielte Organisation kaum neue investive Aufwendungen für die kommende Periode erfordere und man daher diese Vorleistung im Kaufpreis vergüten müsse. Die Schwierigkeit liegt auch großenteils darin, daß eine entsprechende Kontierung fehlt. Was nicht aktiviert ist, führt immer zu Diskussionen besonderer Art und es gibt wohl keinen Fall, in dem sich der Käufer hinterher, auch wenn er zunächst nichts ändert, bereichert, der Verkäufer aber nicht betrogen vorkommt. Die Vorleistungen, die ich nicht beschreiben, die ich nicht greifen kann, die als immaterielle Aktiva nicht abschreibbar gestaltet werden können, sind, wenn ich sie bilanziell trennen muß, von Aufwendungen konsumtiver Art schwer zu unterscheiden. Es wäre daher notwendig, wenn man z. B. die Aufwendungen für Ingangsetzung und Erweiterung in „Nebenbüchern" erfaßte und bei Erstellung einer betriebswirtschaftlich richtigen Bilanz, wie sie einem Unternehmungsverkauf zugrunde gelegt wird, geprüft und mit Minima und Maxima beziffert werden können. Der Teil, der übernommen wird, muß bezahlt werden. Der Teil, der nicht übernommen wird, kann dann abgeschrieben werden – nur wird der Unternehmensvermittler dann einen Käufer zu suchen bemüht sein, der möglichst viele von den geschaffenen Gütern übernimmt. Daß ein Großteil der Organisationskosten innert mehrerer Perioden abzuschreiben ist, steht außer Zweifel. Denn die Organisation, als dynamischer Begriff, beinhaltet ja schon, daß sie einer ständigen Wandlung unterworfen ist. Man muß sie laufend den Mitarbeitern, die in sie eingebunden sind, anpassen, von Zeit zu Zeit auch den technischen Entwicklungsstand der Organisationsmittel. Diese Branche ist ständig in der Entwicklung begriffen; die Generationen von Computern vermehren sich wie die Kaninchen.

Nun ist der Wert der Organisation eines Unternehmens als Ganzes von der Firma nicht loslösbar. Man kann die Organisation nicht gesondert von der Firma verkaufen. Das ist z. B. beim Markenrecht anders. Zwar werden Handelsmarken nicht regelmäßig, losgelöst von der Firma, verkauft. Aber es gibt z. B. Einzelverkäufe und es gibt auch einen Lizenztransfer. Sicherlich wird der Wert der Marke nicht im Tenderverfahren alljährlich ermittelt. Aber man kann durchaus einzelne Marken bestmöglich verkaufen. Wahrscheinlich würde der Verkauf der größten Handelsmarken der Zigarettenindustrie das Ergebnis erbringen, daß der Erlös größer ist als das gesamte Eigenkapital der Firma, möglicherweise sogar höher ist als der Börsenkurswert des Unternehmens. Die Rechte am faktisch unterbilanzierten Namen „Nivea" übersteigen wahrscheinlich den Wert der wesentlich weniger bekannten Firma Beiersdorf AG. Nun kann man natürlich einwenden, es sei sinnlos, den „Substanzwert" der Markenrechte aus der Buchhaltung zu ermitteln. Der Ertragswert weiche ja ganz erheblich davon ab. Und ein Verkauf von Markenrechten benötige nicht die Ermittlung der Aufwendungen, die zum Erreichen der Marktgeltung geführt haben. Trotzdem wäre es nicht uninteressant zu wissen, ob man den erzielten Bekanntheitsgrad der einen oder der anderen Werbeaktion (nebst den Marketing-Anstrengungen anderer Art) zu verdanken hat. Die international bekannte Firma A. C. Nielsen (als GmbH für Deutschland in Frankfurt a. M. vertreten) hat eine Formel zur Bewertung von Handelsmarken entwickelt, die im einzelnen angreifbar sein mag, aber im ganzen doch wenigstens eine Verhandlungsbasis verschafft.[13] Sie beruht auf der Schätzung des Zukunfts-Ertragswertes.

Sicherlich könnte man auch noch andere investive Aufwendungen als Beispiele anführen. Man denke z. B. an die Zinsen, die dem Mitteleinsatz zur Erhöhung des allgemeinen Geschäftswerts entsprechen. Jede Pressekonferenz, die nicht für die Veröffentlichung von Produkten dient, könnte eine Goodwill-Investition sein; auch andere Aufwendungen dienen der Schaffung oder Aufrechterhaltung des guten Rufs. Aber ich möchte die buchhalterischen Anstrengungen nicht strapazieren.

VI. Restrukturierungsaufwendungen

Wenn nun einige Beispiele angeführt worden sind, die den Aufwand vermindern, um die Schaffung zumeist immaterieller Aktiva in der Bilanz, dann sollte auch einiges festgestellt werden, um zu ermitteln, welche Aufwendungen im Grunde nach betriebswirtschaftlichen Gesichtspunkten in unserer nach handels- und nach steuerrechtlichen Vorschriften aufzustellenden Bilanz zu niedrig angesetzt sind. Wenn wir einesteils feststellen, daß es Aufwendungen gibt, die investiven Charakter haben, dann muß auch der Gegenposten, der desinvestiven Charakter hat, aufgeführt werden. Das umfaßt die Aufwendungen, die in der veröffent-

---

[13] Vgl. den Vortrag von *Dr. Ottmar Franzen* vor einem ausgewählten Kreis im Juni 1994 in Düsseldorf.

lichten Bilanz zu niedrig ausgewiesen werden. Investitionen in den Faktor Personal, wie Anwerbung, Einarbeitungs-Subventionen, Gruppenbildung und Schulung, erhöhen den Wert des Personals. Abfindungszahlungen, Entlassungsurlaubsvergütung und Minderleistungen zufolge von Alter und Krankheit vermindern ihn. Man unterscheidet in unserem Rechnungswesen nicht zwischen planmäßigen und außerplanmäßigen Personalaufwendungen, behandelt also die Abfindungszahlungen für den Ausstieg aus der vertraglichen Bindung aus früheren Perioden genau so wie die Aufwendungen, die die Rechnungsperiode betreffen. Die in unserer Bilanz nach handels- oder steuerrechtlichen Vorschriften veröffentlichten Aufwendungen enthalten also sowohl periodischen Wertverzehr als auch postperiodischen (investiven) Verzehr von Werten und anteperiodischen (desinvestiven) Wertverzehr. Zu den letzteren sollen zwei Beispiele angeführt werden. Der Bericht von Linotype Hell AG über das Geschäftsjahr 1993 enthält 93 Mio. DM „Restrukturierungsaufwendungen".[14] Der Geschäftsbericht der Philips Group für 1993 enthält die Position „Income from operations (excl. restructuring)" von 2.944 Mio. hfl (Vorjahr 2.486 Mio. hfl), und „restructuring" (379 Mio. hfl; Vorjahr 1.200 Mio. hfl). Ohne die Restrukturierungskosten hätte die Philips Gruppe 11,5% von den betriebsbedingten Erträgen, unter Abzug der nachlaufenden Aufwendungen nur 5% verdient. Es mußten, so eine Pressemeldung[15], allerlei Anstrengungen unternommen werden, um den aufgetretenen Verlust in der Öffentlichkeit niedriger erscheinen zu lassen. So verkaufte die Philips Electronic NV Patente und Lizenzen für 800 Mio. hfl an eine Bank und mietete dieselben wieder zurück. Die Richtigstellung der Aufwendungen im Sinne einer richtigen Periodisierung hat auch in vielen anderen Fällen gewaltige Folgen.

Nun bestehen die Restrukturierungskosten zum größeren Teil aus Abfindungen (und Kündigungsurlauben) für ausscheidendes Personal. Da oft bestimmte Absprachen mit Ämtern getroffen werden, sind die Kosten für das Unternehmen, also den Arbeitgeber, nicht immer klar erfaßbar. Geht man davon aus, daß für dreißig Millionen Arbeitnehmer in der Bundesrepublik Deutschland Entlassungsabfindungen von je 20.000 DM als latente Verpflichtungen bestehen, dann kann man von einer stillen Last von 600.000.000.000 DM ausgehen. Diese 600 Mrd. DM sind nicht zurückgestellt, und es wird stets nur ein Teil davon akut. Aber diese Summe steigt in der Rezession. Geht man davon aus,

---

[14] Vgl. „Die Welt" vom 13. 4. 1994.
[15] Vgl. „Westdeutsche Zeitung" vom 12. 10. 1993.

daß die linken Parteien eine Entindustrialisierung der BRD beabsichtigen, so könnte davon in den nächsten Jahren wenigstens eine Summe von 100 Mrd. DM zur Auszahlung gelangen. Dieser Betrag, der aus alten Verpflichtungen, aus Verpflichtungen also der früheren Perioden stammt, wäre höher als der gesamte Jahresgewinn der deutschen Industrie. Er würde die Personalaufwendungen in die Höhe treiben, aber nicht dem Kräfteverzehr für die aktuelle jährliche Schaffensperiode dienen. Nebenbei gesagt, was aus den Lücken in der Altersversorgung wird, also der staatlichen Renten- und Pensionszusagen, ist nicht abzusehen. Hier dürfte eine schwebende Last von mindestens sieben Billionen DM bestehen. Im Ausland ist das unterschiedlich. Aber es ist davon auszugehen, daß sie in der BRD höher ist als in anderen Industrieländern, da hierzulande die größten Zusagen gemacht worden sind. Es wäre z. B. nach dem letzten Krieg gar nicht zu einer Erholung, zu einem Wirtschaftswunder gekommen, wenn die Nachfolgestaaten des Deutsches Reiches die Verpflichtungen aus Kündigungsschutz und Renten voll übernommen hätten. Erst durch ihre Streichung infolge der sog. Entnazifizierung ist Raum geschaffen worden für eine stärkere Berücksichtigung des Leistungseinkommens im Rahmen des Sozialproduktes. Geht man davon aus, daß das Problem der Sozialplanabfindungen und der individuellen rechtlichen, auch moralischen Abfindungsverpflichtungen in den nächsten Jahren zunehmen wird, so wird ein wachsender Teil der ausgewiesenen Personalaufwendungen postperiodisch. Sie spiegeln dann nicht mehr den Werteverzehr für die aktuelle Jahresleitung wider, sondern sind Aufwendungen für unterlassene Rückstellungen.

Natürlich stellen nicht alle „Restrukturierungskosten" Personalabfindungen dar. Aber sie sind sämtlich postperiodisch, handelt es sich um Sonderabschreibungen für obsolet gewordene Anlagen, handelt es sich um Abfindungszahlungen für die Beendigung aller möglichen Verträge, handelt es sich um die Versilberung von Roh-, Hilfs- und Betriebsstoffen, unfertigen und fertigen Verbrauchsstoffen. Diese aperiodischen Aufwendungen werden mit den periodischen vermischt. *Clemm* ist zwar zuzustimmen, wenn er der Auffassung ist, daß man von den Geschäftsleitungen nicht verlangen könne, daß sie Futurologen seien.[16] Andererseits kann man langsam nicht mehr darum herumkommen, periodische und aperiodische Aufwendungen auch in den Bilanzen zu unterscheiden.

---

[16] Vgl. *Clemm,* Zur Fragwürdigkeit und Zweckmäßigkeit von Jahresbilanzen, in: Festschrift für Beusch zum 68. Geburtstag, hrsg. v. Beisse u. a., Berlin/New York 1993, S. 131-151, hier S. 145.

VII. Aufwendungen für Altlastensanierung

Eine zweite Gruppe von Aufwendungen, die in ihrem Charakter immer bedeutender wird, wird durch die Altlastensanierung verursacht. Sie wird ausgelöst durch die verschärfte Umweltschutzgesetzgebung, die in den Bilanzen kaum in dem erforderlichen Maße berücksichtigt ist. Das heißt, daß die Regierung Bestimmungen erläßt, die in ihrer Größenordnung nicht greifbar sind, weil die Firmen es vorziehen, nicht sofort bilanziell auf die neuen Vorschriften zu reagieren. Natürlich gibt es Reaktionen auch in Geschäftsberichten. Aber vollumfänglich sind sie nicht. In der Hauptversammlung der Cassella AG in Frankfurt am 18. 4. 1994 führte das Vorstandsmitglied *Ruppert* aus: „Fast die Hälfte der Investitionssumme von insgesamt 16 Mio. DM entfällt auf den Umweltschutz. Es gibt kaum noch Produktionen, die eine solche Belastung vertragen. Der Regelfall ist eher der, daß Produkte sang- und klanglos aus dem Markt verschwinden, wenn zusätzliche Belastungen dieser Größenordnung über erhöhte Verkaufspreise an die Kunden weitergereicht werden sollen."[17]

Da der Bundesfinanzhof (Urteil vom 19. Oktober 1993)[18] davon ausgeht, daß eine Rückstellung für die öffentlich-rechtliche Verpflichtung zur Beseitigung der Umweltschäden erst dann gebildet werden darf, „wenn die die Verpflichtung begründenden Tatsachen der zuständigen Fachbehörde bekannt geworden sind oder dies doch unmittelbar bevorsteht", erfolgen bilanzielle Berücksichtigung und Vorschrift nicht parallel. Die Konkretisierungserforderungen der Behörde lassen auf sich warten. Da die Unternehmen nicht interessiert sind, ihren ohnehin weichenden Gewinn noch durch die Rückstellungsbildung zu schmälern oder dadurch erst in die Verlustzone zu geraten, bemühen sie sich ihrerseits nicht darum, die Behörden zu mobilisieren. Im übrigen sind die Meßwagen auch nicht so zahlreich vorhanden, daß die Schäden über Nacht festgestellt werden können. Handelsrechtlich gibt es ein Passivierungswahlrecht im Sinne der Bildung einer Aufwandrückstellung. Aber so lang keine behördliche Verfügung erlassen worden ist, sind diese Aufwendungen auch nicht verläßlich zu schätzen. So beruft man sich auf das steuerliche Passivierungsverbot. Wenn es zutrifft, daß ein Drittel der industriellen Böden in der BRD im Sinne der Umweltschutzvorschriften „verseucht" sind, wie der damalige Umweltminister *Töpfer* 1994 in einem Vortrage vor dem Düsseldorfer Industrieclub ausführte,

---
[17] Vgl. die Veröffentlichung als Beilage zu „Das Wertpapier" 1994.
[18] BFH, BStBl. II 1993, 891.

so wären die aufgetretenen Schäden auch kapazitativ gar nicht in Kürze zu beseitigen. Aber es handelt sich im Sinne der Bilanzwahrheit dann um unterlassene Aufwendungen, die spätestens ihre Latenz verlieren, wenn das Unternehmen bei einem Eigentumswechsel neu bewertet werden muß. Um wieviel die ausgewiesenen Aufwendungen zu niedrig bewertet worden sind, weiß man nicht. Der Verfasser hat Fälle erlebt, in denen der Nachholbedarf an Rückstellungsbildung für die sog. Altlasten bis zu einem Viertel des letzten Jahresumsatzes betrug.

VIII. Schlußbemerkung

Ganz gewiß kann die Zahl der Beispiele für die zu gering ausgewiesenen Aufwendungen noch um einige vermehrt werden. Das ist zum Beweis der These aber nicht erforderlich. Es gibt investive Teile der ausgewiesenen Aufwendungen und es gibt desinvestive. Im ersteren Fall werden die Aufwendungsposten in den GuV-Rechnungen zu hoch ausgewiesen, im letzteren Fall zu niedrig. Wie groß dadurch per Saldo die Abweichung von der Bilanzwahrheit ist, kann nur durch eine Einzelprüfung, die meistens erst im Rahmen eines Unternehmensbewertungsgutachten erfolgt, geschätzt werden.

Verzeichnis der Veröffentlichungen
von
Prof. Dr. Dr. h. c. Hans Havermann
(Stand: Juli 1995)
(ohne die zahlreichen Vorträge)

I. Buchveröffentlichungen und Beiträge in Sammelwerken

Die Prüfung des Jahresabschlusses, ausgearbeitet von der Kommission für Buchprüfung der U.E.C. (Mitglied: Hans Havermann), Düsseldorf, 1. Aufl. 1961, 2. Aufl. 1964, 3. Aufl. 1973.

Wirtschaftsprüfer-Handbuch,
seit 1963: Abschnitt „Prüfungstechnik",
seit 1968: Abschnitt „Erläuterung der Rechnungslegung und Prüfung im Konzern nach dem Handelsgesetzbuch",
seit 1977: Abschnitt „Erläuterung der Rechnungslegung und Prüfung im Konzern nach dem Publizitätsgesetz".

Leasing. Eine betriebswirtschaftliche, handels- und steuerrechtliche Untersuchung, Düsseldorf 1965.

Zweifelsfragen der Rechnungslegung im Konzern, in: Wirtschaftsprüfung im neuen Aktienrecht, Bericht über die Fachtagung 1966 des IDW, Düsseldorf 1966, S. 75–82.

Probleme im Zusammenhang der Konzernabschlüsse, Paneldiskussion, Bericht als offizieller Rapporteur über den VI. Kongreß der U.E.C. 1969 in Kopenhagen, Düsseldorf 1970, S. 313–319.

Adler/Düring/Schmaltz, Rechnungslegung und Prüfung der Aktiengesellschaft, Handkommentar, 4. Aufl., völlig neu bearbeitet von Kurt Schmaltz, Karl-Heinz Forster, Reinhard Goerdeler und Hans Havermann:
Bd. 1: Rechnungslegung, Stuttgart 1968.
Bd. 2: Prüfung/Feststellung/Rechtsbehelfe, Stuttgart 1971.
Bd. 3: Rechnungslegung im Konzern, Stuttgart 1972.

Finanzwirtschaftliche Aspekte des Leasing, in: Aktuelle Fragen der Unternehmensfinanzierung und Unternehmensbewertung, Kurt Schmaltz zum 70. Geburtstag, hrsg. v. Karl-Heinz Forster und Peter Schumacher, Stuttgart 1970, S. 70–107.

Offene Fragen der Konzernrechnungslegung, in: Bericht über die Fachtagung 1971 des IDW, Düsseldorf 1971, S. 29-37.

Der Jahresabschluß der internationalen Unternehmensverbindung, in: Recht und Steuer der internationalen Unternehmensverbindungen, hrsg. v. Marcus Lutter, Düsseldorf 1972, S. 130-143.

Zur Bilanzierung von Beteiligungen an Kapitalgesellschaften in Einzel- und Konzernabschlüssen – Einige Anmerkungen zum Equity Accounting –, in: Wirtschaftsfragen der Gegenwart, Festschrift für Carl Hans Barz zum 65. Geburtstag, hrsg. v. Robert Fischer u. a., Berlin/New York 1974, S. 387-407 sowie in: WPg 1975, S. 233-242.

Stichwort „Leasing", in: Handwörterbuch der Finanzwirtschaft, hrsg. v. Hans E. Büschgen, Stuttgart 1976.

Erstellung und Prüfung des Konzernabschlusses im internationalen Bereich, Handbuch der Kommission für Buchprüfung der U.E.C. (Mitglied: Hans Havermann), Düsseldorf 1977.

Methoden der Bilanzierung von Beteiligungen (einschließlich der „equity"-Methode), in: Institut der Wirtschaftsprüfer in Deutschland e.V./Wirtschaftsprüferkammer (Hrsg.), Rechnungslegung und Prüfung in internationaler Sicht, Bericht über den 11. internationalen Accountants-Kongreß 1977 in München, Düsseldorf 1978, S. 405-436.

Rechnungslegung im Wandel – Nationale und internationale Entwicklungstendenzen ausgewählter Bereiche –, Dissertation, Köln 1980.

Rechnungslegungsvorschläge der OECD und der UNO – Darstellung und Stellungnahme – in: Der Jahresabschluß im Widerstreit der Interessen, hrsg. v. Jörg Baetge, Düsseldorf 1983, S. 380f.

Stichwort „Fachorganisation der Wirtschaftsprüfer, internationale", in: Handwörterbuch der Revision, hrsg. v. Adolf G. Coenenberg und Klaus v. Wysocki, Stuttgart, 1. Aufl. 1983, 2. Aufl. 1992.

Aktuelle Grundsatzfragen aus der Praxis der Unternehmensbewertung, in: Wirtschaft und Wissenschaft im Wandel, Festschrift für Carl Zimmerer zum 60. Geburtstag, Frankfurt/M. 1986, S. 157-170.

Offene Fragen der Konzernrechnungslegung, in: Übergang auf das neue Bilanzrecht, Bericht über die Fachtagung 1986 des IDW, Düsseldorf 1986, S. 43-51.

Aktuelle Grundsatzfragen aus der Praxis der Unternehmensbewertung, in: Rechnungslegung und Prüfung nach neuem Recht, hrsg. v. Jörg Baetge, Düsseldorf 1986, S. 75-90.

Der Konzernabschluß nach neuem Recht – Ein Fortschritt?, in: Bilanz- und Konzernrecht, Festschrift zum 65. Geburtstag von Reinhard Goerdeler, hrsg. v. Hans Havermann, Düsseldorf 1987, S. 173–197.

Die Handelsbilanz II – Zweck, Inhalt und Einzelfragen ihrer Erstellung, in: Handelsrecht und Steuerrecht, Festschrift für Georg Döllerer, hrsg. v. Brigitte Knobbe-Keuk u. a., Düsseldorf 1988, S. 185–203.

Befreiende Konzernabschlüsse von Mutterunternehmen in der Schweiz, in: Revision und Rechnungslegung im Wandel, Festschrift für André Zünd, hrsg. v. Carl Helbling u. a., Zürich 1988, S. 263–271.

Stichwort „Annual Audit", in: Handbook of German Business Management, hrsg. v. Erwin Grochla u. a., Heidelberg 1988.

Strategische Aspekte internationaler Konzentrationsprozesse bei Wirtschaftsprüfungsgesellschaften, in: Zeitaspekte in betriebswirtschaftlicher Theorie und Praxis – 50. Wissenschaftliche Jahrestagung des Verbandes der Hochschullehrer für Betriebswirtschaft e.V., hrsg. v. Herbert Hax u. a., Stuttgart 1988, S. 105–116.

Das Risiko des Abschlußprüfers, in: Risiken erkennen – Risiken bewältigen – Eine Aufgabe für Unternehmen, Berater und Prüfer, Bericht über die Fachtagung 1988 des IDW, Düsseldorf 1989, S. 57–70.

Wirtschaftsprüfung in den USA, in: Rechnungslegung, Prüfung, Wirtschaftsrecht und Steuern in den USA, hrsg. v. Erik Sonnemann, Wiesbaden 1989, S. 123–141.

Stichwort „Vereinheitlichung der Rechnungslegung" in: Handwörterbuch Export und Internationale Unternehmung, hrsg. v. Klaus Macharzina und Martin Welge, Stuttgart 1989.

Globale Prüfungsstrategien, in: Internationalisierung der Wirtschaft – Eine Herausforderung an Betriebswirtschaft und Unternehmenspraxis, hrsg. v. der Schmalenbach-Gesellschaft – Deutsche Gesellschaft für Betriebswirtschaft e.V., Stuttgart 1993, S. 170–181.

Die Wirtschaftsprüfungsgesellschaft – Struktur und Strategie eines modernen Dienstleistungsunternehmens, in: Rechnungslegung und Prüfung – Perspektiven für die neunziger Jahre, hrsg. v. Jörg Baetge, Düsseldorf 1993, S. 41–59.

Bundesfinanzhof und Wirtschaftsprüfer, in: 75 Jahre Reichsfinanzhof-Bundesfinanzhof, Festschrift, hrsg. v. Präsident des Bundesfinanzhofs, Bonn 1993, S. 469–482.

Zur nationalen und internationalen Entwicklung der Rechnungslegung, in: Fortschritte im Rechnungswesen, 10 Jahre Dr. Kausch-Preis für Forschung und Praxis auf dem Gebiete des finanziellen und betrieblichen Rechnungswesens der Unternehmen, hrsg. v. Carl Helbling, Schriftenreihe der Treuhand-Kammer, Band 127, Zürich 1994, S. 197–209.

Internationale Entwicklungen in der Rechnungslegung, in: Bilanzrecht und Kapitalmarkt, Festschrift zum 65. Geburtstag von Adolf Moxter, hrsg. v. Wolfgang Ballwieser u. a., Düsseldorf 1994, S. 655–677.

II. Aufsätze in Zeitschriften

Die Aufwertung der DM – Ein Bilanzierungsproblem?, in: WPg 1961, S. 201–205.

Zur Passivierung von Pensionsverpflichtungen, Anmerkungen zum BGH-Urteil vom 27. 2. 1961 – II ZR292/59, in: DB 1961, S. 985–988.

Verfahren und Hilfsmittel für unternehmerische Entscheidungen, Bericht über die Arbeitstagung der Schmalenbach-Gesellschaft 1961 in Wiesbaden, in: WPg 1961, S. 310–312.

Probleme neuzeitlicher Unternehmensführung – Bericht über den IV. Kongreß der U.E.C. in Zürich 1961 –, in: WPg 1961, S. 582–589.

Einige Anregungen zur Ausgestaltung einer Dauerakte, in: WPg 1962, S. 402–406.

Zur Publizitätsfreudigkeit deutscher Aktiengesellschaften, in: WPg 1963, S. 193–202, S. 226–237, S. 263–269.

Die verbundenen Unternehmen und ihre Pflichten nach dem Aktiengesetz 1965, in: WPg 1966, S. 30–41, S. 66–73, S. 90–99.

Zur Ermittlung der konzernfremden Gesellschaftern zustehenden Kapital- und Gewinnanteile (zusammen mit Karl-Heinz Forster), in: WPg 1969, S. 1–6.

Konzernabschlüsse in Deutschland, in: Journal UEC 1970, S. 100–107.

Gesetzliche Regelung nicht sinnvoll – Stellungnahme zum Leasing-Urteil des BFH –, in: Der Volkswirt 1970, S. 42f.

Journal UEC, in: WPg 1971, S. 153f.

Substanzerhaltungsmaßnahmen im Jahresabschluß – Vorschläge zur Harmonisierung der Rechnungslegungsvorschriften in der Europäischen Gemeinschaft –, in: BFuP 1973, S. 536–562.

Zur Berücksichtigung von Preissteigerungen in der Rechnungslegung der Unternehmen, in: WPg 1974, S. 423–433, S. 445–456.

Organisation und Thematik der internationalen Facharbeit und ihre Auswirkung auf die tägliche Berufsausübung, in: WPg 1975, S. 6–17.

Zur Bilanzierung von Beteiligungen an Kapitalgesellschaften im Einzel- und Konzernabschluß, in: WPg 1975, S. 238–242.

Meinungsspiegel BFuP 2/76 zum Thema „Neuorientierung des Wirtschaftsprüferberufes", in: BFuP 1976, S. 207 ff.

IASC-Statements und EG-Richtlinien, in: WPg 1978, S. 365–372.

Vorentwurf eines Transformationsgesetzes zur 4. EG-Richtlinie liegt vor, in: WPg 1980, S. 181–189.

Entwicklungstendenzen in Rechnungslegung und Prüfung in nationaler und internationaler Sicht, in: WPg 1981, S. 564–575.

Meinungsspiegel BFuP 2/85 zum Thema „GmbH & Co. KG und Rechnungslegungsreform", in: BFuP 1985, S. 135 ff.

Ansatzvorschriften für Kapitalgesellschaften, in: BFuP 1986, S. 114–128.

Das neue Bilanzrecht, in: Das Wertpapier 1987, „40 Jahre DSW", S. 1012–1014.

Die Equity-Bewertung von Beteiligungen, in: WPg 1987, S. 315–320.

Die Equity-Bewertung von Beteiligungen, in: ZfbF 1987, S. 302–309.

Der Aussagewert des Jahresabschlusses, in: WPg 1988, S. 612–617.

Zur Entwicklung der Rechnungslegung, in: Der Schweizer Treuhänder 1994, S. 645–652.

III. Herausgeberschaft

Bilanz- und Konzernrecht, Festschrift zum 65. Geburtstag von Reinhard Goerdeler, Düsseldorf 1987,

sowie ca. 100 Buchbesprechungen.

Verzeichnis der Autoren

PROF. DR. JÖRG BAETGE
Direktor des Instituts für Revisionswesen der Westfälischen Wilhelms-Universität
Honorarprofessor der Universität Wien
Münster

DR. H. C. HERBERT BIENER
Ministerialrat im Bundesministerium der Justiz
Bonn

GERHARD BRACKERT
Wirtschaftsprüfer und Steuerberater
Mitglied des Vorstandes der
KPMG Deutsche Treuhand-Gesellschaft AG
Frankfurt a. M.

DR. HERMANN CLEMM
Rechtsanwalt, Wirtschaftsprüfer und Steuerberater
Ehem. Mitglied des Vorstandes der
KPMG Deutsche Treuhand-Gesellschaft AG
München

PROF. DR. WINFRIED GAIL
Wirtschaftsprüfer und Steuerberater
Heidelberg

GERD GEIB
Wirtschaftsprüfer und Steuerberater
Mitglied des Vorstandes der
KPMG Deutsche Treuhand-Gesellschaft AG
Köln

PROF. DR. BERNHARD GROSSFELD
Direktor des Instituts für Internationales Wirtschaftsrecht der
Westfälischen Wilhelms-Universität
Münster

DR. DIETRICH HOFFMANN
Rechtsanwalt
Düsseldorf

Dr. Michael Hoffmann-Becking
Rechtsanwalt
Düsseldorf

Horst Kaminski
Wirtschaftsprüfer
Geschäftsführer des
Instituts der Wirtschaftsprüfer in Deutschland e.V.
Düsseldorf

Prof. Dr. Franz Klein
Präsident des Bundesfinanzhofs a.D.
Honorarprofessor der Universität Passau
München

Ruud J. J. Koedijk
Registeraccountant
Chairman Board of Management KPMG Klynveld N. V.
Amsterdam

Prof. Dr. Bruno Kropff
Ministerialdirigent im Bundesministerium für Finanzen i. R.
Bonn

Dr. Jürgen Krumnow
Mitglied des Vorstandes der
Deutsche Bank AG
Frankfurt a. M.

Josef Lanfermann
Wirtschaftsprüfer
Sprecher des Vorstandes der
KPMG Deutsche Treuhand-Gesellschaft AG
Düsseldorf

Prof. Dr. Rainer Ludewig
Wirtschaftsprüfer und Steuerberater
Honorarprofessor der Westfälischen Wilhelms-Universität Münster
Kassel

Ulrich Maas
Wirtschaftsprüfer
Partner der KPMG Deutsche Treuhand-Gesellschaft AG
Düsseldorf

JON C. MADONNA
Certified Public Accountant
Chairman and Chief Executive
KPMG Peat Marwick LLP
New York

PETER MARKS
Wirtschaftsprüfer und Steuerberater
Stellvertretender Geschäftsführer des
Instituts der Wirtschaftsprüfer in Deutschland e. V.
Düsseldorf

DR. HANS MEINHARDT
Vorsitzender des Vorstandes der Linde AG
Wiesbaden

PROF. DR. GÜNTER MINZ
Wirtschaftsprüfer
Honorarprofessor der Universität zu Köln
Köln

PROF. DR. DR. H. C. DR. H. C. ADOLF MOXTER
Seminar für Treuhandwesen der Johann Wolfgang Goethe-Universität
Frankfurt a. M.

HEINZ NELISSEN
Wirtschaftsprüfer
Partner der KPMG Deutsche Treuhand-Gesellschaft AG
Düsseldorf

DR. RUDOLF J. NIEHUS
Wirtschaftsprüfer und Steuerberater
Ehem. Mitglied der Geschäftsführung der
Wollert-Elmendorff Deutsche Industrie-Treuhand GmbH
Düsseldorf

DR. HORST NIEMEYER
Generalsekretär des Stifterverbandes für die Deutsche Wissenschaft
Essen

HERMANN NIESSEN
Ehem. Leiter der Abteilung Gesellschaftsrecht und Rechnungslegung
bei der Europäischen Kommission
München

PROF. DR. DIETER ORDELHEIDE
Lehrstuhl für Rechnungswesen und Kontrolle
Johann Wolfgang Goethe-Universität
Frankfurt a. M.

DR. HORST RICHTER
Wirtschaftsprüfer
Ehem. Mitglied des Vorstandes der
KPMG Deutsche Treuhand-Gesellschaft AG
Köln

PROF. DR. EBERHARD SCHEFFLER
Mitglied des Vorstandes der
BATIG Gesellschaft für Beteiligungen
Hamburg

PROF. HANNS MARTIN W. SCHOENFELD
H. T. Scovill Professor of Accountancy
University of Illinois
at Urbana – Champaign

DR. WIENAND SCHRUFF
Wirtschaftsprüfer
Partner der KPMG Deutsche Treuhand-Gesellschaft AG
Düsseldorf

COLIN M. SHARMAN O.B.E.
Chartered Accountant
UK Senior Partner
KPMG Peat Marwick
London

PROF. DR. GÜNTER SIEBEN
Direktor des Seminars für Allgemeine Betriebswirtschaftslehre und für
Wirtschaftsprüfung
– Treuhandseminar –
der Universität zu Köln
Köln

Prof. Dr. Klaus Stolberg
Wirtschaftsprüfer und Steuerberater
Mitglied des Vorstandes der
KPMG Deutsche Treuhand-Gesellschaft AG
Hamburg

Dr. Kurt Wessing
Rechtsanwalt
Düsseldorf

Dr. Harald Wiedmann
Rechtsanwalt, Wirtschaftsprüfer und Steuerberater
Mitglied des Vorstandes der
KPMG Deutsche Treuhand-Gesellschaft AG
Berlin

Prof. Dr. Klaus v. Wysocki
Wirtschaftsprüfer und Steuerberater
Professor (em.) der Ludwig-Maximilians-Universität München
Berlin

Wolfgang Zielke
Wirtschaftsprüfer und Steuerberater
Mitglied des Vorstandes der
KPMG Deutsche Treuhand-Gesellschaft AG
Frankfurt a. M.

Prof. Dr. Carl Zimmerer
Geschäftsführender Gesellschafter der
Interfinanz Gesellschaft für Internationale Finanzberatung mbH
Düsseldorf